PAGE 48

SUR LA ROUTE

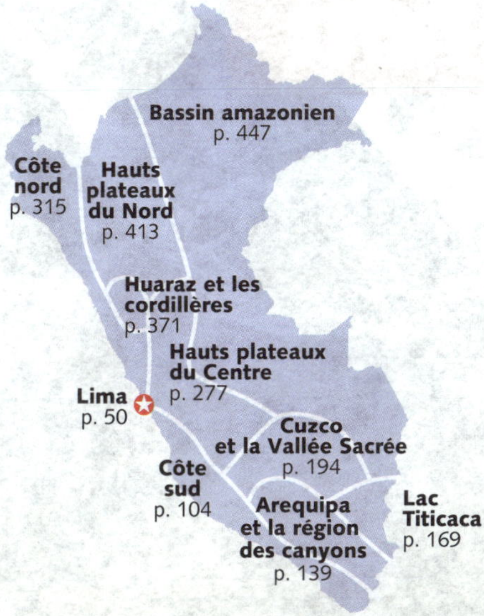

PAGE 543

PÉROU PRATIQUE

TOUT POUR S'ORGANISER

Location de voiture, lignes de train, organismes à connaître

ÉDITION ÉCRITE ET ACTUALISÉE PAR

Carolyn McCarthy

Carolina A. Miranda, Kevin Raub, Brendan Sainsbury, Luke Waterson

Bienvenue au Pérou

Voyage dans le passé

Un séjour en Amérique du Sud ne saurait être complet sans un pèlerinage à la citadelle inca de Machu Picchu. Or, tout fameux qu'il soit, ce site ne représente qu'un épisode ponctuel sur 5 000 ans d'histoire. Marchez parmi les vestiges de l'immense cité de Chan Chan, plus vastes ruines précolombiennes des Amériques, survolez les géoglyphes gravés dans les terres arides de Nazca ou explorez les étendues sauvages qui entourent l'imposante forteresse de Kuélap. Les formidables musées de Lima, où sont conservés d'inestimables céramiques, des objets en or et certains des plus beaux tissus du monde, présentent de façon très détaillée le raffinement, le talent et la passion de ces civilisations perdues. À visiter des communautés isolées, vous saisirez à quel point les traditions anciennes se perpétuent, et quitterez le Pérou imprégné de la mesure de son passé.

Plaisir des papilles

Gens pragmatiques, les Péruviens font grand cas de leur alimentation. Un *ceviche* agrémenté de piment fort et de maïs, un ragoût ayant mijoté pendant des heures dans la bière et la coriandre ou un crémeux chocolat d'Amazonie ? Dans la capitale de la cuisine latino, un choix aussi large peut être déroutant. La formidable diversité géographique et culturelle a apporté de multiples ingrédients – des tubercules des

KELLY CHENG TRAVEL PHOTOGRAPHY/GETTY IMAGES©

Le Pérou est un pays marqué par la diversité. Les festivals y mêlent costumes anciens et fanfares entraînantes, l'avant-garde urbaine y brille par son sens de l'art et de l'innovation et des routes le traversent, entre jungle épaisse et pics enneigés.

(à gauche) Col de San Antonio, circuit de la Cordillera Huayhuash (p. 394)
(ci-dessous) Jeune fille indigène portant le costume traditionnel, Cuzco (p. 196)

MICHAEL TAYLOR/GETTY IMAGES©

hauts plateaux aux fruits tropicaux de la jungle – à cette cuisine mâtinée d'influences espagnoles, indigènes, africaines et asiatiques. De fait, la cuisine fusion existait au Pérou bien avant d'être à la mode dans les milieux branchés. Réjouissez vos papilles en arpentant les marchés, goûtez des *anticuchos* (brochettes de bœuf) grillés à l'angle d'une rue et découvrez l'exquise *novoandina* (cuisine nouvelle péruvienne). Il n'est pas question de rester sur sa faim.

Esprits aventureux

Énormes dunes de sable, pics ciselés et vagues du Pacifique à quelques heures du trafic incessant de la capitale : du centre-ville de Lima aux coins les plus perdus, ce vaste pays est un véritable paradis pour les voyageurs dynamiques. Tous les ingrédients sont présents : rafting, parapente, tyrolienne et VTT. Si vous ne souhaitez pas que votre voyage tourne à la performance olympique, vous pourrez aussi observer des aras rouges et suivre la trace d'un félin dans la forêt amazonienne, admirer le coucher de soleil sur des vestiges ou vous joindre à un pèlerinage jusqu'à un sommet andin tenu pour d'essence divine. Notre conseil ? Ne vous pressez pas. Dans un pays où les retards sont fréquents et où les festivals vous retiennent toujours plus longtemps, le degré d'aventure de votre voyage ne se mesurera pas aux seules activités que vous aurez réalisées, mais également à toute une somme d'imprévus.

Les incontournables ›

Cordillera Blanca
À l'assaut des majestueuses Andes (p. 388)
Lima
Une destination culinaire d'envergure internationale (p. 50)
Ayacucho
La capitale montagneuse du folklore péruvien (p. 297)
Cuzco
L'ancienne capitale inca (p. 196)
Lignes de Nazca
Les mystérieux géoglyphes vus du ciel (p. 124)
Cañón del Colca
Un trek dans les profondeurs du canyon (p. 160)
Arequipa
La Ville Blanche, joyaux de l'époque coloniale (p. 140)
La Vallée Sacrée
Marchés indiens et ruines incas (p. 238)
Les îles flottantes en roseaux
Le mode de vie traditionnel sur le lac Titicaca (p. 183)
OCÉAN PACIFIQUE
ALTITUDE
5 000 m
4 000 m
3 000 m
2 000 m
1 000 m
0
0
200 km
BOLIVIE
CHILI
LIMA
LA PAZ
Chimbote
Caraz
Huascarán (6 768 m)
Casma
Huaraz
Tingo María
Huánuco
Yerupajá (6 634 m)
Barranca
Cerro de Pasco
Lago de Junín
Junín
La Merced
Satipo
La Oroya
Tarma
Pachamacac
Huancayo
Huancavelica
Ayacucho
Pisco
Paracas
Ica
Nazca
Chala
Camaná
Mollendo
Arequipa
El Misti (5 822 m)
Ampato (6 310 m)
Cañón del Colca
Moquegua
Tacna
Arica
Quillabamba
Aguas Calientes
Machu Picchu
Andahuaylas
Abancay
Cuzco
Pisac
Ausangate (6 384 m)
Parque Nacional de Manú
Boca Manu
Puerto Maldonado
Puerto Heath
Assis
Iñapari
Juliaca
Puno
Lake Titicaca
Copacabana
Juli
Desaguardero
Río Pachitea
Río Ucayali
Río Urubamba
Río Manu
Río de los Amigos
Río de las Piedras
Río Madre de Dios
Río Tambopata
Río Tambo
10°S
12°S
14°S
16°S
18°S
82°O
80°O
78°O
76°O
74°O
72°O
70°O
68°O

20 FAÇONS DE VOIR LE PÉROU

Machu Picchu

1 Fantastique citadelle, "perdue" jusqu'à sa redécouverte au début du XXe siècle, Machu Picchu (p. 256) est le site archéologique inca par excellence. Fort de ses cultures en terrasse vert émeraude s'étageant devant de vertigineux sommets, avec pour horizon des crêtes andines, il offre un spectacle d'une beauté époustouflante. Cette merveille d'ingénierie a résisté à six siècles de séismes, d'invasions étrangères et de violentes intempéries. À flâner parmi les temples de pierre, vous prendrez la mesure du Wayna Picchu, la montagne voisine.

Îles flottantes en roseaux, lac Titicaca

2 Tenant davantage d'une mer d'altitude que d'un lac, le Titicaca donne à voir des sites superbes, parmi lesquels se distinguent les fameuses îles flottantes fabriquées de main d'homme au moyen de roseaux légers appelés *totora*. Il y a des siècles, les Uros ont construit les Islas Uros (p. 183) afin d'échapper aux agressions des peuples indiens du continent, notamment les Incas. Les roseaux servent aussi à fabriquer des maisons, des bateaux, et même des porches voûtés et autres balançoires pour enfants. Découvrez ces merveilles par vous-même en optant pour un séjour chez l'habitant.

2

CUAN HANSEN/GETTY IMAGES©

1

SEAN CAFFREY/GETTY IMAGES©

ALFREDO MAIQUEZ/GETTY IMAGES©

Randonnée dans la Cordillera Blanca

3 Les imposantes sentinelles de granit que sont les sommets de la Cordillera Blanca (p. 388) dominent Huaraz et la région environnante. Ce massif est le plus haut du monde après l'Himalaya : 16 de ses pics avoisinent les 6 000 m, et l'ensemble représente le défi le plus difficile à relever du continent pour les alpinistes. Lacs glaciaires, énormes *puya raimondii* et pics rocheux s'élançant vers le ciel vous attendent dans le Parque Nacional Huascarán, où le trek de Santa Cruz offre une belle récompense aux plus ambitieux.

Arequipa, cité coloniale

4 La deuxième ville du Pérou jette un pont historique entre les splendeurs incas de Cuzco et la bruyante modernité de Lima. Émaillée d'étincelants édifices de style baroque *mestizo* taillés dans le *sillar*, pierre locale de couleur blanche, Arequipa (p. 140) est une cité coloniale espagnole demeurée fidèle à ses origines. Sise au cœur de paysages naturels de rêve, entre volcans endormis et pampa d'altitude, elle compte un monastère vieux de 400 ans, une immense cathédrale et des *picanterías* (petits restaurants) traditionnelles servant une originale cuisine péruvienne fusion. Cathédrale d'Arequipa (p. 142)

Parque Nacional de Manú

5 Traverser trois zones climatiques – les montagnes des Andes puis la forêt de nuages sur les pentes inférieures pour atteindre le cœur de la jungle dans le Parque Nacional de Manú (p. 468) – est l'une des plus belles aventures à vivre en Amazonie. Manú est de longue date la zone naturelle la mieux protégée du Pérou, et offre mille occasions d'apercevoir des anacondas, des tapirs, des aras colorés festoyant sur des coulées d'argile, et des jaguars. Au cœur de cette épaisse forêt, les peuples autochtones vivent comme il y a des siècles, presque sans aucun contact avec le monde extérieur.

FRANS LEMMENS/GETTY IMAGES©

Chemin de l'Inca

6 Sentier pédestre le plus célèbre du continent, le Chemin de l'Inca (p. 36) serpente sur 43 km, gravissant des marches en pierre et traversant l'épaisse brume de forêts de nuages. Véritable pèlerinage, cette randonnée de 4 à 5 jours s'achève à Intipunku (porte du Soleil), où les marcheurs aperçoivent pour la première fois le majestueux site archéologique de Machu Picchu. Si d'innombrables sentiers préhispaniques sillonnent tout le pays, le Chemin de l'Inca, ponctué de vues magnifiques, de splendides cols montagneux et de ruines, demeure le favori des voyageurs. Vue depuis Runkurakay (p. 263)

MICHAEL TAYLOR/GETTY IMAGES©

Cuzco

7 Anciennes rues pavées, grandioses églises baroques et vestiges de temples incas aux sculptures vieilles de plusieurs siècles : nulle cité n'est plus ancrée dans l'histoire andine que Cuzco (p. 196), habitée en continu depuis l'époque précolombienne. Jadis capitale de l'Empire inca, cette ville très touristique est aussi le point d'accès à Machu Picchu. Avec son ambiance bigarrée mariant dans un joyeux chaos le mysticisme et le mercantilisme, cette ville unique en son genre, théâtre de la vie nocturne la plus endiablée des Andes, n'en finit pas de charmer. Iglesia de La Compañía de Jesús (p. 199)

Gastronomie de Lima

8 Lima (p. 82) est surtout connue pour sa place faite à la bonne chère. Cette capitale côtière abrite d'innombrables options de restauration, du simple stand de rue au restaurant de grande cuisine proposant une interprétation exquise de la cuisine fusion péruvienne. Les plats marient de manière complexe et subtile les influences espagnole, indienne, africaine et asiatique (chinoise et japonaise). Lima s'est ainsi vu reconnaître par la presse spécialisée comme une grande ville gastronomique en devenir. Hors-d'œuvre, La Rosa Nautica (p. 88)

9
RALPH LEE HOPKINS/GETTY IMAGES©

10
CHRIS BEALL/GETTY IMAGES©

11
PEP ROIG/ALAMY©

Vallée Sacrée

9 Villages andins à l'architecture disparate, avant-postes militaires incas en ruine et cultures en terrasse utilisées depuis des temps immémoriaux sont reliés par le cours sinueux du Río Urubamba qui traverse la Vallée Sacrée (p. 238). Située entre Cuzco et Machu Picchu, cette destination pittoresque est une base idéale pour partir à la découverte de la région. L'hébergement va de l'accueillante auberge au complexe hôtelier haut de gamme. Côté activités, des randonnées équestres, du rafting et des treks vous conduiront à de lointains villages de tisserands et de cultivateurs. Mercado de Chinchero (p. 246)

Lignes de Nazca

10 Auraient-elles été tracées par des extraterrestres ? Par des aéronautes de la Préhistoire ? S'agissait-il d'un gigantesque calendrier astronomique ? Impossible de s'accorder sur la signification des lignes de Nazca (p. 124), ces immenses géoglyphes du sud du Pérou. Leur mystère attire les étrangers depuis les années 1940, époque à partir de laquelle l'archéologue allemande Maria Reiche consacra sa vie à les étudier. Pourtant, ni Maria Reiche ni les archéologues qui lui ont succédé n'ont réussi à percer l'énigme de ces lignes, lesquelles, aujourd'hui encore, suscitent autant l'émerveillement que l'incompréhension.

Chavín de Huántar

11 Inscrites au patrimoine mondial de l'Unesco, les ruines de Chavín de Huántar (p. 406) étaient jadis un centre cérémoniel majeur. Cette prodigieuse réalisation, datant d'une période allant de 1200 à 800 av. J.-C., comporte d'impressionnants édifices en forme de temples et un labyrinthe de galeries souterraines, de couloirs et de salles invitant à l'exploration. À proximité, le remarquable Museo Nacional de Chavín, où sont regroupés la plupart des tenons finement sculptés de motifs terrifiants qui ornaient autrefois les murs de Chavín, aide à mieux comprendre l'histoire du site.

12

13

Semaine sainte à Ayacucho

12 À Ayacucho, la Semana Santa (Semaine sainte, p. 301) dure 10 jours, du vendredi précédant le dimanche des Rameaux jusqu'au dimanche de Pâques. Les cérémonies comprennent la reconstitution de scènes telles que la montée au calvaire du Christ, transporté sur un âne à travers les rues décorées de fleurs et de frondaisons de palmiers. Et puis, il y a surtout les réjouissances qui entourent les rites religieux proprement dits : foires, fêtes, et un spectaculaire feu d'artifice tiré avant l'aube le dimanche de Pâques pour fêter la résurrection de Jésus.

Kuélap

13 On ne trouve pas ici les tarifs élevés, le classement par l'Unesco et les foules de Machu Picchu. Pourtant, l'extraordinaire citadelle en pierre de Kuélap (p. 434) n'a pratiquement rien à lui envier. Cachée dans l'épaisseur d'une forêt de nuages, à 3 100 m au-dessus du Río Urubamba près de Chachapoyas, cette forteresse remarquablement conservée est le testament de l'énigmatique "peuple des Nuages". Elle renferme quelque 400 habitations circulaires, dont certaines richement décorées, et entourées d'un immense rempart en pierre. La beauté de cette merveille de pierre perdue au milieu des nuages le dispute à son mystère.

TRAVELSTOCK.CA/ALAMY©

JANE SWEENEY/GETTY IMAGES©

Islas Ballestas

14 Les Islas Ballestas (p. 114), ensemble d'îles de roche nue couvertes de guano surgissant de l'océan Pacifique, accueillent un écosystème foisonnant d'oiseaux, de mammifères marins et de poissons (en particulier des anchois). Elles sont aussi l'un des projets de protection environnementale les plus réussis du Pérou. Le ministère de l'Agriculture se charge de la récolte du guano, et l'archipel est classé réserve nationale. Les circuits en bateau autour des falaises et des arches des îles permettent de voir de près des lions de mer, des manchots de Humboldt et des milliers d'oiseaux.

Trujillo

15 Surgissant d'un désert de sable, pareille à un mirage, la très ancienne cité de Trujillo (p. 321) s'enorgueillit d'un ensemble étourdissant d'édifices coloniaux superbement préservés. Son centre historique abonde en élégantes églises, demeures et autres constructions coloniales intactes, lesquelles s'accordent à merveille avec la modernité. Si l'on ajoute à cela la proximité d'impressionnants vestiges chimú comme Chan Chan, et les temples mochicas du Soleil et de la Lune, Trujillo a tous les atouts pour rivaliser avec les gracieuses cités du nord du pays. Plaza de Armas (p. 321)

GRANT DIXON/GETTY IMAGES©

Cañón del Colca

16 Certes, il est d'une vertigineuse profondeur, pour autant, le canyon du Colca (p. 160) ne se résume pas à quelques chiffres et superlatifs. Cette région colonisée par des peuples antérieurs aux Incas, par ces derniers puis par les Espagnols, est d'une culture très riche. Par ailleurs, les possibilités de randonnée y sont légion. S'étendant d'un bout à l'autre sur 100 km et descendant à plus de 3 400 m dans sa partie la plus profonde, le canyon s'agrémente de cultures en terrasse, de villages, d'églises coloniales et de ruines datant d'avant les Incas. Que vous le découvriez à pied, en rafting ou en tyrolienne, ouvrez l'œil pour apercevoir des condors.

Musées de Lima

17 Pour comprendre les civilisations qui ont peuplé le Pérou, commencez le voyage ici. Les musées de Lima abritent des trésors millénaires – céramiques sublimes, stèles en pierre sculptée ou encore tissus splendides fabriqués il y a plusieurs siècles. Certaines des plus belles collections se trouvent au Museo Larco (p. 65), au Museo Andrés del Castillo (p. 63) et au Museo Nacional de Antropología, Arqueología e Historia del Perú (p. 67). Les nocturnes organisées au Museo Larco offrent une bonne alternative aux classiques sorties dans les bars. Céramique inca, Museo Nacional de Antropología, Arqueología e Historía del Perú (p. 67)

Chan Chan

18 L'extraordinaire capitale chimú de Chan Chan (p. 331) est la plus grande ville précolombienne des Amériques, et la plus vaste cité en adobe au monde. Jadis peuplée de quelque 60 000 habitants, cette véritable malle aux trésors est aujourd'hui en chantier. Le palais Tschudi est la seule des dix citadelles entourées de murs d'enceinte dont la restauration presque achevée lui a redonné sa splendeur d'antan. Malgré les nombreuses dégradations subies au fil des ans à cause d'El Niño, les cours cérémonielles, les murs décoratifs et les salles d'audience labyrinthiques de Chan Chan restent très évocateurs.

Surf sur la côte nord

19 Les surfeurs bien décidés à profiter d'un été sans fin se pressent sur la côte nord du Pérou dans le vœu de glisser sur l'un des plus grands breaks du monde. Spot de renommée internationale à l'atmosphère endiablée, Máncora (p. 359) est la seule vraie station balnéaire du pays. Elle attire aussi bien les surfeurs que les amateurs de baignade et de bronzage, car sa côte en forme de croissant de lune est ensoleillée toute l'année. Surf à Los Organos, Piura (p. 359)

Reserva Nacional Pacaya-Samiria

20 Le plus grand parc national du Pérou (p. 482) abrite d'étranges et superbes créatures que l'on voit rarement ailleurs : lamantins d'Amazonie, dauphins roses, caïmans longs de 6 m et tortues d'eau douce géantes. Le trajet est une aventure en soi puisque le parc est à une journée de bateau des villes les plus proches. Le transport s'effectue en pirogue, l'hébergement dans des lodges des plus rustiques, et vous devrez passer plusieurs journées à la dure pour atteindre le graal : une nature splendide demeurée vierge.

PAUL KENNEDY/GETTY IMAGES©

VILLE PALONEN / ALAMY©

L'essentiel

Devise

» Nuevo sol (S)

Langues

» Espagnol, aymara et quechua

Quand partir

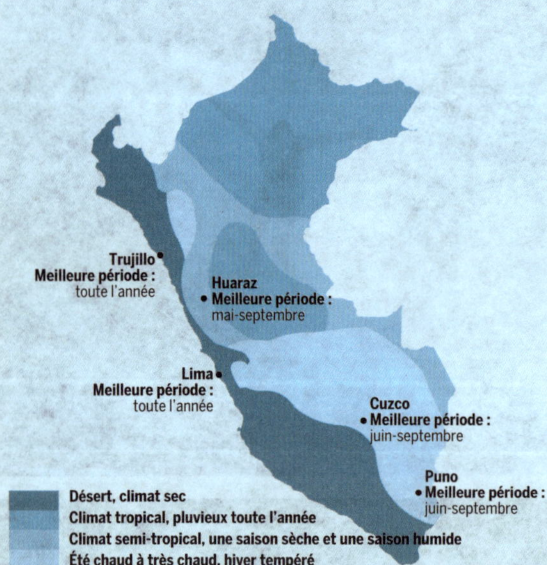

Haute saison
(juin-août)

» Saison sèche sur les hauts plateaux andins, ainsi que dans la forêt amazonienne, à l'est du pays

» Meilleure période pour les fêtes et les activités en altitude

» Saison la plus touristique

Saison intermédiaire
(sept-nov et mars-mai)

» Climat printanier et automnal sur les hauts plateaux

» Sites majeurs moins envahis par la foule

» Mois de septembre et novembre idéaux pour la randonnée en forêt tropicale

Basse saison
(déc-fév)

» Saison des pluies sur les hauts plateaux

» Chemin de l'Inca fermé en février pour son entretien annuel

» Haute saison sur la côte

» Saison très arrosée en Amazonie, jusqu'au mois de mai inclus

Budget quotidien

Moins de

130 S

» Chambre d'hôtel bon marché ou lit en dortoir : 25-85 S

» Formule déjeuner à moins de 10 S ; plats à emporter de supermarché

» Sites historiques : 10 S environ

130-390 S

» Hôtel de catégorie moyenne : 130 S

» Déjeuner dans un restaurant de catégorie moyenne : 30 S

» Circuits en groupe : à partir de 104 S

Plus de

390 S

» Hôtel de catégorie supérieure : 250 S

» Visite guidée d'une ville en individuel : à partir de 150 S/pers

» Dîner dans un restaurant gastronomique : à partir de 70 S

Argent

» Les DAB sont largement répandus dans les grandes villes et les agglomérations de taille moyenne. Les cartes de crédit sont généralement acceptées partout, ce qui n'est pas le cas des chèques de voyage.

Visas

» En règle générale, aucun visa n'est exigé pour les séjours inférieurs à 90 jours.

Téléphones portables

» Les cartes SIM locales (et les crédits qui vont avec) sont bon marché et largement répandues. Elles fonctionnent avec des téléphones tri-bandes débloqués utilisant le réseau GSM 1900.

Transports

» Les vols intérieurs et les bus sont commodes et fréquents.

Sites Web

» **PromPerú** (www.peru.info). Le site de l'office du tourisme gouvernemental.

» **Peru Links** (www.perulinks.com). Version française disponible.

» **Peruvian Times** (www.peruviantimes.com). Actualités en anglais.

» **Lonely Planet** (www.lonelyplanet.fr). Informations de dernière minute, catalogue des titres, courrier des voyageurs, fiches pays et forum.

Taux de change

Bolivie	1 boliviano	0,37 S
Brésil	1 réal	
Canada	1 $C	2,53 S
États-Unis	1 $US	2,60 S
Suisse	1 FS	2,78 S
Zone euro	1 €	3,39 S
UK	UK£1	S4.22
USA	US$1	S2.60

Consultez le site www.xe.com pour des taux de change actualisés.

Numéros utiles

Indicatif du Pérou	☎51
Indicatif international	4 chiffres opérateur + 00 + indicatif du pays
Renseignements	☎103
Renseignements touristiques (24h/24)	☎511-574-800
Police	☎105

Arriver au Pérou

» **Aeropuerto Internacional Jorge Chávez**

De nombreux vols arrivent à l'aube ; réservez votre hôtel. Plus de détails p. 558.

» **Bus**

Les *combis* de “La S” – longez l'Avenida Elmer Faucett vers le sud – desservent divers itinéraires à destination de Miraflores et au-delà (2-3 S/pers).

» **Taxi**

45 S, 30 minutes à 1 heure à destination de Miraflores, Barranco ou San Isidro ; plus rapide à destination du centre-ville de Lima.

N'oubliez pas...

» Votre passeport, valide six mois après la date du retour et, si nécessaire, un visa.
» Les vaccinations recommandées et une trousse à pharmacie.
» Les réservations pour le Chemin de l'Inca ou un itinéraire alternatif.
» Des vêtements chauds et imperméables – indispensables toute l'année dans les Andes.
» Un couteau suisse, une lampe frontale et du ruban adhésif.
» Des bouchons d'oreilles pour se prémunir du bruit dans les bus et dans les hôtels.
» Du papier toilette – les toilettes publiques et la plupart des restaurants en sont dépourvus.
» Des chargeurs et adaptateurs.
» Un hébergeur informatique “nettoyé” pour stocker vos photos pendant le voyage.
» Les photocopies et des copies scannées de vos documents importants.

Quoi de neuf ?

Pour cette nouvelle édition du guide Pérou, nos auteurs sont partis en quête des toutes dernières nouveautés. Voici quelques-unes de nos préférées. Pour des recommandations de dernière minute, connectez-vous à www.lonelyplanet.fr.

Route interocéanique, Bassin amazonien

1 Plus grand chantier péruvien, cette autoroute très controversée va de Cuzco au sud de l'Amazonie et au Brésil, donnant ainsi accès à une forêt tropicale anciennement isolée. (p. 452)

Noche en Blanco, Lima

2 À Lima, la Nuit blanche est une fête artistique et musicale nocturne qui investit les parcs et les salles de spectacle de tout Miraflores début mai. (p. 22)

Huellas de los Dinosaurios, près de Huaraz

3 Lors de la construction d'une route en 2009, on a mis au jour plus d'une centaine d'empreintes et de restes fossilisés d'au moins 12 espèces d'animaux préhistoriques. (p. 408)

Casa-Hacienda San José, près de Chincha

4 Rouvert après le séisme de 2007, cet ancien domaine où travaillaient des esclaves a été rénové par de très talentueux artisans. Mérite le détour depuis Lima. (p. 109)

Selvámonos

5 Le festival musical le plus novateur du pays attire les foules grâce à la *cumbia* et au rock électro dans un splendide parc national du centre de l'Amazonie. (p. 473)

La Sirena d'Juan, Máncora

6 Avec ses *tiraditos* (sashimis) au curry jaune et son poisson grillé accompagné de chutney à la mangue, ce restaurant est une nouvelle délicieuse adresse de Máncora. (p. 362)

Lodges des hauts plateaux du Nord

7 Nouveaux dans cette région sauvage et accidentée, ces lodges de jungle aménagés font une étape plaisante pour la nuit. Mention spéciale au Gocta Andes Lodge (p. 433), au Kentitambo (p. 437) et au Pumarinri Amazon Lodge (p. 441).

Los Tambos Hostal, Arequipa

8 Établi voici peu, ce ravissant hôtel sert des petits-déjeuners de fins gastronomes et compte quantité de détails bien pensés. Juste à côté de la place principale d'Arequipa. (p. 150)

Les restaurants d'Ayacucho

9 Le Barrio Gastronómico est un quartier tout entier consacré à la cuisine andine. (p. 303)

Museo Julio C. Tello, réserve de Paracas

10 Inauguré en 2012, ce musée rénové conserve des objets antiques découverts sur le site archéologique et dans la nécropole voisins. (p. 114)

Lodges du lac Titicaca

11 Sur une île lointaine, la Casa Andina Isla Suasi (p. 186) et son spa et l'original et luxueux Titilaka (p. 188) sont des étapes de charme.

Hotel El Molino, Lunahuaná

12 Ce nouvel hôtel se tient au cœur d'un domaine luxuriant équipé de piscines, en lisière de Lunahuaná, juste à côté du Río Cañete. (p. 108)

Envie de...

Ruines préhispaniques

Outre l'incontournable Machu Picchu, le Pérou recèle quantité de ruines d'une beauté austère, pleines de mystère et moins assaillies par les foules. À Lima, il n'est pas nécessaire de pénétrer dans un musée pour approcher l'Histoire – des sites fort anciens sont disséminés dans la ville.

Kuélap Perchée sur une montagne calcaire, cette monumentale cité fortifiée en pierre est le site le mieux préservé de Chachapoyas (p. 434).

Tambo Colorado Petit bijou méconnu de la côte sud, ce site mérite une visite guidée pour en apprécier tout l'intérêt (p. 116).

Cahuachi À Nazca, ne manquez pas de voir ces vastes pyramides vieilles de 2 000 ans et d'autres ruines des alentours (p. 127).

Huari Pour une expédition hors des sentiers battus, cap sur la capitale de l'Empire qui avait mainmise sur les hauts plateaux avant l'invasion des Incas (p. 304).

Ollantaytambo De superbes ruines (certaines en libre accès, d'autres payantes) entourent ce village construit par les Incas dans la Vallée Sacrée (p. 247).

Randonnée

Au cœur des Andes péruviennes, on trouve quelques-uns des plus beaux sentiers de randonnée du continent. Leur découverte ne se résume pas à les gravir : vous pourrez y arpenter la jungle ou descendre dans les profondeurs des canyons.

El Clásico Le plus beau trek du Cañón del Colca permet de voir toutes sortes de paysages (p. 165).

Ausangate Passant de splendides glaciers, des lacs turquoise et de petits hameaux, le trek le plus éprouvant de la région de Cuzco est aussi le plus intéressant, à condition d'y consacrer 4 à 5 jours (p. 272).

Trek de Santa Cruz Cette randonnée très prisée de 5 jours passe par des hameaux andins et des vallées, et offre une vue magnifique sur le Huascarán, plus haut sommet du Pérou (p. 388).

Lares Les superbes paysages andins ajoutent au charme d'un trek dont le principal atout est de donner à découvrir la vie des villages dans les coins reculés de la Vallée Sacrée (p. 38).

Cuisine péruvienne

Aujourd'hui, tout le monde a entendu parler du *ceviche* et du *cuy* (cochon d'Inde). Toutefois, l'incroyable diversité de la cuisine péruvienne ne se résume pas à quelques spécialités.

Cours de cuisine Devenez un expert en gastronomie en participant aux excellents cours donnés à Arequipa (p. 148).

Patarashca Plat typique de la jungle à base de crevettes géantes ou de poisson cuisinés avec des tomates, des piments doux, des oignons, de l'ail et de la *sacha culantro*, le tout enveloppé dans une feuille de *bijao* ; goûtez-y à Tarapoto dans le restaurant homonyme (p. 444).

Café Tostado Avec ses tables de pique-nique et ses vieux fait-tout en métal, ce café de Lima propose une cuisine familiale. Commandez du lapin à l'avance, ou joignez-vous à la clientèle locale pour le petit-déjeuner de *chicharrónes* (couennes de porc frites) le dimanche (p. 89).

Chocolat Un onctueux chocolat chaud à la mode andine, avec des piments et du miel, est servi au Choco Museo (p. 199), à Cuzco.

Picanterías Les meilleurs petits restaurants d'Arequipa mettent l'accent sur l'authenticité et les épices (p. 152).

» Tisserand en costume traditionnel, Cuzco (p. 196)

Découvertes culturelles

Au Pérou, la culture et les traditions autochtones sont partout, et ne se découvrent pas au gré des seuls musées. Quelques idées pour vous en approcher davantage :

Chez l'habitant dans la région des canyons Sibayo et Yanque, villages du Cañón del Colca, offrent de loger en toute rusticité chez l'habitant, ce qui permet d'aller à la rencontre de la vie rurale dans le canyon (p. 163).

Villages de tisserands Via les tour-opérateurs de Cuzco, vous aurez accès aux villages traditionnels les plus reculés environnant les villes d'Ollantaytambo et Pisac (p. 214), dans la Vallée Sacrée.

Nazca Outre les célébrissimes lignes, on peut voir aussi de splendides poteries typiques aux couleurs chatoyantes (p. 124).

Tourisme communautaire Les tour-opérateurs axés sur le développement durable mettent en contact les touristes et la population locale dans la région de Huaraz (p. 377).

Parque Nacional de Manú Une excursion d'une journée dans les profondeurs de la jungle de ce parc national permet souvent de croiser des tribus autochtones vivant à l'écart du monde moderne (p. 468).

Nature sauvage

Le Pérou compte pléthore de paysages splendides et d'écosystèmes variés, tels que désert brûlant, luxuriante forêt tropicale amazonienne, et sommets andins couronnés de glace.

Circuit de la Cordillera Huayhuash Cette odyssée de 10 jours fait découvrir des lacs d'altitude, et des sommets de 6 000 m (p. 394), le tout sous l'œil des condors qui planent dans le ciel.

La source de l'Amazone Cette randonnée de 3 jours partant du Cañón del Colca mène à la source du plus long fleuve du monde (p. 162).

Cotahuasi Les 12 heures de route au départ d'Arequipa et l'inconfort ne découragent pas les aventureux de partir à la conquête du canyon le plus profond du monde (p. 167).

Choquequirau Ces ruines reculées, semblables à Machu Picchu, nécessitent 4 jours d'une difficile randonnée pour les rejoindre (p. 273).

Río Heath Magique, le Parque Nacional Bahuaja-Sonene est l'une des régions les plus vastes et les plus sauvages du Pérou, marquée par une riche biodiversité (p. 462). Rien de tel pour profiter des merveilles amazoniennes.

Pisco

Emblématique du Pérou, on connaît cet alcool fort à base de raisin essentiellement sous la forme du *pisco sour*, c'est-à-dire mélangé à du sucre et à du jus de citron vert. Les barmen péruviens confectionnent ce cocktail avec art et beaucoup d'adresse, et de nouvelles recettes fusion le rendent encore plus délicieux. Suivez le pisco à la trace depuis sa production jusqu'à la confection des cocktails.

Tacama Cet établissement qui produit le meilleur vin d'Ica, et partant, le meilleur pisco, organise des visites guidées gratuites et des dégustations dans sa ravissante hacienda coloniale (p. 120).

Museo del Pisco Un bar chic de Cuzco dont le personnel vous aidera à choisir parmi une longue liste de piscos et de cocktails originaux (p. 230).

Bars de Lima Dégustez des *pisco sour* à El Bolivarcito, bar historique qui fut le premier à en confectionner, et goûtez à des versions plus branchées à l'Ayahuasca (p. 90), un bar dans une demeure classée.

Lunahuaná Pour déguster du pisco (ou des vins doux) à la Bodega Santa Maria – une excursion d'une journée depuis Lima (p. 107).

Mois par mois

Le top 5

1. **Q'oyoriti,** mai/juin
2. **Semana Santa,** mars/avril
3. **Carnaval,** février/mars
4. **Verano Negro,** février/mars
5. **Fiesta de la Vendimia,** mars

Janvier

Les mois de janvier à mars constituent la saison la plus prisée (et la plus chère) sur la côte. Mais c'est aussi la meilleure période pour trouver les établissements ouverts dans les stations balnéaires, et les fêtes battent leur plein. En montagne et dans les canyons, c'est la saison des pluies. Randonneurs et alpinistes, passez votre chemin.

Año Nuevo

Le Nouvel An (1er janvier) est une fête particulièrement importante à Huancayo, où les réjouissances se poursuivent jusqu'à l'Épiphanie (6 janvier ; p. 288).

Danse des Noirs

Les participants portent des costumes avec des masques noirs pour rendre hommage aux ancêtres esclaves qui travaillaient dans les mines. Dans la ville de Huánuco (p. 311), dans les hauts plateaux du Centre.

Fiesta de la Marinera

La fête nationale de la danse de Trujillo (p. 326) se déroule la dernière semaine de janvier.

Février

Le Chemin de l'Inca reste fermé pendant tout le mois. Maintes fêtes péruviennes coïncident avec les célébrations catholiques et se donnent en grande pompe, surtout dans les villages indiens des hauts plateaux, où les dates liturgiques sont souvent en lien avec les fêtes agricoles traditionnelles.

La Virgen de la Candelaria

Cette fête de la Chandeleur (2 février) est particulièrement bigarrée à Puno, dans les hauts plateaux. Musiques et danses folkloriques y durent en effet deux semaines (p. 175).

Carnaval

Organisée quelques jours avant le carême (en février/mars), cette fête est souvent ponctuée de plusieurs semaines de batailles d'eau. Elle est très populaire dans les hauts plateaux, et le carnaval de Cajamarca est l'un des plus importants (p. 419). Mais les stations balnéaires participent également aux réjouissances.

Festival de sports d'aventure de Lunahuaná

À Lunahuaná, les sports d'aventure ont le vent en poupe, en particulier la descente de rivière. Ne manquez pas ce festival qui a lieu fin février/début mars.

Mars

Les prix baissent dans les stations balnéaires et les foules sont plus clairsemées, même si la côte reste ensoleillée. Après la saison des pluies, les orchidées fleurissent au Chemin de l'Inca, et les oiseaux d'Amazonie se lancent dans leur parade amoureuse.

Fiesta de la Vendimia

Amplement célébrée dans les deux principales régions viticoles de la côte sud,

Ica (p. 120) et Lunahuaná (p. 107). Au cours de cette fête des vendanges, entre autres activités, on foule le raisin au pied.

Verano Negro

Un must pour qui s'intéresse à la culture afro-péruvienne, cette fête organisée à Chincha (p. 110) fait la part belle à la musique et à la danse. Elle se déroule fin février ou début mars.

Avril

La Semaine sainte (en mars ou avril) se caractérise par une forte affluence et des tarifs de haute saison. C'est, à l'échelle nationale, une véritable manne touristique.

Semana Santa

La semaine précédant le dimanche de Pâques donne lieu presque chaque jour à de spectaculaires processions religieuses dans tout le pays, mais aucune ville ne surpasse Ayacucho, qui consacre 10 jours complets aux célébrations. Des processions pascales ont également lieu à Arequipa et Huancayo (p. 301).

Mai

Avec le retour du temps sec, la saison du trekking débute à Huaraz et aux environs de Cuzco.

Noche en Blanco

Inspiré des Nuits blanches européennes, leur pendant péruvien investit les rues du quartier de Miraflores, à Lima. Interdites à la circulation pour l'occasion, elles sont livrées aux arts, à la musique et à la danse. Fête organisée début mai.

Q'oyoriti

Un pèlerinage indien jusqu'à la montagne sacrée d'Ausangate, aux environs de Cuzco, en mai/juin (p. 274). Bien que méconnue par les étrangers, cette fête mérite le détour.

Fête des Croix

Cette fête a lieu le 3 mai à Lima, Apurímac, Ayacucho, Junín, Ica et Cuzco (p. 216).

Juin

La haute saison du tourisme international s'étend de juin à août. Il est indispensable de réserver le billet de train et le billet d'entrée pour Machu Picchu. C'est aussi une intense période de fête à Cuzco et dans les environs.

Fête-Dieu

Les processions à Cuzco sont particulièrement spectaculaires. Le 9e jeudi après Pâques (p. 216).

Inti Raymi

La fête du Soleil, mais aussi la fête de Saint-Jean-Baptiste et la fête des Paysans. Plus grande fête inca, elle marque le solstice d'hiver (24 juin). C'est incontestablement le spectacle de l'année à Cuzco (p. 216), et elle attire des milliers de touristes péruviens et étrangers. Elle est également très célébrée dans nombre de villes de la jungle.

Selvámonos

La jungle vibre au son du reggae, de la *cumbia* et de l'électro lors de ce nouveau festival musical (p. 473) organisé près d'Oxapampa, dans un splendide parc national.

San Juan

La fête de San Juan (Saint-Jean, p. 486) est particulièrement enlevée à Iquitos. Danses, festins et combats de coqs y commencent le soir du 23 juin et se poursuivent jusqu'à l'aube du 24 juin.

San Pedro y San Pablo

Les fêtes de Saint-Pierre et Saint-Paul fournissent une nouvelle occasion de s'amuser le 29 juin, notamment à Lima et dans les hauts plateaux.

Juillet

La haute saison touristique se poursuit. Lima est enveloppée de *garúa*, une épaisse brume marine de couleur grise qui s'attarde sur la ville quelques mois durant et apporte son lot de fraîcheur.

La Virgen del Carmen

Le 16 juillet, cette fête est principalement célébrée dans la sierra méridionale, et en particulier à Paucartambo et Pisac (p. 241) près de Cuzco, ainsi qu'à Pucará près du lac Titicaca.

Fiestas Patrias

La fête de l'Indépendance est célébrée dans tout le pays les 28 et 29 juillet ; dans la sierra du Sud, les réjouissances commencent avec la Saint-Jacques le 25 juillet (p. 288).

Août

Le dernier mois de la haute saison touristique, avec un pic de fréquentation à Machu Picchu.

Fête de Santa Rosa de Lima

De grandes processions ont lieu le 30 août à Lima, Arequipa et Junín en l'honneur de la sainte patronne de Lima et des Amériques (p. 74).

Septembre

C'est partout la basse saison. En septembre-octobre, le temps est encore propice aux randonnées d'altitude et la foule est partie. Les oiseaux migrateurs passent sur le devant de la scène.

Mistura

Une semaine durant en septembre, ce gigantesque festival gastronomique, internationalement reconnu, se tient à Lima (p. 51).

El Festival Internacional de la Primavera

À ne pas manquer, le festival international du Printemps est l'occasion de voir de sensationnelles démonstrations équestres, des danses et des célébrations culturelles. Dernière semaine de septembre à Trujillo (p. 326).

Octobre

La meilleure période pour visiter l'Amazonie va de septembre à novembre. Le temps s'y révélant plus sec, on a de meilleures chances de voir des animaux sauvages.

Great Amazon River Raft Race

La plus longue course de rafting au monde a lieu entre Nauta et Iquitos en septembre ou au début du mois d'octobre.

La Virgen del Rosario

Le 4 octobre, cette fête se déroule à Lima, Apurímac, Arequipa et Cuzco. Sa plus importante manifestation a lieu à Ancash, avec une confrontation symbolique entre Maures et Chrétiens.

El Señor de los Milagros

Fête religieuse de premier plan, le Seigneur des Miracles (p. 74) se déroule à Lima le 18 octobre, époque à laquelle débute la saison des corridas.

Novembre

Un mois intéressant pour les fêtes, en particulier pour les célébrations organisées à Puno.

Todos Santos

La Toussaint (1er novembre) inaugure la fête religieuse du lendemain.

Día de los Muertos

Le jour des Morts (2 novembre), on emporte des présents (nourriture, boissons, fleurs) sur les tombes des défunts. Cette célébration est particulièrement bigarrée dans les Andes où l'on consomme une partie des mets. L'atmosphère est plus festive que recueillie.

Semaine de Puno

Ce festival d'une semaine (p. 175) débute le 5 novembre. Ses danses de rue costumées commémorent l'avènement légendaire du premier *inca*, Manco Cápac.

Décembre

La saison estivale et balnéaire revient, et l'eau du Pacifique se fait plus chaude. Évitez l'Amazonie, où la pluie coule à torrents de la fin du mois jusqu'à début avril.

Fiesta de la Purísima Concepción

La fête de l'Immaculée Conception (8 décembre) est une célébration nationale marquée par des processions en l'honneur de la Vierge Marie.

Noël

Le 25 décembre. Une fête plus religieuse que séculière, en particulier dans les hauts plateaux andins.

La Virgen del Carmen de Chincha

Danses endiablées et musique toute la nuit dans les *peñas* (bars ou clubs accueillant des concerts de musique folklorique) d'El Carmen le 27 décembre.

Itinéraires

Que vous ayez six jours ou deux mois devant vous, les itinéraires qui suivent peuvent servir de point de départ à votre voyage. Et si vous manquez encore d'inspiration, rendez-vous sur www.lonelyplanet.fr/forum pour chatter avec d'autres voyageurs.

Deux à quatre semaines

Le Chemin des Gringos

Cet itinéraire couvre certains des sites les plus éminents du continent. De **Lima**, rejoignez **Pisco** et **Paracas**, d'où partent des bateaux pour les **Islas Ballestas**, célèbres pour leur faune. Ensuite, cap sur **Ica**, capitale du vin et du pisco (eau-de-vie de raisin), et les dunes de **Huacachina**, un haut lieu du *sandboard*. Vous survolerez ensuite à **Nazca** les mystérieuses lignes du même nom.

Enfoncez-vous dans les terres jusqu'à la "Ville Blanche" d'**Arequipa**, dotée d'une architecture coloniale et d'une vie nocturne remarquables. Randonnez dans le **Cañón del Colca** ou dans le **Cañón del Cotahuasi**, sans doute les canyons les plus profonds du monde, ou escaladez **El Misti**, un volcan de carte postale culminant à 5 822 m. Gagnez **Puno**, port péruvien du **lac Titicaca**, le lac navigable le plus haut du monde. De là, visitez les îles traditionnelles et les *chullpas* (tours funéraires) de **Sillustani** ou de **Cutimbo**.

Traversez les Andes jusqu'à **Cuzco**, la plus ancienne cité d'Amérique du Sud habitée en continu depuis sa création. Explorez les marchés et les sites archéologiques de la **Vallée Sacrée**, puis empruntez le **Chemin de l'Inca** pour rejoindre **Machu Picchu**.

Quatre semaines

Le meilleur du Pérou

Si vous êtes déterminé à découvrir le Pérou sous toutes ses facettes, cet itinéraire express couvre les sites phares du pays. Accordez-vous un bon mois pour en profiter pleinement.

Domptez votre décalage horaire en vous familiarisant avec la fine gastronomie péruvienne dans les restaurants de **Lima**, et en vous promenant, entre deux repas, dans les parcs et les musées de la capitale. Puis traversez le désert côtier vers le sud pour survoler les **lignes de Nazca**, avant de rejoindre l'élégante et cosmopolite **Arequipa**, ses monastères, ses canyons et ses volcans en activité.

Envolez-vous dans les Andes pour rejoindre **Cuzco**, l'ancienne capitale inca. Acclimatez-vous à l'altitude pendant quelques jours en explorant les rues pavées de la ville. Profitez également de ce laps de temps pour visiter les villages de la **Vallée Sacrée** dont les marchés regorgent de tissus, de talismans et de multiples variétés de tubercules. Prenez ensuite le train pour **Machu Picchu**, site archéologique le plus visité d'Amérique du Sud.

De Cuzco, rejoignez en avion **Puerto Maldonado** (ou affrontez le trajet de 10 heures en bus), où vous vous détendrez dans un lodge de jungle, au bord d'un cours d'eau du bassin amazonien. Deuxième possibilité : se rendre par voie terrestre de Cuzco à la **région de Manú**. Là, des étendues reculées de forêt vierge sont peuplées d'une faune très variée, allant des kinkajous aux caïmans. C'est l'une des régions du monde les plus riches en biodiversité. Troisième solution pour explorer la *selva* (jungle amazonienne) : rentrer en avion à Lima, puis poursuivre jusqu'à **Iquitos**, port animé d'où vous pourrez vous enfoncer dans la jungle.

À Lima, prenez un bus, ou un avion, vers le nord pour le camp de base de **Huaraz**. De là, une courte randonnée vous conduira aux pics vertigineux et aux paisibles lacs de la **Cordillera Blanca**. Une excursion d'une journée à Chavín de Huántar vous permettra de découvrir l'un des plus anciens sites péruviens. Regagnez la côte à **Chimbote**, puis continuez vers le nord jusqu'à **Trujillo**. Lieu idéal pour goûter à la cuisine épicée du Nord, cette cité historique est entourée de nombreux sites archéologiques, parmi lesquels figurent Chan Chan, la plus grande cité précolombienne, et les fascinants temples du Soleil et de la Lune. Terminez par quelques jours de détente – ou de surf – sous le soleil de **Máncora**.

AXEL FASSIO/GETTY IMAGES©

» (ci-dessus) Embarcation traditionnelle en roseaux *totora* sur le lac Titicaca (p. 169)

» (ci-contre) *Chullpas* (tours funéraires) incas à Cutimbo (p. 183)

Deux semaines et plus

Au cœur du pays inca

De Lima, rejoignez Cuzco en avion. Les 3 ou 4 premiers jours, rendez-vous d'abord dans la **Vallée Sacrée**, le temps de vous acclimater à l'altitude. Visitez la trépidante **Pisac** et faites une balade à cheval à **Moray** et **Maras**. Le secteur, avec le pittoresque village inca d'**Ollantaytambo**, offre les meilleures possibilités d'hébergement.

À Ollantaytambo, randonnez dans les ruines de la ville en matinée, ou bien allez visiter les puits salants de **Salinas** et prenez le train l'après-midi pour **Aguas Calientes**. Après le dîner, couchez-vous tôt de manière à prendre le lendemain le premier bus pour la majestueuse citadelle inca de **Machu Picchu**. Passez la journée à visiter le site.

Le lendemain matin, retour en train à **Cuzco**. À présent que vous voilà acclimaté, vous pouvez passer quelques jours à profiter du charme colonial de cette ancienne capitale inca. Au programme : visite guidée de la ville, découverte des quelques musées, des splendeurs de **Qorikancha** et dégustation de la délicieuse cuisine *cuzqueña*.

Prenez un confortable bus touristique (ou le train historique) jusqu'à **Puno**, ville de l'*altiplano*. Si votre séjour coïncide avec une période de fête, c'est ici qu'il faut être. Vous serez charmé par les costumes colorés, les fanfares et l'allégresse ambiante. Sinon, écoutez de la musique folklorique lors d'un dîner-spectacle, ou bien passez une nuit sur l'eau en dormant à bord du *Yavari*, un ancien bateau à vapeur.

Avec Puno pour base, partez à la découverte des tours funéraires des civilisations des Colla, des Lupaca et des Incas à **Sillustani** et **Cutimbo**. Cette excursion d'une journée se combine aisément avec la visite de la ravissante **Lampa** et de son ancienne église. Faites un circuit en bateau sur le **lac Titicaca** – l'occasion de visiter les fameuses îles flottantes en roseaux et de passer la nuit chez l'habitant, dans un hébergement traditionnel de l'**Isla Amantaní**. Si vous avez quelques jours devant vous, faites aussi un circuit en catamaran et découvrez les îles boliviennes appelées **Isla del Sol** et **Isla de la Luna**, avant de débarquer à **Copacabana**, d'où vous pourrez rentrer à Puno en bus touristique.

En quittant Puno pour regagner Lima et prendre votre avion retour, explorez la côte rurale de la **péninsule de Capachica**, ponctuée de lieux encore fermement ancrés dans les anciennes traditions de l'*altiplano*, et où vous ne croiserez quasiment pas d'autres touristes – choc des cultures assuré une fois regagné la grande métropole qu'est Lima.

Deux à quatre semaines

Au cœur de l'Amazonie

La jungle recouvre plus de la moitié du Pérou. Ce territoire riche d'une flore et d'une faune très diverses est habité par plusieurs ethnies amérindiennes. Dévalez par la route le versant oriental des Andes pour vous enfoncer très avant dans le bassin amazonien, qui s'étend jusqu'à l'Atlantique. Parcourir cet itinéraire dans son intégralité prend un mois, à moins de le subdiviser en régions à découvrir sur une ou deux semaines chacune.

L'itinéraire le plus populaire relie **Cuzco** à la **région de Manú**. De la taille d'un petit pays, elle abonde en lodges de jungle. Vous pouvez aussi prendre l'avion de Cuzco à **Puerto Maldonado**. Vous louerez alors un bungalow au toit de chaume au bord du **Río Madre de Dios**, d'où l'on accède au charmant **Lago Sandoval**, ou le long du **Río Tambopata**, où une réserve nationale protège l'une des plus grandes falaises argileuses du pays. La saison sèche (juillet-août) est traditionnellement la meilleure période pour regagner Cuzco par voie terrestre. Toutefois, cette route ayant été récemment asphaltée, il est désormais possible de le faire toute l'année.

Vous pouvez aussi décider de mettre cap au nord. Le plus simple est de prendre l'avion de Lima à **Pucallpa**, et de loger non loin, dans un lodge ou un bungalow au lac de **Yarinacocha**, bordé de villages amérindiens. Vous pourrez en visiter quelques-uns, dont ceux du peuple matriarcal des Shipibo, renommés pour leurs poteries. Les baroudeurs purs et durs iront de Lima à Pucallpa par la route via **San Ramón** – où l'on cultive le café – et le minuscule village de **Puerto Bermúdez**, bastion des Asháninka, la plus grande tribu amazonienne du Pérou.

Pucallpa est le point de départ d'un lent périple en cargo mixte, qui remonte le **Río Ucayali**, vers le nord, jusqu'à **Iquitos**. Cette capitale de la jungle compte un marché flottant et un port très animé, où vous pourrez embarquer pour une croisière dans le plus grand parc national du Pérou, la **Reserva Nacional Pacaya-Samiria**, via **Lagunas**. Vous pourrez aussi rallier le Brésil via la **zone trifrontalière**.

Si votre temps est compté, mieux vaut prendre l'avion. Dans le cas contraire, perdez-vous dans la jungle au gré de mémorables périples par la route et au fil de l'eau. Patience et autonomie seront ici les maîtres mots.

Dix jours à deux semaines

Côte nord

Première étape au nord de **Lima** : **Caral**, où la plus ancienne civilisation connue d'Amérique du Sud apparut voici quelque 5 000 ans. Plus au nord, allez contempler les sculptures de **Sechín** puis poursuivez vers **Trujillo**. À proximité vous attendent les **Huacas del Sol y de la Luna**, fameuses pyramides mochicas, ainsi que les ruines de **Chan Chan**, jadis une puissante cité.

Surfeurs et pêcheurs se côtoient près des plages paisibles de **Huanchaco**. Au nord, le spot de surf de **Puerto Chicama** s'enorgueillit de l'une des plus longues gauches du monde. Voici ensuite **Chiclayo**. De très beaux musées, dans les environs, exposent les trésors archéologiques du site de **Sipán**.

Haut lieu de l'artisanat, **Piura** compte de très bons restaurants. Quant aux chamans de **Huancabamba**, ils sont cachés plus haut dans les Andes. Les plus belles plages du Pérou s'étendent plus au nord, comme à **Máncora**, où vous pourrez aussi déguster des fruits de mer et danser jusqu'à l'aube.

Le voyage s'achève à **Tumbes**, aux portes de l'Équateur, d'où il est facile de visiter les mangroves péruviennes, aujourd'hui en danger, mais toujours grouillantes de vie animale – attention aux crocodiles !

Deux à quatre semaines

Nord sauvage et antique

De **Lima**, allez à **Trujillo** goûter la cuisine très épicée de la côte et visiter les sites archéologiques voisins, **Chan Chan** et les **Huacas del Sol y de la Luna**. Remontez ensuite plus au nord à la découverte d'autres ruines préhispaniques et du marché des sorciers de **Chiclayo**.

De là, partez à l'assaut de la difficile route qui conduit à **Cajamarca**, où les conquistadors capturèrent l'Inca Atahualpa. Pendant la saison sèche, aventurez-vous sur la spectaculaire route menant à **Celendín** puis à **Leimebamba**, pour tenter d'apercevoir la loddigésie admirable. Poursuivez ensuite jusqu'à **Chachapoyas** où la forêt de nuages dérobe à la vue la forteresse de **Kuélap**.

De Chachapoyas, empruntez l'itinéraire qui passe par **Pedro Ruíz** pour rejoindre **Tarapoto**. Là, vous pourrez randonner dans la forêt luxuriante jusqu'à des cascades. Ensuite, prenez l'avion pour **Iquitos**, en pleine jungle, ou continuer le périple par **Yurimaguas**. Des cargos en partent pour la rude traversée de deux jours jusqu'à Iquitos, et passent par le village de **Lagunas**, point d'accès à la **Reserva Nacional Pacaya-Samiria**. Une fois à Iquitos, vous pourrez organiser un trajet en bateau pour vous enfoncer plus avant dans la jungle.

Sports et activités

Top 5 des sites d'observation de la faune et de la flore

Parque Nacional de Manú Jaguars, tapirs et singes vivent dans ce vaste parc, l'un des plus sauvages du continent, au plus profond de la forêt amazonienne.

Cañón del Colca Les condors des Andes planent au-dessus de ce canyon escarpé, le second plus profond au monde.

Islas Ballestas Des colonies d'otaries et de manchots occupent ces îles rocheuses, au large de la côte sud du Pérou.

Parque Nacional Huascarán De gigantesques *puya raimondii* fleurissent, tandis que vigognes et viscaches gambadent dans le paysage alpin de la Cordillera Blanca.

Tumbes Sur la côte nord, une rare forêt de mangrove abrite crocodiles, oiseaux de mer, flamants roses et crabes.

Escalade de pics andins glacés, rafting dans l'un des canyons les plus profonds au monde, surf dans les rouleaux du Pacifique, randonnée sur les flancs d'un volcan fumant considéré comme un dieu vivant – le Pérou est incontestablement une terre d'aventure aux fabuleux paysages. Son histoire est tout aussi riche ; vous emprunterez peut-être à VTT d'anciens itinéraires de messagers incas ou vous marcherez au travers de champs en terrasses le long d'antiques routes commerciales. Par ailleurs, l'apparition récente de certaines activités signifie que vous aurez parfois une montagne, une plage ou des ruines rien que pour vous. Alors, équipez-vous et partez à l'aventure !

Trekking et randonnée

Le Pérou offre une incroyable variété de chemins de randonnée. Cuzco et Arequipa, dans les Andes méridionales, et Huaraz, dans le Nord, sont les principaux centres de trekking. Des chemins très accessibles mènent aux sites archéologiques, qui sont aussi la destination finale d'itinéraires plus ardus.

Le Chemin de l'Inca jusqu'à Machu Picchu est le trek le plus célèbre du pays. Le nombre limité de permis signifie que ce trek, obligatoirement guidé, est vendu des mois à l'avance. Si vous ne l'avez pas réservé assez tôt, il existe des itinéraires alternatifs. De plus, parmi d'autres possibilités aux

LA MORT SUSPENDUE

Qu'est-ce qui pousse une personne à endurer les rudesses du climat, la faim, l'épuisement et le manque d'oxygène pour conquérir des sommets interdits ? Joe Simpson aborde longuement cette question dans son célèbre livre *La Mort suspendue* (Glénat, 1990), le récit bouleversant d'une ascension que l'auteur effectua avec son compagnon de cordée, Simon Yates. L'ascension commença sans problème, avec l'escalade extrêmement difficile du pic escarpé et dentelé du Siula Grande, dans la Cordillera Huayhuash. Puis elle se termina par un accident qui faillit coûter la vie à Joe. Ce livre décrit l'exaltation, la satisfaction et l'angoisse de l'escalade. *La Mort suspendue* est devenu un documentaire britannique primé en 2003.

alentours de Cuzco, le spectaculaire trek de 6 jours autour de l'Ausangate (6 372 m) franchit des cols à 5 000 m, passe devant d'énormes troupeaux d'alpagas et traverse des hameaux inchangés depuis des siècles. Le site inca isolé de Choquequirau constitue une autre belle destination.

Près d'Arequipa, vous pouvez descendre dans des canyons parmi les plus profonds au monde, le Cañón del Colca, de renommée mondiale, et le Cañón del Cotahuasi. Le paysage est époustouflant et l'accès plus facile qu'à certains sites de haute altitude. Durant la saison des pluies, quand certains itinéraires andins sont impraticables, une végétation luxuriante tapisse le Cañón del Colca, que l'on peut explorer sans guide de village en village. En revanche, mieux vaut découvrir le Cañón del Cotahuasi, plus isolé et accidenté, en compagnie d'un guide local expérimenté et uniquement pendant la saison sèche.

À proximité de Huaraz, la Cordillera Blanca reste inégalée pour ses montagnes rocheuses coiffées de neige et la Cordillera Huayhuash, isolée et accidentée, est tout aussi fantastique. Le trek classique relie en 4 jours Llanganuco et Santa Cruz, où les alpinistes chevronnés grimpent jusqu'au col de Punta Union (4 760 m), entouré de pics gelés. Parmi les treks plus longs, l'itinéraire nord autour du spectaculaire Alpamayo nécessite au moins une semaine. Des randonnées de 2 jours dans le secteur mènent aux camps de base, à des lacs et suivent même une ancienne route inca.

À Cuzco et Huaraz (et dans une moindre mesure à Arequipa), des magasins de sport fournissent l'équipement, les services de guides et même d'*arrieros* (muletiers). Si vous préférez un matériel léger, achetez votre équipement, en particulier un sac de couchage, car le matériel de location plutôt ancien a tendance à peser. La nécessité d'un guide dépend du trek choisi. Certains itinéraires, comme le Chemin de l'Inca, exigent la présence d'un guide. Dans d'autres secteurs, telle la Cordillera Huayhuash, des cas d'agression incitent à engager un guide local. Une multitude d'autres treks peuvent s'effectuer sans guide. Procurez-vous des cartes topographiques des principaux itinéraires dans la grande ville la plus proche du point de départ ou, mieux encore, à l'Instituto Geográfico Nacional (IGN) ou au South American Explorers Club à Lima.

Quel que soit le parcours envisagé, prenez le temps de vous acclimater quelques jours à l'altitude pour éviter le mal des montagnes, ou *soroche*.

La saison sèche (mai-septembre) est la meilleure période pour le trekking dans les Andes. Évitez la saison des pluies (décembre-mars), qui rend certains secteurs impraticables.

Alpinisme, varappe et escalade de glacier

Doté des plus hautes montagnes en zone tropicale dans le monde, le Pérou offre des ascensions spectaculaires, mais l'acclimatation à l'altitude s'impose. La Cordillera Blanca, avec ses dizaines de pics enneigés à plus de 5 000 m, est l'une des destinations phares d'Amérique du Sud. Dans la ville andine de Huaraz, vous trouverez des tour-opérateurs, des magasins de sport, des guides, des informations et du matériel à louer ; mieux vaut cependant apporter son propre équipement pour les grandes ascensions. Près de Huaraz, l'Ishinca (5 530 m) et le Pisco (5 752 m) sont accessibles à des

TODD LAWSON/GETTY IMAGES©

» (ci-dessus) Alpinisme dans la Cordillera Blanca (p. 388)
» (ci-contre) Rafting à Caraz (p. 400)

TREKKING RESPONSABLE

» N'allumez pas de feu en plein air. Utilisez un réchaud de camp et ne laissez pas les cartouches de butane.

» Emportez tous vos détritus.

» La contamination des sources d'eau par l'homme peut conduire à la transmission de toutes sortes de maladies. Utilisez les toilettes quand elles existent. À défaut, enterrez vos déjections dans un petit trou de 15 cm de profondeur à au moins 100 m de tout cours d'eau. Recouvrez-les de terre et d'une pierre. Emportez le papier toilette.

» Pour vous laver, utilisez un savon biodégradable et un récipient d'eau à 50 m au moins de tout cours d'eau. Dispersez bien l'eau usée pour que le sol la filtre entièrement.

» Ne nourrissez pas les animaux sauvages.

» Certains chemins passent par des propriétés privées. Demandez aux propriétaires l'autorisation de les traverser et laissez les portes des enclos à bétail comme vous les avez trouvées.

» Ne donnez pas d'argent, de bonbons ou de cadeaux aux enfants. Cela encourage la mendicité, qui devient un problème important sur certains itinéraires très fréquentés. Pour aider la population, faites plutôt un don à une école, une ONG ou une organisation caritative locales (p. 375).

» Restez discret. Votre équipement coûte plus que ce que de nombreux habitants gagnent en un mois (ou en un an !). Rangez toutes vos affaires sous la tente la nuit.

grimpeurs relativement peu expérimentés. Ils constituent aussi un bon échauffement pour des alpinistes chevronnés avant de s'attaquer à des escalades plus difficiles, telles celles du Huascarán (6 768 m), le point culminant du pays, du fabuleux Alpamayo (5 947 m) aux arêtes acérées, ou du Yerupajá (6 634 m) dans la Cordillera Huayhuash, le deuxième plus haut sommet du Pérou. La varappe et l'escalade sur glace se développent aussi autour de Huaraz, où quelques magasins de sport disposent de murs d'escalade, louent du matériel et organisent des sorties en groupe.

Dans le sud du Pérou, les débutants déterminés pourront escalader les volcans enneigés aux alentours d'Arequipa. L'ascension la plus prisée est celle d'El Misti (5 822 m), un site inca de sacrifices humains. Hormis l'altitude, elle se limite à une longue marche éprouvante. Le Chachani (6 075 m), l'un des sommets de plus de 6 000 m les plus faciles à escalader, requiert néanmoins des crampons, un piolet à glace et un bon guide. D'autres pics alléchants surplombent le Cañón del Colca.

Le Pérou n'est pas la meilleure destination pour les alpinistes débutants. Les guides ne connaissent pas tous les bases des premiers secours ou de la recherche et du sauvetage en montagne. Vérifiez soigneusement les références des guides et choisissez un guide recommandé. Inspectez aussi le matériel de location avant le départ.

Comme pour le trekking, préférez la saison sèche (mi-juin à mi-juillet) pour l'alpinisme en haute altitude.

Rafting et kayak

La descente de rivière connaît une popularité croissante, avec des excursions allant de quelques heures à plus de 2 semaines.

Cuzco offre le plus de choix en la matière : de quelques heures de rafting de difficulté moyenne sur l'Urubamba aux descentes sportives du Río Santa Teresa et à celles de plusieurs jours sur l'Apurímac, la source de l'Amazone (avec des rapides de classe internationale de mai à novembre). La descente du Tambopata, possible de juin à octobre, suit les versants orientaux des Andes et comprend 2 jours de navigation paisible dans une forêt pluviale préservée.

Arequipa est un autre centre de rafting. Sur le Río Chili, le cours d'eau le plus fréquenté, des sorties d'une demi-journée pour débutants sont organisées tous les jours de mars à novembre. Un peu plus loin, le Río Majes, plus sportif, comporte des rapides de classes II et III. Sur la côte sud, Lunahuaná, non loin de Lima, est un excellent endroit pour débutants et chevronnés ; entre décembre et avril, ses rapides peuvent atteindre la classe IV.

Sachez que le rafting n'est pas réglementé au Pérou. Des accidents mortels se produisent chaque année et certaines rivières sont si éloignées que les secours mettent des jours à arriver. De plus, certains tour-opérateurs ne se soucient guère de l'environnement et laissent les déchets sur les plages de campement. Réservez auprès d'une agence réputée et recommandée et évitez les circuits à prix bradés. Un tour-opérateur fiable possède une assurance, vous remettra un document prouvant qu'il est enregistré, emploie des guides très expérimentés, capables de prodiguer les premiers soins et équipés d'une trousse à pharmacie complète. Choisissez-en un qui fournit un équipement de première qualité, avec des rafts autovideurs, des gilets de sauvetage et des casques certifiés et des rames de rechange. Nombre d'opérateurs fiables font accompagner leurs expéditions de rafting par un kayakiste formé au sauvetage en rivière.

Pour plus d'informations sur la descente de rivière, consultez le site www.peruwhitewater.com.

Surf

Avec des vagues régulières et peu fréquentées et de nombreux breaks isolés à explorer, le Pérou séduit autant les surfeurs locaux qu'étrangers.

Vous pourrez surfer dès votre atterrissage à Lima. Dans la partie sud de la capitale, des surfeurs dévalent point breaks et beach breaks à Miraflores (surnommée Waikiki), Barranquito et La Herradura. Le fabuleux point break gauche de La Herradura attire les foules par forte houle. Les initiés préfèrent Punta Hermosa au sud, moins fréquenté. À proximité, Punta Rocas accueille chaque année des championnats nationaux et internationaux, tout comme Pico Alto, un reef break pour "kamikazes" avec d'énormes vagues. L'Isla San Gallán, au large de la Península de Paracas, offre un point break droit réservé aux surfeurs expérimentés et seulement accessible en bateau ; adressez-vous aux pêcheurs ou aux hôtels du coin.

D'excellents breaks ponctuent la côte nord. Le plus connu est Puerto Chicama, où l'on peut surfer sur plus de 2 km le plus long break gauche au monde. De grosses vagues très régulières baignent aussi Pacasmayo, ainsi que Pimentel et Santa Rosa près de Chiclayo.

L'eau est froide d'avril à mi-décembre (environ 15°C) et une combinaison est généralement nécessaire. Nombre de surfeurs en portent toute l'année (2/3 mm suffit), même quand l'eau se réchauffe un peu de janvier à mars (environ 20°C dans la région de Lima). Au nord de Talara, sur le littoral septentrional, la température de l'eau dépasse 21°C la majeure partie de l'année.

Si les spots restent relativement peu fréquentés, le surf pâtit d'infrastructures limitées et du coût élevé de la location d'équipement. La côte nord est la plus organisée, avec des boutiques de surf et des auberges de jeunesse qui louent des planches, organisent des sorties de surf d'une journée et fournissent des conseils. Huanchaco offre tous ces services. Les surfeurs expérimentés auront intérêt à apporter leur propre planche.

Parmi les meilleurs sites consacrés au surf, citons www.peruazul.com, www.vivamancora.com et www.wannasurf.com, avec une liste complète et détaillée de tous les breaks du pays. Les sites www.magicseaweed.com et www.windguru.com indiquent de bonnes vagues et les prévisions météorologiques.

Sandboard

Le *sandboard* sur les gigantesques dunes de sable connaît une popularité croissante à Huacachina et aux alentours de Nazca, sur la côte sud. Le Cerro Blanco (2 078 m), près de Nazca, est la plus haute dune de sable au monde. Quelques hôtels et agences de voyages organisent des circuits en *areneros* (buggies des sables) qui vous déposent au sommet des dunes et vous récupèrent en bas. Choisissez bien votre conducteur ; certains sont notoirement imprudents.

Pour plus d'informations sur la pratique du *sandboard* dans le monde, consultez le site du *Sandboard Magazine* (www.sandboard.com).

VTT et cyclotourisme

Même si sa cote a fortement grimpé ces dernières années, le VTT reste une activité balbutiante au Pérou. Diverses pistes, de faciles à très sportives, sillonnent les alentours de Huaraz, d'Arequipa et même de Lima. Les cyclistes expérimentés pourront effectuer de splendides parcours dans la Vallée Sacrée et dévaler des pentes jusqu'à la jungle amazonienne, tous accessibles de Cuzco. Parmi les circuits plus faciles figurent la région viticole autour de Lunahuaná et le Cañón del Colca, à partir de Chivay.

Les VTT de location sont souvent rudimentaires ; mieux vaut emporter le vôtre si vous prévoyez de longs trajets (les réglementations des compagnies aériennes varient en la matière). Vous aurez également besoin d'un kit de réparation et de pièces de rechange.

Baignade

La baignade est prisée le long de la côte du désert de janvier à mars, quand l'eau du Pacifique devient plus chaude sous un ciel bleu. Certains des meilleurs endroits se situent juste au sud de Lima. Les plages de la côte nord sont bien plus belles, notamment à Huanchaco, une station détendue, aux alentours de Chiclayo et dans la station huppée de Máncora.

L'eau ne reste chaude toute l'année qu'au nord de Talara. Faites attention aux courants dangereux et sachez que les plages proches des grandes villes côtières sont souvent polluées.

Plongée

La plongée reste limitée au Pérou. L'eau est froide sauf de mi-décembre à mars, quand les crues des rivières la rendent trouble. À Lima, des centres de plongée proposent des cours PADI, louent l'équipement et organisent des sorties le long de la côte pour voir les otaries.

Équitation

De nombreuses localités touristiques louent des chevaux, qui ne sont pas toujours bien traités. Choisissez de préférence un *paso* péruvien. Cette race, qui descend des chevaux de lignée royale espagnole et maure montés par les conquistadors, est réputée pour sa démarche souple. Dans tout le pays, des centres équestres proposent des randonnées d'une demi-journée ou plus, notamment dans la Vallée Sacrée, à Urubamba.

Parapente

Parmi les sites prisés pour le parapente figurent les falaises côtières de Miraflores, dans la banlieue de Lima, et divers endroits de la côte sud, dont Pisco et Paracas (parfois même au-dessus des lignes de Nazca). Les centres de parapente restent peu nombreux ; mieux vaut réserver auprès d'une agence à Lima.

Trek du Chemin de l'Inca

Autres itinéraires vers Machu Picchu

Chemin de l'Inca en 2 jours Un trek guidé de 2 jours avec les principaux sites du Chemin. Réservez bien à l'avance car le nombre de permis est limité.

Vallée de Lares À effectuer de préférence avec un guide, ce trek de plusieurs jours, axé sur la culture, ne suit pas un itinéraire fixe. La traversée de villages andins pittoresques s'associe à un trajet en train d'Ollantaytambo à Aguas Calientes.

Trek de Salcantay Une randonnée de 5 jours, splendide mais exigeante, de la jungle aux montagnes, culminant à 4 700 m. Elle peut se faire en indépendant ou avec un guide.

Inca Jungle Trail Cet itinéraire multisport guidé rejoint Machu Picchu via Santa Teresa, combinant marche, vélo et rafting.

Vous avez déjà imaginé les profondes gorges verdoyantes encaissées, les citadelles perdues et les sommets noyés de brume. Grimper ces escaliers de pierre millénaires et suivre la route andine ignorée des Espagnols pendant des siècles reste une expérience fascinante. Parcourir le Chemin de l'Inca constitue indéniablement un rite de passage et l'aventure d'une vie. La logistique n'étant pas toujours évidente, ce chapitre indique l'essentiel pour effectuer ce trek.

Organiser votre trek

Quand partir

Des groupes organisés partent toute l'année, sauf en février quand le Chemin de l'Inca est fermé pour entretien et que la pluie décourage tout randonneur. Juin à août est la période

AVERTISSEMENT

En raison de la popularité du Chemin de l'Inca, il faut réserver au moins six semaines à l'avance en basse saison et de six mois à un an avant un départ entre fin mai et début septembre. Il en va de même pour l'itinéraire de deux jours.

Si tout est réservé à vos dates, envisagez les itinéraires alternatifs.

la plus froide, la plus sèche et la plus prisée. Avec une bonne préparation et l'équipement adéquat, vous pouvez choisir n'importe quel mois, quand le chemin est ouvert.

Pour éviter la foule, préférez les périodes avant et après la saison des pluies : de mars à mai (meilleure pour la végétation, les orchidées et les oiseaux) ou de septembre à novembre.

Recommandations

Même avec un sac léger, ce trek requiert une bonne forme physique. Outre des exercices réguliers, préparez-vous en effectuant de longues marches les semaines précédant le départ, ce qui vous permettra aussi de tester votre équipement. Vous devrez être bien dans vos chaussures avant de partir. Sur le chemin, la chaleur et l'altitude peuvent poser problème. Prenez votre temps, adoptez un rythme raisonnable et tout devrait bien se passer.

Réservation

Réservez au moins six mois à l'avance pour des dates entre mai et août. Le reste de l'année, vous pouvez obtenir un permis en quelques semaines, mais sans garantie. Les permis ne sont délivrés qu'aux agences agréées. Vous pouvez néanmoins consulter les disponibilités sur le site www.camino-inca.com.

Envisagez un trek de 5 jours pour un rythme plus lent et plus de temps pour profiter de la nature et des ruines. Des campements moins bondés et la possibilité de passer la troisième nuit dans le plus spectaculaire d'entre eux – Phuyupatamarka, à 3 600 m d'altitude – font partie des autres avantages.

Prenez le temps d'étudier toutes les possibilités, vous ne le regretterez pas. Mieux vaut interroger plusieurs agences avant de s'engager. Souscrivez aussi à une assurance voyage internationale qui couvre ce type d'activités.

Réglementation et droits d'entrée

Dans la région de Cuzco, le Chemin de l'Inca est le seul trek impossible à effectuer en indépendant ; vous devez absolument passer par une agence agréée. Les prix varient de 480 à 600 $US, voire plus.

Chaque jour, 500 personnes (guides et porteurs compris) seulement peuvent emprunter le chemin. Les permis sont délivrés selon la règle "premier arrivé, premier servi". Vous devrez fournir votre numéro de passeport pour l'obtenir, et présenter ce même passeport aux postes de contrôle le long du chemin. Si vous avez entre-temps obtenu un nouveau passeport, cela peut poser problème.

Les permis ne sont pas transférables ; pas de changement de nom.

EAU

Sur le Chemin de l'Inca, conservez de l'eau chaude pour le lendemain dans une bouteille bien fermée. Elle vous servira de bouillotte dans votre sac de couchage et l'eau sera assez froide pour la boire quand vous aurez repris la marche.

Choix d'une agence agréée

S'il peut être tentant de réserver rapidement le trek et de passer aux préparatifs suivants, mieux vaut examiner soigneusement les possibilités avant de s'engager financièrement. Si le prix constitue votre premier critère, sachez que les agences les moins chères rognent parfois sur les coûts en payant moins guides et porteurs. Parmi les autres déconvenues figurent un matériel de mauvaise qualité (tentes non étanches par exemple) et des guides moroses ou nonchalants.

Des tarifs plus élevés ne signifient pas toujours obtenir plus, surtout depuis que les tour-opérateurs internationaux prennent leurs marges et sous-traitent à des agences péruviennes. Discutez avec plusieurs agences pour avoir une idée de la qualité du service. Demandez si le guide parle anglais, la taille du groupe, les transports utilisés et une liste des prestations comprises. Assurez-vous que sont inclus une tente, la nourriture, un cuisinier, le droit d'entrée d'une journée aux ruines et le retour en train.

En cas de régime alimentaire spécial, signalez-le clairement avant le départ, de même que d'éventuelles allergies. Les végétariens doivent s'attendre à beaucoup de quinoa et de lentilles. Essayez d'obtenir une confirmation écrite.

Des porteurs sont également prévus pour l'équipement du groupe (tentes, nourriture, etc.). Vous devrez porter vos affaires personnelles, sac de couchage compris, à moins de payer pour un porteur supplémentaire (environ 50 $US par jour pour 10 kg).

Rencontrer des voyageurs d'autres parties du monde fait partie des plaisirs du trek en groupe. Gardez à l'esprit que chacun a son propre rythme et que la bonne entente requiert quelques compromis.

Si vous préférez un service plus exclusif, vous pouvez organiser un circuit privé avec un guide agréé indépendant (1 250-2 000 $US/pers). Pour un groupe de six ou plus, cela peut revenir moins élevé qu'un trek standard. Les prix varient considérablement ; n'hésitez pas à comparer.

Les conditions de travail des porteurs constituent un problème majeur dans la région de Cuzco (voir l'encadré ci-contre). Le Ministerio de Trabajo (ministère du Travail) sanctionne les agences par des amendes ou des retraits de licence en cas de non-respect des lois.

S'il existe d'autres agences consciencieuses, les prestataires mentionnés ci-dessous n'ont pas été récemment sanctionnés. Ils organisent des treks, ainsi que des circuits dans le Pérou. Pour d'autres adresses à Cuzco, reportez-vous p. 209.

Amazonas Explorer (☎84-25-2846 ; www.amazonas-explorer.com). Le plus ancien tour-opérateur de Cuzco, avec des pratiques responsables aux niveaux social et environnemental. Propose le trek classique en 5 jours et des treks alternatifs.

Aracari (☎à Lima 01-651-2424 ; www.aracari.com). Une agence réputée, installée à Lima, qui offre des circuits haut de gamme.

Aventours (☎84-22-4050 ; www.aventours.com ; Saphi 456, Cuzco). Un prestataire responsable avec une équipe chevronnée.

Culturas Peru (☎84-24-3629 ; www.culturasperu.com ; Tandapata 354-A, Cuzco). Agence très compétente et renommée aux pratiques responsables, détenue et dirigée par un Péruvien.

Explorandes (☎à Lima 01-715-2323 ; www.explorandes.com). Propose des itinéraires de 5 jours et une version de luxe ; agence certifiée ISO.

Peruvian Odyssey (☎84-22-2105 ; www.peruvianodyssey.com ; Pasaje Pumaqchupan 204, Cuzco). Un tour-opérateur fort de 20 ans d'expérience ; offre aussi un itinéraire alternatif via Santa Teresa.

Tambo Trek (☎84-23-7718 ; www.tambotreks.net). Pionnier, il organise des treks classiques et alternatifs, et soutient des campagnes de nettoyage.

À emporter

Les bâtons de marche sont fortement recommandés car le Chemin de l'Inca comporte de nombreuses marches en pierre à descendre, éprouvantes pour les genoux. Autres objets pratiques : une trousse de premier secours, une crème solaire, des sandales pour le campement, une veste rembourrée pour les nuits froides, une veste imperméable, un bonnet et des gants chauds, un chapeau de soleil, une trousse de toilette, des chaussures de marche confortables, des chaussettes de randonnée bien chaudes, des sous-vêtements Thermolactyl, une polaire, une bouteille d'eau ou un kit d'hydratation, un anti-moustique, des pantalons longs et des lunettes de soleil. Assurez-vous que votre sac n'est pas trop lourd et vérifiez la charge de votre appareil photo – vous ne pourrez pas le recharger en chemin.

Emportez des espèces (des soles) pour les pourboires. Prévoyez 100 S pour un porteur et 200 S pour le cuisinier.

Pour plus d'informations sur l'équipement pour des treks dans la région de Cuzco, reportez-vous p. 210.

Itinéraires alternatifs vers Machu Picchu

L'*Alternative Inca Trails Information Packet* (en anglais), du South American Explorers Club (p. 229), fournit plus de détails sur les randonnées suivantes.

Chemin de l'Inca en 2 jours

Cette version courte (10 km) du Chemin de l'Inca donne un bon aperçu de l'itinéraire plus long. Très physique, elle traverse certains des plus beaux paysages et la plupart des ruines et terrasses les plus impressionnantes du Chemin.

Nous vous conseillons de prendre le premier train au départ de Cuzco jusqu'au Km 104. De là, 3-4 heures de montée ardue conduisent à Wiñay Wayna, puis 2 heures de terrain assez plat mènent à Machu Picchu. Vous pouvez suivre le chemin 2 ou 3 heures de plus pour profiter de la vue et des sites.

Au cours de ce trek, vous passerez la nuit à Aguas Calientes et vous ne visiterez véritablement Machu Picchu que le jour suivant.

LA CONDITION DES PORTEURS

Par le passé, les porteurs du Chemin de l'Inca étaient sous-payés, transportaient des charges excessives et subissaient de déplorables conditions de travail. Une réglementation relativement récente impose un salaire minimum de 170 S, un couchage et une nourriture adéquats et les soins pour les accidents du travail. Aux postes de contrôle du chemin, les charges des porteurs sont pesées – chacun peut porter au maximum 20 kg de matériel collectif et 5 kg d'affaires personnelles.

Ces conditions restent cependant perfectibles et le meilleur moyen de contribuer à leur application consiste à choisir soigneusement son prestataire. Peu d'agences proposent des treks bien équipés, bien organisés et bien encadrés. Un circuit de qualité revient au moins à 500 $US. Les agences les moins chères réduisent les coûts, le plus souvent au détriment des porteurs, sur le Chemin de l'Inca et sur d'autres treks. Choisissez un tour-opérateur recommandé, tels ceux mentionnés dans ce chapitre et p. 209.

En chemin, observez ces quelques règles :

» Ne vous chargez pas trop. Un porteur devra transporter ce poids supplémentaire, quitte à laisser une partie de son équipement essentiel.

» Ne vous attardez pas dans la tente-réfectoire si elle sert de dortoir aux porteurs.

» Donnez un pourboire au cuisinier si vous avez aimé sa cuisine et systématiquement à vos porteurs.

» Remettez les pourboires directement et en soles. Ne les laissez pas à l'agence ou à un guide pour qu'il les distribue.

» Si vous ne comptez pas réutiliser votre matériel, des objets comme un bon sac de couchage valent de l'or pour les porteurs. Des vestes chaudes, des outils de poche et des lampes frontales constituent aussi des pourboires utiles en fin de trek.

» Si la façon dont les porteurs sont traités vous déplaît, plaignez-vous auprès de votre guide et de l'agence, et déposez une plainte officielle auprès de iPerú (www.peru.info), dans un bureau ou sur Internet.

Bien que les guides et les tour-opérateurs soient inspectés annuellement, il faut parfois du temps pour qu'une agence renonce à des pratiques irresponsables. Il est important que les randonneurs fassent part de leur expérience. Pour en savoir plus sur la vie des porteurs, regardez le documentaire *Mi Chacra*, Grand prix du Festival du film de montagne de Banff en 2011.

Il n'y a donc qu'une seule vraie journée de marche. Comptez en moyenne de 400 à 535 $US.

Trek de la vallée de Lares

Il ne s'agit pas d'un chemin spécifique, mais d'une marche le long de différents itinéraires jusqu'à Ollantaytambo à travers la superbe vallée de Lares. Partant de sources thermales, le trek traverse des villages andins, des sites archéologiques incas moins connus, des lagunes verdoyantes et des gorges fluviales. À la fin, vous prenez un train d'Ollantaytambo à Aguas Calientes. Plus culturel que technique, ce trek offre de fabuleux paysages de montagne ; l'altitude de son col le plus haut (4 450 m) n'est pas à dédaigner pour autant. Prévoyez en moyenne 460 $US.

Trek de Salcantay

Un trek plus long, plus spectaculaire, avec une approche un peu plus difficile à Machu Picchu que le Chemin de l'Inca. Le point culminant est un col à plus de 4 700 m près du splendide Salcantay (6 271 m ; "montagne sauvage" en quechua), un pic couvert de glace. De là, une descente spectaculaire rejoint de vertigineuses vallées subtropicales. Comptez de 5 à 7 jours pour arriver à Machu Picchu ; le prix moyen s'élève à 400 $US.

Mountain Lodges of Peru (☎84-26-2640 ; mountainlodgesofperu.com ; 2 390-2 990 $US/pers) propose une version luxueuse de ce trek, avec des guides hautement qualifiés et l'hébergement dans des lodges confortables, dotés de Jacuzzi extérieurs. Les prix varient selon la saison.

Inca Jungle Trail : la porte arrière de Machu Picchu

Imaginé par des prestataires et des guides, cet itinéraire multisport de 2 à 5 jours entre Cuzco et Machu Picchu passe par Santa Teresa et offre la possibilité de marcher, se déplacer à vélo et faire du rafting. Le nombre de jours et les activités varient, mais la base reste la même.

Le circuit commence par un long trajet en voiture de 4 à 5 heures de Cuzco à Abra Málaga, le col (4 350 m) entre Ollantaytambo et le bassin amazonien. Du côté Amazonie, vous dévalez à VTT la descente jusqu'à Santa María, passant des glaciers aux tropiques en 71 km. La route goudronnée se transforme en piste après une vingtaine de kilomètres.

Certains tour-opérateurs prévoient une marche de Santa María à Santa Teresa (23 km) ; d'autres optent pour un transport motorisé (1 heure), prétextant que la randonnée n'a guère d'intérêt. Elle comporte néanmoins une courte section de *camino de hierro* (route de fer), l'équivalent inca d'une autoroute.

Dans les deux cas, vous arriverez à Santa Teresa pour découvrir les sources thermales de Cocalmayo. Certains opérateurs prévoient du rafting près de Santa Teresa ; voir p. 211.

De Santa Teresa, vous pouvez marcher jusqu'à Machu Picchu (20 km, dont 12 km le long de la voie ferrée). La rivière est jolie, mais le trajet, habituellement poussiéreux et chaud, n'a rien de mémorable. Vous pouvez aussi prendre un bus et un train. En sens inverse, le même itinéraire permet de revenir à Cuzco, mais il est bien plus rapide de prendre le train via la Vallée Sacrée.

Il existe de nombreuses variantes de ce circuit. Les plus simples ne comprennent pas toujours les hôtels ou les droits d'entrée : lisez bien les petites lignes. Que vous passiez la nuit sous la tente ou en auberge, les tarifs varient surtout en fonction de la qualité des vélos, du professionnalisme des guides et du mode de transport jusqu'à Aguas Calientes (à pied ou en train). Un circuit de 3 jours coûte environ 379 $US et inclut habituellement une visite guidée de Machu Picchu et le retour en train à Ollantaytambo.

Gravity Peru (☎84-22-8032 ; www.gravityperu.com ; Santa Catalina Ancha 398, Cuzco) fournit les meilleurs vélos. Parmi les autres prestataires respectés figurent **Reserv Cusco** (☎84-26-1548 ; www.reserv-cusco-peru.com ; Plateros 326, Cuzco) et **X-treme Tourbulencia** (☎84-22-4362 ; www.x-tremetourbulencia.com ; Plateros 358, Cuzco).

Voyager avec des enfants

Le top des régions pour les enfants

Lima

Les enfants adorent le Parque del Amor, le Circuito Mágico del Agua, visiter les marchés et participer aux réjouissances familiales en plein air.

Cuzco et la Vallée Sacrée

Explorer les passages de l'ancienne cité de Cuzco, visiter un marché traditionnel ou grimper sur la Via Ferrata, les enfants de tous âges trouveront leur bonheur.

La côte

Les stations balnéaires comme Paracas et Huanchaco offrent les joies de la plage et un agréable climat ensoleillé.

Machu Picchu

Quoi de plus intriguant pour un adolescent que les mystères incas ? À proximité, des sites plus petits comme Ollantaytambo, Pisac et Maras piqueront aussi leur curiosité.

Voyager avec des enfants au Pérou présente des avantages certains. Dans cette société qui privilégie la famille, les petits sont adorés. Les parents engageront facilement la conversation avec des Péruviens en parlant des enfants, ce qui les aidera à franchir la barrière culturelle. Le pays constitue une excellente destination à découvrir en famille.

Ce chapitre recense l'éventail des possibilités pour vous aider à préparer toutes les étapes de votre séjour.

Le Pérou pour les enfants

Si le Pérou réserve un bon accueil aux enfants, mieux vaut prendre toutes les précautions de voyage habituelles. Assurez-vous que leurs vaccinations sont à jour. Les enfants bénéficient souvent de la gratuité ou de réductions pour les événements et les spectacles.

Renseignements pratiques

Dans les transports publics, un passager cède souvent sa place à un parent avec un enfant, ou propose de prendre l'enfant sur ses genoux. Dans les bus, les enfants voyagent habituellement gratuitement s'ils sont sur les genoux de leurs parents.

Des places de parking et des caisses prioritaires dans les supermarchés sont réservées aux femmes enceintes. Allaiter en public est courant, mais la plupart des femmes

LE PÉROU LUDIQUE

Le Pérou enchantera les jeunes aventuriers. Voici quelques suggestions :

Aventure

» Rafting près de Cuzco
» Équitation dans les contreforts des Andes
» Baignade dans les sources thermales La Calera, dans le Cañón del Colca
» Tyrolienne dans la canopée de la Vallée Sacrée
» Ascension des marches à la "super Mario" dans le site inca de Moray
» Exploration des ruines à Chachapoyas, dans la Vallée Sacrée et à Machu Picchu
» Observation de la faune et de la flore en Amazonie

Loisirs

» Fêtes et danses traditionnelles
» Trampolines et murs d'escalade en été
» Lamas et alpagas dans les fermes ou les zoos

À table

» L'ambiance joyeuse et les copieuses grillades des *quintas* (restaurants de cuisine andine)
» Des pique-niques sur des escarpements rocheux avec le monde à ses pieds

Refuges pour les jours de pluie

» Le Chiquity Club à Cuzco et les *ludotecas* (ludothèques) de Lima
» Fabrication de chocolat au Choco Museo à Lima ou Cuzco

couvrent discrètement leur poitrine. Service de baby-sitting ou clubs d'activités pour les enfants se limitent généralement aux hôtels et complexes haut de gamme.

Les toilettes publiques sont rarement bien entretenues ; emportez toujours du papier hygiénique. Si une femme peut emmener un petit garçon dans les toilettes pour femmes, il n'est pas acceptable qu'un homme emmène une fillette dans les toilettes pour hommes.

Santé et sécurité

L'alimentation constitue le principal risque. Dans un premier temps, buvez uniquement de l'eau filtrée ou en bouteille. Mieux vaut éviter les légumes crus, à moins d'avoir la certitude qu'ils ont été convenablement préparés. Faites particulièrement attention à l'alimentation des enfants en bas âge : la diarrhée peut être dangereuse pour les petits et les vaccins contre l'hépatite A et la typhoïde sont déconseillés pour les moins de 2 ans.

Gare aussi aux dangers de l'exposition au soleil, surtout à haute altitude. Couvrez bien vos enfants et appliquez-leur de la crème solaire. L'altitude peut aussi poser problème ; assurez-vous que la famille s'acclimate lentement. Il est dangereux d'emmener des enfants de moins de 3 ans à des altitudes élevées.

En basse altitude, les régions de jungle sont déconseillées pour les bébés de moins de 9 mois, le vaccin contre la fièvre jaune étant contre-indiqué aux nourrissons.

Les deux principaux médicaments contre le paludisme, le Lariam et la Malarone, peuvent être administrés aux enfants, tout comme les anti-moustiques, mais avec des concentrations moindres.

Les chiens errants étant nombreux, prévoyez une vaccination antirabique. Les chiens sont généralement doux ou craintifs ; évitez ceux qui semblent agressifs.

Pour plus d'informations, reportez-vous au chapitre *Santé* p. 567.

Alimentation

Si les restaurants ne proposent pas de "menu enfant", beaucoup offrent des plats adaptés aux plus jeunes ou en préparent sur demande. Vous pouvez toujours commander un plat *sin picante* (sans épice), partager une assiette entre deux enfants ou entre un adulte et un enfant. N'attendez pas que les estomacs crient famine pour vous attabler car le service est parfois lent. Seuls quelques grands restaurants disposent de chaises hautes.

Activités

Les trajets en train ou en canoë dans la jungle sont une aventure pour les enfants. Dans les campagnes, le tourisme communautaire peut constituer un excellent choix. Quantité d'activités pour adultes peuvent être adaptées aux plus jeunes. Certaines, comme l'équitation ou le canyoning, imposent un âge minimum (habituellement 8 ans), mais toutes conviennent aux adolescents. Les enfants pourront descendre certaines rivières en bouée ou en raft. Assurez-vous que les prestataires disposent de gilets de sauvetage et de combinaisons à leur taille.

Préparatifs

Quand partir

L'été (décembre-février) garantit un climat agréable et les joies de la plage, mais la côte est plaisante toute l'année. Évitez les hauts plateaux durant les mois pluvieux (décembre-mars). Préférez la saison sèche (juin-août) pour visiter Cuzco et Machu Picchu, bien que ce soit aussi la plus prisée.

Hébergement

La plupart des hôtels de catégories moyenne et supérieure offrent des tarifs réduits pour les moins de 12 ans qui partagent la chambre avec leurs parents. Seuls les hôtels les plus luxueux disposent de lits pour bébé. Les bungalows ou les appartements, plus courants en bord de mer, constituent un bon choix pour ceux qui souhaitent cuisiner.

À emporter ou louer

Si vous voyagez avec un bébé, faites le plein de couches à Lima ou dans une autre grande ville avant de partir dans la campagne. Emportez aussi : des médicaments pour bébé, un thermomètre, et, bien sûr, son jouet favori. Le lait en poudre et les petits pots se trouvent facilement.

Prévoyez des tenues confortables, un maillot de bain, un chapeau de soleil, un coupe-vent et des vêtements chauds pour les nuits et les journées froides. Avant de partir, assurez-vous que tout le monde s'est habitué à ses chaussures. Des sandales seront utiles sur la côte. Un appareil photo bon marché ou des jumelles amuseront les enfants. Sur place, vous pourrez louer des vélos avec casque, ainsi que du matériel de surf.

Les poussettes se révèlent souvent peu pratiques en dehors des villes. Les sacs à dos porte-bébé sont parfaits pour visiter les marchés ou arpenter les chemins de randonnée avec des bambins de plus de 6 mois.

Les jeux électroniques et les tablettes attireront l'attention en public ; mieux vaut ne les utiliser qu'à l'hôtel.

Avant de partir

Tenez compte de vos enfants en prévoyant votre itinéraire ou faites-les participer à la préparation du voyage dès le début. Si vous louez une voiture, signalez à l'avance votre besoin d'un siège enfant ; ils ne sont pas toujours à disposition. Le guide *Voyager avec ses enfants* de Lonely Planet comprend des informations et des conseils utiles.

Les enfants de moins de 2 ans ne paient que 10% du prix du billet d'avion s'ils voyagent sur les genoux d'un adulte, ceux de moins de 12 ans bénéficient de tarifs réduits.

Si vous ne souhaitez pas être assujetti à un programme trop strict en voyage, sachez que beaucoup d'activités peuvent se réserver quelques jours à l'avance.

Les régions en un clin d'œil

Du désert côtier brûlé par le soleil aux luxuriantes étendues de la forêt amazonienne en passant par les pics déchiquetés des Andes, le Pérou offre une grande diversité de panoramas et de cultures. La vie urbaine à Lima est l'une des plus sophistiquées du continent, tandis que dans les régions reculées perdurent des traditions ancestrales. En naviguant dans cette étonnante mosaïque, le visiteur pourra assister à de fastueuses fêtes religieuses mêlant catholicisme et croyances indiennes, danser jusqu'au bout de la nuit dans des discothèques éclatantes ou faire un voyage dans le temps au milieu des ruines d'une civilisation précolombienne. La cuisine n'est pas en reste : les intonations gustatives évoluent de pair avec les variations du paysage, combinant avec bonheur les ingrédients traditionnels et contemporains. Bienvenue dans ce pays où la richesse des couleurs le dispute à celle des saveurs.

Lima

Cuisine ✓✓✓
Culture ✓✓✓
Vie nocturne ✓✓

Cuisine
Célèbre parmi les gourmets du monde entier, la cuisine de Lima, réputée pour puiser à toutes les traditions culinaires, sait introduire des ingrédients frais locaux dans des préparations de haute volée. Pour y goûter, rien de tel que de participer à Mistura, le prestigieux festival gastronomique de la capitale.

Culture
Fondée au XVe siècle, Lima ne manque pas de richesses culturelles, depuis ses catacombes coloniales et ses musées jusqu'aux galeries d'art branchées du quartier bohème de Barranco.

Vie nocturne
Quand le soleil se couche sur le Pacifique, un million de lumières s'allument à Lima. C'est le moment de prendre un bain de vie latino. Commencez par un *pisco sour* ou un *chilcano de pisco*, en terrasse ou dans un bar cosy, avant d'aller en boîte de nuit, danser jusqu'au petit matin sur des musiques variées.

p. 50

Côte sud

Histoire ✓✓
Sports et activités ✓✓
Vin ✓

Histoire

Deux grandes civilisations précolombiennes ont prospéré sur la côte sud du Pérou. Les Nazcas ont tracé de mystérieux géoglyphes dans les paysages désertiques au sud d'Ica. Les Paracas ont laissé, près de Pisco, des nécropoles où ils enterraient leurs morts dans des textiles brodés.

Sports et activités

Outre le rafting et le kayak à Lunahuaná, on peut dévaler en *sandboard* les dunes de sable près de l'oasis de Huacachina et, non loin, la plus haute dune du monde, le Cerro Blanco.

Vin

Le Pérou, qui a fait une entrée relativement récente sur la scène vinicole internationale, possède ses plus beaux vignobles dans les zones de désert bien irriguées du Sud. Si Ica est la capitale du vin, vous trouverez aussi de bons viticulteurs à Lunahuaná, près de Lima, et à Moquegua, à quelques heures au sud d'Arequipa.

p. 104

Arequipa et la régions des canyons

Trekking ✓✓✓
Architecture ✓✓
Cuisine ✓✓

Trekking

Pour nombre de voyageurs, le trek au Pérou se limite au Chemin de l'Inca. Mais si vous supportez mal la foule, allez dans les canyons de Colca et de Cotahuasi, où de spectaculaires sentiers s'étirent sur des kilomètres de sereine solitude.

Architecture

Entièrement construite en *sillar*, une roche volcanique blanche, Arequipa est généralement présentée comme l'une des plus belles villes coloniales espagnoles d'Amérique. Non moins charmantes, sont les églises baroques des villages du Cañón del Colca.

Cuisine

Bien avant que le Pérou ne devienne une capitale gastronomique, Arequipa avait l'art de fusionner les influences quechua, espagnole et chinoise pour concocter une cuisine singulière dont les meilleurs représentants sont les *picanterías* (petits restaurants) traditionnelles de la ville.

p. 139

Lac Titicaca

Fêtes et festivals ✓✓✓
Culture ✓✓✓
Escapade ✓✓

Fêtes et festivals

Costumes hauts en couleur et plus de 300 danses traditionnelles font de Puno la capitale du folklore péruvien. La Vierge étant la sainte patronne de la ville, la fête de la Virgen de la Candelaria (célébrée le 2 février) met chaque année toute la ville en liesse.

Culture

Le tourisme communautaire est la meilleure manière d'appréhender ce que peut être la vie sur cette immense étendue bleue à près de 4 000 m d'altitude. Une vie qui donne le sentiment d'être dans un autre monde – des Uros, îles flottantes en roseau, à l'Isla Amantaní, qui impose son propre rythme.

Escapade

Offrez-vous une visite dans la réserve naturelle de l'Isla Suasi ou passez quelques jours chez l'habitant dans un village au bord du lac pour arrêter le temps.

p. 169

Cuzco et la Vallée Sacrée

Ruines ✓✓✓
Sports et activités ✓✓✓
Culture ✓✓

Ruines
Plutôt que de vous limiter, comme beaucoup, à une excursion d'une journée depuis Cuzco, enfilez vos chaussures de marche pour arpenter des itinéraires de traverse. Prenez le temps de vous immerger dans les paysages andins et de vous acclimater à la culture avant le grandiose final.

Sports et activités
Avec pléthore d'agences, Cuzco est, à l'instar de Huaraz, le paradis des sportifs. Chevauchez un VTT pour dévaler les pics vertigineux, escaladez une paroi rocheuse sur une *via ferrata* (voie en métal) ou randonnez autour de l'Ausangate.

Culture
La culture inca est omniprésente, dans les ruines et les musées, mais aussi dans la vie locale. Optez pour le tourisme communautaire, joignez-vous à une fête ou suivez le trek de la vallée de Lares à la découverte de villages perdus dans les Andes.

p. 194

Hauts plateaux du Centre

Architecture ✓✓
Escapade ✓✓✓
Fêtes et festivals ✓✓✓

Architecture
Des villes oubliées comme Ayacucho ou Huancavelica offrent, en définitive, un meilleur aperçu du passé colonial du Pérou que des villes comme Cuzco. Moins bien préservées par manque de fonds, elles ne sont en revanche pas dénaturées par les magasins de chaînes occidentales. Une balade dans les rues vous offre un dépaysement total.

Escapade
Les hauts plateaux du Centre sont l'occasion de replonger dans l'esprit d'aventure des Andes d'antan : on sillonne des gorges spectaculaires dans des bus poussifs, à l'assaut de routes vertigineuses qui mènent à des villes où se dressent des temples oubliés.

Fêtes et festivals
La vallée du Río Mantaro compte autant de fêtes que de jours dans l'année. Les célébrations de la Semana Santa y sont les plus grandioses d'Amérique latine.

p. 277

Côte nord

Ruines ✓✓✓
Cuisine ✓✓✓
Plages ✓✓

Ruines
Les immenses étendues désertiques de la côte nord, scandées de hautes dunes, recèlent sous leurs sables d'innombrables ruines précolombiennes encore largement intactes.

Cuisine
Paradis des fruits de mer et du poisson, la côte nord invite à se régaler de *ceviche* (poisson cru mariné dans du jus de citron, du piment rouge et des oignons, servi avec du maïs et des patates douces), le plat national qui a joué un rôle majeur dans la renaissance gastronomique du pays.

Plages
Certes, on ne choisit pas le Pérou pour passer des vacances balnéaires, pourtant, une fois sur place, on peut être agréablement surpris par les vastes plages de Huanchaco, Colán, Máncora ou Punta Sal.

p. 315

Huaraz et les cordillères

Trekking ✓✓✓
Sports et activités ✓✓
Ruines ✓✓

Trekking
Les majestueux pics de la Cordillera Blanca, de la Cordillera Negra et de la Cordillera Huayhuash surplombent certains des plus beaux sentiers de randonnées d'Amérique latine : aussi nombreux que variés, ils se détachent toujours sur une toile de fond à couper le souffle.

Sports et activités
Les activités sportives ne se limitent pas au trekking : ces imposantes montagnes se prêtent aussi à bien d'autres activités : des randonnées à cheval ou à VTT, des journées varappe en passant par d'exigeantes excursions d'escalade sur glace ou d'alpinisme.

Ruines
Outre les ruines fascinantes de Chavín de Huántar, qui portent la mémoire de l'une des plus anciennes grandes civilisations du continent, les cordillères offrent de merveilleuses occasions de mêler plaisirs sportifs et découverte d'autres vestiges du passé.

p. 371

Hauts plateaux du Nord

Nature ✓✓✓
Ruines ✓✓
Cuisine ✓✓

Nature
De l'impressionnante chute de Gocta, haute de 771 m, aux nombreuses possibilités d'observer les oiseaux, en passant par les nouveaux écolodges qui se multiplient, les hauts plateaux du Nord offrent une occasion unique de vivre en pleine nature au milieu de certains des plus beaux paysages du pays.

Ruines
Seuls les vestiges du Machu Picchu peuvent rivaliser avec ceux de Kuélap, impressionnante citadelle perchée dans les forêts de nuages, près de Chachapoyas. Ce site, bien préservé, justifie à lui seul de s'aventurer dans cette région.

Cuisine
La cuisine du littoral est certes plus connue, mais les recettes de Tarapoto et de Chachapoyas, où la jungle a son mot à dire, ont aussi de quoi ravir les papilles. À savourer avec quelque élixir de la région obtenu à partir de racines et de plantes sauvages en portant un toast à la *selva*.

p. 413

Bassin amazonien

Sports et activités ✓✓✓
Faune ✓✓✓
Fêtes et festivals ✓✓

Sports et activités
Partir en trek au milieu d'une végétation si dense qu'il faut tailler son chemin, sillonner les cours d'eau dans des pirogues, traverser la canopée en tyrolienne : l'Amazonie est synonyme d'aventure.

Faune
Anacondas, bestioles géantes, dauphins d'eau douce, coqs-de-roche et même jaguars sont quelques-unes des merveilleuses rencontres que rend possible la forêt amazonienne. Mais les péripéties indissociables de cette traque pacifique constituent déjà en soi une expérience inoubliable.

Fêtes et festivals
C'est au cœur de l'Amazonie que l'on peut assister à des festivités parmi les plus hautes en couleur du Pérou. Ce sont celles de San Juan (Iquitos) et du festival de musique Selvámonos (Oxapampa), qui battent toutes les deux leur plein en juin, à une semaine d'intervalle l'une de l'autre.

p. 447

Les établissements sont cités par ordre de préférence des auteurs

Les pictos pour se repérer :

- ♥ Les coups de cœur des auteurs
- Les adresses écoresponsables
- GRATUIT Entrée, accès libre

Voir aussi l'index p. 581 où figurent toutes les localités couvertes dans ce guide

Sur la route

Lima

Dans ce chapitre »

Le top des restaurants

- » Central (p. 85)
- » Astrid y Gastón (p. 85)
- » El Verídico de Fidel (p. 82)
- » El Rincón que no Conoces (p. 90)
- » El Enano (p. 85)

Le top des hébergements

- » 3B Barranco B&B (p. 81)
- » Backpacker's Family House (p. 78)
- » DUO Hotel Boutique (p. 76)

Pourquoi y aller

Sous le voile brumeux qui enveloppe ses façades coloniales et ses gratte-ciel, Lima n'a rien à première vue d'une reine de beauté. Accrochée à des falaises côtières poussiéreuses, cette métropole tentaculaire est, après Le Caire, la capitale la plus sèche au monde. Pour l'apprécier, il faut oser affronter le chaos urbain, juxtaposition de tours d'habitation et de temples précolombiens, où le fracas des vagues du Pacifique se mêle au grondement de la circulation.

Cette apparence peu flatteuse dissimule pourtant une culture sophistiquée, fruit d'un passé millénaire. De vénérables musées conservent les vestiges de civilisations éteintes, tandis que des galeries exposent l'avant-garde de l'art contemporain. Des processions religieuses remontent comme par le passé des rues dont les boîtes, bondées la nuit venue, résonnent de rythmes tropicaux. S'ajoute à cela une tradition culinaire vieille de 400 ans, toujours en évolution.

Nimbée d'histoire, résolument anarchique et pleine de séduction, telle est la véritable Lima.

Quand partir

Lima

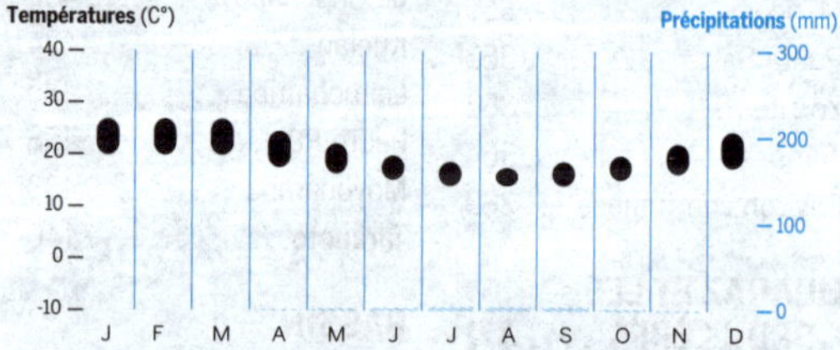

Déc-mars Mois les plus chauds ; période idyllique pour fréquenter les plages de la côte.

Toute l'année Climat doux et sec à Lima ; visite agréable à tout moment du calendrier.

Fin août Fête de Santa Rosa de Lima, sainte patronne du pays ; processions colorées.

Cuisine locale

À Lima, la gastronomie confine au culte, d'où une question cruciale : que manger ? Pour résoudre ce dilemme cornélien, commencez par goûter les spécialités suivantes :

Les plus tendres brochettes de cœur de bœuf – ou *anticuchos* – de Lima pourront vous être servies dans une simple échoppe de rue (Anticuchos de la Tía Grima, p. 86) ou dans un restaurant chic de Miraflores (Panchita, p. 88).

De succulentes versions du *ceviche*, le plat le plus apprécié du Pérou, sont proposées dans des établissements économiques (El Verídico de Fidel, p. 82) ou haut de gamme (Pescados Capitales, p. 85) ; pour des saveurs véritablement originales, goûtez le *ceviche* poêlé (Fiesta, p. 86).

Dite *criolla*, la cuisine péruvienne fusion – singulier mélange d'influences espagnole, andine, chinoise et africaine – n'égale pas les plats à petit prix de Rincón Chami (p. 87), d'El Rincón que No Conoces (p. 90) ou ceux du très cossu Huaca Pucllana (p. 86).

Un service de premier ordre, une carte des vins pléthorique et une cuisine généreuse mariant tradition et modernité vous attendent chez Astrid y Gastón (p. 85) et au Malabar (p. 84).

Hymne à l'humble tubercule, les *causas* sont des plats froids à base de pommes de terre, aussi esthétiques que savoureux, servis dans tous les restaurants typiques.

À NE PAS MANQUER

Pendant une semaine en septembre, **Mistura** (www.mistura.pe), la prestigieuse foire gastronomique internationale de Lima, permet de découvrir l'incroyable diversité culinaire de la ville, des restaurants les plus réputés au meilleur de la cuisine de rue.

Le top des musées

- Le Museo Larco (p. 65) rassemble la plus grande collection privée d'art précolombien au monde. Il propose désormais des visites nocturnes avec dîner et illumination de la cour.
- La Fundación Museo Amano (p. 68) ne dévoile ses céramiques et textiles anciens que dans le cadre intimiste de visites sur rendez-vous.
- Le Museo de Arte de Lima (p. 63), dévolu aux Beaux-Arts, a retrouvé un nouveau souffle à l'issue de rénovations de grande ampleur.
- Le Monasterio de San Francisco (p. 57), célèbre pour ses catacombes et son architecture baroque, abrite aussi une bibliothèque de 25 000 ouvrages, certains antérieurs à la conquête espagnole.
- Le Museo Pedro de Osma (p. 70) donne un aperçu de la période coloniale dans un splendide édifice décoré de toiles de l'école de Cuzco et de souvenirs de la vice-royauté.

PRINCIPAUX POINTS D'ACCÈS

Les vols internationaux atterrissent à l'Aeropuerto Internacional Jorge Chávez. Il n'existe pas de gare routière principale. Les bus desservant la région et les pays voisins partent de différents terminaux disséminés en ville.

En bref

- Population : 8,5 millions d'habitants
- Superficie : 800 km²
- Altitude : niveau de la mer

Bon à savoir

Une même rue peut changer de nom selon l'endroit de la ville. C'est le cas par exemple de l'Avenida Arequipa (alias Garcilaso de la Vega ou Wilson). Une appellation n'étant pas spécifique à un quartier, précisez bien ce dernier aux chauffeurs de taxi. Il arrive aussi que certaines artères soient rebaptisées. Pour plus de commodité, nous indiquons dans ce guide les noms les plus couramment utilisés.

Sites Web

- http://www.lonelyplanet.fr/destinations/amerique/perou
- www.peru.travel
- www.livinginperu.com (en anglais)
- www.munlima.gob.pe (en espagnol)
- lima.dailysecret.com (en espagnol et en anglais)

À ne pas manquer

1. La fine fleur de la cuisine péruvienne dans les restaurants créatifs de **Miraflores** (p. 85).
2. Un cocktail à base de pisco dans un bar à l'ancienne ou un lounge chic de **Barranco** (p. 91).
3. Les céramiques, tapisseries et objets d'orfèvrerie précolombiens du **Museo Larco** (p. 65).
4. Le site de **Pachacamac** (p. 101), vestige de plusieurs civilisations brillantes.
5. Un saut en **parapente** (p. 72) depuis les falaises de Miraflores pour survoler les gratte-ciel avec le Pacifique en toile de fond.
6. L'**Iglesia de Santo Domingo** (p. 57), dans le centre-ville, qui conserve des reliques de saints parmi les plus révérés d'Amérique latine.
7. Le quartier colonial de **Barranco** (p. 69) et les parcs côtiers verdoyants de **Miraflores** (p. 67), à pied ou à vélo.

Vers Cajamarquilla (12 km), Puruchuco (13 km) et Chosica (35 km)
SANTA ANITA
Carretera Central
McCheca Eguiguren
Av La Molina
Av J P Pringles
Universidad Agraria
Av R Ferrero
LA MOLINA
Cerro El Agustino (482 m)
Vía de Evitamiento
Río Surco
Av N Ayllon
Club Golf Los Incas
Alameda del Corregidor
Cerro San Cristóbal (409 m)
Av Ancash
EL AGUSTINO
Av Grau
Hipódromo de Monterrico
MONTERRICO
Cerro San Francisco (629 m)
SAN LUIS
Av Canada
Av Nicolas Arriola
Av 28 de Julio
Iglesia de Santo Domingo
LA VICTORIA
Parque Zonal Túpac Amaru
Museo de la Nación
Av El Polo
Museo de Oro del Perú
Av de Molina
Av Panamericana Sur
Av Manco Cápac
Av México
Av Javier Prado Este
SAN BORJA
Av Aviación
Av Primavera
SANTA BEATRIZ
Paseo de la República (Vía Expresa)
Voir la carte Lima et La Victoria (p. 62)
LINCE
SURQUILLO
Av A Benavides
Av Brasil
Paseo de la República (Vía Expresa)
Av Aramburu
Av República de Panamá
Vers Pachacamac (25 km)
Av Santiago de Surco
JESÚS MARÍA
SAN ISIDRO
Av Arequipa
Av Benavides
SANTIAGO DE SURCO
Museo Nacional de Antropología
Lima Golf Club
Voir la carte San Isidro (p. 76)
Av Jose Pardo
Av S Carrión
Av Salaverry
Av Sucre
Av Santa Cruz
1 7 Miraflores
Vers Lurín (28 km), Punta Hermosa (30 km), San Bartolo (33 km), Pico Alto (36 km) et Punta Rocas (38 km)
Av Jorge Chávez
MAGDALENA DEL MAR
Playa Costa Verde
5 Falaises de Miraflores
Voir la carte Miraflores (p. 66)
2 7 Barranco
Av Aguilar Pastor
Voir la carte Barranco (p. 70)
Playa Agua Dulce
Paseo de la República
Av Huaylas
Malecón de Chorrillos
CHORRILLOS
OCÉAN PACIFIQUE
Playa la Herradura
Playa la Chira
0 2 km

Histoire

L'histoire de Lima est celle d'un cycle ininterrompu de destructions et de renaissances. Après avoir connu une succession de tremblements de terre dévastateurs, de guerres, de règnes puis de déclins de grandes civilisations, la capitale péruvienne est aujourd'hui aussi ancienne que moderne. À l'époque préhispanique, elle servit tour à tour de centre urbain aux peuples de culture lima, huari, ychsma et même inca.

Lorsque Francisco Pizarro fonda cette "Cité des Rois" en janvier 1535, quelque 200 000 Indiens vivaient dans la région. Dès le XVIIIe siècle, la petite cité désordonnée construite par les Espagnols en adobe et en bois devint la capitale du vice-roi. C'est ici qu'arrivaient des flottes de navires pour charger les richesses pillées au cours des conquêtes et les acheminer vers l'Europe. En 1746, un terrible séisme détruisit une grande partie de la ville, mais elle fut rapidement reconstruite et les rues furent bientôt jalonnées d'églises baroques et d'imposantes *casonas* (demeures). Après l'indépendance, obtenue en 1821, d'autres cités devinrent capitales des nouveaux États indépendants et l'importance de Lima commença à s'estomper.

En 1880, au cours de la guerre du Pacifique (1879-1883), Lima fut assiégée, saccagée et occupée par l'armée chilienne. À cette occasion, les Chiliens dérobèrent des milliers d'ouvrages de la Bibliothèque nationale (qui furent restitués en 2007). Après ce conflit, on assista à une nouvelle période d'expansion, et, dès les années 1920, Lima était quadrillée d'un réseau de larges boulevards inspiré de l'urbanisme parisien. Mais la terre trembla à nouveau en 1940 et, une fois de plus, il fallut remettre la ville sur pied.

Autour des années 1950, le nombre d'habitants commença à augmenter de façon exponentielle. L'important exode rural fit passer la population de l'agglomération de 661 000 individus en 1940 à 8,5 millions en 2007. Le mouvement migratoire s'intensifia particulièrement dans les années 1980, lorsqu'un conflit opposant l'armée à différents groupes rebelles dans les Andes poussa d'innombrables victimes à se réfugier dans la capitale pour fuir les violences. Les bidonvilles se multiplièrent, la criminalité monta en flèche et Lima s'enfonça dans une période de grave déclin. En 1992, le groupe terroriste du Sendero Luminoso (Sentier lumineux) fit exploser un camion piégé dans le quartier résidentiel de Miraflores. Cet attentat sanglant marqua l'une des périodes les plus sombres de l'histoire de la ville.

Aujourd'hui, Lima a fait peau neuve de manière spectaculaire. Une économie solide et un large éventail de mesures prises par la municipalité ont permis de goudronner les rues, de rénover les parcs et de sécuriser les espaces publics pour favoriser l'émergence d'une scène culturelle et culinaire des plus vivantes.

ORIENTATION

La ville se compose d'une trentaine de districts (ou communes), organisés autour de son cœur historique, Lima Centro. L'Avenida Arequipa, l'un des principaux axes, court vers le sud-est, rejoignant le quartier huppé de San Isidro, Miraflores en bord de mer et Barranco au sud.

Les principales lignes de bus reliant le centre de Lima à San Isidro et à Miraflores passent par de larges avenues, telles Tacna, Garcilaso de la Vega et Arequipa. Ces quartiers sont également connectés entre eux par le Paseo de la República ou Vía Expresa, un petit tronçon d'autoroute surnommé *el zanjón* (le grand fossé).

À voir

Le centre historique, Lima Centro, présente un réseau de rues fréquentées, tracées au XVIe siècle du temps de Francisco Pizarro, qui abritent la plupart des édifices coloniaux subsistants. San Isidro, le quartier des affaires, fait partie des secteurs les plus cossus. Il jouxte Miraflores, en bord de mer, le cœur de la ville moderne, où s'épanouissent une kyrielle de commerces, de restaurants et d'établissements nocturnes. Immédiatement au sud, Barranco est un ancien village de pêcheurs devenu le fief bohème et branché de la capitale, avec des bars animés et de jolis lieux de promenade.

CENTRE DE LIMA

Dans le centre historique et commerçant de la ville, sur la rive sud du Río Rímac, les rues étroites et animées sont bordées de superbes églises baroques. Il subsiste peu de demeures coloniales, beaucoup ayant été détruites par l'expansion urbaine, les séismes et le climat humide.

Plaza de Armas et environs

Plaza de Armas PLACE

(carte p. 58). Cœur de la cité fondée par Francisco Pizarro au XVIe siècle, cette place étendue, également appelée Plaza Mayor, fut le centre de l'Empire espagnol s'étendant alors sur tout le continent. Si aucun bâtiment d'origine ne subsiste, l'impressionnante fontaine en bronze qui trône en son centre, datant de 1650, est néanmoins l'un des monuments les plus anciens du quartier.

Autour de la place s'élèvent plusieurs édifices publics importants. À l'est, le **Palacio Arzobispal** (palais de l'Archevêché), construit en 1924 dans le style colonial, comporte de magnifiques balcons d'esprit mauresque. Au nord-est, le majestueux **Palacio de Gobierno**, de style baroque et datant de 1937, s'étend sur toute une *cuadra* et sert de résidence au chef de l'État. Des gardes en uniforme flamboyant (évoquant celui de la Légion étrangère française de 1900) le surveillent toute la journée. À midi, pour la relève, les gardes effectuent lentement le pas de l'oie au son des cuivres jouant *El cóndor pasa*.

Le palais n'est plus ouvert aux visiteurs, sauf à l'occasion d'expositions publiques, qui nécessitent de réserver 48 heures à l'avance. Consultez le site Internet pour connaître le programme et prenez rendez-vous via le **bureau des relations publiques** (☎311-3900 ; www.presidencia.gob.pe ; ⏲8h30-13h et 14h30-17h30 lun-ven). La page web permet une visite virtuelle (cliquez sur *Visita Virtual*) des somptueux intérieurs.

Cathédrale de Lima CATHÉDRALE

(carte p. 58 ; ☎427-9647 ; musée 10 S ; ⏲9h-17h lun-ven, 10h-13h sam). À côté du palais de l'Archevêché, la cathédrale est érigée à l'emplacement désigné par Pizarro pour bâtir la première église de la ville en 1535. En dépit de sa façade baroque, l'édifice actuel a été reconstruit à maintes reprises : en 1551, en 1622 et après les séismes de 1687 et de 1746. Les dernières grandes restaurations ont été achevées en 1940.

Avec l'essor du néoclassicisme à la fin du XVIIIe siècle, l'intérieur de la cathédrale fut presque entièrement privé de sa décoration baroque raffinée – à l'instar de celui de quantité d'églises de Lima. Néanmoins, il reste beaucoup à voir. Le long de la nef, les différentes chapelles sont ornées d'une dizaine d'autels sculptés dans tous les styles imaginables, tandis que le joli **chœur** en bois, réalisé par Pedro de Noguera au début du XVIIe siècle, est un chef-d'œuvre de la sculpture rococo. À l'arrière, un **musée religieux** donne à voir des peintures, des vêtements sacerdotaux et une sacristie richement ornementée.

LIMA EN...

Deux jours

Commencez par le cœur colonial de la capitale. À midi, déjeunez à l'historique **El Cordano** (p. 83) ou au joli **Domus** (p. 83). Après, direction le **Museo Andrés del Castillo** (p. 63), belle demeure historique où sont conservées des poteries chancay. En fin de journée, allez siroter un *pisco sour* au célèbre bar du Gran Hotel Bolivar, **El Bolivarcito** (p. 90).

Le lendemain, selon vos goûts, vous opterez pour l'art précolombien en allant admirer les fabuleuses poteries mochuca au **Museo Larco** (p. 65) ou visiterez l'émouvante exposition consacrée au "conflit interne" au **Museo de la Nación** (p. 65).

L'après-midi, prenez un expresso au **Café Bisetti** (p. 89) et promenez-vous dans les jardins sur les hauteurs de **Barranco** (p. 69). Vous pouvez aussi visiter la **Huaca Pucllana** (p. 69), un temple en adobe vieux de plusieurs siècles au cœur de Miraflores. Enfin, passez la soirée à goûter la cuisine *novoandina* dans l'un des nombreux restaurants gastronomiques de la ville.

Trois jours

Pour un aperçu de la période coloniale, rien ne vaut le superbe **Museo Pedro de Osma** (p. 70), à Barranco, riche en toiles de l'école de Cuzco et en reliques datant de l'époque du vice-roi. Vous pouvez aussi passer la journée à **Pachacamac** (p. 101), parmi les ruines éparpillées dans des paysages désertiques depuis près de deux millénaires. Faites ensuite quelques emplettes d'artisanat au **Mercado Indio** (p. 93), à Miraflores.

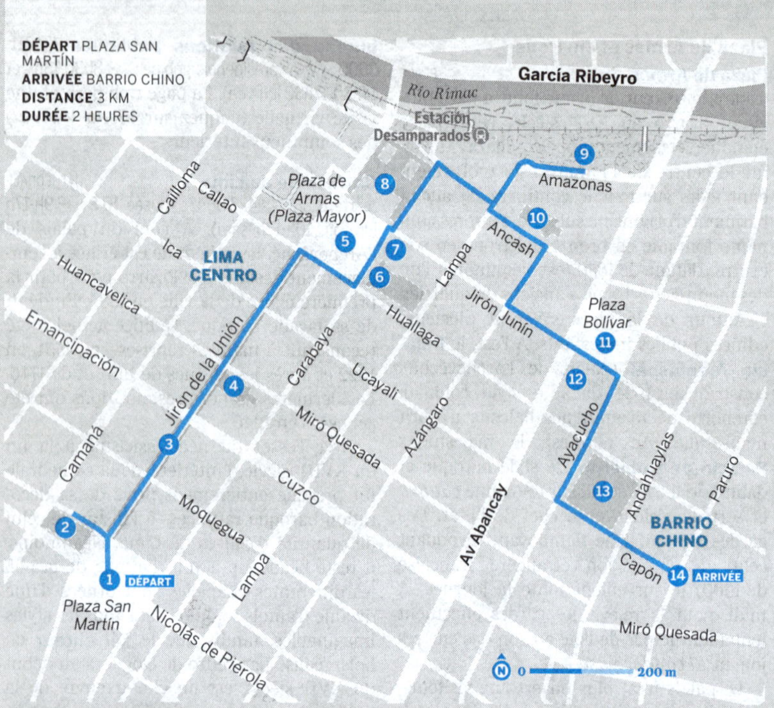

Promenade à pied
Centre de Lima

Commencez par la 1 **Plaza San Martín** en contemplant la splendeur fanée du 2 **Gran Hotel Bolívar**, premier palace de la ville. Empruntez ensuite la rue piétonnière 3 **Jirón de la Unión**, ancien épicentre de la vie aristocratique, aujourd'hui bordée de cinémas et de magasins de chaussures à bas prix. À droite se dresse l' 4 **Iglesia de la Merced**, fondée en 1541 à l'endroit où fut célébrée la première messe en latin de Lima. Jetez un œil à l'intérieur pour admirer ses autels en acajou.

Le boulevard s'achève à hauteur de la 5 **Plaza de Armas**, joyau de la ville, entourée de palmiers et de bâtiments jaunes ornementés. À l'époque de la vice-royauté, l'endroit servit d'arène de corrida, et même de lieu d'exécution. La 6 **cathédrale de Lima** restaurée renferme dans un cercueil en plomb gravé la dépouille du conquistador Francisco Pizarro. Le 7 **Palacio Arzobispal** (palais de l'Archevêché) comporte de magnifiques balcons à moucharabieh d'esprit mauresque.

Au nord-est, le grandiose 8 **Palacio del Gobierno** de style baroque sert de résidence au chef de l'État. On peut assister à midi à la relève de la garde au son des cuivres jouant *El cóndor pasa*.

Le palais est adossé au Río Rímac. Derrière lui, dirigez-vous vers le 9 **Parque de la Muralla**, vaste espace vert qui longe les vestiges des remparts de la ville. Après quoi, rebroussez chemin par la rue Amazonas et suivez la rue Lampa pour gagner le 10 **Monasterio de San Francisco** et ses catacombes aux ossements artistiquement disposés.

Traversez l'avenue jusqu'à la 11 **Plaza Bolívar** et le Congrès en passant par le sinistre 12 **Museo de la Inquisición**, dont le sous-sol renferme des dioramas de scènes de torture. En parcourant Ayacucho sur deux pâtés de maisons, vous arriverez au 13 **Mercado Central** où l'on trouve de tout, des maillots de football aux fruits tropicaux. La rue piétonnière Capón vous conduira ensuite jusqu'au 14 **Barrio Chino** (quartier chinois) avec ses salons de thé et restaurants cantonais.

À côté du portail principal de la cathédrale, la **chapelle tapissée de mosaïques** abrite désormais la vraie dépouille de Pizarro. En 1977, une controverse éclata lorsque des ouvriers découvrirent dans la crypte plusieurs corps et une boîte en plomb scellée qui contenait un crâne portant l'inscription "Voici la tête du marquis Don Francisco Pizarro, qui découvrit et conquit le royaume du Pérou"... Après moult examens dans les années 1980, un légiste américain conclut que les restes précédemment exposés étaient ceux d'un dignitaire anonyme de l'Église et identifia un corps décapité retrouvé dans la crypte comme étant celui de Pizarro. Ce dernier fut donc reconstitué et transféré dans la chapelle, tout comme la boîte en plomb gravée.

Des visites guidées en plusieurs langues (dont le français) sont assurées moyennant un supplément.

Iglesia de Santo Domingo ÉGLISE

(carte p. 58 ; ✆427-6793 ; angle Camaná et Conde de Superunda ; église entrée libre, couvent 5 S ; ⏲9h-13h et 17h-19h30 lun-sam). L'Iglesia de Santo Domingo et son immense **monastère** figurent parmi les sites religieux les plus chargés d'histoire à Lima. L'église fut construite sur un terrain accordé par Francisco Pizarro au frère dominicain Vicente de Valverde, qui l'accompagna durant toute la conquête et le convainquit d'exécuter l'*inca* Atahualpa, retenu prisonnier. Achevée au XVIe siècle et depuis lors maintes fois transformée, cette impressionnante église rose abrite les reliques de trois importants saints péruviens : San Juan Macías, Santa Rosa de Lima et San Martín de Porres (le premier saint noir du continent). Le couvent – un ensemble immense ponctué de cours et agrémenté de peintures baroques et d'anciens carreaux de faïence espagnols – renferme les tombeaux des saints. Dans l'église, les crânes de San Martín et de Santa Rosa sont conservés sous verre, dans un sanctuaire à droite du maître-autel. Pour en savoir plus sur les saints du Pérou colonial, consultez l'encadré p. 504.

Monasterio de San Francisco MONASTÈRE

(carte p. 58 ; ✆426-7377 ; www.museocatacumbas.com ; angle Lampa et Ancash ; adulte/-15 ans 7/1 S ; ⏲9h30-17h30). Ce monastère-église franciscain jaune vif est notamment célèbre pour ses catacombes (quelque 70 000 sépultures) et sa remarquable bibliothèque qui contient 25 000 ouvrages anciens, certains antérieurs à la conquête espagnole. Mais cet édifice baroque s'enorgueillit de bien d'autres éléments intéressants : le plus spectaculaire est une coupole géométrique de style mauresque, située au-dessus de l'escalier principal, sculptée en 1625 (restaurée en 1969) en bois de cèdre du Nicaragua. En outre, le réfectoire est orné de 13 peintures représentant le patriarche biblique Jacob et ses 12 fils, attribuées au maître espagnol Francisco de Zurbarán.

L'entrée inclut une visite guidée (30 min ; en anglais ou en espagnol – il faut attendre qu'un groupe soit constitué).

GRATUIT **Iglesia de la Merced** ÉGLISE

(carte p. 58 ; ✆427-8199 ; angle Jirón de la Unión et Miró Quesada ; ⏲10h-12h et 17h-19h). La première messe en latin de Lima fut prononcée en 1534, sur la petite parcelle où s'élève désormais l'Iglesia de la Merced. Édifiée en 1541, l'église fut reconstruite à plusieurs reprises au cours des deux siècles suivants. La majeure partie du bâtiment actuel date du XVIIIe siècle et l'élément le plus remarquable est l'imposante façade en granite, sculptée dans le style churrigueresque (un style très chargé particulièrement prisé à la fin du baroque espagnol). À l'intérieur, la nef est ponctuée de plus d'une vingtaine d'époustouflants autels de styles baroque et Renaissance, dont certains entièrement sculptés en acajou.

À droite en entrant, remarquez la grande croix en argent ayant appartenu au père Pedro Urraca (1583-1657), un prêtre connu pour avoir eu une vision de la Vierge. Il s'agit désormais d'un lieu de pèlerinage pour les Péruviens : les fidèles posent leur main sur la croix et prient pour un miracle.

GRATUIT **Santuario de Santa Rosa de Lima** ÉGLISE

(carte p. 58 ; ✆425-1279 ; angle Tacna et Callao ; ⏲7h30-12h et 17h-20h). Belle église de couleur terre cuite située sur une avenue congestionnée, le Santuario de Santa Rosa de Lima fut édifié en l'honneur de la première sainte du Nouveau Monde, à l'endroit approximatif de sa naissance. Le jardin abrite un modeste sanctuaire en adobe datant du XVIIe siècle où Rose venait prier et méditer.

GRATUIT **Casa-Capilla de San Martín de Porres** ÉGLISE

(carte p. 58 ; ✆423-0707 ; Callao 535 ; ⏲9h-13h et 15h-18h lun-ven, 9h-13h sam). Juste en face du

Centro Histórico

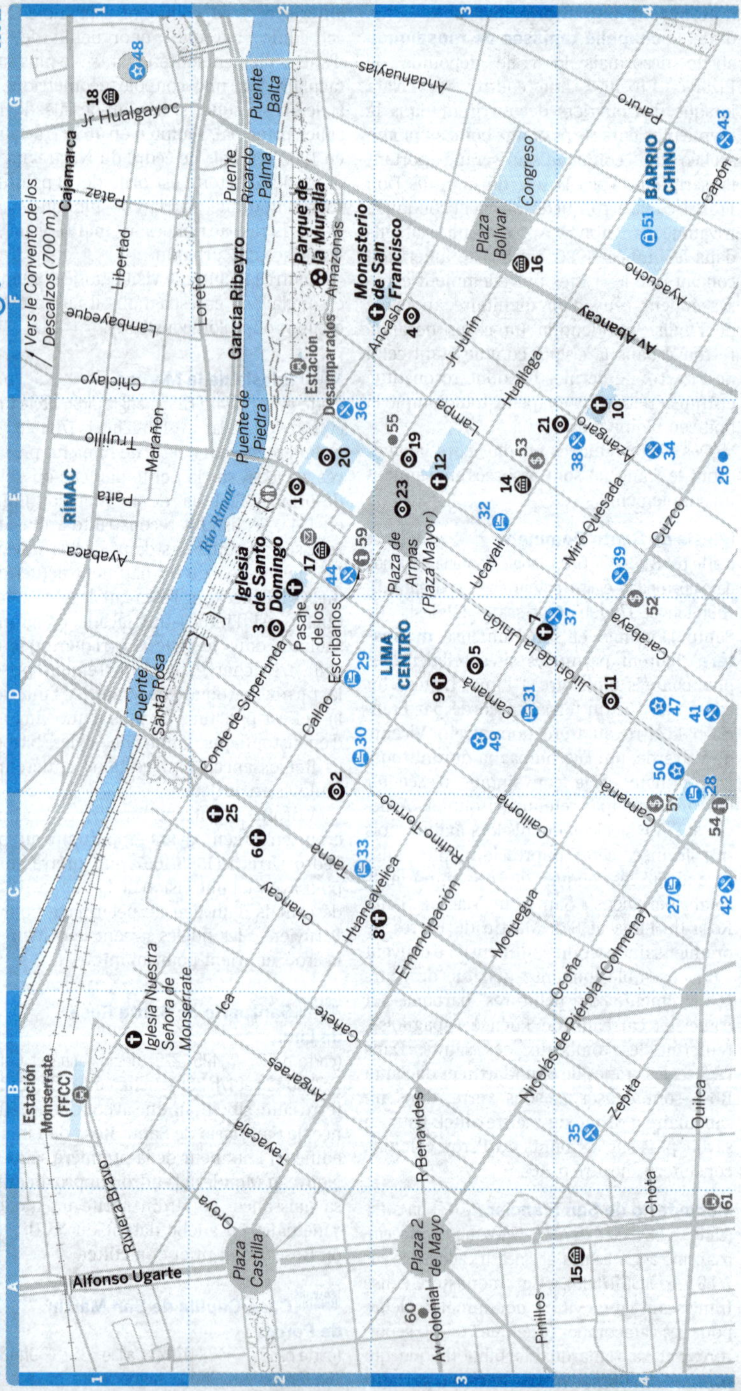

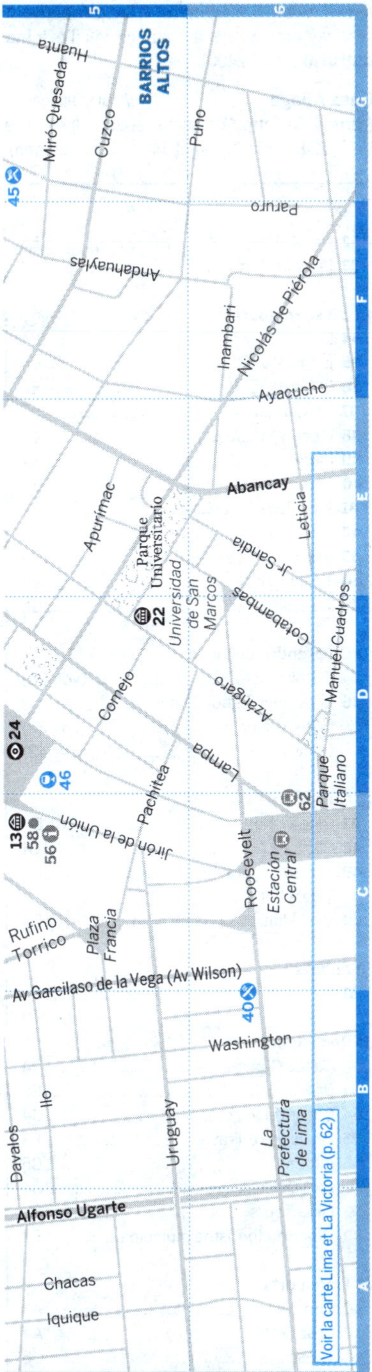

Santuario de Santa Rosa de Lima, cet édifice commémore le lieu de naissance de San Martín (c'est désormais un centre d'études religieuses). Les visiteurs peuvent découvrir ses patios lumineux et sa minuscule chapelle.

GRATUIT **Iglesia de las Nazarenas** ÉGLISE
(carte p. 58 ; ☎423-5718 ; angle Tacna et Huancavelica ; 7h-13h et 17h-21h). Cette église chargée d'histoire s'inscrivait au XVIIe siècle dans un quartier de taudis habités par d'anciens esclaves. Une Crucifixion peinte sur un mur par l'un d'eux survécut au tremblement de terre dévastateur de 1655 et l'on décida alors de bâtir un sanctuaire autour (la peinture trône au-dessus du maître-autel). Si l'édifice a été maintes fois reconstruit, le mur a toujours résisté. Chaque 18 octobre, une réplique de la fresque baptisée *El Señor de los Milagros* (Le Seigneur des Miracles) est transportée au cours d'une procession de plusieurs jours rassemblant des dizaines de milliers de fidèles.

GRATUIT **Iglesia de San Pedro** ÉGLISE
(carte p. 58 ; ☎428-3010 ; www.sanpedrodelima.org ; angle Azángaro et Ucayali ; 8h30-13h et 14h-16h lun-ven). Beaucoup voient en la petite Iglesia de San Pedro, du XVIIe siècle, l'un des plus beaux exemples d'architecture baroque de l'époque coloniale. Consacrée par les Jésuites en 1638, elle n'a guère changé depuis. L'intérieur, magnifiquement décoré, est paré d'autels dorés, de sculptures d'inspiration mauresque et d'une profusion de carreaux émaillés.

GRATUIT **Iglesia de San Agustín** ÉGLISE
(carte p. 58 ; ☎427-7548 ; angle Ica et Camaná ; 8h-9h et 16h30-19h30 lun-ven). L'Iglesia de San Agustín conserve une façade churrigueresque ornée d'une myriade de sculptures d'anges, de fleurs, de fruits, et bien sûr, de saint Augustin. Elle fut achevée en 1720. À l'intérieur, assez terne, ne manquez pas l'incroyable statue en bois, appelée *La Muerte* (La Mort), œuvre du sculpteur Baltazar Gavilán, du XVIIIe siècle. Il est dit que Gavilán mourut lors d'une crise de démence, après avoir eu la vision de son effrayante statue au milieu de la nuit. La sculpture étant parfois déplacée, téléphonez pour vous renseigner. Horaires d'ouverture restreints.

Palacio Torre Tagle BÂTIMENT HISTORIQUE
(carte p. 58 ; Ucayali 363 ; fermé sam et dim). La mieux préservée des *casonas* historiques

de Lima, achevée en 1735, comporte un portique baroque ornementé et de magnifiques balcons en bois sculpté de style mauresque. Il s'agit aujourd'hui du siège du ministère des Affaires étrangères, d'où un accès limité. Toutefois, les groupes et les associations à caractère éducatif peuvent réserver une visite à l'avance via l'**oficina cultural** (☎311-2400).

Casa Aliaga BÂTIMENT HISTORIQUE
(carte p. 58 ; http://casadealiaga.com ; Jirón de la Unión 224 ; ⏲9h30-13h et 14h30-17h45 lun-ven).

Centro Histórico

Les incontournables

- Iglesia de Santo Domingo E2
- Monasterio de San Francisco F3
- Parque de la Muralla F2

À voir

- 1 Casa Aliaga E2
- 2 Casa de la Riva D2
- 3 Casa de Oquendo D2
- 4 Casa de Pilatos F3
- 5 Casa de Riva-Aguero D3
- 6 Casa-Capilla de San Martín de Porres C2
- Gran Hotel Bolívar .... (voir 28)
- 7 Iglesia de la Merced D3
- 8 Iglesia de las Nazarenas C3
- 9 Iglesia de San Agustín D3
- 10 Iglesia de San Pedro E4
- 11 Jirón de la Unión D4
- 12 La Catedral de Lima E3
- 13 Museo Andrés del Castillo C5
- 14 Museo Banco Central de Reserva del Perú E3
- 15 Museo de la Cultura Peruana A4
- 16 Museo de la Inquisición F3
- 17 Museo Postal y Filatélico E2
- 18 Museo Taurino G1
- 19 Palacio Arzobispal E3
- 20 Palacio de Gobierno E2
- 21 Palacio Torre Tagle E4
- 22 Panteón de los Próceres D5
- 23 Plaza de Armas E3
- 24 Plaza San Martín D5
- 25 Santuario de Santa Rosa de Lima C2

Activités

- 26 Instituto Cultural Peruano-Norteamericano E4
- Museo de la Cultura Peruana .... (voir 15)

Où se loger

- 27 Familia Rodríguez C4
- 28 Gran Hotel Bolívar D4
- 29 Hostal Bonbini D2
- 30 Hostal Roma D2
- 31 Hotel Kamana D3
- 32 Hotel Maury E3
- 33 Pensión Ibarra C2

Où se restaurer

- 34 Domus E4
- 35 El Chinito B4
- 36 El Cordano E2
- 37 La Merced D3
- 38 L'Eau Vive E4
- 39 Metro E4
- 40 Panko's B6
- 41 Pastelería San Martín D4
- 42 Queirolo C4
- 43 Salon Capon G4
- 44 Tanta E2
- 45 Wa Lok G5

Où prendre un verre

- El Bolivarcito .... (voir 28)
- 46 El Estadio Fútbol Club D5
- Hotel Maury .... (voir 32)
- Queirolo .... (voir 42)

Où sortir

- 47 Cine Planet D4
- 48 Plaza de Acho G1
- 49 Teatro Segura D3
- Teleticket .... (voir 39)
- 50 UVK Multicines San Martín D4

Achats

- 51 Mercado Central F4

Renseignements

- 52 Banco Continental D4
- 53 BCP E3
- 54 Caseta el Viajero C4
- 55 Fertur Peru Travel E3
- 56 InfoPerú C5
- 57 LAC Dólar C4
- 58 Lima Tours C5
- 59 Office du tourisme municipal E2

Transports

- 60 Combis pour La Punta A3
- 61 Cruz del Sur A4
- 62 Tepsa C6

Discrètement située dans une rue secondaire à côté de la poste, la Casa Aliaga s'élève sur une parcelle donnée en 1535 à Jerónimo de Aliaga, l'un des partisans de Pizarro, et a été habitée par 16 générations de ses descendants. La façade n'a rien d'exceptionnel, mais les intérieurs sont ravissants, avec des meubles anciens et des carreaux de céramique. Visites possibles également à la faveur de circuits organisés par Lima Tours (p. 95).

Casa de la Riva BÂTIMENT HISTORIQUE
(carte p. 58 ; Ica 426 ; 5 S ; ⏲10h-13h et 14h-16h lun-ven). Ce bel édifice du XVIIIe siècle est agrémenté de balcons en bois, d'un élégant patio et de meubles d'époque.

Casa de Oquendo BÂTIMENT HISTORIQUE
(carte p. 58 ; ☎427-7987 ; Conde de Superunda 298 ; ⏲9h-17h lun-ven, 9h-12h sam). À deux rues au nord de la Casa de la Riva, cette maison délabrée à la façade bleue datant du début du XIXe siècle (à l'époque, il s'agissait de la plus haute de Lima) possède une tour de guet d'où l'on aperçoit, par temps clair, Callao. Des visites peuvent être organisées pour des petits groupes en s'y prenant à l'avance, et moyennant un don.

Casa de Riva-Aguero BÂTIMENT HISTORIQUE
(carte p. 58 ; ☎626-6600 ; Camaná 459 ; 2 S ; ⏲10h-13h et 14h-19h lun-ven). En direction du centre-ville, cette *casona* typique abrite le petit musée des Arts et Traditions populaires.

GRATUIT **Casa de Pilatos** BÂTIMENT HISTORIQUE
(carte p. 58 ; ☎427-5814 ; Ancash 390 ; ⏲8h-13h et 14h-17h lun-ven). À l'est de la place, la jolie Casa de Pilatos, à la façade rouge, renferme des bureaux du tribunal constitutionnel. Il est difficile d'y accéder : les visiteurs sont admis uniquement dans la cour et seulement en l'absence de réunions officielles. L'entrée se fait par la porte latérale, dans Azángaro.

Autres sites du centre de Lima

GRATUIT **Parque de la Muralla** PARC
(carte p. 58 ; ☎427-4125 ; Amazonas, entre Lampa et l'Av. Abancay ; ⏲9h-21h). Au XVIIe siècle, le cœur de Lima était entouré d'une *muralla* (muraille), en grande partie détruite lors de l'expansion de la ville dans les années 1870. Toutefois, certains vestiges des remparts ont été mis au jour et sont visibles dans le Parque de la Muralla. Les objets découverts lors des fouilles sont exposés dans un **musée** (horaires irréguliers), qui retrace également l'histoire du développement de Lima.

À voir aussi dans le parc : une statue en bronze de Francisco Pizarro, créée par le sculpteur américain Ramsey MacDonald au début du XXe siècle. La statue trôna un temps sur la Plaza de Armas, mais fut déplacée en divers endroits au fil des années, au gré des sentiments plus ou moins critiques à l'égard de Pizarro. Le plus drôle, c'est qu'il ne s'agit même pas de Pizarro, mais d'un conquistador anonyme né de l'imagination du sculpteur. MacDonald réalisa trois copies de la statue ; l'une se trouve aux États-Unis et l'autre en Espagne. À la mort de l'artiste en 1934, la troisième fut offerte à la ville de Lima (après avoir été refusée par le Mexique). Ainsi, Pizarro – ou du moins son double – est désormais installé en bordure de ce parc et assiste chaque jour au ballet amoureux des adolescents péruviens.

GRATUIT **Museo Banco Central de Reserva del Perú** MUSÉE
(carte p. 58 ; ☎613-2000, poste 2655 ; www.bcrp.gob.pe/proyeccion-institucional/museo.html ; angle Lampa et Ucayali ; ⏲10h-16h30 mar-ven, 10h-13h sam et dim). Aménagé dans un bel immeuble de banque, le musée de la Banque centrale du Pérou présente de façon plaisante plusieurs millénaires d'art péruvien, des pièces d'orfèvrerie et de poterie précolombiennes aux toiles péruviennes des XIXe et XXe siècles. Au dernier étage, la douzaine d'aquarelles de Pancho Fierro offre un superbe aperçu des codes vestimentaires de Lima au XIXe siècle. Il faut présenter une pièce d'identité à l'entrée.

GRATUIT **Museo Postal y Filatélico** MUSÉE
(Musée postal et philatélique ; carte p. 58 ; ☎428-0400 ; Conde de Superunda 170 ; ⏲9h-17h mar-ven, 9h-13h sam et dim). Tout ce que vous rêvez de savoir sur le système du courrier péruvien vous sera expliqué au Musée postal et philatélique, à côté de la poste principale.

GRATUIT **Museo de la Inquisición** MUSÉE
(carte p. 58 ; ☎311-7777, poste 5160 ; www.congreso.gob.pe/museo.htm ; Jirón Junín 548 ; ⏲9h-17h). Installé dans un ravissant bâtiment néoclassique face à la Plaza Bolívar, ce petit musée occupe le lieu où jadis l'Inquisition espagnole exerçait ses menées. Dans les années 1800, l'édifice fut agrandi et

Lima et La Victoria

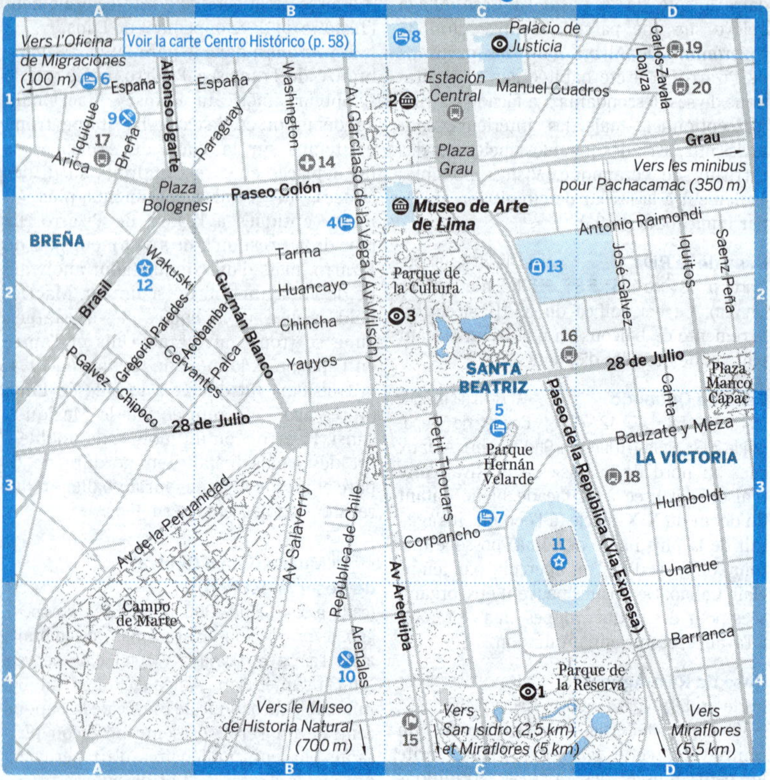

reconstruit pour recevoir le Sénat péruvien. Désormais, les visiteurs peuvent accéder aux sous-sols, où des mannequins en cire passablement ridicules figurent des scènes d'écartèlement ou de flagellation. Au rez-de-chaussée, l'ancienne bibliothèque a conservé un remarquable plafond baroque en bois. Après la visite guidée (30 min), en anglais ou espagnol, vous serez libre de flâner à votre guise.

Jirón de la Unión SITE HISTORIQUE

(carte p. 58). À la fin du XIXe et au début du XXe siècle, les cinq *cuadras* du Jirón de la Unión, soit le tronçon piétonnier reliant la Plaza de Armas à la Plaza San Martín, étaient le lieu le plus prisé pour voir et être vu. La rue a depuis longtemps perdu son faste aristocratique, mais les édifices néocoloniaux et Art déco ont survécu. Attention aux pickpockets qui se glissent dans la foule pendant les spectacles de rue.

Plaza San Martín PLACE

(carte p. 58). Construite au début du XXe siècle, la Plaza San Martín a beaucoup gagné en animation ces dernières années, depuis que la municipalité a entrepris de restaurer son parc et de rafraîchir ses édifices de style Beaux-Arts. En soirée, elle est très joliment éclairée. La place doit son nom au libérateur du Pérou, José de San Martín, dont la statue équestre domine le centre de l'esplanade. Au pied du monument, remarquez la sculpture en bronze de la Madre Patria, la mère symbolique du Pérou. Cette œuvre, commandée en Espagne, devait porter une couronne de flammes (*llamas* en espagnol). Peu avisés, les artisans chargés du travail coiffèrent la tête de la dame d'un charmant petit... lama (*llama*, aussi, en espagnol).

L'imposant **Gran Hotel Bolívar** (p. 74), construit dans les années 1920, domine, de sa splendeur un peu passée, le côté nord-ouest de la place.

Lima et La Victoria

Les incontournables
Museo de Arte de Lima C2

À voir
1 El Circuito Mágico del Agua C4
2 Museo de Arte Italiano C1
3 Parque de la Cultura C2

Où se loger
4 1900 Backpackers B2
5 Clifford Hotel C3
6 Hostal Iquique A1
7 La Posada del Parque C3
8 Lima Sheraton C1

Où se restaurer
9 Cevichería la Choza Nautica A1
10 Rovegno B4

Où sortir
11 Estadio Nacional C3
12 Las Brisas del Titicaca A2

Achats
13 Polvos Azules C2

Renseignements
14 Clínica Internacional B1
15 Ambassade d'Israël C4

Transports
16 Civa C2
17 Minibus pour Chosica A1
18 Movil Tours D3
19 Ormeño D1
20 PeruBús D1

Museo Andrés del Castillo — MUSÉE

(carte p. 58 ; ☎433-2831 ; www.madc.com.pe ; Jirón de la Unión 1030 ; 10 S ; ⏲9h-18h, fermé mar). Aménagé dans une superbe demeure du XIXe siècle agrémentée de céramiques espagnoles au sol, ce petit musée privé mérite une visite pour sa riche collection de minéraux, ses magnifiques textiles de Nazca et ses poteries chancay, dont de superbes représentations de chiens chauves péruviens.

Panteón de los Próceres — MONUMENT

(carte p. 58 ; ☎427-8157 ; Parque Universitario ; ⏲10h-17h). Installé à l'intérieur d'une église jésuite du XVIIIe siècle peu visitée, ce monument rend hommage à plusieurs héros péruviens, de Túpac Amaru II, le chef quechua qui prit la tête d'une révolte indienne au XVIIIe siècle, à José de San Martín, qui mena le pays à l'indépendance en 1821. La crypte couverte de mosaïques renferme la dépouille de Ramón Castilla, le président péruvien élu à quatre reprises au XIXe siècle. L'église comporte un impressionnant autel baroque des années 1500, sculpté dans du bois d'acajou équatorien.

Museo de la Cultura Peruana — MUSÉE

(Musée de la Culture péruvienne ; carte p. 58 ; ☎423-5892 ; http://museodelacultura.perucultural.org.pe ; Alfonso Ugarte 650 ; 3,60 S ; ⏲10h-17h mar-ven, 10h-14h sam). À environ six *cuadras* à l'ouest de la Plaza San Martín, dans une rue où la circulation est intense, le musée de la Culture péruvienne met à l'honneur l'art et l'artisanat populaire. La collection se compose de *retablos* d'Ayacucho (des autels portatifs extrêmement sophistiqués), de poteries historiques de Puno et d'œuvres en plumes de la région amazonienne ; elle est présentée dans un bâtiment dont la façade extérieure est inspirée de l'architecture précolombienne.

Museo de Arte de Lima — MUSÉE

(carte p. 62 ; ☎204-0000 ; www.mali.pe ; Paseo Colón 125 ; adulte/enfant 12/4 S ; ⏲10h-17h, fermé mer). Connu sous le nom de MALI, le principal musée des Beaux-Arts de Lima occupe justement un magnifique bâtiment de style Beaux-Arts rénové voici peu. Sa collection couvre aussi bien l'époque précolombienne que la création contemporaine, et des expositions font l'objet de visites guidées. Le dimanche, l'entrée ne coûte que 1 S. Une annexe est actuellement en chantier à Barranco.

Parque de la Cultura — PARC

(carte p. 62). Autrefois connu sous le nom de Parque de la Exposición, ce parc récemment réaménagé possède des jardins japonais et un petit amphithéâtre où se déroulent des spectacles en plein air. Deux des plus grands musées de Lima se situent dans ce parc.

Museo de Arte Italiano — MUSÉE

(Musée d'Art italien ; carte p. 62 ; ☎423-9932 ; Paseo de la República 250 ; adulte/enfant 3/1 S ; ⏲10h-17h lun-ven). Juste au nord du MALI, le musée d'Art italien présente une médiocre collection d'art académique italien des XIXe et XXe siècles. Les plus belles œuvres sont les scintillantes mosaïques vénitiennes sur les murs extérieurs.

LA PLUS ÉTRANGE ET LA PLUS TRISTE CITÉ

Si vous visitez Lima en hiver (avril-octobre), il est probable que la capitale soit nimbée d'un brouillard appelé *garúa*. Cette brume constante donne au ciel une couleur blanchâtre, et à la ville une atmosphère mélancolique. Ce microclimat unique a inspiré beaucoup d'écrivains. Dans *Moby Dick*, Herman Melville nous offre d'ailleurs la plus célèbre citation concernant Lima. Il la considère comme "la plus étrange et la plus triste cité qu'on puisse voir", car Lima a "pris le voile blanc ; et rien n'égale en épouvante la blancheur de son affliction".

Nombre d'auteurs péruviens ont évoqué cette caractéristique locale, notamment le prix Nobel de littérature Mario Vargas Llosa, natif de la capitale. De même, dans son traité rédigé en 1964, *Lima la Horrible* (Lima l'horrible, non traduit), l'essayiste Sebastián Salazar Bondy évoque une "*garúa* tenace, une poudre flottante, un brouillard froid". Le romancier Alfredo Bryce Echenique l'a, lui, comparée au "ventre d'une baleine morte", tandis que Daniel Alarcón dépeint un "plafond en coton sale, lourd, plat et humide".

Pourquoi les Espagnols ont-ils édifié la capitale de leur empire andin à cet emplacement de la côte perpétuellement drapé dans un brouillard fantomatique ? Sans doute ne savaient-ils pas ce qui les attendait. En effet, Francisco Pizarro fonda la ville le 18 janvier, en plein été, sous un beau ciel bleu.

El Circuito Mágico del Agua FONTAINE
(carte p. 62 ; Parque de la Reserva, Av. Petit Thouars, cuadra 5 ; 4 S ; ⌚16h-22h). Cette belle série de fontaines illuminées est tellement sophistiquée que vous en resterez bouche bée. Après avoir admiré les douze fontaines – toutes différentes et superbement éclairées –, vous profiterez du spectacle de laser au-dessus de la Fuente de la Fantasía (fontaine de l'Imaginaire), longue de 120 m. Ajoutez à cela une bande-son allant des valses péruviennes à ABBA : il faut le voir pour le croire.

Museo de Historia Natural MUSÉE
(Muséum d'histoire naturelle ; hors carte p. 62 ; ☎471-0117 ; http://museohn.unmsm.edu.pe ; Arenales 1256, Jesús María ; adulte/enfant 7/5 S ; ⌚9h-17h lun-sam, 10h-13h30 dim). À une rue à l'ouest de la 12ᵉ *cuadra* de l'Avenida Arequipa, au sud du Parque de la Reserva, ce musée, géré par l'Universidád Nacional Mayor de San Marcos (UNMSM), abrite une petite collection de taxidermie, permettant de se familiariser avec la faune péruvienne.

RÍMAC

Rímac n'est pas un quartier très sûr. Pour voir les sites suivants, mieux vaut prendre un taxi ou participer à un circuit organisé.

Museo Taurino MUSÉE
(Musée taurin ; carte p. 58 ; ☎481-1467 ; Hualgayoc 332 ; 5 S ; ⌚9h-18h lun-ven). La Plaza de Acho (arènes de Lima), de 1766, s'élève au nord du Río Rímac. Les plus grands toréadors du monde ont foulé son sable, notamment le célèbre Espagnol Manolete. La visite guidée du musée, gratuite, fait le tour de la collection d'instruments de corrida, peintures, photographies et habits de lumière portés par divers toreros, certains tachés de sang.

Cerro San Cristóbal POINT DE VUE
Au nord-est du centre-ville, cette colline surplombe le cœur de Lima du haut de ses 409 m. Au sommet, un **mirador** offre une vue sur la capitale qui s'étend jusqu'au Pacifique (en hiver, tout est noyé dans la brume côtière). Érigée en 1928, une immense **croix** illuminée la nuit est l'objet d'un pèlerinage lors de la Semaine sainte, ainsi que le premier dimanche de mai. Vous pourrez y visiter un petit **musée** (1 S). Depuis la Plaza de Armas, un taxi vous conduira au sommet (à partir de 16 S), sinon attendez un **bus Urbanito** (☎428-5841 ; www.urbanito.com.pe ; Jr Manoa 391, Breña ; 5 S/pers ; 10h-19h), à l'angle sud-ouest de la place ; ces bus touristiques (toutes les 30 min) effectuent l'aller-retour jusqu'au sommet en une heure.

Convento de los Descalzos MUSÉE
(carte p. 58 ; ☎481-0441 ; Alameda de los Descalzos s/n ; 6 S ; ⌚10h-13h et 15h-18h, fermé mar). Au bout de l'Alameda de los Descalzos, jolie avenue un peu négligée, se tient ce couvent-musée du XVIᵉ siècle dont le nom fait référence aux frères franciscains, dit sles "déchaussés". Les cuisines (avec l'ancien matériel de vinification), le réfectoire, l'infirmerie et les cellules des moines se visitent. On peut également y admirer quelque 300 toiles de l'ère coloniale, dont des œuvres du célèbre artiste de l'école de Cuzco, Diego Quispe Tito. Les

visites (45 min) sont menées par des guides hispanophones, moyennant un pourboire. Un taxi depuis la Plaza de Armas revient à quelque 10 S.

EST DE LIMA

Vers l'est, la ville commence à s'étendre sur les basses collines des Andes. Ce quartier est ponctué de bâtiments gouvernementaux et de zones résidentielles animées.

Museo de la Nación MUSÉE

(Musée de la Nation ; ☎476-9878 ; Av. Javier Prado Este 2466, San Borja ; 7 S ; ⏲9h-18h mar-dim). Cet imposant bâtiment en béton renferme un aperçu des civilisations péruviennes, des sculptures en pierre de Chavín aux *quipu* (cordelettes incas nouées qui servaient de système de comptage), en passant par des objets de l'ère coloniale. De grandes expositions internationales sont également présentées ici (un droit d'entrée supplémentaire s'applique souvent). L'installation permanente du 5e étage, appelée **Yuyanapaq** (www.pnud.org.pe/yuyanapaq/yuyanapaq.html), justifie à elle seule la visite. Née de la Commission de la vérité et de la réconciliation mise en place au Pérou en 2003, cette exposition – qui doit son nom au mot quechua signifiant "se souvenir" – regroupe des photographies particulièrement émouvantes retraçant le "conflit interne" (1980-2000). Un rendez-vous incontournable pour les étudiants en histoire de l'Amérique latine. Pour en savoir plus sur la Commission, consultez l'encadré p. 517.

Depuis San Isidro, prenez l'un des nombreux bus ou *combis* (minibus) circulant vers l'est le long de l'Avenida Javier Prado Este, en direction de La Molina.

Museo de Oro del Perú MUSÉE

(Musée de l'or du Pérou ; ☎345-1292 ; www.museoroperu.com.pe ; Alonso de Molina 1100, Monterrico ; adulte/moins de 11 ans 33/16 S ; ⏲10h30-18h). Tristement célèbre, ce musée privé était incontournable jusqu'en 2001. À cette date, une étude révéla que la majorité de la collection (85%) était composée de faux. Le musée a depuis rouvert et l'authenticité des pièces exposées est garantie – sur certaines vitrines, des cartes signalent certains objets comme étant des "reproductions". Toutefois, l'éclairage est médiocre et on a un peu la sensation de rester sur sa faim.

Les milliers de pièces présentées au **musée des Armes**, au rez-de-chaussée du musée, sont peut-être plus intéressantes (et assurément plus authentiques). Dans plusieurs salles désordonnées, vous découvrirez des fusils, des épées et des pistolets de toutes les époques, dont une arme à feu ayant appartenu à Fidel Castro.

Prenez un taxi ou un *combi* "Museum of the Nation" circulant sur Angamos vers le nord-est en direction de Monterrico et descendez au Puente Primavera. De là, marchez vers le nord pendant 15 minutes pour rejoindre le musée.

Asociación Museo del Automóvil MUSÉE

(Musée de l'Automobile ; ☎368-0373 ; www.museodelautomovilnicolini.com ; Av. La Molina, cuadra 37, angle Totoritas et La Molina ; tarif plein 20 S ; ⏲9h30-19h). Le musée de l'Automobile se targue d'une impressionnante collection de voitures anciennes datant de 1901 pour certaines, de la Ford T à la Cadillac Fleetwood utilisée par quatre présidents péruviens.

SAN ISIDRO ET SES ENVIRONS

Ce quartier combinant des zones résidentielles huppées et de classe moyenne comporte quelques sites remarquables.

Museo Larco MUSÉE

(☎461-1312 ; www.museolarco.org ; Bolívar 1515, Pueblo Libre ; adulte/-15 ans 30/15 S ; ⏲9h-22h). Aménagé dans l'ancienne demeure d'un vice-roi édifiée au XVIIIe siècle, ce musée contient l'une des plus magnifiques et importantes collections de céramiques à Lima. Créée en 1926 par Rafael Larco Hoyle, fervent collectionneur de pièces précolombiennes, la collection contiendrait, notamment, plus de 50 000 vases (et des milliers d'autres conservés dans des vitrines vitrées, que les visiteurs peuvent également admirer). Sont exposés des objets en céramique des cultures cupisnique, chimú, chancay, nazca et inca, mais les plus belles pièces sont les éléments de vaisselle mochica ornés de portraits, présentés dans des vitrines superbement éclairées. Tout aussi fascinant : dans l'une des galeries à l'arrière, un tissage huari comporte environ 160 points par cm². On y trouve également des objets en or et autres bijoux. Bon nombre de visiteurs préfèrent à ces prouesses la collection séparée de poteries érotiques précolombiennes, qui illustre avec une précision remarquable toutes sortes de pratiques sexuelles. Ne manquez pas la vitrine consacrée aux maladies sexuellement transmissibles.

Donnant sur un jardin privé débordant de bougainvilliers, le **Café del Museo** (plats 28-40 S) offre un cadre agréable pour déguster un *ceviche*.

Miraflores

A
B
C
D
1
2
3
4
5
6
7
Voir la carte San Isidro (p. 76)
Cochrane
Salazar
Óvalo Gutiérrez
Av Santa Cruz
82
84
23
García Calderon
Huaca Puellana
4
77
Ayacucho
Montero
5
Parque Baden Powell
Av Angamos Oeste
Parque Blume
Sucre
Meiggs
Arica
74
Domingo Elías
Tarapacá
46
31
96
Parque Villena
Retiro
15
101
95
75
10
6
Av Angamos Este
Av Angamos Oeste
3
Parque Correa Elías
Av Córdova
Av Santa Cruz
Chiclayo
61
64
Chiclayo
55
Plaza Manuel Solan
Independencia
Inclán
11
Av Arequipa
Av Petit Thouars
94
El Rosario
Vers El Pan de la Chola (200 m), La Mar (600 m) et Pescados Capitales (1 km)
Piura
Piura
110
Gral Suárez
115
Av Espinar
13
Elías Aguirre
General Borgoño
Enrique Palacios
91
Gonzales
48
27 de Noviembre
Chacaltana
Iglesias
40
Av 2 de Mayo
71
Pershing
19
12
Colina
Atahualpa
Plaza Centro-américa
Ureta
Plaza Morales Barros
Varela
102
14
112
1
35
Av José Pardo
Óvalo
Av Ricardo
104
85
67
83
Manuel
30
Segura
25
22
116
80
108
113
99
114
Bellavista
Diagonal
Esperanza
68
Alfredo León
Roma
Bolognesi
Berlin
86
Libertad
63
78
17
Túpac Amaru
Martín Napanga
Ramón Zavala
103
47
2
Pasaje Juan Figari
Parque Central
60
89
49
José Gálvez
57
54
26
Av Aviación
32
62
51
50
29
Parque Itzhak Rabin
Francia
Av Jorge Chávez
Plaza Bolognesi
52
Parque Kennedy
Diez Canseco
24
28
Bellavista
106
Circuito de Playas
69
70
100
Madrid
Federico Recavarren
87
Pjse Tarata
98
Parque El Faro
Malecón Cisneros
92
Av Grau
Malecón Balta
Alfredo Benavides
107
81
90
Parque Raimondi
Italia
21
Paraport
Tripoli
105
Bajada de Balta
Malecón 28 de Julio
76
7
Venecia
Av José Larco
56
Parque del Amor
Point de vue
Porta
Ocharán
27
Av 28 de Julio
Jr Manco Cápac
Juan Fanning
Malecón de la Reserva
Colón
39
Diego Ferre
37
109
José Gonzáles
Playa Costa Verde
34
Las Dalias
Alcanfores
Santa Isabel
Parque Salazar
111
Arístides Aljovín
66
Circuito de Playas
88
93
41
9
53
Av Armendariz
Point de vue
Carolinos
OCÉAN PACIFIQUE
Parque Domodossola
45

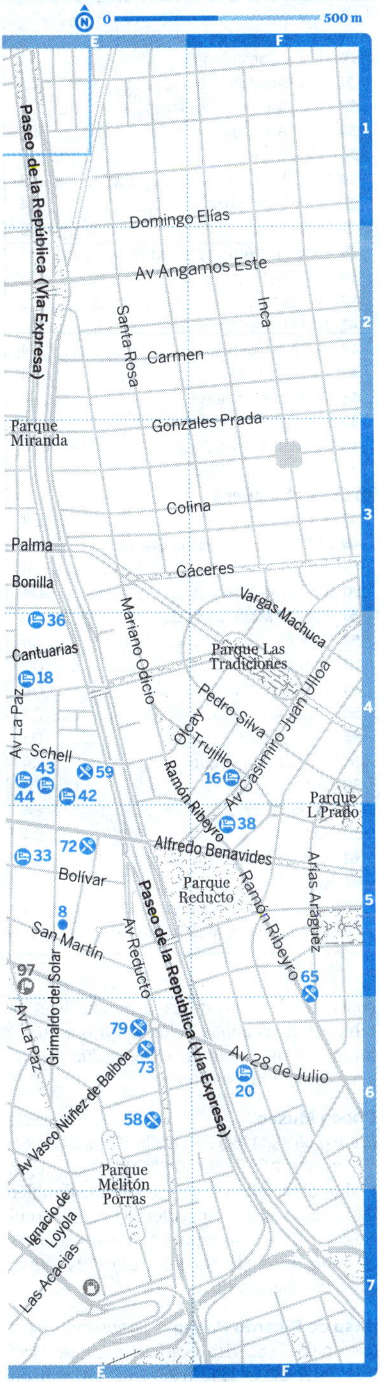

Prenez un bus "Todo Bolívar" dans l'Avenida Arequipa à Miraflores, jusqu'à la 15e *cuadra* de Bolívar. Une ligne bleue peinte sur le trottoir relie le bâtiment au Museo Nacional de Antropología, Arqueología e Historía del Perú, à environ 15 minutes à pied.

Museo Nacional de Antropología, Arqueología e Historía del Perú MUSÉE

(Musée national d'Anthropologie, d'Archéologie et d'Histoire ; ☎463-5070 ; http://museonacional.perucultural.org.pe ; Plaza Bolívar, angle San Martín et Vivanco, Pueblo Libre ; adulte/enfant 10/1 S ; 9h-17h mar-sam, 9h-16h dim). Le musée national d'Anthropologie, d'Archéologie et d'Histoire du Pérou retrace l'histoire du Pérou depuis la Période précéramique jusqu'aux premiers jours de la République. On peut notamment y voir la célèbre stèle Raimondi, sculpture en pierre haute de 2,1 m de la culture de Chavín (l'une des premières cultures andines identifiables à un style artistique particulier et largement répandu), ainsi que des peintures de la fin de l'ère coloniale et du début de la République, dont une représentation de la Cène dans laquelle le Christ et ses apôtres se régalent de *cuy* (cochon d'Inde). San Martín et Bolívar, les héros de l'indépendance, vécurent ici (respectivement en 1821-1822 et 1823-1826).

De Miraflores, prenez sur l'Avenida Arequipa (juste au-dessus de l'Óvalo) un minibus direction "Todo Brasil" jusqu'à la 22e *cuadra* (à l'angle de Vivanco) et remontez cette dernière sur 7 *cuadras*. Pour rejoindre le Museo Larco, suivez la ligne bleue.

Huaca Huallamarca RUINES

(carte p. 76 ; ☎222-4124 ; Nicolás de Rivera 201, San Isidro ; adulte/enfant 5,50/1 S ; 9h-17h mar-dim). Nichée au milieu de grandes tours et d'immenses villas huppées, la modeste Huaca Huallamarca est une pyramide en adobe de la culture lima, édifiée entre 200 et 500. Elle a subi d'importantes restaurations. Sur le site, le petit musée comporte une momie et des détails sur sa découverte.

Bosque El Olivar PARC

(carte p. 76). Véritable oasis au cœur de San Isidro, ce paisible parc est une parcelle d'une ancienne oliveraie, plantée en partie par le vénéré San Martín de Porres, au XVIIe siècle.

MIRAFLORES

Le bouillonnant centre moderne de la capitale, où se concentrent restaurants, commerces et vie nocturne, surplombe le Pacifique depuis des falaises accidentées.

Miraflores

GRATUIT **Fundación Museo Amano** MUSÉE
(carte p. 66 ; ☎441-2909 ; www.museoamano.org ; Retiro 160 ; ⌚15h-17h lun-ven, uniquement sur rdv). Dans ce musée fort bien conçu, la remarquable collection privée de céramiques fait la part belle aux pièces des cultures chimú et nazca. On peut aussi y admirer un magnifique assortiment de dentelles et autres textiles de la culture côtière chancay. Les visites guidées durent une heure (en espagnol).

Museo Enrico Poli Bianchi MUSÉE
(carte p. 66 ; ☎422-2437 ; Cochrane 400 ; 50 S ; ⌚16h-18h mar-ven, uniquement sur rdv). Ce musée, privé et onéreux, possède une riche collection de tissus dorés, d'argenterie et de tableaux de l'époque coloniale qui a eu les honneurs du *National Geographic*. Visite, sur réservation, en espagnol.

Choco Museo MUSÉE
(carte p. 66 ; ☎445-9708 ; Berlin 375 ; www.choco-museo.com ; 2 S ; ⌚10h30-18h30). Il s'agit en réalité d'une chocolaterie équitable doublée d'un petit musée. Appartenant à des Français, l'endroit est réputé pour ses ateliers de fabrication de chocolat bio (70 S/pers). Autre enseigne à Cuzco.

Casa de Ricardo Palma BÂTIMENT HISTORIQUE
(carte p. 66 ; ☎617-7115 ; Gral Suárez 189 ; plein tarif 6 S ; ⌚10h-13h et 15h-17h lun-ven). La maison

65 La Preferida ... F5
66 La Rosa Nautica ... B6
67 La Tiendecita Blanca ... D3
68 La Trattoria di Mambrino ... D3
69 Las Brujas de Cachiche ... B4
70 Manolo ... D4
Mesa 18 ... (voir 45)
71 Panchita ... D3
72 Pardo's Chicken ... E5
73 Pastelería San Antonio ... E6
74 Plaza VEA ... D1
75 Quattro D ... C2
76 Rafael ... D5
77 Restaurant Huaca Pucllana ... C1
78 Rincón Chami ... D4
79 Tanta ... E6
80 Vivanda ... B3
81 Vivanda ... D4
82 Wong ... B1

Où prendre un verre

83 Café Bar Habana ... D3
Huaringas ... (voir 69)

Où sortir

Aura ... (voir 88)
84 Cine Planet ... B1
85 Cinerama el Pacífico ... D3
86 Cocodrilo Verde ... C4
Gótica ... (voir 88)
Jazz Zone ... (voir 90)
87 Teatro Británico ... C4
Teleticket ... (voir 82)
88 UVK Multicines LarcoMar ... D6

Achats

89 Alpamayo ... D4
90 Centro Comercial El Suche ... D4
91 CompuPalace ... D3
92 El Virrey ... B4
93 LarcoMar ... D6
94 Mercado Indio ... D2
Tattoo Adventure Gear ... (voir 93)
95 Todo Camping ... C2

Renseignements

96 American Express/Travex ... B2
97 Ambassade d'Australie ... E5
98 Banco Continental ... D4
99 BCP ... C3
100 BCP ... D4
101 Ambassade de Belgique ... C2
Botica Fasa ... (voir 67)
102 Ambassade du Brésil ... B3
103 Ambassade du Canada ... B4
104 Citibank ... D3
105 Clínica Good Hope ... C5
106 Fertur Peru Travel ... D4
107 InkaFarma ... D4
iPerú ... (voir 93)
Ambassade des Pays-Bas ... (voir 111)
108 Scotiabank ... B3
109 Scotiabank ... D6
110 South American Explorers Club ... D2
111 Ambassade de Grande-Bretagne ... D6

Transports

112 Combis La S pour l'aéroport ... D3
113 LAN ... C3
114 Peruvian Airlines ... C3
115 Star Perú ... B3
116 TACA ... B3

de Ricardo Palma, un auteur péruvien qui vécut ici de 1913 à sa mort, en 1919, se trouve à Miraflores. Visite incluse dans le prix d'entrée.

Huaca Pucllana — RUINES

(carte p. 66 ; ☎617-7138 ; angle Borgoño et Tarapacá ; 7 S ; ⌚9h-16h30 mer-lun). Situé près d'Óvalo Gutiérrez, ce centre cérémoniel en adobe de la culture lima date de 400 mais a subi des restaurations. En 2010, quatre momies huari épargnées par les pilleurs de tombes y ont été découvertes.

Le site demeure l'objet de fouilles, mais il est régulièrement accessible lors de visites guidées en espagnol (moyennant un pourboire). Outre le minuscule musée, il y a sur place un restaurant (p. 86) réputé, donnant sur les ruines illuminées en soirée.

BARRANCO

Quartier chic au début du XXe siècle, Barranco est émaillé de majestueuses demeures, dont beaucoup ont été transformées en restaurants et hôtels.

Puente de los Suspiros — PONT

(Pont des Soupirs ; carte p. 70). Une *cuadra* à l'ouest de la place principale, cet étroit pont de bois enjambe un vieil escalier en pierre qui mène à la plage. Lieu de rendez-vous des amoureux, le pont a inspiré quantité de chansons traditionnelles péruviennes.

Barranco

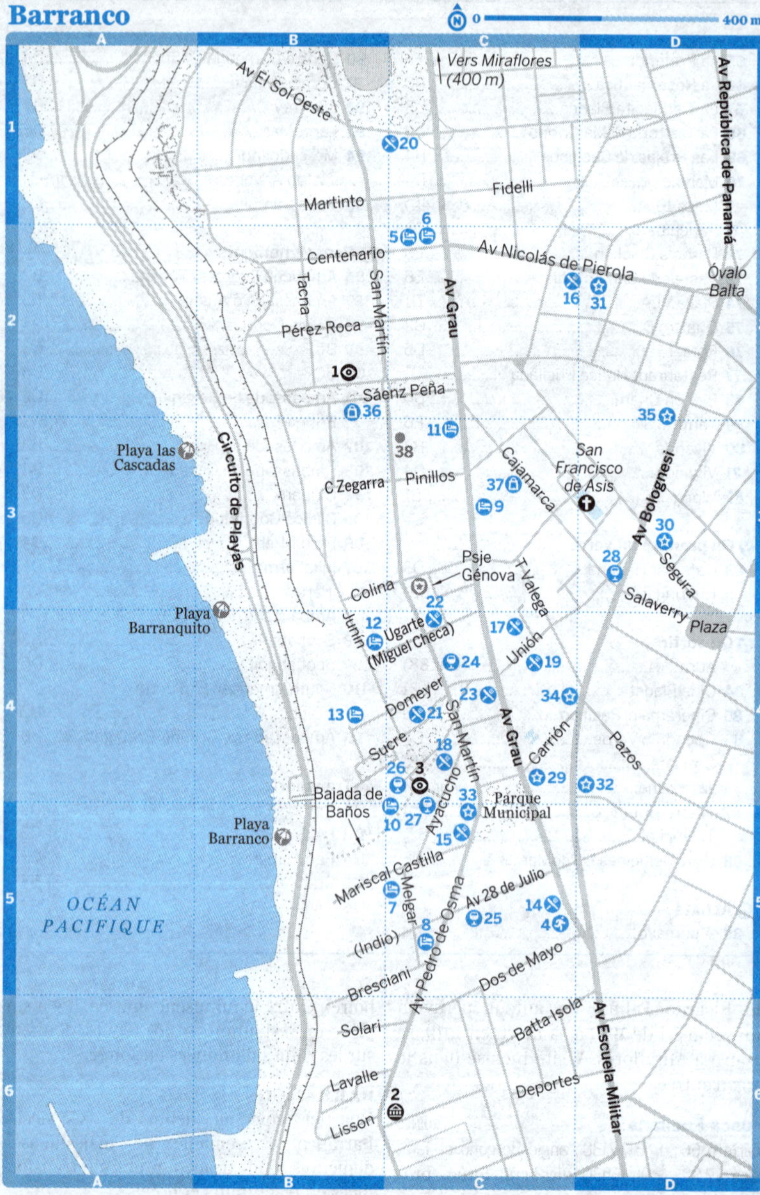

Museo Pedro de Osma MUSÉE
(carte p. 70 ; ☎467-0141 ; www.museopedrodeosm.org ; Av. Pedro de Osma 423 ; 20 S ; ⏲10h-18h mar-dim). Aménagé dans une belle demeure de style Beaux-Arts entourée de jardins, ce musée sous-estimé possède une superbe collection d'œuvres d'art, d'objets en métal et de mobilier de l'époque coloniale ; certaines pièces datent des années 1500. Parmi les plus belles œuvres, citons une toile large de 2 m représentant une procession de la Fête-Dieu à Cuzco au début du XVIIe siècle.

Barranco

À voir

1 Galería Lucía de la Puente B2
2 Museo Pedro de Osma C6
3 Puente de los Suspiros C4

Activités

4 Wayo Whilar C5

Où se loger

5 3B Barranco B&B C2
6 Aquisito B&B C2
7 Backpackers Inn C5
8 D'Osma B&B C5
9 Hostal Gemina C3
10 Hostal Kaminu C5
11 One Hostel Peru C3
12 Point Lodge B4
13 Second Home Perú B4

Où se restaurer

14 Burrito Bar C5
15 Café Bisetti C5
16 Café Tostado C2
17 Canta Ranita C4
18 Chala C4
19 Chifa Chung Yion C4
20 La 73 .... C1
21 La Bodega Verde C4
22 La Canta Rana C4
23 Las Mesitas C4

Où prendre un verre

24 Ayahuasca C4
25 Bar Piselli C5
26 La Posada del Mirador C4
27 Santos C5
28 Wahio's D3

Où sortir

29 Déjà Vu C4
30 Don Porfirio D3
31 El Dragon D2
32 La Candelaria D4
33 La Estación de Barranco C5
34 La Noche C4
35 Sargento Pimienta D2

Achats

36 Dédalo B2
37 Las Pallas C3

Renseignements

38 Intej C3

Galería Lucía de la Puente GALERIE
(carte p. 70 ; ☎477-9740 ; www.gluciadelapuente.com ; Sáenz Peña 206 ; ⏲10h30-20h lun-ven, 11h-20h sam). Cette magnifique demeure à deux étages abrite l'une des plus prestigieuses galeries d'art contemporain de Lima. On peut y admirer les œuvres de peintres avant-gardistes, tel Fernando Gutiérrez, dont les toiles audacieuses fustigent souvent la culture péruvienne.

OUEST DE LIMA ET CALLAO

À l'ouest du centre-ville, les denses quartiers populaires, souvent déshérités, cèdent finalement la place à la zone portuaire de Callao, d'où les Espagnols expédiaient jadis leur or. La prudence est de mise à Callao, car certains secteurs sont dangereux, même la journée.

Parque de Las Leyendas PARC
(☎717-9878 ; www.leyendas.gob.pe ; Av. Las Leyendas 580-86, San Miguel ; adulte/enfant 10/5 S ; ⏲9h-18h). Situé entre le centre de Lima et Callao, le zoo présente les principaux écosystèmes du Pérou : la côte, les montagnes et la jungle. Il abrite jusqu'à 210 spécimens de la faune péruvienne, auxquels s'ajoutent quelques animaux venus d'autres contrées (comme les hippopotames). Les conditions de vie des pensionnaires sont correctes et le zoo est bien entretenu.

Des bus et des *colectivos* (taxis collectifs) desservent le parc depuis le croisement de l'Avenida Abancay et de Garcilaso de la Vega, dans le centre de Lima. Ils circulent toutes les 30 minutes environ.

Fortaleza del Real Felipe FORT
(☎429-0532 ; Plaza Independencia, Callao ; 1 S ; ⏲9h-14h). Dans les années 1820, à la fin des combats pour l'indépendance, les royalistes espagnols se retranchèrent dans ce fort, édifié en 1747 pour protéger la côte contre les pirates. Il abrite toujours un petit contingent militaire. Visites guidées uniquement (en espagnol).

À l'ouest du fort, baladez-vous dans l'étrange **Parque Tématico de la Policía** (parc de la Police), un jardin paysagé parsemé de véhicules blindés et de statues de policiers grandeur nature - de quoi prendre quelques photos surréalistes.

Le quartier des docks voisin n'est pas sûr. Mieux vaut prendre un taxi.

LA PUNTA

Étroite péninsule s'étendant à l'ouest dans l'océan Pacifique, **La Punta** fut jadis un hameau de pêcheurs, puis une station balnéaire huppée au XIXe siècle. Aujourd'hui, cet agréable quartier de classe moyenne supérieure, doté de maisons de styles néocolonial et Art déco, est idéal pour une promenade en bord de mer et un plat de fruits de mer.

Vous pourrez y aller en taxi depuis Miraflores (environ 30 S). Depuis le centre de Lima, les *combis* desservant Callao circulent en direction de l'ouest le long de l'Avenida Colonial au départ de la Plaza 2 de Mayo. Prenez-en un indiquant "La Punta". Descendez Plaza Gálvez et, de là, dirigez-vous à l'ouest le long du Malecón Figueredo, au bord de l'eau, et profitez de la vue sur l'Isla San Lorenzo, juste au large.

Activités

Baignade et sports nautiques

Malgré les avertissements publiés dans la presse quant à la pollution, les Limeños se bousculent sur les plages pendant l'été (janvier à mars). Avec ses bons *breaks* tout au long de l'année, la **Playa Costa Verde** de Miraflores (surnommée Waikiki) séduit les surfeurs locaux. Miraflores possède 7 autres plages, tandis que Barranco en compte 4 au total, plus propices aux longboards. Les surfeurs expérimentés préféreront la **Playa La Herradura**, à Chorrillos, où les vagues atteignent 5 m de haut quand il y a une bonne houle. Ne laissez pas vos affaires sans surveillance sur la plage, en raison des vols.

Les boutiques suivantes vendent du matériel de surf :

Big Head SURF

(carte p. 66 ; ☎818-4156 ; www.bighead.com.pe ; LarcoMar, Malecón de la Reserva 610, Miraflores ; ⏲11h-22h). Chaîne de centre commercial réputée qui vend vêtements et équipement de surf.

Focus SURF

(☎475-8459 ; www.focussurf.com ; Leonardo da Vinci 208, Surquillo ; ⏲8h-20h lun-ven, 9h-13h sam). Un fabricant de planches reconnu, qui dirige un camp de surf au sud de Lima.

Wayo Whilar SURF

(carte p. 70 ; ☎247-6343 ; www.wayowhilar.com.pe ; Av. Grau 111, Barranco ; ⏲9h-19h lun-jeu, 9h-16h ven et dim). La boutique d'un surfeur péruvien averti, qui vend sa propre marque de planches fabriquées à la main.

Perú Divers PLONGÉE

(☎251-6231 ; www.perudivers.com ; Santa Teresa 486, Chorrillos). Les plongées en haute mer sur la côte sud du Pérou coûtent un prix raisonnable. Luis Rodríguez, instructeur certifié PADI, dirige cette excellente boutique qui vend du matériel et organise des stages de formation et des sorties, notamment des excursions aux Islas Palomino, au large de Callao, pour observer une colonie d'otaries.

Parapente

Pour s'envoler en parapente depuis les falaises de Miraflores, contactez **Peru Fly** (☎993-086-795 ; www.perufly.com) ou **Andean Trail Peru** (http://andeantrailperu.com). Les vols partent du "paraport" dans le Parque Raimondi (carte p. 66) ; les tarifs commencent à 150 S environ pour un vol de 15 minutes en tandem. Les agences de parapente n'ayant pas de bureau sur place, il faut réserver à l'avance – vous saluerez bientôt les passants ébahis se baladant sur les falaises autour du centre commercial LarcoMar.

Vélo et VTT

Parmi les différentes possibilités au départ de Lima, l'itinéraire qui conduit à Pachacamac (31 km) est particulièrement prisé. De bonnes pistes sont ouvertes entre avril et décembre. Les vététistes expérimentés se renseigneront sur l'itinéraire reliant Olleros à San Bartolo, au sud de Lima. Pour des informations générales (en espagnol) concernant le vélo, consultez la **Federación Deportiva Peruana de Ciclismo** (☎346-3493 ; www.fedepeci.org ; Av. San Luis 1308, San Luis) ou le site Internet de **Ciclismo Sin Fronteras Miraflores** (www.ciclismosinfronteras.com). Pour organiser un circuit depuis l'étranger, adressez-vous aux agences internationales, p. 561.

Les pages jaunes réunissent des dizaines d'adresses à la rubrique *Bicicletas*. En voici quelques-unes :

Bike Tours of Lima CIRCUITS GUIDÉS

(carte p. 66 ; ☎445-3172 ; www.biketoursoflima.com ; Bolívar 150, Miraflores ; ⏲9h-19h lun-sam). Circuits organisés à la journée autour de Barranco, Miraflores et San Isidro, ainsi que des excursions dominicales dans le centre-ville (à partir de 65 S). Location de vélos (à partir de 30 S la demi-journée).

Perú Bike CIRCUITS GUIDÉS

(☎260-8225 ; www.perubike.com ; Punta Sal D7, Surco ; ⏲9h-13h et 16h-18h lun-sam). Excursions à VTT et réparations.

Cours

Il y a à Lima de nombreuses écoles de langues. Les établissements suivants sont recommandés :

Centro de Idiomas LANGUE
(carte p. 76 ; 421-2969 ; www.up.edu.pe/idiomas ; Prescott 333, San Isidro). Gérée par l'Universidad del Pacífico, cette école dispense 40 heures de cours sur 3 mois (5 niveaux différents).

El Sol LANGUE
(carte p. 66 ; 242-7763 ; http://elsol.idiomasperu.com ; Grimaldo del Solar 469, Miraflores). Cours particuliers 65 S l'heure ; stage d'une semaine à partir de 410 S.

Idiomas Católica LANGUE
(carte p. 76 ; 626-6500 ; www.idiomas.pucp.edu.pe ; Av. Camino Real 1037, San Isidro). Chapeauté par la prestigieuse université catholique, ce programme propose 5 cours collectifs de 2 heures/semaine.

Instituto Cultural Peruano-Norteamericano LANGUE
(ICPNA ; 706-7000 ; www.icpna.edu.pe) Centre de Lima (Cuzco 446) ; Miraflores (carte p. 66 ; Av. Arequipa 4798). Les différentes succursales de l'institut offrent des cours d'espagnol assurés par des professeurs qualifiés.

Museo de la Cultura Peruana CULTURE
(carte p. 58 ; 423-5892 ; http://museodelacultura.perucultural.org.pe ; Alfonso Ugarte 650). Quelques cours d'instruments péruviens et de danses traditionnelles à l'exemple de la *marinera*.

Circuits organisés et guides

Les sociétés répertoriées ici proposent des visites guidées de Lima et des sites archéologiques environnants comme Pachacamac, ainsi que d'autres circuits dans le pays. En plus des tour-opérateurs ci-après mentionnés, des agences de voyages (voir p. 94) organisent des excursions au niveau local, régional et national. Vous pourrez aussi vous adresser à l'**Agotur** (www.agotur.com), l'association des guides péruviens et consulter le site www.leaplocal.com. Appelez aux heures de bureau.

Aventours CIRCUITS AVENTURE
(carte p. 66 ; 444-9060 ; www.aventours.com ; Av. Arequipa 4799, Miraflores). Circuits privés, excursions guidées et randonnées à travers tout le pays.

Condor Travel CIRCUITS
(hors carte p. 76 ; 615-3000 ; www.condortravel.com ; Blondet 249, San Isidro). Recommandé pour les prestations haut de gamme et les itinéraires sur mesure dans les Andes.

Ecoaventura Vida CIRCUITS CULTURELS
(461-2555 ; www.ecoaventuravida.com). L'accent est mis sur le tourisme responsable dans tout le pays, avec notamment des séjours dans des familles péruviennes.

Explorandes CIRCUITS AVENTURE
(carte p. 66 ; 715-2323 ; www.explorandes.com ; Aristides Aljovín 484, Miraflores). Spécialiste des activités de plein air, dont la randonnée, le cyclotourisme et les sports d'aventure.

Inkanatura CIRCUITS AVENTURE
(Carte p. 76 ; 203-5000 ; Manuel Bañon 461 ; San Isidro). Expéditions de qualité dans tout le pays, y compris le Chachapoyas et la jungle.

Lima Vision CIRCUITS
(carte p. 66 ; 447-7710 ; www.limavision.com ; Chiclayo 444, Miraflores). Plusieurs circuits de 4 heures dans la capitale (70 S), ainsi que des excursions à la journée aux ruines de Pachacamac.

Peru Expeditions CIRCUITS AVENTURE
(carte p. 66 ; 447-2057 ; www.peru-expeditions.com ; Colina 151, Miraflores). Excursions et circuits organisés dans la région et au-delà ; spécialiste des sorties en 4x4.

Peru Hands On CIRCUITS
(999-542-728 ; www.peruhandson.com ; appart 401, Av. La Paz 887, Miraflores). Agence gérée par des Liméniens, spécialisée dans les circuits classiques ou sur mesure au Pérou.

Respons CIRCUITS
(carte p. 66 ; 989-526-095 ; www.responsibletravelperu.com ; Arica 329, Miraflores). Excursions haut de gamme dans l'ensemble du Pérou. Spécialiste du tourisme équitable.

Arturo Rojas CIRCUITS GUIDÉS
(99-738-9276 ; www.limatastytours.com). Outre ses prestations de guide classique (il parle anglais), Arturo peut organiser des circuits gastronomiques.

Jorge Riveros Cayo CIRCUITS GUIDÉS
(jorgeriveros@yahoo.com). Ce guide parfaitement anglophone propose des visites de la ville, des excursions plus longues sur mesure et des circuits gastronomiques.

Mónica Velásquez CIRCUITS GUIDÉS
(☎99-943-0796 ; www.monicatoursperu.com). Guide anglophone, recommandée par nos lecteurs.

Tino Guzman CIRCUITS GUIDÉS
(☎420-1723, 99-909-5805). Parle anglais ; membre du SAE.

Fêtes et festivals

Les principales manifestations culturelles sont détaillées p. 21, tandis que vous trouverez les fêtes nationales et autres jours fériés p. 554. Les autres événements sont annoncés dans les journaux locaux et sur le site de *Peru Guide* (www.theperuguide.com). Voici les jours chômés spécifiques à Lima :

Festival de Lima COMMÉMORATION
Célèbre l'anniversaire de la fondation de Lima le 18 janvier.

Fête de Santa Rosa de Lima SAINT PATRON
Processions le 30 août en l'honneur de sainte Rose, patronne de Lima et des Amériques.

El Señor de los Milagros RELIGION
(Le Seigneur des Miracles). Le 18 octobre, la ville revêt ses habits violets pendant cette grande procession religieuse en l'honneur du Christ de l'église de Nazarenas ; des processions moins importantes ont lieu certains dimanches du mois d'octobre.

Où se loger

Des minuscules pensions familiales aux grands hôtels avec spa occupant des tours de verre, Lima compte tous les types d'hébergement possibles. Sachez cependant qu'il s'agit en la matière d'une des villes les plus chères du pays, tout comme la très touristique Cuzco.

Le quartier préféré des voyageurs est Miraflores, où se concentrent moult auberges de jeunesse, hôtels et chaînes haut de gamme. Le quartier de Barranco, en bord de mer, connaît depuis peu un succès croissant du fait de ses jardins, de son architecture coloniale et de l'aisance que l'on trouve à s'y déplacer à pied. Pour un point de chute plus cossu et d'usage plus tranquille, choisissez le quartier d'affaires de San Isidro. C'est toutefois dans le centre que vous trouverez le meilleur rapport qualité/prix, mais vous serez un peu loin des restaurants branchés et des discothèques.

Si vous arrivez le soir, n'hésitez pas à contacter votre hôtel à l'avance pour organiser le transfert depuis l'aéroport. Même les établissements bon marché assurent ce service, parfois pour quelques dollars de moins que les navettes officielles de l'aéroport.

CENTRE DE LIMA

Voisin de maints sites notoires, le centre historique de la capitale, souvent embouteillé, présente le rapport qualité/prix le plus avantageux. Sachez néanmoins qu'il manque singulièrement d'animation le soir. Ses hôtels d'affaires haut de gamme ont du reste quitté les lieux au profit de San Isidro et de Miraflores. Bien que la sécurité se soit grandement améliorée, il reste prudent de circuler en taxi après la nuit tombée et de ne pas exhiber de bijoux ou d'appareil photo.

♥ **1900 Backpackers** AUBERGE DE JEUNESSE $
(carte p. 62 ; ☎424-3358 ; www.1900hostel.com ; Av. Garcilazo de la Vega 1588 ; dort 21-29 S, d/lits jum/tr avec petit-déj 74/80/111 S ; @ 📶). Ce nouveau venu a élu domicile dans une vieille demeure en partie dessinée par Gustave Eiffel. Rehaussé de touches décoratives plus contemporaines, il conserve un sol en marbre et autres fioritures d'époque qui le classent au-dessus des auberges de jeunesse habituelles. Dortoirs garnis de lits superposés côte à côte, petite cuisine et espaces communs agréables, dont une salle de billard avec bar et lustre rouge. La présence d'un musée de premier ordre juste en face fait oublier les gaz d'échappement qui envahissent l'avenue dans la journée.

Clifford Hotel HÔTEL $$
(carte p. 62 ; ☎433-4249 ; www.thecliffordhotel.com.pe ; Parque Hernán Velarde 27 ; s/d/tr/ste avec petit-déj 143/169/208/247 S ; @ 📶). Dans une impasse tranquille, cet hôtel chic occupe une belle *casona* des années 1930, dotée de parties communes dans le style baroque espagnol. Dans un tel cadre, les 21 chambres moquettées avec ventilateur, TV câblée et téléphone sembleraient presque être à la pointe de la modernité. Bar, restaurant et ravissant jardin agrémenté d'une fontaine.

Gran Hotel Bolívar HÔTEL HISTORIQUE $$
(carte p. 58 ; ☎619-7171 ; Jirón de la Unión 958 ; s/d/tr 169/195/234 S ; @). Ce vénérable hôtel de 1924 qui trône sur la Plaza San Martín comptait jadis parmi les plus luxueux d'Amérique latine, et bien des célébrités (Clark Gable, Mick Jagger, Robert Kennedy...) ont séjourné dans son cadre rétro. Désormais un peu défraîchi, il n'en garde pas moins un

charme délicieusement unique. Chose rare dans le monde de l'hôtellerie, il appartient à ses employés, d'où un service impeccable et souriant à tous les étages.

Familia Rodríguez CHAMBRE D'HÔTE $
(carte p. 58 ; ☎423-6465 ; jotajot@terra.com.pe ; n°201, Nicolás de Piérola 730, appart 201 ; d avec petit-déj 70 S ; @📶). À l'ouest de la Plaza San Martín, dans un immeuble du début du XXᵉ siècle, ce vaste appartement ancien à l'atmosphère tranquille renferme des chambres avec du parquet et des sdb communes impeccables. Chaudement recommandé.

Hostal Iquique HÔTEL $
(carte p. 62 ; ☎433-4724 ; www.hostaliquique.com ; Iquique 758 ; s/d sans sdb 38/63 S, s/d/tr avec petit-déj 55/70/82 S ; @). Simple, propre et sûr, l'établissement loue de petites chambres sombres en béton aux sdb refaites avec douche chaude. Table de billard sur le toit en terrasse et cuisine à disposition des hôtes. Cartes de crédit acceptées.

Hotel Kamana HÔTEL $$
(carte p. 58 ; ☎426-7204, 427-7106 ; www.hotelkamana.com ; Camaná 547 ; s/d/tr avec petit-déj 120/150/180 S ; ❄@📶). Prisé des groupes et des voyageurs d'affaires, cet hôtel, sûr et d'un excellent rapport qualité/prix, compte 46 chambres moquettées proprettes, égayées de couvre-lits colorés. Français parlé. Cartes de crédit acceptées. Café-restaurant ouvert 24 h/24.

Pensión Ibarra PENSION $
(carte p. 58 ; ☎427-8603 ; pensionibarra@gmail.com ; 13ᵉ ét., n°152, Tacna 359 ; s/d sans sdb à partir de 25/35 S). Dans un immeuble en béton décrépi, les sympathiques sœurs Ibarra louent 7 chambres sommaires équipées de lits fermes. Cuisine collective, service de blanchisserie et petit balcon donnant sur la ville bruyante.

Hostal Bonbini HÔTEL $$
(carte p. 58 ; ☎427-6477 ; www.hostalbonbini.com ; Cailloma 209 ; s/d/tr avec petit-déj 105/135/165 S ; @). Sise dans une rue jalonnée d'imprimeries, une confortable adresse de 15 chambres moquettées, avec sdb reluisantes et TV câblée. Le service manque toutefois d'empressement. Cartes de crédit acceptées.

Hostal Roma HÔTEL $
(carte p. 58 ; ☎427-7576 ; www.hostalroma.8m.com ; Ica 326 ; s avec/sans sdb 43/35 S, d 66/53 S ; @📶). Les 22 chambres nettes et calmes, quoique ternes et parfois sans fenêtre, s'organisent autour d'une cour intérieure ensoleillée. Elles ont des lits affaissés, mais certaines disposent de la TV câblée. Le café sur place sert le petit-déjeuner.

La Posada del Parque HÔTEL $$
(carte p. 62 ; ☎433-2412, 99-945-4260 ; www.incacountry.com ; Parque Hernán Velarde 60 ; s/d/tr avec petit-déj 96/127/164 S ; @📶). Tenue par la volubile Mónica et sa fille, cette belle maison jaune de style espagnol occupe une impasse ovale bordée d'arbres, qui servait autrefois de piste de course canine. Les petites chambres avec moquette et TV câblée s'agrémentent d'artisanat, tandis que les espaces communs arborent des tableaux d'inspiration coloniale et des retables d'Ayacucho. Consigne.

Hotel Maury HÔTEL $$
(carte p. 58 ; ☎428-8188 ; hotmaury@amauta.rep.net.pe ; Ucayali 201 ; s/lits jum/d avec petit-déj 150/190/240 S ; ❄@📶). Un établissement réputé de longue date pour avoir été le premier à servir le *pisco sour* (cocktail à base de pisco et de jus de citron) dans les années 1930. Si les espaces communs aux miroirs dorés et meubles de style victorien restent empreints d'une atmosphère désuète, les 76 chambres comprenant Jacuzzi et mini coffre-fort sont simples et modernes. Cartes de crédit acceptées.

Lima Sheraton HÔTEL $$$
(carte p. 62 ; ☎619-3300 ; www.sheraton.com.pe ; Paseo de la República 170 ; d 1 039 S ; ❄@📶🏊). Haute tour dominant l'austère Palacio de Justicia (Cour suprême), le meilleur hôtel du centre-ville compte plus de 400 chambres et suites dans les tons sable. Room service 24 h/24, concierge, deux restaurants, bar, salle de sport, piscine et institut de beauté.

OUEST DE LIMA

Mami Panchita PENSION $$
(☎263-7203 ; www.mamipanchita.com ; Av. Federico Gallesi 198, San Miguel ; s/d/tr avec petit-déj 69/98/127 S ; @📶). Dans un secteur agréable proche de Miraflores, cette pension hollando-péruvienne occupe une grande maison confortable de style espagnol. Les chambres, accueillantes et spacieuses, avec lit enfant en option, et le patio fleuri propice à la détente en font un bon point de chute pour les familles. Les propriétaires dirigent une agence de voyages sur place.

San Isidro

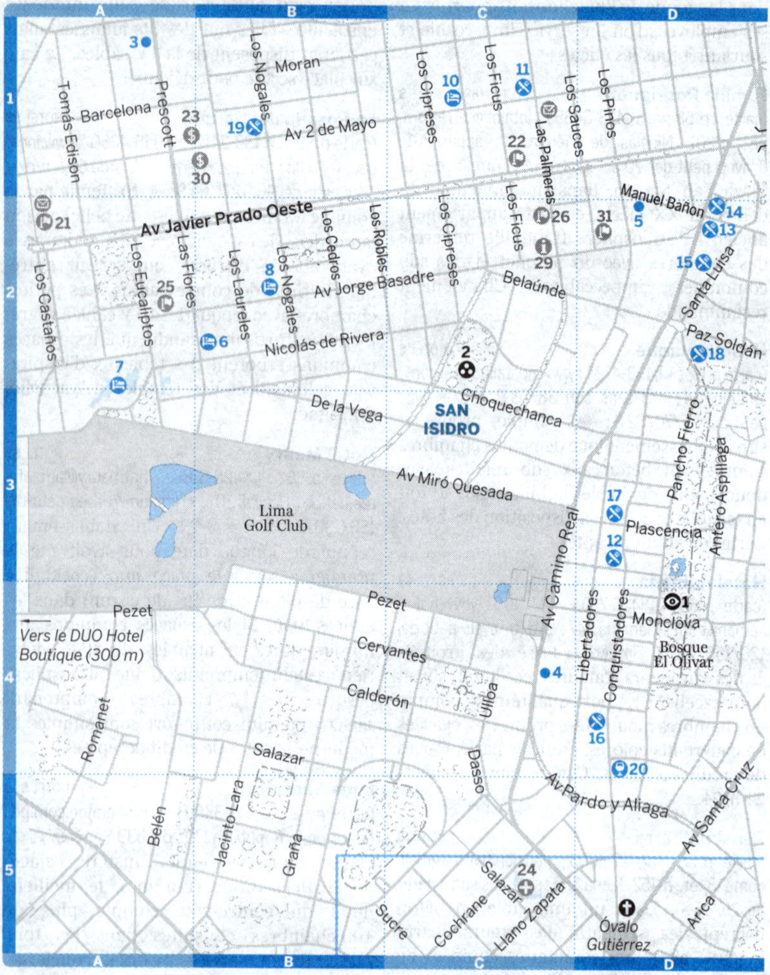

SAN ISIDRO

Doté d'un golf très sélect, San Isidro est le fief de l'élite locale. Celle-ci habite d'immenses maisons modernistes et sirote des cocktails dans des clubs privés. Il va sans dire que les hôtels appartiennent au très haut de gamme, mais quelques adresses plus abordables se cachent dans les rues arborées.

♥ DUO Hotel Boutique — HÔTEL DE CHARME $$$

(hors carte p. 76 ; ☎628-3245 ; www.duohotel-peru.com ; Valle Riesta 576 ; s/d/ste avec petit-déj 305/398/437 S ;). Dans une paisible rue résidentielle, deux pâtés de maisons à l'ouest du golf, cet hôtel chic à l'atmosphère intimiste et au cadre minimaliste loue 20 chambres monochromes avec sdb en marbre, draps moelleux, pantoufles et fleurs fraîches. Prestations de grande qualité et excellent restaurant italo-péruvien. Cartes de crédit acceptées.

Malka Youth Hostel — AUBERGE DE JEUNESSE $

(carte p. 76 ; ☎222-5589 ; www.youthhostelperu.com ; Los Lirios 165 ; dort avec/sans sdb 42/30 S, d 85/70 S ; @). Tenue par un aimable duo mère-fille, cette adresse tranquille de 10 chambres (petit-déj inclus) s'inscrit dans

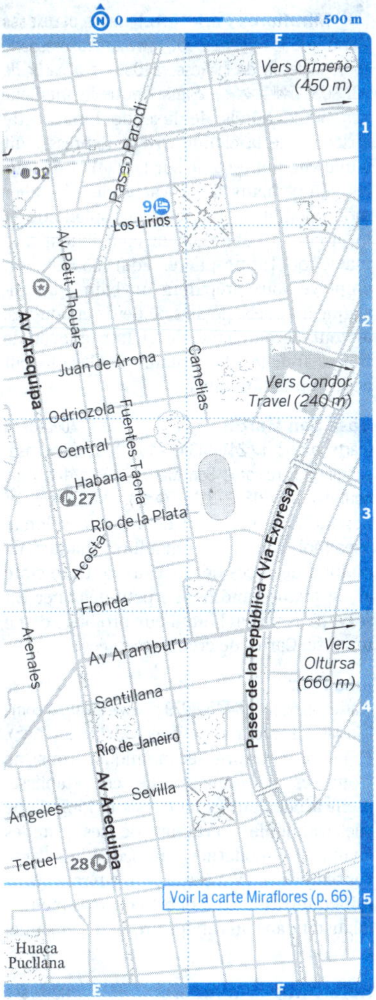

San Isidro

À voir

1 Bosque El Olivar D4
2 Huaca Huallamarca C2

Activités

3 Centro de Idiomas A1
4 Idiomas Católica C4
5 Inkanatura D2

Où se loger

6 Casa Bella Perú B2
7 Country Club Lima Hotel A2
8 Hotel Basadre Suites B2
9 Malka Youth Hostel E1
10 Suites Antique C1

Où se restaurer

11 Antica C1
12 Hanzo D3
13 Malabar D2
14 Matsuei D2
15 News Café D2
16 Punta Sal D4
17 Segundo Muelle D3
18 Tanta D2
19 Vivanda B1

Où prendre un verre

20 Bravo Restobar D4

Renseignements

21 Ambassade de Bolivie A2
22 Ambassade du Chili C1
23 Citibank A1
24 Clínica Anglo-Americana C5
25 Ambassade de Colombie A2
26 Ambassade d'Équateur C2
27 Ambassade de France E3
28 Ambassade d'Allemagne E5
29 iPerú C2
30 Scotiabank B1
31 Ambassade d'Espagne D2

Transports

32 Colectivos pour Chosica E1

un environnement agréable à une rue d'un petit parc, près du carrefour fréquenté des avenues Arequipa et Javier Prado. Joli jardin, mur d'escalade, grande cuisine collective, machines à laver, salle TV avec lecteur de DVD, consigne, Wi-Fi gratuit et café assurant une restauration légère.

Country Club Lima Hotel HÔTEL DE LUXE $$$
(carte p. 76 ; ☎611-9000 ; www.hotelcountry.com ; Los Eucaliptos 590 ; d à partir de 1 678 S ; ❄@📶🏊). Cette somptueuse demeure construite en 1927 dans le plus pur style espagnol figure parmi les trésors architecturaux de Lima. Sise sur une vaste pelouse plantée de palmiers, elle présente des plafonds à poutres apparentes, des mosaïques colorées et des répliques de peintures de l'école de Cuzco. Sans oublier, surtout, un superbe atrium circulaire coiffé d'une verrière où l'on prend le petit-déjeuner. Les 83 chambres, pourvues de tous les équipements possibles, vont de la luxueuse chambre Master à l'opulente suite présidentielle. Cartes de crédit acceptées.

Casa Bella Perú PENSION $$
(carte p. 76 ; ☎421-7354 ; www.casabella-peru.net ; Las Flores 459 ; s/d/tr avec petit-déj 183/199/262 S ; @📶). Cette grande demeure des années 1950 entourée d'un vaste jardin constitue une excellente option de catégorie moyenne dans ce quartier huppé. Elle comporte 14 chambres différentes, au décor contemporain rehaussé de textiles indiens. Literie confortable, oreillers fermes, immenses TV à écran plasma et sdb rénovées. Une cuisine et un salon complètent le tout. Cartes de crédit acceptées.

Hotel Basadre Suites HÔTEL $$
(carte p. 76 ; ☎442-2423 ; www.hotelbasadre.com ; Jorge Basadre 1310 ; s/d/ste avec petit-déj 154/164/197 S ; ❄@🏊). Bâtie autour d'une ancienne maison privée, cette bonne adresse comprend 20 belles chambres à la déco moderne, certaines assez spacieuses, avec TV câblée, minibar, sèche-cheveux et mini coffre-fort. Petit-déjeuner copieux servi dans une petite salle jouxtant le jardin. Cartes de crédit acceptées. Consultez le site web pour bénéficier d'offres spéciales très avantageuses.

Suites Antique APPARTEMENTS $$$
(carte p. 76 ; ☎222-1094 ; www.suites-antique.com ; Av. 2 de Mayo 954 ; s/d/ste avec petit-déj 276/315/368 S ; ❄@). Un petit établissement central et discret à la déco élégante et lumineuse. Les 23 suites impeccables possèdent une kitchenette équipée d'un micro-ondes et d'un mini réfrigérateur. Un café cosy assure le petit-déjeuner.

MIRAFLORES

Donnant sur l'océan, ce quartier favorable aux piétons abonde en cafés, restaurants, hôtels, gratte-ciel, banques, commerces et discothèques passant toutes sortes de musiques. Il s'y trouve néanmoins beaucoup de *cuadras* très tranquilles.

♥ **Backpacker's Family House** AUBERGE DE JEUNESSE $
(carte p. 66 ; ☎447-4572 ; www.backpackersfamilyhouse.com ; Juan Moore 304 ; dort/d avec petit-déj 27/81 S ; @📶). Installée dans une petite maison en brique, cette auberge rafraîchissante avec parquet et peintures murales brille par sa propreté et son animation. Baby-foot, table de ping-pong et autres jeux divertissent les hôtes. Propriétaire attentif.

♥ **Miraflores Park Hotel** HÔTEL DE LUXE $$$
(carte p. 66 ; ☎242-3000 ; www.miraflorespark.com ; Malecón de la Reserva 1035 ; d à partir de 921 $US ; ❄@📶🏊). Sans doute le meilleur des petits hôtels de luxe de Lima, cette enseigne de la chaîne Orient Express jouit d'une vue imprenable sur l'océan et de tous les équipements de sa catégorie. L'escalier monumental, la bibliothèque splendide et la piscine à débordement contribuent à la magie de l'atmosphère. Pour 55 $US, un employé vous préparera un bain aphrodisiaque avec sels, pétales de fleurs et bougies, le tout accompagné de champagne et de fraises fraîches. Le restaurant Mesa 18 fait actuellement un tabac.

Casa San Martín AUBERGE $$
(carte p. 66 ; ☎241-4434, 243-3900 ; www.casasanmartinperu.com ; San Martín 339 ; s/d/tr avec petit-déj 156/218/273 S ; @📶). Moderne et dépouillé, ce bâtiment de style néocolonial espagnol compte 20 chambres hautes de plafond décorées de carreaux de terre cuite et de textiles andins. Le petit-déjeuner est servi dans un café lumineux prolongé d'une terrasse. Cartes de crédit acceptées.

Inka Frog HÔTEL $$
(carte p. 66 ; ☎445-8979 ; www.inkafrog.com ; Iglesias 271 ; s/d avec petit-déj 103/127 S ; @📶). Dans la catégorie économique, vous ne trouverez pas mieux que cet établissement accueillant et feutré sis le long d'une rue tranquille. Certaines de ses grandes chambres modernes, impeccables, avec ventilateur et TV à écran plat, ouvrent sur le toit en terrasse. Café offert gracieusement, à déguster dans un canapé profond. Personnel serviable.

Hotel Antigua Miraflores HÔTEL $$$
(carte p. 66 ; ☎241-6116 ; www.peru-hotels-inns.com ; Av. Grau 350 ; s/d/tr avec petit-déj 216/257/351 S ; ❄@📶). Une demeure du début du XXe siècle transformée en un hôtel paisible fort de son charme colonial, aux chambres distribuées autour d'une jolie cour. De style et de taille variés, elles allient confort moderne et mobilier ponctué de touches baroques. Les plus chères ont l'atout d'un Jacuzzi et d'une kitchenette.

JW Marriott Hotel Lima HÔTEL $$$
(carte p. 66 ; ☎217-7000 ; www.marriotthotels.com/limdt ; Malecón de la Reserva 615 ; d à partir de 320 $US ; ❄@📶🏊). Le cinq-étoiles le plus luxueux de Lima bénéficie d'un magni-

fique emplacement sur le front de mer, à côté du centre commercial LarcoMar, d'où il est possible d'observer les parapentistes à travers les baies vitrées. Les chambres présentent toutes les commodités imaginables : Wi-Fi (en sus), minibar, TV à écran plasma, bain à remous... Il y a aussi un salon d'affaires, des restaurants, un bar, un casino, un court de tennis extérieur, un sauna et une piscine. Un tableau dans le hall affiche les horaires de départ et d'arrivée des vols.

Ekeko Hostel AUBERGE DE JEUNESSE **$**
(carte p. 66 ; ☎635-5031 ; Garcia Calderon 274 ; dort/s/d avec petit-déj 27/42/85 S ; @📶). Nichée dans un confortable quartier de la classe moyenne, cette adresse bien tenue est une véritable trouvaille. Elle occupe une grande maison pourvue d'une cuisine spacieuse et d'une longue table destinée au petit-déjeuner ainsi que d'un agréable jardin à l'arrière. S'y ajoutent des équipements non standard, tels que des sèche-cheveux. Service irréprochable. Le propriétaire parle même japonais.

Casa Andina HÔTEL **$$$**
(☎213-9739 ; www.casa-andina.com) San Antonio (hors carte p. 66 ; ☎241-4050 ; Av. 28 de Julio 1088 ; d avec petit-déj 289 S ; ❄@📶) ; Miraflores Centro (carte p. 66 ; ☎447-0263 ; Av. Petit Thouars 5444 ; d avec petit-déj 397 S ; ❄@📶) ; Colección Privada (carte p. 66 ; ☎213-4300 ; Av. La Paz 463 ; d/ste avec petit-déj à partir de 982/1 291 S ; ❄@📶🏊). Cette chaîne péruvienne haut de gamme possède à Miraflores trois établissements pratiquant des tarifs différents. Ceux de San Antonio et de Miraflores Centro, plus abordables, comptent chacun une cinquantaine de chambres dans des tons andins actuels. Colección Privada, l'enseigne de luxe, a investi la tour qui accueillait jadis l'Hotel César où séjourna Frank Sinatra. Clin d'œil au passé, le hall, plein d'élégance, a conservé son piano à queue d'antan. Les 148 chambres dans les tons bruns, ornées de touches d'inspiration précolombienne, sont chics et spacieuses, les sdb garnies de produits de toilette bio. Vous trouverez même chaque soir une délicieuse *cocada* (biscuit à la noix de coco).

Hotel Ibis HÔTEL **$$**
(carte p. 66 ; ☎634-8888 ; www.ibishotel.com ; Av. José Larco 1140 ; d avec petit-déj 183 S ; @📶). La chaîne hôtelière française, nouvellement installée à Lima, propose là une option intéressante et bien située. Les chambres, parfaitement isolées du bruit, affichent une esthétique Ikea version haut de gamme, mais manquent d'espace. Elles se répartissent entre des étages fumeurs et non-fumeurs. Les articles de toilette biodégradables et les dispositifs visant à économiser de l'eau font partie des plus. Petit-déjeuner en supplément.

Albergue Miraflores House AUBERGE DE JEUNESSE **$$**
(carte p. 66 ; ☎447-7748 ; www.alberguemiraflores-house.com ; Av. Espinar 611 ; d/tr/qua avec petit-déj 110/150/190 S ; @📶). Le propriétaire fort de son goût pour les voyages, donne le ton de cette adresse accueillante nichée dans une rue centrale fréquentée. Mieux vaut cependant y loger à plusieurs car les voyageurs en solo paient intégralement le prix de la double. Appels internationaux gratuits et nombreux jeux à disposition.

Hitchhikers AUBERGE DE JEUNESSE **$**
(carte p. 66 ; ☎242-3008 ; www.hhikersperu.com ; Bolognesi 400 ; dort/s/d sans sdb 28/64/70 S, s/d avec petit-déj 70/84 S ; @📶). Aménagée dans une *casona* centenaire, cette vieille adresse, sûre, loue un large choix de chambres propices au sommeil. Le salon comprend la TV câblée et une collection de DVD, le patio un barbecue et une table de ping-pong. Un bon choix.

Pensión Yolanda PENSION **$**
(carte p. 66 ; ☎445-7565 ; pensionyolanda@hotmail.com ; Domingo Elías 230 ; ch sans sdb 40 S/pers, avec sdb 60 S/pers ; @📶). Des petites chambres sommaires, certaines avec des lits superposés en mauvais état, et une cuisine commune dans une modeste maison familiale. Erwin, le propriétaire serviable, parle plusieurs langues. Petit-déjeuner inclus.

El Faro Inn HÔTEL **$$**
(carte p. 66 ; ☎242-0339 ; www.elfaroinn.com ; Francia 857 ; s/d/tr avec petit-déj 106/159/212 S ; @📶). À défaut d'enseigne, vous reconnaîtrez cette paisible adresse à sa rangée de drapeaux du monde entier. Elle vous attend près du parc situé sur les hauteurs dans la partie nord de Miraflores. Chambres claires, spacieuses et bien équipées, certaines avec Wi-Fi.

La Casa Nostra HÔTEL **$$**
(carte p. 66 ; ☎241-1718 ; www.lacasanostraperu.com ; Grimaldo del Solar 265 ; s/d/tr avec petit-déj 110/140/180 S ; @📶). Tout le cachet de cette *casona* de style espagnol réside dans ses espaces communs, dont un hall rétro à poutres apparentes. En comparaison, les

7 chambres garnies de lits simples étroits aux matelas peu rembourrés semblent plutôt ternes.

Hotel Esperanza HÔTEL $$
(carte p. 66 ; ☎444-2411 ; www.hotelesperanza.com.pe ; Esperanza 350 ; s/d/tr avec petit-déj 119/146/186 S ;). Le mobilier de style baroque et les couvre-lits en satin apportent une touche d'originalité dans les 39 chambres aux murs de brique d'allure monacale. Avantages : propre, fonctionnel et central.

Hostal El Patio PENSION $$
(carte p. 66 ; ☎444-2107 ; www.hostalelpatio.net ; Diez Canseco 341A ; s/d avec petit-déj 126/156 S, s/d supérieure 156/186 S ; @). Dans une rue calme à deux pas du Parque Kennedy, ce petit bijou doit son nom à sa cour remplie de plantes où coule une fontaine. De dimensions réduites mais impeccables, les chambres présentent des lits en fonte et des œuvres d'art d'inspiration coloniale. Quelques-unes possèdent aussi une kitchenette et un mini réfrigérateur. Consultez le site web pour bénéficier d'offres spéciales. Le chaleureux propriétaire parle français.

Hotel Alemán HÔTEL $$
(carte p. 66 ; ☎445-6999 ; www.hotelaleman.com.pe ; Av. Arequipa 4704 ; s/d/tr avec petit-déj 143/169/195 S ; @). Le boulevard bruyant ne laisse en rien présager du charme de cet hôtel construit autour d'une *casona* de style espagnol. Les 23 chambres sobres, agrémentées de stucs, de textiles péruviens et de mobilier néocolonial, comportent TV câblée, téléphone, bureau et mini réfrigérateur. Cartes de crédit acceptées.

Condor's House AUBERGE DE JEUNESSE $
(carte p. 66 ; ☎446-7267 ; www.condorshouse.com ; Napanga 137 ; dort 28-33 S, d/tr 98/140 S ; @). Bien placé, l'établissement assure une animation raisonnable grâce à son barbecue et sa musique live le week-end, sa table de ping-pong et son bar. NB : les doubles ont des lits superposés, les sdb des douches électriques. Joli patio à l'arrière pour se délasser, mais peu d'endroits où mettre ses affaires sous clé.

Hotel San Antonio Abad HÔTEL $$
(carte p. 66 ; ☎447-6766 ; www.hotelsanantonioabad.com ; Ramón Ribeyro 301 ; s/d avec petit-déj 159/199 S ; @). Cette belle demeure ocre jaune des années 1940 accueille un hôtel agréable recommandé par des lecteurs. Les 24 grandes chambres tapissées de boiseries sombres ont la TV câblée, des fenêtres à double vitrage et sont parfois climatisées. Petit-déjeuner servi sur une terrasse face au jardin. Si vous réservez, on viendra vous chercher gratuitement à l'aéroport. Cartes de crédit acceptées.

Hotel Señorial HÔTEL $$$
(carte p. 66 ; ☎445-7306, 445-1870 ; www.senorial.com ; José González 567 ; s/d/tr avec petit-déj 191/267/333 S ; @). Cet hôtel, établi de longue date, compte plus de 100 chambres standard avec TV câblée, et possède une agréable cour plantée d'herbe. Déco quelconque. Cartes de crédit acceptées.

Hostal Torreblanca HÔTEL $$
(carte p. 66 ; ☎447-3363 ; www.torreblancaperu.com ; Av. José Pardo 1453 ; s/d/tr avec petit-déj 159/195/240 S). Cet édifice de style espagnol renferme un hall exigu et des couloirs étroits, mais des chambres propres, modernes et confortables avec couette en duvet, TV câblée, minibar et téléphone. Quelques-unes au dernier étage se distinguent par leur plafond à poutres apparentes, leurs carreaux rouges et leur cheminée. Cartes de crédit acceptées.

Hotel Bayview HÔTEL $$
(carte p. 66 ; ☎445-7321 ; www.bayviewhotel.com.pe ; Las Dalias 276 ; s/d/tr avec petit-déj S169/221/229 ; @). Une adresse modeste et plaisante aux tons saumon, dont les chambres, moquettées avec minibar et TV câblée, s'ornent de tableaux péruviens traditionnels. Restaurant. Souvent plein.

Hotel El Doral HÔTEL $$$
(carte p. 66 ; ☎242-7799 ; www.eldoral.com.pe ; Av. José Pardo 486 ; s/d avec petit-déj 237/264 S ; @). Malgré des airs d'hôtel d'affaires, l'endroit loue 39 suites pimpantes, très années 1980, lesquelles donnent sur un intérieur rempli de plantes. Toutes ont TV câblée, minibar, coin salon et double vitrage. On prend le petit-déjeuner sur une terrasse face à la piscine.

Hotel Ariosto HÔTEL $$$
(carte p. 66 ; ☎444-1414 ; www.hotelariosto.com.pe ; Av. La Paz 769 ; s/d/tr avec petit-déj 286/312/364 S ; @). Le cadre de cet hôtel de 7 étages mêle époque coloniale et années 1960. Le grand hall moderniste arbore ainsi de longs canapés en cuir et des éléments décoratifs baroques. Les 96 chambres, spacieuses, comportent de la moquette

et des lits king-size. Petit centre d'affaires et espace salon. Copieux buffet au petit-déjeuner. Le prix inclut le transfert depuis l'aéroport.

La Castellana AUBERGE **$$**
(carte p. 66 ; ☎444-4662 ; www.castellanahotel.com ; Grimaldo del Solar 222 ; s/d/tr avec petit-déj 167/199/233 S ;). Dans une demeure décorée de stucs, cette auberge propose 42 chambres plaisantes quoique sombres, et évoquant les années 1980 ; beaucoup donnent sur la jolie cour-jardin où est servi le petit-déjeuner. Certaines n'ont pas de connexion Wi-Fi ; vérifiez lors de la réservation.

La Paz Apart Hotel APPARTEMENTS **$$$**
(carte p. 66 ; ☎242-9350 ; www.lapazaparthotel.com ; Av. La Paz 679 ; s/d ste avec petit-déj 336/420 S, ste de 2 ch 700 S ; @). Dans cette grande tour moderne aux allures d'hôtel d'affaires, les chambres confortables s'accompagnent d'un service attentif. Chacune des 25 suites impeccables et de bon goût comprend une kitchenette, un mini réfrigérateur et un coin salon. Les plus spacieuses peuvent loger jusqu'à 5 personnes. Mini salle de sport et petite salle de conférences.

Flying Dog Hostel AUBERGE DE JEUNESSE **$$**
(carte p. 66 ; ☎444-5753 ; www.flyingdogperu.com ; Lima 457 ; dort 30 S, d avec/sans sdb 90/66 S ; @). La meilleure des quatre enseignes de la chaîne à Lima possède un charmant bar dans un jardin, un espace salon au 2e étage avec vue panoramique sur le Parque Kennedy et deux cuisines collectives. Le restaurant en terrasse, en front de parc, assure le petit-déjeuner, inclus dans le prix.

Albergue Turístico Juvenil Internacional AUBERGE DE JEUNESSE **$$**
(carte p. 66 ; ☎446-5488 ; www.limahostell.com.pe ; Av. Casimiro Juan Ulloa 328 ; dort 48 S, s/d 124/135 S ; @). Cette auberge de jeunesse de la première génération s'adresse essentiellement aux groupes. Les dortoirs immaculés et les grandes chambres individuelles présentent une décoration simple et accueillante, mais l'ambiance est un peu morne. Cuisine bien équipée et vaste jardin à l'arrière, agrémenté d'une piscine.

Friend's House AUBERGE DE JEUNESSE **$**
(carte p. 66 ; ☎446-6248 ; friendshouse_peru@yahoo.com.mx ; Jirón Manco Cápac 368 ; dort/d avec petit-déj 20/S50 S). Repris par des jeunes, ce repaire de baroudeurs, convivial et sans prétention, loge ses pensionnaires dans des dortoirs exigus un brin fatigués. Cuisine commune et petit salon avec TV câblée.

Explorer's House AUBERGE DE JEUNESSE **$**
(carte p. 66 ; ☎241-5002 ; evaaragon_9@hotmail.com ; Alfredo León 158 ; dort/s/d sans sdb 28/64/70 S, s/d avec petit déj 70/84 S ; @). Riche de ses aimables gérants, cette adresse, spartiate et quelque peu défraîchie, accueille beaucoup d'hispanophones. Cuisine commune, Wi-Fi et toit en terrasse avec vue.

BARRANCO

Lieu de villégiature estivale du gotha *limeño* au début du XXe siècle, puis quartier bohème dans les années 1960, Barranco est aujourd'hui réputé pour ses restaurants et ses bars animés. Nombre de ses belles demeures ont été transformées en hôtels de toutes catégories.

♥ **3B Barranco B&B** B&B **$$**
(carte p. 70 ; ☎247-6915 ; www.3bhostal.com ; Centenario 130 ; s/d avec petit-déj 146/175 S ; @). Sympathique, moderne et bien tenu, ce nouvel hôtel design entend, par la qualité de son service, gagner la faveur des voyageurs. L'espace commun, égayé de tableaux, conduit à 16 chambres minimalistes avec couvre-lit beige foncé, support de lavabo en béton poli et fenêtres ouvrant sur des plantes en pot soignées. Excellent rapport qualité/prix.

♥ **One Hostel Peru** PENSION **$$**
(carte p. 70 ; ☎247-7989 ; www.operu.com ; Av. Grau 717 ; dort 35 S, s avec/sans sdb 120/70 S, d avec/sans sdb 120/90 S ; @). Une vieille maison haute de plafond aux espaces douillets ornés de carrelage à motifs où règne une ambiance plus chaleureuse que festive. Melissa, la souriante maîtresse des lieux, n'est pas avare de renseignements. Le petit-déjeuner comprend, entre autres, des fruits et des jus frais. Vélos à disposition des hôtes.

Second Home Perú B&B **$$$**
(carte p. 70 ; ☎247-5522 ; www.secondhomeperu.com ; Domeyer 366 ; d/ste avec petit-déj 286/325 S ; @). Avec ses baignoires pattes de lion, ses lits en fer forgé, sa piscine et sa vue imprenable sur l'océan, cette jolie bâtisse de style bavarois dégage une atmosphère de conte de fées. Tenue par les enfants de Victor

Delfín, elle s'inscrit dans un jardin émaillé d'œuvres de l'artiste et de ses contemporains. Outre les 5 chambres, il y a même un atelier de sculpture à louer. Cartes de crédit acceptées.

Backpackers Inn AUBERGE DE JEUNESSE **$**
(carte p. 70 ; ☎247-1326 ; www.barrancobackpackersinn.com ; Mariscal Castilla 260 ; dort/lits jum avec petit-déj 27/92 S). Exceptionnelle, cette auberge de 8 chambres dirigée par des Anglais occupe une demeure rénovée dans une rue calme gardée 24 h/24. Vastes dortoirs, certains avec vue sur l'océan, cuisine, salon TV et accès pratique à la Bajada de Baños menant à la plage. Assistance touristique et circuits en prime.

Aquisito B&B B&B **$$**
(carte p. 70 ; ☎247-0712 ; www.aquisito.com.pe ; Centenario 114 ; s avec petit-déj 65-80 S, d avec petit-déj 95-110 S ; @🛜). Huit chambres sobres immaculées de tailles différentes composent cette adresse moderne et cosy dépourvue d'enseigne, qui jouit d'un emplacement commode (évitez le côté rue, bruyant). On est un peu à l'étroit dans les espaces communs, mais le personnel se montre avenant. Excellent rapport qualité/prix.

D'Osma B&B B&B **$$**
(carte p. 70 ; ☎251-4178 ; www.deosma.com ; Av. San Pedro de Osma 240 ; d/tr avec petit-déj à partir de 95/111 S ; @🛜). Dans une maison familiale tranquille autour d'un mignon patio, ce B&B loue 5 petites chambres moquettées avec lucarnes et ventilateur. La rue étant bruyante, mieux vaut loger sur l'arrière. Anglais et allemand parlés. En l'absence d'enseigne évidente, repérez le portail en bois.

Hostal Gémina HÔTEL **$$**
(carte p. 70 ; ☎477-0712 ; hostalgemina@yahoo.com ; Av. Grau 620 ; s/d/tr avec petit-déj 135/175/216 S ; @🛜). Dans une petite galerie marchande, ce lieu accueillant loue 31 chambres spacieuses bien ordonnées, quoiqu'un peu kitsch et démodées, avec TV et textiles traditionnels. Cartes de crédit acceptées.

Hostal Kaminu B&B **$**
(carte p. 70 ; ☎252-8680 ; www.kaminu.com ; Bajada de Baños 342 ; dort 25-30 S, d avec sdb 70-100 S ; @). Au cœur de l'animation nocturne pour le meilleur et pour le pire, ce petit établissement tout en recoins comprend une terrasse sur le toit.

Point Lodge AUBERGE DE JEUNESSE **$**
(carte p. 70 ; ☎247-7997 ; www.thepointhostels.com ; Junín 300 ; dort 27-35 S, d avec sdb commune 70 S ; @🛜). Évoquant une résidence universitaire défraîchie, cette vieille institution festive rassemble tous les équipements appréciés des voyageurs sac au dos : TV câblée, collection de DVD, Internet gratuit, billard et table de ping-pong, hamacs dans le jardin et bar plaisant.

Où se restaurer

Dans cette ville qui fait figure de haut lieu gastronomique du continent, les amateurs de bonne chère trouveront les meilleures adresses du pays, des simples *cevicherías* (comptoirs à *ceviche*) et stands d'*anticucho* (brochettes de cœur de bœuf) aux tables raffinées servant une cuisine fusion inventive. Du fait de l'emplacement privilégié de Lima sur la côte, les chefs y ont accès à d'excellents produits de la mer, tandis que son statut de capitale garantit de s'y régaler d'innombrables spécialités régionales.

À vous les cocktails aux baies d'Amazonie, l'*ají de gallina* (ragoût de poulet aux noix) d'Arequipa et le délicieux *arroz con pato* (riz au canard mijoté doucement dans la coriandre, l'ail et la bière) à la mode de Chiclayo. Alors, aiguisez votre appétit, vous en aurez besoin pour goûter une telle variété de cuisines.

CENTRE DE LIMA

Si les restaurants de Miraflores et de San Isidro sont les plus branchés de la capitale, ceux du centre, souvent chargés d'histoire, offrent un rapport qualité/prix intéressant, qu'il s'agisse de *comedores* (simples cantines) pris d'assaut à midi par les employés de bureau ou d'établissements pittoresques fréquentés par le gratin. Nombre de tables bon marché proposent des menus autour de 10 S.

El Verídico de Fidel CEVICHE **$$**
(www.elveridicodefidel.com ; Abtao 935, La Victoria ; ceviches 20-40 S ; ⏲12h-17h). En face du stade de l'Alianza Lima, cette *cevichería* culte de la taille d'un mouchoir de poche est réputée pour son *leche de tigre* (bouillon de *ceviche*), non pas servi dans le petit verre classique mais dans un bol à soupe, avec des fruits de mer. Les *ceviches* se révèlent également succulents. Le quartier étant peu sûr, prenez un taxi, même en journée.

Cevichería la Choza Nauticà CEVICHE $$
(carte p. 62 ; ☎423-8087 ; www.lachozanautica.com.pe ; Breña 204 ; ceviches 20-36 S, plats 19-39 S ; ⌚8h-23h lun-sam, 8h-21h dim). Sise dans un quartier un peu douteux, cette adresse étonnamment lumineuse où officient des serveurs en nœud papillon affiche plus d'une dizaine de *ceviches* et de *tiraditos* (*ceviches* à la façon japonaise, sans oignons). Il y a aussi un grand choix de soupes, fruits de mer et plats de riz. Musique live les soirs d'affluence.

Domus PÉRUVIEN $
(carte p. 58 ; ☎427-0525 ; Miró Quesada 410 ; menus de 3 plats 16 S ; ⌚9h-16h30 lun-ven). Une demeure du XIXe siècle restaurée abrite les deux salles de ce restaurant moderne et intimiste, fréquenté par les journalistes travaillant dans les bureaux voisins d'*El Comercio*. Pas de carte mais des plats italo-péruviens qui changent chaque jour et incluent toujours une option végétarienne. Des jus de fruits fraîchement pressés accompagnent le festin. Chaudement recommandé pour son formidable rapport qualité/prix.

El Cordano CAFÉTÉRIA $
(carte p. 58 ; ☎427-0181 ; Ancash 202 ; plats 8-26 S ; ⌚8h-21h). Cette institution d'un autre temps en activité depuis 1905 a reçu presque tous les présidents péruviens des cent dernières années (le palais présidentiel se situe juste de l'autre côté de la rue). Elle est renommée pour son *tacu tacu* (riz et haricots frits) et sa *butifarra* (baguette de pain garnie de jambon de pays).

L'Eau Vive FRANÇAIS $$
(carte p. 58 ; ☎427-5612 ; Ucayali 370 ; plats 30 S, menus de 3 plats 15-30 S ; ⌚12h30-15h et 19h30-21h30 lun-sam). Aménagé dans un édifice du XVIIIe siècle, ce restaurant très simple a pour singularité d'être géré par des carmélites françaises. La carte affiche des spécialités hexagonales et européennes (notamment des coquilles Saint-Jacques), ponctuées de quelques touches péruviennes. Si la cuisine n'a rien d'époustouflant, les nonnes se rassemblent chaque soir après le dîner, vers 21h, pour chanter l'"Ave Maria".

Wa Lok CHINOIS $$
(carte p. 58 ; ☎447-1329, 427-2750 ; Paruro 878 ; plats 10-80 S ; ⌚9h-23h lun-sam, 9h-22h dim). Avec ses fruits de mer, ses riz frits légers et ses viandes encore fumantes, Wa Lok compte parmi les meilleurs *chifas* du quartier chinois. La carte cantonaise de 16 pages comprend raviolis, nouilles, plats sautés et recettes végétariennes (goûtez le tofu braisé). Les portions sont énormes.

El Chinito SANDWICHS $
(carte p. 58 ; ☎423-2197 ; Chancay 894 ; sandwichs 10 S ; ⌚8h-22h lun-sam, 8h-13h dim). Cette vénérable institution de près d'un demi-siècle, habillée de carrelage espagnol, est l'endroit incontournable pour les gros sandwichs à la viande rôtie (dinde, porc, bœuf, jambon) et surtout au *chicharrón* (porc frit), tous assaisonnés d'une marinade à base d'oignons rouges, de piments et de coriandre.

Tanta CAFÉ $$
(carte p. 58 ; ☎428-3115 ; Pasaje de los Escribanos 142 ; plats 21-46 S ; ⌚9h-22h lun-sam, 9h-18h dim). C'est l'un des bistrots décontractés de Gastón Acurio, connu pour ses spécialités péruviennes, pâtes fusion, salades géantes et sandwichs. Le service est un peu snob et les prix exagérés, mais la nourriture généralement savoureuse, surtout les desserts. Mention spéciale pour le divin cheesecake à la mousse de fruits de la Passion.

Pastelería San Martín PÂTISSERIES $
(carte p. 58 ; ☎428-9091 ; Nicolás de Piérola 987 ; en-cas 5 S ; ⌚9h-21h lun-sam). Une boutique fondée en 1930 qui vend le meilleur *turrón de Doña Pepa*, un dessert associé à la fête religieuse d'*El Señor de Los Milagros* (voir p. 23). Cette douceur formée de plusieurs couches de biscuits imbibés de miel et décorée de friandises multicolores se marie très bien avec un café serré.

Salon Capon CHINOIS $$
(carte p. 58 ; ☎426-9286 ; Paruro 819 ; plats 10-45 S ; ⌚9h-22h lun-sam, 9h-19h dim). En face du Wa Lok, cet établissement plus petit propose un large choix de plats cantonais et de *dim sum* réussis. Il compte en outre une boulangerie traditionnelle où l'on peut acheter de savoureuses tartes aux œufs.

À LA LIMEÑA

Beaucoup de restaurants de Lima réduisent la quantité d'épices dans les spécialités traditionnelles destinées aux touristes. Si vous aimez la cuisine relevée (*picante*), demandez un plat *a la limeña* (à la liménienne).

Queirolo PÉRUVIEN $
(carte p. 58 ; ☎425-0421 ; Camaná 900 ; plats 10-33 S ; ⏲9h30h-1h lun-sam). Les employés de bureau apprécient les menus bon marché (9 S) composés de classiques comme les *papas rellenas* (pommes de terre farcies). En soirée, les habitants se réunissent pour discuter autour d'un *chilcano de pisco* (pisco, soda au gingembre et citron vert) dans la salle tapissée de bouteilles de vin.

Rovegno TRAITEUR $
(carte p. 62 ; ☎424-8465 ; Arenales 456 ; plats 13-25 S, buffet 28 S ; ⏲7h-22h lun-sam). Un restaurant-traiteur offrant un bon choix de vins, pains, fromages, jambons et olives, ainsi que de nombreuses pâtisseries colorées. À table, on se délecte de spécialités péruviennes comme le *lomo saltado* (bœuf sauté aux oignons et au piment d'inspiration cantonaise).

La Merced PÉRUVIEN $
(carte p. 58 ; ☎428-2431 ; Miró Quesada 158 ; menus 10-18 S ; ⏲9h-20h lun-sam). La façade, quelconque et dépourvue d'enseigne, cache une salle au somptueux plafond baroque en bois, où les hommes d'affaires se pressent à midi. La carte met l'accent sur les plats traditionnels. Aux heures d'affluence, vous devrez peut-être attendre qu'une table se libère.

Metro SUPERMARCHÉ $
(carte p. 58 ; angle Cuzco et Lampa ; ⏲9h-22h tlj). Le meilleur supermarché du centre-ville, qui occupe tout un pâté de maisons, vend également des plats cuisinés.

SAN ISIDRO

Cadre raffiné, cocktails frappés et haute cuisine fusion : San Isidro est un bastion de la grande gastronomie – et il ne s'y trouve guère d'autres types de restauration. Si vous disposez de moyens limités, vous préférerez sans doute préparer vos repas ou vous rendre à Miraflores, pour des prix plus abordables.

♥ **Malabar** FUSION $$$
(carte p. 76 ; ☎440-5200 ; www.malabar.com.pe ; Av. Camino Real 101 ; plats 52-68 S ; ⏲12h30-16h et 19h30-23h lun-sam). La star montante de la gastronomie, Pedro Miguel Schiaffino, est aux fourneaux de ce restaurant branché au cœur de San Isidro. Particulièrement inspirée par les produits et les techniques culinaires d'Amazonie, la carte saisonnière comprend des délices préparés de main de maître, comme le *cuy* (cochon d'Inde) grillé croustillant et les escargots de rivière amazoniens nappés d'une sauce au chorizo épicé. N'oubliez pas les cocktails (le père du chef, spécialiste du pisco, a participé à l'élaboration de la carte) ni les desserts, légers et rafraîchissants.

MANGER À PRIX DOUX

- El Enano (ci-contre) : gros sandwichs.
- Canta Ranita (p. 89) et El Rincón del Bigote (p. 86) : *ceviches* en plein air.
- Pan de la Chola (p. 87) : pain, olives et fromage.
- Kulcafé (p. 87) : cocktails exotiques de fruits et légumes.
- Vivanda (ci-contre et p. 89) : provisions pour pique-niquer.

Matsuei JAPONAIS $$
(carte p. 76 ; ☎422-4323 ; Manuel Bañon 260 ; maki 30-49 S ; ⏲12h30-15h30 et 19h30-23h lun-sam). Le célèbre chef japonais Nobu Matsuhisa a été l'un des copropriétaires de ce minuscule bar à sushis, désormais niché dans une rue secondaire de San Isidro. Ne vous fiez pas à l'allure modeste du lieu, car on y déguste des *sashimi* et des *maki* parmi les meilleurs de la capitale. Notre chouchou : l'*acevichado*, un rouleau farci de crevette et d'avocat, à tremper dans une mayonnaise au bouillon de *ceviche*.

Segundo Muelle CEVICHE $$$
(carte p. 76 ; ☎421-1206 ; www.segundomuelle.com ; Conquistadores 490 ; plats 23-69 S ; ⏲12h-17h). La réputation de cette table repose sur ses délicieux *ceviches* créatifs et son service impeccable. Le *ceviche de mariscos a los tres ajíes*, mélange de poissons et de coquillages marinés dans une sauce aux trois piments, sort de l'ordinaire. Copieux plats de riz et de fruits de mer, dont une *parrilla marina* (assortiment de grillades) recommandée.

Punta Sal CEVICHE $$
(carte p. 76 ; ☎441-7431 ; www.puntasal.com ; Conquistadores 958 ; plats 30-40 S ; ⏲11h-17h). Depuis 20 ans, cet autre spécialiste des fruits de mer régale les convives d'au moins 9 sortes de *ceviches*, dont le fameux "assassin", succulent mélange de poulpe, calamar, écrevisse, crabe, flétan et coques de mangrove. Recommandé par des lecteurs.

Hanzo JAPONAIS $$
(carte p.76 ; ☎422-6367 ; www.hanzo.com.pe ; Conquistadores 598 ; plats 23-37 S ; ⏰12h30-16h et 19h30-23h30 lun-sam, 12h30-16h dim). Dotée d'un vrai bar, cette adresse fusion pittoresque permet à qui se dispense de purisme de satisfaire ses envies de sushis sans se ruiner. Le *maki acevichado* et les bouchées enrobées de riz frit trahissent une nette influence péruvienne.

Vivanda SUPERMARCHÉ $
(carte p.76 ; www.vivanda.com.pe ; Av. 2 de Mayo 1420 ; ⏰8h-22h). Le meilleur supermarché de Lima possède des rayons bien garnis en viandes, fromages, légumes, plats cuisinés et viennoiseries. Il y a même un café.

Antica PIZZERIA $$
(carte p. 76 ; ☎222-9488 ; Av. 2 de Mayo 732 ; plats 24-42 S ; ⏰12h-minuit). Dans une rue jalonnée de restaurants européens, celui-ci s'avère le plus abordable et a la faveur des familles locales. On y mange des *antipasti*, pâtes maison, gnocchis et pizzas cuites au four à bois dans un intérieur rustique éclairé aux bougies. Le choix de vins, honorable, fait la part belle aux crus sud-américains (à partir de 40 S).

News Café CAFÉ $$
(carte p. 76 ; ☎421-6278 ; Santa Luisa 110 ; sandwichs 9-26 S, plats 18-36 S ; ⏰9h-23h). Bondé d'employés de bureau à midi, ce café décontracté sert d'énormes sandwichs, des pâtes et des plats péruviens, accompagnés d'un choix de journaux de différents pays. Son stand de glaces propose des parfums aux fruits andins tels que *chirimoya* et *lúcuma*.

Tanta CAFÉ $$
(carte p. 76 ; ☎421-9708 ; Pancho Fierro 115). Une enseigne de la chaîne Acurio (voir p. 83).

MIRAFLORES

De loin le quartier le mieux pourvu en restaurants, Miraflores rassemble toutes les interprétations possibles de la cuisine péruvienne pour toutes les bourses, des minuscules *comedores* proposant des menus de midi bon marché à certains des établissements gastronomiques les plus prisés de la capitale. Le quartier compte également son lot de cafés en terrasse, parfaits pour siroter un *pisco sour* en observant les passants.

Les petites rues à l'est de l'Avenida José Larco, juste à côté du Parque Kennedy, foisonnent d'adresses informelles servant des menus à prix doux.

♥ **Central** NOVOANDINA $$$
(carte p. 66 ; ☎242-8515 ; www.centralrestaurante.com.pe ; Santa Isabel 376 ; plats 52-88 S ; ⏰13h-15h30 et 20h-23h30 lun-mer, 13h-15h30 et 20h-minuit jeu-ven, 20h-minuit sam). Les créations culinaires de la coqueluche de Lima ont impressionné moult critiques gastronomiques. Le chef Virgilio Martinez a travaillé pendant 10 ans dans les meilleures cuisines d'Europe et d'Asie. De retour chez lui, il réinterprète les traditions locales. Si les fruits de mer, tel le poulpe grillé en entrée, occupent la vedette, d'autres classiques péruviens, comme le cochon de lait revisité avec des poires, de la moutarde et des *tomates de arbol*, ont aussi leur place. Le poisson provient de la pêche durable, les herbes du jardin sur le toit.

♥ **Astrid y Gastón** NOVOANDINA $$$
(carte p. 66 ; ☎444-1496, 242-5387 ; www.astridygaston.com ; Cantuarias 175 ; plats 53-89 S ; ⏰12h30-15h30 et 18h30-22h lun-sam). Désormais l'un des doyens de la cuisine *novoandina* à Lima, le restaurant phare d'inspiration française de Gastón Acurio reste un fleuron du paysage culinaire. Sur sa carte saisonnière, les classiques péruviens côtoient des plats fusion comme le filet de *cuy* grillé à la pékinoise, accompagné de crêpes moelleuses au maïs violet. Vins de premier ordre du monde entier.

♥ **El Enano** SANDWICHS $
(carte p. 66 ; Chiclayo 699 ; sandwichs 7-10 S ; ⏰6h-3h). Installez-vous sur un tabouret devant le comptoir en plein air et regardez les employés confectionner des sandwichs à la baguette garnis de viande rôtie – poulet, jambon, dinde ou *chicharrón* –, d'oignons et de piments marinés. On peut aussi commander des jus de fruits frais servis dans de grands bocaux en verre.

Pescados Capitales POISSON ET FRUITS DE MER $$$
(hors carte p. 66 ; ☎421-8808 ; www.pescadoscapitales.com ; Av. La Mar 1337 ; plats 35-50 S ; ⏰12h30-17h). Sis dans une rue qui ne comptait jadis que des ateliers de mécanique, cet établissement contemporain, mariage d'entrepôt branché et de style rustique péruvien, sert l'un des meilleurs *ceviches* du quartier. Essayez le *"Ceviche Capital"*, un mélange de flétan, saumon et thon mariné avec des oignons rouges, blancs et verts et accompagné d'une sauce aux trois piments. Carte des vins de 9 pages riche en crus chiliens et argentins.

Fiesta PÉRUVIEN $$$
(hors carte p. 66 ; ☎242-9009 ; www.restaurantfiestagourmet.com ; Av. Reducto 1278 ; plats 40-50 S ; ⏲dîner et déj). Pour découvrir le nec plus ultra de la cuisine du nord du Pérou, réservez une table dans ce restaurant animé à l'est de Miraflores. À vous le savoureux *arroz con pato a la chiclayana* (riz au canard à la mode de Chiclayo) ou le *ceviche a la brasa*, un *ceviche* légèrement poêlé, ce qui donne un poisson encore tendre mais un peu fumé. Un délice. Autre succursale à Chiclayo (p. 345).

Anticuchos de la Tía Grima BARBECUE $
(carte p. 66 ; ☎99-849-3137 ; www.anticuchosdelatiagrima.com ; angle Enrique Palacio et 27 de Noviembre ; anticucho 8 S ; ⏲19h-23h lun-sam). Les *anticuchos* les plus réputés de Lima sont grillés dans cette échoppe de rue, tenue par la légendaire doña Grimanesa depuis plus de 30 ans. La viande fondante et les délicieuses sauces pimentées justifient l'attente, qui dépasse souvent 1 heure. La solution : arrivez à 18h45 avant que la patronne s'installe ou commandez par téléphone.

La Mar POISSON ET FRUITS DE MER $$$
(hors carte p. 66 ; ☎421-3365 ; www.lamarcebicheria.com ; Av. La Mar 770 ; plats 29-69 S ; ⏲12h-17h lun-ven, 11h45-17h30 sam et dim). Une *cevichería* dans le style de Gastón Acurio, dont le patio en béton poli voit affluer les VIP (remarquez les gardes à l'extérieur). Si vous hésitez entre les 10 sortes de *ceviches* et presque autant de *tiraditos*, optez pour l'assiette *degustación* composée de 5 variétés différentes. Grillades, plats de riz et soupes complètent la liste. Parmi les cocktails, citons le meilleur *coca sour* (à base de feuilles de coca) de Lima.

Las Brujas de Cachiche PÉRUVIEN $$$
(carte p. 66 ; ☎444-5310 ; www.brujasdecachiche.com.pe/ibien.html ; Bolognesi 460 ; plats 35-80 S ; ⏲12h30-17h et 19h-23h lun-sam, 12h30-17h dim). Dans ce bastion de la cuisine péruvienne de qualité, la carte comprend tous les plats les plus populaires, comme l'*ají de gallina*, ainsi que des spécialités moins connues, telle la *carapulcra*, un ragoût de pommes de terre séchées. Pour goûter un peu de tout, profitez du buffet de midi (89 S).

Mesa 18 FUSION $$$
(carte p. 66 ; ☎610-4000 poste 224 ; www.mesa18restaurant.com ; Av. Malecón de la Reserva 1035 ; repas de 6 plats 98 S ; ⏲12h30-15h et 19h-22h30 lun-ven, 19h-23h sam et dim). Avec ses mets japonais traditionnels teintés d'ingrédients péruviens, la table haut de gamme met l'eau à la bouche. Encornets grillés, congre au chardonnay et *tempura* légers révèlent tout le savoir-faire du célèbre chef Toshiro. Les *tiraditos* et *ceviches* sont particulièrement appréciés. Cadre moderne, dans le Miraflores Park Hotel.

Restaurant Huaca Pucllana PÉRUVIEN $$
(carte p. 66 ; ☎445-4042 ; www.resthuacapucllana.com ; Gral Borgoño, cuadra 8 ; plats 18-60 S ; ⏲12h30-minuit lun-sam, 12h30-16h dim). Ce restaurant sophistiqué domine les ruines de Huaca Pucllana, illuminées le soir. La carte affiche des spécialités péruviennes (du *cuy* grillé à la soupe de fruits de mer) mitonnées avec soin et joliment présentées, mais également quelques recettes italo-péruviennes. Gardez un peu de place pour le parfait au citron et au pisco.

El Punto Azul CEVICHE $$
(carte p. 66 ; ☎445-8078 ; San Martín 595 ; plats 22-30 S ; ⏲12h-17h). Cette plaisante adresse familiale prépare des *ceviches* et *tiraditos*, extra-frais, ainsi que des plats de riz assez copieux pour être partagés. Goûtez le risotto au parmesan, crevettes et *ají amarillo* (piment jaune) et ne partez pas sans un dessert. Le week-end, mieux vaut arriver avant 13h car il y a foule. Excellent rapport qualité/prix.

Rafael NOVOANDINA $$$
(carte p. 66 ; ☎242-4149 ; http://rafaelosterling.com ; San Martín 300 ; plats 35-68 S ; ⏲13h-15h30 et 20h-minuit). Derrière une façade modeste se cache le haut lieu de Lima pour voir et être vu. Le chef Rafael Osterling y prépare toute un choix de plats fusion, comme le *tiradito* aux agrumes japonais ou le chevreau au madère. Côté boissons : des cocktails généreux et une longue carte internationale de vins.

Quattro D GLACES $
(carte p. 66 ; ☎445-4228 ; Av. Angamos Oeste 408 ; plats 16-32 S, glaces à partir de 7 S ; ⏲6h30-23h45 lun-jeu, 6h30h-0h30 ven et sam, 7h-11h dim). Sandwichs chauds, pâtes et autres plats, desserts très sucrés et glaces italiennes (avec quelques parfums sans sucre).

El Rincón del Bigote CEVICHE $$
(carte p. 66 ; José Galvez 529 ; 21-28 S ; ⏲12h-16h mar-dim). Le week-end, les amateurs font la queue pour manger dans cette *cevichería* sans artifices. Elle a pour spécialité les *alme-*

jas en su concha (palourdes), un délice avec des frites de manioc et une bière fraîche.

El Pan de la Chola CAFÉ **$**

(hors carte p. 66 ; Av. La Mar 918 ; plats 8-15 S ; ⊙8h-20h mar-sam, 9h-13h dim). En Amérique du Sud, trouver du vrai pain complet croustillant n'est pas chose facile. Ce petit café en brique en produit lui-même quatre variétés savoureuses et propose aussi du café bio d'Amazonie péruvienne, du yaourt grec et des desserts. Assis à une grande table en bois, prenez un sandwich ou partagez une assiette dégustation comprenant pain, olives, houmous et fromage (9 S).

La Pascana de Madre Natura CAFÉ **$**

(carte p. 66 ; Chiclayo 815 ; plats 5-16 S ;). Magasin bio, boulangerie et café, l'endroit ravit les amateurs grâce, entre autres, à ses salades et pizzas à déguster dans une cour zen. Les burgers végétariens arrivent en tête, suivis de près par le gâteau de carotte.

Kulcafé CAFÉ **$**

(carte p. 66 ; ☎993-325-5445 ; Bellavista 370 ; plats 8-12 S ; ⊙9h30-18h30 mar-dim ;). Pour des pâtisseries allemandes, des boissons à base de café et des smoothies, inutile d'aller plus loin. Soyez audacieux et commandez le délectable mélange épinard, pastèque et mangue. On peut aussi se régaler de produits bio et de savoureux bagels complets dans un décor de salon cosy.

Dédalo Arte y Cafe CAFÉ **$**

(carte p. 66 ; Benavides 378 ; en-cas 3-9 S ; 8h-22h lun-ven, 10h-23h sam ;). Cette adresse discrète du Parque Kennedy prend le café très au sérieux, avec un *ristretto* et un *flat white* australien en plus des breuvages habituels. À Barranco, une autre enseigne occupe l'étage de la boutique de déco et d'accessoires de bon goût appartenant à la même famille.

La Trattoria di Mambrino ITALIEN **$$**

(carte p. 66 ; ☎446-7002 ; Manuel Bonilla 106 ; plats 30-50 S ; ⊙13h-15h et 20h-23h lun-sam, 12h30-16h dim). L'un des meilleurs restaurants italiens de la capitale, dirigé par Ugo Plevisani et sa femme Sandra. Servies sur des nappes blanches, les pâtes sont faites maison (raviolis fourrés au veau et aux cèpes, par exemple), de même que les délicieux gnocchis.

Bodega Miraflores CAFÉ **$**

(carte p. 66 ; Diez Canseco 109 ; café 3 S ; ⊙9h30-13h et 15h30-19h30 lun-sam). Une adresse loin d'être raffinée et un barman bougon qui sert des *cortados* (expresso avec un nuage de mousse de lait) corsés, préparés avec du café cultivé à Chanchamayo. Vente de paquets de café en grains.

> **ENCORE !**
>
> Lorsque vous mangez chez quelqu'un ou bien dans une *fonda* ou *quinta* (restaurant familial sans prétention), vous pouvez demander une portion généreuse en utilisant l'expression "*bien taipa*". Pour être resservi, dites "*yapa !*".

Pastelería San Antonio CAFÉ **$**

(carte p. 66 ; ☎241-3001 ; Av. Vasco Núñez de Balboa 770 ; sandwichs 10-16 S ; ⊙7h-23h). Le tout-Miraflores fréquente cette institution vieille d'un demi-siècle pour sa grande variété de sandwichs et de viennoiseries, dont un divin croissant au chocolat (demandez-le chaud).

Rincón Chami PÉRUVIEN **$**

(carte p. 66 ; ☎444-4511 ; Esperanza 154 ; plats 6-27 S ; ⊙8h-20h30 lun-sam, 12h-17h dim). Un humble restaurant en activité depuis 40 ans, dont les spécialités péruviennes changent périodiquement. Il excelle particulièrement dans le *cau cau* (ragoût de tripes), le *pastel de choclo* (gâteau de maïs) et la copieuse *milanesa* (steak pané).

Helena Chocolatier CHOCOLATS **$**

(carte p. 66 ; ☎242-8899 ; http://helenachocolatier.com ; Iglesias 498 ; chocolats à partir de 3 S ; ⊙10h30-19h30 lun-ven). Un chocolatier artisanal installé de longue date. Enveloppés individuellement, les succulents "Chocolates D'Gala" sont fourrés de noix de pécan, de pâte d'amande ou de framboises.

Haiti CAFÉ **$**

(carte p. 66 ; ☎445-0539 ; Diagonal 160 ; en-cas 12 S). Ce café qui a près de 50 ans évoque le Lima des années 1960 : serveurs en veste verte, femmes apprêtées et hommes d'affaires en grande conversation. C'est l'endroit rêvé pour observer les gens en savourant un dessert ou un sandwich à la viande de porc. Gare au *pisco sour*, plus fort qu'il y paraît.

La Lucha Sanguachería SANDWICHS **$**

(carte p. 66 ; ☎241-5953 ; Benavides 308 ; sandwichs 10-15 S ; ⊙8h-1h dim-jeu, 8h-3h ven et sam). Une échoppe pratique pour juguler les fringales nocturnes à renfort de petits pains moelleux garnis de *lechon a la leña* (porc rôti), mais aussi de poulet ou de jambon.

Bircher Benner VÉGÉTARIEN $

(carte p. 66 ; ☎446-5791 ; 1er ét., Av. José Larco 413 ; plats 15-22 S ; ⌚9h-23h lun-sam). Un restaurant-épicerie végétarien établi de longue date et riche d'une longue liste de plats, parmi lesquels des versions sans viande ni poisson de spécialités péruviennes, comme le *lomo saltado* ou le "*ceviche*" à base de champignons, oignons, tomate, ricotta et coriandre.

Manolo CAFÉ $$

(carte p. 66 ; ☎444-2244 ; www.manolochurros.com ; Av. José Larco 608 ; plats 15-50 S, churros 4 S ; ⌚7h-1h dim-jeu, 7h-2h ven et sam). Également apprécié pour son large choix de sandwichs, pâtes et pizzas, ce café avec terrasse l'est surtout pour ses *churros* brûlants, à tremper dans un *chocolate caliente espeso* (chocolat chaud épais).

AlmaZen VÉGÉTARIEN $$

(carte p. 66 ; ☎243-0474 ; Federico Recavarren 298 ; plats 30 S ; ⌚11h-23h lun-ven, 17h-23h sam). Un restaurant-salon de thé végétarien à l'ambiance relaxante. Les plats bio changent chaque jour : soupes aux patates douces et au gingembre, tartes, risottos, recettes végétaliennes et sans gluten…

Panchita PÉRUVIEN $$

(carte p. 66 ; ☎242-5957 ; Av. 2 de Mayo 298 ; plats 33-56 S ; ⌚12h30-21h lun-sam, 12h30-17h dim). Cette enseigne de Gastón Acurio rend hommage à la cuisine de rue péruvienne dans un cadre contemporain ponctué d'éléments folkloriques. Grillés à la perfection sur un feu ouvert, les *anticuchos* fondent dans la bouche. Le croustillant cochon de lait au *tacu tacu* vaut également le détour. Belle carte des vins, essentiellement sud-américains.

La Tiendecita Blanca EUROPÉEN $$

(carte p. 66 ; ☎445-9797 ; Av. José Larco 111 ; plats 39-53 S). Sis sur une place, ce ravissant bistrot de style Beaux-Arts fait figure d'institution à Miraflores depuis plus d'un demi-siècle. Les amateurs de cuisine helvète viennent s'y régaler de *rösti*, fondues, quiches et tartes aux pommes.

La Rosa Nautica POISSON ET FRUITS DE MER $$$

(carte p. 66 ; ☎445-0149 ; Circuito de Playas ; plats 36-75 S, menus de 3 plats 110 S). Un emplacement de premier ordre. Même si l'on mange ailleurs les mêmes produits de la mer (voire des meilleurs) et pour moins cher, ce restaurant a l'attrait d'une vue imbattable sur la vieille jetée et les surfeurs qui domptent les vagues. *Happy hour* de 17h à 19h. Prenez un taxi jusqu'à la jetée, puis finissez à pied (100 m).

Tanta CAFÉ $$

(carte p. 66 ; ☎447-8377 ; Av. 28 de Julio 888). L'enseigne de Gastón Acurio à Miraflores (voir p. 83).

Pardo's Chicken PÉRUVIEN $

(carte p. 66 ; ☎446-4790 ; www.pardoschicken.pe ; Alfredo Benavides 730 ; plats 15-30 S). Les chaînes de rôtisseries de poulet abondent à Lima, mais celle-ci est de loin la meilleure.

Café Z CAFÉ $

(carte p. 66 ; ☎444-5579 ; Diagonal 598 ; sandwichs 15-23 S ; ⌚7h-minuit). Point de rendez-vous des Liméniens branchés et des *bricheros* (dragueurs de touristes), ce café animé prépare de savoureux sandwichs (essayez la *Butifarra Z*) et un choix étourdissant de cafés et d'infusions. Musique live.Chaises très inconfortables.

Govinda VÉGÉTARIEN $

(carte p. 66 ; ☎445-8487 ; Schell 630 ; plats 12-16 S ; ⌚12h-20h lun-ven, 12h-19h sam et dim). Tenu par l'association Hare Krishna, ce café cuisine des curries végétariens indo-péruviens et des adaptations sans viande de plats comme le *lomo saltado*.

Faire son marché

Le samedi, un petit marché aux légumes s'installe dans le Parque Reducto, près du croisement entre Alfredo Benavides et Ribeyro. Le quartier compte aussi d'excellents supermarchés :

La Preferida PLATS À EMPORTER $$

(carte p. 66 ; ☎445-5180 ; Arias Araguez 698 ; plats 13-30 S, tapas 5 S ; ⌚8h-17h lun-sam). Situé à deux ou trois *cuadras* au nord de l'Avenida 28 de Julio, juste à l'est de la Vía Expresa, ce charmant commerce vend de délicieuses *causas* et des spécialités de fruits de mer, comme le *pulpo al olivo* (poulpe sauce aux olives) et les *choros a la chalaca* (moules au maïs et à la sauce tomate), servis sous forme de tapas. Il y a quelques tabourets pour manger sur place.

Plaza VEA SUPERMARCHÉ

(carte p. 66 ; ☎625-8000 ; www.plazavea.com.pe ; Av. Arequipa 4651 ; ⌚8h-22h). Grand supermarché.

Vivanda SUPERMARCHÉ
(☎620-3000 ; www.vivanda.com.pe) Alfredo Benavides (carte p. 66 ; Alfredo Benavides 487 ; ⏲24h/24) ; José Pardo (carte p. 66 ; Av. José Pardo ; ⏲8h-22h30). Quelques produits gastronomiques en plus du reste.

Wong SUPERMARCHÉ
(carte p. 66 ; ☎625-0000, ext 1130 ; www.ewong.com ; Óvalo Gutiérrez, Av. Santa Cruz 771). Un immense supermarché construit autour de la cour d'une maison ancienne ; repérez l'escalier de style baroque.

BARRANCO

Barranco a beau s'être récemment embourgeoisé, avec l'apparition de tables à la mode spécialisées dans la cuisine fusion, il conserve une atmosphère pittoresque et des adresses de quartier où l'on déguste bière et *ceviche* en toute simplicité.

Quantité de restaurants modestes servant des *anticuchos* et menus bon marché bordent l'Avenida Grau, autour du croisement avec Unión.

Café Bisetti CAFÉ $
(carte p. 70 ; ☎713-9565 ; Av. Pedro de Osma 116 ; café 8-16 S ; ⏲8h-21h lun-ven, 10h-23h sam, 15h-21h dim). Une clientèle huppée vient siroter ici les meilleurs cafés au lait de la capitale et grignoter une tarte au chocolat amer ou autre pâtisserie fraîche. Renseignez-vous au sujet des cours de torréfaction et de dégustation de café.

La 73 INTERNATIONAL $$
(carte p. 70 ; ☎247-0780 ; Av. El Sol Oeste 175 ; plats 34-39 S ; ⏲12h-minuit). Baptisé d'après une ligne de bus emblématique, ce bistrot contemporain affiche une courte carte de saveurs péruviennes et méditerranéennes sans prétention comprenant du poisson issu de la pêche durable. On retiendra en particulier les raviolis aux artichauts fourrés de fromage de chèvre et l'appétissant risotto au canard, à arroser d'une *herba luisa* (verveine des Indes) glacée, de vin ou d'une des 8 sortes de pisco. Au dessert, optez pour les *churros* chauds et croustillants.

Café Tostado PÉRUVIEN $$
(carte p. 70 ; ☎247-7133 ; Av. Nicolás de Pierola 222 ; plats 8-32 S, menu 20 S ; ⏲12h30-21h lun-sam, 7h30-18h dim). En route pour une expérience culturelle. Cet ancien atelier de mécanique à peine transformé accueille depuis longtemps un bastion de la tradition culinaire péruvienne, avec de longues tables en bois et une cuisine ouverte où sont suspendues des marmites en métal cabossées et des nouilles qui sèchent. Les plats du jour changent, mais le *rabbi* (45 S), spécialité de la maison pouvant nourrir jusqu'à 3 personnes, remporte la palme. Le dimanche, café Tunki primé et *chicharrónes* pour un petit-déjeuner typique.

> À NE PAS MANQUER
>
> **FRUITS DE MER À LA PUNTA**
>
> Paisible quartier résidentiel jouissant d'une vue magnifique sur l'océan, La Punta se prête à un déjeuner en toute décontraction. Les amateurs de *ceviche*, poisson grillé et soupes roboratives font la queue devant l'humble **Manolo** (☎429-8453 ; Malecón Pardo s/n, cuadra 1 ; ⏲déj). Sinon, on peut se restaurer sur le front de mer face à la Isla San Lorenzo dans le cadre élégant de **La Rana Verde** (☎429-5279 ; Parque Gálvez s/n ; plats 29-55 S ; ⏲déj), parfaite pour un repas dominical. Tous les plats sont mitonnés avec soin et le *pulpo al olivo* n'a guère de rivaux à Lima. Pour rejoindre ce restaurant sis sur la jetée à l'intérieur du Club Universitario de Regatas, prenez un taxi à Miraflores (environ 30 S).

Canta Ranita CEVICHE $
(carte p. 70 ; Unión s/n ; plats 16-20 S ; ⏲12h30-16h mer-lun). Trouver l'endroit relève déjà d'une gageure. Repérez le Mercado Capullo devant le Chung Yion, puis longez les étals de babioles et de maillots de foot jusqu'au fond du marché. Vous découvrirez alors ce grill en plein air tout simple, tenu par le fils du propriétaire du Canta Rana, où les locaux boivent des bocks de *chicha* (bière de maïs) et de bière artisanale en attendant le *ceviche apaltado* (à l'avocat), le poulet ou le poulpe grillé arrosé d'huile d'olive.

Las Mesitas PÉRUVIEN $
(carte p. 70 ; ☎477-4199 ; Av. Grau 341 ; menus 10 S ; ⏲12h-2h). Ce lieu à l'ancienne au sol carrelé de terre cuite propose des plats péruviens classiques et des desserts recommandés à l'image du *suspiro limeño* ("soupir liménien") composé de meringue et de caramel.

La Canta Rana CEVICHE $$
(carte p. 70 ; ☎247-7274 ; Génova 101 ; plats 25-38 S ; ⏲8h-23h mar-sam). En activité depuis des décennies, cette adresse sans prétention

décorée de drapeaux et de photos attire les habitants du quartier, séduits par ses 17 recettes de *ceviches*.

Burrito Bar MEXICAIN **$**
(carte p. 70 ; ☎987-352-120 ; Av. Grau 113 ; plats 12-15 S ; ⏲12h-23h mar-sam, 12h-17h dim). Curieusement tenu par un jeune Londonien, ce tex-mex connaît un succès monstre. Goûtez notamment les tacos de poisson à la mode de Basse-Californie dans des tortillas maison, servis avec de la salsa fraîche. Le jus de citron vert à la menthe est exquis, mais vous préférerez peut-être les bières artisanales Sierra Andina. Au dessert, le *tamal* au chocolat s'impose.

La Bodega Verde CAFÉ **$**
(carte p. 70 ; ☎247-8804 ; Sucre 335A ; plats 10-23 S ; ⏲9h-22h lun-sam, 9h-20h dim ; 📶). Ce café-galerie, sis dans un jardin clos, invite à la langueur. Prenez un jeu de Scrabble ou l'un des jouets pour enfants à disposition et commandez une salade, un milk-shake au *lucuma* du jardin, un thé servi dans une théière en céramique ou un café bio. Le petit-déjeuner comprend du pain complet et les pâtisseries, dont le gâteau de carotte, sortent du lot.

Chifa Chung Yion CHINOIS **$$**
(carte p. 70 ; ☎477-0550 ; Unión 126 ; plats 7-37 S ; ⏲12h-17h30 et 19h-minuit). Connu sous le nom de "Chifa Unión", cet établissement plein d'animation se distingue par ses énormes bols de soupe aux raviolis et son riz frit aux crevettes. Il y a aussi des plats végétariens.

Chala FUSION **$$$**
(carte p. 70 ; ☎252-8515 ; www.chala.com.pe ; Bajada de Baños 340 ; plats 36-59 S ; ⏲13h-16h et 20h-minuit lun-sam, 13h-16h dim). En haut de l'escalier étroit qui mène à la plage, ce restaurant installé dans une charmante *casona* doublée d'une large terrasse a la faveur des habitants pour sa cuisine actuelle mariant saveurs péruviennes et asiatiques. Les raviolis de poulet à l'*ají de gallina* recouverts de crevettes grillées méritent une mention spéciale.

LINCE

♥ **El Rincón que no Conoces** PÉRUVIEN **$$**
(☎471-2171 ; Av. Bernardo Alced 363 ; plats 21-35 S ; ⏲12h30-17h mar-dim). Très populaire, ce haut lieu de la *comida criolla* fondé par feue Teresa Ocampo de Chincha, une cuisinière autodidacte devenue icône nationale, justifie largement le trajet en taxi. *Tout y est bon* : *ahí de gallina* crémeux, *causas* et copieux *cordero al seco* (agneau) très tendre. Côté boisson, laissez-vous tenter par un pichet de *chicha morada* (boisson non alcoolisée à base de maïs violet). Pensez aussi à garder une place pour les *picarones*, pâtisseries légères à base de citrouille et de mélasse. Mieux vaut arriver tôt et se préparer à attendre.

🍷 Où prendre un verre

Lima compte d'innombrables établissements, des bars à l'ancienne pittoresques et pubs bruyants aux *lounges* sélects. Ceux du centre-ville pratiquent les prix les plus bas, tandis que les adresses à la mode de San Isidro, Miraflores et Barranco facturent 15-20 S pour un cocktail.

CENTRE DE LIMA

Dans le centre de Lima, la vie nocturne séduira les esprits nostalgiques, avec beaucoup de bars d'hôtels et des décorations d'époque.

El Bolivarcito BAR
(carte p. 58 ; ☎427-2114 ; Jirón de la Unión 958). Face à la Plaza San Martín depuis le Gran Hotel Bolívar, cet établissement vieillot et animé est surnommé la "cathédrale du pisco" pour avoir servi les premiers *pisco sour* au Pérou. Si vous avez le foie solide, commandez le double *pisco catedral*.

Hotel Maury BAR
(carte p. 58 ; ☎428-8188 ; Ucayali 201). Un autre bar à l'ancienne agrémenté de vitraux, où évolue une armée de serveurs portant livrée et nœud papillon. Ambiance intimiste et désuète dans ce lieu réputé pour avoir contribué au succès du *pisco sour*.

El Estadio Fútbol Club BAR SPORTIF
(carte p. 58 ; ☎428-8866 ; Nicolás de Piérola 934 ; ⏲12h-23h lun-jeu, 12h-2h ven et sam). Pour une soirée réussie, tentez aussi ce vieux repaire d'amateurs de football.

SAN ISIDRO

Bravo Restobar BAR À COCKTAILS
(carte p. 76 ; ☎221-5700 ; www.bravorestobar.com ; Conquistadores 1005). Doté d'un décor en pierre et en bois, ce lounge feutré où voir et être vu sert un choix interminable de cocktails (goûtez l'*aguaymanto sour*, à base de pisco et de baies amazoniennes) et une excellente sélection de piscos de petits producteurs. La carte comprend également des plats italo-péruviens dignes d'éloges.

MIRAFLORES

Des cafés d'un autre temps où les serveurs en costume préparent des *pisco sour* mousseux aux clubs bruyants où résonnent salsa et techno, il y en a pour tous les goûts à Miraflores. Le secteur autour du Parque Kennedy est idéal pour prendre un verre et observer les passants.

Café Bar Habana CAFÉ

(carte p. 66 ; ☎446-3511 ; www.cafebarhabana.com ; Manuel Bonilla 107 ; ⏲18h-tard lun-sam). Le joyeux propriétaire cubain et son épouse péruvienne gèrent ce bar accueillant où l'on sert un délicieux mojito. Tous deux sont artistes et exposent parfois leurs œuvres dans la galerie voisine.

Huaringas LOUNGE

(carte p. 66 ; ☎447-1883 ; Bolognesi 460 ; ⏲21h-tard mar-sam). Grand choix de cocktails, dont un excellent *pisco sour* aux fruits de la Passion. Le week-end, il y a souvent des DJ. Installé dans l'enceinte du restaurant Las Brujas de Cachiche.

BARRANCO

Les bars et les clubs de Barranco se concentrent autour du Parque Municipal, envahi par les fêtards les vendredi et samedi soir.

Les programmes des cinémas, des théâtres, des galeries d'art et des concerts figurent dans le quotidien *El Comercio*, qui en publie la liste la plus exhaustive le lundi dans sa rubrique *Luces*. Très utile aussi, le site Internet de *Living in Peru* (www.livinginperu.com) donne un calendrier précis des événements. Visant un lectorat plus jeune, *Oveja Negra* (www.revistaovejanegra.com) est un magazine de poche gratuit distribué dans certains restaurants et bars ; on y trouve la liste des événements culturels et nocturnes.

Ayahuasca BAR À COCKTAILS

(carte p. 70 ; ☎247-6751 ; www.ayahuascabar.com ; San Martín 130 ; ⏲20h-tard). Le bar lounge du moment a élu domicile dans une superbe *casona* restaurée, riche en détails architecturaux mauresques. À l'intérieur, le décor hyperréaliste inclut un mobile fait de costumes utilisés pour les danses folkloriques d'Ayacucho. Longue liste de cocktails contemporains au pisco, dont le savoureux *Ayahuasca sour* à base de *tambo* (fruit de la jungle) et de feuilles de coca.

Bar Piselli BAR

(carte p. 70 ; ☎252-6750 ; Av. 28 de Julio 297 ; ⏲10h-23h lun-jeu, 10h-3h ven et sam). En matière d'ambiance, ce bar de quartier évoquant le Buenos Aires d'antan surpasse toute concurrence. Le concert du jeudi donne lieu à une soirée turbulente où la clientèle reprend en chœur les classiques de la chanson péruvienne.

La Posada del Mirador BAR

(carte p. 70 ; ☎256-1796 ; Ermita 104 ; ⏲17h-minuit). Perché en haut de la falaise, un bar à l'ambiance détendue, au 1er étage. Attablé à l'extérieur, on peut admirer le coucher du soleil.

Santos LOUNGE

(carte p. 70 ; ☎247-4609 ; Jirón Zapita 203 ; ⏲17h-1h lun-jeu, 17h-3h ven et sam ; wifi). Aménagé dans une vieille demeure, ce bar sympathique et branché comporte plusieurs salles et un balcon face à la mer, bien placé pour observer son prochain. La clientèle entre 20 ans et la trentaine commence la soirée avec des tapas et la formule deux verres pour le prix d'un qui dure jusqu'à 21h.

Wahio's BAR

(carte p. 70 ; ☎477-4110 ; Plaza Espinosa ; ⏲jeu-sam). Un grand bar animé où nombre de clients portant des dreadlocks apprécient la bande-son reggae, ska et dub.

☆ Où sortir

Certaines des manifestations les plus intéressantes – projections de films, expositions artistiques, pièces de théâtre et spectacles de danse – sont organisées par les différents instituts culturels de la ville, parfois dotés de plusieurs comptoirs. Consultez leurs sites

TELETICKET

Teleticket (☎613-8888 ; www.teleticket.com.pe) permet de se procurer des billets pour des événements sportifs, des concerts, des pièces de théâtre, certaines *peñas* et le train touristique à destination de Huancayo. Les billetteries les plus pratiques se situent au 1er étage du supermarché Wong à Óvalo Gutiérrez (p. 89) et dans le supermarché Metro du centre de Lima (p. 84). Le site Internet fournit la liste de toutes les autres adresses en ville.

web ou le portail *The Peru Guide* (www.theperuguide.com).

Musique live

Beaucoup de restaurants et de bars accueillent de petits concerts, tandis que les groupes plus connus jouent généralement dans les casinos ou les stades. Les établissements suivants sont réputés pour leur programmation musicale.

El Dragón MUSIQUE LIVE
(carte p. 70 ; ☎477-5420 ; www.eldragon.com.pe ; Av. Nicolás de Piérola 168, Barranco ; jusqu'à 20 S ; ⏲jeu-sam). Alternant groupes et DJ, cette adresse prisée draine une clientèle aussi variée que sa programmation de rock latino, musiques tropicales, soul et funk.

Cocodrilo Verde MUSIQUE LIVE
(carte p. 66 ; ☎242-7583 ; Francisco de Paola 226, Miraflores ; 20 S minimum ; ⏲18h30-tard lun-sam). Ce lounge branché reçoit de bons groupes jouant aussi bien de la musique populaire que du jazz ou de la bossa nova. L'assurance d'une soirée réussie.

La Noche MUSIQUE LIVE
(carte p. 70 ; ☎247-1012 ; www.lanoche.com.pe ; Av. Bolognesi 307, Barranco). Tenez-vous prêt à swinguer ! Ce bar sur trois étages est l'adresse incontournable pour les concerts de rock, punk et musiques latines.

La Estación de Barranco CLUB
(carte p. 70 ; ☎247-0344 ; www.laestaciondebarranco.com ; Av. Pedro de Osma 112, Barranco). Un espace proposant du jazz, des spectacles comiques et de cabaret, ainsi que des comédies musicales.

Jazz Zone CLUB
(carte p. 66 ; ☎241-8139 ; www.jazzzoneperu.com ; Centro Comercial El Suche, Av. La Paz 656, Miraflores ; entrée à partir de 5 S). Du côté est de Miraflores, ce club intimiste propose des concerts de jazz, folk, *cumbia*, flamenco et autres.

PEÑAS

Des groupes de musique et de danse péruviens se produisent le week-end dans des établissements appelés *peñas*. Les deux principaux genres représentés sont la *música folklórica* des hauts plateaux andins et la *música criolla* d'influence africaine originaire de la côte. Les prix d'entrée varient et incluent parfois le dîner.

Las Brisas del Titicaca MUSIQUE TRADITIONNELLE
(carte p.62 ; ☎715-6960 ; www.brisasdeltiticaca.com ; Wakuski 168, Central Lima ; entrée à partir de 25 S). Les meilleurs concerts de *música folklórica*, dans le centre près de la Plaza Bolognesi.

La Candelaria MUSIQUE TRADITIONNELLE
(carte p. 70 ; ☎247-1314 ; www.lacandelariaperu.com ; Av. Bolognesi 292, Barranco ; à partir de 31 S). À Barranco, un spectacle alliant *música folklórica* et *música criolla* ainsi que leurs danses respectives.

La Oficina MUSIQUE TRADITIONNELLE
(☎247-6544 ; www.laoficinabarranco.com ; Enrique Barron 441, Barranco). Un lieu typique, dédié à la *música criolla*, qui jouxte le croisement entre les avenues Grau et El Sol.

Don Porfirio MUSIQUE TRADITIONNELLE
(☎477-3119 ; www.donporfirio.com ; Calle Manuel Segura 115, Barranco ; ⏲ven et sam). Une *peña criolla* très prisée par la clientèle locale.

Discothèques

Les boîtes de Lima prennent vie après minuit et la fête bat son plein jusqu'à l'aube. Barranco et Miraflores sont les quartiers consacrés, mais les établissements ouvrent et disparaissent rapidement, d'où la nécessité de se renseigner avant de sortir. Les styles musicaux et les tarifs varient selon les soirs de la semaine.

Allez voir aussi du côté de "Pizza Street" (Pasaje Juan Figari), à Miraflores, qui abrite une série de clubs fort animés.

Aura CLUB
(carte p. 66 ; ☎242-5516, poste 210 ; www.aura.com.pe ; LarcoMar, Malecón de la Reserva 610, Miraflores ; 40 S). Situé dans le centre commercial LarcoMar, le club le plus sélect de Lima se caractérise par son chic minimaliste. Les DJ résidents et invités passent de la house, du hip-hop, de l'électro et de la musique latine. Pour pouvoir entrer, mettez-vous sur votre trente et un.

Gótica CLUB
(carte p. 66 ; ☎628-3033 ; www.gotica.com.pe ; LarcoMar, Malecón de la Reserva 610, Miraflores ; 40 S). Une adresse branchée à l'ambiance survoltée, dans un cadre évoquant une église. Les DJ mixent de l'électro, du hip-hop et de la pop. Il y a aussi parfois des groupes de musique latine dansante.

Sargento Pimienta CLUB
(carte p. 70 ; ☎247-3265 ; www.sargentopimienta.com.pe/ ; Av. Bolognesi 755, Barranco ; 20 S). À Barranco, le "Sergeant Pepper" est plus facile d'accès. Semblable à un hangar, il

accueille des soirées à thème et des concerts occasionnels.

Déjà Vu CLUB
(carte p. 70 ; ☎247-3742 ; Av. Grau 294, Barranco). Ce vieux bar dansant sur deux niveaux vibre aux sons de tubes internationaux à l'étage, tandis que la musique péruvienne est à l'honneur en bas.

Cinémas

Les derniers films étrangers sont généralement projetés en version originale sous-titrée en espagnol, à l'exception des œuvres pour enfants, toujours doublées. En milieu de semaine, certains cinémas proposent des séances à moitié prix. Consultez les programmes sur Internet ou dans les pages culturelles des journaux locaux.

Cine Planet CINÉMA
(☎624-9500 ; www.cineplanet.com.pe) ; Lima Centro (carte p. 58 ; Jirón de la Unión 819 ; 5-9 S) ; Miraflores (carte p. 66 ; Av Santa Cruz 814 ; 9-17 S).

Cinerama El Pacífico CINÉMA
(carte p. 66 ; ☎243-0541 ; www.cine.peru.com ; Av. José Pardo 121, Miraflores ; 11 S)

UVK Multicines CINÉMA
(www.uvkmulticines.com) ; LarcoMar (carte p. 66 ; ☎446-7336 ; LarcoMar, Malecón de la Reserva 610, Miraflores ; 9-17 S) ; Plaza San Martín (carte p. 58 ; ☎428-6042 ; Ocoña 110, Lima Centro ; 6,50-8,50 S). L'enseigne de LarcoMar se double d'un "CineBar", où l'on peut s'installer à table et être servi dans la salle de projection pour 23 S.

Théâtre

Le choix de théâtres est limité à Lima, mais les suivants méritent d'être mentionnés. Construit en 1909, le **Teatro Segura** (carte p. 58 ; ☎426-7189 ; Huancavelica 265, Lima Centro) programme des opéras, des pièces et des ballets. Le **Teatro Británico** (carte p. 66 ; ☎615-3434 ; www.britanico.edu.pe ; Bellavista 527, Miraflores) donne à voir toutes sortes de spectacles, notamment des pièces en anglais.

Sports

Estadio Nacional STADE
(carte p. 62 ; Lima Centro). Le *fútbol* est le sport national. Le "stade national", à hauteur des *cuadras* 7-9 du Paseo de la República, sert de cadre aux matchs de football les plus importants, ainsi qu'à d'autres événements. Calendrier et billets via Teleticket (voir l'encadré p. 91).

Plaza de Acho TAUROMACHIE
(carte p. 58 ; ☎481-1467 ; Jr Hualgayoc 332, Rímac). La corrida reste populaire à Lima. La saison culmine en octobre, durant la fête religieuse d'*El Señor de los Milagros*, quand les meilleurs toreros péruviens affrontent les taureaux les plus puissants. Teleticket (voir l'encadré p. 91) vend les places.

Jockey Club of Peru COURSE HIPPIQUE
(☎610-3000 ; www.jcp.org.pe ; Hipódromo de Monterrico). Au croisement de la Panamericana Sur et de l'Avenida Javier Prado, cet hippodrome accueille des courses trois ou quatre fois par semaine.

Achats

On trouve en général à Lima de l'artisanat, des vêtements et des bijoux en provenance des quatre coins du Pérou. Les boutiques pratiquent souvent des prix élevés. Sur les marchés, vous pourrez marchander les produits artisanaux. Les magasins ouvrent généralement du lundi au samedi de 10h à 20h, avec une pause le midi. Les cartes de crédit et les chèques de voyage sont parfois acceptés, mais vous devrez présenter une pièce d'identité avec photo.

Vous pourrez acheter du bon pisco en duty free à l'aéroport, juste avant de partir.

Artisanat

Les petites boutiques d'artisanat sont très présentes dans les quartiers touristiques : autour du Pasaje de los Escribanos dans le centre de Lima, et à côté du carrefour entre Ernesto Diez Canseco et La Paz à Miraflores. Pour acheter des objets directement auprès des artisans, rendez-vous au collectif Ichimay Wari à Lurín (p. 102).

Des magasins de Miraflores vendent des lainages en alpaga de haute qualité.

Mercado Indio MARCHÉ
(carte p. 66 ; Av. Petit Thouars 5245, Miraflores). Le meilleur lieu pour dénicher des reproductions de poteries précolombiennes, des tapis en alpaga ou des copies de toiles de l'école de Cuzco. Les prix varient, n'hésitez pas à comparer.

Feria Artesanal MARCHÉ
(Av. de la Marina, Pueblo Libre). Ce marché artisanal de Pueblo Libre est un peu moins cher.

Centro Comercial El Suche MARCHÉ
(carte p. 66 ; Av. La Paz, Miraflores). Un passage sombre jalonné de boutiques d'artisanat, d'antiquités et de bijoux.

Dédalo ARTISANAT
(carte p. 70 ; ☎477-0562 ; Sáenz Peña 295, Barranco ; ⏲10h-19h lun-sam). Une *casona* ancienne abrite cette boutique d'artisanat moderne assortie d'un joli café dans la cour.

Las Pallas ARTISANAT
(carte p. 70 ; ☎477-4629 ; www.laspallasperu.com ; Cajamarca 212, Barranco ; ⏲10h-19h lun-sam). Les articles, de tout premier ordre, proviennent de tout le Pérou. Sonnez si vous trouvez porte close aux heures d'ouverture.

La Casa de la Mujer Artesana Manuela Ramos ARTISANAT
(☎423-8840 ; www.casadelamujerartesana.com ; Av. Juan Pablo Fernandini 1550, Pueblo Libre ; ⏲11h-13h et 14h-18h lun-ven). Située dans la 15e *cuadra* de l'Avenida Brasil, cette coopérative d'artisanat verse ses bénéfices à des programmes de développement économique en faveur des femmes.

Marchés locaux

Ces deux marchés sont bondés ; surveillez votre portefeuille.

Mercado Central MARCHÉ
(carte p. 58 ; angle Ayacucho et Ucayali, Lima Centro). Du poisson frais aux jeans, on peut acheter à peu près n'importe quoi dans ce marché bondé, situé à côté du quartier chinois (Barrio Chino).

Polvos Azules MARCHÉ
(carte p. 62). Vous avez un besoin urgent de chaussettes, d'une valise ou d'un T-shirt à l'effigie de Jésus-Christ ou de l'Alianza Lima ? Dirigez-vous vite vers le Polvos Azules. Ce marché populaire, organisé sur plusieurs étages, attire des chalands de toutes les classes sociales, qui viennent fouiner dans l'étourdissante profusion d'articles bon marché.

Centres commerciaux

À San Isidro, la rue Conquistadores est jalonnée de boutiques haut de gamme. Les inconditionnels de centres commerciaux apprécieront ces deux adresses très prisées :

Jockey Plaza CENTRE COMMERCIAL
(Av. Javier Prado Este 4200, Monterrico). Cet immense centre commercial très cossu comporte des grands magasins, des boutiques, des cinémas et un espace de restauration.

LarcoMar CENTRE COMMERCIAL
(carte p. 66 ; Malecón de la Reserva 610, Miraflores). Sur la crête en contrebas du Parque Salazar, ce centre commercial chic en plein air réunit de prestigieuses boutiques d'habillement, des discothèques à la mode, un large éventail de restaurants et un bowling.

Matériel de camping

Ces magasins vendent des vêtements de randonnée, des sacs à dos et du matériel de camping :

Alpamayo ARTICLES DE PLEIN AIR
(carte p. 66 ; ☎445-1671 ; 1er ét., Av. José Larco 345, Miraflores). Fournitures de plein air.

Tatoo Adventure Gear ARTICLES DE PLEIN AIR
(carte p. 66 ; ☎242-1938 ; www.tatoo.ws ; LarcoMar, Malecón de la Reserva 610, Miraflores). Vêtements de la marque Tatoo et quelques accessoires.

Todo Camping ARTICLES DE PLEIN AIR
(carte p. 66 ; ☎242-1318 ; Av. Angamos Oeste 350, Miraflores). Réchauds à gaz et matériel d'escalade.

Autres

El Virrey LIVRES
(carte p. 66 ; ☎444-4141 ; www.elvirrey.com ; Bolognesi 510, Miraflores ; ⏲10h-19h). Toute une pièce de rares éditions anciennes.

CompuPalace ÉLECTRONIQUE
(carte p. 66 ; Av. Petit Thouars 5358, Miraflores). Vous trouverez des piles rechargeables et au lithium, ainsi que des pièces d'ordinateurs au CompuPalace, une galerie marchande consacrée à l'électronique et occupant toute une *cuadra*.

Renseignements

Agences de voyages

Pour des détails sur les enseignes proposant des excursions dans les environs ou dans la région, voir p. 73. Pour réserver un billet d'avion ou organiser un séjour, essayez l'une des agences suivantes :

Fertur Peru Travel (www.fertur-travel ; ⏲9h-19h lun-ven, 9h-12h sam) ; Lima Centro (carte p. 58 ; ☎427-2626, 427-1958 ; Jirón Junín 211, Lima Centro) ; Miraflores (carte p. 66 ; ☎242-1900 ; Schell 485, Miraflores). Cette agence recommandée peut organiser un voyage dans la région, partout au Pérou ou dans un autre pays. Possibilité de créer un circuit sur mesure pour un groupe. Réductions pour les étudiants et les membres du SAE.

InfoPerú (carte p. 58 ; ☎431-0117 ; http://infoperu.com.pe ; Jirón Belén 1066, Lima Centro ; ⏲9h30-18h lun-ven, 10h-14h sam). Réservation de billets de bus ou d'avion et informations fiables sur les hôtels et les sites touristiques.

Intej (carte p. 70 ; ☎247-3230 ; www.intej.org ; San Martín 240, Barranco). Le bureau officiel de l'International Student Identity Card (ISIC) propose entre autres des billets d'avion, de train ou de bus à tarifs réduits.

Lima Tours (carte p. 58 ; ☎619-6901 ; www.limatours.com.pe ; Jirón Belén 1040, Lima Centro ; 9h30-18h lun-ven, 9h30-13h sam). Une agence bien connue qui gère tout ce qui a trait au voyage. Organise également des circuits visant une clientèle gay et des visites gastronomiques de Lima.

Tika Tours (carte p. 66 ; ☎719-9990 ; www.tikagroup.com.pe ; José Pardo 332-350, Miraflores). Également tour-opérateur, cette agence est commode pour tout ce qui concerne Lima, ainsi que pour des voyages partout au Pérou.

Argent

Il y a à Lima quantité de banques, la plupart dotées de distributeurs automatiques de billets (DAB) opérationnels 24h/24 et offrant souvent le meilleur taux de change. Beaucoup de grands supermarchés disposent aussi de DAB. Soyez prudent lorsque vous retirez de l'argent tard le soir.

Les bureaux de change (*casas de cambio*) accordent généralement pour les espèces un taux similaire (ou légèrement plus avantageux) à celui des banques, mais pas pour les chèques de voyage. Il en existe plusieurs dans le centre, sur Ocoña et Camaná, ainsi que le long de l'Avenida José Larco à Miraflores. Si vous recourez aux changeurs de rue, soyez vigilant à cause des faux billets en circulation.

Voici quelques adresses utiles :

American Express/Travex (carte p. 66 ; ☎630-9800 ; www.amextravelresources.com/offices/806 ; Av. Santa Cruz 873, Miraflores ; 8h30-18h lun-ven, 9h-13h sam). Pour acheter des chèques de voyage ou remplacer des chèques perdus.

Banco Continental (BBVA ; ☎595-0000 ; www.bbvabancocontinental.com ; 9h-18h lun-ven, 9h30-12h30 sam) ; Lima Centro (carte p. 58 ; Cuzco 290) ; Miraflores (carte p. 66 ; Av. José Larco 631). Ce représentant de Visa dispose d'un DAB qui accepte aussi les cartes Cirrus, Plus et MasterCard.

Banco de Crédito del Perú (BCP ; www.viabcp.com ; 9h-18h30 lun-ven, 9h30-13h sam) ; Lima Centro (☎427-5600 ; angle Lampa et Ucayali, Lima Centro) ; José Gonzales (carte p. 66 ; angle Av. José Larco et José Gonzales, Miraflores) ; José Pardo (carte p. 66 ; ☎445-1259 ; Av. José Pardo 425, Miraflores). Toutes ces agences disposent de DAB (24h/24 ; cartes Visa et Plus), délivrent des avances au guichet (carte Visa) et changent les chèques de voyage (Amex, Citicorp et Visa). Dans l'agence du centre de Lima, le plafond est orné de splendides vitraux.

Citibank (☎221-7000 ; www.citibank.com.pe ; 9h-18h lun-ven, 9h30-13h sam) ; San Isidro (carte p. 76 ; Av. 2 de Mayo 1547) ; Miraflores (carte p. 66 ; Av. José Pardo 127, Miraflores). Ces agences possèdent des DAB (24h/24 ; cartes Cirrus, Maestro, MasterCard et Visa) et changent les chèques de voyage Citicorp.

LAC Dólar (9h30-18h lun-ven, 9h-14h sam) ; Lima Centro (carte p. 58 ; ☎428-8127 ; Camaná 779) ; Miraflores (☎242-4069 ; Av. La Paz 211). Un établissement fiable ; service de livraison d'espèces à votre hôtel si vous donnez les numéros de vos chèques de voyage.

Scotiabank (☎311-6000 ; www.scotiabank.com.pe ; 9h15-18h lun-ven, 9h15-12h30 sam) ; San Isidro (carte p. 76 ; Av. 2 de Mayo 1510-1550) ; Miraflores Larco (carte p. 66 ; Av. José Larco 1119) ; Miraflores Pardo (carte p. 66 ; angle Av. José Pardo et Bolognesi, Miraflores). Les DAB (24h/24) acceptent les cartes MasterCard, Maestro, Cirrus, Visa et Plus et fournissent des soles ou des dollars américains.

Cartes

Lima 2000 publie une carte détaillée : *Lima Plan Metro*.

Pour acheter un plan dans le centre-ville, direction la **Caseta el Viajero** (carte p. 58 ; ☎423-5436 ; Jirón de la Unión 1002), un stand encombré face à la Plaza San Martín.

Désagréments et dangers

Comme toutes les grandes villes d'Amérique latine, Lima est une terre de contrastes entre nantis et miséreux, ce qui est à l'origine d'une certaine délinquance. Certes, la situation s'est largement améliorée depuis les années 1980, quand pickpockets, agresseurs et voleurs de voitures agissaient en toute impunité. Il n'en reste pas moins que dans cette métropole où une personne sur cinq vit au-dessous du seuil de pauvreté, la criminalité n'a pas disparu. Les dangers les plus courants sont les vols et des lecteurs dénoncent régulièrement des cas d'agression. Il est peu probable que vous soyez blessé physiquement, mais une attitude prudente reste de mise dans la rue.

Ne vous promenez pas avec des bijoux de valeur et rangez votre appareil photo dans votre sac lorsque vous ne l'utilisez pas. N'emportez en sortant que l'argent dont vous aurez besoin et gardez-le de préférence dans votre poche. Laissez votre passeport à l'hôtel (sauf si vous en avez besoin pour

SOUTH AMERICAN EXPLORERS

Depuis plus de 30 ans, le respectable **South American Explorers Club** (SAE ; carte p. 66 ; ☎445-3306 ; www.saexplorers.org ; Piura 135, Miraflores ; ⏲9h30-17h lun-ven, 9h30-20h mer, 9h30-13h sam) est une source de renseignements pour les voyageurs au long cours, les journalistes et les scientifiques passant de longues périodes au Pérou, en Équateur, en Bolivie et en Argentine. Le club possède une bibliothèque bien fournie, ainsi qu'un choix de guides et de cartes à vendre – des cartes topographiques aux cartes de randonnée pour le Chemin de l'Inca, le mont Ausangate, la Cordillera Blanca et la Cordillera Huayhuash. Vous obtiendrez également des informations sur les conditions de voyage dans les régions isolées ou les possibilités de travailler comme bénévole, et pourrez vous procurer une copie du *Lima Survival Kit* (35 $US), un guide (en anglais) utile pour les résidents nouvellement installés, avec des détails sur les services médicaux ou les écoles de bonne qualité.

Le club fonctionne avec des membres adhérents ; il s'agit d'une association à but non lucratif (qui a contribué au premier nettoyage du Chemin de l'Inca et a participé à des campagnes médicales dans la région). Le montant de l'adhésion est de 60 $US par personne et par an (90 $US par couple) ; des réductions sont accordées aux détenteurs de la carte ISIC et aux bénévoles. Les membres peuvent profiter du club-house et de ses installations, notamment la consigne, la poste restante, l'échange de livres, l'accès au magazine en ligne *South American Explorer*. Ils bénéficient en outre de remises sur les articles vendus sur place et dans des commerces partenaires partout au Pérou. Il existe d'autres clubs à Cuzco, à Quito et à Buenos Aires (coordonnées sur le site Internet). Vous pourrez adhérer en vous présentant dans l'un des bureaux ou via le site Internet.

Les non-membres peuvent consulter une partie de la documentation et acheter des guides et des cartes.

des formalités administratives) – une photocopie suffit. Essayez de vous "fondre dans la masse" : les Limeños (habitants de Lima) portent généralement jeans et pulls. Vous aurez vite fait de vous faire remarquer si vous arborez des baskets de marque ou un équipement de randonnée flambant neuf.

Soyez particulièrement attentif dans les lieux bondés et autour des arrêts de bus et des gares routières. Les pickpockets y opèrent souvent, y compris dans les quartiers huppés. La nuit, il est préférable de se déplacer en taxi, surtout dans le centre-ville, ou si vous avez fait la fête jusque tard dans le quartier de Barranco. Les secteurs de Rímac, Callao, Surquillo et La Victoria ne sont pas toujours sûrs (mieux vaut prendre un taxi). Les quartiers les plus dangereux sont San Juan de Lurigancho, Los Olivos, Comas, Vitarte et El Agustino.

En outre, méfiez-vous des rabatteurs et des chauffeurs de taxi qui tenteraient de vous vendre un circuit ou affirmeraient que l'hôtel que vous avez réservé est infesté de voleurs. Beaucoup sont des baratineurs prêts à tout pour vous emmener dans un établissement qui leur paiera une commission. Pour plus de conseils sur la sécurité lors d'un voyage au Pérou, reportez-vous p. 548.

Formalités de séjour

Pour toute information générale sur les visas, prorogations comprises, et la liste des ambassades, voir p. 551.

Pour obtenir la prorogation de votre carte de touriste (20 $US) dans la journée, présentez-vous à la première heure à l'**Oficina de Migraciónes** (bureau de l'immigration ; hors carte p. 62 ; ☎200-1000 ; www.migraciones.gob.pe ; Prolongación España 734, Breña ; ⏲8h-13h lun-ven). Procurez-vous au préalable le formulaire muni du timbre officiel (12,25 S) auprès du Banco de la Nación, juste à côté.

Vous aurez besoin d'une copie du formulaire F-007 (téléchargeable sur le site Internet, sous la rubrique *Prórroga de Residencia*), de votre passeport et du formulaire d'immigration remis à l'arrivée au Pérou. Faites une photocopie de chaque document afin d'accélérer les démarches. Si vous avez perdu votre formulaire d'immigration, vous encourrez une amende et les formalités prendront plus de temps. Vous devrez parfois présenter votre billet de retour ou prouver que vous possédez des ressources suffisantes. Plus vous ferez bonne figure, plus les choses seront faciles. Ne procédez aux démarches administratives qu'à l'intérieur du bâtiment avec des employés. N'acceptez aucune aide d'individus dans la rue.

Offices du tourisme

iPerú (www.peru.travel) ; Aeropuerto Internacional Jorge Chávez (☎574-8000 ; hall principal ; ⏲24h/24) ; Miraflores (carte p. 66 ; ☎445-9400 ; Module 14, à côté de la billetterie du cinéma, LarcoMar, Malecón de la Reserva 610 ; ⏲12h-20h) ; San Isidro (carte p. 76 ; ☎421-1627 ; Jorge Basadre 610 ; ⏲9h-18h lun-ven). L'office du tourisme du gouvernement a bonne réputation. Le personnel distribue des cartes, fournit des conseils et s'occupe des plaintes. Le minuscule bureau de Miraflores se révèle bien utile le week-end.

Office du tourisme municipal (carte p. 58 ; ☎315-1542 ; www.munlima.gob.pe ; Pasaje de los Escribanos 145, Lima Centro ; ⏲9h-17h lun-ven, 11h-15h sam et dim). Offre des renseignements limités. Son site Internet liste quelques événements locaux et donne des informations sur des visites gratuites du centre-ville.

Trekking & Backpacking Club (☎423-2515 ; www.angelfire.com/mi2/tebac ; Huascar 1152, Jesús María). Des informations pour les randonneurs indépendants, des cartes et des brochures, la location de matériel et le service de guides.

Poste

Serpost, le service de poste péruvien, dispose d'agences partout à Lima. Le courrier envoyé en poste restante (Lista de Correos, Correo Central, Lima) peut être récupéré à la poste principale, dans le centre de Lima, sur présentation d'une pièce d'identité.

Serpost (www.serpost.com.pe ; ☎511-5000) ; Lima Centro (bureau principal ; Pasaje Piura s/n, Lima Centro ; ⏲8h-21h lun-sam) ; San Isidro (carte p. 76 ; ☎422-0985 ; Las Palmeras 205 ; ⏲9h-13h et 14h-17h40 lun-ven, 9h-11h40 sam) ; Miraflores (carte p. 66 ; Av. Petit Thouars 5201 ; ⏲8h-20h45 lun-sam, 9h-13h30 sam, 9h-14h dim) ; Larco (carte p. 66 ; Av. José Larco 868 ; ⏲8h-19h30 lun-sam).

DHL (carte p. 76 ; ☎652-2194 ; www.dhl.com.pe ; Av. Dos de Mayo 595, San Isidro ; ⏲9h-18h lun-ven, 9h-13h dim)

Federal Express (FedEx ; carte p. 66 ; ☎242-2280 ; www.fedex.com.pe ; BSC Miraflores, Pasaje Olaya 260, Miraflores ; ⏲9h-19h lun-ven, 10h-15h sam)

Services médicaux

Les centres de soins répertoriés ici possèdent un service des urgences. Les consultations coûtent au moins 80 S, les honoraires variant selon les cliniques et les médecins. Les médicaments et les visites chez un spécialiste sont à régler en sus.

Clínica Anglo-Americana (www.clinangloamericana.com.pe) ; La Molina (☎436 9933 ; Av. La Fontana 362) ; San Isidro (carte p. 76 ; ☎616-8900 ; Salazar 350). Un hôpital réputé mais cher. Le centre de La Molina reçoit les patients sans rendez-vous, à côté de l'ambassade des États-Unis.

Clínica Good Hope (carte p. 66 ; ☎610-7300 ; www.goodhope.org.pe ; Malecón Balta 956). Prestations de qualité à prix raisonnables. Un service est dédié aux soins dentaires.

Clínica Internacional (carte p. 62 ; ☎619-6161 ; www.clinicainternacional.com.pe ; Garcilaso de la Vega 1420 Lima Centro). Une clinique bien équipée, avec des spécialistes en gastro-entérologie, neurologie et cardiologie.

Clínica Montesur (☎317-4000 ; www.clinicamontesur.com.pe ; Av. El Polo 505, Monterrico ; honoraires variables). Cette clinique traite uniquement les pathologies féminines.

Clínica San Borja (☎475-4000 ; www.clinicasanborja.com.pe ; Av. Guardia Civil 337, San Borja). Autre clinique réputée, avec un service de cardiologie.

Autres adresses :

Instituto de Medicina Tropical (☎482-3903, 482-3910 ; www.upch.edu.pe/tropicales ; Hospital Nacional Cayetano Heredia, Av. Honorio Delgado 430, San Martín de Porras). Spécialisé dans le traitement des affections tropicales. Les environs immédiats de l'hôpital sont sûrs, mais le quartier peut être dangereux.

Instituto Nacional de Salud del Niño (☎330-0066 ; www.isn.gob.pe ; Brasil 600, Breña). Hôpital pour enfants : vaccins contre le tétanos et la fièvre jaune.

Les pharmacies ne manquent pas à Lima. Celles qui sont citées ici sont bien approvisionnées et ouvertes 24h/24. Elles livrent souvent gratuitement :

Botica Fasa (carte p. 66 ; ☎619-0000 ; www.boticafasa.com.pe ; angle Av. José Larco 129-35, Miraflores)

InkaFarma (carte p. 66 ; ☎315-9000, livraison 314-2020 ; www.inkafarma.com.pe ; Alfredo Benavides 425, Miraflores)

Vous pourrez acquérir des lunettes de vue à moindre coût chez l'un des opticiens installés le long de Miró Quesada, à proximité de Camaná, dans le centre de Lima ou autour de Schell et de l'Avenida José Larco à Miraflores.

Urgences

Commissariat central de la police nationale (☎460-0921 ; Moore 268, Magdalena del Mar ; ⏲24h/24)

Police touristique (Policía de Turismo, Poltur ; carte p. 66 ; ☎460-0844 ; Colón 246 ; ⏲24h/24). Une division de la Policía Nacional (police nationale). Des policiers anglophones sont généralement présents et pourront établir un procès-verbal au besoin (assurance, remboursement de chèques de voyage). Dans les quartiers très touristiques, vous reconnaîtrez facilement les membres de la Poltur à leurs chemises blanches.

Depuis/vers Lima

Avion

L'**Aeropuerto Internacional Jorge Chávez** (code LIM ; ☎517-3100 ; www.lap.com.pe ; Callao) offre les services habituels, plus une boutique vendant du pisco, une poste et une consigne. Accès Internet disponible au 1er étage. Pour des informations sur les vols internationaux, reportez-vous p. 558.

Depuis Lima, les principales destinations desservies dans le pays sont Arequipa, Ayacucho, Cajamarca, Chiclayo, Cuzco, Iquitos, Juliaca, Piura, Pucallpa, Puerto Maldonado, Tacna, Tarapoto, Trujillo et Tumbes. Vous pourrez obtenir des informations sur les vols, acheter des billets et confirmer vos vols sur Internet ou par téléphone, mais pour un changement de billet ou un problème particulier, mieux vaut s'adresser directement à la compagnie.

Pour des informations générales concernant les déplacements aériens au Pérou, reportez-vous p. 558. Sur les vols internationaux, la taxe de départ (31 $US) est normalement incluse dans le prix du billet. Une taxe s'applique aussi aux liaisons intérieures.

Bureaux des principales compagnies intérieures à Lima :

LAN (carte p. 66 ; ☎213-8200 ; www.lan.com ; Av. José Pardo 513, Miraflores). LAN dessert Arequipa, Chiclayo, Cuzco, Iquitos, Juliaca, Piura, Puerto Maldonado, Tacna, Tarapoto et Trujillo ; assure la liaison entre Arequipa et Cuzco, Arequipa et Juliaca, Arequipa et Tacna, Cuzco et Juliaca, Cuzco et Puerto Maldonado.

LC Peru (☎204-1313 ; www.lcperu.pe ; Av. Pablo Carriquirry 857, San Isidro). Dessert Andahuaylas, Ayacucho, Cajamarca, Huancayo, Huánuco, Huaraz et Jauja à bord de petits avions à turbopropulseurs.

Peruvian Airlines (carte p. 66 ; ☎716-6000 ; www.peruvianairlines.pe ; Av. José Pardo 495, Miraflores). Arequipa, Cuzco, Piura, Iquitos et Tacna.

Star Perú (carte p. 66 ; ☎705-9000 ; www.starperu.com ; Av. Espinar 331, Miraflores). Vols pour Arequipa, Ayacucho, Cuzco, Huanco, Iquitos, Juliaca, Pucallpa, Puerto Maldonado, Talara, Tarapoto et Tumbes, ainsi qu'entre Tarapoto et Iquitos.

TACA (carte p. 66 ; ☎511-8222 ; www.taca.com ; Av. José Pardo 811, Miraflores). Vols pour Cuzco.

Bus

Lima ne dispose pas de gare routière centrale. Chaque compagnie gère sa billetterie et ses points de départ de façon indépendante. Certaines possèdent plusieurs gares routières (demandez bien d'où part le bus lorsque vous achetez le billet). Les périodes d'affluence sont la Semana Santa (semaine d'avant le dimanche de Pâques) et les semaines précédant et suivant

BUS AU DÉPART DE LIMA

DESTINATION	PRIX*	DURÉE
Arequipa	101-143 S	15 heures
Ayacucho	50-95 S	10 heures
Cajamarca	80-130 S	16 heures
Chiclayo	40-125 S	12-14 heures
Cuzco	130-175 S	21 heures
Huancayo	57-175 S	7 heures
Huaraz	35-100 S	8 heures
Ica	22-76 S	4 heures 30
Nazca	50-86 S	8 heures
Piura	59-144 S	12-16 heures
Puno	140-170 S	18-21 heures
Tacna	50-144 S	18-22 heures
Trujillo	25-100 S	8-9 heures
Tumbes	132-165 S	19 heures

* Estimation tarifaire pour un bus standard de luxe

les Fiestas Patrias (28-29 juillet), quand des milliers de Limeños quittent la capitale. Les tarifs doublent alors et il faut réserver bien à l'avance.

Certaines gares routières sont situées dans des quartiers dangereux. Si possible, achetez vos billets à l'avance et déplacez-vous en taxi lorsque vous avez des bagages.

Il y a d'innombrables compagnies de bus. Celles-ci sont les plus fiables :

Civa (carte p. 62 ; ☎418-1111 ; www.civa.com.pe ; angle 28 de Julio et Paseo de la República 575, Lima Centro). Pour Arequipa, Cajamarca, Chachapoyas, Chiclayo, Cuzco, Ilo, Máncora, Nazca, Piura, Puno, Tacna, Tarapoto, Trujillo et Tumbes. La compagnie dispose également de bus à couchettes plus luxueux, desservant des destinations sur la côte, et nommés **Excluciva** (www.excluciva.com).

Cruz del Sur (☎311-5050 ; www.cruzdelsur.com.pe) ; Lima Centro (carte p. 58 ; ☎431-5125 ; Quilca 531) ; La Victoria ((☎311-5050 ; Av. Javier Prado Este 1109). L'une des plus grosses compagnies, desservant la côte et des villes de l'intérieur du pays comme Arequipa, Cuzco, Huancayo et Huaraz, dans trois catégories de bus : Ideal, les moins chers, et Imperial et Cruzero, plus luxueux. Les bus les plus onéreux partent généralement de La Victoria.

Movil Tours (carte p. 62 ; ☎716-8000 ; www.moviltours.com.pe ; Paseo de la República 749, Lima Centro). Pour Chachapoyas, Chiclayo, Huancayo, Huaraz et Tarapoto.

Oltursa (hors carte p. 76 ; ☎708-5000, 225-4495 ; www.oltursa.pe ; Av. Aramburu 1160, Limatambo). La gare routière de cette compagnie très réputée se trouve non loin de San Isidro. Destinations desservies : Arequipa, Chiclayo, Ica, Máncora, Nazca, Paracas, Piura, Trujillo et Tumbes.

Ormeño (☎472-1710 ; www.grupo-ormeno.com.pe) ; Lima Centro (carte p. 62 ; Carlos Zavala Loayza 177) ; La Victoria (hors carte p. 76 ; Av. Javier Prado Este 1059). Une importante compagnie de Lima assurant des liaisons quotidiennes avec Arequipa, Ayacucho, Cajamarca, Cañete, Chiclayo, Chincha, Cuzco, Huaraz, Ica, Ilo, Nazca, Paracas, Piura, Puno, Tacna, Trujillo et Tumbes. Quasi tous les bus partent de la gare routière de La Victoria. Il y a trois types de services : Econo, Business et Royal. La gare routière du centre de Lima permet d'acheter des billets ou d'organiser un itinéraire avec un prestataire partenaire : Expreso Continental (nord du Pérou), Expreso Chinchano (côte sud et Arequipa) et San Cristóbal (Puno et Cuzco).

PeruBús (carte p. 62 ; ☎226-1515 ; www.perubus.com.pe ; Carlos Zavala Loayza 221, Lima Centro). Bus fréquents pour Cañete, Chincha, Ica et Nazca.

Tepsa (☎202-3535 ; www.tepsa.com.pe) ; Lima Centro (carte p. 58 ; ☎427-5642, 428-4635 ; Paseo de la República 151-A, Lima Centro) ; Javier Prado (☎617-9000 ; Av. Javier Prado Este 1091). Les bus, confortables, se rendent à Arequipa, Cajamarca, Chiclayo, Cuzco, Ica, Lambayeque, Máncora, Nazca, Piura, Tacna, Trujillo et Tumbes.

Train

La ligne **Ferrocarril Central Andino** (☎226-6363 ; www.ferrocarrilcentral.com.pe) relie l'Estación Desamparados de Lima à Huancayo, à l'intérieur des terres. Partant du niveau de la mer, elle grimpe jusqu'à 4 829 m, le deuxième point le plus haut du monde atteint par un train de passagers, avant de redescendre vers Huancayo, à 3 260 m. Il n'y a pas de service régulier, mais le train assure la liaison plusieurs fois par mois pour les touristes – une odyssée de 12 heures traversant des paysages andins et des ponts vertigineux. L'aller-retour coûte 130-350 S. Consultez les horaires à l'avance, car les lignes ferroviaires ne sont pas toujours opérationnelles. Les billets peuvent être achetés via Teleticket (voir l'encadré, p. 91).

Voiture

Lima ne manque pas de grands carrefours sans feux rouges, de "chauffards" de bus et d'embouteillages spectaculaires, mais les places de parking sont quasi inexistantes. Si vous souhaitez tout de même conduire, les agences suivantes ont des guichets ouverts 24h/24 à l'aéroport. Les tarifs vont de quelque 130 à 338 S par jour, hors suppléments, assurance et taxes (environ 19%). Livraison possible.

Budget (☎442-8706 ; www.budgetperu.com)

Dollar (☎444-3050 ; www.dollar.com)

Hertz (☎447-2129 ; www.hertz.com.pe)

National (☎575-1111 ; www.nationalcar.com.pe)

ℹ Comment circuler

Depuis/vers l'aéroport

L'aéroport se situe dans la ville portuaire de Callao, à environ 12 km à l'ouest du centre et 20 km au nord-ouest de Miraflores. En sortant de la douane, vous trouverez sur votre droite le service de taxis officiels : **Taxi Green** (☎484-4001 ; www.taxigreen.com.pe ; Aeropuerto Internacional Jorge Chávez ; 1-3 pers pour le centre de Lima, San Isidro, Miraflores et Barranco 50 S). L'extérieur de l'aéroport est le domaine des taxis "locaux", qui ne coûtent pas toujours moins cher et ne sont pas forcément très sûrs – les escrocs s'en servent parfois pour embarquer des voyageurs étrangers et les dévaliser. Mieux vaut prendre un taxi officiel ou organiser le transfert avec votre hôtel.

Le moyen le plus économique de circuler depuis/vers l'aéroport consiste à prendre un *combi* de la compagnie "**La S**" (2-3 S/pers) – un énorme "S" est collé sur le pare-brise avant – qui dessert diverses destinations entre le port de Callao et Miraflores et au-delà. Vous pourrez les prendre à la sortie de l'aéroport ; ils roulent direction sud dans l'Avenida Elmer Faucett. Dans l'autre sens, les *combis* La S circulent en direction du nord dans l'Avenida Petit Thouars et en direction de l'est le long de l'Avenida Angamos à Miraflores. L'arrêt le plus central est le *paradero* (arrêt de bus) de l'Avenida Petit Thouars, juste au nord de l'Avenida Ricardo Palma (carte p. 76). Attendez-vous à payer un supplément si vos bagages occupent une place. Les compagnies de *combi* changent régulièrement d'itinéraires, donc renseignez-vous avant de partir.

En taxi privé, il faut compter au moins une heure entre San Isidro, Miraflores ou Barranco et l'aéroport ; en *combi*, prévoyez au moins 2 heures – et d'innombrables arrêts. La circulation est plus fluide avant 6h30.

Bus

El Metropolitano (www.metropolitano.com.pe), le nouveau bus électrique qui traverse la capitale, constitue le moyen le plus rapide et le plus pratique pour rejoindre le centre-ville. Les lignes restent encore peu nombreuses, mais il est question d'étendre le réseau à la partie nord de la ville. La Ruta Troncal (1,50 S) dessert la Plaza Grau, dans le centre, via Barranco, Miraflores et San Isidro. Les usagers doivent acheter une *tarjeta intelligente* (carte 4,50 S) qui peut être créditée.

Les minibus locaux ont de quoi déconcerter : d'innombrables véhicules encombrent les avenues, chacun avec un *cobrador* (personne qui vend les tickets) accroché à la portière, qui crie le nom des arrêts. Fiez-vous à l'affichette collée sur le pare-brise avant. Pour ne pas se tromper, mieux vaut connaître le nom d'une grande intersection ou d'un site important à proximité de votre arrêt (par exemple, le Parque Kennedy) et donner cette information au *cobrador* – il vous dira s'il s'agit du bon minibus. Les *combis* sont généralement bondés et lents, mais leurs prix défient toute concurrence : 1-3 S, selon la longueur du trajet.

Les itinéraires les plus pratiques relient le centre de Lima à Miraflores par l'Avenida Arequipa ou le Paseo de la República. Les minibus qui empruntent Garcilaso de la Vega (aussi appelée Av. Wilson) et Arequipa portent des pancartes "Todo Arequipa" ou "Larco/Schell/Miraflores" en direction de Miraflores et "Todo Arequipa" et "Wilson/Tacna" en direction du centre. Prenez-les sur Larco ou sur Arequipa, à Miraflores.

Pour vous rendre à Barranco, repérez les minibus "Chorrillos/Huaylas/Metro" (certains sont aussi marqués "Barranco") le long de l'Avenida Arequipa. Vous les trouverez aussi dans Diagonal, juste à l'ouest du Parque Kennedy, à Miraflores.

Taxi

Les taxis de Lima ne possédant pas de compteur, il faut négocier la course avant de monter. Les tarifs varient en fonction de la longueur du trajet, de la circulation, de l'heure de la journée (plus cher le soir) et de votre niveau d'espagnol. Les taxis officiels et ceux que vous arrêterez à proximité d'un site touristique facturent davantage. À titre (très) indicatif, une course dans le périmètre de Miraflores revient entre 5 et 8 S. Au départ de Miraflores, comptez 10-15 S jusqu'au centre, 5-10 S jusqu'à Barranco et 6-12 S jusqu'à San Isidro. Vous pouvez marchander, même si cela s'avère plus difficile aux heures de pointe. Si vous êtes deux ou plus, vérifiez si le tarif indiqué s'entend par personne ou pour le véhicule.

La plupart des taxis n'ont pas de licence. Selon plusieurs études, un véhicule sur sept à Lima est un taxi. En journée, vous pourrez généralement prendre les uns ou les autres sans problème. Le soir en revanche, il est plus prudent d'emprunter les taxis officiels, identifiables à l'autocollant rectangulaire portant le mot SETAME dans l'angle supérieur gauche du pare-brise. Ils sont souvent jaunes et leur numéro de licence est peint sur le côté.

Vous pouvez demander un taxi officiel par téléphone ou vous rendre à une station, par exemple celle qui est située devant le Sheraton, dans le centre de Lima, ou celle du centre commercial LarcoMar, à Miraflores. Les taxis officiels coûtent de 30 à 50% plus cher que les autres, et il est possible de les louer sur une base horaire, à partir de 25 S.

Les compagnies citées ci-dessous assurent un service 24h/24 et acceptent les réservations :

Moli Taxi (☎479-0030)

Taxi América (☎165-1960)

Taxi Lima (☎271-1763)

Taxi Móvil (☎422-6890)

Taxi Real (☎470-6263 ; www.taxireal.com). Recommandé.

Taxi Seguro (☎241-9292)

ENVIRONS DE LIMA

Le week-end et les jours fériés, les Limeños filent vers la plage ou la montagne. Si vous disposez de quelques jours, les activités ne manquent pas autour de la capitale, qu'il s'agisse de visiter des ruines archéologiques ou de lézarder sur le sable.

Pachacamac

☎01

Situé à 31 km environ au sud-est du centre-ville, le site archéologique de **Pachacamac** (☎430-0168 ; http://pachacamac.perucultural.org.pe ; 6 S ; ⊙9h-17h lun-ven) est une citadelle précolombienne comportant des palais et des temples pyramidaux en adobe et en pierre. Si vous êtes déjà allé à Machu Picchu, vous ne serez pas forcément impressionné, mais, à l'arrivée des Espagnols, il s'agissait d'un site inca de première importance et d'une ville majeure. Vers 100, Pachacamac était un centre cérémoniel pour la culture lima, puis il fut agrandi par les Huari avant d'être conquis par les Ychsma. Lorsqu'ils arrivèrent dans la région autour de 1450, les Incas ajoutèrent de nombreuses autres structures. Le nom "Pachacamac", que l'on traduit par "Celui qui anima le monde" ou par "Celui qui créa la terre et le temps", provient du dieu huari, représenté avec deux visages sur une sculpture de bois exposée au **musée**.

Il ne subsiste désormais de la plupart des bâtiments que des murs écroulés, répartis çà et là dans un paysage désertique. Certains des principaux temples ont néanmoins été fouillés et dévoilent des pentes recouvertes d'escalier. On peut gravir les marches qui mènent au sommet de l'impressionnant **temple du Soleil** (Templo del Sol), qui offre une vue sur la côte par temps clair. Cependant, l'édifice le plus remarquable est le **Palacio de las Mamacuna** (maison de la Femme élue), souvent appelé **Acllahuasi**, qui s'enorgueillit d'une série de portes trapézoïdales de style inca. Malheureusement, un séisme a endommagé la stabilité de la structure en 2007. Aussi, les visiteurs ne peuvent-ils l'admirer qu'à distance. En raison des graves dommages – et en l'absence de fonds pour effectuer les réparations –, il a été classé parmi les sites les plus menacés de la planète.

Il y a un centre d'accueil des visiteurs et un café à l'entrée du site, sur la route de Lurín. Une carte sommaire est distribuée à la billetterie, d'où un chemin mène aux différents édifices. À pied, prévoyez au moins 2 heures de visite. En été, emportez de l'eau et un chapeau, car une fois sur le chemin il n'y a plus du tout d'ombre. Si vous êtes motorisé, vous pourrez aller d'un site à l'autre en voiture.

Plusieurs agences de Lima (voir p. 72) organisent des circuits (environ 115 S/pers la demi-journée) incluant transport et guide. Les excursions à VTT peuvent être une excellente option. Vous pouvez également prendre un minibus en direction de "Pachacamac" depuis la route en contrebas, à l'angle d'Andahuaylas et de Grau dans le centre de Lima. Il en part toutes les 15 minutes (2 S, 45 min) jusqu'à la tombée de la nuit. De Miraflores, prenez un taxi jusqu'au Puente Primavera, au carrefour d'Angamos et de la Panamericana (route Panaméricaine), puis un bus "Pachacamac/Lurín" (1-2 S, 30 min). Dans les deux cas, demandez au chauffeur de vous déposer près des *ruinas*, faute de quoi vous vous retrouverez au village de Pachacamac, à 1 km de l'entrée du site. Pour revenir à Lima, faites signe au premier bus qui passera devant l'entrée. Vous voyagerez sans doute debout. Depuis Lima, vous pourrez louer un taxi à l'heure (à partir de 25 S).

Plages du Sud

☎01

L'été, les *Limeños* se précipitent sur les plages longeant la Panamericana en direction du sud, provoquant le week-end des embouteillages tels que la circulation se fait

LES MOMIES DE PACHACAMAC

Le pillage à grande échelle des trésors archéologiques du Pérou a empêché de lever le mystère sur nombre de sites. C'est pourquoi la découverte à Pachacamac, en mai 2012, de nombreuses dépouilles humaines bien préservées a fait sensation. Devant le temple, des archéologues de l'Université libre de Bruxelles ont mis au jour une chambre funéraire ovale de 18 m de long, cachée sous des sépultures plus récentes. À l'intérieur, les corps de dix enfants en bas âge et nourrissons entouraient 70 squelettes et momies d'adultes recouvertes d'étoffes, enterrées avec des objets personnels, des offrandes et même des chiens et des cochons d'Inde. D'après les spécialistes interrogés par le magazine *National Geographic*, il se serait agi de pèlerins gravement malades venus se faire soigner dans le sanctuaire.

VAUT LE DÉTOUR

LES ATELIERS D'ARTISANAT DE LURÍN

À l'extrémité sud de Lurín, enclave ouvrière à 50 km au sud du centre de Lima sur la Panamericana, vous trouverez les ateliers de la coopérative **Ichimay Wari** (☎430-3674 ; www.ichimaywari.org ; Jr Jorge Chávez, Manzana 22, Lote A ; ⏲8h-13h et 14h-17h lun-ven). Là, de talentueux artisans d'Ayacucho fabriquent des *retablos* traditionnels, des poteries, des décorations de Noël de style andin et des arbres colorés en terre cuite appelés *arbolitos de la vida* (arbres de vie). Le mieux consiste à prendre rendez-vous 24 heures à l'avance pour visiter l'endroit et rencontrer ceux qui y travaillent.

Le trajet en taxi depuis Lima coûte autour de 70 S. Sinon, prenez à Puente Primavera un bus pour Lurín, San Bartolo ou San Miguel et descendez au principal feu rouge de Lurín. Hélez ensuite un *mototaxi* (2 S) et demandez-lui de vous conduire vers le sud jusqu'au Barrio Artesano. Certains secteurs de la bourgade pouvant être dangereux, déplacez-vous en taxi et rangez votre appareil photo.

à sens unique. Parmi les principales villes balnéaires, citons El Silencio, Señoritas, Caballeros, Punta Hermosa, Punta Negra, San Bartolo, Santa María, Naplo et Pucusana. Ne vous attendez pas à des villages tropicaux, mais plutôt à des paysages désertiques, à une eau froide et à de forts courants. Renseignez-vous avant de vous baigner, car on déplore chaque année plusieurs noyades.

Très prisé des familles, **San Bartolo** ne manque pas d'hôtels bon marché ou de catégorie moyenne. Sur la falaise au bord de la baie, l'**Hostal 110** (☎430-7559 ; www.hostal110.com ; Malecón San Martín Nte 110 ; d 100-130 S, pers supp 30 S ; ▣) possède 14 chambres et appartements carrelés impeccables et spacieux, certains pouvant loger jusqu'à 6 personnes, qui s'étagent au-dessus d'une piscine. Tarifs plus élevés le samedi.

À l'extrême sud de la ville (prenez un *mototaxi*), face au terrain de football, le **Restaurant Rocío** (☎430-8184 ; www.restaurant-rocio.com ; Urb Villa Mercedes, Mz A, Lte 5-6 ; plats 15-38 S ; ⏲11h-23h) est recommandé pour son poisson, grillé, frit ou servi avec une sauce à l'ail.

Plus au sud, la plage de **Punta Hermosa**, constamment fouettée par les vagues, est un paradis pour les surfeurs. La ville compte de nombreux hébergements. Bon choix dans le nombre, le **Punta Hermosa Surf Inn** (☎230-7732 ; www.puntahermosasurfinn.com ; Bolognesi 407, angle Pacasmayo ; dort/s/d avec petit-déj 45/60/120 S ; @) comporte 6 chambres et un agréable espace commun avec hamacs et TV câblée. Notez que les chambres individuelles/dortoirs coûtent 30/10 S de plus le week-end. Les plus grosses vagues du Pérou, qui mesurent jusqu'à 10 m de haut, déferlent non loin, à **Pico Alto** (au Km 43 de la Panamericana).

Punta Rocas, un peu plus au sud, est également appréciée des surfeurs expérimentés (des compétitions s'y déroulent chaque année), qui séjournent souvent au rudimentaire **Hostal Hamacas** (☎88-104-144 ; www.hostalhamacas.com ; Panamericana Km 47 ; s/d avec clim 104/117 S, ventil 60/78 S, app pour 2 pers 143 S), donnant directement sur la plage. L'établissement compte 15 chambres et 5 bungalows (pouvant loger jusqu'à 6 pers), se doublant tous de sdb privées, d'eau chaude et d'une vue sur l'océan. Pendant la haute saison (octobre-avril), il y a un restaurant sur place. La location de planches de surf étant une prestation rarement assurée, mieux vaut emporter votre matériel.

Pour atteindre les plages, prenez un bus marqué "San Bartolo" sur la Panamericana Sur, au niveau du Puente Primavera à Lima. Vous pouvez descendre dans n'importe quelle ville côtière, mais la plupart du temps vous devrez finir à pied jusqu'à la plage (1 ou 2 km). Des taxis locaux attendent généralement au bord de la route. En taxi depuis Lima, comptez entre 70 et 80 S l'aller.

Pour gagner les plages du Sud comme Pucusana, voir p. 105.

Carretera Central

La Carretera Central (route centrale) file vers l'est à la sortie de Lima, suivant la vallée du Rímac jusqu'aux contreforts des Andes. Elle passe par plusieurs sites dignes d'intérêt avant d'arriver à La Oroya, dans les hauts plateaux du Centre.

À Lima, les minibus pour Chosica partent fréquemment d'Arica, non loin de la Plaza Bolognesi (carte p. 62). Ils pourront vous conduire à Puruchuco (2-3 S, 50 min) et à Chosica (3-4 S, 2 heures).

Les taxis *colectivos* font également le trajet depuis le croisement entre Arequipa et l'Avenida Javier Prado à San Isidro pour 8 S. Il est parfois difficile de reconnaître les sites depuis la route : expliquez au chauffeur où vous souhaitez descendre.

PURUCHUCO

☎01

La mise au jour en 2002, dans le gigantesque cimetière inca, de quelque 2 000 momies bien conservées a rendu célèbre le site de **Puruchuco** (☎494-2641 ; http://museopuruchuco.perucultural.org.pe ; 5 S ; ⌚9h-16h mar-dim). Cette découverte majeure a également permis d'extraire quantité de pièces enterrées avec les momies, dont des *quipus* (cordelettes nouées qui servaient de système de comptage aux Incas). Une maison de chef a été reconstituée. L'une des pièces servait à l'élevage des cochons d'Inde. Situé au milieu du bidonville de Túpac Amaru, Puruchuco se trouve à 13 km du centre de Lima (mieux vaut prendre un taxi), à quelques centaines de mètres de la route après la bifurcation sur la droite, signalée par un panneau.

CAJAMARQUILLA

☎01

Autre site précolombien, **Cajamarquilla** (5 S ; ⌚9h-16h) est une cité en adobe aux édifices effondrés, qui fut construite par le peuple huari (700-1100) à l'emplacement d'un village fondé à l'origine par le peuple lima. Une route partant sur la gauche au niveau du Km 10 (à 18 km du centre de Lima) rejoint une raffinerie de zinc de Cajamarquilla, à 5 km environ de la nationale. À mi-chemin, tournez à droite sur une courte route qui conduit au site. Le marquage n'est pas très clair ; n'hésitez pas à demander le chemin pour la *zona arqueológica*.

CHOSICA

☎01

À environ 40 km de Lima, la bourgade de montagne de Chosica est perchée à 860 m d'altitude, au-dessus de la brume permanente. Dans la première moitié du XXe siècle, il s'agissait d'une destination très prisée le week-end par les Limeños désireux de prendre le soleil en hiver. Aujourd'hui, sa cote a un peu baissé, mais des visiteurs arrivent encore régulièrement lors d'excursions à la journée. La place est bordée de restaurants et, en soirée, les vendeurs d'*anticucho* se rassemblent le long d'une des promenades jalonnées de fontaines. De Chosica, une petite route mène aux ruines de Marcahuasi (voir p. 280).

Côte sud

Dans ce chapitre »

Le top des restaurants

» Café Da Vinci (p. 137)

» As de Oro's (p. 113)

» Via La Encantada (p. 129)

» El Chorito (p. 117)

Le top des hébergements

» Casa-Hacienda San José (p. 109)

» Hotel El Huacachinero (p. 123)

» Hotel El Molino (p. 108)

» Nazca Lines Hotel (p. 128)

Pourquoi y aller

Comment peut-on vivre ici ? Cette question taraude tout visiteur découvrant pour la première fois (habituellement à travers la vitre d'un bus bondé) le désert brumeux et infiniment aride qui borde la côte sud du Pérou. Le plus surprenant, c'est que les gens ne se contentent pas d'y habiter, ils y prospèrent, et ceci depuis des millénaires. Découvrez l'industrie viticole d'Ica, la culture afro-péruvienne de Chincha, les inexplicables lignes de Nazca, étrange ensemble de géoglyphes géants gravés dans le désert, ainsi que les étoffes sophistiquées mises au jour dans la Península de Paracas, tissées 1 000 ans avant que Pachacútec n'étende l'Empire inca au-delà de Cuzco. Même si le Machu Picchu demeure la principale attraction du sud du Pérou, la côte sud possède aussi son circuit touristique, un peu moins prisé, dont les étapes obligatoires sont notamment Lunahuaná et ses sports extrêmes, Paracas et sa faune fascinante, Nazca et l'oasis de désert de Huacachina.

Quand partir

Nazca

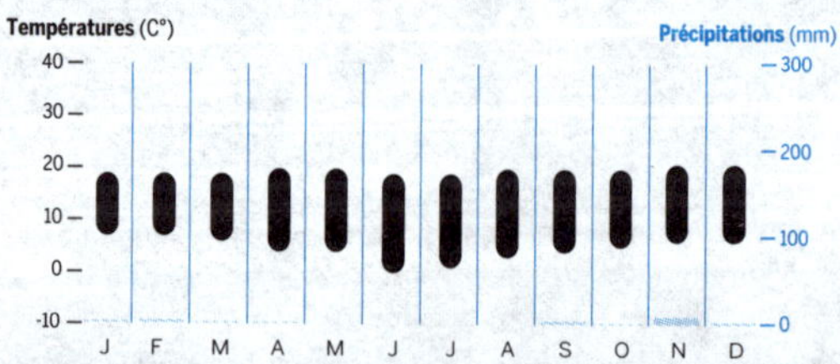

Jan-mars Plein été ; grandes stations balnéaires de la côte animées.

Mars Vendanges et festivals du vin à Lunahuaná et Ica.

Juin-juil Regain de fraîcheur et moins de touristes ; festivals ésotériques à Chincha et Ica.

Pucusana

☎01 / 10 000 HABITANTS

Émergeant du brouillard et de la crasse qui flottent au-dessus des banlieues sud de Lima, Pucusana constitue la première étape réellement intéressante sur la côte. En surface, il s'agit d'un village de pêcheurs typiquement péruvien : bruyant, un peu sale et où, dans son port protégé, des centaines de bateaux en bois dansent sur l'eau. Il y règne également une ambiance un rien mélancolique. Contrairement à Miraflores, vous y découvrirez un Pérou authentique, défauts compris.

Les petites plages de Pucusana et de Las Ninfas bordent le centre-ville ; vous pouvez aussi prendre un bateau (1 S) pour La Isla, une île voisine frangée de sable et surplombée d'une colline. La plage la plus prestigieuse de la région est Naplo, à 1 km, accessible par un tunnel. Le **Gremio de Pescadores de Puscana** (port de pêche) constitue un beau tableau à n'importe quel moment de la journée : les pêcheurs à la peau burinée luttent avec d'énormes poissons tandis que des pélicans au bec agile observent leur travail de près. Des bateaux sont rassemblés juste devant l'entrée du port ; les propriétaires proposent des sorties pêche et des visites de la marina (à partir de 40 S).

Meilleur petit hôtel de Pucusana, **El Mirador de Pucusana** (☎430-9228 ; s/d/tr 30/40/55 S) bénéficie d'un bel emplacement en surplomb de la baie et d'un magnifique point de vue. Les chambres sont rudimentaires mais ont l'eau chaude. Si vous rêvez de fruits de mer frais, vous en trouverez dans les *cevicherías* (restaurants de *ceviche*) qui jalonnent la promenade en contrebas. Le **Restaurante Jhony** (plats 20-30 S) sort du lot : goûtez la *tortillita de camarones*, une épaisse et savoureuse omelette truffée de crevettes.

De la Plaza Bolognesi au centre de Lima, des *combis* (minibus) partent fréquemment pour Pucusana (5 S aller). Vous pouvez aussi prendre un taxi de Lima jusqu'au pont Puente Primavera, au croisement de l'Avenida Primavera et de la Panamericana Sur. La plupart des bus qui longent la côte vers le sud le long de la Panaméricaine vous déposeront au Km 57, où de fréquents minibus font la navette jusqu'au centre de Pucusana (1 S, 10 min) dans la journée.

Pour des plages plus proches de Lima, reportez-vous p. 100.

Asia

☎01 / 4 000 HABITANTS

Cette zone commerciale nébuleuse au sud de Lima affiche un taux de croissance exponentiel. Elle englobe plus de 30 plages, des milliers de maisons de vacances onéreuses et un énorme centre commercial, El Sur Plaza Boulevard, ouvert depuis 2003. Le gros de l'action se joue autour du Km 97,5 de la Panamericana Sur, même si des clubs, des restaurants et des immeubles d'appartements sont désormais installés au nord jusqu'à Pucusana et au sud jusqu'à Cerro Azul. On est bien loin du Pérou traditionnel, mais Asia est une ville animée, où les jeunes Limeños huppés viennent profiter de la vie nocturne et des plaisirs de la plage en été (janvier à mars). Le reste de l'année, la bourgade est un peu morte.

Quasiment tous les bus circulant sur la Panamericana Sur peuvent vous déposer ici à la demande. Vous trouverez quelques pensions basiques assez chères dans l'artère principale, mais Lima est à moins d'une heure et d'innombrables bus s'y rendent tous les jours, 24h/24. Les tarifs commencent à 16 S.

Cañete et Cerro Azul

☎01 / 37 000 HABITANTS

Cette petite ville commerçante, qui est aussi un nœud de transports, à environ 145 km au sud de Lima, s'appelle en réalité San Vicente de Cañete. La plupart des vacanciers péruviens rejoignent Cerro Azul, une plage prisée des surfeurs expérimentés à 15 km au nord de la ville et à 15 minutes de marche à l'ouest du Km 131 de la Panamericana Sur. Aux alentours, **Huarco** est un petit fort marin inca, aujourd'hui en piteux état.

À Cerro Azul, l'**Hostal Cerro Azul** (☎271-1302 ; www.cerroazulhostal.com ; Puerto Viejo 106 ; d/tr/qua/ste 150/185/200/220 S), très accueillant, se tient à moins de 100 m de la côte. Les restaurants en bord de plage servent tous des produits de la mer. Le **Restaurant Juanito** (☎335-3710 ; Rivera del Mar ; plats 20-25 S ; ⌚8h-21h) est une adresse prisée des habitants.

De Lima, les bus qui rallient Pisco ou Ica peuvent vous déposer à Cañete et parfois à Cerro Azul (18 S à 21 S, 2 heures 30). En sens inverse, ils sont invariablement bondés, surtout le dimanche de janvier à avril. Des *combis* circulent entre Cañete et Cerro Azul (1 S, 30 min) ou Chincha (2 S, 1 heure), au sud.

À ne pas manquer

1. Les mystères des **lignes de Nazca** (p. 124), à découvrir depuis un avion ou en réalisant un circuit sur la terre ferme.
2. Une séance d'observation des otaries et des oiseaux, tout en évitant le guano, lors d'une excursion en bateau aux **Islas Ballestas** (p. 114).
3. Le soleil se couchant derrière une énorme dune de sable, au-dessus de l'oasis de **Huacachina** (p. 122).
4. Un spectacle de danse et de musique afro-péruviennes à la **Casa-Hacienda San José** (p. 109), à El Carmen.
5. Entre autres aventures, une descente en rafting sur les rapides du Río Cañete, à **Lunahuaná** (p. 107).
6. Une dégustation des meilleurs vins et piscos du Pérou à la **Bodega Tacama** (p. 120), près d'Ica.
7. Une randonnée à travers la désertique Península de Paracas, suivie d'un déjeuner de fruits de mer à **Lagunillas** (p. 115).

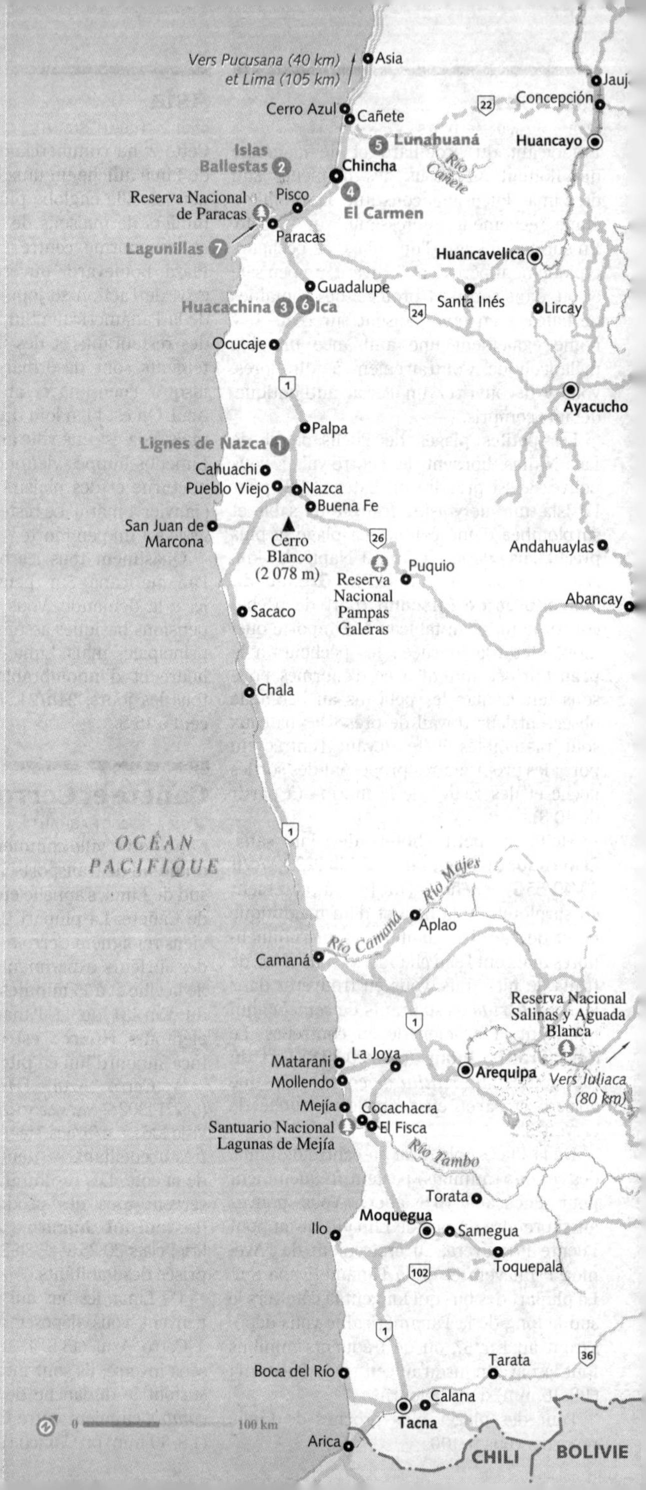

Lunahuaná

☎01 / 3 600 HABITANTS / ALTITUDE 1 700 M

La petite ville de Lunahuaná est une parenthèse romantique sur le tronçon de côte embrumé et crasseux qui s'étend directement au sud de Lima. On y accède après avoir parcouru 38 km via la route sinueuse qui bifurque à l'est de la ville bruyante de Cañete. Tel un mirage, une étroite bande verte se détache alors au milieu du désert poussiéreux. À Lunahuaná, les principales activités sont la production viticole et le rafting. Toutes deux ne pourraient exister sans le tumultueux Río Cañete, dont les rapides de catégorie IV font la joie des sportifs audacieux et alimentent le système d'irrigation nécessaire au développement des vignes locales.

Une bonne option consiste à faire escale à Luanahuaná lors d'une excursion de deux jours au départ de Lima. La meilleure période pour venir est la deuxième semaine de mars, pour les vendanges. On célèbre alors la **Fiesta de la Vendimia**. Un **festival de sports d'aventure** est généralement organisé fin février ou début mars.

À voir

La petite ville de Lunahuaná n'a guère d'intérêt sur le plan architectural mais possède une belle place principale, dominée par l'**Iglesia Santiago Apostal** (1690). Les *portales* voûtées de la place abritent des bars et des commerces spécialisés dans le vin et le pisco. De là, une marche de 5 minutes mène au **mirador** offrant une superbe vue sur la ville et ses environs verdoyants.

Bodega Santa Maria DOMAINE VITICOLE

(www.bodegasantamaria.com ; Km 39 Carr. Cañete-Lunahuaná). Ce domaine très raffiné et semi-industriel est installé à 1 km au nord de la ville. Ses jardins fleuris et ses gros tonneaux en bois évoquent une bodega de Xerès andalouse. Les dégustations gratuites de vin sucré (rouge, blanc et rosé) et de divers piscos corsés sont proposées dans une salle spécialement prévue à cet effet. Vente de miel fabriqué sur place également.

Catapalla VILLAGE

Plus haut dans la vallée, à 6 km de Lunahuaná, le minuscule hameau de Catapalla est célèbre pour abriter l'un des plus anciens domaines viticoles artisanaux des environs : **La Reyna de Lunahuaná** (☎99-477-7117 ; gratuit ; ⏲7h-13h et 14h-17h). Les propriétaires de ce vénérable domaine qui domine la place principale vous enseigneront les méthodes de fabrication du vin et du pisco (eau-de-vie de raisin). Le **Puente Colgante** (pont suspendu), installé de façon précaire au-dessus des rapides houleux du Río Cañete, est un autre site intéressant du village. Depuis Lunahuaná, la course en taxi jusqu'à Catapalla coûte environ 6 S, mais pour le retour, vous devrez peut-être attendre qu'un véhicule se présente.

Incahuasi RUINES

(Km 39 Carr. Cañete-Lunahuaná ; 3,50 S ; ⏲9h-17h). Le site archéologique le plus remarquable de la vallée de Cañete est Incahuasi. Situées en périphérie ouest de Lunahuaná, ces ruines entourées de murs grossiers constituaient le quartier général militaire du dixième roi inca, Túpac Yupanqui. Les édifices originaux dateraient de 1438 environ, peu après l'ascension de l'empereur Pachacútec. Il y a peu de visiteurs et peu d'indications, mais c'est ce qui fait le charme des lieux. Les ruines se situent sur la route principale, 10 km à l'ouest de Lunahuaná. Un taxi devrait coûter 10-12 S aller-retour.

Activités

Rafting

On peut pratiquer le rafting toute l'année, mais la meilleure période s'étale de décembre à avril, les mois de pluie dans les Andes. Le Río Cañete est alors à son niveau le plus haut. Des championnats de sports d'aventure, qui comprennent des épreuves de rafting, sont organisés fin février ou début mars. Pour le rafting, la rivière est divisée en trois sections. La plus difficile (Ruta Alta) est la partie à l'est de Lunahuaná, qui remonte jusqu'au village de Catapalla ; elle est classée III-IV en été. Les secteurs les plus faciles, à l'ouest entre Lunahuaná et Paullo, et entre Paullo et Socsi, sont classés I-III et praticables en été seulement.

Parmi les agences de rafting réputées, citons **Río Cañete Expediciones** (☎284-1271 ; www.riocanete.com), basée au **Camping San Jerónimo** (p. 108), et **Laberinto Explorer** (☎284-1057 ; Av. Grau 365), à quelques *cuadras* de la place principale de Lunahuaná.

Tyrolienne

Face à un engouement croissant de la clientèle internationale pour les descentes en tyrolienne (circuits dans la canopée), Luanahuaná a mis en place une structure de cinq câbles qui garantit une bonne dose d'adrénaline au-dessus du Río Cañete, sur 2 500 m au total – l'un des plus longs parcours d'Amérique latine. Pour profiter de l'ensemble des cinq tronçons, comptez 100 S. Le départ se fait au Camping San Jerónimo.

Descente en rappel

Pour encore plus de sensations fortes, vous pourrez effectuer une descente en rappel sur une falaise dominant le Río Cañete, à environ 7 km au nord de la ville. La plupart des agences de l'Avenida Grau organisent des excursions.

Vélo

Située bien à l'écart de la route côtière envahie de véhicules, Luanahuaná se prête bien aux déplacements en vélo et c'est une bonne façon de visiter quelques sites et domaines viticoles excentrés. La plupart des agences de voyages de l'Avenida Grau louent des vélos corrects avec vitesses pour 40 S les deux heures.

Où se loger

Hotel El Molino HÔTEL $$$

(☎378-6061 ; www.hotelelmolino.com.pe ; Malecon Araoz Km 39 Carr. Cañete-Lunahuaná ; s/d/ste 260/280/340 S ;). Non loin des laides banlieues sud de Lima, on découvre ce beau complexe entretenu avec soin, sur les rives du Cañete, à l'entrée de Lunahuaná. L'hôtel a ouvert en 2011 et propose des chambres raffinées, avec grandes baies vitrées donnant sur la rivière. Il y a deux piscines, un babyfoot et un bon restaurant dans les jardins joliment paysagés, où seul le passage d'un bateau de rafting vient troubler la tranquillité ambiante.

Refugio de Santiago HÔTEL $$$

(☎436-2717 ; www.refugiodesantiago.com ; Km 31 Carr. Cañete-Lunahuaná ; ch avec repas adulte/enfant 200/100 S). À quelques kilomètres à l'ouest de Lunahuaná, cette maison coloniale rénovée est un véritable havre de détente. Les chambres sont rustiques mais élégantes, le jardin botanique dégage des senteurs odorantes et le restaurant propose de délicieuses spécialités locales (plats 32-48 S). Les tarifs comprennent le petit-déjeuner, le déjeuner et le dîner, ainsi que des marches guidées dans les vergers des environs.

Hostal Río Alto HÔTEL $$

(☎284-1125 ; www.rioaltohotel.com ; Km 39 Carr. Cañete-Lunahuaná ; s/d 91/147 S ;). À environ 1 km à l'est de Lunahuaná sur la route principale, cette sympathique pension surplombe la rivière depuis une terrasse ombragée envahie de plantes. Les chambres sont sobres mais modernes et dotées de douches chaudes.

Camping San Jerónimo CAMPING $

(☎284-1271 ; Km 33 Carr. Cañete-Lunahuaná ; 15 S/pers). Ce camping est aménagé en bordure de rivière, à l'extrémité ouest de la ville. Siège de Río Cañete Expediciones, il possède des installations de qualité et un mur d'escalade artificiel pour les campeurs.

Hostal Los Andes HÔTEL $

(☎284-1041 ; Los Andes ; s/d/tr 40/50/70 S). Un édifice jaune de trois étages, rudimentaire mais fiable ; les chambres du 1er étage donnent sur la rivière. Eau chaude et TV câblée, mais pas de Wi-Fi.

Où se restaurer

Sabores de mi Tierra PÉRUVIEN $

(Bolognesi 199 ; repas à partir de 6 S). Savoureux et économique : à partir de 6 S seulement pour un plat et une entrée. Goûtez le ragoût de poulet et le potage aux crevettes.

Don Ignacio La Casa del Pisco PÉRUVIEN $

(Plaza de Armas ; plats à partir de 10 S). L'un des meilleurs restaurants sur la place principale ayant fait du pisco une spécialité. Vous pourrez accompagner l'eau-de-vie locale de produits typiques de la région, notamment d'inoubliables écrevisses.

Depuis/vers Lunahuaná

De Cañete, prenez un *combi* jusqu'à Imperial (1 S, 10 min), d'où d'autres *combis* partent en direction de Lunahuaná (3,50 S, 45 min). De Lunahuaná, des *colectivos* (taxis collectifs) attendent les passagers sur la route principale, juste en contrebas de la place, et permettent de rejoindre plus rapidement qu'en *combi* Imperial (4 S, 25 min).

Chincha

☎056 / 194 000 HABITANTS

Selon votre degré de tolérance au bruit et à la poussière, vous jugerez Chincha merveilleusement animée ou atrocement anarchique : c'est le Pérou à l'état brut, un immense bazar de bus, de taxis et de piétons traversant n'importe où. On a d'abord l'impression d'être dans une quelconque ville de la côte péruvienne, mais quelques détails viennent vite frapper le visiteur attentif : vendeurs de jus de canne à sucre, statuettes de Noirs africains vendues comme souvenirs et menus vantant les spécialités *criolla*. Chincha est le creuset de la culture afro-péruvienne, une facette du pays assez méconnue, qui témoigne d'un effroyable passé esclavagiste.

À voir

Il n'y a pas grand-chose à voir dans le centre-ville, mais la place principale est étonnamment plaisante, avec son **église** en terre cuite et ses hauts palmiers tortueux. L'industrie viticole locale est bien présente dans les commerces qui jalonnent l'Avenida Benavides entre la place et la gare routière. À **La Plazuela** (Av. Benavides 501), on vous offrira gracieusement quelques gorgées du délicieux vin sucré de la région et de pisco extrafort. Si vous désirez une tournée supplémentaire, les propriétaires tiennent un restaurant juste à côté.

District El Carmen VILLAGE

Carrefour détonnant des cultures africaines et latino-américaines, ce village situé à 15 km du centre-ville de Chincha est réputé pour ses *peñas* (bars et clubs de musique folklorique live) vibrant au son de la musique afro-péruvienne. Le mieux est de venir pendant les festivals culturels, mais il se passe toujours quelque chose au **Ballumbrosio Estate** (San José 325). La maison de la plus célèbre famille de danseurs d'El Carmen est un musée dédié à la culture afro-péruvienne ; de la musique en surgit spontanément presque tous les week-ends. Entrez pour découvrir le programme ainsi que les peintures et les photos qu'il renferme.

♥ **Casa-Hacienda San José** MUSÉE

(☎31-3332 ; www.casahaciendasanjose.com ; El Carmen). À elle seule, cette ancienne plantation d'esclaves est une raison suffisante pour faire le déplacement depuis Lima. À la fois magnifique et macabre, l'imposante hacienda offre une rare opportunité de s'immerger dans l'histoire afro-péruvienne. Vous pourrez même passer la nuit dans le faste de l'époque coloniale : l'**hôtel** (ch 210-250 S ; ❄🏊) de 12 chambres a rouvert en 2012, après une fermeture de 5 ans suite au séisme de 2007. Si vous ne logez pas à l'hôtel, vous devrez vous acquitter de 20 S pour visiter l'hacienda et ses célèbres catacombes (1 heure) – sonnez au portail principal. Le bâtiment d'origine et sa belle chapelle baroque datent de 1688. De cette époque, il reste des fresques, du matériel agricole et les vestiges d'un système violent utilisé jadis pour soumettre les esclaves, dont un vaste réseau de catacombes et de tunnels souterrains (explorés à la lumière d'une bougie). Essayez de venir un dimanche pour profiter du dîner-spectacle (70 S) : un buffet accompagné de danses afro-péruviennes dans la cour ombragée. Une spectaculaire usine de coton, en ruine et datant de 1913, se trouve juste à côté.

Sites archéologiques

Le petit Empire chincha prospéra longtemps dans la région avant d'être conquis par les Incas à la fin du XVe siècle. **Tambo de Mora**, sur la côte à 10 km de Chincha, et le temple de **La Centinela**, au nord-ouest de la ville, à environ 8 km de la Panamericana Sur, sont les sites les mieux préservés. Tous deux peuvent se visiter en taxi (environ 15 S aller).

MUSIQUE ET DANSE AFRO-PÉRUVIENNES

Les rythmes entraînants et les mouvements rapides de cette forme d'art traditionnel donnent immanquablement envie de se lever et de danser. Durant l'époque coloniale, quand les Espagnols interdirent les tambours, les esclaves africains travaillant dans les plantations commencèrent à utiliser des caisses en bois (*cajón*) et des mâchoires d'âne pour créer les percussions qui forment aujourd'hui la base de ce style musical distinct. La musique s'accompagne souvent d'une danse semblable au flamenco, le *zapateo*, et de chants passionnés.

Depuis quelques décennies, des groupes comme Perú Negro et la famille Ballumbrosio ont connu un succès national et international et se sont fait les chantres du patrimoine africain du Pérou grâce à leurs représentations de musique et de danse. Avec un peu de chance, vous pourrez assister à l'un de ces spectacles qui ont fait la réputation d'El Carmen (voir ci-dessus).

Fêtes et festivals

Le festival culturel du **Verano Negro** (fin février-début mars), les **Fiestas Patrias** (fête de l'Indépendance, fin juillet) et la **fête de La Virgen del Carmen de Chincha** (la sainte patronne de la ville, 27 décembre) ne sont que quelques-uns des nombreux festivals locaux. À ces périodes, des minibus font la navette entre Chincha et El Carmen toute la nuit, et les *peñas* sont remplies de Limeños et d'habitants qui dansent jusqu'à l'aube. "El Alcatraz" est une danse traditionnelle à ne pas essayer chez soi : l'homme tournoie avec une bougie et essaie d'enflammer un mouchoir attaché derrière la jupe de sa partenaire.

Où se loger et se restaurer

Des hôtels rudimentaires et bon marché ainsi que des *chifas* (restaurants chinois) entourent la place principale de Chincha. La plupart doublent voire triplent leurs tarifs pendant les festivals, mais vous pourrez contourner le problème en dansant toute la nuit et en prenant un bus au petit matin pour retourner à Lima ou gagner une destination plus au sud sur la côte.

À El Carmen, quelques familles logent des voyageurs et préparent des repas pour 10 S à 20 S par personne et par nuit – demandez autour de vous. Vous pouvez aussi opter pour le **Parador Turístico** (☎27-4060 ; Plaza de Armas ; s/d 25/40 S), l'unique hôtel du village.

Casa Andina – Chincha Sausal HÔTEL DE CHARME $$$
(☎213-9739 ; www.casa-andina.com ; Km 197,5 Carr. Panamericana Sur ; d/tr 261/290 S ; ❄@🛜🏊). Un étrange établissement de la chaîne hôtelière la plus chic du Pérou, collé à l'horrible Panamericana Sur à 1 km au nord de la gare routière de Chincha. Visant une clientèle de voyageurs d'affaires, le Sausal, aux équipements prestigieux, est de fait un peu guindé. Jardins fleuris, luxueux linge de maison et restaurant.

Hostal El Condado HÔTEL $$
(☎26-1424 ; Km 195 Carr. Panamericana Sur ; ch à partir de 100 S ; 🛜). Autre bouffée d'oxygène sur la Panamericana Sur, El Condado déçoit rarement grâce à des chambres très propres, un service avenant et un restaurant agréable où les portions servies se révèlent très copieuses.

Restaurant Doña Jita PÉRUVIEN $
(Av. Benavides 293 ; plats à partir de 6 S). Les menus de deux plats (*ejecutivo* à 10 S ou *económico* à 6 S) sont servis dans une atmosphère conviviale assez proche de celle d'une *picantería* (restaurant servant une cuisine traditionnelle épicée) d'Arequipa. La soupe aux pois chiches et le *lomo saltado* (émincé de bœuf sauté aux oignons, tomates, pommes de terre et piment) comptent parmi les meilleurs et les moins chers du sud de Lima.

Comment s'y rendre et circuler

De nombreuses compagnies installées sur la Panamericana Sur proposent des bus qui passent par Chincha entre Lima (20-23 S, 2 heures 30) et Ica (7-10 S, 2 heures). Si vous allez à Pisco, la plupart des bus en direction du sud peuvent vous déposer à l'embranchement de San Clemente (4 S), où de fréquents *combis* et *colectivos* rallient Pisco (6 km, 3 S). Près de la Plazuela Bolognesi à Chincha, des *combis* desservent Cañete (2 S, 1 heure), au nord, et Paracas (3 S, 1 heure), au sud.

Les *combis* pour El Carmen (2 S, 30 min) partent du quartier du marché central de Chincha, à quelques rues de la place principale.

De la place, 500 m vous séparent de l'arrêt des bus côtiers sur la Panamericana Sur.

Pisco

☎056 / 58 200 HABITANTS

Depuis le séisme de 2007 qui a détruit ses infrastructures mais pas son âme, Pisco est une ville qui se réinvente quasiment au quotidien. En dépit des importants dégâts essuyés, la ville demeure ouverte aux affaires et se présente comme une base parfaite pour des excursions à la réserve de Paracas et aux Islas Ballestas. La proche station balnéaire d'El Chaco (Paracas) a cependant plus d'atouts en termes d'hébergements et de services.

Pisco a donné son nom à la boisson nationale, une eau-de-vie produite dans la région. Le secteur offre un intérêt historique et archéologique en tant que berceau d'une des civilisations pré-incas les plus développées, la culture de Paracas (1300-200 av. J.-C.). Bien plus tard, la région fut un foyer pour les mouvements indépendantistes du début du XIXe siècle.

Bien qu'étendue, l'agglomération Pisco-Paracas s'explore facilement. Les transports publics entre Pisco et le port de Paracas, à 15 km au sud, partent du quartier du marché de Pisco ou de la place principale du quartier balnéaire El Chaco à Paracas.

À voir

Depuis le séisme, la place principale de Pisco, la **Plaza de Armas**, est un méli-mélo d'éléments détruits ou rescapés. La **statue équestre de José de San Martín**, l'épée fièrement brandie en signe de défi, est encore debout. Autre survivant : l'édifice mauresque de la **Municipalidad** (hôtel de ville), qui date de 1929 ; sa structure endommagée est en attente d'importantes rénovations. La

Pisco

À voir

1 Cathédrale San Clemente C2
2 Statue de José de San Martín B2

Activités

3 Aprotur B2

Où se loger

4 Hostal La Casona C2
5 Hostal Residencial San Jorge B1
6 Hostal Villa Manuelita C2
7 Posada Hispana Hotel A2

Où se restaurer

8 El Dorado B2

Où prendre un verre

9 Taberna de Don Jaime B2

Renseignements

10 Interbank B2
11 Muncipalidad (mairie) C2

Transports

12 Colectivos pour Paracas et la sortie San Clemente sur la Panaméricaine A4
13 Combis pour Paracas A4
14 Flores B2
15 Ormeño C2

cathédrale San Clemente, de style colonial, fut la plus grande victime du tremblement de terre. Financée par l'Espagne, une église moderne en brique rouge s'élève désormais à sa place – elle n'est pas aussi belle mais a le mérite d'exister. Le commerce a repris ses droits dans la rue piétonne San Martín, qui part vers l'ouest depuis la place et a été agrémentée de bancs, de treillages fleuris et d'une fontaine rafraîchissante.

Activités

Il reste tout à fait possible de choisir Pisco comme base pour explorer la Península de Paracas et les Islas Ballestas. De nombreuses agences sont installées en centre-ville.

Aprotur CIRCUITS ORGANISÉS
(☎50-7156 ; www.aproturpisco.webs.com ; San Francisco 112). Les bureaux de cette agence décontractée – qui a aussi le sens des affaires – sont installés sur la place principale. Elle propose des circuits desservant tous les sites des environs, notamment les Islas Ballestas (45 S), la Península de Paracas (25 S) et Tambo Colorado (20 S). Les guides parlent six langues, dont l'hébreu.

Où se loger

Beaucoup d'hôteliers viendront vous chercher à l'embranchement de San Clemente, sur la Panamericana Sur.

Posada Hispana Hotel HÔTEL $
(☎53-6363 ; www.posadahispana.com ; Bolognesi 236 ; s/d/tr avec petit-déj 15/25/35 $US ; @). Cet hôtel sympathique qui possède d'innombrables ventilateurs se dote également de beaux éléments en bambou et en bois, d'un restaurant assurant tous les repas et d'une terrasse sur le toit pour se prélasser. Certaines des chambres défraîchies sentent un peu le renfermé, mais toutes sont pourvues de ventilateurs et de la TV câblée.

Hotel Residencial San Jorge HÔTEL $$
(☎53-2885 ; www.hotelsanjorgeresidencial.com ; Barrio Nuevo 133 ; s/d/tr 85/110/130 S ; @ 📶 🏊). Ce bâtiment a résisté au séisme et a été récemment agrandi. L'entrée moderne et aérée donne le ton ; il y a aussi un café lumineux et un jardin à l'arrière, avec des chaises longues et des tables de pique-nique disposées autour d'une piscine. Les chambres de la nouvelle annexe offrent une explosion de couleurs tropicales, les plus anciennes sont un peu sombres et exiguës.

Hostal Villa Manuelita HÔTEL $$
(☎53-5218 ; www.villamanuelitahostal.com ; San Francisco 227 ; s/d/tr avec petit-déj 70/95/125 S ; @). En dépit d'importantes rénovations après le séisme, cet hôtel conserve le prestige de son passé colonial. Très bien situé, à une demi-*cuadra* de la place.

LA GUERRE DU GUANO

Le guano (excréments d'oiseaux marins) fut au centre du conflit qui opposa, entre 1865 et 1866, l'Espagne à ses anciennes colonies du Pérou et du Chili. Cette substance était alors devenue un élément si essentiel à l'économie péruvienne qu'il méritait d'être défendu face aux convoitises extérieures. Au début du XIXe siècle, le botaniste allemand Alexander von Humboldt en envoya des échantillons en Europe. Des agriculteurs britanniques s'aperçurent alors que le guano, utilisé comme engrais, était 30 fois plus efficace que la bouse de vache. Dès les années 1850, la Grande-Bretagne, en pleine révolution industrielle, importait chaque année 200 000 tonnes de fientes pour booster son agriculture. D'un coup, les déjections blanches qui recouvraient les îles péruviennes du Pacifique se mirent à représenter une part importante du PIB. En 1865, dans un accès d'autorité post-coloniale, l'Espagne décida donc d'envahir les îles Chincha, riches en guano, afin d'obtenir une compensation du Pérou suite à un petit incident survenu à Lambayeque. Le Pérou n'hésita pas à riposter. S'ensuivit une longue guerre navale dans laquelle s'engagea aussi le Chili. Les îles et leurs précieux excréments furent finalement arrachés à l'Espagne en 1866.

Aujourd'hui, les conflits sont réglés et l'industrie demeure lucrative. Des couches de guano riche en azote et durci au soleil couvrent toujours les îles Chincha, ainsi que les Islas Ballestas voisines, même si la surpêche d'anchois (principale alimentation des oiseaux) dans les années 1960 et 1970 a entraîné une baisse de ressources. Actuellement, la production de guano est étroitement réglementée par le ministère de l'Agriculture du Pérou.

Hostal La Casona HÔTEL $
(☎53-2703 ; www.hostallacasona.com ; San Juan de Dios 252 ; s/d 55/80 S ; 📶). À une demi-*cuadra* de la place principale, l'imposante porte d'entrée en bois s'ouvre sur un hôtel un peu décevant. Les chambres sont cependant propres et l'endroit se dote d'une petite cafétéria.

Où se restaurer et prendre un verre

Seuls quelques cafés ouvrent assez tôt pour pouvoir y prendre le petit-déjeuner avant un circuit aux Islas Ballestas. Du coup, beaucoup d'hôtels incluent le petit-déjeuner dans leurs tarifs.

♥ **As de Oro's** PÉRUVIEN $$
(San Martín 472 ; plats 30-50 S ; ⏲12h-minuit mar-dim). À la carte dans ce somptueux restaurant : poulpe et purée de pommes de terre épicée, carrelet au beurre et câpres ou crevettes grillées aux frites de yucca et sauce tartare. Le tout est servi autour d'une petite piscine. Le meilleur établissement de la ville.

La Concha de Tus Mares PÉRUVIEN $
(Calle Muelle 992 ; plats 15-25 S). Des photos de Pisco d'avant 2007 ornent les murs de cet établissement à l'ambiance nostalgique, à côté du Colegio Alexander von Humboldt, à environ 1 km au sud du centre-ville. Les habitants apprécient le poisson servi en portions généreuses.

El Dorado PETIT-DÉJEUNER, INTERNATIONAL $
(☎53-4367 ; Progreso 171 ; plats 10-20 S ; ⏲6h30-23h). Pas de chichis, et c'est pour ça qu'on l'aime ! Café en poudre, excellent gâteau *tres leche* et petits-déjeuners simples mais nourrissants, sur la place principale.

Taberna de Don Jaime BAR
(☎53-5023 ; San Martín 203 ; ⏲16h-2h). Cette taverne bruyante est prisée des habitants autant que des touristes. Il s'agit également d'une vitrine pour des piscos et des vins artisanaux. Le week-end, la foule danse sur du rock et de la musique latine, jusqu'au petit matin.

ℹ Renseignements

Pisco ne compte pas d'office du tourisme mais les agences de voyages sur la grand-place et la **police** (☎53-2884 ; San Francisco 132 ; ⏲24h/24) vous aideront de leur mieux. Tous les services nécessaires, y compris les cybercafés, se tiennent sur la Plaza de Armas.

BUS AU DÉPART DE PISCO

DESTINATION	PRIX	DURÉE
Arequipa	60-144 S	12-15 heures
Ica	4-15 S	1 heure 30-2 heures
Lima	28-76 S	4 heures 30
Nazca	17-35 S	4 heures

Argent

Interbank (San Martín 101) dispose d'un DAB fonctionnant 24h/24 avec toutes les cartes.

Désagréments et dangers

Très affaiblie par le séisme, Pisco a acquis une bien mauvaise réputation, mais les choses évoluent. Les rues truffées de commerces sont plutôt sûres en journée (la police est très présente en centre-ville). Toutefois, mieux vaut se déplacer en taxi le soir, surtout autour de la gare routière et du marché. Si vous arrivez tard, demandez à l'employé de votre compagnie de bus de héler un taxi fiable.

ℹ Depuis/vers Pisco

La ville se situe à 6 km à l'ouest de la Panamericana Sur, et seuls s'y rendent les bus ayant Pisco pour destination finale. **Ormeño** (☎53-2764 ; San Francisco), **Flores** (☎79-6643 ; San Martín) et **Soyuz** (www.soyuz.com.pe ; Av. Ernesto R. Diez Canseco 4) assurent plusieurs départs quotidiens en direction du nord pour Lima et en direction du sud pour Ica, Nazca et Arequipa.

Si vous n'empruntez pas un bus direct pour Pisco ou Paracas, demandez que l'on vous dépose à l'embranchement de San Clemente sur la Panamericana Sur, où des *colectivos* font fréquemment la navette jusqu'à la Plaza de Armas à Pisco (3 S, 10 min) ou jusqu'à Paracas (10 S, 20 min). En sens inverse, des *colectivos* partent souvent à proximité du marché central de Pisco. À la nuit tombée, évitez ce quartier et prenez plutôt un taxi (5 S). De l'embranchement de San Clemente, vous pourrez faire signe aux nombreux bus qui se dirigent vers le nord ou le sud.

Du marché central de Pisco, des *combis* (1,50 S, 30 min) et des *colectivos* (2,50 S, 20 min) rallient fréquemment Paracas.

Paracas (El Chaco)

Principal village de la Península de Paracas, El Chaco – souvent appelé à tort "Paracas" – est un mélange de bâtiments à moitié démolis et à moitié reconstruits, qui émaillent un secteur hétéroclite où se côtoient jeunes voyageurs, ornithologues d'âge moyen et de plus en plus de Limeños huppés. Dans les rues défoncées, encore marquées par le séisme de 2007, les chiens errants aboient, les serveurs vantent des menus à base de poisson et les pélicans affamés surveillent le port en quête de leur pitance. Le tourisme est la raison d'être du village, même si les nouveaux hôtels chics et les résidences de style *limeño* qui ont récemment embelli la périphérie de la ville doivent encore travailler à adopter l'esprit des lieux. Sur la route au nord de Pisco, plusieurs grandes usines de poissons dégagent une horrible puanteur.

À voir

Les principales activités de la réserve sont les classiques circuits en bateau jusqu'aux Islas Ballestas et l'excursion d'une journée autour de la désertique Península de Paracas. Les oiseaux et les mammifères marins sont les stars des lieux, mais la région abrite également certains des principaux sites archéologiques du Pérou ; les trésors pré-incas mis au jour dans les années 1920 par l'un des plus grands chercheurs du pays, Julio C. Tello, y sont pour beaucoup dans cette consécration.

EL CHACO

Musée d'Histoire de Paracas MUSÉE

(Av. Los Libertadores ; 10 S ; ⏲9h-17h30). Le minuscule musée de Paracas ne conserve que des miettes des vestiges mis au jour dans les environs, la plupart ayant été amenés à Lima. Les éléments les plus remarquables qu'il renferme sont des crânes humains allongés.

ISLAS BALLESTAS

Surnommées de façon grandiloquente les "Galápagos du pauvre", les Islas Ballestas n'en constituent pas moins une superbe excursion. Un circuit en bateau, proposé par de nombreux tour-opérateurs (p. 116), est le seul moyen de les découvrir. Les bateaux n'accostent pas aux îles, mais passent suffisamment près pour voir une faune d'une impressionnante diversité. Aucun bateau ne dispose de cabine ; équipez-vous de manière à vous protéger du vent, des embruns et du soleil. Si vous êtes sujet au mal de mer, prenez un médicament avant d'embarquer, car l'océan peut être agité. Portez un chapeau (on en vend à petits prix au port) en prévision des chutes de guano (déjections des oiseaux marins).

Pendant le trajet en bateau, qui dure environ 30 minutes, vous vous arrêterez non loin du rivage pour admirer le célèbre géoglyphe du Candélabre.

Le bateau navigue une heure autour des arches et des grottes des îles, offrant la vue sur des hardes d'otaries à crinière (aussi appelées lions de mer) qui se prélassent sur les rochers. Les principaux producteurs de guano sont le cormoran de Bougainville, le fou varié et le pélican thage, qui vivent en colonies de plusieurs milliers d'individus. Vous verrez aussi des cormorans, des manchots de Humboldt et, avec de la chance, des dauphins.

De retour sur la terre ferme, vous pourrez déjeuner dans l'un des nombreux restaurants du front de mer près des quais à El Chaco, ou continuer par une excursion à la Reserva Nacional de Paracas.

RESERVA NACIONAL DE PARACAS

Cette vaste réserve désertique occupe la majeure partie de la Península de Paracas. Pour les tour-opérateurs, reportez-vous p. 116. Des chauffeurs de taxi, qui font office de guides, attendent souvent derrière le débarcadère dans le quartier balnéaire El Chaco (Paracas), et proposent un circuit en groupe de 3 heures dans la réserve pour environ 50 S. D'El Chaco, vous pouvez aussi rejoindre la réserve à pied ; prévoyez beaucoup de temps, des provisions et de l'eau. Partez de l'**obélisque** qui commémore le débarquement du général José de San Martín, le libérateur, près de l'entrée du village, et suivez la route goudronnée qui court vers le sud.

Centro de Interpretación MUSÉE

(⏲7h-18h). À 1,5 km au sud de l'entrée du parc, où il faut débourser 5 S, ce modeste centre propose une vidéo de 12 minutes assez mièvre, vraisemblablement destinée à un public d'adolescents. Les expositions consacrées à la faune, à l'archéologie et à la géologie sont plus intéressantes de même que le nouveau **Museo Julio C. Tello** adjacent qui, depuis son ouverture en juillet 2012, participe à une amélioration significative de l'espace. La baie devant le complexe est le meilleur endroit pour observer les flamants du Chili ; un chemin descend vers un **mirador**, d'où l'on voit mieux ces oiseaux de juin à août.

Reserva Nacional de Paracas

Reserva Nacional de Paracas

Les incontournables
Centro de Interpretación C3

À voir
1 Géoglyphe du Candelabre B2
2 Plage de La Mina B3
3 Mirador C3
4 Museo Julio C. Tello C3
5 Obelisque C2
6 Nécropole de Paracas B3
7 Punta Arquillo B3
8 Plage de Yumaque C3

Où se loger
9 Hotel Libertador Paracas C3
10 La Hacienda Bahia Paracas C3

Transports
11 Bateaux pour les Islas Ballestas C2

Nécropole de Paracas (Paracas Necrópolis) SITE ARCHÉOLOGIQUE
Quelques centaines de mètres derrière le Centro de Interpretación, sur le Cerro Colorado, on découvre les vestiges vieux de 5 000 ans d'une nécropole liée à la culture Paracas, qui existait plus de mille ans avant celle des Incas. Plus de 400 dépouilles furent découvertes ici, toutes enveloppées dans de multiples couches d'étoffes multicolores typiques de la culture Paracas. En fait il n'y a pas grand-chose à voir, comme l'annoncent des pancartes à l'extérieur du site. Le Museo Larco (p. 65), à Lima, et le Museo Regional de Ica (p. 119), à Ica, présentent certains de ces textiles raffinés et d'autres objets trouvés sur le site.

Derrière le Centro de Interpretación, la route goudronnée continue autour de la péninsule jusqu'à Puerto San Martín, qui possède une usine de farine de poisson malodorante et un port à la pointe nord.

Lagunillas VILLAGE, PLAGE
Des vautours auras nettoient les carcasses de poissons sur la plage déserte de Lagunillas, à 5 km au sud du Centro de Interpretación, où trois restaurants quasi identiques forment le "village". **La Tia Fela** (plats 35 S ; 9h-17h) propose un excellent *corvina a la plancha* (bar grillé), à déguster tout en observant les pélicans qui se disputent les restes de la veille. Attention : l'ambiance est rustique. Si vous demandez les toilettes, on vous indiquera une dune !

Punta Arquillo POINT DE VUE

Du village, la piste continue sur quelques kilomètres jusqu'à un parking proche d'un **belvédère** au sommet d'une falaise, qui offre une vue splendide sur l'océan, une **colonie d'otaries** occupant les rochers en contrebas et d'innombrables oiseaux marins.

Autour de la réserve, des flottilles de méduses évoluent en mer (nageurs, attention !) ; certaines peuvent atteindre 70 cm de diamètre avec des tentacules d'un mètre. Lorsqu'elles s'échouent sur la plage, elles sèchent rapidement en dessinant des motifs élaborés. Le long de la rive, vous verrez également des aplysies (gros mollusques sans coquille aussi appelés "lièvres de mer"), des ocypodes ou "crabes-fantômes", des coquillages, voire des condors planant à la recherche de nourriture.

Plage de La Mina PLAGE

Au sud de Lagunillas, cette plage est rapidement accessible en voiture ou à pied, par une piste de terre. En été (janvier à mars), elle est prisée des amateurs de bronzage et un étrange bar mobile y prend parfois ses quartiers. Le camping est autorisé. Il faut emporter toute l'eau dont vous aurez besoin et ne jamais camper seul, car des vols ont été signalés. Juste à côté se trouve la **plage d'El Raspón**, plus rocailleuse.

Plage de Yumaque et La Catedral PLAGE, POINT DE REPÈRE

Des pistes de terre bifurquent juste à l'est de Lagunillas et rejoignent, là où la réserve avance dans la mer, la plage de Yumaque et La Catedral. Cette dernière, une majestueuse arche naturelle, fut détruite lors du séisme de 2007. Façonnée par le vent et les vagues pendant des millénaires, elle fut engloutie en quelques secondes.

Géoglyphe du Candélabre SITE ARCHÉOLOGIQUE

Cet énorme dessin à trois branches, de plus de 150 m de haut sur 50 m de large, est tracé sur les collines sablonneuses. Personne n'en connaît l'origine, ni la signification, mais les théories abondent. Certains le rattachent aux lignes de Nazca. D'autres pensent qu'il représente la constellation de la Croix du Sud et servait de repère aux navigateurs d'antan. D'autres encore supposent qu'il aurait été inspiré par une espèce locale de cactus aux propriétés hallucinogènes.

TAMBO COLORADO

Cet **avant-poste** (8,50 S ; ⏲aube-crépuscule) du début de l'ère inca, dans la plaine à 45 km au nord-est de Pisco, doit son nom à la peinture rouge qui couvrait autrefois ses murs d'adobe. L'un des sites les mieux préservés de la côte sud, il servait sans doute de base administrative et de point de contrôle.

De Pisco, comptez environ une heure en voiture. Louez un taxi pour une demi-journée (50 S) ou choisissez un circuit organisé (60 S, au moins 2 pers). Un *combi* part du marché de Pisco tôt le matin, passe par le village de Humay et rejoint Tambo Colorado 20 minutes plus tard (8 S, 3 heures). Sur place, renseignez-vous sur les horaires des bus de retour. Sachez que vous pouvez vous retrouver coincé, car les transports en direction de Pisco sont rares et souvent complets.

Circuits organisés et guides

Les prix et les services pour les circuits aux Islas Ballestas et à la Reserva Nacional de Paracas sont habituellement similaires. Un naturaliste qualifié accompagne les meilleures excursions. La plupart des circuits en bateau aux îles partent tous les jours vers 8h et coûtent environ 35 S par personne (plus 6 S de taxe portuaire). Le nombre de départs et les horaires varient, aussi vaut-il mieux réserver la veille. Guère intéressants, les circuits d'un après-midi dans la Península de Paracas (25 S) s'arrêtent brièvement au Centro de Interpretación, passent rapidement par les formations géologiques côtières et font une longue pause pour déjeuner dans un village de pêcheurs isolé. La visite de la réserve peut se combiner avec les Islas Ballestas pour une excursion d'une journée (60 S).

Quelques tour-opérateurs bien établis :

Paracas Explorer CIRCUITS ORGANISÉS

(☎53-1487, 54-5089 ; www.pparacasexplorer.com ; Paracas 9). Dans le quartier El Chaco à Paracas, cette agence de voyages pour petits budgets propose les habituels circuits aux Islas Ballestas et à la Reserva Nacional de Paracas, ainsi que des circuits de plusieurs jours comprenant Ica et Nazca (48-175 $US/pers).

Paracas Overland CIRCUITS ORGANISÉS

(☎53-3855 ; www.paracasoverland.com.pe ; San Francisco 111). Appréciée des routards, cette agence organise des excursions aux Islas Ballestas avec ses propres bateaux, ainsi qu'à la Reserva Nacional de Paracas et à Tambo Colorado. Elle propose également des sorties de *sandboard* dans les dunes proches.

Où se loger

À votre arrivée à Paracas, la plupart des hôtels et auberges de jeunesse viendront vous chercher à la gare routière, sur demande.

Hotel Gran Palma HÔTEL $
(☎665-5933 ; www.hotelgranpalma.com ; Calle 1 lot 3 ; d 48 S ; ❄📶). Dernier arrivé à Paracas, cet hôtel immaculé propose des chambres minimalistes et fonctionnelles, mais un peu pauvres en décoration et en rangements. Le petit-déjeuner est servi sur l'agréable terrasse sur le toit.

Hotel Libertador Paracas COMPLEXE HÔTELIER $$$
(☎à Lima 01-518-6500 ; www.libertador.com.pe ; Av. Paracas 178 ; ch à partir de 230 $US ; ❄@🏊). Un établissement tout droit sorti d'un rêve, avec coussins moelleux, personnel souriant, excellents équipements pour les enfants et plage ratissée parfaitement. Les chambres, dotées de tout le confort, occupent des villas à deux étages donnant sur l'océan, et les jardins sont paisibles et élégants.

La Hacienda Bahia Paracas COMPLEXE HÔTELIER $$$
(☎213-1000 ; www.hoteleslahacienda.com ; Santo Domingo lot 25 ; s/d 220/260 $US ; ❄📶🏊). À 2 km au sud d'El Chaco, la luxueuse Hacienda, à côté du Hilton, arbore des airs de complexe pour séjours tout compris. On remarque çà et là quelques reproductions de fresques incas. Les jolies terrasses dominent les piscines aux formes courbes et un beau tronçon de plage privée embrasse la baie de Paracas. Restaurant raffiné, spa, Jacuzzi et sauna également répartis sur la propriété.

Hostal Santa Maria HÔTEL $$
(☎54-5045 ; www.santamariahostal.com ; Av. Paracas s/n ; s/d/tr avec petit-déj 80/100/120 S ; @). Les chambres sont fonctionnelles, étincelantes et dotées de la TV câblée. Les employés connaissent bien la région et peuvent organiser des circuits mais ils sont parfois occupés au restaurant voisin.

Paracas Backpackers House AUBERGE DE JEUNESSE $
(☎77-3131 ; www.paracasbackpackershouse.com.pe ; Av. Los Libertadores ; dort/d/tr 20/70/100 S, dort/s/d/tr sans sdb 17/35/40/55 S ; 📶). Mine d'informations sur la région, le sympathique Alberto gère cette auberge sobre mais pratique, qui propose un dortoir ou des chambres doubles, triples et quadruples pour plus d'intimité. Eau chaude et Wi-Fi.

Hostal Refugio del Pirata HÔTEL $$
(☎54-5054 ; www.refugiodelpirata.com ; Av. Paracas 6 ; s/d/tr avec petit-déj 60/70/90 S ; @). Les chambres sont quelconques mais satisfaisantes et certaines donnent sur l'océan. À l'étage, la terrasse offre un cadre plaisant pour siroter un *pisco sour* au coucher du soleil. Demandez à utiliser la cuisine.

Où se restaurer et prendre un verre

Sur le front de mer, de nombreux restaurants très semblables servent du poisson et des fruits de mer frais, à toute heure de la journée.

♥ **El Chorito** PRODUITS DE LA MER, PÉRUVIEN $$
(Paracas ; plats 20-30 S ; ⏲12h-21h). Le rutilant Chorito fait partie de l'Hostal Santa Maria. On y sert un bon café italien, ce qui change agréablement du café en poudre servi partout ! Le poisson, préparé à la demande et pêché sur place, est délicieux.

Juan Pablo PRODUITS DE LA MER $$
(Bd Turístico ; plats 15-40 S ; ⏲7h-21h). Probablement le meilleur des restaurants faisant face à l'océan, Juan Pablo détient la palme pour les produits de la mer frais. Le petit-déjeuner est servi tôt le matin, idéal avant de partir en excursion aux Islas Ballestas.

Punta Paracas CAFÉ, INTERNATIONAL $
(Bd Turístico ; plats 15-35 S ; ⏲7h-22h). Le café et les brownies au chocolat font le succès de ce café ouvert toute la journée et qui reste animé après la fermeture de beaucoup d'autres établissements.

Comment s'y rendre et circuler

Quelques bus circulent chaque jour entre Lima et la station balnéaire d'El Chaco sur la Península de Paracas (40-55 S, 3 heures 30), puis continuent vers le sud. C'est notamment le cas des bus des compagnies **Cruz del Sur** (☎53-6336) et **Oltursa** (☎à Lima 01-708-5000 ; www.oltursa.com.pe). Cette dernière assure aussi des bus directs au départ de Paracas pour Nazca, Ica, Arequipa et Lima. Les prix sont les mêmes qu'au départ de Pisco. La plupart des agences d'El Chaco, comme **Paracas Explorer** (☎53-1487, 54-5089 ; www.pparacasexplorer.com ; Paracas 9), vendent des billets de bus.

Le trajet de Paracas à Pisco est possible en *combi* (1,50 S, 30 min) ou en *colectivo* (2,50 S, 20 min).

Ica

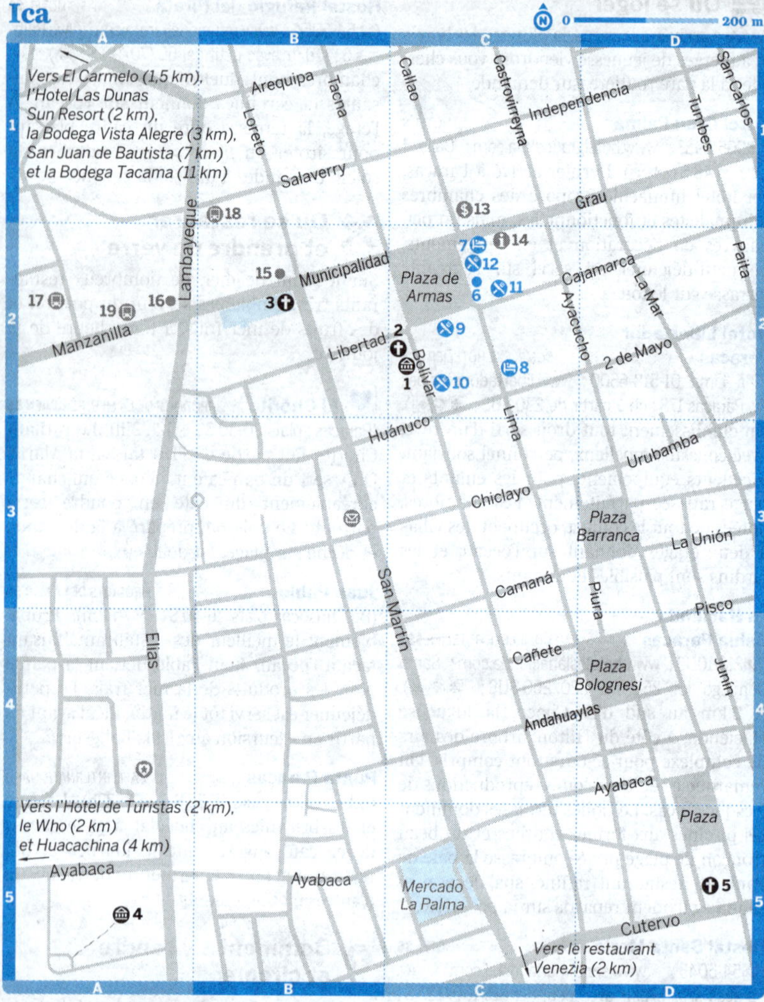

Ica

☎056 / 125 000 HABITANTS / ALTITUDE 420 M

Au moment où vous vous dites que le paysage est tellement sec qu'on se croirait sur Mars, Ica surgit sous vos yeux, véritable "miracle agricole dans le désert". On y produit d'énormes quantités d'asperges, de coton et de fruits, et la région se targue d'être la plus importante productrice de vin du pays. Comme Pisco, Ica a souffert d'importants dommages lors du séisme de 2007 : la belle cathédrale est toujours debout, mais a été condamnée, et deux autres églises sont encore en rénovation. La plupart des voyageurs qui descendent si bas au sud logent à Huacachina, bourgade beaucoup plus attrayante à 4 km à l'ouest d'Ica, mais cette dernière possède des charmes que la première n'a pas : elle abrite le meilleur musée de la côte sud après celui d'Arequipa et l'un des meilleurs domaines viticoles du Pérou. Si vous voulez éviter la frénésie de Nazca, il est possible d'organiser une excursion aux lignes éponymes au départ d'Ica – les géoglyphes ne sont qu'à 1 heure 30 en direction du sud.

Ica

À voir

1 Centro Cultural de la Unica C2
2 Iglesia de La Merced C2
3 Iglesia de San Francisco B2
4 Museo Regional de Ica A5
5 Santuario de El Señor de Luren D5

Activités

6 Desert Travel C2

Où se loger

Hostal Soyuz .... (voir 19)
7 Hotel Colón Plaza C2
8 Hotel Sol de Ica C2

Où se restaurer

9 Anita C2
10 El Otro Peñoncito C2
11 Helena C2
12 Plaza 125 .... C2

Renseignements

13 BCP C1
14 DIRCETUR C2

Transports

15 Colectivos pour San Juan de Bautista B2
16 Combis et Colectivos pour Pisco A2
17 Cruz del Sur A2
18 Ormeño B1
19 Soyuz A2

À voir et à faire

Après le séisme, la place principale d'Ica a été entièrement repeinte en jaune moutarde afin de refléter son surnom de "ville du soleil éternel". Au centre, les deux obélisques sinueux sont censés représenter les cultures de Nazca et de Paracas. Ailleurs, le commerce a bien repris ses droits.

Museo Regional de Ica MUSÉE

(Ayabaca cuadra 8 ; 10 S ; 8h-19h lun-ven, 9h-18h sam-dim). Ica joue sa meilleure carte dans le faubourg de San Isidro, avec un musée qui aurait sa place dans une ville trois fois plus grande qu'elle. On est bien sûr loin du Louvre en termes de design et de présentation, mais ce bijou sous-estimé met merveilleusement à l'honneur les deux principales civilisations pré-incas de la côte sud, à savoir les cultures de Paracas et de Nazca. La première est connue pour ses textiles sophistiqués et la seconde pour ses céramiques reconnaissables entre mille. Toute tentative de comprendre l'histoire de la région doit commencer ici, où sont exposés d'innombrables artefacts mis au jour dans les environs.

Malheureusement, les trésors du musée n'attirent pas que des intérêts bienveillants. En 2004, l'édifice a été cambriolé et les voleurs sont partis avec trois étoffes inestimables. En 2012, seule l'une d'entre elles avait été retrouvée. Des "avis de recherche" et des photographies floues sont affichés à la place des deux pièces manquantes.

Le musée se situe à 2,5 km au sud-ouest du centre-ville ; prenez un taxi sur la Plaza de Armas (3 S). Il est accessible à pied, mais se promener seul est déconseillé, et même les groupes se font parfois importuner.

Iglesia de La Merced ÉGLISE

(angle Bolívar et Libertad). La cathédrale d'Ica fut la dernière église édifiée par les Jésuites avant leur expulsion du Pérou. Reconstruite à la fin du XIXe siècle, elle contient un autel en bois finement sculpté. Le séisme de 2007 provoqua la chute d'une flèche et d'une partie du toit. Lors de notre passage, l'église était toujours fermée et il était question de la démolir. Plusieurs campagnes ont été lancées pour la sauver.

Les rues entourant la Plaza de Armas sont jalonnées d'impressionnantes demeures de style colonial espagnol, notamment dans la première *cuadra* de Libertad.

Santuario de El Señor de Luren ÉGLISE

(Cutervo). Cette belle église conserve une image du saint patron vénéré par les pèlerins durant la Semana Santa et à nouveau en octobre. La tour de l'église est tombée lors du séisme de 2007, mais le dôme a survécu. D'importantes rénovations étaient encore en cours au moment de notre passage.

Iglesia de San Francisco ÉGLISE

(angle Municipalidad et San Martín). Troisième du trio ecclésiastique, cette imposante église a résisté au tremblement de terre et continue d'arborer ses beaux vitraux.

GRATUIT **Centro Cultural de la Unica** GALERIE

(Calle Bolívar 232 ; 9h-17h). Une nouvelle galerie d'art éphémère, dans une cour récemment rénovée à côté de la cathédrale condamnée. Les expositions sont modestes mais mettent à l'honneur une foule de talents locaux.

Domaines viticoles

Ica est la plus vaste et la plus réputée des régions viticoles du Pérou. Et même si on reproche souvent aux vins péruviens d'être trop sucrés, la visite d'un domaine reste souvent une expérience originale et appréciable. La plupart offrent des dégustations gratuites. Les caves sont ouvertes toute l'année, mais les vendanges constituent la meilleure période (fin février à début avril) pour les découvrir.

La campagne autour d'Ica est émaillée de caves familiales artisanales, notamment celle de **San Juan de Bautista**, à 7 km du centre-ville (7 S l'aller en taxi, 1,50 S en *colectivo*). Les *colectivos* partent de l'angle entre Municipalidad et Loreto.

GRATUIT **Bodega Tacama** DOMAINE VITICOLE
(www.tacama.com ; ⏲9h-16h30). Peut-être le plus professionnel et le plus prisé des domaines d'Ica, Tacama est géré depuis une immense hacienda rose entourée de parcelles de vignes. Évitant l'écueil des vins trop sucrés, Tacama produit quelques bons chardonnays et malbecs qui pourraient concurrencer un jour les crus chiliens. La visite gratuite se double d'une dégustation et comprend le passage par un mirador (point de vue), un guide pour découvrir le processus de vieillissement (dans des tonneaux en chêne français, rien de moins) et un coup d'œil dans une vieille chapelle abîmée par le séisme de 2007. À 11 km au nord-ouest de la ville ; il faut s'y rendre en taxi (15 S aller).

GRATUIT **Bodega Ocucaje** DOMAINE VITICOLE
(http://ocucaje.com/dev/ ; Av. Principal s/n ; ⏲dégustations 9h-12h et 14h-17h lun-ven, 9h-12h sam, visites 11h-15h lun-ven). On raconte que certains des meilleurs vins du Pérou sont produits dans cette bodega, mais, à plus de 30 km d'Ica près de la Panamericana Sur, elle est malheureusement assez isolée.

Bodega Vista Alegre DOMAINE VITICOLE
(Camino a La Tinguiña, Km 2,5 ; 5 S ; ⏲8h-12h et 13h45-16h45 lun-ven, 7h-13h sam). Située à 3 km au nord-est d'Ica dans le district de La Tinguiña, c'est la grande cave commerciale la plus facile à visiter (5 S l'aller en taxi). Mieux vaut s'y rendre le matin, car elle ferme parfois l'après-midi.

Circuits organisés

Autour de la Plaza de Armas, plusieurs agences de voyages proposent des visites de la ville, des excursions dans les domaines viticoles et des circuits plus lointains, à Paracas et à Nazca. **Desert Travel** (☎22-7215 ; Calle Lima 171) possède un bureau dans la belle chocolaterie Tejas Don Juan, sur la place.

Fêtes et festivals

De nombreuses fêtes ponctuent l'année. En février, comme partout en Amérique latine, le **carnaval** s'accompagne de lancers d'eau et de danseurs en costumes splendides. La **Fiesta de la Vendimia** (fête des Vendanges), pendant la première quinzaine de mars, donne lieu à des processions, à des concours de beauté, à des combats de coqs, à des spectacles équestres, à de la musique et à des danses, et à la distribution gratuite de vin et de pisco. La fondation de la ville par les conquistadors espagnols le 17 juin 1563 est célébrée lors de la **semaine d'Ica**, tandis que la **semaine touristique** prend place à la mi-septembre. Fin octobre, le pèlerinage religieux d'**El Señor de Luren** culmine avec des feux d'artifice et une procession traditionnelle qui se prolonge toute la nuit.

Où se loger

Sachez que les hôtels affichent complet et doublent ou triplent leurs tarifs pendant les nombreux festivals.

La plupart des voyageurs au budget serré logent à Huacachina, à 4 km à l'ouest de la ville, mais Ica a également quelques options dans cette catégorie.

El Carmelo HÔTEL HISTORIQUE $$
(☎23-2191 ; www.elcarmelohotelhacienda.com ; Km 301 Carr. Panamericana Sur ; s/d/tr/qua à partir de 100/150/200/250 S ; @📶🏊). En périphérie de la ville et en bord de route, ce romantique hôtel occupe une charmante hacienda vieille de 200 ans, au charme rustique indéniable. Bon restaurant et bodega. Il faut venir en taxi depuis le centre-ville (3 S).

Hotel Las Dunas Sun Resort COMPLEXE HÔTELIER $$$
(☎25-6224 ; www.lasdunashotel.com ; Av. La Angostura 400 ; d/tr à partir de 333/376 S ; ❄@📶🏊). De loin l'hôtel le plus luxueux de la ville, le vaste complexe de Las Dunas est doté d'une piscine, d'un sauna, de courts de tennis, d'un minigolf, d'un centre d'affaires

et de plusieurs bars et restaurants. Diverses excursions sont proposées (en supplément) : vélo, équitation, *sandboard* ou visite des domaines viticoles, entre autres. Toutefois, l'organisation laisse parfois à désirer. Le complexe se trouve sur la Panamericana Sur, au Km 300.

Hotel Sol de Ica HÔTEL $$
(☎23-6168 ; www.hotelsoldeica.com ; Lima 265 ; s/d/tr avec buffet du petit-déj 110/140/190 S ; @≋). Caché au fond d'un long passage sombre derrière la réception, cet hôtel de trois étages dans le centre, d'un blanc éblouissant, s'avère plus agréable qu'il n'y paraît. Les chambres, très petites et lambrissées, sont équipées de la TV et du téléphone. L'hôtel dispose aussi d'un sauna et de deux piscines.

Hotel Colón Plaza HÔTEL $
(☎21-6487 ; Av. Grau 120 ; s/d/ste 50/80/100 S ; @☰). Valable uniquement si vous obtenez une suite dans un angle (il y en a quatre), car elles sont nettement supérieures aux autres chambres. Elles renferment d'immenses écrans plats, des meubles anciens, des lits king-size, des douches puissantes et ménagent de jolies vues sur la place.

Hostal Soyuz HÔTEL $
(☎22-4743 ; Manzanilla 130 ; s/d/tr 40/50/70 S ; ❄). Directement au-dessus de la gare routière Soyuz, cette adresse est pratique pour les arrivées tardives ou les départs au petit matin. Les chambres, moquettées, climatisées et dotées de la TV câblée, sont déconseillées aux voyageurs au sommeil léger. La réservation se fait à la billetterie des bus.

Où se restaurer

À l'est de la place principale, plusieurs magasins, notamment **Helena** (Cajamarca 139), vendent des *tejas* (bonbons enrobés de caramel et parfumés aux fruits, aux noix, etc.).

Anita BOULANGERIE, PÉRUVIEN $$
(Libertad 135 ; menu à partir de 12 S, plats 15-36 S ; ⌚8h-minuit). Les serveurs en nœud papillon n'ont pas vraiment l'air à leur place, mais l'avocat farci est délicieux et d'irrésistibles gâteaux sont présentés au comptoir de la boulangerie. De loin le meilleur restaurant de la place principale.

El Otro Peñoncito PÉRUVIEN, INTERNATIONAL $$
(Bolívar 225 ; plats 9-26 S ; ⌚8h-minuit lun-ven). Historique et plein de caractère, ce restaurant propose un choix éclectique de spécialités péruviennes, internationales et végétariennes. Les barmen tirés à quatre épingles préparent un excellent *pisco sour*.

Restaurant Venezia ITALIEN $$
(☎21-0372 ; San Martín 1229 ; plats 12-29 S ; ⌚déj et dîner mar-dim). À environ 2,5 km au sud du centre-ville, Venezia est un restaurant italien populaire, géré en famille. Il faut avoir du temps devant soi car tous les plats sont préparés à la demande.

Plaza 125 PÉRUVIEN $
(Lima 125 ; plats 10-16 S). Faites une halte rapide sur la place principale pour savourer un *lomo saltado* en toute simplicité, des spaghettis bolognaise ou des filets de poulet. Très apprécié des habitants pressés.

Où prendre un verre

En dehors des périodes de festivals, il ne se passe pas grand-chose à Ica, mais si vous recherchez une vie nocturne avec beaucoup d'étrangers, Huacachina (p. 123) est tout indiquée. Sur la Plaza de Armas d'Ica, vous trouverez plusieurs établissements de dégustation de vin et de pisco, pour prendre un verre rapide. Au sud de la place dans Lima, des bars et des clubs annoncent des concerts, des DJ et des soirées dansantes, mais l'ambiance est assez houleuse. Le **Who** (Av. de Los Maestros 500 ; 10 S), la discothèque la plus animée, se situe du côté nord de l'Hotel de Turistas, à 3 km au sud-ouest de la place (3 S en taxi).

Renseignements

De nombreux tour-opérateurs et cybercafés sont installés aux alentours de la Plaza de Armas.

BCP (Plaza de Armas). DAB Visa/MasterCard ; change les dollars US et les chèques de voyage.

DIRCETUR (☎21-0332 ; www.dirceturica.gob.pe ; Grau 148). Office du tourisme parrainé par le gouvernement.

Hôpital (☎23-4798, 23-4450 ; Cutervo 104 ; ⌚24h/24). En cas d'urgence.

Police (☎23-5421 ; Elias cuadra 5 ; ⌚24h/24). À la lisière du centre-ville.

Serpost (☎23-3881 ; San Martín 156). Au sud-ouest de la Plaza de Armas.

Désagréments et dangers

La petite délinquance sévit à Ica. Prenez les précautions d'usage, en particulier autour des gares routières et du marché.

BUS AU DÉPART D'ICA

DESTINATION	PRIX	DURÉE
Arequipa	50-144 S	12 heures
Ayacucho	40 S	8 heures
Cañete	12-15 S	3 heures
Chincha	7-10 S	2 heures
Lima	22-76 S	4 heures 30
Nazca	7-35 S	2 heures 30
Pisco	4-15 S	1 heure 30- 2 heures

Depuis/vers Ica

Ica est une destination majeure pour les bus qui circulent le long de la Panamericana Sur et l'on peut facilement rejoindre Lima ou Nazca. La plupart des compagnies de bus se regroupent dans un quartier dangereux à l'extrémité ouest de Salaverry, ainsi qu'à Manzanilla à l'ouest de Lambayeque.

Soyuz (☎23-3312 ; Manzanilla 130) gère le "Perubus" à destination de Lima via Chincha et Cañete, départ toutes les 15 minutes. **Cruz del Sur** (☎22-3333 ; Lambayeque 140) et **Ormeño** (☎21-5600 ; Lambayeque s/n) proposent des bus plus luxueux roulant vers le nord et le sud.

Près du croisement de Lambayeque et de Municipalidad à Ica, des *combis* et des *colectivos*, plus rapides et un peu plus chers, partent quand ils sont pleins pour Pisco et Nazca.

Ormeño et quelques petites compagnies desservent des localités des hauts plateaux du Centre, telles qu'Ayacucho et Huancavelica.

Huacachina

☎056 / 200 HABITANTS

Imaginez un instant... Il est 18h, vous êtes assis au sommet d'une énorme dune sculptée par le vent et vous regardez un coucher de soleil aux couleurs psychédéliques, au cœur d'un paysage oscillant entre les jaunes dorés et les rouges cuivrés. À 200 m en contrebas, en plein désert, s'étend une superbe lagune ourlée de palmiers exotiques et d'hôtels rustiques mais élégants. Il vous a fallu 20 minutes épuisantes pour arriver à ce point de vue, mais avec une planche bien cirée coincée sous le ventre, vous dévalerez la pente en quelques secondes.

Huacachina n'est certes pas aussi célèbre que Nazca plus au sud, mais cette oasis à l'esthétique parfaite, située à 4 km à l'ouest d'Ica, est devenue une étape incontournable du circuit touristique dans le Sud péruvien. À juste titre. Au menu : *sandboard*, balades en buggy et ambiance romantique avec, comme on peut s'y attendre, des routards et des dreadlocks au rendez-vous et des discothèques qui ouvrent jusqu'à l'aube. Malgré les nuits bruyantes, le village demeure un endroit agréable pour passer quelques jours et parfaire sa pratique d'escalade de dunes.

Activités

Le sable est l'ingrédient de base de la plupart des activités de Huacachina.

Sandboard

Vous pourrez louer une planche (5 S/heure) pour glisser, surfer ou skier sur les dunes. Rien à voir avec le snowboard. Ici, pas de remontées mécaniques. Vous devrez lutter pour gravir les dunes avant de profiter d'une montée d'adrénaline de 45 secondes. Quand vous louez votre planche, vérifiez bien qu'on vous fournit de la cire (généralement une vieille bougie) sans quoi votre accessoire de glisse ne vous servira pas à grand-chose. Commencez par les pentes les plus faciles et ne vous laissez pas berner par une sensation de sécurité apparente : de nombreuses personnes se sont gravement blessées après avoir perdu le contrôle de leur planche. La plupart des *riders* adoptent la position à plat ventre, les jambes écartées à l'arrière pour freiner en cas de besoin. N'oubliez pas de fermer la bouche.

Balades en buggy dans les dunes

Beaucoup d'hôtels proposent de trépidantes balades en **areneros** (buggy des sables), qui démarrent tôt le matin (vers 8h) et en fin d'après-midi (vers 16h) pour éviter les heures les plus chaudes. Les buggies s'arrêtent en haut des dunes, que vous pourrez dévaler en planche avant d'être récupéré en bas. Nous avons entendu dire que certains conducteurs prennent des risques inconsidérés ; renseignez-vous bien avant de choisir un prestataire. Prenez garde à bien protéger votre appareil photo car le sable peut provoquer des dégâts. Le tarif habituel est de 45 S pour l'excursion mais assurez-vous que la location de la planche soit comprise dans le prix et demandez combien de temps dure le parcours. Vous devrez payer en plus le droit d'accès aux dunes (3,60 S ; cette taxe ne s'applique pas aux piétons).

Sur les dunes de Huacachina comme partout au Pérou, la question des déchets est problématique. Évidemment, vous êtes prié de remporter tous vos détritus lorsque vous visitez ces splendides paysages de sable.

Baignade et bateau

Les eaux boueuses de la lagune auraient des propriétés curatives, mais vous préférerez peut-être **nager** dans les piscines des hôtels (cinq ou six en disposent). Vous pouvez aussi louer un bateau (à rames ou à pédales) à divers endroits de la lagune, pour 12 S par heure.

Circuits organisés

Quasiment tous les hôtels peuvent organiser des balades en buggy dans les dunes. D'autres excursions sont possibles pour Paracas, les Islas Ballestas et Nazca. **Pelican Travel & Service** (☎22-5211 ; Perotti), un excellent prestataire, dispose d'un bureau à côté d'El Huacachinero, et d'un autre à Ica.

Où se loger et se restaurer

Hotel El Huacachinero HÔTEL $$
(☎21-7435 ; www.elhuacachinero.com ; Perotti ; s/d/tr avec petit-déj 100/110/140 S ;). Le Huacachinero, qui s'enorgueillit de récentes améliorations, possède le meilleur restaurant de l'oasis, une piscine invitant à la détente (sans musique à plein volume) et un accès immédiat aux dunes via le portail arrière si vous êtes prêt à gravir une pente glissante à 45° pour admirer un beau coucher de soleil. Les chambres agréablement rustiques et dotées de lits très confortables n'ont pas la TV – mais qui s'en plaindrait ?

Hotel Mossone HÔTEL HISTORIQUE $$$
(☎21-3630 ; Balneario de Huacachina ; s/d/ste 200/260/315 S ;). Une atmosphère délicieusement désuète flotte dans ces anciens bains de luxe, jadis le seul hôtel dans l'oasis fertile de Huacachina. Les chambres dotées de hauts plafonds sont immenses – en fait elles se doublent d'un salon – et il y a une piscine privée de l'autre côté de la route. Belle cour intérieure.

Hostería Suiza HÔTEL $$
(☎23-8762 ; www.hosteriasuiza.com.pe ; Balneario de Huacachina ; d 172-215 S ;). L'hôtel le plus chic de l'oasis se targue d'une propreté irréprochable. Ses suites généreusement meublées sont prisées des familles et des voyageurs âgés qui y trouvent un emplacement stratégique, à l'extrémité de la lagune, loin des nuisances sonores émanant des bars les plus animés de Huacachina.

Desert Nights AUBERGE DE JEUNESSE, INTERNATIONAL $
(☎22-8458 ; Bd de Huacachina ; dort à partir de 15 S ;). Menu d'inspiration thaïlandaise dans cette auberge internationale, où l'agréable café, à l'avant, est la garantie de rencontrer d'autres voyageurs. L'excellent café péruvien est accompagné de sandwichs au beurre de cacahuète et à la confiture, de hamburgers, de pizzas et de brownies. Les dortoirs sont rudimentaires mais les propriétaires sont sympathiques.

Casa de Arena HÔTEL $
(☎21-5274, 23-7398 ; www.casa-de-arena-hotels.com ; Balneario de Huacachina ; ch sans/avec sdb 40/50 S par pers ;). Affublée d'une réputation houleuse, l'Arena propose des chambres défraîchies, avec ou sans sdb, ce qui permet aux voyageurs sans le sou de faire des économies. Les soirées disco du vendredi soir sont très bruyantes et dérangent les établissements voisins. Si vous voulez du calme, passez votre chemin, si vous voulez faire la fête, vous êtes arrivé à bon port.

Hostal Curasi HÔTEL $$
(☎21-6989 ; www.huacachinacurasi.com ; Balneario de Huacachina ; s/d 80/110 S ;). Bizarrement, l'hôtel le plus récent de Huacachina n'est pas forcément le plus clinquant. Il se dote néanmoins d'une piscine, d'un restaurant et de chambres bien équipées. Les prix sont justifiés.

Où prendre un verre et sortir

Les bars et les discothèques sont généralement rattachés aux divers hôtels de Huacachina et la clientèle comporte 95% d'étrangers. Les excès en tout genre ne sont pas rares lors des soirées disco de la **Casa de Arena**, le week-end. À côté, le **Pub** (Balneario de Huacachina) est un nouveau bar/restaurant très sympa, géré par les propriétaires de

Desert Nights. La **House of Avinoam** (☎21-5439 ; Perotti), dans le Carola del Sur Lodge, dispose d'une pizzeria correcte et de l'un des bars les plus vastes et les plus plaisants de l'oasis.

Renseignements

Désagréments et dangers

Plus sûr qu'Ica, Huacachina n'est cependant pas un endroit où l'on peut relâcher sa vigilance. Des pensions ont la réputation de dépouiller les voyageurs et d'importuner les jeunes femmes. Visitez les lieux avant de louer une chambre. Les quelques petits magasins qui entourent la lagune offrent d'innombrables souvenirs, mais manquent souvent de produits de base ; achetez le nécessaire avant de venir.

Depuis/vers Huacachina

D'Ica, un taxi constitue le seul moyen de rejoindre Huacachina (5-7 S l'aller).

Palpa

☎056 / 7 200 HABITANTS / ALTITUDE 300 M

À partir d'Ica, la Panamericana Sur file vers le sud-est à travers la petite oasis de Palpa, connue pour ses orangeraies. À l'instar de Nazca, plus au sud, Palpa est entourée de mystérieux géoglyphes. Bien moins célèbres mais plus nombreuses que celles de Nazca, les **lignes de Palpa** présentent une formidable profusion de formes humaines, notamment la **Familia Real de Paracas**, un groupe de huit personnages sur une colline. Du fait de leur emplacement surélevé, les dessins sont mieux observés de la terre ferme, depuis un **mirador** à 8 km au sud de la ville. Sur place, un petit musée offre des explications en anglais et en espagnol. La meilleure option pour découvrir l'endroit consiste à prendre à Nazca (p. 128) un vol combinant les deux sites.

Nazca et ses environs

☎056 / ALTITUDE 590 M

Il est difficile de prononcer le mot Nazca sans l'associer au mot “lignes” et à ses énigmatiques géoglyphes d'animaux. Comme tous les mystères irrésolus, ces énormes dessins dans la pampa, qui auraient été réalisés par une civilisation pré-inca entre 450 et 600 ap. J.-C., attirent une foule hétéroclite d'archéologues, de scientifiques, de férus d'histoire, de mystiques, de touristes curieux et de pèlerins en route depuis/vers le Machu Picchu. Les questions de savoir par qui et comment ils ont été réalisés engendrent les réponses les plus farfelues. Repérées pour la première fois par le scientifique nord-américain Paul Kosok en 1939 et inscrites au patrimoine mondial de l'Unesco en 1994, les lignes constituent aujourd'hui la principale attraction touristique de la côte sud, ce qui explique que la petite ville de Nazca (57 500 habitants), assez insignifiante au demeurant, puisse s'apparenter à un cirque.

À voir

LIGNES DE NAZCA

Les géoglyphes les plus connus se situent dans le désert à 20 km au nord de Nazca. La meilleure façon de les voir consiste à les survoler.

Mirador POINT DE VUE

(tour d'observation ; 1 S). Pour un premier aperçu des lignes, gagnez ce point de vue, situé le long de la Panamericana Sur, à 20 km au nord de Nazca, qui offre une vue oblique sur 3 dessins : le lézard, l'arbre et les mains (ou la grenouille, selon l'angle de vue). Il révèle également les dégâts subis par les géoglyphes : la Panamericana Sur traverse la queue du lézard, qui de près semble quasi effacée. Des panneaux mettant en garde contre les mines rappellent qu'il est strictement interdit de marcher sur les lignes. Cela provoque des dégâts irréparables et, de toute façon, on ne voit rien au niveau du sol. De Nazca, prenez n'importe quel bus ou *colectivo* en direction du nord sur la Panamericana Sur pour rejoindre le mirador (1,50 S, 30 min). Certains circuits (à partir de 50 S/pers ; p. 127) combinent le mirador avec un autre point de vue naturel et le musée Maria Reiche. À environ 1 km au sud de ce mirador artificiel, un petit monticule fait office de **mirador naturel**. Il offre un point de vue rapproché sur l'une des lignes géométriques, tracée en ôtant des galets rougeâtres de la terre grise.

Museo Maria Reiche MUSÉE

(5 S ; ⌚9h-18h). Maria Reiche, une mathématicienne allemande, consacra une grande partie de sa vie à des recherches sur les lignes de Nazca. Après sa mort en 1998, sa maison, à 5 km au nord du mirador sur la Panamericana Sur, fut transformée en un petit musée. Bien qu'un peu décevant au niveau des informations, il permet de découvrir l'endroit où elle vécut, au milieu de son fouillis d'outils et de croquis obsessionnels,

LE MYSTÈRE DES GÉOGLYPHES DE NAZCA

Tracées dans la Pampa Colorada (plaine Rouge), une plaine aride jonchée de pierres de 500 km^2, les lignes de Nazca restent l'un des plus grands mystères archéologiques du monde. Constituées de plus de 800 lignes droites, de 300 figures géométriques et, concentrés dans une zone relativement petite, de quelque 70 dessins spectaculaires d'animaux et de plantes (biomorphes), les lignes de Nazca se discernent à peine au niveau du sol. Ce n'est qu'en les survolant que l'on découvre le stupéfiant réseau de gigantesques figures stylisées et de lignes qui, pour la plupart, partent d'un axe central.

Les géoglyphes ont été tracés en ôtant les pierres sombres, brûlées par le soleil, et en les empilant de chaque côté des lignes pour révéler un sol plus clair, riche en gypse. Les dessins les plus élaborés représentent des animaux, dont un lézard long de 180 m, un singe à l'extraordinaire queue en spirale et un condor de 130 m d'envergure. On reconnaît aussi un colibri, une araignée et l'"astronaute", un curieux personnage à la tête en forme de bocal. Certains pensent qu'il s'agit d'un prêtre à tête de chouette.

La question demeure : qui a tracé ces lignes et pourquoi, et comment pouvait-on se rendre compte de l'avancement des dessins alors que les lignes ne se distinguent que du ciel ? Pour Maria Reiche (1903-1998), une mathématicienne allemande qui a mené des recherches approfondies, ces lignes auraient été réalisées par les cultures de Paracas et de Nazca entre 900 av. J.-C. et 600 de notre ère, certains ajouts revenant aux Huari qui descendirent des hauts plateaux au VIIe siècle. Elle pensait que les lignes constituaient un calendrier astronomique utilisé pour l'agriculture, et qu'elles furent tracées grâce à des formules mathématiques sophistiquées (et à une longue corde). Toutefois, les quelques alignements qu'elle constata entre le soleil, les étoiles et les lignes ne suffirent pas à convaincre d'autres experts.

Plus tard, le documentariste anglais Tony Morrison supputa que les lignes étaient des chemins reliant des *huacas* (sites cérémoniels). Selon une suggestion plus fantaisiste de l'explorateur Jim Woodman, les Nazcas savaient construire des montgolfières et pouvaient observer les lignes depuis les airs. Selon l'écrivain George von Breunig, les lignes seraient une gigantesque piste de course.

Une théorie plus prosaïque, étant donné l'importance de l'eau dans ce désert aride, a été énoncée par l'anthropologue Johann Reinhard, qui supposait que les lignes correspondaient à un culte de la montagne, de l'eau et de la fertilité. Des travaux récents de la **Fondation Suisse-Liechtenstein** (SLSA ; www.slsa.ch) confirment que les géoglyphes seraient dédiés au culte de l'eau ; selon cette théorie, la chute de la culture nazca serait due non à la sécheresse, mais à des pluies dévastatrices provoquées par un phénomène de type El Niño !

Une chose est certaine : quand les Nazcas commencèrent à transformer leur désert en œuvre d'art, ils lancèrent un débat qui devrait encore occuper les archéologues pendant des décennies, voire des siècles.

ainsi que sa tombe. Du mirador, vous pouvez rejoindre le musée à pied en 1 heure environ, sous un soleil de plomb, ou faire signe à un *colectivo* de passage (1 S). Pour retourner à Nazca, demandez au garde d'arrêter n'importe quel bus ou *colectivo* en direction du sud. La visite du musée peut aussi faire partie d'un circuit organisé au mirador.

Museo Didáctico Antonini MUSÉE
(http://digilander.libero.it/MDAntonini ; Av. de la Cultura 600 ; 15 S, appareil photo 5 S ; 🕘9h-19h). À l'est de la ville, cet excellent musée archéologique offre un aperçu de la culture nazca et des principaux sites nazcas des alentours. Il présente d'intéressantes reproductions de tombes, une belle collection de flûtes de Pan en céramique et une copie des géoglyphes dans le jardin. À l'accueil, des brochures en diverses langues comportent la traduction des légendes en espagnol. Un aqueduc traverse le jardin derrière le bâtiment. Pour rejoindre le musée, suivez Bolognesi vers l'est sur 1 km à la sortie de la ville ou prenez un taxi (2 S).

Planetarium Maria Reiche PLANÉTARIUM
(☎52-2293 ; Nazca Lines Hotel, Bolognesi ; 20 S). Ce petit planétarium propose en soirée des conférences sur les lignes de Nazca, accompagnées d'une projection de 45 minutes. Téléphonez pour vous renseigner sur les

Nazca

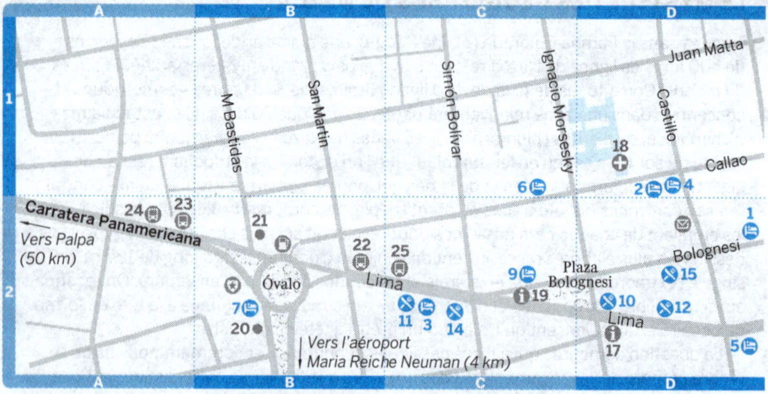

Nazca

À voir

Planetarium Maria Reiche ....(voir 9)

Activités

Alas Peruanas ....(voir 3)
Alegría Tours ....(voir 3)
Kunan Tours ....(voir 8)

Où se loger

1 Casa Andina D2
2 Hospedaje Yemayá D1
3 Hotel Alegría C2
4 Hotel La Encantada D1
5 Hotel Nazca D2
6 Hotel Oro Viejo C1
7 Hotel Sol del Sur B2
8 Kunan Wasi Hotel E1
9 Nazca Lines Hotel C2

Où se restaurer

10 El Porton D2
11 La Kañada C2
12 La Taberna D2
13 Plaza Mayor I E2
14 Rico Pollo C2
15 Via La Encantada D2

Renseignements

16 BCP E2
17 DIRCETUR D2
18 Hospital D1
19 Stand d'information C2

Transports

20 Colectivos et minibus pour Chala B2
21 Colectivos et minibus pour Ica B2
22 Cruz del Sur B2
23 Flores A2
24 Ormeño A2
25 Soyaz C2

horaires ; projections en français uniquement sur réservation.

SITES ALENTOUR

Tous les sites mentionnés ici peuvent se visiter dans le cadre d'un circuit au départ de Nazca (voir page ci-contre). Les voyageurs seuls ou en couple devront parfois attendre un jour ou deux que l'agence trouve d'autres participants.

Cimetière de Chauchilla SITE ARCHÉOLOGIQUE
(7,50 S ; 8h-14h). Ce cimetière, à 30 km au sud de Nazca, constitue l'excursion la plus prisée au départ de Nazca et permet de découvrir des ossements, des crânes et des momies. Datant de la culture ica-chinca (vers l'an 1000), les momies étaient jusque récemment éparpillées dans le désert, abandonnées par les pilleurs de tombes. Elles sont aujourd'hui soigneusement disposées dans une dizaine de tombes. Des fragments de tissus, de poteries et d'os jonchent le sol en dehors du sentier tracé. Les circuits organisés durent 3 heures et coûtent de 10 à 35 $US par personne.

GRATUIT **Ruines de Paredones** RUINES

À 2 km au sud-est de la ville via Arica, de l'autre côté du fleuve, les ruines de Paredones, d'abord parce qu'elles ont été construites en adobe plutôt qu'en pierre, ne sont pas très bien conservées. Leur emplacement stratégique, sur une pente au-dessus de la ville, explique probablement pourquoi les Incas l'utilisaient comme centre de contrôle administratif entre les montagnes et la côte.

Aqueducs de Cantallo SITE ARCHÉOLOGIQUE

(10 S). À 2 km des ruines, les aqueducs souterrains de Cantallo continuent de fonctionner et irriguent les champs alentour. Autrefois autorisée, l'entrée dans les aqueducs par les fenêtres en spirale, qu'utilisent les paysans pour le nettoyage annuel, est aujourd'hui interdite ; vous devrez vous contenter d'admirer de l'extérieur le remarquable travail de maçonnerie des Nazcas. S'il est possible de rejoindre à pied les aqueducs, la promenade n'est pas toujours sûre. Vous pouvez demander à un taxi de vous y conduire (et éventuellement aux ruines de Paredones). Comptez environ 40-50 S l'aller-retour. De Nazca, des circuits de 2 heures 30 (à partir de 5 $US/pers) peuvent se combiner avec la visite d'**El Telar**, un géoglyphe dans la ville de **Buena Fe**, et d'ateliers d'or et de céramiques pour touristes.

GRATUIT **Cahuachi** RUINES

(⌚9h-16h). Une piste part de Nazca pour rejoindre Cahuachi, à 25 km à l'ouest. Ce centre nazca, le plus important découvert à ce jour, est toujours en cours de fouilles. Il comprend plusieurs pyramides, un cimetière et un site énigmatique appelé Estaquería, qui aurait peut-être servi de lieu de momification. Les circuits au départ de Nazca (3 heures, 15-50 $US/pers) comprennent parfois un détour par **Pueblo Viejo**, un lieu de peuplement pré-nazca voisin.

Reserva Nacional Pampas Galeras RÉSERVE NATURELLE

Cette réserve nationale, perchée dans la montagne à 90 km à l'est de Nazca sur la route de Cuzco, protège des vigognes (parents sauvages et menacés des alpagas). Pratiquement dépourvue d'infrastructures touristiques, elle constitue le meilleur endroit pour observer ces animaux farouches. Tous les ans, fin mai ou début juin, des centaines de villageois célèbrent le **chaccu** : ils rassemblent les vigognes pour les tondre lors de 3 jours de cérémonies traditionnelles, de musique, de danses et de libations. Un circuit d'une journée ou de 2 jours au départ de Nazca coûte de 30 à 90 $US par personne.

Cerro Blanco CIRCUITS AVENTURE

Ses concurrents ne lui arrivent pas à la cheville : 14 km à l'est de Nazca, le Cerro Blanco est la plus haute dune du monde. Il culmine à 2 078 m avec un impressionnant dénivelé de 1 176 m. Si vous avez aimé le sable de Huacachina, vous allez adorer le Cerro Blanco ! Vu la hauteur et la pente de la dune, le mieux est d'organiser une excursion au départ de Nazca. Les circuits démarrent vers 4h pour éviter une chaleur trop intense. La marche éreintante jusqu'au sommet (impossible de gravir ce mastodonte en buggy !) prend environ 3 heures. La descente se fait en quelques minutes seulement, avec des passages sans obstacles pouvant atteindre 800 m de long par endroits. Beaucoup d'agences de Nazca proposent ce circuit, notamment Kunan Tours.

Circuits organisés

Si la plupart des visiteurs se contentent de survoler les géoglyphes, la région de Nazca a bien plus à offrir. Les nombreux circuits locaux comprennent habituellement une halte interminable dans l'atelier d'un potier ou d'un chercheur d'or pour une démonstration des techniques (les artisans attendent un pourboire).

Les hôtels et les agences de voyages font inlassablement la publicité de leurs propres excursions. Le Nazca Lines Hotel et la Casa Andina sont de bonnes options. Autres agences :

SURVOLER NAZCA

En 2010, les lignes de Nazca ont été entachées par une mauvaise publicité quand deux petits avions transportant des touristes pour des *sobrevuelos* (survols) se sont écrasés à huit mois d'intervalle, causant un total de 13 victimes. Ces accidents faisaient suite à un crash tout aussi catastrophique qui avait provoqué la mort de cinq touristes français en 2008, et à l'atterrissage forcé d'un avion sur la Panamericana Sur en 2009.

Face à ces incidents, certains changements ont été mis en place. Le nombre de compagnies est passé de quinze à six, tous les avions sont désormais conduits par deux pilotes et les prix ont été revus à la hausse afin que les prestataires ne soient pas tentés de réduire les frais avec des appareils vétustes ou des vols surchargés.

Toutefois, il reste primordial de faire passer la sécurité avant les tarifs lorsque vous choisirez votre compagnie. Méfiez-vous de quiconque propose l'excursion standard de 30 minutes pour moins de 80 $US et n'hésitez pas à interroger les compagnies sur les questions de sécurité et les pratiques de vol. **Aeroparacas** (www.aeroparacas.com) est l'une des meilleures compagnies aériennes. **Aerodiana** (☎444-3057 ; www.aerodiana.com.pe) et **Alas Peruanas** (☎52-2497 ; www.alasperuanas.com) sont d'autres prestataires installés de longue date. Certains pays, notamment la France, déconseillent encore les survols à leurs ressortissants.

Si vous décidez d'effectuer un vol, sachez que les petits avions oscillent fortement de droite à gauche, ce qui peut provoquer des nausées. Si vous êtes sujet au mal des transports, prévoyez des médicaments adaptés. Regarder l'horizon peut aider à réduire les nausées.

La plupart des compagnies utilisent l'**aéroport Maria Reiche Neuman**, à 4 km au sud-ouest de Nazca, mais il est également possible de décoller de Pisco ou de Lima. Outre le prix de l'excursion, l'aérodrome facture habituellement une taxe de 20 S.

Alegría Tours CIRCUITS AVENTURE
(☎52-3775 ; www.alegriatoursperu.com ; Hotel Alegría, Lima 168). Cette grosse agence propose les circuits habituels, ainsi que des excursions hors des sentiers battus et des sorties de *sandboard*. Joignez-vous à d'autres voyageurs pour bénéficier d'un tarif de groupe. Guides francophones.

Kunan Tours CIRCUITS GUIDÉS
(☎52-4069 ; www.kunantours.com ; Arica 419). Basée devant le Kunan Wasi Hotel, cette agence très professionnelle dispose d'un autre bureau à Miraflores (Lima) et assurent toutes les excursions de Nazca, ainsi que des circuits aux Islas Ballestas, à Huacachina et à Chincha.

Où se loger

En dehors de la saison haute (mai à août), les prix peuvent baisser jusqu'à 50%.

♥ **Nazca Lines Hotel** HÔTEL $$$
(☎52-2293 ; www.peru-hotels.com/nazlines.htm ; Bolognesi s/n ; s/d/tr/qua avec petit-déj buffet 288/337/399/459 S ; ❄@📶🏊). Extrêmement tranquille vu son emplacement en centre-ville, cet hôtel très apprécié est organisé autour d'une vaste cour agrémentée d'une jolie piscine et d'une fontaine. Beaucoup de détails raffinés : mosaïques de style andalou, planétarium (spectacles quotidiens), boutique, salon douillet et service efficace sans être zélé.

Kunan Wasi Hotel HÔTEL $
(☎52-4069 ; www.kunanwasihotel.com ; Arica 419 ; s/d/tr 40/50/60 S ; @📶). Hôtel très propre et lumineux, où chaque chambre se conforme à une gamme de couleurs. La propriétaire, Yesenia, parle anglais et a vécu à Los Angeles. Elle tire les prix vers le bas et offre des prestations tout à fait convenables. Au final, une excellente affaire à Nazca.

Casa Andina HÔTEL DE CHARME $$$
(☎52-3563 ; www.casa-andina.com ; Bolognesi 367 ; ch avec petit-déj buffet à partir de 272 S ; ❄@📶🏊). Récemment rénové, cet établissement d'une chaîne hôtelière péruvienne, à mi-chemin entre la gare routière et la Plaza de Armas, offre le meilleur rapport qualité/prix dans la catégorie supérieure à Nazca. Les chambres sont très chics, avec mobilier moderne, couleurs vives, climatisation et TV câblée.

Hotel Oro Viejo HÔTEL $$
(☎52-3332, 52-1112 ; www.hoteloroviejo.net ; Callao 483 ; s/d/tr/ste avec petit-déj buffet

100/140/170/315 S ; ❄@📶🏊). Ce charmant hôtel est empreint d'une atmosphère familiale et renferme des chambres spacieuses et bien meublées, un accueillant salon commun, un jardin entretenu avec soin et une boutique de souvenirs.

Hotel Nuevo Cantalloc HÔTEL **$$$**
(☎52-2283 ; www.hotelnuevocantalloc.com ; s/d avec petit-déj 299/516 S ; ❄@📶🏊). Jadis géré par des Italiens mais désormais pris en charge par des Péruviens, le Nuevo Cantalloc (ancien Hotel Cantayo Spa & Resort), situé en dehors de la ville, s'apparente plus à un luxueux refuge qu'à un simple hôtel. Dans l'édifice de type hacienda, les chambres sont immenses et meublées d'antiquités et les vastes jardins sont émaillés d'éléments ésotériques comme des paons, des autruches, un cercle de méditation et un ficus vieux de 200 ans censé avoir des qualités mystiques.

Hotel La Encantada HÔTEL **$$**
(☎52-2930 ; www.hotellaencantada.com.pe ; Callao 592 ; s/d/tr 95/115/140 S ; @📶). Un nouvel hôtel agréable et propre, associé au très professionnel restaurant Via La Encantada, à l'angle de la rue. Les chambres sont lumineuses et fraîchement peintes et la terrasse à l'avant est charmante.

Hotel Alegría HÔTEL **$$**
(☎52-2702 ; http://hotelalegria.net/; Lima 168 ; s/d avec petit-déj 100/130 S ; ❄@📶🏊). Cet hôtel classique prisé des voyageurs comporte un restaurant, un jardin soigné, une piscine et son propre tour-opérateur. Étroites et moquettées, les chambres sont pourvues d'une TV et d'un ventilateur. Les tarifs comprennent 30 minutes gratuites d'accès à Internet et le transfert depuis les gares routières, où vous aurez tout intérêt à ignorer les rabatteurs de l'Hotel Alegría II.

Hospedaje Yemayá HÔTEL **$**
(☎52-3146 ; www.hospedajeyemaya.com ; Callao 578 ; s et d/tr avec petit-déj 55/75 S ; @📶). Une famille on ne peut plus chaleureuse accueille tous les routards qui franchissent le pas de leur porte. Les chambres sont petites mais bien tenues et dotées de douches chaudes et de TV câblées. Terrasse collective avec machine à laver et sèche-linge très pratiques.

Hotel Sol del Sur HÔTEL **$$**
(☎52-3716 ; www.hotelsoldelsur.com ; Av. Guardia Civil 120 ; s/d 70/100 S ; 📶). Un cran au-dessus des habituels hôtels de gare routière (elle est pourtant juste à côté), ce nouvel établissement, qui se double d'un restaurant au rez-de-chaussée, propose des chambres propres et des vitres suffisamment épaisses pour masquer les bruits de la circulation.

Hotel Nazca HÔTEL **$**
(☎52-2085 ; marionasca13@hotmail.com ; Lima 438 ; s/d/tr 35/45/65 S). Un établissement aux prix défiant toute concurrence et tenu par de sympathiques personnes âgées. Les chambres pareilles à des baraquements militaires disposent du confort minimum ; certaines ont des sdb privées.

Où se restaurer et prendre un verre

À l'ouest de la Plaza de Armas, Bolognesi est truffée de pizzerias, de restaurants et de bars visant une clientèle étrangère.

♥ **Via La Encantada** EUROPÉEN, PÉRUVIEN **$$**
(www.hotellaencantada.com.pe ; Bolognesi 282 ; plats 20-40 S). Le meilleur restaurant du "Boulevard" (Bolognesi) brille dans le centre poussiéreux de Nazca, grâce à des bouteilles de vin bien choisies, un formidable café et un personnel courtois et sympathique. Le menu étoffé mêle des plats européens (pâtes, etc.) et des classiques péruviens.

Rico Pollo GRILL **$**
(Lima 190 ; plats à partir de 12 S). Véritable phénomène à l'heure du déjeuner, cet établissement de grillades très économique et toujours bondé est l'un des meilleurs de la côte sud. Pour 12 S, vous obtiendrez un copieux repas de blancs de poulet avec des frites et des légumes. Les gâteaux et les salades (10 S) constituent un excellent complément.

El Porton PÉRUVIEN **$**
(www.elportonrestaurante.com ; Ignacio Moreseky 120 ; plats 20-30 S). Au milieu de tous les groupes venus découvrir les lignes de Nazca, les clients seuls peuvent se sentir un peu perdus dans ce restaurant plein de recoins. Le menu annonce de bonnes pommes de terre dans une sauce Huancayo, des avocats farcis et quelques plats plus raffinés. Des trios de musiciens viennent jouer *El cóndor pasa* entre autres tubes pas toujours des plus heureux.

La Taberna PÉRUVIEN **$**
(☎52-3803 ; Lima 321 ; menu 6 S, plats à partir de 15 S ; ⏲déj et dîner). L'endroit pourrait passer

inaperçu, mais les petits mots couvrant chaque centimètre carré de ses murs témoignent de sa popularité. Goûtez le *Pescado a lo Macho*, un poisson épicé, ou choisissez parmi la liste de plats végétariens.

La Kañada PÉRUVIEN **$**
(☎52-253 ; Lima 160 ; menu 10 S, plats 12-16 S ; ⏲8h-23h). À proximité des gares routières, cet établissement installé de longue date sert de la nourriture péruvienne tout à fait ordinaire. Bon choix de cocktails, avec notamment l'*algarrobina*, à base de pisco, de lait et de sirop de caroube (tiré du caroubier, le *huarango*).

Plaza Mayor I GRILL **$$**
(angle Calle Bolognesi et Arica ; repas 15-25 S). Une mezzanine en bois rustique et en bambou domine la Plaza de Armas. Les viandes grillées sont à l'honneur.

Renseignements

BCP (Lima 495). DAB Visa/MasterCard, change dollars US et chèques de voyage.

DIRCETUR (Parque Bolognesi, 2e ét.). Office du tourisme parrainé par le gouvernement ; peut recommander des tour-opérateurs locaux.

Hôpital (☎52-2586 ; Callao ; ⏲24h/24). Pour les urgences.

Poste (Castillo 379). À deux rues à l'ouest de la Plaza de Armas.

Désagréments et dangers

Bien que Nazca soit généralement sûre pour les voyageurs, évitez les abords des ponts au sud de la ville à la nuit tombée. À l'arrivée des bus, des *jaladores* (agents) assaillent les passagers pour leur vendre des circuits ou les emmener dans un hôtel. Même s'ils proposent des établissements cités dans ce guide, ne leur faites pas confiance. Ne payez que directement à l'hôtel ou au tour-opérateur et faites-vous confirmer l'itinéraire par écrit. Adressez-vous à une agence fiable pour les circuits terrestres aux alentours, car des agressions à main armée ont récemment visé des touristes.

Comment s'y rendre et circuler

Destination majeure pour les bus qui circulent sur la Panamericana Sur, Nazca se rejoint facilement de Lima, Ica et Arequipa. Des compagnies de bus se regroupent à l'extrémité ouest de la Calle Lima, près de l'*óvalo* (principal rond-point), à une *cuadra* en direction du centre-ville. Les bus pour Arequipa partent généralement de Lima et vous devrez payer le trajet Lima-Arequipa.

Presque tous les services longue distance partent en fin d'après-midi ou le soir. Installées dans l'Avenida Los Incas, **Cruz del Sur** (☎52-3713) et **Ormeño** (☎52-2058) proposent tous les jours quelques bus de luxe pour Lima. Pour des destinations intermédiaires comme Ica et Pisco, choisissez plutôt des compagnies moins chères comme **Flores** et **Soyuz** (☎52-1464), qui offrent des bus pour Ica, via Palpa (3 S, 1 heure), toutes les demi-heures au départ de l'Avenida Los Incas.

Plusieurs compagnies, dont Cruz del Sur, empruntent la route asphaltée de l'est via Abancay pour rejoindre directement Cuzco. Cette route grimpe à plus de 4 000 m d'altitude et il fait très froid ; prévoyez des vêtements chauds et un sac de couchage. Quelques compagnies offrent aussi des bus directs pour Cuzco via Arequipa.

À proximité de la station-service de l'*óvalo*, des rapides *colectivos* (15 S, 2 heures) et des minibus plus lents partent pour Ica quand ils sont pleins. Du côté sud du carrefour, d'antiques *colectivos* rallient Chala (15 S, 2 heures 30).

Un taxi du centre de Nazca jusqu'à l'aérodrome, à 4 km, coûte environ 4 S.

BUS AU DÉPART DE NAZCA

DESTINATION	PRIX	DURÉE
Arequipa	40-144 S	10-12 heures
Camaná	45 S	7 heures
Chala	15 S	3 heures 30
Cuzco	120-180 S	14 heures
Lima	50-86 S	8 heures
Ica	7-35 S	2 heures 30
Pisco	5-15 S	1 heure 30-2 heures
Tacna	70-120 S	15 heures

Chala

☎054 / 2 500 HABITANTS

À 170 km de Nazca, ce village de pêcheurs délabré permet de faire étape sur la route d'Arequipa et de visiter le site archéologique de **Puerto Inca** (entrée libre ; ⏲24h/24), d'où des coureurs transportaient jadis le poisson frais jusqu'à Cuzco ! L'embranchement, bien indiqué, se trouve à 10 km au nord du village, au Km 603 de la Panamericana Sur : une piste file vers l'ouest sur 3 km jusqu'aux ruines côtières.

Près des ruines, l'**Hotel Puerto Inca** (☎25-8798 ; www.puertoinka.com.pe ; Km 603 Carr. Panamericana Sur ; s/d/tr/qua 96/153/202/242 S ; @☒) est un vaste complexe au bord d'une jolie baie. Il comprend un camping (13 S/pers) doté de sanitaires au bord de l'océan. L'établissement propose des promenades à cheval et loue des bodyboards, des kayaks et des Jet-Skis.

De l'*óvalo* à Nazca, des *colectivos* partent pour Chala (15 S, 2 heures 30) quand ils sont pleins, de l'aube au milieu de l'après-midi. Les bus à destination d'Arequipa (35 S, 8 heures) font halte à Chala devant les petites billetteries de la Panamericana Sur, pour la plupart en soirée.

Camaná

☎054 / 14 600 HABITANTS

De Chala, la Panamericana Sur file vers le sud sur 220 km, serpentant autour des dunes de sable qui plongent vers la mer jusqu'à Camaná. Cette station balnéaire est depuis longtemps prisée des habitants d'Arequipa pour ses plages, à 5 km du centre-ville.

La place principale se situe à 15 minutes de marche en direction de la côte le long de la rue où tous les bus s'arrêtent. Les *colectivos* qui rallient la plage La Punta (1 S, 10 min) partent du croisement où l'Avenida Lima devient piétonne. Quelques restaurants et hôtels, dont certains portent encore les stigmates d'un raz-de-marée dévastateur datant de 2001, sont disséminés sur la plage. Les hôtels se remplissent les week-ends d'été, de janvier à avril, même dans le centre-ville. Situé à une courte distance, à pied ou en taxi, des gares routières, l'**Hotel de Turistas** (☎57-1113 ; Lima 138 ; s/d/tr avec petit-déj 90/115/155 S ; @☒) éclipse la concurrence. Il occupe un grand bâtiment élégant au cœur d'un vaste jardin et comprend un restaurant.

Toutes installées dans Lima, plusieurs compagnies de bus proposent des départs fréquents pour Arequipa (12-45 S, 3 heures 30). Parmi elles, la luxueuse **Cruz del Sur** (☎57-1491 ; Lima 474) et la toujours bon marché **Flores** (☎57-1013 ; Lima 200). Cruz del Sur et d'autres compagnies plus petites proposent aussi des bus quotidiens pour Lima (35-135 S, 12 heures), qui font halte dans la plupart des localités côtières intermédiaires, comme Chala (15 S, 4 heures 30) et Nazca (45 S, 7 heures).

Mollendo

☎054 / 22 800 HABITANTS

Le circuit touristique fait un grand virage à gauche au sud de Camaná et se dirige vers Arequipa, à l'intérieur des terres, laissant la prochaine étape sur la côte, Mollendo, aux habitants purs et durs et, en saison, à quelques *Arequipeños* en manque de plage. Du coup, ne vous attendez pas à des établissements pour voyageurs comme on en trouve à Huacachina. Les grandes plages manquent un peu de vie en dehors de la saison estivale (janvier à avril). L'histoire de Mollendo fait état de diverses occupations par les Incas et les Chiliens. La ville est aussi le lieu de naissance d'Abimael Guzmán, également appelé Presidente Gonzalo, le professeur de philo-

SANTUARIO NACIONAL LAGUNAS DE MEJÍA

À environ 6 km au sud-est de Mejía, le long d'une ligne ininterrompue de plages, ce **sanctuaire** (Carr. Mollendo, Km 32 ; 5 S ; ⏲aube-crépuscule) de 690 ha protège des lagunes côtières qui constituent les plus grands lacs permanents sur 1 500 km de côte désertique. Elles attirent plus de 200 espèces d'oiseaux côtiers et migrateurs, plus faciles à observer au petit matin. Le centre d'accueil des visiteurs distribue des cartes des chemins de randonnées traversant les dunes jusqu'aux *miradors*. De Mollendo, de nombreux *colectivos* passent par le centre d'accueil des visiteurs (3 S, 30 min) dans la journée. Demandez au personnel de vous aider à trouver un transport pour le retour, les véhicules se faisant plus rares en fin d'après-midi.

sophie devenu leader du Sendero Luminoso (Sentier lumineux) en 1980. Mollendo est également appréciée pour sa réserve ornithologique, près des Lagunas de Mejía.

À voir et à faire

Quand les températures grimpent, de janvier à mars (voire avril), le **parc aquatique** (adulte/enfant 4/2 S) du front de mer ouvre ses portes et les discothèques de la plage restent animées jusqu'au petit jour. Le reste de l'année, Mollendo s'apparente souvent à une ville fantôme.

Construit en 1908 par un riche *Arequipeño* pour rendre hommage à l'architecture européenne, **El Castillo de Forga**, posté sur un rocher escarpé entre la deuxième et la troisième plage, était jadis un imposant édifice attirant le regard. Actuellement inoccupé, il a été question de le transformer en casino.

Où se loger et se restaurer

Mollendo possède tout un lot d'hôtels insignifiants ; aucun ne semble servir le petit-déjeuner. Pendant la haute saison, de janvier à avril, il est essentiel de réserver.

Hotel Bahia del Puerto HÔTEL **$$**
(53-2990 ; Ugarte 301 ; s/d avec petit-déj 50/90 S ;). L'hôtel le plus propre de Mollendo a été récemment rénové et dispose de quelques chambres avec vues partielles sur l'océan. Il y a une *chifa* (restaurant chinois) au rez-de-chaussée.

Hostal La Casona HÔTEL **$**
(53-3160 ; Arequipa 188-192 ; s/d 30/40 S ;). L'adresse la plus pratique en centre-ville, avec des chambres lumineuses et hautes de plafond, pourvues de la TV câblée et de l'eau chaude. Le personnel a l'air un peu guindé mais l'atmosphère est conviviale.

Marco Antonio PÉRUVIEN **$$**
(53-4258 ; Comercio 258 ; plats 15-24 S ; 8h-20h lun-sam, 8h-19h dim ;). Un bon café péruvien sans chichis. Misez sur le *lomo saltado*, bien présenté.

Comment s'y rendre et circuler

Le *terminal terrestre* (gare routière) se situe à 2 km au nord-ouest du centre et prélève une taxe de départ (1 S). **Santa Ursula** (53-2586) propose des départs fréquents dans la journée pour Arequipa (8 S, 2 heures). Des *colectivos* stationnent devant la gare routière et desservent les places de la ville et la plage (1 S, 10 min) ; vous pouvez aussi marcher.

Les *combis* (1,20 S, 20 min) et les *colectivos* (2 S, 15 min) à destination de la station balnéaire de Mejía partent du coin de Valdivia et d'Arequipa. Aucun bus direct ne rallie Moquegua ou Tacna. À Mollendo, les *colectivos* et les minibus signalés "El Valle" partent du sommet de Mariscal Castílla, à côté d'une station-service, et passent par Mejía et la vallée du Río Tambo pour rejoindre Cocachacra (4 S, 1 heure 30). De là, vous pouvez prendre un *colectivo* pour El Fiscal (3 S, 15 min), une station-service décrépie où s'arrêtent régulièrement des bus bondés à destination de Moquegua, Tacna, Arequipa et Lima.

Moquegua

053 / 56 000 HABITANTS / ALTITUDE 1 420 M

Accrochée à la limite septentrionale du désert le plus aride du monde, Moquegua supporte une absence quasi totale de pluie grâce à son industrie viticole florissante et à sa vallée pleine de champs de légumes et de vaches paissant l'herbe grasse. La ville elle-même se targue d'une jolie place principale, qui aurait été dessinée par Gustave Eiffel. Une étape d'une nuit n'est pas déplaisante, mais vous aurez peu de raisons de prolonger votre séjour.

À voir et à faire

PLAZA DE ARMAS ET ENVIRONS

La petite place ombragée comporte une fontaine en fer forgé du XIXe siècle, qui aurait été conçue dans un atelier dirigé par Gustave Eiffel. Des jardins fleuris font de la place une oasis accueillante.

Le **Museo Contisuyo** (www.museocontisuyo.com ; Tacna 294 ; adulte/enfant 1,50/0,50 S ; 8h30-13h et 14h30-17h30), financé par des fonds étrangers, possède une belle collection d'artefacts archéologiques de la région. Il présente des photos de fouilles récentes et des expositions d'œuvres modernes d'artistes locaux. Légendes en espagnol et en anglais.

En face de la plus vieille **église** de la ville, quasi détruite par un violent séisme en 1868, se dresse une **prison coloniale** espagnole du XVIIIe siècle, aux barreaux dissuasifs. À un coin de la Plaza de Armas, la **Casa Posada de Teresa Podesta** (angle Ancash et Ayacucho ; 2 S ; 10h-15h lun-ven), une imposante demeure coloniale à l'intérieur préservé, est ouverte au public.

Flânez dans le centre-ville pour découvrir les toits en chaume de canne à sucre, notamment dans la Calle Moquegua, et entrez dans la **Catedral Santa Catalina**, qui abrite le corps de sainte Fortunata, morte au XVIIIe siècle ; ses cheveux et ses ongles continueraient à pousser.

Un parc sur une falaise surplombant la ville est dominé par le **Cristo Blanco**, une statue blanche du Christ érigée en 2002. Vous y trouverez des balancelles, un petit pont suspendu et un superbe panorama sur l'oasis de Moquegua et le désert environnant.

CERRO BAÚL

Le **Cerro Baúl**, une colline escarpée au sommet aplati à 18 km au nord-est de Moquegua, mérite le détour. Il abritait autrefois une brasserie royale construite par les Huari. Comme chez les Incas par la suite, le brassage était le domaine réservé des femmes de la classe supérieure. Les archéologues, qui continuent de fouiller le site, pensent que la brasserie fut incendiée lors d'une cérémonie après une ultime libation de *chicha* (bière de maïs fermenté), mais ignorent pourquoi elle fut abandonnée avec une telle précipitation. Comptez une heure pour grimper au sommet et découvrir la vue panoramique. De Moquegua, l'aller-retour en taxi coûte environ 30 S. Vous pouvez aussi prendre un *combi* (1,50 S) ou un *colectivo* (3 S) à destination de Torata dans le centre de Moquegua et demander que l'on vous dépose au Cerro Baúl.

Où se loger et se restaurer

Mieux vaut éviter les auberges bon marché à côté des gares routières et choisir une option plus sûre, plus proche du centre-ville.

Hostal Plaza HÔTEL $
(☎46-1612 ; Ayacucho 675 ; s/d/tr 35/45/55 S ; wi-fi). Une adresse coquette à côté de la place. Les chambres spacieuses et dotées de grande TV câblée offrent un bon rapport qualité/prix. À l'étage, certaines bénéficient d'une belle vue sur la cathédrale.

Hostal Arequipa HÔTEL $
(☎46-1338 ; Arequipa 360 ; s/d/tr 37/48/59 S). Dans une rue animée non loin de la place, l'Arequipa loue des chambres propres et accueillantes avec douches chaudes et TV câblée. Le personnel est plutôt sympathique et efficace.

Vissios Pizzeria PIZZERIA $
(Plaza de Armas 343 ; plats 13-23 S). Un peu plus chic que la pizzeria péruvienne classique, Vissios présente des murs rouge vif ornés de photos et assure un service en salle. La plupart des ventes sur place et à emporter concernent les pizzas, les pâtes et le vin très sucré de Moquegua. Certes, on n'est pas à Naples, mais c'est une adresse bienvenue au milieu du désert péruvien.

Roda Fruta PETIT-DÉJEUNER $
(Moquegua 439 ; petit-déj 8-12 S). Œufs, céréales, yaourt et salade de fruits : de quoi composer un petit-déjeuner sain dans une ambiance décontractée. Une succursale est installée dans la Calle Arequipa.

Renseignements

BCP (Moquegua 861). DAB Visa/MasterCard accessible 24h/24.

Office du tourisme municipal (Casa de la Cultura, Calle Moquegua ; ⏲7h-16h). À côté de la BCP.

Depuis/vers Moquegua

Les bus partent de plusieurs petits terminaux au sud-ouest et en contrebas de la Plaza de Armas. Du même endroit, des *colectivos* plus rapides, plus chers et moins sûrs partent quand ils sont pleins pour Ilo (12 S, 1 heure 30) et Arequipa (30 S, 3 heures 30).

Les bus de qualité de la compagnie **Ormeño** (☎76-1149 ; Av. La Paz 524), ainsi que ceux de **Flores** (☎46-2647 ; Av. Ejercito s/n), plus

BUS AU DÉPART DE MOQUEGUA

DESTINATION	PRIX	DURÉE
Arequipa	30 S	3 heures 30-4 heures
Ilo	7 S	1 heure 30
Lima	50-144 S	16-20 heures
Puno	25 S	9 heures
Tacna	10 S	3 heures

économiques, partent au nord à destination de Lima via Nazca et Ica, et au sud à destination de Tacna. Flores et quelques autres compagnies se rendent aussi à Ilo, à l'ouest. De nombreuses compagnies desservent Arequipa.

Plusieurs petites compagnies, dont **San Martín** (☎95-352-1550 ; Av. La Paz 175), empruntent une route presque entièrement goudronnée jusqu'à Puno (25 S, 9 heures) via Desaguadero, à la frontière bolivienne (18 S, 6 heures). Les départs ont généralement lieu le soir.

Ilo

☎053 / 58 700 HABITANTS

Vilain port départemental à 95 km au sud-ouest de Moquegua, Ilo sert essentiellement pour le transport du cuivre provenant de la mine de Toquepala, plus au sud, et pour celui du vin et des avocats de Moquegua. La ville compte une promenade plaisante et quelques hôtels luxueux en bord de mer, qui se remplissent de vacanciers péruviens en été. Bien que la plage soit longue et incurvée, l'eau trouble n'invite guère à la baignade.

À voir

Museo Municipal de Sitio MUSÉE

(Centro Mallqui ; adulte 5 S ; 10h-15h lun-sam, 10h-14h dim). Le Museo Municipal de Sitio se trouve à El Algarrobal, à 15 km dans l'arrière-pays. Il possède une remarquable collection d'objets archéologiques et agricoles de la région, dont des céramiques, des textiles, des couvre-chefs ornés de plumes et un lama momifié. L'aller-retour en taxi revient à 30 S.

Où se loger et se restaurer

Il n'y a pas de raison de passer la nuit sur place, mais voici quelques options si vous êtes bloqué.

Hotel Kristal Azul HÔTEL $

(☎48-4050 ; Av. 28 de Julio 664 ; s/d 60/70 S ; wi-fi). Au-dessus d'une pizzeria à deux *cuadras* de la gare routière, cet établissement est aussi propre que quelconque. Petit-déjeuner inclus.

Los Corales POISSON ET FRUITS DE MER $$

(Malecón Miramar 504 ; plats 14-30 S ; déj et dîner ; wi-fi). Son emplacement privilégié sur le front de mer est la garantie de produits extra-frais. La spécialité locale est le *pulpo al olvia* (poulpe à l'huile d'olive), une entrée froide.

Depuis/vers Ilo

La plupart des bus partent d'un terminal en centre-ville, à quelques *cuadras* de la place et de la plage.

Les bus de la compagnie **Flores** (☎48-2512 ; angle Ilo et Matará) desservent Tacna (10 S, 3 heures 30), Moquegua (8 S, 1 heure 30) et Arequipa (18 S, 5 heures 30), d'où vous pourrez prendre une correspondance pour des destinations plus lointaines.

Des *colectivos* plus rapides et un peu plus chers partent, une fois pleins, des rues proches des terminaux pour Tacna et parfois Moquegua.

Tacna

☎052 / 262 700 HABITANTS / ALTITUDE 460 M

La très patriotique Tacna, la ville la plus méridionale du Pérou qui appartint au Chili jusqu'en 1929 (le jeune Salvador Allende y a vécu pendant 8 ans, au cours de son enfance), est désormais résolument péruvienne. Pour que tout le monde s'en souvienne, une cérémonie de lever de drapeau a lieu tous les dimanches matin sur la place principale, tandis que ses nombreuses statues de héros, ses avenues verdoyantes et ses musées s'attachent à louer le glorieux passé du Pérou.

Pour les visiteurs, Tacna est avant tout la porte d'entrée vers l'ancien ennemi juré, le Chili. Désormais, les relations cordiales entre les deux pays rendent le passage de la frontière plutôt aisé. Si vous êtes bloqué en ville, un trio de petits musées et quelques bars et restaurants de style européen vous aideront à patienter.

À voir et à faire

Plaza de Armas PLACE

Jalonnée de palmiers et de grandes pergolas surmontées d'étranges buissons en forme de champignons, la grand-place est un lieu de rencontre fréquenté. Tous les dimanches à 10h, le drapeau est hissé au cours d'une cérémonie. La place, qui figure sur les billets de 100 S, comporte un arc imposant, monument aux héros de la guerre du Pacifique, flanqué de deux grandes statues en bronze de l'amiral Grau et du colonel Bolognesi. À proximité, la **fontaine** en bronze haute de 6 m fut créée par Gustave Eiffel. Ce dernier conçut également la **cathédrale**, remarquable pour ses vitraux (bien qu'ils soient petits) et son maître-autel en onyx.

Museo Ferroviario MUSÉE

(5 S ; 8h-18h). Ce musée aménagé dans la gare ferroviaire – sonnez à la porte sud – donne

l'impression d'un retour dans le passé. Vous pourrez déambuler parmi les belles locomotives à vapeur et autres engins roulants du XXe siècle, britanniques pour la plupart et souvent mal entretenus, et explorer les salles truffées d'objets anciens, notamment une curieuse collection de timbres internationaux.

À 15 minutes de marche au sud de la gare ferroviaire, une locomotive britannique de 1859, utilisée pour le transport des troupes lors de la guerre du Pacifique, constitue la pièce maîtresse d'**El Parque de la Locomotora**, un parc désert en bord de rue.

Casa Museo Basadre MUSÉE
(Plaza de Armas 212 ; don bienvenu ; 9h-17h). Baptisé d'après le nom d'un historien local né en 1903, ce lieu est plus convaincant en tant que centre culturel qu'en tant que musée (même si on découvre quelques artefacts et photos anciennes). Les concerts et autres manifestations artistiques sont annoncés sur des affiches, à l'intérieur.

GRATUIT **Museo de Zela** MUSÉE
(Zela 542 ; 8h-12h et 15h-17h lun-sam). Ce petit musée occupe la Casa de Zela, l'un des plus anciens bâtiments coloniaux de Tacna. Il possède une collection hétéroclite de portraits de notables du XIXe siècle.

Museo Histórico Regional MUSÉE
(Casa de la Cultura, Apurímac 202 ; 5 S ; 8h-12h et 13h30-17h lun-ven). Conformément au patriotisme ambiant, ce musée installé en dessous de la bibliothèque municipale se veut triomphal. Cinq toiles gigantesques habillent les murs et des bustes de héros d'antan comme Zela, Bolognesi et Ugarte sont exposés parmi les vieilles épées, missives jaunies et autres souvenirs de la guerre du Pacifique contre le Chili.

Où se loger

En réponse au trafic frontalier, les hôtels ne manquent pas à Tacna. Cela dit, la plupart pratiquent des tarifs excessifs et affichent rapidement complet, car de nombreux Chiliens traversent la frontière pour s'offrir un week-end de shopping.

Dorado Hotel HÔTEL **$$**
(41-5741, 42-1111 ; www.doradohoteltacna.com ; Av. Arias Aragüez 145 ; s/d/tr avec petit-déj 100/130/165 S ; @). Le Dorado se présente comme l'hôtel le plus prestigieux de Tacna : lourds rideaux, balustrades étincelantes dans le hall d'entrée et porteur qui amènera vos bagages à votre chambre. On est loin du niveau d'un hôtel de luxe, mais les efforts sont appréciables.

Gran Hotel Tacna HÔTEL **$$**
(42-4193 ; www.granhoteltacna.com ; Bolognesi 300 ; s/d avec petit-déj 214/244 S ; @). L'architecture est sans intérêt mais on a l'impression de pénétrer dans un immense complexe hôtelier en plein centre-ville : nombreux bars et restaurants, boutique, piscine et serveurs en costume courant partout avec un air affairé. Ce n'est pas l'endroit le plus chic de Tacna, mais celui qui offre les prestations les plus complètes (et onéreuses).

TRAVERSER LA FRONTIÈRE : LE CHILI VIA TACNA

À la frontière, les formalités douanières sont assez simples. Trois options de transport sont envisageables : le train, le bus public ou le *colectivo* (taxi collectif), ce dernier étant le plus efficace dans la pratique. Les taxis de cinq passagers sont gérés par des compagnies professionnelles qui ont des bureaux à l'intérieur du terminal des bus internationaux de Tacna. Comptez environ 18 S pour faire les 65 km jusqu'à Arica au Chili, avec des arrêts aux deux postes-frontières. La plupart des formalités sont accomplies avant que vous ne montiez dans la voiture. Si tout va bien, le trajet prend à peine plus d'une heure. Le bus public est plus économique (10 S) mais plus lent, puisqu'il faut attendre que tous les passagers soient descendus et aient accompli leurs formalités administratives.

Le poste-frontière chilien est ouvert de 8h à minuit du dimanche au jeudi, et 24h/24 les vendredi et samedi. Sachez que le Chili a une heure d'avance par rapport au Pérou, ou deux heures pendant les périodes d'économie d'énergie, du dernier dimanche d'octobre au premier dimanche d'avril. Depuis Arica, vous pouvez continuer vers le sud au Chili, en avion ou en bus, ou vers le nord-est en direction de la Bolivie, en avion ou en bus également. Pour de plus amples renseignements, consultez les guides Lonely Planet *Chili et île de Pâques* et *Bolivie*.

Tacna

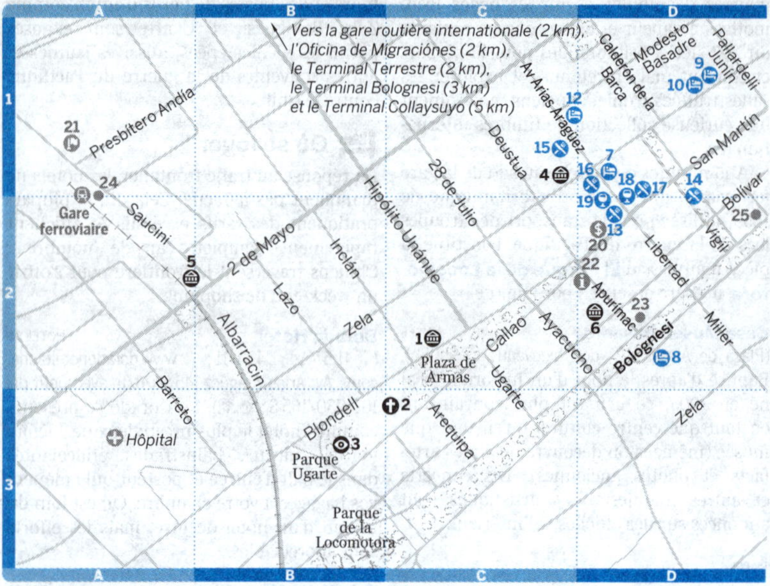

Tacna

À voir

1 Casa Museo Basadre ... C2
2 Cathédrale ... C3
3 Fontaine ... B3
4 Museo de Zela ... C1
5 Museo Ferroviario ... A2
6 Museo Histórico Regional ... D2

Où se loger

7 Dorado Hotel ... D1
8 Gran Hotel Tacna ... D2
9 Hostal Le Prince ... D1
10 Hostal Universo ... D1
11 Hotel Camino Real ... E1
12 Maximo's Hotel ... C1

Où se restaurer

13 Café Da Vinci ... D2
14 Café Verdi ... D1
15 La Mia Mama ... C1
16 Mushna ... D1
17 Uros Restaurante ... D1

Où prendre un verre

18 Jethro Pub ... D1
19 München Brauhaus ... D2

Renseignements

20 BCP ... D2
21 Consulat du Chili ... A1
22 iPerú ... D2

Transports

23 LAN ... D2
24 Billetterie PeruRail ... A1
25 Peruvian Airlines ... D2

Maximo's Hotel HÔTEL $$
(☎24-2604 ; Av. Arias Aragüez 281 ; s/d/tr avec petit-déj 90/115/130 S ; 📶). Le hall d'entrée du Maximo est truffé de plantes, de balcons et de lustres, le tout enveloppé d'une lumière teintée de vert. Il y a aussi un snack-bar et des chambres plaisantes et propres avec ventilateurs. Le nouveau sauna (8 S pour les hôtes) est ouvert tous les jours de 14h à 22h.

Hostal Le Prince HÔTEL $
(☎42-1252 ; Zela 728 ; ch à partir de 70 S ; 📶). Un nouvel établissement, bon marché mais moderne, à côté de l'Hostal Universo, encore moins cher mais beaucoup plus délabré.

Hotel Camino Real HÔTEL $$
(☎42-1891 ; San Martín 855 ; s/d/tr avec petit-déj 100/130/165 S ; 📶). Le Camino Real arbore

une décoration années 1970 un peu décevante mais l'essentiel est là : chambres spacieuses, lits confortables, restaurant et cafétéria sur place.

Hostal Universo HÔTEL $
(☎41-5441 ; Zela 724 ; s/d/tr 30/40/60 S). À côté de l'Hostal Le Prince, cet hôtel est une option sûre avec personnel accueillant, douches chaudes et TV câblée, même si les chambres sont un peu petites.

Où se restaurer

Parmi les plats locaux les plus réputés, citons la *patasca a la tacneña*, une soupe de légumes et de viande épaisse et épicée, et le *picante a la tacneña*, des tripes épicées. Un nombre étonnant de petits cafés servent des fruits frais, des yaourts et des en-cas végétariens.

Café Da Vinci EUROPÉEN, PÉRUVIEN $$
(angle Calle Arias Aragüez et San Martín ; plats 23-40 S ; ⏲11h-23h). Dans cet établissement lambrissé, la nourriture et la décoration ont des airs européens. Les serveurs élégamment vêtus ne se départissent pas de leur sourire et le menu annonce de fabuleuses baguettes et pizzas, du vin rouge sec et des plats péruviens corrects. La grande fierté des lieux : l'authentique machine à expresso italienne.

Uros Restaurante PÉRUVIEN, FUSION $$
(www.restauranteuros.com ; Av. San Martín 608 ; plats 22-35 S). L'établissement de *cocina novoandina* (nouvelle cuisine) de la ville affiche un menu avec des photos plutôt alléchantes. Une autre branche en périphérie de la ville.

Café Verdi CAFÉ $
(Vigil 57 ; menu 7,50 S, en-cas 3-8 S ; ⏲8h30-21h lun-sam). Un café à l'ancienne où l'on sert des viennoiseries et des desserts, ainsi qu'un déjeuner à prix fixe. Les tables sont constamment occupées et la moitié de la clientèle a l'air de venir ici depuis 50 ans (ce qui est sûrement le cas d'ailleurs).

La Mia Mama ITALIEN $
(☎24-2022 ; Av. Arias Aragüez 204 ; plats 10-18 S ; ⏲18h-23h lun-sam). Ce petit restaurant italien est parfait pour siroter un verre de *vino de chacra* (vin de table local) avec une pizza classique ou des pâtes. Les tables se remplissent rapidement.

Mushna INTERNATIONAL, FUSION $$
(Av. Arias Aragüez 204 ; plats 25-35 S). Ce bar-restaurant postmoderne semble tout droit sorti d'Arica, au Chili. La nourriture est présentée de façon artistique, dans un intérieur évoquant davantage une discothèque qu'un restaurant. Nombreux cocktails.

Où prendre un verre

La vie nocturne limitée de Tacna se concentre essentiellement autour des petites rues piétonnes que sont Libertad et Vigil, avec quelques pubs et clubs qui offrent musique live et danse le week-end. Les amateurs de bières apprécient la clinquante **München Brauhaus** (☎24-6125 ; ⏲20h-tard) tandis que les rockeurs préfèrent le **Jethro Pub**. Ces deux bars se trouvent dans l'Avenida Arias Aragüez.

Renseignements

Omniprésents, les cybercafés offrent presque tous des appels téléphoniques locaux, nationaux et internationaux à faible coût. Les devises chiliennes, péruviennes et américaines se changent facilement. Un DAB international est installé au *terminal terrestre* (gare routière).

BCP (San Martín 574). DAB Visa/MasterCard ; change les chèques de voyage et délivre des avances sur les cartes Visa.

Consulat de Bolivie (☎24-5121 ; Bolognesi 1721 ; ⏲8h-15h30 lun-ven). Les ressortissants de la Communauté européenne et les Suisses n'ont pas besoin de visa pour entrer en Bolivie. Un autre consulat bolivien est installé à Puno.

BUS AU DÉPART DE TACNA

DESTINATION	PRIX	DURÉE
Arequipa	15-35 S	7 heures
Cuzco	60-125 S	17 heures
Ilo	10 S	3 heures 30
Lima	50-144 S	18-22 heures
Moquegua	10 S	3 heures
Puno	25-45 S	10 heures

Consulat du Chili (☎42-3063 ; www.minrel.cl ; Presbítero Andía et Saucini ; ⏲8h-13h lun-ven). La plupart des voyageurs n'ont pas besoin de visa pour entrer au Chili.

Hôpital (☎42-2121, 42-3361 ; Blondell s/n ; ⏲24h/24). En cas d'urgence.

Interbank (San Martín 646). DAB international accessible 24h/24.

iPerú (☎42-5514 ; iperutacna@promperu.gob.pe ; San Martín 491). Office du tourisme national ; brochures et informations gratuites.

Oficina de Migraciónes (bureau de l'immigration ; ☎24-3231 ; Circunvalación s/n, Urb Él Triángulo ; ⏲8h-16 lun-ven)

Police (☎41-4141 ; Calderón de la Barca 353 ; ⏲24h/24)

Depuis/vers Tacna

Avion

L'**aéroport** (code TCQ ; ☎31-4503) de Tacna se situe à 5 km à l'ouest de la ville. **LAN** (www.lan.com ; Calle Apurímac 101 ; ⏲8h30-19h lun-ven, 9h-14h sam) et **Peruvian Airlines** (www.peruvian.pe ; Av. Bolognesi 670) assurent des liaisons quotidiennes pour Lima et quelques vols pour Arequipa et Cuzco pendant la haute saison.

Bus

La plupart des bus longue distance partent du **Terminal Terrestre** (☎42-7007) dans Hipólito Unánue, à la lisière nord-est de la ville ; seuls quelques bus pour Juliaca, Desaguadero et Puno partent du **Terminal Collaysuyo** (☎31-2538), dans le district d'Alta Alianza, au nord de la ville.

Des bus peu fréquents partent pour Arica, au Chili (10 S), entre 6h et 22h de la gare routière internationale, en face du *terminal terrestre*.

Quelques compagnies, dont **Sagitario** (☎952-843-439) et **San Martín** (☎952-524-252), proposent des bus de nuit économiques et de luxe pour Puno via Desaguadero à la frontière bolivienne, qui continuent jusqu'à Cuzco. Ils partent essentiellement dans la soirée du terminal Collaysuyo. Si vous choisissez cet itinéraire, prenez le meilleur bus pour éviter d'avoir froid, d'être secoué tout le long du trajet et d'attendre les rares arrêts pour les toilettes. Vous pouvez aussi retourner à Arequipa et prendre une correspondance.

Les bus longue distance sont fréquemment arrêtés et fouillés par les services de l'immigration et/ou des douanes au nord de Tacna. Gardez votre passeport à portée de la main.

Une taxe de 1 S est facturée au *terminal terrestre*. Toutes les destinations du nord sont desservies par les compagnies habituelles, notamment **Ormeño** (☎42-3292) et **Flores** (☎74-1150), plus économique.

Taxi

De la gare routière internationale, en face du *terminal terrestre*, de nombreux *colectivos* partent pour Arica, au Chili (18 S, 1-2 heures), entre 6h et 21h et arrivent à la **frontière chilienne** (⏲8h-minuit dim-jeu, 24h/24 ven-sam). Pour les formalités frontalières, consultez l'encadré p. 135.

Des *colectivos* rapides et peu sûrs partent quand ils sont pleins pour Moquegua (15 S, 2 heures 30) et parfois pour Ilo du Mercado Grau, à une courte distance au-dessus du *terminal terrestre*. Soyez sur vos gardes dans le quartier du marché.

Train

Les trains qui relient la **gare ferroviaire** (☎42-4981 ; Av. 2 de Mayo) de Tacna et Arica, au Chili (10 S/2 000 $C, 1 heure 30), constituent le moyen le plus économique, le plus séduisant et le plus lent de traverser la frontière. Votre passeport sera tamponné avant de monter dans le train à Tacna. Le train ne s'arrête pas à la frontière ; le visa d'entrée est apposé près de la Plaza de Armas, à Arica. Malgré le charme de cette antique ligne ferroviaire, le service peut être irrégulier et les horaires peu commodes. Lors de notre passage, deux trains partaient chaque jour de Tacna à 4h et 6h. Les trains de retour quittent Arica à 16h et 18h. Vérifiez toujours les horaires à la gare.

Comment circuler

La course en taxi de l'aéroport au centre-ville revient à 5 S. Un taxi du centre-ville aux gares routières coûte environ 3 S.

Arequipa et la région des canyons

Dans ce chapitre »

Le top des restaurants

- » Zingaro (p. 152)
- » Tradición Arequipeña (p. 152)
- » Zig Zag (p. 152)
- » Chicha (p. 152)

Le top des hébergements

- » Hostal Casona Solar (p. 150)
- » Los Tambos Hostal (p. 150)
- » Colca Lodge (p. 164)
- » Casa Andina (p. 151)

Pourquoi y aller

La province d'Arequipa combine à merveille richesses historiques et fabuleuses aventures andines. Vous découvrirez ainsi le patrimoine culturel de l'une des plus belles cités coloniales d'Amérique du Sud à quelques heures de route de deux des canyons les plus profonds de la planète. Arequipa, une métropole dynamique et créative, offre tous les plaisirs urbains à l'ombre du volcan El Misti. Au nord-ouest, les canyons du Colca et du Cotahuasi impressionnent par leur profondeur ; au cours de treks mémorables, vous observerez des condors et découvrirez d'anciennes traditions espagnoles, incas et pré-incas. Parmi les autres trésors figurent le Valle de los Volcanes tapissé de lave, les mystérieux pétroglyphes de Toro Muerto et l'aride Paso de Patopampa, où la route principale grimpe à 4 910 m d'altitude, un record.

Quand partir

Arequipa

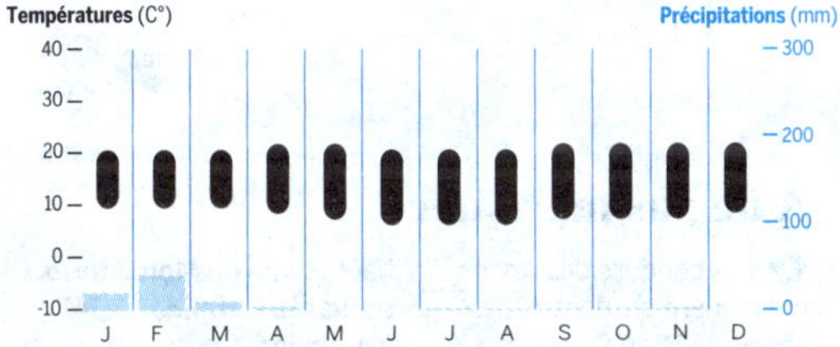

Mars-avr Défilé de la Semana Santa à Arequipa ; comparable à ceux de l'ancienne puissance coloniale.

Avr-déc Randonnée dans les canyons du Colca et du Cotahuasi en dehors de la saison des pluies.

Juin-sept Meilleure période pour voir des condors des Andes planer au-dessus du Cañón del Colca.

AREQUIPA

054 / 864 300 HABITANTS / ALTITUDE 2 350 M

Si Arequipa passe après Cuzco et Machu Picchu sur la carte touristique du Pérou, cela ne semble pas affecter les habitants. Des Péruviens disent en plaisantant qu'il faut un autre passeport pour entrer dans la seconde ville du pays, dix fois moins grande que Lima mais sur un pied d'égalité en termes d'importance historique, d'assurance et de tradition culinaire. Gardée par trois volcans spectaculaires, Arequipa bénéficie d'un cadre splendide mais dangereux ; des tremblements de terre secouent régulièrement la région et le dernier, en 2001, a provoqué de sérieux dégâts. Par chance, l'architecture urbaine, un splendide ensemble

À ne pas manquer

1 Les condors des Andes qui planent au-dessus des parois à pic du **Cañón del Colca** (p. 160)

2 Une randonnée hors des sentiers battus dans le **Cañón del Cotahuasi** (p. 167)

3 Un aperçu de la vie monastique derrière les hauts murs du **Monasterio de Santa Catalina** (p. 141) à Arequipa

4 Un repas traditionnel dans l'une des **picanterías** d'Arequipa (p. 152)

5 L'ascension du cône parfaitement symétrique du **volcano El Misti** (p. 159)

6 La dépouille gelée de Juanita au **Museo Santuarios Andinos** (p. 142)

7 La recherche de la signification des **pétroglyphes de Toro Muerto** (p. 166)

d'édifices baroques-*mestizos* en *sillar*, une roche blanche locale, a bien résisté jusqu'à présent. Le centre historique a été classé au patrimoine mondial de l'Unesco en 2000. Sa gigantesque cathédrale, avec El Misti qui se dresse à 5 825 m en toile de fond, justifie à elle seule la visite. La ville a par ailleurs joué un rôle fondamental dans le renouveau gastronomique du pays ; des plats épicés classiques comme le *rocoto relleno*, le *chupe de camarones* et l'*ocopa*, excellents dans les *picanterías* locales, proviennent tous d'ici. Fiers, les *Arequipeños* adorent discuter, en particulier de politique, et expriment leurs convictions par des manifestations régulières sur la Plaza de Armas. Arequipa est aussi la ville natale de l'un des plus grands romanciers latino-américains, Mario Vargas Llosa, candidat malheureux aux élections présidentielles de 1990.

Histoire

Des preuves d'installation pré-inca de peuples indigènes de la région du lac Titicaca conduisent des chercheurs à penser que les Aymara donnèrent son nom à la ville – *ari* signifie "pic" et *quipa* "situé derrière" en aymara ; Arequipa serait "l'endroit derrière le pic" d'El Misti. Toutefois, selon une légende, le quatrième *inca* (roi), Mayta Cápac, aurait traversé la vallée et, émerveillé, aurait ordonné à sa suite de s'arrêter en disant : *"Ari, quipay."* ("Oui, restons.") Les Espagnols redécouvrirent la cité le 15 août 1540, une date commémorée par une semaine de festivités.

Construite dans une région sujette aux catastrophes naturelles, Arequipa fut entièrement détruite par des séismes et des éruptions volcaniques en 1600, puis de nouveau secouée par des tremblements de terre en 1687, 1868, 1958, 1960 et 2001. En raison de cette menace, les constructions sont généralement basses pour une meilleure stabilité. Malgré les désastres, nombre des beaux édifices historiques subsistent.

À voir

Monasterio de Santa Catalina MONASTÈRE, MUSÉE

(☎22-9798 ; www.santacatalina.org.pe ; Santa Catalina 301 ; 35 S ; ⏲9h-17h, dernière entrée 16h, plus 19h-21h mar et jeu). Ce couvent compte parmi les édifices religieux les plus fascinants du pays. Entouré de hauts murs, ce complexe de 20 000 m² occupe un pâté de maisons et forme presque une citadelle au cœur de la ville. Il fut fondé en 1580 par une riche veuve, doña María de Guzmán.

Vous pouvez explorer Santa Catalina en indépendant, quitte à vous perdre un peu (un plan miniature figure au dos des billets), ou louer les services d'un des guides compétents, qui parlent diverses langues dont le français. Après la visite guidée (1 heure environ, 20 S), vous pourrez flâner à votre guise jusqu'à la fermeture. Le couvent ouvre également deux soirs par semaine pour que les visiteurs le découvrent à la lueur des bougies, comme les nonnes au temps jadis.

En indépendant, mieux vaut concentrer la visite sur les trois **cloîtres** principaux. L'arche *silencio* débouche sur le **cloître des novices**, où un hévéa pousse au centre de la cour. Après avoir franchi l'arche, les futures religieuses ne devaient plus prononcer un mot et consacrer leur vie au travail et à la prière. Après 4 ans de noviciat, durant lesquels la famille payait une dot annuelle de 100 pièces d'or, elles pouvaient prononcer leurs vœux ou choisir de quitter le couvent, au risque de déshonorer leur famille.

Après leurs vœux, les nonnes passaient dans le **cloître des orangers**, ainsi appelé à cause de ses orangers qui symbolisent le renouveau et la vie éternelle. De celui-ci, on peut jeter un coup d'œil dans la **salle de Profundis**, une chambre mortuaire où l'on veillait les sœurs décédées. Des peintures des défuntes ornent les murs ; les artistes disposaient de 24 heures pour peindre ces portraits, car il n'était pas question de représenter les nonnes de leur vivant.

Partant du cloître des orangers, la **rue Córdova** est bordée de cellules qui accueillaient une ou plusieurs religieuses, ainsi que leurs servantes ; d'austères à luxueuses, elles reflétaient la fortune des occupantes. La **rue Toledo** conduit au café, qui sert pâtisseries et expressos, puis aboutit aux lavoirs, alimentés par l'eau de la montagne qui se déversait dans d'énormes jarres en terre.

En descendant la **rue Burgos** vers le resplendissant clocher en *sillar* de la cathédrale, les visiteurs peuvent entrer dans la cuisine commune, sombre et humide, qui servait d'église jusqu'à la réforme de 1871. Juste après se trouve la **place Zocodober** (du mot arabe signifiant "troc"), où les religieuses se réunissaient le dimanche pour échanger les produits qu'elles fabriquaient, tels que savons et pâtisseries. Plus loin sur

JUANITA, "LA JEUNE FILLE DES GLACES"

En 1992, Miguel Zárate, un alpiniste péruvien, guidait une expédition sur le Nevado Ampato (6 310 m), lorsqu'il découvrit près du sommet de curieux fragments de bois évoquant un site funéraire. En septembre 1995, il persuada l'archéologue-alpiniste américain Johan Reinhard d'effectuer l'ascension ; de récentes éruptions du proche volcan Sabancaya avaient couvert de cendres le Nevado Ampato, faisant fondre la neige et dévoilant le site. Dès leur arrivée, ils trouvèrent une statue et des offrandes, mais aucun corps car la maçonnerie s'était effondrée. Ils firent rouler des rochers le long de la pente et, en les suivant, Zárate repéra la momie d'une jeune Inca qui avait dévalé la montagne lorsque sa sépulture de glace s'était dissoute.

Grâce aux températures glaciales, le corps enveloppé de la fillette était demeuré presque intact pendant quelque 500 ans. Il fut évident d'après l'emplacement de la tombe et le cérémonial qui avait entouré son décès (ainsi que son arcade sourcilière droite enfoncée) que cette fille de 12 à 14 ans avait été sacrifiée au sommet du volcan. Les Incas considéraient les montagnes comme des dieux qui pouvaient tuer par des éruptions volcaniques, des avalanches et des catastrophes climatiques ; ils tentaient de les apaiser par des sacrifices humains, notamment d'enfants.

Les alpinistes mirent des jours à descendre le corps gelé au village de Cabanaconde, où il fut placé dans le congélateur de Zárate pour le transporter à l'Universidad Católica (université catholique) d'Arequipa afin de subir une batterie d'examens scientifiques. Rapidement surnommée "Juanita, la jeune fille des glaces", la momie possède son propre musée depuis 1998 (Museo Santuarios Andinos ; voir ci-dessous). Au total, plus de 20 victimes de sacrifices incas ont été découvertes sur divers sommets andins depuis les années 1950.

la gauche se tient la **cellule** de la légendaire Sor Ana, réputée pour l'exactitude de ses prédictions et les miracles qu'elle aurait accomplis jusqu'à sa mort en 1686.

Enfin, le **cloître majeur** est bordé d'un côté par la **chapelle** et de l'autre par la **galerie d'art**, jadis un dortoir. En forme de croix, ce dernier abrite des peintures murales illustrant la vie de Jésus et de la Vierge.

♥ Museo Santuarios Andinos MUSÉE

(☎20-0345 ; www.ucsm.edu.pe/santury ; La Merced 110 ; 20 S ; ⏲9h-18h lun-sam, 9h-15h dim). Une ambiance théâtrale règne dans ce musée, dédié au corps conservé d'une "momie" gelée. La visite guidée obligatoire (1 heure ; en espagnol, français et anglais) débute par un documentaire de 20 minutes sur la découverte de Juanita, "la jeune fille des glaces", au sommet du Nevado Ampato en 1995. Ensuite, les guides, des étudiants de l'université, vous conduisent dans des salles faiblement éclairées qui contiennent des artefacts trouvés au cours de l'expédition. La scénographie vaguement macabre culmine avec la dépouille de la fillette inca de 12 ans, sacrifiée aux dieux dans les années 1450 et aujourd'hui préservée dans une vitrine réfrigérée.

Plaza de Armas PLACE

Épargnée d'ajouts modernes, la grand-place d'Arequipa constitue un musée d'architecture en *sillar*, à l'esthétique unique. Des bâtiments blancs aux imposants balcons à colonnades la bordent sur trois côtés. Le quatrième est occupé par la plus grande cathédrale du pays et ses deux hautes tours. Elle semble pourtant minuscule comparée aux deux sentinelles enneigées d'El Misti et du Chanchani, visibles de divers endroits de la place centrale.

GRATUIT **La Catedral** CATHÉDRALE

(⏲7h-11h30 et 17h-19h30 lun-sam, 7h-13h et 17h-19h). L'histoire de la cathédrale, qui domine la Plaza de Armas, témoigne de l'opiniâtreté des habitants. L'édifice d'origine (1656) fut détruit par un incendie en 1844. Reconstruite, la cathédrale fut dévastée par le tremblement de terre de 1868, puis de nouveau rebâtie. Un séisme en 2001 renversa l'une des énormes tours, tandis que l'autre gîtait dangereusement. À la fin de l'année suivante, l'église avait retrouvé son lustre.

La cathédrale est la seule du pays à occuper une place sur toute sa longueur. L'intérieur, simple, spacieux et lumineux, comprend de hautes voûtes sans fioritures.

Arequipa

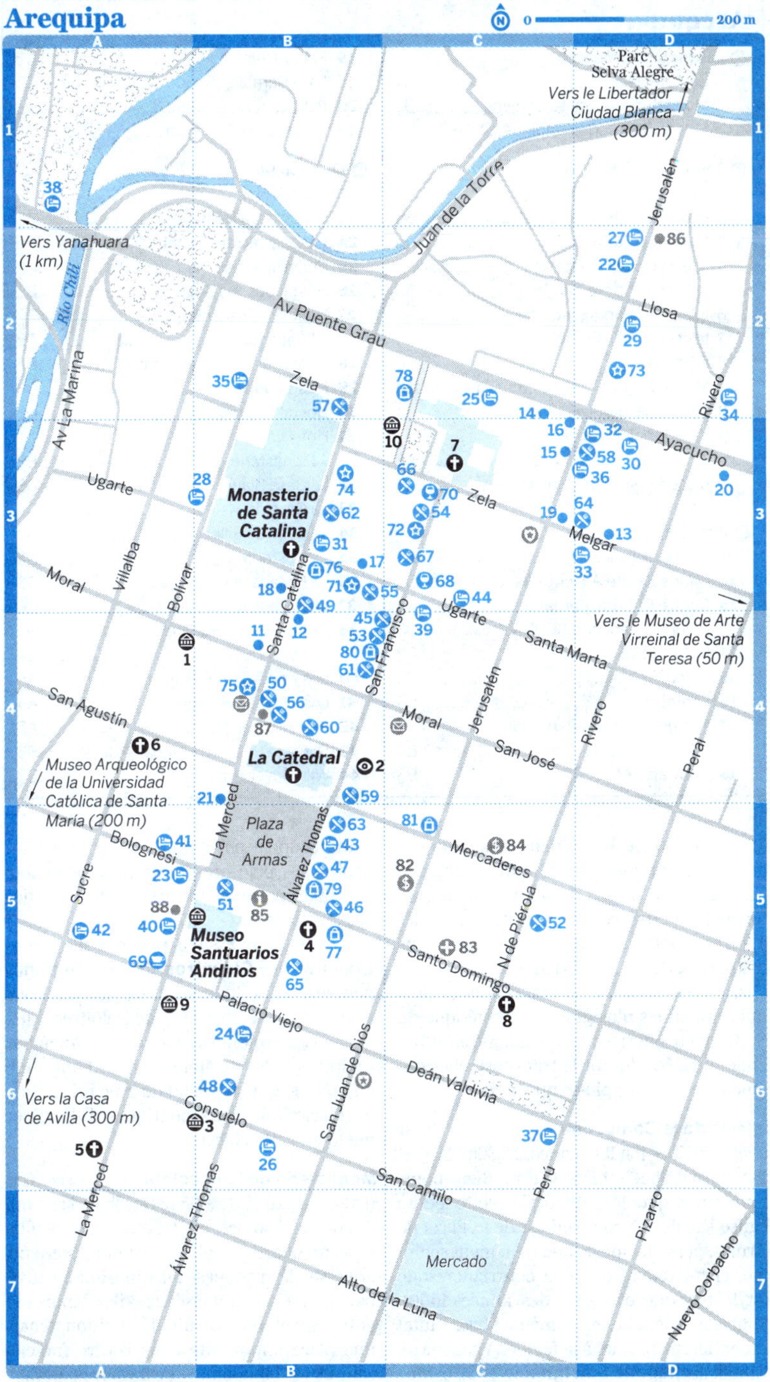
0
200 m
Parc
Selva Alegre
Vers le Libertador
Ciudad Blanca
(300 m)
Vers Yanahuara
(1 km)
Río Chili
Av La Marina
Juan de la Torre
Jerusalén
Av Puente Grau
Llosa
Zela
Rivero
Ayacucho
Ugarte
Monasterio
de Santa
Catalina
Melgar
Moral
Villalba
Bolívar
Santa Catalina
San Francisco
Vers le Museo de Arte
Virreinal de Santa
Teresa (50 m)
Santa Marta
San Agustín
Jerusalén
Rivero
San José
Peral
La Catedral
Museo Arqueológico
de la Universidad
Católica de Santa
María (200 m)
La Merced
Plaza
de
Armas
Álvarez Thomas
Bolognesi
Mercaderes
Sucre
Museo
Santuarios
Andinos
N de Piérola
Santo Domingo
Palacio Viejo
San Juan de Dios
Deán Valdivia
Vers la Casa
de Avila (300 m)
Consuelo
San Camilo
La Merced
Álvarez Thomas
Perú
Pizarro
Nuevo Corbacho
Mercado
Alto de la Luna

Arequipa

Les incontournables
- La Catedral B4
- Monasterio de Santa Catalina B3
- Museo Santuarios Andinos B5

À voir
- 1 Casa de Moral A4
- 2 Casa Ricketts B4
- 3 Casona Editora Perú B6
- 4 Iglesia de La Compañía B5
- 5 Iglesia de La Merced A6
- 6 Iglesia de San Agustín A4
- 7 Iglesia de San Francisco C3
- 8 Iglesia de Santo Domingo C6
- Museo Arqueológico Chiribaya ... (voir 10)
- 9 Museo de la Universidad Nacional de San Agustín (UNAS) A6
- 10 Museo Histórico Municipal C3

Activités
- 11 Al Travel Tours B4
- 12 Carlos Zárate Adventures B4
- 13 Centro Cultural Peruano Norteamericano (ICPNA) D3
- 14 CEPESMA C2
- 15 Colca Trek C3
- 16 Ecotours C3
- 17 Instituto Cultural Peruano Alemán B3
- 18 Naturaleza Activa B3
- 19 Pablo Tour C3
- Peru Camping Shop .... (voir 32)
- 20 ROCIO D3
- 21 Tours Class Arequipa B4

Où se loger
- 22 Casa Andina D2
- 23 Casablanca Hostal A5
- 24 Casona Terrace Hotel B6
- 25 Colonial House Inn C2
- 26 Hostal Casona Solar B6
- 27 Hostal El Descanso del Fundador D2
- 28 Hostal las Torres de Ugarte B3
- 29 Hostal Núñez D2
- 30 Hostal Solar D3
- 31 Hotel La Posada del Monasterio B3
- 32 La Casa Blanca D3
- 33 La Casa de Melgar D3
- 34 La Casa de Sillar D2
- 35 La Hostería B2
- 36 La Posada del Cacique D3
- 37 La Posada del Parque C6
- 38 La Posada del Puente A1
- 39 Le Foyer C4
- 40 Los Andes Bed & Breakfast A5
- 41 Los Tambos Hostal A5
- 42 Point Hostel A5
- 43 Sonesta Posada del Inca B5
- 44 Wild Rover Hostel C3

Moins de 100 basiliques dans le monde sont autorisées, comme elle, à déployer le drapeau du Vatican, disposé à droite de l'autel. L'autel et les douze colonnes (symbolisant les apôtres) sont en marbre d'Italie, l'énorme lustre de style byzantin vient d'Espagne et la chaire a été sculptée en France. Les orgues, qui seraient les plus grandes d'Amérique du Sud, ont été offertes par la Belgique en 1870 ; endommagées durant le transport, elles ont joué faux pendant plus d'un siècle.

Iglesia de la Compañía ÉGLISE
(⌚9h-12h30 et 15h-18h lun-ven, 11h30h-12h30 et 15h-18h sam, 9h-12h et 17h-18h dim). Bien moins imposante que la cathédrale, cette petite église jésuite, au coin sud-est de la Plaza de Armas, possède une façade richement sculptée, chef-d'œuvre de style churrigueresque (style baroque espagnol des années 1660). Tout aussi détaillé et de même style, l'autel est entièrement doré à la feuille. À gauche de l'autel, la **chapelle San Ignacio** (4 S), coiffée d'une coupole polychrome, comporte d'inhabituelles peintures murales de guerriers et d'anges parmi des fleurs, des fruits et des oiseaux tropicaux.

À côté et accessible par la Calle Santo Domingo, les **Claustros de la Compañía** poursuivent le thème. Cette double cour splendide est bordée de cloîtres aux gracieuses colonnes en *sillar* finement sculptées. Ils abritent aujourd'hui une élégante galerie marchande avec un caviste, un glacier, plusieurs boutiques d'alpaga et quelques cafés chics.

Monasterio de la Recoleta MONASTÈRE
(La Recoleta 117 ; 5 S ; ⌚9h-12h et 15h-17h lun-sam). À courte distance en taxi du centre-ville, dans un quartier malfamé, ce monastère fut érigé sur la rive ouest du Río Chili en 1648 par des moines franciscains ; il a depuis été entièrement reconstruit. L'érudition tenait une place importante dans l'ordre franciscain et les bibliophiles s'extasieront devant

Où se restaurer

	Café Casa Verde	(voir 58)
45	Cafe Fez-Istanbul	B4
46	Cafe Restaurant Antojitos de Arequipa	B5
47	Cafe y Más	B5
48	Cevichería Fory Fay	B6
	Chicha	(voir 76)
49	Crepisimo	B3
50	El Carpriccio	B4
51	El Super	B5
52	El Super	C5
53	El Turko	B4
54	El Viñedo	C3
55	Hatunpa	B3
56	Inkari Pub Pizzeria	B4
57	La Trattoria del Monasterio	B2
58	Lakshmivan	D3
59	Manolo's	B4
60	Mixtos	B4
61	Nina-Yaku	B4
62	Ras El Hanout	B3
63	Restaurant on the Top	B5
64	Restaurante Gopal	D3
65	Ribs Cafe	B5
66	Zig Zag	C3
67	Zingaro	C3

Où prendre un verre

68	Brujas Bar	C3
69	Cusco Coffee Company	A5
70	Déjà Vu	C3
	Farren's Irish Pub	(voir 60)

Où sortir

71	Café Art Montréal	B3
72	Casona Forum	C3
73	La Quinta	D2
74	Las Quenas	B3
75	Zoom	B4

Achats

76	Casona Santa Catalina	B3
77	Claustro de la Campañía	B5
78	Fundo El Fierro	C2
79	Galería de Artesanías 'El Tumi de Oro'	B5
80	Librería el Lector	B4
81	Patio del Ekeko	C5

Renseignements

82	BCP	C5
83	InkaFarma	C5
84	Interbank	C5
85	iPerú	B5
86	La Casa de Mamayacchi (bureau d'Arequipa)	D2

Transports

87	LAN	B4
	Peru Camping Shop	(voir 32)
88	Sky Airline	A5

l'immense bibliothèque, qui contient plus de 20 000 livres et cartes poussiéreux ; l'ouvrage le plus ancien date de 1494. Elle ouvre pour des visites surveillées ; renseignez-vous à l'entrée. Un musée réputé présente des artefacts amazoniens, dont des animaux naturalisés, collectés par des missionnaires, ainsi qu'une vaste collection d'objets précolombiens et d'art sacré de l'*esquela cuzqueña* (école de Cuzco). Des guides qui parlent français et d'autres langues sont disponibles ; un pourboire est attendu.

Museo de Arte Virreinal de Santa Teresa MUSÉE

(Melgar 303 ; 10 S ; 9h-17h lun-sam, 9h-13h dim). Ce somptueux couvent de carmélites du XVIIe siècle a été transformé en musée il y a quelques années. Les bâtiments de l'époque coloniale sont réputés, à juste titre, pour leurs murs joliment peints et leurs salles restaurées, remplies d'objets d'art votifs inestimables, de peintures murales, d'objets précieux en métal, de tableaux et d'autres artefacts historiques. Des étudiants bien informés proposent des visites guidées, en français et dans d'autres langues ; les pourboires sont appréciés. Une jolie boutique vend des friandises et des savons à la rose fabriqués par les religieuses.

Casa de Moral ÉDIFICE HISTORIQUE

(Moral 318 ; 5 S ; 9h-17h lun-sam). Construite en 1730, cette demeure de style baroque *mestizo* doit son nom au mûrier bicentenaire qui orne sa cour centrale. Propriété de la banque BCP depuis 2003, elle sert essentiellement de musée, avec des cartes anciennes, de gros meubles, de l'art sacré et une collection de monnaies et de billets. Explications en espagnol et en anglais.

GRATUIT **Casa Ricketts** ÉDIFICE HISTORIQUE

(Casa Tristán del Pozo ; San Francisco 108 ; 9h15-12h45 et 16h30-18h30 lun-ven, 9h30-12h45 sam). Datant de 1738, cet édifice ouvragé fut

VAUT LE DÉTOUR

YANAHUARA

Accessible à pied, le paisible quartier de Yanahuara constitue une agréable escapade du centre d'Arequipa. Suivez vers l'ouest l'Avenida Puente Grau qui franchit le Puente Grau (pont Grau) et continuez dans l'Avenida Ejército sur 6 *cuadras*. Tournez à droite dans l'Avenida Lima et parcourez 5 *cuadras* jusqu'à une petite place où se dresse l'**Iglesia San Juan Bautista** (entrée libre), qui date de 1750. Elle abrite la Virgen de Chapi depuis que le séisme de 2001 a détruit l'église qui lui était dédiée. La Fiesta de la Virgen de Chapi, très populaire, a lieu le 1er mai. Sur le côté de la place, un mirador offre une vue superbe sur la ville et El Misti.

Revenez le long de l'Avenida Jerusalén, parallèle à l'Avenida Lima, et, juste avant l'Avenida Ejército, vous trouverez le fameux restaurant Sol de Mayo (p. 153), où vous pourrez savourer une cuisine *arequipeña* typique. Comptez environ 2 heures pour la marche aller-retour ; sinon, des *combis* (minibus) à destination de Yanahuara passent dans l'Avenida Puente Grau très régulièrement (1 S, 10 min), et retournent de la place de Yanahuara au centre-ville.

successivement un séminaire, un palais épiscopal, une école et la demeure de familles aisées, avant de devenir la plus belle banque de la ville, voire du pays. Allez jeter un coup d'œil à ses deux cours intérieures avec des fontaines à têtes de puma.

La Mansión del Fundador ÉDIFICE HISTORIQUE
(10 S ; ⏲9h-18h). Cette demeure du XVIIe siècle appartenait jadis au fondateur d'Arequipa, Garcí Manuel de Carbajal. Aujourd'hui restaurée avec ses meubles et ses peintures d'origine, elle comprend sa propre chapelle. Elle se situe dans le village de Huasacache, à 9 km du centre-ville, plus facilement accessible en taxi (aller-retour 20 S). Des visites guidées de la ville y font parfois halte.

Iglesia de San Francisco ÉGLISE
(Zela cuadra 1 ; 5 S ; ⏲église et couvent 9h-12h30 et 15h-18h30 lun-ven). Construite au XVIe siècle, cette église a été endommagée par plusieurs tremblements de terre, comme en témoigne une large fissure dans la coupole. Parmi les autres églises coloniales de la ville, citons San Agustín, La Merced et Santo Domingo.

Museo Arqueológico de la Universidad Católica de Santa María MUSÉE
(Cruz Verde 303 ; don à l'entrée ; ⏲9h-17h lun-ven). Géré par l'université, ce musée offre d'intéressantes expositions sur des sites de fouilles locaux, ainsi que quelques artefacts, dont d'anciennes céramiques étonnamment bien conservées. Visites guidées en espagnol et en anglais ; pourboire attendu.

Museo Histórico Municipal MUSÉE
(Plazuela San Francisco 407 ; 5 S ; ⏲9h-17h lun-sam, 9h-13h dim). Pédagogique à défaut d'être captivant, ce musée retrace l'histoire d'Arequipa et du Pérou à travers des salles dédiées à différentes époques : la période précolombienne, l'indépendance, la République et la guerre du Pacifique. Après la découverte des nombreux héros nationaux, entrez dans le **Museo Arqueológico Chiribaya** voisin (compris dans le même billet), qui possède une impressionnante collection d'artefacts de la civilisation pré-inca Chiribaya, dont des textiles bien conservés et les seuls objets en or pré-incas du sud du pays.

Museo de la Universidad Nacional de San Agustín (UNAS) MUSÉE
(Álvarez Thomas 200 ; 5 S ; ⏲9h-16h lun-ven). Autre petit musée géré par l'université, il est plus éclectique, passant des vestiges archéologiques aux meubles baroques et à l'art colonial de l'école de Cuzco.

GRATUIT **Casona Editora Peru** MUSÉE
(Consuelo 202 ; ⏲9h-12h). Dans une autre somptueuse demeure coloniale, ce musée rend hommage à *El Peruano*, fondé en 1825 par le légendaire Simón Bolívar et plus ancien journal d'Amérique latine toujours existant. Le musée présente de vieilles coupures de presse et quelques-unes jaunies. Une salle accueille des expositions d'art temporaires.

Activités

Arequipa est le centre de multiples activités, à réaliser dans les montagnes qui la bordent au nord et à l'est. Trekking, alpinisme et rafting sont les trois principales, mais il en existe bien d'autres.

Trekking et alpinisme

RENSEIGNEMENTS

Les canyons spectaculaires autour d'Arequipa offrent d'excellentes possibilités de trekking. Les agences peuvent organiser des itinéraires hors des sentiers battus en fonction de vos disponibilités et de votre forme physique.

Le trekking en indépendant s'effectue facilement et souvent dans le secteur fréquenté du Cañón del Colca. Si vous préférez partir avec un guide ou suivre des itinéraires plus difficiles, des dizaines de tour-opérateurs à Arequipa proposent des treks guidés.

De superbes montagnes propices à l'escalade entourent la ville. L'acclimatation à l'altitude est essentielle et mieux vaut passer quelque temps à Cuzco ou à Puno avant une ascension. La température, qui peut descendre jusqu'à -29°C dans les camps les plus élevés, nécessite des vêtements très chauds.

L'Association des guides de montagne du Pérou avertit que de nombreux guides sont inexpérimentés et non certifiés, et conseille aux alpinistes de bien se renseigner sur les premiers secours et les techniques de survie. La plupart des agences proposent des forfaits d'ascension, transport compris, dont les prix varient grandement selon la taille du groupe et la montagne. Pour un guide seul, le coût s'élève actuellement à 70 $US par jour.

QUAND PARTIR

Si l'on peut effectuer un trek toute l'année, la meilleure période (la plus sèche) s'étend d'avril à décembre.

CARTES

Pour des cartes de la région, adressez-vous à **Colca Trek** (☎20-6217, 9-60-0170 ; www.colcatrek.com.pe ; Jerusalén 401-B) à Arequipa, à l'Instituto Geográfico Nacional (voir p. 547) ou au South American Explorers Club (voir l'encadré p. 96) à Lima.

LOCATION D'ÉQUIPEMENT

Carlos Zárate Adventures (☎20-2461 ; www.zarateadventures.com ; Santa Catalina 204) et **Peru Camping Shop** (☎22-1658 ; www.perucampingshop.com ; Jerusalén 410) louent tentes, piolets, crampons, réchauds et chaussures.

Descente de rivière

Arequipa est l'une des premières bases du pays pour le rafting et le kayak. Nombre de descentes sont impraticables durant la saison des pluies (décembre-mars), quand les crues rendent les rivières dangereuses. Pour tout renseignement et conseil, consultez le site www.peruwhitewater.com (en anglais).

Le **Río Chili**, à 7 km d'Arequipa, est la rivière locale la plus empruntée, avec des sorties d'une demi-journée convenant aux débutants presque tous les jours d'avril à novembre (à partir de 35 $US). Plus loin, le **Río Majes**, dans lequel se jette le Río Colca, offre également des parcours relativement faciles. Les tronçons les plus souvent descendus comprennent des rapides de classes II et III.

Plus éloigné et moins recherché, le **Río Cotahuasi** séduira les plus téméraires ; il passe par les sections les plus encaissées du canyon le plus profond au monde. Ces expéditions rares, réservées aux rafteurs expérimentés, durent habituellement 9 jours et franchissent des rapides de classes IV et V. Le **Río Colca**, descendu pour la première fois en 1981, est un parcours dangereux et difficile, à ne pas entreprendre à la légère. Quelques tour-opérateurs organisent de temps à autre de coûteuses descentes en rafting. Il existe des sections plus faciles en amont du canyon.

VTT

La région d'Arequipa offre de multiples possibilités pour le VTT. La plupart des agences qui proposent treks et ascensions (voir plus haut) organisent aussi des descentes à VTT des volcans Chachani et El Misti, ainsi que des circuits sur mesure. Si vous êtes expérimenté et suffisamment fortuné, elles vous loueront des engins haut de gamme et vous fourniront des conseils avisés pour établir votre propre itinéraire. **Peru Camping Shop** (www.perucampingshop.com ; Jerusalén 410) loue des vélos standard pour 35 S la demi-journée, casque, gants et carte de la région compris. La boutique organise aussi des descentes à vélo aux abords d'El Misti pour 68 S la journée, transport inclus.

Cours

L'immersion est le meilleur moyen d'apprendre une langue. Arequipa compte de nombreuses écoles d'espagnol et offre de multiples possibilités de pratiquer en soirée avec des habitants.

CEPESMA LANGUE
(☎9-59-961-638 ; www.cepesmaidiomasceci.com ; Puente Grau 108). Cours de 2 à 8 heures par

COURS DE CUISINE

Si vous connaissez le nom de Gastón Acurio et si vous appréciez la cuisine péruvienne, n'hésitez pas à suivre un **cours de cuisine** à Arequipa. Guide local et chef qualifié, Miguel Fernández dirige Al Travel Tours (ci-dessous) et organise les **Peru Flavors** (50 S), des cours de cuisine de 4 heures ; vous apprendrez à préparer 3 entrées et plats de 3 différentes régions du pays : l'Amazonie, les Andes et la côte. Parmi les plats figurent le *rocoto relleno* (poivrons rouges farcis), le *lomo saltado* (sauté de bœuf avec oignons et poivrons) et le *chupe de camerones* (ragoût de crevettes).

Autre adresse prisée, la **Peruvian Cooking Experience** (www.peruviancookingexperience.com ; San Martín 116, Vallecito) est installée dans l'hôtel Casa de Avila (p. 151), à quatre *cuadras* au sud-ouest de la Plaza de Armas. Les cours de 3 heures (11h-14h ; 6 participants au maximum), en espagnol et en anglais, ont lieu les lundi, mercredi et vendredi et coûtent 45 S (35 S si vous logez dans l'hôtel). Vous y apprendrez à préparer le *ceviche*, à moins de lui préférer des recettes végétariennes.

jour (de 16 à 64 $US). Propose aussi des cours de cuisine, de danse et du bénévolat.

Juanjo LANGUE
(www.spanishlanguageperu.com ; 2e epata C-4, Urb Magisterial, Yanahuara). Recommandé par des voyageurs : cours particuliers ou en petits groupes à partir de 300 S par semaine. Séjours chez l'habitant et bénévolat possibles.

ROCIO LANGUE
(☎22-4568 ; www.spanish-peru.com ; Ayacucho 208). Comptez 18 S l'heure pour un cours particulier, ou 290 S pour 40 heures par semaine en petit groupe. Appuyez sur la sonnette 21 dans l'entrée commune.

Centro Cultural Peruano Norteamericano LANGUE
(ICPNA ; ☎39-1020 ; www.cultural.edu.pe ; Melgar 109). Outre de multiples activités culturelles (théâtre, musique, etc.), ce centre culturel américano-péruvien, installé dans une plaisante *casona* du centre-ville, enseigne l'espagnol aux étrangers moyennant 35 S le cours de 1 heure 30.

Instituto Cultural Peruano Alemán LANGUE
(ICPA ; ☎22-8130 ; www.icpa.org.pe ; Ugarte 207). Le centre culturel germano-péruvien offre des cours d'espagnol à des prix similaires dans le centre-ville.

Circuits organisés et guides

Dans Santa Catalina et Jerusalén, des dizaines d'agences de voyages offrent des visites de la ville et des excursions dans la région des canyons, généralement avec des départs quotidiens. Si certaines sont professionnelles, d'autres ne font que profiter de la situation ; soyez circonspect. N'acceptez jamais une excursion proposée par un rabatteur. Si possible, réglez en espèces, car des utilisations frauduleuses de cartes de crédit ont été signalées.

Le circuit standard de 2 jours au Cañón del Colca coûte de 65 à 225 S par personne, selon la saison, la taille du groupe et le degré de confort de l'hôtel à Chivay. Tous les circuits partent d'Arequipa entre 7h et 9h. Ils comprennent la Reserva Nacional Salinas y Aguada Blanca, Chivay, les sources thermales La Calera, une soirée dans une *peña* (club de musique folklorique) et la Cruz del Cóndor.

Excursions d'une journée

Al Travel Tours CIRCUITS CULTURELS
(☎22-2052 ; www.aitraveltours.com ; Santa Catalina 203). Le patron Miguel Fernández propose des excursions uniques, dont un "Reality Tour" (à partir de 40 S/pers selon la taille du groupe) dans un quartier pauvre de tailleurs de pierre à Arequipa. Une large part du prix est reversée aux coopératives ouvrières locales.

Tours Class Arequipa CIRCUITS EN BUS
(www.toursclassarequipa.com.pe ; Portal de San Agustín 103, Plaza de Armas). Ce circuit en bus à impériale (2/4 heures 35/45 S) constitue un moyen pratique de découvrir quelques sites à l'extérieur d'Arequipa. L'excursion Campiña (campagne) fait halte à Cayma, Yanahuara et à la Mansión del Fundador.

Trekking et alpinisme

Carlos Zárate Adventures TREKKING, AVENTURE
(☎20-2461 ; www.zarateadventures.com ; Santa Catalina 204). Cette agence a été fondée en 1954 par Carlos Zárate, le pionnier de l'alpi-

nisme à Arequipa. L'un de ses fils, Miguel, a découvert avec des archéologues Juanita, "la jeune fille des glaces", au sommet du mont Ampato en 1995. Guide expérimenté, un autre fils, Carlos Zárate Flores, dirige cette agence très professionnelle qui propose toutes sortes de treks et l'ascension des sommets locaux. Les prix varient selon la taille du groupe et le mode de transport. Comptez environ de 250 S par personne en groupe de quatre pour escalader El Misti et 365 S pour un trek de 3 jours dans le Cañón del Colca avec un véhicule privé. Les guides parlent espagnol ou anglais, mais aussi français sur arrangement préalable. L'agence loue toutes sortes d'équipements aux grimpeurs et randonneurs indépendants, dont piolets, crampons et chaussures de marche.

Colca Trek TREKKING, AVENTURE

(☎20-6217, 9-60-0170 ; www.colcatrek.com.pe ; Jerusalén 401-B). Colca Trek est une agence de circuits d'aventure, soucieuse de l'environnement, doublée d'une boutique, l'une des rares à vendre des cartes topographiques correctes de la région. Tenue par Vlado Soto, anglophone et bien informé, Colca Trek organise des treks, des ascensions, des circuits à VTT et du rafting ; elle fournit en outre des informations fiables à ceux qui veulent explorer la région en indépendant. Attention aux agences qui usurpent le nom de Colca Trek et/ou aux adresses Internet similaires au site officiel de l'agence.

Naturaleza Activa TREKKING, AVENTURE

(☎69-5793 ; Santa Catalina 211). Une adresse prisée des amateurs de circuits d'aventure, avec une gamme complète de treks, d'ascensions et de sorties à VTT. Les guides parlent français, anglais et allemand.

Pablo Tour TREKKING, AVENTURE

(☎20-3737 ; www.pablotour.com ; Jerusalén 400 AB-1). Constamment recommandés par des lecteurs, les guides de ce tour-opérateur sont des spécialistes du trekking et des circuits culturels dans la région. Ils fournissent aux randonneurs l'équipement et les cartes topographiques nécessaires.

Descente de rivière

Casa de Mauro RAFTING

(☎9-59-336-684 ; www.lacasademaurotoursperu.com ; Ongoro Km 5). Ce camp de base pratique pour le rafting sur le Río Majes se situe dans le village d'Ongoro, à 190 km à l'ouest d'Arequipa par la route. Le lodge offre des sorties de 1 à 3 heures pour rafteurs débutants ou expérimentés (60-240 S/pers), un camping (15 S/pers) et des chambres avec sdb (30 S/pers). Le moins cher consiste à prendre un bus Transportes del Carpio du *terminal terrestre* d'Arequipa jusqu'à Aplao (10 S, 3 heures, toutes les heures), puis un *combi* (1,50 S) ou un taxi (12 S) jusqu'à Ongoro.

Majes River Lodge RAFTING

(☎83-0297, 9-59-797-731 ; www.majesriver.com). Propose des descentes faciles de 1 heure (70 S) ou des sorties plus sportives de 3 heures avec des rapides de classe IV (120 S) sur le Río Majes. L'hébergement d'une nuit dans des bungalows avec douche chauffée à l'énergie solaire coûte 70/100 S en simple/double ; camping, repas d'écrevisses et excursions aux pétroglyphes de Toro Muerto sont également possibles. Prenez un taxi (10 S) ou un *combi* (1,50 S) à Aplao.

Ecotours CIRCUITS AVENTURE

(☎20-2562 ; Jerusalén 409). Établie depuis 20 ans, cette agence d'Arequipa organise des sorties d'une demi-journée sur les rapides de niveau II-IV du Río Chili (35 $US) et des excursions de 3 jours au Cañón del Colca (250 $US).

Fêtes et festivals

Semana Santa FÊTE RELIGIEUSE

Les *Arequipeños* affirment que leurs célébrations de la Semaine sainte sont similaires à celles de Séville en Espagne. Les processions des jeudi, vendredi et samedi saints, particulièrement pittoresques, s'achèvent parfois par l'embrasement d'une effigie de Judas.

Fiesta de la Virgen de Chapi FÊTE RELIGIEUSE

Arequipa se remplit aussi pour cette fête, célébrée le 1er mai dans le quartier de Yanahuara.

15 août CULTUREL

Défilés, danses, concours de beauté, concours d'escalade sur El Misti et autres manifestations commémorent en plusieurs jours la fondation de la ville. Le soir du 14 août, le feu d'artifice sur la Plaza de Armas mérite le détour.

Où se loger

Le centre d'Arequipa abrite des hôtels de toutes tailles et catégories. Dans ce secteur classé au patrimoine mondial de l'Unesco, beaucoup occupent de beaux bâtiments anciens aux murs épais en *sillar*. TV câblée et Wi-Fi gratuit constituent des prestations standard, sauf dans les établissements les moins chers. Le petit-déjeuner est habituellement compris, même s'il est frugal dans les hôtels bon marché. Les prix indiqués correspondent à la haute saison (juin-août), mais varient grandement, même durant cette période.

Hostal Casona Solar HÔTEL **$$**
(☎22-8991 ; www.casonasolar.com ; Consuelo 116 ; ch à partir de 104 S ; 📶). Vous vivrez comme un *caballero* de l'époque coloniale dans ce paisible "jardin secret", à trois *cuadras* de la grand-place. Les chambres majestueuses du XVIIIe siècle, en pierre *sillar*, comportent parfois une mezzanine. Le service est tout aussi exceptionnel (blanchissage dans la journée, réservations de bus, check-in aérien gratuit). À ce prix, la meilleure affaire de la ville, voire du pays.

Los Tambos Hostal HÔTEL DE CHARME **$$$**
(☎60-0900 ; www.lostambos.com.pe ; Puente Bolognesi 129 ; d 219-289 S ; ❄@📶). Contrastant avec l'architecture coloniale d'Arequipa, cet établissement moderne, à deux pas de la grand-place, justifie ses prix par un service bien au-dessus de la moyenne et des extras appréciables : bouteilles d'eau gratuites, chocolats sur l'oreiller, choix de savons parfumés, copieux petits-déjeuners et transferts gratuits depuis/vers l'aéroport ou la gare routière.

Casablanca Hostal HÔTEL **$$**
(☎22-1327 ; www.casablancahostal.com ; Puente Bolognesi 104 ; s/d/tr avec petit-déj 80/120/160 S ; @). Le voyageur à petit budget s'étonne de la qualité des prestations offertes : un emplacement privilégié au coin de la place principale, une superbe maçonnerie apparente en *sillar*, des chambres immenses, un service discret et le petit-déjeuner dans un joli café ensoleillé.

Libertador Ciudad Blanca HÔTEL DE LUXE **$$$**
(☎21-5110 ; www.libertador.com.pe ; Plaza Bolívar s/n, Selva Alegre ; ch 400-600 S, ste 500-775 S ; ❄@📶🏊). À 1 km au nord du centre-ville, le plus bel hôtel d'Arequipa se tient dans un jardin avec piscine et terrain de jeux. Il possède des chambres spacieuses, d'opulentes parties communes et un spa avec sauna, Jacuzzi et salle de remise en forme. Le restaurant tranquille sert un bon brunch dominical. Le parc Selva Alegre voisin est splendide, mais ne vous éloignez pas de la foule et évitez-le à la nuit tombée.

La Hostería HÔTEL **$$**
(☎28-9269 ; www.lahosteriaqp.com.pe ; Bolívar 405 ; s/d avec petit-déj 140/165 S ; 📶). Ce pittoresque hôtel colonial possède une cour fleurie, des chambres claires et calmes (avec minibar), de belles antiquités, une terrasse et un salon ensoleillés. Demandez une chambre à l'arrière pour éviter le bruit de la rue. Dans les étages supérieurs, des suites de style appartement (68 $US) bénéficient d'une vue splendide sur la ville. Les prix comprennent le transfert de l'aéroport.

Casona Terrace Hotel HÔTEL **$$**
(☎21-2318 ; www.hotelcasonaterrace.com ; Álvarez Thomas 211 ; s/d avec petit-déj buffet 120/170 S ; ❄@📶). Ouvert en 2012 dans une charmante maison coloniale, cet hôtel a opté pour la simplicité moderne plutôt que la splendeur d'antan. À une *cuadra* de la grand-place, il s'agrémente d'un toit-terrasse.

Casa Arequipa HÔTEL DE CHARME **$$**
(☎28-4219 ; www.arequipacasa.com ; Av. Lima 409, Vallecito ; s/d 150/235 S ; 📶). Dans une demeure coloniale rose bonbon nichée parmi les jardins du faubourg de Vallecito, ce B&B accueille volontiers les gays. Il compte une dizaine de chambres joliment décorées, avec des lavabos sur colonne, des meubles anciens et des couvertures en alpaga. Bar à cocktails convivial dans le hall.

La Casa de Melgar HÔTEL **$$**
(☎22-2459 ; www.lacasademelgar.com ; Melgar 108 ; s/d avec petit-déj buffet 120/150 $US ; 📶). Aménagé dans un édifice du XVIIIe siècle, cet hôtel offre tout le confort moderne sous de hauts plafonds voûtés. La décoration évoque une époque révolue et les patios en font une adresse romantique au cœur de la ville.

La Posada del Puente HÔTEL **$$$**
(☎25-3132 ; www.posadadelpuente.com ; Bolognesi 101 ; s/d 437/492 S ; @📶). Descendant jusqu'au fleuve, le vaste jardin de cet hôtel haut de gamme protège du bruit de la circulation. Les hôtes ont gratuitement accès aux équipements sportifs et à la piscine du Club Internacional voisin.

Sonesta Posada del Inca HÔTEL **$$$**
(☎21-5530 ; www.sonesta.com ; Portal de Flores 116 ; s/d/ste avec petit-déj 695/730/925 S ; ❄@📶🏊). Correct mais bien trop cher, le Sonesta possède une charmante terrasse avec une vue fabuleuse sur El Misti, mais sa décoration ne justifie pas les prix : rugueuse

moquette industrielle et canapés en cuir marron douteux dans les parties communes. Il faudrait envisager une rénovation ou baisser les prix.

La Casa Blanca HÔTEL $

(☎28-2218 ; Jerusalén 412 ; ch sans/avec sdb 35/70 S ; @ 📶). À ne pas confondre avec le Casablanca, cette "trouvaille" à prix raisonnables comprend un fantastique café-bar dans la cour en façade. Si les chambres sont plutôt sommaires, le personnel est sympathique et serviable.

La Casa de Sillar HÔTEL $

(☎28-4249 ; www.thecasadesillar.com ; Rivero 504 ; s sans/avec sdb 35/45 S, d 60/70 S ; @ 📶). Autre maison coloniale aux murs épais en *sillar*, cet hôtel sans prétention se distingue par ses prix attractifs. De grandes cartes et une énorme TV ornent le salon.

Wild Rover Hostel AUBERGE DE JEUNESSE $

(☎21-2830 ; www.wildroverhostels.com ; Calle Ugarte 111 ; dort à partir de 25 S ; @ 📶 🏊). Si vous éprouvez l'envie de vous régaler de saucisses-purée en compagnie de routards suédois dans le cadre d'un pub irlandais, le Wild Rover vous enchantera.

Le Foyer HÔTEL, AUBERGE DE JEUNESSE $

(☎28-6473 ; www.hlefoyer.com ; Ugarte 114 ; dort/s/d 25/35/55 S, s/d/tr avec sdb 50/65/90 S ; @ 📶). Cet hôtel bon marché rappelle La Nouvelle-Orléans avec la véranda qui entoure l'étage ; vous pourrez y prendre un petit-déjeuner standard en regardant l'animation de la Calle Jerusalén. Les chambres n'ont rien d'exceptionnel, mais la proximité de nombreux restaurants et de la vie nocturne (dont un bar mexicain au rez-de-chaussée) constitue un atout indéniable.

Los Andes Bed & Breakfast HÔTEL, B&B $

(☎33-0015 ; www.losandesarequipa.com ; La Merced 123 ; s/d 31/50 S, avec sdb 48/72 S ; @ 📶). Si les chambres immenses et la vaste cuisine commune évoquent un peu un hôpital, l'adresse est prisée des groupes d'alpinistes et des résidents en long séjour. Prix avantageux et multiples informations sur les activités de plein air.

Casa Andina HÔTEL DE CHARME $$$

(☎213-9739 ; www.casa-andina.com ; Jerusalén 603 ; s/d/ste 270/365/426 S ; ❄ @ 📶). Comme la plupart des établissements de cette chaîne, celui-ci a des allures d'hôtel de charme, mais semble un peu trop cher compte tenu du restaurant sombre, du service obséquieux et des chambres de style motel, agrémentées de touches de couleur. Le spa correspond plus aux prestations attendues, avec des massages à 90 S (1 heure).

La Posada del Parque HÔTEL, B&B $

(☎21-2275 ; www.parkhostel.net ; Deán Valdivia 238A ; dort/s/d 25/50/70 S ; @ 📶). L'accueil un peu froid se réchauffe rapidement dans ce B&B proche du marché. Une superbe terrasse avec vue sur El Misti surplombe les chambres hautes de plafond. Cuisine à disposition et cours d'espagnol sur place (6 S l'heure).

Point Hostel AUBERGE DE JEUNESSE $

(☎28-6920 ; www.thepointhostels.com ; Palacio Viejo 325 ; dort avec petit-déj 19-24 S ; @ 📶). C'est l'une des cinq auberges de jeunesse Point Hostel du Pérou. Celle-ci a récemment quitté le faubourg de Vallecito pour s'installer dans le centre-ville, à deux rues de la grand-place. Elle comporte toujours un bar et des tables de billard et convient plus à ceux qui souhaitent bavarder avec d'autres voyageurs qu'aux couche-tôt.

Hostel Núñez AUBERGE DE JEUNESSE $

(☎21-8648 ; www.hotel_nunez.pe ; Jerusalén 528 ; s/d 30/45 S, s/d/tr avec sdb 45/80/90 S, petit-déj compris ; @). Dans une rue bordée de pensions médiocres, cette auberge de jeunesse sûre et accueillante est toujours remplie d'étrangers. Les chambres colorées disposent d'une TV câblée, mais les simples sont un peu exiguës.

La Posada del Cacique HÔTEL $

(☎20-2170 ; Jerusalén 404 ; s/d/tr 30/50/60 S ; @ 📶). Installé au 1er étage, cet hôtel offre de grandes chambres ensoleillées, une cuisine commune bien équipée, de l'eau chaude en permanence et un paisible toit-terrasse. Les propriétaires, père et fils, sont des mines d'informations sur la région et réservent un accueil chaleureux.

Casa de Avila HÔTEL $$

(☎21-3177 ; www.casadeavila.com ; San Martín 116, Vallecito ; s/d/tr/qua 70/90/120/150 S ; @ 📶). Si le grand jardin intérieur ne suffit pas à vous séduire, le service sympathique et personnalisé y parviendra certainement. Cours d'espagnol et un cours de cuisine 3 fois par semaine (voir l'encadré p. 148) dans le jardin ensoleillé.

Colonial House Inn PENSION $

(☎22-3533 ; colonialhouseinn@hotmail.com ; Av. Puente Grau 114 ; s/d avec petit-déj 48/72 ; @). Une paisible maison coloniale un peu décrépie et un personnel charmant. Un toit-terrasse avec jardin et une vue splendide sur El Misti par temps clair.

Hostal Solar HÔTEL **$$**
(☎24-1793 ; www.hostalsolar.com ; Ayacucho 108 ; s/d 90/150 S ; 📶). Un établissement coquet, clair et spacieux, avec une décoration contemporaine. Les prix comprennent le transfert de l'aéroport et le petit-déjeuner buffet servi sur le toit-terrasse.

Hostal las Torres de Ugarte HÔTEL **$$**
(☎28-3532 ; www.hotelista.com ; Ugarte 401A ; s/d/tr avec petit-déj 96/128/144 S ; @📶). Un hôtel accueillant dans un secteur tranquille, derrière le Monasterio de Santa Catalina. Chambres impeccables avec TV et couvre-lits en laine colorés, mais couloirs bruyants. Les prix baissent considérablement en basse saison.

Hotel La Posada del Monasterio HÔTEL **$$**
(☎40-5728 ; www.posadadelmonasterio.com.pe ; Santa Catalina 300 ; s/d/tr avec petit-déj buffet à partir de 160/205/260 S ; @📶🏊). Dans une rue piétonne, cet hôtel, prisé des groupes de touristes européens, marie avec élégance l'ancien et le moderne. Les chambres offrent tout le confort attendu. Du toit-terrasse, le regard plonge dans le couvent Santa Catalina, de l'autre côté de la rue.

Posada Nueva España HÔTEL **$$**
(☎25-2941 ; www.nuespana.com ; Antiquilla 106, Yanahuara ; s/d/tr avec petit-déj 75/100/125 S ; @). Cette belle maison coloniale du XIXe siècle comprend une douzaine de chambres équipées de douches solaires. Elle se situe dans le faubourg de Yanahuara ; téléphonez pour qu'on vienne vous chercher gratuitement. Espagnol, français, allemand et anglais parlés.

Hostal El Descanso del Fundador HÔTEL **$**
(☎20-2341 ; www.eldescansodelfundador.com ; Jerusalén 605 ; s/d 70/80 S ; 📶). Cette charmante demeure bleu pâle en lisière du quartier colonial possède une atmosphère plus classique que les lourds édifices baroques plus au sud. Si les chambres sont un peu défraîchies, le service est attentif et souriant.

Où se restaurer

Pour vraiment découvrir la cuisine d'Arequipa, de sérieuses dégustations s'imposent. Commencez par les classiques, le *rocoto relleno* (poivron rouge farci) et le *chupe de camarones* (ragoût de crevettes), puis régalez-vous de plats inconnus à l'est de l'Amazone, comme le cochon d'Inde. Des restaurants haut de gamme bordent la Calle San Francisco, au nord de la Plaza de Armas, tandis que des cafés touristiques en terrasse se regroupent dans le Pasaje Catedral, derrière la cathédrale.

♥ **Zingaro** PÉRUVIEN, GRILL **$$**
(www.zingaro-restaurante.com ; San Francisco 309 ; plats 25-45 S ; ⏰12h-23h lun-sam). Dans un vieil édifice en *sillar* avec balcons en bois, vitraux et pianiste à l'œuvre, le Zingaro réalise des merveilles culinaires. Il revisite des classiques péruviens, comme les côtelettes d'alpaga, le *ceviche* ou le *cuy* (cochon d'Inde). À deux pas, un nouveau restaurant appartenant au même propriétaire (Lazos – Parrilla de Zingaro) se spécialise dans les grillades à la mode argentine avec le même talent.

Zig Zag PÉRUVIEN, EUROPÉEN **$$**
(☎20-6020 ; www.zigzagrestaurant.com ; Zela 210 ; plats 33-40 S ; ⏰12h-minuit). Haut de gamme sans être trop cher, ce restaurant péruvien aux accents européens occupe une maison coloniale de deux étages avec un escalier en métal conçu par Gustave Eiffel. Le menu classique est une sélection de viandes, servies sur un gril en pierre volcanique avec diverses sauces. Les fondues sont aussi excellentes. Certains affirment que ce restaurant est meilleur que le Chicha de Gastón Acurio.

Tradición Arequipeña PÉRUVIEN **$**
(☎42-6467 ; www.tradicionarequipena.com ; Av. Dolores 111 ; repas 18-40 S ; ⏰11h30-18h lun-ven, 11h30-1h sam, 8h30-18h dim). À 2 km au sud-est du centre (4 S en taxi), ce restaurant réputé au jardin labyrinthique propose de la musique live *folklórica* et *criolla*, et un petit-déjeuner dominical d'*adobo de cerdo*, un plat traditionnel de porc mijoté.

Chicha PÉRUVIEN, FUSION **$$$**
(☎28-7360 ; www.chicha.com.pe ; Santa Catalina 210 ; plats 26-58 S ; ⏰12h-minuit lun-sam, 12h-21h dim). Chef le plus célèbre du Pérou, Gastón Acurio possède cette table créative dont la carte ne s'éloigne jamais beaucoup des racines incas-hispaniques du pays. Si les écrevisses sont le plat favori en saison (avril-décembre), Acurio prépare les classiques péruviens – *tacu tacu*, *lomo saltado*, *ceviche* – avec autant de panache, de même

que de tendres burgers d'alpaga et des pâtes qui séduiraient l'Italien le plus difficile. Comme beaucoup d'adresses renommées, le Chicha suscite des opinions contraires entre les snobs et les puristes. Entrez dans sa belle salle coloniale et jugez par vous-même.

Crepisimo CRÊPERIE $
(www.crepisimo.com ; Alianza Francesa, Santa Catalina 208 ; plats 6-16 S ; ⏲8h-23h lun-sam, 12h-23h dim ; 📶). Dans un cadre colonial chic, la crêperie de l'Alliance française propose une centaine de garnitures pour ses crêpes salées ou sucrées, de la truite fumée chilienne aux fruits exotiques sud-américains, ainsi qu'un bon café.

Cafe Fez-Istanbul MOYEN-ORIENTAL $
(San Francisco 229 ; plats 6-11 S ; ⏲7h30-23h). En dépit de son nom, ce bar-restaurant branché propose une cuisine plus moyen-orientale que marocaine. Les falafels, dans une crêpe ou du pain, font partie des en-cas favoris, avec le houmous, les frites maison et divers sandwichs. L'ambiance est détendue et une mezzanine permet d'observer l'animation.

Nina-Yaku PÉRUVIEN, FUSION $$
(San Francisco 211 ; menus 35 S, plats 25-36 S ; ⏲15h-23h). Isolé du tumulte de la Calle San Francisco, le Nina-Yaku offre une atmosphère de raffinement feutré et d'abordables spécialités *arequipeñas*, comme le soufflé de brocolis, les pommes de terre en sauce Huatacay et les fettuccine au pesto avec de l'alpaga.

Ras El Hanout MAROCAIN $$
(www.raselhanout40.com ; Santa Catalina 300B ; plats 28-40 S). Dans ce restaurant détendu, vous pourrez vous régaler d'un tagine d'agneau ou de poulet, de keftas ou de brochettes ; un thé marocain accompagné de douceurs est servi de 16h à 18h30.

La Trattoria del Monasterio ITALIEN, FUSION $$
(☎20-4062 ; www.latrattoriadelmonasterio.com ; Santa Catalina 309 ; plats 18-33 S ; ⏲déj à partir de 12h tlj, dîner à partir de 19h lun-sam). Le péché de gourmandise s'est abattu sur le Monasterio de Santa Catalina. Élaborée avec le concours du chef Gastón Acurio, la carte de spécialités italiennes intègre les saveurs locales. Réservation indispensable.

La Nueva Palomino PÉRUVIEN $$
(Leoncio Prado 122 ; plats 14-29 S ; ⏲déj). Restaurant favori des habitants, cette *picantería* se tient dans le faubourg de Yanahuara, à 2 km au nord-ouest du centre-ville. L'ambiance peut devenir turbulente même en semaine, quand des familles ou des groupes d'amis viennent savourer des spécialités locales, généreusement accompagnées de *chicha de jora*.

Café y Más DESSERTS $
(Portal de Flores 122 ; pâtisseries 7-9 S). Ce petit café de la Plaza de Armas met à disposition 5 tables pour déguster de gros gâteaux sous les arcades coloniales.

El Charrua ARGENTIN $$
(☎34-6688 ; www.elcharrua.com ; Cuesta del Olivo 318 ; plats 30-50 S). Ce nouveau grill argentino-uruguayen, doté d'un bar à cocktails en bois sombre aux allures de club anglais, se situe dans le faubourg de Yanahuara, près de la verdoyante place Yanahuara. Sa terrasse bénéficie d'une vue splendide sur la ville, avec El Misti en toile de fond. La carte met l'accent sur les viandes, qui s'accompagnent parfaitement de malbec rouge. Les prix sont élevés.

El Tio Dario POISSON ET FRUITS DE MER $$
(☎27-0473 ; Callejon de Cabildo 100 ; plats 22-50 S). Si vous aimez le poisson et les jardins secrets, rejoignez en taxi ou à pied l'agréable faubourg de Yanahuara pour un festin de *ceviches* ou de poisson grillé dans un jardin fleuri avec vue sur le volcan. Le mirador de Yanahuara se trouve à 2 minutes de marche.

Hatunpa PÉRUVIEN $
(Ugarte 208 ; plats 7-12 S ; ⏲11h-22h lun-ven, 17h-23h sam). Avec seulement 4 tables et un jardin dédié à son ingrédient vedette, le Hatunpa, bien que peu prometteur, attire une clientèle croissante de fidèles. La raison ? Les pommes de terre proviennent du Pérou et les *Arequipeños* savent comment les améliorer avec des sauces et des garnitures originales. De plus, elles constituent un repas substantiel et bon marché.

Sol de Mayo PÉRUVIEN $$
(www.restaurantsoldemayo.com ; Jerusalén 207, Yanahuara ; menu 14 S, plats 18-47 S ; ⏲11h30-18h). Cette *picantería*, dans le faubourg de Yanahuara, sert une bonne cuisine péruvienne et offre de la *música folklórica* live tous les jours de 13h à 16h. Réservation indispensable. Vous pouvez combiner le repas avec une halte au mirador de Yanahuara (voir l'encadré p. 146).

Café Casa Verde CAFÉ $
(Jerusalén 406 ; en-cas 2-6 S ; ⏲8h-18h). Ce café à but non lucratif, aménagé dans une cour,

emploie des enfants défavorisés. Si le service peut être lent, l'endroit est plaisant pour une pause le matin ou l'après-midi en grignotant une pâtisserie allemande ou un sandwich. Les bénéfices de la boutique d'artisanat attenante servent aussi à aider les enfants.

Lakshmivan ASIATIQUE $
(Jerusalén 400 ; menus 4-6 S ; 9h-21h). Dans un bel édifice ancien doté d'une petite cour, vous aurez le choix entre divers menus et de nombreux plats à la carte, tous d'inspiration sud-asiatique.

Restaurante Gopal PÉRUVIEN, VÉGÉTARIEN $
(Melgar 101B ; menus 5 S, plats 4-11 S ; 8h-21h ;). Ce café végétarien sans prétention se spécialise dans les plats péruviens traditionnels avec des ersatz de viande, tel le *lomo saltado* sans viande.

Ribs Café GRILLADES, PETIT-DÉJEUNER $
(Álvarez Thomas 107 ; côtelettes et empanadas 5-18 S ; 8h-18h). Cette devanture surprenante prépare des côtelettes grillées avec un large éventail de sauces, du chocolat au miel-moutarde et au vin rouge, des *empanadas* (chaussons à la viande ou au fromage) et de copieux petits-déjeuners américains.

El Turko TURC $
(www.elturko.com.pe ; San Francisco 225 ; plats 6-14 S ; 7h-minuit dim-mer, 24h/24 jeu-sam). Cette petite enseigne d'une chaîne turque en pleine expansion sert des kebabs et des salades orientales jusque tard le soir, ainsi qu'un excellent café et des pâtisseries dans la journée.

Inkari Pub Pizzeria PIZZERIA $
(Pasaje Catedral ; pizzas à partir de 14 S ; 8h-minuit). Derrière la cathédrale, cette pizzeria séduit les Occidentaux et propose une formule *happy hour* avec une pizza et un verre de vin pour 14 S.

Manolo's PÉRUVIEN $
(Mercaderes 107 et 113 ; plats 10-30 S ; 7h30-minuit). Il existe deux Manolo's, à 20 m l'un de l'autre dans la Calle Mercaderes, une rue commerçante piétonne. Après une séance harassante de shopping, qui peut résister aux effluves de la machine à café et à la vitrine remplie de grosses parts de gâteau ?

Café Restaurant Antojitos de Arequipa CAFÉ $
(Moran cuadra 1 ; plats 14-32 S ; 24h/24). Au coin de la grand-place, il sert des spécialités locales simples et authentiques, sans concession pour les goûts des touristes. Choisissez le *rocoto relleno* ou n'importe quel plat avec des pommes de terre. Le Restaurant at the Top, un peu plus loin, propose la même carte à des prix légèrement plus élevés (en raison de la vue).

Mixtos ITALIEN, PRODUITS DE LA MER $
(Pasaje Catedral 115 ; plats 15-36 S ; 11h30-21h30). Niché dans la ruelle derrière la cathédrale de la Plaza de Armas, ce restaurant pittoresque et fréquenté sert essentiellement des plats de poisson italiens et *criollos*. Goûtez le copieux et parfumé *sudado de pescado* (ragoût de poisson) en profitant de la vue depuis le balcon.

Cevichería Fory Fay CEVICHE $$
(Álvarez Thomas 221 ; plats 20-25 S ; déj). Ce petit établissement aux tables bancales ne sert que d'excellents *ceviches* (poisson ou fruits de mer crus marinés dans du jus de citron vert), à arroser d'une bière (la limite par personne). Pour l'anecdote, Fory Fay est la transcription phonétique de "45" en anglais prononcé par les Péruviens.

El Viñedo PÉRUVIEN $$
(www.vinedogrill.com ; San Francisco 319 ; plats 20-50 S ; 12h-minuit). Cette institution de la Calle San Francisco, moins formelle qu'il n'y paraît, offre des spécialités locales plus ou moins réussies. Pour un aperçu, commandez l'assiette *Americano*, un assortiment de 5 plats à base de pommes de terre, dont l'*ocupa* (pommes de terre en sauce épicée) et le *pastel de papas* (gâteau de pommes de terre). La carte des vins comprend des crus sud-américains.

El Carpriccio CAFÉ $
(Santa Catalina 120 ; en-cas à partir de 10 S ; 9h-minuit ;). Café, gâteau de carotte et Wi-Fi : l'endroit où rédiger son blog de vacances.

El Super SUPERMARCHÉ $
(9h-14h et 16h-21h lun-ven, 9h-21h sam, 9h30-13h30 dim) ; Plaza de Armas (Portal de la Municipalidad 130) ; Piérola (N de Piérola, cuadra 1). Pour faire ses courses.

Où prendre un verre

Calme en semaine, la vie nocturne s'anime le week-end. De nombreux bars dans la Calle San Francisco offrent d'avantageuses *happy hours*.

Cusco Coffee Company CAFÉ
(La Merced 135 ; boissons 5-11 S ; 8h-22h lun-sam, 12h-19h dim ;). Si vous avez envie de

muffins aux pépites de chocolat, de grandes tasses de café crème et de canapés envahis d'utilisateurs du Wi-Fi, ce café de style Starbucks vous séduira.

Déjà Vu BAR
(San Francisco 319B ; 9h-tard). Avec un toit-terrasse qui surplombe l'église San Francisco, ce bar depuis toujours populaire propose une longue carte de cocktails délirants et un *happy hour* quotidien. Le soir, aussi bien en semaine que le week-end, des DJ chauffent l'ambiance.

Farren's Irish Pub PUB
(Pasaje Catedral ; 12h-23h). Derrière la cathédrale, ce pub irlandais est un paradis pour les touristes occidentaux : Guinness, plats de brasserie et retransmission de matchs de foot.

Brujas Bar BAR
(San Francisco 300 ; 17h-tard). Un pub de style nordique, orné de drapeaux britanniques, avec cocktails, *happy hour* et une clientèle d'habitants et d'expatriés bavards.

☆ Où sortir

La vie nocturne d'Arequipa se concentre dans le centre-ville. Nombre de fêtards arpentent la Calle San Francisco le vendredi ou le samedi après 21h. La *cuadra* 300, entre Ugarte et Zela, regroupe la plus forte concentration de boîtes branchées. Autre secteur chaud, l'Avenida Dolores, à 2 km au sud-est du centre (3 $ en taxi), est le haut lieu de la salsa et de la *cumbia* (musique de danse colombienne).

Café Art Montréal MUSIQUE LIVE
(Ugarte 210 ; 17h-1h). Ce petit bar enfumé et intime, où se produisent des musiciens, rappelle les repaires d'étudiants de la rive gauche parisienne.

Las Quenas MUSIQUE LIVE
(Santa Catalina 302 ; lun-sam). Exception à la règle, cette *peña* traditionnelle accueille des musiciens presque tous les soirs à partir de 21h. Si le genre musical varie, la *música folklórica* prédomine. Elle sert également une cuisine *arequipeña* correcte à partir de 20h.

La Quinta MUSIQUE LIVE
(Jerusalén 522 ; 10h-22h). Autre bonne adresse pour la cuisine locale et la *música folklórica*, avec des musiciens tous les jours en haute saison (juin-août), quand la salle se remplit à l'heure du déjeuner. Le reste de l'année, la musique live est irrégulière.

Casona Forum CLUB
(www.casonaforum.com ; San Francisco 317). Un pub (le Retro), un club de billard (le Zero), un salon-bar (le Chill Out), une boîte de nuit (le Forum) et un restaurant (le Terrasse) : cinq bonnes raisons de passer la soirée dans ce bâtiment en *sillar*.

Zoom CLUB
(Santa Catalina 111). À une rue de la grand-place, ce pub-club en étage fait danser une jeune clientèle le samedi à partir de 20h. Diverses sections permettent de choisir son recoin favori et d'éviter le karaoké.

Sports

Les *peleas de toros* (combats de taureaux) de style *arequipeño* sont moins sanglantes que les corridas. Elles opposent deux taureaux qui se disputent les faveurs d'une femelle jusqu'à ce que l'un d'eux s'avoue vaincu. Les combats ont lieu le dimanche d'avril à décembre, habituellement dans des stades à la périphérie de la ville ; renseignez-vous à votre hôtel. Les trois principaux se déroulent en avril, à la mi-août et début décembre (15 S).

Achats

Arequipa compte de multiples boutiques d'antiquités et d'artisanat, notamment dans les rues proches du Monasterio Santa Catalina. Des articles de qualité supérieure en alpaga, en vigogne et en cuir sont, avec d'autres objets artisanaux, ceux que vous trouverez le plus couramment.

Casona Santa Catalina VÊTEMENTS, SOUVENIRS
(www.santacatalina-sa.com.pe ; Santa Catalina 210 ; 10h-18h pour la plupart des boutiques). Ce complexe touristique sélect abrite quelques boutiques de grandes marques d'exportation, comme Sol Alpaca et Biondi Piscos.

Patio del Ekeko VÊTEMENTS, SOUVENIRS
(21-5861 ; www.patiodelekeko.com ; Mercaderes 141 ; 10h-21h lun-sam, 11h-20h dim). Cette luxueuse galerie marchande propose de coûteux articles de qualité : lainages en alpaga et vigogne, bijoux, céramiques et autres souvenirs artistiques.

Galería de Artesanías "El Tumi de Oro" MARCHÉ D'ARTISANAT
(126 Portal de Flores ; 10h-18h). Un petit marché d'artisans sous les arcades de la Plaza de Armas.

Fundo El Fierro MARCHÉ D'ARTISANAT

Le premier marché d'artisanat de la ville occupe une belle cour coloniale en *sillar* près de l'église San Francisco. Vêtements, peintures, objets décoratifs et bijoux prédominent, mais on trouve également de rares tapis en alpaga de Cotahuasi. Une foire artisanale se tient dans la cour durant le mois d'août.

Librería el Lector LIVRES

(San Francisco 221 ; ⌚9h-12h lun-sam). Échange de livres en anglais (deux pour un) et excellente sélection d'ouvrages sur le Pérou, de guides de voyage et de CD.

Renseignements

Accès Internet

La plupart des cybercafés facturent environ 1,50 S l'heure. Nombre d'entre eux proposent aussi des appels locaux et internationaux bon marché. Tous les hôtels sauf les moins chers offrent le Wi-Fi gratuit, ainsi que nombre de cafés.

Argent

Des changeurs et des DAB se tiennent dans les rues à l'est de la Plaza de Armas. Des DAB internationaux sont installés dans la plupart des secteurs fréquentés par les voyageurs, notamment dans la Casona Santa Catalina, la gare routière et l'aéroport.

Les banques ci-dessous changent les chèques de voyage américains.

BCP (San Juan de Dios 125). Possède un DAB Visa et change les dollars américains.

Interbank (Mercaderes 217). DAB international.

Désagréments et dangers

Les vols étant fréquents, il est recommandé de dissimuler les objets de valeur. Surveillez vos affaires dans les restaurants et les cybercafés. Si le quartier au sud de la Plaza de Armas est réputé sûr le soir, évitez de flâner en dehors des secteurs touristiques à la nuit tombée. Faites très attention dans le Parque Selva Alegre, au nord du centre-ville, où des agressions ont eu lieu. Plutôt que héler un taxi dans la rue, demandez à votre hôtel ou tour-opérateur d'en appeler un agréé ; la sécurité justifie le supplément de temps et d'argent. Réservez une excursion dans une agence connue et ne faites jamais confiance aux rabatteurs qui vous abordent dans la rue ; ils soutirent de l'argent à un nombre étonnamment élevé de voyageurs.

Immigration

Oficina de Migraciónes (bureau de l'immigration ; ☎42-1759 ; Parque 2, angle Bustamente et Rivero, Urb Quinta Tristán ; ⌚8h-15h30 lun-ven). Prorogation de visa.

Offices du tourisme

Indecopi (☎21-2054 ; Hipólito Unanue 100A, Urb Victoria ; ⌚8h30-16h lun-ven). L'organisme national de protection des touristes s'occupe des plaintes contre les sociétés locales, y compris les tour-opérateurs et les agences de voyages.

iPerú aéroport (☎44-4564 ; 1er ét., hall central, Aeropuerto Rodríguez Ballón ; ⌚10h-19h30) ; Plaza de Armas (☎22-3265 ; iperuarequipa@promperu.gob.pe ; Portal de la Municipalidad 110 ; ⌚8h30-19h30). Cet office du tourisme gouvernemental fournit des informations objectives sur les sites de la ville et de la région.

Poste

DHL (☎22-5332 ; Santa Catalina 115 ; ⌚8h30-19h lun-ven, 9h-13h sam)

Poste principale (Moral 118 ; ⌚8h-20h lun-sam, 9h-13h dim)

Services médicaux

Clínica Arequipa (☎25-3424, 25-3416 ; Bolognesi et Puente Grau ; ⌚8h-20h lun-ven, 8h-12h30 sam). La meilleure clinique d'Arequipa, et la plus chère.

Hospital Regional Honorio Delgado Espinoza (☎21-9702, 23-3812 ; Av. Daniel Alcides Carrión s/n ; ⌚24h/24). Service d'urgences 24h/24.

InkaFarma (☎20-1565 ; Santo Domingo 113 ; ⌚24h/24). L'une des plus grandes chaînes de pharmacies du pays ; bien approvisionnée.

Paz Holandesa Policlinic (☎43-2281 ; www.pazholandesa.com ; Av. Jorge Chávez 527 ; ⌚8h-20h lun-sam). Sur rendez-vous uniquement ; service de vaccination, médecins anglophones et néerlandophones. Les bénéfices financent des services médicaux gratuits pour les enfants péruviens défavorisés.

Urgences

Police touristique (Policía de Turismo ; ☎20-1258 ; Jerusalén 315-317 ; ⌚24h/24). Utile si vous avez besoin d'une déclaration officielle pour votre assurance en cas de vol.

Depuis/vers Arequipa

Avion

L'**aéroport international Rodríguez Ballón** (code AQP ; ☎44-3458) se situe à 8 km au nord-ouest du centre d'Arequipa.

LAN (☎20-1224 ; www.lan.com ; Santa Catalina 118C) offre des vols quotidiens pour Lima et Cuzco. **Sky Airline** (☎28-2899 ; www.skyairline.cl ; La Merced 121) dessert aussi Arica et Santiago du Chili.

Bus

Les bus de nuit sont pratiques pour rallier les destinations lointaines dans une ville aux liaisons aériennes limitées ; cependant, certains itinéraires sont sujets aux accidents, agressions et vols. Payer un peu plus pour un service de luxe se justifie souvent pour le confort et la sécurité. Faites très attention à vos affaires dans les bus les moins chers et ne placez rien dans les porte-bagages au-dessus des sièges. Sur les longues distances, emportez eau et provisions, utiles en cas de panne ou de grève.

LIAISONS INTERNATIONALES

De la gare routière de Terrapuerto, **Ormeño** (☎42-7788) offre 2 bus par semaine pour Santiago, au Chili (130 $US, 2 jours et demi), et 3 bus par semaine pour Buenos Aires, en Argentine (190 $US, 3 jours).

LIAISONS LONGUE DISTANCE

La plupart des compagnies de bus partent du *terminal terrestre* ou de la plus petite gare routière de Terrapuerto, qui se jouxtent dans l'Avenida Andrés Avelino Cáceres, à moins de 3 km au sud du centre-ville (5 S en taxi). Vérifiez à l'avance d'où part votre bus et surveillez vos affaires une fois sur place. Une taxe de départ de 1 S s'applique dans les deux gares. Toutes deux abritent des boutiques, des restaurants et des consignes. Plus chaotique, le *terminal terrestre* comprend aussi un DAB international et un office du tourisme.

Des dizaines de compagnies de bus disposent de comptoirs dans le terminal, aussi comparez les offres. Les prix indiqués dans l'encadré correspondent à la fourchette entre les bus super luxueux de **Cruz del Sur** (☎42-7375) et d'**Ormeño** (☎42-3855), avec sièges couchettes, et les bus standard de **Flores** (☎42-9905, 43-2228) ; cette dernière dessert davantage de destinations, dont Mollendo, Moquegua et Ilo.

LIAISONS RÉGIONALES

Nombre des bus pratiques pour visiter la région des canyons partent aussi du *terminal terrestre* et de Terrapuerto. La durée du trajet et les prix varient selon l'état des routes. Pendant la saison des pluies (décembre-avril), attendez-vous à des retards conséquents.

Andalucía (☎44-5089) et **Reyna** (☎43-0612) sont les meilleures compagnies qui desservent le Cañón del Colca (Cabanaconde et Chivay). Essayez de prendre le premier bus de jour, habituellement vers 5h, et si possible achetez vos billets à l'avance.

Pour Corire (10 S, 3 heures) et les pétroglyphes de Toro Muerto, Transportes del Carpio et Eros Tour proposent des bus toutes les heures dans la journée. De Corire, vous pouvez continuer jusqu'à Aplao, dans le Valle de Majes (10 S, 3 heures), pour du rafting. **Transportes Trebol** (☎42-5936) propose habituellement un bus qui part vers 16h et poursuit jusqu'à Andagua (25 S, 10-12 heures), pour visiter le Valle de los Volcanes. En sens inverse, il part d'Andagua pour Arequipa vers 17h30.

Pour le Cañón del Cotahuasi (30 S, 12 heures), Reyna offre un départ à 16h et **Transportes Alex** (☎42-4605), à 16h30.

BUS AU DÉPART D'AREQUIPA

DESTINATION	PRIX	DURÉE
Cabanaconde	17 S	6 heures
Camaná	45 S	7 heures
Chivay	15 S	3 heures
Cotahuasi	30 S	12 heures
Cuzco	25-126 S	9-11 heures
Ica	40-114 S	13-15 heures
Juliaca	15-72 S	6 heures
Lima	50-144 S	14-16 heures
Mollendo	15 S	2 heures
Moquegua	18 S	4 heures
Nazca	40-144 S	10-12 heures
Pisco	40-144 S	15 heures
Puno	15-72 S	6 heures
Tacna	20-57 S	6 heures

Comment circuler

Depuis/vers l'aéroport

Aucun bus ne dessert l'aéroport. Un taxi officiel du centre-ville à l'aéroport coûte environ 15 S. Vous pouvez aussi prendre un *combi* signalé "Río Seco" ou "Zamacola" de l'Avenida Puente Grau et Ejército, qui vous déposera dans un quartier un peu perdu, à 700 m de l'entrée de l'aéroport. De l'aéroport, des *colectivos* (taxis collectifs) demandent environ 6 S par personne pour vous déposer à votre hôtel.

Bus

Des *combis* et des minibus suivent Bolívar vers le sud jusqu'au *terminal terrestre* (2 S, 20 min), à côté de la gare routière de Terrapuerto – un lent trajet via le quartier du marché.

Taxi

Il est souvent moins cher de louer un taxi qu'une voiture auprès d'une agence de voyages. **Tourismo Arequipa** (☎45-8888) et **Taxitel** (☎45-2020) font partie des compagnies de taxi locales. Un court trajet en ville coûte environ 3 S. La course entre la Plaza de Armas et les gares routières revient à 4 S. Si vous avez besoin d'un taxi, appelez de préférence une compagnie recommandée, car de nombreux voyageurs ont été arnaqués ou agressés par des chauffeurs de taxi. Si vous devez héler un taxi dans la rue, choisissez une berline de taille standard ou un break plutôt qu'un taxi jaune compact.

RÉGION DES CANYONS

Visiter Arequipa sans explorer le Cañón del Colca équivaut à découvrir Cuzco et négliger Machu Picchu. Si vous en avez le temps, nombre d'autres excursions méritent le déplacement, dont l'ascension du volcan El Misti, le rafting dans la vallée de Majes et les pétroglyphes de Toro Muerto, l'exploration du Valle de los Volcanes et le trekking dans le canyon le plus profond au monde à Cotahuasi. La plupart de ces endroits peuvent se rejoindre en combinant bus publics et marche. En groupe, vous pouvez partager la location d'un taxi ou d'un 4x4 avec chauffeur ; comptez plus de 150 $US pour un circuit de 2 jours.

Reserva Nacional Salinas y Aguada Blanca

Les circuits organisés dans le Cañón del Colca traversent bien trop vite l'une des plus belles **réserves** (☎054-25-7461 ; entrée libre ; ⏲24h/24) du sud du Pérou, un vaste territoire andin ponctué de dizaines de volcans, dont El Misti et le Chachani, et peuplé d'une faune de haute altitude. La route grimpe jusqu'à 4 910 m où, étourdi par l'oxygène raréfié, vous pourrez contempler d'étranges formations rocheuses érodées par le vent, emprunter d'anciens chemins incas et observer des vigognes courir à travers la pampa désolée à une vitesse qui peut atteindre 85 km/heure. Réserve nationale, Salinas y Aguada Blanca bénéficie d'une meilleure protection que le Cañón del Colca, avant tout parce que personne n'y vit, excepté quelques gardiens de lamas isolés. La réserve protège de nombreuses espèces de haute altitude, telles que des vigognes, des *tarucas envinados* (cerfs andins), des guanacos et divers oiseaux, dont des flamants.

D'AREQUIPA À CHIVAY

Patahuasi CARREFOUR

Hormis quelques fermes éparses, ce carrefour routier constitue la seule trace de civilisation entre Arequipa et Chivay et fait office de halte et de station-service pour les camions et les bus (des bus partent toutes les heures pour Puno, au sud-est). Quelques stands d'en-cas bordent la route poussiéreuse. À environ 1 km après l'embranchement vers Puno, **El Chinito** (en-cas à partir de 5 S) est l'endroit où les bus touristiques font halte pour le petit-déjeuner ; des boutiques d'artisanat jouxtent le restaurant. Un court trajet hors piste conduit au **Bosque de Piedras**, un ensemble surréaliste de rochers en forme de champignon, érodés par le vent, qui surplombe le Río Sumbay.

Pampa de Toccra POINT DE VUE

À une altitude moyenne d'environ 4 300 m, les hautes plaines (*pampa*) qui s'étendent entre El Misti/Chachani et le Cañón del Colca abritent une faune abondante, dont les quatre espèces de camélidés d'Amérique du Sud : lamas et alpagas domestiques, vigognes et guanacos sauvages. Vous verrez sûrement des vigognes au bord de la route dans la "Zona de Vicuñas" aux abords de Patahuasi, tandis que les guanacos sont plus farouches et rares. Plus loin, un lac marécageux et parfois gelé dans la Pampa de Toccra accueille en saison des flamants et d'autres oiseaux aquatiques. Un mirador est en construction à proximité. Au même endroit, le **Centro de Interpretación de la Reserva Nacional Salinas** (entrée libre ; ⏲9h-17h) fournit des renseignements en

VAUT LE DÉTOUR

LAGUNA DE SALINAS

À l'est d'Arequipa, en contrebas du Pichu Pichu et d'El Misti, ce lac salé perché à 4 300 m d'altitude se transforme en plaine de sel de mai à décembre. Sa superficie et son volume varient d'une année à l'autre, selon le climat. Pendant la saison des pluies, on peut observer trois espèces de flamants et des myriades d'autres oiseaux aquatiques andins.

Les bus à destination d'Ubinas (12 S, 3 heures 30) passent par le lac et peuvent se prendre dans l'Avenida Sepulveda, à Arequipa. Une petite billetterie dans Sepulveda vend des billets. Renseignez-vous sur les horaires la veille du départ, car ils varient. Vous pouvez faire le tour du lac à pied en 2 jours, puis revenir par le bus quotidien de 15h (attendez-vous à voyager debout) ou essayer de vous faire prendre en stop par les ouvriers de la mine voisine. D'Arequipa, les circuits en minibus d'une journée coûtent environ 150 S par personne ; il existe aussi des circuits à VTT.

espagnol et en anglais sur la géologie et la faune de la région.

Paso de Patopampa POINT DE VUE

Ce col quasi désert, à 4 910 m, est le point culminant de la route entre Arequipa et Chivay. Si vous ne souffrez pas du mal des montagnes, vous pouvez faire halte au **Mirador de los Volcanes** pour admirer la vue somptueuse sur huit volcans enneigés : les monts Ubinas (5 675 m), Misti (5 822 m), Chachani (6 075 m), Ampato (6 310 m), Sabancaya (5 976 m), Huaca Huaca (6 025 m), Mismi (5 597 m) et Chucura (5 360 m). Moins spectaculaire mais tout aussi étonnante, la llareta (*Azorella compacta*) est l'une des rares plantes qui poussent dans cet environnement hostile. La llareta peut vivre plusieurs millénaires et sa croissance annuelle se mesure en millimètres. Dans la journée, des femmes en costume traditionnel vendent discrètement leurs articles au mirador.

EL MISTI

Se dressant à 5 822 m au-dessus d'Arequipa, El Misti est l'ascension la plus populaire de la région. Techniquement, c'est l'une des plus faciles pour une montagne de cette altitude, mais la montée se révèle ardue et nécessite un piolet, voire des crampons. Les services d'un guide sont fortement conseillés. L'excursion de deux jours revient habituellement à 50-70 $US par personne. La meilleure période s'étend de juillet à novembre, les derniers mois étant les moins froids. En dessous du sommet, un cratère jaune soufre crache des fumerolles et offre une vue spectaculaire sur la Laguna de Salinas et la ville.

Il existe de nombreux itinéraires, certains plus empruntés que d'autres, qui s'effectuent pour la plupart en deux jours. Celui d'Apurímac est connu pour les vols. Une voie prisée part de Chiguata et commence par une dure grimpée de 8 heures jusqu'au camp de base (4 500 m), d'où l'aller-retour jusqu'au sommet nécessite 8 heures. La descente du camp de base à Chiguata ne demande que 3 heures, voire moins. L'itinéraire d'Aguada Blanca, réservé à quelques tour-opérateurs officiels, permet d'arriver à 4 100 m avant d'entamer l'ascension.

Les grimpeurs déterminés peuvent rejoindre la voie de Chiguata par les transports publics. Des bus à destination de Chiguata partent de l'Avenida Sepulveda à Arequipa (7 S aller, 1 heure) toutes les heures à partir de 5h30, et vous déposent au début d'un sentier non indiqué, où débute le long trek jusqu'au camp de base. Au retour, vous pourrez sans doute héler le même bus en sens inverse. La méthode la plus courante pour rejoindre la montagne consiste à louer un 4x4 (200 S environ) qui vous dépose à 3 300 m et vient vous chercher au retour.

CHACHANI

Le Chachani (6 075 m), aussi proche d'Arequipa que d'El Misti, est l'un des sommets à 6 000 m les plus faciles au monde. Son ascension nécessite un bon équipement, des crampons et un piolet. Parmi les diverses voies possibles, l'une commence par un trajet en 4x4 jusqu'au Campamento de Azufrera, à 4 950 m. De là, on rejoint le sommet en 9 heures et la descente prend moins de 4 heures. Dans le cadre d'une expédition de 2 jours, il existe un bon endroit pour camper à 5 200 m. D'autres voies, plus aisément accessibles en 4x4 (110-160 $US), demandent 3 jours.

AUTRES MONTAGNES

Le **Sabancaya** (5 976 m) fait partie d'un massif situé sur la crête sud du Cañón del Colca, qui comprend également le **Hualca Hualca** (6 025 m) et le **Nevado Ampato** (6 310 m). Du fait d'éruptions récentes, le Sabancaya ne doit s'approcher qu'en compagnie d'un guide au courant de l'activité géologique de la région. Mieux vaut l'observer depuis l'Ampato voisin, dont l'ascension fatigante mais sans difficultés techniques se fait en 3 jours.

Parmi les autres sommets proches d'Arequipa figure l'**Ubinas** (5 675 m), le plus facile à escalader, mais déconseillé actuellement car il crache des cendres toxiques. Le **Nevado Mismi** (5 597 m) est, quant à lui, l'occasion d'une ascension relativement facile de 3-4 jours sur le côté nord du Cañón del Colca. Vous pouvez l'approcher avec les transports publics, puis, en compagnie d'un guide, découvrir le lac où l'Amazone prendrait sa source. Point culminant du sud du Pérou, le **Nevado Coropuna** (6 613 m) fait l'objet d'une ascension difficile.

Cañón del Colca

Outre son immensité et sa profondeur, le Cañón del Colca fascine par la diversité des paysages qu'il décline sur 100 km, de la steppe aride de Sibayo aux anciennes cultures en terrasses de Yanque et de Chivay jusqu'à la gorge abrupte située après Cabanaconde, laquelle ne fut pas entièrement explorée avant les années 1980. Il s'agit du second canyon le plus profond au monde, battu de 150 m par son voisin le Cañón del Cotahuasi, et deux fois plus profond que le Grand Canyon du Colorado, aux États-Unis. Il est aussi empreint de l'histoire, de la culture et des traditions qui composent la magie du Pérou.

Malgré sa profondeur, le Cañón del Colca est récent à l'échelle des temps géologiques. Le Río Colca a creusé des roches essentiellement volcaniques, déposées il y a moins de 100 millions d'années le long d'une immense faille de la croûte terrestre. Si le climat est froid et sec dans les hauteurs qui surplombent le canyon, la vallée profonde et le temps généralement ensoleillé génèrent des courants ascendants que les condors utilisent pour planer. Les viscaches (rongeurs de la famille des chinchillas) sont communes sur la crête du canyon, courant furtivement entre les rochers. Des cactus parsèment de nombreux versants et, quand ils sont en fleur, de minuscules oiseaux se nourrissent de leur nectar. Tout au fond du canyon, la végétation devient presque tropicale, avec palmiers, fougères et orchidées dans des secteurs isolés.

Les habitants descendent de deux groupes rivaux, les Cabanas et les Collaguas, qui se distinguaient jadis par des déformations crâniennes distinctes. Ils se reconnaissent aujourd'hui à la forme de leur chapeau et à leurs vêtements traditionnels aux broderies élaborées. Dans la région de Chivay, à l'extrémité est du canyon, les chapeaux blancs en paille tressée des femmes s'agrémentent de dentelle, de paillettes et d'insignes ; à l'ouest du canyon, les chapeaux en coton brodé comportent une calotte ronde.

Pour les circuits guidés dans le canyon au départ d'Arequipa, reportez-vous p. 148.

Partie supérieure

Peu visitée, la partie supérieure du canyon – qui s'apparente en fait à une vallée – présente un environnement plus froid et plus rude que les champs en terrasses autour de Chivay et de Yanque. Traversé par une seule route qui court vers le nord-est jusqu'à Sibayo via le village de Tuti, le terrain herbeux est peuplé de bétail, tandis que la rivière se prête au rafting et à la pêche à la truite.

SIBAYO

À l'entrée du canyon, le village rural de Sibayo (3 900 m) reste peu touché par le tourisme. Nombre des maisons en adobe conservent un toit en chaume et l'**Iglesia San Juan Bautista**, récemment restaurée, borde la petite place principale. Au nord-est du village, le **Puente Colgante Portillo**, un pont suspendu au-dessus de la Colca, et le **Mirador de Largarta**, du nom d'une montagne en forme de lézard, embellissent un endroit tranquille en bord de rivière. Il est possible de descendre le canyon à pied vers le sud-ouest jusqu'à Tuti, puis rejoindre Chivay.

Sibayo compte une poignée de logements chez l'habitant très sommaires, dans des maisons traditionnelles. Parmi eux figurent **Samana Wasi** (☎990-049-5793 ; Av. Mariscal Castilla ; ch 25 S), dont les aimables propriétaires peuvent préparer un dîner (14 S) et vous emmener pêcher la truite.

TUTI

Tuti, autre village non touristique, se situe à seulement 19 km au nord-est de Chivay, le carrefour du Colca. Avec une économie qui repose sur la culture des fèves et la confection de vêtements, il est entouré de sites intéressants, tous reliés par des chemins de randonnée. Des grottes dans les montagnes au nord, visibles de la route principale et accessibles du village par une montée ardue de 3,5 km, constituent l'excursion la plus facile. Du même point de départ, une marche de 8 km conduit à un village abandonné du XVIIe siècle, appelé familièrement **Ran Ran** ou "Espinar de Tuti". Au-delà de Ran Ran, on rejoint le chemin qui mène à la source de l'Amazone, sur le versant nord du Nevado Mismi. Dans la vallée, vous pouvez prendre un taxi ou un *colectivo* de Chivay à Tuti et revenir à Chivay par un chemin bien balisé le long du Río Colca. Cette portion de la rivière est prisée pour le rafting.

Partie centrale

Dans la partie la plus accessible et fréquentée du canyon, le paysage essentiellement agricole se caractérise par une forte concentration de cultures en terrasses sur les versants montagneux. La bourgade de Chivay est le centre de l'activité touristique.

CHIVAY

☎054 / 6 300 HABITANTS / ALTITUDE 3 630 M

Centre désordonné du Cañón del Colca, cette bourgade traditionnelle a su jusqu'à présent profiter du tourisme sans perdre son identité andine. Puisse cela durer !

Le quartier du marché et la place principale sont de bons endroits pour admirer les costumes traditionnels colorés portés par les femmes de la région. La ville offre des vues splendides sur les pics enneigés et les terrasses à flanc de montagne, et constitue une base logique pour explorer les villages situés plus haut dans la vallée.

À voir et à faire

Observatoire astronomique OBSERVATOIRE

(Huayna Cápac ; 25 S). L'absence de pollution lumineuse garantit une excellente observation de la voie lactée. L'hôtel Casa Andina possède un petit observatoire qui propose l'observation du ciel tous les soirs, avec 30 minutes d'explications en espagnol et en anglais et la possibilité de regarder dans le télescope. Sachez que le ciel nocturne est rarement dégagé entre décembre et avril.

Sources thermales La Calera BAINS THERMAUX

(15 S ; 🕘4h30-19h). Si vous arrivez juste d'Arequipa en bus ou en voiture, une bonne manière de s'acclimater consiste à parcourir à pied 3 km jusqu'aux sources thermales La Calera et à contempler les pentes du canyon (peu profond à cet endroit) en vous prélassant dans les bassins. Ne vous attendez pas aux prestations d'un spa standard, mais l'eau est chaude, le cadre idyllique et vous serez distrait par le passage de la tyrolienne au-dessus de votre tête. De Chivay, comptez 1-2 S en *colectivo*.

RANDONNÉE

Chivay est un bon point de départ pour des randonnées dans le canyon, courtes ou longues. Le chemin de 7 km jusqu'à Coporaque, du côté nord du canyon, part de la lisière nord de la ville. Bifurquez à gauche sur la route des sources thermales La Calera, franchissez le Puente Inca et suivez les champs jusqu'au village. Plutôt que de revenir sur vos pas, descendez la montagne en quittant Coporaque, passez devant quelques petites ruines et franchissez le pont orange qui enjambe le Río Colca. De Yanque, sur la rive sud, des bus et des *colectivos* rallient Chivay, à 7 km ; vous pouvez aussi marcher le long de la route. Pour un trajet plus rapide, louez un VTT à Chivay (voir p. 163).

De Coporaque, vous pouvez aussi continuer vers l'ouest sur le côté nord du canyon jusqu'aux villages d'**Ichupampa**, de **Lari** et de **Madrigal**. Du quartier du marché à

> **BOLETO TURÍSTICO**
>
> Pour accéder aux sites du Cañón del Colca, vous devez acheter un *boleto turístico* (billet touristique ; 70 S) dans un kiosque sur la route d'Arequipa, à la sortie de Chivay. Ce billet n'est habituellement pas compris dans le prix des circuits organisés. Si vous voyagez en indépendant, vous pourrez l'acheter dans la plupart des bus publics arrivant ou partant de Chivay ou dans la ville de Cabanaconde. La moitié des recettes revient à Arequipa pour l'entretien et la conservation des sites touristiques locaux, et l'autre moitié à l'agence nationale du tourisme.

TREK À LA SOURCE DE L'AMAZONE

Pendant des siècles, l'emplacement de la source du fleuve le plus large, voire le plus long de la planète, est resté un mystère. D'Alexander von Humboldt au commandant Cousteau, nombre d'explorateurs ont avancé des théories, souvent appuyées par des expéditions, mais il a fallu attendre 2007 pour que la source soit localisée avec certitude : une fissure dans une falaise à 5 170 m d'altitude sur le versant nord du Nevado Mismi, à 6 992 km de l'embouchure de l'Amazone sur la côte atlantique brésilienne. À cet endroit, l'eau provenant de la fonte des glaces se déverse dans la Laguna McIntyre, avant de s'écouler dans l'Apacheta, l'Apurímac, l'Ucayali et le Marañón, qui forment ensuite l'Amazone.

Du Cañón del Colca, une randonnée étonnamment facile conduit à la source, marquée d'une simple croix en bois. Des chemins partent vers le nord des villages de Lari et de Tuti. Du second, comptez deux jours de marche aller-retour. Certains préfèrent effectuer un circuit de trois jours qui part de Lari et s'achève à Tuti, faisant le tour complet du Nevado Mismi. Pendant la saison sèche, il est aussi possible de se rendre en 4x4 à 30 minutes de marche de la falaise d'Apacheta. Carlos Zárate Adventures (p. 148), à Arequipa, organise de fantastiques randonnées guidées. Les randonneurs indépendants devront prévoir cartes, provisions, tentes et vêtements chauds.

Chivay, des *combis* desservent parfois ces villages. Une autre possibilité consiste à se diriger vers le nord-est aux abords du Puente Inca et à suivre un sentier le long de la rivière jusqu'aux villages de Tuti et de Sibayo.

TYROLIENNE

Une tyrolienne glisse désormais au-dessus du Río Colca et survole les sources thermales La Calera. Le point de départ se situe juste après La Calera, à 3,5 km de Chivay. Vous pouvez réserver auprès d'une agence en ville ou directement à **Colca Zip-lining** (☎95-898-9931 ; www.colcaziplining.com ; 2/4 câbles 50/100 S).

Où se loger

Malgré sa petite taille, Chivay compte de nombreuses pensions pour voyageurs à petit budget.

♥ **Hotel Pozo del Cielo** HÔTEL **$$**
(☎34-6547 ; www.pozodelcielo.com.pe ; Huascar ; d/ste 88/135 S ; wifi). Tout en portes basses, pièces biscornues et sentiers sinueux, le "Puits du ciel" semble tout droit sorti de l'imagination de Gaudí. Il s'agit néanmoins d'un hébergement fonctionnel et confortable, avec des chambres différemment aménagées et un joli restaurant "mirador".

Hostal La Pascana HÔTEL **$**
(☎53-1001 ; Siglo XX 106 ; s/d/tr avec petit-déj 55/70/87 S ; wifi). Adjacent à la place, ce bon hôtel à l'ancienne vous semblera luxueux après quelques jours de randonnée dans le canyon. Les chambres sans prétention s'agrémentent de couvertures, le personnel est souriant et le petit restaurant est correct.

Casa Andina HÔTEL DE CHARME **$$$**
(☎53-1020, 53-1022 ; www.casa-andina.com ; Huayna Cápac ; s/d avec petit-déj à partir de 250 S ; wifi). Dans un jardin soigné, des cottages en pierre coiffés de chaume abritent des chambres délibérément rustiques. Des extras inhabituels contribuent au charme de l'endroit, tels un observatoire, de l'oxygène à disposition et des spectacles culturels tous les soirs, avec musiciens et artisans locaux, et même un chaman qui lit l'avenir dans des feuilles de coca.

Hostal Estrella de David HÔTEL **$**
(☎53-1233 ; Siglo XX 209 ; s/d/tr 20/20/40 S). Un *hospedaje* simple et propre, avec des sdb et quelques chambres dotées de la TV câblée. Il se situe à quelques rues de la place en direction de la gare routière.

Hostal Anita AUBERGE DE JEUNESSE **$**
(☎53-1114 ; Plaza de Armas 607 ; s/d/tr 20/40/50 S). Sur la place principale, cette accueillante auberge de jeunesse comporte une jolie cour intérieure et des douches chaudes. Propriétaires affables et petit-déjeuner sur demande.

Où se restaurer et prendre un verre

Innkas Café PÉRUVIEN, CAFÉ **$**
(Plaza de Armas 705 ; plats 12-20 S ; 7h-23h). Un vieux bâtiment avec de douillets recoins vitrés et un chauffage au gaz moderne

(bienvenu en altitude). Le *lomo saltado* est savoureux, et le café et les gâteaux sont aussi délicieux que le service.

Cusi Alina PÉRUVIEN $$

(Plaza de Armas 201 ; buffet 25 S). L'un des quelques restaurants de Chivay qui proposent un buffet à volonté au déjeuner : un bon assortiment de spécialités péruviennes, dont de nombreux plats végétariens. L'endroit est prisé des groupes, aussi vaut-il mieux venir avant 13h.

Aromas Caffee CAFÉ

(www.aromascaffeecolca.com ; Plaza de Armas angle Av. Salaverry). Le barman de ce minuscule café met environ 10 minutes pour préparer un café péruvien avec son petit percolateur, mais le résultat justifie l'attente.

Renseignements

Un **bureau d'information** (☎53-1143 ; Plaza de Armas 119 ; ⏲8h-13h et 15h-19h) serviable se tient sur la place principale. Le poste de police jouxte la *municipalidad* (hôtel de ville) sur la place. Le seul DAB se trouve dans la Calle Salaverry, à une rue à l'ouest de la grand-place. Certains hôtels de luxe et plusieurs boutiques changent euros, dollars US et chèques de voyage à des taux désavantageux. Quelques cybercafés sont installés près de la place.

Comment s'y rendre et circuler

La gare routière se situe à 15 minutes de marche de la place. Chaque jour, 9 bus partent pour Arequipa (15 S, 3 heures), et 4 bus desservent Cabanaconde (5 S, 2 heures 30) ; ces derniers font halte dans des localités du côté sud du canyon et à Cruz del Cóndor.

Des *combis* et des *colectivos* stationnent au coin des rues dans le quartier du marché, au nord de la place principale, et rallient les villages alentour ; vous pouvez aussi prendre un taxi privé. Les agences de voyages sur la place et **BiciSport** (☎9-58-807-652 ; Zaramilla 112 ; ⏲9h-18h), derrière le marché, louent des VTT de qualité variable pour 5 S par jour.

De Chivay, vous pouvez continuer jusqu'à Cuzco, un trajet compliqué et déconseillé. Des voyageurs ont réussi à prendre un *combi* jusqu'à Puente Callalli, puis à héler un bus, mais il est beaucoup plus sûr et tout aussi rapide de retourner à Arequipa.

YANQUE

☎054 / 1 900 HABITANTS

Parmi la dizaine de villages du canyon, Yanque, à 7 km à l'ouest de Chivay, possède la place principale la plus jolie et la plus animée, ainsi que la plus belle église : l'**Iglesia de la Inmaculada Concepción** au beau portail de style baroque *mestizo*. Des femmes en costume traditionnel dansent presque tous les jours sur la place vers 7h, quand les touristes partent vers la Cruz del Cóndor.

À voir

Museo Yanque MUSÉE

(5 S ; ⏲9h-17h lun-sam). En face de l'église, ce musée, géré par l'université, explique de manière exhaustive la culture du Cañón del Colca. Les collections comprennent des informations sur les textiles incas, les déformations crâniennes, l'agriculture locale, l'architecture ecclésiastique et un exposé sur Juanita, "la jeune fille des glaces".

Baños Chacapi BAINS THERMAUX

(10 S ; ⏲4h-19h). De la place, une marche de 30 minutes jusqu'à la rivière conduit à ces modestes sources thermales. L'ouverture matinale s'adresse principalement aux habitants, qui souvent ne disposent pas d'eau chaude chez eux.

Où se loger

Plusieurs pensions tenues par des familles font partie d'un projet de développement local. Éparpillées dans le village, elles facturent à partir de 15 S la nuit. À deux rues de la place principale, **Sumaq Huayta Wasi** (☎83-2174 ; www.casabellaflor.com ; Cusco 303), également appelée Casa Bella Flor, allie tradition et confort. Sur un vaste terrain où gambadent des alpagas, l'**Hotel Collahua** (☎22-6098 ; www.hotelcollahua.com ; Av. Collahua Cuadro 7 ; s/d/tr 65/85/95 S ; wifi), plus haut de gamme, propose des chambres pimpantes dans des bungalows indépendants ainsi qu'un grand restaurant.

COPORAQUE

Coporaque possède la plus vieille église de la vallée et offre des vues splendides sur les champs en terrasses qui couvrent les pentes du canyon.

À voir

Les non-résidents ont accès aux bains thermaux du Colca Lodge moyennant 30 S (repas au restaurant du lodge compris).

Oyu Oyu RUINES

Invisibles de la route, les vestiges de ce village pré-inca se rejoignent en une demi-heure de grimpée. Vous pouvez ensuite continuer jusqu'à une cascade, qui provient du Nevado Mismi. Le Colca Lodge vous fournira un guide.

Où se loger

Colca Lodge HÔTEL DE LUXE $$$
(☎53-1191 ; www.colca-lodge.com ; d/ste avec petit déj 546/852 S ;). Cher mais fabuleusement romantique, cet hôtel se niche au bord du Río Colca dans un superbe jardin paysager. Lits king-size, poêle à bois, bougies, machine à café et peignoirs douillets agrémentent les chambres somptueuses, mais le principal atout demeure les bains thermaux (37-39°C) en plein air au bord du río. Pour réserver, adressez-vous au **bureau d'Arequipa** (☎054-20-2587, 054-20-3604 ; Benavides 201).

La Casa de Mamayacchi AUBERGE $$
(www.lacasademamayacchi.com ; d/tr avec petit-déj à partir de 192/250 S). Cachée en contrebas de la place principale, cette auberge bâtie avec des matériaux traditionnels surplombe les champs en terrasses. Elle offre des chambres confortables, sans TV, une ludothèque, une cheminée et un bar convivial. Réservation auprès du **bureau d'Arequipa** (☎24-1206 ; Jerusalén 606).

LARI

À 16 km à l'ouest de Coporaque du côté nord de la rivière, ce village somnolent abrite la plus grande église du canyon. Il constitue un point de départ potentiel pour le trek à la source de l'Amazone (p. 162), avec retour possible à Tuti, au nord-est. Lari compte un hôtel très simple sur la place principale et quelques gargotes, mais mieux vaut passer la nuit à Chivay ou à Cabanaconde.

MADRIGAL

Madrigal est le dernier village du côté nord du canyon accessible par la route (non asphaltée à cet endroit). Hormis son église démesurée et son médiocre **Hostal Municipalidad** (Plaza de Armas ; ch 12 S), cet endroit bucolique est parfait pour découvrir la vie traditionnelle du Colca. À l'ouest, deux sites archéologiques peuvent se rejoindre à pied : la **Fortaleza de Chimpa**, une citadelle collagua sur une colline, et le **Pueblo Perdido Matata**, un village en ruine depuis longtemps abandonné.

PINCHOLLO

Pinchollo, à 30 km de Chivay, est l'un des villages les plus pauvres de la vallée. De là, un sentier grimpe vers le **Hualca Hualca** (un volcan enneigé à 6 025 m d'altitude) jusqu'à un secteur d'activité géothermique, dans un cadre sauvage et fascinant. Un sentier mal indiqué grimpe en 4 heures jusqu'à un geyser bouillonnant, qui projetait des jets spectaculaires jusqu'à ce qu'un séisme récent ne l'apaise. Demandez votre chemin, ou montez sur la gauche en direction de la montagne, puis suivez le canal jusqu'au bout.

CRUZ DEL CÓNDOR

Si certains sites vantés déçoivent, ce n'est pas le cas de la **Cruz del Cóndor** (entrée avec le boleto turístico), un point de vue réputé, appelé localement Chaq'lla, à 50 km à l'ouest de Chivay. Une grande colonie de condors des Andes niche sur l'affleurement rocheux et, si le temps et la saison le permettent, on peut les voir, entre 8h et 10h, planer sans effort au gré des courants ascendants venus du canyon, glissant au-dessus des têtes de leurs admirateurs (les condors battent rarement des ailes). Ce spectacle époustouflant est magnifié par l'à-pic de 1 200 m jusqu'à la rivière et la vue du **Nevado Mismi**, qui domine la rive opposée du canyon à plus de 3 000 m.

Récemment, il est devenu plus difficile de voir les condors, surtout en raison de la pollution, provoquée en partie par les feux de camp des voyageurs et les bus touristiques. Préférez la saison sèche, car les condors se font plus rares par temps pluvieux. Attendez-vous à partager le spectacle avec plusieurs centaines de personnes en saison. Vous pourrez ensuite marcher jusqu'à Cabanaconde, à 12,5 km.

Partie inférieure

Étroite, la partie inférieure du canyon est aussi la plus profonde et court de Cabanaconde à Huambo. En dehors des arbres fruitiers cultivés autour de Tapay et de Sangalle, ce secteur n'a guère d'activité économique.

CABANACONDE

☎054 / 2 700 HABITANTS / ALTITUDE 3 290 M

Seuls environ 20% des touristes qui explorent le Cañón del Colca vont jusqu'à Cabanaconde ; la plupart des circuits organisés font demi-tour à la Cruz del Cóndor. Cette bourgade paisible, bien moins fréquentée, séduit par son authenticité. Le canyon est bien plus profond et des sentiers zigzaguent jusqu'au Río Colca, à 1 200 m en contrebas. Prévoyez des espèces car Cabanaconde ne possède pas de DAB.

Activités

La découverte du Colca reste incomplète sans descendre à pied dans le canyon

TREK "EL CLÁSICO"

Si vous manquez de temps ou si le réseau compliqué de sentiers du Cañón del Colca vous déroute, vous pouvez effectuer le trek en boucle de 2-3 jours, appelé officieusement "El Clásico", qui inclut les plus beaux endroits du canyon en dessous de la Cruz del Cóndor et de Cabanaconde. De Cabanaconde, suivez la route de Chivay et, au point de vue de San Miguel, entamez une longue descente de 1 200 m le long d'un chemin en lacets. Franchissez le pont qui enjambe le Río Colca et entrez dans le village de **San Juan de Chuccho**, où la **Casa de Rivelino** (ch 10 S) offre des bungalows avec eau chaude et un restaurant simple. Sinon, montez jusqu'au charmant village de **Tapay**, où l'**Hostal Isidro** propose des chambres et un camping. Le patron, un guide, possède un magasin, un téléphone satellite et des mules à louer. Le lendemain, descendez jusqu'au pont Cinkumayu, avant de grimper vers les villages de **Coshñirwa** et **Malata**. Le second abrite un petit **Museo Familiar**, une maison typique où le propriétaire fournit des explications sur la culture locale. De Malata, descendez à la superbe oasis de **Sangalle**, de l'autre côté du río, pour y passer la nuit avant la rude grimpée de 4 km jusqu'à Cabanaconde (1 200 m de dénivelé).

Bien que ce trek puisse se faire facilement en indépendant, toutes les agences de voyages sérieuses d'Arequipa l'organisent.

(le seul moyen à l'ouest de Madrigal). Le chemin le plus court est la spectaculaire randonnée de 2 heures de Cabanaconde à **Sangalle** (surnommé l'oasis) au fond de la gorge, où 5 auberges proposent des bungalows sommaires et des emplacements de camping (10-15 S/pers). Deux piscines naturelles se prêtent à la baignade. Oasis Bungalows s'est approprié la plus grande et demande 5 S de droit d'accès (gratuit si vous logez dans ses bungalows). Paraíso Bungalows laisse l'accès libre à la petite piscine ; l'usage gratuit ou non des piscines par les voyageurs fait l'objet d'une dispute locale. N'allumez pas de feu de camp – la moitié des arbres du secteur ont été détruits de cette façon –, et remportez tous vos déchets. Le retour à Cabanaconde fait l'objet d'une rude grimpée qui donne soif ; selon votre forme physique, prévoyez 1 heure 30 (très sportif), 2 heures-2 heures 30 (en forme) ou plus de 3 heures (forme moyenne) de remontée. Vous trouverez boissons et nourriture à Sangalle.

Circuits organisés et guides

Vous pouvez louer les services d'un guide local par l'intermédiaire de votre pension ou de la *municipalidad* de Cabanaconde. Le tarif s'élève à 30-60 S par jour selon le trek, la saison et la taille du groupe. La location d'un cheval ou d'une mule, pratique pour transporter l'eau et les détritus au retour, revient à environ 60 S par jour.

Où se loger et se restaurer

Cabanaconde offre un choix limité d'hébergements. La plupart des visiteurs prennent leurs repas dans leur hôtel. Il existe quelques restaurants bon marché sur la place principale et aux alentours.

Hotel Kuntur Wassi HÔTEL $$
(81-2166 ; www.arequipacolca.com ; Cruz Blanca s/n ; s/d/ste avec petit-déj 125/150/190 $US ; @). Le meilleur hôtel de Cabanaconde se tient à flanc de montagne au-dessus de la ville. Charmant, il se distingue par un cadre néorustique, des fenêtres trapézoïdales et des sdb en pierre. Les suites comportent une immense baignoire. Un bar, un bon restaurant, une bibliothèque, une buanderie et un bureau de change complètent les installations.

Pachamama Backpacker Hostal AUBERGE DE JEUNESSE $
(9-59-316-322, 25-3879 ; www.pachamama-home.com ; San Pedro 209 ; dort 15 S, d sans/avec sdb 35/50 S, petit-déj compris ; @). Luy, le propriétaire sympathique et serviable, parle couramment anglais. L'auberge comprend divers types d'hébergements (dortoirs et chambres), un bar chaleureux et un four à pizza. Des crêpes accompagnent l'excellent petit-déjeuner. L'auberge organise des excursions à vélo à sens unique de la Cruz del Cóndor (25 S).

La Posada del Conde HÔTEL $
(40-0408, 83-0033 ; www.posadadelconde.com ; San Pedro s/n ; s/d avec petit-déj 35/50 S ;).

Ce petit hôtel compte essentiellement des chambres doubles bien entretenues, dotées de sdb propres. On vous offrira souvent un *mate* (infusion traditionnelle) ou un *pisco sour* de bienvenue dans le restaurant au rez-de-chaussée. Les mêmes propriétaires gèrent un lodge un peu plus luxueux et plus cher à quelques pas.

Restaurante Las Terrazas INTERNATIONAL **$**
(958-10-3553 ; www.villapastorcolca.com ; Plaza de Armas ; en-cas 10-15 S ; @). Pizzas, pâtes, sandwichs et Cuba Libre à prix doux avec vue sur la place principale et le va-et-vient des ânes. Un ordinateur offre l'accès Internet gratuit. Location de chambres.

Depuis/vers Cabanaconde

Des bus **Andalucia** (44-5089) ou **Reyna** (43-0612) partent 7 fois par jour de la place principale de Cabanaconde pour Chivay (5 S, 2 heures 30) et Arequipa (17 S, 6 heures) via Cruz del Cóndor. Les horaires changent fréquemment ; renseignez-vous aux bureaux des compagnies sur la grand-place. Tous les bus s'arrêtent sur demande dans les bourgades qui jalonnent la route principale, du côté sud du canyon.

Pétroglyphes de Toro Muerto

Site fascinant en plein désert, Toro Muerto ("taureau mort") doit son nom aux troupeaux de bétail qui mouraient fréquemment de déshydratation lors de leur transhumance des montagnes à la côte. Sur un versant de montagne aride, des rochers volcaniques blancs sont gravés d'humains et d'animaux stylisés. Les archéologues ont recensé plus de 5 000 de ces pétroglyphes, éparpillés sur plusieurs kilomètres carrés. Si l'origine culturelle du site demeure inconnue, les mystérieux dessins datent de la domination Huari, il y a environ 1 200 ans. Leur interprétation varie grandement ; un guide vous indiquera les plus courantes. Vous pouvez aussi les découvrir seul et échafauder vos propres hypothèses.

Pour rejoindre le site en transport public, prenez un bus d'Arequipa à Corire (10 S, 3 heures). Si vous ne souhaitez pas passer la nuit à Corire, partez tôt le matin (premier bus à 4h) et descendez à la station-service, juste après le panneau indiquant le début de la ville de Corire. De là, vous pourrez monter à pied la piste de 2 km jusqu'au poste de contrôle où s'enregistrent les visiteurs. Sinon, continuez jusqu'à Corire, d'où un taxi vous conduira aux pétroglyphes (à partir de 40 S aller-retour, attente comprise). À Corire, l'**Hostal Willy** (054-47-2046 ; Av. Progresso ; ch à partir de 35 S/pers) offre un hébergement sommaire et des informations sur les moyens de rejoindre le site. Emportez beaucoup d'eau, de la crème solaire et un anti-moustique.

Des bus retournent à Arequipa toutes les heures, en général à la demie. De coûteux circuits organisés d'une journée en 4x4 permettent de découvrir les pétroglyphes de Toro Muerto plus confortablement à partir d'Arequipa.

Valle de los Volcanes

Le Valle de los Volcanes, une large vallée à l'ouest du Cañón del Colca et au pied du Nevado Coropuna (6 613 m), est renommé pour ses caractéristiques géologiques inhabituelles. Le fond de la vallée est tapissé de coulées de lave d'où s'élèvent environ 80 cônes de cendre (jusqu'à 200 m de haut), alignés le long d'une faille majeure, chacun formé par une éruption. L'absence d'érosion sur certains cônes et la rareté de la végétation sur les coulées de lave indiquent que les éruptions ne remontent qu'à quelques milliers d'années, voire beaucoup moins ; des récits historiques en rapportent au XVIIe siècle.

Longue de 65 km, la vallée entoure le village d'**Andagua**, près du sommet enneigé du Coropuna. Peu de voyageurs explorent cette région isolée, riche en merveilles naturelles. D'Andagua, plusieurs sites sont accessibles à pied ou en voiture. Vous pourrez grimper au sommet des volcans jumeaux parfaitement coniques qui se dressent à 10 km du village, mais ne vous attendez pas à un chemin clairement tracé. D'autres itinéraires de randonnée mènent à un mirador à 3 800 m d'altitude et aux chutes d'**Izanquillay** hautes de 40 m, qui se forment à l'endroit où le Río Andahua coule à travers un étroit canyon de lave au nord-est du village. **Soporo**, à 2 heures de marche ou 30 minutes en voiture au sud d'Andagua, compte quelques *chullpas* (tours funéraires). Sur la route de Soporo se trouvent les ruines d'**Antaymarca**, une cité précolombienne. **Colca Trek** (054-20-6217, 9-60-0170 ; www.colcatrek.com.pe ; Jerusalén 401-B), à Arequipa, dispose de cartes topographiques de la région. Vous pouvez également gagner le Valle de los Volcanes de Cabanaconde en traversant le Cañón del Colca, puis en franchissant un col à 5 500 m avant de redescendre dans la vallée. Ce trek demande au moins 5 jours de marche (plus le temps préalable pour l'acclimatation) ; mieux vaut l'entreprendre en compagnie d'un guide expérimenté et de mules de bât.

Andagua compte plusieurs auberges et restaurants simples et bon marché, dont l'**Hostal Trebol** (Calle 15 de Agosto ; ch 20 S), recommandé. Il est également possible de camper, à condition de prévoir de l'eau et de la crème solaire en quantité. Pour rejoindre la vallée depuis Arequipa, prenez le bus Reyna pour Andagua (40 S, 10-12 heures), qui part vers 16h. En sens inverse, il quitte Andagua vers 14h. Certains tour-opérateurs organisent de coûteux circuits en 4x4 qui comprennent le Valle de los Volcanes et parfois le Cañón del Cotahuasi et Chivay.

Cañón del Cotahuasi

Si le Cañón del Colca a longtemps usurpé le titre, ce canyon isolé, à 200 km au nord-ouest d'Arequipa à vol de condor, est bien le plus profond connu de la planète. Environ deux fois plus profond que le Grand Canyon du Colorado, il comprend des sections à plus de 3 500 m de dénivelé. Si les tréfonds du ravin ne sont accessibles qu'aux rafteurs expérimentés, le reste de cette vallée fertile offre de superbes paysages et de belles possibilités de trek. Le canyon abrite plusieurs villages traditionnels où peu de voyageurs s'aventurent.

À voir et à faire

Principale bourgade d'accès, **Cotahuasi** (3 800 habitants) se tient à 2 620 m d'altitude sur le côté sud-est du canyon. Au nord-est de Cotahuasi, les villages de **Tomepampa** (à 10 km ; 2 500 m d'altitude) et d'**Alca** (à 20 km ; 2 660 m) offrent aussi des hébergements rudimentaires. En chemin, vous passerez par plusieurs **bains thermaux** (2 S).

De la place principale de Cotahuasi, des bus partent tous les jours à 6h30 pour le pont de Sipia (3 S, 1 heure), d'où plusieurs randonnées intéressantes conduisent dans les parties les plus profondes du canyon. Après 45 minutes de marche, on atteint le Río Cotahuasi, qui dévale d'une hauteur de 100 m pour former la **cascade de Sipia**. Une piste bien tracée conduit en 1 heure 30 à **Chaupo**, une oasis de hauts cactus et de vestiges d'habitations pré-incas (possibilité de camper). De là, un chemin poussiéreux monte jusqu'à **Velinga** et à d'autres villages reculés dotés d'hébergements, ou descend jusqu'à **Mallu**, une verdoyante parcelle agricole en bord de rivière ; le propriétaire, Ignacio, vous autorisera à planter votre tente et à lui emprunter son réchaud moyennant 10 S la nuit. Pour revenir à Cotahuasi, prenez le bus qui part du pont de Sipia tous les jours vers 11h30.

De Cotahuasi, une autre excursion d'une journée mène au village de **Pampamarca**, à flanc de montagne. De là, un sentier abrupt en lacets rejoint en 2 heures un groupe d'intéressantes formations rocheuses, que les habitants associent à des figures mythologiques. De la bourgade, une courte marche conduit à un point de vue sur les **cascades d'Uscune**, hautes de 80 m. De la place principale de Cotahuasi, 2 *combis* se rendent chaque jour à Pampamarca, tôt le matin et dans l'après-midi (5 S, 2 heures), et repartent peu après leur arrivée.

Des treks de plusieurs jours peuvent s'organiser à Arequipa (p. 147). Certains se combinent avec les pétroglyphes de Toro Muerto et, sur demande, reviennent par une série d'empreintes de dinosaures sur le flanc ouest du canyon.

Où se loger et se restaurer

À Pampamarca, renseignez-vous sur les **pensions** (10 S/pers) tenues par des familles, qui proposent le gîte et le couvert.

Hotel Vallehermoso HÔTEL **$$**
(☎054-58-1057 ; www.hotelvallehermoso.com ; Calle Tacna 106-108, Cotahuasi ; s/d 70/100 S). Fabuleux après 12 heures de bus dans la poussière, l'hôtel le plus chic de Cotahuasi offre un confort divin au milieu de nulle part, tout en conservant un style rustique traditionnel. Le restaurant s'essaie même à la cuisine *novoandina*.

Hostal Hatunhuasi PENSION **$**
(☎054-58-1054, à Lima 01-531-0803 ; www.hatunhuasi.com ; Centanario 309, Cotahuasi ; s/d 25/50 S). Plus séduisante que la concurrence, cette pension accueillante compte de nombreuses chambres autour d'une cour intérieure ensoleillée. L'eau chaude fonctionne la plupart du temps et des repas sont préparés à la demande. Les propriétaires sont une bonne source d'information pour les voyageurs.

Hospedaje Casa Primavera AUBERGE $
(☎054-28-50-89 ; primaverahostal@hotmail.com ; Calle Union 112, Tomepampa ; ch avec petit-déj 20 S/pers). Bonne adresse dans le village de Tomepampa, cette auberge de style hacienda s'agrémente d'un balcon, de fleurs et d'une belle vue. Elle dispose de chambres sans prétention et bien tenues, de tailles diverses.

Hostal Alcalá PENSION $
(☎054-83-0011 ; Plaza de Armas, Alca ; dort/s/d 10/15/25 S, s/d avec sdb 25/40 S). À Alca, cette pension propose un bon choix de chambres propres à des prix attrayants, dont certaines très confortables. Eau chaude 24h/24.

Depuis/vers Cotahuasi

Le trajet en bus de 420 km à partir d'Arequipa, pour moitié sur des routes non goudronnées, s'effectue en 12 heures si tout va bien (25 S). Aux trois quarts du chemin, la route franchit un col à 4 500 m entre les hauts sommets glacés du Coropuna et du Solimana (6 323 m), avant de plonger vers Cotahuasi. On voit parfois des vigognes sauvages courir sur l'*altiplano*. **Reyna** (☎43-0612) et **Transportes Alex** (☎42-4605) proposent toutes deux des bus qui partent d'Arequipa vers 16h. En sens inverse, ils quittent Cotahuasi vers 17h.

De la place de Cotahuasi, des *combis* rallient toutes les heures Alca (3 S, 1 heure) via Tomepampa (2 S, 30 min). Deux bus desservent tous les jours Pampamarca (5 S, 2 heures), l'un tôt le matin, l'autre en milieu d'après-midi.

Lac Titicaca

Dans ce chapitre »

Le top des hébergements et des restaurants

» Titilaka (p. 188)
» Casa Andina Isla Suasi (p. 186)
» Casa Panq'arani (p. 175)
» Chez l'habitant sur la péninsule de Capachica (p. 186)
» Mojsa (p. 178)

Le top des fêtes

» La Virgen de la Candelaria (p. 175)
» Semaine de Puno (p. 175)
» Fiesta de San Juan (p. 175)
» Alasitas (p. 175)
» Fiesta de San Diego (p. 175)

Pourquoi y aller

Lieu de naissance du soleil selon une croyance andine, le lac Titicaca est le plus grand lac d'Amérique du Sud et le plus haut plan d'eau navigable au monde. La clarté du ciel azur contraste avec les nuits glaciales. Envoûtant et singulier, ce lac scintillant, d'un bleu profond, accueille depuis longtemps des cultures des hauts plateaux aux coutumes anciennes.

Les civilisations pré-incas des Pukara, des Tiahuanaco et des Colla ont laissé leurs marques sur le paysage. Aujourd'hui, la région offre un patchwork de cathédrales croulantes, d'*altiplano* désolé et de champs en damiers adossés à des collines vallonnées et de hauts sommets andins. Les *campesinos* (paysans), chaussés de sandales en pneus recyclés, récoltent à la main, les femmes travaillent en jupons et chapeau melon et les lamas sont domestiqués.

À ce tableau pouvant sembler un peu austère s'ajoutent des fêtes ancestrales qui s'accompagnent de processions en costumes élaborés et de fanfares annonçant des jours de réjouissance.

Quand partir

Puno

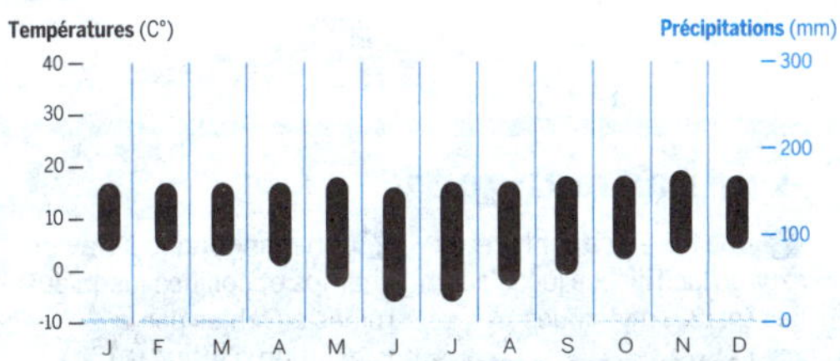

Début fév Pour le merveilleux spectacle qu'offre la fête de La Virgen de la Candelaria.

Juin-août Saison sèche hivernale : nuits claires et froides et journées ensoleillées.

Début nov Semaine de Puno : célèbre la naissance de Manco Cápac, le premier *inca*.

Comment s'y rendre et circuler

Des vols quotidiens partent de Lima et Cuzco pour Juliaca, à 1 heure de Puno. Des bus réguliers relient Arequipa, Cuzco et Lima à Juliaca et Puno. Un train légendaire part aussi de Cuzco (voir p. 181). Si vous venez de la côte, mieux vaut voyager par la route pour mieux vous acclimater à l'altitude ; un vol direct de Lima risque de provoquer le mal des montagnes.

Vous pouvez aussi venir de Bolivie en bus ou en circuit organisé dans les îles du lac Titicaca.

Juliaca

051 / CARREFOUR ROUTIER / ALTITUDE 3 826 M

Le seul aéroport commercial de la région fait de Juliaca, la plus grande ville de l'*altiplano*, un lieu de transit inévitable. Le commerce

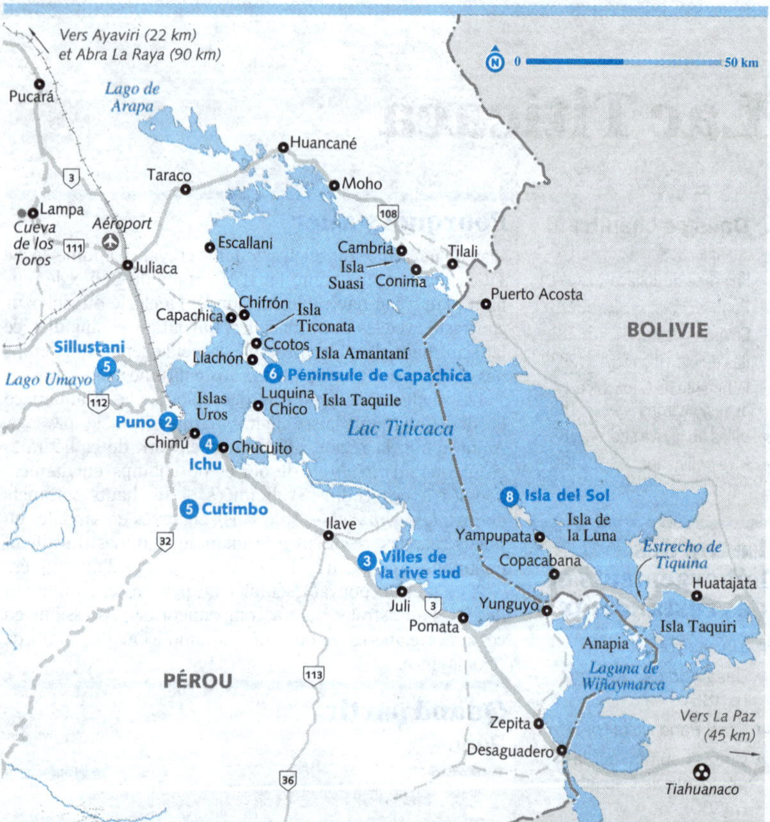

À ne pas manquer

1. Une traversée sur les eaux azur du lac Titicaca jusqu'aux **îles** (p. 183) mythiques
2. Les fêtes extravagantes de **Puno** (p. 174), la capitale péruvienne du folklore
3. Les temples élaborés qui dominent les **villages bucoliques de la rive sud** du lac (p. 188)
4. Une randonnée à travers champs et collines jusqu'aux ruines envahies par la végétation d'**Ichu** (p. 188)
5. Les saisissantes tours funéraires de **Sillustani** (p. 181) et de **Cutimbo** (p. 183)
6. La détente sur la **péninsule de Capachica** (p. 186), somnolente et ensoleillée
7. La contemplation des étoiles et une nuit à bord du **Yavari** (p. 178), un vénérable bateau à vapeur
8. Le trajet jusqu'à la frontière bolivienne pour explorer la légendaire **Isla del Sol** (p. 193)

BUS AU DÉPART DE JULIACA

DESTINATION	PRIX*	DURÉE
Arequipa	15/72 S	6 heures
Cuzco	20 S	5-6 heures
Puno	3,50 S	1 heure
Lima	130/170 S	20 heures
Tacna	25/45 S	10-11 heures

* Estimation tarifaire pour un bus standard/de luxe

et la contrebande y prospèrent en raison de la proximité de la frontière. Agressions et ébriété sur la voie publique font partie des problèmes fréquents dans la journée. La ville n'ayant guère d'intérêt touristique, mieux vaut séjourner tout près à Lampa ou continuer jusqu'à Puno.

De nombreux hôtels, restaurants, *casas de cambio* (bureaux de change) et cybercafés bordent San Román, près de la Plaza Bolognesi. Banques et DAB se regroupent dans Nuñez, à proximité.

Si vous devez passer la nuit sur place, le **Royal Inn Hotel** (☎32-1561 ; www.royalinnhoteles.com ; San Román 158 ; s/d/tr 100/130/150 S) constitue un excellent choix. Ce grand hôtel comprend des chambres récemment rénovées, avec douche chaude, chauffage et TV câblée, ainsi qu'un des meilleurs restaurants de Juliaca (plats à partir de 18 S).

Depuis/vers Juliaca

Avion

L'**aéroport** (☎32-8974) se situe à 2 km à l'ouest de la ville. **LAN** (☎32-2228 ; San Román 125 ; ⌚8h-19h lun-ven, 8h-18h sam) propose des vols quotidiens depuis/vers Lima, Arequipa et Cuzco. **Taca** (☎32-7966 ; Centro Comercial Real Plaza, Jr. San Martín, cuadra 1) et **Star Peru** (☎32-3816 ; San Román 154) desservent Lima.

Les taxis officiels de l'aéroport rallient Puno (80 S) et Juliaca (10 S). Moins chers, des bus *colectivos* (15 S) rejoignent directement Puno et déposent les passagers à leur hôtel.

Bus et taxi

Le **Terminal Terrestre** (angle Jr. San Martín et Av. Miraflores) accueille les compagnies de bus longue distance. Des bus partent toutes les heures pour Cuzco de 5h à 23h, et pour Arequipa de 2h30 à 23h30.

Les bus à destination de la côte stationnent à courte distance de la Plaza Bolognesi, dans San Martín et à proximité, de l'autre côté des voies ferrées ; des *combis* (minibus) partent pour Puno (3,50 S, 50 min) quand ils sont pleins de la Plaza Bolognesi.

Julsa (☎32-6602, 33-1952) offre les départs les plus fréquents pour Arequipa, et **Power** (☎32-1952) pour Cuzco. Civa, Ormeño et San Cristobal desservent Lima.

Sur Oriente propose un bus quotidien pour Tacna à 19h. Plus centrales, **San Martín** (☎32-7501) et d'autres compagnies dans Tumbes, entre Moquegua et Piérola, rallient Tacna (25 S, 7 heures) via Moquegua.

Quand ils sont pleins, des *combis* partent pour Lampa (2,50 S, 30 min) de Jirón Huáscar. De Ballón et Sucre, à environ 400 m à l'est d'Apurímac et 150 m au nord de Lambayeque, des *combis* démarrent toutes les 15 minutes pour Huancané (3 S, 1 heure). Les *combis* à destination de Capachica (4 S, 1 heure 30) partent du **Terminal Zonál** (Av. Tacna, cuadra 11). Au coin de Cahuide et de Gonzáles Prada, des *combis* desservent Escallani (3 S, 1 heure 30), via une piste spectaculaire. La course en *mototaxi* (triporteur motorisé) du centre-ville à l'un de ces terminaux revient à 2 S.

Comment circuler

Un *mototaxi* constitue le meilleur moyen de se déplacer ; une course en ville, y compris jusqu'aux terminus des bus, coûte moins de 3 S. La ligne de bus 1B sillonne la ville et descend la Calle 2 de Mayo avant de rejoindre l'aéroport (0,60 S).

Environs de Juliaca

LAMPA

☎051 / 1 655 HABITANTS / ALTITUDE 3 860 M

Cette charmante bourgade, à 36 km au nord-ouest de Juliaca, est appelée La Ciudad Rosada (la Cité rose) en raison de ses bâtiments rose passé. Important centre commerçant à l'époque coloniale, la ville conserve une ambiance espagnole et constitue un endroit plaisant pour flâner quelques

SITES LES PLUS CURIEUX

Même si vous ne croyez pas aux récits d'extraterrestres et autres visions inexpliquées, le lac Titicaca a son lot de curiosités.

» Îles en roseaux (p. 183)
» Reproduction de la *Pietà* de Michel-Ange (ci-dessous)
» Une ancestrale tradition d'argile comestible (p. 181)
» Énormes phallus en pierre (p. 189)

heures avant de prendre un vol à Juliaca ou pour passer une nuit paisible.

À voir

Iglesia de Santiago Apóstol ÉGLISE
(visite guidée 10 S ; 9h-12h30, 14h-16h). Riche en détails fascinants, cette belle église en mortier de chaux fait la fierté des habitants et mérite la visite. Elle renferme, entre autres, une sculpture grandeur nature de la Cène, une statue de Santiago (saint Jacques) sur un cheval naturalisé, revenu d'entre les morts pour combattre les Maures, de sinistres catacombes et tunnels secrets, et un immense tombeau coiffé d'un dôme que surmonte une reproduction de la *Pietà* de Michel-Ange ; des centaines de squelettes artistement disposés l'entourent. D'excellents guides (hispanophones) proposent leurs services tous les jours.

Museo Kampac MUSÉE
(951-82-0085 ; angle Ugarte et Ayacucho ; 5 S ; 7h-18h). Les employés du magasin qui fait face à ce musée, à deux *cuadras* à l'ouest de la Plaza de Armas, en proposent la visite guidée en espagnol. La petite collection comprend essentiellement des céramiques et des monolithes pré-incas, ainsi qu'une momie ; on vous montrera peut-être un vase unique, gravé de la cosmologie sacrée des Incas.

Municipalidad HÔTEL DE VILLE
(2 S ; 8h-12h45 et 13h30-16h lun-ven ; 9h-13h sam-dim). Sur la petite place à côté de l'église, l'hôtel de ville se reconnaît aux peintures murales qui décrivent l'histoire de Lampa, passée, présente et future. L'intérieur recèle une cour splendide, une autre copie de la *Pietà* et un musée consacré à Víctor Humareda (1920-1986), un peintre natif de Lampa.

Un joli **pont** colonial se situe juste à la sortie de la ville. À 4 km à l'ouest, la **Cueva de los Toros**, une grotte en forme de taureau, contient des sculptures préhistoriques de lamas et d'autres animaux. Elle se trouve à droite de la route en allant vers l'ouest, dans une grande formation rocheuse facilement reconnaissable. En chemin, vous verrez plusieurs *chullpas* (tours funéraires), semblables à celles de Sillustani et de Cutimbo.

Où se loger et se restaurer

Si peu de visiteurs y passent la nuit, Lampa compte quelques hébergements sommaires.

Casa Romero PENSION
(952-65-1511, 952-71-9073 ; casaromerolampa.com ; Aguirre327 ; s/d/tr avec petit-déj 50/80/120 S). Une adresse recommandée, avec un service sympathique, des chambres bien aménagées et des couettes chaudes. Pension complète possible sur réservation. Quelques restaurants bordent la Plaza de Armas.

Depuis/vers Lampa

Dans Jirón Huáscar à Juliaca, des *combis* partent pour Lampa (2,50 S, 30 min) quand ils sont pleins. Si vous disposez de temps après l'enregistrement pour un vol à l'aéroport de Juliaca, prenez un taxi jusqu'à Lampa (4 S).

PUCARÁ

051 / 675 HABITANTS / ALTITUDE 3 860 M

À plus de 60 km au nord-ouest de Juliaca, le village somnolent de Pucará est renommé pour ses festivités de **La Virgen del Carmen**, le 16 juillet, et pour ses poteries ocre, dont les *toritos* (taureaux) souvent perchés sur les toits des maisons andines pour porter chance. Plusieurs ateliers sont ouverts au public et offrent des cours de poterie. Recommandé par des lecteurs, **Maki Pucará** (951-79-0618) se situe sur la nationale, près de l'arrêt de bus.

Le **Museo Lítico Pucará** (Jirón Lima ; 8h30-17h mar-dim), à côté de l'église, présente une belle collection de monolithes anthropomorphes provenant de **Kalasaya**, le site pré-inca du village ; de la grand-place, grimpez Jirón Lima sur une courte distance pour rejoindre les ruines. L'accès aux deux sites revient à 8 S.

Si vous devez passer la nuit sur place, vous trouverez quelques hébergements simples près de l'arrêt de bus. Les bus pour Juliaca (3,50 S, 1 heure) circulent de 6h à 20h.

ABRA LA RAYA

D'Ayaviri, la route grimpe sur presque 100 km jusqu'à ce **col andin** (4 470 m), le point le plus élevé du trajet jusqu'à Cuzco. Les bus y font souvent halte afin que les passagers puissent admirer la vue sur les montagnes enneigées et faire des achats aux stands d'artisanat. Le col marque la limite départementale entre Puno et Cuzco ; pour les sites au nord de l'Abra la Raya, reportez-vous p. 264.

Puno

051 / 120 200 HABITANTS / ALTITUDE 3 830 M

Avec une grand-place majestueuse, des bâtiments en béton et des ruines en brique qui se fondent dans les collines, Puno est à la fois austère et séduisante. Point de départ pour le lac Titicaca, elle constitue une étape pratique entre Cuzco et La Paz, sans compter que vous succomberez peut-être à son charme désordonné.

Le centre-ville peut sembler pollué et froid ; la fumée de feux mal ventilés flotte dans les rues embouteillées, où voitures, *mototaxis* et *triciclos* (tricycles) frôlent les piétons qui se serrent sur des trottoirs étroits. Mais les habitants sont chaleureux, espiègles et prêts à tout laisser tomber pour prendre du bon temps.

Carrefour d'échanges (et de contrebande) entre le Pérou, la Bolivie et les deux côtes latino-américaines, Puno est résolument tournée vers le commerce et l'avenir. Les édifices anciens, les nombreux habitants en costume traditionnel coloré et les jeunes officiers de marine qui arpentent les rues témoignent de son passé colonial et naval.

Puno est réputée *capital folklórica* (capitale du folklore) du Pérou – ses processions de la Virgen de la Candelaria sont retransmises à la télévision nationale –, et les libations associées aux festivités sont devenues légendaires (voir p. 174). Toutefois, les bons moments ne se limitent pas aux fêtes religieuses : la ville compte certains des bars les plus conviviaux du pays.

À voir et à faire

Puno est une ville compacte. Si vous en avez l'énergie, vous pouvez marcher du port ou des gares routières jusqu'au centre ; sinon, empruntez un *mototaxi*. Dans le centre-ville, tout est accessible à pied. Jirón Lima, la principale rue piétonne, se remplit en début de soirée quand les Puneños (habitants de Puno) sortent pour la promenade.

GRATUIT **Cathédrale** ÉGLISE

(entrée libre ; 8h-12h et 13h-18h). Sur le côté ouest de la Plaza de Armas, la cathédrale baroque de Puno fut achevée en 1757. L'intérieur, plus sobre que ne le laisse supposer la façade travaillée, renferme un autel couvert d'argent, flanqué à droite d'un drapeau du Vatican depuis la visite du pape Paul VI en 1964.

GRATUIT **Casa del Corregidor** ÉDIFICE HISTORIQUE

(35-1921 ; www.casadelcorregidor.pe ; Deustua 576 ; 9h30-19h30 lun-ven, 12h30-19h sam). Cette maison du XVIIe siècle, l'une des plus anciennes de Puno, mérite à elle seule le détour. Elle abrite aujourd'hui une boutique d'art et d'artisanat issus du commerce équitable.

Museo Carlos Dreyer MUSÉE

(Conde de Lemos 289 ; entrée et guide anglophone 15 S ; 9h30-19h lun-sam). Au coin de la Casa del Corregidor, ce musée possède une fascinante collection d'art et d'artefacts archéologiques reliés à Puno. À l'étage sont exposées trois momies et une *chullpa* (tour funéraire) grandeur nature en fibre de verre.

Musée de la Coca MUSÉE

(36-5087 ; Deza 301 ; 5 S ; 9h-13h et 15h-20h). Ce petit musée fournit de nombreuses informations – historiques, médicinales, culturelles – sur la plante et ses nombreux usages. La présentation gâche un peu l'intérêt : de longs textes (en anglais) alternent avec des photos et des vieilles réclames de Coca-Cola. Sans rapport avec la coca, la collection de costumes traditionnels justifie la visite du musée et permet de comprendre les tenues portées lors des processions.

Circuits organisés

Mieux vaut comparer les offres des tour-opérateurs. Les agences sont innombrables et la concurrence féroce ; des rabatteurs abordent les touristes dans les rues et aux gares routières, les promesses sont irréalistes et les prix si bas qu'ils interdisent toute rétribution correcte. Plusieurs opérateurs parmi les moins chers sont connus pour exploiter les îliens d'Amantaní et de Taquile, chez qui les voyageurs passent la nuit et dont la culture est l'un des principaux arguments de vente de ces circuits.

Même avec les meilleures agences, les circuits des îles sont souvent décevants : compassés, sans vie et sans souplesse.

Puno

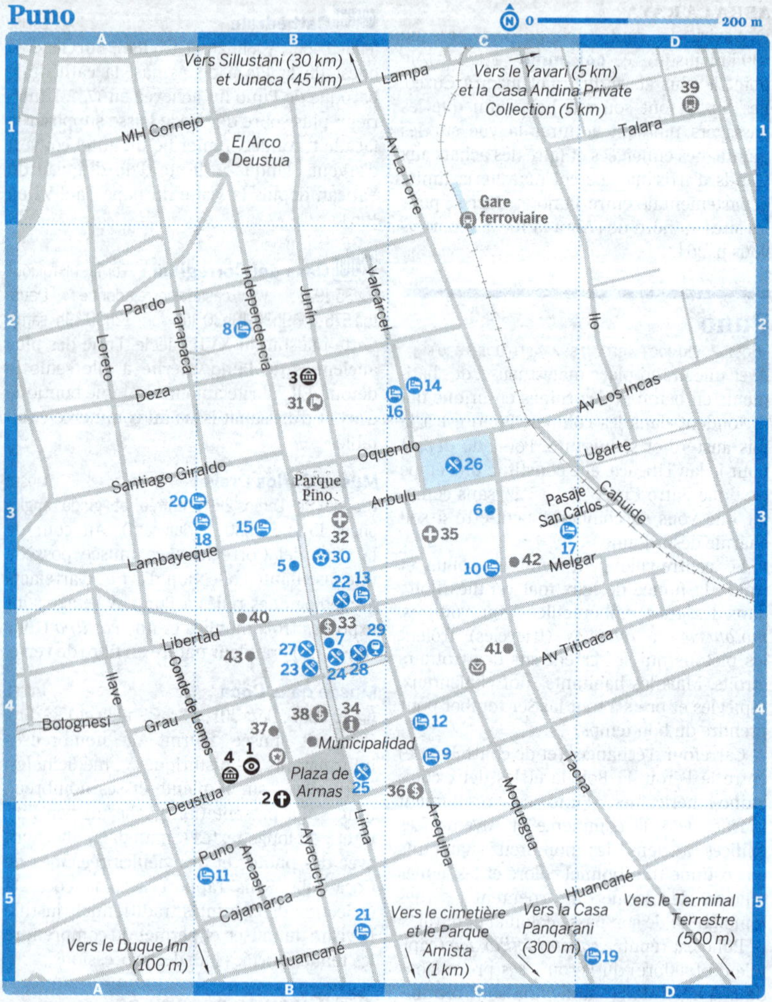

Recommandée, la visite des îles en indépendant permet de se promener librement et de s'attarder dans les endroits préférés.

Les agences suivantes organisent des circuits de tourisme équitable dans la région :

All Ways Travel CIRCUITS
(☎35-3979 ; www.titicacaperu.com ; Deustua 576, 1er ét.). Circuits classiques ou "non touristiques".

Edgar Adventures CIRCUITS
(☎35-3444 ; www.edgaradventures.com ; Lima 328). Une agence établie de longue date, engagée auprès des populations.

Las Balsas Tours CIRCUITS
(☎36-4362 ; www.balsastours.com ; Tacna 240). Circuits classiques quotidiens.

Nayra Travel CIRCUITS
(☎36-4774, 975-1818 ; www.nayratravel.com ; Lima 419, bureau 105). Tour-opérateur local.

Fêtes et festivals

Impossible de répertorier toutes les fêtes et les jours fériés régionaux. La plupart durent plusieurs jours, avant et après la date. Danses et musiques traditionnelles sont chaque fois au rendez-vous, de même qu'un joyeux tohu-bohu.

Puno

À voir

1 Casa del Corregidor B4
2 Cathédrale B4
3 Coca Museum B2
4 Museo Carlos Dreyer B4

Activités

All Ways Travel .... (voir 1)
5 Edgar Adventures B3
6 Las Balsas Tours C3
7 Nayra Travel B4

Où se loger

8 Casa Andina Classic B2
9 Casona Plaza Hotel C4
10 Colón Inn C3
11 Conde de Lemos Inn B5
12 Hostal La Hacienda C4
13 Hostal Pukara B3
14 Hostal Uros C2
15 Hotel El Buho B3
16 Hotel Italia C2
17 Inka's Rest C3
18 Intiqa Hotel B3
19 Mosoq Inn D5
20 Posada Don Giorgio B3
21 San Antonio Suites B5

Où se restaurer

22 Balcones de Puno B3
23 Café Tunki B4
Colors .... (voir 5)
IncAbar .... (voir 5)
24 La Casona B4
25 Mojsa B4
26 Supermercado Central C3
27 Tulipans B4
28 Ukuku's B4

Où prendre un verre

29 Kamizaraky Rock Pub B4

Où sortir

30 Ekeko's B3

Renseignements

31 Consulat de Bolivie B2
32 Botica Fasa B3
33 Interbank B4
34 iPerú B4
35 Centre médical touristique Medicentro C3
36 Moneygram C4
37 Oficina de Migraciónes B4
38 Scotiabank B4

Transports

39 Arrêt de bus pour Capachica D1
40 Crillon Tours B4
41 Inka Express C4
42 LAN C3
Star Peru .... (voir 23)
43 Transturin B4

La Virgen de la Candelaria FÊTE

La fête la plus spectaculaire de la région dure plusieurs jours autour du 2 février, selon le jour de la Chandeleur. S'il tombe entre le dimanche et le mardi, les festivités commencent le samedi précédent. S'il tombe entre le mercredi et le vendredi, elles se prolongent jusqu'au samedi suivant.

Semaine de Puno FESTIVAL

La première semaine de novembre, autour de la fête de Puno (5 novembre), d'importantes manifestations célèbrent la naissance légendaire de Manco Cápac, le premier *inca*.

Épiphanie FÊTE

Le 6 janvier.

Fiesta de San Juan FÊTE

La fête de Saint-Jean-Baptiste a lieu le 8 mars.

Alasitas FÊTE

Avec la bénédiction d'objets miniatures, telles des voitures ou des maisons, les fidèles prient pour obtenir le bien grandeur nature dans l'année qui suit. Une foire de miniatures artisanales se tient à Puno le 2 mai.

Las Cruces FÊTE

Les 3 et 4 mai, avec des festivités sur l'Isla Taquile et à Huancané.

Fiesta de San Diego FÊTE

Essentiellement célébrée sur l'Isla Taquile le 25 juillet.

Notre-Dame-de-la Miséricorde FÊTE

Le 24 septembre.

Où se loger

Casa Panq'arani B&B **$$**

(☎36-4892, 951-677-005 ; www.casapanqarani.com ; Jirón Arequipa 1086 ; s/lits jum/d avec

FÊTES ET FOLKLORE AUTOUR DU LAC TITICACA

Capitale folklorique du Pérou, Puno compte 300 danses traditionnelles et célèbre de nombreuses fêtes tout au long de l'année. Bien que les danses soient fréquemment exécutées lors de fêtes catholiques, beaucoup proviennent de célébrations précolombiennes, généralement liées au calendrier agricole. Des masques grotesques aux éblouissants uniformes pailletés en passant par les déguisements d'animaux, les costumes portés pour ces occasions, superbement ornés et originaux, valent souvent plus que toute la garde-robe de la maisonnée.

Les musiciens qui accompagnent les danseurs utilisent divers instruments traditionnels, des cuivres hérités des Espagnols aux instruments à cordes ou à vent et aux percussions qui ont peu changé depuis l'époque inca. Parmi ces derniers figurent les *tinyas* (tambourins), les *wankaras* (grands tambours jadis utilisés lors des batailles) et toute la gamme des *zampoñas* (flûtes de Pan), des minuscules, au son haut perché, aux grandes *basseas*, presque aussi hautes que les musiciens. Remarquez aussi les *flautas* (flûtes), du simple pipeau en bambou appelé *quena* aux gros blocs de bois évidés. La plus ésotérique, la *piruru*, est façonnée dans un os d'aile de condor.

Assister à une fête de rue peut se prévoir, mais reste souvent une question de chance. Certaines se déroulent dans une seule ville, d'autres enflamment toute une région. Renseignez-vous à l'office du tourisme de Puno. Les fêtes indiquées dans ce chapitre revêtent une importance particulière dans la région du lac Titicaca ; s'y ajoutent celles qui sont célébrées dans tout le pays.

Si vous visitez la région pendant une fête, réservez ou arrivez quelques jours plus tôt et attendez-vous à payer votre chambre au prix fort.

petit-déj 70/120/130 S ; 🛜). Cette charmante maison traditionnelle possède une cour fleurie et des chambres attrayantes donnant sur un balcon à l'étage. Spacieuses, ces dernières s'agrémentent de lits confortables, avec dessus-de-lit au crochet, et de fleurs fraîches. De vastes espaces permettent de paresser au soleil. La chaleureuse hospitalité des propriétaires, Edgar et Consuelo, constitue un atout supplémentaire. Ne manquez pas de goûter l'excellente cuisine de Consuelo (repas 30 S, sur demande préalable).

Casa Andina Private Collection HÔTEL DE LUXE **$$$**
(☎213-9739 ; www.casa-andina.com ; Av. Sesqui Centenario 1970 ; d avec petit-déj à partir de 446 $US ; @🛜). En bordure de lac à la périphérie de Puno, l'établissement chic rustique de cette chaîne hôtelière haut de gamme comprend un jardin, un restaurant gastronomique et même son propre arrêt de train sur la ligne de Cuzco. Les 46 chambres, dotées d'impeccables draps blancs et joliment décorées, disposent toutes d'oxygène pour aider à s'acclimater et certaines d'une cheminée. Cartes bancaires acceptées.

Colón Inn HÔTEL **$$**
(☎35-1432 ; www.coloninn.com ; Tacna 290 ; s/d/tr avec petit-déj 150/180/225 S ; @🛜). Tenue par des Européens, cette élégante *casona* au personnel serviable occupe un bâtiment de l'époque républicaine, orné de peintures de l'école de Cuzco et de fresques. Elle comporte des petites chambres bien équipées, de somptueuses parties communes coloniales et une cour couverte. Le restaurant sert des spécialités françaises et belges (réservation recommandée).

Casa Andina Classic HÔTEL **$$$**
(☎213-9739 ; www.casa-andina.com ; Jirón Independencia 143 ; d avec petit-déj 258 S ; @🛜). La version classique de cette chaîne péruvienne sélecte offre un service irréprochable et 50 chambres aux couleurs sourdes, décorées de motifs andins, avec chauffage, coffre-fort, rideaux occultants et TV à écran plat. Oxygène et maté sont à disposition gratuitement. Un restaurant confortable sert pizzas et soupes au retour d'excursions. Cartes bancaires acceptées.

Mosoq Inn HÔTEL **$$**
(☎36-7518 ; www.mosoqinn.com ; Jr Moquegua 673 ; s/d/tr avec petit-déj 106/133/172 S ; @🛜). Recommandé, cet hôtel moderne compte 15 chambres aux tons mandarine réparties sur trois niveaux. Spacieuses, elles sont équipées d'excellents matelas, de grands placards, d'une TV câblée et d'un chauffage. Un centre d'affaires est installé sur place.

Hotel Italia
HÔTEL $$

(☎36-7706 ; www.hotelitaliaperu.com ; Valcárcel 122 ; s/d/tr 110/150/190 S ; @📶). Les chambres douillettes, avec parquet, TV câblée, douche chaude et chauffage, varient en qualité dans ce grand hôtel bien établi. Le personnel est compétent et expérimenté. Le délicieux petit-déjeuner buffet comprend des olives noires et du pain triangulaire à l'anis, une spécialité de Puno. Cartes bancaires acceptées.

Intiqa Hotel
HÔTEL $$

(☎36-6900 ; www.intiqahotel.com ; Tarapacá 272 ; s/d avec petit-déj 159/186 S ; @📶). Hôtel de catégorie moyenne non dénué de style, il propose 33 grandes chambres aux tons ocre avec chauffage, couettes douillettes, oreillers supplémentaires, bureau, TV à écran plat et coffre-fort. L'ascenseur est une rareté à Puno. Transfert gratuit du *terminal terrestre*. Cartes bancaires acceptées.

Hostal Pukara
HÔTEL $$

(☎78-4240/28 ; www.pukaradeltitikaka.com ; Libertad 328 ; s/d 75/120 S ; @📶). Clair et gai, le Pukara a décoré ses moindres recoins, notamment d'un saisissant relief sur quatre étages et de peintures murales. Les chambres, toutes avec TV câblée, téléphone et chauffage, sont insonorisées. Sur le toit, un café sous une verrière offre une vue splendide.

Casona Plaza Hotel
HÔTEL $$

(☎36-5614 ; Arequipa 655 ; s/d avec petit-déj 212/239 S ; @📶). Bien tenu et central, cet hôtel est l'un des plus grands de Puno, mais affiche souvent complet. Il offre 64 chambres plaisantes, dotées de belles sdb. La plupart des *matrimoniales* (suites matrimoniales) sont assez vastes pour danser la *marinera* (danse nationale péruvienne) entre le lit et le salon.

Inka's Rest
AUBERGE DE JEUNESSE $

(☎36-8720 ; www.inkasresthostel.com ; Pasaje San Carlos 158 ; dort/d avec petit-déj 24/60 S ; @📶). Nichée dans une ruelle, cette auberge de jeunesse se distingue par sa propreté et son excellent service. Le dortoir, avec lits superposés et couettes en duvet, comporte parquet et beaux carrelages anciens. Les chambres privées sont moins attrayantes. Parmi les espaces communs figurent une charmante salle pour le petit-déjeuner, une cuisine et un salon avec un immense écran plat. Si vous arrivez le soir, prenez un taxi.

Duque Inn
HÔTEL $

(☎20-5014 ; Ayaviri 152 ; ch avec/sans sdb 20/15 S/pers). Chaleureux et original, cet hôtel se distingue par ses couvre-lits en satin et ses lustres, et constitue une bonne affaire pour les voyageurs et les randonneurs à petit budget. Ricardo Conde, le propriétaire, est un archéologue excentrique qui propose des circuits gratuits. Si vous souhaitez économiser le prix d'un taxi, vous devrez monter une côte interminable jusqu'à l'hôtel. Suivez Ilave sur trois *cuadras* après Huancané, puis tournez à droite dans Ayaviri.

Hostal La Hacienda
HÔTEL $$$

(☎35-6109 ; www.lahaciendapuno.com ; Deustua 297 ; d/tr 239/292 S ; @📶). Cet hôtel de style colonial possède de charmantes et spacieuses parties communes, un vertigineux escalier en colimaçon et une salle à manger au 5e étage avec une vue panoramique. Les chambres, plus banales, sont chaudes et confortables, avec TV câblée, téléphone et, pour certaines, une baignoire.

Hostal Uros
HÔTEL $

(☎35-2141 ; Valcárcel 135 ; s/d/tr avec petit-déj 30/50/75 S ; @📶). Proche de l'animation mais paisible, cet hôtel sympathique présente un bon rapport qualité/prix. Demandez une chambre avec fenêtre ; les meilleures se situent dans les étages supérieurs. Celles avec sdb commune valent 5 S de moins par personne. Vélos et motos peuvent être garés dans le grand patio baigné de lumière.

San Antonio Suites
HÔTEL $$

(☎35-1767 ; www.sanantoniosuitespuno.com ; Huancané 430 ; s/d/tr avec petit-déj 66/93/119 S ; @📶). Apprécié pour son obligeance, cet hôtel n'a rien d'exceptionnel : lino dans les escaliers et des chambres quelconques avec chauffage, TV câblée et téléphone.

Hotel El Buho
HÔTEL $$

(☎36-6122 ; www.hotelbuho.com ; Lambayeque 142 ; s/d avec petit-déj 98/172 S ; @📶). Cet hôtel paisible propose de jolies chambres avec lambris et moquette. Personnel serviable et agence de voyages sur place.

Posada Don Giorgio
HÔTEL $$

(☎36-3648 ; dongiorgio@titicacalake.com ; Tarapacá 238 ; s/d/tr 90/155/180 S ; @📶). Détendu et multiculturel, le Don Giorgio propose des chambres standard d'une propreté et d'un confort exceptionnels, avec téléphone, TV câblée et fauteuils profonds. L'hôtel est assez petit pour fournir un service personnalisé.

VAUT LE DÉTOUR

LA REMISE À FLOT DU YAVARI

Le plus ancien bateau à vapeur du lac Titicaca, le célèbre **Yavari** (☎36-9329 ; www.yavari.org ; don à l'entrée du musée ; ⏲8h-13h, 15h-17h30 ; B&B 99 S/pers petit-déj inclus), a été aménagé en musée et en Bed & Breakfast recommandé avec lits superposés et service attentif sous la supervision du capitaine. Nul besoin d'avoir le pied marin, cette canonnière britannique est probablement l'endroit le plus tranquille de Puno.

Son arrivée n'a pas été facile. En 1862, le *Yavari* et son jumeau, le *Yapura*, furent construits à Birmingham et expédiés en pièces détachées par voie maritime en contournant le cap Horn jusqu'à Arica (désormais dans le nord du Chili), puis acheminés en train à Tacna et finalement à dos de mule à travers les Andes jusqu'à Puno : le périple dura six ans !

Réassemblé, le *Yavari* fut mis à l'eau le 25 décembre 1870. Le *Yapura*, rebaptisé plus tard *BAP Puno*, devint un navire hôpital de la Marine péruvienne, toujours visible à Puno. Tous deux possédaient des chaudières à charbon, alimentées avec des bouses de lama séchées lors d'une pénurie de houille.

Après de longues années de service, la Marine péruvienne désarma le bateau et sa coque abandonnée commença à rouiller au bord du lac. En 1982, la Britannique Meriel Larken le visita et décida de sauver ce témoignage de l'histoire péruvienne. Elle fonda le projet Yavari afin de l'acheter et le restaurer.

Le *Yavari* est ancré derrière le Sonesta Posada Hotel del Inca, à 5 km du centre de Puno. Son équipage dévoué fait volontiers visiter le navire. Sur demande préalable, les amateurs peuvent même assister à la mise en marche du moteur restauré, qui permet au *Yavari* de traverser le lac sept fois par an ; reste à savoir s'il est toujours alimenté avec des bouses de lama !

Conde de Lemos Inn HÔTEL $$
(☎36-9898 ; www.condelemosinn.com ; Puno 675-681 ; s/d avec petit-déj 122/159 S ; @☎). Dans un immeuble aux larges baies vitrées sur la Plaza de Armas, ce petit hôtel est recommandé par de nombreux voyageurs pour son personnel serviable et ses excellentes prestations. Demandez une chambre d'angle avec balcon.

Où se restaurer

Mojsa PÉRUVIEN $$
(☎36-3182 ; Lima 394 ; plats 18-35 S ; ⏲8h-22h). Prisé des habitants et des voyageurs, le Mojsa, "délicieux" en aymara, porte bien son nom. Il propose une sélection bien pensée de spécialités péruviennes et internationales, dont des plats de truite créatifs et des salades à composer soi-même. Tous les repas commencent par du pain frais et un bol d'olives de la région. Le soir, des pizzas cuites dans un four en brique sont proposées.

La Casona PÉRUVIEN $$
(☎]35-1108 ; http://lacasona-restaurant.com ; Lima 423, 1er ét. ; plats 12-36 S). Une autre bonne adresse, avec de la cuisine *criolla* et internationale haut de gamme, servie en petites portions : truites à l'ail ou en sauce au piment, pâtes, salades et soupes.

Tulipans PIZZERIA $$
(☎35-1796 ; Lima 394 ; plats 12-22 S). Chaudement recommandé pour ses sandwichs alléchants et ses copieux plats de viande et de légumes, ce restaurant douillet est réchauffé par le four à pizza qui fonctionne le soir. Il offre un choix de vins d'Amérique du Sud. Le patio est agréable par temps chaud – une rareté !

Café Tunki CAFÉ $
(Lima 394 ; ⏲10h-19h lun-sam). Ce petit bistrot sert du café provenant du secteur tropical de la province de Puno et vend aussi des grains au kilo.

Balcones de Puno PÉRUVIEN $$
(☎36-5300 ; Libertad 354 ; plats 14-32 S). Tous les soirs, de 19h30 à 21h, il offre un dîner-spectacle avec de la cuisine locale traditionnelle et un spectacle qui se distingue par sa qualité et son authenticité. Gardez de la place pour le dessert, toujours succulent. Réservation indispensable.

Ukuku's PÉRUVIEN $$
(Grau 172, 1er ét. ; plats à partir de 20 S). Voyageurs et habitants affluent dans ce restaurant

bien chauffé pour savourer une bonne cuisine locale et andine (steak d'alpaga avec pommes au four, omelette de quinoa), ainsi que des pizzas, des pâtes, des plats végétariens asiatiques et un expresso.

IncAbar CAFÉ $$
(☎36-8031 ; Lima 348 ; plats 30 S ; ⏲8h30-22h ; 📶). Ce restaurant branché séduit les étrangers : petits-déjeuners légers, curries, légumes sautés et pâtes comme vous en rêviez, mais pas un seul Péruvien dans la salle. Carte de boissons et *happy hour*.

Colors FUSION $$
(☎36-9254 ; Lima 342 ; plats 16-28 S ; ⏲7h-23h ; 📶). Ce café avec canapés et Wi-Fi gratuit séduit les voyageurs par sa décoration élégante et sa cuisine fusion. La longueur de la carte complique le repérage des spécialités et le personnel n'est pas d'une grande aide.

Nombre de restaurants n'annoncent pas leurs menus du jour, moins chers que les plats à la carte. Les habitants se régalent de *pollo a la brasa* (poulet rôti) et de menus avantageux dans Jirón Tacna, entre la Calle Deustua et la Calle Liberta.

Pour une petite faim, essayez l'*api*, du jus de maïs sucré chaud, offert dans divers endroits de la Calle Oquendo, entre le Parque Pino et le supermarché, à commander avec un fin beignet délicieux.

D'accueillantes *chifas* (restaurants chinois) bon marché bordent la Calle Arbulú. Pour faire des courses, rendez-vous au **Supermercado Central** (Oquendo s/n ; ⏲8h-22h), mais faites attention aux pickpockets.

Où prendre un verre

Dans le centre-ville, la vie nocturne vise la clientèle touristique. Des bars animés jalonnent Jirón Lima, où des rabatteurs distribuent des bons pour une boisson gratuite, et Jirón Puno, près de la place.

Kamizaraky Rock Pub PUB
(Grau 158). Musique rock classique, barmans particulièrement détendus et cafés alcoolisés pour se réchauffer durant les nuits glaciales.

Où sortir

Ekeko's CLUB
(Lima 355, 1er ét.). Voyageurs et Puneños affluent sur la petite piste de danse, éclairée à la lumière ultraviolette et entourée de peintures psychédéliques. La musique, mélange de rythmes modernes et d'anciens tubes, de la salsa à la trance techno, s'entend de loin.

Achats

Dans le centre-ville, une boutique sur deux vend de l'artisanat (des instruments de musique aux bijoux en passant par les maquettes des îles en roseaux), des pulls en laine et en alpaga et d'autres souvenirs. Pour les articles ménagers et les vêtements, rendez-vous au **Mercado Bellavista** (Av. El Sol) et faites attention aux pickpockets.

Renseignements

Argent

Les bolivianos peuvent se changer à Puno ou à la frontière. Dans le *terminal terrestre*, un DAB accepte la plupart des cartes bancaires et délivre des dollars US et des soles. La **Scotiabank** (Jirón Lima 458), l'**Interbank** (Lima et Libertad) et le **Banco Continental** (Lima et Grau) disposent tous d'agences et de DAB dans Jirón Lima ; une autre agence Banco Continental se tient dans Libertad. Une agence Moneygram est installée dans Jirón Puno, juste en dessous de la place.

RESTER EN FORME EN ALTITUDE

Grimper directement de la côte à près de 4 000 m d'altitude entraîne un risque sérieux de *soroche* (mal des montagnes ; voir p. 570). Prévoyez de vous arrêter quelque temps à des altitudes intermédiaires comme Arequipa (2 350 m) ou Cuzco (3 326 m) pour vous acclimater ou adoptez un rythme lent à votre arrivée à Puno. Des hôtels haut de gamme (et certains bus) disposent d'oxygène, mais ce n'est qu'un répit temporaire ; votre corps doit s'acclimater à son rythme.

Altitude élevée rime avec conditions climatiques extrêmes. Les nuits sont particulièrement froides, aussi vérifiez que votre hôtel est chauffé. Durant les mois d'hiver de juin à août (la haute saison touristique), le thermomètre peut descendre bien en dessous de 0°C. Il fait par contre très chaud dans la journée et les coups de soleil sont fréquents.

Désagréments et dangers

Si les collines qui surplombent la ville offrent de beaux points de vue, des agressions et des vols ont été signalés, visant même des groupes. Évitez ces endroits sauf en cas d'amélioration radicale de la sécurité.

Immigration

Consulat de Bolivie (☎35-1251 ; Arequipa 136, 1er ét. ; ⊙8h-14h lun-ven)

Oficina de Migraciónes (bureau de l'immigration ; ☎35-7103 ; Ayacucho 270-280 ; ⊙8h-13h et 14h-16h15 lun-ven). Peut être utile pour les visas d'études et d'affaires ; ne proroge pas les cartes de tourisme.

Office du tourisme

iPerú (☎36-5088 ; Plaza de Armas, angle Lima et Deustua ; ⊙9h-18h lun-sam, 9h-13h dim). Un office du tourisme serviable et bien informé ; gère également Indecopi, l'organisme de protection des touristes qui enregistre les plaintes contre les agences de voyages et les hôtels.

Poste

Serpost (Moquegua 267 ; ⊙8h-20h lun-sam)

Services médicaux

Botica Fasa (☎36-6862 ; Arequipa 314 ; ⊙24h/24). Une pharmacie bien approvisionnée ; tard dans la nuit, vous devrez peut-être frapper à la porte.

Centre médical touristique Medicentro (☎36-5909, 951-62-0937 ; Moquegua 191 ; ⊙24h/24). Le personnel parle français et anglais ; un médecin peut venir à votre hôtel.

Urgences

Police touristique (Policía de Turismo ; ☎35-3988 ; Deustua 558 ; ⊙24h/24). Un policier de garde est aussi présent 24h/24 au *terminal terrestre* ; renseignez-vous si vous avez besoin de son aide.

ℹ Depuis/vers Puno

Avion

L'aéroport le plus proche se situe à Juliaca, à environ 1 heure de Puno. Reportez-vous p. 171 pour des informations sur les vols. Les hôtels peuvent réserver une navette pour environ 15 S. Parmi les compagnies qui possèdent une agence à Puno figurent **LAN** (☎36-7227 ; Tacna 299) et **Star Perú** (Lima 154).

Bateau

Aucun ferry de passagers ne traverse le lac de Puno à la Bolivie. Vous pouvez cependant rejoindre La Paz via le lac en 1 ou 2 jours avec un circuit haut de gamme qui visite l'Isla del Sol et d'autres sites en chemin. **Transturin** (☎35-2771 ; www.transturin.com ; Ayacucho 148 ; circuit 2 jours 241 $US) combine bus/catamaran/bus avec un départ à 6h30 de Puno et une arrivée à La Paz à 19h30, ou le lendemain à 12h après une nuit à bord. **Crillon Tours** (☎35-2771 ; www.titicaca.com ; Ayacucho 148) propose des hydroglisseurs de Puno à La Paz avec visite de l'Isla del Sol (p. 193), un circuit de 13 heures. Leon Tours représente Crillon Tours à Puno.

Bus

Le **Terminal Terrestre** (☎36-4737 ; Primero de Mayo 703), à trois *cuadras* de l'Avenida El Sol en descendant Ricardo Palma, accueille les compagnies de bus longue distance. Il abrite un DAB et facture 1 S de taxe de départ.

Des bus partent toutes les heures pour Cuzco de 4h à 22h et pour Arequipa de 2h à 22h. **Ormeño** (☎36-8176 ; www.grupo-ormeno.com.pe), la compagnie la plus sûre, possède les bus les plus récents et les plus rapides. **Cruz del Sur** (☎à Lima 01-311-5050 ; www.cruzdelsur.com.pe) dessert Arequipa. **Civa** (☎365-882 ; www.civa.com.pe) se rend à Lima. **Tour Peru** (☎35-2991 ; www.tourperu.com.pe) rallie Cuzco, ainsi que La Paz, en Bolivie, via Copacabana, tous les jours à 7h30.

BUS AU DÉPART DE PUNO

DESTINATION	PRIX*	DURÉE
Arequipa	56/72 S	5 heures
Cuzco	20/40 S	6-7 heures
Juliaca	3,50 S	1 heure
Lima	140/170 S	18-21 heures
Copacabana, Bolivie	25 S	3-4 heures
La Paz, Bolivie	30 S	6 heures

* Estimation tarifaire pour un bus standard/de luxe

Les bus de luxe avec vitres panoramiques d'**Inka Express** (☎36-5654 ; www.inkaexpress.com ; Tacna 346) constituent le moyen le plus plaisant de rejoindre Cuzco (environ 8 heures, 143 S avec déjeuner-buffet, guide anglophone et oxygène). Ils partent tous les matins à 8h et font halte à divers sites, dont Andahuaylillas, Raqchi, Abra la Raya et Pucará.

Des *combis* locaux pour Chuquito, Juli, Pomata et la fontière bolivienne partent du **Terminal Zonál** (Simón Bolívar s/n), à quelques rues au nord-ouest du *terminal terrestre*. Suivez l'Avenida El Sol jusqu'à ce que vous voyiez l'hôpital sur votre droite, tournez à gauche et vous atteindrez le *terminal zonál* (terminal régional) après deux longues *cuadras*.

Pour rejoindre Capachica (1 heure 15, 4 S), prenez un *combi* dans Jirón Talara, près d'El Sol en face du Mercado Bellavista. Ils partent toutes les heures entre 6h et 14h. Des *combis* desservent Luquina environ toutes les heures dans la matinée ; ils stationnent en face du distributeur Brahma Beer dans Manchero Rossi, à 1,5 km au sud de la ville.

Train

Le parcours en train de Puno à Cuzco doit sa renommée à l'époque, désormais révolue, où la route en terre faisait du trajet en bus un cauchemar. Les prix des billets de train se sont envolés ces dernières années, et la plupart des voyageurs prennent le bus. Le train touristique Andean Explorer, avec wagon panoramique vitré et déjeuner, revient à 150 $US ; il n'existe pas de billet moins cher. Cela n'intéressera que les passionnés du rail car la voie ferrée suit la route la majeure partie du trajet, offrant le même paysage, et le train est à peine plus confortable que les meilleurs bus pour un coût bien plus élevé.

Les trains partent de la **gare ferroviaire** (☎36-9179 ; www.perurail.com ; Av. La Torre 224 ; ⏲7h-12h et 15h-18h lun-ven, 7h-15h sam) de Puno à 8h et arrivent à Cuzco vers 18h. Ils circulent les lundi, mercredi et samedi de novembre à mars, avec un départ supplémentaire le vendredi d'avril à octobre. Les billets peuvent s'acheter en ligne.

ℹ Comment circuler

En ville (et jusqu'aux gares), un court trajet en taxi revient à 4 S. Comptez 2 S en *mototaxi* et 1,50 S en *triciclo* ; les montées épuisantes vous inciteront à laisser au conducteur de tricycle un pourboire supérieur au montant de la course !

Environs de Puno

SILLUSTANI

Sur les collines vallonnées de la péninsule du lac Umayo, les tours funéraires de **Sillustani** (10 S ; ⏲8h-17h) se détachent sur le paysage désolé de l'*altiplano*.

Les Colla, un peuple guerrier de langue aymara, dominèrent la région du lac Titicaca avant de devenir le groupe sud-est de l'Empire inca. Ils enterraient leurs nobles dans des *chullpas* (tours funéraires), éparpillées sur les hauteurs alentour.

Les plus imposantes sont celles de Sillustani, où la plus haute atteint 12 m. Ces structures cylindriques contenaient les dépouilles de familles entières, avec de la nourriture et des biens pour leur voyage vers l'autre monde. Seule ouverture, un étroit passage orienté vers l'est permettait à un homme de s'y faufiler et était immédiatement scellé après les funérailles. Bien préservées, les tours ne contiennent plus aucun vestige. La lumière est meilleure l'après-midi pour les photos, mais le site peut être bondé.

Les murs des tours, composés de massifs blocs de pierre, rappellent la maçonnerie inca, mais sont considérés comme encore plus élaborés. Des blocs taillés non utilisés, une rampe qui servait à les déplacer et une carrière rudimentaire comptent parmi les éléments intéressants du site. Quelques blocs comportent des motifs décoratifs, dont le fameux lézard sculpté sur l'une des *chullpas* proches du parking.

Sillustani est partiellement entouré par l'étincelant Lago Umayo (3 890 m), qui abrite une grande diversité de plantes et d'oiseaux aquatiques andins ; des vigognes (cousines menacées des lamas) vivent sur une petite île. Le lac est l'un des meilleurs endroits de la région pour l'observation des oiseaux.

De Puno, des circuits partent tous les jours à Sillustani (à partir de 35 S) vers 14h30 et durent 3 heures 30, dont 1 heure 30 dans les ruines. Si vous souhaitez passer plus de temps sur place, louez un taxi (70 S, 1 heure d'attente comprise). Vous pouvez aussi prendre un bus à destination de Juliaca et demander au chauffeur de vous déposer à l'embranchement (3 S, 25 min). De là, des *combis* occasionnels rallient les ruines (2 S, 20 min).

Atun Colla (☎365-808, 951-50-2390 ; www.turismoatuncolla.com) propose du *turismo vivencial* (séjour chez l'habitant) à ceux qui souhaitent s'attarder. Vous pourrez aider vos hôtes pour les travaux agricoles, marcher jusqu'à des points de vue et des sites archéologiques moins connus, visiter le petit musée et manger de la terre – la région est connue pour son *arcilla* (argile) comestible. Servie en sauce sur des pommes de terre bouillies, elle est excellente.

TRAVERSER LA FRONTIÈRE : BOLIVIE

Deux itinéraires praticables relient Puno et la Bolivie. Celui de la rive nord, en dehors des sentiers battus, est rarement emprunté. La rive sud offre deux options, via Yunguyo ou Desaguadero. Seul le manque de temps justifie de passer par Desaguadero. La route de Yunguyo, plus sûre, plus belle et beaucoup plus fréquentée, passe par la plaisante ville bolivienne de Copacabana en bord de lac, d'où l'on peut visiter l'Isla del Sol, le site le plus significatif de la mythologie andine.

Un consulat bolivien est installé à Puno. Sachez que la Bolivie avance d'une heure par rapport au Pérou.

À la frontière bolivienne, des agents réclament souvent un droit de passage officieux de 30 Bs. Gardez toujours vos bagages avec vous en traversant la frontière.

Copacabana via Yunguyo

Il existe deux possibilités.

Le moyen le plus rapide et le plus facile consiste à prendre un bus transfrontalier d'une compagnie comme Perú Tour ou **Ormeño** (☎36-8176 ; www.grupo-ormeno.com.pe) en achetant les billets à la gare routière au plus tard la veille. Le bus fait halte devant une *casa de cambio* (bureau de change) à la frontière et attend que les passagers effectuent les formalités avant de continuer vers Copacabana (25 S, 3-4 heures). De là, un autre bus rejoint directement La Paz (30 Bs, 3 heures 30).

L'autre solution implique de prendre un transport local – un *micro* – au *terminal zonál*. Ce moyen de transport plus lent n'est recommandé que si vous souhaitez vous arrêter dans des villages de la rive sud (voir p. 188). Partez tôt (vers 8h) pour avoir suffisamment de temps. Des *micros* circulent régulièrement entre les villages, surtout le dimanche, jour de marché à Juli et à Yunguyo. C'est une excellente façon de sortir des sentiers battus et de côtoyer les habitants.

Yunguyo est le terminus des *micros*. Prenez ensuite un *triciclo* jusqu'à Kasani ou traversez à pied – un agréable trajet de 2 km le long de l'Avenida Ejército. Les *casas de cambio* offrent ici de meilleurs taux de change que du côté bolivien.

Présentez votre passeport à la police péruvienne, puis au Control Migratorio (bureau de l'immigration) sur la gauche. Rejoignez l'arche et le panneau "Bienvenue en Bolivie", qui signale le bureau de l'immigration bolivien.

Un *combi* jusqu'à Copacabana revient à 3 Bs. Les *combis* partent plus fréquemment le dimanche ; en semaine, vous devrez parfois attendre jusqu'à une heure. À pied, le parcours de 8 km longe le lac.

La frontière ouvre de 7h30 à 18h, heure péruvienne.

La Paz via Desaguadero

Si vous allez directement de Puno à La Paz, le trajet par Desaguadero est plus rapide, un peu moins cher et plus direct que par Yunguyo. Il est aussi moins pittoresque et moins sûr. Évitez de passer la nuit à Desaguadero.

Du *terminal zonál* à Puno, des *combis* partent toute la journée pour Desaguadero (8 S, 2 heures 30).

À Desaguadero, rendez-vous à la Dirección General de Migraciónes y Naturalización pour obtenir votre tampon de sortie du Pérou, puis rejoignez le bâtiment signalé "Migraciónes Desaguadero", à gauche du pont, pour effectuer les formalités boliviennes.

Prenez un *triciclo* jusqu'à la gare routière du côté bolivien, d'où vous pourrez rallier La Paz en 3 heures 30 en *combi* ou en *colectivo* (taxi collectif ; 30 Bs).

La frontière ouvre de 8h30 à 20h30, heure bolivienne.

Sachez que la police péruvienne a mauvaise réputation ici et réclame parfois une "taxe de sortie" fictive. Il n'est pas obligatoire de passer par le poste de police péruvien avant de quitter le pays : si quelqu'un vous demande de l'y accompagner, refusez poliment mais fermement. Desaguadero ne compte pas de DAB. Retirez de l'argent à Puno si vous avez besoin d'un visa touristique.

CUTIMBO

À un peu plus de 20 km de Puno, ce **site** (6 S ; ⏲8h-17h) spectaculaire occupe un emplacement exceptionnel, au sommet d'une mesa volcanique entourée d'une plaine fertile. Bâties par les Colla, les Lupaca et les Incas, ces quelques *chullpas* bien préservées, cylindriques ou carrées, comportent plusieurs sculptures de singes, de pumas et de serpents. Vous verrez également les rampes utilisées pour les construire.

Peu de visiteurs explorent cet endroit isolé, ce qui le rend aussi attrayant que dangereux pour les voyageurs indépendants, notamment les femmes. Partez à plusieurs et tentez de repérer les agresseurs ; ils se cachent souvent derrière les rochers au bout du sentier de 2 km qui grimpe de la route.

Des *combis* à destination de Laraqueri partent du cimetière proche du Parque Amista, à 1 km du centre de Puno (3 S, 1 heure). Le site, signalé, se trouve du côté gauche de la route – demandez au chauffeur où descendre. Le coût élevé d'un taxi (environ 30 S aller) rend intéressants les circuits organisés au départ de Puno (94 S).

Îles du lac Titicaca

Les îles du lac Titicaca sont mondialement renommées pour leur beauté sereine et leurs traditions rurales préservées, qui datent de l'époque précolombienne. Un séjour chez l'habitant offre un aperçu privilégié de cet autre mode de vie.

Sachez que certains insulaires n'apprécient pas les touristes, car tous ne profitent pas des retombées économiques et les intrusions fréquentes dans leur vie quotidienne les dérangent. Veillez à respecter leur intimité et à vous montrer courtois. Consultez l'encadré p. 185 pour plus de conseils sur le tourisme responsable dans les îles.

Toutes les agences de voyages de Puno proposent des excursions de un à deux jours à Uros, Taquile et Amantaní. Les voyageurs estiment souvent qu'elles n'offrent qu'une vue superficielle des îles et de leurs cultures. Pour mieux les découvrir, visitez-les en indépendant si vous en avez le temps. Tous les billets de ferry sont valables 15 jours, ce qui permet d'aller d'une île à l'autre à loisir.

ISLAS UROS

À juste 7 km à l'est de Puno, ces extraordinaires **îles flottantes** (5 S) constituent la principale attraction du lac Titicaca. Elles sont fabriquées avec des roseaux légers appelés *totoras* qui poussent en abondance dans les bas-fonds du lac. La vie des Uros est indissociable de ces plantes. En partie comestibles (le goût rappelle celui des cœurs de palmier), ces roseaux servent à construire des maisons, des bateaux et des objets artisanaux. Les îles se composent de nombreuses couches de *totora*, complétées en surface à mesure que les couches inférieures pourrissent ; le sol reste toujours souple et élastique.

Certaines îles possèdent des versions élaborées des bateaux traditionnels en bottes de roseaux et d'autres curieuses créations en roseau, comme des arches et des balançoires. Attendez-vous à payer pour un tour en bateau ou pour des photos.

Le métissage avec des Indiens de langue aymara a entraîné la disparition des Uros de pure souche et de leur langue. Petite tribu, les Uros entamèrent leur inhabituelle existence flottante il y a des siècles afin de se protéger des agressifs Colla et Incas.

La popularité des îles s'est parfois traduite par une commercialisation effrénée. Un labyrinthe de chenaux étroits mène à des îles en roseaux plus authentiques et plus éloignées de Puno, qui ne peuvent se visiter qu'en bateau privé. Leurs habitants conservent un mode de vie relativement traditionnel et n'apprécient pas les photos.

TRAJETS EN BATEAU SUR LE LAC TITICACA

Naviguer sur le lac Titicaca requiert parfois de l'endurance. Renseignez-vous sur le type d'embarcation et prévoyez des vêtements chauds pour rester sur le pont. Trois catégories d'embarcations sillonnent le lac. Les bateaux rapides (*veloz*) embarquent des groupes de 30 à 40 personnes. Les *lanchas rápidas*, les plus courantes, sont un peu moins rapides. Les *embarcaciones artesenales*, les plus lentes, mettent jusqu'à deux fois plus de temps que les bateaux rapides. Des ferries, parfois dotés de moteurs de camion, transportent des marchandises et naviguent lentement. L'odeur des moteurs situés dans les cabines peut provoquer un malaise ou le mal de mer, surtout quand le froid ou la houle empêche de sortir.

Rejoindre les Uros ne nécessite pas de participer à un circuit organisé. Des ferries partent du port de Puno (aller-retour 12 S) au moins une fois par heure de 6h à 16h. Propriété de la communauté, le ferry rallie deux îles en alternance. Les ferries qui desservent Taquile et Amantaní peuvent aussi vous déposer aux Uros.

Sur l'Isla Khantati, **Cristina Suaña** (951-69-5121, 951-47-2355 ; uroskhantati@hotmail.com ; pension complète 165 S/pers), une femme dynamique native des Uros, offre un séjour exceptionnel dans des huttes en roseau semi-traditionnelles (avec énergie solaire et toilettes extérieures). Elles occupent la moitié de l'îlot aux côtés de pontons ombragés, de chats et de rares flamants. Les tarifs incluent le transfert depuis Puno, des repas frais et variés, des sorties de pêche, quelques explications culturelles et l'agréable compagnie de Cristina. Le rythme ultra détendu convient à ceux qui disposent de temps.

ISLA TAQUILE

Habitée depuis des millénaires, **Taquile** (5 S), une petite île de 7 km² à 35 km à l'est de Puno, compte environ 2 200 habitants. De langue quechua, ces derniers se distinguent des autres communautés insulaires qui, pour la plupart, parlent aymara. Soucieux de défendre leur identité, ils évitent les mariages intercommunautaires.

L'île se distingue par sa beauté naturelle. Le paysage splendide évoque la Méditerranée. Sous le soleil éblouissant, le sol rouge sombre contraste avec le bleu intense du lac et les sommets enneigés de la Cordillera Real bolivienne, en arrière-plan. Des terrasses incas s'étagent sur les versants de plusieurs collines, que coiffent des ruines.

L'île possède une fascinante tradition d'artisanat. Les créations des îliens sont réalisées selon des coutumes sociales profondément enracinées. Les hommes portent un bonnet en laine aux mailles serrées, semblable à un bonnet de nuit, qu'ils tricotent eux-mêmes. Les couleurs ont une signification sociale : rouge pour les hommes mariés, rouge et blanc pour les célibataires. D'autres teintes peuvent refléter une position sociale présente ou passée.

Les femmes tissent de larges ceintures colorées pour leurs maris, qui les portent sur des chemises blanches en tissu grossier et d'épais pantalons noirs qui s'arrêtent aux mollets. Les femmes ont également belle allure avec leurs nombreuses jupes superposées et leurs blouses finement brodées. Ces vêtements comptent parmi les plus beaux costumes traditionnels du pays et peuvent s'acheter au magasin coopératif, sur la grand-place de l'île.

Prévoyez suffisamment de petites coupures car la monnaie fait souvent défaut et vous ne pourrez pas changer des devises. Comptez large, car vous serez sûrement tenté par le ravissant artisanat vendu au magasin coopératif. L'île bénéficie d'une alimentation électrique limitée depuis les années 1990, parfois défaillante. N'oubliez pas d'apporter une lampe de poche si vous dormez sur place.

À voir et à faire

Les visiteurs peuvent se promener librement, explorer les ruines et jouir de la tranquillité. L'île est un endroit fabuleux pour admirer le coucher du soleil. La lune semble deux fois plus brillante dans l'air cristallin, alors qu'elle s'élève au-dessus des pics vertigineux de la Cordillera Real. Mémorisez la configuration des lieux pendant la journée ; l'île ne compte ni rues, ni lampadaires, ni grands bâtiments pour se repérer et des voyageurs ont dû passer la nuit à la belle étoile après s'être perdus dans le noir !

Un escalier de plus de 500 marches mène du quai au centre de l'île, une montée de 20 minutes, davantage si vous n'êtes pas acclimaté.

Fêtes et festivals

La **Fiesta de San Diego** (fête de Saint-Jacques ; 25 juillet), importante à Taquile, s'accompagne de danses, de musique et de bombances ; les festivités durent jusqu'au début du mois d'août, quand les habitants font des offrandes traditionnelles à la Pachamama, la Terre Mère. **Pâques** et le **Nouvel An** sont également festifs et turbulents. De nombreux îliens se rendent à Puno pour la Virgen de la Candelaria et la semaine de Puno, laissant l'île quasi déserte.

Où se loger et se restaurer

Les *hospedajes* (petites auberges tenues par une famille) de Taquile offrent un hébergement simple pour environ 20 S la nuit, repas en sus (petit-déjeuner 10-15 S, déjeuner 20 S). Le choix varie des chambres chez l'habitant aux modestes pensions. La plupart disposent de toilettes intérieures et de douches avec chauffe-eau électrique. Les réservations s'effectuent auprès d'un tour-opérateur ou sur place en arrivant. Les

ÉTHIQUE DU TOURISME COMMUNAUTAIRE

Puno, point de départ des excursions sur le lac Titicaca et ses alentours, est, après Cuzco, la ville la plus touristique du pays. Si l'archéologie et la mythologie attirent les visiteurs, l'occasion de prendre le temps de découvrir une culture fascinante invite à s'attarder. Le *turismo vivencial* (séjour chez l'habitant) s'est développé aux alentours de Puno, devenant la base de l'industrie touristique locale.

Des dizaines de tour-opérateurs proposent souvent la même chose à des prix extrêmement variés. La principale différence est la somme versée par les agences aux familles d'accueil. Presque toutes les agences les moins chères (mais aussi certaines des plus chères) versent à peine plus que le coût des repas servis. S'il est difficile de savoir quelles agences paient convenablement les familles, les conseils suivants vous aideront à choisir au mieux.

» Faites appel à l'une des agences mentionnées dans ce guide ou recommandées par d'autres voyageurs.

» Vérifiez que votre guide respecte le système de rotation des hébergements et visite diverses îles flottantes.

» Insistez pour payer directement votre hébergement à la famille.

» Attendez-vous à des prix relativement élevés. Les visiteurs doivent payer au moins 50 $US pour une excursion de deux jours dans une île afin que la famille en tire un bénéfice.

» Découvrez les îles en indépendant ; cela ne présente aucune difficulté.

» Emportez vos déchets : les insulaires ne disposent pas de moyen pour s'en débarrasser.

» Apportez des cadeaux ou des produits que les insulaires ne peuvent produire, tels que des fruits frais ou des fournitures scolaires (crayons, stylos, cahiers).

» Ne donnez ni bonbon ni argent aux enfants, pour qu'ils ne prennent pas l'habitude de mendier.

» Soutenez les initiatives locales, qui bénéficient à tous. À Taquile, les familles gèrent à tour de rôle le Restaurante Comunál qui, pour beaucoup, constitue la seule source de profit du flot quotidien de visiteurs. Luquina Chico et l'Isla Ticonata gèrent collectivement le tourisme, avec la rotation des hébergements, le partage des bénéfices et la répartition des tâches – approvisionnement, transports, visites guidées et activités.

» Visitez un des villages autour du lac pour rencontrer une population rurale authentique. Moins faciles d'accès que les îles, ils sont bien plus calmes et moins touristiques.

habitants accueillent les touristes à tour de rôle, ce qui limite le choix.

Les restaurants servent tous les mêmes plats (à partir de 20 S) : *sopa de quinua* (soupe de quinoa, délicieuse partout sur le lac Titicaca) et truite du lac. Le **Restaurante Comunál** est le seul géré par la communauté.

Depuis/vers l'Isla Taquile

Des ferries (aller-retour 20 S ; accès à l'île 5 S) partent du port de Puno pour Taquile à partir de 6h45. Si le bateau fait halte aux Islas Uros, vous devrez payer le droit d'accès à ces îles. Un ferry relie Amantaní et Taquile tous les matins ; il est également possible de prendre un bateau depuis Llachón.

ISLA AMANTANÍ

Plus éloignée, l'**île Amantaní** (5 S) compte 4 000 habitants et se situe à quelques kilomètres au nord de Taquile. La visiter implique presque toujours une nuit sur place. Les hôtes participent à la préparation des repas sur un feu à même le sol en terre battue des cuisines. La découverte des différents aspects de la vie rurale constitue une expérience inoubliable.

Les villageois organisent parfois des danses traditionnelles et prêtent des costumes locaux aux voyageurs pour danser toute la nuit. En rejoignant votre chambre, admirez le ciel constellé d'étoiles.

Sans routes ni véhicules, cette île très paisible (les chiens ne sont pas admis !) offre des vues splendides. Parmi les ruines qui surmontent plusieurs collines, **Pachamama** (Terre Mère) et **Pachatata** (Terre Père), les plus hautes et les plus connues, datent de la culture de Tiahuanaco. Essentiellement bolivienne, cette culture naquit autour du lac Titicaca et se développa rapidement entre 200 av. J.-C. et l'an 1000.

Comme à Taquile, les îliens parlent quechua, mais leurs traditions sont plus fortement influencées par les Aymara.

Où se loger et se restaurer

À votre arrivée, l'**Amantani Community Lodging** (☎36-9714), soit les familles de l'île, vous attribuera un logement selon un système de rotation. Respectez ces règles, même en groupe guidé. Vous pouvez demander à rester en famille ou entre amis. Comptez au moins 30 S par personne et par nuit en pension complète.

Depuis/vers l'Isla Amantaní

Des **ferries** (aller-retour 30 S ; accès à l'île 5 S) partent du port de Puno pour Amantaní tous les jours à 8h. D'Amantaní, des bateaux rallient Taquile et Puno tous les jours vers 16h (renseignez-vous, car les horaires varient), avec parfois un départ pour Puno vers 8h , selon la demande.

ISLA SUASI

Dans la partie nord-est du lac, cette île superbe, alimentée à l'énergie solaire, offre une retraite en pleine nature. Seule île privée du lac, elle a été louée à long terme par un hôtel de luxe, la **Casa Andina Isla Suasi** (☎1-213-9739 ; www.casa-andina.com ; forfait 2 jours tout compris 1 090 S/pers). Cet écolodge isolé comporte des chambres bien aménagées, avec couettes en plumes, cheminée, plafond pentu et terrasse donnant sur le lac. Le jardin aux fleurs luxuriantes, les chemins de promenade, des vigognes sauvages (cousines des lamas) et des lieux de baignade en font une destination unique pour découvrir la nature plutôt que la culture. Un spa et un sauna aux feuilles d'eucalyptus procurent des moments de bien-être, tandis que les jeux, les sorties en canoë et les activités guidées séduisent les familles. L'île se trouve à 5 heures de bateau de Puno ou à plus de 3 heures de piste suivies d'une courte traversée en bateau de Cambria. Un droit d'entrée de 12 $US (inclus dans le prix des chambres) contribue à la protection de l'île.

L'hôtel propose à ses hôtes des transferts quotidiens à 7h30 de l'embarcadère de Puno, avec escales aux Islas Uros et à l'Isla Taquile.

Péninsule de Capachica et ses environs

S'étirant dans la partie nord-ouest du lac à mi-chemin entre Juliaca et Puno, la péninsule de Capachica rivalise de beauté avec les îles, sans les foules et le mercantilisme. Chaque *pueblito* (petit village) possède un cadre attrayant, de joliment pastoral à majestueux. Le séjour chez l'habitant, la seule possibilité d'hébergement, contribue au plaisir de la découverte ; les hommes ont fière allure avec leur veste et leur chapeau noirs et les femmes, souriantes, portent une coiffe élaborée. Vous passerez des jours heureux à vous promener dans les collines, à contempler le lac et à vous régaler de repas simples.

Jalonnant la péninsule entre les villes de Capachica et de Llachón, les villages de Ccotos et de Chifrón sont reliés par des pistes désertes, propices à la marche, et des services de bus erratiques ; il est généralement plus rapide de franchir à pied une colline que de la contourner en voiture. Escallani, plus au nord et un peu en dehors de la péninsule, se situe non loin de Juliaca. Les habitants rejoignent le continent en *lancha* (barque à moteur) qu'ils louent volontiers.

La péninsule n'est pas connectée à Internet, mais les téléphones portables fonctionnent. Vous ne trouverez ni banque ni DAB et, comme ailleurs au Pérou, il peut être difficile d'obtenir la monnaie sur une grosse coupure. Emportez suffisamment d'argent liquide, en billets de 20 ou 10 S.

Des agences de voyages de Puno (p. 173) peuvent vous conduire dans toutes les localités de la péninsule. **Cedesos** (☎36-7915 ; www.cedesos.org ; 2e ét., Moquegua 348, Puno) propose des circuits guidés, standard ou sur mesure, dans ces villages et d'autres de la région. Cette ONG œuvre à l'amélioration des revenus et du niveau de vie des habitants par le tourisme ; elle offre aux villageois une formation et des prêts à taux réduit pour accueillir les visiteurs. Les circuits ne sont pas bon marché, mais bien organisés et chaudement recommandés par des lecteurs.

Tous les villages mentionnés ci-dessous offrent des conditions identiques pour l'hébergement et les repas, semblables à celles proposées sur l'Isla Amantaní. Des familles louent des chambres sommaires pour environ 25 S par personne et par nuit, ou 70 S en pension complète. Mieux vaut choisir cette dernière, car les épiceries des villages ne vendent que quelques produits. Les familles préparent d'excellents repas, essentiellement végétariens hormis la truite, souvent composés de quinoa, de pommes de terre et d'*habas* (fèves) cultivées sur place.

Vous pouvez arriver à l'improviste à Llachón et, dans une moindre mesure, à Escallani. Ailleurs, il faut réserver, car les familles doivent acheter des vivres et préparer l'accueil. Mieux vaut téléphoner qu'envoyer un courriel ; en règle générale, vos interlocuteurs ne parlent qu'espagnol.

CAPACHICA

Centre commerçant de la péninsule sans grand intérêt, Capachica compte quelques restaurants et *hospedajes* très sommaires, une jolie église et un stade surdimensionné, que vous verrez sans descendre du bus. Seul un changement de bus, l'utilisation d'Internet ou d'un téléphone public (il y en a quelques-uns sur la place) justifient une halte, ces services étant inexistants dans le reste de la péninsule.

LLACHÓN

À près de 75 km au nord-est de Puno, ce joli village, proche de la pointe sud de la péninsule, offre des vues splendides et de courtes promenades jusqu'aux sites pré-incas des environs. Commune la plus développée de la péninsule, grâce à la gestion locale du tourisme, Llachón semble cependant à mille lieues du Pérou moderne. Avec peu de voitures et aucun chien, c'est un endroit merveilleusement paisible pour contempler le lac Titicaca, tandis que des moutons, des vaches, des cochons et des lamas vagabondent alentour. Des oiseaux endémiques sont présents de janvier à mars.

Outre les adresses mentionnées ci-dessous, vous pouvez aussi vous renseigner à votre arrivée.

Chef de la communauté, **Félix Turpo** (951-66-4828 ; hospedajesamary@hotmail.com) possède un superbe jardin avec une vue spectaculaire sur l'Isla Taquile, ainsi qu'une des rares douches chaudes de la localité – un tuyau en caoutchouc noir posé sur une pierre chaude (à utiliser dans la journée).

Magno Cahui (951-82-5316 ; hospedajetikawasi@yahoo.es) et sa charmante famille offrent des bungalows douillets, construits autour de l'autel en pierre du grand-père, et une vue splendide sur le lac.

Légende locale, **Valentín Quispe** (951-82-1392 ; llachon@yahoo.com) et son épouse Lucila proposent une jolie pension au bout d'un chemin pavé, à côté d'un cimetière envahi par la végétation. Ils louent aussi des kayaks.

Richard Cahui Flores (951-63-7382 ; hospedajesamary@hotmail.com) travaille avec de nombreuses familles et vous trouvera un hébergement s'il n'a plus de place dans sa ferme paisible. Adressez-vous à lui de préférence pour une réservation.

CHIFRÓN

Si Llachón vous semble trop "urbanisé", le hameau somnolent de Chifrón (24 habitants), près de la route principale dans le coin nord-est de la péninsule, vous séduira. Sous de bruissants eucalyptus qui surplombent une plage déserte, trois familles peuvent recevoir 15 personnes au maximum dans des hébergements spartiates. Contactez **Emiliano** (951-91-9252/9652 ; playachifron_01@hotmail.com) pour organiser votre séjour et découvrir un autre monde.

CCOTOS ET ISLA TICONATA

Totalement en dehors des sentiers battus, Ccotos, vers le bout de la côte est de la péninsule, ne s'éveille que pour le concours annuel de Miss Playa (Miss Plage), quand le port du maillot de bain suscite la controverse. Séjournez chez l'accueillant **Alfonso Quispe** (951-85-6462 ; incasamanatours@yahoo.es), au bord du lac. Pêchez votre poisson pour le petit-déjeuner, observez les oiseaux, marchez jusqu'au point de vue et aux ruines envahies par la végétation, puis détendez-vous sur la plage, l'une des plus belles de Capachica.

À quelques centaines de mètres au large de Ccotos, l'Isla Ticonata abrite une communauté très soudée, ainsi que quelques sites archéologiques, momies et fossiles. Uniquement accessible en circuit organisé, Ticonata est l'une des rares communautés du lac Titicaca à imposer ses règles aux tour-opérateurs, ce qui profite à tous. Les circuits peuvent se réserver à Puno auprès de Cedesos ou des agences de tourisme. Pêche, danse, cuisine et participation au labour des *chakras* (champs) font partie des activités.

ESCALLANI

Près de la péninsule sur la route de Juliaca, Escallani offre un aspect totalement différent du lac. On pourrait passer des jours à admirer la vue majestueuse sur les tapis de roseaux, le patchwork de champs, les escarpements rocheux et l'Illimani (le point

LE TITILAKA

Isolé sur la rive escarpée du lac Titicaca, à 1 heure au sud de Puno, l'hôtel de luxe **Titilaka** (à Lima ☎1-700-5105 ; www.titilaka.com ; lac Titicaca ; s/d pension complète à partir de 301/530 $US ; @☎) vaut à lui seul le déplacement. L'architecture européano-andine s'agrémente d'une palette de couleurs allant du sobre au glamour (rose vif et violet). De ravissantes œuvres d'art populaire côtoient des sculptures et des photos en noir et blanc d'artistes péruviens renommés. De grandes baies vitrées dévoilent un paysage paisible. Les chambres comprennent des grands lits réchauffés par des bouillottes, des baignoires profondes, des ports pour iPod et des banquettes devant les fenêtres. Un service attentif, des jeux pour enfants, un spa et un restaurant gastronomique complètent l'offre. Des circuits guidés privés procurent une découverte intime des îles. Si la plupart des clients choisissent le forfait de 3 jours, le tarif à la nuit inclut la pension complète et des excursions à pied et en kayak.

culminant de Bolivie), coiffé de neiges éternelles. **Rufino** (☎951-64-5325, espagnol uniquement) et sa grande famille ont bâti plus d'une dizaine de bungalows rustiques à toit de chaume au-dessus du village. Rufino ne dispose pas du téléphone ; pour réserver, appelez ses proches à Juliaca bien à l'avance. Escallani reçoit plus facilement des visiteurs à l'improviste que d'autres localités : sur la place, demandez comment aller chez Rufino. Il y aurait aussi des possibilités d'escalade dans les environs.

Le trajet en *micro* de Juliaca à Escallani via Pusi enchantera les voyageurs intrépides. Cette piste peu fréquentée traverse des paysages splendides ; asseyez-vous du côté gauche de Juliaca vers Escallani pour voir le lac.

Comment s'y rendre et circuler

De Puno, empruntez un *combi* signalé Capachica ou Llachón devant le Mercado Bellavista. Tous s'arrêtent à Capachica (4 S, 1 heure 20), d'où des correspondances partent de la place pour Llachón (2 S, 45 min) ou d'autres destinations.

De la place de Capachica, des *combis* desservent Ccotos (1,50 S, 35 min) ou Escallani (2,50 S, 45 min) uniquement le dimanche entre 8h et 14h. Vous pouvez aussi prendre un taxi (15 S) ou un *mototaxi* (10 S) pour Ccotos ; comptez 40 S jusqu'à Escallani.

Aucun transport public ne rallie Chifrón. Prenez un taxi (10 S) ou un *mototaxi* (7 S) de Capachica. Vous pouvez aussi franchir à pied la colline depuis Llachón ou marcher 3 km à partir de Capachica.

Le ferry depuis/vers Taquile passe par Llachón. Pour combiner les deux endroits, le mieux consiste à rejoindre Llachón par la route, puis demander à vos hôtes de vous indiquer où prendre le ferry pour Taquile.

Villes de la rive sud

La route vers la Bolivie via la rive sud du lac Titicaca traverse des villages bucoliques, remarquables pour leurs églises coloniales et leurs vues splendides. Emprunter cet itinéraire offre un aperçu moins touristique de la culture traditionnelle de la région. Si vous parvenez à coordonner les transports, vous pouvez visiter quelques-unes des localités suivantes dans la journée à partir de Puno ou continuer vers la Bolivie.

À Puno, les transports publics qui desservent la rive sud partent du *terminal zonál*. Les *combis* démarrent une fois pleins. L'itinéraire comprend Ichu (1 S, 15 min), Chucuito (1,50 S, 30 min), Juli (4 S, 1 heure), Pomata (6 S, 1 heure 30) et la frontière bolivienne à Yunguyo (6,50 S, 2 heures 15) ou Desaguadero (7,50 S, 2 heures 30). Les transports directs pour les villes plus proches de Puno sont plus fréquents, mais des *combis* partent au moins toutes les heures pour la plupart des localités.

ICHU

À 10 km de Puno, ce village s'étend dans une vallée verdoyante, où des ruines peu connues offrent une vue splendide. L'endroit est superbe pour une randonnée.

Quittez la Panamericana à la deuxième sortie vers Ichu (après la station-service) et dirigez-vous vers l'intérieur des terres après la maison signalée "Villa Lago 1960". Marchez sur 2 km, prenez à gauche à la bifurcation et dirigez-vous vers les deux petites collines en terrasses sur la gauche de la vallée. Prenez à gauche au second embranchement (vous arriverez à l'école si vous le manquez) ; la route passe entre les deux collines. Tournez de nouveau à gauche et grimpez tout droit sur la première. Une montée ardue de 15 minutes mène au sommet, où vous découvrirez les vestiges d'un temple à plusieurs niveaux et un panorama époustouflant.

Cette excursion peut aisément s'effectuer de Puno en une demi-journée. Emportez de l'eau et des provisions, car il n'y a pas de magasin.

CHUCUITO

051 / 1100 HABITANTS

Principale curiosité de cette paisible bourgade, le surprenant **Templo de la Fertilidad** (Inca Uyu ; 5 S ; 8h-17h) est entouré de grands phallus en pierre, dont certains atteignent 1,20 m de hauteur. Les guides locaux racontent diverses blagues sur les sculptures, dont celle des jeunes filles qui s'assiéraient dessus pour accroître leur fertilité. Deux belles églises coloniales, **Santo Domingo** et **Nuestra Señora de la Asunción**, se dressent sur la grand-place, au-dessus de l'artère principale ; vous devrez chercher les gardiens pour pouvoir jeter un coup d'œil à l'intérieur.

Où se loger et se restaurer

Quelques petits espaces de restauration très basiques sont installés près de la place. Tous les hôtels possèdent un restaurant haut de gamme avec des cartes adaptées aux touristes.

Taypikala Lago HÔTEL **$$$**

(79-2266 ; www.taypikala.com ; Calle Sandia s/n ; s/d/tr 201/254/320 S). De l'autre côté de la nationale, la nouvelle succursale du Taypikala offre une vue plus belle, un luxe discret et une architecture séduisante.

Taypikala Hotel HÔTEL **$$**

(79-2252 ; www.taypikala.com ; Km 18 Panamericana Sur). Impossible à manquer, la façade façon coulée de lave du Taypikala Hotel mêle confusément faux condors et rochers artificiels. Les chambres, décorées de reproductions d'art rupestre local, donnent sur le lac et le jardin. Fermé lors de notre passage, l'hôtel devrait avoir rouvert.

Albergue Las Cabañas BUNGALOWS **$$**

(36-8494 ; www.chucuito.com ; Tarapacá 153 ; s/d/tr 64/96/126 S). Cet établissement, proche de la grand-place, possède un charmant jardin touffu, des chambres rustiques et des bungalows destinés aux familles équipés d'une cheminée.

LUQUINA CHICO

Ce hameau, à 53 km à l'est de Puno sur la péninsule de Chucuito, est fabuleux. Si vous souhaitez vous détendre dans un environnement rural, il offre le meilleur standard de logement chez l'habitant (à partir de 20 S, 28 S en pension complète) de tous les villages autour du lac. La population bénéficie d'avancées économiques grâce au tourisme.

Des hauteurs du cap ou des plaines fertiles qui bordent le lac, la vue s'étend jusqu'à Puno, Juliaca et toutes les îles du lac. La lagune qui se forme à la saison des pluies attire les oiseaux migrateurs des marais.

Des *chullpitas* (tours funéraires miniatures) parsèment cette partie de la péninsule. Selon la légende, elles abritent les dépouilles des *gentiles*, des lilliputiens qui auraient vécu ici avant que le soleil ne naisse et ne les envoie sous terre.

Prenez à Puno un *combi* indiqué "Luquina Chico" (2,50 S, 1 heure 30) ou le ferry depuis/vers Taquile et demandez au capitaine de vous déposer. Renseignez-vous sur la location de kayaks. **Edgar Adventures** (p. 174) organise un circuit à VTT jusqu'à Luquina Chico, un parcours de 3 heures éprouvant mais splendide le long de la péninsule.

JULI

051 / 8 000 HABITANTS

Après Chucuito, la route tourne vers le sud-ouest en s'éloignant du lac et traverse le bourg commerçant d'**Ilave**, connu pour son marché aux bestiaux et son sens aigu de la justice populaire – il s'est manifesté par le lynchage du maire en 2004 ! Mieux vaut éviter Ilave en période de conflits sociaux. Accueillante et somnolente, Juli est surnommée la *pequeña Roma* (petite Rome) du Pérou à cause de ses quatre églises coloniales des XVIe et XVIIe siècles, lentement restaurées. Elles sont habituellement ouvertes le dimanche, mais les horaires sont rarement respectés. Frappez à la porte si une église semble fermée.

Datant de 1570, l'église de **San Juan de Letrán** (6 S ; 8h30-17h mar-dim), un édifice baroque en adobe, renferme des peintures richement encadrées de l'*escuela cuzqueña* (école de Cuzco) qui décrivent la vie des saints. L'imposante église de **Nuestra Señora de la Asunción** (6 S ; 8h-17h mar-dim), de 1557, possède un vaste parvis, un intérieur spacieux et une chaire dorée à la feuille. L'église de **Santa Cruz** a perdu la moitié de son toit et reste fermée. Mieux conservée, l'église en pierre de **San Pedro** (1560) contient des plafonds sculptés et des fonts baptismaux en marbre ; la messe y est célébrée le dimanche à 8h.

Le marché de Juli, le plus grand de la région, se tient le dimanche. Un marché moins important a lieu le mercredi.

Du *terminal zonál* à Puno, des *micros* (4 S, 1 heure) vous déposeront près du marché, à 10 minutes de marche en contrebas du centre. En sens inverse, ils partent de Jirón Lima, à deux *cuadras* au-dessus de la place. Des cybercafés et des pensions sommaires sont installés aux alentours.

POMATA

051 / 1 800 HABITANTS

Après Juli, la route continue vers le sud-est jusqu'à Pomata, à 105 km de Puno. En arrivant, on découvre le **Templo de Pomata Santiago Apóstolo** (2 S), une église dominicaine perchée sur une petite colline, totalement disproportionnée en taille et en splendeur avec la ville qu'elle domine. Fondée en 1700, elle est connue pour ses fenêtres en albâtre translucide et sa façade baroque en grès richement travaillée. Remarquez les sculptures de pumas ; Pomata signifie "lieu du puma" en aymara.

La route bifurque à la sortie de Pomata. La route principale continue au sud-est vers Zepita et la ville frontalière sans intérêt de Desaguadero. La branche gauche suit la rive du lac Titicaca et rejoint un poste-frontière plus plaisant à Yunguyo. Si vous empruntez cette dernière, faites halte au **Mirador Natural de Asiru Patjata**, à quelques kilomètres de Yunguyo ; à cet endroit, une formation rocheuse longue de 5 km ressemble à une *culebra* (serpent), dont la tête forme un point de vue sur l'Isla del Sol. La région alentour est réputée pour ses villages isolés et ses chamans.

Du *terminal zonál* de Puno, des *colectivos* signalés Yunguyo ou Desaguadero font halte à Pomata (6 S, 1 heure 30).

Rive bolivienne

Si vous prévoyez de séjourner en Bolivie, le guide *Bolivie* de Lonely Planet vous fournira des renseignements plus complets.

COPACABANA

591-02 / 54 300 HABITANTS / ALTITUDE 3 808 M

De l'autre côté de la frontière en venant de Yunguyo, la paisible ville bolivienne de Copacabana borde la rive sud du lac Titicaca. Site de pèlerinage religieux depuis des siècles, elle accueille aujourd'hui des pèlerins locaux et étrangers pour ses *fiestas*. Cette petite ville attrayante constitue une base pratique pour visiter les fameuses Islas del Sol y de la Luna. Des visiteurs de La Paz affluent le week-end, mais elle retrouve son calme en semaine.

Au XVIe siècle, Copacabana se vit offrir une statue de la Virgen de la Candelaria (aujourd'hui sainte patronne de la Bolivie), à laquelle on attribua de nombreux miracles. La cathédrale de style mauresque, où la Vierge est installée dans une chapelle curieusement décrépie, reste un lieu de pèlerinage.

Préparez-vous à de fortes pluies, surtout en décembre et en janvier, et à des nuits froides toute l'année.

À voir et à faire

L'animation se concentre autour de la Plaza 2 de Febrero et de la Calle 6 de Agosto, la principale artère commerçante qui court d'est en ouest. La Plaza Sucre est le carrefour des transports. À son extrémité ouest, une promenade (Costañera) suit la rive du lac.

Cathédrale — ÉGLISE

D'un blanc éclatant, la cathédrale de style mudéjar, agrémentée de coupoles et d'azulejos (carreaux de faïence bleue portugais), domine la ville.

La statue noire de la **Virgen de la Candelaria**, sculptée par Francisco Yupanqui, un petit-fils de l'Inca Túpac Yupanqui, est encastrée dans une niche (*camarín*) au-dessus de l'autel ; les horaires de visite ne sont pas fiables. La statue n'a jamais quitté la cathédrale : selon une superstition, la déplacer provoquerait une crue dévastatrice du lac Titicaca.

La cathédrale recèle des œuvres d'art sacré locales et européennes. Le **Museo de la Catedral** (10 Bs ; toute la journée) contient des pièces intéressantes, offrandes de fidèles pleins d'espoir. Malheureusement, le musée n'ouvre que pour les groupes de 4 personnes ou plus (à moins de payer le tarif de groupe) et vous devrez sans doute chercher une religieuse pour organiser la visite.

Cerro Calvario — POINT DE VUE

Le sommet du Cerro Calvario se rejoint en une demi-heure et justifie la montée, surtout en fin d'après-midi pour le coucher du soleil sur le lac. Jalonné des 14 stations du chemin de Croix, le sentier commence près de l'**église** au bout de la Calle Destacamento.

GRATUIT **Museo Taypi** MUSÉE

(Hotel Rosario del Lago). Dans l'hôtel Rosario, ce petit musée privé présente une charmante collection d'antiquités et d'objets culturels de la région. Il abrite aussi Jalsuri, une boutique d'artisanat équitable de qualité.

Fêtes et festivals

Alasitas FÊTE

Le 24 janvier.

Fiesta de la Virgen de la Candelaria FÊTE

Grande fête en l'honneur de la sainte patronne de Copacabana et de la Bolivie avec musique, danses traditionnelles aymara, libations et bombance. Les festivités culminent avec le rassemblement de 100 taureaux. Du 2 au 5 février.

Semana Santa SEMAINE SAINTE

Au cours des célébrations de la Semaine sainte, des pèlerins affluent pour les processions du Vendredi saint.

Fête de l'Indépendance de la Bolivie FÊTE NATIONALE

La plus grande fête de Copacabana a lieu la première semaine d'août : musique, défilés, fanfares, feux d'artifice et alcool à gogo 24h/24. Elle coïncide avec un pèlerinage traditionnel qui attire des milliers de Péruviens venus voir la Vierge.

Circuits organisés

Pour visiter les Islas del Sol y de la Luna, vous pouvez prendre un ferry (p. 192) ou choisir un circuit guidé d'un tour-opérateur de La Paz (avec une nuit ou deux dans son hôtel sur l'Isla del Sol).

Où se loger

Des hôtels (souvent médiocres) poussent comme des roseaux à Copacabana. De nombreux établissements pour petits budgets se regroupent dans la Calle Jáuregui et facturent environ 30 Bs par personne (beaucoup plus en haute saison et pendant les fêtes).

Las Olas HÔTEL DE CHARME $$

(☎7-250-8668 ; www.hostallasolas.com ; Michel Pérez 1-3 ; s 210-224 Bs, d 266-294 Bs ; @ wifi). Original et stylé, offrant une vue spectaculaire, cet hôtel justifie amplement la dépense. Les chambres comprennent des kitchenettes et des terrasses privées avec hamacs. Un Jacuzzi fonctionne à l'énergie solaire. Réservation indispensable.

Hotel La Cúpula HÔTEL $$

(☎862-2029 ; www.hotelcupula.com ; Michel Pérez 1-3 ; s/d/ste 133/210/266 Bs ; wifi). Oasis attrayante sur les pentes du Cerro Calvario, cet hôtel compense la simplicité des chambres (aux lits un peu mous) par un jardin charmant, des hamacs, une cuisine commune et une ambiance chaleureuse. Le personnel serviable parle plusieurs langues. Réservation conseillée.

Hostal Flores del Lago HÔTEL $

(☎862-2117 ; www.taypibolivia.com ; Jauregui ; s/d/tr 80/120/180 Bs ; wifi). Autre bonne adresse à prix doux, ce vaste hôtel de 3 étages se situe sur le côté nord du port. Les chambres propres sont un peu humides, mais la vue est superbe et le salon plaisant.

Ecolodge del Lago LODGE $$

(☎862-2500 ; www.ecocopacabana.com ; s/d/tr 180/320/480 Bs). À 20 minutes de marche le long de la Costañera (ou à quelques minutes en taxi), cet écolodge borde le lac dans un paradis naturel. Les chambres et les appartements équipés conservent la chaleur grâce à leurs murs en adobe et l'eau est chauffée par l'énergie solaire. Le jardin de dahlias et de glaïeuls donne sur le lac.

Hostel Leyenda HÔTEL $

(☎7-067-4097 ; hostel.leyenda@gmail.com ; angle Av. Busch et Costañera ; s/d avec petit-déj 80/120 Bs ; wifi). Une valeur sûre pour les voyageurs à petit budget, avec vue sur le lac, un jardin luxuriant et des chambres au cachet bolivien. Celles en angle disposent de bien plus d'espace pour le même prix et la suite du dernier étage (au même tarif) s'agrémente d'un radeau en *totora* et d'une terrasse.

Hostal Sonia HÔTEL $

(☎862-2019 ; hostalsoniacopacabana@gmail.com ; Murillo 256 ; s/d 40/70 Bs ; @ wifi). Des chambres claires et joyeuses, une vue splendide des étages supérieurs et un toit-terrasse font de cet hôtel animé l'un des meilleurs choix dans la catégorie des hébergements pour voyageurs à petit budget.

Où se restaurer et prendre un verre

Des restaurants touristiques jalonnent la dernière *cuadra* de la Calle 6 de Agosto, mais Copacabana ne se distingue pas par sa cuisine. La spécialité locale est la truite (*trucha*), élevée dans le lac Titicaca. Le long de la plage, des stands la préparent de mille façons. Par un matin froid, rendez-vous au marché pour une tasse d'*api*, une boisson chaude sucrée au maïs violet.

La Orilla INTERNATIONAL $$
(☎862 2267 ; 6 de Agosto ; plats 25-45 Bs ; ⊙16h-21h30 lun-sam ; ✎). Un restaurant cosy à la décoration marine où déguster de croquants légumes frais, des pizzas savoureuses et d'originaux plats de truite avec épinards et bacon.

Restaurant La Cúpula INTERNATIONAL $$
(www.hotelcupula.com ; Michel Pérez 1-3 ; plats 20-50 Bs ; ⊙fermé déj mar ; ✎). Les ingrédients régionaux se retrouvent dans des recettes inventives tels les délicieuses lasagnes végétariennes et de nombreux plats de viande. La fondue au gruyère authentique est succulente. Les baies vitrées permettent de profiter de la vue fabuleuse sur le lac.

Kota Kahuaña INTERNATIONAL $$
(☎862-2141 ; Paredes et Costañera ; plats 25-55 Bs). Cet hôtel-restaurant offre une vue superbe, un bon service et une cuisine internationale bien préparée. La truite farcie, un excellent bar à salades, les plats copieux et les vins boliviens garantissent un repas plaisant.

Pueblo El Viejo INTERNATIONAL $$
(6 de Agosto 684 ; plats 35-50 Bs). Des lecteurs recommandent ce café-bar cosy et rustique, avec une décoration ethnique et une ambiance décontractée. Il sert de bons burgers et pizzas et ouvre très tard. Armez-vous de patience car le service peut être lent.

Pensión Aransaya BOLIVIEN $
(6 de Agosto 121 ; almuerzo 15 Bs, plats 25-40 Bs ; ⊙déj). Prisée des habitants, cette échoppe traditionnelle est idéale pour une bière fraîche et une truite avec les accompagnements.

Waykys BAR
(16 de Julio et Busch). Un bar chaleureux avec des recoins confortables, des murs et des plafonds couverts de graffitis (ajoutez le vôtre), une table de billard, un système d'échange de livres et une musique variée en fond sonore.

Nemos Bar BAR
(6 de Agosto 684). L'éclairage tamisé et l'ouverture tardive en font un repaire populaire pour un verre.

ℹ Renseignements

ARGENT

Dans la Calle 6 de Agosto, des boutiques changent les devises (de préférence les dollars). Le **DAB du Banco Bisa** (6 de Agosto et Pando) fonctionne par intermittence.

DÉSAGRÉMENTS ET DANGERS

Méfiez-vous des minibus et des taxis illégaux qui proposent leurs services entre Copacabana et La Paz : des enlèvements ont été signalés. Mieux vaut emprunter les bus touristiques officiels (ou les grands bus) et voyager dans la journée.

Pendant les fêtes, restez à distance des feux d'artifice et faites attention aux pickpockets.

OFFICES DU TOURISME

Centro de Información Turística (16 de Julio, près de Plaza Sucre ; ⊙9h-13h, 14h-18h mer-dim). Les employés serviables parlent anglais, mais ne fournissent que des renseignements limités.

Site du tourisme communautaire de Copacabana (www.copacabana-bolivia.com). Bon calendrier des manifestations et informations actualisées sur les projets de tourisme communautaire.

POSTE

Poste (⊙8h30-12h et 14h30-16h mar-dim). Du côté nord de la Plaza 2 de Febrero, mais souvent fermée ou déserte.

SERVICES MÉDICAUX

Un "hôpital" qui assure un service de base se tient à la périphérie sud de la ville. Pour un problème sérieux, allez directement à La Paz.

TÉLÉPHONE

Des centres téléphoniques jalonnent 6 de Agosto et sont installés dans toute la ville.

ℹ Depuis/vers Copacabana

BUS

La plupart des bus partent à proximité de la Plaza 2 de Febrero ou de la Plaza Sucre. Les bus touristiques directs les plus confortables entre La Paz et Copacabana – dont ceux de Milton Tours et de Combi Tours – coûtent de 25 à 30 Bs ; ils partent de Copacabana à 13h30 (3 heures 30). Les billets peuvent s'acheter dans les agences de voyages. Vous devrez descendre du bus à l'Estrecho de Tiquina pour prendre un **ferry** (1,50 Bs/pers, 35-40 Bs/voiture ; ⊙5h-21h) entre les villes de San Pedro de Tiquina (office du tourisme sur la grand-place) et San Pablo de Tiquina.

Les bus depuis/vers le Pérou, y compris Arequipa, Cuzco et Puno, s'arrêtent dans l'Avenida 6 de Agosto à Copacabana. Pour rejoindre Puno, vous pouvez aussi prendre un minibus public sur la Plaza Sucre jusqu'à la frontière à Kasani (3 Bs, 15 min).

BATEAU

Les agences de la Calle 6 de Agosto et des kiosques en bord de plage vendent les billets de bateau pour l'Isla de la Luna et l'Isla del Sol. Il est possible de prendre un retour séparé depuis les deux îles.

Asociación Unión Marines (Costanera ; départ de Copacabana 8h30 et 13h30 ; aller 20 Bs, aller-retour 25 Bs). Service de ferry jusqu'au nord et au sud de l'Isla del Sol, avec halte au retour sur une île flottante.

Titicaca Tours (Costanera ; départ de Copacabana 8h30, aller-retour 35 Bs). Circuit aller-retour avec arrêt d'une heure sur l'Isla de la Luna puis de 2 heures à la pointe sud de l'Isla del Sol avant de retourner à Copacabana.

ISLA DEL SOL ET ISLA DE LA LUNA

Île la plus connue du lac Titicaca, l'Isla del Sol (île du Soleil) est le lieu de naissance légendaire de Manco Cápac, de sa sœur-épouse Mama Ocllo et du Soleil lui-même. L'Isla del Sol et l'Isla de la Luna (île de la Lune) comportent des ruines incas, accessibles par de jolis chemins qui traversent de splendides paysages et des villages traditionnels ; il n'y a pas de voitures sur les îles. Gare au soleil et à l'altitude : emportez de l'eau, des provisions et une crème solaire. Si les principaux sites peuvent se visiter en une journée, mieux vaut passer la nuit sur place.

Les îles ne disposent pas encore de l'eau courante. Denrée rare, l'eau est transportée par des hommes ou à dos d'âne. Réfléchissez à deux fois avant de prendre une douche.

En haute saison (de juin à août et pendant les fêtes), les prix indiqués ci-dessous peuvent doubler.

À voir et à faire

Parmi les **vestiges incas** de l'Isla del Sol figurent le vaste complexe du **Chincana** au nord, **Pilko kaina**, semblable à une forteresse, et le somptueux **Escalier de l'Inca** (Escalera del Inca) au sud. Le Chincana abrite le Titi Khar'ka (rocher du Puma) sacré, mentionné dans le mythe inca de la création et qui a donné son nom au lac. Yumani au sud et Ch'allapampa au nord sont les principaux villages.

Bien moins visitée, la paisible Isla de la Luna recèle les **ruines** partiellement reconstruites du couvent qui accueillait les vierges du Soleil, des femmes choisies dès leur jeune âge pour servir Inti, le dieu du Soleil.

Où se loger et se restaurer

À Ch'allapampa, des pensions spartiates en bord de plage facturent de 25 à 35 Bs par personne. Le village compte quelques boutiques et restaurants basiques.

Yumani, à l'autre bout de l'île, est l'endroit le plus séduisant. Bien plus développé, le village offre des dizaines d'hébergements, de 25 à 90 Bs par personne, et des restaurants relativement sophistiqués (pizzas et plats végétariens).

Sur l'Isla de la Luna, le village principal, du côté est, abrite trois pensions aux chambres très rudimentaires (15-25 Bs/pers). Comptez de 25 à 30 Bs pour un repas. Renseignez-vous sur place. Un hôtel (20 Bs/pers) se tient sur le côté est de l'embarcadère touristique, mais vous resterez à l'écart de la population.

Pour camper, mieux vaut demander l'autorisation aux autorités locales et planter sa tente loin des villages, en évitant les terrains cultivés ; proposez un paiement symbolique de 10 Bs.

Comment s'y rendre et circuler

BATEAU

Pour rejoindre l'Isla de la Luna, prenez un ferry à Copacabana ou à Yampupata ou choisissez un circuit organisé.

Les agences de Copacabana et les billetteries sur la plage vendent les billets. Les bateaux à destination du nord de l'île accostent à Cha'llapampa, ceux à destination du sud à Pilko Kaina ou à l'Escalera del Inca (Yumani).

Des vedettes partent tous les jours de la plage de Copacabana vers 8h30 et 13h30. Selon la saison et la compagnie, elles peuvent vous déposer au nord ou au sud de l'île (vérifiez auprès de l'agence). Au retour, elles partent de Yampupata à 10h30 et 16h (20 Bs aller) et de Cha'llapampa à 13h (20 Bs).

La plupart des circuits d'une journée vont directement à Cha'llapampa au nord (2 heures-2 heures 30). Les bateaux font escale 1 heure 30 – vous avez juste le temps de marcher jusqu'aux ruines du Chincana et de retourner au bateau, qui lève l'ancre à 13h pour l'Escalera del Inca et Pilko Kaina au sud de l'île ; vous disposez alors de 2 heures avant de repartir pour Copacabana.

Les excursions d'une demi-journée se limitent généralement au sud de l'Isla del Sol.

Si vous souhaitez traverser l'île à pied sur toute sa longueur, descendez à Cha'llapampa dans la matinée puis marchez vers le sud jusqu'à l'Escalera del Inca (Yumani) pour prendre le bateau de retour dans l'après-midi.

Vous pouvez aussi passer une nuit ou plus sur l'île (chaudement recommandé), puis acheter un aller simple pour Copacabana avec n'importe quelle compagnie de bateau (voir p. 192).

Cuzco et la Vallée Sacrée

Dans ce chapitre »

Le top des restaurants

» Cicciolina (p. 225)
» La Bodega 138 (p. 225)
» Huacatay (p. 245)
» Indio Feliz (p. 255)
» Chicha (p. 225)

Le top des hébergements

» Machu Picchu Pueblo Hotel (p. 253)
» Greenhouse (p. 243)
» Ecopackers (p. 217)
» Niños Hotel (p. 218)
» Inkaterra La Casona (p. 217)

Pourquoi y aller

Pour les Incas, Cuzco était le nombril du monde. Et, de fait, un séjour dans cette ville transporte le visiteur au cœur de la civilisation andine préhispanique – celle-là même qui fut renversée, puis métissée avec les splendeurs religieuses que charriait la conquête espagnole, jusqu'à prendre aujourd'hui des allures de piège à touristes. Cuzco n'est que la porte d'entrée à ce monde fait de paradoxes. Au-delà, c'est la Vallée Sacrée, la campagne andine émaillée de villages, de hameaux perchés et de ruines que relient des sentiers et des voies ferrées isolés, pour aboutir au joyau du pays : Machu Picchu.

Le passé n'a pas abdiqué. En témoignent les tissus aux couleurs vives et les fêtes mêlant les traditions païennes à la solennité des cérémonies catholiques. Ici, le paysage ondoie depuis les sommets andins jusqu'aux forêts de nuages avant de dévaler en direction des basses terres amazoniennes. À pied, à vélo, en rafting sur les rivières ou simplement à bord des bus locaux – une aventure en soi ! –, les coins les plus reculés de cette vaste région n'attendent que d'être découverts.

Quand partir

Cuzco

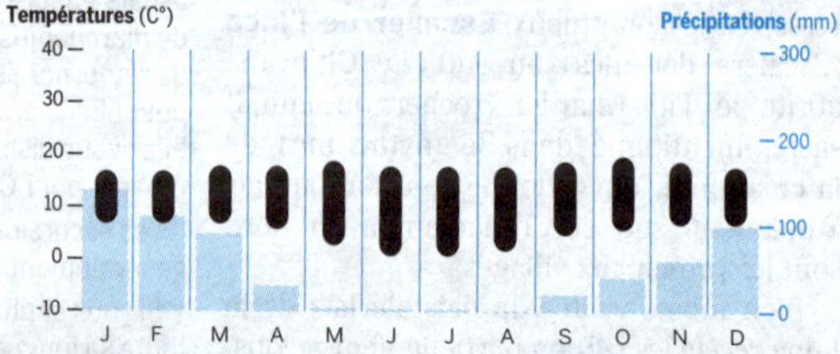

Juin-août Haute saison touristique rime avec culture et fête. Journées ensoleillées et nuits fraîches.

Fin juin Pour célébrer le solstice d'été lors d'Inti Raymi, la plus grande fête de l'année.

Sept-oct Moyenne saison sur le plan touristique ; foule moins dense à Machu Picchu.

Cuisine locale

Le déjeuner dominical suivi d'une balade dans la campagne est une tradition immuable à Cuzco. Pour l'occasion, les habitants se rendent dans les villages au sud de la ville : **Tipón** est le royaume du *cuy* (cochon d'Inde), **Saylla** du *chicharrón* (porc frit) et **Lucre** est réputé pour le canard.

Les plats suivants sont servis dans les restaurants, dans la rue ou lors des fêtes :

Anticucho Brochette de cœur de bœuf se terminant par une pomme de terre ; idéal dégusté le soir dans la rue.

Caldo de gallina Soupe de poulet simple et roborative ; un classique des lendemains de fête.

Chicharrónes Morceaux de couenne de porc frits servis avec du maïs, des feuilles de menthe, des pommes de terre frites et des oignons.

Choclo con queso Énorme épi de maïs jaune pâle accompagné d'un morceau de fromage – servi partout dans la Vallée Sacrée.

Cuy Cochon d'Inde. Les moins intrépides le demanderont en filet (sans la tête et les pattes).

Lechón Cochon de lait rôti croustillant à souhait, servi avec des *tamales* (gâteaux de maïs).

À NE PAS MANQUER

Lors de la Fête-Dieu, début juin, les statues des saints défilent au milieu d'une foule fervente sur la Plaza de Armas de Cuzco.

Boleto Turístico et Boleto Religioso

La visite de la plupart des sites de la région exige de posséder le **boleto turístico** (billet touristique ; tarif plein/étudiant -26 ans avec carte ISIC 130/70 S) officiel de Cuzco, valable 10 jours. Parmi les 17 sites figurent Sacsayhuamán, Q'enqo, Pukapukara, Tambomachay, Pisac, Ollantaytambo, Chinchero et Moray. Le billet donne aussi accès à des spectacles de danse andine et à des concerts au Centro Qosqo de Arte Nativo. Si certains des sites et des sorties culturelles n'ont rien d'exceptionnel, aucun d'entre eux n'est accessible sans ce sésame.

Il existe trois *boletos* partiels (tarif plein/étudiant 70/35 S) ; l'un couvre les ruines des environs immédiats de Cuzco, le deuxième ses musées, et le troisième les ruines de la Vallée Sacrée. Ils sont valables une journée, à l'exception du billet pour la Vallée Sacrée, valable deux jours.

Les *boletos turísticos* sont en vente chez **Dircetur/Cosituc** (☎261-465 ; www.boletoturisticocusco.com ; La Municipalidad, bureau 102, Av. El Sol 103 ; ⏲8h-18h lun-ven) et sur tous les sites, excepté au Centro Qosqo de Arte Nativo.

Le **boleto religioso** (billet touristique religieux ; tarif plein/étudiant 50/25 S), valable 10 jours, donne accès aux églises de Cuzco, au Museo de Arte Religioso et au Museo Quijote, qui possède la plus importante collection d'art contemporain de la ville. Il est vendu dans tous ces sites.

PRINCIPAUX POINTS D'ACCÈS

Les vols intérieurs atterrissent à l'Aeropuerto Internacional Alejandro Velazco Astete de Cuzco – un nouvel aéroport devrait voir le jour près de Chinchero. Les bus, y compris internationaux, arrivent au *terminal terrestre* à Cuzco.

À savoir

» Ceux qui arrivent d'altitudes moins élevées pourraient souffrir du mal des montagnes. Adoptez un rythme tranquille les premiers jours ou commencez par visiter la Vallée Sacrée.

Bon plan

» Les billets pour Machu Picchu n'étant plus disponibles à la vente en ligne, achetez-les le plus tôt possible auprès d'une agence certifiée (voir la liste sur www.machupicchu.gob.pe) ou en personne à la Dirección Regional de Cultura à Cuzco. Faites ces démarches encore plus tôt si vous comptez inclure la randonnée très prisée de Wayna Picchu.

Sites web

» http://www.lonelyplanet.fr/destinations/amerique/perou

» www.machupicchu.gob.pe (en anglais et en espagnol)

» www.peru.travel

» www.saexplorers.org (en anglais)

CUZCO

084 / 350 000 HABITANTS / ALTITUDE 3 326 M

Capitale inca cosmopolite, la prospère Cuzco d'aujourd'hui (également Cusco, ou Qosq'o en quechua) n'en est pas à une contradiction près. Ses cathédrales ornementées sont érigées sur des temples incas, des masseurs ambulants proposent leurs services dans ses étroites rues pavées, des femmes portant jupe traditionnelle et chapeau melon donnent à boire de l'eau en bouteille à leurs lamas, tandis que les boutiques les plus chics vendent des tricots en laine d'alpaga coûtant une petite fortune. La plus importante cité de l'Empire inca est aujourd'hui

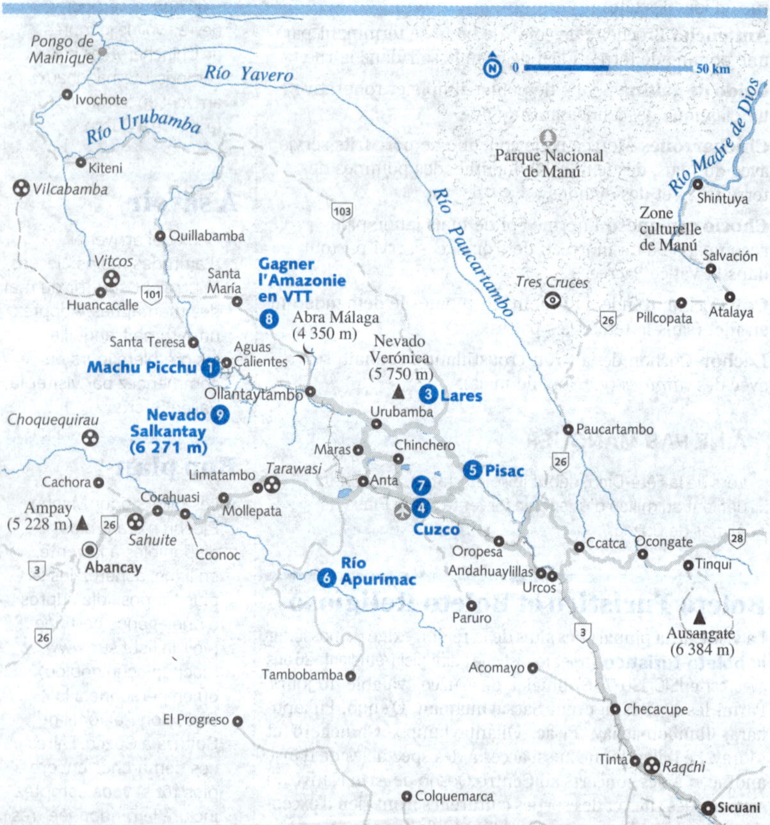

À ne pas manquer

1 La découverte émerveillée du site grandiose de **Machu Picchu** (p. 256).

2 La frénésie bigarrée d'une **fête** (p. 216) traditionnelle.

3 Le spectaculaire **trek de Lares** (p. 39) pour découvrir villages authentiques et cultures en terrasses.

4 Les rues étroites et les boutiques du quartier bohème de **San Blas** (p. 207).

5 Les ruines préhispaniques nichées dans les paysages superbes de la **Vallée Sacrée** (p. 238).

6 Une **descente en rafting** (p. 210) sur les eaux tumultueuses de l'Apurímac ou du Tambopata.

7 Grande cuisine ou simple *cuy*, les **restaurants de Cuzco** (p. 225) satisfont tous les palais.

8 Une balade vertigineuse à **VTT** (p. 211) des hauteurs andines jusqu'en Amazonie.

9 Un trek des tropiques à Machu Picchu via l'**itinéraire de Salcantay** (p. 39).

la capitale archéologique incontestée du continent, mais aussi la plus ancienne ville habitée sans discontinuer. Rares sont les voyageurs qui se rendent au Pérou sans visiter cette destination sud-américaine de tout premier plan, point d'accès à Machu Picchu.

La plus riche ville sud-américaine en termes de patrimoine culturel et architectural n'en a pas moins épousé la frénésie du XXIe siècle, d'une façon parfois déconcertante (KFC et autres McDonald's surgissent derrière les pierres incas...). Tandis que les prix des loyers s'envolent sur la Plaza de Armas et dans le quartier tendance de San Blas, les habitants sont de plus en plus repoussés vers la périphérie.

Histoire

Une légende raconte qu'au XIIe siècle, le premier *inca* (roi), Manco Cápac, reçut l'ordre du dieu du Soleil, Inti, de découvrir l'endroit où il pourrait enfoncer un bâton d'or dans le sol jusqu'à ce qu'il disparaisse. C'est sur ce site, considéré comme le nombril du monde (*qosq'o* en langue quechua), qu'il fonda Cuzco, cité qui allait devenir la capitale prospère du plus grand empire des Amériques.

La principale expansion de l'Empire inca eut lieu au cours du siècle précédant l'arrivée des conquistadors (1532). Le neuvième Inca, Pachacútec, donna à ses sujets le goût de la domination, avec la victoire inattendue contre la tribu plus puissante des Chankas en 1438. Ce fut la première de la vague de conquêtes qui allait donner naissance à l'Empire inca.

Urbaniste avisé, Pachacútec donna à la ville sa célèbre forme de puma et dévia les cours des fleuves afin qu'ils la traversent. Il fit bâtir de beaux bâtiments, dont le célèbre temple de Qorikancha et son palais, à l'angle ouest de la Plaza de Armas. Parmi les monuments qu'il fit ériger en l'honneur des victoires incas figurent Sacsayhuamán, le temple-forteresse d'Ollantaytambo et peut-être même Machu Picchu.

L'expansion se poursuivit avec les générations suivantes jusqu'à ce que les Européens découvrent le Nouveau Monde. À ce moment-là, l'empire s'étendait de Quito, en Équateur, jusqu'à la zone située au sud de Santiago, au Chili. Peu avant l'arrivée des Européens, Huayna Cápac avait scindé son empire, donnant la partie septentrionale à Atahualpa, et la région méridionale autour de Cuzco à son autre fils, Huascar. Les deux frères luttèrent âprement pour le contrôle du royaume. Huascar, véritable Cuzqueño (natif de Cuzco), pouvait compter sur l'appui du peuple, mais l'armée du Nord, rodée au combat, soutenait Atahualpa. Au début de l'année 1532, celle-ci remporta une bataille-clé en capturant Huascar à l'extérieur de Cuzco.

Pendant ce temps, Francisco Pizarro débarquait au nord de l'Équateur et marchait vers le sud dans le sillage des conquêtes d'Atahualpa. Ce dernier, trop absorbé par la guerre civile, ne se soucia pas de cette poignée d'étrangers. En 1532, une rencontre fatidique, organisée avec les Espagnols à Cajamarca, se révéla décisive. Quelques dizaines de conquistadors armés tendirent une embuscade à Atahualpa, le capturèrent, tuèrent des milliers d'Incas désarmés et mirent en déroute des dizaines de milliers d'autres.

Pour regagner sa liberté, l'Inca offrit une fabuleuse rançon : une pièce remplie d'or et deux pièces remplies d'argent, dont l'or arraché des murs du temple de Qorikancha. Pourtant, après avoir gardé Atahualpa prisonnier plusieurs mois, Pizarro l'assassina et marcha aussitôt sur Cuzco. Forts de leurs chevaux, de leur équipement et d'alliances contractées avec d'anciens féaux des Incas, les cavaliers espagnols étaient, à l'époque, quasi invincibles.

Pizarro arriva à Cuzco le 15 novembre 1533, après avoir mis en place un *inca* fantoche, Manco, le demi-frère de Huascar. Après quelques années de statu quo, la marionnette se rebella pourtant. En 1536, Manco Inca, décidé à chasser les Espagnols de son empire, assiégea Cuzco avec une armée de plus d'une centaine de milliers d'hommes. Les Espagnols faillirent être défaits : seules une percée désespérée et une violente bataille à Sacsayhuamán les sauvèrent de la déroute. Manco fut forcé de se retirer à Ollantaytambo, puis dans la jungle, à Vilcabamba.

Une fois Cuzco conquise, pillée et colonisée, les appétits des Espagnols se tournèrent vers Lima, la capitale coloniale qu'ils venaient de fonder. Cuzco perdit alors de son importance et devint une simple ville coloniale paisible. L'or et l'argent avaient disparu, et de nombreux édifices incas furent détruits pour céder la place aux églises et aux maisons coloniales.

Les Espagnols rédigèrent des chroniques à Cuzco, dont celle de l'histoire inca telle que racontée par les Incas eux-mêmes. On doit le

À NE PAS MANQUER

L'ASTRONOMIE INCA

La civilisation inca était la seule de son temps à définir des constellations lumineuses mais aussi obscures. L'astronomie était prise très au sérieux : certaines des rues principales de Cuzco furent conçues pour être dans l'alignement des étoiles à certaines époques de l'année. En comprendre l'intérêt offre un meilleur aperçu de la vision du monde qu'avaient les Incas. La visite du **planétarium de Cuzco** (www.planetariumcusco.com ; environ 30 S/pers) est recommandée avant de partir en randonnée pour observer les étoiles par vous-même. Vous pourrez ainsi montrer le Lama noir à vos compagnons d'aventure. Il faut obligatoirement réserver. Les prix varient selon le nombre de participants et incluent le transport (aller et retour).

plus célèbre de ces récits, *Les Commentaires royaux sur le Pérou des Incas*, à Garcilaso de la Vega, fils d'une princesse inca et d'un militaire espagnol.

À voir

Malgré l'immensité de la ville, les quartiers d'intérêt touristique sont en principe accessibles à pied, séparés toutefois par des pentes et des vallons escarpés. La Plaza de Armas marque le centre de la ville. L'Avenida El Sol, toute proche et congestionnée, est la principale artère commerçante. À quelques pâtés de maisons au nord et à l'est de la place, les rues pavées, abruptes et sinueuses, n'ont guère changé depuis plusieurs siècles. Les zones plus planes au sud et à l'ouest de la place constituent les quartiers commerçants.

La ruelle qui part du côté nord-ouest de la Plaza de Armas, Procuradores, doit son surnom de "rue des gringos" à la présence de multiples bars et cafés pour touristes – attention aux aigrefins. À côté de l'imposante cathédrale de la Plaza de Armas, l'étroite Calle Triunfo monte en pente raide jusqu'à la Plaza San Blas, cœur du quartier insolite et bohème de la ville.

Après la résurgence de l'identité indienne, beaucoup de rues portent de nouveaux noms en quechua, mais elles sont encore souvent mentionnées par leur nom espagnol. L'exemple le plus flagrant est la Calle Triunfo, qui porte une plaque marquée Sunturwasi.

Sur presque tous les sites, des guides indépendants proposent leurs services ; certains parlent des langues étrangères. Pour les sites majeurs, comme Qorikancha et la cathédrale, convenez toujours d'un tarif au préalable. Comptez un minimum de 5 $US par personne en petit groupe, un peu plus pour les indépendants.

Les horaires d'ouverture sont susceptibles de changer pour les raisons les plus diverses. Le créneau le plus favorable pour visiter les belles églises coloniales s'étend de 6h à 8h, au moment des messes. Les églises sont alors officiellement fermées aux touristes, mais vous pourrez vous joindre discrètement aux fidèles en respectant leur ferveur. Les photos au flash y sont interdites, tout comme dans les musées.

CENTRE DE CUZCO

Plaza de Armas PLACE

À l'époque inca, cette place, qui s'appelait alors Huacaypata ou Aucaypata, était le cœur de la capitale. Elle demeure le centre de la ville moderne. Elle s'orne du drapeau rouge et blanc du Pérou et d'un étendard arborant l'arc-en-ciel de Tahuantinsuyo. Ce drapeau, que l'on confond aisément avec le drapeau arc-en-ciel gay, représente en fait les Quatre Directions de l'Empire inca.

Des arcades coloniales entourent la place, qui occupait jadis un espace deux fois plus grand englobant l'actuelle Plaza Regocijo. Au nord-est, une grande volée de marches mène à la cathédrale, flanquée des églises Jesús María et El Triunfo. Au sud-est se dresse l'église de la Compañía de Jesús, richement travaillée. Loreto, une paisible ruelle piétonne bordée de murs incas, constitue l'une des voies d'accès historiques à la place.

La place vaut d'être visitée de jour et de nuit, car l'atmosphère change radicalement lorsqu'elle est illuminée.

La Catedral CATHÉDRALE

(carte p. 200 ; Plaza de Armas ; 25 S ou sur présentation du boleto religioso ; ⌚10h-17h45). Érigée sur le site de l'ancien palais de Viracocha, la cathédrale fut bâtie avec des blocs récupérés du site inca voisin de Sacsayhuamán. Sa construction, commencée en 1559, dura près d'un siècle. À sa droite se dresse l'**Iglesia del Triunfo** (1536), et à sa gauche, l'**Iglesia de Jesús María** (1733).

El Triunfo, la plus ancienne église de Cuzco, abrite un caveau contenant les restes du célèbre historien inca, Garcilaso de la Vega, qui naquit ici en 1539 et mourut à Cordoue en 1616. Sa dépouille a récemment été rendue à la ville par la Couronne espagnole.

La cathédrale contient l'une des plus belles collections d'art colonial de la ville, en particulier des peintures de l'*escuela cuzqueña* (école de Cuzco), qui se caractérisent par une étonnante combinaison des styles européens pieux du XVIIe siècle et de l'imagination et des coutumes d'artistes indiens des Andes. Ainsi verrez-vous fréquemment un portrait de la Vierge Marie portant une jupe en forme de montagne, avec une rivière au niveau de l'ourlet, ce qui l'identifie à la Pachamama (Terre Mère).

Exemple le plus frappant de ce style, *La Última Cena*, de Marcos Zapata, représente la Cène, mais tous les mets disposés sur la table sont typiquement andins. Le regard est attiré par le cochon d'Inde rôti.

La plus ancienne peinture de Cuzco figure la ville lors du grand séisme de 1650. Les habitants défilent sur la place en portant un crucifix, priant pour que la terre cesse de trembler (ce qui, miraculeusement, se produisit d'ailleurs). Appelé **Señor de los Temblores** (Seigneur des Tremblements de terre), ce crucifix, noirci par les innombrables bougies votives allumées à son pied, est installé dans une alcôve, à droite de la porte qui mène à El Triunfo. Tous les ans, le jour du Lundi saint, le Señor est transporté lors d'une procession et les fidèles lui jettent des fleurs *ñucchu* – celles-ci ressemblent à des gouttelettes de sang et représentent les blessures de la crucifixion. Les fleurs laissent un résidu collant sur lequel se fixe la fumée des bougies votives allumées sous la statue, d'où sa couleur noire. Mais la légende veut qu'il soit sous sa chemise aussi blanc qu'au premier jour.

Des portraits des évêques de Cuzco tapissent la **sacristie**, à commencer par Vicente de Valverde, le religieux qui accompagna Pizarro dans sa conquête. La Crucifixion, au fond de la sacristie, serait l'œuvre du peintre flamand Antoon Van Dyck : certains guides affirment qu'on la doit à Alonso Cano, un Espagnol du XVIIe siècle. L'**autel** d'origine, en bois, se dresse au fond de la cathédrale, derrière l'actuel autel en argent, en face du **chœur** magnifiquement sculpté du XVIIe siècle. De nombreuses **chapelles latérales**, riches d'or et d'argent, sont ornées d'estrades et d'autels élaborés qui contrastent avec l'architecture par ailleurs austère de la cathédrale.

Les énormes portes principales ouvrent aux fidèles de 6h à 10h. Les fêtes religieuses ajoutent encore à la splendeur de la cathédrale. Lors de la Fête-Dieu (p. 216), de multiples piédestaux supportent des grandes statues de saints, entourées de milliers de bougies, et des musiciens les honorent en jouant des airs andins funèbres.

Iglesia de La Compañía de Jesús — ÉGLISE

(carte p. 200 ; Plaza de Armas ; 15 S ou sur présentation du boleto religioso ; ⌚9h-11h30 et 13h-17h30). Les fondations de cette église s'élèvent sur l'ancien palais de Huayna Cápac, le dernier *inca* qui régna sur un empire unifié. Construit par les jésuites en 1571, l'édifice fut rebâti après le tremblement de terre de 1650.

Ils souhaitaient en faire la plus belle église de Cuzco, mais l'évêque refusa qu'elle rivalise de splendeur avec la cathédrale et requit l'arbitrage du pape Paul III. Ce dernier donna gain de cause à l'évêque, mais, le temps que sa réponse parvienne à Cuzco, la Compañía de Jesús était pratiquement achevée, depuis son incroyable façade baroque jusqu'au plus grand autel du pays. Près de la porte principale, deux grandes toiles représentent des mariages des temps anciens, avec force détails historiques. Des étudiants guident les visiteurs dans l'église ; ils leur permettent en outre d'admirer la vue d'ensemble depuis le chœur à l'étage, en haut de marches branlantes. Les pourboires sont les bienvenus.

Choco Museo — MUSÉE

(carte p. 200 ; ☎24-4765 ; Calle Garcilaso 210 ; www.chocomuseo.com ; 2 S ; ⌚10h30-18h30). Vous serez d'emblée séduit par les effluves de chocolat. Certes, le musée ne présente guère d'intérêt, mais le plus important dans cette entreprise appartenant à des Français, ce sont les ateliers de fabrication de chocolat bio (70 S/pers). On peut aussi venir déguster une fondue ou une tasse de chocolat chaud issu du commerce équitable. L'établissement organise des visites des fabriques proches de Santa María (en plusieurs langues et ouvertes aux enfants).

Museo de Plantas Sagradas, Mágicas y Medicinales — MUSÉE

(carte p. 200 ; ☎22-2214 ; Calle Santa Teresa 351 ; 15 S ; ⌚10h-19h lun-sam, 12h-18h dim). Ce nouveau musée fascinant explore dans les

Centre de Cuzco

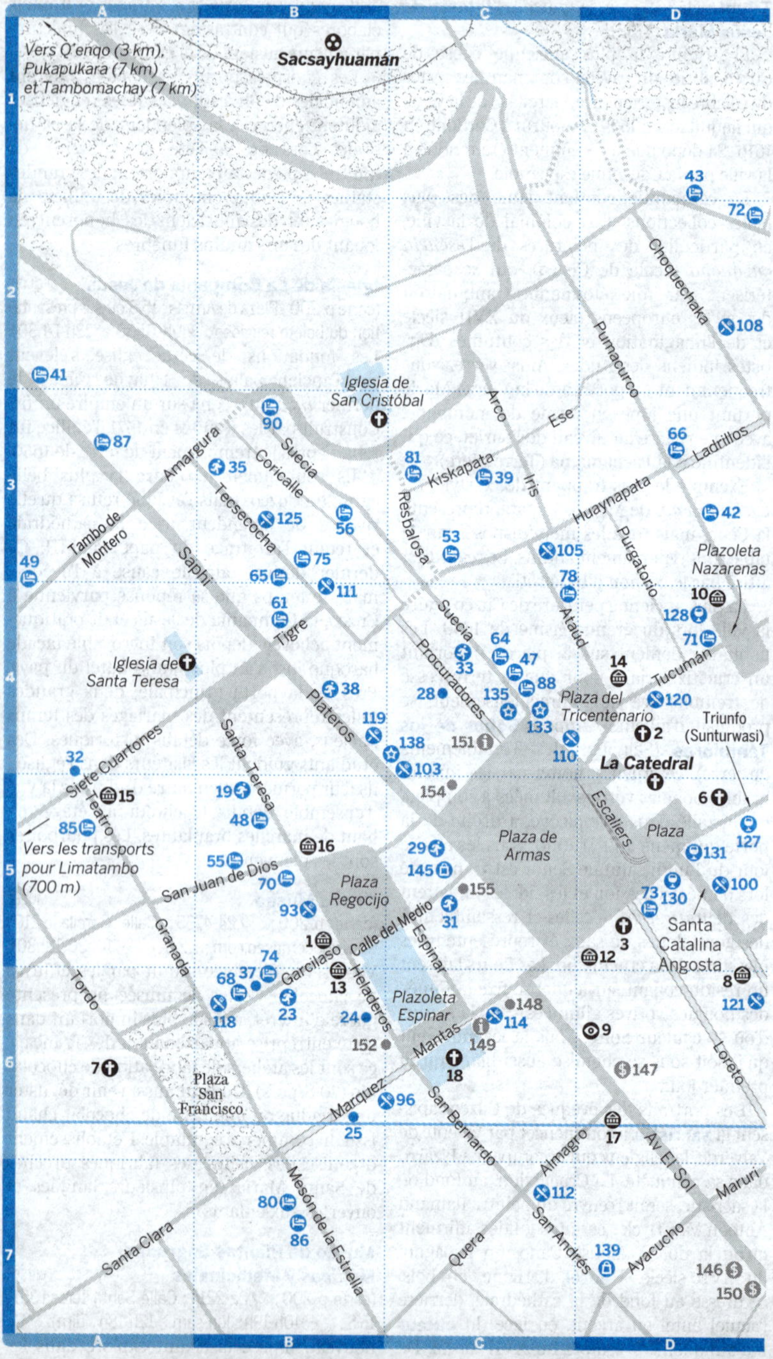

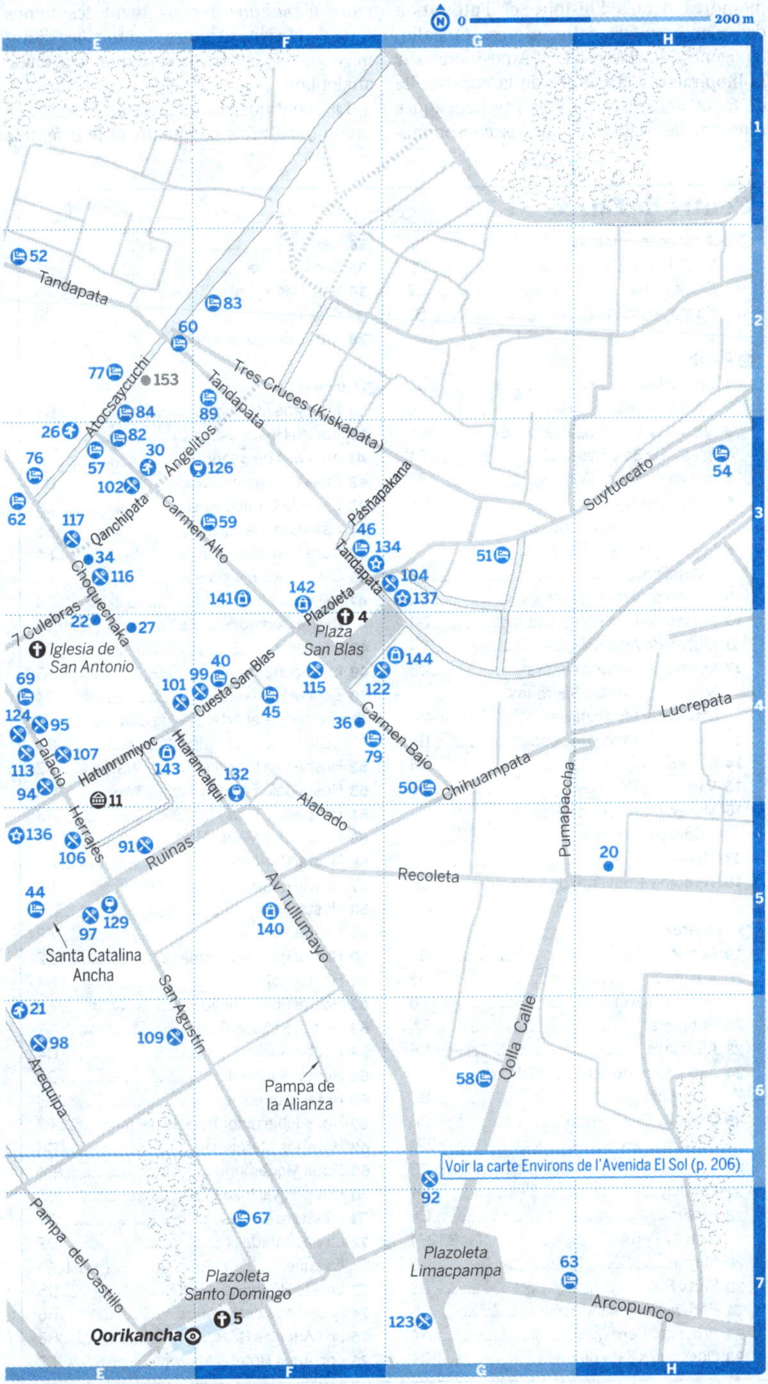
0
200 m
E
F
G
H
1
2
3
4
5
6
7
52
Tandapata
83
60
77
153
Atocsaycuchi
Tres Cruces (Kiskapata)
Tandapata
89
84
26
82
30
Angelitos
76
57
126
102
Suytuccato
54
62
117
Qanchipata
Carmen Alto
59
Pásñapakana
46
34
134
Tandapata
116
51
104
137
142
141
Plazoleta
4
7 Culebras
22
27
Choquechaka
Plaza
San Blas
Iglesia de
San Antonio
40
144
99
Cuesta San Blas
101
115
122
69
45
124
95
36
Carmen Bajo
Lucrepata
Palacio
113
107
Hatunrumiyoc
143
79
Huarancalqui
132
Chihuampata
94
11
50
Alabado
Pumapaccha
136
Herrajes
91
Ruinas
106
20
Recoleta
Av Tullumayo
44
129
97
140
Santa Catalina
Ancha
San Agustín
21
98
109
Qolla Calle
Arequipa
Pampa de
la Alianza
58
Voir la carte Environs de l'Avenida El Sol (p. 206)
92
67
Pampa del Castillo
Plazoleta
Limacpampa
63
Plazoleta
Santo Domingo
Arcopunco
5
123
Qorikancha

moindres détails l'histoire et l'utilisation des plantes médicinales, sacrées et hallucinogènes du Pérou. Les expositions sur la biopiraterie, la culture de la coca vieille de 8 000 ans, et les images psychédéliques reflétant les visions qu'ont les consommateurs d'*ayahuasca* constituent les temps forts de la visite. À noter que tous les dioramas sont légendés en espagnol. Un guide anglophone peut se révéler utile (4 S/pers).

La boutique de souvenirs vend des produits naturels de qualité, et le café, très

Centre de Cuzco

Les incontournables

La Catedral ... D5
Qorikancha ... E7
Sacsaywamán ... B1

À voir

1 Choco Museo ... B5
2 Iglesia de Jesús María ... D4
3 Iglesia de La Compañía de Jesús ... D5
4 Iglesia de San Blas ... F4
5 Iglesia de Santo Domingo ... F7
6 Iglesia del Triunfo ... D5
7 Iglesia San Francisco ... A6
8 Iglesia y Monasterio de Santa Catalina ... D6
9 Museo de Arte Popular ... D6
10 Museo de Arte Precolombino ... D4
11 Museo de Arte Religioso ... E4
12 Museo de Historia Natural ... D5
Museo de Plantas Sagradas, Mágicas y Medicinales ... (voir 48)
13 Museo Histórico Regional ... B6
14 Museo Inka ... D4
15 Museo Irq'i Yachay ... A5
16 Museo Municipal de Arte Contemporáneo ... B5
17 Museo Quijote ... D6
18 Templo y Convento de La Merced ... C6

Activités

19 Action Valley ... B5
20 Amigos ... H5
21 Andina Travel ... E6
22 Antipode ... E4
23 Apumayo ... B6
24 Asociación de Guías Oficiales de Turismo ... B6
25 Chiquity Club Cusco ... B6
Culturas Peru ... (voir 72)
26 Eco Trek Peru ... E3
27 Fairplay ... E4
28 Fertur ... C4
Gravity Peru ... (voir 129)
29 Mayuc ... C5
30 Party Bike ... E3
31 Peruvian Highland Trek ... C5
32 Proyecto Peru ... A4
33 Quechua's Expeditions ... C4
34 Respons ... E3
35 Samana Spa ... B3
36 San Blas Spanish School ... F4
37 SAS Travel ... B6
38 X-treme Tourbulencia ... B4

Où se loger

39 Albergue Municipal ... C3
40 Amaru Hostal ... F4
41 Andenes de Saphi ... A2
42 Casa Cartagena ... D3
43 Casa de Campo Hostal ... D1
44 Casa Grande ... E5
45 Casa San Blas ... F4
46 Casona les Pleiades ... F3
47 Del Prado Inn ... C4
Divina Comedia ... (voir 66)
48 Ecopackers ... B5
49 El Balcón Hostal ... A3
50 Eureka Hostal ... G4
51 Hospedaje el Artesano de San Blas ... G3
52 Hospedaje Familiar Kuntur Wasi ... E2
53 Hospedaje Familiar Munay Wasi ... C3
54 Hospedaje Inka ... H3
55 Hospedaje Monte Horeb ... B5
56 Hostal Corihuasi ... B3
57 Hostal El Grial ... E3
58 Hostal Inkarri ... G6
59 Hostal Marani ... F3
60 Hostal Pensión Alemana ... E2
61 Hostal Rojas ... B4
62 Hostal Rumi Punku ... E3
63 Hostal Señorio Real ... G7
64 Hostal Suecia I ... C4
65 Hostal Suecia II ... B3
66 Hotel Arqueólogo ... D3
67 Hotel Libertador Palacio del Inka ... F7
68 Hotel los Marqueses ... B6
69 Hotel Monasterio ... E4
70 Hotel Royal Inka I ... B5
71 Inkaterra La Casona ... D4
72 La Encantada ... D2
La Lune ... (voir 109)
73 Loreto Boutique Hotel ... D5
74 Los Andes de America ... B6
75 Los Angeles B&B ... B3
76 Los Apus Hotel & Mirador ... E3

apprécié, se situe dans un patio privé à l'étage.

Museo de Arte Precolombino MUSÉE

(carte p. 200 ; ☎23-3210 ; map.perucultural.org.pe ; Plazoleta Nazarenas 231 ; 22 S ; ⏲9h-22h). Dans une demeure coloniale dotée d'une cour cérémonielle inca, le musée d'Art précolombien réunit une collection restreinte mais très variée d'objets archéologiques naguère stockés dans les vastes entrepôts du Museo Larco de Lima. Datant de 1250 av. J.-C. à

CUZCO ET LA VALLÉE SACRÉE EN...

Deux jours

Le premier jour, explorez la ville de Cuzco, en commençant de bon matin par un *jugo* (jus de fruits) au **Mercado San Pedro**. Poursuivez dans quelques-uns des nombreux musées. Le **Museo Quijote** et le **Museo Histórico Regional** sont conseillés pour l'art, le **Museo de Arte Popular** et le **Museo Irq'i Yachay** pour l'artisanat et le **Museo Inka** pour les objets précolombiens. Après déjeuner, admirez les plus imposantes reliques léguées par les Incas au **Qorikancha** et par les Espagnols à la **cathédrale**. À 18h45, assistez au spectacle de musique et de danse proposé tous les soirs au **Centro Qosqo de Arte Nativo**. Le jour suivant, levez-vous tôt pour prendre un train à destination de **Machu Picchu**, le site inca le plus renommé du pays.

Quatre jours

Suivez la première journée du programme de visite de Cuzco détaillée dans l'itinéraire sur deux jours. Le lendemain, régalez-vous d'un petit-déjeuner royal puis partez explorer **Sacsayhuamán** en matinée. Ensuite, rejoignez en bus **Ollantaytambo** et ses rues pavées, puis passez l'après-midi à randonner dans les ruines qui surplombent la ville. Le troisième jour, prenez le train tôt le matin pour **Aguas Calientes** et terminez le trajet en bus jusqu'à **Machu Picchu**. La journée complète ne sera pas de trop pour découvrir les merveilles du site. Avec un guide, vous saurez tout de son histoire. Ensuite, retour à Ollantaytambo. Vous aurez encore le temps de prendre un bus pour découvrir les spectaculaires puits salants de **Salinas** sur le chemin du retour à Cuzco.

Une semaine

Suivez la première journée du programme en deux jours. Le lendemain, effectuez la **promenade à pied** dans le quartier bohème de San Blas et jusqu'à l'impressionnante forteresse de **Sacsayhuamán**. Prenez un bus local pour visiter les ruines voisines de **Tambomachay**, de **Q'enqo** et de **Pukapukara**. Le troisième jour, lancez-vous dans la fabuleuse randonnée de **Salcantay** pour gagner **Machu Picchu**.

1532, ces pièces (présentées en espagnol, en français et en anglais) dévoilent la maîtrise artistique et culturelle des anciennes civilisations péruviennes. Ne manquez pas les galeries consacrées aux Nazcas et aux Mochicas, où sont exposés céramiques multicolores, *queros* (récipients cérémoniels incas en bois) et bijoux étincelants en or et en argent.

Museo Inka MUSÉE

(carte p. 200 ; ☎23-7380 ; Tucumán à hauteur d'Ataúd ; 10 S ; ⏲8h-18h lun-ven, 9h-16h sam). Ce charmant petit musée, dans une rue pentue à une *cuadra* au nord-est de la Plaza de Armas, concentre le meilleur de Cuzco concernant la culture inca. L'intérieur restauré abrite une profusion d'objets en métal (en or notamment), de bijoux, de poteries, de textiles, de momies et de maquettes. Il possède aussi la plus grande collection au monde de *queros* (gobelets en bois incas). Excellentes explications en espagnol et visites guidées en anglais pour quelques soles.

Ancienne propriété de l'amiral Francisco Aldrete Maldonado, le musée est également appelé maison de l'Amiral. Très endommagé par le séisme de 1650, il fut reconstruit par Pedro Peralta de los Ríos, comte de Laguna, dont les armoiries figurent au-dessus du porche. De nouveau ébranlé par le tremblement de terre de 1950, il est désormais totalement restauré et compte parmi les plus belles maisons coloniales de la ville. Des statues de créatures mythiques gardent l'imposant escalier. La colonne d'une fenêtre d'angle montre, à l'intérieur, la statue d'un homme barbu qui, vue de l'extérieur, se transforme en une femme nue. Des plafonds décorés et des fenêtres ouvrant sur une jolie vue de la Plaza de Armas ajoutent au charme de la demeure.

Dans la cour ensoleillée, des tisserands des hauts plateaux andins montrent leurs talents et vendent en direct leurs tissus – un plus pour les acheteurs soucieux du commerce équitable.

Museo de Historia Natural MUSÉE

(carte p. 200 ; Plaza de Armas ; 2 S ; ⌚9h-17h lun-ven). Géré par l'université, ce musée d'Histoire naturelle, d'un intérêt limité, abrite une collection hétéroclite : des animaux et des oiseaux locaux empaillés, ainsi que diverses autres pièces poussiéreuses, dont plus de 150 serpents amazoniens. L'entrée, discrète, se situe tout près de la Plaza de Armas, à droite de l'église de la Compañía de Jesús.

Iglesia y Monasterio de Santa Catalina ÉGLISE

(carte p. 200 ; Arequipa s/n ; 8 S ; ⌚8h30-17h30 lun-sam). Ce couvent recèle nombre de peintures de l'époque coloniale, réalisées par des artistes de l'*escuela cuzqueña*, ainsi qu'une impressionnante collection d'habits de cérémonie et d'autres pièces brodées. Il comporte en outre une chapelle latérale baroque, ornée de frises spectaculaires, et de nombreux mannequins grandeur nature (parfois intrigants) de religieuses en train de prier, de coudre et de mener leurs activités quotidiennes. Par ailleurs, 13 nonnes habitent le couvent.

GRATUIT **Museo Irq'i Yachay** MUSÉE

(carte p. 200 ; ☎24-1416 ; www.aylluyupaychay.org ; Teatro 344 ; ⌚10h-13h et 14h-17h lun-ven). Plutôt une exposition d'art et d'artisanat qu'un musée, le fascinant Museo Irq'i Yachay a été fondé par une ONG encourageant l'éveil éducatif des enfants dans les communautés reculées. Dans la mesure où les communautés les plus isolées et négligées sont celles dans lesquelles la culture traditionnelle est la mieux préservée, le résultat est un exposé passionnant sur la culture andine.

Les enfants peignent des éléments qu'ils connaissent – animaux, montagnes, rivières, personnages – et intègrent les symboles des textiles qui les entourent depuis leur naissance : le nord représente l'espoir et le futur, le rouge est lié à l'amour et à la revanche. Outre les œuvres d'art, une fabuleuse collection de tissages est également exposée. Des commentaires en anglais et en espagnol expliquent en détail toute la symbolique. De quoi ravir les amateurs d'étoffes.

Templo y Convento de La Merced ÉGLISE

(carte p. 200 ; ☎23-1821 ; Mantas 121 ; 6 S ; ⌚8h-12h et 14h-17h lun-sam). La Merced, troisième église coloniale de Cuzco par ordre d'importance, fut détruite lors du séisme de 1650, avant d'être rapidement reconstruite. L'entrée du monastère et du musée se situe à gauche, au fond d'une petite cour. L'ordre de La Merced fut fondé à Barcelone en 1218 par San Pedro Nolasco. Des peintures illustrant sa vie ornent les murs du superbe cloître.

L'église, au bout du **cloître** (⌚8h-11h), renferme les tombeaux de deux des plus célèbres conquistadors, Diego de Almagro et Gonzalo Pizarro. Du même côté du cloître, un petit musée religieux abrite des vêtements qui auraient appartenu au moine conquistador Vicente de Valverde. L'objet le plus célèbre du musée est un ostensoir en or massif de 1,30 m de haut, couvert de rubis, d'émeraudes, et de pas moins de 1 500 diamants et 600 perles. Demandez à le voir si la salle d'exposition est fermée.

Museo Histórico Regional MUSÉE

(carte p. 200 ; Calle Garcilaso à hauteur de Heladeros ; sur présentation du boleto turístico ; ⌚8h-17h mar-dim). Ce musée occupe la Casa Garcilaso de la Vega, la maison coloniale de l'historien inca enterré dans la cathédrale. La collection, présentée par ordre chronologique, s'ouvre sur des pointes de flèches de la Période précéramique et continue par des poteries et bijoux des cultures huari, pukara et inca.

Il y a également une momie nazca, quelques tissages incas, des petits bibelots en or et une maquette assez sinistre de la Plaza de Armas. Dans la cour, le grand tableau explicatif permet de repérer les différentes périodes et les protagonistes de l'*escuela cuzqueña*.

Museo Municipal de Arte Contemporáneo MUSÉE

(carte p. 200 ; Plaza Regocijo ; sur présentation du boleto turístico ; ⌚9h-18h lun-sam). Seuls les amateurs pointus apprécieront la petite collection d'art contemporain andin exposée dans ce musée, à l'hôtel de ville. Les œuvres du Museo Quijote sont plus intéressantes, avec un éventail représentatif d'artistes péruviens contemporains et des explications permettant de faire le lien entre l'art et l'histoire.

GRATUIT **Iglesia San Francisco** ÉGLISE

(carte p. 200 ; Plaza San Francisco ; ⌚6h30-8h et 17h30-20h lun-sam, 6h30-12h et 18h30-20h dim). Plus austère que la plupart des autres églises de Cuzco, l'Iglesia San Francisco, datant des XVIe et XVIIe siècles, est l'une des rares à n'avoir pas requis de reconstruction complète après le séisme de 1650. Elle

Environs de l'Avenida El Sol

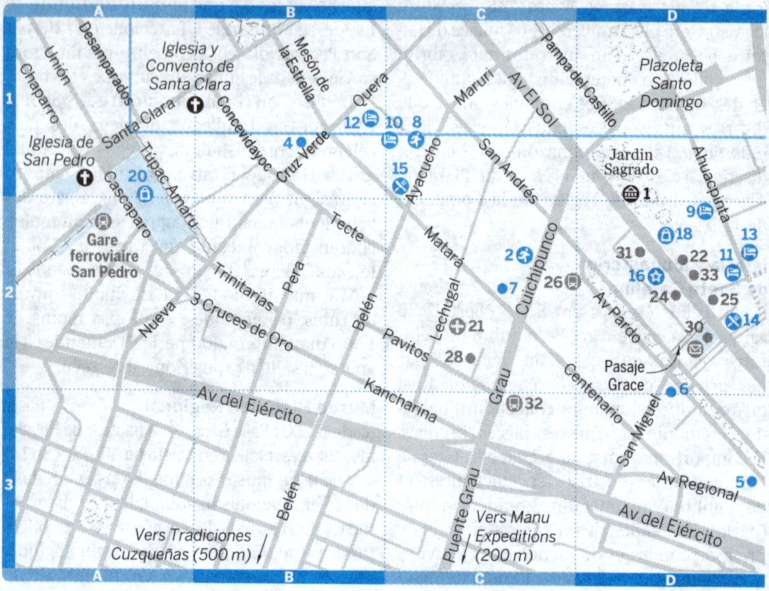

Environs de l'Avenida El Sol

À voir

1 Museo del Sitio de Qorikancha D1
Peru Treks .... (voir 26)

Activités

2 Apu's Peru C2
3 Chaski Ventura F2
4 Excel Language Center B1
5 Manu Nature Tours D3
6 Milla Turismo D2
7 SATO C2
8 Siluet Sauna & Spa C1

Où se loger

9 Hostal San Juan Masías D2
10 Los Aticos C1
11 Mirador Hostal D2
12 Picol Hostal B1
13 Yanantin Guest House D2

Où se restaurer

14 Don Estéban and Don Pancho D2
15 Mega C1

Où sortir

16 Centro Qosqo de Arte Nativo D2

Achats

17 Centro Artesenal Cuzco E3
18 Centro de Textiles Tradicionales del Cuzco D2
19 Mercado Modelo de Huanchac E2
20 Mercado San Pedro A1

Renseignements

21 Clínica Paredes C2
22 DHL D2
23 Dirección Regional de Cultura Cusco F1
24 Oficina de Migraciónes D2
25 SBS Bookshop D2

Transports

26 Bus pour l'Estación Poroy C2
27 Colectivos pour Andahuaylillas, Piquillacta, Pisac, Tipón et Urcos E2
28 Colectivos pour Chinchero, Ollantaytambo et Urubamba C2
29 Colectivos pour Lucre E2
30 Combis pour l'aéroport D2
LAN .... (voir 22)
31 Billetterie de Machu Picchu Train D2
32 Minibus pour Chinchero, Ollantaytambo et Urubamba C3
33 Star Perú D2
TACA .... (voir 16)

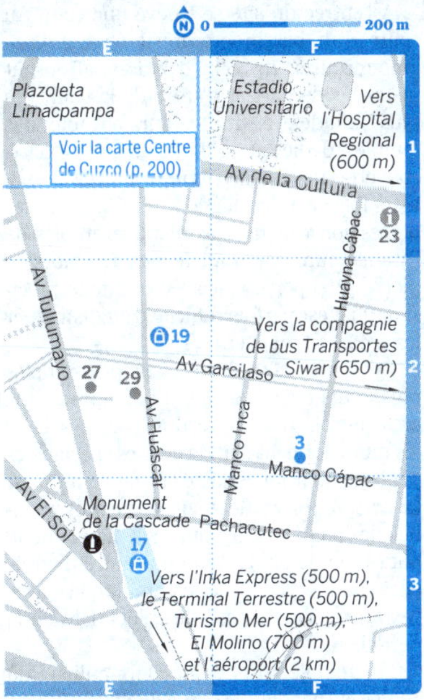

renferme une importante collection de peintures religieuses de l'époque coloniale et un chœur en cèdre joliment sculpté.

Le **musée** (5 S ; ⏲9h-12h et 15h-17h lun-ven, 9h-12h sam) attenant conserve le (dit-on) plus grand tableau d'Amérique du Sud, qui mesure 9 m sur 12 m et représente l'arbre généalogique de saint François d'Assise, fondateur de l'ordre franciscain. Les deux cryptes, qui ne sont pas totalement souterraines, méritent une visite. Parmi les ossements humains, certains ont été disposés pour former des phrases rappelant le caractère éphémère de la vie.

Museo de Arte Religioso MUSÉE

(carte p. 200 ; angle Hatunrumiyoc et Herrajes ; 15 S ou sur présentation du boleto religioso ; ⏲8h-11h et 15h-18h lun-sam). Construit sur les fondations du palais de l'Inca Roca, ce musée fut un temps le palais de l'archevêque. Cette superbe demeure abrite désormais une collection d'art religieux, remarquable pour la précision des détails historiques et la description faite des relations entre les conquistadors et les Indiens.

La maison comporte plusieurs plafonds impressionnants. Le carrelage colonial d'origine a été remplacé dans les années 1940.

SAN BLAS

Réputé pour être le quartier bohème (voir bobo) de la ville, San Blas est niché sur un flanc de colline escarpé à côté du centre. Son architecture classique, ses portes bleues typiques et ses étroites ruelles sans voitures en ont fait le quartier tendance de la ville. Il compte quantité de restaurants, de bars et de boutiques.

Iglesia de San Blas ÉGLISE

(carte p. 200 ; Plaza San Blas ; 15 S ou sur présentation du boleto religioso ; ⏲10h-18h lun-sam, 14h-18h dim). Cette simple église en adobe, petite comparée aux autres, possède un somptueux autel baroque doré à la feuille d'or. La magnifique chaire sculptée, taillée dans un seul tronc, est tenue pour le plus bel exemple de sculpture coloniale sur bois du continent. Selon la légende, elle aurait été réalisée par un Indien, miraculeusement guéri d'une maladie mortelle, qui aurait consacré sa vie à sculpter cette chaire. Son crâne reposerait au sommet de l'œuvre. En réalité, on ignore tout autant l'identité de l'artiste que celle du propriétaire du crâne !

AVENIDA EL SOL ET BAS DE LA COLLINE

Museo de Arte Popular MUSÉE

(carte p. 200 ; sous-sol, Av. El Sol 103 ; sur présentation du boleto turístico ; ⏲9h-18h lun-sam, 8h-13h dim). Les objets lauréats du concours annuel des Arts populaires de Cuzco sont exposés dans ce beau musée. Il s'agit d'une vitrine pour les artistes et artisans de San Blas, avec des œuvres allant du plus académique au plus kitsch. Au final, un exposé drôle et fascinant sur la vie quotidienne d'une civilisation jadis fastueuse.

Des mannequins de taille réduite sont mis en scène en pleine beuverie dans une *picantería* (petit restaurant), en train de se faire torturer sur le fauteuil du dentiste, chez le boucher ou encore sur une table d'opération pour une césarienne. Également une exposition de photographies, réalisées en grande partie par le célèbre artiste *cusqueño* Martín Chambi. Il y a beaucoup d'images de la Cuzco des années 1900 à 1950, notamment d'impressionnantes images des rues après le séisme de 1950.

Qorikancha (Coricancha) RUINES

(carte p. 200 ; Plazoleta Santo Domingo ; 10 S ; ⏲8h30-17h30 lun-sam, 14h-17h dim). Si vous ne visitez qu'un site à Cuzco, privilégiez ces ruines incas, qui constituent le socle de l'église coloniale et du couvent de Santo

LE CHIQUITY CLUB

Cet excellent **jardin d'enfants** (carte p. 200 ; ☎23-3344 ; www.chiquityclubcusco.com ; Marquez 259 ; enfant avec parents 15 S ; ⏲9h-20h jeu-mar ; 📶) est idéal pour passer un moment de détente en famille. Idée originale d'un professeur bilingue formé dans les écoles Waldorf, ce centre comprend des aires de jeux couvertes, un mur d'escalade et des bacs à sable emplis de "fossiles". Il y a aussi une bibliothèque avec des livres en anglais, une salle d'art, un petit théâtre et une mini-discothèque avec lumières stroboscopiques et musiques pour enfants. L'âge idéal pour les visiteurs : entre 1 et 9 ans. L'établissement propose aussi un service de garderie et des kits d'activité à emporter.

Domingo. Il ne reste aujourd'hui que la maçonnerie de ce qui fut le temple le plus riche de tout l'Empire inca.

À l'époque inca, les murs de Qorikancha ("cour d'Or" en quechua) étaient recouverts de 700 feuilles d'or, pesant chacune près de 2 kg. Des reproductions grandeur nature de plants de maïs en or et en argent étaient cérémonieusement "plantées" lors des rites agricoles. Il existait bien d'autres trésors en or massif, figurant notamment des autels, des lamas et des nouveau-nés, ainsi qu'une reproduction du Soleil, qui a disparu. Quelques mois seulement après l'arrivée des conquistadors, ces fabuleuses richesses avaient été entièrement pillées et fondues.

Divers rites religieux se déroulaient dans le temple, où étaient conservées les momies de plusieurs Incas (rois). Celles-ci étaient exposées chaque jour au soleil et recevaient des offrandes de nourriture et de boisson, qui étaient ensuite brûlées. Qorikancha était aussi un observatoire où les prêtres surveillaient les mouvements des astres.

Si le visiteur moderne doit faire preuve d'imagination pour voir tout cela, les vestiges comptent néanmoins parmi les plus beaux spécimens d'architecture inca au Pérou. Un mur courbe de 6 m de haut, parfaitement ajusté, entoure le site ; il a résisté aux violents séismes qui ont rasé la plupart des édifices coloniaux de Cuzco.

À l'entrée du site se trouve une cour. Au centre, un bassin octogonal était à l'origine recouvert de 55 kg d'or. Des salles sont installées de part et d'autre de la cour. Les plus grandes, à droite, auraient été des temples dédiés à la Lune et aux étoiles, couverts de feuilles d'argent. Les murs, assemblés à la perfection, les niches et les portes constituent d'excellents exemples de l'architecture trapézoïdale inca. Les blocs de pierre se superposent avec une telle précision qu'il est parfois difficile d'en distinguer les arêtes au toucher.

De l'autre côté de la cour, des temples plus petits étaient dédiés à la foudre et aux arcs-en-ciel. Trois ouvertures percées dans les murs donnent sur la rue. Des spécialistes pensent qu'il s'agissait d'écoulements pour la *chicha* (bière de maïs fermenté) sacrificielle, pour le sang ou, plus simplement, pour l'eau de pluie. Selon une autre théorie, elles permettaient de communiquer avec l'extérieur. Le sol pavé de galets date de la période inca.

Le temple fut édifié au milieu du XVe siècle pendant le règne du dixième *inca*, Túpac Yupanqui. Après la conquête, Francisco Pizarro l'offrit à son frère Juan Pizarro, qui n'en profita pas longtemps, car il mourut lors de la bataille de Sacsayhuamán, en 1536. Dans son testament, il légua le temple aux dominicains, qui depuis le conservent. Le site actuel, protégé par un toit moderne de verre et de métal, offre un curieux mélange d'architectures inca et coloniale.

À l'extérieur de la cour, des peintures coloniales retracent la vie de Santo Domingo (saint Dominique). Elles comprennent maintes représentations de chiens tenant des torches entre leurs crocs. Il s'agit des chiens du Seigneur (*domini canis*, en latin), qui par une sorte de calembour sont associés au saint (*Dominicanus*, en latin), perçu comme le chien de garde de l'Église contre l'hérésie.

Iglesia de Santo Domingo — ÉGLISE

L'église de Santo Domingo se trouve juste à côté de Qorikancha. Plus sobre et moins baroque que beaucoup d'églises de Cuzco, elle est remarquable pour ses ravissantes peintures d'archanges figurés en enfants andins portant jean et T-shirt. Horaires irréguliers.

Museo del Sitio de Qorikancha — MUSÉE

(carte p. 206 ; Av. El Sol s/n ; sur présentation du boleto turístico ; ⏲9h-18h lun-sam, 8h-13h dim). Souterrain et défraîchi, ce petit musée présente des pièces archéologiques couvertes de mousse, apportant un éclairage sur les cultures inca et pré-inca. Entrée en retrait de l'Avenida El Sol.

Museo Quijote MUSÉE
(carte p. 200 ; www.museoelquijote.com ; Galería Banco la Nacion, Calle Almagro s/n ; 10 S ou sur présentation du boleto religioso ; ⏲9h-18h lun-ven, 9h-13h dim). Nouvelle adresse, dans une banque, pour ce musée privé d'art contemporain conservant une belle collection de peintures et de sculptures de styles divers, du traditionnel au macabre. Bonnes explications (parfois traduites en anglais) concernant l'histoire de l'art péruvien du XXe siècle.

Activités

Cuzco compte pléthore d'agences proposant diverses activités de plein air telles que trekking, rafting, VTT, alpinisme, randonnée équestre et parapente. En raison de la guerre des prix, les guides sont parfois sous-payés et les véhicules trop chargés. Les circuits les plus économiques sont les plus plébiscités, et partant, ceux dont les employés parlent plusieurs langues. Du fait de l'exonération de taxes dont bénéficient les nouvelles agences, les moins onéreuses changent souvent de nom d'enseigne et de locaux. Faites-vous conseiller sur les meilleures adresses par d'autres touristes étrangers.

On ne saurait recommander sans aucune réserve une quelconque agence, toutefois, celles répertoriées dans les rubriques ci-après sont des établissements réputés dont nos lecteurs nous ont donné de bons échos.

Trekking

La région de Cuzco est un paradis pour les randonneurs. Dans ces énormes massifs montagneux, les écosystèmes sont très variés, de la forêt tropicale aux paysages de haute altitude. Les sous-bois abritent quant à eux villages isolés et ruines reculées. Du fait de l'altitude et du fort dénivelé, il est impératif de s'acclimater correctement avant toute randonnée. Bien sûr, les randonneurs sont avant tout attirés par le fameux Chemin de l'Inca qui mène à Machu Picchu. Sachez toutefois qu'il ne s'agit pas de l'unique "Chemin de l'Inca". Ce que les autorités et agences de tourisme ont baptisé Chemin de l'Inca n'est en réalité qu'un itinéraire parmi les dizaines construits par les Incas pour atteindre Machu Picchu, et parmi les milliers de sentiers qui sillonnaient jadis l'Empire inca. Actuellement, les archéologues continuent de dégager certaines de ces routes dans la jungle. Beaucoup d'autres ont été aménagées pour le tourisme, et de plus en plus de randonneurs leur donnent la préférence.

Pour plus de détails sur les randonnées, procurez-vous *Alternative Inca Trails Information Packet* (en anglais) du South American Explorers Club. Plus près de Cuzco, des agences imaginatives ont créé des treks de plusieurs jours dans la Vallée Sacrée, qui sortent des sentiers battus et font découvrir des villages et des ruines peu visités.

Pour des informations complètes sur le Chemin de l'Inca et les autres itinéraires menant à Machu Picchu, reportez-vous p. 36. Autres treks recommandés : ceux menant aux sites archéologiques de Choquequirau (p. 273) et Vilcabamba (p. 270).

Il faut également citer les randonnées incontournables jusqu'à Lares (p. 216) et Ausangate (p. 272).

Les agences ci-après, spécialisées, sont installées à Cuzco et recommandées pour la plupart par nos lecteurs. Vous trouverez des agences internationales et des agences proposant des treks dans tout le Pérou en p. 37.

Andina Travel RANDONNÉE
(carte p. 200 ; ☎25-1892 ; www.andinatravel.com ; Plazoleta Santa Catalina 219)

Apu's Peru RANDONNÉE
(carte p. 206 ; ☎23-3691 ; www.apus-peru.com ; Cuichipunco 366)

Eco Trek Peru RANDONNÉE
(carte p. 200 ; ☎24-7286 ; www.ecotrekperu.com ; Atocsaycuchi 599)

X-treme Tourbulencia RANDONNÉE
(carte p. 200 ; ☎22-5872 ; www.x-tremetourbulencia.com ; Plateros 358)

Peru Treks RANDONNÉE
(carte p. 206 ; ☎22-2722 ; www.perutreks.com ; Av. Pardo 540)

Peruvian Highland Trek RANDONNÉE
(carte p. 200 ; ☎24-2480 ; www.peruvianhighlandtrek.com ; Calle del Medio 139)

Quechua's Expeditions RANDONNÉE
(carte p. 200 ; ☎23-7994 ; www.quechuasexpeditions.com ; Suecia 344)

QUAND PARTIR

La meilleure période pour le trekking dans les Andes ou en Amazonie correspond à la saison sèche, plus froide, qui s'étend approximativement de mai à septembre. Les treks en haute saison nécessitent une réservation plusieurs mois à l'avance, et jusqu'à un an à l'avance pour le Chemin de l'Inca. Pendant les mois les plus humides (de janvier à mars), les sentiers deviennent boueux et les paysages sont souvent dissimulés par d'épais nuages. Notez que le Chemin de l'Inca est complètement fermé en février pour son nettoyage annuel. En dehors de la période de juin à août, la randonnée dans la jungle d'altitude de Vilcabamba est déconseillée en raison des fortes pluies. Les températures peuvent chuter terriblement tout au long de l'année sur tous les autres treks de haute altitude, et il peut pleuvoir même pendant la saison sèche.

PRÉPARATIFS

Sacs à dos avec compartiments intérieurs, tentes, sacs de couchage et réchauds peuvent être loués dans divers commerces de la Calle Plateros, moyennant 15-20 S par article et par jour. Vérifiez soigneusement tous les éléments avant de les louer, car certains sont en mauvais état et beaucoup ne sont ni modernes ni légers.

Apportez aussi de chez vous de quoi purifier l'eau (pastilles ou filtres). Une fois en route, on ne peut généralement pas se procurer de nourriture, et les petits villages d'où partent les chemins sont très peu approvisionnés ; achetez donc le nécessaire à Cuzco. Si vous participez à une randonnée guidée, emportez un peu d'espèces pour le pourboire du guide et des *arrieros* (muletiers). Le pourboire minimum correct pour un guide est de 10 $US par jour et par randonneur ; il convient de donner environ la même somme au groupe d'*arrieros*.

Pour plus de conseils sur le matériel de randonnée, voir p. 38.

Descente de rivière

Le rafting n'est pas réglementé au Pérou et n'importe qui peut monter son agence. En outre, une guerre des prix impitoyable amène nombre des prestataires les moins chers à se montrer trop laxistes en matière de sécurité. Nous n'insisterons jamais assez sur le facteur risque : il y a des morts chaque année. Les agences de rafting qui enregistrent les réservations via Internet sont généralement plus fiables (et plus chères) que celles qui interpellent les touristes devant leur bureau à Cuzco.

Au moment de choisir une agence, il est conseillé de se renseigner sur le matériel de sécurité, l'expérience du guide, la qualité de l'équipement (c'est-à-dire l'ancienneté des radeaux pneumatiques) et de prendre l'avis d'autres voyageurs. Méfiez-vous des nouvelles agences sans antécédents connus.

Les agences de rafting suivantes sont les plus réputées en matière de sécurité :

Amazonas Explorer RAFTING
(☎25-2846 ; www.amazonas-explorer.com ; Av. Collasuyu 910, Miravalle). Une agence professionnelle internationale, d'excellents guides et des équipements de première qualité. Excursions sur l'Apurímac et le Tambopata.

Apumayo RAFTING
(carte p. 200 ; ☎24-6018 ; www.apumayo.com ; Jirón Ricardo Palma Ñ-11, Urb. Santa Monica). Cette agence professionnelle accepte les réservations de l'étranger pour les circuits sur le Tambopata. Prise en charge des voyageurs handicapés.

Mayuc RAFTING
(carte p. 200 ; ☎24-2824 ; www.mayuc.com ; Portal Confiturías 211). Cette énorme agence domine le marché. Elle est très prisée des chasseurs de bonnes affaires.

River Explorers RAFTING
(☎26-0926 ; www.riverexplorers.com ; Urb. Kennedy A, B-15). Toutes sortes de descentes, notamment des circuits (jusqu'à six jours) sur l'Apurímac.

RÍO URUBAMBA

La descente de l'Urubamba à travers la Vallée Sacrée pourrait constituer la meilleure expérience de rafting en Amérique du Sud, mais les égouts de Cuzco et de beaucoup de villages de la région se déversent dans la rivière, rendant l'eau polluée et malodorante. Soyons clair : si vous tombez à l'eau, fermez la bouche.

En dépit de son apparence déplaisante, le secteur entre **Ollantaytambo** et **Chilca** (niveaux II et III) est très populaire, avec des descentes faciles de 1 heure 30, comportant seulement deux rapides. De **Huarán** et **Huambutio** à **Pisac**, le fleuve est également très pollué.

Certaines zones sont plus propres au sud de Cuzco, sur l'Urubamba supérieur (également appelé Vilcanota), notamment la partie très prisée de **Chuquicahuana** (niveaux III et IV+ ; niveau V+ pendant la saison des pluies). Le secteur entre **Cusipata** et **Quiquihana** (niveaux II et III principalement) est moins fréquenté, mais amusant aussi et doté de superbes paysages. Pendant la saison des pluies, ces deux tronçons sont souvent combinés. Plus près de Cuzco, la descente entre **Pampa** et **Huambutio** (niveaux I et II) est également très belle et idéale pour initier les jeunes enfants (à partir de 3 ans) aux joies du rafting.

RÍO SANTA TERESA

Le Río Santa Teresa offre de spectaculaires possibilités de rafting dans les gorges entre les villes de Santa Teresa et de Santa María, et plus en aval jusqu'à Quillabamba. Attention : la partie entre les **sources chaudes de Cocalmayo** et de **Santa María** comporte presque exclusivement des rapides de classes IV et V, dans un canyon profond et inaccessible. Seules les agences très expérimentées peuvent s'y aventurer, par exemple Cola de Mono (p. 267). Sachez que pour se rendre dans ce secteur, il est absolument impensable, pour des raisons de sécurité évidentes, de recourir aux services d'un guide bon marché (et peu expérimenté). Ne sous-estimez pas la difficulté de cette descente ; il serait même nettement préférable d'envisager une autre section dans la région avec l'opérateur de votre choix avant même de considérer celle-ci.

AUTRES RIVIÈRES

Navigable de mai à novembre, le **Río Apurímac** se prête à des circuits de 3 à 10 jours à travers de profondes gorges et une forêt tropicale protégée. Bordé d'un superbe paysage sauvage, il compte des rapides saisissants (niveaux IV et V). On aperçoit parfois des condors et des pumas. Les descentes de 4 jours permettent une véritable détente, en évitant les campements très fréquentés, mais celles de trois jours sont plus fréquemment proposées. Le camping s'effectue sur des plages de sable, de plus en plus surexploitées et où sévissent parfois les mouches des sables. Assurez-vous que votre guide laisse l'endroit propre après votre passage.

L'expédition plus éprouvante de 10 à 12 jours sur l'impétueux **Río Tambopata** n'est envisageable que de mai à octobre. Elle commence dans les Andes au nord du lac Titicaca et traverse le cœur du Parque Nacional Bahuaje-Sonene, dans la jungle amazonienne. Rejoindre le point de départ depuis Cuzco réclame déjà 2 jours de route. Les premiers jours de descente sont ponctués de rapides très techniques (niveaux III et IV) dans des paysages andins sauvages, mais l'expédition s'achève par 2 ou 3 jours de navigation paisible dans la forêt tropicale. Avec une vue perçante, on peut observer tapirs, capybaras, caïmans, loutres géantes et jaguars.

Concernant les autres rivières plus éloignées de Cuzco, l'aide mettra plusieurs jours à vous parvenir en cas de maladie ou d'accident. Il est impératif de s'adresser à un organisme d'un grand sérieux, employant des guides très expérimentés, qui maîtrisent aussi bien les premiers secours que le rafting.

VTT

Les circuits à VTT sont une industrie de plus en plus florissante à Cuzco, d'autant que le terrain s'y prête idéalement. Les vélos de location sont de piètre qualité et le plus souvent dotés de suspension simple (*rígida*) provoquant de fortes secousses en descente. Il n'est pas facile non plus d'acheter un vélo neuf ou d'occasion à Cuzco. Si vous êtes un vrai féru de VTT, mieux vaut voyager avec votre vélo, dont la revente à Cuzco se révélera très rentable.

Pour les cyclistes expérimentés, il y a de fantastiques balades facilement et rapidement accessibles en transport en commun. Prenez le bus pour Pisac (chargez votre vélo sur le toit) et demandez à descendre à **Abra de Ccorao**. De là, tournez à droite et regagnez Cuzco via une série de chemins de terre (certains à sens unique) ; à mi-chemin de la descente, vous trouverez un parc de sauts aménagé par des habitants passionnés. Ce parcours appelé **Yuncaypata** comporte de multiples variantes. Quel que soit le sentier choisi, vous finirez par arriver dans la banlieue sud de Cuzco, d'où un taxi vous ramènera à votre hôtel.

Si vous vous dirigez de l'autre côté du col, en prenant la route sur la gauche, vous trouverez un petit chemin en sens unique qui descend directement à travers une vallée étroite – impossible de se perdre – et rejoint la grand-route à Ccorao. De là, suivez la route sur un tronçon plat, puis une série de virages. Juste au moment où la vallée s'élargit, tournez à gauche et dépassez la ferme sur votre gauche dans une descente abrupte, puis poursuivez sur un chemin accidenté (sens unique) à travers une vallée étroite. Vous devrez traverser une rivière et négocier de délicates descentes caillouteuses et escarpées sur la fin, avant d'arriver au village de Taray. Il vous reste à pédaler 10 minutes le long de la rivière jusqu'à Pisac, d'où un bus vous ramènera à Cuzco.

Beaucoup de randonnées plus longues sont possibles mais requièrent un guide professionnel et un véhicule d'assistance. Pas très technique, la descente goudronnée entre **Abra Málaga et Santa María** est quasi incontournable et beaucoup d'agences de Cuzco l'intègrent à l'Inca Jungle Trail (voir p. 40). Le petit tronçon entre **Maras et Salinas** est fabuleux. La **vallée de Lares** offre d'incroyables chemins à sens unique, accessible depuis Cuzco pour une journée bien remplie. Si vous allez à Manú, dans le bassin amazonien, vous pourrez couper le long trajet de bus en pédalant de **Tres Cruces à La Unión** – une magnifique descente –, voire le couvrir entièrement à vélo. Les agences qui organisent des circuits à Manú proposent des bicyclettes et les services de guides. La descente jusqu'à l'**Apurímac** est vertigineuse, tout comme le parcours jusqu'au **Tambopata**, qui offre un dénivelé de 3 500 m en 5 heures. Certains cyclistes tentent de rejoindre Puerto Maldonado, à plus de 500 km. Un superbe défi où la chaleur le dispute à l'humidité.

Les agences suivantes comptent parmi les plus fiables :

Amazonas Explorer CIRCUITS AVENTURE
(✆25-2846 ; www.amazonas-explorer.com). Spécialisé dans la descente de rivière, cet organisme propose aussi d'excellents circuits aventure à VTT (2-10 jours). Idéal pour les familles, avec ses vélos pour enfants.

Cusco Aventuras CIRCUITS AVENTURE
(✆984-13-7403 ; cuscoaventura@hotmail.com). Légende locale parmi les fous du guidon, Luchín vous fera faire la descente de votre vie.

Party Bike CIRCUITS AVENTURE
(carte p. 200 ; ✆24-0399 ; www.partybiketravel.com ; Carmen Alto 246). Agence recommandée par les voyageurs. Descentes, circuits dans la vallée et dans Cuzco.

Gravity Peru CIRCUITS AVENTURE
(✆22-8032 ; www.gravityperu.com ; Santa Catalina Ancha 398). Partenaire de Gravity Bolivia, très réputée également, cette agence professionnelle est la seule proposant des VTT à double suspension pour les excursions à la journée. Vivement conseillée.

Randonnée à cheval

La plupart des agences proposent des randonnées le matin ou l'après-midi. Vous pouvez aussi marcher jusqu'à Sacsayhuamán et négocier un tarif dans l'un des nombreux ranchs. Choisissez avec soin, car certains chevaux sont en piteux état.

Des agences offrent des excursions de 2 jours jusqu'à la région de Limatambo. À Urubamba, d'excellents ranchs disposent de robustes chevaux péruviens *paso* (voir p. 244).

Observation des oiseaux

Les véritables amateurs se procureront *Birds of the High Andes*, de Jon Fjeldså et Niels Krabbe. L'un des meilleurs itinéraires pour observer les oiseaux va d'Ollantaytambo à Quillabamba, via l'Abra Málaga. Il permet de découvrir une belle variété d'habitats, entre 4 600 m et 950 m. Un camion ou une jeep est indispensable. L'Anglais Barry Walker, un ornithologue amateur passionné, donne d'excellents conseils. Auteur de l'ouvrage intitulé *The Birds of Machu Picchu*, il dirige l'agence de voyages **Birding in Peru** (✆22-5990 ; www.birding-in-peru.com), spécialisée dans les circuits d'observation des oiseaux au Pérou, en Bolivie et au Chili.

Autres activités

Pour vous faire chouchouter après une randonnée, plusieurs spas offrent des massages. Citons le très professionnel **Siluet Sauna & Spa** (carte p. 206 ; ✆23-1504 ; Quera 253 ; ⌚10h-22h) et le luxueux **Samana Spa** (carte p. 200 ; ✆23-3721 ; www.samana-spa.com ; Tecsecocha 536 ; ⌚10h-19h lun-sam). Attention aux rabatteurs proposant des services bon marché dans la rue : la plupart des masseurs ne sont pas vraiment formés et certains massages se révèlent beaucoup plus rapprochés que prévu...

Sacred Valley Via Ferrata SPORTS D'AVENTURE
(✆984-11-2732 ; www.naturavive.com ; 160 S/ pers). Une via ferrata (de l'italien "voie de fer") est un ensemble d'échelles, de prises et de ponts construits directement sur une paroi rocheuse. Imaginée pour la première fois dans les Alpes italiennes pendant la Seconde Guerre mondiale, elle est un excellent moyen, pour des personnes en bonne forme physique, de s'initier à l'escalade. Aménagée dans un cadre somptueux dans la Vallée Sacrée, celle-ci a été construite par des professionnels de l'escalade et de la haute montagne, qui en assurent la

DÉPART PLAZA DE ARMAS
ARRIVÉE SACSAYHUAMÁN
DISTANCE 4 KM
DURÉE ENVIRON 3 HEURES, AVEC DES PAUSES

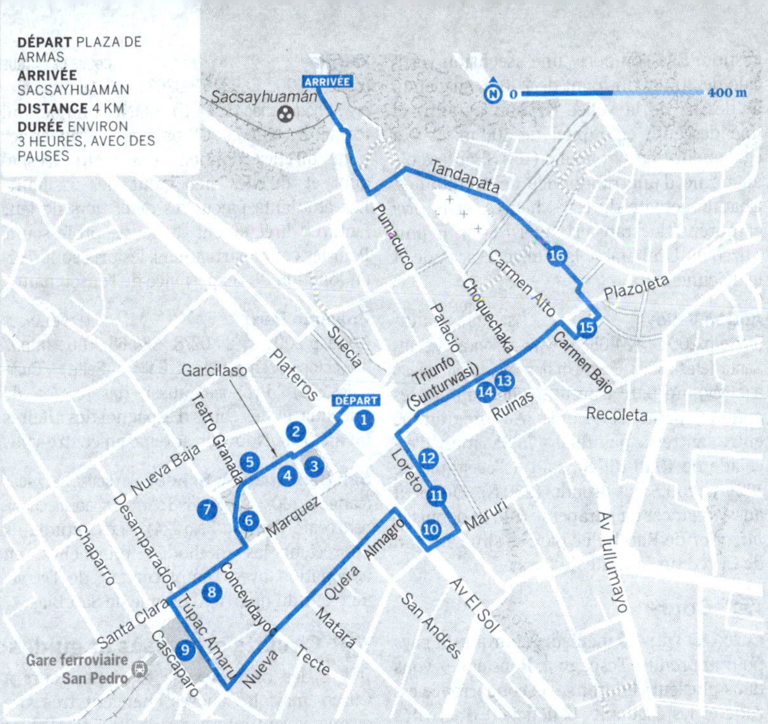

Promenade à pied

Cuzco

Commencez par la (1) **Plaza de Armas**, l'une des plus belles places publiques d'Amérique du Sud. Remontez la Calle del Medio et dirigez-vous vers le sud-ouest en traversant la (2) **Plaza Regocijo**. Sur votre gauche se dresse un beau (3) **bâtiment**. Cet ancien hôtel abrite aujourd'hui des restaurants et des boutiques chics. Remontez la Calle Garcilaso, portant le nom de Garcilaso de la Vega et dont la maison d'enfance héberge désormais le (4) **Museo Histórico Regional**. Parmi les demeures coloniales qui l'entourent ; l'(5) **Hotel los Marqueses** est particulièrement beau.

Le dimanche, des *campesinos* de langue quechua se rassemblent sur la (6) **Plaza San Francisco** ; entrez dans l'(7) **église San Francisco et le musée**. Juste après le porche colonial s'élèvent l'(8) **église et le couvent de Santa Clara**. Les miroirs de l'intérieur étaient utilisés à l'époque coloniale pour attiser la curiosité des Indiens et les attirer dans l'église.

Derrière l'église, l'activité du (9) **Mercado San Pedro** déborde jusque sur le trottoir. Faites-y une pause puis sortez dans la Calle Nueva et suivez-la jusqu'à l'Avenida El Sol, en face du (10) **Palacio de Justicia** – énorme bâtiment blanc au jardin tondu par deux lamas. Remontez Maruri et tournez dans (11) **Loreto**, une allée bordée de murs incas. Le mur est, l'un des plus anciens et des plus beaux de Cuzco, faisait partie de l'Acllahuasi (maison des Femmes élues). Après la conquête, l'édifice fut rattaché au (12) **couvent de Santa Catalina**.

Loreto vous ramènera à la Plaza de Armas. Tournez à droite dans Triunfo (indiquée Sunturwasi) et traversez Palacio pour vous engager dans Hatunrumiyoc, autre ruelle piétonne, baptisée d'après la (13) **pierre à douze faces**. Cette pierre provient d'un mur du palais du sixième *inca*, Inca Roca, qui abrite désormais le (14) **Museo de Arte Religioso**.

La rue Hatunrumiyoc aboutit à Choquechaca. De là, une balade courte et raide conduit à la très bohème (15) **Plaza San Blas**. Partez à gauche dans (16) **Tandapata** pour découvrir une rue pavée typique. Les canaux d'irrigation incas suivent le tracé d'anciens escaliers, et l'on remarque des gravures sur les murs et sur les pierres du chemin.

Grimpez ensuite jusqu'à Sacsayhuamán.

gestion. Elle comporte une ascension verticale de 300 m, un pont de 200 m suspendu au-dessus de la vallée (frisson garanti) et une descente en rappel de 100 m. Il y a également une tyrolienne (160 S) accessible au terme d'une randonnée de 40 minutes. Chaque activité dure 3-4 heures, et le prix comprend le transfert aller-retour depuis Cuzco ou Urubamba, la séance d'escalade et le déjeuner.

Action Valley SPORTS D'AVENTURE
(carte p. 200 ; ☎24-0835 ; www.actionvalley.com ; Santa Teresa 325 ; ⌚9h-17h dim-ven, fermé mi-jan à mi-fév). Ce parc d'aventure enchantera les enfants, petits et grands. Au programme entre autres : paintball (75 S), mur d'escalade de 10 m (36 S), saut à l'élastique de 122 m (230 S) et fronde (230 S). On peut aussi s'élancer en parapente (315 S) depuis le *mirador* de Racchi. Le parc se situe à 11 km de Cuzco sur la route de Poroy.

Cours

Cuzco est l'un des meilleurs endroits du pays pour apprendre l'espagnol. Renseignez-vous dans plusieurs endroits – la concurrence est rude et les étudiants bénéficient d'activités sociales et culturelles gratuites. Toujours plus de cours de salsa et de soirées cuisine sont ainsi proposés.

La formule la plus courante est de 20 heures par semaine, en cours particulier ou en groupe (jusqu'à 4 personnes). La plupart des écoles accepteront que vous payiez à l'heure ; vous pourrez donc étudier plus ou moins intensément. Les tarifs avoisinent en principe 16 S l'heure pour des cours collectifs, et 23 S l'heure pour des cours particuliers.

Rendez-vous à l'école un vendredi pour faire un test de niveau ; vous pourrez commencer le lundi suivant dans un groupe adapté. Pour les cours particuliers, vous pourrez débuter à tout moment. Toutes les écoles proposent des séjours en famille et des programmes de bénévolat.

Amigos COURS DE LANGUE
(carte p. 200 ; ☎24-2292 ; www.spanishcusco.com ; Zaguan del Cielo B-23). Installée de longue date, une école à but non lucratif accordant une excellente attention au public.

Excel Language Center COURS DE LANGUE
(carte p. 206 ; ☎23-5298 ; www.excel-spanishlanguageprograms-peru.org ; Cruz Verde 336). Vivement recommandé pour son professionnalisme.

Fairplay COURS DE LANGUE
(carte p. 200 ; ☎984-78-9252 ; www.fairplay-peru.org ; Choquechaca 188). Une ONG unique, qui forme les mères célibataires péruviennes pour qu'elles donnent des cours d'espagnol et qu'elles hébergent des visiteurs. Les étudiants paient les deux tiers de leur facture directement à leurs professeurs. Pour les cours particuliers, les prix sont fixés en fonction de l'expérience de l'enseignant.

Proyecto Peru COURS DE LANGUE
(carte p. 200 ; ☎24-0278, 984-68-3016 ; http://proyectoperucentre.org ; Calle Seite Cuartones 290). Propose aussi des cours de quechua, et des cours d'espagnol des affaires ou médical. Nouvelle adresse en centre-ville.

San Blas Spanish School COURS DE LANGUE
(carte p. 200 ; ☎24-7898 ; www.spanishschool-peru.com ; Carmen Bajo 224). Les étudiants apprécient les méthodes informelles, en adéquation avec l'emplacement de l'école, au cœur du quartier bohème de San Blas.

Circuits organisés et guides

Il y a des centaines de tour-opérateurs à Cuzco, mais les choses changent très vite et mieux vaut interroger d'autres voyageurs sur leurs expériences. Sachez que la plupart des petites agences concentrées aux alentours de Procuradores et de Plateros servent seulement d'intermédiaires et empochent une commission lorsqu'elles vendent un circuit géré par d'autres prestataires. Cela peut entraîner des confusions dans l'organisation. Lorsqu'une agence fait office de bureau de change et/ou de cybercafé, ou vend des ponchos, il y a de fortes chances qu'il s'agisse d'un intermédiaire.

Les circuits standard s'effectuent avec des groupes importants et sont parfois menés tambour battant. Les formules les plus courantes consistent en une visite d'une demi-journée de la ville et/ou des ruines voisines, en une demi-journée d'excursion sur les marchés dominicaux de Pisac ou de Chinchero, et en une journée complète dans la Vallée Sacrée (par exemple Pisac, Ollantaytambo et Chinchero). Il est aussi possible de se débrouiller par soi-même et d'aller à son propre rythme en engageant un chauffeur de taxi habilité, surtout si vous formez un groupe. Ces endroits sont également accessibles en transports en commun.

Il existe aussi des circuits onéreux pour Machu Picchu comprenant les billets de train, le trajet aller-retour en bus d'Aguas

CÉRÉMONIE CHAMANIQUE

Si les cérémonies chamaniques sont nées en Amazonie, elles sont maintenant très demandées à Cuzco et dans la Vallée Sacrée. Les propriétés hallucinatoires du cactus San Pedro et de l'*ayahuasca* ont fait leur réputation et piqué la curiosité du public, au premier rang desquels, bien sûr, les psychonautes qui parcourent le monde en quête d'expériences psychédéliques. Attention, ces substances sont des drogues extrêmement puissantes, qui peuvent se révéler hautement toxiques, plus encore entre les mains de personnes non initiées.

Et pourtant elles sont omniprésentes. À Cuzco, le San Pedro est proposé en même temps que des massages dans la rue par des rabatteurs. Les cérémonies d'ingestion d'*ayahuasca* font l'objet de publicité dans les auberges de jeunesse. Chacun est bien sûr apte à décider de ce qui est bon ou pas pour lui-même. Il est tout de même important d'être conscient qu'il ne s'agit pas là de drogues récréatives. Un vrai chaman connaît la longue liste de ce que les consommateurs doivent faire ou pas, et encadre la prise de ces substances. Les cérémonies peuvent réclamer plusieurs jours de préparation, de jeûne et autres rituels. Toutes ces précautions ne vous mettent cependant pas à l'abri d'accidents avec l'*ayahuasca* et Lonely Planet en déconseille très vivement la prise ; consultez l'encadré de mise en garde p. 453.

Il y a de quoi être sceptique lorsqu'on achète une "expérience spirituelle" clé en main, et, pour beaucoup de Cuzqueños, transformer ces cérémonies sacrées en source de revenus est une tromperie. Si en dépit de nos recommandations vous décidez d'ingérer un puissant narcotique, il reste évidemment plus prudent de participer à une "cérémonie guidée" que de le faire seul, à condition d'avoir confiance dans les personnes qui organisent l'événement (il est arrivé que des femmes soient victimes d'agressions une fois droguées). Attention donc aux occasions hasardeuses. Les prestataires sérieux font souvent remplir un questionnaire médical au préalable. Il est également conseillé de se renseigner sur les cérémonies et auprès de participants en ayant déjà fait l'expérience avant de s'engager.

Le tout nouveau Museo de Plantas Sagradas, Mágicas y Medicinales à Cuzco vous renseignera davantage encore sur les rituels d'ingestion de l'*ayahuasca* et du San Pedro.

Calientes aux ruines, le billet d'entrée au site, un guide anglophone et le déjeuner. Ils ne laissent que quelques heures pour visiter. Il est donc plus agréable et économique de s'organiser seul. Vous pourrez solliciter les services d'un guide à Machu Picchu ou à Cuzco, avant de partir.

Andina Travel CIRCUITS AVENTURE
(carte p. 200 ; ☎25-1892 ; www.andinatravel.com ; Plazoleta Santa Catalina 219). Agence de circuits d'aventure proposant les formules classiques et des treks.

Antipode CIRCUITS AVENTURE
(carte p. 200 ; ☎970-440-448 ; www.antipode-travel.com ; Choquechaca 229). Agence professionnelle, gérée par des Français. Formules classiques, treks et circuits aventure plus courts dans les environs.

Chaski Ventura CIRCUITS CULTURELS
(carte p. 206 ; ☎23-3952 ; www.chaskiventura.com ; Manco Cápac 517). Les pionniers du tourisme alternatif et communautaire. Itinéraires et guides de qualité pour cette agence engagée en faveur des communautés. Formules de circuits dans la jungle, circuits avec nuit sur place dans les villages de la Vallée Sacrée et à Machu Picchu. On parle français, espagnol et anglais.

Fertur CIRCUITS ORGANISÉS
(carte p. 200 ; ☎22-1304 ; www.fertur-travel.com ; San Agustín 317). Une agence très fiable, spécialiste des réservations de vols et de tous types de circuits. En activité depuis longtemps.

Milla Turismo CIRCUITS ORGANISÉS
(carte p. 206 ; ☎23-1710 ; www.millaturismo.com ; Av. Pardo 800). Tour-opérateur classique et réputé offrant les services d'une agence de voyages, et des circuits privés recommandés, menés par des chauffeurs connaisseurs et expérimentés.

Respons CIRCUITS CULTURELS
(carte p. 200 ; ☎23-3903 ; www.respons.org ; Choquechaca 216-C, escalier). Agence haut de

gamme et écoresponsable, travaillant au développement durable des villages de la Vallée Sacrée. Propose un circuit dans un village de tisserands près de Pisac, ainsi que des itinéraires sur le thème du chocolat et du café sur un chemin inca dans la jungle (370 $US les 3 jours). Circuits en français, espagnol et anglais.

SAS Travel CIRCUITS ORGANISÉS
(carte p. 200 ; ☎24-9194 ; www.sastravelperu.com ; Calle Garcilaso 270). Agence appartenant à des Cuzqueños. Diverses formules : Machu Picchu, treks sur le Chemin de l'Inca, circuits dans la jungle et visites de Cuzco.

SATO CIRCUITS ORGANISÉS
(carte p. 206 ; South American Travels Online ☎22-1304 ; www.southamericatravelsonline.com ; Matara 437, interior-G). Agence européenne réputée travaillant en collaboration avec les agences locales. Spécialiste du trekking, de la randonnée, du rafting, mais aussi des formules "dernière minute".

Turismo Caith CIRCUITS CULTURELS
(☎23-3595 ; www.caith.org ; Centro Yanapanakusun, Urb Ucchullo Alto, N4, Pasaje Santo Toribio). Le leader en matière de tourisme dans les villages, et de circuits classiques d'une ou plusieurs journées. Les participants peuvent apporter leur contribution aux projets pédagogiques.

Les agences suivantes organisent aussi des circuits dans la jungle. Vous trouverez d'autres adresses p. 465.

Manu Expeditions CIRCUITS AVENTURE
(hors carte p. 206 ; ☎22-5990, 22-4235 ; www.manuexpeditions.com ; Clorinda Matto de Turner 330, Urb Magisterial). Au programme notamment : la réserve de biosphère de Manú et des randonnées équestres dans la Vallée Sacrée.

Manu Nature Tours CIRCUITS AVENTURE
(carte p. 206 ; ☎25 2721 ; www.manuperu.com ; Pardo 1046). Agence réputée possédant ses propres lodges dans la forêt tropicale à Manú.

Guides

Les guides suivants sont recommandés pour Machu Picchu et les environs de Cuzco :

Asociación de Guías Oficiales de Turismo CIRCUITS GUIDÉS
(carte p. 200 ; Agotur ; ☎24-9758 ; www.agoturcusco.org.pe ; Heladeros 157). Idéale pour contacter des guides.

Adam Weintraub CIRCUITS GUIDÉS
(☎962-859-000 ; www.photoexperience.net). Natif de Seattle, Adam est fort d'une longue expérience du Pérou. Il organise des circuits et ateliers photo haut de gamme sur mesure dans tout le pays, ainsi que des excursions plus courtes dans les environs de Cuzco.

Alain Machaca Cruz CIRCUITS GUIDÉS
(☎984-056-635, 973-220-893 ; alain_313@hotmail.com). Recommandé pour ses intéressantes visites alternatives de la ville, permettant de fabriquer de la *chicha* ou de voir des fermes d'élevage de *cuy*. Également : randonnées et visites des villages environnants. Parle le quechua et l'anglais.

Leo Garcia CIRCUITS GUIDÉS
(☎984-70-2933, 984-75-4022 ; leogacia@hotmail.com). Plaisant, passionné et extrêmement érudit sur ce qui a trait à la culture inca.

Raul Castelo CIRCUITS GUIDÉS
(☎24-3234, 984-31-6345 ; raulcastelo10@hotmail.com). Il possède un véhicule et s'est spécialisé dans les circuits sur mesure (Vallée Sacrée, Machu Picchu, Cuzco, Cuzco-Puno et Lares).

Fêtes et festivals

Outre les fêtes nationales (p. 554), Cuzco et les hauts plateaux environnants possèdent quantité de festivités et de jours fériés. Ces dates rassemblent une foule nombreuse, il est donc préférable de réserver son logement longtemps à l'avance.

El Señor de los Temblores FÊTE
(Le Seigneur des Tremblements de terre). Une procession datant du séisme de 1650 ; le lundi précédant Pâques.

Veillée de la Croix FÊTE
Les 2-3 mai : veillée sur toutes les collines surmontées d'une croix.

Q'oyoriti FÊTE
Cette fête met à l'honneur les rites traditionnels andins, au pied de l'Ausangate en mai ou en juin (voir l'encadré p. 274).

Fête-Dieu FÊTE RELIGIEUSE
Le 9e jeudi après Pâques, en général début juin. Superbes processions et célébrations dans la cathédrale.

Inti Raymi FÊTE
La fête du Soleil, le 24 juin, est la plus importante de Cuzco. Elle attire des Péruviens des quatre coins du pays et de nombreux

touristes. Les danses, les défilés et la reconstitution de la fête inca du solstice d'hiver à Sacsayhuamán valent le coup d'œil, malgré un évident côté commercial.

Foire artisanale de Santuranticuy FOIRE

Le 24 décembre au soir sur la Plaza de Armas.

Où se loger

Cuzco compte des centaines d'établissements ayant pour point commun de pratiquer les tarifs les plus élevés du pays. Les hôtels sont pris d'assaut de juin à août, surtout les 10 jours précédant Inti Raymi (24 juin) et pendant les Fiestas Patrias (indépendance du Pérou ; 28-29 juillet). Mieux vaut s'y prendre bien à l'avance pour ces périodes.

Les tarifs suivent le cours du marché et fluctuent considérablement en fonction de la saison et de la demande. Ceux indiqués ici correspondent à la haute saison.

La Plaza de Armas offre l'emplacement le plus central, mais les chambres y sont chères, de même que dans l'Avenida El Sol où beaucoup d'hôtels quelconques visent une clientèle de groupes. Cuzco étant une ville très compacte, il est tout à fait possible de se loger ailleurs que dans le centre. Très prisées, les collines de San Blas tirent avantage de superbes points de vue. Il y a également de nombreuses possibilités à l'ouest de la Plaza de Armas autour de la Plaza Regocijo, dans le quartier marchand en direction du Mercado Central, et en contrebas du centre, dans les rues au nord-est de l'Avenida El Sol.

De nombreux hôtels et pensions sont installés dans de charmants édifices coloniaux dotés de cours intérieures, lesquelles peuvent résonner – des bruits de la rue ou des autres clients. Les établissements proposant le petit-déjeuner le servent parfois dès 5h (pour les randonneurs du Chemin de l'Inca et ceux qui partent en excursion d'une journée à Machu Picchu). De ce fait, le check-in et la sortie de la chambre s'effectuent très tôt.

Si vous prévenez, la plupart des établissements de catégories moyenne et supérieure enverront quelqu'un vous chercher gratuitement à l'aéroport, à la gare ferroviaire ou à la gare routière.

Avant d'arrêter votre choix sur un hôtel, demandez si les douches sont dotées d'eau chaude. Ce n'est pas une évidence, même dans les établissements de catégorie moyenne, et il n'y a rien de pire qu'une douche écossaise après une randonnée de plusieurs jours ! Dans certains hôtels, l'eau chaude est plus fiable à certains étages qu'à d'autres. Mieux vaut éviter de se doucher en même temps que tout le monde ; n'hésitez pas à signaler tout dysfonctionnement à la réception – parfois, il suffit d'appuyer sur un interrupteur ou de changer la bouteille de gaz.

Toutes les adresses citées assurent [illegible] l'eau chaude 24h/24, et, sauf mention contraire, les établissements de catégories moyenne et supérieure sont équipés de la TV câblée et de l'accès à Internet. Les meilleurs hôtels proposent des chambres avec chauffage et téléphone ; les exceptions sont signalées dans les descriptifs. Tous les hôtels de catégorie supérieure et certains de catégorie moyenne disposent de bonbonnes d'oxygène pour les personnes souffrant du mal des montagnes (service facturé en sus).

Les hôtels de luxe sont en général complets en haute saison. Il est souvent plus économique de réserver via une agence de voyages ou sur le site Internet de l'hôtel.

CENTRE DE CUZCO

Beaucoup de ruelles montant de la place en direction du nord-ouest et de Sacsayhuamán (notamment Tigre, Tecsecocha, Suecia, Kiskapata, Resbalosa et 7 Culebras) abritent de nombreuses adresses économiques. Les hôtels haut de gamme de la place affichent souvent des tarifs excessifs.

♥ **Ecopackers** AUBERGE DE JEUNESSE $

(carte p. 200 ; ☎23-1800 ; www.ecopackers-peru.com ; Santa Teresa 375 ; dort 25-41 S, d/ste 120/135 S ; @🛜). Cette grande auberge pour routards astucieusement pensée est à deux pas de la Plaza Regocijo. Établissement tout compris (avec bar, salle de billard et solarium), elle rehausse encore le niveau par sa propreté, son ambiance sympathique et son service attentif. Ravissants fauteuils en osier dans la cour, lits fermes et très longs. La sécurité est assurée 24h/24.

♥ **Inkaterra La Casona** HÔTEL DE CHARME $$$

(carte p. 200 ; ☎23-5873 ; www.lacasona.info ; Atocsaycuchi 616 ; suites avec petit-déj à partir de 410 $US ; @🛜). Assurant l'équilibre parfait entre confort et style, cette demeure coloniale rénovée de la minuscule Plazoleta Nazarenas est le charme incarné. Elle marie avec élégance le rustique et le moderne grâce à ses immenses portes en bois sculpté, ses poutres en bois brut, ses cheminées en pierre, son chauffage au sol, ses lustres étincelants, ses luxueux canapés et ses ravissants tissus andins.

Pas de TV mais stations iPod et ordinateurs portables à disposition. Service impeccable et très attentif.

Niños Hotel HÔTEL **$$**
(☎23-1424, 25-4611 ; www.ninoshotel.com ; Meloc 442 ; s/d sans sdb 63/126 S, d/tr avec petit-déj 137/200 S ; @📶). Une adresse au succès non démenti, chaudement recommandée. Ces hôtels sont gérés par une association néerlandaise à but non lucratif venant en aide aux enfants déshérités de Cuzco. Les deux édifices sont aménagés dans de vastes demeures coloniales dotées d'une cour ensoleillée. Les chambres rénovées, coquettement aménagées, comportent des jetés de lit et des chauffages portatifs. Pendant les mois les plus froids, des bouteilles d'eau chaude sont à disposition pour servir de bouillottes.

La cafétéria, accessible à tous, propose gâteaux et pains maison, ainsi que des paniers déjeuner. Le petit-déjeuner n'est pas compris. Le second hôtel se trouve au n°476 de Fierro.

La Lune HÔTEL DE CHARME **$$$**
(carte p. 200 ; ☎24-0543 ; www.onesuitehotel-cusco.com ; San Agustín 275 ; d avec petit-déj 450-550 $US ; @📶). Difficile de faire plus sélect que cet établissement baptisé "anti-hôtel", comprenant 2 suites et offrant le service d'un concierge 24h/24 en la personne d'Arthur, le propriétaire français. Comme il veut que ses hôtes se détendent parfaitement, le séjour inclut les boissons provenant d'un bar bien approvisionné et un massage donné sous un vitrail. L'endroit connaît jusqu'ici un grand succès auprès des célébrités et des diplomates.

Les suites, luxueuses, sont décorées avec goût dans un style moderne (linge de lit bio et panier en option pour le chien). Chacune accueille 2 personnes maximum. La plus chère possède un Jacuzzi – empli de pétales de rose sur demande.

Casa Cartagena HÔTEL DE CHARME **$$$**
(carte p. 200 ; ☎Lima 01-242-3147 ; www.casa-cartagena.com ; Pumacurco 336 ; ste à partir de 450 $US ; @📶🏊). Mariant les styles contemporain et colonial, cet hôtel de charme, propriété d'Italiens, a une classe folle. Ses 16 suites abritent des murs décorés d'épaisses rayures, des lits immenses, des stations iPod, des bouquets de roses et de gigantesques baignoires ornées de bougies. Les gérants prétendent que Pablo Neruda et Che Guevara ont dormi dans cette demeure historique, qui n'était qu'une modeste pension il y a un demi-siècle. Ravissant spa sur place et room-service gratuit.

Hotel Arqueólogo HÔTEL DE CHARME **$$$**
(carte p. 200 ; ☎23-2569 ; www.hotelarqueologo.com ; Pumacurco 408 ; d/superior avec petit-déj 384/451 S ; @📶). Luxueuse mais vivante, cette très ancienne pension française donne un authentique aperçu de Cuzco, notamment en raison de ses maçonneries incas. Les chambres, agencées avec goût, s'ornent de fresques originales et de tentures, et donnent sur une vaste cour, pavée en galets de rivière. Détendez-vous sur la pelouse à l'arrière, ou sirotez le *pisco sour* offert dans le salon avec cheminée.

Les tissus en vente sur place servent à financer les bibliothèques publiques. Le personnel parle français, anglais et allemand.

Hotel Monasterio HÔTEL DE LUXE **$$$**
(carte p. 200 ; ☎60-4000 ; www.monasterio.orient-express.com ; Calle Palacio 136 ; d à partir de 700 $US, ste 2 150-5 952 S ; @📶). Installé dans un ravissant cloître du XVIe siècle, ce cinq-étoiles est depuis longtemps le plus prestigieux hôtel de Cuzco : majestueuses parties communes et plus de 100 chambres disposées autour de belles cours intérieures. Le bâtiment a conservé son style jésuite, avec des planchers irréguliers. Certains ajouts et rénovations (TV à écran plasma surgissant au pied du lit) sont un peu déconcertants.

Outre les deux restaurants haut de gamme, ne manquez pas la chapelle agrémentée de tableaux d'origine peints à la feuille d'or.

Midori HÔTEL **$$$**
(carte p. 200 ; ☎24-8144 ; www.midori-cusco.com ; Ataúd 204 ; s/d avec petit-déj 221/280 S ; @📶). Apprécié des groupes de taille restreinte, ce petit hôtel est classique et confortable. Les chambres gigantesques comportent un salon, des brocarts et des lits fermes. Adresse recommandée par les habitants.

Pariwana AUBERGE DE JEUNESSE **$**
(carte p. 200 ; ☎23-3751 ; www.pariwana-hostel.com ; Mesón de la Estrella 136 ; dort 24-36 S, d avec/sans sdb 98/85 S ; @📶). Ambiance

vacances de printemps pour cette auberge de jeunesse récente et très propre, où la clientèle paresse sur des poufs et joue au ping-pong dans la cour d'une immense demeure coloniale. Connexion Wi-Fi dans les parties communes. Les lits des dortoirs les plus récents sont correctement espacés et la suite en appartement-terrasse mérite amplement la dépense. Le bar chic est réservé aux clients.

Tierra Viva HÔTEL $$$
(carte p. 200 ; ☎60-1317 ; www.tierravivahoteles.com ; Saphi 766 ; s/d/tr avec petit-déj 300/330/360 S ; @📶). Lignes modernes et service remarquable pour cette nouvelle chaîne d'hôtels péruvienne proposant deux adresses confortables de catégorie moyenne dans le centre de Cuzco. L'**enseigne de la Plaza de Armas** (Suecia 345), plus spacieuse, comporte une cour intérieure. Les doubles s'ornent de parquet ou de tapis berbères, de linge blanc et de jetés de lit colorés. Buffet petit-déjeuner.

The Point AUBERGE DE JEUNESSE $
(carte p. 200 ; ☎25-2266 ; www.thepointhostels.com ; Mesón de la Estrella 172 ; dort 22-30 S, s/d sans sdb 50/80 S ; @📶). Un immense palais de la fête, avec des événements organisés chaque jour, un bar (The Horny Llama), un baby-foot et une cour herbeuse avec des hamacs. Une bonne adresse pour rencontrer d'autres voyageurs. Des fêtes électro sont également organisées.

Hostal Suecia I HÔTEL $
(carte p. 200 ; ☎23-3282 ; www.hostalsuecia1.com ; Suecia 332 ; s/d avec petit-déj 60/90 S ; 📶). Dans cette minuscule auberge, le caractère très sommaire de la plupart des chambres est compensé par l'emplacement et le personnel, fantastiques, ainsi que la cour intérieure en pierre, empreinte d'une ambiance conviviale. Au dernier étage, les deux chambres doubles plus récentes (311 et 312) offrent un bon rapport qualité/prix.

Hostal Rojas PENSION $$
(☎22-8184 ; Tigre 129 ; s/d avec petit-déj 60/100 S ; @📶). Très sympathique, propre et remplie de tout un bric-à-brac, cette pension familiale est remarquablement bon marché pour qui voyage en solo. À 3 minutes à pied de la Plaza de Armas.

Loreto Boutique Hotel HÔTEL $$
(carte p. 200 ; ☎22-6352 ; www.loretoboutiquehotel.com ; Loreto 115 ; s/d/tr avec petit-déj 199/252/305 S). On paie sans doute l'emplacement sur la place, car parler de "boutique-hôtel" est un peu excessif. Faiblement éclairé en journée, l'établissement comporte des chambres douillettes et luxueuses dans des tons neutres. Son principal atout : les 4 chambres aux murs incas d'origine.

El Balcón Hostal HÔTEL $$
(☎23-6738 ; www.balconcusco.com ; Tambo de Montero 222 ; s/d/tr avec petit-déj 160/220/270 S ; @📶). Cet édifice rénové de 1630 abrite 16 chambres sommaires, toutes avec balcon, téléphone et TV. Le jardin fleuri de fuchsias jouit d'une vue splendide sur Cuzco. Sauna sur place.

Hotel los Marqueses HÔTEL $$
(carte p. 200 ; ☎26-4249 ; www.hotelmarqueses.com ; Calle Garcilaso 256 ; s/d/tr avec petit-déj à partir de 196/252/308 S ; 📶). Une atmosphère romantique se dégage de cette villa coloniale, construite par les Espagnols au XVIe siècle. Vous serez séduit par les peintures de style *escuela cuzqueña*, les cours avec fontaines et les balcons offrant une vue sur la cathédrale et la Plaza de Armas. Les chambres, spacieuses et lumineuses, ont des lits en laiton et des portes en bois sculpté. Certaines se doublent d'une mezzanine pour le couchage, avec lucarne. Beaucoup de clients viennent dans le cadre d'un circuit organisé. Wi-Fi disponible dans le patio.

Andenes de Saphi HÔTEL $$
(carte p. 200 ; ☎22-7561 ; www.andenesdesaphi.com ; Saphi 848 ; s/d/tr 146/164/190 S ; 📶). Tout au bout de Saphi, dans un cadre quasi rural, cet hôtel moderne et fiable est installé dans une construction rustique en bois. Chaque chambre possède une lucarne et des fresques murales.

Hotel Royal Inca I HÔTEL $$$
(carte p. 200 ; ☎23-1067 ; www.royalinkahotel.com ; Plaza Regocijo 299 ; s/d avec petit-déj 205/269 S ; @📶). Extrêmement calme, cet hôtel central propose des chambres de qualité. Celles du bâtiment colonial sont un peu défraîchies mais confortables et luxueuses, tandis que les plus modernes sont vastes, lumineuses et gaies. Son trait le plus insolite : les éléments plus ou moins kitsch dans les parties communes, notamment des masques dorés et une fresque murale disproportionnée représentant des Indiens très dévêtus...

L'HISTOIRE DU COCHON D'INDE

Le *cuy*, ou cochon d'Inde (*Cavia porcellus*), fait partie des plats andins favoris depuis l'époque pré-inca. Avant de vous apitoyer sur son sort, sachez que ces rongeurs figuraient sur les tables des montagnards bien avant que l'Occident n'en fasse des animaux de compagnie.

Retracer l'histoire gastronomique du *cuy* se révèle difficile. Originaire du Nouveau Monde, il serait domestiqué depuis quelque 7 000 ans dans les montagnes du sud du Pérou, où vivent toujours des cochons d'Inde sauvages. Des vestiges trouvés à Chavín de Huántar prouvent que le *cuy* était élevé dans les Andes en 900 av. J.-C. L'arrivée des Espagnols au XVIIIe siècle marqua le début de l'engouement pour cet animal exotique en Europe ; la reine Élisabeth Ire d'Angleterre en aurait même possédé un.

Facile à élever, le cochon d'Inde s'est bien adapté à divers environnements au fil des siècles, des hauts plateaux andins aux déserts côtiers. De nombreux foyers andins élèvent aujourd'hui des cochons d'Inde, que l'on voit gambader librement dans les cuisines. Le *cuy* constitue une alternative idéale au bétail : riche en protéines, il se nourrit des restes de repas, se reproduit rapidement et nécessite moins d'espace et de soins que la plupart des animaux domestiques traditionnels.

Considéré comme un mets raffiné, le *cuy* figure souvent sur les peintures indiennes représentant la Cène.

Au-delà de la gastronomie, le cochon d'Inde constitue un élément à part entière de la culture andine : les guérisseurs l'utilisent pour leurs rituels et le passent au-dessus du corps du patient afin d'identifier la source du mal. Sa viande est quelquefois ingérée à la place de plantes hallucinogènes lors des cérémonies chamaniques.

Si vous arrivez à surmonter vos inhibitions, goûtez cette viande délicieuse dont la saveur rappelle le lapin et la caille. Bien préparé, le *cuy* est un véritable festin, prisé depuis 7 000 ans !

Renacimiento APPARTEMENTS $$
(☎22-1596 ; www.cuscoapart.com ; Ceniza 331 ; s/d 100/160 S ; wifi). Aucune enseigne n'indique cette magnifique demeure coloniale, où ont été aménagés 12 beaux appartements d'une ou deux chambres (pour 1 à 6 personnes). Tous sont personnalisés, avec un agencement et des meubles différents. Atmosphère branchée et élégante, dans un cadre douillet et confortable, c'est le cadre idéal pour les familles.

Mama Simona AUBERGE DE JEUNESSE $
(☎26-0408 ; www.mamasimona.com ; Calle Ceniza 364 ; dort 25-33 S ; @ wifi). Cette nouvelle adresse, une auberge de jeunesse stylée pour clientèle tendance, se dote d'un canapé en velours rouge et d'une décoration excentrique. Les lits sont pourvus de beaux édredons, et la cuisine commune est incontestablement ravissante (mais nous l'aurions souhaitée un peu plus propre). À deux *cuadras* au nord-est de la Plaza San Francisco.

Hospedaje Familiar Munay Wasi PENSION $
(carte p. 200 ; ☎22-3661 ; Huaynapata 253 ; s/d/tr/qua 40/50/90/100 S ; @). Sympathique auberge familiale aménagée dans un bâtiment en adobe un peu délabré dépourvu du moindre angle droit. La chambre n°201, avec fenêtres immenses, mini-balcons et vue magique sur le centre de Cuzco, est prisée à juste titre des familles. La réception se situe au 1er étage de la cour intérieure.

Loki Hostel AUBERGE DE JEUNESSE $
(☎24-3705 ; www.lokihostel.com ; Cuesta Santa Ana 601 ; dort 23-30 S, d/tr avec petit-déj 85/110 S ; @ wifi). Ce monument national vieux de 450 ans convient mieux pour manger, boire et s'amuser que pour dormir. On se croirait dans un village, notamment parce que sa capacité d'accueil (280 personnes) est parmi les plus importantes de Cuzco. Le week-end, le bar de l'hôtel reçoit des groupes et des DJ locaux.

WalkOn Inn AUBERGE DE JEUNESSE $
(carte p. 200 ; ☎23-5065 ; www.walkoninn.com ; Suecia 504 ; dort/s/d 25/65/75 S ; @ wifi). À 5 minutes (en montée) de la Plaza de Armas, cette auberge de jeunesse plus calme bénéficie d'une jolie vue mais le personnel se montre assez indifférent. Le petit-déjeuner n'est pas compris.

Del Prado Inn HÔTEL $$$
(carte p. 200 ; ☎22-442 ; www.delpradoinn.com ; Suecia 310 ; s/d/tr avec buffet petit-déj 225/390/435 S ; @📶). Une adresse fiable, au personnel efficace. Il y a seulement une douzaine de chambres, douillettes et accessibles en ascenseur. Certaines sont dotées de minuscules balcons avec vue d'angle sur la place. Authentiques murs incas dans la salle à manger.

Los Andes de America HÔTEL $$$
(carte p. 200 ; ☎60-6060 ; www.cuscoandes.com ; Calle Garcilaso 150 ; s/d avec petit-déj 347/410 S). Un hôtel Best Western apprécié pour son buffet du petit-déjeuner comportant des spécialités régionales comme le *mote con queso* (maïs et fromage) et la *papa helada* (pomme de terre glacée). Les chambres sont chaleureuses et confortables, les sdb sont spacieuses et assez luxueuses, et une impressionnante maquette de Machu Picchu trône dans le hall.

Hostal Suecia II HÔTEL $
(carte p. 200 ; ☎23-9757 ; Tecsecocha 465 ; s/d/tr 40/60/80 S, s/d/tr sans sdb 30/40/60 S). Prisé depuis longtemps des voyageurs à petit budget, grâce à un excellent rapport qualité/prix, un emplacement central, des propriétaires chaleureux, un patio lumineux et fleuri, des chambres correctes et une bibliothèque de prêt. L'hôtesse, señora Yolanda, officie ici depuis 20 ans.

Hostal Corihuasi PENSION $$
(carte p. 200 ; ☎23-2233 ; www.corihuasi.com ; Suecia 561 ; s/d/tr avec petit-déj 119/149/178 S). De la place principale, une marche dynamique mène à cette auberge confortable, aménagée dans un édifice colonial labyrinthique, jouissant d'une vue de carte postale. Les vastes chambres sont réchauffées de couvertures en laine d'alpaga, de tapis tissés à la main et de solides meubles en bois. La chambre n°1 est la plus demandée pour ses grandes baies vitrées panoramiques, idéales pour admirer le coucher du soleil. Transfert depuis/vers l'aéroport inclus.

Casa Grande HÔTEL $$
(carte p. 200 ; ☎24-5871 ; www.casagrandelodging.com.pe ; Santa Catalina Ancha 353 ; s/d/tr avec petit-déj 110/140/170 S ; @📶). Les tarifs se justifient davantage par l'emplacement que par la qualité de cet hôtel colonial, dont le principal atout est le balcon de guingois entourant un charmant patio. Les chambres sont rudimentaires, mais toutes disposent de la TV câblée, ainsi que de douches et de toilettes séparées mais privatives.

Hospedaje Monte Horeb PENSION $$
(carte p. 200 ; ☎23-6775 ; montehorebcusco@yahoo.com ; San Juan de Dios 260, 1er ét. ; s/d avec petit-déj 84/112 S). Adresse paisible et soignée dont l'entrée se trouve dans une cour intérieure. Grandes chambres à l'ancienne, balcon agréable et meubles hétéroclites.

Piccola Locanda PENSION $$
(carte p. 200 ; ☎23-6775 ; www.piccolalocanda.com ; Kiskapata 215 ; d avec/sans sdb 140/126 S ; 📶). Un peu cher, mais les propriétaires italiens ont créé un lieu douillet, avec chambres pimpantes et salon évoquant une grotte couverte de coussins. Sur place, vous trouverez une agence de voyages spécialisée dans le tourisme responsable. L'établissement finance des projets communautaires. L'entrée est située dans Resbalosa.

Teatro Inka B&B PENSION $$
(carte p. 200 ; ☎24-7372, à Lima 01-976-0523 ; www.teatroinka.com ; Teatro 391 ; s/d/tr avec petit-déj 66/98/119 S ; @📶). Choix de chambres doubles sombres mais correctes autour d'une cour intérieure. Toutes présentent un bon rapport qualité/prix, et la suite avec terrasse mérite la dépense.

Albergue Municipal AUBERGE DE JEUNESSE $
(carte p. 200 ; ☎25-2506 ; albergue@municusco.gob.pe ; Kiskapata 240 ; dort/d 17/40 S ; @). Un bon choix pour les voyageurs au budget serré, avec beaucoup d'espace, de beaux points de vue, un accès à la cuisine (uniquement pour le petit-déjeuner) et de quoi laver son linge. Toutes les chambres ont des sdb communes.

Los Angeles B&B HÔTEL $$
(carte p. 200 ; ☎26-1101 ; www.losangelescusco.com ; Tecsecocha 474 ; s/d avec petit-déj 117/140 S ; @📶). Vieille bâtisse coloniale aux chambres défraîchies, dotées de couvre-lits dorés et de meubles sculptés en bois sombre, entourant une cour centrale.

Hostal Andrea PENSION $
(☎23-6713 ; andreahostal@hotmail.com ; Cuesta Santa Ana 514 ; s/d 40/45 S, s/d sans sdb 10/20 S ; @📶). L'hôtel le moins cher de Cuzco tombe pratiquement en ruine, mais nos lecteurs adorent le personnel, gentil et discret. Connexion Wi-Fi uniquement dans le salon.

SAN BLAS

Second Home Cusco HÔTEL DE CHARME $$$
(carte p. 200 ; ☎23-5873 ; www.secondhomecusco.com ; Atocsaycuchi 616 ; d/tr avec petit-déj 318/384 S ; @📶). Adresse de charme douillette dotée de 3 suites chics avec œuvres d'art originales, murs en adobe et profusion de lumière naturelle. Carlos Delfin, l'affable propriétaire anglophone, organise le transport gratuit depuis l'aéroport ainsi que des circuits privés. Il a même réussi à dénicher les meilleures baguettes de la ville pour le petit-déjeuner. Réductions sur les longs séjours.

La Encantada HÔTEL DE CHARME $$$
(carte p. 200 ; ☎24-2206 ; www.encantadaperu.com ; Tandapata 354 ; s/d avec petit-déj 212/265 S ; @📶). Gai et pimpant, cet hôtel de charme moderne comporte des jardins en terrasse et des balcons à rambarde métallique offrant une vue panoramique. Un escalier circulaire mène à de petites chambres décorées avec goût, pourvues de linge de lit doux et de très grands lits. Les randonneurs pourront délasser leurs muscles endoloris au spa. Attention : il faut quitter la chambre à 9h.

Hostal Pensión Alemana HÔTEL $$
(carte p. 200 ; ☎22-6861 ; www.cuzco-stay.de ; Tandapata 260 ; s/d/tr avec petit-déj 154/184/232 S ; @📶). Service attentif pour ce ravissant lodge suisso-allemand qui ne déparerait pas dans les Alpes. Purificateurs d'air, thé et fruits offerts font partie des petits détails plaisants. Les lits doubles sont très peu nombreux. Profitez du jardin pavé – une rareté à Cuzco – et des terrasses avec vue panoramique.

Madre Tierra B&B $$
(carte p. 200 ; ☎24-8452 ; www.hostalmadretierra.com ; Atocsaycuchi 647 ; d/tr 130/207 S ; @📶). Chaleureux et très douillet, avec une foule de détails soignés, le Madre Tierra est un vrai petit bijou drapé de vigne (on peut cependant y éprouver une légère claustrophobie). Bon rapport qualité/prix.

Amaru Hostal HÔTEL $$
(carte p. 200 ; ☎22-5933 ; www.cusco.net/amaru ; Cuesta San Blas 541 ; s/d/tr avec petit-déj 105/135/189 S ; @📶). Une adresse imbattable, dans un édifice ancien plein de caractère et superbement situé. Les chambres bien tenues, au style un peu daté, sont bordées de pots de fleurs. Certaines sont pourvues de fauteuils à bascule pour admirer à loisir les toits de la ville. Celles donnant sur la cour extérieure sont bruyantes, celles de l'arrière sont les plus récentes.

Hostal Marani HÔTEL $$
(carte p. 200 ; ☎24-9462 ; www.hostalmarani.com ; Carmen Alto 194 ; s/d/tr avec petit-déj 109/173/227 S ; 📶). Ravissante et sympathique oasis, dont la cour carrelée d'azulejos est entourée de chambres modestes, de taille et de forme variables. À l'étage, certaines sont agrémentées de plafonds voûtés et de lucarnes avec vue sur la ville. Une adresse recommandée.

Tika Wasi HÔTEL $$
(carte p. 200 ; ☎23-1609 ; www.tikawasi.com ; Tandapata 491 ; s/d/tr avec petit-déj 89/122/155 S, superior s/d/tr 89/166/199 S ; 📶). Derrière un haut mur, cette auberge moderne est une adresse agréable. Chambres coquettes et lumineuses, donnant sur de petits solariums. Petit-déjeuner servi sous forme de buffet. Les touristes étrangers veilleront à faire retrancher le montant de la taxe du prix de la chambre.

Samay Wasi AUBERGE DE JEUNESSE $
(carte p. 200 ; ☎25-3108 ; www.samaywasiperu.com ; Atocsaycuchi 416 ; dort 30 S, s/d/tr avec petit-déj 64/68/90 S ; @📶). Un agréable petit hôtel plein de recoins, accroché à flanc de colline bien au-dessus de la ville et accessible par un escalier. Cuisine digne de ce nom et chambres bien rangées. Certaines sentent un peu le renfermé, aussi demandez à en visiter quelques-unes. Vue superbe sur la ville. Accepte les cartes de crédit.

Hospedaje el Artesano de San Blas PENSION $
(carte p. 200 ; ☎26-3968 ; hospedajeartesano790@hotmail.com ; Suytuccato 790 ; s/d 30/50 S ; 📶). Vous comprendrez pourquoi cette pension est une excellente affaire lorsque vous l'aurez rejointe à pied, chargé de vos bagages. Cette maison coloniale paisible au charme désuet abrite de grandes chambres, un patio ensoleillé avec Wi-Fi, et une cuisine en accès libre.

Hostal Rumi Punku HÔTEL $$$
(carte p. 200 ; ☎22-1102 ; www.rumipunku.com ; Choquechaca 339 ; s/d avec petit-déj 223/279 S ; @📶). Reconnaissable à l'imposante structure inca à l'entrée, le Rumi Punku ("porte en pierre") est un ensemble élégant d'anciennes maisons coloniales, de jardins et de terrasses. Les terrasses du toit et les autres espaces extérieurs sont absolument ravis-

sants. Les chambres offrent confort et style, avec chauffage central, parquet et literie européenne. Inutile d'opter pour la catégorie "superior" à moins de vouloir un lit plus grand. Le sauna et le Jacuzzi sont disponibles moyennant un petit supplément.

Casona Les Pleiades B&B $$

(carte p. 200 ; ☎50-6430 ; www.casona-pleiades.com ; Tandapata 116 ; d/tr avec petit-déj 165/210 S ; @📶). Agréable B&B tenu par des Français, avec cour ensoleillée ornée de fleurs fraîches, et sièges au balcon. Le buffet du petit-déjeuner est servi dans de douillettes alcôves. Radiateurs et casiers fermant à clé sont fournis dans les chambres.

Casa San Blas HÔTEL DE CHARME $$$

(☎23-7900 ; www.casasanblas.com ; Tocuyeros 566 ; s/d/ste avec petit-déj 330/360/528 S ; @📶). Au bout d'une petite allée, maison coloniale restaurée comportant d'élégantes chambres avec belle literie, parquet et tissus andins. Ambiance douillette malgré un service quelque peu impersonnel.

Casa de Campo Hostal HÔTEL $$

(carte p. 200 ; ☎24-4404 ; www.hotelcasadecampo.com ; Tandapata 298 ; s/d/tr avec petit-déj 119/145/172 S ; @📶). La montée abrupte jusqu'à cette auberge à flanc de colline (et à votre chambre) pourrait vous épuiser mais la vue est époustouflante. L'ambiance est chaleureuse et sympathique, même si les installations sont vieillissantes. Certaines chambres n'ont même pas de prise électrique (il n'y en a souvent qu'une dans les autres), aussi visitez-les avant de vous installer. Le petit-déjeuner se présente sous la forme d'un abondant buffet comportant des fruits frais et des céréales. Radiateurs en supplément.

Pisko & Soul AUBERGE DE JEUNESSE $

(carte p. 200 ; ☎22-1998 ; info@piskoandsoul.com ; Carmen Alto 294 ; dort/d avec petit-déj 27/108 S ; @📶). Auberge de jeunesse péruvienne proposant les services d'une école d'espagnol (cours gratuits, manifestations en soirée et barbecues). Les petits dortoirs comportent de douillets édredons mais les sanitaires auraient besoin d'un peu de javel.

Hospedaje Familiar Kuntur Wasi HÔTEL $

(carte p. 200 ; ☎22-7570 ; Tandapata 352A ; ch avec/sans sdb 60/35 S par pers). Calme et économique, ce petit hôtel modeste propose des chambres impeccables et un buffet gratuit au petit-déjeuner. Les chambres qui donnent sur l'intérieur manquent de lumière, et les échos concernant les gérants sont mitigés. Pour autant, les tarifs sont quasiment imbattables.

Los Apus Hotel & Mirador HÔTEL $$$

(carte p. 200 ; ☎26-4243 ; www.losapushotel.com ; Atocsaycuchi 515 ; s/d avec petit-déj 260/315 S ; ❄@📶). Élégance sobre pour cet hôtel – équipé de chauffage central – tenu de longue date par des Suisses. Les grandes chambres comportent des édredons et des œuvres d'art de style *cuzqueño* colonial. Les prix sont certes excessifs, mais le système d'alarme haut de gamme et la réserve d'eau apportent un confort bienvenu. L'une des chambres est accessible aux fauteuils roulants.

Eureka Hostal HÔTEL $$

(carte p. 200 ; ☎23-3505 ; www.peru-eureka.com ; Chihuampata 591 ; s/d/tr 198/231/297 S ; @📶). Mélange audacieux d'ancien et de moderne, le hall stylé et la cafétéria ensoleillée se prêtent à des rencontres entre voyageurs. Les chambres, confortables, ont une décoration insolite mariant motifs enfantins et traditionnels. Côté confort, vous ne serez pas en reste : matelas orthopédiques et édredons. Les tarifs sont négociables.

Hostal el Grial HÔTEL $$

(carte p. 200 ; ☎22-3012 ; www.hotelelgrial.com ; Carmen Alto 112 ; s/d/tr 80/119/170 S). Dans un vieux bâtiment avec parquet. Toutes les chambres disposent de matelas orthopédiques et certaines bénéficient d'une jolie vue. Bon rapport qualité/prix.

Pantastico PENSION $

(carte p. 200 ; ☎954-387 ; Carmen Bajo 226 ; s/d 65/90 S, dort/s/d/tr sans sdb 30/45/70/90 S ; @📶). Pension et boulangerie assez récente, servant tous les jours du pain frais à 5h (le petit-déjeuner est compris). Le jet de la douche est assez puissant, et l'ambiance est très hippie : si vous cherchez à prendre du San Pedro ou à fabriquer des pizzas bio, vous êtes à la bonne adresse.

Hospedaje Inka PENSION $

(carte p. 200 ; ☎23-1995 ; http://hospedajeinka.weebly.com ; Suytuccato 848 ; dort/s/d avec petit-déj 20/25/40 S ; 📶). À flanc de colline, haut perchée au-dessus de la Plaza San Blas, cette ancienne ferme délabrée mais charmante offre une vue fabuleuse. Les sdb sont privatives, mais il n'y a pas toujours d'eau chaude. Vaste cuisine à disposition. Les taxis ne peuvent venir jusqu'ici, donc préparez-vous pour la montée finale très escarpée.

AVENIDA EL SOL ET BAS DE LA COLLINE

Hostal San Juan Masías PENSION $

(carte p. 206 ; ☎43-1563 ; hostalsanjuanmasias@yahoo.es ; Ahuacpinta 600 ; s/d/tr 50/80/120 S, s/d/tr sans sdb 35/60/90 S ; @). Tenue par des religieuses dominicaines, dans un bâtiment du Colegio Martín de Porres, cette excellente auberge sort de l'ordinaire. Une adresse propre, sûre et conviviale, d'où vous pourrez observer les matchs de volley-ball régulièrement organisés dans la cour. Les chambres, sobres, immaculées et chauffées sont réparties le long d'un couloir ensoleillé. Petit-déjeuner continental compris.

Hotel Libertador Palacio del Inka HÔTEL DE LUXE $$

(carte p. 200 ; ☎23-1961 ; www.libertador.com.pe ; Plazoleta Santo Domingo 259 ; d/ste 210/260 $US ; ❄@📶). L'opulence est le maître mot dans cette demeure coloniale érigée sur des fondations incas. D'autres parties de l'édifice datent du XVIe siècle (Francisco Pizarro y a résidé). Elle offre toute l'élégance et tout le luxe attendus, avec une belle cour intérieure, et des chambres vastes récemment rénovées. On profite aussi d'un restaurant péruvien, d'un bar et d'un centre d'affaires.

Yanantin Guest House PENSION $$

(carte p. 206 ; ☎25-4205 ; www.yanantin.com ; Ahuacpinta 775 ; s/d avec petit-déj 95/108 S ; 📶). Petite pension abritant un choix de chambres assez luxueuses et spacieuses pour abriter un bureau et une table basse. Articles de toilette bio offerts, draps en coton et édredon sur les lits. Bon rapport qualité/prix.

Mirador Hostal PENSION $

(carte p. 206 ; ☎24-8986 ; soldelimperiocusco@yahoo.es ; Ahuacpinta s/n ; s/d/tr avec petit-déj 45/65/90 S ; @📶). Un bâtiment en béton jaune, gai et plein de recoins, qui domine la route principale. Chambres sommaires et un peu délabrées mais propres. Il doit son succès à son personnel sympathique et efficace. Petit-déjeuner inclus dans les tarifs.

Hostal Inkarri HÔTEL $$

(carte p. 200 ; ☎24-2692 ; www.inkarrihostal.com ; Qolla Calle 204 ; s/d/tr avec petit-déj 106/133/180 S ; @📶). Un établissement spacieux avec une agréable cour en pierre, des terrasses de style colonial bien entretenues et une surprenante collection de vieilles machines à coudre, téléphones et machines à écrire. Très bon rapport qualité/prix mais attention, certaines chambres sentent le renfermé.

Los Aticos HÔTEL $$

(carte p. 206 ; ☎23-1710 ; www.losaticos.com ; Quera 253, Pasaje Hurtado Álvarez ; d/app avec petit-déj 132/172 S ; @📶). Dissimulé dans une ruelle, cet hôtel paisible est assez méconnu. Les chambres sur parquet possèdent des lits confortables avec édredons. Les tarifs incluent une laverie en libre service et l'accès à la cuisine. Les trois studios peuvent loger jusqu'à 4 personnes et offrent un bon rapport qualité/prix pour les clients choisissant de cuisiner, ou pour les familles.

Picol Hostal HÔTEL $$

(carte p. 206 ; ☎24-9191 ; picolhostal@gmail.com ; Quera 253, Pasaje Hurtado Álvarez ; s/d/tr avec petit-déj 60/90/110 S ; 📶). Dans un quartier commerçant animé, petit hôtel où le personnel est sympathique. Les chambres doubles, minuscules, sont bien tenues et lumineuses. Les triples sont un peu trop exiguës.

AUTRES QUARTIERS

Hospedaje Turismo Caith PENSION $

(☎23-3595 ; www.caith.org ; Urb Ucchullo Alto, Pasaje Sto Toribio N4 ; ch par pers avec petit-déj 70 S ; 📶). Cette auberge de style ferme tout en recoins accueille en son sein une fondation pour jeunes filles. Les immenses fenêtres ainsi que divers balcons et patios sont orientés en direction de la Plaza de Armas, située à 20 minutes à pied ou à 5 minutes en taxi. L'adresse idéale pour les familles : chambres spacieuses et lits pour bébé à disposition, jardin verdoyant où les enfants peuvent s'ébattre en toute liberté.

Torre Dorada Residencial PENSION $$

(☎24-1698 ; www.torredorada.com ; Los Cipreses N-5, Residencial Huancaro ; s/d avec petit-déj 252/292 S ; @). Cet hôtel familial moderne, dont la décoration originale aux couleurs vives est ravissante, est situé dans un quartier résidentiel calme, non loin de la gare routière. Certes, il est éloigné du centre, mais les clients sont enchantés de la grande qualité du service. Transport gratuit depuis/vers l'aéroport, les gares ferroviaires et le centre-ville. Le personnel parle couramment anglais.

Hostal San Juan de Dios PENSION $$

(☎24-0135 ; www.hostalsanjuandedios.com ; Manzanares 264, Urb Manuel Prado ; s/d avec petit-déj

93/119 S ; @). Une pension impeccable au personnel éminemment sympathique, propriété d'un organisme local à but non lucratif qui finance une clinique et trouve du travail aux jeunes handicapés. Les chambres calmes et moquettées possèdent de grandes fenêtres. La plupart comportent des lits jumeaux (une seule avec un grand lit). Le personnel vous aidera aussi bien pour votre lessive que pour vos appels internationaux.

À 30 minutes à pied (6 S en taxi) du centre-ville, et à proximité de nombreux commerces et services.

Où se restaurer

La situation géographique de Cuzco, à l'extrémité est de la cordillère des Andes, lui permet d'avoir accès à un incroyable éventail de produits, des pommes de terre au quinoa en passant par les *avocados* et l'*ají picante* (piment fort).

CENTRE DE CUZCO

Cicciolina INTERNATIONAL $$$
(carte p. 200 ; ☎23-9510 ; Triunfo 393, 1er ét. ; plats 30-55 S ; 8h-tard). Au 1er étage d'une vaste demeure coloniale avec cour, ce restaurant est de longue date le meilleur de Cuzco. La nourriture, éclectique et sophistiquée, est succulente : olives marinées, carrés de polenta croustillante avec lapin fumé, gigantesques salades vertes, poulpe grillé au charbon de bois, pâtes à l'encre de seiche ou agneau très tendre.

Service impeccable, et éclairage tamisé comme à la maison. Une adresse vivement recommandée.

La Bodega 138 PIZZERIA $$
(carte p. 200 ; ☎26-0272 ; Herrajes 138 ; plats 18-35 S ; 18h30-23h lun-sam). On a parfois la nostalgie d'une bonne ambiance et d'un menu simple comme à la maison. Il faut donc venir à La Bodega, établissement à l'atmosphère agréablement décontractée tenu par une famille dont c'était anciennement la maison. Les pizzas à pâte fine et croustillante sont cuites dans un four en terre, les salades bio sont fraîches et copieuses, et les prix raisonnables. Une trouvaille.

Chicha NOVOANDINA $$$
(carte p. 200 ; ☎24-0520 ; Regocijo 261, 1er ét. ; plats 24-50 S). Ce restaurant de Gastón Acurio sert des classiques *cuzqueños* revisités selon les critères de la grande cuisine. Ainsi, ses *anticuchos* sont de divines brochettes de poulpe grillé avec des pommes de terre aux herbes coupées grossièrement. Au menu également : *rocoto relleno*, *sopa de gallina* et *chairo* (soupe au bœuf) servie dans un récipient en terre cuite. La *chicha morada* est des plus fraîches.

Le débat fait rage quant aux tarifs, que nous trouvons justifiés.

MENUS BON MARCHÉ

Vous serez peut-être attablé en compagnie d'employés de bureau en pause-déjeuner dans ces restaurants très prisés. Souvent, la carte ne le mentionne pas, mais un *menú* déjeuner comprend une soupe, un plat principal, une boisson, et parfois un dessert.

Restaurante Egos (Arequipa 248 ; menu 8 S)

Restaurante Chihuanhuay (Cuesta el Almirante en face du Museo Inka ; menu 7 S)

Kukuly (Huaynapata 318 ; menu 7 S)

Q'ori Sara (Calle Garcilaso 290 ; menu 8 S)

Limo PÉRUVIEN $$$
(carte p. 200 ; ☎24-068 ; Portal de Carnes 236, 1er ét. ; plats 24-60 S ; 11h-23h lun-sam). Commencez par un *pisco sour* acidulé afin de vous mettre en bouche pour la suite : des créations à base de fruits de mer mariant les influences péruvienne et asiatique. La corbeille de pommes de terre accompagnées de sauces change agréablement du pain. Les *tiraditos* (lamelles de poisson cru dans une sauce odorante) fondent sous la langue. Autres plats à succès : les crémeuses *causas* (plat de pommes de terre) et le *sudadito*, mélange de légumes verts, maïs et noix de saint-jacques sautées. Ambiance stylée et service attentif.

El Hada GLACIER $
(carte p. 200 ; Arequipa 167 ; glaces à partir de 6 S ; 11h-20h lun-sam). Servies dans des cornets tout frais préparés avec une touche de vanille ou un zeste de citron, ces glaces exotiques sont divines. On n'est pas déçu par les parfums tels que cannelle d'Indonésie, chocolat amer ou encore pommes rôties. À déguster avec un *espress* de Café Bisetti, le meilleur torréfacteur du Pérou.

Le Soleil FRANÇAIS $$$
(carte p. 200 ; ☎24-0543, San Agustín 275 ; plats 39-65 S ; 12h30-15h lun-ven, 19h-22h30 sam).

Adresse incontournable pour de la cuisine française traditionnelle, ce restaurant romantique avec nappes blanches ne déçoit pas. La carte propose entre autres de la truite au calvados, de la ratatouille cuite au four avec du fromage de chèvre et des herbes, et du canard à l'orange. Possibilité de choisir un menu dégustation de 8 plats ou le *menú del dia* (menu du jour, 69 S) de 3 plats. Végétariens, renseignez-vous bien : des ingrédients tels que le fumet de poisson peuvent figurer dans la composition des plats sans viande.

Green's Organic CAFÉ $$
(carte p. 200 ; ☎24-3399 ; Santa Catalina Angosta 235, 1er ét. ; plats 21-44 S ; ⏲11h-22h ; 📶🖉). Ingrédients bio et ambiance de ferme : le lieu respire véritablement la bonne santé. Les salades originales (fenouil rôti, fromage de chèvre, betteraves et jeunes choux) changent agréablement. Parmi les plats plus copieux, on trouve des pâtes et des spécialités à la viande d'alpaga. Venez tôt (ou alors tard) car l'endroit affiche rapidement complet et le service est très lent.

Deli Monasterio BOULANGERIE $$
(carte p. 200 ; Calle Palacio 140 ; sandwichs 14 S ; ⏲8h-18h). Les authentiques baguettes croustillantes (venez tôt) sont le grand atout de la boulangerie qui propose aussi de bons paniers déjeuner (parfaits pour les excursions), avec des variantes gastronomiques ou végétariennes. Les mini pains au chocolat et les cookies aux fruits de la Passion sont également très bons.

Trujillo Restaurant PÉRUVIEN $
(☎23-3465 ; Av. Tullumayo 542 à hauteur de Plaza Limacpampa ; plats 15-28 S ; ⏲8h-20h lun-sam, 12h-18h dim). Tenu par une famille péruvienne venue du nord du pays, ce restaurant simple, à côté de Qorikancha, sert des classiques du Nord comme le *seco de cabrito* (ragoût de chevreau cuit dans la bière et la coriandre) ainsi qu'un choix de *ceviches*. L'*aji de gallina* (ragoût de poulet crémeux servi avec du riz et des pommes de terre) est le meilleur de Cuzco.

CBC Bakery BOULANGERIE $
(carte p. 200 ; ☎23-4035 ; qosqomaki.org/taller-panaderia ; Tullumayo 465 ; viennoiseries 3 S ; ⏲7h30-20h lun-sam). Les meilleurs croissants au chocolat de la ville, et d'autres succulentes viennoiseries, sont fabriqués dans cette œuvre de charité qui forme les jeunes en déshérence au métier de boulanger.

La Justina PIZZERIA $
(carte p. 200 ; ☎25-5474 ; Calle Palacio 110 ; pizzas 19-30 S ; ⏲18h-23h lun-sam). Traversez une cour au pavement irrégulier pour rejoindre ce petit bijou de pizzeria avec tables en bois, où les pizzas au feu de bois sont délicieuses. Parmi les garnitures, il y a notamment les formules tomate/bacon/basilic ou ail/épinards.

Uchu Peruvian Steakhouse PÉRUVIEN $$
(carte p. 200 ; ☎24-6598 ; Calle Palacio 135 ; plats 22-48 S ; ⏲12h30-23h). Ambiance cosy et feutrée pour ce restaurant chic en adobe à l'éclairage tamisé, avec tables sombres et murs turquoise. Le menu, simple, se compose de viande (viande rouge, alpaga ou poulet) et de poisson cuisinés à table sur des pierres volcaniques brûlantes, et accompagnés de délicieuses sauces. Le personnel est connaisseur et rapide. Un vrai bonheur.

Kintaro JAPONAIS $
(carte p. 200 ; Plateros 326, 1er ét. ; menu 15 S, makis 10-38 S ; ⏲12h30-15h30 et 18h30-22h lun-sam). Les expatriés ne tarissent pas d'éloges sur les bols de nouilles. La formule déjeuner, une bonne affaire, change agréablement des plats péruviens. Également : sushis et saké.

A Mi Manera PÉRUVIEN $$
(carte p. 200 ; ☎22-2219 ; www.amimaneraperu.com ; Triunfo 392, 1er ét. ; plats 22-42 S ; ⏲10h-22h). Pour un dîner au restaurant aux tarifs raisonnables, rien de tel que cette romantique adresse servant de la cuisine péruvienne traditionnelle et des pâtes. Les plats tels que viande rouge au porto, manioc épicé ou purée de pommes de terre *muña* rassasient tout en régalant les papilles.

Los Perros FUSION $
(carte p. 200 ; Tecsecocha 436 ; plats 17-24 S). Un établissement fondé par des Australiens, servant de la cuisine tendance asiatique à bon prix, dans un bar intimiste avec canapés. Goûtez au sandwich au poulet au sésame, accompagné de guacamole et assez copieux pour deux.

Aldea Yanapay CAFÉ $
(carte p. 200 ; ☎25-5134 ; Ruinas 415, 1er ét. ; menu 15 S, plats à partir de 22 S ; ⏲9h-23h30 ; 🖉). Animaux en peluche, jeux de société et décor évoquant parfaitement le cirque de votre enfance, Aldea Yanapay vise une clientèle familiale mais plaira à tous les rêveurs dans l'âme. On se régale de *burritos*, de falafels et de petites préparations frites ; il y a aussi une carte végétarienne.

Les bénéfices sont reversés à des associations aidant les enfants abandonnés. Vivement recommandé.

Divina Comedia INTERNATIONAL **$$**
(☎23-2522 ; www.hotelarqueologo.com ; Pumacurco 408 ; plats 25-35 S ; ⏰12h-15h et 18h-23h lun-sam). Des sopranos chantent des airs d'opéra dans ce restaurant huppé et romantique, proposant un dîner-spectacle. Les plats marient ingrédients péruviens et influences méditerranéennes. Commencez par des tapas, et poursuivez par la spécialité du lieu, du canard lentement mijoté et très tendre.

El Encuentro VÉGÉTARIEN **$**
(carte p. 200 ; Santa Catalina Ancha 384 ; menu 8 S ; ⏰6h30-22h ; 🥬). Incroyablement bon marché, ce restaurant végétarien propose un menu (bar à salades en entrée, roborative soupe d'orge, et plats tels que tofu et légumes sautés avec du riz). L'abondance compense le manque de subtilité de la cuisine. Seconde enseigne aux horaires plus restreints au n°136 de Choquechaca.

El Ayllu CAFÉ **$**
(carte p. 200 ; Marquez 263 ; plats 10 S ; ⏰6h30-22h). Café à l'ancienne adoré des Péruviens, où le personnel, employé de longue date, bavarde avec les clients tout en leur servant des pâtisseries traditionnelles comme la *lengua de suegra*, et des sandwichs au porc. Les petits-déjeuners traditionnels méritent le détour, et le café est torréfié là encore comme le veut la tradition locale – avec de l'orange, du sucre et des pelures d'oignons.

Marcelo Batata PÉRUVIEN **$$**
(carte p. 200 ; Calle Palacio 121 ; plats 21-38 S ; ⏰14h-23h). Une adresse fiable pour se régaler de cuisine péruvienne, parfois mâtinée d'autres influences. La soupe de poulet à la *hierba Luisa*, une herbe locale, est exquise, tout comme les plats fusion de la carte éclectique. On peut aussi se contenter d'un cocktail (assortiment audacieux) à consommer sur le toit en terrasse. La vue sur Cuzco en fait la meilleure adresse de la ville en termes de panorama.

Los Toldos PÉRUVIEN **$**
(carte p. 200 ; angle Almagro et San Andrés ; plats 12-20 S ; ⏰déj et dîner lun-sam). Chouchou des habitants qui apprécient l'abondance de ses plats bon marché, cette rôtisserie possède un très bon bar à salades (goûtez la sauce aux olives noires). On vient pour le grand classique péruvien, le succulent *cuarto de pollo* (quart de poulet cuit à la broche).

Real McCoy PUB **$$**
(carte p. 200 ; ☎26-1111 ; Plateros 326, 1er ét. ; plats à partir de 14 S ; ⏰7h30-tard ; 📶). Un petit goût d'Angleterre, avec des frites en sauce, des haricots blancs à la sauce tomate, des rôtis et du Yorkshire pudding. Ambiance chaleureuse et décontractée, canapés confortables, fauteuils poire et TV diffusant des rencontres sportives. *Happy hour* de 17h à 20h.

Victor Victoria PÉRUVIEN **$$**
(carte p. 200 ; ☎25-2854 ; Tecsecocha 466 ; plats à partir de 15 S ; ⏰7h-22h). Ce restaurant central et bon marché propose des spécialités péruviennes généreusement servies. Les voyageurs au budget serré sont fans. Le quinoa au fromage est absolument divin, et le *cuy* (cochon d'Inde), servi avec des poivrons *rocoto* farcis, du maïs et des pommes de terre, est des plus authentiques. Commandez-le à l'avance.

Faire ses courses

Parmi les épiceries à tarifs élevés voisines de la Plaza de Armas, on trouve le **Gato's Market** (carte p. 200 ; Santa Catalina Ancha 377 ; ⏰9h-23h) et le **Market** (carte p. 200 ; Mantas 119 ; ⏰8h-23h). Pour de vraies grosses courses, rendez-vous au supermarché **Mega** (carte p. 206 ; angle Matará et Ayacucho ; ⏰10h-20h lun-sam, jusqu'à 18h dim).

SAN BLAS

Jack's Café CAFÉ **$**
(carte p. 200 ; ☎25-4606 ; Choquechaca 509 ; plats 12-20 S ; ⏰7h30-23h30). Il y a souvent la queue à la porte de cet établissement à l'occidentale tenu par des Australiens. Les jus de fruits frais parfumés à la menthe ou au gingembre, le café fort et les œufs accompagnés de saumon fumé ou de tomates rôties aident à quitter le confort douillet de son lit. Également : bonne cuisine de café, soupes, et service agréable.

Granja Heidi CAFÉ **$$**
(carte p. 200 ; ☎23-8383 ; Cuesta San Blas 525, 1er ét. ; plats 18-38 S ; ⏰11h30-21h30 lun-sam). Sorte de chalet cosy servant une cuisine saine, dont certains ingrédients proviennent de la petite ferme du propriétaire allemand. Outre les plats péruviens (*rocoto relleno* version végétarienne, farci de piment et de pignons), on propose des crêpes, d'immenses bols de soupe et des salades. Gardez de la place pour le dessert.

The Meeting Place CAFÉ $
(carte p. 200 ; ☎24-0465 ; Plazoleta San Blas ; plats 15-21 S ; ⌚8h30-16h lun-sam ; 📶). Propriété d'Américains natifs de l'Idaho, ce café sert un petit-déjeuner gringo. Commencez par du café bio ou du thé, des gaufres énormes et des plats aux œufs. Nous nous sommes laissé dire que les cheeseburgers au bacon (une demi-livre) méritaient le détour au déjeuner. Service rapide et sympathique. Toutes les recettes sont reversées à des projets en faveur des communautés du coin.

Prasada VÉGÉTARIEN $
(carte p. 200 ; ☎25-3644 ; Canchipata 269 ; plats 6 S ; ⌚8h-18h ; ✍). Tarifs imbattables pour ce restaurant servant de généreux tacos, soupes de tortillas et burgers aux lentilles avec garnitures fraîches. Avec en plus un pot de jus de fruits frais, vous voilà paré pour la randonnée jusqu'à Sacsayhuamán. Seconde enseigne de plats à emporter (munie d'un seul tabouret) au n°152 de Choquechaca.

La Quinta Eulalia PÉRUVIEN $$
(carte p. 200 ; ☎22-4951 ; Choquechaca 384 ; plats 25-50 S). Adresse classique de Cuzco ouverte depuis plus d'un demi-siècle. Son patio est des plus agréables lorsqu'il fait soleil. Le menu, affiché sur une ardoise, comporte de l'agneau rôti très tendre, de l'alpaga et des accompagnements traditionnels tels que les *rocotos rellenos* – poivrons épicés farcis de bœuf, de pois et de carottes, et nappés de fromage. L'une des meilleures adresses pour commander du *cuy*.

Juanito's SANDWICHS $
(carte p. 200 ; Qanchipata 596 ; sandwichs 15 S ; ⌚8h-20h). Sandwicherie servant des sandwichs grillés confectionnés à la demande. Les végétariens optent pour les énormes compositions aux œufs frits. Les nouveautés (par exemple poulet et noix) sont savoureuses.

Pacha Papa PÉRUVIEN $$
(carte p. 200 ; ☎24-1318 ; Plazoleta Plaza San Blas 120 ; plats 12-30 S ; ⌚11h-23h). Ambiance rustique des hautes terres pour cette cour ouverte avec tables en bois. Au menu : classiques péruviens bien cuisinés, au feu de bois ou dans des récipients en terre. Un harpiste joue le week-end. Une bonne adresse pour goûter au maïs beurré aux herbes, à l'*aji de gallina* ou à la truite cuite au four. Le *cuy* se commande à l'avance.

Korma Sutra INDIEN $$
(carte p. 200 ; ☎23-3023 ; Tandapata 909 ; plats 25 S ; ⌚13h-22h lun-sam ; ✍). Envie d'épices ? Au menu : *naan* à l'ail, lassis, et choix de *kormas* et de curries. Ambiance détendue en soirée, dans un cadre composé de murs violets mis en valeur par un éclairage indirect et d'alcôves garnies de coussins.

Picantería María Angola PÉRUVIEN $$
(carte p. 200 ; Choquechaca 292 ; plats 15-25 S ; ⌚11h-19h). Une bonne adresse pour goûter les spécialités locales comme l'*ubre* (pis de vache pané), les *tripas* (tripes), la *panza apanada* (estomac pané), ou pour les moins téméraires les *chicharrónes* et les *costillares* (côtelettes). À l'entrée, tournez à droite et montez les escaliers.

AVENIDA EL SOL ET BAS DE LA COLLINE

Tous les travailleurs du quartier viennent déjeuner dans Pampa de Castillo, une rue à côté de Qorikancha où vous pourrez découvrir tous les classiques de Cuzco. Vous trouverez presque exclusivement du *caldo de gallina* (soupe de poulet) et des *chicharrónes* (morceaux de porc frits servis avec du maïs, de la menthe et des pommes de terre) dans nombre de restaurants.

Don Estéban y Don Pancho CAFÉ $$
(carte p. 206 ; ☎25-2526 ; Av. El Sol 765A ; en-cas 5-15 S ; ⌚8h-22h). Un succès de longue date pour les *empanadas* ; l'*empanada de ají de gallina* est particulièrement délicieuse. On sert aussi des petits-déjeuners *cuzqueños*.

AUTRES QUARTIERS

La plupart des restaurants les plus populaires de Cuzco se situent hors du centre historique et travaillent seulement à midi ; quelques-uns ouvrent le soir. L'espagnol est souvent la seule langue parlée, mais la nourriture mérite l'effort linguistique !

Tradiciones Cusqueñas PÉRUVIEN $$
(hors carte p. 206 ; ☎23-1988 ; Belén 835 ; plats 20-40 S ; ⌚11h-22h). Le déjeuner dominical, typique de Cuzco, est délicieux. Un cadre joyeux et fonctionnel, de généreuses portions de viande et pommes de terre, et une délicieuse *limonada* (limonade) maison.

Olas Bravas CEVICHE $$
(☎43-9328 ; Mariscal Gamarra 11A ; ceviche 22 S ; ⌚9h-17h). La plupart des Cuzqueños estiment qu'Olas Bravas sert le meilleur *ceviche* de la ville, et de ce fait, ce restaurant est souvent bondé. Vous préférerez peut-être un plat *criollo* (de la côte), comme les *causas* et le *seco a la norteña* (ragoût de chèvre).

Présence de hamacs et d'une fresque murale représentant un surfeur.

Señor Carbón BARBECUE $$
(☎24-4426 ; Urb Magisterio Segunda Etapa H5 ; buffet 40 S ; ⏲déj et dîner). L'unique adresse à Cuzco de style *rodizio* est un paradis pour les carnivores : viande à volonté, cuite selon votre goût, et bar à salades. Les plus gourmands prendront une boule de glace en dessert.

Où prendre un verre

Les pubs européens sont de bonnes adresses pour regarder les événements sportifs (la TV sat y est branchée quasiment en permanence).

7 Angelitos BAR
(carte p. 200 ; Siete Angelitos 638 ; ⏲18h-tard lun-sam). Ce minuscule bar sur la colline est le rendez-vous officieux des branchés de Cuzco, surtout en fin de nuit : lorsque tous les autres bars ont fermé, frappez à la porte. *Happy hour* de 19h30 à 21h30 et de 23h à 23h30.

Fallen Angel BAR À COCKTAILS
(carte p. 200 ; ☎25-8184 ; Plazoleta Nazarenas 221 ; ⏲18h-tard). Impossible de faire plus kitsch que ce lounge : boules à facettes, fausse fourrure et table fabriquée avec une baignoire-aquarium abritant des poissons rouges. Les tarifs sont élevés, mais le cadre mérite le coup d'œil et les soirées à thème sont inoubliables.

Norton Rats PUB
(carte p. 200 ; angle Santa Catalina Angosta et Plaza de Armas, 1er ét. ; ⏲7h-tard). Tenu par un fanatique de moto, ce bar sans prétention domine la Plaza de Armas. L'idéal pour observer le ballet des passants si vous parvenez à obtenir une table au balcon. Connu pour ses délicieux hamburgers de 200 g, il offre aussi TV, fléchettes et billard. Les *burritos* sont à éviter. *Happy hour* de 19h à 21h.

Cross Keys PUB
(carte p. 200 ; Triunfo 350 ; ⏲10h-tard ; 📶). Le bar pour expatriés et voyageurs le plus solidement implanté en ville. On retrouve toutes les caractéristiques d'un pub anglais, avec des tabourets de bar en cuir et du bois sombre. Longue liste de bières d'importation et nourriture d'un bon rapport qualité/prix.

The Frogs PUB
(carte p. 200 ; Huarancalqui 185). Adresse très glamour, tenue par des propriétaires ultra-branchés et jouant sur tous les tableaux : services de café assurés du petit-déjeuner à 23h, concerts tous les soirs (musique acoustique, reggae, funk), billard, fauteuils poire, guirlandes lumineuses et narghilés. Reste ouvert tard.

Piscuo BAR À COCKTAILS
(carte p. 200 ; ☎231-782 ; Portal Belén 115, 1er ét.). Bar minimaliste à l'éclairage tamisé, apprécié d'une clientèle de cadres qui prennent place à son comptoir et choisissent parmi une carte fournie de cocktails. Concerts le vendredi et le samedi.

Paddy Flaherty's PUB
(carte p. 200 ; ☎24-7719 ; Triunfo 124 ; ⏲11h-tard). Un petit pub irlandais empli d'objets de collection insolites, comme un train électrique en état de marche, où des voyageurs européens regardent la TV en dévorant d'excellents sandwichs chauds à prix raisonnables. *Happy hour* de 19h à 20h et de 22h à 22h30.

Où sortir

Les clubs ouvrent tôt mais se remplissent vraiment après 23h. Presque tous proposent un *happy hour*, en général deux boissons pour le prix d'une (pour la bière et certains cocktails).

LE JEU DU CRAPAUD

Comment les Cuzqueños occupent-ils leur temps dans un bar ? Si vous allez dans une *picantería* (restaurant local) ou une *quinta* (maison où l'on sert de la cuisine andine), tâchez de repérer le *sapo* (crapaud) en métal monté sur une grande boîte et entouré de trous et d'encoches. Les hommes passent facilement l'après-midi à boire de la *chicha* ou de la bière et à s'affronter à ce vieux jeu d'adresse, qui consiste à lancer un disque métallique le plus près possible de l'animal. Atteindre sa gueule rapporte le plus grand nombre de points. D'après la légende, ce jeu viendrait des nobles incas, qui lançaient des pièces d'or dans le lac Titicaca avec l'espoir d'attirer un *sapo*, qui, selon eux, avait le pouvoir de guérir et d'exaucer les vœux.

À NE PAS MANQUER

MUSEO DEL PISCO

Pour changer de l'art sacré colonial, cap sur le nouveau **musée du Pisco** (carte p. 200 ; ☎26-2709 ; museodelpisco.org ; Santa Catalina Ancha 398 ; ⏲11h-1h), où l'on encense – et goûte, il va de soi – la boisson nationale. Récemment inauguré par un expatrié plein d'enthousiasme, ce musée-bar entièrement consacré au pisco est aussi un bar à tapas et à sushis. On ne se contente pas ici du classique *pisco sour*, même s'il frôle la perfection. Le barman concocte des mélanges audacieux comme la *valicha* (où le gingembre côtoie la pomme verte et la citronnelle). Pour les petits creux, offrez-vous des tapas comme les délicieux mini-burgers à la viande d'alpaga sur pains au sésame, ou un *tiradito* mariné dans du cumin au piment. Les dégustations spéciales et les cours de distillation sont annoncés sur la page Facebook.

Dans les *discotecas* les plus fréquentées (attention au mot "nightclub", souvent utilisé au Pérou pour désigner une maison close), notamment sur la Plaza de Armas, les voyageurs des deux sexes feront bien de ne pas laisser leur verre sans surveillance (il arrive qu'on y verse un sédatif). À Cuzco, les incontournables de la vie nocturne sont les *discotecas* Inka Team, Roots et Ukuku's.

Ukuku's MUSIQUE LIVE
(☎24-2951 ; Plateros 316 ; ⏲20h-tard). Établissement nocturne le plus recherché en ville, l'Ukuku's parvient à satisfaire tous les fêtards avec du rock latino et occidental, du reggae, du *reggaetón* (un mélange de *bomba* portoricaine, de dancehall et de hip-hop), de la salsa, du hip-hop et des concerts fréquents. Généralement bondé après minuit, avec autant de Péruviens que de touristes, c'est un lieu parfait pour passer du bon temps. *Happy hour* de 20h à 22h30.

Muse, Too MUSIQUE LIVE
(carte p. 200 ; ☎984-76-2602 ; Tandapata 710 ; ⏲8h-tard). La version plus décontractée du célèbre Muse du centre-ville. On peut déguster de bons plats originaux à toute heure de la journée, tout en regardant du sport ou un film sur le grand écran pendant l'après-midi, ou déguster un cocktail devant un concert en soirée.

Centro Qosqo de Arte Nativo ARTS DE LA SCÈNE
(carte p. 206 ; ☎22-7901 ; Av. El Sol 604 ; sur présentation du boleto turístico). Spectacles de musique et danse andines tous les jours à 18h45.

Km 0 MUSIQUE LIVE
(carte p. 200 ; ☎23-6009 ; Tandapata 100 ; ⏲11h-tard mar-sam, 17h-tard dim et lun). Juste à côté de la Plaza San Blas, ce bar convivial mise sur la diversité : cuisine thaïlandaise servie en soirée et musique live tous les soirs (tard) – les musiciens du coin viennent taper le bœuf après leurs concerts. *Happy hour* de 21h à minuit.

Muse MUSIQUE LIVE
(carte p. 200 ; ☎25-3631, 984-23-1717 ; Triunfo 338, 1er ét. ; wifi). Adresse réputée pour les débuts de soirée, ce bar-restaurant, ouvert de longue date, est tenu par un personnel très sympa et accueille des concerts en soirée. La carte comprend de bons plats végétariens.

Inka Team DISCOTHÈQUE
(carte p. 200 ; Portal de Carnes 298 ; ⏲20h-tard). Cet établissement qui aura peut-être changé de nom n'en proposera pas moins la musique électro la plus en vue du moment, avec de la trance, de la house et du hip-hop mixés avec les sonorités commerciales du moment. À l'étage, vous pourrez vous détendre dans les canapés, mais l'endroit ne se prête pas aux discussions. La clientèle se partage entre habitants et touristes. *Happy hour* de 21h à minuit.

Mama Africa DISCOTHÈQUE
(carte p. 200 ; Portal Harinas 191, 1er ét. ; ⏲19h-tard). Très fréquenté par les voyageurs israéliens, Mama Africa est le rendez-vous des routards, et il y a souvent foule sur les canapés ou pour danser au son du rock et du reggae. *Happy hour* de 20h30 à 23h.

Achats

San Blas – la place en elle-même, Cuesta San Blas, Carmen Alto et Tandapata à l'est de la place – possède les meilleures boutiques de Cuzco. Ateliers et boutiques d'artisans y sont regroupés ; certains permettent de voir les artisans au travail et d'apercevoir l'intérieur de vieux édifices coloniaux. Les prix et la qualité varient énormément ; n'hésitez pas à en visiter plusieurs et à marchander (sauf dans les magasins les plus chers, qui affichent souvent des prix fixes). Parmi les plus réputés, citons le **Taller Olave** (carte p. 200 ; ☎23-1835 ; Plaza San Blas 651), qui propose des reproductions de sculptures coloniales et de céramiques précoloniales. Le **Taller Mendivil** (☎23-3247) ; San Blas (carte p. 200 ; Cuesta de San Blas, Plaza San Blas) ; centre-ville (carte p. 200 ; angle Hatunrumiyoc et Choquechaca) est connu dans tout le pays pour ses figurines religieuses dotées de cous immenses et ses miroirs en forme de soleil, tandis que le **Taller et Museo Mérida** (carte p. 200 ; ☎22-1714 ; Carmen Alto 133) vend de somptueuses statues en terre cuite, à la frontière entre l'art et l'artisanat.

Dans le même quartier, on découvre aussi des boutiques de bijoux et de vêtements de créateurs, avec des pièces originales et uniques qui prouvent que la mode locale ne se limite pas aux ponchos colorés et aux représentations de Machu Picchu. Les articles pour touristes, fabriqués en masse, sont vendus dans quasiment tous les commerces du centre historique, et dans l'immense **Centro Artesenal Cuzco** (carte p. 206 ; angle Av. El Sol et Av. Tullumayo ; 9h-22h).

Si vous souhaitez réaliser vos achats sans perdre de temps, **Aymi Wasi** (Nueva Alta s/n) est l'adresse qu'il vous faut. On y trouve absolument tout – vêtements, objets de décoration, jouets, bijoux, bougies, œuvres d'art, céramique, sacs à main... Vos amis ne soupçonneront pas une seconde que vous avez fait tous vos cadeaux au même endroit. De plus, tout est fabriqué à la main et répond aux règles du commerce équitable.

Cuzco n'est pas réputée pour ses boutiques de vêtements, même si quelques bonnes adresses se dissimulent dans le **Centro Comercial de Cuzco** (carte p. 200 ; angle Ayacucho et San Andrés ; 11h-22h).

Tatoo (carte p. 200 ; ☎25-4211 ; Calle del Medio 130 ; 9h-21h30) vend sa propre marque de vêtements pour les activités d'extérieur, ainsi que des équipements techniques à prix élevés. Beaucoup de commerces de la Calle Plateros et du Mercado El Molino vendent des articles de qualité plus médiocre, bien moins chers.

Tissus

Centro de Textiles Tradicionales del Cuzco ARTISANAT
(carte p. 206 ; ☎22-8117 ; www.textilescusco.org ; Av. El Sol 603A ; 7h30-20h30 lun-sam, 8h30-20h30 dim). Fondée en 1996, cette association à but non lucratif œuvre pour la promotion du tissage traditionnel. Dans la boutique, vous assisterez peut-être à une démonstration de ses diverses et complexes techniques. Les articles en vente sont très haut de gamme.

Inkakunaq Ruwaynin ARTISANAT
(carte p. 200 ; ☎26-0942 ; www.tejidosandinos.com ; dans CBC, Tullumayo 274 ; 9h-19h). Une coopérative travaillant avec 12 communautés de montagne des régions de Cuzco et d'Apurímac.

Casa Ecológica ARTISANAT
(carte p. 200 ; ☎25-5646 ; www.casaecologicacusco.com ; Triunfo 393 ; 9h-21h lun-dim). Des tissus fabriqués à la main par les habitants de 29 villages (dont certains très lointains, comme Ausangate), ainsi que des confitures maison et des huiles essentielles.

Marchés

Mercado San Pedro MARCHÉ
(carte p. 206 ; Plazoleta San Pedro). Le Mercado San Pedro, le marché central de Cuzco, est un incontournable. Parmi les innombrables victuailles, vous découvrirez des têtes de cochon pour le *caldo* (soupe), des grenouilles (aphrodisiaques), des pichets de jus de fruits, du *lechón* rôti (cochon de lait) et des *tamales*. En outre, les habituels stands de vêtements, objets magiques, encens et autres curiosités pourront vous distraire pendant des heures.

Mercado Modelo de Huanchac MARCHÉ
(carte p. 206 ; angle Av. Garcilaso et Av. Huascar). Moins touristique et tout aussi intéressant, ce marché est très fréquenté à l'heure du petit-déjeuner, grâce à deux spécialités idéales après une nuit de fête : le *ceviche* et les *chicharrónes*.

El Molino MARCHÉ
(hors carte p. 206 ; Urbanizacion Ttio). El Molino, juste derrière le *terminal terrestre*, est le centre commercial de Cuzco. Encore plus bondé que le marché de San Pedro, c'est une mine de bonnes affaires : vêtements, articles pour la maison, nourriture et alcool, appareils électroménagers, matériel de camping.

Renseignements

Accès Internet

Les cybercafés sont légion. Nombre d'hôtels et de bars possèdent une borne Wi-Fi gratuite d'accès.

Ambassades et consulats

La plupart des ambassades et des consulats sont implantés à Lima (p. 544). À Cuzco, vous aurez affaire aux consuls honoraires :

Allemagne (☎23-5459)
Belgique (☎25-1278)
États-Unis (☎984-62-369)
France (☎23-3610)
Italie (☎22-4398)
Royaume-Uni (☎23-9974)

Argent

De nombreux DAB sont installés autour de la Plaza de Armas, à l'aéroport, à la gare ferroviaire Huanchac et à la gare routière. Tous fonctionnent avec les cartes Visa, la plupart acceptent les MasterCard et certains permettent même de retirer de l'argent d'un compte étranger. Il y a de nombreuses banques dans l'Avenida El Sol ; si vous dépassez les plafonds du DAB, entrez dans l'agence pour demander des espèces au guichet. Les bureaux de change (*casas de cambio*) autour des principales places et dans l'Avenida El Sol offrent des taux souvent meilleurs que dans les banques. Des changeurs proposent leurs services près de ces établissements, mais leurs taux ne sont pas plus intéressants et l'honnêteté de certains est sujette à caution.

Banco Continental (carte p. 200 ; Av. El Sol 368 ; ⌚9h15-18h30 lun-ven, 9h30-12h30 sam)
BCP (carte p. 200 ; Av. El Sol 189 ; ⌚9h-18h30 lun-jeu, 9h-19h30 ven, 9h-13h sam)
Interbank (carte p. 200 ; Av. El Sol 380 ; ⌚9h-18h30 lun-ven, 9h15-12h30 sam)

Consigne

Si vous partez randonner 2 jours ou davantage, de nombreux hôtels et pensions garderont vos bagages gratuitement. Demandez un reçu et fermez vos sacs avec un cadenas. Accrochez-leur une étiquette portant votre nom, ainsi que les dates de dépôt et de retrait. Placez les bagages en toile dans de grands sacs en plastique fermés par du scotch, et signez sur l'adhésif de sorte à voir si le sac a été ouvert en votre absence. Mieux vaut toujours garder sur soi ses objets de valeur (passeport, carte de crédit, argent). Les randonneurs devront se munir de leur passeport sur le Chemin de l'Inca.

Désagréments et dangers

Les voyageurs repartent généralement de Cuzco sans avoir rencontré de gros problème. La plupart des plaintes enregistrées concernent des vols de sacs, que ce soit sur le dossier d'une chaise, dans un lieu public ou dans le compartiment supérieur d'un bus de nuit. Déplacez-vous avec le minimum d'espèces et d'effets personnels nécessaires. En gardant votre sac sur vos genoux et en vous méfiant des pickpockets dans les rues bondées, les gares et les marchés, vous éviterez probablement tout risque de vol à Cuzco.

Des vols dans des taxis nous ont été signalés. Ne prenez, surtout de nuit, que les taxis des compagnies officielles, que vous reconnaîtrez au numéro éclairé sur le toit. Une fois à bord, bloquez les portières et n'autorisez jamais le chauffeur à faire entrer un autre passager.

Ne vous déplacez pas seul à pied la nuit ni tôt le matin. Les noctambules et les touristes qui partent avant l'aube pour le Chemin de l'Inca sont des proies de choix pour d'éventuels agresseurs (qui utilisent souvent une technique d'étranglement par-derrière). Vous trouverez p. 548 des conseils et des astuces pour éviter les vols et les escroqueries.

N'achetez pas de drogue : les revendeurs et la police sont souvent de mèche. Dans le quartier de Procuradores, notamment, ceux qui achètent de la drogue ont de fortes chances de se faire arrêter dans les minutes qui suivent. Les voyageuses surveilleront leur verre de près et n'en accepteront pas d'un inconnu ; il est arrivé qu'y soit ajouté un sédatif ou un psychotrope.

Ménagez-vous les premiers jours. Si vous arrivez en avion de la côte (de Lima par exemple), vous serez vite essoufflé en parcourant les rues en pente de Cuzco. Quelques hôtels de luxe proposent un apport en oxygène. Cela aide à soulager les migraines et les insomnies, maux fréquents en haute altitude. Pour plus de détails sur le mal des montagnes, reportez-vous p. 570.

Immigration

Oficina de Migraciónes (bureau de l'immigration ; carte p. 206 ; ☎22-2741 ; www.digemin.com.pe ; Av. El Sol 612 ; ⌚8h-16h30 lun-ven). Renouvelle les visas touristiques et remplace la Tarjeta Andina (carte touristique) égarée. Armez-vous de patience.

Laveries

Les *lavanderías* (laveries) permettent de faire laver, sécher et plier du linge pour environ 3 S/ kg. Il y en a partout, en particulier autour de la Plaza de Armas dans Suecia, Procuradores et Plateros, et dans Carmen Bajo à San Blas. Plus on s'éloigne de la Plaza de Armas, plus les tarifs baissent.

Librairies

Nombre de pensions, de cafés et de pubs proposent un service d'échange de livres. Les livres sur Cuzco abondent. L'Unesco a fait paraître, dans sa collection de guides du patrimoine mondial, un ouvrage intitulé *Cuzco : la capitale inca* (2009), accompagné d'un DVD et d'un plan détaillé de la ville. Si *La Fabuleuse Découverte de la cité perdue des Incas*

(Pygmalion, 2008) de Hiram Bingham date un peu, le récit de sa "découverte" de Machu Picchu n'en est pas moins passionnant.

Bookstore Kiosk (carte p. 200 ; Mantas 113 ; ⌚9h-14h et 16h-21h lun-sam). Romans et magazines en anglais et allemand. Juste à l'entrée du Centro Comercial.

Jerusalén (carte p. 200 ; Heladeros 143 ; ⌚10h-14h et 16h-20h lun-sam). Le plus grand échange de livres à Cuzco (deux livres ou un livre et 8 S en échange d'un autre ouvrage). Des guides d'occasion, des livres neufs et des CD sont également en vente.

SBS Bookshop (carte p. 206 ; Av. El Sol 781A ; ⌚9h-21h lun-sam). Petite librairie spécialisée dans les livres en langues étrangères (en anglais surtout).

Offices du tourisme

Les agences de voyages aident volontiers à l'organisation d'excursions... contre des commissions substantielles. Voici quelques agences indépendantes et recommandées :

DIRCETUR (carte p. 200 ; ☎22-3701 ; www.dirceturcusco.gob.pe ; Mantas 117 ; ⌚8h-20h lun-sam, 9h-14h dim). L'office du tourisme officiel de Cuzco. Le personnel est de bonne volonté, mais les informations sont un peu confuses ; iPerú est plus fiable.

Dirección Regional de Cultura Cusco (carte p. 206 ; ☎58-2030 ; www.drc-cusco.gob.pe ; Av. de la Cultura 238 ; ⌚7h15-18h30 lun-sam). L'adresse de Cuzco où s'achètent les billets pour Machu Picchu ; fermée les jours fériés.

iPerú (www.peru.travel) aéroport (☎23-7364 ; Aeropuerto, hall principal ; ⌚6h-16h) ; centre-ville (carte p. 200 ; ☎25-2974 ; Portal de Harinas 177, Plaza de Armas ; ⌚8h-20h). Excellents renseignements touristiques sur la région et le pays. Le bureau de la place comporte aussi un ensemble de DAB surveillés.

South American Explorers Club (carte p. 200 ; ☎24-5484 ; www.saexplorers.org ; Atocsaycuchi 670 ; ⌚9h30-17h lun-ven, 9h30-13h sam). Conseils objectifs et avisés et vente de brochures d'information sur les itinéraires alternatifs au Chemin de l'Inca et les circuits aventure dans la jungle amazonienne. Le club du SAE de Cuzco vend des cartes de bonne qualité, des livres et des brochures, et fournit une foule de conseils et d'informations de voyage, ainsi qu'une connexion Wi-Fi, un échange de livres et des locations de chambres. Des événements hebdomadaires et des renseignements concernant le bénévolat sont également proposés aux non-membres.

Poste

DHL (carte p. 206 ; ☎24-4167 ; Av. El Sol 608 ; ⌚8h30-19h lun-ven, 9h-13h sam). Pour les envois internationaux de courrier et de colis en express.

Poste principale (carte p. 206 ; ☎22-4212 ; Av. El Sol 800 ; ⌚8h-20h lun-sam). Apportez vos papiers d'identité pour la poste restante.

Services médicaux

De nombreuses pharmacies sont installées dans l'Avenida El Sol. Cuzco propose des services médicaux limités. En cas de problème sérieux, mieux vaut se rendre à Lima.

Clínica Pardo (☎24-0997 ; Av. de la Cultura 710 ; ⌚24/24). Équipements de qualité et tarifs élevés ; idéal si votre assurance couvre les frais médicaux.

Clínica Paredes (carte p. 206 ; ☎22-5265 ; Lechugal 405 ; ⌚24/24). Consultations à 60 S.

Hospital Regional (☎23-9792, emergencies ☎22-3691 ; Av. de la Cultura s/n ; ⌚24/24). Un hôpital public et gratuit, mais l'attente peut être longue et la qualité des soins n'est pas garantie.

Traveler's Clinic Cusco (☎22-1213 ; Puputi 148 ; ⌚24h/24). Clinique privée ; personnel bilingue rapide et efficace, et médecins de garde. Traite essentiellement les patients souffrant du mal des montagnes et les maladies spécifiques aux touristes. À 10 minutes à pied de San Blas.

Sites Internet

Andean Travel Web (www.andeantravelweb.com). Plus de 1 000 pages de renseignements et conseils divers (en anglais).

Diario del Cusco (www.diariodelcusco.com). Journal local en ligne.

Municipalidad del Cusco (www.municusco.gob.pe). Site Internet officiel de la ville.

Jack's Guide (www.jacksguide.com). Bons renseignements bilingues pour les touristes, et calendrier des manifestations.

Urgences

Police touristique (Policía de Turismo, Poltur ; ☎23-5123 ; Plaza Túpac Amaru s/n ; ⌚24h/24). En cas de vol, on vous fournira une déclaration de police nécessaire pour l'assurance.

ℹ Depuis/vers Cuzco

Avion

Au départ de l'**Aeropuerto Internacional Alejandro Velasco Astete** (CUZ ; ☎22-2611) de Cuzco, la plupart des vols décollent le matin, car l'après-midi les conditions météorologiques rendent souvent difficiles les décollages et les atterrissages. Si vous avez une correspondance, mieux vaut réserver un vol le plus tôt possible dans la matinée, afin de limiter les risques de retard ou d'annulation.

Plusieurs compagnies assurent des liaisons quotidiennes depuis/vers Lima, Juliaca, Puerto Maldonado et Arequipa. Vous devrez vous enregistrer au moins deux heures avant votre vol – il est arrivé que des passagers, même en possession d'une carte d'embarquement, ne puissent voyager en raison d'erreurs de surbooking. Pendant la saison des pluies, les vols depuis/vers Puerto Maldonado subissent souvent d'importants retards. La taxe de départ est incluse dans le prix du billet.

La course en taxi officiel de l'aéroport à des adresses proches du centre-ville coûte entre 12 et 25 S.

Les compagnies suivantes desservent Cuzco :

LAN (carte p. 206 ; ☎25-5555 ; www.lan.com ; Av. El Sol 627B ; ⏲8h30-19h lun-sam, 8h30-13h dim)

Peruvian Airlines (carte p. 200 ; ☎25-4890 ; www.peruvianairlines.pe ; Calle del Medio 117 ; ⏲9h-19h lun-sam, 9h-12h dim)

Star Perú (carte p. 206 ; ☎01-705-9000 ; www.starperu.com ; Av. El Sol 679 ; ⏲9h-13h et 3-18h30 lun-sam, 9h-12h30 dim)

TACA (carte p. 206 ; ☎0800-18-2222 ; www.taca.com ; Av. El Sol 602 ; ⏲9h-18h)

Bus et taxi

Les temps de trajet indiqués ne sont que des approximations, valables par beau temps. D'importants retards sont à prévoir pendant la saison des pluies, en particulier pour se rendre à Puerto Maldonado ou, dans une moindre mesure, à Lima via Abancay. Désormais entièrement goudronnée, cette route peut néanmoins être coupée par des glissements de terrain pendant la saison des pluies.

LIAISONS INTERNATIONALES

Tous les trajets internationaux partent du **Terminal Terrestre** (gare routière ; hors carte p. 206 ; ☎22-4471, Vía de Evitamiento 429), à environ 2 km de la ville en direction de l'aéroport. Un taxi coûte 3 S. Pour s'y rendre à pied, prenez l'Avenida El Sol. Quand celle-ci devient Alameda Pachacútec, il y a une voie piétonne au milieu de la route. Juste après la tour et la statue de Pachacútec, tournez à droite, puis longez la voie ferrée jusqu'à une rue secondaire, qui conduit à la gare en 5 minutes.

Pour aller en Bolivie, prenez un bus de **Trans Salvador** (☎23-3680), **Littoral** (☎24-8989), **Real Turismo** (☎24-3540) ou **San Luis** (☎22-3647) jusqu'à La Paz via Copacabana ; tous partent à 22h. **Tour Peru** (☎24-9977, www.tourperu.com.pe) présente le meilleur rapport qualité/prix pour Copacabana, avec un départ tous les jours à 8h. Les bus de **CIAL** (☎à Lima 01-330-4225) partent à 22h30 à destination de La Paz via Desaguadero (70 S, 12 heures). C'est le moyen le plus rapide d'atteindre La Paz.

Ormeño (☎26-1704 ; www.grupo-ormeno.com.pe) assure des liaisons pour la plupart des capitales sud-américaines.

LIAISONS LONGUE DISTANCE

Les bus pour les grandes villes partent du *terminal terrestre*. Les bus pour des destinations moins habituelles partent d'ailleurs, renseignez-vous bien à l'avance.

BUS AU DÉPART DE CUZCO

DESTINATION	PRIX*	DURÉE
Abancay	15-20 S	5 heures
Arequipa	25/126 S	9-11 heures
Ayacucho	65/95 S	14-16 heures
Copacabana (Bolivie)	50/70 S	15 heures
Ica	90/176 S	14-15 heures
Juliaca	20-35 S	5-6 heures
La Paz (Bolivie)	60/80 S	12 heures
Lima	90/176 S	18-22 heures
Nazca	90/180 S	14 heures
Puerto Maldonado	50/70 S	11 heures
Puno	20-40 S	6-7 heures
Quillabamba	25-35 S	6-7 heures
Tacna	60/125 S	17 heures

* Estimation tarifaire pour un bus standard/de luxe.

Ormeño (☎26-1704 ; www.grupo-ormeno.com.pe) et **Cruz del Sur** (☎24-3621 ; www.cruzdelsur.com.pe) disposent des bus les plus sûrs et confortables. Parmi les compagnies les moins chères, **Wari** (☎22-2694) et surtout Tour Peru proposent les meilleurs bus.

Il y a des départs pour Juliaca et Puno toutes les heures entre 4h et 23h, et à d'autres moments de la journée. **Power** (☎22-7777) et **Libertad** (☎950-018-836) assurent des services lents et bon marché ; ils s'arrêtent pour prendre et laisser des passagers en route, donc vous pourrez les utiliser pour vous rendre dans des villes sur le trajet. Affichant des tarifs moyens, les bus de **Littoral** (☎23-1155) et de **CIAL** (☎965-401-414) sont plus rapides et plus confortables.

Les trajets les plus plaisants pour Puno sont assurés par **Inka Express** (☎24-7887 ; www.inkaexpress.com ; Av. La Paz C32, El Óvalo) ou **Turismo Mer** (☎24-5171 ; www.turismomer.com ; Av. La Paz A3, El Óvalo), dont les bus de luxe partent tous les matins. Le service comprend un déjeuner et un guide anglophone, qui donne de brèves explications sur les quatre sites rencontrés en chemin : Andahuaylillas, Raqchi, Abra la Raya et Pucará. Le voyage dure environ 8 heures et coûte autour de 143 S.

Les départs pour Arequipa (25-30 S, 9 heures) se font entre 6h et 7h ou entre 19h et 21h30. Ormeño propose un service deluxe, départ à 9h.

Cruz del Sur, **CIVA** (☎24-9961 ; www.civa.com.pe) et **Celtur** (☎23-6075) assurent des services fiables pour Lima. Wari est la meilleure des compagnies économiques. La plupart des bus pour Lima s'arrêtent à Nazca (12 heures) et à Ica (14 heures). Ces bus passent par Abancay et peuvent subir des retards pendant la saison des pluies. Entre janvier et avril, mieux vaut passer par Arequipa (25-27 heures).

Des bus partent régulièrement et toute la journée pour Abancay et Andahuaylas (45 S, 6-8 heures). Pour cette liaison, les bus de Celtur sont un peu meilleurs que les autres. À Andahuaylas, vous pourrez prendre une correspondance pour Ayacucho ; les routes deviennent cahoteuses et il fait très froid la nuit. Si vous vous rendez à Ayacucho en bus, habillez-vous chaudement et prenez votre sac de couchage avec vous dans le bus.

San Martín (☎984-61-2520) et **Expreso Sagitário** (☎22-9757) assurent des bus directs pour Tacna (70 S, 17 heures). Expreso Sagitário se rend également à Arequipa, Lima et Puno ; cette compagnie est plus encline à marchander les tarifs que ses concurrents.

Plusieurs compagnies partent pour Puerto Maldonado entre 15h et 16h30 ; CIVA est sans doute la meilleure option.

Les bus pour Quillabamba via Santa María partent de la gare routière Santiago, à 20 minutes de marche du centre. À l'angle dans la Calle Antonio Lorena, beaucoup d'autres compagnies proposent des minibus climatisés, rapides et confortables, qui coûtent deux fois plus cher et réduisent le trajet de quelques heures. Il y a des départs de bus et minibus à 8h, 10h, 13h et 20h. Pour Santa Teresa, changez à Santa María.

Les bus **Transportes Siwar** (hors carte p. 206 ; Av Tito Condemayta 1613) rallient Ocongate et Tinqui (9 S, 3 heures), point de départ du trek d'Ausangate. Ils partent plusieurs fois par jour d'un arrêt situé derrière le Coliseo Cerrado.

Les bus de **Transportes Gallito de las Rocas** (☎22-6895 ; Diagonal Angamos) desservent Paucartambo (9 S, 3 heures) tous les jours et Pilcopata (20 S, 10-12 heures) les lundi, mercredi et vendredi à 17h. L'agence se trouve le long de la première *cuadra* en partant de l'Avenida de la Cultura – repérez l'indication "Paucartambo" peinte sur un lampadaire entre deux garages.

LIAISONS RÉGIONALES

En 2014, le gouvernement restreindra la circulation des vieux *colectivos* ; certaines de ces liaisons pourraient être moins fréquentes ou disparaître dans un avenir proche.

Les minibus pour Calca (6 S, 1 heure 30) via Pisac (2,50 S, 1 heure) partent fréquemment de la gare routière située à Tullumayo 207.

Pour Urubamba (8 S, 1 heure 30) via Pisac (2,50 S, 1 heure), les minibus démarrent de la gare routière de Puputi, juste au nord de l'Avenida de la Cultura.

Les minibus pour Urubamba (6 S, 1 heure 30) et Ollantaytambo (12 S, 2 heures) via Chinchero (4 S, 1 heure) partent à côté du Puente Grau. Juste à l'angle dans Pavitos, des *colectivos* plus rapides prennent la route une fois complets à destination d'Urubamba (7 S, 1 heure) et d'Ollantaytambo (10-15 S, 1 heure 30) via Chinchero.

Les *colectivos* pour Urcos (5 S) via Tipón (5 S), Piquillacta (5 S) et Andahuaylillas (5 S) partent au milieu de la rue devant Tullumayo 207. Pour 80 S, ils vous conduiront aux ruines de Tipón et de Piquillacta, vous attendront et vous ramèneront à Cuzco.

Ces sites ainsi que Saylla sont accessibles en prenant un minibus à destination d'Urcos (5 S) ; ils partent non loin de l'Avenida de la Cultura, en face de l'hôpital régional. Les taxis collectifs pour Lucre (2,50 S, 1 heure) démarrent de Huascar, entre l'Avenida Garcilaso et Manco Cápac, entre 7h et 19h.

Les minibus pour Limatambo (12 S, 2 heures) et Curahuasi (15 S, 4 heures) partent une fois complets d'Arcopata, à quelques pâtés de maisons à l'ouest de Meloc, jusqu'à environ 15h.

Sauf mention contraire, ces services sont assurés au moins de 5h à 19h. Les trajets matinaux ou tardifs peuvent se révéler plus chers.

Train

Il y a deux gares à Cuzco. L'**Estación Huanchac** (☎58-1414 ; ⏲7h-17h lun-ven, 7h-minuit sam et dim), près de l'extrémité de l'Avenida El Sol, dessert Juliaca et Puno au bord du lac Titicaca. L'**Estación Poroy**, à l'est de la ville, dessert Ollantaytambo dans la Vallée Sacrée et Machu Picchu. Ces deux gares n'étant pas reliées entre elles, il est impossible de se rendre directement de Puno à Machu Picchu. (L'Estación San Pedro, dans le centre-ville, est utilisée uniquement pour les trains locaux, que les étrangers ne peuvent pas emprunter.)

Au départ de Cuzco, on peut prendre un taxi pour Poroy (30 S) ou la gare d'Ollantaytambo (80 S). Les trajets aller-retour coûtent un peu plus cher.

On peut acheter les billets à la gare Huanchac, où l'on trouve des DAB, mais le plus simple consiste à s'adresser directement aux compagnies ferroviaires.

VERS OLLANTAYTAMBO ET MACHU PICCHU

Le train est l'unique moyen de rejoindre Aguas Calientes (pour aller à Machu Picchu). Le trajet dure environ 3 heures. Actuellement, trois compagnies ferroviaires assurent cette liaison, les deux dernières au départ d'Ollantaytambo :

» **Peru Rail** (www.perurail.com ; billetterie : Portal de Panes 214, Plaza de Armas ; ⏲8h-22h). Anciennement l'unique service pour Aguas Calientes, avec de nombreux départs quotidiens depuis l'Estación Poroy, à 20 minutes de Cuzco. Trois catégories de service : Expedition (à partir de 144 $US aller-retour), Vistadome (à partir de 160 $US aller-retour) et le luxueux Hiram Bingham (à partir de 700 $US aller-retour). Le trajet en train Hiram Bingham inclut le brunch, le thé en après-midi, l'entrée de Machu Picchu et une visite guidée. Circule tous les jours sauf le dimanche.

» **Inca Rail** (☎23-3030 ; www.incarail.com ; billetterie de Cuzco : Portal de Panes 105, Plaza de Armas). Nouvelle compagnie assurant 3 départs quotidiens depuis Ollantaytambo et quatre niveaux de service (aller-retour 82-180 $US). Réductions substantielles pour les enfants. Compagnie respectueuse du développement durable.

» **Machu Picchu Train** (carte p. 206 ; ☎22-1199 ; www.machupicchutrain.com ; billetterie de Cuzco : Av. El Sol 576 ; ⏲7h-17h lun-ven, 7h-12h sam). Nouveau service de trains panoramiques, circulant uniquement d'Ollantaytambo à Aguas Calientes (aller-retour tarif plein/réduit à partir de 100/70 $US) 3 fois par jour en haute saison. Petit-déjeuner ou en-cas parfois servis.

Les tarifs peuvent varier en fonction de l'heure de départ : les horaires les plus prisés sont généralement plus chers. Les billets se vendent comme des petits pains, surtout aux heures de pointe. Achetez le vôtre le plus tôt possible.

Le moyen le plus rapide et le "moins cher" pour se rendre de Cuzco à Aguas Calientes consiste à aller à Ollantaytambo en *combi* et à prendre le train de là.

VERS PUNO

Peru Rail (www.perurail.com ; Estación Huanchac ; billet 150 $US ; ⏲7h-17h lun-ven, 7h-12h sam). Andean Explorer, un train de luxe doté d'un wagon panoramique vitré, se rend à Puno. Départ de l'Estación Huanchac à 8h, arrivée à Puno vers 18h, les lundi, mercredi et samedi de novembre à mars, avec un départ supplémentaire le vendredi d'avril à octobre. Le déjeuner est compris. Pour plus de précisions, voir p. 181.

Voiture et moto

À cause des soucis et des dangers liés à la conduite d'un véhicule dans la région, mieux vaut engager un taxi à la journée, d'autant que cela revient moins cher que de louer une voiture. Si vous y tenez absolument, vous trouverez quelques agences de location dans la dernière *cuadra* en bas de l'Avenida El Sol. Les locations de motos sont proposées par quelques agences dans la première *cuadra* de Saphi (en s'éloignant de la Plaza de Armas).

ℹ Comment circuler

Depuis/vers l'aéroport

L'aéroport se situe à environ 6 km au sud du centre-ville. Les lignes de *combi* Imperial et C4M (0,60 S, 20 min) circulent de l'Avenida El Sol jusqu'à l'aéroport. Un taxi entre le centre-ville et l'aéroport coûte 10 S. Depuis l'aéroport, un taxi officiel pour le centre-ville coûte 12-25 S. Moyennant une réservation, beaucoup d'hôtels viendront vous chercher gratuitement.

Bus

Un trajet en ville coûte seulement 0,60 S. Il est souvent plus facile de marcher ou de prendre un taxi que de devoir deviner la destination des minibus.

Taxi

Les taxis ne sont pas équipés de compteur, mais les tarifs sont fixes. Lors de notre passage, une course dans le centre-ville coûtait 4 S ; les courses plus longues, pour El Molino par exemple, étaient facturées 8 S. Renseignez-vous à votre hôtel pour savoir si ces prix sont toujours valables, et, plutôt que de négocier, donnez au chauffeur le montant exact de la course. Il est très peu probable qu'il conteste s'il se rend compte que vous êtes au fait des tarifs.

Les taxis officiels portent sur leur toit le numéro de téléphone de leur société éclairé au néon. Ils sont plus onéreux que ceux que l'on hèle dans la rue, mais plus sûrs et plus fiables.

Les taxis "pirates", eux, n'ont qu'un autocollant sur leur pare-brise et ont souvent été impliqués dans des agressions, des vols avec violences et des enlèvements de touristes. Montrez-vous aussi prudent que les locaux et notez le numéro de la plaque d'immatriculation.

AloCusco (☎22-2222) est digne de confiance.

Tramway

Le Tranvia, un tramway touristique, effectue un trajet de 1 heure 30 en ville (15 S). On peut monter et descendre à tout instant. Il part tous les jours de Portal Comercio, sur la Plaza de Armas, à 8h30, 11h30, 14h, 15h30, 17h et 18h30.

ENVIRONS DE CUZCO

Les quatre sites les plus proches de Cuzco, Sacsayhuamán, Q'enqo, Pukapukara et Tambomachay, se visitent facilement en une journée, voire moins en circuit organisé. Si vous n'avez le temps d'en visiter qu'un seul, privilégiez Sacsayhuamán, le plus important d'entre eux, qui se situe à moins de 2 km au-dessus de la Plaza de Armas, la place centrale de Cuzco.

Pour visiter l'ensemble des sites, la formule la moins chère consiste à prendre un bus à destination de Pisac et à descendre à Tambomachay, le plus éloigné de Cuzco et aussi le plus haut (3 700 m). De là, vous pourrez revenir à pied (8 km) et explorer les trois autres sites en chemin. La visite en taxi de l'ensemble revient à 40 S environ, avec suffisamment de temps pour découvrir les vestiges.

L'entrée à chacun des sites se fait uniquement sur présentation du *boleto turístico*. Ils sont ouverts tous les jours de 7h à 18h. Des habitants en costume traditionnel attendent souvent à proximité en compagnie de leurs plus beaux lamas dans l'espoir d'une photo et de quelques pièces. Des guides locaux vous offriront leurs services, quelquefois avec insistance. Mettez-vous d'accord sur le prix avant le début de la visite.

Autour de ces sites, les vols sont rares mais peuvent néanmoins survenir. La police

AUTRES RUINES INCAS

Pour rejoindre ces ruines incas, situées dans les environs immédiats de Cuzco, prenez n'importe quel transport à destination de Pisac. L'entrée est comprise dans le *boleto turístico* ou le *boleto* partiel. Les sites sont accessibles tous les jours de 7h à 18h.

Q'enqo

Le nom de cet extraordinaire petit ensemble de ruines signifie "zigzag". Q'enqo est un grand rocher calcaire, criblé de niches, d'escaliers et de fabuleuses sculptures symboliques, dont les canaux en zigzag qui lui ont sans doute donné son nom. Grimpez jusqu'au sommet pour découvrir la surface plane utilisée pour les cérémonies. Un examen attentif des gravures vous permettra de discerner un puma, un condor et un lama. En redescendant, explorez les tunnels creusés en contrebas et la mystérieuse grotte souterraine ornée d'autels taillés dans le roc. Q'enqo se trouve à 4 km avant Cuzco, à gauche de la route en venant de Tambomachay.

Pukapukara

De l'autre côté de la route en arrivant de Tambomachay, cette construction imposante domine la vallée de Cuzco. Sous certaines lumières, la roche semble rose, d'où son nom, qui signifie littéralement "fort rouge" – bien que Pukapukara ait probablement fait office de pavillon de chasse, de poste de garde et de halte pour les voyageurs. L'édifice comporte plusieurs pièces d'habitation basses, une réserve et une esplanade supérieure qui offre une vue panoramique.

Tambomachay

Dans un lieu abrité, à 300 m de la route principale, ce site comprend un superbe bain cérémoniel en pierre ouvragée d'où une source cristalline s'écoule dans des fontaines toujours en service. Une hypothèse l'associe à un culte inca de l'eau, d'où son surnom, El Baño del Inca (le bain de l'Inca). Le site se trouve à 8 km au nord-est de Cuzco.

touristique de Cuzco conseille de les visiter entre 9h et 17h.

Sacsayhuamán

Cet immense ensemble de ruines, important tant sur le plan religieux que militaire, est le plus imposant des environs de Cuzco. Son nom signifie "faucon satisfait" en quechua. Bien que Sacsayhuamán semble vaste, il ne reste aujourd'hui que 20% des constructions d'origine. Peu après la conquête, les Espagnols abattirent nombre de murs pour bâtir leurs propres demeures à Cuzco, laissant sur place les blocs les plus lourds, notamment ceux des principaux remparts.

En 1536, le fort fut le théâtre de l'une des plus terribles batailles de la conquête espagnole. Plus de 2 ans après l'entrée de Pizarro dans Cuzco, Manco Inca parvint en effet à reprendre Sacsayhuamán et l'utilisa pour assiéger les conquistadors dans Cuzco. Manco était sur le point de vaincre les Espagnols lorsque Juan Pizarro, accompagné de 50 cavaliers, lança une attaque désespérée et réussit à retourner la situation. Manco Inca survécut et se réfugia dans la forteresse d'Ollantaytambo, mais la plupart de ses soldats furent tués. Les milliers de morts du champ de bataille attirèrent des nuées de charognards, d'où les 8 condors qui figurent sur les armoiries de Cuzco.

Le site se compose de 3 zones différentes, la plus étonnante étant celle qui englobe les magnifiques fortifications en zigzag à 3 niveaux. L'une des pierres pèse plus de 300 tonnes ! Le neuvième Inca, Pachacútec, qui donna à Cuzco la forme d'un puma, conçut Sacsayhuamán comme la tête de l'animal, les 22 murs en zigzag symbolisant les dents. Ces derniers constituaient un mécanisme de défense très efficace, car ils obligeaient les assaillants à exposer leur flanc.

En face se dresse la colline de **Rodadero**, dotée de murs de soutènement, de rochers polis et d'une série de bancs de pierre finement ouvragés, surnommée le "trône de l'Inca". Trois tours surplombaient autrefois les remparts. Il n'en subsiste aujourd'hui que les fondations. Muyuc Marca, la plus large avec 22 m de diamètre, donne une idée de leurs dimensions. Pourvue de conduits de pierre parfaitement ajustés, cette tour servait probablement de château d'eau pour la garnison. Dans les fortifications, d'autres bâtiments abritaient quelque 5 000 guerriers. La plupart de ces constructions furent détruites par les Espagnols et les habitants ultérieurs de Cuzco.

Entre les remparts et Rodadero, un vaste terrain de manœuvres plat accueille chaque année, le 24 juin, le pittoresque spectacle de l'**Inti Raymi**.

Arriver au site depuis la Plaza de Armas prend entre 30 et 50 minutes, aussi n'entamez pas cette marche avant de bien supporter l'altitude. En arrivant à l'aube, vous pourrez profiter d'un site presque désert, mais il est déconseillé aux voyageurs seuls de s'y rendre à cette heure de la journée.

Une autre solution consiste à réserver un circuit en taxi qui comprenne aussi Q'enko, Pukapukara et Tambomachay (55 S).

CIRCUITS EN TAXI

Si vous manquez de temps pour visiter les sites en dehors de Cuzco, optez pour un circuit en taxi. À deux ou plus, c'est une solution particulièrement économique, qui permet également de prendre son temps (si on le souhaite) en visitant divers sites archéologiques et marchés. Depuis Cuzco, un circuit dans la Vallée Sacrée (comprenant par exemple Pisac, Ollantaytambo, Chinchero, Maras et Moray) revient à 120-150 S (pour le véhicule complet) ; à destination de la vallée du Sud (avec visite de Tipón, Pikillacta et Raqcchi), comptez environ 90-170 S.

Virgin Estrella Taxi Tours (☎973-195-551, 974-955-374) est une adresse fiable à Cuzco.

LA VALLÉE SACRÉE

Nichée au pied d'impressionnants contreforts andins, la superbe vallée du Río Urubamba, appelée El Valle Sagrado (la Vallée Sacrée), s'étend à 15 km au nord de Cuzco à vol de condor. On y accède par une route étroite et très sinueuse. Depuis longtemps berceau de jolies villes coloniales et de villages de tisserands reculés, elle est devenue ces dernières années une destination de choix. Ses marchés ainsi que les majestueuses citadelles incas de Pisac et d'Ollantaytambo sont ses principaux atouts touristiques, mais la vallée compte une

La Vallée Sacrée

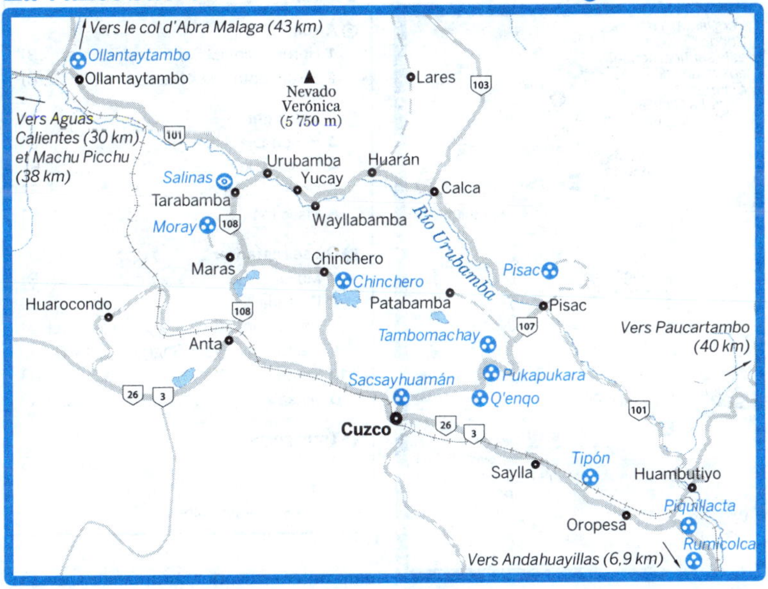

profusion d'autres sites incas. Ici, les itinéraires de trekking gagnent, à juste titre, en popularité, et les amateurs de sensations fortes pourront s'adonner à diverses activités de plein air – rafting et escalade notamment. La plupart de ces activités peuvent être organisées depuis Cuzco et certains hôtels d'Urubamba.

À Cuzco, une multitude de tour-opérateurs proposent des circuits express dans la Vallée Sacrée, avec visite de certains marchés et des principaux sites archéologiques. Toutefois, si vous disposez ne serait-ce que d'un ou deux jours, mieux vaut explorer cette paisible région reculée des Andes à votre rythme. L'entrée des sites archéologiques de Pisac, d'Ollantaytambo et de Chinchero nécessite un *boleto turístico*, que l'on peut acheter directement sur place.

Pisac

☎084 / 900 HABITANTS / ALTITUDE 2 715 M

On tombe aisément sous le charme de Pisac, village colonial animé et ensoleillé installé au pied d'une spectaculaire citadelle inca perchée sur un piton rocheux. Le lieu est si plaisant qu'il est récemment devenu le rendez-vous privilégié des expatriés et des adeptes du New Age en quête d'un nouveau paradis andin. À 33 km au nord-est de Cuzco par une route goudronnée, Pisac constitue le point de départ le plus pratique pour visiter la Vallée Sacrée.

À voir et à faire

Mercado de Artesanía MARCHÉ

Pisac est très connu pour son marché, de loin le plus grand de la région et également le plus touristique. Officiellement, le marché se tient les mardi, jeudi et dimanche, et ces jours-là d'innombrables bus de touristes arrivent en ville. Cependant, le marché a pris une telle ampleur à Pisac qu'il envahit tous les jours la Plaza de Armas et les rues voisines ; pour évitez la foule, venez un lundi, mercredi, vendredi ou samedi.

Ruines de Pisac RUINES

(sur présentation du boleto turístico ; ⏲aube-crépuscule). Cette citadelle inca perchée au sommet de la colline domine le village depuis un plateau triangulaire flanqué de gorges abruptes sur ses trois côtés. Le site, bien que spectaculaire, attire peu de touristes, sauf ceux en circuit organisé qui l'envahissent en milieu de matinée les dimanche, mardi et jeudi.

Pisac est célèbre pour ses cultures en **terrasses**, qui forment de grandes courbes

Pisac

À voir

1 Horno Colonial San Francisco B1
2 Jardín Botanico B1

Où se loger

3 Hospedaje Beho B1
4 Hospedaje Kinsa Ccocha B2
5 Hotel Pisac Inca B2
6 Pisac Inn B1

Où se restaurer

7 Mullu B1
8 Prasada B2
Restaurante Cuchara de Palo .... (voir 6)
9 Restaurante Valle Sagrado A3
10 Restaurante Yoly B3
11 Ulrike's Café A2

Transports

12 Bus B3
13 Bus pour Cuzco A3
14 Taxis pour les ruines B2

gracieuses sur les flancs sud et est de la montagne. Les escaliers sont rares, car ils demandent beaucoup d'entretien et accentuent l'érosion. Les différents niveaux sont donc reliés par des pierres disposées en diagonale dans les murs. Au-dessus des terrasses, des sentiers à pic, gardés par des aigles caracaras et d'énormes portes en pierre, mènent à un escalier escarpé et à un tunnel creusé dans la roche. Des marchands vendent des boissons au sommet.

Ce lieu imposant gardait non seulement la vallée de l'Urubamba, mais aussi un col donnant accès à la jungle, au nord-est. Au sommet des terrasses, le **centre cérémoniel** se compose d'un *intihuatana* ("poteau d'ancrage du Soleil", en fait un instrument inca d'observation astronomique), de plusieurs canaux en état de fonctionnement et de **temples** bien préservés, à l'architecture admirable. De là, un sentier monte à flanc de colline jusqu'à un ensemble de bains cérémoniels et fait le tour de la zone militaire. De l'autre côté de la gorge du Kitamayo, à l'arrière, vous apercevrez des centaines de trous percés dans la falaise. Il s'agit de **sépultures incas** pillées par des *huaqueros* (pilleurs de tombes) et interdites d'accès aux touristes.

Le site est vaste ; prévoyez plusieurs heures. Pour venir depuis le bourg, il faut emprunter un sentier abrupt mais spectaculaire de 4 km. Comptez environ 2 heures en montée, et 1 heure 30 en descente. Vous ne regretterez pas vos (rudes) efforts, et c'est un excellent entraînement pour le Chemin de l'Inca. Une bonne option consiste à monter en taxi et à marcher pour la descente.

Le sentier qui mène au site part à l'ouest de l'église. Il existe de nombreux chemins transversaux ; continuez de monter vers le plateau pour ne pas vous perdre. La gorge ouest (à gauche de la colline en montant) est celle du Kitamayo ; la vallée du Chongo se trouve à droite, à l'est.

Horno Colonial San Francisco

MONUMENT EMBLÉMATIQUE

(Mariscal Castilla s/n ; en-cas 2,50 S ; 6h-18h). Dans une foule de recoins, notamment dans Mariscal Castilla, vous découvrirez d'énormes fours d'argile où sont cuits des *empanadas* et d'autres mets, ainsi que des *castillos de cuyes* (châteaux miniatures habités par des cochons d'Inde). Mais celui-ci, un four colonial de 1830, est le plus authentique de la ville. Faites une pause sur place pour déguster des *empanadas* toutes chaudes au fromage et à l'origan accompagnées de *chicha morada*.

Jardín Botanico

JARDINS

(63-5563 ; Grau, cuadra 4 ; 6 S ; 8h-16h30). Profitez de la balade dans le bourg pour visiter le jardin botanique, un jardin privé doté d'une immense cour emplie de superbes spécimens végétaux. Un chat y a élu domicile.

Club Royal Inka BAIGNADE
(10 S ; ⌚8h-16h). Ce complexe de loisirs privé est fabuleux pour passer un après-midi en famille. Le forfait journalier donne accès à la piscine olympique couverte agrémentée de fontaines. On peut se détendre sur les pelouses et au bord de la mare aux canards. Il y a également un restaurant, un étang à truites, des barbecues, des billards, des tables de ping-pong, un terrain de volley, un court de tennis et un *sapo* (voir p. 229).

Le club se situe à environ 1,5 km de la ville.

La Capilla ÉGLISE
Récemment, l'INC (Instituto Nacional de Cultura) a détruit l'église de la place principale pour la reconstruire dans le style colonial (un projet très controversé). Les messes, données depuis dans une chapelle voisine, sont intéressantes, en particulier celle du dimanche à 11h, en quechua.

Les habitants en vêtements traditionnels descendent de la colline pour suivre les offices, des hommes font résonner leur cor, tandis que les *varayocs* (chefs indiens) apportent leur bâton en argent.

Amaru VILLAGE
Si vous aimez les tissus, visitez ce village de tisserands situé à 40 minutes en taxi.

Fête

La Virgen del Carmen FÊTE
Processions et danses avec des masques sont organisées en l'honneur de "Mamacha Carmen" qui vainc les démons en grimpant sur les toits et les balcons. Cette fête réputée se déroule entre le 15 et le 18 juillet.

Où se loger

Pisac est un peu devenu un repaire New Age. Les retraites mystiques et spirituelles tenues par des étrangers à la lisière du bourg proposent des formules incluant des cérémonies chamaniques. Certaines sont très commerciales, d'autres moins.

♥ **Hotel Pisac Inca** PENSION $
(☎43-6921 ; www.hotelpisacinca.com ; Vigil 242 ; s/d 35/70 S, s/d/tr sans sdb 25/50/75 S ; @Wi-Fi). Tatiana et Claudia, deux sœurs, tiennent ce petit établissement joyeux doté d'une poignée de chambres colorées entourant une cour minuscule. Accès à la cuisine en supplément mais c'est une affaire en or.

Pisac Inn AUBERGE $$
(☎20-3062 ; www.pisacinn.com ; Plaza de Armas ; d avec petit-déj à partir de 146 S ; @Wi-Fi). Ce ravissant hôtel de la place comporte une jolie cour et des chambres romantiques avec édredon en plumes d'oie, murs bleu sombre et décoration andine. Les chambres avec grand lit sont un tantinet plus luxueuses. Du fait de l'emplacement, l'établissement peut être bruyant tôt le matin quand les marchands s'installent pour la journée. Le personnel parle allemand, anglais et français.

La Casa del Conde PENSION $$
(☎78-7818 ; www.cuzcovalle.com ; s/d 50/70 S, s/d/tr avec petit-déj 119/159/212 S ; Wi-Fi). Les éloges pleuvent sur cette charmante maison rurale, nichée dans les contreforts et entourée de fleurs. Tenues en famille et se distinguant par leur caractère, les jolies chambres comportent des édredons en plumes, le chauffage et la TV câblée. Il est impossible d'y accéder en voiture. À 10 minutes à pied en montée depuis la place. Un *mototaxi* peut aussi vous déposer à la chapelle qui n'est qu'à 5 minutes.

Hospedaje Kinsa Ccocha HÔTEL $
(☎20-3101 ; Arequipa 307A ; s/d 50/70 S, s/d sans sdb 25/50 S). Établissement modeste comportant un figuier chargé de fruits dans le patio caillouteux. L'ambiance est détendue et beaucoup de détails ont été soignés, notamment les nombreuses prises de courant, les serviettes de toilette, et le jet d'eau chaude puissant dans les douches. Le petit-déjeuner n'est pas inclus.

Royal Inka Hotel Pisac HÔTEL $$
(☎20-3064, 20-3066 ; www.royalinkahotel.com ; s/d avec petit-déj 154/212 S ; Wi-Fi, piscine). Ancienne hacienda, cet hôtel n'est pourtant absolument pas prétentieux. Les chambres spacieuses, beaucoup avec vue sur les ruines, sont entourées de parterres de fleurs et de vérandas. Les clients ont accès au spa et au Jacuzzi, ainsi qu'aux installations du Club Royal Inka de l'autre côté de la route. Le Wi-Fi ne fonctionne que par endroits.

Une adresse justifiant amplement la dépense, à 1,5 km de la place sur la route menant aux ruines.

Hospedaje Beho PENSION $
(☎20-3001 ; artesaniasbeho@yahoo.es ; Intihuatana 113 ; s/d/tr 35/70/105 S, s/d sans sdb

VAUT LE DÉTOUR

TOURISME DANS LES VILLAGES DE LA VALLÉE SACRÉE

Depuis peu, les communautés rurales de la vallée sont devenues très accessibles au tourisme. Généralement accueillantes avec les gens de passage, elles comptent néanmoins très peu d'infrastructures. Mieux vaut donc organiser sa visite, en s'adressant notamment à :

La Tierra de los Yachaqs (☎971-502-223 ; www.yachaqs.com). Réseau d'agrotourisme. Visite de villages andins, trek jusqu'aux lacs d'altitude, médecine naturelle et traditions artisanales.

Parque de la Papa (☎084-24-5021 ; www.parquedelapapa.org ; Pisac). Randonnées d'une journée et ateliers de cuisine, entre autres, sont proposés par ce nouvel organisme à but non lucratif qui œuvre en faveur des coopératives agricoles, ainsi qu'à diversifier les espèces de pommes de terre.

Pour une visite guidée dans des villages traditionnels, adressez-vous à ces tour-opérateurs recommandés : **Journey Experience** (www.thejoex.com), **Chaski Ventura** (www.chaskiventura.com) et **Respons** (www.respons.org).

20/40 S). Sur le chemin des ruines, cette boutique d'artisanat familiale loue des chambres sans prétention avec douches chaudes. Le jardin en friche est un havre de paix appréciable après la frénésie du marché.

Club Royal Inka CAMPING $

(☎20-3064, 20-3066, camping 20 S/pers ; 🏊). Le camping idéal. Pour 20 S, vous pourrez planter votre tente dans un emplacement délimité avec coin pour faire du feu, lumière et prise électrique. Vous aurez aussi accès à tous les services du club, notamment la piscine aux dimensions olympiques. Également : aire de jeux pour les enfants.

Où se restaurer

Ulrike's Café CAFÉ $

(☎20-3195 ; Manuel Prado s/s ; menu végétarien/avec viande 17/20 S, plats à partir de 11 S ; ⏱9h-21h ; 📶🖉). Ce café ensoleillé sert un excellent menu végétarien, des pâtes maison, un cheesecake fondant et des brownies. L'endroit comporte un système d'échange de livres, propose des DVD et organise des événements ponctuels comme les cours de yoga. Le personnel parle français, anglais et allemand.

Mullu FUSION $$

(☎20-3073 ; www.mullu.pe ; San Francisco s/n, 1er ét. ; plats 14-44 S ; ⏱9h-21h). Josip réserve un accueil des plus chaleureux à ses clients, et leur propose une carte cosmopolite (influences thaïlandaises, amazoniennes et andines). L'agneau traditionnel fond sous la langue, et les soupes et les rouleaux de printemps fusion sont tout aussi savoureux.

Restaurante Cuchara de Palo INTERNATIONAL $$

(☎20-3062 ; Plaza de Armas ; plats 15-38 S ; ⏱7h30-9h30 et 12h-20h). Installé dans le Pisac Inn, cet établissement stylé sert des salades bio et des plats originaux comme les raviolis de courge surmontés de maïs et de crème. Tous les plats ne sont pas aussi fameux les uns que les autres, mais l'ambiance est parfaite.

Prasada VÉGÉTARIEN $

(Arequipa 306 ; plats 7-12 S ; ⏱11h-17h mar-dim ; 🖉). Humble café servant de bons plats rapides à manger comme les tacos et d'énormes burgers de lentilles. Bon rapport qualité/prix.

Restaurante Yoly PÉRUVIEN $

(☎20-3114 ; Amazonas s/n ; menu 4 S ; ⏱6h-20h30). Apprécié de la clientèle locale, ce restaurant spartiate sert une cuisine familiale sous forme de menus comprenant une soupe et une boisson en plus du plat.

Restaurante Valle Sagrado PÉRUVIEN $

(☎20-3009 ; Amazonas s/n ; menu 6-15 S ; ⏱8h-21h). Le *menú turistico* est un peu plus chic. Mais pour manger comme les gens du coin (et payer la même addition), commandez le menu basique.

Renseignements

Un DAB est installé sur la Plaza de Armas.

Il y a des cybercafés fournissant une connexion lente autour de la place et un petit supermarché dans Bolognesi.

Depuis/vers Pisac

Les bus pour Urubamba (2,50 S, 1 heure) partent régulièrement du pont du centre-ville entre 6h et 20h. Les minibus pour Cuzco (3,50 S, 1 heure) partent de la Calle Amazonas une fois au complet. De nombreuses agences de voyages de Cuzco proposent la visite de Pisac en bus, en particulier les jours de marché.

Des minivans (25-30 S par véhicule) stationnés près de la place partent régulièrement à destination des ruines de Pisac. On peut aussi prendre un taxi à côté du pont pour parcourir les 7,5 km de route goudronnée menant aux ruines.

De Pisac à Urubamba

Entre Pisac et Urubamba se succèdent de jolis villages (ainsi que Calca, une ville plus grande, peu touristique et assez intéressante), que vous pourrez facilement visiter en une journée. **Yucay** et **Huarán** offrent des hébergements de charme et des restaurants, et constituent des bases parfaites pour explorer en toute sécurité la Vallée Sacrée et de belles vallées secondaires.

Une visite à la communauté de **Patabamba** permet d'assister à une fascinante démonstration collective de toutes les étapes du tissage : collecte de plantes, fabrication de teintures, tonte des moutons, montage du métier à tisser et explication des couleurs et des motifs. Les opportunités de trekking sont également excellentes. En réservant, il est possible de camper ou de séjourner en famille. Les tarifs varient énormément en fonction de la taille du groupe et du type de transport requis. **Journey Experience** (☎084-60-1203 ; www.thejoex.com) et **Chaski Ventura** (☎23-3952 ; www.chaskiventura.com ; Manco Cápac 517 ; nuit sur place avec 3 repas 156 S/pers) proposent tous deux des visites.

À Huarán, le tour-opérateur **Munaycha** (☎984-770-381 ; www.munaycha.com ; km 60,2 Carretera Pisac-Ollantaytambo, Huarán) spécialisé dans les circuits d'aventure est vivement recommandé. Il propose entre autres des treks guidés jusqu'à Lares, des excursions plus proches, et diverses balades en VTT. Nous avons reçu d'excellents échos de l'itinéraire combinant randonnée et VTT jusqu'au lac Huaipo près de Chinchero.

Les bus circulant entre Pisac et Urubamba passent régulièrement.

Urubamba

☎084 / 2 700 HABITANTS / ALTITUDE 2 870 M

Agglomération animée et sans attrait, Urubamba est un carrefour de transports entouré de contreforts bucoliques et de sommets enneigés. La ville tire avantage d'une altitude assez basse, et sa proximité avec Machu Picchu en fait une étape classique des circuits organisés. C'est aussi maintenant le fief des hôtels haut de gamme. Urubamba offre peu d'intérêt historique, mais la campagne environnante est superbe et le climat est plaisant. C'est donc une base idéale pour explorer l'extraordinaire puits salant de Salinas et les terrasses de Moray.

La ville étant assez étendue, les *mototaxis* (équivalent du rickshaw) sont le moyen de transport privilégié. Délimitée par la Calle Comercio et Jirón Grau, la Plaza de Armas est à cinq *cuadras* à l'est et quatre *cuadras* au nord de la gare routière.

À voir et à faire

Un grand nombre d'activités de plein air proposées à Cuzco (p. 209) se déroulent à Urubamba, notamment les randonnées

À NE PAS MANQUER

GREENHOUSE OU LA MAGIE DU VERT

Pour une détente absolue, logez dans cette **auberge de campagne** (☎984-770-130 ; www.thegreenhouseperu.com ; Km 60,2 Carretera Pisac-Ollantaytambo, Huarán ; s/d/tr 165/210/335 S ; @ᯤ) recommandée. Des chiens paressent sur leurs coussins et des hamacs sont suspendus dans le jardin luxuriant. Les chambres, spacieuses, sont bien aménagées et offrent une parfaite intimité. Les clients peuvent sympathiser dans la salle à manger ouverte sur le jardin. "Vert" comme son nom l'indique, l'établissement est équipé de panneaux solaires. La fabrication de compost et le recyclage sont à l'honneur. L'eau de rivière sert à l'arrosage du jardin. Gabriel et Bryan sont des hôtes de rêve : ils recommandent des randonnées, coupent Internet en journée pour favoriser la tranquillité d'esprit de leurs clients et concoctent de fabuleux repas familiaux (45 S) qui rassemblent tout le monde, à la même table, à l'heure du dîner.

à cheval, l'escalade, le VTT, les vols en montgolfière et le parapente.

Perol Chico ÉQUITATION
(☎984-62-4475 ; www.perolchico.com ; formules avec nuit à partir de 510 $US). Tenu par Eduard van Brunschot Vega (d'origine néerlandaise et péruvienne), cet excellent ranch situé à l'extérieur d'Urubamba possède des chevaux péruviens *paso*. Eduard organise des randonnées équestres pouvant s'étendre sur 2 semaines. L'excursion d'une journée complète avec nuit sur place dans la Vallée Sacrée (avec randonnées jusqu'à Salinas, Maras et Moray) comprend tous les repas et un hébergement de luxe. Réservation impérative.

Cusco for You ÉQUITATION
(☎79-5301, 987-841-000 ; www.cuscoforyou.com ; excursion 165 $US). Chaudement recommandé pour les randonnées équestres et pédestres de 1 à 8 jours. Les excursions d'une journée à cheval vont à Moray et Salinas. Renseignez-vous sur les tarifs spéciaux pour les familles et les groupes.

Où se loger

Nouveau haut lieu des hôtels de luxe, Urubamba compte étonnamment peu d'établissements de catégorie moyenne et petits budgets. La plupart des hôtels sont installés le long de la route, à l'ouest de la ville et de la gare routière, en direction d'Ollantaytambo.

♥ **Las Chullpas** BUNGALOWS $$
(☎20-1568 ; www.chullpas.pe ; vallée de Pumahuanca ; s/d/tr/qua 120/150/180/220 S ; @📶). Cachés à 3 km au-dessus de la ville, ces bungalows aménagés dans les bois sont dotés de cheminées et de lits confortables. Ce repaire magique, niché au milieu de gros eucalyptus, est assez étendu pour compter de jolies allées, des coins détente équipés de hamacs, et une cuisine accessible aux voyageurs (plats végétariens). Également : soins holistiques et chambre de sudation (disponible à la demande).

Une grande partie de la nourriture provient de la mini-ferme bio de l'hôtel ; des efforts sont menés en faveur du recyclage et de la production de compost. L'affable propriétaire chilien accompagne des randonnées, surtout dans la vallée de Lares. Une excellente adresse. Faites-vous bien indiquer le chemin car les routes ne sont pas signalées et tous les chauffeurs de taxi ne connaissent pas forcément l'endroit.

Río Sagrado Hotel HÔTEL DE LUXE $$$
(☎20-1631 ; www.riosagradohotel.com ; d avec petit-déj à partir de 1 311 S ; @📶). Un havre de design aux chambres de style cottage avec poutres en bois brut et exquises broderies d'Ayacucho. Cette propriété d'Orient Express est l'incarnation du luxe discret. Sa situation, sur le flanc d'une colline escarpée, confère aux chambres aménagées le long d'allées en terrasse embaumant le jasmin une parfaite intimité. On peut aussi profiter de la vue sur la rivière depuis les hamacs installés au milieu des cascades. Le service est évidemment impeccable.

Il y a en outre un sauna, des Jacuzzis et un restaurant. Le petit-déjeuner est servi dans une montgolfière suspendue au-dessus de la pelouse.

K'uychi Rumi BUNGALOWS $$$
(☎20-1169 ; www.urubamba.com ; d/qua 470/810 S ; @📶). "Pierre arc-en-ciel" en quechua, cet ensemble de cottages à deux étages, sertis dans la verdure et entourés d'un mur d'enceinte, forme une retraite idéale. Les familles l'apprécient et les touristes européens la plébiscitent. Les maisonnettes sont aménagées différemment, mais la plupart comportent 2 chambres, une kitchenette, une cheminée et un balcon. Elles sont reliées entre elles par un sentier labyrinthique où volètent les colibris et où se promènent les chiens qui gardent la propriété. Entre le Km 74 et le Km 75 sur la grand-route, à plus de 2 km à l'ouest de la ville.

Sol y Luna HÔTEL DE CHARME $$$
(☎20-1620 ; www.hotelsolyluna.com ; Fundo Huincho lote A-5 ; @📶🏊). Cette luxueuse propriété est un vrai conte de fées. Les amateurs d'artisanat traditionnel seront comblés. Ses 43 *casitas* s'ornent de fresques murales d'origine et de drôles de sculptures surdimensionnées que l'on doit au remarquable artiste péruvien Federico Bauer. L'atmosphère espiègle des lieux est accentuée par des teintes chaudes et audacieuses. Côté décoration, les lits en bois sculpté, les baignoires sur pieds et les délicats lustres en fer forgé tiennent le haut du pavé. Les propriétaires, français et suisse, ont tout prévu pour charmer leurs hôtes. Ainsi, des spectacles de cirque sont donnés par d'anciens artistes du Cirque du Soleil. En journée, on peut monter des chevaux péruviens *paso* sur le domaine de 15 ha et au-delà. L'excentricité règne dans le délicieux restaurant de l'établissement, Wayra,

créé par le chef du célèbre restaurant Malabar de Lima. On peut aussi se restaurer en plein air de façon plus décontractée, au gré de circuits gastronomiques et de visites aux chefs cuisiniers.

Tambo del Inka HÔTEL DE LUXE **$$$**
(☎58-1777 ; www.libertador.com.pe ; d à partir de 689 $US ; @📶🏊). Cet hôtel dispose de sa propre gare ferroviaire – pratique pour une excursion en matinée à Machu Picchu. Établissement imposant certifié Leed – avec son propre système de traitement des eaux usées et des filtres à air UV –, il occupe un immense terrain en bord de rivière, planté de gigantesques eucalyptus.

Le bois de ces arbres se retrouve dans la décoration intérieure, et ils sont également utilisés pour les traitements en spa. Les meilleurs atouts de l'hôtel : la piscine intérieure/extérieure de chromothérapie qui change de couleurs le soir, et un lounge branché avec tables rondes et fauteuils en cuir, éclairé de manière indirecte par une immense fresque murale en éclats d'onyx. Les chambres sont belles et confortables, mais il n'est pas très fair-play que des prestations basiques comme le petit-déjeuner et le Wi-Fi soient facturées en supplément.

Los Jardines HÔTEL **$**
(☎20-1331 ; www.los-jardines-urubamba.com ; Jr Convención 459 ; s/d 56/80 S). Se distinguant par son personnel très conciliant, cet hôtel familial recommandé par nos lecteurs occupe une grande maison en adobe entourée de jardins fleuris. Chambres sommaires mais propres, certaines avec grandes baies panoramiques. Le buffet du petit-déjeuner servi dans le jardin est en supplément. À courte distance à pied de la place.

Hostal los Perales PENSION **$**
(☎20-1151 ; ecolodgeurubamba.com ; Pasaje Arenales 102 ; ch 25 S/pers). Nichée dans une ruelle, cette accueillante pension familiale propose des chambres sommaires d'un bon rapport qualité/prix, blotties autour d'un jardin aux herbes folles. Les propriétaires âgés sont adorables. Au petit-déjeuner, ils servent des pancakes à la banane et de la confiture de *tamarillo* confectionnée avec les fruits de leur arbre à tomates. Comme il est facile de se perdre, prenez un *mototaxi* (1 S) à la gare routière.

Casa Andina HÔTEL DE LUXE **$$$**
(☎Lima 1-213-9739 ; www.casa-andina.com ; d avec petit-déj 555 S ; @📶). Dans un charmant cadre champêtre, hôtel d'une chaîne péruvienne, comptant 92 chambres aménagées dans des édifices bas installés sur des pelouses soignées. La réception principale et le restaurant occupent un superbe lodge en verre très haut de plafond. Chambres classiques proposant les équipements standard et des TV à écran plasma. Parmi les activités proposées : équitation, vélo et visites à Maras et Moray.

Los Cedros CAMPING **$**
(☎20-1416 ; empl 8 S/pers, maison à partir de 265 S). Ce camping champêtre et verdoyant, accessible par des routes de campagne sinueuses, est aménagé à environ 4 km au-dessus de la ville. Possibilité de prendre le petit-déjeuner (14 S). On peut aussi y louer une maison meublée de deux étages. À l'occasion, il accueille des soirées où l'on fête la pleine lune.

Où se restaurer et prendre un verre

Les hôtels haut de gamme abritent de bons restaurants ouverts à tous. Quelques *quintas* touristiques (où l'on sert de la cuisine andine typique) jalonnent la grand-route, à l'est du *grifo* (station-service).

♥ **Huacatay** PÉRUVIEN **$$**
(☎20-1790 ; Arica 620 ; plats 28-42 S ; ⏲13h-21h30 lun-sam). Niché dans une petite maison au bout d'une étroite rue secondaire, le Huacatay mérite le détour. Le tendre steak d'alpaga, servi dans une sauce au porto avec un risotto crémeux de quinoa et surmonté d'une frite en forme de tortillon, vous laissera un souvenir impérissable. Tous les plats ne sont cependant pas aussi bons (la truite est un peu sèche), mais cela reste une bonne adresse pour passer une excellente soirée. Personnel aux petits soins et ambiance chaleureuse.

Tres Keros Restaurant Grill & Bar NOVOANDINA **$$**
(☎20-1701 ; angle autoroute et Señor de Torrechayoc ; plats à partir de 26 S ; ⏲déj et dîner). Le volubile chef Ricardo Behar concocte une savoureuse cuisine gastronomique, fume lui-même la truite et importe sa viande rouge d'Argentine. Ici, on prend la gastronomie et sa dégustation très au sérieux. À 500 m à l'ouest de la ville.

Achats

Seminario Cerámicas CÉRAMIQUES
(☎20-1002 ; www.ceramicaseminario.com ; Berriozabal 405 ; ⏲8h-19h). Le potier Pablo

Seminario doit sa renommée internationale à ses œuvres d'inspiration préhispanique. Son atelier – une petite fabrique – est ouvert au public et des visites sont organisées pour découvrir toutes les étapes de la fabrication des céramiques.

Renseignements

Le **Banco de la Nación** (Mariscal Castilla s/n) change les dollars américains. Des DAB sont installés au *grifo* (station-service), au croisement de la grand-route et de la rue principale, Mariscal Castilla, ainsi que le long de la grand-route en direction de l'est. Pour les soins médicaux, la **Clínica Pardo** (984-10-8948) se trouve sur la grand-route, à quelques *cuadras* à l'ouest de la station-service.

Depuis/vers Urubamba

Urubamba est le principal nœud de transports de la vallée. Toutes les 15 minutes, des bus partent de la gare routière, sur la grand-route, à environ 1 km à l'ouest de la ville, à destination de Cuzco (4 S, 2 heures) via Pisac (2,50 S, 1 heure) ou Chinchero (3 S, 50 min). Les bus (1,50 S, 30 min) et *colectivos* (2,50 S, 25 min) pour Ollantaytambo partent fréquemment de la gare routière.

Les *colectivos* pour Quillabamba (35 S, 5 heures) partent du *grifo.*

Une course standard en ville en *mototaxi* coûte 1 S.

Salinas

Ce site est l'un des plus spectaculaires de toute la région de Cuzco. Des milliers de puits salants servent depuis l'époque inca à l'extraction du sel. Un petit cours d'eau très salée provient d'une source chaude, au sommet de la vallée. Dévié vers les puits, il permet de récolter, après évaporation, du sel pour le bétail. Tout cela sonne très prosaïque, mais au final le paysage est extraordinaire.

Pour vous y rendre, franchissez la passerelle au-dessus de l'Urubamba, située à Taramba, à environ 4 km de la ville d'Urubamba, tournez à droite et suivez le sentier qui longe la rive sud jusqu'à un petit cimetière. Tournez à gauche et grimpez une vallée vers le sud jusqu'aux **puits salants** (7 S ; 9h-16h30) de Salinas (environ 500 m de montée). La piste de terre battue qui entre dans Salinas par les hauteurs de la ville offre une vue magnifique ; cahoteuse, elle est néanmoins accessible aux taxis. Les circuits organisés empruntent presque toujours cet itinéraire. Depuis Urubamba, un taxi pour visiter Salinas et Moray coûte environ 80 S. Il est aussi possible de venir à pied ou à vélo depuis Maras. S'il fait très chaud, prenez l'itinéraire en descente depuis Maras et organisez-vous au préalable pour qu'un taxi vienne vous chercher.

Chinchero

084 / 900 HABITANTS / ALTITUDE 3 762 M

Ce village typique, que les Incas considéraient comme le lieu de naissance de l'arc-en-ciel, a pour atouts des ruines incas, une église coloniale, une vue magnifique sur les montagnes et un marché dominical haut en couleur. Situé sur une plaine d'altitude avec vue panoramique sur des sommets enneigés, l'endroit est très beau. Étant donné sa très haute altitude, il serait imprudent d'y passer la nuit à moins d'être déjà acclimaté. L'accès au site historique, où se trouvent les ruines, l'église et le musée, se fait sur présentation du *boleto turístico*.

À voir et à faire

Iglesia Colonial de Chinchero ÉGLISE
(8h-17h30 ; sur présentation du boleto turístico). Figurant parmi les plus belles églises de la vallée, cet édifice colonial est construit sur des fondations incas. L'intérieur, décoré de motifs floraux et religieux, vaut le coup d'œil.

Mercado de Chinchero MARCHÉ
Le marché de Chinchero, qui se tient le mardi, le jeudi et le dimanche, est moins touristique que celui de Pisac, et mérite à lui seul une excursion. Préférez le dimanche, moment où les habitants en tenue traditionnelle descendent des collines pour s'approvisionner en denrées alimentaires ; une occasion rare et authentique d'assister à la pratique ancestrale du *trueco* (troc).

Wayllabamba RANDONNÉE
De l'autre côté de la vallée, un sentier clairement tracé grimpe jusqu'au sommet, puis se dirige vers le nord avant de redescendre vers la vallée de l'Urubamba, à environ 4 heures de marche. Une fois à la rivière, le sentier tourne à gauche et continue jusqu'à un pont, à Wayllabamba (Huayllabamba), que vous pouvez traverser. De là, la route de la Vallée Sacrée mène à Calca (tournez à droite, environ 13 km) ou à Urubamba (tournez à gauche, environ 9 km). Vous pourrez héler n'importe quel bus jusqu'au milieu

d'après-midi, ou continuer à pied jusqu'à **Yucay**, où s'arrête officiellement le chemin. Vous y trouverez une église coloniale, des ruines incas et plusieurs hôtels charmants.

Centro de Textiles Tradicionales ARTISANAT
(Manzanares s/n). Toutes les rues sont jalonnées d'ateliers d'artisans ; mais le meilleur est sans doute celui-ci.

Ruines incas RUINES
Les plus importantes ruines incas sont les terrasses. Depuis le village, traversez-les à pied sur le flanc droit de la vallée pour découvrir des rochers taillés en forme de sièges et d'escaliers.

Museo del Sitio MUSÉE
(☎22-3345 ; 7 S ; ⏲8h-17h mar-dim). En face de l'église, un petit musée archéologique abrite une collection de pots brisés, ne méritant pas le supplément à payer pour entrer.

Où se loger et se restaurer

Ces deux hébergements comportent de bons restaurants ; il n'y a guère d'autre choix en ville.

La Casa de Barro AUBERGE $$
(☎30-6031 ; www.lacasadebarro.com ; angle autoroute et Miraflores ; s/d/tr avec petit-déj 133/186/225 S). Un petit nid, familial et romantique à la fois, avec des escaliers sinueux, une multitude de recoins, un jardin luxuriant, et des chambres agencées avec goût, réchauffées de gros édredons. Les influences italiennes sont évidentes dans cette maison en adobe gaie et colorée, conçue par un architecte. Les enfants aimeront la salle de jeux et les balançoires. Possibilité d'organiser des excursions dans la région. Le menu du restaurant coûte 50 S.

Hospedaje Mi Piuray PENSION $
(☎30-6029 ; www.hospedajemipiuraycusco.com ; Garcilaso 187 ; s/d/tr/qua avec petit-déj 40/70/80/90 S). Un établissement familial et accueillant, avec de grandes chambres soignées aux tons pastel et une cour ensoleillée. Sur place également : bar et restaurant.

Depuis/vers Chinchero

Les *combis* et les *colectivos* circulant entre Cuzco (2/6 S, 1 heure) et Urubamba (3/6 S, 30 min) s'arrêtent au croisement de la grand-route et de la Calle Manco Cápac II ; il suffit d'en héler un. Il vous déposera sur le trajet, par exemple à la bifurcation pour Maras.

Moray et Maras

À un peu plus de 10 km au sud-ouest d'Urubamba et proches de la petite ville de **Maras** (5 S), les terrasses de **Moray** (10 S ; ⏲aube-crépuscule), étagées en un profond amphithéâtre, offrent un spectacle fascinant. Différents niveaux de terrasses concentriques sont taillés dans une vaste cuvette d'argile et chaque palier semble jouir de son propre microclimat, selon la profondeur. Les Incas les auraient utilisées comme laboratoire afin de déterminer les conditions optimales pour chaque culture. Le site comprend trois cuvettes. L'une d'elles, plantée de diverses cultures, constitue une sorte de musée vivant.

Bien qu'à l'écart des sentiers battus, ce site n'est pas difficile à atteindre. Prenez n'importe quel véhicule circulant entre Urubamba et Cuzco via Chinchero et demandez à être déposé à la bifurcation pour Maras/Moray. Des taxis attendent généralement à cet embranchement pour faire l'aller-retour jusqu'à Moray (30 S), ou pour Moray et Salinas (50 S aller-retour). Pendant la basse saison, mieux vaut appeler la **compagnie de taxis de Maras** (☎75-5454, 984-95-6063) pour s'assurer qu'un véhicule attendra au carrefour. Depuis Urubamba, un taxi pour visiter Salinas et Moray coûte environ 80 S.

Enfin, il est possible de parcourir à pied les 4 km restants jusqu'au village de Maras. De là, suivez le sentier jusqu'à Moray, à 9 km.

De Maras, vous pourrez vous rendre à Salinas à pied ou à vélo (environ 6 km). Le chemin (à sens unique) commence derrière l'église, et la balade est rapide et plaisante. La compagnie de taxis de Maras loue des vélos.

Ollantaytambo

☎084 / 700 HABITANTS / ALTITUDE 2 800 M

Dominé par deux imposantes ruines incas, le village d'Ollantaytambo (plus souvent appelé Ollanta), avec ses étroites ruelles pavées, constitue le plus bel exemple préservé de l'urbanisme inca, et fut constamment habité depuis le XIIIe siècle. Après le passage des hordes de touristes en route pour Machu Picchu en fin de matinée, Ollanta est un bourg adorable. Vous pourrez vous balader dans le labyrinthe des ruelles, admirer les édifices de pierre et vous laisser bercer par le murmure des canaux d'irrigation. Par

Ollantaytambo

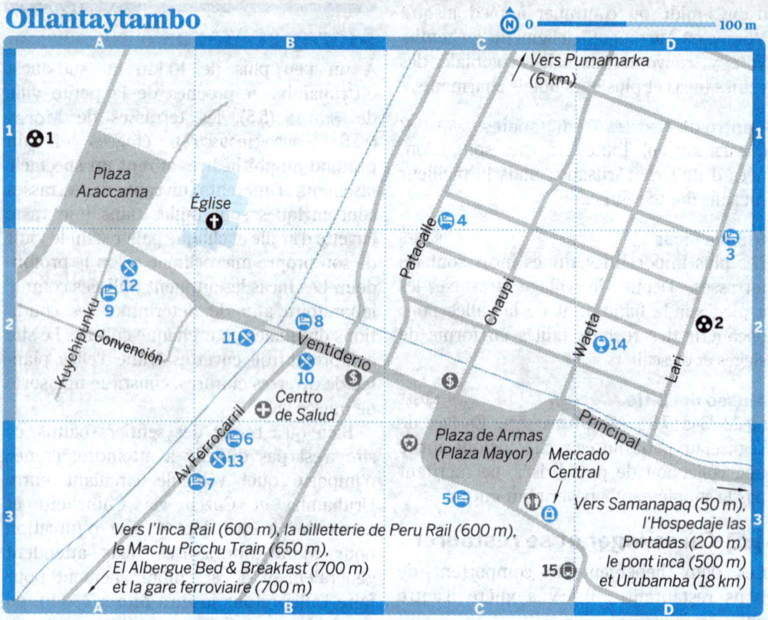

ailleurs, de superbes balades à pied ou à vélo partent du village.

Actuellement, Ollantaytambo souffre de son statut de "grande artère" entre Cuzco et la jungle. Comme il n'y a pas d'autres routes, d'immenses camions et bus foncent à travers l'étroite rue principale (évitant de peu les piétons). Les habitants s'inquiètent de l'impact sur leur vie quotidienne, et sur la préservation des ruines. Jusqu'ici cependant, les projets de construire une route alternative sont restés lettre morte.

Quelques cybercafés et des DAB sont installés autour de la Plaza de Armas. Il n'y a pas de banques, mais de nombreux commerces changent les espèces.

À voir et à faire

Ruines d'Ollantaytambo RUINES
(sur présentation du boleto turístico ; 7h-17h). Les immenses terrasses escarpées qui gardent les ruines incas marquent l'un des rares endroits où les conquistadors perdirent une bataille majeure.

Le rebelle Manco Inca s'était retiré dans cette citadelle après avoir été vaincu à Sacsayhuamán. En 1536, Hernando Pizarro (jeune demi-frère de Francisco Pizarro) mena l'assaut contre Ollantaytambo avec l'aide de 70 cavaliers et de nombreux

Ollantaytambo

À voir
1 Ruines d'Ollantaytambo A1
2 Accès aux ruines de Pinkulluna D2

Activités
KB Tambo .... (voir 8)

Où se loger
3 Apu Lodge D2
4 Casa de Wow C1
5 Chaska Wasi C3
6 Hostal las Orquídeas B3
7 Hotel Muñay Tika B3
8 KB Tambo Hostal B2
9 K'uychi Punku Hostal A2

Où se restaurer
10 Hearts Café B2
11 Mayu Pata B2
12 Puka Rumi A2
13 Tutti Amore B3

Où prendre un verre
14 Ganso D2

Transports
15 Bus pour Urubamba et Cuzco C3

fantassins indiens et espagnols, afin de capturer Manco Inca.

Assaillis par une pluie de flèches, de lances et de rochers projetés du haut des terrasses, les conquistadors ne parvinrent pas à grimper jusqu'à la forteresse. L'Inca eut en outre la brillante idée d'inonder la plaine grâce à des canalisations prévues à cet effet. Les chevaux s'embourbant dans l'eau, Pizarro donna l'ordre de la retraite, et des milliers de guerriers incas victorieux poursuivirent les conquistadors dans la vallée.

Toutefois, l'Inca n'eut guère le temps de savourer sa victoire : les troupes espagnoles revinrent bientôt à l'attaque avec le soutien d'une cavalerie quatre fois plus importante et Manco fut contraint de se réfugier dans son fort de Vilcabamba, en pleine jungle.

Forteresse redoutable, Ollantaytambo avait, pour les Incas, autant d'importance sur le plan religieux que militaire. Un **temple cérémoniel** se trouve au sommet des terrasses. Des murs, parfaitement ajustés, étaient en construction lors de la conquête et ne furent jamais achevés. Les pierres provenaient d'une carrière à flanc de montagne située à 6 km de là, au-dessus de la rive opposée de l'Urubamba. Le transport de ces énormes blocs jusqu'au site est un exploit qui a dû nécessiter les efforts de milliers d'ouvriers. Pour les faire passer d'une berge à l'autre, ils usèrent d'une technique ingénieuse : poser les pierres au bord de la rivière et détourner son cours.

Au départ d'Ollantaytambo, une belle randonnée consiste à suivre le sentier de 6 km jusqu'à la **carrière inca** de l'autre côté du fleuve. Le trajet prend quelques heures et passe devant plusieurs blocs abandonnés, surnommés *piedras cansadas* ("blocs fatigués"). Regardez vers Ollantaytambo pour voir l'étrange illusion d'optique qui fait apparaître une pyramide dans les champs et les murs en face de la forteresse et qui, selon certains spécialistes, indiquerait l'endroit légendaire où les premiers Incas sortirent de terre.

KB Tambo VTT

(☎20-4091 ; www.kbperu.com ; Ventiderio s/n). Considéré comme le meilleur tour-opérateur de la ville pour les circuits à VTT, et particulièrement recommandé pour les familles. Propose aussi des treks.

Sota Adventure SPORTS D'AVENTURE

(☎63-4003 ; www.sotaadventure.com). Agence familiale chaudement recommandée par nos lecteurs, en particulier pour l'équitation. Propose aussi du VTT et des randonnées de plusieurs jours.

Fêtes et festivals

Día de los Reyes Magos FÊTE

L'Épiphanie est célébrée du 5 au 8 janvier. Les habitants des villages voisins se rendent à pied à Ollanta pour fêter l'arrivée des trois rois mages. Des danses traditionnelles et une corrida ont lieu après la procession.

Señor de Choquechilca FÊTE

Se déroulant pour la Pentecôte fin mai ou début juin, cette fête, la plus importante de la ville, commémore le miracle du Christ de Choquechilca (apparition d'une croix en bois à côté du pont inca), à grand renfort de musique, de danses et de processions bigarrées.

Où se loger

Beaucoup d'hôtels économiques et de catégorie moyenne se concentrent dans les rues à l'est de la Plaza de Armas.

♥ **Apu Lodge** AUBERGE $$

(☎79-7162 ; www.apulodge.com ; Lari s/n ; s/d/qua avec petit-déj 140/160/240 S ; @ wifi). Adossé aux ruines, ce lodge moderne pourvu d'une vaste pelouse est un havre de paix, grâce à l'accueil du personnel et aux attentions

S'ATTARDER À OLLANTA

Vous êtes sous le charme ? Il y a beaucoup à faire pour prolonger le séjour :

» Explorez les ruines de Pinkulluna (en accès libre !), avec vue superbe sur la ville. L'entrée se trouve dans la Calle Lari. Le sentier est très escarpé : marchez prudemment, et portez de solides chaussures.

» Faites une randonnée d'une journée à Intipunku, ancien belvédère inca.

» Allez à pied ou à VTT à Pumamarka, ruine inca presque oubliée. L'excursion dure une demi-journée.

charmantes du propriétaire écossais. Les grandes chambres douillettes sont équipées de douches chaudes dont le jet puissant détend les muscles endoloris. Wi-Fi dans la salle commune. Le petit-déjeuner comprend du yaourt, des céréales, des fruits frais et des œufs.

Outre les randonnées guidées à pied ou à cheval, le personnel peut indiquer plusieurs itinéraires à faire en indépendant.

Casa de Wow AUBERGE DE JEUNESSE $
(☎20-4010 ; www.casadewow.com ; Patacalle s/n ; d 110 S, dort/s/d sans sdb 40/55/90 S ; @📶). Un petit nid douillet où l'on se sent comme chez soi, grâce aux attentions charmantes de Winn, native de Caroline du Nord, et de son compagnon Wow, artiste péruvien. Les lits superposés sont confortables, et les couples ont droit à un fantastique lit de roi inca fabriqué à la main (contrairement à l'original, les poutres en bois brut ne sont pas liées par des boyaux de lama mais par des cordes).

El Albergue Bed & Breakfast B&B $$$
(☎20-4014 ; www.elalbergue.com ; Estación de Tren ; d/tr avec petit-déj 204/259 S, d superior 303 S ; @📶). Sur le quai de la gare, cette adresse romantique dégage un charme très andin. Entourées de pelouses verdoyantes ponctuées de massifs de fleurs, les chambres carrelées sont aménagées avec goût (bois sombre, tentures, linge de qualité) dans un édifice du début du XXe siècle. Également : radiateurs portatifs, jeux pour les enfants et accès au sauna. À 800 m (en montée) du centre du bourg. Le restaurant de l'établissement est excellent.

KB Tambo Hostal PENSION $
(☎20-4091 ; www.kbperu.com ; Ventiderio s/n ; regular/superior par pers avec petit-déj 58/77 S ; @📶). Un rêve pour les amateurs d'ambiance décontractée. Cette accueillante pension dotée de confortables chambres doubles est tenue par un Nord-Américain qui vous donnera mille astuces et conseils. Vous obtiendrez difficilement une chambre en vous présentant à l'improviste, surtout si vous voyagez seul. KB organise aussi des circuits à VTT (avec les meilleurs vélos d'Ollanta.

Le site Internet est une mine d'informations pour le tourisme dans la région.

Samanapaq AUBERGE $$
(☎20-4042 ; www.samanapaq.com ; angle Principal et Alameda de las Cien Ventanas ; s/d/tr 199/244/318 S). Recommandé pour son adorable propriétaire don Jaime et son gentil dogue allemand, Venus, ce vaste complexe compte des pelouses où les enfants peuvent s'ébattre en toute liberté, de confortables parties communes et 20 chambres de style motel avec douches à jet massant. Un atelier de poterie est organisé sur place. La connexion Wi-Fi devrait être disponible incessamment.

Chaska Wasi AUBERGE DE JEUNESSE $
(☎20-4045 ; www.hostalchaskawasi.com ; Plaza de Armas s/n ; dort 35 S, d avec/sans sdb 50/40 S ; @📶). Les routards apprécient la compagnie de la sympathique Katy et de ses chats. Les chambres basiques et chaleureuses, avec douches électriques, présentent un excellent rapport qualité/prix, les espaces communs invitent à la détente et aux rencontres, et il y a des vélos à louer et des DVD.

Hotel Muñay Tika HÔTEL $$
(☎20-4111 ; www.munaytika.com ; Av. Ferrocarril s/n ; s/d/tr avec petit-déj 107/133/170 S ; @📶). Il ne faut pas se fier aux épis de maïs qui sèchent dans la cour : cet hôtel spacieux est moderne. Les chambres ont des vitres teintées, du parquet et des édredons. Il fait bon s'attarder dans le jardin.

K'uychi Punku Hostal HÔTEL $$
(☎20-4175 ; Kuyuchipunku s/n ; s/d/tr avec petit-déj 75/105/135 S ; 📶). Tenu par l'adorable famille Bejar-Mejía, cet hôtel recommandé accepte parfois de négocier ses tarifs. Les chambres occupent un bâtiment inca dont les murs sont épais de 2 m ainsi qu'une aile moderne ayant moins de cachet. Le petit-déjeuner, comprenant des œufs et du jus de fruits frais, est servi sur la terrasse la plus photographiée d'Ollanta.

Hostal las Orquídeas HÔTEL $$
(☎20-4032 ; www.hotellasorquideasllantaytambo.com ; Av. Ferrocarril s/n ; s/d avec petit-déj 85/125 S). Petite cour herbeuse et chambres avec parquet, édredons et TV.

Hospedaje las Portadas PENSION $
(☎20-4008 ; Principal s/n ; dort/s/d/tr 15/30/50/75 S). Bien que tous les bus touristiques et locaux passent devant, cette auberge familiale parvient à conserver sa tranquillité. Il y a une cour fleurie, une pelouse et une terrasse sur le toit, parfaite pour observer les étoiles. Camping possible (10 S/pers).

Où se restaurer

El Albergue Restaurante INTERNATIONAL $$
(☎20-4014 ; Estación de Tren ; plats 19-45 S ; ⏱5h-21h). Dans El Albergue, ce café de gare sert des dîners stylés aux tarifs corrects, composés de classiques péruviens. Il est particulièrement accueillant avec sa cuisine ouverte flanquée de généreuses corbeilles de fruits et ses tables agrémentées de nappes et de bougies. En entrée, goûtez les *causas* ou les légumes verts bio du jardin. Les médaillons d'agneau au *chimichurri* (sauce aux herbes) sont délicieux, tout comme le steak au poivre (poivre cueilli sur l'arbre, à l'extérieur). Pour les petites faims, commandez les pâtes maison servies sous forme de demi-portions. Les passagers des trains apprécieront de faire une halte dans le patio du Café Mayu pour s'offrir un expresso ou un cheesecake maison *aguantamayo*.

Puka Rumi CAFÉ $$
(☎20-4091 ; Ventiderio s/n ; plats 5-32 S ; ⏱7h30-22h). Les habitants ne jurent que par les steaks, les voyageurs craquent pour les petits-déjeuners et tout le monde raffole des *burritos* frais et originaux (assez copieux pour deux avec leurs tortillas pareilles à des pancakes et le vaste choix d'ingrédients présentés dans des bols, comme pour garnir des *fajitas*).

Tutti Amore GLACIER $
(Av. Ferrocarril s/n ; glaces 5 S ; ⏱8h30-19h). Andres, originaire de Rosario, en Argentine, sert des glaces maison semblables au *gelato* italien. On trouve les parfums classiques (*dulce de leche*, banana split), mais ne vous privez pas des parfums aux fruits tropicaux. À mi-chemin en descendant la colline en direction de la gare ferroviaire.

Hearts Café CAFÉ $
(☎20-4078 ; angle Ventiderio et Av. Ferrocarril ; menu 18 S, sandwichs 10-14 S ⏱7h-21h ; ✎). De la nourriture saine et savoureuse, de la bière, du vin et un fabuleux café. Cette adresse prisée de longue date propose des produits bio et des paniers pique-nique pour les excursions. Les petits-déjeuners enchantent le palais des gringos et la terrasse en angle semble avoir été faite pour observer les passants.

Géré depuis longtemps par une ONG reconnue, le café doit changer de propriétaires, et perdra probablement sa fonction caritative.

Mayu Pata PÉRUVIEN $$
(plats 12-34 S ; ⏱10h-22h). Niché en bord de rivière, ce coquet restaurant, tenu par le propriétaire de Puka Rumi, sert d'énormes salades, des pizzas cuites au feu de bois et de la truite.

Où prendre un verre

Ganso BAR
(☎984-30-8499 ; Waqta s/n ; ⏱14h-tard). La déco hallucinante (perche de pompiers et balançoires, entre autres) mérite à elle seule le passage par ce bar sympathique.

Depuis/vers Ollantaytambo

Bus et taxi

Des *combis* et des *colectivos* circulent fréquemment entre Urubamba et Ollantaytambo (1,50/2,50 S, 30 min), de 6h à 17h environ. Pour aller à Cuzco, il est plus facile de changer à Urubamba, mais quelques liaisons directes existent entre la gare ferroviaire d'Ollantaytambo et le Puente Grau à Cuzco (*combis* 10 S, 2 heures ; *colectivos* 12 S, 1 heure 30).

Bien qu'Ollantaytambo soit plus proche de Santa María (pour ceux qui poursuivent jusqu'à Santa Teresa) et de Quillabamba, lorsque les bus pour ces destinations y passent, ils sont déjà complets. Mieux vaut rebrousser chemin jusqu'à la gare routière d'Urubamba pour obtenir une place.

Train

Ollantaytambo est un carrefour de transports important, car le moyen le plus rapide et le plus économique pour relier Cuzco et Machu Picchu consiste à prendre un *combi* entre Cuzco et Ollantaytambo (2 heures), puis le train entre Ollantaytambo et Aguas Calientes (2 heures). Actuellement, trois compagnies ferroviaires assurent cette liaison :

Peru Rail (www.perurail.com ; Av. Ferrocarril s/n ; ⏱5h-21h). Anciennement l'unique service pour Aguas Calientes, avec de nombreux départs quotidiens. Trois catégories de service : Expedition (à partir de 98 $US aller-retour), Vistadome (à partir de 146 $US aller-retour) et le luxueux service spécial (à partir de 540 $US aller-retour).

Inca Rail (☎43-6732 ; www.incarail.com ; Av. Ferrocarril s/n). Nouvelle compagnie assurant 3 départs quotidiens depuis Ollantaytambo et quatre niveaux de service (aller-retour 82-180 $US). Réductions substantielles pour les enfants. Compagnie respectueuse du développement durable.

Machu Picchu Train (www.machupicchutrain.

com ; Av. Ferrocarril s/n). Nouveau service de trains panoramiques, circulant uniquement d'Ollantaytambo à Aguas Calientes (aller-retour tarif plein/réduit à partir de 100/70 $US) 3 fois par jour en haute saison. Petit-déjeuner ou en-cas parfois servis.

Mieux vaut acheter les billets au plus tard la veille et, en haute saison, réserver aussitôt que possible. Prenez plutôt un aller-retour : au départ d'Aguas Calientes, les trains sont beaucoup plus remplis car beaucoup de voyageurs qui vont à Machu Picchu à pied rentrent à Cuzco en train.

MACHU PICCHU ET LE CHEMIN DE L'INCA

Drapée dans la brume et entourée de végétation luxuriante, la vaste citadelle inca de Machu Picchu est à la hauteur des rêves les plus fous. À l'instar de Mona Lisa, des pyramides égyptiennes ou de la tour Eiffel, cette icône fait partie de l'imaginaire collectif, mais rien ne remplace l'exaltation de se trouver sur place. Si vous en avez le temps et l'envie, ne manquez pas de randonner jusqu'à Machu Picchu par le splendide Chemin de l'Inca, comme le faisaient les Indiens d'avant la conquête. Sachez toutefois que tout pèlerinage a ses défis. Ainsi, tous les visiteurs doivent passer par Aguas Calientes, le point d'accès à Machu Picchu. À mi-chemin entre l'attrape-touristes et la nature sauvage, cette bourgade sans attrait est isolée du reste de la région et uniquement accessible en train.

Aguas Calientes

☎084 / 1 000 HABITANTS / ALTITUDE 2 410 M

Aussi appelée Machu Picchu Pueblo, cette agglomération s'étend dans une profonde gorge en contrebas des ruines. À l'écart de toutes routes, elle est encerclée par d'imposantes murailles en pierre, une forêt de nuages et deux rivières. Malgré son emplacement sublime, Aguas Calientes est toujours restée une sorte de no man's land, avec une population pour l'essentiel en transit, des prestations d'une qualité d'autant plus mauvaise que les clients ne sont pas censés revenir, et une tradition architecturale basée sur l'inachèvement des travaux et le rafistolage. Les vendeurs insistent tellement que l'on s'y sent vite oppressé. Le mieux est de ne rien attendre de particulier d'Aguas Calientes.

Cependant, y passer la nuit offre un avantage de choix : arriver tôt à Machu Picchu, ce qui en soi est une raison suffisante.

Le court chemin entre la gare et l'arrêt des bus pour Machu Picchu est en escalier. Les personnes en fauteuil roulant passeront par le petit pont menant à Sinchi Roca et au centre du village pour le rejoindre.

À voir et à faire

Museo de Sitio Manuel Chávez Ballón MUSÉE

(22 S ; ⏲9h-17h). Ce musée propose de superbes présentations (en espagnol et en anglais) sur les fouilles réalisées sur le site et les méthodes de construction des Incas. Faites halte ici avant ou après votre visite des ruines, afin de mesurer pleinement leur caractère grandiose (si vous venez de passer plusieurs heures au soleil, vous apprécierez la climatisation et la douce musique d'ambiance).

Il y a un petit jardin botanique à l'extérieur, au pied d'un escalier inca irrégulier. À côté du pont Puente Ruinas, au point de départ du sentier menant à Machu Picchu.

Las Termas SOURCES CHAUDES

(10 S ; ⏲5h-20h30). Après avoir parcouru le Chemin de l'Inca, vous pourrez reprendre des forces aux sources chaudes de la ville. Ces minuscules sources thermales, qui ont donné leur nom à Aguas Calientes, sont agréables, mais elles ne sont plus très propres en fin de matinée ; il en existe de meilleures dans la région (par exemple, celles de Cocalmayo à Santa Teresa). Vous pourrez louer des serviettes à moindre coût à l'entrée.

Putucusi MONTAGNE

Si vous avez encore de l'énergie, une rude montée vous mènera au sommet de cette petite montagne en forme de dent juste en face de Machu Picchu. Suivez la voie ferrée sur environ 250 m à l'ouest de la ville et vous tomberez sur des marches : c'est le début du chemin, qui est bien marqué. Une balade vivement conseillée. Une partie de l'ascension se fait par des échelles glissantes à la saison des pluies ; la vue sur Machu Picchu récompensera vos efforts. Comptez 3 heures.

Où se loger

Les hébergements affichent des tarifs excessifs (sans doute deux tiers plus chers que dans les d'endroits moins touristiques). On trouve des *hospedajes* économiques sur la

Aguas Calientes

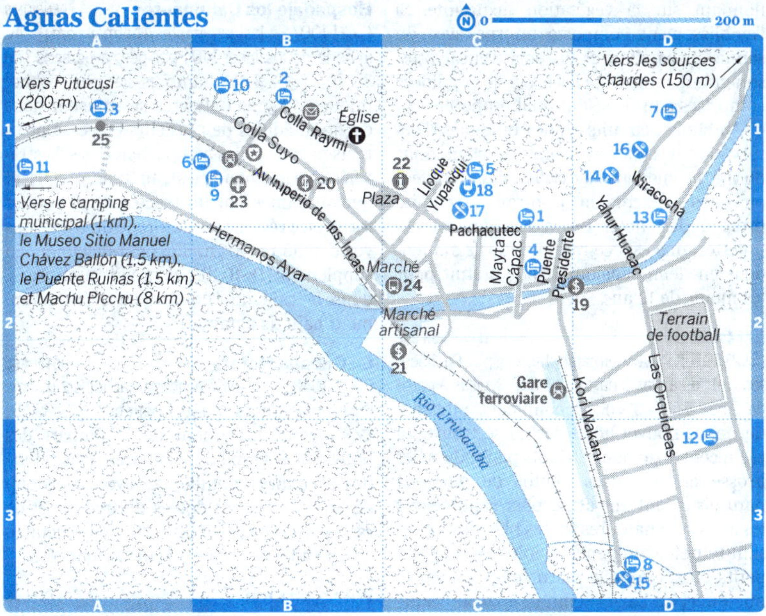

Aguas Calientes

Où se loger

1 El Mapi C1
2 Gringo Bill's B1
3 Hospedaje los Caminantes A1
4 Hostal John C2
5 Hostal Mayurina C1
6 Hotel Presidente B1
7 La Cabaña Hostel D1
8 Machu Picchu Pueblo Hotel D3
9 Machupicchu Hostal B1
10 Rupa Wasi B1
11 Sumaq Machu Picchu Hotel A1
12 Supertramp Hostel D3
13 Wiracocha Inn D1

Où se restaurer

14 Café de Paris D1
15 Café Inkaterra D3
16 Govinda D1
17 Indio Feliz C1
Tree House .... (voir 10)

Où prendre un verre

18 Wasicha C1

Renseignements

19 ATM D2
20 ATM B1
21 BCP C2
22 iPerú C1
Billetterie de Machu Picchu .... (voir 22)
23 Centre médical B1

Transports

24 Billets et arrêt de bus pour Machu Picchu C2
25 Trains pour la centrale hydroélectrique A1

colline au-dessus du marché de souvenirs ; les moins chers sont l'Hospedaje los Caminantes et l'Hostal John.

Machu Picchu Pueblo Hotel LODGE $$$
(Lima 01-610-0400 ; www.inkaterra.com ; d casitas à partir de 1 640 S, villas à partir de 2 532 S ;). Aménagés au milieu de jardins tropicaux, ces cottages chics de style andin (beaucoup avec piscine privative) reliés entre eux par des allées en pierre sont un summum de confort. Tout est dans les détails : stations iPod, décoration à l'élégance subtile et douches aux parois vitrées

donnant sur la végétation luxuriante. Si l'établissement comporte un spa avec un sauna en bambou et en bois d'eucalyptus, son grand atout reste les excursions guidées comprises dans le séjour qu'il propose.

Au choix : circuits guidés bilingues d'observation des oiseaux, visites de plantations de thé, promenades au milieu des orchidées ou encore excursion jusqu'au sanctuaire protégé de l'hôtel où vivent des ours à lunettes, une espèce rare. Les tarifs s'entendent en demi-pension. Séjour gratuit pour les moins de 12 ans.

El Mapi HÔTEL DESIGN **$$$**
(☎21-1011 ; www.elmapihotel.com ; Pachacútec 109 ; d casitas à partir de 1 640 S, villas à partir de 2 532 S ; ❄@📶). Dépouillé et ultramoderne, ce nouvel hôtel design se trouve en plein centre du bourg. Hauts plafonds, acier brossé et immenses photos de paysages naturels créent une atmosphère épurée que les austères chambres toutes blanches poussent toutefois un peu trop loin. Au rang des petits plus, citons le *pisco sour* de bienvenue offert au bar élégant, et le gigantesque buffet du petit-déjeuner – de quoi être parfaitement d'attaque pour une journée dans les ruines. Également : bassin paysager chauffé pour faire trempette, restaurant raffiné et boutique.

Rupa Wasi HÔTEL **$$$**
(☎21-1101 ; www.rupawasi.net ; Huanacaure s/n ; d avec petit-déj 472 S ; 📶). Dissimulé en haut d'un escalier, le Rupa Wasi est accroché à flanc de colline. L'édifice se distingue par ses escaliers en bois et ses chemins en pierre couverts de mousse. L'endroit est pittoresque et même un peu sauvage, et ses prix reflètent sa proximité avec Machu Picchu. Les chambres de style bungalow, équipées d'édredons, bénéficient d'une jolie vue. Agréable petit-déjeuner américain servi dans le café Tree House.

Gringo Bill's HÔTEL **$$$**
(☎21-1046 ; www.gringobills.com ; Colla Raymi 104 ; d/tr/ste avec petit-déj 199/278/358 S ; @📶🏊). L'un des premiers hôtels d'Aguas Calientes, Gringo Bill's propose des chambres luxueuses dans un édifice de plusieurs étages. Les chambres, élégantes, comportent d'épais dessus-de-lit en coton et de grandes sdb. Les suites sont pourvues de baignoires à jets massants et de TV. La piscine, minuscule, ne peut accueillir que deux personnes. Les suites les plus grandes sont très adaptées aux familles.

Hospedaje los Caminantes PENSION **$**
(☎21-1007 ; los-caminantes@hotmail.com ; Av. Imperio de los Incas 140 ; par pers avec/sans sdb 35/20 S ; 📶). Les chambres les plus économiques d'Aguas Calientes se trouvent dans ce grand édifice de plusieurs étages. Datées mais propres, elles comportent des sols stratifiés. L'eau chaude est au rendez-vous et quelques-unes ont un balcon. Vous risquez fort d'être réveillé par la sirène du train sous votre fenêtre, à 7h. Le petit-déjeuner, en supplément (8-10 S), se prend au-dessous, dans le café de l'établissement étonnamment haut de gamme.

La Cabaña Hotel HÔTEL **$$$**
(☎21-1048 ; www.lacabanamachupicchu.com ; Pachacútec s/n ; s/d avec petit-déj 336/392 S ; @📶). Situé en amont de la plupart des hôtels, cet établissement très prisé loue des chambres douillettes, avec beaucoup de bois ; elles sont dotées d'édredons et de radiateurs. Outre le buffet du petit-déjeuner, thé et fruits sont offerts toute la journée.

Wiracocha Inn HÔTEL **$$**
(☎21-1088 ; wiracochainn.com ; Wiracocha s/n ; s/d avec petit-déj 172/225 S). Dans une rue secondaire jalonnée d'hôtels de catégorie moyenne, cet établissement assez récent offre des chambres bien tenues, un service agréable et un patio abrité, à côté de la rivière. Les chambres sont équipées d'édredons et de TV.

Hotel Presidente HÔTEL **$$**
(☎21-1065 ; reservas@siahotels.com ; Av. Imperio de los Incas s/n ; d avec vue 210 S, s/d/tr avec petit-déj 159/199/225 S ; 📶). Une adresse très fiable, pourvue de petits lits doubles et de TV à écran plat. N'hésitez pas à payer le supplément pour une chambre avec vue, à la fois pour admirer la rivière et pour vous éloigner au maximum de la voie ferrée.

Sumaq Machu Picchu Hotel HÔTEL **$$$**
(☎21-1059 ; www.sumaqhotelperu.com ; Hermanos Ayar s/n ; s/d avec certains repas à partir de 1 312/1 594 S ; ❄@📶). Disgracieux de l'extérieur, cet hôtel haut de gamme abrite un intérieur apaisant. Les espaces baignés de soleil, aux murs blancs rehaussés de touches colorées, lui donnent un style moderne luxueux mais discret. Les chambres bénéficient de la vue sur la rivière et les montagnes, ou sur une colline dotée d'une petite cascade artificielle. Il y a un spa avec sauna et Jacuzzi ainsi que diverses possibilités pour se restaurer et prendre un verre à proximité.

Sont inclus dans le tarif des chambres : le petit-déjeuner, le thé dans l'après-midi, et le déjeuner ou le dîner.

Hostal Muyurina HÔTEL $$
(☎21-1339 ; www.hostalmuyurina.com ; Lloque Yupanqui s/n ; s/d/tr avec petit-déj 199/239/292 S ; 📶). Cet établissement flambant neuf est on ne peut plus sympathique. Téléphone et TV dans les chambres, personnel aux petits soins.

Supertramp Hostel AUBERGE DE JEUNESSE $
(☎79-1224 ; supertramphostel@hotmail.com ; Calle Chaskatika s/n ; dort avec petit-déj à partir de 26 S ; 📶). Les pancakes servis dès 5h conpensent l'eau chaude qui ne fonctionne que par intermittence ainsi que des chambres un peu exiguës. C'est la seule véritable auberge de jeunesse de la ville. Personnel sympathique, cuisine en accès libre et petite boutique de victuailles tout près. Il est possible que l'on vienne vous chercher à la gare.

Machupicchu Hostal HÔTEL $$
(☎21-1212 ; reservas@siahotels.com ; Av. Imperio de los Incas s/n ; s/d/tr avec petit-déj 120/135/180 S ; @📶). Une option parmi plusieurs auberges de catégorie moyenne bien tenues, à côté de la voie ferrée. Petite cour intérieure débordant de fleurs, et buffet pour le petit-déjeuner. Dans les petites chambres sombres, on entend non seulement les autres voyageurs, mais également tous les trains.

Hostal John HÔTEL $
(☎21-1022 ; jtrujillo3@hotmail.com ; Mayta Cápac 105 ; 20 S/pers). En amont de la place, cette adresse sympathique propose des chambres dépouillées, voire monacales, mais d'un rapport qualité/prix imbattable. L'Hotel Joe, de l'autre côté de la rue, affilié à l'établissement, offre des prestations similaires mais est moins agréable.

Camping municipal CAMPING $
(15 S/tente). Ce charmant petit camping est équipé de toilettes, de douches et d'une cuisine (en sus). À 20 minutes à pied en contrebas du centre du bourg, sur la route de Machu Picchu, avant le pont.

Où se restaurer

Ignorez les rabatteurs et prenez le temps de choisir votre restaurant. Le standing n'est guère élevé dans la plupart des établissements. Pour ceux ne figurant pas sur cette liste, vérifiez l'hygiène en priorité.

♥ **Indio Feliz** FRANÇAIS $$$
(☎21-1090 ; Lloque Yupanqui 4 ; menu 55 S, plats à partir de 38 S ; ⏲11h-22h). Ce restaurant plusieurs fois primé est une excellente adresse. S'il mise sur l'hospitalité, Patrick, le cuisinier français, se montre aussi à la hauteur côté fourneaux. Commencez par une *sopa criolla* (soupe délicieusement parfumée, servie avec du pain chaud, du beurre baratté sur place et des piments en option). La cuisine française traditionnelle n'est pas oubliée comme en témoignent les tomates à la provençale, les pommes de terre à l'ail croustillantes à la perfection, et la tarte aux pommes fondante.

Le décor, éclairé aux bougies, évoque une île de naufragé, avec des imitations de Gauguin, une tête de jeune fille sculptée, des bancs de style colonial et des objets vintage. Le menu à 50 S, absolument exquis, est d'un excellent rapport qualité/prix. L'Indio Feliz est bien pourvu en rampes d'accès pour fauteuils roulants. Le bar-terrasse en construction à l'étage donnera une autre bonne raison de ne plus partir.

Café Inkaterra PÉRUVIEN $$$
(☎21-1122 ; Machu Picchu Pueblo Hotel ; plats 25-60 S ; ⏲11h-21h). Cachet sans pareil pour ce restaurant niché en bord de rivière, et aménagé dans de longues salles au toit de chaume avec vue sur l'eau qui coule en cascade sur de gros rochers. Les prix sont très raisonnables, aussi ne vous privez pas de goûter à l'exquis *lomo saltado* accompagné d'une savoureuse sauce et d'oignons rouges croustillants. Cherchez-le bien car il est caché derrière la gare ferroviaire.

Tree House FUSION $$$
(☎21-1101 ; Huanacaure s/n ; 32-59 S ; ⏲4h30-22h). Quelques tables et une ambiance rustique forment le cadre douillet dans lequel on déguste un appétissant menu fusion. Les plats tels que soupe de poulet aux *wonton* et au gingembre, risotto de quinoa rouge et truite croustillante sont délicieusement préparés. Au dessert, goûtez au savoureux crumble aux fruits. L'établissement fait partie de l'hôtel Rupa Wasi. Pensez à réserver.

Café de Paris BOULANGERIE $
(Plaza Wiyawaina s/n ; viennoiseries 1-4 S ; ⏲7h-21h). Comment ces Français sont-ils arrivés ici ? Mystère. On ne peut en tout cas que se féliciter que ce stand en plein air vende des pains au chocolat, croissants frais

et autres desserts. La boulangerie à l'étage propose des cours collectifs, qui laisseront sans doute une intéressante empreinte culturelle sur la manière andine de confectionner les viennoiseries.

Govinda VÉGÉTARIEN **$$**
(Pachacútec s/n ; menu 15-30 S ; ⏲10h30-21h ; ✆). Une adresse végétarienne Hare Krishna servant du pain *chapati* et des classiques péruviens cuisinés sans viande. Attention aux horaires aléatoires.

Où prendre un verre

Aguas Calientes ne se distingue guère par sa vie nocturne. Pour appâter le chaland, certains restaurants propose un *happy hour* de 4 consommations pour le prix d'une (peut-être pas la meilleure idée avant de gravir Wayna Picchu). Le **Wasicha** (✆21-1282 ; Lloque Yupanqui s/n) est une *discoteca* très fréquentée et ouverte jusqu'au petit jour. À l'heure où nous écrivons, le restaurant Indio Feliz est en train de faire construire un bar sur son toit en terrasse.

Renseignements

Vous trouverez un bureau **iPerú** (✆21-1104 ; Pachacútec, cuadra 1 ; ⏲9h-13h et 14h-18h) pratique près de la **billetterie de Machu Picchu** (⏲5h20-20h45). Si le DAB de **BCP** (Av. Imperio de los Incas s/n) est à court d'espèces, sachez qu'il en existe quatre autres en ville, dont un dans l'Avenida Imperio de los Incas. Beaucoup de boutiques changent les espèces et les chèques de voyage, mais à des taux très désavantageux, donc mieux vaut prendre ses dispositions à Cuzco et arriver avec suffisamment de soles. Des cabines téléphoniques et des cybercafés sont disponibles partout, et il y a une petite **poste** (Colla Raymi s/n). Un **centre médical** (✆21-1005 ; Av. Imperio de los Incas s/n ; ⏲urgences 24h/24) est installé à côté de la voie ferrée.

Depuis/vers Aguas Calientes

Il y a trois possibilités pour se rendre à Aguas Calientes et à Machu Picchu : à pied, en train via Cuzco et la Vallée Sacrée ou en bus puis en train via Santa Teresa.

Train

Achetez un billet de retour pour ne pas vous retrouver coincé à Aguas Calientes – les billets de retour se vendent beaucoup plus vite que les billets aller. Toues les compagnies ferroviaires ont des guichets dans la gare, mais vous pouvez consulter les horaires et les tarifs actualisés sur leurs sites Internet. Pour plus de précisions, voir p. 236.

À destination de Cuzco (3 heures), **PeruRail** (www.perurail.com) dessert Poroy, et des taxis rejoignent ensuite la ville, située à 20 minutes de trajet supplémentaires.

À destination d'Ollantaytambo (2 heures), les 3 compagnies suivantes assurent des liaisons : **Peru Rail**, **Inca Rail** (✆à Cuzco 23-3030 ; www.incarail.com) et **Machu Picchu Train** (✆à Cuzco 22-1199 ; www.machupicchutrain.com).

À destination de Santa Teresa (45 min), les trains de Peru Rail partent chaque jour à 6h44, 12h35 et 13h30. Les billets (12 $US) s'achètent uniquement à la gare d'Aguas Calientes le jour du départ. Les trains partent en revanche de l'extrémité ouest de la ville, devant le commissariat. Vous pouvez aussi effectuer ce trajet avec un circuit multisports (voir p. 38).

Bus

Aucune route ne dessert Aguas Calientes. Les seuls bus qui montent à Machu Picchu (aller-retour 50 S, 25 min) circulent de 5h30 à 14h30 ; ils repartent jusqu'à 17h45.

Machu Picchu

Pour la plupart des voyageurs au Pérou, voire en Amérique latine, la cité inca "perdue" de Machu Picchu est le clou de leur voyage. Dotée d'une situation mythique et spectaculaire, elle constitue le site archéologique le plus célèbre du continent. Elle demeura pourtant inconnue des conquistadors et resta dans l'oubli jusqu'au début du XXe siècle. Aujourd'hui, en haute saison (fin mai-début septembre), le nombre maximum de 2 500 visiteurs par jour est atteint. Pourtant, cet afflux touristique n'entame en rien la splendeur et le mystère du site, un must pour quiconque se rend au Pérou.

La foule des visiteurs se presse surtout entre 10h et 14h. Les mois de juin à août sont les plus chargés.

Histoire

Machu Picchu n'est mentionnée dans aucune chronique des conquistadors espagnols. À l'exception de quelques aventuriers allemands dans les années 1860, qui auraient pillé le site avec le consentement du gouvernement péruvien, seuls quelques Quechua connaissaient l'existence de Machu Picchu jusqu'à ce que l'historien américain Hiram Bingham le découvre en 1911, guidé par des habitants. Le récit de sa découverte a été publié en français sous le titre de *La Fabuleuse Découverte de la cité perdue des Incas* (Pygmalion, 2008).

UN PEU DE LECTURE

Pour en savoir davantage sur le Chemin de l'Inca ou les itinéraires alternatifs moins fréquentés, lisez l'ouvrage de Mark Adams *Machu Picchu, première à droite* (Flammarion, 2012). Ce récit de voyage humoristique relate les aventures d'un rédacteur en chef dans la nature sauvage. Le point de vue amusant d'un profane sur l'histoire inca et sur les difficiles explorations d'Hiram Bingham.

Bingham recherchait en fait la cité perdue de Vilcabamba, le dernier bastion des Incas, qu'il pensa d'abord avoir trouvé à Machu Picchu. Nous savons aujourd'hui que les vestiges de Vilcabamba se trouvent plus profondément enfouis dans la jungle, à Espíritu Pampa. Lors de leur arrivée, Bingham et son équipe durent se contenter d'établir un vague plan, car le site était recouvert de végétation. Lorsqu'il revint en 1912 et en 1915 pour le dégager, Bingham découvrit quelques ruines sur le Chemin de l'Inca – au cours de ces divers voyages, Bingham rapporta des milliers de pièces aux États-Unis. En 1934, l'archéologue péruvien Luis E. Valcárcel poursuivit ses recherches, qui furent reprises en 1940 et 1941 par une expédition américano-péruvienne menée par Paul Fejos.

En dépit de ces études et de travaux plus récents, les connaissances concernant Machu Picchu demeurent superficielles. Aujourd'hui encore, les archéologues en sont réduits à émettre des hypothèses et à se perdre en conjectures sur sa fonction. Certains pensent que la cité fut fondée lors des dernières années de l'Empire inca, dans un ultime sursaut des Incas pour préserver leur culture ou rasseoir leur pouvoir ; d'autres supposent que le site était déjà déserté et oublié à l'époque de la conquête. Le conservateur du site affirme qu'il s'agissait d'une ville et d'un centre politique, religieux et administratif. Son emplacement et le fait qu'au moins huit routes d'accès aient été découvertes suggèrent que la cité était le centre névralgique des échanges commerciaux entre les régions de l'Amazonie et de la cordillère.

Quoi qu'il en soit, l'exceptionnelle qualité du travail de la pierre et l'abondance des ornements attestent que Machu Picchu fut un important centre cérémoniel. Un rôle qu'elle assuma à nouveau en 2001, lorsque Alejandro Toledo choisit la cité pour son investiture.

À voir et à faire

Ne manquez pas le nouveau Museo de Sitio Manuel Chávez Ballón (voir p. 252), implanté à côté du Puente Ruinas, au début du sentier menant à Machu Picchu. Les bus revenant à Aguas Calientes s'arrêtent près du pont sur demande. De là, vous pourrez rentrer en ville en moins d'une demi-heure de marche.

À L'INTÉRIEUR DES RUINES

À moins d'arriver par le Chemin de l'Inca, vous entrerez dans les ruines par la billetterie située du côté sud de Machu Picchu. Un sentier d'environ 100 m mène à l'entrée de la cité proprement dite. Là, les ruines forment une sorte de labyrinthe, divisé en deux par une série de places.

Notez que les noms de chaque vestige sont nés de spéculations quant à leur usage. En réalité, on ne les connaît pas pour la plupart. L'escalier en zigzag sur la gauche conduit à une hutte (hutte du Gardien) qui dévoile une vue d'une ampleur inégalée sur le site.

Hutte du Gardien du rocher funéraire RUINES

Un excellent belvédère pour apprécier la vue d'ensemble sur le site. Figurant parmi les rares bâtiments restaurés, il est coiffé d'un toit de chaume et constitue un bon abri par temps de pluie. Le Chemin de l'Inca débouche en contrebas. Derrière la hutte, un rocher sculpté aurait servi pour momifier les nobles, d'où le nom de la hutte.

Bains cérémoniels RUINES

En continuant tout droit au lieu de monter jusqu'à la hutte, vous traversez de grandes terrasses avant d'arriver à une série de 16 superbes bains cérémoniels reliés entre eux, qui s'échelonnent au milieu des ruines, bordés d'une volée de marches.

Temple du Soleil RUINES

Sur la gauche, au-dessus des bains, le temple du Soleil est l'unique édifice rond de Machu Picchu. Cette tour pointue s'enorgueillit de pierres très finement ouvragées.

Machu Picchu

Cette majestueuse citadelle inca du XVe siècle se dresse à 2 430 m d'altitude sur une étroite crête rocheuse surplombant le Río Urubamba. Alors qu'elle était traditionnellement considérée comme un centre administratif, politique et religieux, elle aurait été, selon de nouvelles théories, un domaine royal conçu par Pachacútec, roi dont les conquêtes militaires ont façonné l'Empire inca. Des sentiers reliaient le site à la capitale inca de Cuzco et à d'autres sites majeurs situés dans la jungle. Les envahisseurs espagnols ne l'ayant jamais découvert, les spécialistes se querellent encore sur la date à laquelle il fut abandonné et sur les raisons de cet abandon.

À son apogée, Machu Picchu devait compter quelque 500 habitants. Véritable prouesse d'ingénierie, ses fameux murs incas sont constitués de blocs de pierre polie assemblés sans mortier. Il fallut des milliers d'ouvriers et 50 années pour construire la citadelle – un tel chantier coûterait aujourd'hui plus d'un milliard de dollars.

Pour le rendre habitable, il fallut niveler le site, acheminer l'eau depuis les cours d'eau d'altitude par des canaux en pierre et construire des murs d'étayage verticaux afin de pouvoir cultiver du maïs, des pommes de terre et de la coca – les fameuses cultures en terrasses. Le système d'irrigation aidait à lutter contre les fortes précipitations en les canalisant pour arroser les cultures. Les toits plats et terrasses agricoles orientés vers l'est tiraient quant à eux le meilleur parti de l'ensoleillement.

Le site agit comme un aimant sur les voyageurs, les étudiants en histoire et les amoureux de mysticisme. Si le débat fait rage quant à sa véritable fonction, la grandeur de Machu Picchu demeure incontestée.

BON À SAVOIR

- » **Visiter** avant l'arrivée de la foule – en milieu de matinée
- » **Prévoir** au moins 3 heures de visite
- » **Porter** des chaussures de marche et un chapeau
- » **Emporter** de l'eau potable
- » **Profiter** d'une vue d'ensemble en parcourant les sentiers menant au site

CAROLYN MCCARTHY

Intihuatana

"Poteau d'amarrage du Soleil", ce rocher délicatement sculpté servait probablement aux astronomes incas à prédire les périodes de solstices. C'est un vestige d'une grande rareté, les Espagnols ayant détruit les *intihuatana* de tout le royaume afin d'éradiquer les cultes païens blasphématoires.

Temple aux Trois Fenêtres

Profitez de la vue imprenable sur la place en contrebas par les immenses fenêtres trapézoïdales encadrées de linteau de 3 tonnes. Rare dans l'architecture inca, la présence de trois fenêtres pourrait avoir une signification particulière.

CAROLYN MCCARTHY

Wayna Picchu

L'ascension de ce pic de 2 720 m doté d'échelles, de grottes et d'un petit temple, prend entre 45 minutes et 1 heure 30. Prudence car les marches escarpées sont glissantes lorsqu'il a plu. Procurez-vous un permis (ceux-ci sont pris d'assaut) à l'avance en même temps que le billet d'entrée.

CAROLYN MCCARTHY

Place centrale

Cette vaste esplanade verdoyante où paissent des lamas marque la séparation entre le secteur cérémoniel de Machu Picchu et les quartiers profanes, industriels et résidentiels, moins bien construits.

Temple du Soleil

Cette tour ronde, fermée aux visiteurs, est particulièrement belle vue d'en haut. Agrémentée des pierres les plus finement ouvragées de la cité, d'un autel et de fenêtres trapézoïdales, elle a pu servir à l'étude des astres.

Tombeau royal

Forte sans doute d'une signification cérémonielle particulière, cette grotte naturelle se tient sous le temple du Soleil. Bien qu'elle soit interdite d'accès, on peut voir son autel en forme de d'escalier et ses niches sacrées depuis l'entrée.

CAROLYN MCCARTHY

Temple du Condor

La tête de condor sculptée dans la roche est dotée de deux saillies rocheuses évoquant des ailes déployées. Derrière, une cavité interdite d'accès mène à une minuscule cellule souterraine, dans laquelle on ne pourrait pénétrer que courbé en deux.

Tombeau royal
RUINES

Sous le temple du Soleil, cette grotte naturelle, à peine visible, fut soigneusement taillée par des maçons incas. Le débat fait rage quant à son usage : bien qu'elle soit appelée Tombeau royal, aucune momie n'y a été découverte.

Place sacrée
PLACE

Les escaliers qui grimpent au-dessus des bains cérémoniels mènent à un secteur jonché de rochers, qui servait de carrière. En haut, tournez à droite et traversez la carrière par le petit sentier qui conduit à la Place sacrée, de forme carrée. Au fond de la place, une petite plate-forme dotée d'un mur courbe dévoile une perspective sur les sommets enneigés de la Cordillera Vilcabamba au loin et sur l'Urubamba en contrebas.

Temple aux Trois Fenêtres
RUINES

Des édifices majeurs flanquent les trois autres côtés de la place. Celle-ci est dominée par le temple aux Trois Fenêtres, agrémenté d'immenses ouvertures trapézoïdales.

Temple principal
RUINES

À la sortie, ce temple se dresse sur la droite ; il doit son nom à ses dimensions imposantes et à la perfection de sa construction. La détérioration de la partie arrière droite provient d'un tassement de terrain et non d'un défaut de maçonnerie.

Maison du Grand Prêtre
RUINES

Elle fait face au Temple principal.

Sacristie
RUINES

Derrière le Temple principal, ce petit bâtiment, avec lequel il est relié, compte de nombreuses niches joliment sculptées, qui servaient peut-être à ranger des objets cérémoniels, ainsi qu'un banc de pierre ouvragé. Il se distingue par les deux blocs de pierre qui flanquent l'entrée, qui présenteraient chacun 32 facettes – le nombre est différent à chaque comptage.

Intihuatana
RUINES

Ce mot quechua, qui se traduit librement par "poteau d'amarrage du Soleil", fait référence au pilier sculpté dans la roche, qui est souvent pris à tort pour un cadran solaire. Les astronomes incas parvenaient à prédire les solstices à l'aide de ses différentes faces et donc à contrôler le retour des longs jours d'été. Si l'on ignore exactement comment cette pierre était utilisée, son élégante simplicité et sa facture sophistiquée en font l'un des attraits majeurs du site.

Place centrale
PLACE

Derrière l'Intihuatana, un autre escalier descend vers la Place centrale.

Bloc carcéral
RUINES

En bas de ce secteur, le bloc carcéral consiste en un labyrinthe de cellules, de niches et de passages, dont certains souterrains.

Temple du Condor
RUINES

Pièce centrale du bloc carcéral, ce temple tient son nom d'une tête de condor sculptée aux ailes déployées.

INTIPUNKU

Le Chemin de l'Inca s'achève après l'ultime descente du promontoire d'Intipunku (porte du Soleil). À l'entrée des ruines, retournez-vous pour contempler sur la colline le chemin et Intipunku. C'est cette colline, appelée Machu Picchu (vieux sommet), qui a donné son nom au site. Comptez environ 1 heure pour rejoindre Intipunku. Si vous disposez d'une demi-journée pour le circuit complet, continuez jusqu'à Wiñay Wayna. Prévoyez au minimum 15 S, pour une sorte de droit d'accès officieux et meilleur marché au Chemin de l'Inca. Vous devrez rentrer avant 15h, heure de fermeture du poste de contrôle.

PONT À BASCULE INCA

De l'autre côté des ruines, une jolie promenade moins escarpée part de la hutte du Gardien du rocher funéraire, passe au sommet des terrasses et suit un étroit sentier à pic jusqu'au pont à bascule inca. Cette marche de 20 minutes permet de découvrir la végétation de la forêt de nuages et différentes vues de Machu Picchu. Vous devrez vous contenter d'admirer à une certaine distance. Il est en effet inaccessible depuis la mort accidentelle d'un visiteur il y a quelques années.

CERRO MACHU PICCHU

Une montée de 1 heure 30 à 2 heures vous permettra d'atteindre le sommet du Machu Picchu et de profiter de l'un des plus beaux panoramas du site : le point de vue embrasse le Chemin de l'Inca jusqu'à Wiñay Wayna et Phuyupatamarka, le bas de la vallée et les impressionnantes terrasses du Km 104 (où commence la version courte du Chemin de l'Inca) et tout le site de Machu Picchu. Cette balade vivement recommandée est plus spectaculaire que celle du Wayna Picchu, et moins bondée. Prévoyez suffisamment de temps pour profiter du paysage (et reprendre votre souffle).

WAYNA PICCHU

L'ascension du Wayna Picchu, derrière les ruines, est la plus pratiquée des courtes randonnées accessibles aux alentours de Machu Picchu. Wayna Picchu se traduit par "jeune sommet" ; toutefois, le mot *picchu*, lorsqu'il est prononcé avec la glotte, désigne la chique de feuilles de coca qui déforme la joue. Sachez que l'accès au Wayna Picchu est limité à 400 personnes par jour – les 200 premières peuvent monter à 7h, les 200 autres à 10h. Il se peut que vous ne puissiez obtenir un **billet** (24 S) qu'au moment d'acheter votre billet d'entrée sur le site. En basse saison, les billets partent une semaine à l'avance, et plus tôt en haute saison. Organisez-vous en fonction.

De prime abord, l'ascension de Wayna Picchu paraît ardue, mais elle ne présente pas de difficulté technique majeure. Elle est toutefois déconseillée si vous êtes sujet au vertige. Les randonneurs doivent s'inscrire, en arrivant et en repartant, au guichet installé après la Place centrale, entre deux bâtiments au toit de chaume. L'ascension demande entre 45 min et 1 heure 30. Elle traverse un court tunnel inca.

Montrez-vous particulièrement vigilant par temps humide, car les marches deviennent dangereusement glissantes. S'il est facilement identifiable, préparez-vous à franchir une échelle et une grotte en surplomb où vous devrez vous courber. Un autre itinéraire part en cours de route : un chemin balisé plonge sur la gauche et continue de descendre à l'arrière du Wayna Picchu jusqu'au petit **temple de la Lune**. De là, un sentier récemment défriché conduit derrière les ruines avant de grimper la face arrière abrupte du Wayna Picchu.

La descente dure environ 1 heure ; comptez un peu plus pour rejoindre le sentier du Wayna Picchu. Spectaculaire, ce chemin joue les montagnes russes sur les flancs du Wayna Picchu avant de s'enfoncer dans la forêt de nuages. Il débouche soudain sur une clairière où se dressent de jolies petites ruines.

Le Cerro Machu Picchu est une bonne alternative si vous êtes malchanceux.

Où se loger et se restaurer

La plupart des visiteurs logent à Aguas Calientes ou viennent de Cuzco pour la journée.

Machu Picchu Sanctuary Lodge LODGE $$$

(☎984-81-6956 ; www.sanctuarylodgehotel.com ; ch standard/ch avec vue sur la montagne/ste 975/1 400/1 750 $US). Désormais géré par Orient Express, cet hôtel sélect dispose d'un atout imparable : son emplacement. C'est le seul établissement à Machu Picchu, mais est-ce bien un avantage sachant que les bus partent très tôt pour les ruines et que, le site fermant tôt, il est impossible de prendre la photo du coucher de soleil dont on rêve ?

Comme de juste, le service est impeccable, les chambres sont confortables (décor sobre, stations d'accueil, et possibilité de prendre ses repas en chambre). Également : spa, jardins soignés et service de guide personnalisé pour les ruines. L'hôtel est souvent complet, il faut réserver au moins 3 mois à l'avance. Deux restaurants servent les repas, et assurent le **buffet du déjeuner** (97 S ; ⌚11h30-15h) – prisé et ouvert au public, il comprend des boissons non alcoolisées.

Renseignements

Sanctuaire historique de Machu Picchu

(www.machupicchu.gob.org ; tarif plein/étudiant 128/65 S ; ⌚6h-16h). Les billets d'entrée partent souvent très vite : achetez-les à l'avance à Cuzco. On ne peut entrer que jusqu'à 16h. Une fois à l'intérieur, les visiteurs peuvent rester jusqu'à 17h. Vérifiez les changements concernant l'achat de billets en ligne : il était auparavant possible de recourir au service Verified by Visa, mais la fraude généralisée a conduit à l'interruption de ce service à la mi-2012.

La foule des visiteurs se presse surtout entre 10h et 14h. Les mois de juin à août sont les plus chargés. En programmant votre visite tôt le matin ou en fin d'après-midi, vous échapperez à l'affluence. Une visite matinale en milieu de semaine pendant la saison des pluies (surtout en février quand le Chemin de l'Inca est fermé) vous garantira une relative tranquillité.

Les bâtons de marche et les sacs à dos de plus de 20 litres sont interdits sur le site. Il y a une consigne devant l'entrée (5 S/bagage ; ⌚6h-16h) et une à l'intérieur (3 S/bagage ; ⌚6h-17h).

Des guides (100-150 S/pers, 20 S en groupes de 6-10 pers) proposent leurs services à l'entrée. Leurs compétences sont variables ; choisissez-en un muni d'un titre de guide officiel délivré par DIRCETUR. Mettez-vous d'accord sur le prix et vérifiez s'il s'applique au groupe ou à chaque personne. Veillez également à être fixé sur la durée de la visite et la taille maximale du groupe.

Les renseignements et les cartes fournis dans cet ouvrage devraient vous suffire. Si l'anglais n'est pas un obstacle, vous pourrez aller plus loin en vous procurant *Exploring Cusco*, de Peter Frost.

Désagréments et dangers

À l'intérieur du site, ne marchez pas sur les murs, car cela fragilise les pierres – d'où les coups de sifflet courroucés des gardiens. Il est interdit de passer la nuit sur place : aussi, chaque recoin du site est inspecté avant la fermeture. Il est également interdit d'emporter des bouteilles en plastique et de la nourriture, mais la surveillance est moins stricte. Mieux vaut manger à l'extérieur, utiliser des gourdes et remporter tous ses déchets (même s'ils s'ont biodégradables). Le café de l'entrée vend de l'eau, mais seulement dans des bouteilles en verre.

Les seules toilettes sont aménagées sous le café et coûtent 1 S.

Les minuscules mouches des sables sont partout. On ne les remarque pas, mais l'on peut se gratter une semaine durant à cause de leurs piqûres. Utilisez du répulsif anti-insectes.

À Machu Picchu, la météo semble se limiter à deux cas de figure : pluie diluvienne ou soleil accablant. N'oubliez pas votre imperméable et surtout votre crème solaire.

Comment s'y rendre et circuler

D'Aguas Calientes, les bus fréquents pour Machu Picchu (50 S aller-retour, 25 min) partent du guichet installé le long de la grand-route entre 5h30 et 14h30. Ils reviennent du site une fois au complet ; dernier retour à 17h45.

On peut aussi monter à pied (8 km, 1 heure 30) par une route de montagne étroite, sinueuse et très escarpée. Il faut d'abord aller d'Aguas Calientes à Puente Ruinas (20 min de plat), où le chemin menant aux ruines traverse le Río Urubamba, près du musée. On parcourt ensuite 2 km d'une rude montée (sentier clairement balisé) pour atteindre Machu Picchu. Comptez environ 1 heure, moins en descente.

Pour plus de détails sur les transports jusqu'à Aguas Calientes, reportez-vous p. 236.

Chemin de l'Inca

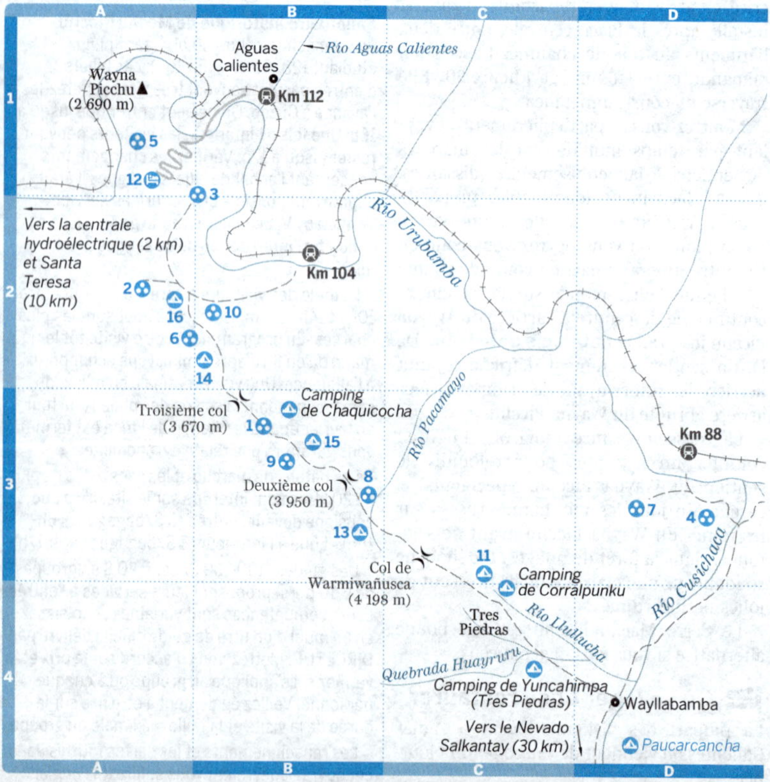

Le Chemin de l'Inca

Chaque année, plusieurs milliers de voyageurs sac au dos effectuent cette randonnée de 4 jours, la plus célèbre d'Amérique du Sud. Bien que la distance ne soit que de 43 km, le chemin tracé par les Incas entre la Vallée Sacrée et Machu Picchu serpente entre les montagnes et franchit trois cols élevés, ce qui lui a valu le surnom "d'Inca Trial" (l'"Épreuve de l'Inca", et non le "Chemin de l'Inca", Inca Trail). La vue spectaculaire sur les sommets enneigés, les petits hameaux où paissent les lamas, la forêt de nuages où croissent les orchidées et la découverte des ruines blotties sur les falaises font de ce trek une expérience inoubliable.

Pour des renseignements sur les autres itinéraires de randonnée, voir p. 38.

La randonnée

Les agences emmènent les participants en bus jusqu'au début du sentier, "Piscacucho" (Km 82 de la voie ferrée, direction Aguas Calientes).

Une fois l'Urubamba (2 600 m) traversé et les formalités réglées, la randonnée débute en pente douce le long de la rivière jusqu'au premier site archéologique, **Llactapata** ("ville au sommet des terrasses"), puis descend vers le sud dans la vallée du Río Cusichaca. Si vous partez du Km 88, tournez à l'ouest après la rivière pour visiter, à 1 km, le site peu fréquenté de **Q'ente**, "colibri", avant de revenir vers l'est sur le sentier principal et de rejoindre Llactapata.

Le chemin file vers le sud pour arriver, après 7 km, au hameau de **Wayllabamba (Huayllabamba)**, ou "plaine herbeuse", situé à 3 000 m. De nombreux groupes campent à proximité la première nuit. Sur place, vous pourrez acheter des boissons en bouteille et des en-cas énergisants. Retournez-vous pour admirer le sommet enneigé du **Nevado Verónica** (5 750 m).

Wayllabamba se situe près du confluent du Llullucha et du Cusichaca. Après avoir traversé le Llullucha sur un pont de rondins, le chemin grimpe à pic sur la rive. Ce secteur est appelé **Tres Piedras** (Trois Pierres ; 3 300 m), mais lesdits rochers ont disparu. De là, une longue montée très escarpée de 3 km passe à travers une forêt humide.

Chemin de l'Inca

À voir

1 Tunnel inca B3
2 Intipata A2
3 Intipunku B1
4 Llactapata D3
5 Machu Picchu A1
6 Phuyupatamarka A2
7 Q'ente D3
8 Runkurakay B3
9 Sayaqmarka B3
10 Wiñay Wayna B2

Où se loger

11 Camping de Llulluchupampa C3
12 Machu Picchu Sanctuary Lodge A1
13 Camping de Paq'amayo B3
14 Camping de Phuyupatamarka B2
15 Camping de Sayaqmarka B3
16 Camping de Wiñay Wayna A2

Le chemin débouche finalement en altitude sur le flanc désolé du **Llulluchupampa** (3 750 m), où vous trouverez de l'eau et de bons emplacements de camping (très froids la nuit). Vous ne pourrez pas aller plus loin le premier jour ; nombre de groupes y passent même la deuxième nuit.

De Llulluchupampa, un bon sentier monte en 2-3 heures du côté gauche de la vallée jusqu'au col de **Warmiwañusca**, également nommé "col de la Femme morte". Point culminant du trek (4 200 m), il coupe le souffle de plus d'un marcheur aguerri. De Warmiwañusca, on aperçoit en contrebas le Pacamayo, ou Río Escondido, et les ruines de Runturacay, à flanc de colline.

Une longue descente raide mène à la rivière, où sont aménagés de grands emplacements de camping avec toilettes à **Paq'amayo**. À environ 3 600 m d'altitude, le sentier franchit la rivière par une petite passerelle et monte ensuite vers **Runkurakay (Runturacay)**, ou "bâtiment en forme d'œuf" (3 750 m), une ruine circulaire à environ 1 heure de marche, qui offre une vue superbe.

Au-dessus de **Runkurakay**, le chemin grimpe jusqu'à un faux sommet, puis passe à côté de deux petits lacs avant d'arriver au second col, à 3 950 m, qui dévoile les sommets enneigés de la Cordillera Vilcabamba. En descendant de ce col, vous remarquerez un changement de végétation : vous voilà sur le versant est des Andes, côté Amazonie, et le paysage devient plus verdoyant. Le sentier descend aux ruines de **Sayaqmarka (Sayacmarca)**, ou "ville dominante", un ensemble compact perché sur un petit piton rocheux, qui dévoile une vue spectaculaire. Le sentier continue de descendre et traverse un affluent de l'Aobamba, ou "plaine ondulée".

Le sentier traverse ensuite une chaussée inca et grimpe doucement à travers une belle forêt de nuages, et un tunnel inca taillé dans la roche. C'est un tronçon relativement plat et vous atteindrez bientôt le troisième col à presque 3 600 m, avec une superbe perspective sur la vallée de l'Urubamba. Certains groupes passent la dernière nuit ici, ce qui permet de jouir d'un magnifique coucher de soleil, mais oblige à se lever à 3h du matin pour rejoindre la porte du Soleil avant l'aube. Si vous campez ici, faites attention tôt le lendemain matin car la forte déclivité rend les marches suivantes glissantes.

Peu après, vous arrivez aux belles ruines bien restaurées de **Phuyupatamarka (Phuyupatamarca)**, ou "cité au-dessus des nuages", à 3 600 m d'altitude. Le site comporte une superbe série de 6 bains cérémoniels, alimentés en eau. Après Phuyupatamarka, le chemin plonge littéralement dans la forêt de nuages par un extraordinaire escalier inca de plusieurs centaines de marches (périlleuses à franchir à l'aube ; prenez des piles de rechange pour votre torche). Après 2-3 heures, le sentier finit par zigzaguer jusqu'à un bâtiment effondré, blanc au toit rouge, où s'effectue la dernière nuit de camping.

Derrière la vieille auberge désaffectée, un sentier de 500 m conduit au charmant site inca de **Wiñay Wayna (Huiñay Wayna)**, qui se traduit par "éternellement jeune", "planter la terre fraîche" ou encore "rajeunir". Il s'agirait du nom quechua d'une orchidée (*Epidendrum secundum*) qui fleurit ici toute l'année. Le campement semi-tropical de Wiñay Wayna offre l'un des panoramas les plus époustouflants du Chemin, en particulier au lever du soleil. Un sentier accidenté mène de ce site à d'autres ruines en terrasses spectaculaires, appelées **Intipata**. Mieux vaut les visiter le jour de votre arrivée à Wiñay Wayna ; à organiser avec votre guide si vous êtes intéressé.

Après le poste de contrôle de Wiñay Wayna, le sentier serpente sans grand changement d'altitude le long de la forêt de nuages accrochée à la falaise, pendant environ 2 heures jusqu'à **Intipunku** (porte du Soleil), l'avant-dernier site de la randonnée. Là, vous découvrirez enfin la majesté de Machu Picchu alors que le soleil se lève sur les sommets environnants.

La descente finale dure presque 1 heure. Les sacs à dos sont interdits dans les ruines. Les gardes du parc inspectent les sacs et tamponnent les permis. Malgré ce brusque retour au monde policé, les randonneurs arrivent généralement bien avant les trains de touristes et peuvent ainsi profiter pleinement du site avant que ne débarquent les bataillons des circuits organisés.

DE CUZCO À PUNO

Un chemin de fer et une route goudronnée partent de Cuzco en direction du sud-est à destination du lac Titicaca. En chemin, ruines et bourgades rurales andines constituent de fort belles haltes pour les voyageurs qui souhaitent sortir des sentiers battus. La plupart des endroits décrits dans cette rubrique peuvent se visiter en une journée au départ de Cuzco. Reportez-vous à la p. 173 pour connaître les sites intéressants proches de Puno. Inka Express et Turismo Mer organisent des circuits en bus de luxe (p. 235) entre Cuzco et Puno qui s'arrêtent à quelques-uns de ces sites. Les bus locaux et longue distance, moins coûteux, empruntent plus fréquemment cet itinéraire.

Tipón

Preuve de la maîtrise des Incas sur leur environnement, ce vaste **site inca** (entrée avec le boleto turístico ; 7h-18h), situé à 30 km de Cuzco, à l'approche d'Oropesa, se compose de belles terrasses à l'entrée d'une petite vallée et d'un ingénieux système d'irrigation. Prenez n'importe quel bus à destination d'Urcos en face de l'hôpital de l'Avenida de la Cultura à Cuzco, ou un *colectivo* devant l'Avenida Tullumayo 207, et demandez à être déposé à la bifurcation pour Tipón (3 S, 45 min). Une piste escarpée part de l'embranchement et grimpe jusqu'au site, à 4 km. Vous pouvez aussi opter pour un circuit en taxi depuis Cuzco (90 S) ; le chauffeur vous conduira aux sites de Tipón et de Piquillacta, vous attendra le temps de la visite et vous ramènera.

Piquillacta et Rumicolca

Seul grand site pré-inca de la région, **Piquillacta** (entrée avec le boleto turístico ; 7h-18h) signifie littéralement le "lieu de la puce". Construite vers 1100 par les Huari, cette grande cité fortifiée comprend des bâtiments écroulés à 2 niveaux, dont les entrées se situent toutes stratégiquement à l'étage supérieur. La maçonnerie est beaucoup moins élaborée que celle des Incas. Vous remarquerez les vestiges des dalles de gypse blanc qui recouvraient les murs et les sols. De l'autre côté de la route, à 1 km à l'est, l'immense porte inca de **Rumicolca** fut bâtie sur des fondations huari. La grossière maçonnerie huari contraste avec la perfection des blocs incas. Remarquez les habitants travaillant la boue autour des nombreux lacs marécageux des environs – la fabrication d'adobe (briques de boue) est l'une des principales activités de la région.

Au départ de Cuzco, les bus pour Urcos passent par les 2 sites.

Andahuaylillas

084 / 840 HABITANTS / ALTITUDE 3 123 M

À ne pas confondre avec Andahuaylas, à l'ouest de Cuzco, Andahuaylillas se trouve à plus de 45 km au sud-est de Cuzco, 7 km avant Urcos. Ce joli village andin est célèbre pour son **Iglesia de San Pedro** (10 S ; 7h-17h30) surchargée d'ornements baroques. Datant du XVIIe siècle, elle contient une profusion de sculptures et de peintures, dont une toile attribuée à Esteban Murillo représentant l'Immaculée Conception. De nombreux trésors d'or et d'argent y seraient conservés et les villageois se relaient pour la surveiller 24h/24. Réalité ou légende ? En tout cas, ils prennent cette tâche *très* au sérieux.

À côté de l'église se trouvent la boutique du **Q'ewar Project**, une coopérative de femmes où sont fabriquées de belles poupées en costumes traditionnels, ainsi que l'éclectique **Museo Ritos Andinos** (don recommandé ; 7h-18h), dont l'étrange collection comporte une momie d'enfant et une impressionnante quantité de crânes déformés.

De Cuzco, Andahuaylillas est desservi (7 S, 1 heure) par les bus pour Urcos au départ de l'Avenida de la Cultura.

Raqchi

084 / 320 HABITANTS / ALTITUDE 3 480 M

Le petit village de **Raqchi**, à 125 km au sud-est de Cuzco, est organisé autour de **ruines incas** (10 S) qui, vues de la route, s'apparentent à un étrange aqueduc. Ce sont les vestiges du temple de Viracocha, qui supportait jadis le plus grand toit inca parvenu à notre connaissance. La plupart des 22 colonnes de pierre circulaires qui le soutenaient furent détruites par les Espagnols et seules subsistent les fondations. Bon nombre de maisons et d'entrepôts sont en cours de reconstruction.

Les habitants de Raqchi sont charmants et soucieux d'écologie. Ils travaillent régulièrement à faire disparaître les déchets laissés par les visiteurs. En outre, ils excellent dans l'art de la poterie – beaucoup de céramiques vendues sur les marchés de Pisac et de Chinchero viennent d'ici.

Pour découvrir la vie quotidienne à Raqchi, un **séjour chez l'habitant** (984-82-0598, 984-67-9466 ; raqchitours55@hotmail.com ; formule 93 S/pers) est une bonne idée.

Treize familles proposent des chambres rudimentaires mais confortables, avec douches et toilettes privatives. Il faut contacter Humberto Rodriguez. Les formules comprennent la pension complète, une fiesta nocturne et une journée, vivement recommandée, d'**activités guidées** – visite des ruines (entrée en sus), balade tonique jusqu'au *mirador* (point de vue) et découverte d'un atelier de potier.

Le troisième dimanche de juin, Raqchi organise une **fête** haute en couleur avec danse et musique traditionnelles.

De Raqchi à Abra La Raya

Environ 25 km après Raqchi, à mi-chemin de Cuzco et de Puno, la ville commerçante et animée de Sicuani compte 12 000 habitants. Il n'y a pas de véritable raison de s'y arrêter, si ce n'est pour faire une pause. Quelques hébergements économiques sont installés près de la gare routière.

Vingt minutes après Sicuani – juste avant Abra La Raya, le haut col marquant la frontière entre les provinces de Cuzco et de Puno – jaillissent les sources d'**Aguas Calientes de Marangani** (5 S ; ⌚en journée). Il s'agit d'un superbe ensemble de cinq bassins d'eau chaude, reliés par des ponts rustiques enjambant des ruisseaux bouillonnants. Les habitants du coin viennent s'y laver avec leurs enfants et faire leur lessive : une expérience intéressante et facile d'accès, hors du circuit touristique.

Des transports locaux circulent entre Cuzco, Andahuaylillas, Raqchi, Sicuani et les sources chaudes, tôt le matin et jusqu'à 15h au moins. Pour des détails sur les sites intéressants plus au sud, reportez-vous p. 173.

DE CUZCO À LA JUNGLE

Trois routes de terre, rapidement bourbeuses pendant la saison des pluies, relient Cuzco à la jungle. La plus rudimentaire, qui est aussi la plus économique et la plus rapide, part d'Ollantaytambo en direction du nord-ouest. Elle passe le col d'Abra Málaga et traverse la jungle secondaire autour de Quillabamba, puis les villages peu fréquentés d'Ivochote et de Pongo de Mainique.

Les deux autres itinéraires sont plus populaires mais rarement empruntés par la route. On peut atteindre le secteur du Parque Nacional de Manú en passant par Paucartambo, Tres Cruces et Shintuya, ou gagner Puerto Maldonado via Ocongate et Quince Mil. Pour s'enfoncer dans ces régions, la plupart des voyageurs participent à des circuits organisés comprenant des vols aller-retour en avion léger, ou parfois le transport en 4x4.

Nombre de ces routes sont bourbeuses, lentes et dangereuses. Réfléchissez bien avant d'opter pour un voyage par voie terrestre, et n'envisagez pas cette possibilité pendant les mois les plus humides (janvier-avril). Excellente source d'information pour les voyageurs indépendants, le *Peruvian Jungle Information Packet* (en anglais) est vendu par le **South American Explorers Club** (☎084-24-5484 ; www.saexplorers.org ; Atocsaycuchi 670, Cuzco ; ⌚9h30-17h lun-ven, 9h30-13h sam).

De Cuzco à Ivochote

Peu après Ollantaytambo, la route quitte l'étroite Vallée Sacrée et grimpe à pic les 4 350 m de l'Abra Málaga. De là, la piste en terre descend de façon vertigineuse, à travers des paysages fabuleux, au cœur de l'Amazonie. La poussiéreuse **Santa María** comporte des bureaux de compagnies de bus et quelques *hospedajes* et restaurants rudimentaires. De là, une route part pour Santa Teresa et l'itinéraire alternatif pour Machu Picchu, et une autre continue jusqu'à Quillabamba.

SANTA TERESA

☎084 / 460 HABITANTS / ALTITUDE 1 900 M

Malgré le passage des ans, Santa Teresa continue de donner l'impression d'être faite de bric et de broc, suite aux inondations de 1988, 1998 et 2010. La plupart des bâtiments du minuscule centre-ville sont des préfabriqués érigés en urgence. Curieusement, la statue de la Plaza de Armas semble être l'édifice le plus pérenne. Toutefois, comme de plus en plus de routards viennent ici en quête d'un point d'accès à Machu Picchu moins onéreux, on voit se développer lentement infrastructures et prestataires de services. Les sites véritablement intéressants sont situés à quelques kilomètres de la ville – les sources chaudes de Cocalmayo et la tyrolienne de Cola de Mono méritent largement le détour.

◉ À voir et à faire

Les renseignements sur l'itinéraire de randonnée alternatif menant à Machu Picchu figurent en p. 38.

VAUT LE DÉTOUR

YELLOW RIVER LODGE

Sur un itinéraire alternatif menant à Machu Picchu, cet accueillant **hébergement chez l'habitant** (☎63-0209 ; www.quellomayo.com ; ch en demi-pension 60 S/pers, camping 10 S/pers) est une ferme familiale bio où l'on cultive du café arabica, du cacao et des fruits tropicaux. Les chambres, modestes, comptent néanmoins des murs colorés et des lits confortables, mais vous leur préférerez la nature luxuriante des environs à explorer. Les repas, maison, sont servis au restaurant (15-20 S). Les ateliers de torréfaction organisés sur place vous aideront à approfondir vos connaissances sur le café.

Le camping, en bord de rivière, comporte une douche, un barbecue et un four en adobe. L'endroit se trouve à Quellomayo, à 25 minutes de Santa María sur le chemin de Santa Teresa. Pour venir, prenez un bus de Cuzco à Santa María, puis un taxi (25-50 S), ou bien venez à pied par un ancien chemin inca. Tous les renseignements figurent sur le site Internet.

Cola de Mono SPORTS D'AVENTURE

(☎79-2413, 959-743-060 ; www.canopyperu.com ; tyrolienne 60 $US). La plus haute tyrolienne d'Amérique du Sud ravira les amateurs de sensations fortes. Au total, 2 500 m de tyrolienne, en six parties distinctes, vous permettront de survoler les paysages extraordinaires de la vallée de Sacsara. Prévoyez 2 heures.

Les propriétaires de la Cola de Mono sont également guides de rivière depuis très longtemps et proposent des descentes en **rafting** sur la spectaculaire Santa Teresa, très peu fréquentée (voir p. 211 pour plus de détails), ainsi que le camping sur leur vaste propriété.

Une agréable balade à pied de 2 km (30 min) vers l'est vous conduira ici – suivez simplement la route qui sort du bourg, ou bien prenez un taxi (10 S).

Llactapata RANDONNÉE

Vous pourrez marcher jusqu'à la centrale hydroélectrique via Llactapata, une randonnée de 6 heures en terrain vallonné, sur un chemin inca offrant des vues sur Machu Picchu et un accès à des ruines en partie dégagées. Bien marqué, ce sentier peut se parcourir sans guide. Toutefois, les guides aident à mieux repérer les ruines, la flore et la faune, sur lesquels ils donnent des explications. Partez tôt car il peut ensuite faire très chaud. Un taxi (35 S, 30 min) vous déposera au point de départ du sentier situé à Lucmabamba. Pour revenir de l'Hydroelectrica, vous pourrez prendre un *colectivo*, à moins de poursuivre jusqu'à Machu Picchu.

Baños Termales Cocalmayo SOURCES CHAUDES

(5 S ; ⌚24h/24). Propriété de la municipalité, ces sources chaudes magnifiquement paysagées sont à voir absolument. Les bassins inondés par la crue de 2010 ont été reconstruits, ce qui n'est pas le cas des emplacements de camping. Il y a donc d'immenses bassins d'eau chaude, une douche naturelle jaillissant de la jungle comme dans un rêve, et l'on peut acheter sur place de la bière et des en-cas.

Les sources sont à 4 km du bourg. Vous pouvez compter sur un *colectivo* de Santa Teresa à Cocalmayo, aux alentours de 15h, quand les véhicules descendent pour récupérer les marcheurs de l'Inca Jungle Trail arrivant de Santa María. Sinon, vous aurez à affronter une marche, où le soleil le dispute à la poussière (et où les voitures roulent trop vite), ou vous devrez prendre un taxi (environ 36 S aller-retour).

Tour de Cafe CIRCUITS ORGANISÉS

(25 S/pers). Organisé par Eco Quechua, ce circuit de 2 heures 30 conduit à une plantation de café familiale fermement ancrée dans la tradition (pour preuve, des *cuy* sont élevés dans la cuisine !). On peut aussi cueillir des fruits tropicaux et voir fonctionner une ferme piscicole. C'est une ferme à l'ancienne, en pleine transition vers la modernité, qui s'ouvre en ce moment même à de nouvelles techniques pour améliorer sa productivité. Une visite intéressante ; 50% des frais déboursés par les visiteurs servent à aider les cultivateurs du coin.

Où se loger et se restaurer

Quelques *hospedajes* du centre proposent un hébergement spartiate. Lors de notre passage, il n'y avait en ville aucun restaurant que l'on puisse recommander. On peut manger chaud au marché et dans les rôtisseries de poulet de la place. Pour choisir, fiez-vous à la propreté des lieux.

Eco Quechua LODGE $
(☎63-0877, 984-756-855 ; www.ecoquechua.com ; Sauce Pampa ; 75 S/pers en demi-pension, camping 12 S/tente). Tenu par Juan Carlos et Janet, un jeune couple sympathique et plein d'entrain, ce lodge au toit de chaume permet de vivre en pleine jungle tout en étant juste à côté de Santa Teresa. Le salon en plein air est drapé dans une épaisse végétation. Les chambres comportent des moustiquaires, mais mieux vaut utiliser tout de même du répulsif.

Avec ses cabines de douches extérieures, l'endroit est un peu rustique, mais c'est sans conteste le plus pittoresque de Santa Teresa, et il est parfait pour les groupes. Le propriétaire, également guide, connaît très bien les randonnées et circuits possibles alentour. Lors de notre passage, le chemin le plus court pour le rejoindre depuis le bourg était en travaux. En taxi, il en coûtait 30 S.

Albergue Municipal AUBERGE DE JEUNESSE $
(☎984-145-049 ; dort/d 20/60 S). À côté du terrain de foot, cet établissement circulaire entouré de barrières est l'une des bonnes options de Santa Teresa. Il comporte une belle pelouse et d'agréables chambres spacieuses. Les doubles ont des sols carrelés et de mini réfrigérateurs. L'unique dortoir peut loger 11 personnes. Réservez via la municipalité. Si le portail est fermé, c'est peut-être que le gardien est sorti.

Hotel El Sol HÔTEL $
(☎63-7158 ; Av. Calixto Sanchez G-6 ; s/d 40/60 S). Cet édifice en ciment de plusieurs étages partiellement terminé est l'une des meilleures affaires de la ville (mais les prix grimperont peut-être en même temps que le bâtiment !). Accueillant, il comporte de jolies chambres propres avec draps colorés, sdb alimentées en eau chaude et TV câblée.

ℹ Renseignements

Il n'y a ni banque ni DAB à Santa Teresa – apportez toutes les espèces dont vous aurez besoin. Vous pourrez peut-être changer des dollars, mais à un taux extrêmement désavantageux. La connexion à Internet est mauvaise, mais disponible dans quelques cafés.

Cusco Medical Assistance, dans Carrión, assure des services médicaux 24h/24.

ℹ Depuis/vers Santa Teresa

Pour se rendre à Santa Teresa depuis Cuzco, il faut prendre un bus à destination de Quillabamba à la gare routière de Santiago, descendre à Santa María, puis prendre un *combi* ou un *colectivo* (10 S, 1 heure) jusqu'à Santa Teresa. Ces véhicules collectifs parcourent la route de terre sinueuse menant à Santa Teresa à toute vitesse – si possible, optez pour un chauffeur calme car le trajet secoue énormément.

Pour se rendre à Machu Picchu, les billets de train de cet itinéraire sont uniquement vendus au guichet de Peru Rail. Les trains (aller simple/aller-retour 18/30 $US) partent tous les jours de la centrale hydroélectrique, à 8 km de Santa Teresa, à 7h54, 15h, et 16h35. Soyez à la gare routière 1 heure avant le départ du train pour prendre un *combi* (3 S, 25 min). Le trajet ferroviaire de 13 km jusqu'à Aguas Calientes dure 45 minutes. Certains choisissent de marcher le long de la voie ferrée, un moyen très économique de se rendre à Machu Picchu moyennant 4 heures d'efforts environ (poussière et sueur garanties !).

Une autre solution consiste à faire le circuit multisports avec guide (voir p. 38).

Les *combis* directs pour Quillabamba (10 S, 2 heures) partent de la Plaza de Armas de Santa María toutes les 15 minutes. Des *colectivos* pour Santa María partent régulièrement de la gare routière. De Santa María, vous pourrez prendre une correspondance pour Cuzco (25-50 S, 5 à 6 heures).

QUILLABAMBA

☎084 / 8 800 HABITANTS / ALTITUDE 1 050 M

Bienvenue dans la jungle ! L'ambiance de Quillabamba est résolument tropicale : la chaleur devient oppressante dès 9h, la musique résonne toute la nuit, et le temps semble s'être arrêté il y a bien longtemps.

En elle-même, la ville n'a pas vraiment d'intérêt et peu de touristes s'y arrêtent, mais beaucoup d'activités aquatiques sont envisageables dans les environs. La Plaza de Armas semble plongée dans un sommeil éternel, et l'activité commerciale se concentre dans les rues au nord et au sud du Mercado Central.

À voir et à faire

Les habitants sont très fiers, à juste titre, de **Sanbaray** (5 S ; ⏲8h-tard), un adorable ensemble comportant des piscines, des pelouses, des bars et un bon restaurant servant de la truite. À 10 minutes du centre en *mototaxi* (3 S).

La **Balsa**, dissimulée assez loin en bordure d'une piste de terre cahoteuse, est un méandre de l'Urubamba parfait pour se baigner et descendre la rivière

SÉCURITÉ DANS LA JUNGLE

La récente recrudescence du narcotrafic et des activités des guérilleros du Sentier lumineux dans certains secteurs de la jungle peut représenter un danger pour des itinéraires de voyage et de randonnée en principe recommandables.
À l'heure où nous écrivons, le gouvernement accentue la présence militaire dans ces secteurs afin de renforcer la sécurité. Cependant, il est toujours plus prudent de consulter des guides et des tour-opérateurs fiables, ou encore des organismes indépendants comme South American Explorers (p. 229), avant de se mettre en route. Il est crucial de recourir à des guides sérieux et responsables, et de ne jamais partir seul. Actuellement, il est déconseillé de visiter Vilcabamba, Ivochote, Kiteni et de s'aventurer au-delà. Nous donnons toutefois des renseignements sur ces lieux au cas où la situation changerait.

sur une chambre à air. Le week-end, des gens du coin y vendent des bières et de la nourriture.

Mandor, **Siete Tinajas** et **Pacchac** sont de belles cascades où vous pourrez nager, faire de l'escalade et manger des fruits directement cueillis sur les arbres de la jungle. Pour quelques soles jusqu'à Charate, Siete Tinajas et Pacchac sont accessibles en transports en commun ; un taxi jusqu'à Mandor, avec quelques heures d'attente sur place, revient à 25 S.

Circuits et guides

Eco Trek Peru CIRCUITS AVENTURE
(Cuzco 24-7286 ; www.ecotrekperu.com). Des passionnés spécialistes des randonnées de plusieurs jours dans la région.

Bici Aventura CYCLOTOURISME
(Calle 2 de Mayo 423). Fournit des informations, des vélos et des guides pour des randonnées sur route ou chemin.

Roger Jara CIRCUITS GUIDÉS
(rogerjaraalmiron@hotmail.com). Organise des excursions à la journée pour tous les sites cités précédemment, ainsi qu'une sortie dans la forêt vierge à côté de Quillabamba. Roger pourra aussi vous faire découvrir les sites les plus prisés de la région, Pongo de Mainique et Vilcabamba. Il parle un peu anglais.

Où se loger

Il y a de nombreux hébergements bon marché (eau froide seulement) autour de la Plaza de Armas et du Mercado.

Hostal Don Carlos HÔTEL $$
(28-1150 ; www.hostaldoncarlosquillabamba.com ; Jirón Libertad 556 ; s/d/tr 75/110/120 S ; @). Doté d'un café, cet hôtel de style colonial compte de grandes chambres pimpantes aménagées autour d'une cour intérieure ensoleillée. Elles sont équipées de douches chaudes et de réfrigérateurs-bars. À un demi-pâté de maisons de la Plaza de Armas.

Hostal Alto Urubamba HÔTEL $
(28-1131 ; altourubamba@gmail.com ; 2 de Mayo 333 ; s/d/tr 45/75/85 S, s/d/tr sans sdb 20/30/40 S). Les chambres propres, assez confortables et dotées de ventilateurs sont réparties autour d'une cour dans cet établissement très bruyant mais prisé des voyageurs depuis longtemps.

Où se restaurer et prendre un verre

Vu le nombre d'*heladerías* (glaciers) dans cette ville, et surtout le peu d'alternatives, c'est à croire que les habitants se nourrissent exclusivement de glaces.

Pizzería Alamos PIZZERIA $
(Espinar s/n ; pizzas à partir de 10 S ; 7h-23h lun-sam, 15h-23h dim). L'établissement le plus accueillant à l'égard des touristes étrangers. Les employés sont jeunes et enthousiastes, les énormes pizzas sont cuites au feu de bois et la cour extérieure est un lieu de rendez-vous prisé en soirée.

Heladería la Esquina GLACIER $
(angle Espinar et Libertad ; sandwichs à partir de 3 S ; 8h-23h lun-sam). Ce café rétro propose de délicieux jus de fruits, gâteaux, glaces et en-cas. Les serveurs sont un peu ronchons, mais le décor de *diner* américain des années 1950 fait oublier cet inconvénient.

Niko's BAR
(Pio Concha s/n). Pour boire un verre.

Renseignements

Le **BCP** (Libertad 549) et le Banco Continental (dans Bolognesi, à côté du croisement avec

Grau) sont équipés de DAB et changent les dollars américains. Il y a quelques cybercafés (connexion très lente) autour de la Plaza de Armas. On pourra vous fournir quelques informations touristiques au 2e étage de l'hôtel de ville (*municipalidad*).

Depuis/vers Quillabamba

Marchez en direction du sud dans Torre, sur quatre *cuadras* après la Plaza Grau, jusqu'à la Plaza de Banderas d'où partent les transports pour Huancacalle. Tournez à droite au bout de la Plaza de Banderas et vous trouverez les minibus (35 S, 5-7 heures) pour Cuzco au niveau de la première *cuadra*, et le *terminal terrestre* une *cuadra* plus loin. De là, les bus pour Cuzco (25 S) partent plusieurs fois par jour avant 8h et entre 13h30 et 21h30. Les minibus démarrent tôt le matin et en soirée. Tous s'arrêtent à Ollantaytambo et à Urubamba ; ils encaissent le plein tarif quelle que soit votre destination.

Des minibus partent du marché de Quillabamba à destination de Kiteni (3-6 heures) et d'Ivochote (6-8 heures), plus loin dans la jungle.

Comment circuler

En ville, une course standard en *mototaxi* coûte 1 S.

HUANCACALLE

084 / 300 HABITANTS / ALTITUDE 3 200 M

Jolie et paisible, Huancacalle est surtout connue comme point de départ des treks pour Vilcabamba. Cependant, beaucoup d'autres randonnées de 3 à 10 jours sont envisageables, pour se rendre notamment à Puncuyo, Inca Tambo, Choquequirau et Machu Picchu. Le plus gros bâtiment de la ville est l'**Hostal Manco Sixpac** (84-6006, 84-005, contact à Cuzco 974-922-484 ; avec sdb commune 20 S/pers), géré par les Cobos, une famille de guides. C'est le seul hébergement du village à disposer d'eau chaude, et vous pourrez y louer une mule ou y engager un guide.

Vitcos (également appelé Rosaspata), l'énorme palais fortifié de Manco Inca, est érigé à une heure de marche en haut de la colline, et de là vous pourrez poursuivre jusqu'au fascinant rocher blanc sacré de **Yurac Rumi**. Ce circuit facile à suivre commence juste après le pont au bout de la route, et dure 3 heures (vous aurez tout le temps de prendre des photos et d'admirer les ruines et le paysage).

VILCABAMBA

Lorsque Hiram Bingham découvrit Machu Picchu, il cherchait en réalité Vilcabamba, la "cité perdue des Incas", également appelée Espíritu Pampa. Poursuivis par leurs assaillants, Manco Inca et ses hommes trouvèrent refuge ici, en pleine jungle, après leur défaite contre les Espagnols à Ollantaytambo, en 1536. Cette randonnée longue et éprouvante nécessite de 4 à 9 jours de marche, à une altitude modeste mais avec des montées et des descentes abruptes, pour atteindre Vilcabamba (1 000 m). Le départ se fait de Huancacalle ou de Kiteni. Le secteur connaît des problèmes de sécurité (voir l'encadré p. 269).

IVOCHOTE ET AU-DELÀ

À l'heure où nous écrivons, ce secteur est considéré comme dangereux pour les touristes, en raison des activités des groupes de guérilla et des narcotrafiquants. Le gouvernement s'étant fermement engagé dans une campagne de maîtrise de ces activités illicites, la situation aura peut-être changé à l'heure où vous lirez ces lignes. Pour autant, il est plus prudent de prendre l'avis d'agences fiables connaissant bien la région avant d'entamer un périple.

De Quillabamba, un long trajet en bus (plus de 8 heures) mène à la ville pétrolière de **Kiteni**, puis à **Ivochote**, un village de jungle plus reculé, comptant quelques hébergements rudimentaires. De là, vous pourrez continuer jusqu'à l'Amazonie par voie fluviale.

Le premier site important après Ivochote est le **Pongo de Mainique**, un canyon aux parois abruptes creusé par les cascades du cours inférieur de l'Urubamba, qui marque la frontière entre les hautes et basses terres de la forêt de nuages d'Amazonie. Parmi les nombreuses espèces d'oiseaux qui vivent là figurent l'ara militaire et le quetzal ; il y a également des singes-araignées et de nombreuses espèces d'orchidées. De juin à novembre, des bateaux partent d'Ivochote et effectuent l'aller-retour jusqu'ici – le trajet prend une bonne partie de la journée. Comptez de 60 à 450 S par personne, selon le nombre de participants.

Après le Pongo, vous arriverez dans la communauté indienne des Machigengua (ou Matsiguenka), à Timpía. Là, des guides et des véhicules sont disponibles pour accéder au Santuario Nacional Megantoni. Vous pourrez loger au **Sabeti Lodge** (84-81-2555, 84-81-3885 ; www.sabetilodge.com ; s/d en pension complète 105/160 $US), propriété de la communauté, ou bien camper au bord de la rivière. Étant donné qu'il faut se faire indiquer le chemin pour venir, mieux vaut réserver. Sur place, vous pourrez pêcher et observer la vie sauvage.

De Cuzco à Manú

PAUCARTAMBO

1 300 HABITANTS / ALTITUDE 3 200 M

À 115 km et à 3 heures au nord-est de Cuzco par une piste étroite (goudronnée jusqu'à Huancarán seulement), ce petit bourg est situé sur le versant oriental des Andes.

Paucartambo est célèbre pour sa **Fiesta de la Virgen del Carmen**, qui se déroule entre le 15 et le 18 juillet et s'accompagne de manifestations hautes en couleur : danse dans les rues, processions, costumes aussi étonnants que superbes. Hautement symboliques, les danses s'inspirent d'une multitude d'événements, des tremblements fiévreux du paludisme aux pratiques homosexuelles de certains conquistadors.

Peu de touristes parviennent à Paucartambo en raison de la difficulté d'accès et peu s'y aventurent en raison de l'absence de confort : vous devrez camper, loger dans l'un des quelques hôtels extrêmement spartiates ou espérer qu'un habitant vous concède un bout de plancher. De nombreuses agences de voyages de Cuzco affrètent des bus pour la fête et proposent un hébergement chez l'habitant.

Les bus de **Transportes Gallito de las Rocas** (☎084-22-6895 ; Diagonal Angamos, à 1 cuadra de l'Av. de la Cultura, Cuzco) partent de Cuzco pour Paucartambo (9 S, 3 heures) tous les jours et pour Pilcopata (20 S, 10-12 heures) les lundi, mercredi et vendredi. Pour trouver l'agence, repérez l'inscription "Paucartambo" peinte sur un lampadaire entre les garages.

TRES CRUCES

À 2 heures de Paucartambo depuis la route Paucartambo-Shintuya, Tres Cruces dévoile une vue extraordinaire sur les montagnes qui plongent dans le bassin amazonien. De mai à juillet (les autres mois sont nuageux), et surtout aux alentours du solstice d'hiver, le 21 juin, un phénomène naturel surprenant rend le spectacle plus magique encore au lever du soleil. Le disque solaire alors déformé provoque en effet des illusions d'optique : images doubles, halos et jeux de couleurs étonnants. À cette période de l'année, nombre d'agences et de tour-opérateurs organisent des excursions depuis Cuzco pour assister au lever du soleil.

Lors de la Fiesta de la Virgen del Carmen de Paucartambo, des minibus font la navette toute la nuit entre Paucartambo et Tres Cruces. Vous pourrez aussi prendre un camion à destination de Pillcopata et demander que l'on vous dépose à l'embranchement de Tres Cruces (à 13 km de marche). Sinon, essayez de louer un camion à Paucartambo. Organisez-vous pour partir au milieu de la nuit afin d'arriver à l'aube, et habillez-vous chaudement. Le camping est possible, mais vous devrez emporter les provisions nécessaires.

Tres Cruces se trouve dans le Parque Nacional de Manú. Pour le transport jusqu'à la région de Manú et de Shintuya, reportez-vous p. 466.

De Cuzco à Puerto Maldonado

Long de près de 500 km, il faut consacrer une journée entière à cet itinéraire pendant la saison sèche. La plupart des voyageurs prennent l'avion entre Cuzco et Puerto Maldonado. Désormais goudronnée, cette route fait partie de l'Interoceánica, une autoroute reliant pour la première fois les côtes est et ouest de l'Amérique du Sud.

Plusieurs compagnies partent du *terminal terrestre* de Cuzco à destination de Puerto Maldonado, tous les jours entre 15h et 16h30. CIVA (60 S, 17 heures, départ 16h) est sans doute la meilleure. Si vous souhaitez couper le trajet, les villes les plus adéquates pour faire étape sont Ocongate et Quince Mil, dotées d'hébergements rudimentaires.

La route part en direction de Puno jusqu'à Urcos, où commence la piste de Puerto Maldonado (à Cuzco, vous pouvez prendre un bus pour Urcos dans Manco Cápac ou dans l'Avenida de la Cultura ; une fois sur place, attendez un camion). À environ 75 km de Cuzco (2 heures 30), on parvient à **Ocongate**, une bourgade de montagne dotée de quelques hôtels sommaires sur la place.

De là, les camions rallient en moins d'une heure le village de **Tinqui**, point de départ de la spectaculaire randonnée de 7 jours autour de l'**Ausangate**. Culminant à 6 384 m, il s'agit du plus haut sommet du sud du Pérou.

Après Tinqui, la route descend progressivement jusqu'à **Quince Mil**, à moins de 1 000 m d'altitude et à 240 km de Cuzco, soit à mi-chemin de Puerto Maldonado. La proximité des mines d'or fait que l'hôtel affiche souvent complet. Après 100 km, la route débouche dans la plaine et reste plate jusqu'à Puerto Maldonado, à 140 km de là.

AUSANGATE

Avec son sommet enneigé, l'Ausangate (6 384 m) est la plus haute montagne du sud du Pérou ; par temps clair, on peut l'admirer depuis Cuzco. Les randonnées autour de ses versants comptent parmi les plus ardues de la région. Il faut marcher 5 à 6 jours et franchir 4 cols (dont deux à plus de 5 000 m). Le trek commence dans les collines couvertes de *puna* (prairie de l'*altiplano*) brune et offre une incroyable variété de paysages, notamment des pics effilés, des glaciers effondrés, des lacs turquoise et de vertes vallées marécageuses. En chemin, vous pourrez admirer de grands troupeaux d'alpagas et des hameaux inchangés depuis des siècles. La randonnée débute et s'achève à Tinqui, où jaillissent des **sources minérales** chaudes. Vous y trouverez aussi un hôtel rudimentaire ; les mules et *arrieros* (muletiers) sont disponibles pour environ 30 S par jour. Comptez en moyenne 500 $US pour un circuit avec nuit sous tente, avec des agences comme **Apus Peru** (☎23-2691 ; www.apus-peru.com) ou un guide spécialisé.

Pour allier le challenge de l'Ausangate au luxe d'un lodge, contactez **Andean Lodges** (☎22-4613 ; www.andeanlodges.com ; à partir de 610 $US) ; sanitaires et restaurants fonctionnent de manière écologique.

DE CUZCO AUX HAUTS PLATEAUX DU CENTRE

Le trajet en bus de Cuzco à Lima via Abancay et Nazca suit une route isolée, qui demeura fermée entre la fin des années 1980 et la fin des années 1990 à cause de la guérilla et du banditisme. Elle est désormais plus sûre et en grande partie goudronnée. Ce qui ne doit pas vous empêcher de vous renseigner sur l'état de la route car, pendant la saison des pluies, les glissements de terrain peuvent considérablement ralentir la progression. L'itinéraire en direction de l'ouest, qui passe par Abancay, Andahuaylas et Ayacucho, suit une route pénible, en mauvais état, rarement empruntée, sauf par les voyageurs aguerris.

De Cuzco à Abancay

Au cours de ce trajet de 200 km (4 heures), beaucoup de villes méritent une halte. Il est possible de passer une journée d'excursion dans une ou deux d'entre elles, en faisant des sauts de puce en bus en route vers Abancay. Commencez par prendre un *colectivo* pour Limatambo (12 S, 2 heures), au départ d'Arcopata à Cuzco.

Le petit village de montagne de **Limatambo**, à 80 km à l'ouest de Cuzco, doit son nom au site inca de Rimactambo, ou “auberge de l'orateur”, plus connu sous le nom de **Tarawasi (Tarahuasi)** (10 S), à 2 km à l'est de Limatambo. Sa construction très sophistiquée laisse penser qu'il était utilisé comme centre de cérémonies et lieu de repos des *chasquis* incas (messagers qui parcouraient l'Empire au pas de course). L'incroyable mur de soutènement polygonal et ses 28 niches de taille humaine méritent à eux seuls le détour. Sur le mur au-dessous, remarquez les motifs en forme de fleurs et le cœur à 9 côtés parmi le patchwork des pierres parfaitement imbriquées. À Limatambo, les hébergements sont rudimentaires et difficiles à trouver.

Les sources thermales de **Cconoc** (3 S) sont à 3 km de marche, en descendant la colline à partir d'une intersection à 10 km à l'est du petit nœud de transports de **Curahuasi** (1 heure 30 à l'est d'Abancay). Il y a un restaurant, un bar, des taxis et un hôtel sommaire sur place.

Le site inca de **Saihuite** (10 S), à 45 km à l'est d'Abancay près de la route, comprend un gros rocher abondamment sculpté, la pierre de Saihuite. Bien que plus petite et plus travaillée, elle rappelle la célèbre roche sculptée de Q'enqo, près de Cuzco. Les sculptures d'animaux sont particulièrement sophistiquées. Prenez un bus Cuzco-Abancay et demandez que l'on vous dépose à l'embranchement. Le site se trouve à 1 km en contrebas.

Cachora, à 15 km de la grand-route à partir de l'intersection menant aussi à Saihuite, est le point de départ le plus fréquent pour la randonnée jusqu'à Choquequirau. Il y a quelques pensions, un camping, des guides et des mules à louer sur place.

Choquequirau

Isolées, spectaculaires et pas encore entièrement dégagées, les ruines de Choquequirau sont souvent décrites comme un mini Machu Picchu. Grâce à son emplacement imbattable au confluent de trois rivières, et au difficile trajet de 4 jours à vélo pour y accéder, ce site est considéré comme le nouveau "coup de cœur" des prochaines années.

Il semble inévitable qu'un système de contrôle et de permis soit mis en place dans le futur. En théorie, les voyageurs peuvent facilement organiser cette randonnée en indépendant. Toutefois, lors de notre passage, certaines passerelles indispensables à la randonnée étaient inexistantes. Même si vous prévoyez de partir seul, renseignez-vous au préalable auprès des tour-opérateurs.

Avec un guide, il faut compter 380 $US en moyenne. **Apus Peru** (☎84-23-2691 ; www.apus-peru.com) combine cet itinéraire avec le Chemin de l'Inca, soit 9 jours au total dans des paysages spectaculaires et une série de ruines fascinantes, avec Machu Picchu comme point d'orgue.

Abancay

☎083 / 13 800 HABITANTS / ALTITUDE 2 378 M

Cette ville rurale assoupie est la capitale de la province d'Apurímac, l'une des moins explorées des Andes péruviennes. Les voyageurs y font étape au cours du long et fatigant trajet en bus entre Cuzco et Ayacucho.

Jirón Arequipa, principale artère commerçante, est jalonnée de banques. Dans l'Avenida las Arenas, son prolongement, vous trouverez des restaurants et des lieux de sortie.

À voir et à faire

Pendant la saison sèche (fin mai-septembre), randonneurs et alpinistes profitent du beau temps pour escalader l'**Ampay** (5 228 m), situé à 10 km au nord-ouest de la ville et parfois enneigé. La montagne se dresse au centre du **Santuario Nacional Ampay**, un parc de 3 635 ha, qui invite à camper et à observer les oiseaux.

Fêtes

Durant la semaine qui précède le carême, Abancay organise un **carnaval** que le tourisme n'a pas édulcoré, et au cours duquel se déroulent des festivités andines authentiques et un concours de danses folkloriques renommé dans tout le pays. Réservez votre hébergement bien à l'avance ou arrivez avant le début du carnaval. La **fête d'Abancay**, le 3 novembre, célèbre l'anniversaire de la fondation de la ville.

Où se loger et se restaurer

Les hébergements ciblent davantage une clientèle d'affaires que touristique. Les restaurants et les cafés abondent dans Arenas, avec plusieurs rôtisseries et *chifas*. La vie nocturne se concentre dans Arenas et le Pasaje Valdivia situé juste à côté.

Hotel Turistas HÔTEL HISTORIQUE $$

(☎32-1017 ; www.turismoapurimac.com ; Díaz Bárcenas 500 ; s 62-98 S, d 107-148 S ; @📶). Cette demeure coloniale conservant de minces traces de sa grandeur passée n'en est pas moins un monument emblématique. Chambres quelconques au regard de ce qu'on peut imaginer, mais confortables, avec téléphone et TV. Le petit-déjeuner est inclus mais vous ferez bien d'éviter le café. Veillez bien à ce qu'on retranche la taxe de 18% de la note.

Hotel Saywa HÔTEL $

(☎32-4876 ; www.hotelsaywa.com ; Arenas 302 ; s/d/tr avec petit-déj 60/75/120 S ; 📶). Adresse sympathique particulièrement adaptée pour ceux qui voyagent en solo. Jolies chambres avec parquet et TV. L'établissement abrite aussi un tour-opérateur.

Villa Venecia PÉRUVIEN $$

(☎50-4662 ; Av. Bella Abanquina ; plats à partir de 15 S ; ⏲11h-16h). À courte distance en taxi, la Villa Venecia (derrière le stade) est le meilleur restaurant d'Abancay. Absolument toutes les spécialités régionales sont servies et vous aurez l'illustration parfaite du credo péruvien : "*bueno, barato y bastante*" ("bon, économique et copieux"). Goûtez les *tallarines* (spaghettis), la spécialité d'Abancay.

Depuis/vers Abancay

Les *colectivos* pour Corahuasi via Saihuite (10 S, 1 heure 30) partent de Jirón Huancavelica, deux *cuadras* au-dessus d'Arenas. Les véhicules pour Cachora partent une *cuadra* plus haut. Les bus pour Cuzco, Andahuaylas et Lima démarrent du *terminal terrestre*.

LE PÉLERINAGE DE Q'OYORITI

Pour les Indiens des Andes, les montagnes sont des divinités (*apus*), qui détiennent le *kamaq* (force vitale). L'Ausangate, avec ses 6 384 m d'altitude, est le plus haut sommet de la région, mais également son *apu* le plus important. Nombre de légendes lui sont attachées. En tant que *pakarina* (lieu de naissance mythique) des lamas et des alpagas, l'Ausangate influerait sur la santé et la fécondité de ces animaux. C'est aussi dans ses hauteurs que les âmes damnées sont condamnées à errer pour l'absolution de leurs péchés.

C'est sur l'Ausangate qu'a lieu la fête traditionnelle de **Q'oyoriti** (l'"Étoile des neiges"), fin mai ou début juin, entre les fêtes catholiques de l'Ascension et de la Fête-Dieu. Malgré son caractère ouvertement chrétien – tout commença par une apparition du Christ sur le glacier en 1783 –, cette fête sert avant tout à rendre hommage à l'*apu* et à l'apaiser, avec trois ou quatre jours de danses et de musique en continu. Costumes et chorégraphies incroyablement sophistiquées – avec des éléments assez déstabilisants, comme les fœtus de lama ou les coups de fouet –, orchestres de cuivres, feux d'artifice et copieux arrosages d'eau bénite participent à ce spectacle complètement délirant. Fait très inhabituel, l'alcool est interdit. Les contrevenants sont fouettés par des hommes anonymes déguisés en *ukukus* (esprits de la montagne), qui portent des masques blancs et sont chargés de faire respecter l'ordre et la loi.

Selon une croyance chère à de nombreux Cuzqueños (habitants de Cuzco), quiconque assiste à trois Q'oyoriti voit son vœu se réaliser. La tradition veut que l'on achète une *alacita* (représentation miniature) de son souhait. Maison, voiture, camion, station-service, diplôme universitaire, permis de conduire : tous les désirs de l'être humain sont disponibles pour quelques soles dans des échoppes bordant le chemin du pèlerinage. Il faut ensuite faire la queue dans l'église pour recevoir la bénédiction du prêtre. Répétez l'opération trois années de suite pour savoir ce qui se produira...

Le Q'oyoriti est un pèlerinage – pour accéder au site, il n'existe d'autre possibilité que de marcher 3 heures ou plus dans la montagne, traditionnellement en fin de nuit, pour arriver à l'aube. La vision de cette interminable file de pèlerins montant ou descendant paisiblement et disparaissant par moments derrière un bout de montagne est inoubliable. La fête de Q'oyoriti se caractérise par une ambiance complètement irréelle, accentuée par la sobriété de tous les participants. La plupart des fidèles sont des *campesinos* en vêtements traditionnels qui, pour certains, n'ont jamais vu d'étrangers (et peuvent donc vous montrer du doigt avec le plus grand naturel du monde).

La difficulté est un autre aspect du pèlerinage. Le Q'oyoriti a lieu à 4 750 m d'altitude, à l'endroit où la neige des glaciers coule dans la vallée de Sinakara. Le froid est terrible, et il n'y a aucune infrastructure hormis la grande église sophistiquée (agrémentée de lumières autour de l'autel) construite pour abriter l'image d'El Señor de Q'oyoriti (Christ de Q'oyoriti). Utiliser les toilettes temporaires relève du défi. Tous les restaurants mobiles, échoppes et tentes sont transportés à pied ou à dos d'âne. Le phénomène est ahurissant : chaque année, une ville éphémère, véritable mosaïque de tentes, de bâches et de plastique, se dresse au pied du glacier pour célébrer deux religions différentes mais coexistantes, à la faveur d'une fête dont personne ne se rappelle l'origine.

Au moins 7 compagnies desservent Cuzco (15 S, 5 heures) ; départs autour de 6h, 11h et 23h. Des dizaines de bus se rendent chaque jour à Lima (60-170 S, 14-18 heures) ; les départs se font souvent l'après-midi et entre 22h30 et minuit. Pour Andahuaylas (10 S,

5 heures), les bus partent entre 11h30 et 23h30. Plus rapides et confortables, les minibus pour Andahuaylas (20 S, 4 heures) sont conduits de manière un peu imprudente.

À la gare routière, la taxe de départ est de 1 S. Des taxis desservent le centre (3 S).

Andahuaylas

☎083 / 6 800 HABITANTS / ALTITUDE 2 980 M

Deuxième ville en importance de la province d'Apurímac, Andahuaylas se trouve à 135 km à l'ouest d'Abancay, en direction d'Ayacucho. À mi-chemin de Cuzco et d'Ayacucho, elle constitue une bonne étape sur ce parcours magnifique, mais pénible.

À voir et à faire

Principal attrait d'Andahuaylas, la superbe **Laguna de Pacucha**, accessible en bus ou en taxi, se situe à 17 km de la ville. Environ 15 km après le bout du lac, l'imposant site de **Sondor**, construit par les Chanka, s'élève à flanc de colline. Les Chanka étaient traditionnellement les ennemis des Incas, mais partageaient leur souci d'un emplacement stratégique. Vous aurez facilement accès au lac et aux ruines en prenant un microbus pour Sondor (3 S, 1 heure) à l'angle de l'Avenida Martinelli et de l'Avenida Casafranca. Partez le matin, car les transports s'arrêtent dès 16h. Vous pouvez aussi prendre un taxi.

Les **marchés** dominicaux d'Andahuaylas et de Pacucha méritent tous deux le détour.

Fête

Musique et danses traditionnelles animent la **Fiesta de Yahuar** (fête du Sang) tous les ans le 28 juillet. Lors de cette fête, à Pacucha, les villageois attachent un condor sur le dos d'un taureau. Le violent combat qui s'ensuit symbolise la lutte des Indiens contre les conquistadors espagnols.

Où se loger

On ne peut pas toujours compter sur une douche chaude à Andahuaylas, mais vous pourrez avoir la TV câblée.

Sol de Oro HÔTEL $

(☎42-1152 ; soldeorohotel@hotmail.com ; Jr Trelles 164 ; s/d avec petit-déj 70/80 S ; @ wifi). Meilleure adresse d'Andahuaylas, cet hôtel réaménagé est pourvu de lits confortables et de douches chaudes. Les clients en sont très contents.

El Encanto de Oro Hotel HÔTEL $

(☎42-3066 ; www.hotelandahuaylas.com ; Av. Casafranca 424 ; s/d/tr avec petit-déj 50/80/100 S ; wifi). Chambres d'une propreté impeccable, de forme et superficie variées, mais toutes agrémentées de rideaux coquets et du téléphone. Adresse sympathique au service attentionné, à côté du marché et de l'arrêt de bus Pachuco.

Imperio Chanka HÔTEL $$

(☎42-3065 ; www.imperiochankahotel.com ; Vallejo 384 ; s/d avec petit-déj 80/100 S). Allure moderne pour cet édifice en ciment de plusieurs étages, abritant des chambres propres et bien entretenues. Restaurant sur place.

Hostal Cruz del Sur HÔTEL $

(☎42-1571 ; Andahuaylas 117 ; d 45 S, s/d/tr sans sdb 20/30/45 S). Le meilleur choix pour voyageurs à petit budget à Andahuaylas, avec des chambres spacieuses et des balcons ordonnés autour d'un patio fleuri.

Où se restaurer et prendre un verre

El Cappuccino CAFÉ $

(☎42-1790 ; Cáceres Tresierra 321 ; plats à partir de 9 S ; ⌚9h-23h lun-sam ; @). Tenu par des Français, ce restaurant chaleureux vous réserve plus d'une bonne surprise : savoureuses crêpes et gaufres, sandwichs et nombreux plats végétariens, le meilleur café d'Andahuaylas ainsi que des livres, des magazines et des jeux. Voyageurs et habitants ne s'y trompent pas et fréquentent assidûment le lieu.

Chifa El Dragón CHINOIS $

(☎42-1749 ; angle Ramos et Trelles ; menu à partir de 8 S ; ⌚7h-22h). Ce restaurant élégant sert des spécialités chinoises mâtinées d'influences *criollas*.

Renseignements

Le **BCP** (Ramón Castilla s/n) est équipé d'un DAB et change les dollars américains. Une agence Western Union et plusieurs *casas de cambio* sont installées dans Ramón Castilla. Il y a de nombreux cybercafés, dont quelques-uns offrent une connexion haut débit – repérez l'enseigne "Speedy". La **Clínica Señor de Huanca** (☎42-1418 ; Andahuaylas 108) assure les consultations médicales urgentes 24h/24.

Depuis/vers Andahuaylas

Avion

LC Peru (☎à Lima 1-204-1313 ; www.lcperu.pe) dessert quotidiennement Lima (292 S). L'agence de voyages **Explora Apurímac** (☎42-2877 ; Plaza de Armas s/n ; ⊙8h-13h et 15h-20h) réserve les billets. La course en taxi jusqu'à l'aéroport coûte environ 25 S.

Bus

En direction de l'est, **Celtur** (☎42-2337 ; angle Vallejo et Ugarte ; ⊙), **Señor de Huanca** (☎42-1218 ; Martinelli 170), **Expreso los Chankas** (☎42-2441 ; Malećon Grau s/n) et **Molina Union** (☎42-1248 ; Av. los Sauces s/n) se rendent tous les jours à Cuzco (25 S, 9 heures) via Abancay (10 S, 5 heures).

Plusieurs compagnies proposent des minibus plus rapides, plus confortables et plus chers à destination d'Abancay (20 S, 4 heures).

Vers l'ouest, Celtur et Los Chankas assurent des liaisons quotidiennes pour Ayacucho ; départs autour de 7h et 19h (35 S, 6-7 heures). Pour Lima (70 S 20-22 heures), les bus directs de **Wari** (☎42-1936 ; Malecón Grau s/n) partent à 6h, 11h, 14h et 17h, et ceux de Molina Union à 10h et 16h.

Les bus des différentes compagnies partent du *terminal terrestre* mais arrivent à leurs agences respectives (seuls Expreso Molino et Wari partent de leurs agences). Tous les minibus partent de la gare routière. La taxe de départ est de 1 S.

Hauts plateaux du Centre

Dans ce chapitre »

Le top des restaurants

» Huancahuasi (p. 290)
» Via Via (p. 303)
» Café Coqui (p. 290)
» Pollos y Parrilladas el Centro (p. 296)

Le top des hébergements

» Hacienda la Florida (p. 282)
» Villa Jennifer (p. 314)
» La Casa de la Abuela (p. 289)
» Hotel Sevilla (p. 302)

Pourquoi y aller

De fascinants vestiges d'anciennes civilisations et une nature sauvage à perte de vue : les hauts plateaux du Centre, rocheux et isolés, n'ont rien à envier aux destinations touristiques plus connues.

Cette région des Andes a conservé toute son authenticité et vit au rythme de ses fêtes, innombrables entre Pâques et juillet. Si l'explorer requiert une bonne dose d'intrépidité, le voyageur aventureux sera récompensé par une découverte plus approfondie qu'ailleurs de la vie locale, en circulant dans des bus brinquebalants et en marchant dans les montagnes parsemées de lacs jusqu'à des palais incas oubliés.

La vie reste essentiellement rurale dans cette contrée. Sur les routes, les ânes sont plus nombreux que les voitures et les costumes traditionnels prédominent dans les villages qui produisent le plus bel artisanat du pays.

Quand partir

Ayacucho

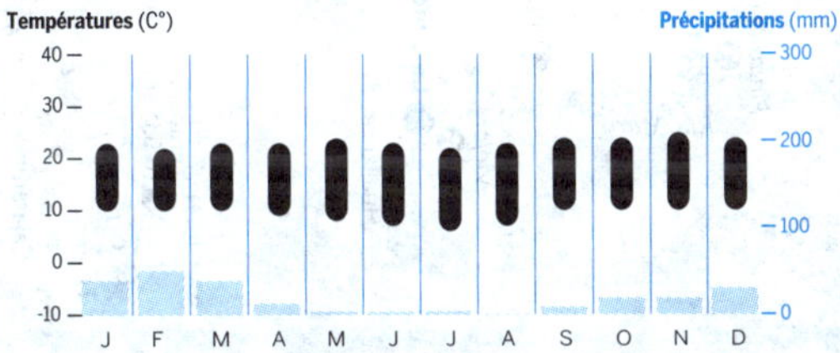

Jan Huancayo célèbre l'*Año Nuevo* par des festivités très pittoresques durant l'été, chaud et pluvieux.

Mars-avr Ayacucho organise les plus grandes fêtes du pays pendant la Semana Santa.

Juil-août Saison sèche, avec nuits froides et étoilées, propices aux grogs et aux bains thermaux à Huancavelica.

À ne pas manquer

1. Les charmes d'un mode de vie révolu lors d'un paisible séjour dans une vieille hacienda de **Tarma** (p. 282)
2. La découverte de plus de 25 000 livres de l'époque coloniale dans le couvent de **Santa Rosa de Ocopa** (p. 285), à Concepción
3. Un fabuleux parcours en train pour grimper sur les hauts plateaux jusqu'à **Huancayo** (p. 293) par la deuxième ligne ferroviaire la plus élevée du monde
4. L'artisanat des villages de la **vallée du Río Mantaro** (p. 292), aux alentours de Huancayo

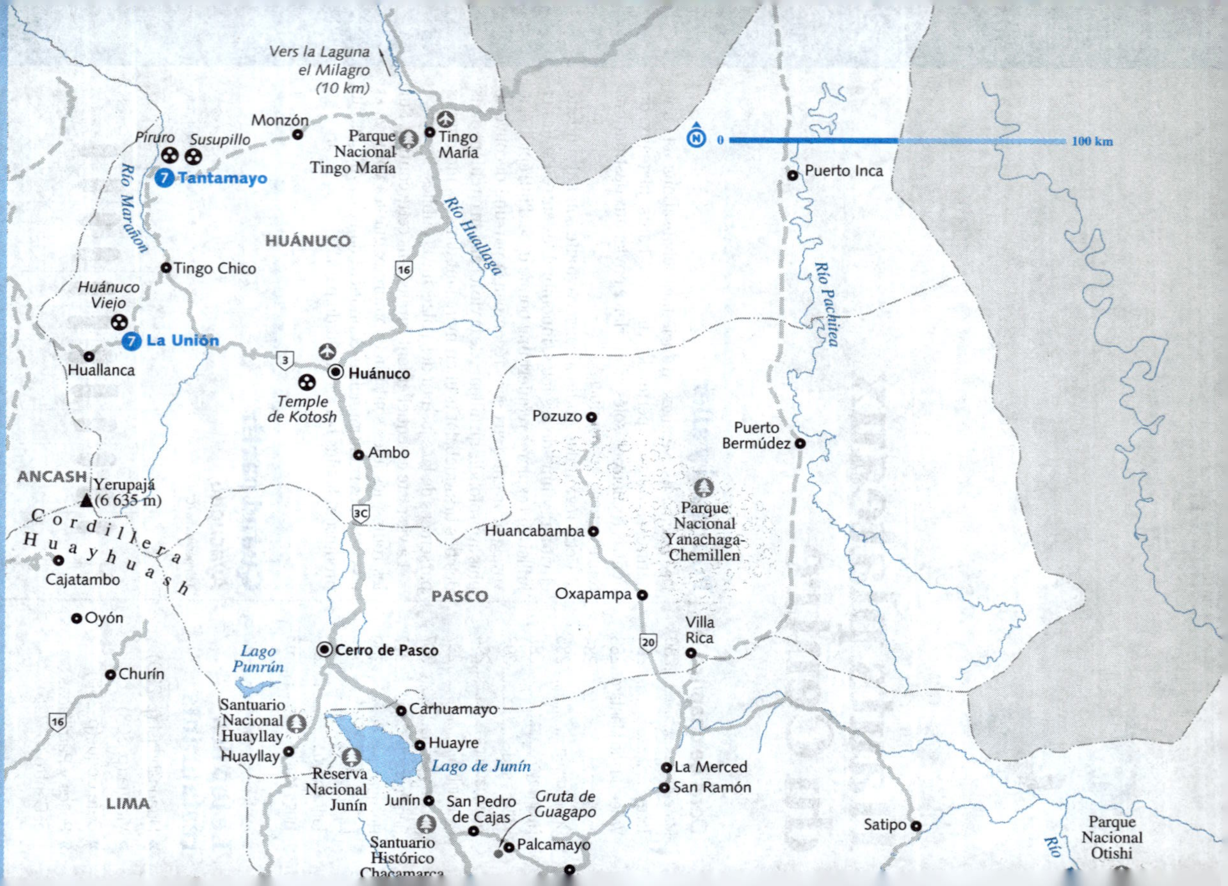

5 Les églises et les bains thermaux de **Huancavelica** (p. 294), une ville coloniale oubliée

6 Les extraordinaires festivités de la Semana Santa dans la charmante **Ayacucho** (p. 301)

7 Une randonnée jusqu'à des ruines incas et pré-incas isolées, près de **La Unión** (p. 312) et de **Tantamayo** (p. 313)

DE LIMA À TARMA

San Pedro de Casta et Marcahuasi

Localité isolée, San Pedro de Casta (500 habitants, altitude 3 200 m) constitue une parfaite introduction aux Andes centrales. De Chosica, la route serpente sur 40 km autour d'une vallée encaissée avant d'arriver à ce village niché sur une crête, où résonne le braiment des *burros* (ânes).

On vient ici principalement pour visiter le site archéologique peu connu de Marcahuasi, un plateau de 4 km² à 4 100 m d'altitude. Marcahuasi est renommé pour ses rochers bizarrement érodés aux formes d'animaux, tels chameaux, tortues et phoques. Certains leur attribuent une signification mystique, y voyant les signes d'une culture pré-inca ou de tourbillons d'énergie.

En raison de l'altitude, n'effectuez pas en un jour le trajet de Lima à Marcahuasi ; passez la nuit à San Pedro pour vous acclimater. Une grimpée de 2 km conduit au site en 2 heures ; il est parfois possible de faire une partie du trajet en bus, s'il n'est pas réquisitionné pour d'autres activités municipales (départ à 7h30 de la place presque tous les jours), puis continuer à pied pendant 45 minutes. Un **Centro de Información** (Plaza de Armas, San Pedro) fournit quelques renseignements et des cartes. Il pourra vous procurer un guide (10 S). La location d'un cheval ou d'une mule revient au même prix.

Vous pouvez camper à Marcahuasi ; emportez de l'eau, car celle des lacs n'est pas potable. À San Pedro, le **Gran Hotel Turístico Municipal** (s/d sans sdb 10/20 S), près de la place, offre des chambres sommaires. Le centre d'information vous indiquera des chambres chez l'habitant. Sur la place, de modestes restaurants servent un menu à 5 S environ.

Rejoindre San Pedro implique de prendre un bus de Lima à Chosica ; au coin d'Arica et de la Plaza Bolognesi, dans le centre de Lima, des minibus rallient Chosica (3,50 S, 2 heures). De là, des bus Transportes Municipales San Pedro partent du parking des bus à côté du Parque Echenique, dans l'artère principale (la Carretera Central), à 9h et 15h (6 S, 4 heures). En sens inverse, le bus quitte San Pedro à 14h.

La Oroya

☎064 / 35 000 HABITANTS / ALTITUDE 3 731 M

Morne et froide, La Oroya se proclame "capitale métallurgique du Pérou et d'Amérique du Sud". Ce centre de fonte des minerais extraits des Andes centrales (voir l'encadré p. 308) ne mérite la mention que pour son emplacement à l'un des principaux carrefours routiers de la région. De là, des routes filent au nord vers Cerro de Pasco, Huánuco, Tingo María (et la jungle septentrionale), à l'est vers Tarma (puis la jungle centrale), au sud vers Huancayo et Ayacucho (puis Cuzco) et à l'ouest vers Lima. La ville se divise en deux parties : une vaste zone industrielle au sud de la rivière, et la vieille ville (plus pratique pour les correspondances de bus) au nord-est. Redoublez de prudence si vous sortez le soir, ce que déconseillent les habitants.

Peu de voyageurs font étape à La Oroya. Si vous devez y passer la nuit, le rudimentaire **Hostal Inti** (☎39-1098 ; Arequipa 117 ; d sans sdb 18 S) possède des douches chaudes. Dans la vieille ville, d'autres hébergements spartiates et plutôt sûrs jalonnent Darío León et pratiquent des tarifs similaires. Ne comptez pas sur l'eau chaude, même si l'hôtel l'annonce.

Des bus à destination de Huancayo passent par la vieille ville. Les bus et les taxis *colectivos* (partagés) qui rallient Tarma (15 S, avec changement à El Cruce d'où part la route de Tarma), Cerro de Pasco (20 S) et Huánuco partent de Horacio Zevallos Gomez, de l'autre côté de la rivière, dans la partie ouest de la ville.

Tarma

☎064 / 60 500 HABITANTS / ALTITUDE 3 050 M

Les voyageurs se rendent rarement à Tarma, et c'est dommage. L'une des villes les plus accueillantes de l'*altiplano* (hauts plateaux), avec un climat relativement doux, elle constitue une excellente étape. Entourée de montagnes brunes, couvertes de buissons et propices à d'intéressantes excursions, Tarma se situe à la pointe de la *ceja de la selva* (sourcil de la jungle), sur la route qui relie les Andes centrales et le bassin amazonien. Les Limeños (habitants de Lima) viennent ici découvrir la poche de jungle la plus accessible de la capitale et la cité encourage le tourisme en améliorant ses infrastructures. Tarma peut aussi servir de base pour explorer *la selva central* (Amazonie centrale ; voir p. 470).

La région possède une longue histoire. Dans les montagnes alentour, des ruines incas et pré-incas n'ont pas encore été totalement fouillées. Tarma fut l'une des premières villes fondées par les Espagnols après la conquête (1538 est la date généralement citée). Elle ne conserve aucun vestige de l'époque coloniale. Ses jolies maisons blanches aux toits de tuiles rouges datent du XIXᵉ et du début du XXᵉ siècle.

À voir

Parmi les excursions locales figurent l'un des principaux sites de pèlerinage du pays, El Señor de Muruhuay (le Christ de Muruhuay), près d'Acobamba (à 9 km de Tarma ; p. 307), et San Pedro de Cajas (41 km plus loin ; p. 307).

Observatoire astronomique OBSERVATOIRE

(☎32-2625 ; Huánuco 614 ; 5 S ; ⏲20h-22h ven). À cette altitude, les nuits claires de juin à août sont idéales pour contempler les étoiles, bien que les montagnes alentour limitent le champ de vision. Un petit observatoire astronomique, géré par les propriétaires de l'Hospedaje Central, offre avec le billet d'entrée un exposé (en espagnol) sur les constellations et l'observation de quelques étoiles.

Cathédrale ÉGLISE

(Plaza de Armas). La cathédrale moderne (1965) abrite la dépouille du fils le plus célèbre de la ville, l'ancien président Manuel Odría (1897-1974), qui fit construire l'église pendant son mandat. La cloche date de 1862.

Tarmatambo SITE ARCHÉOLOGIQUE

À 6 km au sud de Tarma, Tarmatambo est le plus connu des innombrables sites archéo-

Tarma

Tarma

À voir
1 Observatoire astronomique C1
2 Cathédrale C2

Où se loger
3 El Vuelo del Condor D1
Hospedaje Central .... (voir 1)
4 Hospedaje El Dorado C1

Où se restaurer
5 El Che Parrillas C2
6 Restaurant Chavín de Grima C2
7 Restaurant Señorial/El Braserito D1

Où prendre un verre
8 La Colonia 'H' B1

Renseignements
9 BCP C2
10 Casas de Cambio A2
11 Office du tourisme D2

Transports
12 Colectivos pour Lima, Cerro de Pasco, Huánuco, Junín et La Oroya A2
13 Los Angelitos A2
14 Los Canarios C1
15 Terminal Terrestre A2
16 Transportes Chanchamayo A2
17 Transportes Junín C1

logiques des alentours. Ancienne capitale de la culture de Tarama, puis important centre administratif inca, le site relativement étendu comprend des entrepôts, des palais et un imposant réseau d'aqueducs, toujours utilisé. L'office du tourisme vous aidera à trouver un guide pour Tarmatambo et d'autres sites, difficiles à repérer.

Fêtes et festivals

Pâques est incontestablement la plus grande fête de l'année. Pour des informations sur cette fête et d'autres festivités régionales, visitez le site www.tarma.info.

Semana Santa FÊTE RELIGIEUSE

(Semaine sainte). Parmi les nombreuses processions, plusieurs ont lieu la nuit à la lueur des cierges. Le matin de Pâques, un défilé splendide longe 11 *cuadras* jusqu'à la cathédrale sur un tapis de pétales de fleurs. Les Péruviens viennent par milliers et les hôtels, rapidement complets, augmentent leurs prix jusqu'à 50%.

Semaine touristique de Tarma FÊTE

Fin juillet, cette fête s'accompagne de défilés en costume, de musique, de danses et de réjouissances débridées.

Où se loger

À Tarma même, le choix se limite à de quelconques établissements bon marché et à un coûteux complexe hôtelier. Un court trajet en voiture hors de la ville conduit à d'attrayants B&B de style hacienda.

Les hôtels pour voyageurs à petit budget ci-dessous bénéficient d'eau chaude, habituellement le matin même s'ils la promettent toute la journée.

Hacienda La Florida HACIENDA $$

(☎34-1041, 01-344-1358 ; www.haciendalaflorida.com ; s/d avec petit-déj 120/186 S, demi-pension 140/236 S ;). À 6 km de Tarma sur la route d'Acobamba, cette hacienda en activité, vieille de 300 ans, appartient à un accueillant couple germano-péruvien, Inge et Pepe. Outre des chambres avec parquet et sdb, La Florida offre un bel espace pour les campeurs (14 S/pers) et de copieux petits-déjeuners à l'allemande. Les hôtes peuvent participer à la vie de la ferme ou à divers ateliers de 2 jours (au moins 6 participants) de relaxation ou de cuisine. Le sanctuaire d'El Señor de Muruhuay se situe à 1 heure de marche et le tarif des excursions locales démarre à 26,50 S.

Los Portales HÔTEL $$$

(☎32-1411 ; www.losportaleshoteles.com.pe ; Castilla 512 ; s/d/ste avec petit-déj 220/320/670 S ;). Dans un jardin retiré à l'ouest de la ville, cet hôtel constitue le meilleur choix à Tarma. Il comprend un terrain de jeux pour enfants, 45 chambres standard avec TV câblée et accès Wi-Fi, et 2 suites avec Jacuzzi. Le restaurant assure le service en chambre. Il abrite aussi la meilleure discothèque de la ville, la Kimera, et un Pollo Stop (une populaire rôtisserie de poulet).

Hospedaje El Dorado PENSION $

(☎32-1914 ; fax 32-1634 ; Huánuco 488 ; s avec/sans sdb 30/20 S, d 50 S). Propres et spacieuses, un peu défraîchies pour certaines, les chambres, avec TV câblée et douche chaude, donnent sur une cour intérieure verdoyante. Le personnel sympathique et une cafétéria contribuent à faire de cet établissement central le plus agréable de sa catégorie.

Hacienda Santa María HACIENDA $$

(☎32-1232 ; www.haciendasantamaria.com ; Vista Alegre 1249 ; s/d avec petit-déj 125/210 S). La Calle Vienrich devient Vista Alegre au nord-est de la ville et rejoint, après 1 km, cette charmante hacienda. Au cœur d'un domaine luxuriant et fleuri, jalonné de hamacs, la maison coloniale du XVIIIe siècle, avec murs blancs et balcons en bois, abrite des chambres rustiques au mobilier ancien. Les propriétaires organisent diverses excursions aux alentours.

El Vuelo del Condor PENSION $

(☎32-2399 ; Jirón 2 de Mayo 471 ; s/d/tr 50/75/90 S ;). Parmi l'animation du marché, cette pension propre, sûre et bien aménagée n'a rien de luxueux mais l'eau chaude et le Wi-Fi fonctionnent. Les doubles et les triples donnent sur le marché. Les propriétaires s'efforcent de rendre votre séjour agréable.

Hospedaje Central PENSION $

(☎32-2625 ; Huánuco 614 ; s avec/sans sdb 30/20 S, d 55 S). Cette pension vieillissante propose des chambres sombres, sans prétention mais convenables, se dote d'un observatoire astronomique et se prévaut d'un personnel plaisant divulguant de nombreuses informations touristiques.

Où se restaurer et prendre un verre

Le meilleur restaurant de la ville a fermé, et on compte peu de bonnes tables.

Restaurant Chavín de Grima PÉRUVIEN $
(Lima 270 ; repas 10-15 S ; 7h-22h). Sur la Plaza de Armas, ce restaurant fréquenté est une bonne adresse pour le petit-déjeuner ou pour le copieux *menú del dia* (menu du jour de 2 plats, 4,50 S) au déjeuner.

Restaurant Señorial/ El Braserito PÉRUVIEN $
(Huánuco 138/140 ; plats 12-24 S ; 8h-15h et 18h-23h). Ces deux restaurants n'en font qu'un (une seule salle ouvre en cas de faible affluence) et restent les favoris de la clientèle locale. S'ils ont connu des jours meilleurs, ils séduisent par leur choix de viandes tandis que la télévision diffuse à plein volume *telenovelas* et reality shows. La longue carte comprend les classiques péruviens, comme le *cuy* (cochon d'Inde) et la *trucha* (truite).

El Che Parrillas GRILL $
(Lima 558 ; plats 15 S ; 11h-minuit). Installé au 1er étage, ce restaurant sert de succulentes *parrillas* (viandes grillées).

La Colonia 'H' BAR
(Callao 822 ; jusqu'à 2h). La meilleure adresse pour siroter une bière ou deux.

Renseignements

Des *casas de cambio* (bureaux de change) se regroupent à l'extrémité ouest de Lima.

BCP (32-2149 ; Lima et Paucartambo). Service de change et DAB.

Locutorio Telefónica (Lima 288). Accès Internet à 1,50 S l'heure.

Office du tourisme (32-1010, poste 20 ; fax 32-3483 ; Jirón 2 de Mayo 775 ; 8h-13h et 15h-18h lun-ven). Sur la Plaza de Armas, il fournit des informations sur les excursions locales. Circuits d'une journée à Tarmatambo, San Pedro de Cajas, la Gruta de Huagapo et certains sites dans la jungle proche à 45 S.

Comment s'y rendre et circuler

La plupart des transports depuis/vers Lima stationnent à 800 m à l'ouest de la Plaza de Armas, près de l'*óvalo* (principal rond-point) à l'arche qui marque l'entrée du centre de Tarma. À cet endroit se trouve l'officiel et isolé *terminal terrestre* (gare routière), d'où des bus partent tous les jours pour Lima (20/30 S, 6 heures) à 11h30, 13h30, et qui assure plusieurs autres services entre 11h et minuit. Les tarifs les plus élevés correspondent à des sièges inclinables, généralement à l'étage inférieur. Les bus à destination de La Merced partent à 15h et 18h.

Bus

Les compagnies de bus possèdent souvent leur propre terminus à Tarma.

Los Angelitos (Vlenrich 573). Minibus pour La Merced à 12h30, 15h30 et 19h (10 S, 2 heures).

Los Canarios (32-3357 ; Amazonas 694). Petits bus pour Huancayo (10 S, 3 heures) via Jauja (7 S, 2 heures) presque toutes les heures entre 5h et 18h.

Transportes Chanchamayo (32-1882 ; Callao 1002). Départs pour Lima (20 S) à 9h, 14h et 23h. Bus pour La Merced à 14h30.

Transportes Junín (53-2333 ; Amazonas 669). Huit services quotidiens pour Lima (pratiquement toutes les heures jusqu'à 13h, puis aucun jusqu'à 23h), dont des *bus-camas* (bus-couchettes) à 11h30 et 23h45 (20-30 S). Départs à 5h30 et 13h pour Cerro de Pasco (12 S, 2-3 heures).

Autres transports

À côté de la station-service qui fait face au *terminal terrestre*, des taxis *colectivos* prennent jusqu'à 4 passagers pour Lima (30 S/pers) ou des destinations régionales comme Junín ou La Oroya (15 S). Pour rejoindre Cerro de Pasco ou Huánuco, vous pouvez prendre un *colectivo* à cet endroit et changer à El Cruce (le croisement des routes de Tarma et de La Oroya-Cerro de Pasco). De Jauja, à 600 m au sud du *terminal terrestre*, des *colectivos* rapides rallient Huancayo (20 S).

Des véhicules à destination de l'Amazonie partent aussi de l'extrémité nord-est de la ville, près de l'Estadio Unión Tarma (2 S en *mototaxi*), dont les *colectivos* pour La Merced (15-20 S, 1 heure 30) via Acobamba (2 S, 10 min). Le trajet jusqu'à La Merced est spectaculaire, plongeant verticalement de 2,5 km dans la jungle en à peine plus d'une heure. Pour des destinations au-delà de La Merced, changez à la gare routière Transportes San Juan La Merced. Renseignez-vous dans le quartier du stade pour d'autres destinations. En face de l'Estadio Unión, des minibus desservent Acobamba et Palcamayo. Des voitures pour San Pedro de Cajas (5 S) partent de l'extrémité nord de Moquegua. L'office du tourisme vous renseignera sur les transports.

VALLÉE DU RÍO MANTARO

Au sud-est de Tarma, les hauts plateaux accidentés s'ouvrent sur la vallée du Río Mantaro : une large plaine fertile et vallonnée, parsemée de villages réputés pour leur artisanat et qui abrite la cité moderne de Huancayo. Ceux en quête d'aventure pourront explorer la Reserva Nor Yauyos-Cochas, faire des randonnées en haute altitude ou même descendre le río en kayak.

Les fêtes font ici partie de la vie. Selon ses habitants, il s'en déroule une chaque jour de l'année et vous aurez toutes les chances d'assister à de pittoresques célébrations. La vallée, divisée sur toute sa longueur par le Río Mantaro, s'étire du nord-ouest au sud-ouest entre Jauja et Huancayo. Au sud de Jauja, la route bifurque pour suivre les versants ouest et est de la vallée jusqu'à Huancayo. Les chauffeurs de bus les désignent par *derecha* (droite, ou ouest) et *izquierda* (gauche, ou est).

De Huancayo, des routes andines classiques et cahoteuses courent vers le sud à travers de splendides vallées jusqu'à Ayacucho, et même Cuzco.

Jauja

☎064 / 25 000 HABITANTS / ALTITUDE 3 250 M

En venant de Lima, Jauja est la première localité sur cette route. Cette petite ville coloniale animée, aux rues étroites embouteillées, se situe à 60 km au sud-est de Tarma et à 50 km au nord de Huancayo. Avec quelques hébergements corrects, elle peut servir de base pour découvrir les alentours, dont une villégiature en bord de lac et plusieurs sites archéologiques.

À voir et à faire

Jauja fut la première capitale péruvienne de Francisco Pizarro, un honneur de courte durée. Les quelques autels en bois finement sculptés de l'**église** principale constituent les seuls vestiges du début de l'ère coloniale. Avant l'arrivée des Incas, la région abritait une importante communauté huanca. Un court trajet à pied ou en *mototaxi* vous mènera à des **ruines huanca**, sur une colline à 3 km au sud-est de la ville.

À 4 km de Jauja, la **Laguna de Paca**, une petite station en bord de lac, dispose de restaurants et permet de s'adonner au canotage et à la pêche. Une promenade en bateau sur le lac revient à 3 S environ par personne (5 passagers minimum). Vous verrez des canards et des mouettes et pourrez faire halte à l'**Isla del Amor**, un îlot artificiel. La course en *mototaxi* jusqu'au lac coûte 3 S.

Un **Camino del Inca** (chemin de l'Inca) bien préservé relie Jauja et Tarma. Le tronçon le plus spectaculaire, de Tingo (à 30 min de Jauja en taxi) à Inkapatakuna (à 30 min de Tarma), se parcourt à pied en 6 à 8 heures.

À 30 minutes à l'ouest de Jauja sur la route en direction de Lima, **Pachacayo** donne accès à la **Reserva Nor Yauyos-Cochas**, une réserve reculée au paysage andin typique – de scintillants lacs de montagne bleu-vert parmi des pics vertigineux – qui abrite le **glacier Pariacaca**. Pour la rejoindre, vous aurez besoin d'un 4x4 (à louer à Lima ou à Huancayo). Sinon, les propriétaires de l'Hostal Manco Cápac pourront vous aider à organiser l'excursion.

Un **marché** pittoresque se tient dans le centre-ville le mercredi matin. Le site www.jaujamiperu.com fournit de bonnes informations générales.

Où se loger

Nombre de visiteurs séjournent à Huancayo et rejoignent Jauja en minibus ou en *colectivo*.

Hostal Manco Cápac PENSION $
(☎36-1620 ; Manco Cápac 575 ; s avec petit-déj 35-50 S, d 80 S). À 3 rues au nord de la Plaza de Armas, cette maison sûre et paisible constitue de loin le meilleur choix. Les chambres immenses donnent sur deux cours verdoyantes et disposent chacune d'une sdb propre avec eau chaude. Les propriétaires sont une bonne source d'informations sur la région. Réservez à l'avance car ils ne sont pas toujours là.

Hostal María Nieves PENSION $
(☎36-2543 ; Gálvez 491 ; s avec/sans sdb 40/35 S, d 50/40 S). Également recommandée et tenue par un propriétaire sympathique, cette pension offre 9 chambres douillettes, dont 3 avec sdb. Petit-déjeuner sur demande.

Où se restaurer

À la Laguna de Paca, des restaurants tentent d'attirer le chaland avec de la musique andine et des tables au bord du lac. Si le cadre est agréable, tous proposent des cartes similaires. Essayez la *pachamanca* (viande, pommes de terre et légumes cuits dans un "four" de pierres chaudes) ou une délicieuse *trucha* (truite), assaisonnée de piments, d'ail et de citron, enveloppée dans des feuilles de bananier et cuite dans la glaise du lac. Plusieurs restaurants sans prétention sont installés dans le centre de Jauja.

El Paraíso PÉRUVIEN $
(Ayacucho 917 ; plats 12-14 S ; ⏲déj et dîner). Rempli de plantes et prisé des habitants, ce vaste restaurant sert des spécialités à prix doux, comme la *trucha* (de la Laguna de Paca) ou le *picante de cuy* (cochon d'Inde

rôti dans une sauce relevée). Il se tient juste au sud de la grand-place.

Depuis/vers Jauja

Jauja possède un aéroport régional (en cours d'agrandissement pour accueillir de plus gros avions) au sud de la ville, sur la route de Huancayo. **LC Peru** (www.lcperu.pe) propose des vols quotidiens depuis/vers Lima.

Bus, minibus et taxis stationnent tous du côté sud de la ville, au croisement de Ricardo Palma et de 28 de Julio, à 800 m de la Plaza de Armas. Dans la journée, des minibus (3 S) et des *colectivos* (5 S) partent fréquemment pour Huancayo (50 min). Des minibus rallient également Tarma (7 S, 1 heure 30) et La Oroya (2 heures) ; des *colectivos* desservent ces destinations s'ils parviennent à réunir 5 passagers (dont deux à l'avant).

Comment circuler

En ville, une course en *mototaxi* revient à 1,50 S. Comptez 3 S jusqu'à la Laguna de Paca.

Jauja est l'une des rares villes des hauts plateaux du Centre où l'on peut acheter un vélo. Dans Junín, des boutiques vendent des VTT très corrects.

Concepción

064 / ALTITUDE 3 283 M

De Concepción, un village à mi-chemin de Jauja et de Huancayo du côté *izquierda*, vous pouvez rejoindre le charmant village d'Ocopa et son fameux couvent de **Santa Rosa de Ocopa** (5 S ; 9h-12h et 15h-18h mer-lun). La visite de 45 minutes, obligatoirement guidée, commence toutes les heures ou quand suffisamment de personnes attendent (7 au minimum). Les étudiants bénéficient d'une réduction de 50%. Entourés d'un superbe jardin, le couvent et les cloîtres furent construits par les franciscains au début du XVIIIe siècle pour les missionnaires qui partaient dans la jungle. Au fil des ans, les frères rassemblèrent une impressionnante collection, aujourd'hui exposée dans le musée du couvent. Elle comprend des animaux de la jungle naturalisés, des artefacts indigènes, des photos des premières missions et de nombreuses œuvres d'art sacré colonial (principalement de l'*escuela cuzqueña* – école de Cuzco –, une combinaison de styles espagnol et andin). La pièce maîtresse est la fantastique bibliothèque du 1er étage, qui renferme quelque 25 000 ouvrages, dont beaucoup datent du XVe siècle.

Du lundi au samedi, des *colectivos* partent fréquemment de la place de Concepción pour Ocopa, à 5 km. L'aller-retour en *mototaxi* revient à 15 S, une heure d'attente comprise. Concepción se rejoint facilement en prenant un bus *izquierda* Huancayo-Jauja.

Huancayo

064 / 323 050 HABITANTS / ALTITUDE 3 244 M

Grande ville affairée de l'*altiplano* central, Huancayo combine un attachement farouche aux traditions à un aspect moderne. Pour nombre de voyageurs, cette cité cosmopolite constitue la première étape dans les hauts plateaux péruviens. Construite dans une vallée verdoyante, elle se situe sur le fabuleux itinéraire montagneux qui mène à Cuzco. Bien que son charme soit moins évident que celui d'autres localités andines, Huancayo ne déçoit pas.

Certains des meilleurs restaurants du pays bordent ses rues animées. Après avoir goûté l'excellente cuisine régionale, explorez les marchés de la ville et de la vallée pour découvrir le plus bel artisanat du Pérou et participez aux fêtes diverses et colorées qui ont lieu presque tous les jours.

Huancayo offre aussi la possibilité d'apprendre l'espagnol ou le quechua, de suivre des cours de musique ou de cuisine andine. Les plus sportifs découvriront d'étranges formations rocheuses et des lacs spectaculaires dans les hauteurs environnantes, entreprendront un trek dans les Andes, un circuit d'aventure en VTT ou une randonnée dans la jungle. La ville est aussi le terminus des deux plus beaux trajets ferroviaires du Pérou (et d'Amérique latine), dont la deuxième plus haute voie ferrée au monde qui franchit les Andes depuis/vers Lima.

À voir

Attendez-vous à beaucoup marcher dans cette ville étendue. La plupart des curiosités se tiennent en dehors du centre. Dans la ville même, le principal monument est l'**Iglesia de La Merced**, dans la première *cuadra* de Real, où fut adoptée la Constitution péruvienne de 1839.

Museo Salesiano MUSÉE

(24-7763 ; Santa Rosa 299 ; 5 S ; 8h-12h et 14h-18h lun-ven). On peut entrer dans le musée par l'école salésienne ; il présente des animaux, des poteries et des objets archéologiques d'Amazonie. Les horaires varient.

Huancayo

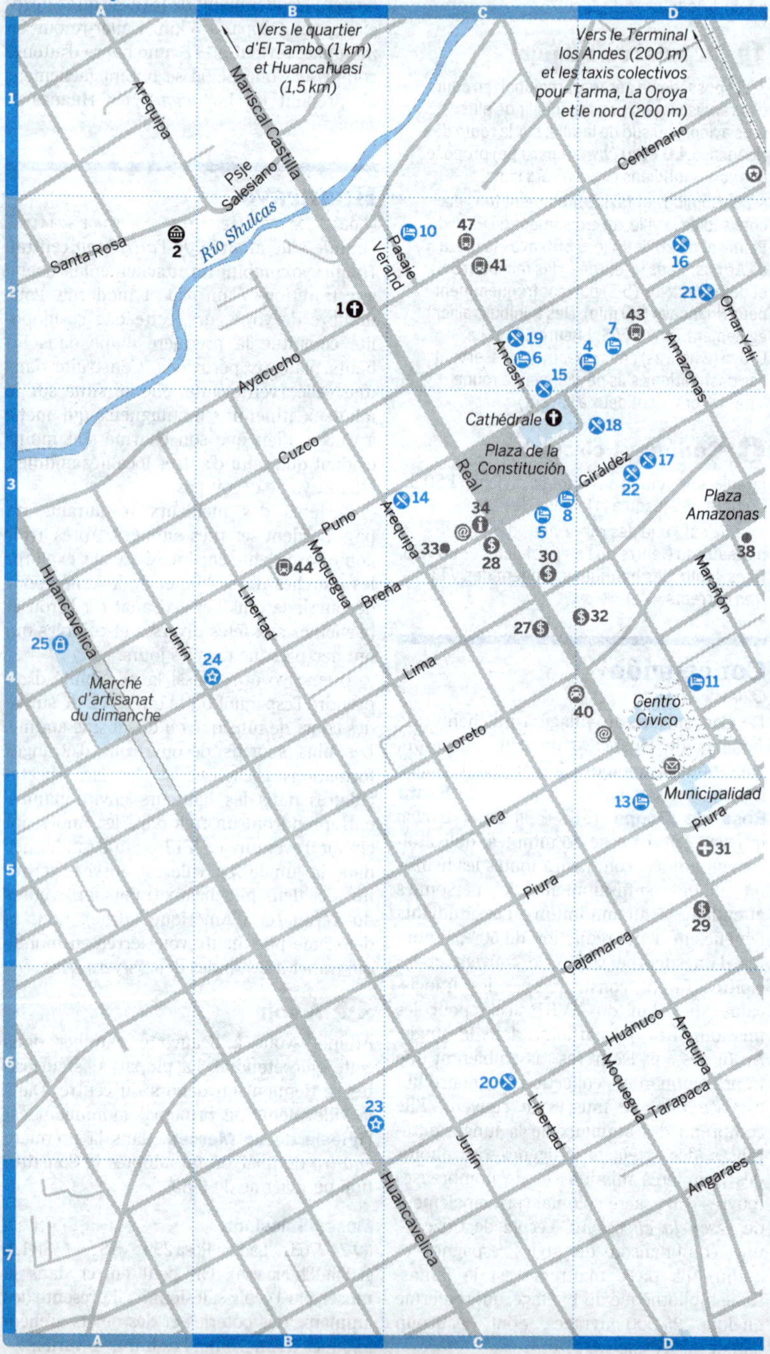
A
B
C
D
1
2
3
4
5
6
7
Vers le quartier d'El Tambo (1 km) et Huancahuasi (1,5 km)
Vers le Terminal los Andes (200 m) et les taxis colectivos pour Tarma, La Oroya et le nord (200 m)
Arequipa
Mariscal Castilla
Psje Salesiano
Río Shulcas
Santa Rosa
Centenario
Pasaje Verand
Ayacucho
Cuzco
Puno
Ancash
Cathédrale
Plaza de la Constitución
Real
Giráldez
Amazonas
Omar Yali
Plaza Amazonas
Marañón
Moquegua
Libertad
Breña
Huancavelica
Junín
Lima
Marché d'artisanat du dimanche
Centro Cívico
Loreto
Municipalidad
Ica
Piura
Cajamarca
Huánuco
Tarapaca
Angaraes

Cerro de la Libertad
POINT DE VUE

(angle Giráldez et Torre Tagle ; entrée libre ; ⏲aube-crépuscule). Suivez Giráldez vers le nord-est pour une belle vue sur la cité. À 2 km du centre-ville, cette aire de loisirs et de restauration prisée comprend des échoppes d'art et un terrain de jeux.

Parque de la Identidad Huanca
PARC

(angle Santa Felicita et San Maros ; entrée libre ; ⏲aube-crépuscule). Dans le faubourg de San Antonio, ce parc contient de multiples statues et bâtiments miniatures en pierre représentatifs de la culture de la région.

Activités

Incas del Perú
CIRCUITS AVENTURE

(☎22-3303 ; www.incasdelperu.org ; Giráldez 652). Dans le même bâtiment que le restaurant La Cabaña, Incas del Perú propose de nombreuses activités, pour la plupart organisées par Lucho Hurtado, qui parle anglais et connaît bien la région : circuits sportifs à VTT de plusieurs jours, ainsi que treks dans les Andes jusqu'au lac et au glacier de Huaytapallana ; le prix d'un trek de 3 jours pour 1 à 2 personnes s'élève à environ 1 000/1 700 S.

Lucho guide des treks – à pied, à cheval ou en transports publics – sur les versants orientaux des Andes et dans la jungle. S'ils n'ont rien de luxueux, ils permettent de découvrir le Pérou rural ; vous pouvez séjourner dans le ranch du père de Lucho, au milieu de nulle part. Un circuit de 4 jours revient à 400 S par personne, repas compris. On passe la nuit sous la tente ou dans des hébergements rustiques.

Incas del Perú organise aussi des cours d'espagnol et de quechua, avec séjour chez l'habitant en pension complète sur demande (400-600 S/semaine). Les cours peuvent être adaptés en fonction de vos intérêts. Vous pourrez également vous initier à la cuisine locale, à la gravure de calebasse ou à la flûte de Pan.

Torre Torre
RANDONNÉE

Les formations géologiques érodées appelées Torre Torre (*torre* signifie "tour") se dressent dans les collines, à 2 km de Cerro de la Libertad. Un panneau indique le chemin, facilement repérable. Pour prolonger la randonnée, continuez le long de la crête avec Huancayo sur votre gauche (ouest). Vous arriverez à une autre formation rocheuse, la Corona del Fraile (couronne du moine), un rocher au sommet arrondi entouré d'une

Huancayo

À voir

1 Iglesia de La Merced ... B2
2 Museo Salesiano ... A2

Activités

3 Incas del Perú ... F1

Où se loger

4 Hostal El Marquez ... D2
5 Hostal Santa Felicita ... C3
6 Hotel Confort ... C2
7 Hotel los Balcones ... D2
8 Hotel Olímpico ... C3
9 Hotel Presidente ... E6
10 Hotel Sauna Blub ... C2
11 Hotel Turismo ... D4
12 Hotel Villa Rica ... E6
13 Susan's Hotel ... D5

Où se restaurer

14 Antojitos ... C3
15 Café Coqui ... C2
16 Chicharronería Cuzco ... D2
17 Chifa Centro ... D3
18 Detrás de la Catedral ... D3
El Otro Lado ... (voir 3)
19 Govinda ... C2
La Cabaña ... (voir 3)
20 Leopardo ... C6
Restaurant Olímpico ... (voir 8)
21 Sofa Café Paris ... D2
22 Supermercado Día ... D3

Où sortir

Antojitos ... (voir 14)
23 Discoteca Taj Mahal ... B6
24 Galileo Disco Pub ... B4
La Cabaña ... (voir 3)

Achats

Casa de Artesano ... (voir 34)
25 Feria Dominical ... A4
26 Mercardo Mayorista ... F2

Renseignements

27 Banco Continental ... C4
28 BCP ... C3
29 BCP ... D5
30 Casas de Cambio ... C3
31 Dr Luis Mendoza ... D5
32 Interbank ... D4
33 Lavandería Chic ... C3
34 Office du tourisme ... C3

Transports

35 Bus pour Cochas ... F2
36 Bus pour Jauja ... E3
37 Colectivos pour Huancavelica ... E6
38 Colectivos pour San Jerónimo, Concepción et Jauja ... D3
39 Combis pour Chupaca ... F2
40 Colectivos Comité 12 pour Lima ... D4
41 Cruz del Sur ... C2
42 Empreso Molina ... E6
43 Etucsa ... D2
44 Los Canarios ... B3
45 Minibus pour San Jerónimo, Concepción et Jauja ... E3
46 Transportes Ticllas ... E6
47 Turismo Central ... C2

couronne d'eucalyptus, sous lequel dévalent plusieurs cascades. Vous pouvez revenir à Huancayo du bout de cette crête. Si l'endroit est assez sûr dans la journée, méfiez-vous des bandes de chiens errants, en particulier dans les maisons en contrebas de Torre Torre.

Fêtes et festivals

Des centaines de fêtes ont lieu à Huancayo et dans les villages alentour, pour ne pas dire quasiment tous les jours dans la vallée du Río Mantaro. Renseignez-vous à l'office du tourisme.

Año Nuevo DANSES TRADITIONNELLES

(1er-6 janvier). Les festivités du Nouvel An sont particulièrement pittoresques à Huancayo. Parmi les danses figure la *huaconada* : les danseurs se déguisent en vieux messieurs au grand nez, représentant les doyens du village qui se rendaient jadis dans les maisons des villageois paresseux ou querelleurs et les fouettaient pour qu'ils se corrigent durant l'année à venir. Des célébrations animées se déroulent aussi à Mito, à 1 heure au nord de Huancayo.

Semana Santa FÊTE RELIGIEUSE

(Semaine sainte). L'un des événements majeurs de Huancayo ; le dimanche de Pâques, on vient de tout le pays pour les grandes processions religieuses.

Fiestas Patrias FESTIVAL

(28 et 29 juillet). Des défilés militaires et d'écoliers célèbrent l'anniversaire de l'indépendance du Pérou. Les hôtels se remplissent et augmentent leurs prix.

Où se loger

♥ Casa de la Abuela — AUBERGE DE JEUNESSE $

(☎23-4383 ; www.incasdelperu.com ; angle Cuzco et José Galvez ; dort/s/d avec sdb commune et petit-déj 30/40/70 S ; @📶). Tenue par Incas del Peru, La Casa de la Abuela offre un accueil très chaleureux. Après avoir déménagé à 20 minutes de marche du centre de Huancayo, elle occupe une maison pimpante et propre, avec d'agréables espaces de détente, une cuisine, une table de ping-pong, une TV câblée et un lecteur de DVD. L'adresse est prisée des baroudeurs qui ont le choix entre des dortoirs et des petites chambres avec sdb communes. Un emplacement de camping dans le jardin revient à 15 S par personne. Le petit-déjeuner se compose de pain et de confitures maison, et de café fraîchement préparé. L'auberge fournit de bonnes informations touristiques. Ces avantages compensent l'éloignement du centre.

Peru Andino — PENSION $

(☎22-3956 ; www.peruandino.com ; Psje San Antonio 113 ; s avec/sans sdb 40/35 S, d avec/sans sdb 90/80 S, petit-déj compris). Autre adresse favorite des routards, cette maison paisible et sûre se tient près du Parque Túpac Amaru, à quelques *cuadras* au nord-est de la carte. Le couple qui la tient veille au bien-être de ses hôtes. Cuisine, buanderie et douches chaudes à disposition, renseignements sur les excursions et transfert gratuit de la gare routière ou ferroviaire sur demande préalable.

Hotel los Balcones — HÔTEL $

(☎21-1041 ; Puno 282 ; s/d/tr 45/55/75 S ; @📶). Ce bel hôtel moderne, aéré et spacieux se reconnaît à ses nombreux balcons. Les chambres, meublées avec goût, comprennent TV câblée, téléphone, réveil et lampes de chevet. À cela s'ajoutent l'accès Internet gratuit et un restaurant fréquenté. Un établissement confortable dans le centre-ville, à prix raisonnables.

Hotel Sauna Blub — HÔTEL $$

(☎22-1692 ; www.hotelblubperu.com ; Psje Verand 187 ; s/d avec petit-déj 110/130 S ; 📶). À l'ouest du centre et surplombant la rivière, le Blub possède des chambres attrayantes et bien aménagées avec TV câblée, téléphone et mini réfrigérateur, ainsi qu'un sauna.

Hostal El Marquez — HÔTEL $$

(☎21-9026 ; www.elmarquezhuancayo.com ; Puno 294 ; s/d/ste avec petit-déj 150/190/220 S ; @📶). Cet hôtel confortable, plus plaisant que la moyenne, n'a pas grand caractère et ne justifie pas ses prix. Récemment rénovées, les chambres avec moquette comportent les habituels téléphone direct et TV câblée. Les 3 suites se prévalent d'un grand lit, d'un minibar et d'une sdb spacieuse avec Jacuzzi. Un petit café assure le service en chambre.

Hotel Turismo — HÔTEL $$

(☎23-1072 ; www.hoteles-del-centro.com ; Ancash 729 ; s/d 195/215 S ; 📶). Ce joli bâtiment ancien, agrémenté de balcons en bois et de salons à la splendeur fanée, offre la vue sur les cireurs de chaussures devant le Centro Civico. Les chambres, toutes avec sdb, varient en taille et en qualité. L'hôtel possède un bar-restaurant. Faisant partie du même groupe que l'Hotel Presidente, il pratique des tarifs identiques, mais se distingue par son caractère.

Casa de la Abuela VIP — PENSION $$

(☎23-4383 ; Huancas 381 ; www.incasdelperu.com ; s/d 80/120 S ; 📶). Le dernier établissement d'Incas del Peru se situe un cran au-dessus de son auberge de jeunesse, avec des sdb privées, une suite (150 S) et un délicieux petit-déjeuner.

Susan's Hotel — HÔTEL $$

(☎20-2251 ; www.susanshotel.com ; Real 851 ; s/d 70/90 S ; 📶). Impeccable et pimpant, le Susan's offre des chambres avec sdb de belle taille, TV câblée, bureau et matelas fermes, mais sombres et surévaluées ; pour bénéficier du calme, choisissez-en une à l'arrière. Le restaurant du 4e étage jouit d'une vue splendide. Dommage que l'accueil soit un peu condescendant.

Hotel Olímpico — HÔTEL $

(☎21-4555 ; Ancash 408 ; s/d 70/80 S ; 📶). Si vous tenez à la vue sur la place, l'Olímpico est le meilleur des trois hôtels médiocres qui bordent le côté sud de la Plaza de la Constitución. Les grandes chambres, souvent sombres, disposent toutes de la TV câblée et un restaurant est installé au rez-de-chaussée. Selon les clients, le service est plutôt correct.

Hotel Villa Rica — HÔTEL $

(☎21-7040 ; Real 1291 ; s/d 13/22 S). Pratique pour gagner les gares routières à l'extrémité sud de Real, cet hôtel sûr est le meilleur des établissements pour voyageurs à petit budget du quartier. Les chambres sont propres et disposent de l'eau chaude en soirée.

Hotel Santa Felicita HÔTEL $

(☎23-5476 ; irmaleguia@hotmail.com ; Giráldez 145 ; s/d 50/70 S ; @). Dans cet hôtel soigné, les grandes chambres bénéficient de la vue sur la place, de belles douches avec eau chaude, de la TV câblée et du téléphone.

Hotel Confort HÔTEL $

(☎23-3601 ; Ancash 237 ; s/d 30/40 S). Établi de longue date, le Confort est le moins cher des hébergements juste corrects du centre-ville.

Hotel Presidente HÔTEL $$

(☎23-5419, 23-1736 ; www.hoteles-del-centro.com ; Real 1138 ; s/d avec petit-déj 195/215 S ; @). Ce bon hôtel moderne possède de vastes chambres, avec jolie moquette et spacieuses sdb.

Où se restaurer

Des pâtisseries et des stands de brochettes de *pollo* (poulet) et de *lomo* (bœuf) jalonnent Real, au sud de la Plaza de la Constitución. Huancayo compte d'excellents restaurants où se régaler de spécialités régionales, comme les *papas a la huancaína* (pommes de terre bouillies nappées d'une sauce au fromage, d'huile, de piment, de citron et de jaune d'œuf, servies avec un œuf dur et des olives) ou les truites des lacs voisins.

Pour des courses, rendez-vous au **Supermercado Día** (Giráldez).

Café Coqui BOULANGERIE $

(Puno 298 ; en-cas à partir de 3 S ; 7h-22h30). Cette boulangerie-café moderne sert d'excellents petits-déjeuners, ainsi que de savoureux sandwichs, pâtisseries, *empanadas* et cafés. Animée du matin au soir, elle propose depuis peu des pizzas et d'autres plats plus substantiels. Des musiciens se produisent parfois sur le balcon à l'étage.

Huancahuasi PÉRUVIEN $$

(☎24-4826 ; Mariscal Castilla 222 ; plats 16,50-29,50 S ; 8h-19h dim-jeu, 8h-2h ven-sam). Au nord-ouest de la ville, Real devient Mariscal Castilla dans le district d'El Tambo. Ce restaurant chic, aux murs décorés de tapisseries de San Pedro de Cajas et de poèmes, s'agrémente d'une cour fleurie. Parmi les spécialités régionales, goûtez la *pachamanca*, les *papas a la huancaína* ou le *ceviche* de truite. Tout est joliment présenté et le service est souriant. Du centre, la course en taxi revient à 3 S.

Sofa Café Paris CAFÉ $

(Puno 254 ; en-cas à partir de 3 S, repas 12 S ; 16h-23h). Confortable et détendu comme le suggère son nom, ce café occupe un nouveau local, plus grand, plus plaisant et plus animé, avec une mezzanine pour observer l'action. Prisé des jeunes Huancaínos (habitants de Huancayo) branchés, il sert des cafés et des gâteaux élaborés, ainsi que des plats péruviens plus consistants. En fond sonore, vous entendrez Nirvana plutôt que de la musique andine.

Detrás de la Catedral PÉRUVIEN $$

(Ancash 335 ; plats 15-22 S ; 11h-23h). Bien tenu et joliment décoré de boiseries et de peintures surréalistes, ce restaurant séduit une clientèle fidèle. Sur sa longue carte illustrée figurent de copieux burgers (végétariens ou non), des plats du jour comme l'*asado catedral* (viandes grillées) et de savoureux desserts tel le *pionono helado* (pâtisserie glacée au caramel) nappé de chocolat.

La Italia ITALIEN $$

(Torres 441 ; grande pizza 26-31 S, pâtes 18-24 S ; 18h-23h lun-sam). Un nombre croissant de bons restaurants s'installent autour du Parque Túpac Amaru. Tenu par un Italien, celui-ci offre la meilleure cuisine italienne à des kilomètres à la ronde.

Leopardo PÉRUVIEN $

(angle Libertad et Huánuco ; plats 14-23 S ; 6h30-19h30). Typique de Huancayo, avec une maquette de train au milieu de la salle, il combine sans effort cafétéria et restaurant haut de gamme. Choisissez une spécialité andine (*mondongo especial*, bouillon de tripes, de maïs et de légumes) ou de la côte (*tacu tacu*, mélange de haricots, de riz et de piment frits, servi avec un steak). Son succès est tel qu'il a ouvert une succursale de l'autre côté de la rue.

Chicharronería Cuzco LATINO-AMÉRICAIN $

(Cuzco 173 ; plats 5-10 S). Ce minuscule restaurant séduira les carnivores avec ses assiettes de *chicharrónes* (morceaux de porc frits) autour de 7 S.

La Cabaña INTERNATIONAL $

(Giráldez 652 ; plats environ 15 S ; 17h-23h). L'ambiance détendue, la cuisine copieuse et les excellents *pisco sour* séduisent autant les habitants que les voyageurs. Vous pourrez commander une délicieuse pizza, une truite, de tendres grillades, des pâtes *al dente* ou des plats plus légers. Musique *folklórica* live du jeudi au samedi. À côté, El Otro Lado ouvre pour le déjeuner d'avril à octobre.

Antojitos INTERNATIONAL $$
(Puno 599 ; plats 15-25 S ; ⏲17h-tard lun-sam). Installé dans un bâtiment à deux niveaux, avec poutres apparentes, de nombreuses antiquités et les habituels posters de John Lennon et de Santana, ce bar-restaurant attire une clientèle locale aisée, qui parle fort pour couvrir la musique – de la *cumbia* (musique populaire colombienne) à Pink Floyd. La carte comporte des burgers, des pizzas et des grillades bien préparés.

Restaurant Olímpico PÉRUVIEN $$
(Giráldez 199 ; plats 16,50-28 S). Établi depuis plus de 60 ans, le doyen (modernisé) des restaurants de Huancayo possède une grande cuisine ouverte où l'on voit, dans un cadre élégant à l'ancienne, la préparation des plats péruviens traditionnels s'élaborer.

Chifa Centro CHINOIS $
(Giráldez 245 ; www.chifacentro.com.pe ; repas 10-20 S). Sert la meilleure cuisine chinoise de la ville, en gigantesques portions.

Govinda VÉGÉTARIEN $
(Cuzco 289 ; plats 6-10 S ; ⏲8h30-20h30 lun-ven, 9h-17h sam). L'un des meilleurs restaurants végétariens de Huancayo. On y parle anglais.

Où prendre un verre et sortir

Aucun night-club ne se distingue. Lors de nos recherches, le **Galileo Disco-Pub** (Breña 378) et la **Discoteca Taj Mahal** (Huancavelica 1052) étaient les plus fréquentés. Prenez un taxi pour revenir à votre hôtel dans la nuit.

Antojitos MUSIQUE LIVE
(Puno 599 ; ⏲17h-tard lun-sam). Des groupes locaux se produisent presque tous les soirs à partir de 21h dans ce bar-restaurant.

La Cabaña MUSIQUE TRADITIONNELLE
(Giráldez 652 ; ⏲17h-23h). Ce restaurant populaire propose musique folklorique live et danse le week-end.

Peña Restaurant Turisticoa Wanka Wanka MUSIQUE TRADITIONNELLE
(Jirón Parra del Riego 820). Dans El Tambo, cette *peña* (bar ou club avec musique folklorique live) accueille des groupes locaux comme Kjantu. Bonne *cumbia* et musique folklorique. Venez en taxi (3 S).

Achats

Huancayo est le meilleur endroit du centre de l'*altiplano* pour le shopping, que vous soyez en quête de marchés traditionnels (la ville compte deux grands marchés), de souvenirs ou de jeans de marques américaines.

Mercado Mayorista MARCHÉ
Le pittoresque marché d'alimentation déborde tous les jours du Mercado Mayorista (couvert) le long des voies ferrées à l'est. Particulièrement important le dimanche, quand se tient aussi le marché d'artisanat, c'est l'un des plus beaux marchés du Pérou. Arpenter les allées fait découvrir, au milieu de senteurs multiples, tous les ingrédients de la cuisine péruvienne : poulets, cochons d'Inde et grenouilles, et une incroyable diversité de fruits et de légumes. Ne manquez pas d'essayer le *tokuc* (boisson à base de pomme de terre pourrie). Les vendeurs sont aimables et vous laisseront goûter avant d'acheter.

Feria Dominical ARTISANAT
(Huancavelica). Ce marché d'artisanat s'installe le dimanche le long de Huancavelica jusqu'au nord-ouest de Piura. Tissages, textiles, broderies, céramiques, sculptures sur bois, *mates burilados* (calebasses ciselées) et nombre d'autres objets provenant de divers villages de la vallée du Río Mantaro y sont vendus. Faites attention aux pickpockets.

Casa del Artesano SOUVENIRS
(Plaza de la Constitución). À l'angle sud de la place, cette boutique offre un grand choix d'art et d'artisanat dans un environnement plus sûr.

Renseignements

La BCP, l'Interbank, le Banco Continental, le Banco Wiese et d'autres banques et *casas de cambio* bordent Real. La plupart des banques disposent de DAB et ouvrent le samedi matin. En parcourant moins d'une *cuadra* dans Real, vous trouverez certains des nombreux cybercafés du centre-ville ; ils facturent 1,50 S l'heure en général et permettent de passer des appels internationaux.

Clínica Ortega (☎23-5430 ; Carrín 1124 ; ⏲24h/24). Au sud-ouest du centre ; le personnel parle anglais.

Dr Luis Mendoza (☎23-9133 ; Real 968). Dentiste.

Incas del Perú (☎22-3303 ; www.incasdelperu.org ; Giráldez 658). Une adresse recommandée pour des informations sur la région.

Lavandería Chic (Breña 154 ; ⏲8h-22h lun-sam, 10h-18h dim). Self-service (10 S/machine, avec lessive et séchage) et service de blanchissage (12 S/machine).

Office du tourisme (Casa del Artesano, Real 481 ; ⏲10h-13h30 et 16h-19h30 lun-ven). À l'étage dans le marché d'artisanat couvert ; informations limitées.

Police touristique (Policía de Turismo ; ☎23-4714, 21-9851 ; Ferrocarril 580). Pour des informations touristiques et en cas d'urgence.

Poste principale (Centro Cívico).

ℹ Depuis/vers Huancayo

Bus

Huancayo organise lentement ses gares routières. La plupart des bus qui se dirigent au nord vers Tarma et *la selva central* partent du **Terminal Los Andes**, à l'extrémité nord de l'Avenida Ferrocarril. Les compagnies de bus qui desservent Lima (ouest) et des destinations des vallées sud, comme Huancavelica et Ayacucho, disposent d'agences et de terminus disséminés dans la ville. Nous indiquons ci-dessous les meilleures compagnies ou les seules possibles selon la destination :

Du Terminal Los Andes (3 S en taxi du centre-ville), des bus partent au moins toutes les heures pour Satipo (22 S, 6-7 heures) via Tarma (10 S, 2 heures), San Ramón (16 S, 4 heures 30) et La Merced (16 S, 4 heures 30). De nombreux services continuent jusqu'à Mazamari (25 S, 7 heures 30). **Selva Tours** (☎21-8427), une compagnie réputée, offre des départs toutes les heures pour Satipo et plusieurs pour Mazamari.

Pour Lima, le trajet dure 7 heures et le billet aller coûte de 30 à 60 S ; comptez de 45 à 60 S pour un siège-couchette dans un *bus-cama*. **Cruz del Sur** (☎24-5650 ; Ayacucho 281-287) offre le meilleur confort, suivie par **Etucsa** (☎22-6524 ; Puno 220), qui propose des départs plus fréquents (*bus-cama* à 23h45 et minuit). Examinez les bus de chaque compagnie, ou au moins leurs brochures, avant de faire votre choix. Si vous êtes pressé, **Comité 12** (Loreto 421) dispose de *colectivos* rapides à destination de la capitale (50 S, 5 heures).

Compagnie recommandée pour Ayacucho (30 S, 8-9 heures), **Expreso Molina** (☎22-4501 ; Angaraes 334) offre des départs matin et soir par une route en majeure partie mauvaise et non asphaltée. Il existe aussi un service par la route plus longue et plus sûre via Rumichaca (40 S, 10 heures).

Transportes Ticllas (☎954-175-420 ; Ferrocarril 1590) offre les services les plus fréquents pour Huancavelica (13 S, 3-4 heures), avec des bus presque toutes les heures.

VILLAGES DE LA VALLÉE DU RÍO MANTARO

Deux routes principales relient Huancayo et les villages de la vallée du Río Mantaro : l'*izquierda* (gauche), le côté est du río, et la *derecha* (droite), le côté ouest en arrivant du nord à Huancayo. Vu la rareté des ponts entre les deux rives, mieux vaut en explorer une seule au cours d'une excursion d'une journée.

L'excursion la plus intéressante sur la rive orientale est sans doute la visite des villages jumeaux de **Cochas Grande** et **Cochas Chico**, à 11 km de Huancayo. Ce sont les principaux centres de production des calebasses ciselées qui ont fait la renommée de la région. Curieusement, les calebasses poussent sur le littoral, aux alentours de Chiclayo et d'Ica. Une fois transportées dans les hauts plateaux, elles sont séchées et pelées, puis décorées à l'aide de ciseaux à bois. Le ciselage des calebasses peut s'observer dans diverses maisons des villages.

Sur la rive ouest, le bourg de **Chupaca** accueille un intéressant marché aux bestiaux. En partant tôt, vous pouvez le visiter, continuer en bus jusqu'à **Ahuac**, puis grimper à pied 1 km jusqu'à la **Laguna Ñahuimpuquio**, qui dispose de restaurants et permet de faire des promenades en bateau ainsi que d'explorer une grotte. De la rive est, un sentier monte jusqu'à une crête, qui domine la vallée, et aux ruines d'**Arwaturo**, construit par les Huanca pour conserver du grain et des aliments.

Parmi les autres villages connus pour leur artisanat figurent **San Agustín de Cajas** (meubles en osier), **Hualhuas** (lainages, y compris ponchos et tissages) et **San Jerónimo de Tunán** (filigranes en argent).

Bien que leur artisanat soit principalement vendu à Huancayo, ces villages se visitent facilement et découvrir leur production sur place reste une expérience mémorable. Ils comptent peu d'infrastructures et vous devrez connaître quelques mots d'espagnol pour sympathiser avec les villageois.

Los Canarios (☎21-5149 ; Puno 739) dessert Tarma (10 S, 3 heures) pratiquement toutes les heures, avec des arrêts à Jauja et à Concepción.

Turismo Central (☎22-3128 ; Ayacucho 274) propose des bus en direction du nord pour Huánuco (36 S, 7 heures), Tingo María (36 S, 10 heures) et Pucallpa (51 S, 22 heures). La compagnie possède aussi un bureau dans le Terminal Los Andes.

Des minibus (3 S) et des *colectivos* (5 S) à destination de Jauja (environ 50 min) et de Concepción (2 S, 30 min) partent des abords de la Plaza Amazonas, dans le centre de Huancayo. Ils passent par de nombreux centres d'artisanat de la vallée du Río Mantaro, comme San Jerónimo de Tunán.

Taxi

Des *colectivos* pour Huancavelica (25 S, 2 heures 30) partent quand ils sont pleins (4 passagers au minimum) de divers endroits, dont Angares, en face de la gare routière d'Expresso Molina. Les *colectivos* qui rallient des destinations andines au nord, dont Tarma (15 S) et La Oroya (18 S), stationnent devant le Terminal Los Andes.

Train

Huancayo possède deux gares ferroviaires, non reliées, dans différentes parties de la ville.

Train touristique, le **Ferrocarril Central Andino** (☎226-6363 ; www.ferrocarrilcentral.com.pe) grimpe de Lima tous les 15 jours entre mi-avril et octobre (12 heures ; 120/195 S aller/aller-retour, enfants 85/130 S). Des services touristiques plus chers comprennent l'hébergement à Huancayo. Le train part de la gare ferroviaire centrale de Lima le vendredi à 7h et quitte Huancayo le dimanche à 18h. Pour ce trajet de nuit, prévoyez des vêtements chauds, voire une couverture.

Ce parcours fabuleux culmine à 4 829 m et passe par La Galera, l'une des gares ferroviaires les plus hautes au monde (après le Tibet et la Bolivie). La ligne, qui ne comporte qu'une seule voie, attire des passionnés de train du monde entier. Pour réserver, visitez le site d'Incas del Perú (www.incasdelperu.org), qui comprend un formulaire de réservation, ou le site officiel du train.

La **gare ferroviaire de Chilca** (☎21-6662 ; Prado cuadra 17 s/n), à l'extrémité sud de la ville, dessert Huancavelica. Le *Tren Macho*, qui circule à nouveau depuis la réfection des voies, part de Huancayo à 6h30 les lundi, mercredi et vendredi, et revient à la même heure de Huancavelica les mardi, jeudi et samedi. Le billet coûte 9/13 S en 1re classe/buffet. La classe buffet, confortable, garantit une place sur un siège rembourré ; en 1re classe, les places sont réservées mais les sièges plus durs. Le principal attrait de ce train est qu'il est d'abord emprunté par la population locale et non juste réservé aux touristes : d'innombrables vendeurs proposent toutes sortes d'en-cas et un violoniste aveugle joue pour récolter quelques sous. Les horaires changent fréquemment ; pour des renseignements actualisés, contactez Lucho Hurtado d'Incas del Perú (p. 291), défenseur passionné de cette ligne.

La billetterie ouvre de 6h à 12h. La gare est loin du centre-ville ; prenez plutôt un taxi.

LES MARCHÉS AUTOUR DE HUANCAYO

Chaque localité de la vallée du Río Mantaro possède sa propre *feria* (jour de marché).

Lundi – San Agustín de Cajas, Huayucachi

Mardi – Hualhuas, Pucara

Mercredi – San Jerónimo de Tunán, Jauja

Jeudi – El Tambo, Sapallanga

Vendredi – Cochas

Samedi – Matahuasi, Chupaca, Marco

Dimanche – Huancayo, Jauja, Mito, Comas

Comment circuler

Des bus locaux pour les villages alentour partent des carrefours indiqués sur la carte ; sur la plupart des itinéraires, vous n'aurez qu'à attendre quelques minutes leur passage. Les bus pour Cochas, de couleurs crème et marron, partent toutes les 15 minutes à l'angle de Giráldez et Huancas. En cas de doute sur la destination, demandez à d'autres passagers. L'office du tourisme vous renseignera sur les bus locaux.

VALLÉES SUD

Les routes, souvent bloquées par une fête impromptue, deviennent plus mauvaises là où les vallées, plus escarpées et isolées, recèlent des trésors d'architecture coloniale qu'illumine la lumière intense de haute altitude. Vous voici dans le secteur le plus andin des hauts plateaux du Centre. Ses deux joyaux sont Huancavelica et Ayacucho, deux cités qui doivent leur opulence aux mines d'argent découvertes dans les collines voisines aux XVIe et XVIIe siècles. La région a récemment connu des heures plus sombres en tant que bastion du Sendero Luminoso (Sentier lumineux), le groupe révolutionnaire qui terrorisa le Pérou dans les années 1980, et interdit l'accès de ces vallées aux voyageurs. Si elles comptent aujourd'hui parmi les parties les plus pauvres du pays, elles savent faire la fête comme nulle part ailleurs : la Semana Santa d'Ayacucho est la plus spectaculaire du Pérou.

Huancavelica

067 / 41 350 HABITANTS / ALTITUDE 3 690 M

Curieusement, peu de voyageurs visitent cette jolie ville coloniale, dotée d'églises superbes, de places charmantes, de sources thermales et nichée parmi des pics escarpés. De plus, une bonne route la rend facilement accessible de Huancayo, à 147 km au nord. Le faible nombre de touristes constitue un avantage si vous souhaitez vous écarter du "chemin des gringos" et partager la vie des habitants. Dans cette ville tranquille et sûre, vous participerez à l'une des nombreuses fêtes, vous flânerez dans les marchés et vous côtoierez une population très diverse.

Huancavelica fut un centre stratégique de l'Empire inca et, peu après la conquête, les Espagnols découvrirent ses richesses minières. Dès 1564, ils envoyèrent des esclaves indigènes travailler dans ses mines de mercure et d'argent. La ville actuelle, fondée en 1571 sous le nom de Villa Rica de Oropesa (Ville riche d'Oropesa), est aujourd'hui la plus pauvre du pays. Sachez que des vents glacés la balaient souvent et que le thermomètre peut descendre au-dessous de 0°C la nuit.

À voir et à faire

GRATUIT Instituto Nacional de Cultura MUSÉE
(INC ; 45-3420 ; Raimondi 205 ; 10h-13h et 15h-18h mar-dim). L'INC, situé dans un bâtiment colonial sur la Plaza San Juan de Dios, donne des informations et propose des expositions sur la région ; le directeur répondra volontiers à vos questions. Un petit **musée** présente des artefacts incas, des fossiles, des costumes régionaux et des peintures d'artistes péruviens impressionnistes. L'institut propose des cours de danses folkloriques.

Laguna de Choclococha LAC
Parmi les nombreux lacs qui ponctuent la route de Rumichaca, celui-ci, à 70 km au sud de Huancavelica, peut se rejoindre en prenant le bus de 4h30 à destination de Rumichaca. Comptez environ 2 heures jusqu'à Choclococha "ville", puis 10 minutes de marche ; le même bus passe à 14h en retournant à Huancavelica (vérifiez auprès du chauffeur). À 4 700 m d'altitude, ce lac scintille par beau temps, quand les montagnes alentour se reflètent dans ses eaux. Des condors font partie de l'avifaune du lac. Randonnée, pêche et restaurants au bord de l'eau font de Choclococha un endroit plaisant.

Bains thermaux

Sources thermales de San Cristóbal BAINS
(bassin/douche privée 1,50/3 S ; 8h-17h). Ces sources thermales déversent une eau tiède, aux prétendues vertus curatives, dans deux grandes piscines un peu boueuses. Sur place, vous pouvez louer serviette et maillot de bain et acheter du savon. Un escalier escarpé conduit aux sources et dévoile un beau panorama de la ville. Les bains ferment souvent le mardi pour l'entretien.

Saccsachaca SOURCES
(1 S ; 8h-17h). Bien plus pittoresques, ces sources se situent à 2 km à l'est du centre et sont accessibles par un pont au bout de Javier Heraud, près de Donovan. De l'autre côté, suivez la mauvaise route qui grimpe au-dessus de la rivière en passant par le premier bassin (Los Incas), et continuez jusqu'au second, Tres Boas, le plus beau. À cet endroit, des bassins naturels et des cascades dévalent le versant de la vallée. L'eau est froide et vous devrez apporter serviette et maillot de bain.

Églises

Les églises de Huancavelica se distinguent par leurs autels plaqués d'argent. Plusieurs d'entre elles méritent la visite, mais n'ouvrent généralement que pour les messes, tôt le matin en semaine et plus longtemps le dimanche matin. La plus ancienne, l'**Iglesia de Santa Ana**, date du XVIe siècle. Parmi les églises du XVIIe siècle figurent l'**Iglesia de San Francisco**, renommée pour ses 11 autels richement travaillés, l'**Iglesia de Santo Domingo**, qui renferme de célèbres statues de Santo Domingo et de La Virgen del Rosario réalisées en Italie, l'**Iglesia de San Sebastián**, bien restaurée, l'**Iglesia de San Cristóbal** et l'**Iglesia de La Ascensión**.

Cathédrale ÉGLISE
Construite en 1673 et restaurée, l'imposante cathédrale possède le plus bel autel colonial

Huancavelica

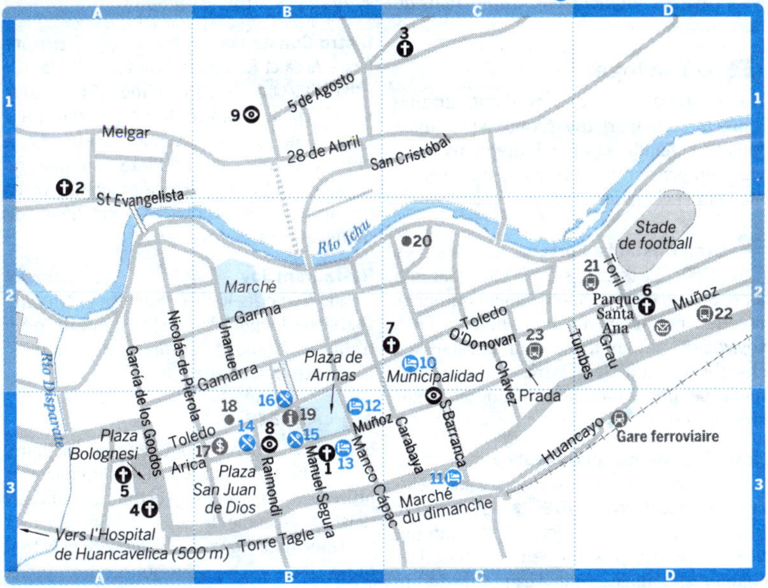

Huancavelica

À voir

1 Cathédrale........B3
2 Iglesia de La Ascensión........A1
3 Iglesia de San Cristóbal........C1
4 Iglesia de San Francisco........A3
5 Iglesia de San Sebastián........A3
6 Iglesia de Santa Ana........D2
7 Iglesia de Santo Domingo........C2
8 Instituto Nacional de Cultura........B3
9 Sources thermales de San Cristóbal..B1

Où se loger

10 Gran Hostal La Portada........C2
11 Hospedaje San José........C3
12 Hotel Ascensión........B3
13 Hotel Presidente Huancavelica........B3

Où se restaurer

14 Bistro Constanza........B3
15 Pollos y Parrilladas El Centro........B3
16 Restaurant Joy........B3

Renseignements

17 BCP........B3
18 Lavandería Sam........B3
19 Office du tourisme........B3

Transports

20 Terminal des combis/colectivos (Colectivos pour Huancayo)........C2
21 Expreso Lobato........D2
22 Expreso Molina........D2
23 Transportes Ticllas........C2

du pays, avec des boiseries en cèdre travaillées et des peintures de l'*escuela cuzqueña*.

Fêtes et festivals

Huancavelica est renommée pour ses fêtes animées, à l'authenticité garantie par une population majoritairement indigène. De pittoresques festivités traditionnelles marquent les principaux jours fériés, tels que le carnaval, la Semana Santa, Todos Santos (Toussaint) et Noël. La Semana Turística (Semaine touristique) se déroule fin septembre et début octobre. Renseignez-vous auprès de l'INC sur les fêtes à venir.

Fiesta de las Cruces FÊTE RELIGIEUSE

La fête des Croix se déroule pendant 6 jours en mai : des participants portent des croix, des musiciens locaux jouent sur les places et les festivités culminent avec des combats de taureaux.

Où se loger

Huancavelica compte plus d'une dizaine d'hôtels, la plupart très économiques mais sans eau chaude. Les bains thermaux de la ville compensent cet inconvénient. Voici les meilleurs hébergements :

Gran Hostal La Portada PENSION $
(☎45-1050 ; Toledo 252 ; s/d 40/65 S, sans sdb 15/20 S). Ce nouvel établissement pimpant répond parfaitement aux besoins des voyageurs. Autour d'une cour paisible, les chambres douillettes et très propres, joliment peintes en orange, disposent d'eau chaude et de la TV câblée.

Hotel Presidente Huancavelica HÔTEL $$
(☎/fax 45-2760 ; Plaza de Armas ; s/d avec petit-déj 195/215 S, ch éco 50/70 S ;). Plaisant et idéalement situé, ce vieil hôtel pratique néanmoins des prix un peu exagérés. Les chambres, banales, ont l'eau chaude, le téléphone, la TV câblée et comportent un service de blanchissage. Un restaurant est installé sur place. L'hôtel offre aussi quelques chambres à prix réduit, propres et correctes, mais sans petit-déjeuner.

Hospedaje San José PENSION $
(☎45-1014 ; Huancayo s/n ; s/d 35/45 S, sans sdb 15/30 S). À l'extrémité sud de Barranca, à côté du marché, une entrée encombrée conduit à des chambres étonnamment spacieuses, avec des lits confortables, l'eau chaude et, pour beaucoup, la vue sur la ville.

Hotel Ascensión HÔTEL $
(☎45-3103 ; Manco Cápac 481 ; s/d 35/50 S). Sur la Plaza de Armas, cet hôtel possède de vastes chambres sombres et humides. Contrairement à ce qu'il prétend, l'eau chaude fonctionne rarement 24h/24.

Où se restaurer

La ville compte de nombreuses rôtisseries de poulet et *chifas* (restaurants chinois), mais peu de restaurants notables.

Pollos y Parrilladas El Centro GRILL $
(angle Manuel Segura et Muñoz ; plats 12-17 S ; ⏲petit-déj, déj et dîner). La cuisine sépare les deux grandes salles de ce restaurant, toujours bondé à l'heure du déjeuner. Les habitants viennent s'y régaler d'un steak *muy sabroso* (très savoureux).

Bistro Constanza BISTROT $
(angle Arica et Raimondi ; en-cas à partir de 5 S ; ⏲8h-21h). Qui aurait imaginé voir un jour un bistrot à Huancavelica ? Les tables en terrasse ne sont pas vraiment le style de la ville, mais qui sait ? La Plaza San Juan de Dios deviendra peut-être la prochaine place du Tertre. Les sandwichs sont bons, de même que les *piscos sour*.

Restaurant Joy PÉRUVIEN $
(Toledo 230 ; plats 10-15 S ; ⏲9h-14h et 17h-22h). Établi de longue date, ce restaurant, orné d'affiches des Beatles, propose, entre autres, d'excellentes truites grillées.

Achats

Si des petits marchés ont lieu tous les jours, le marché principal a lieu le dimanche et attire des villageois en costumes traditionnels. Il s'installe le long de Barranca et continue dans Torre Tagle derrière la cathédrale. Presque tous les jours, des stands vendent de l'artisanat sur le côté nord de la Plaza de Armas et à côté de la Municipalidad ; les jambières en laine de couleurs vives sont particulièrement prisées.

Renseignements

Dans le centre, plus d'une dizaine d'établissements offrent l'accès à Internet.

BCP (Toledo 384). DAB Visa et change de devises.

Cielo Azul (www.turismocieloazul.com). Géré par l'office du tourisme, il propose des excursions aux sites alentour, dont les mines (20 S).

Hospital de Huancavelica (☎45-3369 ; Av. Andrés Céceres)

Lavandería Sam (Toledo 346). Une laverie moderne.

Office du tourisme (☎98-004-2093 ; Manuel Segura 140 ; ⏲9h-13h et 14h-19h lun-ven). Fournit de bonnes informations sur les transports et sur les randonnées locales, dont celle de 6 km jusqu'à la mine abandonnée de Santa Barbara.

Poste principale (Pasaje Ferrua 105). Près de l'Iglesia de Santa Ana.

Depuis/vers Huancavelica

Une route goudronnée relie Huancavelica et Huancayo (le point d'accès le plus facile). Cet itinéraire splendide grimpe les contreforts des montagnes, puis tourne vers une étroite vallée fluviale et Izcuchaca avant de traverser de verdoyants alpages, ponctués de hameaux aux toits de chaume et de troupeaux de lamas. Vous pouvez aussi rejoindre Huancavelica directement de Pisco via un col à 4 850 m ou d'Ayacucho via Rumichaca. Des bus sillonnent ces différents itinéraires, mais sont bondés de passagers et de denrées.

Le train au départ de Huancayo reste le meilleur moyen de se rendre à Huancavelica, bien qu'il soit un peu plus lent que le bus et suive le fond de la vallée.

Si vous êtes pressé, prenez un *colectivo* à Huancayo (2 heures 30 via la route panoramique).

Bus

Les principales compagnies partent habituellement du *terminal terrestre*, mal situé à 2 km à l'ouest du centre-ville (3 S en taxi). Achetez vos billets dans les bureaux du centre-ville, et renseignez-vous sur le lieu de départ.

Parmi les compagnies qui desservent Huancayo (13 S, 3 heures), **Transportes Ticllas** (95-417-5420 ; Muñoz 7) propose des départs quotidiens presque toutes les heures. D'autres compagnies offrent des services moins fréquents ou de nuit, ou passent par Huancayo pour rejoindre Lima.

Pour Lima (30-40 S, 10-13 heures), des compagnies passent par Huancayo ou par Pisco. Les prix les plus élevés correspondent à des *bus-camas* plus luxueux. Selon l'état de la route, le trajet via Huancayo est un peu plus rapide. L'itinéraire via Pisco est glacial la nuit : prévoyez des vêtements chauds. Plusieurs compagnies, regroupées autour du Parque Santa Ana, desservent Lima, dont **Expreso Lobato** (O'Donovan 519) qui offre de confortables bus de nuit via Huancayo.

Des bus partent tous les soirs pour Ayacucho via Rumichaca (40 S, 7-8 heures). **Expreso Molina** (45-4244 ; Muñoz 608) part à 23h30. Si vous ne voulez pas voyager de nuit, le mieux consiste à prendre un minibus pour Rumichaca à 4h30. Des minibus **San Juan Bautista** partent tous les jours de la Plaza Tupac Amaru, dans l'ouest de Huancavelica (10 S, 6 heures). Attendez ensuite un bus à destination d'Ayacucho provenant de la côte. La plupart des bus de jour venant de Lima n'arrivent pas à Rumichaca avant 14h. Plutôt qu'attendre plusieurs heures, vous pouvez tenter le stop, à condition de ne pas être seul et sans oublier que cela présente toujours des risques. Vous pouvez aussi rallier (laborieusement) Ayacucho en minibus, en changeant à Lircay et à Julcamarca.

Taxi

Des *colectivos* partent pour Huancayo (25 S, 2 heures 30) quand ils sont pleins (4 passagers au minimum) du terminal des *combis/colectivos* dans Garma, près de la rivière.

Train

Des trains partent actuellement pour Huancayo à 6h30 les mardi, jeudi et samedi. Pour plus de détails, reportez-vous p. 293.

Ayacucho

066 / 151 000 HABITANTS / ALTITUDE 2 750 M

Le nom de cette fascinante cité coloniale, dérivé des mots quechua *aya* (mort ou âme) et *cuchu* (arrière-pays), offre un aperçu révélateur sur son passé. Capitale isolée d'un département traditionnellement pauvre, Ayacucho constitua un terreau idéal pour l'implantation du Sendero Luminoso (Sentier lumineux) du professeur Abimael Guzmán. Visant à renverser le gouvernement, ce mouvement révolutionnaire maoïste provoqua des milliers de morts dans la région durant les années 1980 et 1990 (pour en savoir plus sur ce mouvement, lisez l'encadré p. 300). Par ailleurs, des liens très distendus entre la ville et le monde extérieur ont contribué à fortifier un esprit farouchement indépendant, évident dans tous les aspects de la vie quotidienne, des fêtes uniques et une culture particulière et florissante.

Si l'ombre de son passé tragique s'est depuis longtemps dissipée, les voyageurs commencent juste à redécouvrir les trésors d'Ayacucho. Des églises richement décorées et des édifices coloniaux aux couleurs pastel, ourlés de balcons en bois, dominent le paysage urbain. Parmi les nombreuses festivités, celles de la Semaine sainte sont les plus extraordinaires du pays. Les montagnes alentour recèlent certains des sites archéologiques les plus importants du Pérou.

L'une des caractéristiques les plus séduisantes de la ville est sans doute l'authenticité de ses charmes, préservés par une urbanisation harmonieuse et une commercialisation limitée. Si vous flânez tôt le matin dans les rues piétonnes du centre, vous pourrez vous croire revenu à des siècles en arrière, lors de l'âge d'or colonial. Toutefois, on voit de plus en plus d'étudiants et d'entrepreneurs habillés à la dernière mode et de nombreuses façades coloniales cachent de somptueux hébergements ou des restaurants raffinés. De toute évidence, la plus belle cité andine du Pérou après Cuzco est en pleine renaissance ; elle mérite incontestablement une visite.

Ayacucho

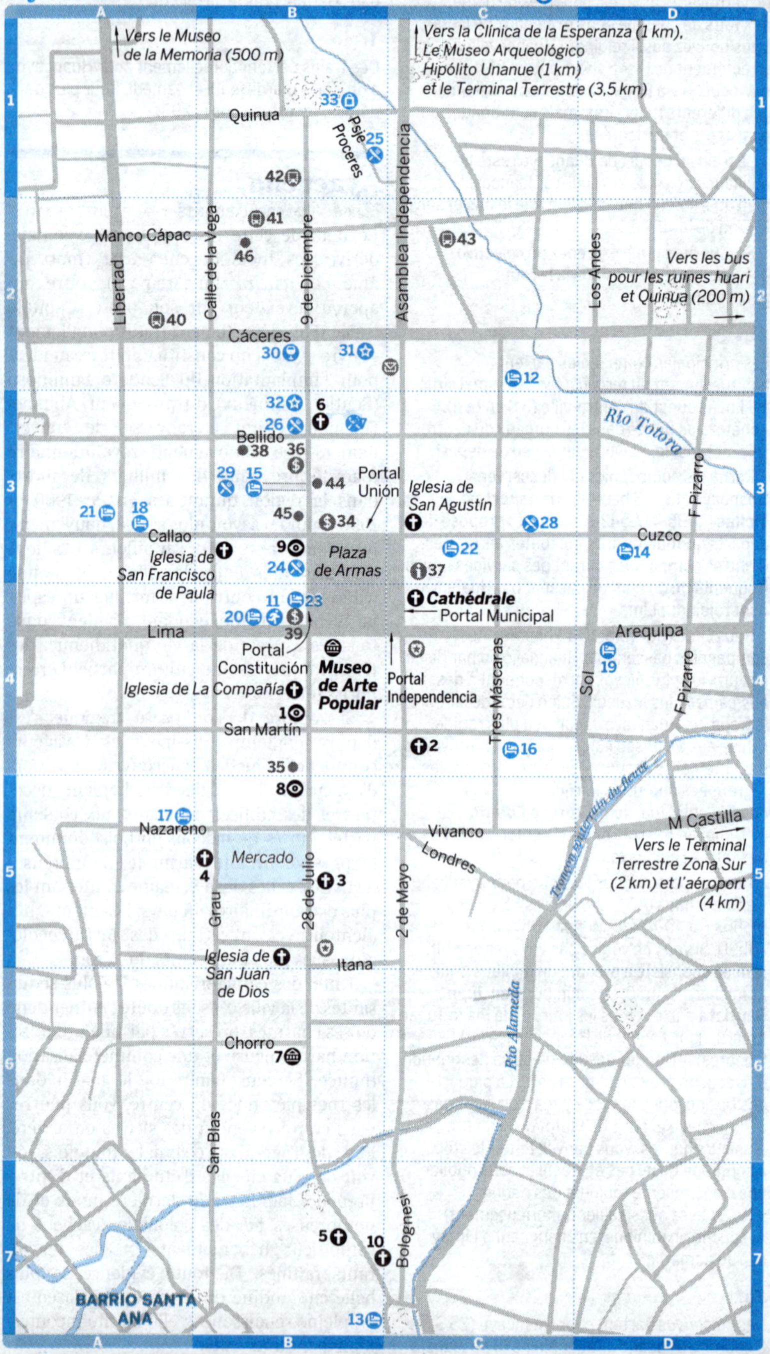
0
200 m
A
B
C
D
1
2
3
4
5
6
7
Vers le Museo de la Memoria (500 m)
Vers la Clínica de la Esperanza (1 km), Le Museo Arqueológico Hipólito Unanue (1 km) et le Terminal Terrestre (3,5 km)
33
Quinua
Psje Proceres
25
42
41
Manco Cápac
46
43
Calle de la Vega
9 de Diciembre
Asamblea Independencia
Libertad
Los Andes
Vers les bus pour les ruines huari et Quinua (200 m)
40
Cáceres
30
31
12
32
6
26
Río Totora
Bellido
38
36
29
15
44
Portal Unión
Iglesia de San Agustín
F Pizarro
21
18
45
34
28
Callao
Cuzco
9
Plaza de Armas
22
14
Iglesia de San Francisco de Paula
24
37
11
23
Cathédrale
Portal Municipal
20
39
Lima
Arequipa
Portal Constitución
19
Museo de Arte Popular
Portal Independencia
Iglesia de La Compañía
Tres Máscaras
Sol
F Pizarro
1
San Martín
2
16
35
8
Tramo Contorno Aterrizado del Río
17
Nazareno
Vivanco
M Castilla
Londres
Vers le Terminal Terrestre Zona Sur (2 km) et l'aéroport (4 km)
4
Mercado
3
Grau
28 de Julio
2 de Mayo
Iglesia de San Juan de Dios
Itana
Río Alameda
Chorro
7
San Blas
5
10
Bolognesi
BARRIO SANTA ANA
13

Ayacucho

Les incontournables
Cathédrale ... C4
Museo de Arte Popular ... B4

À voir
1 Centro Turístico Cultural San Cristóbal ... B4
2 Iglesia de La Merced ... C4
3 Iglesia de San Francisco de Asis ... B5
4 Iglesia de Santa Clara ... B5
5 Iglesia de Santa Teresa ... B7
6 Iglesia de Santo Domingo ... B3
7 Museo Andrés Avelino Cáceres ... B6
8 Plaza Moré ... B5
9 Prefectura ... B3
10 Templo de San Cristobal ... B7

Activités
Via Via ... (voir 23)
11 Wari Tours ... B4

Où se loger
12 Hostal Ayacuchano ... C2
13 Hostal El Marqués de Valdelirios ... B7
14 Hostal Florida ... D3
15 Hostal Marcos ... B3
16 Hostal Tres Máscaras ... C4
17 Hotel La Crillonesa ... A5
18 Hotel San Francisco de Paula ... A3
19 Hotel Santa Maria ... D4
20 Hotel Santa Rosa ... B4
21 Hotel Sevilla ... A3
22 La Colmena Hotel ... C3
23 Via Via ... B4

Où se restaurer
24 Café Meil ... B3
25 Creamz ... B1
26 El Niño ... B3
27 La Casona ... B3
Mamma Mia ... (voir 8)
28 Restaurant Los Alamos ... C3
Via Via ... (voir 23)
29 Wallpa Suwa ... B3

Où prendre un verre
30 Taberna Magía Negra ... B2

Où sortir
31 The Rock (Maxxo) ... B2
32 Tupana Wasi ... B3

Achats
33 Marché d'artisanat ... B1

Renseignements
34 BCP ... B3
35 Inka Farma ... B4
36 Interbank ... B3
37 iPerú ... C3
38 Lavandería Arco Iris ... B3
39 Changeurs de devises ... B4

Transports
40 Cruz del Sur ... A2
41 Expreso Internacional Palomino ... B2
42 Expreso Molina ... B1
43 Expreso Turismo Las Chankas ... C2
44 LC Peru ... B3
45 Star Perú ... B3
46 Turismo Libertadores ... B2

Histoire

Certaines des traces les plus anciennes de présence humaine au Pérou auraient été découvertes dans les grottes de Pikimachay, près d'Ayacucho (elles ne contiennent aujourd'hui rien d'intéressant).

Cinq siècles avant l'essor de l'Empire inca, les Huari dominaient les hauts plateaux péruviens et avaient établi leur capitale à 22 km au nord-est d'Ayacucho (voir l'encadré p. 304). Fondée en 1540 sous le nom de San Juan de la Frontera de Huamanga (les habitants l'appellent toujours Huamanga), Ayacucho se développa rapidement tandis que les Espagnols s'employaient à la défendre contre les attaques de Manco Inca. La ville joua un rôle crucial dans la lutte pour l'indépendance du Pérou, commemorée par un imposant monument à proximité (voir l'encadré p. 306).

La première route asphaltée entre Ayacucho et le monde extérieur (jusqu'à Lima) date de 1999, ce qui témoigne de son isolement par le passé. Depuis l'arrestation de Guzmán en 1992, la ville est redevenue sûre et s'est tournée vers le XXIe siècle. Les habitants ne parlent guère des sombres années 1980 et accueillent chaleureusement les voyageurs.

À voir

Musées et églises constituent les principales curiosités d'Ayacucho. Si les musées affichent leurs horaires (pas toujours

LE SENTIER LUMINEUX : UN CONFLIT QUI PERDURE

Dans les années 1980, les activités du Sendero Luminoso (Sentier lumineux) se concentrèrent sur un soulèvement politique, économique et social mortifère. Elles provoquèrent de violents incidents, notamment dans les hauts plateaux du Centre et la jungle amazonienne, alors presque entièrement interdits aux voyageurs (pour en savoir plus sur le "conflit interne" péruvien, reportez-vous p. 513). La situation changea en 1992, quand le fondateur du Sendero Luminoso, Guzmán, un ancien professeur de l'université d'Ayacucho, fut arrêté et condamné à la prison à perpétuité ; peu après, ses principaux lieutenants connurent le même sort. Il s'ensuivit une accalmie car Guzmán n'avait pas eu le temps de préparer sa succession.

Depuis cependant, des groupes fragmentés de révolutionnaires du Sendero Luminoso se sont repliés dans des régions reculées du Pérou et frappent de façon sporadique. Ces groupuscules ont largement abandonné la philosophie maoïste de Guzmán et le trafic de drogue semble aujourd'hui constituer leur principale activité (le département d'État américain confirme leurs liens avec le narcotrafic).

Le dernier affrontement majeur a eu lieu en avril 2009 dans la région d'Ayacucho, quand des rebelles du Sentier lumineux ont tué 13 officiers de l'armée. Autre incident en août 2011, des touristes en circuit haut de gamme à Choquequirau, un important site inca dans la région de Cuzco, ont été poliment priés de remettre leur argent pour aider la révolution.

La résurgence du Sentier lumineux n'a pas l'ampleur que lui accorde la presse, surtout depuis que son dernier haut dirigeant, Florindo Flores Hala (alias "Artemio"), a été arrêté en février 2012. Cependant, peut-être pour attester de sa pugnacité, le Sendero Luminoso a lancé son opération la plus agressive en avril 2012, capturant et retenant en otages 40 ouvriers d'un lointain gazoduc transandin ; personne ne fut blessé et les ouvriers furent libérés après plusieurs jours de détention.

Selon le *Wall Street Journal*, le nombre actuel de membres du Sendero Luminoso se limite à 500. Leur activité se concentre dans les vallées reculées de l'Amazonie, comme la vallée du Huallaga supérieur au nord de Tingo María, région de production de cocaïne déconseillée aux touristes. Ailleurs, les risques restent minimes pour les voyageurs et tous les endroits cités dans ce chapitre sont aussi sûrs que tout autre lieu au Pérou. L'écrasante majorité des Péruviens n'a aucun lien avec le Sendero Luminoso, ni avec les militaires qui traquent ses derniers partisans.

respectés), les églises n'indiquent pas systématiquement leurs heures d'ouverture. Pendant la Semaine sainte, elles restent ouvertes presque toute la journée. Le reste de l'année, renseignez-vous à l'office du tourisme qui publie le guide *Circuito religioso*, avec les heures d'ouverture. Assister à la messe (habituellement de 6h à 8h du lundi au samedi) permet de découvrir l'intérieur des églises.

La **Plaza de Armas** (ou Plaza Mayor de Huamanga) est l'une des plus belles places du pays et constitue un point de départ idéal pour découvrir la ville. Sur ses quatre côtés, dans le sens des aiguilles d'une montre depuis l'est, se tiennent le Portal Municipal, le Portal Independencia, le Portal Constitución et le Portal Unión. De somptueux édifices coloniaux, dont la **Prefectura** d'Ayacucho, se dressent alentour ; pour visiter ces bâtiments, souvent ouverts aux heures de bureau, renseignez-vous à l'office du tourisme.

Cathédrale ÉGLISE

(Portal Municipal). Cette spectaculaire cathédrale du XVIIe siècle, sur la Plaza de Armas, abrite un musée d'art sacré. La façade ne laisse pas deviner la richesse de l'intérieur, dont un autel élaboré et doré à la feuille – l'un des plus beaux exemples du baroque churrigueresque (baroque espagnol mêlé d'influences andines, avec des représentations de plantes et d'animaux). Ce style caractérise aussi plusieurs autres églises de la ville. L'encadré p. 302 présente d'autres églises d'Ayacucho.

Museo de la Memoria MUSÉE

(Prolongación Libertad 1229 ; 2 S ; ⏲9h-13h et 15h-17h). Dans un lieu improbable, à 1,5 km au nord-ouest du centre-ville, le plus émouvant musée d'Ayacucho rappelle l'impact du Sendero Luminoso sur le Pérou. Il présente avec sobriété des témoignages des horreurs commises, dont un poignant montage de photos de mères dont les enfants ont été tués au cours des affrontements.

Museo de Arte Popular MUSÉE
(Portal Independencia 72 ; entrée libre ; ⏲8h-13h et 13h30-15h15 lun-ven). La collection d'art populaire couvre tous les talents *ayacucheños* : travail de l'argent, tissages, sculptures sur bois et sur pierre, céramiques (en particulier des maquettes d'églises) et les fameux **retablos** (retables). Ces coffrets en bois colorés, de tailles diverses, contiennent des personnages détaillés en papier mâché. Si les scènes rurales et la Nativité sont les thèmes favoris, quelques retables intéressants ont un caractère politique ou social. Des photos montrent l'évolution d'Ayacucho au cours du XXe siècle. Les horaires changent fréquemment.

Museo Andrés Avelino Cáceres MUSÉE
(Jirón 28 de Julio 508-512 ; 4 S ; ⏲8h-12h ou 9h-13h et 15h-17h lun-ven, 9h-13h sam). Ce musée occupe la Casona Vivanco, une somptueuse demeure du XVIe siècle. Cáceres, natif d'Ayacucho, commanda les troupes péruviennes durant la guerre du Pacifique contre le Chili (1879-1883). Le musée renferme des cartes et des souvenirs militaires de cette époque, ainsi que des œuvres d'art colonial. Remarquez le tableau de la Cène, avec du *cuy* (cochon d'Inde) !

Museo Arqueológico Hipólito Unanue MUSÉE
(4 S ; ⏲9h-13h et 15h-17h mar-dim). Dans le Centro Cultural Simón Bolívar de l'université, à plus de 1 km au nord du centre-ville, le long d'Independencia. Des céramiques huari constituent l'essentiel de la petite collection, qui comprend des reliques d'autres civilisations de la région. Sur place, visitez la bibliothèque de l'université qui expose des momies, des crânes et d'autres ossements (entrée libre). Un jardin botanique entoure les bâtiments. Venez plutôt le matin, car le musée n'ouvre pas toujours l'après-midi.

Mirador de Carmen Alto POINT DE VUE
Ce mirador offre une vue splendide sur Ayacucho et des restaurants corrects. La course en taxi revient à 5 S ; vous pouvez aussi prendre un bus au Mercado Central ou venir à pied (1 heure).

Centro Turístico Cultural San Cristóbal PLACE
(Jirón 28 de Julio 178). Cet édifice colonial remanié comporte une cour transformée en élégante galerie marchande. Bars, restaurants, cafés, galeries d'art, boutiques d'artisanat et stands de fleurs en font un endroit plaisant où flâner.

Plaza Moré PLACE
(Jirón 28 de Julio 262). Semblable au Centro Turístico Cultural San Cristóbal, avec des restaurants et des boutiques en plus grand nombre et de qualité supérieure.

Cours

Via Via COURS DE CUISINE
(☎31-2834 ; www.viaviacafe.com ; Portal Constitución 4). Propose des cours de quechua (2 heures, 30 S) et des cours de cuisine orientés vers les spécialités d'Ayacucho (4 heures, 50 S). Les prix, qui sont ceux de cours particuliers, sont nettement moins élevés pour les groupes.

Circuits organisés

Plusieurs agences proposent des excursions aux alentours. La clientèle est essentiellement péruvienne et la plupart des guides ne parlent qu'espagnol. Renseignez-vous pour des circuits en d'autres langues.

Wari Tours CIRCUITS AVENTURE
(☎31-1415 ; Lima 138). Excellents circuits dans la région, en plusieurs langues ; environ 40 S la demi-journée.

Fêtes et festivals

L'office du tourisme vous renseignera sur les nombreuses fêtes de moindre ampleur du département.

Semana Santa FÊTE RELIGIEUSE
Avant Pâques, la célébration de la Semaine sainte à Ayacucho est la plus belle fête religieuse du Pérou et attire des visiteurs de tout le pays. La plupart des hôtels sont réservés longtemps à l'avance. L'office du tourisme possède la liste des chambres chez l'habitant.

Chaque année, iPerú publie une brochure gratuite qui décrit les événements de la Semaine sainte, avec des cartes montrant le parcours des principales processions. Les cérémonies commencent le vendredi précédant le dimanche des Rameaux et durent 10 jours jusqu'au dimanche de Pâques. Le premier jour est marqué par une procession en l'honneur de la Virgen de los Dolores

LES ÉGLISES D'AYACUCHO

Ayacucho, la "Ciudad de las Iglesias" (Cité des Églises) compte plus de 30 églises et temples. Si vous n'avez pas le temps de tous les visiter, voici les plus intéressants :

Templo de San Cristóbal (Jirón 28 de Julio, cuadra 6). La plus ancienne église de la ville date de 1540.

Iglesia de Santa Clara (Grau et Nazareno). Des milliers de pèlerins viennent chaque année pour tenter d'apercevoir l'effigie de Jésus de Nazareth.

Iglesia de Santo Domingo (Jirón 9 de Diciembre et Bellido). Très photogénique, cette église de 1548 aurait été construite avec les pierres d'une ancienne forteresse inca. Elle contient de superbes peintures de style churrigueresque.

Iglesia de La Merced (Jirón 2 de Mayo et San Martín). Datant de 1550, une église remplie d'art colonial et l'un des plus anciens couvents du pays (1540).

Iglesia de Santa Teresa (Jirón 28 de Julio). Une somptueuse église et monastère, avec un autel incrusté de coquillages.

Iglesia de San Francisco de Asis (Jirón 28 de Julio). En face du marché, cette imposante église en pierre renferme des retables et jouxte un beau couvent du XVIIe siècle.

(Vierge des Douleurs), durant laquelle il est de coutume d'infliger des "douleurs" aux spectateurs en lançant des cailloux avec des frondes. Sachez que les étrangers ne sont pas épargnés.

Processions pittoresques et rites religieux se succèdent jour après jour, pour finir en apothéose le samedi saint par un immense rassemblement qui dure jusqu'à l'aube, quand des feux d'artifice célèbrent la résurrection du Christ. Si vous décidez d'y participer, restez sur vos gardes, car l'ambiance s'échauffe. La criminalité augmente notoirement durant les festivités ; des vols et des viols ont été enregistrés.

Outre les cérémonies religieuses, la Semaine sainte s'accompagne d'expositions artistiques, de concours de danses folkloriques, de concerts de musique locale, de fêtes de rue, d'événements sportifs (en particulier équestres), de foires agricoles, sans oublier la préparation des repas traditionnels.

Où se loger

Outre la myriade de petits hôtels et *hospedajes* (auberges tenues par des familles) aux équipements généralement limités, un nombre croissant d'hôtels plus luxueux, mais toujours à des prix raisonnables, offrent davantage de confort, comme l'eau chaude 24h/24. Pendant la Semana Santa, les prix grimpent de 25 à 75%.

♥ **Hotel Sevilla** HÔTEL $$
(☎31-4388 ; www.hotelsevillaperu.com ; Jirón Libertad 635 ; s/d avec petit-déj 60/95 S ; wi-fi). Flambant neuf et d'un excellent rapport qualité/prix, le Sevilla est l'un des plus jolis hôtels d'Ayacucho. Bureau, mini réfrigérateur et four à micro-ondes équipent ses chambres douillettes, de l'autre côté d'une cour, à l'écart de la rue. Les propriétaires veillent au bien-être de leurs hôtes. Un restaurant est en construction.

♥ **Via Via** HÔTEL $$
(☎31-2834 ; www.viaviacafe.com ; Portal Constitución 4 ; s/d/ste 90/120/130 S ; wi-fi). Ce nouveau venu bénéficie d'un emplacement privilégié sur la place et propose des chambres joliment décorées sur le thème des différents continents. Véritable oasis pour les voyageurs, il comprend un solarium sur le toit, une salle avec des hamacs et une cour centrale verdoyante. On y parle anglais et néerlandais.

Hostal Tres Máscaras PENSION $
(☎31-2921 ; Tres Máscaras 194 ; s/d 40/50 S, sans sdb 18/30 S). Le plaisant jardin clos et un personnel sympathique en font une adresse agréable. L'eau chaude est disponible le matin, ou plus tard sur demande. Comptez 5 S de supplément pour une chambre avec TV. Petit-déjeuner continental/américain à 6/7 S.

Hotel Santa Rosa HÔTEL $$
(☎31-4614 ; www.hotel-santarosa.com ; Lima 166 ; s/d avec petit-déj 85/125 S ; wi-fi). Non loin de la Plaza de Armas, ce vaste hôtel comprend des cours jumelles et des chambres spacieuses et bien meublées, avec grandes sdb et eau

chaude, TV, lecteur DVD et téléphone. Certaines disposent même d'un réfrigérateur, un luxe dans les Andes centrales ! Sur place, un bon restaurant sert des repas à prix raisonnables.

Hostal El Marqués de Valdelirios PENSION $
(☎31-7040 ; Bolognesi 720 ; s/d 50/70 S). Dépourvu d'enseigne, ce charmant bâtiment colonial se situe à 700 m du centre dans un endroit paisible ; le soir, il faut emprunter des rues mal éclairées pour le rejoindre. Les chambres varient en taille et en agréments (vue, balcon, téléphone), mais sont toutes joliment meublées, avec TV câblée et douche chaude. Des repas sont servis dans le jardin verdoyant.

Hotel Sierra Dorada HÔTEL $$
(☎31-9639 ; www.sierradorada.com.pe ; Parque del Colegio de Ingenieros ; s/d avec petit-déj 90/140 S ; wifi). Cet hôtel d'affaires occupe un bâtiment jaune vif dans un paisible quartier résidentiel, à 2 km au nord de la place. Les chambres sont banales mais très confortables.

Hostal Florida PENSION $
(☎31-2565 ; fax 31-6029 ; Cuzco 310 ; s/d 35/50 S). Cette pension conviviale possède un agréable patio verdoyant, une cafétéria et des chambres propres (celles du dernier étage sont plus plaisantes) avec sdb, TV et eau chaude le matin ou plus tard sur demande.

Hotel San Francisco de Paula HÔTEL $$
(☎31-2353 ; www.hotelsanfranciscodepaula.com ; Callao 290 ; s/d avec petit-déj 70/90 S ; wifi). Ce vaste hôtel vieillissant reste convenable, avec des espaces communs décorés d'art indigène bizarre et un bar-restaurant. Les chambres carrelées, de taille correcte, offrent le confort habituel de la catégorie moyenne. Préférez les doubles donnant sur l'extérieur aux simples exiguës ouvrant sur l'intérieur.

Hotel La Crillonesa HÔTEL $
(☎31-2350 ; Nazareno 165 ; s/d 30/40 S). Prisé et accueillant, cet hôtel comporte un toit-terrasse avec vue et un salon TV ; il offre des informations sur les circuits et l'eau chaude 24h/24. Les chambres, propres et plutôt petites, disposent de lits confortables et d'une TV câblée ; celles du dernier étage sont les plus plaisantes.

La Colmena Hotel HÔTEL $
(☎31-1318 ; Cuzco 140 ; s/d 40/60 S). Établi de longue date, cet hôtel affiche souvent complet dès le début d'après-midi. À quelques pas de la grand-place, il occupe un bâtiment superbe, récemment rénové, avec une cour agréable et un restaurant fréquenté.

Hostal Ayacuchano HÔTEL $
(☎31-9891 ; Tres Máscaras 588 ; s/d 15/30 S). Les grandes chambres bien meublées possèdent la TV câblée, et parfois même un balcon. Les simples ne sont pas toutes dotées de sdb, mais celles de certaines doubles sont vastes, avec baignoire et eau chaude.

Hotel Santa María HÔTEL $$
(☎/fax 31-4988 ; Arequipa 320 ; s/d 95/125 S ; wifi). Ouvert durant le boom hôtelier de la fin des années 1990, cet hôtel à la façade imposante comporte un intérieur un peu froid, mais de grandes chambres très confortables et décorées avec soin.

Hostal Marcos PENSION $
(☎31-6867 ; Jirón 9 de Diciembre 143 ; s/d avec petit-déj 40/80 S). Au bout d'une ruelle et bien indiquée près de Jirón 9 de Diciembre, cette petite pension compte 12 chambres impeccables avec eau chaude 24h/24 et TV câblée.

Où se restaurer

Parmi les spécialités régionales figurent la *puca picante* (ragoût de bœuf et de pommes de terre dans une sauce épicée aux cacahuètes, servi avec du riz), la *patachi* (soupe de froment avec des haricots, des pommes de terre déshydratées, de l'agneau ou du bœuf) et le *mondongo* (soupe de maïs avec du porc ou du bœuf, des poivrons rouges et de la menthe fraîche). *Chicharrónes* et *cuy* sont également populaires. Les *chifas* (restaurants chinois) constituent souvent le meilleur choix pour les végétariens. Dans le Centro Turístico San Cristóbal, des restaurants, un peu touristiques, servent une bonne cuisine dans un cadre plaisant. Un peu plus loin, la Plaza Moré et ses restaurants gastronomiques sont peut-être le premier signe du changement d'Ayacucho : combien de villes andines peuvent en effet se vanter de posséder un *barrio gastronómico* (quartier gastronomique) ?

Via Via INTERNATIONAL $$
(☎31-2834 ; Portal Constitución 4 ; plats 14-24 S ; 10h-22h lun-jeu, 10h-minuit ven-sam). Avec son balcon en étage face à la place, le Via Via offre la plus belle vue (et les prix les plus élevés) pour un repas. Sa cuisine fusion

LES HUARI

Les Huari régnaient sur les hauts plateaux péruviens avant l'essor des Incas. Leur empire s'étendait au nord au-delà de Chiclayo et au sud jusqu'au lac Titicaca, et leur capitale se situait dans la pampa, au-dessus d'Ayacucho. Pendant leur âge d'or de 600 à 1100, les Huari prirent le contrôle de nombreuses localités précédemment occupées par les Mochicas dans le nord du Pérou, nouèrent des liens avec la culture de Tiahuanaco au sud et firent de Cuzco un bastion.

Les Huari s'imposèrent en fondant une série de centres administratifs-clés dans des régions à la topographie totalement différente : Moquegua sur la côte sud, Piquillacta près de Cuzco et Viracochapampa sur les hauts plateaux du Nord. Cela leur permit de développer le commerce des ressources, dont la coca, le coton et le maïs. À son apogée, l'Empire huari jouissait d'une prospérité alors inégalée par les autres civilisations péruviennes.

La capitale, désormais un champ de ruines à 22 km au nord-est d'Ayacucho, comptait quelque 50 000 habitants. Organisée en secteurs réservés à l'agriculture ou aux ateliers, elle comprenait un site grandiose pour les sépultures des dirigeants (le secteur de Cheqowasi). Les Huari nourrissaient sûrement de grands projets. Leur style architectural mettait l'accent sur la démonstration de la puissance, avec des espaces publics servant peut-être de lieux de rencontre aux notables, et des plates-formes pour souligner les degrés d'ancienneté. Ils excellaient dans la production de tissages, ainsi que dans celle de céramiques dont les caractéristiques, typiques, ont permis de révéler des échanges commerciaux sophistiqués avec les cultures voisines, comme celle de Tiahuanaco.

Vers l'an 1000, pour des raisons inconnues, l'Empire huari entama son déclin. Certains l'attribuent à la vulnérabilité aux attaques de leurs bâtiments, les Huari n'ayant jamais fait de la défense une priorité. Cette civilisation laissa un réseau de routes et de sites si importants qu'il était toujours utilisé par l'Empire inca quelque 500 ans plus tard.

péruviano-européenne, préparée avec des produits bio, satisfera tous les goûts : alléchantes *albondigas* (boulettes de viande) épicées, *quinnoto* (risotto au quinoa) ou *salteado de alpaca* (*lomo saltado* avec de la viande d'alpaga au lieu de bœuf), à accompagner d'un bon vin d'Amérique du Sud (à partir de 30 S).

♥ Mamma Mia ITALIEN $$

(Jirón 28 de Julio 262 ; pizzas 18-25 S ; ⏲16h-minuit). Ignorez les multiples enseignes qui proposent aujourd'hui des pizzas à Ayacucho : Mamma Mia est la seule qui mérite le déplacement. Le propriétaire ukrainien, expérimenté dans le domaine de la restauration, a créé un endroit où s'attarder dans l'après-midi devant un vrai café et d'excellents gâteaux, ou venir plus tard savourer de délicieuses pizzas et pâtes. Finissez le repas par un cocktail Mamma Mia : vodka, rhum de noix de coco, alcool de pêche et melon.

Café Miel CAFÉ $

(Portal Constitución 4 ; en-cas à partir de 2 S ; ⏲10h-22h). Recommandé par des lecteurs, ce café à l'ambiance joyeuse sert d'excellents petits-déjeuners, avec salades de fruits et café fraîchement moulu. Il propose également de copieux déjeuners et un succulent gâteau au chocolat.

El Niño GRILL $

(Jirón 9 de Diciembre 205 ; plats 10-20 S ; ⏲11h-14h et 17h-23h). Installé dans une maison coloniale avec un patio couvert qui surplombe un jardin, ce restaurant de grillades propose aussi diverses spécialités péruviennes. La *parrillada* individuelle suffit pour deux convives à l'appétit moyen. C'est l'une des meilleures tables de la ville.

La Casona PÉRUVIEN $

(Bellido 463 ; plats 12-22 S ; ⏲7h-22h30). Recommandé par plusieurs voyageurs pour ses généreuses portions, ce restaurant populaire, aménagé dans une cour, privilégie la cuisine péruvienne, tel l'excellent *lomo saltado* et des spécialités régionales. Le service s'est nettement amélioré depuis notre dernière visite.

Recreo Las Flores PÉRUVIEN $

(Jirón José Olaya 106 ; repas 12-21,50 S ; ⏲8h-18h). Du *cuy*, du *cuy* et encore du *cuy* (cochon d'Inde) : le choix réduit évite le temps perdu en hésitations dans ce *recreo* (restaurant rustique). La salle a des allures de cafétéria communiste, une impression moins frappante près des fenêtres. Avec plusieurs autres restaurants à proximité, il forme le "Barrio Gastronómico" du district de Conchapata, au sud du centre.

Creamz GLACES $
(Psje Proceres 114 ; glace 8 S ; ⌚10h-21h). Chocolat belge, *chicha morada* (boisson sucrée non fermentée de maïs violet) et Baileys font partie des parfums proposés par ce glacier, qui dispose aussi d'une vraie machine à café.

Restaurant Los Alamos PÉRUVIEN $
(Cuzco 215 ; plats 12-20 S ; ⌚7h-22h). Dans le joli patio de l'hôtel éponyme, ce restaurant offre un bon service, une longue carte de spécialités péruviennes et quelques plats végétariens. Des musiciens animent parfois la soirée.

Wallpa Sua FAST-FOOD $
(Calle de la Vega 240 ; plats 8-20 S ; ⌚18h-23h lun-sam). Dans cette rôtisserie de poulet haut de gamme, très prisée des habitants, un quart de poulet avec des frites revient à 8 S.

Où prendre un verre et sortir

Importante ville universitaire, Ayacucho compte quelques bars et clubs où prendre un verre et danser en compagnie des étudiants. Renseignez-vous à l'office du tourisme sur les *peñas* (bars ou clubs avec musique folklorique live) ; lors de nos recherches, aucune ne se détachait.

Taberna Magía Negra BAR
(Jirón 9 de Diciembre 293 ; ⌚16h-minuit lun-sam). Établi depuis un certain temps, les jeunes lui préfèrent des endroits plus nouveaux, mais il n'en demeure pas moins que ce bar-galerie expose de l'art local, sert de la bière et des pizzas et offre une excellente musique.

The Rock NIGHT-CLUB
(Cáceres 1035 ; ⌚jusqu'à 2h mer-sam). Surnommée Maxxo, la discothèque la plus animée séduit les habitants et les étrangers. Dans la même *cuadra*, une autre discothèque privilégie la salsa.

Tupana Wasi MUSIQUE LIVE
(Jirón 9 de Diciembre 206, 1er ét. ; ⌚19h-tard lun-sam). De bons groupes, du rock au folk, se produisent ici.

Achats

Ayacucho est un centre d'artisanat réputé. Une visite au Museo de Arte Popular vous donnera une idée des productions locales. L'office du tourisme vous indiquera des artisans, qui vous accueilleront volontiers dans leurs ateliers. Le quartier de Santa Ana est particulièrement renommé pour son artisanat ; divers ateliers sont installés sur la Plazuela Santa Ana. Un **marché d'artisanat** (Independencia et Quinua) ouvre pendant la journée.

Edwin Pizarro ARTISANAT
(☎96-618-0666). L'atelier d'Edwin Pizarro, dans le Barrio Belén, est chaudement recommandé pour les *retablos*. Edwin est réputé localement comme l'un des meilleurs artisans et personnalise ses créations par l'ajout de personnages adaptés au client. L'atelier se situe à 15 minutes de grimpée du centre d'Ayacucho (en face du Templo de Belén) et ne se déniche pas facilement ; prenez plutôt un taxi.

Renseignements

Des cybercafés sont installés partout, notamment dans la partie piétonne de Jirón 9 de Diciembre. Presque tous les hôtels fournissent l'accès Wi-Fi.

Changeurs de devises (Portal Constitución). Au coin sud-ouest de la Plaza de Armas.

BCP (Portal Unión 28). DAB Visa.

Clínica de La Esperanza (☎31-7436 ; Independencia 355 ; ⌚8h-20h). Des médecins parlent anglais.

Inka Farma (Jirón 28 de Julio 250 ; ⌚7h-22h30). Pharmacie.

Interbank (Jirón 9 de Diciembre 183)

iPerú (☎31-8305 ; iperuayacucho@promperu.gob.pe ; Plaza Mayor, Portal Municipal 45, Municipalidad Huamanga ; ⌚9h-18h lun-sam, 9h-13h dim). L'un des meilleurs offices du tourisme du Pérou ; le personnel parle anglais et fournit des conseils utiles.

Lavandería Arco Iris (Bellido 322). Lavage, séchage et nettoyage à sec.

Police (Jirón 28 de Julio 325 ; ⌚24h/24)

Police touristique (Policía de Turismo ; ☎31-7846 ; Jirón 2 de Mayo 100 ; ⌚7h30-20h)

Poste (Asamblea 293 ; ⌚8h-20h lun-sam). À 150 m de la Plaza de Armas.

Comment s'y rendre et circuler

Avion

L'aéroport se situe à 4 km du centre-ville (environ 10 S en taxi). Les horaires des vols et les compagnies peuvent changer sans avertissement ; consultez les sites Internet des compagnies. **Star Perú** (☎31-3660 ; Jirón

9 de Diciembre 127) offre un vol quotidien pour Lima à 6h50 et **LC Peru** (☎31-6012 ; Jirón 9 de Diciembre 160) à 17h.

Bus

La plupart des bus longue distance (pour des destinations au nord et au sud) partent du nouveau *terminal terrestre*, au nord du centre-ville (8 S en taxi). Vous pouvez toujours acheter les billets dans les bureaux du centre-ville et demander d'où part votre bus. Le *terminal terrestre zona sur* offre des services pour les destinations régionales au sud d'Ayacucho.

Les transports rallient Lima par la nationale 24 relativement rapide, qui traverse les Andes via Rumichaca jusqu'à Pisco. Si les bus de nuit sont plus nombreux, mieux vaut faire ce trajet spectaculaire dans la journée (environ 9 heures). Choisissez soigneusement le bus et la compagnie. Les tarifs depuis/vers Lima varient de 30 S pour un siège classique à 60 S pour un fauteuil inclinable. Prévoyez des vêtements chauds si vous voyagez la nuit. Sauf mention contraire, tous les bus indiqués ci-dessous partent du *terminal terrestre*.

Pour Lima, **Expreso Molina** (☎31-9989 ; Jirón 9 de Diciembre 459-473) constitue un bon choix, avec 2 départs dans la journée et 7 bus de nuit, dont le service "spécial" *cama* très confortable. **Expreso Internacional Palomino** (☎31-3899 ; Manco Cápac 255) offre aussi un service *cama* de nuit. **Turismo Libertadores** (☎31-3614 ; Manco Cápac 295) est une autre compagnie fiable et bon marché.

Cruz del Sur (☎31-2813 ; Cáceres 1264), le service le plus luxueux pour Lima, part de son propre terminal et pratique une autre gamme de prix : 67 S en haut ou 97 S en bas pour des sièges semi/complètement inclinables.

Rejoindre d'autres villes andines au nord ou au sud se révèle plus compliqué car les routes, souvent non asphaltées, sont sujettes à des éboulements pendant la saison des pluies. Ces destinations comprennent Andahuaylas, Abancay et Cuzco au sud-est, et Huancayo au nord. Attendez-vous à des retards. Cependant, la route vers Andahuaylas/Abancay/Cuzco est rapidement améliorée et asphaltée par endroits. **Expreso Turismo Los Chankas** (Manco Cápac 450) offre 4 départs quotidiens pour Cuzco (65 S, 14-16 heures) et Andahuaylas (35 S, 6-7 heures) ; faire étape à Andahuaylas permet de couper le long trajet pénible jusqu'à Cuzco. Les bus partent du bureau de la compagnie dans le centre-ville. Sachez que les bus de nuit sont sujets aux vols ; mieux vaut voyager de jour.

Pour Huancayo (30-40 S, 9-12 heures), Expreso Molina est de nouveau le meilleur choix,

ENVIRONS D'AYACUCHO

Les environs d'Ayacucho permettent de réaliser plusieurs excursions intéressantes teintées d'histoire régionale, de l'époque pré-inca à l'indépendance. Pour rejoindre les destinations ci-dessous, reportez-vous ci-dessus. Les agences d'Ayacucho proposent aussi des circuits d'une journée pour découvrir ces sites (environ 60 S/pers).

Disséminées parmi des champs d'étranges cactus *Opuntia*, les vastes **ruines huari** (entrée et musée 3 S ; ⏲8h-17h30), à 20 km au-dessus d'Ayacucho sur la route de Quinua, comptent parmi les plus importants vestiges de la civilisation huari (voir l'encadré p. 304). Les informations sont uniquement en espagnol. Ne quittez pas le site trop tard pour revenir à Ayacucho ; les transports sont bondés dans l'après-midi.

À 17 km après les ruines huari, le joli village de **Quinua** comprend un **musée** (5 S), aux horaires fantaisistes, qui présente diverses reliques de la grande bataille pour l'indépendance livrée dans la région. Il jouxte la salle où les troupes royalistes espagnoles signèrent leur reddition, mettant fin à la période coloniale. L'**obélisque** (1 S) blanc, visible par intermittence sur plusieurs kilomètres avant d'arriver à Quinua, se situe à 15 minutes de marche au-dessus du village via Jirón Sucre. Haut de 40 m, il commémore la bataille d'Ayacucho, le combat décisif de la guerre d'indépendance péruvienne. De là, vous pouvez effectuer une **promenade à cheval** jusqu'à des cascades propices à la baignade. Ce secteur de 300 ha est protégé en tant que **Santuario Histórico Pampas de Ayacucho**.

Les ruines de **Vilcashuamán**, un ancien bastion inca (considéré comme le centre géographique de l'Empire inca), se situent à 115 km au sud d'Ayacucho. Il ne reste pas grand-chose de cette cité jadis splendide à part une pyramide à cinq niveaux appelée *usnu*, surmontée d'un immense trône double taillé dans la pierre. **Vischongo**, à 2 km de l'embranchement vers Vilcashuamán, peut constituer une étape pour la nuit (hébergements sommaires). Vous pouvez aussi effectuer une randonnée de 1 heure 30 jusqu'à une **forêt de Puya raimondii** (voir p. 540).

avec 1 bus de jour et 5 bus de nuit. Les services plus chers (et plus longs) passent par la route plus sûre via Rumichaca. Le service moins cher, qui comprend le bus de jour, est un trajet difficile et spectaculaire de 250 km. Sur 200 km, il suit une piste étroite, jalonnée de nids-de-poule, entre Huanta et Mariscal Cáceres dans la vallée du Río Mantaro. Par endroits, la route sans parapet court à flanc de falaise, frôlant l'à-pic qui plonge jusqu'à la rivière. Si vous craignez le vertige, asseyez-vous du côté droit du bus.

Changez à Huancayo pour rejoindre Huánuco, Tingo María, Pucallpa et Satipo.

Expreso Molina n'offre que des bus de nuit pour Huancavelica. Pour voyager dans la journée, vous devrez prendre un minibus jusqu'à Julcamarca, puis d'autres minibus pour Lircay et Huancavelica – un trajet pittoresque et inconfortable dans des véhicules bondés.

Le nouveau *terminal terrestre zona sur* a au moins mis de l'ordre dans les départs régionaux vers le sud. De là partent les bus pour Vischongo (10 S, 4 heures), normalement le matin. Des bus desservent aussi Vilcashuamán (14 S, 5 heures) environ toutes les heures de 5h à 9h. Un taxi jusqu'au terminal revient à 4 S.

Des pick-up et des bus rallient de nombreux villages locaux, dont Quinua (3 S, 1 heure), ainsi que les ruines huari (3 S, 40 min). Ils partent du Paradero Magdalena, du rond-point à l'extrémité est de Cáceres.

NORD DE TARMA

Au nord de Tarma, la nationale traverse certains des paysages les plus austères et les plus luxuriants du pays, espacés les uns des autres par des distances relativement courtes. Grimpant sur l'*altiplano*, elle passe par Junín, perchée à la lisière sud du lac du même nom, puis monte vers la ville la plus haute du Pérou, la cité minière de Cerro de Pasco. Elle plonge ensuite vers Huánuco, point de départ de fabuleuses excursions archéologiques, avant de descendre à nouveau vers la *ceja de la selva* et la chaleur tropicale de Tingo María.

Acobamba

☎064 / ALTITUDE 2 950 M

Ce village pittoresque, à 9 km de Tarma, doit sa notoriété et sa prospérité au sanctuaire d'**El Señor de Muruhuay**, un édifice blanc situé sur une colline à 1,5 km.

L'un des principaux sites de pèlerinage du pays, le sanctuaire est construit autour d'un rocher gravé d'un Christ en croix. Ce dernier serait apparu à des malades souffrant de la variole lors d'une épidémie, et les aurait guéris alors qu'ils avaient été laissés pour morts. Des historiens pensent qu'il fut sculpté avec une épée par un officier royaliste, l'un des rares survivants de la bataille de Junín lors de la guerre d'indépendance, mais cette version a moins de cachet et la légende de l'apparition miraculeuse perdure. Une petite chapelle remplaça la hutte de chaume du site en 1835. Le sanctuaire actuel, inauguré en 1972, est un bâtiment moderne, au clocher contrôlé par un système électronique, décoré d'immenses tissages de San Pedro de Cajas.

Célébrée depuis 1835, la fête d'El Señor de Muruhuay dure tout le mois de mai. Outre des services religieux, des processions, des danses et des feux d'artifice, des stands vendent des produits locaux, y compris de la *chicha* (bière de maïs) et du *cuy*. Acobamba compte des hébergements, mais les visiteurs séjournent habituellement à Tarma.

San Pedro de Cajas

☎064

Dans les collines à 40 km de Tarma, le paisible village de San Pedro produit les plus belles tapisseries (*tapices*) du pays. La plupart des villageois tissent ces tentures en laine de qualité supérieure, qui représentent des scènes de la vie rurale. Vous pourrez voir les tisserands à l'œuvre dans les ateliers autour de la Plaza de Armas et acheter leur production.

La **Casa del Artesano** (Plaza de Armas ; ⌚9h-19h) est l'un des plus grands ateliers. Dans la même rue, en contrebas de la place, des *hospedajes* spartiates offrent des chambres. Des *colectivos* circulent régulièrement entre Tarma et San Pedro (5 S, 1 heure).

À 28 km sur la route de San Pedro (juste après le village de Palcomayo), vous passerez devant la **Gruta de Huagapo**, une immense grotte calcaire qui compte parmi les plus grands réseaux souterrains du pays. Descendre dans la grotte requiert un équipement et une expérience de spéléologue ; les infrastructures touristiques se limitent à quelques cordes. La grotte renferme des cascades, des goulets et des sections sous l'eau (qui nécessitent un équipement de plongée). Sans équipement, vous ne pourrez y pénétrer que sur une courte distance.

LES MINES DE L'ALTIPLANO : UNE DANGEREUSE RICHESSE

L'exploitation minière constitue la première source de revenus du Pérou, et les hauts plateaux du Centre y contribuent pour une large part. Cependant, l'extraction du zinc, du plomb, de l'argent, du cuivre et de l'or (le Pérou est le quatrième pays exportateur pour chacun de ces minerais) soulève des questions concernant la redistribution des richesses et la destruction de l'environnement. Les principaux centres miniers comptent parmi les endroits les plus pauvres et les plus pollués du pays, voire du continent. L'économie de Cerro de Pasco (parmi les principales mines de zinc et de plomb d'Amérique du Sud) et de La Oroya (premier centre métallurgique des hauts plateaux) repose sur les mines et la métallurgie.

Ces activités pourraient aussi causer la ruine de ces villes. Les taux de contamination sont élevés : La Oroya a été récemment inscrite par le Blacksmith Institute sur la liste des sites les plus pollués au monde. Après la publication de cette liste, la société Doe Run, propriétaire de la fonderie de La Oroya, a arrêté la production, mais des habitants ont demandé la reprise des activités, bien qu'avertis des risques.

Si des grèves (*huelgas*) dénoncent régulièrement les conditions de travail et de vie, les ouvriers sont prêts à accepter des mesures révoltantes pour conserver leurs emplois dans cette industrie. Cela est particulièrement évident à Cerro de Pasco, où la mine qui appartient à la Volcan Compañia Minera se situe au milieu de la ville (on l'appelle ironiquement la plus grande Plaza de Armas du Pérou). Selon des recherches menées par les centres de contrôle des maladies basés aux États-Unis, le taux de minerai dans le sang dépasse la normale chez 9 enfants sur 10. De plus, la majeure partie de l'eau disponible étant utilisée pour la mine, elle n'est disponible au robinet que pendant des heures limitées. Un pourcentage important de la population vit dans la pauvreté. Il existe une menace encore plus imminente : les maisons se regroupent autour de la crête, avec un risque permanent d'effondrement. En 2008, la Volcan Compañia Minera a été autorisée à racheter une partie du centre historique de la ville. Le puits de mine menaçant d'engloutir le cœur de Cerro de Pasco, le congrès péruvien a proposé une audacieuse et coûteuse solution : déplacer la ville entière à une vingtaine de kilomètres. Une opération qui, selon les estimations officielles, coûterait 500 millions de dollars US et demanderait plus d'une décennie. En attendant le temps passe et Cerro de Pasco pourrait bientôt disparaître, victime, comme nombre de villes minières du Pérou, de son propre succès.

Junín et ses environs

064 / ALTITUDE 4 125 M

Lors de la guerre d'indépendance, une importante bataille se déroula dans la pampa de Junín, à 55 km au nord de La Oroya. Le site est désormais préservé dans le **Santuario Histórico Chacamarca** (25 km²), où un monument se dresse à 1,5 km de la route.

Dans le village de Junín, des *hospedajes* spartiates, avec eau froide, louent des chambres pour 15 S.

À 10 km du village, le **Lago de Junín**, long de 30 km et large de 14 km, est le plus grand lac du pays après le Titicaca. À plus de 4 000 m d'altitude, c'est aussi le plus haut lac de cette taille dans les Amériques. Réputé pour son avifaune, il abriterait un million d'oiseaux, dont le grèbe de Taczanowski, l'une des espèces les plus rares du continent. Peu visités, le lac et ses environs font partie de la **Reserva Nacional de Junín** (53 km²), où vivent également des cochons d'Inde sauvages. Prenez un *colectivo* jusqu'au hameau de **Huayre**, à 5 km au nord de Junín, puis suivez un chemin de 1,5 km qui mène au lac. Autrement, il est difficile de rejoindre ou de voir le lac, pratiquement encerclé de marécages.

Les vents balaient cette haute plaine désolée, où règne un froid glacial ; prévoyez des vêtements chauds et coupe-vent. Des bus circulent assez souvent sur la route qui passe par Junín ; en chemin, vous verrez des troupeaux de lamas, d'alpagas et de moutons.

Cerro de Pasco (Cerro)

063 / 66 860 HABITANTS / ALTITUDE 4 333 M

Le *soroche* (mal des montagnes) et un climat glacial et pluvieux empêchent cette ville minière de devenir une destination touristique recherchée. À une altitude vertigineuse dans l'*altiplano*, Cerro de Pasco offre un spectacle saisissant au premier regard : les maisons et les rues s'étendent au hasard autour d'un gouffre artificiel large de plusieurs kilomètres dans des collines dénudées. Les Espagnols y découvrirent des gisements d'argent au XVIIe siècle ; ce métal et d'autres minerais (voir l'encadré) ont fait de Cerro une ressource lucrative. Récemment, la ville s'est employée à redorer son image et à faire oublier le froid et sa vocation industrielle grâce à de bons hôtels. Plus haute localité de cette taille au monde, Cerro sert de tremplin aux voyageurs aventureux pour découvrir des formations rocheuses parmi les plus spectaculaires du pays. Si vous vous déplacez en *colectivo* sur les hauts plateaux, Cerro est un bon endroit pour prendre une correspondance. Sachez qu'à cette altitude, pauvre en oxygène, les nuits sont glaciales.

Au-dessous de l'Hotel Arenales près de la gare routière, la **BCP** (Arenales 162) change les devises et dispose d'un DAB. La **Clínica Gonzales** (☎42-1515 ; Carrión 99) possède un service d'urgence.

Au-dessus de la gare routière sur la Plaza Daniel Carrión, l'**Hostal Santa Rosa** (☎42-2120 ; Libertad 269 ; s/d sans sdb 14/20 S) offre de grandes chambres sommaires qui partagent 3 sdb communes et une douche chaude. Le propriétaire est un guide qui vous renseignera sur les formations rocheuses du Santuario Nacional Huayllay (voir l'encadré ci-dessous). De l'autre côté de la place, le nouveau et pimpant **Plaza Apart Hotel** (☎42-3391 ; Prado 118 ; s/d 80/100 S) possède de vastes chambres bien aménagées et accueillantes, avec TV câblée, ainsi que le meilleur restaurant de la ville.

De la gare routière, à cinq *cuadras* au sud de la Plaza de Armas, des bus desservent Huánuco (10 S, 3 heures), Huancayo (15 S, 4 heures), Lima (25-40 S, 8 heures), La Oroya (10 S, 2 heures 30) et Tarma. Des minibus rallient également Tarma (6 S, 3 heures). Des *colectivos* plus rapides partent de la gare routière et facturent 20 S pour Huánuco ou pour Tarma ; pour cette dernière, vous devrez sans doute effectuer un changement à El Cruce, d'où part la route de Tarma.

Huánuco

☎062 / 170 000 HABITANTS / ALTITUDE 1 894 M

Huánuco était une étape majeure sur l'importante route inca reliant Cuzco à Cajamarca, la place forte septentrionale de l'Empire. Les Incas avaient fait de Huánuco Viejo, à 150 km à l'ouest, leur bastion régional, mais son emplacement exposé incita les Espagnols à déplacer la cité sur les rives du Río Huallaga en 1541. Si la ville conserve peu de traces de son passé colonial, les innombrables vestiges archéologiques dans les montagnes alentour justifient de s'attarder dans cette localité animée. Les habitants affirment que l'altitude idéale de Huánuco lui vaut le meilleur climat du Pérou ; de fait, après les rigueurs de l'*altiplano*, sa relative tiédeur en fait une étape agréable et pratique sur la route Lima-Pucallpa. L'un des plus anciens sites archéologiques andins

VAUT LE DÉTOUR

LE SANTUARIO NACIONAL HUAYLLAY

Une route peu empruntée court au sud-ouest de Cerro de Pasco jusqu'à Lima en passant près de Huayllay, un village proche du **Santuario Nacional Huayllay** (6,8 km²) ou *bosque de piedras* (forêt de pierres). Plus vaste et plus haute forêt de roches au monde, ses formations rocheuses évoquent un éléphant, une couronne royale ou un alpaga, et dominent une pampa désolée. La région est renommée pour la varappe. La réserve abrite aussi des bains thermaux et des grottes ornées de peintures préhistoriques ; vous aurez besoin d'un guide pour les trouver. Guide recommandé, Raul Rojas de l'Hostal Santa Rosa, à Cerro de Pasco, demande 40 S par personne pour un circuit d'une journée. Pour rejoindre la réserve en indépendant (l'entrée se situe juste avant le village de Huayllay, à 25 km de la route Cerro-Lima), prenez un *colectivo* au Parque Minero à Cerro de Pasco, près de la gare routière (6 S, 30-40 min). Les plus intrépides peuvent venir de Lima en passant par la verdoyante vallée de Chillón et les villes d'**Obrajillo** et de **Canta**, qui offrent des cascades spectaculaires et de belles possibilités de randonnées à pied ou à cheval.

du pays, le temple de Kotosh (ou temple des Mains croisées) se dresse à proximité, tandis que plus loin dans les hauteurs se tiennent les ruines plus imposantes de Huánuco Viejo et de Tantamayo.

À voir

La ville elle-même compte peu de curiosités. Si l'**Iglesia San Francisco** (angle Huallayco et Beraún) est ouverte, vous découvrirez dans ce qui est la plus belle église de Huánuco de somptueux autels de style baroque et d'intéressantes peintures de l'*escuela cuzqueña*.

Temple de Kotosh RUINES
(entrée et visite guidée 5 S ; 8h-18h). Ce temple en piètre état est également appelé temple

Huánuco

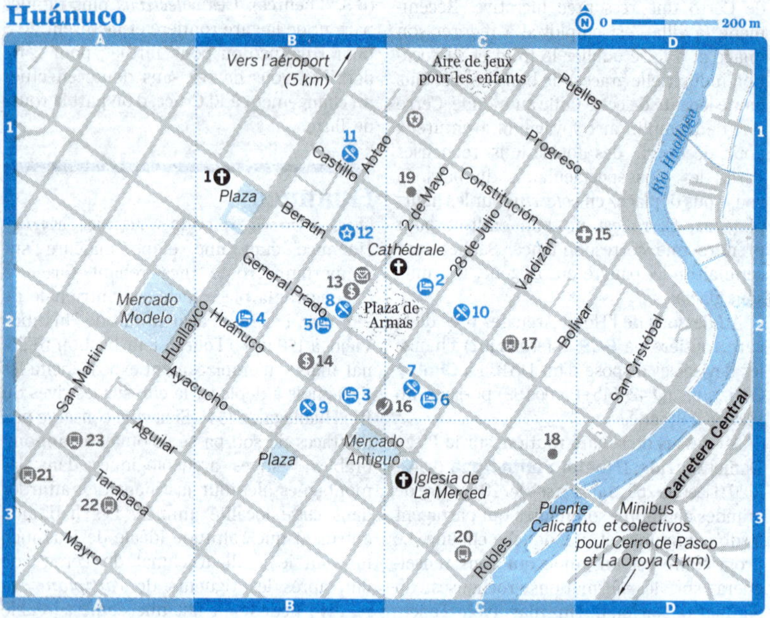

Huánuco

À voir
1 Iglesia San Francisco B1

Où se loger
2 Grand Hotel Huánuco C2
3 Hostal Huánuco B2
4 Hotel Imperial B2
5 Hotel Trapiche Suites B2
6 Sosa Hotel C2

Où se restaurer
7 Chifa Khon Wa C2
8 Hotel Real Cafe B2
9 Huapri B2
10 La Piazzetta C2
11 Lookcos Burger Grill B1

Où sortir
12 Anambique B2

Renseignements
13 Banco Continental B2
14 BCP B2
15 Hospital Nacional Hermillo Valdizán D2
16 Locutorio Público C2

Transports
17 Bahía Continental C2
18 Comité Autos No 5 .... C3
19 LC Peru C1
20 León de Huánuco C3
21 Marañon Express A3
22 Turismo Central A3
23 Turismo Unión A3

des Mains croisées en raison d'un moulage en terre grandeur nature ; le principal attrait du lieu. Le moulage d'origine, qui date d'environ 2000 av. J.-C., se trouve au Museo Nacional de Antropología, Arqueología y Historia del Perú, à Lima ; ce que l'on voit sur place est une réplique. On sait peu de choses sur la culture Kotosh, l'une des plus anciennes cultures andines. Le temple se visite facilement en taxi (12 S aller-retour avec 30 minutes d'attente). Dans les hauteurs, à 2 km au-dessus du temple, la grotte de **Quillaromi** renferme d'impressionnantes peintures préhistoriques. Kotosh se situe à 5 km à l'ouest de la ville, près de la route de La Unión.

Fêtes et festivals

Danse des Noirs DANSE TRADITIONNELLE
Fête la plus curieuse de Huánuco, la danse des Noirs a lieu chaque année les 1er, 6 et 18 janvier. Les participants commémorent les esclaves forcés à travailler dans les mines en portant des masques noirs et des tenues de couleurs vives, et en buvant jusqu'à l'aube.

Où se loger

Du côté sud-est de la place, plusieurs établissements quelconques offrent des chambres sommaires à des prix correspondant à l'emplacement.

Hostal Huánuco PENSION $
(51-2050 ; Huánuco 777 ; s/d 35/40 S, s sans sdb 15 S). Cette demeure traditionnelle est pleine de cachet avec ses carrelages à l'ancienne, une terrasse à l'étage qui surplombe le jardin et sa réception décorée d'œuvres d'art et de coupures de presse. Les chambres charmantes s'agrémentent de lits confortables et de meubles anciens. Pour la douche, l'eau peut mettre un temps fou à chauffer : demandez à l'avance.

Sosa Hotel HÔTEL $
(51-5803 ; hotelsosa@hotmail.com ; General Prado 872 ; s/d 30/60 S). Ce nouvel hôtel sur 5 niveaux propose des chambres propres et joliment décorées, pour la plupart dotées d'immenses sdb/douches carrelées avec eau chaude. L'une d'elles dispose d'un Jacuzzi. Un petit restaurant est installé au rez-de-chaussée.

Hotel Imperial HÔTEL $
(51-4758 ; hotelimperial_hco@hotmail.com ; Huánuco 581 ; s/d 35/60 S ;). Près du marché, cet hôtel plutôt banal possède des chambres de bonne taille aux tons pastel, avec eau chaude et TV câblée, ainsi qu'un agréable café, le tout dans un environnement propre et sûr.

Hotel Trapiche Suites HÔTEL DE CHARME $$
(51-7091 ; hoteltrapichehuanuco@hotmail.com ; General Prado 636 ; s/d 87/114 S ;). Les hôtels de charme ont fait leur apparition à Huánuco comme en témoigne ce bel établissement, qui vise clairement une clientèle d'affaires aisée (bien rare jusqu'à présent). Les chambres ornées d'œuvres d'art comportent de grands lits confortables, le téléphone et un minibar bien rempli. Le Trapiche constitue une intéressante alternative aux autres hôtels de luxe, plus classiques, de la ville.

Grand Hotel Huánuco HÔTEL $$
(51-4222 ; www.grandhotelhuanuco.com ; Beraún 775 ; s/d 135/189 S ;). Sur la Plaza de Armas, le plus prestigieux des hôtels de la ville comporte de plaisantes parties communes, un sauna, une salle de billard, un Jacuzzi et un excellent bar-restaurant. Les chambres, hautes de plafond et dotées de parquet, disposent du téléphone et de la TV câblée (essentiellement en espagnol).

Où se restaurer

Ouvert 24h/24, le café de l'Hotel Real est parfait pour un dîner tardif ou un petit-déjeuner avant l'aube. Pour un repas plus classique, rendez-vous dans l'imposante salle à manger du Grand Hotel Huánuco.

Huapri FAST-FOOD $
(angle Jirón 2 de Mayo et Huánuco ; menu 6 S ; déj et dîner). Le seul endroit de la ville où l'on fait la queue pour entrer ! Vous payez d'abord (un prix fixe pour un menu à volonté). Les *salchipapas* (saucisses-frites) avec des œufs sont très prisées.

Lookcos Burger Grill BURGERS $
(Castillo 471 ; repas 7,50-15 S ; 18h-minuit). Ce grand restaurant, d'une propreté irréprochable, sert de copieux burgers et sandwichs. Apprécié des étudiants, il possède un balcon à l'étage et un bar avec rock péruvien (et parfois karaoké) le soir.

Chifa Khon Wa CHINOIS $
(www.khonwa.pe ; General Prado 820 ; plats 10-15 S ; 10h30-23h). Ce restaurant chinois, le plus grand et le plus fréquenté de la ville, comporte deux cuisines et une aire de jeux pour les enfants. Le service rapide et attentif

contribue au plaisir du repas. Le riz sauté au poulet (très épicé) constitue un bon choix au déjeuner. Les propriétaires ont profité du succès du restaurant pour ouvrir un hôtel au-dessus.

La Piazzetta PIZZA **$$**
(Beraún 845-847 ; pizza moyenne/grande 19/26 S ; 18h-23h lun-sam). Ce restaurant haut de gamme sert une excellente cuisine italienne, dont de savoureuses pizzas. Il offre une bonne sélection de vins chiliens et argentins, ainsi qu'un service rapide.

☆ Où sortir

Anambique BAR
(Beraún 635 ; 18h-tard). Un endroit sympathique et détendu, avec une petite piste de danse au rez-de-chaussée et un bar douillet à l'étage. La sangria maison remporte beaucoup de succès.

Renseignements

Des *cabinas* Internet sont installées dans toute la ville. L'office du tourisme de Huánuco était définitivement fermé lors de notre passage. Le site www.huanuco.com fournit les meilleures informations sur Huánuco.

Banco Continental (Jirón 2 de Mayo 1137). Dispose de deux DAB.

BCP (Jirón 2 de Mayo 1005). DAB Visa.

Hospital Nacional Hermillo Valdizán (51-3370, 51-2400 ; Hermillo Valdizán 950). Dans le centre.

Locutorio Público (Jirón 28 de Julio 810). Appels téléphoniques internationaux bon marché.

Depuis/vers Huánuco

Avion

LC Peru (51-8113 ; www.lcperu.pe ; Jirón 2 de Mayo 1321) propose des vols quotidiens depuis/vers Lima. L'aéroport se situe à 5 km au nord de la ville (10 S en taxi).

Bus et taxi

De nombreuses compagnies de bus desservent Lima (20-30 S, 8 heures), Pucallpa (30 S, 11 heures), La Merced (20 S, 6 heures), Huancayo (20 S, 6 heures) et La Unión (15 S, 5 heures). Les suivantes comptent parmi les plus fiables :

Bahía Continental (51-9999 ; Valdizán 718). L'une des plus luxueuses. Bus classique pour Lima à 10h et *bus-camas* à 22h et 22h15.

León de Huánuco (51-1489 ; Robles 821). Départs pour Lima à 10h, 20h30 et 21h30, pour La Merced à 20h et pour Pucallpa à 19h.

Marañon Express (San Martin 520). Départs pour Tantamayo à 2h et à 10h ou 13h.

Turismo Central (51-1806 ; Tarapaca 552). Départs pour Pucallpa à 19h et 20h, pour Huancayo à 21h30.

Turismo Unión (52-6308 ; Tarapaca 449). Départ pour La Unión à 7h15 (15 S).

D'autres compagnies, installées près de Turismo Unión, se dirigent vers l'ouest pour desservir des villages du versant oriental de la Cordillera Blanca ; attendez-vous à de mauvaises routes et à des bus délabrés.

Pour Tingo María (10 S, 3 heures 30), prenez un bus à destination de Pucallpa ou un *colectivo* (18 S, 2 heures) de **Comité Autos No 5** (General Prado 1085), près de la rivière. D'autres *colectivos* partent à proximité pour Tingo María.

Les minibus (10 S, 3 heures) et taxis *colectivos* (20 S, 2 heures) pour Cerro de Pasco partent de Paradero de Cayhuayna (à 1 km en *mototaxi* du centre), de même que les *colectivos* pour La Oroya et pour l'embranchement vers Tarma (40 S, 3 heures 30).

La Unión

ALTITUDE 3 200 M

Cette bourgade est la première localité d'importance sur la route rocailleuse de Huánuco à Huaraz, un splendide itinéraire entre les hauts plateaux du Centre et la Cordillera Blanca. De La Unión, une marche de 2 heures conduit aux vastes ruines incas de **Huánuco Viejo** (4 S ; 8h-18h), dans une pampa désolée à 3 700 m d'altitude. Le chemin escarpé commence derrière le marché et grimpe vers une croix sur la colline. Des minibus (et d'autres véhicules) partent à 5h du marché et vous déposent à 30 minutes de marche du site. Les ruines couvrent 2 km² et comprendraient plus d'un millier de bâtiments et d'entrepôts. Édifice le plus impressionnant, l'*usnu*, une immense plate-forme cérémonielle haute de 4 m, comporte des sculptures d'animaux (des singes à tête de lion) autour de l'entrée. Personnage-clé de la résistance inca contre les Espagnols, Illa Tupac défendit Huánuco Viejo jusqu'en 1543, bien après la chute d'autres bastions incas. À voir aujourd'hui les avantages défensifs du site, on comprend facilement pourquoi.

La Unión possède des téléphones publics et un **Banco de la Nación** (Jirón 2 de Mayo 798) avec un DAB Visa. À une rue de la banque, l'**Hostal Picaflor** (Jirón 2 de Mayo 840 ; s/d sans sdb 15/25 S) loue des chambres rudimentaires et plaisantes, réparties autour d'une jolie cour. Parmi les petits restaurants locaux, le **Restaurant Recreo** (Jirón 2 de Mayo 971 ; plats 10-15 S) comporte une cour agréable.

Tous les transports partent de la gare routière bien organisée, dans Commercio, à l'extrémité ouest de la ville. Des compagnies proposent des départs vers 18h pour Lima (20 S, 10 heures). Chaque jour, 2 ou 3 bus desservent Huánuco (15 S, 5 heures), à l'est, ainsi que Tantamayo (3 heures). **La Unión Huánuco** propose un bus pour Huaraz à 3h45 (5 heures).

Tantamayo

ALTITUDE 3 400 M

Seule une mauvaise piste relie Tantamayo au monde extérieur. Un patchwork de champs bruns et verts émaille les versants vertigineux de la vallée du haut Marañon aux abords de ce village paisible et frais. De là coule une rivière qui, des centaines de kilomètres en aval, devient l'Amazone. Tantamayo fut la capitale de la culture précolombienne de Yarowilca, dont les vestiges sont éparpillés dans les collines voisines. Les plus impressionnants se situent à **Piruro** et à **Susupillo**. Cette culture, l'une des plus anciennes connues au Pérou, était très avancée au niveau architectural. Les bâtiments comptaient jusqu'à six étages reliés par des escaliers en colimaçon intérieurs. Cela leur donnait un aspect totalement différent des constructions des Incas qui, selon beaucoup, ne savaient pas reproduire le style de Yarowilca.

Piruro, à 1 heure 30 de marche du village de Tantamayo, de l'autre côté de la vallée, est le site le plus facile à visiter. Le sentier se distingue difficilement ; n'hésitez pas à demander votre chemin. Pour Susupillo, des véhicules relient Tantamayo et le village de Florida (20 min), d'où vous pouvez marcher jusqu'au site.

Parmi les hébergements sommaires de Tantamayo, l'accueillante **Albergue Ocaña Althuas** (Capitán Espinosa s/n ; s/d sans sdb 10/20 S) se tient dans l'artère principale, après la place, et sert également des repas. Le village possède des téléphones publics (non reliés à l'international), mais pas de relais pour les téléphones portables, ni de banques. De Huánuco, des *colectivos*, des minibus et des bus rallient Tantamayo en 6-8 heures (bus 20 S, *colectivo* 40 S). Tantamayo est aussi relié à La Unión (3 heures), d'où l'on peut prendre un bus pour Lima.

Tingo María

☎062 / 55 000 HABITANTS / ALTITUDE 649 M

Languide, humide et chaude, cette ville universitaire et commerçante se situe dans la *ceja de la selva*. Adossée aux montagnes et flanquée de hautes collines boisées, elle plante ses racines dans la luxuriante végétation de l'Amazonas. Tingo María, ou simplement Tingo, est une destination de week-end prisée des Limeños et une étape pour les voyageurs en route vers l'Amazonie.

Son principal attrait est le Parque Nacional Tingo María, une forêt préservée avec des grottes et de superbes lieux de baignade. Malheureusement, l'aventure n'est pas sans danger (voir p. 314).

À voir et à faire

Parque Nacional Tingo María PARC

Ce parc de 180 km² s'étend au sud de la ville autour de l'embouchure du Río Monzón, un affluent du Río Huallaga. Il abrite la **Bella Durmiente** (Beauté assoupie), une colline qui surplombe la ville et qui, sous certains angles, ressemble à une femme allongée portant une couronne inca.

Également dans le parc, la **Cueva de las Lechuzas** (grotte des Chouettes) est connue, en dépit de son nom, pour la colonie de guacharos des cavernes (*Steatornis caripensis*) qui l'habite ; des chauves-souris, des perroquets et d'autres oiseaux vivent près de l'entrée. La grotte contient des stalactites et des stalagmites.

La grotte, accessible en taxi, se situe à 6 km de Tingo María. Le droit d'entrée du parc national s'élève à 5 S et des guides proposent leurs services. Mieux vaut visiter le parc le matin quand le soleil éclaire l'entrée de la grotte, ou au crépuscule, quand s'envolent les guacharos. N'utilisez pas de lampe torche pour éclairer les oiseaux, car cela perturbe leur sommeil et les nichées.

Parmi les innombrables **lieux de baignade** dans le parc et aux alentours, citons les **sources médicinales de San Jacintillo**, à 1 km avant la grotte des Chouettes, le **Velo de las Ninfas** et la **Cueva de los Tambos**, à 9 km au sud de Tingo, ainsi que la **Laguna el Milagro**, à 35 km au nord de la ville. À chaque endroit s'applique un droit d'entrée de 3 à 5 S.

Pour des informations sur les désagréments et dangers associés au parc, reportez-vous p. 314. Si la grotte des Chouettes est surveillée par la police, la route d'accès reste peu sûre, comme d'autres destinations plus éloignées.

Où se loger et se restaurer

Villa Jennifer LODGE $$

(☎96-260-3509, 79-4714 ; www.villajennifer.net ; Castillo Grande Km 3,4 ; dort 50 S, s/d 100/120 S ;). Au nord de l'aéroport, cette paisible hacienda tropicale est tenue par un couple danois-péruvien. Les propriétaires ont fait une merveille d'un terrain couvert d'une végétation luxuriante, encadré par deux rivières. Les charmants hébergements rustiques varient des chambres simples avec sdb communes aux petites maisons pouvant accueillir jusqu'à 10 personnes. Vous pourrez jouer au ping-pong, aux fléchettes, au baby-foot, regarder un film dans le salon DVD ou rendre visite aux animaux pensionnaires, dont des crocodiles, des tortues, un paresseux et quelques singes. L'établissement comprend aussi un terrain de camping (20 S/pers), d'agréables dortoirs (50 S/pers, 2 personnes minimum), un excellent **restaurant** (10h30-18h), où se régaler de fruits locaux comme les *anonas*, deux piscines et un minigolf.

Hostal Palacio PENSION $

(☎56-2319 ; www.hostal-palacio.com ; Raimondi 158 ; s/d 20/30 S). Bonne adresse pour les voyageurs à petit budget dans le centre-ville, le Palacio offre des chambres sur 4 niveaux autour d'une cour verdoyante, toutes avec téléphone et accès direct à l'international. Comptez 5 S de supplément pour la TV câblée.

Renseignements

Des agressions à main armée (vols et viols) ont visé des voyageurs dans le Parque Nacional Tingo María. Il est fortement recommandé de ne pas s'aventurer dans la campagne autour de Tingo sans guide et de revenir bien avant la tombée de la nuit. Si la présence accrue de la police aux sites majeurs du parc a amélioré la sécurité, n'oubliez pas que c'est une région reculée. De plus, la vallée du Huallaga, qui court au nord de Tingo jusqu'à Tarapoto, est un secteur de production de cocaïne et l'un des derniers bastions du Sendero Luminoso (Sentier lumineux ; voir l'encadré p. 300). Même si les trafiquants de drogue et le Sendero Luminoso s'attaquent rarement aux touristes, la prudence reste la règle.

BCP (Raimondi 249). Change les dollars US en espèces et parfois les chèques de voyage. Dispose d'un DAB Visa.

Office du tourisme (☎56-2058, 56-2351, poste 116 ; Alameda Perú 525). Sur la Plaza Leoncio Prado. Publie des informations utiles sur les sites du Parque Nacional Tingo María.

Poste principale (Plaza Leoncio Prado)

Depuis/vers Tingo María

Avion

Aucun vol ne dessert actuellement Tingo María. L'aéroport le plus proche se situe à Huánuco.

Bus et taxi

Les transports desservent essentiellement Lima et des localités intermédiaires comme Huánuco, ainsi que les villages des alentours et Pucallpa. La route de Tingo à Pucallpa peut être dangereuse.

Transportes León de Huánuco (☎56-2030, 962-56-2030 ; Pimentel 164), entre autres compagnies, propose des bus pour Lima (40-60 S, 12 heures) ; ils partent habituellement à 7h ou 19h. Quelques compagnies rallient Pucallpa (20 S, 9 heures), de même que les *colectivos* plus rapides (45 S, 4 heures 30) de **Turismo Ucayali** (angle Tito Jaime Fernández s/n, cuadra 2).

Des *colectivos* pour Huánuco (18 S, 2 heures) et d'autres destinations partent à proximité de la station-service de l'Avenida Raimondi, près de la gare routière León de Huánuco.

Selva Tours (☎56-1137 ; Raimondi 205-207) propose des voitures pour Tocache (40 S, 3-4 heures) et parfois Tarapoto (95 S, 9 heures). Les véhicules se rendent directement à Tarapoto si la demande est suffisante, mais il faut normalement changer à Tocache ou Janjui, ou aux deux.

Transportes Cueva del Pavo est un arrêt signalé avec des *mototaxis* pour la grotte des Chouettes dans le Parque Nacional Tingo María. Comptez environ 20 S aller-retour, attente à la grotte comprise.

Côte nord

Dans ce chapitre »

Le top des restaurants

» La Sirena d'Juan (p. 362)
» Mar Picante (p. 327)
» Fiesta Chiclayo Gourmet (p. 344)
» Capuccino (p. 354)
» Big Ben (p. 338)

Le top des hébergements

» Sunset Hotel (p. 360)
» Loki del Mar (p. 360)
» Chaparrí Ecolodge (p. 350)
» Playa Colán Lodge (p. 351)
» Hostal Colonial (p. 326)

Pourquoi y aller

Le paysage tourmenté de dunes qui compose la côte nord du Pérou étire son mariage de soleil et de sable sur quelque 1 300 km entre Lima et la frontière équatorienne. On y trouve les plus belles plages du Pérou, baignées d'eaux azurées. Vierges seulement en apparence, ces étendues sont ponctuées de ruines sans nombre, propres à fasciner les amateurs d'archéologie.

De fait, il y a de quoi s'émerveiller devant les trésors mis au jour à Sipán, ou à contempler Chan Chan, la plus vaste cité précolombienne des Amériques. À Caral, dorment les vestiges de la plus ancienne civilisation du continent. Dans un moins docte registre, les excellents spots de surf, l'ensoleillement généreux et les complexes balnéaires poussent les voyageurs à faire le déplacement depuis les Andes, un périple qui relève à lui seul d'une aventure.

Quand partir

Trujillo

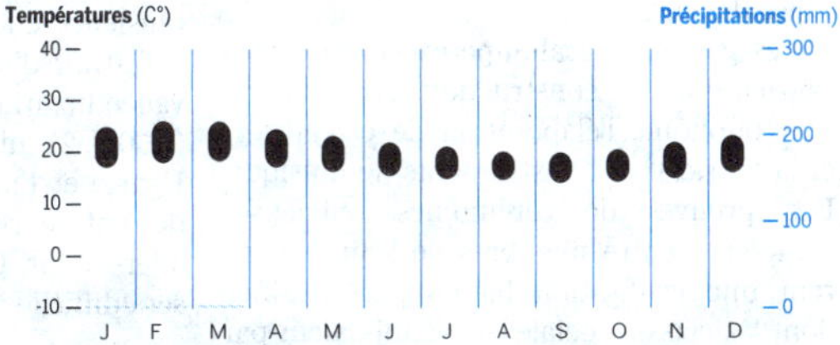

Mars Le soleil est toujours au zénith, mais les prix retrouvent un niveau raisonnable.

Avr-nov Plus on monte au nord, plus le soleil brille et moins il y a de touristes.

Nov-fév La saison du surf à Máncora, Huanchaco et Puerto Chicama.

Barranca

☎01 / 54 000 HABITANTS

À 195 km au nord de Lima, Barranca a l'atout d'une jolie place agrémentée d'une fontaine, mais souffre du vacarme incessant de la circulation de la Carretera Panamericana (route Panaméricaine), qui traverse la ville. À Pativilca, 10 km plus au nord, la route bifurque vers Huaraz et la Cordillera Blanca. Ce trajet spectaculaire grimpe entre des falaises couvertes de cactus et la roche cède peu à peu la place aux herbages à mesure que l'on monte vers les Andes.

À voir

Caral RUINES

(tarif plein 11 S ; 9h-16h). À environ 25 km de Barranca, à l'intérieur des terres, se dressent les ruines monumentales de la colonie urbaine de Caral. Les archéologues péruviens furent troublés quand ils découvrirent qu'elles appartenaient à la plus ancienne civilisation urbaine de toute l'Amérique du Sud. Le titre revenait auparavant à Chavín de Huántar, une cité proche de Huaraz construite vers 900 av. J.-C. Cette civilisation prospéra dans la vallée de Supe il y a quelque 4 500 à 5 000 ans et fut l'une des premières grandes agglomérations au monde, avec celles de Mésopotamie, d'Égypte, d'Inde et de Chine. Composée de 18 cités-États, cette culture antique contrôlait les vallées du Supe, de Pativilca et Fortaleza depuis Caral. Sur le site, on a découvert six pyramides de pierre (excavées pour la plupart), des amphithéâtres, des salles cérémonielles, des autels, des résidences en adobe et plusieurs places circulaires. Presque toutes les pyramides possèdent un escalier menant au sommet où l'on faisait jadis des offrandes et d'où l'on découvre une vue splendide sur la vallée de Supe.

Les gens de Caral-Supe excellaient dans l'agriculture, la construction, l'administration publique, l'élaboration de calendriers et la fabrication d'instruments de musique. Des preuves de cérémonies religieuses complexes entre membres de l'élite suggèrent une civilisation hautement stratifiée dont les classes sociales se définissaient par rapport au travail. Les archéologues pensent qu'hommes et femmes jouissaient d'un statut remarquablement égalitaire. Parmi les nombreux objets mis au jour sur les sites figurent des flûtes en os millénaires et les plus anciens *quipus* (cordelettes munies de nœuds exprimant des nombres) du Pérou. Un grand géoglyphe appelé Chupacigaro atteste l'existence d'un système de mesure sophistiqué du mouvement des astres. La cité sacrée de Caral a été classée au patrimoine mondial de l'Unesco en 2009.

Encore peu connu et peu visité, Caral comporte néanmoins des panneaux explicatifs en espagnol et en anglais. Le **Proyecto Especial Arqueológico Caral** (www.caral-peru.gob.pe) gère le site. Son **bureau de Lima** (☎01-205-2500 ; Av. Las Lomas de La Molina 327, Lima 12) fournit quantité d'informations et organise le week-end des excursions d'une journée (90 S/pers ; voir calendrier sur le site web) incluant souvent Chupacigaro. Le week-end, des stands d'artisanat et de cuisine locale s'installent sur place. **Lima Tours** (☎01-619 6900 ; www.limatours.com.pe ; Jirón de la Unión 1040, centre de Lima) organise également de coûteuses excursions privées sur demande vers Caral et Paramonga. Des taxis *colectivos* (taxis collectifs) partent de la Calle Berenice Davila à Barranca et desservent assez régulièrement le hameau voisin de Caral (10 S, 2 heures). Autre solution : de rares taxis privés facturent 70 S l'aller-retour, temps d'attente compris ; d'autres demandent 20 S l'heure pour le même trajet.

La route, assez mauvaise, peut être impraticable à la saison des pluies, de décembre à mars. Sur le site, les services d'un guide local coûtent 29 S par groupe (jusqu'à 29 personnes).

Paramonga RUINES

(4 S ; fermé lun). Le temple en adobe de Paramonga, 4 km après l'embranchement vers Huaraz, fut érigé par les Chimú, qui régnaient sur la côte nord avant d'être conquis par les Incas (voir p. 528). Si les ornements raffinés n'ont pas survécu à l'érosion, cette imposante construction à plusieurs étages reste impressionnante et a l'attrait d'un splendide panorama sur la vallée luxuriante. À Barranca, les *colectivos* (2,50 S, 25 min) partent du croisement entre Ugarte et Lima et vous déposeront à 3 km de l'entrée. Un taxi privé coûte environ 40 S aller-retour, temps d'attente compris, mais sera difficile à trouver.

Où se loger et se restaurer

La plupart des hôtels sont installés dans la rue principale de Barranca.

Hotel Chavín HÔTEL $$

(☎235-2253 ; www.hotelchavin.com.pe ; Gálvez 222 ; s/d/tr 80/145/180 S ;). Meilleur hôtel

À ne pas manquer

1. Les ruines de **Chan Chan** (p. 331), la plus vaste cité précolombienne des Amériques
2. Le soleil, la plage et le surf à **Máncora** (p. 359), station balnéaire la plus branchée du Pérou
3. Les trésors archéologiques exposés au **Museo Tumbas Reales de Sipán** (p. 348), non loin de Chiclayo
4. La quête de la vague parfaite à **Huanchaco** (p. 335), **Puerto Chicama** (p. 339), **Pacasmayo** (p. 339) et **Máncora** (p. 359)
5. Une escapade dans les dunes (souvent) méconnues de **Colán** (p. 351)
6. Un *ceviche* rafraîchissant en plein désert côtier, à **Mar Picante** (p. 327), **Big Ben** (p. 338) et **Las Gemelitas** (p. 362)
7. Une séance d'observation de l'insaisissable ours à lunettes d'Amérique du Sud dans la **Reserva Ecológica Chaparrí** (p. 350)

de Barranca, doté de chambres confortables à l'impeccable décor de style années 1970, lequel contraste avec les parquets flambant neufs et les TV à écran plat. Son restaurant, El Liberador, sert de copieux buffets le dimanche et le bar est très fier de son karaoké du week-end.

Hostal Continental HÔTEL $
(☎235-2458 ; A Ugarte 190 ; s/d à partir de 30/45 S ; 📶). Malgré des signes de délabrement, c'est le meilleur choix pour les petits budgets, avec des chambres rudimentaires et un emplacement idéal, à un pâté de maisons de la Plaza de Armas.

Seichi CAFÉ $
(A Ugarte 184 ; plats 8,50-15 S ; ⏲fermé dîner dim). Ce café moderne propose une savoureuse cuisine maison (menu 7 S), service chaleureux en prime. Irréprochable.

Cafetería El Parador CAFÉ $
(Hotel Chavín, Gálvez 222 ; petit-déj 9-15 S, sandwichs 6-12 S ; ⏲7h-23h). La cafétéria attenante à l'Hotel Chavín sert plusieurs formules de petit-déjeuner, un café médiocre et des sandwichs.

Depuis/vers Barranca

Turismo Barranca (☎235-3549 ; angle Bolognesi et Plaza de Armas) assure un départ toutes les 10 minutes vers Lima (15 S, 4 heures) de 2h30 à 22h. Autre possibilité : hélez l'un des nombreux bus partant dans cette direction. La plupart des bus en provenance de Lima et remontant la côte pourront aussi vous déposer à Barranca. Pour Huaraz, prenez un *colectivo* (2 S) jusqu'à la station-service Pecsa à Pativilca, à 3 km de l'embranchement pour Huaraz. De là, les *colectivos* partent quand ils sont pleins (30 S, 3 heures) ; des bus peu fréquents en provenance de Lima s'arrêtent également pour prendre des passagers. Pour des horaires plus sûrs, **Z Buss** (☎964-404-463) assure quatre départs quotidiens depuis Pativilca (20 S, 4 heures, 11h, 12h, 15h et 17h30).

Casma

☎043 / 24 700 HABITANTS

Petite bourgade côtière assoupie, Casma n'offre guère d'intérêt mais constitue une bonne base pour visiter le site archéologique de Sechín, à 5 km. Son port (à 11 km de la ville), important à l'époque coloniale, fut mis à sac à plusieurs reprises par les pirates durant le XVIIe siècle.

À Casma, la route Panaméricaine bifurque vers Huaraz via le col de Callán (4 225 m), un itinéraire éprouvant qui dévoile des vues superbes sur la Cordillera Blanca. La plupart des sites intéressants de la ville bordent la route Panaméricaine, entre la Plaza de Armas à l'ouest et la station-service à l'est.

À voir

À 5 km au sud-est de Casma, **Sechín** (tarif plein 6 S ; ⏲8h-18h), l'un des sites archéologiques les plus anciens du pays, date d'environ 1600 av. J.-C. Parmi les ruines côtières les plus importantes et les mieux préservées, il n'a pas été épargné par les pilleurs de tombes et les catastrophes naturelles.

On ignore tout du peuple belliqueux qui construisit ce sanctuaire. Le site se compose de trois murs extérieurs du temple principal, entièrement couverts de bas-reliefs hauts de 4 m ; ils représentent avec un réalisme surprenant des guerriers et des captifs qui se font éviscérer. À l'intérieur du temple, des structures en terre plus anciennes sont en cours d'excavation ; on ne peut pas entrer, mais le petit **musée** du site présente une maquette. L'un des gardiens hispanophones du musée pourra vous faire visiter le site moyennant quelque 30 S.

De Casma, un *mototaxi* (équivalent du rickshaw) jusqu'à Sechín revient à 6 S environ. Autour de Sechín, d'autres sites anciens n'ont pas été fouillés, faute d'argent. Du musée, on aperçoit au loin la grande colline aplatie de **Sechín Alto**. À proximité, la forteresse de **Chanquillo** comporte plusieurs tours entourées de murs concentriques et s'apprécie mieux vue du ciel. Le musée expose des photographies aériennes.

Le billet d'entrée à Sechín donne accès aux ruines mochicas de **Pañamarca**, à 10 km de la Panaméricaine vers l'arrière-pays, sur la route de Nepeña. Elles sont très endommagées, mais le gardien pourra sur demande vous montrer quelques peintures murales protégées.

Où se loger et se restaurer

Hostal Monte Carlo HÔTEL $
(☎41-1421 ; Nepeña 16 ; s/d/tr 30/40/70 S ; 📶). Le personnel de cet hôtel propre et lumineux (presque trop !), sis juste à l'est de la place, se montre à la fois bourru et serviable. C'est le meilleur rapport qualité/prix à Casma. Les chambres, assez spacieuses, sont toutes équipées de TV câblée et les plafonds en bambou égaient un peu l'ensemble. Si

vous arrivez à pied des bureaux de la compagnie de bus Ormeño, continuez direction ouest jusqu'à la Plaza San Martín, où la rue Nepeña bifurque sur la droite.

Hostal Gregori HÔTEL $
(☎9-631-4291 ; Ormeño 579 ; s/d 35/55 S ; 📶). Agrémenté de plantes en pots installées dans des niches et d'une architecture insolite, cet hôtel blanc jadis pimpant accuse un peu le poids des années. Les chambres, spacieuses, n'en sont pas moins dotées d'eau chaude et de la TV câblée, et quelques transats en bois invitent à la détente.

Hotel El Farol HÔTEL $$
(☎41-1064 ; Túpac Amaru 450 ; s/d avec petit-déj 85/120 S ; 📶🏊). Cet hôtel, l'un des plus raffinés de Casma (toutes proportions gardées), est organisé autour d'un jardin plaisant, doté d'un charmant belvédère, d'un bar-restaurant protégé par des bambous et d'une piscine (nov-mars). Bien qu'un peu défraîchie, cette propriété ceinte de murs est une oasis de calme à l'écart du tumulte de la rue, et un faste désuet de station balnéaire imprègne les lieux.

Hotel Los Poncianas COMPLEXE HÔTELIER $$
(☎41-1599 ; www.lasponcianashotel.com ; Panamericana Norte Km 376 ; s/d 125/175 S ; ❄📶🏊). À seulement une *cuadra* de la route nationale et à six rues de la Plaza de Armas, cet établissement tranquille se niche dans un quartier paisible et compte plusieurs piscines (dont une pour les plus petits). Très prisé des familles péruviennes, il offre le luxe d'un complexe des années 1970.

El Tío Sam PÉRUVIEN, CHINOIS $
(☎71-1447 ; Huarmey 138 ; plats 14-20 S). Moitié *chifa* (restaurant chinois), moitié cuisine régionale, c'est la meilleure option à Casma. En 2010, leur *ceviche* a été élu le meilleur de la région d'Ancash. Sont également servis beaucoup de plats frits, ainsi que des steaks et des fruits de mer appétissants.

La Careta GRILLADES $
(Peru 885 ; plats 9,50-34,50 S ; ⏰à partir de 18h, fermé mar). Dans cet établissement populaire truffé de plantes vertes, on sert tous les soirs de la viande grillée, dans un cadre loufoque : tables couvertes de nappes orange, peintures de corridas et petites voitures. Toutes les grillades sont accompagnées de frites et d'une salade.

Walter's PÉRUVIEN $
(Bolivar s/n ; plats 4,50-18 S). Parmi l'enfilade d'adresses correctes à une demi-*cuadra* au sud de la Plaza de Armas, Walter's est un bon endroit pour prendre le petit-déjeuner (il a d'ailleurs la faveur de la police). Au choix : diverses formules ou de simples œufs brouillés.

ℹ Renseignements

Il y a une agence **BCP** en ville (☎71 1314, 71 1471 ; Bolívar 111) et plusieurs cybercafés sont installés autour de la place.

ℹ Depuis/vers Casma

Les taxis *colectivos* pour Chimbote partent fréquemment du bureau **ETACSA/Las Casmeños** (☎46-5083 ; Nepeña s/n), à une *cuadra* à l'est de la Plaza de Armas.

La plupart des compagnies de bus sont installées dans Ormeño, en face de la station-service, à l'extrémité est de la ville. Beaucoup de bus s'arrêtent ici pour prendre des passagers supplémentaires. **Cruz del Norte/Transportes Huandoy** (☎41-1633 ; Ormeño 121) offre des liaisons fréquentes pour Lima et trois départs quotidiens pour Huaraz à 9h, 14h et 21h (cette compagnie, tout comme Yungay Express, propose des bus empruntant la belle route du col de Callán). Pour Huaraz, des minibus plus rapides partent également, sitôt pleins, devant cette agence.

BUS AU DÉPART DE CASMA

DESTINATION	PRIX	DURÉE
Chimbote	6 S	1 heure
Huaraz	20-25 S	2 heures 30-3 heures
Lima	20-50 S	5 heures 30
Máncora	50-60 S	11 heures
Trujillo	10 S	3 heures
Tumbes	50-60 S	12-13 heures

Tepsa (☎41-2275 ; Huamay 356) assure des bus confortables pour Lima ; départ tous les jours à 0h30. **Erick El Rojo** (☎41-1571 ; Ormeño 145) organise cinq liaisons quotidiennes pour Trujillo et un départ pour Tumbes à 19h30. **Etta** (Ormeño s/n), sous l'Hostal Gregori, relie toutes les villes côtières du nord, notamment Máncora et Tumbes ; départ tous les jours à 8h30 et 21h.

Les *mototaxis* couvrent la course jusqu'à Sechín (6 S). Ils circulent partout en ville mais certains, travaillant sous le nom de Motocars Virgen de Fatima, se regroupent autour de la Plaza San Martín.

Les durées et coûts des trajets au départ de Casma sont présentés dans le tableau, p. 319 (les tarifs fluctuent en fonction de la classe et de la qualité des bus).

Chimbote

Plus grand port de pêche du pays, Chimbote compte d'innombrables conserveries de poisson qui parfument l'air ambiant – on met un certain temps à s'habituer à cette odeur de poisson fermenté. Au cœur de la ville, une agréable place permet d'échapper à ces émanations. La surpêche a entraîné le déclin de cette industrie, en plein essor dans les années 1960. Toutefois, des flottilles de bateaux continuent de s'ancrer au large tous les soirs. Cette cité portuaire n'est pas une destination touristique, mais vous devrez peut-être y passer la nuit pour prendre un bus à destination de Huaraz tôt le matin, via la route vertigineuse du Cañón del Pato.

Où se loger

Il y a beaucoup d'hôtels à Chimbote, mais aucun établissement dans la catégorie supérieure.

Hotel San Felipe HÔTEL **$$**
(☎32-3401 ; hsanfelipe@hotmail.com ; Pardo 514 ; s/d avec petit-déj 75/115 S ; @📶). La meilleure adresse de la ville, gérée en famille et avec le sourire. Dotée d'ascenseurs, elle comprend des chambres propres avec puissantes douches chaudes et TV câblée. Prenez votre petit-déjeuner continental sur la terrasse du 4e étage, avec vue sur la place. En bas, vous trouverez un casino clinquant.

Hostal Chifa Canton HÔTEL **$$**
(☎34-4388 ; Bolognesi 498 ; s/d avec petit-déj 95/120 S ; @📶). Les chambres, vastes et moquettées, sont dotées d'équipements modernes et certaines donnent sur la mer. Excellente *chifa* où les parts sont assez copieuses pour nourrir deux personnes. Les clients ont aussi accès à une salle de billard.

Hospedaje Chimbote HÔTEL **$**
(☎51-5006 ; Pardo 205 ; s/d 30/40 S, sans sdb 20/30 S). Une équipe de 7 frères et sœurs possède ce joli hôtel pour voyageurs à petit budget, géré par la même famille depuis son ouverture en 1959. Pareilles à des cellules, les chambres ont des fenêtres donnant sur le couloir, lumineux et fraîchement peint. Seules les chambres avec sdb ont l'eau chaude.

Où se restaurer

La *chifa* de l'**Hostal Chifa Canton** (Bolognesi 498 ; plats 8,50-35,50 S) est fabuleuse. Pour un café et de la cuisine péruvienne fusion de haute facture, essayez le **Capuccino Café** (Villavicencio 455 ; plats 20-30 S). Il y a beaucoup de bonnes adresses le long de Bolognesi et de Pardo, également à proximité de la Plaza de Armas.

Depuis/vers Chimbote

Bus

Pour Casma (6 S, 45 min), les *colectivos* partent à l'angle de Pardo et Balta.

Tous les bus longue distance partent du *terminal terrestre*, environ 5 km à l'est de la ville (6 S la course en taxi ou prendre le *colectivo* n°25 dans Pardo, 1,50 S). **America Express** (☎35-1911) assure un départ pour Trujillo toutes les 15 minutes entre 5h25 et 21h30. Des dizaines de compagnies proposent principalement des bus de nuit pour Lima, partant entre 22h et minuit, mais quelques-uns démarrent de jour. Parmi les compagnies recommandables, dont la plupart ont aussi des bureaux le long de Bolognesi, non loin des banques, citons **Oltursa** (☎35-3585 ; www.oltursa.pe), **Línea** (☎35-4000 ; www.linea.pe), **Civa** (☎35-1808 ; www.turismociva.com) et **Cruz Del Sur** (☎35-2665 ; www.cruzdelsur.com.pe). Cette dernière se targue de proposer les bus les plus confortables et fréquents, avec des départs à 11h, 14h30, 23h15 et 23h30.

Les bus pour Huaraz et la Cordillera Blanca empruntent trois itinéraires : la route magnifique mais en mauvais état du Cañón del Pato (p. 400), une voie tout aussi chaotique grimpant à travers les montagnes depuis Casma, ou une route plus longue, goudronnée, via Pativilca. Les temps de trajet oscillent entre 7 et 9 heures. **Yungay Express** (☎35-0855) assure un départ à 8h30 pour Caraz et Huaraz, en passant par le Cañón del Pato, et d'autres à 13h et 22h via Casma. **Movil Tours** (☎35-3616 ; www.moviltours.com.pe) a des bus à 12h30,

BUS AU DÉPART DE CHIMBOTE

DESTINATION	PRIX	DURÉE
Caraz	25 S	6-7 heures
Chiclayo	15-20 S	6 heures
Huaraz	25-60 S	5-8 heures
Lima	25-85 S	6-7 heures
Máncora	90-120 S	11 heures
Piura	50-80 S	8 heures
Trujillo	8 S	2 heures
Tumbes	40-120 S	12 heures

23h10, 23h50 et 0h30 à destination de Huaraz via Casma, ils s'arrêtent aussi à Caraz. Il est préférable de réserver les bus pour Huaraz la veille du voyage.

Les durées et coûts des trajets au départ de Chimbote sont présentés dans le tableau ci-dessus (les tarifs fluctuent en fonction de la classe et de la qualité des bus).

Trujillo

044 / 291 400 HABITANTS

Malgré les concerts de klaxons, les rues du vieux Trujillo conservent leur charme d'antan et continuent d'émerveiller le visiteur avec des édifices coloniaux flamboyants et d'innombrables églises. Francisco Pizarro fonda Trujillo en 1534 et appréciait tellement ce coin de désert qu'il lui donna le nom de sa ville natale d'Estrémadure, en Espagne. Les fruits de la fertile vallée du Moche ont fait la fortune de Trujillo. N'ayant pas à se soucier de leur subsistance, ses habitants se sont intéressés à la politique et à d'autres préoccupations existentielles, faisant de la ville un creuset de rébellion. Assiégée durant la révolte inca de 1536, elle fut aussi en 1820 la première ville péruvienne à proclamer son indépendance. Cette tradition s'est perpétuée au XXe siècle avec l'afflux d'une population bohème, de poètes (dont César Vallejo, le plus grand nom de la poésie péruvienne) et de rebelles manifestant à la première occasion. Trujillo a été le berceau du parti ouvrier de l'Alliance populaire pour la révolution américaine (Alianza Popular Revolución Americana ; APRA), dont nombre des membres périrent massacrés.

À proximité s'étend l'ancienne capitale chimú de Chan Chan, mais il reste peu de vestiges de ce qui fut la plus grande cité en adobe au monde. D'autres sites chimú parsèment le désert environnant, ainsi que les immenses et imposants Huacas del Sol y de la Luna, les temples mochicas du Soleil et de la Lune, vieux de 1 500 ans. Après cette immersion dans les cultures anciennes, vous pourrez vous détendre sur la plage de sable de Huanchaco et vous essayer au surf.

À voir

Les demeures et les églises coloniales, pour la plupart proches de la Plaza de Armas, méritent la visite malgré des horaires d'ouverture fantaisistes.

Si l'histoire vous intéresse, un bon guide local se révélera précieux. Les églises sont souvent ouvertes pour les messes du matin et du soir ; respectez les fidèles et évitez de déambuler.

Les façades pastel et les superbes portails en fer forgé de la plupart des édifices coloniaux sont un signe distinctif de Trujillo.

PLAZA DE ARMAS

Vaste et immaculée, la place principale de Trujillo est certainement l'une des mieux tenues d'Amérique du Sud et sans aucun doute l'une des plus belles, tant du fait de ses édifices coloniaux hauts en couleur et bien préservés, que de son impressionnante statue dédiée au travail, aux arts et à la liberté. On y trouve abondance de demeures de style, dont l'**Hotel Libertador** (Independencia 485).

Le dimanche à 9h, le **lever du drapeau** sur la Plaza de Armas s'accompagne d'un défilé. Certains dimanches de célébration, on peut admirer des *caballos de paso* (chevaux de parade) et une démonstration de *marinera* (danse typique de la côte qui s'accompagne de mouvements de mouchoirs).

Trujillo

A
B
C
D
1
2
3
4
5
6
7
Estadio Mansiche
De la Torre
Mansiche
Chavez
Carrión
Salaverry
España
Industrial
Zepita
San Martín
Comercio
Ancien mur d'enceinte
Independencia
Colón
Junín
Pizarro
Iglesia de San Francisco
Casa Ganoza Chopitea
Palacio Iturregui
Gamarra
Casa de la Emancipación
Orbegoso
Plaza de Armas
Almagro
Pizarro
Casa de Urquiaga
Bolívar
Mercado Central
Ayacucho
Juan Pablo II
Bolognesi
Ugarte
Corne
Larco
29 de Diciembre
Moche
Vers Mar Picante (200 m), Movil Tours (1,5 km), l'Oficina de Migraciónes (2,5 km) et Transportes Horna (5 km)
Vers America Express (1,5 km) et le terminal des bus Línea (1,5 km)
1
2
3
4
5
6
7
8
9
10
13
14
15
17
18
19
20
22
23
25
26
27
28
29
30
31
32
33
34
35
36
37
38
39
40
44
46
47
48
49

GRATUIT **Casa de Urquiaga** ÉDIFICE HISTORIQUE
(Pizarro 446 ; ⏲9h15-15h15 lun-ven, 10h-13h sam). Propriété du Banco Central de la Reserva del Perú qui l'entretient depuis 1972, cette belle demeure coloniale date de 1604, même si la structure originale fut complètement détruite lors du tremblement de terre de 1619. Reconstruite et merveilleusement préservée depuis, elle recèle désormais de superbes meubles d'époque, notamment un bureau utilisé par Simón Bolívar, qui en 1824 organisa depuis Trujillo le plus gros de son ultime campagne pour libérer le Pérou du joug espagnol. Il y a aussi une petite collection de poteries des cultures mochica, nazca, chimú et vicús. La banque est encore en activité, d'où un service de sécurité très présent.

GRATUIT **Basilica Menor Catedral** ÉGLISE
(⏲10h-11h). En bordure de la place et appelée simplement "catedral", cette église lumineuse de couleur *ají de gallina* (jaune) fut édifiée en 1647, détruite en 1759 et reconstruite peu après. La cathédrale possède une célèbre basilique (visible pendant une heure seulement chaque jour, pour qui n'assiste pas à l'office) et un **musée** (4 S ; ⏲9h-13h et 16h-19h lun-ven, 9h-12h sam) d'art religieux et colonial, assez cher en considérant les prestations. On découvre toutefois des fresques intrigantes (et quelques chauves-souris) au sous-sol.

EST DE LA PLAZA DE ARMAS

♥ **Palacio Iturregui** ÉDIFICE HISTORIQUE
(Pizarro 688 ; adulte 5 S ; ⏲8h-10h lun-sam). Difficile de manquer cette demeure jaune canari, datant du XVIIe siècle. De style néoclassique, elle est pourvue de belles grilles protégeant les fenêtres, de 36 fines colonnes intérieures et de moulures dorées au plafond. Le général Juan Manuel Iturregui vécut ici après avoir proclamé l'indépendance du Pérou. Aujourd'hui, il s'agit d'un club privé, où les visites sont limitées. Vous pourrez pénétrer dans la cour intérieure à tout moment de la journée mais les salles décorées sont accessibles uniquement aux horaires indiqués.

Museo de Arqueología MUSÉE
(Junín 682 ; adulte/enfant 5/1 S ; ⏲9h-17h lun-sam, 9h-13h dim). Ce musée bien aménagé retrace l'histoire péruvienne de 12 000 av. J.-C. à nos jours, en mettant l'accent sur les civilisations mochica, chimú et inca, ainsi que sur les cultures Cupisnique et Salinar,

Trujillo

Les incontournables

	Casa de la Emancipación	D4
	Casa de Urquiaga	C5
	Casa Ganoza Chopitea	D3
	Palacio Iturregui	D4

À voir

1	Basílica Menor Catedral	C4
2	Casa de Mayorazgo de Facala	C6
3	Casona Orbegoso	D5
	Hotel Libertador	(voir 22)
4	Iglesia de Belén	C6
5	Iglesia de la Compañía	B5
6	Iglesia de la Merced	D4
7	Iglesia de San Agustín	D5
8	Iglesia de Santa Ana	B3
9	Iglesia de Santa Clara	D3
10	Iglesia de Santo Domingo	B6
11	Iglesia del Carmen	E4
12	Museo de Arqueología	E4
13	Museo de Zoología	B5

Activités

14	Chan Chan Tours	B5
15	Trujillo Tours	B4

Où se loger

16	Gran Hotel Turismo	E5
17	Hospedaje el Conde de Arce	C4
18	Hostal Colonial	C4
19	Hostal el Ensueño	C3
20	Hostal Solari	D6
21	Hotel El Brujo	E2
22	Hotel Libertador	C4
23	Los Conquistadores Hotel	C6
24	Pullman Hotel	E3
25	Residencial Munay Wasi	C2
26	Saint Germain Hotel	D4

Où se restaurer

27	Café Bar Museo	D3
28	Casona Deza	D3
29	Chifa Heng Lung	C5
30	El Sol Restaurante Vegetariano	C2
31	Juguería San Agustín	D5
32	Oviedo	D3
	Restaurant Demarco	(voir 32)
33	Supermercado Metro	D4

Où prendre un verre

34	El Celler de Cler	C4
35	Picasso Lounge	D4
36	Restaurante Turístico Canana	D2

Renseignements

37	Banco Continental	D4
38	BCP	D4
39	HSBC	D5
40	iPerú	B5

Transports

41	Cial	E1
42	Civa	E1
43	Combis pour Chan Chan, Huanchaco et Huaca Esmeralda	E2
44	Combis pour Chan Chan, Huanchaco et Huaca Esmeralda	B2
45	Cruz del Sur	E1
46	Centrale de réservation Cruz del Sur	C4
47	Ittsa	B3
48	LAN	C5
49	Centrale de réservation Línea	B4
50	Oltursa	F1
51	Ormeño	E1

moins connues. Le bâtiment lui-même mérite la visite : baptisée Casa Risco, la demeure du XVIIe siècle est restaurée et dotée de magnifiques colonnes en cèdre ainsi que de superbes fresques murales dans la cour.

GRATUIT Casa de la Emancipación ÉDIFICE HISTORIQUE

(Pizarro 620 ; 9h-13h et 16h-20h lun-sam). C'est dans cet édifice, mélange de style colonial et républicain qui abrite désormais le Banco Continental, que fut officiellement déclarée l'indépendance de Trujillo le 29 décembre 1820. Admirez le sol unique en marbre de Cajabamba ; des galeries sont consacrées à des expositions artistiques, au poète péruvien César Vallejo et à du mobilier d'époque. On y accueille aussi des concerts – repérez les affiches en ville.

Casona Orbegoso ÉDIFICE HISTORIQUE

(Orbegoso 553). Portant le nom d'un ancien président du Pérou, ce beau manoir du XVIIIe siècle se dresse dans un angle et abrite une collection d'œuvres d'art et de meubles d'époque un peu délabrée. L'ambiance d'un autre temps est accentuée par sa fermeture prolongée pour rénovations. Lors de notre venue, aucune date de réouverture n'était avancée.

Autres édifices historiques ARCHITECTURE

Autre édifice digne d'intérêt, l'**Iglesia de la Merced** (Pizarro) date du XVIIe siècle et possède un orgue et une coupole magnifiques. Élément rare : l'autel est peint sur le mur, ce qui était un moyen de faire des économies lorsque les fonds manquaient pour réaliser un modèle plus traditionnel, en or ou bois sculpté. L'**Iglesia del Carmen** (angle Colón et Bolívar) héberge un impressionnant musée carmélite. Malheureusement, toutes deux étaient fermées aux visiteurs lors de notre passage.

De l'autre côté de Bolívar, l'**Iglesia de San Agustín** (angle Orbegoso et Bolívar ; ⏲9h-12h et 16h-19h30) date de 1558 et possède un maître-autel délicatement doré. Plus loin en direction du sud-est se dresse l'**Iglesia de Belén** et, au nord, une autre demeure de 1709, la **Casa de Mayorazgo de Facala** (Pizarro 314 ; ⏲9h30-13h et 16h-19h lun-ven), qui abrite la Scotiabank.

NORD ET OUEST DE LA PLAZA DE ARMAS

♥ **Casa Ganoza Chopitea** ÉDIFICE HISTORIQUE

(Independencia 630). Au nord-est de la cathédrale, cette demeure coloniale (vers 1735) également appelée Casa de los Léones est considérée comme la plus belle et la mieux préservée de Trujillo. Les détails sont époustouflants, de la porte d'entrée sophistiquée aux fresques vieilles de 300 ans, en passant par les colonnes en pin de l'Oregon et les plafonds rustiques à l'intérieur, dont certains sont solidarisés par des peaux de mouton.

Notez l'insigne "JHS" au-dessus de l'entrée, entre le lion et la lionne (qui ont inspiré les noms du bâtiment). Il signifie "Jesus", "Hombre" (Homme), "Salvador" (Sauveur) et remonte à l'époque où l'édifice était un couvent. Cerise sur le gâteau, la demeure abrite l'excellent café Casona Deza (p. 327).

Museo Cassinelli MUSÉE

(N de Piérola 607 ; 7 S ; ⏲9h-13h et 15h-18h lun-sam). Conservé au sous-sol de la station-service Repsol (du côté ouest de l'intersection), dans un lieu indigne de sa qualité, ce musée archéologique privé est fascinant. Les quelque 2 000 pièces en céramique proviennent d'une collection appartenant à des immigrés italiens.

Parmi les poteries, remarquez les sifflets en forme d'oiseau au son très pur (demandez au gardien de vous faire une démonstration). Semblables extérieurement, ils produisent chacun un son très différent, qui correspond au chant distinctif des mâles et des femelles.

Museo de Zoología MUSÉE

(San Martín 368 ; 2 S ; ⏲9h-18h). Ce musée recèle principalement des animaux péruviens, naturalisés avec plus ou moins de bonheur.

Églises ARCHITECTURE

Il existe d'autres églises intéressantes à côté de la Plaza de Armas, mais la plupart sont habituellement fermées. Ainsi trouve-t-on l'**Iglesia de la Compañía** (Independencia), qui fait désormais partie de l'Universidad Nacional de Trujillo, l'**Iglesia de Santa Ana** (angle Mansiche et Zepita), l'**Iglesia de Santo Domingo** (angle Pizarro et Bolognesi) et l'**Iglesia de Santa Clara** (angle Junín et Independencia).

Circuits organisés et guides

Des dizaines de tour-opérateurs officient à Trujillo. Certains emploient des guides qui parlent plusieurs langues mais ne maîtrisent pas bien la région, et inversement. Les entrées aux différents sites ne sont *pas* comprises dans les tarifs indiqués ci-dessous. Si vous préférez engager votre propre guide, mieux vaut en choisir un officiellement agréé, qui connaîtra bien les environs. Contactez iPerú pour une liste des guides certifiés avec leurs coordonnées.

Trujillo Tours CIRCUITS CULTURELS

(☎23-3091 ; www.trujillotours.com ; Almagro 301 ; ⏲7h30-13h et 16h-20h). Cette agence sympathique et recommandée propose des circuits de 3 à 4 heures pour Chan Chan et Huanchaco (64 S) et pour les temples du Soleil et de la Lune (66 S), ainsi que des circuits dans la ville (53 S). Les guides parlent anglais, français, portugais et allemand.

Chan Chan Tours CIRCUITS CULTURELS

(☎24-3016 ; chanchantourstrujillo@hotmail.com ; Independencia 431 ; ⏲8h-13h et 15h-20h). Sur la place, cette agence bien établie organise des excursions à Chan Chan et aux temples du Soleil et de la Lune pour 15 à 20 S par personne (2 personnes minimum), ainsi que vers des destinations plus lointaines. Les guides se débrouillent en anglais.

Fêtes et festivals

Fiesta de la Marinera DANSE

Concours national de *marinera*, la dernière semaine de janvier.

El Festival Internacional de la Primavera FESTIVAL

(Festival international du printemps). Pendant la dernière semaine de septembre, la principale fête de Trujillo s'accompagne de défilés, de concours de danse nationaux (y compris de *marinera*), de démonstrations de *caballos de paso*, de compétitions sportives, de concours de beauté internationaux et de diverses activités culturelles. Les meilleurs hôtels sont réservés longtemps à l'avance.

Où se loger

Les adresses correctes à petits prix sont une denrée rare à Trujillo, mais un petit effort financier vous permettra de profiter d'un beau cadre colonial. Certains voyageurs préfèrent loger dans la station balnéaire voisine de Huanchaco. Beaucoup d'hôtels de catégorie moyenne peuvent être bruyants pour qui a une chambre donnant sur la rue. En regard de sa taille et de son histoire, Trujillo a un train de retard en matière d'hôtels design (pour tout dire, il n'y en a aucun). N'hésitez pas à vous renseigner quant au respect de l'environnement dans les différents établissements – certains ont été accusés de brûler des briques de carbone minéral pour produire de l'eau chaude, une pratique néfaste (mais économique), interdite au Pérou en fonction des niveaux de pollution.

Hostal Colonial HÔTEL HISTORIQUE $$

(☎25-8261 ; www.hostalcolonial.com.pe ; Independencia 618 ; s/d/tr 60/90/120 S ;). Cette demeure coloniale rose, rénovée avec goût (et désormais affiliée à HI, sans pour autant être une auberge de jeunesse), a l'atout d'un emplacement parfait, à une *cuadra* de la Plaza de Armas. Personnel discret et efficace, organisation de circuits, café populaire (avec service en chambre), superbes cours, espaces ouverts et jardin : tout concourt à attirer les voyageurs. Certaines des chambres, douillettes, se prolongent de balcons avec superbe point de vue sur l'Iglesia de San Francisco, en face.

Hotel Libertador HÔTEL HISTORIQUE $$$

(☎23-2441 ; www.libertador.com.pe ; Independencia 485 ; s/d avec petit-déj 475/510 S, ste avec petit-déj à partir de 668 S ;). Grande dame de Trujillo, le Libertador est un hôtel de 79 chambres empreint d'une agréable élégance d'antan. Il doit ses quatre étoiles à la piscine aménagée dans une belle cour verdoyante, à ses nombreuses arcades et à ses chambres confortables, pourvues de tout le nécessaire. Sur les trois étages, les chambres sont organisées autour d'un atrium lumineux ; évitez celles qui donnent sur la rue, souvent bruyantes.

Residencial Munay Wasi PENSION $

(☎23-1462 ; www.munaywasihostel.com ; Colón 250 ; dort 30 S, s/d/tr avec petit-déj 45/70/100 S ; @). Cette agréable adresse familiale, idéale pour les voyageurs à petit budget, séduit grâce à un beau garage/cour (plus plaisant qu'il n'y paraît), 8 chambres avec eau chaude (3 ont la TV câblée internationale, ainsi qu'un petit salon collectif), une cuisine commune et une ambiance beaucoup plus agréable que dans la plupart des établissements de Trujillo. On est chez l'habitant, et ça se sent.

Hospedaje el Conde de Arce PENSION $

(☎29-5117 ; elcondedearce@hotmail.com ; Independencia 577 ; dort 20 S, s/d 45/60 S ;). Pourvue d'un immense patio encombré, cette auberge simple, sûre et économique se situe en plein centre-ville. Les chambres, défraîchies mais spacieuses, s'ouvrent sur une lumineuse cour en ciment. Le tout est supervisé par la fille du propriétaire, la jeune et sympathique Nathaly, qui parle anglais. Une bonne adresse, en regard de l'offre à Trujillo.

Pullman Hotel HÔTEL $$$

(☎47-1645 ; Pizarro 879 ; s/d 74/92 S ; @). Le hall d'entrée fait face à une rue piétonne à côté de la Plazuela el Recreo, ce qui explique la relative absence de bruit. Immaculées, les chambres avec parquet ou carrelage disposent d'équipements modernes ; celles rénovées récemment ont d'originales et belles sdb et des TV à écran LCD. L'accueil se révèle on ne peut plus chaleureux et la cour aux murs ornés de poteries est plaisante. À 5 minutes à pied de certains départs des bus pour le nord.

Los Conquistadores Hotel HÔTEL $$

(☎48-1650 ; www.losconquistadoreshotel.com ; Almagro 586 ; s/d avec petit-déj 200/240 S ; @). À quelques pas de la Plaza de Armas, ce bon hôtel de 54 chambres a subi des rénovations en 2012. Tout en crème et blanc, les nouvelles chambres, empreintes d'élégance contemporaine, peuvent désormais rivaliser avec celles de n'importe quel établissement de Trujillo. Le hall d'entrée est décoré de reproductions dorées des vestiges de Sipán et il y a un bar classique pour siroter un *pisco sour* en soirée, un service en chambre (7h 23h) assuré par le restaurant du rez-de-chaussée et des passages à ciel ouvert pour prendre l'air.

Hostal Solari HÔTEL **$$**
(24-3909 ; www.hostalsolari.com.pe ; Almagro 715 ; s/d avec petit-déj 80/130 S ;). Dans cet hôtel contemporain, les chambres immenses sont décorées avec soin et dotées de parquets cirés, salon séparé, rangements pour les bagages, bons matelas, TV avec écran LCD et mini-réfrigérateurs. Un café assure le service en chambre et le sympathique personnel de la réception peut organiser des circuits et confirmer les billets d'avion.

Gran Hotel Turismo HÔTEL **$$**
(24-4181 ; hotelturismo@speedy.com.pe ; Gamarra 747 ; s/d avec petit-déj s/d/tr 55/80/120 S ;). Remontez le temps dans cet hôtel rétro, dont l'ambiance le doit non tant à une volonté de décoration qu'à un relatif laisser-aller depuis les années 1960. L'ancien combiné téléphonique est un véritable anachronisme et les couloirs, distribués de chambres douillettes, sont si longs qu'on pourrait y jouer au football.

Saint Germain Hotel HÔTEL **$$**
(25-0574 ; www.saintgermainhotel.net ; Junín 585 ; s/d avec petit-déj 89/140 S ;). Superbes chambres confortables, dotées d'équipements modernes et de sdb immaculées. Celles qui donnent sur l'intérieur sont plus calmes ; leurs fenêtres s'ouvrent sur un puits de lumière. Il y a un bar-café sur place.

Hostal el Ensueño PENSION **$**
(24-2583 ; Junín 336 ; s 20-40 S, d 40-50 S ;). Les couloirs sont sombres et étroits mais les chambres et leurs sdb sont tout à fait correctes. Les couples sont parfois autorisés à se serrer dans une chambre simple, ce qui permet d'économiser quelques *céntimos*. Si les lieux affichent complet, sachez que le propriétaire tient trois autres pensions dans les environs.

Hotel El Brujo HÔTEL **$$$**
(47-4545 ; www.elbrujohotel.com ; Independencia 978 ; s/d avec petit-déj 192/256 S ;). Si la rénovation complète de l'endroit s'est traduite par un changement de nom et une hausse des tarifs, il n'en reste pas moins une adresse propre, agréable et calme, très proche de plusieurs points de départ des bus pour le nord. Ambiance hôtel d'affaires, avec des chambres moquettées modernes et tous les accessoires habituels (minibar, TV câblée et bureau). Le service en chambre est assuré 24h/24 et la nouvelle terrasse a l'attrait d'une belle vue sur la ville. Les détenteurs d'un passeport étranger obtiennent une réduction de 81 S.

Où se restaurer

Les décideurs politiques et les familles de Trujillo se retrouvent dans la *cuadra* 700 de Pizarro, où sont installés de nombreux cafés et restaurants branchés, mais aux tarifs raisonnables. Certaines des meilleures tables de la ville sont accessibles en taxi, à courte distance du centre.

Mar Picante PÉRUVIEN, PRODUITS DE LA MER **$$**
(www.marpicante.com ; Húsares de Junín 412 ; plats 18-30 S ; 10h-17h). Si vous ne commandez pas un *ceviche mixto* et un accompagnement épicé dans ce royaume des fruits de mer protégé de bambous, vous aurez manqué quelque chose à Trujillo. Le mélange de crevettes, poisson, crabe, saint-jacques et oignons est mariné dans du jus de citron et servi avec du yucca, de la patate douce et du maïs grillé (*chancha*), ainsi qu'avec une sauce au piment *rocoto* qui enflammera vos papilles. Le meilleur *ceviche* de la côte nord ! Malgré l'affluence, le service est rapide et chaleureux. Prenez un taxi (3,50 S) ou marchez direction sud-ouest dans Larco en partant du centre. Húsares de Junín bifurque vers le sud-est à 200 m au sud d'España.

Casona Deza CAFÉ **$**
(Independencia 630 ; plats 10-25 S ;). Ce café spacieux et pittoresque occupe l'une des maisons coloniales les mieux préservées de la ville : la Casa Ganoza Chopitea (vers 1735), achetée aux enchères par des frères habitant la région et vouant une passion à Trujillo. Excellents expressos, desserts maison et savoureux sandwichs et pizzas, souvent préparés à base d'ingrédients bio. On s'installe dans la cour plaisante ou dans l'une des nombreuses salles joliment meublées d'antiquités. Que l'on vienne pour un café, du vin, un repas ou même pour le cadre, nul risque de déception.

Juguería San Agustín BAR À JUS DE FRUITS $
(Bolívar 526 ; jus de fruits 2-5 S ; ⌚8h30-13h et 16h-20h lun-sam, 9h-13h dim). On repère ce bar grâce à la file d'attente quasi permanente en été, à l'angle de la rue. Les habitants apprécient surtout les jus de fruits, mais les sandwichs au poulet (6 S) et au *lechon* (cochon de lait ; 7 S) sont tout aussi mémorables.

Restaurant Demarco PÉRUVIEN $$
(Pizarro 725 ; plats 10-45 S ; ⌚7h30-23h ; 📶). Une adresse stylée, où les serveurs en costume multiplient les courbettes. Nombreux plats de viandes et de fruits de mer, plats du jour à midi (14,50 S, bon rapport qualité/prix) et pizzas. Le *chupe de camarones* (grosses crevettes dans un bouillon de beurre, ail, cumin et origan) est appétissant et les desserts sont excellents, du classique tiramisu au formidable *tres leches* (gâteau à base de lait concentré).

Chifa Heng Lung CHINOIS $$
(Pizarro 352 ; plats 10,50-42,50 S ; ⌚jusqu'à 23h30). Tenu par une famille de chefs chinois expérimentés, cet établissement assez chic propose un choix de saveurs adapté aux goûts péruviens. Le menu annonce la liste habituelle des plats cantonais, avec d'innombrables variantes.

Café Bar Museo CAFÉ $
(angle Junín et Independencia ; plats 6-15 S, cocktails 18-22 S ; ⌚fermé dim). Voici l'adresse préférée des habitants. Les hauts murs lambrissés décorés d'affiches artistiques et le bar classique couvert de marbre évoquent un mélange entre un pub anglais et un café parisien.

Oviedo PETIT-DÉJEUNER, CAFÉ $
(Pizarro 758 ; petit-déj et sandwichs 6-14 S ; ⌚8h-minuit). Si le repas matinal de votre hôtel ne vous réjouit pas, venez vous consoler ici, à choisir entre un simple petit-déjeuner continental ou un solide *criollo* avec côtelette de porc (plat péruvien épicé, riche d'influences espagnoles et africaines).

El Sol Restaurante Vegetariano VÉGÉTARIEN $
(Zepita 704 ; repas 3-8 S ; ⌚8h30-18h lun-sam, 8h30-16h dim). À l'angle d'une rue, le minuscule "Soleil" propose une petite mais étonnante variété de plats et un menu du jour pour environ 5 S. Beaucoup de non-végétariens viennent y manger, preuve que la cuisine est savoureuse et consistante. Également des options macrobiotiques.

Supermercado Metro SUPERMARCHÉ $
(Pizarro 700). Pour qui souhaite faire ses courses.

🍷 Où prendre un verre et sortir

Le journal local, **La Industria** (www.laindustria.pe), est la meilleure source d'information sur les distractions, les expositions et autres manifestations culturelles de la ville.

♥ **El Celler de Cler** BAR
(angle Gamarra et Independencia ; plats 12-24 S, cocktails 12-18 S ; ⌚18h-1h). Le seul endroit à Trujillo pour siroter un cocktail en étage, sur un balcon colonial. Le bâtiment date du début des années 1800 et la décoration comprend pléthore d'antiquités, dont une caisse enregistreuse américaine des années 1950 et une extraordinaire lampe britannique datant de la Révolution industrielle.

Dans les assiettes, on découvre des pâtes haut de gamme et des grillades (viande délicieuse mais frites décevantes, comme souvent), mais on retiendra surtout les cocktails créatifs, comme le classique *chilcano* (pisco, *ginger ale* et jus de citron vert), agrémenté de diverses saveurs (*rocoto, ají limo, maracuya*, etc.). Essayez de venir après les heures de pointe ou le week-end car les rues en contrebas sont bruyantes.

Picasso Lounge CAFÉ, BAR
(www.picassocafelounge.com ; Bolívar 762). Ce bar-café, au nombre des plus branchés de Trujillo, est le lieu où voir de l'art contemporain local. Les expositions changent tous les deux mois. Quand le barman est présent (du jeudi au samedi à partir de 20h), il prépare de bons cocktails et des concoctions originales à base de pisco.

Restaurante Turístico Canana MUSIQUE LIVE
(☎San Martín 791 ; 20 S ; ⌚à partir de 23h jeu-sam). Ce restaurant sert une bonne cuisine de la côte péruvienne, mais c'est surtout du jeudi au samedi soir qu'il faut y venir, lorsque des danseurs et musiciens locaux assurent le spectacle à partir de 23h. Un verre vous mettra dans l'ambiance.

ℹ Renseignements

Argent

Changer de l'argent à Trujillo permet d'admirer les beaux bâtiments coloniaux qu'occupent certaines banques. Toutes disposent de DAB qui acceptent les cartes Visa et MasterCard. Pour éviter les longues files d'attente, rendez-vous aux bureaux de change (*casas de cambio*) proches de Gamarra et de Bolívar, qui offrent de bons taux pour les espèces.

Banco Continental (Pizarro 620). Dans la belle Casa de la Emancipación ; des taux avantageux pour les espèces.

BCP (Gamarra 562). Commission la plus faible de la ville sur les chèques de voyage.

HSBC (Gamarra 574). DAB sans commission.

Désagréments et dangers

Dans les bars, les femmes seules risquent d'être importunées, voire harcelées. En cas d'avances trop insistantes, opposez un refus ferme et inventez-vous un fiancé ou un mari. Pour des conseils plus détaillés, reportez-vous p. 556.

Comme beaucoup de villes péruviennes, Trujillo souffre d'un niveau élevé de pollution sonore et des associations civiques tentent de s'opposer aux coups de klaxons incessants.

Immigration

Oficina de Migraciónes (bureau de l'immigration ; ☎28-2217 ; www.digemin.gob.pe ; Larco, cuadra 12 ; ⏲8h-16h15 lun-ven, 9h-13h sam). Délivre les visas pour les résidents étrangers et les prorogations de visas touristiques.

Offices du tourisme

Les agences organisant des circuits peuvent également dispenser quelques informations sur la région.

iPerú (☎29-4561 ; angle Almagro 420 ; ⏲9h-18h lun-sam, 10h-14h dim). Fournit des informations touristiques et une liste de guides certifiés et d'agences de voyages.

Poste

Serpost (Independencia 286). Services postaux.

Services médicaux

Clínica Americano-Peruano (☎24-5181 ; Mansiche 810). Les meilleurs soins généralistes, avec des médecins qui parlent anglais. Les tarifs varient selon les moyens des patients ; si vous n'avez pas de couverture sociale, précisez-le.

Urgences

Police touristique (Policía de Turismo, Poltur ; ☎29-1770 ; Independencia 572). Extrêmement utile. Les policiers portent des chemises blanches et certains parlent anglais, italien et/ou français.

ℹ Depuis/vers Trujillo

Avion

L'aéroport (TRU) se situe à 10 km au nord-ouest de la ville. **LAN** (☎22-1469 ; www.lan.com ; Almagro 490) assure trois vols quotidiens entre Lima et Trujillo à 6h05, 16h50 et 20h15, et dans l'autre sens (Trujillo-Lima) à 7h45, 18h45 et 22h. Les tarifs vont en moyenne de 343 S à 486 S. **Taca** (☎0-800-1-8222 ; www.taca.com ; César Vallejo Oeste 1345, Real Plaza) propose la même liaison deux fois par jour (à partir de 142 S seulement) ; départ de Lima à 13h05 et 21h, et retour depuis Trujillo à 14h50 et 22h45.

Bus

Les bus sont souvent pleins au départ de Trujillo, aussi vaut-il mieux réserver. Plusieurs compagnies qui desservent des localités du sud possèdent des terminaux sur la Panamericana Sur (route Panaméricaine sud), la prolongation sud de Moche et d'Ejército. Lors de l'achat de votre billet, renseignez-vous sur le lieu de départ du bus.

Línea dessert la plupart des destinations touristiques et ses bus comptent parmi les plus confortables.

Plusieurs compagnies proposant des bus de nuit pour Lima (8 heures) se regroupent aux alentours d'España et d'Amazonas.

Pour voyager de jour jusqu'à Huaraz, il faut rejoindre Chimbote, puis prendre une correspondance. De Chiclayo, des bus partent plus fréquemment pour Cajamarca et les hauts plateaux du Nord.

Pour Otuzco, les *combis* partent entre la 17e et la 18e *cuadra* de Prolongacíon Unión, au nord-est de la ville. Les bus de **Tours Pacifico** (☎42-7137 ; Prolongacíon Unión, cuadra 22) grimpent dans les montagnes six fois par jour.

America Express (☎26-1906 ; La Marina 315). Au sud de la ville (5 S en taxi). Bus pour Chimbote toutes les 20 minutes entre 4h et 22h30.

Cial (☎20-1760 ; www.expresocial.com ; Ejército et Amazonas 395). Un bus part à 22h à destination de Lima.

Civa (☎25-1402 ; www.civa.com.pe ; Ejército 285). Un bus pour Lima démarre à 22h.

Cruz del Sur (☎26-1801 ; www.cruzdelsur.com.pe ; Amazonas 437). L'une des plus grosses et onéreuses compagnies de bus au Pérou. Ses véhicules gagnent Lima cinq fois par jour et Guayaquil les dimanche, mercredi et vendredi à 23h45. Également une **centrale de réservations** (Gamarra 439 ; ⏲9h-21h lun-sam) dans le centre.

El Dorado (☎24-4150 ; www.transporteseldorado.com.pe ; N de Piérola 1070). Des bus rudimentaires se rendent à Piura cinq fois par jour (12h30, 20h, 20h30, 22h20, 23h) et à Máncora et Tumbes quatre fois par jour (12h30, 20h, 20h30, 21h).

Ittsa (☎25-1415 ; www.ittsabus.com ; Mansiche 143). Bus pour Piura (9h, 13h30, 23h15, 23h30, 23h45), et 11 départs pour Lima entre 9h et 23h15.

BUS AU DÉPART DE TRUJILLO

DESTINATION	PRIX	DURÉE
Bogotá	495 S	56 heures
Cajabamba	25-35 S	12 heures
Cajamarca	16-135 S	6-7 heures
Caraz	45-60 S	8 heures
Chachapoyas	60-75 S	15 heures
Chiclayo	14-30 S	3-4 heures
Chimbote	8-57 S	2 heures
Guayaquil (Équateur)	137,50-201 S	18 heures
Huaraz	35-60 S	5-9 heures
Lima	25-100 S	8-9 heures
Máncora	27-70 S	8-9 heures
Otuzco	6-10 S	2 heures
Piura	25-45 S	6 heures
Quito (Équateur)	233,80 S	32 heures
Tarapoto	85-105 S	18 heures
Tumbes	27-80 S	9-12 heures

Línea La **centrale de réservations** de cette compagnie (☎24-5181 ; www.linea.pe ; angle San Martín et Orbegoso ; ⏲9h-21h lun-ven, 9h-19h sam) est bien située, dans le centre historique, mais tous les bus partent du **terminal** (☎29-9666 ; Panamericana Sur 2855) sur la Panamericana Sur (5 S en taxi). Les bus de Línea vont à Lima neuf fois par jour entre 8h30 et 22h45, à Piura à 13h30 et 23h, à Cajamarca à 10h30, 13h, 22h et 22h30, à Chiclayo six fois par jour entre 6h et 19h (ils s'arrêtent à Pacasmayo et Guadalupe), à Chimbote quatre fois par jour (5h30, 11h, 14h et 19h) et à Huaraz à 21h et 21h15.

Movil Tours (☎28-6538 ; www.moviltours.com.pe ; America Sur 3959, Ovalo Larco). Spécialisé dans les services touristiques longue distance très confortables. Départ à 22h pour Lima, à 10h, 21h40 et 22h20 pour Huaraz (les deux derniers bus continuent jusqu'à Caraz), à 16h45 pour Chachapoyas et à 15h pour Tarapoto. Un taxi jusqu'au terminal coûte 5 S. Vous pouvez aussi prendre un *combi* marqué d'un A rouge (California/Esperanza) dans l'Avenida España et descendre à Ovalo Larco.

Oltursa (☎26-3055 ; www.oltursa.pe ; Ejército 342). Trois départs quotidiens à 12h, 22h et 23h. Oltursa partage une centrale de réservations agréée avec Ittsa sur la Plaza de Armas, mais des commissions y sont parfois facturées.

Ormeño (☎25-9782 ; www.grupo-ormeno.com.pe ; Ejército 233). Deux bus de nuit pour Lima à 19h et 22h, ainsi qu'un bus de nuit (21h) pour Máncora et Tumbes, qui continue jusqu'à Guayaquil, sur la côte équatorienne. En outre, un départ les lundi et vendredi (22h) pour Quito, avec terminus à Bogotá, en Colombie.

Transportes Horna (☎24-3514 ; America Sur 1368). Sept départs quotidiens pour Huamachuco et trois pour Cajamarca (13h30, 20h, 23h30).

Turismo Días (☎20-1237 ; www.turdias.com ; N de Piérola 1079). En face d'El Dorado, quatre bus pour Cajamarca (10h, 13h15, 22h30, 23h) et deux pour Cajabamba (20h, 21h).

ENVIRONS DE TRUJILLO

Les *combis colectivos* marqués d'un B vert à destination du temple de la Huaca Esmeralda (1 S), de Chan Chan (1 S) et de Huanchaco (1,50 S) passent à l'angle d'España et Ejército et d'España et Industrial très régulièrement. Les bus pour La Esperanza suivent la route Panaméricaine vers le nord-ouest et pourront vous déposer au temple de la Huaca Arco Iris. Pour les temples du Soleil et de la Lune, il faut prendre un taxi (4 S) jusqu'à la station-service Primax, à Ovalo Grau, au sud-est du centre, où des *combis* (1,50 S) passent toutes les 15 minutes environ. Sachez que des pickpockets sévissent dans ces véhicules ; cachez vos objets de valeur et surveillez vos bagages. Un taxi jusqu'à la plupart de ces sites coûte de 10 à 15 S.

El Complejo Arqueológico la Huaca el Brujo, à environ 60 km au nord-ouest de Trujillo, est plus difficilement accessible. Le plus sûr est de prendre un bus à Trujillo, depuis Ovalo del Papa au sud-ouest de la ville, jusqu'à Chocope (3,50 S, 1 heure 30). De là, un *colectivo* vous mènera à Magdalena de Cao (2,50 S, 20 min), où il s'agira de négocier avec un *mototaxi* pour gagner le site et en revenir (comptez 5 S dans chaque sens et un supplément pour l'attente ; peu de touristes visitent ce lieu, donc les possibilités sont minces – n'espérez pas trouver un moyen de transport au hasard après votre visite). Il y a aussi des bus à destination de Chocope au départ du Provincial Bus Terminal Interurbano au sud-est de Trujillo, mais les touristes ont tout intérêt à éviter ce quartier.

Comment circuler

L'**aéroport** (☎46 4013) se situe à 10 km au nord-ouest de Trujillo. Pour le rejoindre à moindre coût, prenez un *combi* (environ 30 min) à destination de Huanchaco, mais vous devrez parcourir à pied le dernier kilomètre. Du centre-ville, un taxi demande 15 S.

En taxi, une course en ville coûte environ 3,50 S et la visite des sites de 20 à 25 S l'heure, selon qu'ils se trouvent en ville ou au-dehors de celle-ci.

Environs de Trujillo

Les cultures mochica et chimú ont laissé les vestiges les plus importants aux alentours de Trujillo, mais d'autres civilisations ont prospéré dans la région. Dans un article publié par *National Geographic* en mars 1973, les professeurs M. E. Moseley et C. J. Mackey déclaraient avoir recensé plus de 2 000 sites dans la vallée du Río Moche et beaucoup d'autres ont été découverts depuis.

Cinq grands sites archéologiques sont facilement accessibles de Trujillo en bus local ou en taxi. Deux d'entre eux, essentiellement mochicas, datent de 200 av. J.-C. à 850. Les trois autres, appartenant à la culture chimú, furent édifiés entre 850 et 1500. Récemment mise au jour, la ruine mochica du temple de la Huaca El Brujo (à 60 km de Trujillo) peut aussi se visiter, mais son accès est plus compliqué.

Un circuit organisé simplifie la visite des sites et les commentaires du guide la rendent plus intéressante. À défaut, vous pouvez engager un guide sur place.

Le billet d'entrée pour Chan Chan, valable 2 jours, donne accès aux sites chimú de la Huaca Esmeralda et de la Huaca Arco Iris, ainsi qu'au musée de Chan Chan. Tous les sites ouvrent de 9h à 16h30 et les billets sont en vente partout, sauf à la Huaca Esmeralda.

À voir

Chan Chan RUINES

(tarif plein 11 S ; ⏲9h-16h30). Construite vers 1300 et couvrant 20 km², Chan Chan est la plus grande ville précolombienne des Amériques et la plus vaste cité en adobe de la planète. À l'apogée de l'Empire chimú, on estime qu'elle comptait 60 000 habitants. Elle renfermait alors quantité d'or, d'argent et de poteries. Si la conquête inca n'entama pas cette prospérité, le pillage commença dès l'arrivée des Espagnols et, en quelques décennies, il ne restait quasi rien des trésors de Chan Chan. Les rares vestiges découverts sont exposés dans les musées. Sûrement impressionnante autrefois, Chan Chan a été dévastée par les inondations causées par le

Environs de Trujillo

0 — 5 km

phénomène climatique El Niño et des pluies torrentielles ont érodé ses murs d'adobe. Aujourd'hui, le site frappe surtout par son étendue et il faut une bonne dose d'imagination pour se représenter la cité d'antan.

La capitale chimú se composait de dix grands faubourgs, également appelés enclos royaux. Chacun comprenait un tertre funéraire royal, contenant d'innombrables offrandes, dont des dizaines de jeunes femmes sacrifiées, et des salles remplies de poteries, de tissages et de bijoux. Le palais Tschudi, du nom d'un naturaliste suisse, est la seule section de Chan Chan en partie restaurée. D'autres parties ouvriront peut-être dans le futur, mais tant qu'elles ne sont pas surveillées ni balisées, ne vous y aventurez pas car vous pourriez vous faire agresser.

Le palais Tschudi comprend un accueil avec billetterie, des échoppes d'en-cas et de souvenirs, des toilettes et un petit **musée** (Museo de Sitio Chan Chan, entrée comprise dans le billet du site) non signalé. Des guides proposent leurs services (18 S), mais le complexe, bien signalisé en anglais et en espagnol, peut se visiter seul. Le billet d'entrée à Chan Chan donne accès aux sites chimú de la Huaca Esmeralda et de la Huaca Arco Iris.

Des combis partent de Trujillo pour Chan Chan très souvent ; ils passent à l'angle d'España et Ejército et d'España et Industrial. Venir en taxi de Trujillo coûte environ 10 S.

Palais Tschudi (Palacio Nik-An)

À l'intérieur d'un rempart de 4 m d'épaisseur s'étend la **cour de cérémonie**, amplement restaurée, dont les murs intérieurs sont ornés de motifs géométriques, récents pour la plupart. Les plus proches de la porte au niveau du sol, qui représentent trois ou quatre loutres de mer, sont les seuls d'origine et semblent un peu plus rustiques que les copies modernes. Une rampe, à l'autre bout de la cour, donne accès au second niveau. Lors de leur construction, certains des murs de Tschudi dépassaient 10 m de haut.

Sortez de la cour de cérémonie et longez le **mur extérieur**, l'un des plus décorés et des mieux restaurés du palais. Les frises d'adobe figurent des vagues de poissons ondulant sur toute sa longueur au-dessus d'une ligne d'oiseaux marins. Malgré l'usure du temps, les dessins d'origine, plus frustes, conservent une fluidité et un caractère qui manquent aux versions contemporaines.

Au bout du mur, le parcours fléché traverse le labyrinthe des **salles d'audience**. Leur fonction n'est pas très claire, mais la quantité et la qualité des décorations témoignent de leur importance ; elles possèdent les plus belles frises de Tschudi. Vivant près de l'océan, les Chimú se nourrissaient essentiellement de poisson et la mer occupait une place importante dans leur culture. Poissons, vagues, oiseaux de mer et mammifères marins sont représentés dans toute la cité et notamment dans les salles d'audience. À la différence des Incas qui adoraient le Soleil et vénéraient la Terre, les Chimú accordaient une importance religieuse à la Lune et à la Mer.

Plus loin, la **seconde cour de cérémonie** possède également une rampe menant au second niveau. Derrière la place, une grande dépression rectangulaire était autrefois une **citerne de plain-pied** qui approvisionnait en eau l'enclos royal.

À gauche, plusieurs dizaines de petites cellules en mauvais état forment le **secteur militaire** ; elles faisaient peut-être fonction de caserne ou d'entrepôts. Non loin, le **mausolée** abritait la dépouille d'un roi, des restes d'humains sacrifiés et des objets cérémoniels. À gauche du tombeau principal, une pyramide renfermait les corps de dizaines de jeunes femmes.

Enfin, on arrive à la **salle d'assemblée**, une vaste pièce rectangulaire dotée de 24 sièges dans des niches murales ; son acoustique est telle que toute personne assise dans une niche se fait clairement entendre dans la salle entière.

Museo de Sitio Chan Chan

Sur la grand-route, à 500 m avant l'embranchement de Chan Chan, ce musée présente une collection expliquant la cité et la culture chimú. Il comporte quelques légendes en espagnol ; les explications d'un guide seront utiles. Un spectacle son et lumière en espagnol a lieu toutes les demi-heures. Des photos aériennes et des cartes montrent toute l'étendue de Chan Chan, dont on ne visite qu'une minuscule partie.

Complejo Arqueológico — RUINES

Huaca Esmeralda

(entrée comprise dans le billet de Chan Chan). À mi-chemin de Trujillo et de Chan Chan, ce temple chimú se situe au sud de la grand-route, à quatre *cuadras* derrière l'église de Mansiche. Des voleurs guettent les touristes esseulés ; mieux vaut s'y rendre à plusieurs ou avec un guide et ouvrir l'œil.

Enterrée sous le sable, la Huaca Esmeralda fut découverte accidentellement par un propriétaire local en 1923. Il tenta de dégager les ruines, mais El Niño de 1925 entama le processus d'érosion, qu'aggravèrent les pluies et les inondations de 1983. Sur les frises d'adobe peu restaurées, on parvient à distinguer les motifs chimú caractéristiques : poissons, oiseaux de mer, vagues et filets de pêche.

Les *combis* B vert à destination de la Huaca Esmeralda partent de Trujillo très régulièrement ; ils passent à l'angle d'España et Ejército et d'España et Industrial.

Huaca Arco Iris

(temple de l'Arc-en-ciel ; gratuit avec le billet pour Chan Chan). Également appelée Huaca del Dragón, la Huaca Arco Iris se situe dans le faubourg de La Esperanza, à 4 km au nord-ouest de Trujillo.

Remontant au XIIe siècle, et enseveli sous le sable jusqu'aux années 1960, c'est l'un des temples chimú les mieux préservés. Son emplacement était auparavant connu d'une poignée d'archéologues et de *huaqueros* (pilleurs de tombes) ; les fouilles n'ont commencé qu'en 1963. Malheureusement, El Niño de 1983 a endommagé les frises.

Des peintures du temple il ne reste que quelques traces de jaune. Un mur d'enceinte de plus de 2 m d'épaisseur entoure un terrain de quelque 3 000 m², sur lequel le temple se dresse. Cette structure de 800 m² sur 2 niveaux mesure 7,50 m de haut. Les murs, légèrement pyramidaux, sont couverts de motifs répétitifs d'arc-en-ciel, pour la plupart restaurés. Des rampes mènent au sommet du temple, d'où l'on voit une série de grands coffres ; ils contenaient des ossements d'enfants, peut-être sacrifiés. L'arc-en-ciel, symbole de pluie et de vie pour nombre d'anciennes cultures, laisse penser que ce temple était dédié à la fécondité.

Un minuscule **musée** est installé sur le site et des guides locaux proposent leurs services.

Les bus pour La Esperanza suivent la route Panaméricaine en direction du nord-ouest et peuvent vous déposer à la Huaca Arco Iris.

Huacas del Sol y de la Luna — RUINES

(www.huacasdemoche.pe ; adulte 11 S ; 9h-16h30). Les temples du Soleil et de la Lune précèdent Chan Chan de sept siècles et dateraient de la période mochica. Ils se situent sur la rive sud du Río Moche, à 10 km au sud-est de Trujillo par une mauvaise route.

Le temple du Soleil (Huaca del Sol) reste la plus grande structure précolombienne du pays, bien qu'un tiers de l'édifice ait été emporté par les pluies. On estime à 140 millions le nombre de briques d'adobe nécessaires à sa construction. Bon nombre d'entre elles portent la marque des artisans qui les fabriquèrent.

La pyramide comptait autrefois plusieurs niveaux, reliés par des escaliers raides, de longues rampes et des murs inclinés à 77°. Après quinze siècles d'érosion, elle ressemble à un gigantesque tas de briques crues, partiellement recouvert de sable. Les quelques tombes à l'intérieur de la structure laissent penser qu'il s'agit d'un immense site cérémoniel. Sa taille est impressionnante et l'on découvre une vue splendide du sommet.

Plus petit et plus intéressant, le temple de la Lune (Huaca de la Luna), situé à 500 m en plein désert, mérite largement la visite. De nombreuses salles renferment des céramiques, des métaux précieux et de superbes frises polychromes qui ont fait la réputation des Mochicas. La construction du temple se prolongea pendant six siècles jusqu'en 600, les différentes générations l'agrandissant et recouvrant les structures précédentes. Des archéologues dégagent actuellement des parties délimitées couche après couche et ont découvert des frises de personnages stylisés à chaque niveau, dont certaines parfaitement préservées par les constructions ultérieures. Le lieu vaut vraiment une visite : les archéologues y découvrent de nouvelles frises chaque année et le récent et excellent **Museo Huacas de Moche** (3 S ; 9h-16h30), attendu de longue date, accueille les artefacts mis au jour sur le site. Il y a également un centre de recherche et un théâtre.

Avant de repartir, faites un tour aux stands de souvenirs ; certains vendent des poteries fabriquées à partir de moules originaux trouvés sur le site. Aux alentours, vous apercevrez sans doute l'un de ces extraordinaires chiens péruviens sans poils (*biringos*). Leur température corporelle est plus élevée que celle des autres chiens et ils servent traditionnellement de bouillottes aux arthritiques.

Les combis pour les temples du Soleil et de la Lune passent par Ovalo Grau à Trujillo toutes les 15 minutes environ. Il est aussi possible de prendre un taxi (15 S).

Complejo Arqueológico la Huaca el Brujo RUINES
(tarif plein 11 S ; ⏲9h-16h). Cet ensemble archéologique comprend la Huaca Prieta, le site mochica récemment mis au jour de la Huaca Cao Viejo avec ses superbes bas-reliefs, et la Huaca El Brujo, non encore fouillée. Difficile à trouver sans guide, ce site borde la côte, à 60 km de Trujillo. Les fouilles n'ayant pas exhumé grand-chose jusqu'à présent, il n'est pas officiellement ouvert au public et, pour l'instant, il n'y a presque rien à voir. Cependant, les tour-opérateurs de Trujillo en organisent la visite sur demande.

Il est difficile de gagner le complexe par ses propres moyens. Le plus sûr consiste à prendre un bus à Ovalo del Papa, au sud-ouest de Trujillo, jusqu'à Chocope (3,50 S, 1 heure 30). Prenez ensuite un *colectivo* jusqu'à Magdalena de Cao (2,50 S, 20 min), où il faut négocier l'aller-retour et le temps d'attente avec un *mototaxi*. Il y a très peu de transports publics depuis/vers ce site.

LES PEUPLES PRÉCOLOMBIENS DE LA CÔTE NORD

Le nord du Pérou vit s'épanouir une succession de civilisations, dont les plus anciennes remontent à 5 000 ans. Celles qui sont mentionnées ci-dessous comptent parmi les plus importantes qui fleurirent puis disparurent dans le désert côtier au fil des millénaires.

Huaca Prieta

L'un des premiers peuples du désert, les Huaca Prieta vécurent sur le site du même nom (page ci-contre) entre 3500 et 2300 av. J.-C. Chasseurs-cueilleurs, ils cultivaient le coton et diverses variétés de haricots et de poivrons ; ils se nourrissaient essentiellement de poisson. Ce peuple de l'âge de la pierre ne portait pas de bijoux, mais savait fabriquer des filets et tisser. Les motifs simples gravés sur les gourdes séchées constituent leur plus grande réalisation artistique. Ils vivaient dans des huttes d'une seule pièce, à demi enterrées. Ce que l'on sait d'eux a été déduit de leurs déchets domestiques.

Chavín

Installés dans les Andes centrales aux alentours de Huaraz, les Chavín eurent une influence culturelle et artistique significative sur la côte, en particulier entre 800 et 400 av. J.-C. Pour de plus amples informations sur la culture de Chavín, reportez-vous p. 407.

Mochica

La culture mochica, qui s'épanouit de 100 av. J.-C. à 800, créa des poteries, des textiles et des objets en métal. Les Mochicas développèrent des compétences architecturales pour construire d'immenses pyramides, tout en conservant suffisamment de temps pour l'art. Ils possédaient une religion très structurée. Cette civilisation pré-inca est avant tout renommée pour ses poteries. Témoignant d'un grand raffinement artistique et technique, certaines sont ornées de personnages et de scènes qui décrivent la vie quotidienne ou les cérémonies. D'autres sont modelées en forme d'humains, de produits agricoles, d'animaux sauvages ou domestiques, de poissons ou de monuments.

Parmi les autres représentations de la vie mochica figurent les châtiments, les techniques chirurgicales (comme l'amputation et la réduction des fractures) et la copulation. Dans le Museo Rafael Larco Herrera à Lima (p. 65), une salle est consacrée aux poteries érotiques ; les pratiques dépeintes sont parfois très imaginatives. Le Museo Cassinelli de Trujillo (voir p. 325) en possède également une belle collection.

Deux importants sites mochicas se situent à quelques kilomètres au sud de Trujillo : les temples du Soleil et de la Lune (p. 333).

La civilisation mochica déclina vers 700 ; les connaissances sur les siècles suivants demeurent confuses. La culture huari, originaire de la région d'Ayacucho, dans les Andes centrales, commença son expansion peu après. Son influence est perceptible dans les cultures sicán et chimú.

Huaca Cao Viejo

RUINES

La section principale de la **Huaca Cao Viejo** est une pyramide tronquée de 27 m ornée de frises splendides. Ces bas-reliefs grandeur nature, stylisés et multicolores (bien plus hauts en couleur que ceux des temples des environs immédiats de Chiclayo), représentent des guerriers, des prisonniers, des prêtres et des sacrifices humains. Plusieurs sites funéraires proviennent de la culture lambayeque, qui succéda à celle des Mochicas. Les gens qui vivent aux abords de cette *huaca* lui prêtent une énergie positive et accomplissent parfois des cérémonies propitiatoires sur le site.

Huaca Prieta

RUINES

En revanche, si la Huaca Prieta compte parmi les sites péruviens antiques les plus étudiés, elle n'intéresse guère les profanes. Réduite à un amoncellement de débris préhistoriques, elle offre une vue superbe sur la côte et peut se visiter en même temps que les autres temples du site archéologique.

Huanchaco

☎044 / 41 900 HABITANTS

Autrefois paisible village de pêcheurs, Huanchaco, à 12 km de Trujillo, est devenue une étape prisée sur l'itinéraire favori des étran-

Sicán

Les Sicán, probablement des descendants des Mochicas, vécurent dans la même région entre 750 et 1375 environ. Agriculteurs infatigables, ils excellaient dans le travail des métaux. Ils sont connus des archéologues pour leurs ornements en or fondus à la cire perdue et pour la fabrication du cuivre à forte teneur en arsenic, le matériau le plus proche du bronze découvert dans les sites précolombiens. Ces talentueux métallurgistes fabriquaient des alliages d'or, d'argent et d'arséniure de cuivre en grandes quantités dans des creusets alimentés d'*algarrobo* (*Prosopis*) et parvenaient à atteindre la température incroyable de 1 000°C à l'aide de simples soufflets.

Les objets découverts sur les sites archéologiques de Sicán laissent penser que ce peuple s'intéressait au commerce, pratiquant des échanges avec le continent sud-américain, acquérant coquillages et escargots d'Équateur, émeraudes et diamants de Colombie, chalcanthite (sulfate de cuivre, pierre décorative bleue) du Chili et or des hauts plateaux péruviens. Cette société structurée et régie par la religion avait développé des rituels funéraires étranges et élaborés, dont on peut voir des exemples au Museo Nacional Sicán à Ferreñafe (p. 349).

À l'instar de nombre d'autres civilisations pré-incas, les catastrophes naturelles ont eu raison des Sicán. Ayant construit leur première grande cité à Batán Grande (p. 350), au nord-est de Trujillo, ils furent contraints de la déplacer à Túcume (p. 349), quand la région fut frappée par les pluies torrentielles d'El Niño au XIIIe siècle.

Chimú

Contemporaine de la culture sicán, la civilisation chimú s'épanouit de 850 à 1470. Les Chimú construisirent une immense capitale à Chan Chan (p. 331), au nord de Trujillo. Leur art, moins raffiné que celui des Mochicas, s'orientait plus vers une production en série d'objets fonctionnels que vers la perfection artistique. La poterie peinte fut, pour l'essentiel, délaissée au profit d'une technique de cuisson simplifiée qui donna cette céramique noire typique, que l'on peut admirer dans de nombreuses collections chimú. Si la qualité de la poterie déclina, la métallurgie se développa avec le travail de l'or et de divers alliages.

C'est au niveau de l'urbanisation que les Chimú excellèrent. Leur gigantesque capitale comptait environ 10 000 habitations, de taille et de qualité diverses. Les bâtiments étaient ornés de frises, aux motifs moulés dans les murs d'adobe, et des métaux précieux recouvraient les endroits importants. Des coffres conservaient la nourriture et les produits en provenance de tout l'empire, qui s'étendait le long de la côte de Chancay au golfe de Guayaquil (sud de l'Équateur). La ville comprenait d'immenses citernes, des canaux, des ateliers et des temples. Les rois étaient enterrés dans des tumulus avec de multiples offrandes.

Les Chimú furent conquis par les Incas en 1471. Des pluies torrentielles ont gravement endommagé les moulures d'adobe de leur immense métropole.

gers. Huanchaco a des airs de vieille carte postale, mais la plage est somme toute quelconque. Pourtant, son rythme de vie paisible attire un certain type d'adeptes du farniente balnéaire et la ville a réussi à conserver son charme de naguère. Aujourd'hui, Huanchaco compte un large choix d'hébergements et de restaurants, ainsi que de fabuleuses vagues pour les surfeurs. En été, les touristes péruviens et étrangers affluent dans cette station balnéaire en plein essor, qui constitue une excellente base pour explorer les sites archéologiques de la région.

Détail mémorable de Huanchaco : les pêcheurs locaux utilisent encore les étroites embarcations en roseau qui figurent sur les poteries mochicas vieilles de 2 000 ans. Ils rament et surfent sur ces élégants bateaux incurvés, qu'ils chevauchent comme des destriers, d'où leur surnom de *caballitos de totora* ("petits chevaux en roseau"). Les villageois de Huanchaco sont parmi les rares habitants de la côte à savoir encore construire et utiliser ces embarcations, dont la durée de vie n'excède pas quelques mois. Vous les verrez alignées sur la plage, en train de sécher au soleil.

À voir

La plage de sable gris, en forme de croissant, se prête à la baignade en été, de décembre à avril. Le reste de l'année, l'eau est glaciale. De nombreux surfeurs viennent à Huanchaco, où un excellent spot convient aux débutants.

Pour entrer dans le port municipal entre 10h30 et 18h30, il faut débourser 0,50 S.

GRATUIT Santuario de la Virgen del Socorro — ÉGLISE

(9h-12h30 et 16h-19h). L'église qui domine la ville mérite la visite. Construite entre 1535 et 1540, elle serait la deuxième plus ancienne église du Pérou. Du haut du clocher restauré, on découvre une belle vue panoramique.

Activités

Plusieurs boutiques de la rue principale louent du matériel de surf (15 à 30 S/jour pour une combinaison et une planche).

Muchik — SURF

(63-4503 ; www.escueladetablamuchik.com ; Larco 650). Cette école de surf, la plus ancienne de Huanchaco, est également réputée comme en étant la plus fiable. Un cours de 2 heures coûte 45 S et il faut compter 15 S par jour pour la location de la planche et de la combinaison.

Un Lugar — SURF

(94-957-7170 ; www.unlugarsurfschoolperu.com ; Atahualpa 225). À deux *cuadras* de la rue du front de mer. Cette pension/école de surf rustique est tenue par le talentueux Juan Carlos. Cours particuliers de 2 heures pour 45 S, location de planches et combinaisons et organisation de safaris surf à Puerto Chicama et vers d'autres spots de surf légendaires de la côte péruvienne. Les chambres rudimentaires en bambou sont disponibles pour 15 S par personne.

Wave — SURF

(Larco 850). École de surf louant du matériel.

Fêtes et festivals

Carnaval — FÊTE RELIGIEUSE

Fêté dans la liesse en février-mars.

Festival del Mar — CULTUREL

Les années paires pendant la première semaine de mai, ce festival rejoue l'arrivée légendaire de Takaynamo, le fondateur de Chan Chan. Concours de surf et de danse, conférences culturelles, gastronomie et musique font partie des festivités.

Où se loger

Le Naylamp se trouve dans la partie nord de Huanchaco, tandis que quelques pensions jalonnent la partie sud, dans les petites rues perpendiculaires à la plage. Tous les établissements indiqués ont des douches chaudes ; beaucoup ont la TV câblée. En dehors des périodes de fêtes et des vacances, vous pourrez obtenir jusqu'à 50% de réduction : n'hésitez pas à demander.

Naylamp — PENSION $

(46-1022 ; www.hostalnaylamp.com ; Larco 1420 ; empl avec/sans tente 13/10 S, s/d/tr 35/50/80 S ; @). Meilleur choix pour les voyageurs à petit budget, le Naylamp possède un bâtiment sur le front de mer et un autre plus vaste sur une colline en retrait. Les chambres, excellentes, partagent un grand patio avec vue sur la mer et on peut contempler le coucher du soleil depuis le luxuriant espace camping. Il y a une cuisine, une laverie et un café. Seul élément manquant : l'eau dans la piscine.

Hospedaje Oceano — PENSION $

(46-1653 ; www.hospedajeoceano.com ; Los Cerezes 105 ; ch/tr à partir de 40/60 S ; @).

Idéalement situé entre l'océan et l'une des *plazoletas* les plus plaisantes et verdoyantes de la ville, cet établissement familial est on ne peut plus accueillant. De l'extérieur, rien ne le distingue d'une quelconque pension péruvienne, mais les superbes chambres à l'ambiance méditerranéenne tiennent d'une agréable surprise.

Le bonus ? La famille concocte de succulentes *cremoladas* maison (glaces italiennes, 2 S), dont les vertus pour la santé sont annoncées sur le menu, qui lui-même change tous les jours (les saveurs cappuccino et noix de coco sont extraordinaires).

Hostal Caballito de Totora HÔTEL DE CHARME $$
(☎46-1154 ; www.hotelcaballitodetotora.com.pe ; La Rivera 348 ; s 35 S, d à partir de 90 S, ste à partir de 360 S, petit-déj inclus dans les tarifs ; ❄@🛜🏊). Les chambres classiques sont un peu confinées, mais les suites constituent les meilleures chambres simples de Huanchaco, de par une décoration qui surpasse en modernité ce que l'on pourrait trouver même à Trujillo. Elles offrent une vue imprenable sur la mer, de grandes baignoires circulaires et des patios privés.

Le bar douillet et les photos du port dans l'entrée contribuent à l'ambiance. Le seul véritable hôtel de charme à Huanchaco.

La Casa Suiza PENSION $
(☎46-1285 ; www.casasuiza.com ; Los Pinos 308 ; dort/s 20/25 S, d avec/sans sdb 65/40 S ; @🛜). Les chambres, spacieuses, sont décorées de fresques à l'aérographe sur le thème du Pérou. Le petit café du rez-de-chaussée sert de croustillantes pizzas et le patio à l'étage, à la jolie vue, accueille d'occasionnels barbecues. De bons vélos sont en location, moyennant 15 S la demi-journée. Lorsqu'il est présent, le propriétaire franco-américain, Philippe Faucon, entretient une bonne ambiance, mais le reste du temps, l'accueil est un peu plus frileux.

Surf Hostal Meri AUBERGE DE JEUNESSE $
(☎46-2264 ; hostel.meri@gmail.com ; La Rivera 720 ; dort 20 S, s/d sans sdb 30/50 S, tr 75 S ; @🛜). Garnie de vieux meubles, cette auberge rustique, juste en face de la plage, a l'attrait d'une chaleureuse ambiance vaguement hippie. Les propriétaires finno-péruviens sont des surfeurs aguerris (l'auberge se double d'une école de surf) et il y a de vastes espaces communs, quelques hamacs confortables et des terrasses baignées de soleil, avec vue sur la mer.

Hotel Bracamonte HÔTEL $$
(☎46-1162 ; www.hotelbracamonte.com.pe ; Los Olivos 160 ; s/d/tr avec petit-déj à partir de 124/150/197 S ; @🛜🏊). Populaire, sympathique, accueillant et sis à l'abri de hauts murs et d'un portail fermé, le Bracamonte est l'un des plus anciens hôtels de Huanchaco et demeure l'une des meilleures adresses de la ville. Beaux jardins, salle de jeux, barbecue, restaurant, bar et aire de jeux : les familles ont de quoi se réjouir, tandis que les chambres d'affaires sont sans doute les mieux tenues de Huanchaco.

Au final, les prestations les plus complètes de la ville.

Huanchaco Hostal HÔTEL $
(☎46-1272 ; www.huanchacohostal.com ; Plaza de Armas ; s/d/tr 75/120/145 S ; 🛜🏊). Sur la petite Plaza de Armas, ce petit établissement douillet loue des chambres spartiates et possède une jolie cour abritant une piscine et un jardin paisible. Les nombreux détails artistiques réchauffent l'atmosphère.

McCallum Lodging House PENSION $
(☎46-2350 ; mccallum-lodging-house@hotmail.com ; Los Ficos 305 ; dort/s/d/tr 15/25/45/60 S ; 🛜). L'esprit de franche camaraderie qui y règne compense l'austérité du bâtiment de cette pension familiale : les voyageurs se retrouvent dans la sympathique cuisine commune et dans le jardin bétonné tendu de hamacs. Les chambres, rudimentaires, sont propres, et ont l'eau chaude 24h/24. La maîtresse des lieux, Patricia, est aux petits soins pour ses hôtes.

My Friend Hospedaje PENSION $
(☎46-1080 ; www.myfriendsurfhostal.com ; Los Pinos 158 ; dort/d/tr 10/20/30 S ; 🛜). Cette petite pension attire une foule de baroudeurs et de surfeurs désargentés. Douches chaudes électriques. Au rez-de-chaussée, le petit café sert le petit-déjeuner et se double d'une école de surf.

Où se restaurer et prendre un verre

Comme on peut s'y attendre, Huanchaco compte pléthore de restaurants de poisson, en particulier à l'extrémité nord de la plage, près des *caballitos de tortora* (embarcations en roseau). Côté bars, le reggae et la bière sont les maîtres mots : essayez le Mamacocha dans Los Pinos. Le week-end, les Trujillanos viennent animer un peu l'ambiance.

VAUT LE DÉTOUR

OTUZCO : CAPITALE DE LA FOI

À seulement deux heures de Trujillo, la bourgade de montagne d'Otuzco est le seul endroit du Pérou où il y a si peu de la côte aux pics andins. Les rues pavées, l'air frais et l'ambiance paisible en font une excellente excursion d'une journée ou une halte plaisante sur la route de Cajamarca. La cathédrale de la ville abrite, au balcon du 1er étage, la Virgen de la Puerta (Vierge de la Porte). Cette sainte est à l'origine d'un important pèlerinage tous les 15 décembre (l'un des plus suivis d'Amérique du Sud), quand des fidèles de tous âges couvrent à pied les 73 km depuis Trujillo, en manière de mise à l'épreuve de leur foi. Il faut se souvenir que Trujillo est au niveau de la mer tandis qu'Otuzco se situe à 2 641 m d'altitude ! Cette ferveur a ainsi fait de la ville la Capital de la Fe (Capitale de la Foi) du Pérou.

Le trajet en voiture traverse des paysages fabuleux, allant des cultures subtropicales côtières aux terres agricoles de montagne.

Il y a quelques hébergements, dont le plus plaisant est le modeste **Hostal Los Portales**(hotellosportalesdeotuzco@hotmail.com ; Santa Rosa 680 ; s avec/sans sdb 30/15 S, d avec/sans sdb 45/30 S, tr avec/sans sdb 60/30 S). Plusieurs restaurants bon marché servent de la nourriture péruvienne – le **Restaurante Otuzco**(Tacna 451 ; menu 4-5 S) est très apprécié des habitants.

Tours Pacifico(☎43-6138 ; Progreso 301) se rend à Trujillo (6-8 S, 1 heure 30) six fois par jour. Vous pourrez prendre un *colectivo* pour Huamachuco (10 S, 3 heures 30) au carrefour, à 3,5 km au sud de la ville. Ils passent à 10h, 14h30 et 20h. Un taxi jusqu'au carrefour coûte 1 S.

♥ **Restaurant**

Big Ben PÉRUVIEN, PRODUITS DE LA MER $$

(www.bigbenhuanchaco.com ; Larco 836 ; plats 17-40 S ; ⏲11h30-17h30 ; wifi). À l'extrémité nord de la ville, ce restaurant de poisson sophistiqué est le meilleur en termes de qualité. Il est spécialisé dans le *ceviche* de midi (39-46 S) et la carte abonde en poisson frais, en *sudados* (ragoûts de fruits de mer) et en plats de crevettes, à déguster au patio du 2e étage, sous un parasol, avec vue sur la mer.

Otra Cosa VÉGÉTARIEN $

(Larco 921 ; plats 6-13 S ; ⏲à partir de 8h ; wifi). Cet établissement de bord de mer néerlando-péruvien est un rendez-vous des voyageurs à Huanchaco. On y savoure de délicieux mets végétariens : falafels, crêpes, tortillas espagnoles, tarte aux pommes hollandaise et burritos au curry. Le café est bio. La moitié des pourboires est reversée à des associations caritatives, et des initiatives locales comme Skip (www.skipperu.org) et MySmallHelp Peru (www.mysmallhelp.org) y sont soutenues par le biais d'une petite boutique de vêtements et de bijoux.

Mococho PÉRUVIEN, PRODUITS DE LA MER $$

(☎Bolognesi 535 ; repas 3 plats 45 S ; ⏲13h-15h, fermé lun). Ce minuscule établissement est protégé derrière un jardin clos où le légendaire chef Don Victor a passé le relais à sa veuve et à son fils, Wen. Les pêcheurs locaux frappent tous les jours à la porte et annoncent : "Salut Chinois ! La prise du jour est..." Wen, le seul restaurateur sino-péruvien en ville, prépare alors deux plats : un *ceviche* en entrée et un poisson entier à la vapeur (ou des filets pour les convives en solo), accompagné d'une sauce *criollo* riche en saveurs. L'endroit n'est pas bon marché, mais les produits sont frais et excellents.

El Caribe PÉRUVIEN, PRODUITS DE LA MER $$

(Atahualpa 150 ; plats 20-25 S ; ⏲10h-17h). Un chouchou des habitants pour ses produits de la mer à prix raisonnables et sa *comida criolla* (cuisine locale).

Jungle Bar Bily BAR, PRODUITS DE LA MER

(Larco 420 ; cocktails 12-18 S ; fermé lun ; wifi). Ce bar à l'ambiance polynésienne doit son affluence à son emplacement (en face du port), à sa bonne musique (U2, REM) et à son *ceviche* réputé (15 S), entre autres fruits de mer à prix raisonnables. Pendant l'*happy hour* (18h-22h), certains cocktails sont à moitié prix.

ℹ Renseignements

La plupart des services sont basés à Trujillo, à quelques kilomètres. Consultez le site www.huanchacovivo.com pour des renseignements touristiques utiles. Trois DAB acceptant les cartes MasterCard et Visa sont installés à côté de la *municipalidad* (mairie).

Accès Internet

Internet K.M.E.K (La Riviera 735 ; 1 S/heure ; 15h-22h). Change aussi les dollars US.

Désagréments et dangers

Attention quand vous marchez dans les rues le soir, car les vols ne sont pas rares.

Poste

Serpost (Manco Cápac 360)

Depuis/vers Huanchaco

Certaines compagnies (Línea, par exemple) ont une billetterie à Huanchaco, mais les bus partent de Trujillo. Des *combis* pour Huanchaco partent fréquemment de Trujillo (1,50 S). Pour le retour, attendez sur le front de mer car le bus arrive de la partie nord de la ville. Un taxi depuis/vers Trujillo coûte environ 12 S.

Puerto Chicama (Puerto Malabrigo)

044

Petit port de pêche, Puerto Chicama, également appelé Puerto Malabrigo, n'a rien d'extraordinaire et doit sa renommée à ses déferlantes. À l'origine port de commerce animé où transitaient le sucre et le coton cultivés dans les haciendas voisines, il accueille aujourd'hui les surfeurs en quête d'adrénaline, attirés par l'une des plus longues gauches au monde. Le championnat national de surf s'y déroule d'ordinaire en avril.

On doit ce long break à une plage plate et peu profonde. Lorsque les conditions sont réunies, les vagues peuvent atteindre 2 m de haut et rouler sur 3,2 km ! Les conditions sont idéales habituellement entre mars et juin. El Hombre loue du matériel de surf, mais mieux vaut apporter son équipement. L'eau est très froide la majeure partie de l'année, sauf de décembre à mars.

Tenu par des Français, **El Inti** (57-6138 ; www.intisurfcamp.com ; s/d 45/80 S, ste 150 S ; @) s'enorgueillit d'un restaurant avec terrasse donnant sur la mer, où Nicolas, ancien chef à Chamonix, mitonne d'impressionnants repas gastronomiques toute l'année (20-35 S ; téléphonez avant de venir en basse saison). Dans le jardin se dressent quelques bungalows en bambou, et la nouvelle suite, aménagée à l'étage, est la meilleure de la ville grâce à une vue imprenable sur l'océan, depuis le Jacuzzi. À côté, **El Hombre** (57-6077 ; hospedaje-restaurant-elhombre@hotmail.com ; s/d sans sdb 20/40 S, avec sdb 40/80 S), la pension des surfeurs, est gérée par la fille d'une légende locale du surf, "El Hombre", qui vit ici depuis plus de 40 ans. Sise en front d'océan, elle propose des chambres sobres, de belles sdb communes, de bons repas tout simples (10-14 S) et dispose d'une salle de TV où sont souvent projetées des vidéos de surf.

Certaines boutiques de surf de Huanchaco, notamment Un Lugar et The Wave (p. 336), organisent des safaris surf à Puerto Chicama. Pour venir de manière autonome, le plus facile consiste à prendre un bus **El Dorado** (24-4150 ; www.transporteseldorado.com.pe ; N de Piérola 1070, Trujillo) jusqu'à Puerto Malabrigo (6 S, 2 heures). Il est plus rapide d'opter pour un *colectivo* jusqu'à Paiján, 40 km plus au nord sur la Panamericana (7 S, 1 heure 30). De là, il faut prendre un *colectivo* pour les 16 km restant jusqu'à Puerto Chicama (2 S, 20 min).

Pacasmayo

044 / 25 700 HABITANTS

Animée et presque oubliée, cette petite ville balnéaire possède de nombreux édifices coloniaux plus ou moins délabrés, une jolie plage et l'une des plus grandes jetées du pays. Les surfeurs y viennent souvent, surtout de mai à août, pour profiter des breaks. Séjourner ici permet d'échapper à l'agitation des stations balnéaires plus fréquentées et de savourer la nostalgie de l'endroit.

À voir et à faire

Quelques kilomètres au nord, juste avant le village de Guadalupe, une piste prend la direction de l'océan et des ruines de **Pacatnamú**, un vaste site très peu visité, jadis habité par les Gallinazos, les Mochicas et les Chimú. Les archéologues considèrent l'endroit comme l'un des plus riches de la côte.

Muelle Pacasmayo PORT

(1 S). Il s'agirait du plus long embarcadère du Pérou, et son histoire est mouvementée. Construit entre 1870 et 1874, il affichait à l'origine 743,4 m de long. Depuis qu'un morceau en a été emporté dans les flots en 1924, il ne mesure plus que 544 m. Dans les années 1940, deux wagons surchargés sont également tombés à la mer depuis la jetée.

Balin Surf Shop SURF
(Junín 84). Location de planches et réparations.

Où se loger et se restaurer

La ville compte plusieurs hôtels sommaires, propres et bon marché, ainsi que quelques anciennes maisons coloniales plus chics et de nouvelles constructions le long de la plage.

Hospedaje El Mirador HÔTEL $
(52-1883 ; www.pacasmayoperu.com ; Aurelio Herrera 10 ; s/d/tr à partir de 40/60/90 S ; @). Tout en briques et carrelage, cet hôtel de surfeurs est très prisé des Brésiliens. Les chambres sont plaisantes, qu'elles soient de type *económico* (basique) ou *de lujo* (de luxe). Toutes ont l'eau chaude, des balcons communs et des TV à écran plat fixées au mur, avec chaînes internationales ; les meilleures ont aussi une cuisine et un lecteur DVD.

Hotel Pakatnamú HÔTEL $
(52-2368 ; www.actiweb.es/hotelpakatnamu ; Malecón Grau 103 ; s/d/tr 75/105/125 S ; @). Sise en bord de mer, cette demeure coloniale fraîchement repeinte en jaune a plus de cachet que d'autres, malgré des changements de couleurs radicaux d'un couloir à l'autre. Les superbes chambres sont dotées de la TV et d'un réfrigérateur, il y a un bar-restaurant douillet et les couloirs ouverts sur l'extérieur donnent sur une merveilleuse terrasse avec vue sur la mer.

La Estación Gran Hotel HÔTEL $
(52-1515 ; www.hotellaestacion.com.pe ; Malecón Grau 69 ; s/d 90/135 S, ste à partir de 165 S, petit-déj inclus dans les tarifs ; @). La majestueuse façade restaurée de l'époque républicaine dissimule un intérieur moins glorieux, mais il y a une fantastique terrasse sur le toit, une petite piscine et un bar-restaurant (plats 20-30 S) au rez-de-chaussée. Meilleure option de la ville pour les produits de la mer, en particulier pour le célèbre poisson *a lo macho* (sauce crémeuse aux fruits de mer, *ají* et ail).

Renseignements

On trouve des DAB **BCP** (Ayacucho 20), **BBVA** (2 de Mayo 9) et **Banco de la Nación** (8 de Julio et Lima) en ville, mais celui de BCP est le plus pratique, sur la Plaza de Armas. Les cybercafés sont omniprésents.

Depuis/vers Pacasmayo

Emtrafesa (www.emtrafesa.com.pe ; 28 de Julio 104) assure des bus fréquents pour Trujillo (8 S, 1 heure 45), Chiclayo (9 S, 1 heure 45), Cajamarca (20-30 S, 4 heures 30, 14h et 23h30) ainsi que des destinations plus au nord.

Chiclayo

074 / 256 900 HABITANTS

Des missionnaires espagnols fondèrent une petite communauté rurale à cet endroit au XVIe siècle. Par hasard ou à l'aide du Très-Haut, Chiclayo n'a pas cessé depuis de prospérer. Les missionnaires avaient choisi un site stratégique, au carrefour des routes marchandes reliant la côte, les hauts plateaux et la jungle. Centre commercial du district, Chiclayo a pu supplanter d'autres cités jadis plus importantes, telle la ville voisine de Lambayeque, et rien n'indique un ralentissement de son essor.

La Ciudad de la Amistad (la "ville de l'amitié") accueille les voyageurs à bras ouverts. Les contacts sont faciles et une simple poignée de main peut déboucher sur un bon repas de spécialités régionales avec de nouveaux amis. Réputé pour ses *brujos* (chamans), le fascinant marché regorge d'herbes médicinales, d'élixirs et autres bizarreries. Si la ville elle-même ne compte guère de curiosités, des dizaines de tombeaux recelant des trésors archéologiques mochicas et chimú parsèment les alentours et méritent la visite.

À voir et à faire

En 1987, des archéologues péruviens localisent une tombe royale mochica à **Sipán**, à 30 km au sud-est de Chiclayo. Cette découverte s'est révélée extraordinaire. Elle a déjà permis de mettre au jour des centaines d'objets fabuleux, et les fouilles ne sont toujours pas terminées. C'est en partie à ces trésors exceptionnels que la région de Chiclayo doit de remarquables musées, tel celui de **Lambayeque**, à 11 km au nord de Chiclayo. D'autres sites méritent la visite, comme les ruines de **Túcume**, le beau musée de **Ferreñafe** et plusieurs villages côtiers.

Le soir, couples, prêcheurs évangélistes et cireurs de chaussures envahissent la **Plaza de Armas**, fort agréable pour une promenade.

Mercado Modelo MARCHÉ
(Arica entre Balta et Cugilevan ; 7h-20h lun-sam, 7h-14h dim). Ce marché, étiré le long de

plusieurs *cuadras*, est l'un des plus intéressants du Pérou. Les touristes apprécieront surtout le *mercado de brujos* (marché des sorciers), dans l'angle sud-ouest. Les guérisseurs s'y fournissent en produits requis par leur commerce : os de baleine, amulettes, peaux de serpent, fioles au contenu indéterminé, cactus hallucinogènes, plantes et herbes médicinales.

Si vous souhaitez consulter un *brujo* pour vous faire soigner, vous aurez l'embarras du choix, mais prenez garde aux imposteurs ; mieux vaut avoir une recommandation (voir aussi p. 356).

Cathédrale ÉGLISE

La cathédrale de Chiclayo fut construite à la fin du XIXe siècle et la Plaza de Armas (Parque Principal) date de 1916, ce qui donne une idée de la jeunesse de la ville.

Paseo de las Musas PARC

Ce parc étroit et plaisant renferme des statues de figures mythologiques classiques.

Les voyageurs avec des enfants profiteront de l'**aire de jeux** à l'extrémité ouest d'Aguirre.

Circuits organisés et guides

Des agences organisent de fréquents circuits bon marché pour Sipán, Túcume, Ferreñafe, Batán Grande, Pimental/Santa Rosa et la Reserva Ecológica Chaparrí, ainsi que pour les musées de Lambayeque. Les circuits coûtent 50 à 130 S, selon que les entrées aux musées sont comprises ou non.

Moche Tours CIRCUITS CULTURELS

(23-4637 ; www.mochetourschiclayo.com.pe ; Calle 7 de Enero 638 ; 8h-20h lun-sam, 8h-12h dim). Vivement recommandé pour ses circuits bon marché proposés chaque jour, en anglais ou en espagnol.

Sipán Tours CIRCUITS CULTURELS

(22-9053 ; www.sipantours.com ; Calle 7 de Enero 772 ; 8h30-13h30 et 16h30-20h30). Circuits guidés en espagnol.

Où se loger

Hotel Mochiks HÔTEL DE CHARME $$

(20-6620 ; www.hotelmochiks.com ; Tacna 615 ; s/d avec petit-déj 135/180 S ;). Ce nouveau venu a fait mouche d'emblée grâce à son sens du style, qualité jusqu'alors inexistante dans le paysage hôtelier de la ville. Hauts de plafond et étroits, le hall, le café et le bar à l'étage sont rehaussés de chrome et de rouge vif, ce qui tranche parfaitement avec les petites chambres aux tons beiges apaisants.

Tout est neuf et bien entretenu, et on remarquera les jolies touches d'art mochica ici et là. Il y a 25 chambres au total, une taille idéale.

Hotel Embajador HOTEL $

(20-4729 ; www.hotelembajadorchiclayo.com ; Calle 7 de Enero 1368 ; s/d/tr avec petit-déj 80/120/140 S ;). Les couleurs citron vert et mandarine sont à l'honneur dans ce fabuleux hôtel de 23 chambres. À l'arrivée, c'est un établissement pétillant et festif, avec beaucoup de personnalité et un bon rapport qualité/prix. Café minimaliste, miroirs trapézoïdes dans les sdb, Jacuzzi dans les suites, navettes depuis/vers l'aéroport comprises dans le prix et personnel chaleureux à la réception. Tout est propre, fraîchement peint, gai et baigné de lumière naturelle.

Hotel Paraíso HÔTEL $

(22-8161 ; www.hotelesparaiso.com.pe ; Ruíz 1064 ; s/d avec petit-déj 80/100 S ;). Plus lumineux et chaleureux que ses voisins, cet hôtel offre en outre un bon rapport qualité/prix, puisqu'on y trouve tous les équipements modernes des établissements plus huppés, mais à un tarif bien moindre. Impeccables et modernes, les chambres carrelées sont dotées de mobilier correct, douche chaude et TV câblée. Le petit-déjeuner est servi dans le café ouvert 24h/24. Moins cher que les nombreux autres hôtels de la *cuadra*, auxquels il n'a rien à envier.

Casa Andina Select Chiclayo HÔTEL DE CHARME $$$

(23-4911 ; www.casa-andina.com ; Villarreal 115 ; ch/ste avec petit-déj 616/788 S ;). La chaîne péruvienne Casa Andina a racheté ce vieil établissement, jadis appelé Gran Hotel Chiclayo. Une transformation complète était en cours lors de notre passage (les travaux devraient se terminer en 2014). On peut s'attendre à beaucoup de standing (selon les standards de Chiclayo), avec service en chambre, spa, café, casino, centre de bien-être, parking gratuit et bar des sports Plaza, le tout agrémenté d'une décoration subtile et moderne. Transfert depuis/vers l'aéroport inclus dans les tarifs.

Hotel Kalu HÔTEL $$

(22-9293 ; www.hotelkalu.com ; Ruíz 1038 ; s/d 100/120 S ;). Situé dans une rue commer-

Chiclayo

çante très animée, cet établissement se distingue par sa décoration tonique de style années 1980. Fort de ses couleurs vives, d'un portier attentionné et d'une réduction de 30 S pour les séjours de plusieurs nuitées, c'est un excellent choix, même si le bruit peut s'y révéler une gêne (essayez d'obtenir une chambre dans le milieu du bâtiment).

Costa Del Sol HÔTEL D'AFFAIRES $$$
(☎22-7272 ; www.costadelsolperu.com ; Balta 399 ; s/d avec petit-déj 285/350 S ; ❄@📶🏊). Appartenant à une chaîne du nord du Pérou, cet

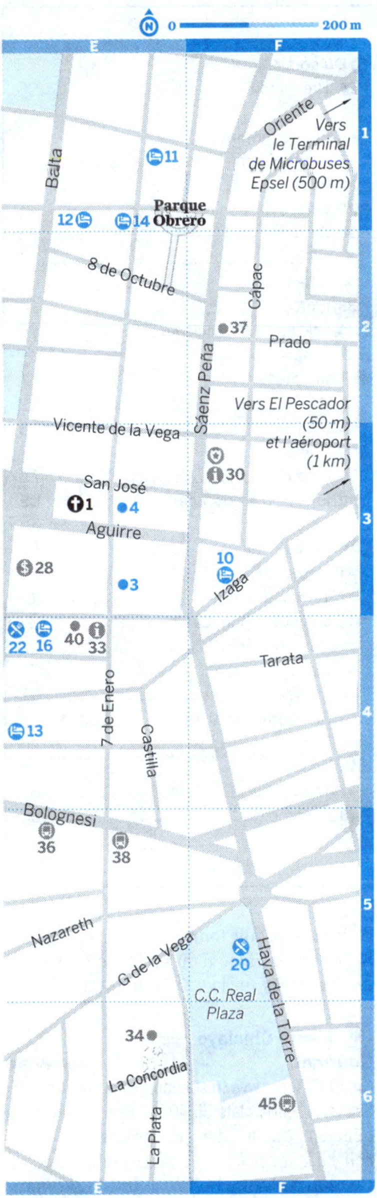

hôtel suréquipé est l'un des meilleurs de la ville, même s'il ne fait pas forcément l'unanimité en la matière. Il répond désormais aux critères de la compagnie internationale Ramada, laquelle a pris les commandes de la chaîne en 2012. Piscine, salle de sports, sauna et salles de massage, entre autres aménités.

Si nous ne plébiscitons pas forcément les hôtels de chaîne, il convient, à Chiclayo, d'apprécier les choses à leur juste valeur.

Hostal Sicán HÔTEL **$**
(☎20-8741 ; sican@hotmail.com ; Izaga 356 ; s/d/tr avec petit-déj 40/55/75 S ; @). Une adresse attrayante, dans l'une des rues les plus agréables de Chiclayo. La profusion de bois ciré et de fer forgé confère au lieu une illusion de faste. Les chambres sont petites, confortables et fraîches. Toutes sont dotées de boiseries, de jolies œuvres d'art et d'une TV.

Hostal Victoria HÔTEL **$**
(☎22-5642 ; victoriastar2008@hotmail.com ; Izaga 933 ; s/d/tr 30/50/60 S ; wifi). Une adresse formidable juste à l'est de la place principale, où règne une sympathique ambiance familiale. L'endroit, calme et propre, se dote de chambres colorées agrémentées de minuscules céramiques et de tissus. Les prix indiqués concernent les étrangers ; les Péruviens paient un peu plus cher.

Hostal Colibrí HÔTEL **$**
(☎22-1918 ; hostalcolibri@gmail.com ; Balta 010-A ; s/d/tr avec petit-déj 55/80/90 S ; wifi). Rejoindre cet établissement récent, qui domine le verdoyant Paseo de las Musas, réclame une bonne marche depuis le centre-ville. Ici, le rapport qualité/prix est excellent. Lumineux et peint de couleurs vives, le Colibrí est un endroit moderne, avec un personnel chaleureux à la réception, un comptoir de hamburgers dans le fond et un café-bar à cocktails à l'étage, avec vue sur le parc depuis le patio. Belles sdb également.

Pirámide Real HÔTEL **$**
(☎22-4036 ; piramidereal@hotmail.com ; Izaga 726 ; s/d 30/40 S ; wifi). Attention à ne pas rater la minuscule entrée. L'intérieur n'est guère plus spacieux, mais les chambres sont propres et bien tenues, avec bureau, eau chaude et TV câblée – des prestations raisonnables pour le prix. Il n'y a que des lits doubles, pas de chambres à lits jumeaux.

Latinos Hostal HÔTEL **$$**
(☎23-5437 ; latinohotelsac@hotmail.com ; Igaza 600 ; s/d 90/140 S ; clim @ wifi). Cet hôtel bien entretenu, aux jolies petites chambres, se révèle un choix excellent. Certaines chambres d'angle sont pourvues d'immenses fenêtres offrant une superbe perspective sur la rue et laissant entrer des flots de lumière. Le personnel est très efficace.

Chiclayo

À voir

1	Cathédrale	E3
2	Mercado Modelo	D1

Activités

3	Moche Tours	E3
4	Sipán Tours	E3

Où se loger

5	Casa Andina Select Chiclayo	A3
6	Costa del Sol	D4
7	Hospedaje San Lucas	C3
8	Hostal Colibrí	D6
9	Hostal Sicán	C4
10	Hostal Victoria	F3
11	Hotel Embajador	E1
12	Hotel Kalu	E1
13	Hotel Mochiks	E4
14	Hotel Paraíso	E1
15	Latinos Hostal	D4
16	Pirámide Real	E4

Où se restaurer

17	Chez Maggy	D4
18	El Ferrocol	C5
19	Hebron	D3
20	Heladaría Hoppy	F5
21	Mi Tia	D3
22	Restaurant Romana	E4
23	Supermercado Metro	C3

Où prendre un verre

24	Sabor y Son Cubano	B2
25	Tribal Lounge	D3

Où sortir

26	Premium Boulevard	D5

Renseignements

27	Banco Continental	D3
28	BCP	E3
29	Clínica del Pacífico	A4
30	Dircetur	F3
31	HSBC	D4
32	Interbank	D3
33	iPerú	E4
34	Oficina de Migraciónes	E6

Transports

35	Cial	B5
36	Civa	E5
37	Colectivos pour Ferreñafe	F2
38	Cruz del Sur	E5
39	Empresa Transcade	D5
	Emtrefesa	(voir 39)
40	LAN	E4
41	Línea	D5
	Terminal des minibus	(voir 46)
42	Minibuses pour Lambayeque et Pimentel	B2
43	Movil Tours	C5
44	Oltursa	B2
	Billetterie d'Oltursa	(voir 22)
45	Ormeño	F6
46	Tepsa	D4
47	Transportes Chiclayo	B2
48	Turismo Dias	D5

Hospedaje San Lucas PENSION $
(☎99-328-4301 ; pamelacalambrogio@hotmail.com ; Aguirre 412 s/d 20/35 S ; @📶). Sommaire mais propre et nette, cette adresse économique est très appréciée des voyageurs désargentés. Superbe vue sur la ville depuis le dernier étage, douches chaudes électriques et, pour le cachet, mobilier en bois de laurier fabriqué dans la région.

Où se restaurer

Chiclayo est l'une des villes de la côte nord où l'on mange le mieux. Les habitants sont très fiers de leur *arroz con pato a la chiclayana* (riz au canard à la coriandre, cuit dans la bière) et de leur *tortilla de manta raya* (omelette à la raie manta). En dessert, goûtez le King Kong, une sucrerie locale vendue partout dans la rue. Il s'agit d'un gros biscuit fourré de confiture de lait. Si vous avez envie d'un véritable café, il y a un Starbucks sur la C.C. Real Plaza.

♥ **Fiesta Chiclayo Gourmet** RÉGIONAL $$$
(☎20-1970 ; www.restaurantfiestagourmet.com ; Salaverry 1820 ; plats 35-49 S). Rien n'est plus délicieux que les derniers grains d'un *arroz con pato a la chiclayana*, mitonné avec un caneton à plumes noires de trois mois maximum, élevé à la ferme.

Surprenez vos papilles avec un savoureux *ceviche a la brasa*, le traditionnel plat de poisson cru, légèrement poêlé et servi *chaud* dans une feuille d'épi de maïs. Le *pisco sour* est concocté sous vos yeux, le service est attentionné et l'extraordinaire cuisine régionale est présentée sous son meilleur jour. Téléphonez pour réserver ici ou pour découvrir un établissement partenaire à Lima (p. 86), Trujillo ou Tacna. À 2 km du centre (5 S en taxi).

El Pescador PRODUITS DE LA MER, PÉRUVIEN $
(San José 1236 ; plats 10-20 S ; ⌚11h-18h). Le secret de ce petit restaurant : les délicieux fruits de mer et plats régionaux à prix très bas. De fait, les *ceviches* (10-12 S) y sont deux fois moins chers que dans certains restaurants, mais tout aussi savoureux. Le week-end, les plats comme le *cabrito con frijoles* (chevreau aux haricots rouges ; samedi) et l'*arroz con pato* (riz au canard ; dimanche) sont des aubaines, à moins de 14 S.

Le propriétaire Oscar et son frère (le chef) se démènent pour satisfaire leurs clients.

El Ferrocol PRODUITS DE LA MER, PÉRUVIEN $
(Las Américas 168 ; plats 13-27 S ; ⌚9h-19h). Un peu excentré, ce troquet animé mérite le détour, mais ce n'est ni pour le cadre ni pour le service. Le chef Lucho concocte l'un des meilleurs *ceviches* de Chiclayo, servi avec de succulentes *tortitas de chocla* (pâtés de maïs frits). Huit variantes à choisir en plus des classiques habituels.

Restaurant Romana PÉRUVIEN $$
(Balta 512 ; plats 13-25 S ; ⌚7h-1h ; 📶). Cet établissement populaire sert un grand choix de spécialités locales. Si vous avez l'estomac bien accroché, essayez le *chirimpico* au petit-déjeuner : ce ragoût de tripes et abats serait un remède imparable contre la gueule de bois. Les *humitas* (beignet de maïs et fromage cuit à la vapeur dans une feuille d'épi de maïs) sont savoureuses et coûtent seulement 3,50 S. Les œufs sont proposés sous toutes les formes.

À midi et le soir, il y a des pâtes, des steaks, des fruits de mer et des *chicharrónes* (morceaux de poulet ou de porc panés et frits), accompagnés de yucca.

Chez Maggy PIZZERIA $
(Balta 413 ; pizza 12-31 S ; ⌚18h-23h). Pizzas au feu de bois, avec une pâte bien croustillante et des ingrédients très frais. Des portions individuelles sont prévues pour les voyageurs en solo.

Mi Tia PÉRUVIEN, HAMBURGERS $
(Aguirre 662 ; hamburgers 1-6 S). Les files d'attente sont longues devant cet établissement péruvien sans prétention, où les hamburgers (avec beaucoup de frites) à emporter sont vendus à prix défiant toute concurrence (1-4 S). À l'intérieur, ils sont un peu plus chers (2-6 S). Grand choix de plats nationaux servis par un personnel souriant.

Envie de sucré ? Offrez-vous un *suspiro de limeña* (confiture de lait et meringue) à 3 S.

HUAQUEROS

Souvent entendu sur la côte nord du Pérou, le mot *huaquero* signifie littéralement "pilleur de *huacas*". Les *huacas* sont des pyramides, temples, sanctuaires et sites funéraires intéressants sur le plan archéologique.

Depuis la conquête espagnole, les *huaqueros* pillent les tombeaux antiques et revendent les objets à quiconque est disposé à payer. Si l'on peut comprendre qu'un *campesino* (paysan) pauvre retourne le désert dans l'espoir de faire fortune, le *huaquero* demeure le pire ennemi de l'archéologue. Le pillage a été tellement systématique que les chercheurs découvrent rarement une sépulture intacte.

Heladaría Hoppy DESSERTS $
(www.heladoshoppychiclayo.blogspot.com ; Haya de la Torre, C.C. Open Plaza ; boules 3-7 S). Si vous êtes las des produits industriels, goûtez la glace artisanale préparée ici. Elle est correcte, quand on sait que cette tradition italienne s'est surtout exportée au Brésil et en Argentine ! Parmi les meilleures saveurs, citons le pisco sour et la lucuma ; il y a aussi des milk-shakes et des en-cas.

Hebron PÉRUVIEN $$
(www.hebron.com.pe ; Balta 605 ; plats à partir de 16 S ; ⌚24h/24 ; 📶). Ce restaurant à deux étages, clinquant, contemporain et lumineux, est une *pollería* de luxe (restaurant spécialisé dans le poulet rôti) qui ne nous a guère convaincus. Les clients ne s'y pressent pas moins, surtout les familles qui apprécient l'immense aire de jeux pour enfants. Buffet à volonté le dimanche midi (27 S).

Supermercado Metro SUPERMARCHÉ $
(angle Gonzáles et Aguirre ; ⌚8h-22h). Supermarché bien fourni.

Où prendre un verre

Tribal Lounge BAR, MUSIQUE LIVE
(Lapoint 682 ; cocktails 12-22 S ; ⌚fermé lun). Ce bar rock, moderne et très vivant, est tenu

par un habitant de Chiclayo revenu de dix ans passés à San Francisco. Bons cocktails et concerts (acoustique le jeudi, rock les vendredi et samedi à partir de minuit).

Sabor y Son Cubano BAR, CLUB
(San José 155 ; 10 S ; fermé dim). Un bar où les fêtards (plus de 35 ans en majorité) viennent se déhancher le week-end sur de la musique tropicale, de la salsa et du *merengue*.

Où sortir

Premium Boulevard CLUB
(www.premiumboulevard.com ; Balta 100 ; 5-10 S ; fermé dim). Ce géant peut accueillir près de 1 500 personnes, réparties entre une petite salle de karaoké, une grande discothèque et une immense salle accueillant des spectacles nationaux et internationaux. L'ambiance surchauffée est alimentée de salsa, *merengue, cumbia, bachata* et *reggaetón*.

Renseignements

Argent

Il y a plusieurs banques dans la 6e *cuadra* de Balta ainsi que de multiples DAB à proximité des compagnies de bus, à l'intérieur du Supermarcado Metro, en face d'Emtrafesa. À l'extérieur des banques, les changeurs de monnaie permettent de convertir des espèces à des taux intéressants.

Banco Continental (Balta 643)

BCP (Balta 630). DAB pour Visa et MasterCard disponible 24h/24.

HSBC (angle Balta et Izaga). DAB sans commission.

Interbank (angle Colón et Aguirre)

Immigration

Oficina de Migraciónes (bureau de l'immigration ; 20-6838 ; www.digemin.gob.pe ; La Plata 30 ; 8h30-12h30 et 14h-16h). À côté du Paseo de Las Museos ; gère les questions de visa.

Offices du tourisme

Dircetur (23-8112 ; Sáenz Peña 838 ; 7h30-13h et 14h-16h30 lun-ven). Bonnes informations touristiques sur la région.

iPerú (20-5703 ; Calle 7 de Enero 579 ; 9h-18h lun-sam, 9h-13h dim). La meilleure adresse pour des renseignements ; une succursale est installée à l'aéroport.

Poste

Serpost (Aguirre 140 ; 9h-19h lun-ven, 9h-13h sam). À l'ouest de la Plaza Aguirre.

Services médicaux

Clínica del Pacífico (www.clinicadelpacifico.com.pe ; Ortiz 420). Les meilleurs services médicaux de la ville.

Urgences

Police touristique (Policía de Turismo ; 37-6389 ; Sáenz Peña 830). Utile en cas de problème.

Depuis/vers Chiclayo

Avion

L'aéroport (CIX) se situe à 1,5 km à l'est de la ville (5 S en taxi). **LAN** (27-4875 ; www.lan.com ; Izaga 770) assure des vols entre Lima et Chiclayo tous les jours à 4h et 20h10, et dans l'autre sens à 5h50, 18h15 et 22h. Plus économique, **Taca** (0-800-1-8222 ; www.taca.com ; Cáceres 222, C.C. Real Plaza) part de Lima à 6h10 et 15h30 et décolle de Chiclayo à 8h20 et 17h55 (à partir de 97 S).

Bus

Cruz del Sur, Movil Tours, Línea, Ittsa et Oltursa proposent généralement les bus les plus confortables.

Cial (20-5587 ; www.expresocial.com ; Bolognesi 15). Départ pour Lima à 19h30.

MINIBUS RÉGIONAUX AU DÉPART DE CHICLAYO

DESTINATION	PRIX	DURÉE
Batán Grande	5 S	45 minutes
Chongoyape	3,50 S	1 heure 30
Ferreñafe	2 S	30 minutes
Lambayeque	1,50 S	15 minutes
Pimentel	1,60 S	30 minutes
Monsefú	2 S	15 minutes
Sipán	3 S	15 minutes
Túcume	2,50 S	1 heure

BUS LONGUE DISTANCE AU DÉPART DE CHICLAYO

DESTINATION	PRIX	DURÉE
Bogotá	486 S	48 heures
Cajamarca	16-40 S	6 heures
Chachapoyas	30-50 S	10 heures
Chimbote	20-25 S	6 heures
Guayaquil (Équateur)	81 S	17 heures
Jaén	20-25 S	6 heures
Lima	40-125 S	12-14 heures
Máncora	30-35 S	6 heures
Pacasmayo	9 S	2 heures
Piura	12-14 S	3 heures
Tarapoto	45-120 S	14 heures
Tumbes	25-50 S	8 heures
Yurimaguas	65-70 S	20 heures

Civa (☎22-3434 ; www.civa.com.pe ; Bolognesi 714). Les plus économiques des bus *confortables* pour Lima, à 17h et 20h45 (et aussi à 20h et 20h30) ; bus pour Jaén à 9h30 et 21h30, pour Tarapoto à 17h45 et 18h30 et pour Chachapoyas à 18h. Il y a désormais une liaison pour Guayaquil à 18h15, plus confortable et bien plus pratique que celle d'Ormeño.

Cruz del Sur (☎23-7965 ; www.cruzdelsur.com.pe ; Bolognesi 888). Quatre départs pour Lima entre 7h et 20h.

Empresa Transcade (☎23-2552 ; Balta 110). Bus pour Jaén (14 S) à 8h30 et 20h30.

Emtrefesa (☎22-5538 ; www.emtrafesa.com ; Balta 110). Un bus pour Jaén (22h45) et beaucoup d'autres pour Trujillo et Pacasmayo.

Ittsa (☎23-3612 ; www.ittsabus.com ; Grau 497). *Bus-cama* pour Lima à 20h.

Línea (☎23-2951 ; www.linea.pe ; Bolognesi 638). Liaison confortable pour Lima à 20h et départ toutes les heures pour Trujillo et Piura. Également des bus pour Chimbote à 9h15, 19h30 et 23h, pour Cajamarca à 10h, 11h30, 22h et 22h45 et pour Jaén à 14h15 et 23h.

Movil Tours (☎27-1940 ; www.moviltours.com.pe ; Bolognesi 199). Deux bus pour Lima à 19h30 (*bus-cama*) et 20h, bus pour Tarapoto à 18h30 et pour Chachapoyas à 21h.

Oltursa Terminal (☎22-5611; www.oltursa.pe; Vicente de la Vega 101) ; billetterie (angle Balta et Izaga). Quatre *bus-camas* partent pour Lima entre 19h et 21h.

Ormeño (☎23-4206 ; www.grupo-ormeno.com.pe ; Haya de la Torre 242). Les liaisons les plus confortables pour l'Équateur et au-delà, avec notamment un départ à 3h pour Tumbes et Guayaquil, et un départ pour Bogotá les mardi et vendredi à 1h.

Tepsa (☎23-6981 ; www.tepsa.com.pe ; Bolognesi 504). *Bus-cama* pour Lima à 20h30 (lun-sam) et 19h30 (dim).

Transportes Chiclayo (☎22-3632 ; www.transporteschiclayo.com ; Ortiz 10). Bus pour Piura toutes les demi-heures de 4h30 à 20h30, et pour Máncora et Tumbes à 10h et 21h30. Également un départ pour Cajamarca à 23h et un bus pour Tarapoto à 18h.

Turismo Dias (☎23-3538 ; www.turdias.com ; Cuglievan 190). Départ pour Lima à 20h (prix plus abordable) et pour Cajamarca à 6h45, 17h, 21h45 et 22h30.

Le terminal de Tepsa, à côté de sa billetterie, accueille une dizaine de petites compagnies qui assurent au moins six bus par jour pour Cajamarca, deux bus de nuit pour Tumbes (tous deux à 20h30), des bus pour Chachapoyas à 20h, 20h30 (lun-sam) et 19h30 (dim), au moins six bus pour Tarapoto, des bus pour Yurimaguas à 10h, 19h et 22h30 et de fréquentes liaisons pour Jaén. Ces horaires changent souvent, donc mieux vaut les vérifier un peu à l'avance.

Du terminal des minibus, au croisement entre San José et Lora y Lora, démarrent régulièrement des liaisons pour Lambayeque et Pimentel.

Des bus pour Ferreñafe, Sipán, Monsefú et Chongoyape partent fréquemment du **Terminal de Microbuses Epsel** (Nicolás de Píerola à Oriente).

Les *combis* pour Túcume partent de Leguia 1306, au nord du centre-ville.

Environs de Chiclayo

Les prestations des guides ayant doublé de prix au cours des dernières années, il n'est pas très pertinent de se rendre en indépendant à la plupart des sites archéologiques autour de Chiclayo : les circuits organisés sont bien plus pratiques.

SIPÁN

L'histoire de Sipán contient tous les ingrédients d'un film d'aventures : des trésors enfouis, des *huaqueros* (pilleurs de tombes), des policiers, des archéologues et au moins un meurtre. Le **site archéologique** (tarif plein 8 S ; 9h-17h), également appelé Huaca Rayada, fut découvert par des *huaqueros* du hameau voisin de Sipán. Au début de 1987, quand Walter Alva, un archéologue local, vit circuler sous le manteau un nombre considérable d'objets superbes, il comprit qu'un site funéraire majeur de la région était pillé. Une enquête discrète le conduisit aux *tumuli* de Sipán, lesquels, pour le profane, ressemblent à des buttes de terre. En 300, il s'agissait d'immenses pyramides tronquées, construites avec des millions de briques d'adobe.

Une tombe majeure au moins avait été vidée, mais la réaction rapide des archéologues et de la police mit un terme au saccage. Plusieurs autres tombes, encore plus belles, furent mises au jour, dont une exceptionnelle sépulture royale mochica, appelée depuis tombeau du seigneur de Sipán. La protection du site provoqua au départ quelques escarmouches et un *huaquero* fut abattu par les forces de l'ordre. Les villageois voyaient d'un mauvais œil leur échapper ce qu'ils considéraient comme leur trésor. Les relations s'améliorèrent lorsqu'on leur proposa une formation pour participer aux fouilles et surveiller le site, leur procurant ainsi des emplois stables. Walter Alva a relaté cette histoire palpitante dans des articles publiés en octobre 1988 et en juin 1990 par le *National Geographic*.

Le seigneur de Sipán s'est révélé être un dirigeant important, comme l'atteste son site funéraire complexe composé d'un cercueil de bois entouré de centaines d'objets en or, céramique et pierres semi-précieuses et d'un entourage comprenant son épouse, deux fillettes, un garçon, un chef militaire, un porte-étendard, deux gardes, deux chiens et un lama. Une autre tombe majeure, celle du Sacerdote (prêtre), contenait un trésor tout aussi impressionnant, plusieurs enfants, un gardien aux pieds coupés et un lama sans tête. Les archéologues ignorent la raison de ces mutilations, mais pensent que les membres éminents de la haute société emportaient avec eux dans la mort les personnes de leur maison.

Des tombes ont été restaurées et des reproductions montrent à quoi elles ressemblaient avant d'être fermées, il y a plus de 1 500 ans. En face de l'entrée, le **Museo de Sitio Sipán** (8 S ; entrée incluse dans le billet du site ; 9h-17h lun-ven), ouvert en janvier 2009, mérite une visite. Les pièces les plus spectaculaires, dont celles provenant des sépultures du seigneur de Sipán et du Sacerdote, ont cependant été confiées au Museo Tumbas Reales de Sipán à Lambayeque, après avoir été présentées dans le monde entier. Des guides parlant anglais et espagnol dispensent leurs services (30 S).

Les tour-opérateurs de Chiclayo proposent des visites guidées quotidiennes à quelque 50 S. Sinon, des bus à destination de Sipán (3 S, 45 min) partent fréquemment du *terminal de microbuses* Epsel à Chiclayo.

LAMBAYEQUE

074 / 47 900 HABITANTS

Autrefois principale ville de la région, Lambayeque se situe à 11 km au nord de Chiclayo, qui l'a totalement éclipsée.

À voir

Le principal attrait de la ville tient à ses musées. **La Casa de Logia**, à une *cuadra* au sud de la grand-place, possède un balcon vieux de 400 ans et mesurant 67 m qui serait le plus long du pays. La plupart des visiteurs arrivent avec un circuit organisé au départ de Chiclayo.

Museo Tumbas Reales de Sipán MUSÉE

(10 S ; 9h-17h mar-dim, dernière entrée 16h). Inauguré en novembre 2002, le musée des Tombes royales de Sipán fait à juste titre la fierté du nord du pays. De classe internationale, cette pyramide bordeaux a été spécifiquement conçue pour exposer les merveilles de Sipán. Les photos ne sont pas autorisées et tous les sacs sont inspectés.

Les visiteurs arrivent en haut du musée et sont orientés aux étages inférieurs, avec possibilité d'admirer les nombreux objets dénichés dans les tombeaux dans l'ordre selon lequel les archéologues les ont mis au jour. Ce détail, assez rare pour être souligné, rend la visite encore plus fascinante. La première salle contient des céramiques détaillées représentant des dieux, des humains, des plantes, des lamas et d'autres animaux. Au 1er étage sont exposés des objets délicats, tels des pendants d'oreilles en or et turquoise ornés de canards, de cerfs et du seigneur de Sipán lui-même. Le raffinement et la complexité des méthodes de fabrication de ces bijoux les placent parmi les plus beaux et les plus importants artefacts de l'Amérique précolombienne. Enfin, le rez-de-chaussée renferme des reproductions précises des tombes telles qu'on les a découvertes. Parmi les trésors exposés, les plus remarquables sont les plastrons en or figurant des créatures marines comme la pieuvre ou le crabe. Même les sandales du seigneur de Sipán étaient en métal précieux, puisque ce dernier se faisait transporter et n'avait jamais à marcher. Les nobles étant considérés en partie comme des divinités animales, ils portaient une *nariguera* (une plaque posée sur le nez) pour cacher leurs dents trop humaines.

L'éclairage et la disposition sont exceptionnels, en particulier le grand diaporama mobile montrant le seigneur de Sipán et son escorte au détail près, y compris les chiens péruviens sans poils. Les légendes figurent uniquement en espagnol, mais des guides parlent anglais (30 S).

Musée Bruning MUSÉE

(tarif plein 8 S ; 9h-17h). Ancienne vitrine de l'archéologie régionale, ce musée est désormais largement éclipsé par le Museo Tumbas Reales de Sipán. Il conserve néanmoins une belle collection d'objets chimú, mochicas, chavín et vicus. Les amateurs d'archéologie apprécieront les salles montrant l'évolution de la poterie dans les diverses cultures et les processus de fabrication de la poterie et du métal. Des maquettes reproduisent plusieurs sites importants. Inspiré de Le Corbusier, le bâtiment lui-même est orné de sculptures en bronze et de fresques en céramique. Les guides qui parlent anglais demandent 30 S.

Depuis/vers Lambayeque

À Chiclayo, du terminal de minibus à l'angle de San José et de Lora y Lora, des bus partent régulièrement pour Lambayeque (1,50 S, 20 min) et vous déposeront à une *cuadra* du musée Bruning.

FERREÑAFE

074 / 34 500 HABITANTS

Cette ville ancienne, à 18 km au nord-est de Chiclayo, mérite le détour pour l'excellent **Museo Nacional Sicán** (www.sican.perucultural.org.pe ; tarif plein 8 S ; 9h-17h mar-dim). La culture sicán prospéra dans la région de Lambayeque entre 750 et 1375 (voir p. 339), à peu près en même temps que la culture chimú. Le principal site sicán, à Batán Grande, s'étend dans une région éloignée au nord et se visite mieux à la faveur d'un circuit depuis Chiclayo (p. 341) ou Pacora (p. 350). Ce splendide musée expose des répliques des tombes profondes de 12 m découvertes à cet endroit, qui comptent parmi les plus vastes trouvées en Amérique du Sud. Il s'agit de sépultures mystérieuses – le seigneur de Sicán était enterré à l'envers, en position fœtale, la tête séparée du corps. À côté de lui se trouvaient les corps de deux femmes et de deux adolescents, ainsi qu'un système de sécurité sophistiqué destiné à écarter les pilleurs de tombes : le *sinabrio*, une poussière rouge dont l'inhalation est toxique. Dans une autre grande tombe, un noble était assis en tailleur et portait un masque et une coiffe d'or et de plumes ; tout autour, des tombes plus petites et des niches renfermaient les corps d'un homme et de 22 jeunes femmes. Ne manquez pas de visiter ce musée, qui n'est jamais bondé. Les circuits guidés pour Ferreñafe et Túcume, au départ de Chiclayo, coûtent environ 50 S par personne. Vous pouvez aussi prendre un *colectivo* (2,50 S) au Prado, juste à l'est de Peña. En outre, des *combis* pour Ferreñafe (2 S) partent fréquemment du *terminal de microbuses* Epsel de Chiclayo.

TÚCUME

074 / 7 900 HABITANTS

Vaste et peu connu, ce **site** (tarif plein 8 S ; 8h-16h30) s'étend à 30 km au nord de Lambayeque sur la route Panaméricaine. La dernière capitale des Sicán (voir p. 335) – des murs croulants, des places et au moins 26 pyramides sur plus de 200 ha – fut déplacée ici vers 1050, après qu'El Niño eut dévasté leur cité de Batán Grande. Les pyramides que l'on voit aujourd'hui résultent de modifications et d'ajouts apportés par plusieurs civilisations : les niveaux inférieurs sont sicán, alors que les deux niveaux supérieurs et les murs d'enceinte ont été édifiés par les Chimú. Les fouilles sont restées limitées et on n'a trouvé aucune tombe spectaculaire. Cependant, l'étendue du site vous laissera une impression inoubliable.

Du *mirador* au sommet du Cerro Purgatorio (colline du Purgatoire), on découvre une vue d'ensemble sur le site. Le nom de cette colline, appelée à l'origine Cerro la Raya (colline de la Raie), fut changé après que les Espagnols eurent tenté de convertir les païens locaux au christianisme en s'habillant en démons et en jetant les non-croyants du haut de la colline ! Le site comprend un petit **musée** (entrée libre sur présentation d'un accès à l'ensemble du site ; ⊙fermé lun) intéressant ; les services d'un guide reviennent à 30 S.

De Chiclayo (2,50 S), des *combis* partent de Leguia 1306, au nord du centre-ville. Vous pouvez aussi en prendre un à Lambayeque (renseignez-vous au musée Bruning). Les circuits guidés coûtent environ 50 S par personne (p. 341).

Reserva Ecológica Chaparrí RÉSERVE NATURELLE

(www.chaparri.org ; journée/avec nuit sur place 10/30 S ; ⊙7h-17h). Cette réserve privée de 34 000 ha, à 75 km à l'est de Chiclayo, a été créée en 2000 par la communauté de Santa Catalina et le célèbre photographe animalier péruvien Heinz Plenge. C'est l'un des seuls endroits au monde où l'on peut observer le très rare ours à lunettes dans son habitat naturel ; on en a recensé environ 25 (deux autres étaient soignés en captivité au moment de notre passage). Le lieu est aussi un paradis pour les ornithologues, et abrite plus de 237 espèces d'oiseaux, dont la rare pénélope à ailes blanches, le condor andin, le vautour royal et plusieurs espèces d'aigles. De nombreux mammifères menacés y vivent également, tels le puma, le tamandua tetradactyla (sorte de fourmilier) et la belette à longue queue. Près d'un tiers de ces vertébrés sont introuvables ailleurs sur la planète.

On peut passer la nuit dans le merveilleusement rustique **Chaparrí EcoLodge** (☎25-5717 ; www.chaparrilodge.com ; s/d avec repas et guide 275/550 S), où se dressent des bungalows bien conçus en adobe et bambou, au pied des imposantes montagnes du même nom. L'eau chaude et l'électricité sont fournies par l'énergie solaire et chaque chambre dispose de son propre patio avec hamac. Rien de chic, mais l'endroit est plaisant et vous serez agréablement surpris à l'arrivée. La cuisine péruvienne familiale est servie sur une table commune à côté d'un joli ruisseau. Idéal pour les amoureux de la nature.

Vous pourrez visiter la réserve de façon indépendante, en une journée, en prenant un bus au *terminal de microbuses* Epsel de Chiclayo jusqu'à Chongoyape (3,50 S). Là, vous devrez contacter l'association des guides locaux, **Acoturch** (☎97-889-6377), pour organiser le transport et contracter les services d'un guide (environ 140 S, jusqu'à 3 personnes). Si vous n'arrivez pas à joindre l'association, entrez dans la boutique **Fotografia Carrasco** (angle Chiclayo et Olala), où la famille pourra tout prendre en charge et installer les campeurs sur un terrain très rustique, dans un beau cadre au-dessus de Chongoyape.

Sinon, Moche Tours (p. 341), à Chiclayo, organise des excursions d'une journée pour 130 S par personne, transport et guide compris (4 participants minimum).

Batán Grande et Chota RUINES

À mi-chemin de Chiclayo et de Chongoyape, une petite route sur la gauche mène aux ruines sicán de **Batán Grande**. Dans ce site archéologique majeur, on a identifié une cinquantaine de pyramides et fouillé plusieurs sépultures. À l'instigation du Dr Walter Alva, entre autres, Batán Grande est récemment devenu le **Santuario Histórico Bosque de Pomac**, mais ne compte aucune infrastructure touristique. Cette réserve protégée s'inscrit dans l'une des plus vastes forêts tropicales sèches au monde et abrite une cinquantaine d'espèces d'oiseaux. Des *algarrobos* (caroubiers) procurent une ombre bénéfique le long du parcours. Les *combis* pour Batán Grande partent du *terminal* de Epsel à Chiclayo (5 S), mais mieux vaut prendre part à un circuit organisé.

L'une des meilleures façons de visiter la région consiste à se mettre en selle au **Rancho Santana** (☎97-971-2145 ; www.cabalgatasperu.com ; camping avec/sans location tente 10/5 S, ch avec petit-déj 35 S/pers ; @) à Pacora, à environ 45 km au nord-est de Chiclayo. Les lecteurs ne tarissent pas d'éloge sur leur expérience avec de véritables chevaux de paso péruvien. Tenu par des Suisses, ce ranch rustique peuplé d'animaux comporte aussi des bungalows sobres mais spacieux, avec hamacs et immenses sdb. Du lait frais et des repas tout simples sont vendus à la demande ; les hôtes ont aussi accès à la cuisine. Très au fait des cultures de Lambayeque, les propriétaires viendront vous chercher à Chiclayo pour des *cabalgatas* (randonnées équestres) allant d'une demi-journée (45 S) à 3 jours (300 S) à travers la forêt de Pomac, Batán Grande et les pyramides de Túcume. Ils traitent leurs chevaux d'une manière exceptionnelle et savent mettre à l'aise les cavaliers les moins expérimentés. Il est également possible de camper (avec cuisine et sanitaires) au ranch (5 S).

De Chongoyape, une route cahoteuse et pittoresque grimpe vers l'est dans les Andes jusqu'à **Chota**, à quelque 2 400 m d'altitude (170 km, 8 heures environ). De Chiclayo, 2 ou 3 bus se rendent chaque jour à Chota, d'où un bus quotidien effectue le trajet éprouvant jusqu'à Cajamarca (5 heures), via Bambamarca et Hualgayoc.

Piura

☎073 / 252 200 HABITANTS

Après plusieurs heures de route dans le désert de Sechura, Piura ressemble à un mirage à l'horizon, nimbé de brume de chaleur. Cet environnement hostile donne une impression d'isolement et la vie en autarcie qu'il a imposée aux premiers colons explique sans doute que les habitants se sentent plus *piuranos* (habitants de Piura) que péruviens. Pendant les mois d'été torrides, l'éloignement de la mer pousse le touriste de passage à rechercher les établissements climatisés pour trouver un peu de fraîcheur. Celui-ci n'a d'ailleurs pas grand-chose d'autre à faire, excepté flâner dans les étroites rues pavées du centre-ville et admirer ses belles demeures coloniales. Piura étant un point de passage obligé pour rejoindre les villes du nord, vous devrez probablement y passer quelques heures.

Le cas échéant, vous aurez l'occasion de vous régaler : Piura est l'une des meilleures villes de la côte en matière de restaurants.

À voir

Jirón Lima, à une *cuadra* à l'est de la Plaza de Armas, conserve plus de traces du passé

VAUT LE DÉTOUR

BIENVENUE AU PIURADIS

Si vous avez quelques jours à passer dans une station balnéaire typiquement péruvienne, encore ignorée des étrangers, ne cherchez pas plus loin que Colán, à 15 km au nord de Paita, le principal port de Piura, à quelque 50 km à l'ouest de la ville. Paita elle-même est une ville portuaire coloniale, délabrée et poussiéreuse, qui semble étrangement émergée du désert et dégage une ambiance de Far West. Pourtant, le sentiment se transforme dès que l'on aperçoit Colán, après avoir quitté la route nationale. Non seulement Colán possède la plus ancienne église coloniale au Pérou, mais sa plage de sable blanc est une destination très prisée de la jet-set péruvienne en été – le reste de l'année, elle est quasiment déserte. La baie arrondie est ourlée d'une plage aux eaux peu profondes, idéales pour la baignade.

De nombreux restaurants jalonnent la rue principale et de superbes hébergements vous accueilleront volontiers pour quelques jours. Le meilleur est le **Playa Colán Lodge** (☎073-31-3974 ; www.playacolanlodge.com.pe ; bungalow 2/4/5 pers 178/220/233 S ;). Construit avec divers matériaux naturels, il est empreint d'une atmosphère de luxueuse robinsonnade et comprend d'adorables bungalows aux tons pastel, installés le long de la plage. Il y a beaucoup de hamacs et de palmiers offrant une ombre plaisante, un court de tennis et un bar-restaurant. Rappelant l'ambiance de Máncora, le **Luna Nueva** (☎073-66-1761 ; www.lunanuevadecolan.com ; ch avec vue sur mer/sur piscine 60/50 S par pers, petit-déj inclus ;) se targue du meilleur restaurant de la ville. Les chambres, un peu exiguës mais bien tenues, donnent sur une terrasse commune, inondée par la marée haute deux fois par jour. Les voyageurs au budget serré choisiront l'**Hospedaje Frente del Mar** (☎073-70-3117 ; ch 50-80 S), avec un bon restaurant de bord de mer, quelques chambres rustiques à l'arrière et deux nouvelles chambres plus agréables côté rue.

Depuis le *terminal interprovincial* Gechisa à Piura, des bus partent toutes les 15 minutes pour Paita (4 S, 1 heure). Les *colectivos* démarrent du principal **terminal** (angle Zanjon et Loreto) de Paita, à côté du marché. Ils desservent Colán (3 S, 20 min) et Sullana (6 S, 1 heure 15).

colonial péruvien que la plupart des autres quartiers à travers le pays.

GRATUIT **Museo Municipal Vicus** MUSÉE
(Huánuco 893 ; ⌚9h-17h mar-sam, 9h-13h dim). Ce monolithe de quatre étages offre un regard incomplet mais correct sur la culture vicus. Au sous-sol, la **Sala de Oro** (4 S ; ⌚9h-17h mar-ven) constitue le temps fort de la visite, avec quelques pièces fabuleuses, notamment une ceinture en or décorée d'une tête de chat grandeur nature.

GRATUIT **Casa Grau** MUSÉE
(Tacna 66 ; ⌚8h-13h et 15h-18h lun-ven, 8h-12h sam). Héros de la guerre du Pacifique contre le Chili (1879-1880), l'amiral Grau fut le commandant du *Huáscar*, un navire de guerre de construction britannique. Restaurée par la marine péruvienne, sa demeure a été transformée en musée naval et contient une maquette du *Huáscar*.

Cathédrale ÉGLISE
(Plaza de Armas). La cathédrale, sur la Plaza de Armas, date de 1588, année où Piura fut construite sur son site actuel. L'imposant autel latéral de la Vierge de Fatima, couvert d'or et réalisé au début du XVIIe siècle, était autrefois le maître-autel. Ignacio Merino, un artiste local renommé, peignit le tableau de San Martín de Porres au milieu du XIXe siècle.

Où se loger

Hotel Las Arenas HÔTEL $$
(☎30 5554 ; www.hotellasarenas.com.pe ; Loreto 945 ; s avec/sans clim 110/90 S, d avec/sans clim 140/120 S, petit-déj inclus dans les tarifs ;). Jadis un bar médiocre, cette adresse, rénovée depuis, a désormais un peu plus de cachet que les autres établissements de la ville. Le charme des lieux tient en grande partie à ses sols dépareillés mais charmants, à ses chambres bien tenues et à sa piscine, petite mais ravissante grâce aux

Piura

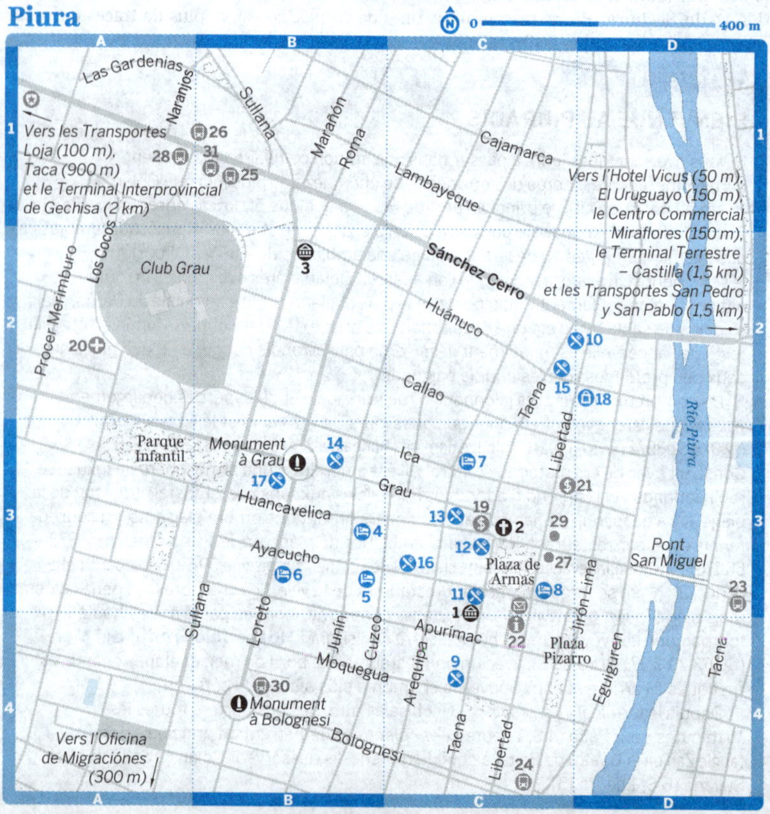

fauteuils en osier et aux nombreuses plantes en pot qui l'entourent.

Il y a un petit café et les étrangers bénéficient d'une réduction de 10 S.

Mango Verde CHAMBRE D'HÔTES **$$**
(☎32-1768 ; www.mangoverde.com.pe ; Country 248 ; s sans clim 100 S, s/d avec clim 120/160 S, petit-déj inclus ; ❄📶). À environ 2 km au nord de la Plaza de Armas, dans une zone résidentielle arborée, cet élégant établissement de 19 chambres parvient à marier style industriel et ambiance douillette (les terrasses communes, merveilleusement accueillantes, mêlent meubles somptueux, escalier en acier et béton brut). Les poteries de Catacaos et les œuvres d'art bien choisies apportent une touche de couleur et les chambres sont sobres mais dotées de tous les équipements modernes nécessaires. Rien de vraiment exceptionnel, mais bien au-dessus de la moyenne.

Hotel Vicus HÔTEL **$**
(☎34-3201 ; www.hotelvicus.com ; Guardia Civil B-3 ; s/d/tr 60/80/105 S ; ❄@📶🏊). L'entretien laisse parfois à désirer et les reproductions du Canadien Peter J. Stokes semblent hors sujet, mais cet établissement reste très correct. Les chambres sont espacées les unes des autres, dans une configuration de motel, et partagent un patio luxuriant. Elles disposent de tout le nécessaire ; il y a notamment 3 chambres matrimoniales avec climatisation.

Bon emplacement, assez calme, juste au bout du pont reliant le centre-ville et à une *cuadra* des meilleures animations nocturnes.

Intiotel HÔTEL DE CHARME **$$$**
(☎28-7600 ; www.intiotel.com ; Arequipa 691 ; s/d avec petit-déj 200/260 S ; ❄@📶). Étonnamment branché pour Piura, ce nouvel hôtel moderne est à la pointe de la mode, avec des couloirs de style industriel menant à des chambres immaculées, agrémentées de belles œuvres d'art, de minibars rétro argentés, de TV à écran plat et de sdb raffinées. Centre d'affaires et service en chambre 24h/24.

Los Portales HÔTEL HISTORIQUE **$$$**
(☎32-1161 ; www.losportales.com.pe ; Libertad 875 ; s/d avec petit-déj à partir de 382/441 S ; ❄@📶🏊). Jouez au *conquistador* dans ce beau bâtiment colonial complètement rénové, sur la Plaza de Armas. Les beaux espaces communs avec ferronnerie et sols en damier noir et blanc débouchent sur le restaurant en bord de piscine et les chambres sont dotées de grandes TV câblées, minibars et lits très confortables. Le meilleur choix dans la catégorie supérieure, mais le bar du rez-de-chaussée (un bar d'hôtel classique) passe de la musique

Piura

À voir
1 Casa Grau ... C3
2 Cathédrale ... C3
3 Museo Municipal Vicus ... B2

Où se loger
4 Hospedaje Aruba ... B3
5 Hospedaje San Carlos ... B3
6 Hotel Las Arenas ... B3
7 Intiotel ... C3
8 Los Portales ... C3

Où se restaurer
9 Capuccino ... C4
10 Chifa Canton ... D2
11 Don Parce ... C3
12 Heladería el Chalán ... C3
13 Heladería el Chalán ... C3
14 Heladería el Chalán ... B3
Matheo's ... (voir 14)
15 Matheo's ... C2
16 Snack Bar Romano ... C3
17 Supermercado Multiplaza ... B3

Achats
18 Centro Artesenal Norte ... D2

Renseignements
19 BCP ... C3
20 Clínica San Miguel ... A2
21 HSBC ... C3
22 iPerú ... C4

Transports
Bus pour Catacaos ... (voir 23)
23 Civa ... D3
24 Cruz del Sur ... C4
25 El Dorado ... B1
26 Ittsa ... B1
27 LAN ... C3
28 Línea ... A1
29 Peruvian Airlines ... C3
30 Tepsa ... B4
31 Transportes Chiclayo ... B1

à plein volume le week-end, et une étrange musique d'ascenseur est diffusée dans tout le bâtiment et à toute heure.

Hospedaje San Carlos PENSION $
(☎30-6447 ; Ayacucho 627 ; s/d/tr 45/60/80 S ;). Emportant sur le fil la palme des établissements pour voyageurs à petit budget, ce nouveau petit *hospedaje* renferme des chambres impeccables, avec TV. Si vous avez le sommeil léger, demandez-en une à l'arrière.

Hospedaje Aruba PENSION $
(☎30-3067 ; Junín 851 ; s/d sans sdb 25/35 S, s/d avec sdb 30/50 S). Lumineuses et entièrement blanches, les petites chambres spartiates sont tout à fait correctes.

Où se restaurer

Pour se régaler de spécialités locales, un déjeuner dans la ville voisine de Catacaos est une bonne idée. Les végétariens seront ravis par le choix offert à Piura.

Capuccino CAFÉ $$
(www.capuccino-piura.com ; Tacna 786 ; plats 22-45 S ; fermé dim ;). Une affaire en or. Ce café moderne propose des sandwichs et des salades gastronomiques (14-22 S) parfaits à l'heure du déjeuner (même si les lieux sont étonnament vides) et il y a des mets plus sophistiqués le soir, à déguster avec une bouteille de vin. La créativité est au rendez-vous : lasagnes au *lomo saltado*, *mero* (mérou) dans une sauce soja et *maracuyá* et desserts à tomber (cheesecake au Toblerone, tarte aux noix de pécan).

Pour une pause-café réussie, c'est le meilleur expresso du centre-ville (4,50 S). En outre, les frites sont succulentes. Petit bémol : le *ají* en sachet (alors que la moindre gargote fabrique son *ají* maison !), mais la cuisine raffinée compense largement.

Chifa Canton CHINOIS $$
(angle Sánchez Cerro et Tacna ; plats pour 2 pers 22-32 S). Les restaurants sino-péruviens sont presque toujours la garantie d'un bon repas et cette *chifa* un rien sophistiquée ne fait pas exception. Le bruit de la rue est regrettable mais la nourriture, fraîche et savoureuse, se révèle une bonne alternative au *ceviche*.

Heladería el Chalán DESSERTS $
(Tacna 520 ; en-cas 6,50-19 S). Ce fast-food compte de nombreuses succursales vendant des hamburgers et des sandwichs, mais nous apprécions surtout la variété des jus de fruits et les dizaines de glaces aux saveurs originales. Goûtez la *manjar blanco* (confiture de lait) ou la *límon* (citron vert) : tout est divin, à tel point que l'on aimerait que les propriétaires délaissent un peu Piura et s'exportent à Chiclayo et Trujillo.

Branches supplémentaires à Grau 173 et 453.

Snack Bar Romano PETIT-DÉJEUNER, PÉRUVIEN $
(Ayacucho 580 ; menu 6-22 S, plats 7,50-15 S ; fermé dim). Avec son excellent choix de menus du jour, ce restaurant prisé des habitants a ouvert depuis une cinquantaine d'années. Mention spéciale aux *ceviches*, *sudados* et autres spécialités locales.

Don Parce PETIT-DÉJEUNER, PÉRUVIEN $$
(www.donparce.com ; Tacna 642 ; plats 16-33 S ;). Établissement extrêmement plaisant, servant de nombreux classiques péruviens ainsi que des plats du jour dans une atmosphère conviviale, juste à côté de la Plaza de Armas. Le meilleur rapport qualité/prix est le menu de trois plats à midi, lequel comporte toujours une solide spécialité à base de viande.

El Uruguayo GRILLADES $$$
(angle Guardia Civil et Cayeta, Centro Commercial Miraflores ; steaks 25-70 S ; à partir de 18h30). Les amateurs de bœuf affluent dans cet établissement uruguayen, tombé en disgrâce à Trujillo mais toujours en vogue à Piura. Les morceaux de 200 à 500 g sont classés par région (Uruguay, Argentine, Amérique) et accompagnés d'excellents condiments (*chimichurri*, vinaigrette, *ají*). Un bon restaurant de viande, ce qui est rare sous ces latitudes.

Matheo's VÉGÉTARIEN $
(Libertad 487 ; repas 9-14 S). Dans ses deux établissements du centre-ville, Matheo est aux antipodes des innombrables *parrilladas* présentes au Pérou. Le menu, entièrement végétarien, est truffé de variantes de spécialités locales préparées sans viande. Succursale à Tacna 532.

Supermercado Multiplaza SUPERMARCHÉ $
(Ovalo Grau). Pour faire ses courses.

Où prendre un verre

Centro Commercial Miraflores BAR
(angle Guardia Civil et Cayeta). L'animation nocturne de Piura a pour haut lieu ce petit centre commercial, à l'est du centre-ville. Atiko (cocktails 12-22 S) est un excellent bar.

Si vous avez vraiment envie de vous défouler, montez au Queens (entrée 25-30 S), à l'étage ; l'ambiance y est parfois houleuse le week-end quand la foule des gringos se mêlent aux Péruviens huppés pour danser sur de la musique internationale éclectique. Si un établissement ferme, pas d'inquiétude, il sera tout de suite remplacé par un autre.

Achats

Centro Artesanal Norte ARTISANAT
(angle Huánuco et Libertad ; 9h30-13h30 et 16h-20h lun-ven, 9h30-13h30 dim). La *Galería de Artesanía,* un petit centre commercial, regroupe une douzaine de boutiques d'artisanat qui vendent, entre autres, de la vannerie, des tissages et des poteries de Chulucanas. Ses prix honnêtes et négociables en font une halte pratique si vous n'avez pas le temps d'aller dans les localités alentour.

Renseignements

La ville compte des points de connexion à Internet en abondance et la plupart des hébergements assurent un service de blanchisserie.

Argent

Des bureaux de change (*casas de cambio*) sont installés au carrefour d'Ica et d'Arequipa.

BCP (Grau 133)

HSBC (angle Libertad et Ica). DAB sans commission.

VAUT LE DÉTOUR

HAUTS LIEUX DE L'ARTISANAT : CATACAOS ET CHULUCANAS

Catacaos

Catacaos, petite ville poussiéreuse à 12 km au sud-ouest de Piura, est la capitale autoproclamée de l'*artesanía* (artisanat) de la région. Son **marché artisanal** (10h-16h), le plus beau du nord du Pérou, s'étend sur plusieurs *cuadras* près de la Plaza de Armas ; on y trouve de superbes tissages, des bijoux en filigrane d'or et d'argent, des sculptures sur bois, des poteries, des articles en cuir et bien d'autres choses encore. Il est particulièrement animé le week-end, le meilleur moment pour le visiter.

Outre l'artisanat, Catacaos est également réputée pour sa cuisine et des dizaines de *picanterías* (restaurants locaux) ouvrent tous les jours à midi. Vous pourrez goûter des spécialités locales telles que la *chicha* (bière de maïs fermenté), le *seco de chabelo* (épais ragoût de bœuf et de bananes plantains), le *seco de cabrito* (ragoût de chevreau), les *tamales verdes* (boulettes de maïs vert), le *copus* (têtes de chèvre séchées, marinées dans du vinaigre et cuites en ragoût) et bien d'autres plats. Plusieurs bonnes *picanterías* vantant leurs spécialités se tiennent dans Jirón Zepita, près de la Plaza de Armas.

Des combis et des *colectivos* partent fréquemment pour Catacaos depuis l'Avenida Tacna à Piura (1,50-2 S, 15 min).

Chulucanas

Ce bourg se situe à 55 km à l'est de Piura, juste avant que le désert de Sechura parte à l'assaut des contreforts des Andes. Il est renommé dans tout le pays pour ses poteries particulières, arrondies, vernissées, de couleur ocre et représentant des personnages. Faisant officiellement partie du patrimoine culturel péruvien, elles commencent à être connues à l'étranger.

La Encantada, un paisible village proche de Chulucanas, est le meilleur endroit où les acheter. La plupart des habitants sont des artisans et vous montreront avec plaisir leurs méthodes de fabrication, de la "récolte" de la glaise au fumage à la feuille de manguier qui donne aux poteries leurs motifs noir et blanc typiques. Max Inga, un artisan local aujourd'hui décédé, redonna vie à cette production artistique après avoir étudié les poteries anciennes des cultures tallan et vicus.

On arrive à Chulucanas après 7 km en *mototaxi* sur une piste de terre (30 min, 10 S). **Ceramica Inge** (Los Ceremistas 591) est un bon endroit pour débuter votre quête, mais seuls les vrais passionnés profiteront de leur visite à Chulucanas pour faire des emplettes, car transporter cette poterie magnifique mais fragile à travers le Pérou est loin d'être pratique.

Civa assure de nombreux bus pour Chulucanas au départ du *terminal terrestre – Castilla* à Piura (4 S, 1 heure).

LE CHAMANISME

Les plus aventureux entreprendront l'éprouvant trajet de 10 heures depuis Piura pour rejoindre Huancabamba, loin dans les montagnes orientales. La région est réputée pour ses *brujos* (chamans) et ses *curanderos* (guérisseurs) qui vivent et travaillent près des lacs Huaringas voisins. Les Péruviens affluent de tout le pays pour participer à ces rites de guérison ancestraux. De nombreux Péruviens (mais peu d'étrangers) visitent cette contrée et l'on trouve facilement des informations et un guide.

Ville mystique entourée de montagnes nimbées de brume, Huancabamba se tient au début du long et étroit Río Huancabamba. Les berges instables s'érodent en permanence et la ville est sujette à de fréquents affaissements et glissements de terrain, d'où son surnom de *ciudad que camina* ("ville qui marche").

Au Pérou, consulter *brujos* (chamans) et *curanderos* (guérisseurs) est une pratique courante, qui remonte à une époque bien antérieure à la colonisation espagnole.

Des Péruviens de toutes conditions viennent les voir pour toutes sortes de maux, de la migraine au cancer et à la malchance chronique, et paient souvent des sommes considérables pour leurs services. La vie amoureuse fait aussi partie des principales interrogations : amour perdu ou trouvé, souhaité ou dédaigné...

La région des lacs **Huaringas**, proche de Huancabamba, à près de 4 000 m d'altitude, aurait des vertus curatives et attire un flot régulier de visiteurs venus de tout le continent. Si la **Laguna Shimbe** est le lac le plus connu de la région, les *curanderos* se regroupent surtout autour de la **Laguna Negra**.

Les cérémonies peuvent durer toute la nuit et impliquent plantes hallucinogènes (comme le cactus de San Pedro), chants, psalmodies, danses et plongeons dans les eaux glacées des lacs. On utilise parfois des substances plus puissantes telle l'*ayahuasca* ("liane de l'âme", en quechua), une décoction de diverses lianes de la jungle entraînant d'intenses hallucinations et des vomissements. Pour en savoir plus sur les risques associés à la consommation d'*ayahuasca*, lire l'encadré p. 453. Les *curanderos* entonnent aussi des *ícaros*, des chants et psalmodies mystiques destinés à influencer et à diriger l'expérience spirituelle. Les plus sérieux étudient leur art des années durant afin d'obtenir le titre prestigieux de *maestro curandero* (maître-guérisseur).

Si vous souhaitez rendre visite à l'un d'eux lors de votre séjour à Huancabamba, sachez que cette tradition est prise très au sérieux. Voyeurs et sceptiques susciteront l'hostilité. Les *curanderos* les plus réputés officient dans la région des lacs. Le **kiosque d'information de la gare routière** (⏲8h-18h) possède une liste de guérisseurs certifiés et fournit une carte sommaire des environs. À Salala, plus près des lacs, vous serez abordé par des *curanderos* ou par leurs "agents". Attention aux escrocs : mieux vaut vous adresser à un guérisseur recommandé. Sachez aussi que certains *brujos* sont réputés travailler *en el lado oscuro* (du côté obscur). Comptez environ 200 S la visite.

Les hôtels du village sont rudimentaires et la plupart ne disposent que de sdb communes avec eau froide. Le propriétaire de l'**Hostal-El Dorado** (☎47-3016 ; Medina 116 ; s/d sans sdb 15/28 S), sur la Plaza de Armas, est toujours prêt à aider.

À la gare routière de Huancabamba, **Civa** (☎96-971-4205), **Turismo Express** (☎34-4330) et les **Transportes San Pedro y San Pablo** (☎47-3617) assurent tous une liaison matinale pour Piura entre 7h30 et 8h (20 S, 8 heures). Trois autres bus desservent Piura entre 17h et 19h. Pour visiter les lacs, prenez le *combi* de 5h pour Salala (5-7 S, 2 heures) au départ de cette gare routière. À Salala, vous pourrez organiser une randonnée à cheval jusqu'aux lacs (20-25 S).

Aujourd'hui, des cadres péruviens débordés consultent en ligne des chamans malins par l'intermédiaire de messageries instantanées. On est bien loin des incantations nocturnes et des bains glacés dans les lacs andins !

Office du tourisme

iPerú (☎32-0249 ; Ayacucho 377 ; ⏲9h-16h lun-sam, 9h-13h dim). Informations touristiques ; également un comptoir iPerú à l'aéroport.

Oficina de Migraciónes (bureau de l'immigration ; ☎33-5536 ; www.digemin.gob.pe ; angle Sullana et Integración). Prend en charge les questions de visas.

Poste

Serpost (angle Ayacucho et Libertad ; ⏲9h-19h lun-ven, 9h-13h sam). Sur la place.

Services médicaux

Clínica San Miguel (www.csmpiura.com ; Los Cocos 111-153 ; ⏲24h/24). Les meilleurs services médicaux de la ville.

Depuis/vers Piura

Avion

L'aéroport (code PIU) se situe sur la rive sud-est du Río Piura, à 2 km du centre-ville. Les horaires des vols changent fréquemment.

LAN (☎30-2145 ; www.lan.com ; Libertad 875) vole entre Lima et Piura à 6h10, 16h45 et 19h40, et dans l'autre sens à 8h20, 11h30, 18h30 et 21h50. Beaucoup moins chers, **Taca** (0-800-1-8222 ; www.taca.com ; Sánchez Cerro 234, C.C. Real Plaza) part de Lima à 5h50 et 17h et y retourne à 8h15 et 20h50, quand la nouvelle compagnie **Peruvian Airlines** (☎32-4206 ; www.peruvianairlines.pe ; Libertad 777) décolle de Lima à 18h et de Piura à 20h.

Bus

LIAISONS INTERNATIONALES

L'itinéraire classique pour l'Équateur longe la Panamericaine via Tumbes jusqu'à Machala. **Civa** (☎34-5451 ; www.civa.com.pe ; angle Tacna et Castilla) est l'option la plus confortable ; départ tous les jours à 21h45. Alternative possible, **Transportes Loja** (☎30-5446 ; www.cooperativaloja.com ; Sánchez Cerro Km 1) passe par La Tina et dessert Macará (12 S, 4 heures) et Loja (28 S, 8 heures) ; départ à 9h30, 13h et 21h. Ces bus s'arrêtent à la frontière pour les formalités puis reprennent la route.

LIAISONS NATIONALES

Plusieurs compagnies ont leurs bureaux dans la *cuadra* 1100 de Sánchez Cerro, mais pour Cajamarca et les Andes du Nord, mieux vaut se rendre à Chiclayo et y prendre un autre bus.

Civa (☎34-5451 ; www.excluciva.pe ; angle Tacna et Castilla). Bus pour Lima à 17h, 18h et 18h30, nombreux bus pour Chulucanas et bus pour Huancabamba à 9h30 et 18h30, ces derniers partant du *terminal terrestre – Castilla*.

Cruz del Sur (☎32-0473 ; www.cruzdelsur.com.pe ; Bolognesi à Jirón Lima). Bus confortables pour Lima à 15h, 17h30, 18h30 et 19h30 ainsi qu'un départ pour Trujillo à 15h.

El Dorado (☎32-5855 ; www.transporteseldorado.com.pe ; Sánchez Cerro 1119). Quatorze bus pour Tumbes entre 6h30 et 0h30 ; tous s'arrêtent à Máncora.

Eppo (☎30-4543 ; www.eppo.com.pe ; Panamericana 243). Liaisons rapides pour Máncora toutes les demi-heures depuis sa nouvelle gare routière, derrière la Real Plaza, sur la Panaméricaine.

Ittsa (☎33-3982 ; www.ittsabus.com ; Sánchez Cerro 1142). Bus pour Trujillo (9h, 13h30 et 23h15), Chimbote (23h) et *bus-cama* pour Lima (18h).

Línea (☎30-3894 ; www.linea.pe ; Sánchez Cerro 1215). Bus pour Chiclayo toutes les heures entre 5h et 20h, et pour Trujillo à 13h30 et 23h.

Tepsa (☎30-6345 ; www.tepsa.com.pe ; angle Loreto et Bolognesi). Bus pour Lima à 15h, 17h, 18h30 et 21h.

Transportes Chiclayo (☎30-8455 ; www.transporteschiclayo.com ; Sánchez Cerro 1121). Bus pour Chiclayo toutes les heures.

Transportes San Pedro y San Pablo (☎34-9271 ; Terminal Terrestre – Castilla). Bus *semi-cama* pour Huancabamba à 18h.

BUS AU DÉPART DE PIURA

DESTINATION	PRIX	DURÉE
Chiclayo	12-15 S	3 heures
Chimbote	35 S	8 heures
Guayaquil (Équateur)	50-60 S	10-12 heures
Huancabamba	25-20 S	8 heures
Lima	59-135 S	12-16 heures
Loja (Équateur)	28 S	8 heures
Mancará (Équateur)	12 S	4 heures
Máncora	16-25 S	3 heures
Trujillo	25-45 S	6 heures
Tumbes	16-25 S	5 heures

TRAVERSER LA FRONTIÈRE : L'ÉQUATEUR VIA LA TINA

Le poste-frontière de La Tina ne dispose pas d'hôtel. En revanche, la ville équatorienne de Macará (à 3 km de la frontière) possède des infrastructures adéquates. De Sullana, à 40 km au nord de Piura, des *colectivos* rallient La Tina (12 S, 2 heures 30) tout au long de la journée. Meilleure option, **Transportes Loja** (☎073-30-5446 ; www.cooperativaloja.com ; Sánchez Cerro Km 1, Piura) assure trois bus quotidiens au départ de Piura (9h30, 13h et 21h), qui se rendent directement à Loja (28 S, 8 heures), en Équateur.

Le pont international sur le Río Calvas marque la frontière, ouverte 24h/24. Les formalités se déroulent facilement si vos papiers sont en règle. Il n'y a pas de banque, mais des changeurs opèrent à la frontière et à Macará. Quand vous lirez ces lignes, un nouveau pont et des bureaux d'immigration entièrement refaits seront opérationnels. Les douanes péruviennes et équatoriennes partageront le même bâtiment sur le pont.

À l'arrivée en Équateur, des taxis (1 $US) dont des *colectivos* (0,50 $US) desservent Macará. Il est accordé à la plupart des voyageurs (selon leur nationalité) une carte de touriste T3, à rendre à la sortie du territoire, et valable pour 90 jours en Équateur. Un **consulat péruvien** (☎07-269-4030 ; www.consuladoperumacara.com ; Bolívar 134) est installé à Macará. Pour de plus amples informations sur ce pays, consultez le guide Lonely Planet *Équateur et îles Galápagos*.

À l'est du pont piétonnier San Miguel, des bus et des *combis* démarrent à destination de Catacaos (1,50-2 S, 15 min). Les bus pour Sullana (2 S, 45 min) et Paita (4 S, 1 heure) partent du **Terminal Interprovincial de Gechisa** (Prolongación Sánchez Cerro), à l'ouest de la ville (5 S en taxi). Les bus pour Chulucanas et Huancabamba partent du **Terminal Terrestre – Castilla** (Panaméricaine s/n), également appelé "El Bosque", à l'est de la ville (3,50 S en *mototaxi*).

Taxi

Si vous vous rendez à Máncora, Punta Sal ou Tumbes, il est bien plus rapide de prendre un *combi* **Sertur** (☎96-997-6501 ; www.serturonline.com). Départ toutes les heures entre 6h30 et 20h30 depuis le *terminal interprovincial* de Gechisa (25 S, 3 heures 30).

Cabo Blanco

☎073

Au nord de Talara, la route Panaméricaine court parallèlement à l'océan et offre de fréquents aperçus de la côte. Cette région est l'un des principaux champs pétrolifères du pays. Pompes et plates-formes pétrolières gâchent souvent le paysage.

À 40 km au nord de Talara, la bourgade assoupie de Cabo Blanco est renommée dans le monde entier pour la pêche au gros. La ville s'étend au bord d'une baie incurvée, jonchée de rochers. Au large, une flottille de bateaux de pêche profite de l'environnement unique créé par la confluence du courant de Humboldt et des eaux d'El Niño, propice à la faune marine. Une partie de pêche à cet endroit au début des années 1950 aurait inspiré à Ernest Hemingway son célèbre roman, *Le Vieil Homme et la mer*. La plus belle prise fut un marlin noir de 710 kg, pêché par Alfred Glassell Jr en 1953. La pêche reste fructueuse, même si l'on ramène plus fréquemment des thons de 20 kg que des marlins noirs, qui se raréfient et dépassent rarement les 100 kg. Lors des concours de pêche, on capture de temps à autre des spécimens de 300 kg. De novembre à janvier, de superbes vagues forment des tubes hauts de 3 m – un bonheur pour les surfeurs expérimentés.

Des bateaux de pêche hauturière de 10 m équipés d'un matériel de qualité, se louent auprès de l'Hotel El Merlin et des autres établissements alentour (1 350 S les 6 heures, boissons et déjeuner compris). Janvier, février et septembre sont considérés comme les meilleurs mois pour la pêche.

L'**Hotel El Merlin** (☎25-6188 ; www.elmerlin.webs.com ; s/d avec petit-déj 60/100 S ; ❄📶) compte 14 chambres immenses, avec beau sol en pierre, douche froide et balcon donnant sur l'océan. Les clients ne se bousculent pas.

De Las Olas, sur la route Panaméricaine, une route serpente sur plusieurs kilomètres jusqu'à Cabo Blanco. Des pick-up relient régulièrement les deux localités (2 S, 20 min).

Máncora

☎073 / 9 700 HABITANTS

Station balnéaire la plus prisée de la côte péruvienne, Máncora se remplit en été d'étrangers et de Péruviens aisés. Sa plage de sable, la plus belle du pays, s'étend sur des kilomètres dans la région la plus ensoleillée du Pérou. Des dizaines de luxueux complexes hôteliers côtoient des établissements plus modestes à quelques mètres des vagues, tandis que d'innombrables restaurants offrent poissons et fruits de mer pêchés le jour même. Ses bons spots de surf lui valent une forte présence des adeptes de ce sport et sa vie nocturne animée garantit de joyeuses soirées. Malgré un développement explosif ces dernières années, Máncora a réussi à conserver son charme d'ancien petit port de pêche.

Située à mi-chemin entre Talara et Tumbes, Máncora est traversée par la route Panaméricaine, à 100 m du rivage, où elle devient l'Avenida Piura. Au milieu de la ville, elle prend le nom d'Avenida Grau. En été, de décembre à mars, l'animation bat son plein et les prix des chambres peuvent doubler. Son ensoleillement continu fait de Máncora l'une des rares stations balnéaires fréquentées toute l'année.

Activités

Des plages désertes et isolées s'étendent aux alentours de Máncora. Votre hôtel pourra vous réserver un taxi ou vous indiquer comment les rejoindre en bus et à pied – attendez-vous à marcher sur plusieurs kilomètres.

Surf et kitesurf

Les vagues, bonnes toute l'année, attirent en permanence des surfeurs. Toutefois, la meilleure saison dure de novembre à février. Outre Máncora, Los Organos, Lobitos, Talara et Cabo Blanco sont des spots prisés des surfeurs expérimentés. De nombreux établissements louent des planches de surf à l'extrémité sud de la plage de Máncora (10/20 S par heure/jour). Le plus pratique : en face de Del Wawa. **Máncora Surf Shop** (Piura 352) vend des planches et des vêtements de surf et propose des cours à 50 S par heure. La sympathique Pilar, au **Laguna Camp** (☎41-1587 ; www.vivamancora.com/lagunacamp), donne également des cours de surf (50 S, 1 heure 30, location de planche incluse). Pour des émotions fortes, essayez-vous au kitesurf (624 S/6 heures) avec **Del Wawa** (☎25-8427 ; www.delwawa.com).

Bains de boue

À 11 km à l'est de la ville, dans la vallée boisée de Fernández, une **source thermale** (3 S) rejette une eau bouillonnante et une boue très fine, idéale pour les masques de beauté. L'eau et la boue, légèrement sulfureuses, auraient des propriétés curatives. Le trajet en *mototaxi* revient à 50 S, attente comprise.

Randonnée

Pour découvrir l'arrière-pays de cette côte désertique, louez un pick-up pour remonter la vallée de Fernández après les bains de boue, jusqu'au bout de la route (1 heure 30 environ, 75 S attente comprise). Continuez par une marche de 2 heures à travers des bois à l'avifaune endémique pour rejoindre

TOP 5 DES SPOTS DE SURF DE LA CÔTE NORD

Les amateurs de surf trouveront leur bonheur sur la côte nord, du plus long break du monde à Puerto Chicama aux déferlantes constantes de Máncora. La plupart des spots peuvent se fréquenter toute l'année. Pour plus de détails sur le surf au Pérou, reportez-vous p. 34.

Los Organos (ci-dessus). Un break rocheux avec de belles vagues tubulaires qui atteignent jusqu'à 2 m de haut ; réservé aux surfeurs expérimentés.

Cabo Blanco (page ci-contre). Un tube parfait de 1 à 3 m de haut s'écrasant sur les rochers ; également réservé aux surfeurs expérimentés.

Puerto Chicama (p. 339). Le plus long break du monde lorsque toute les conditions sont réunies (jusqu'à 3,2 km !) ; bonnes déferlantes toute l'année pour tous les niveaux.

Máncora (ci-dessus). Populaire et facilement accessible ; de bonnes déferlantes constantes, jusqu'à 2 m de haut ; pour tous les niveaux.

Huanchaco (p. 335). Longues vagues bien formées en tube ; pour tous les niveaux.

Los Pilares et vous baigner dans ses bassins. Des circuits organisés comprennent également la visite de ces endroits.

Guides et circuits

Ursula Behr de l'**Iguana's** (☎63-2762 ; www.iguanastrips.com ; Piura 245) organise des excursions d'une journée dans la forêt sèche de Los Pilares : promenade parmi les cascades, baignade, randonnée équestre et bain de boue pour 180 S par personne. Les sorties en kayak de mer, idéales pour observer les oiseaux, coûtent 140 S par personne et par jour.

Où se loger

À Máncora, les tarifs des hébergements varient selon les saisons. La saison haute s'étale de janvier à mi-mars, avec des prix jusqu'à 50% plus élevés que le reste de l'année, surtout le week-end. Pendant les trois grandes périodes de vacances (Noël et jour de l'An, Semana Santa et Fiestas Patrias), les prix peuvent tripler par rapport aux tarifs de la saison basse, un minimum de plusieurs nuitées est parfois exigé et les hôtels sont bondés : mieux vaut éviter ces périodes. Dans ce guide, nous indiquons les tarifs de la haute saison.

Les chambres économiques sont plus chères que dans d'autres secteurs de la côte, mais on peut se loger à moindre coût dans des *hospedajes* du centre-ville et dans la partie sud de la plage. Au sud de la ville, le long de l'Antigua Panamericana, on voit apparaître une Máncora différente, avec de multiples complexes tranquilles installés sur des kilomètres de plage souvent déserte ; c'est le cas de Las Pocitas et Vichayito Beach. Ces établissements ont tous des restaurants (parmi lesquels figurent deux des meilleures tables de la côte nord) et sont accessibles en *mototaxi* (7-10 S). Les plus au sud sont les plus calmes et les plus susceptibles de proposer des bungalows individuels.

Sunset Hotel HÔTEL DE CHARME **$$$**
(☎25-8111 ; www.sunsetmancora.com ; Antigua Panamericana 196 ; s/d avec petit-déj 180/250 S ; ❄📶🏊). Tenu par des Argentins, cet hôtel de charme aurait tout à fait sa place en première page d'un magazine de voyages. Intérieurs joliment meublés, superbes sculptures en pierre sur le thème de l'eau, chambres spacieuses dotées d'une literie de qualité, douches chaudes et balcons avec vue sur la mer. Il n'y a que 5 chambres, ce qui garantit une ambiance des plus intimistes.

La piscine est minuscule et il faut franchir les rochers pour arriver à l'océan, mais une courte marche permet d'accéder à une plage de sable – si vous arrivez à délaisser le restaurant italien de l'hôtel, l'un des meilleurs de la région.

♥ **Loki del Mar** AUBERGE DE JEUNESSE **$**
(☎25-8484 ; www.lokihostel.com ; dort 28-36 S, ch 86 S, petit-déj inclus dans les tarifs ; ❄@📶🏊). Les voyageurs en quête de rencontres affluent dans cet établissement, ancêtre de toutes les auberges de bord de mer. Le bâtiment blanchi à la chaux dissimule des dortoirs spacieux avec grands lits et des chambres individuelles minimalistes, pour qui souhaite profiter de l'ambiance festive, les ronflements en moins.

La fête bat son plein autour de l'immense piscine, du bar et de l'espace lounge, où tous les prétextes sont bons pour s'enivrer et où des activités (souvent) gratuites sont constamment proposées. Au final, une auberge largement au-dessus de la moyenne.

Casa de Playa COMPLEXE HÔTELIER **$$**
(☎25-8005 ; www.casadeplayamancora.net ; Antigua Panamericana Km 1217 ; s/d avec petit-déj 180/220 S ; 📶🏊). Ce complexe accueillant a l'attrait de ses bâtiments modernes stylés, aux tons jaune et orangé et aux douces lignes arrondies. Dans les chambres, le béton brut contraste joliment avec l'explosion de couleurs des espaces communs, tous accessibles par des allées luxuriantes flanquées de plantes.

Chacune des chambres spacieuses est dotée d'eau chaude, de détails artistiques et d'un balcon avec hamac pour profiter de la belle vue sur la mer. Un magnifique lounge sur deux niveaux surplombe les flots.

Hotelier HÔTEL **$$**
(☎25-8702 ; www.hotelier.pe ; Antigua Panamericana Km 1217 ; s/d avec petit-déj à partir de 150/220 S ; ❄📶🏊). Un paradis des gourmets. Le propriétaire, Javier Ruzo, est le fils d'un des plus célèbres chefs péruviens, Teresa Ocampo, qui a passé 30 ans à la tête d'une émission culinaire diffusée sur une chaîne de télévision nationale. Javier, lui-même chef aguerri et personnage haut en couleur, perpétue la tradition familiale dans le fabuleux restaurant de l'hôtel (p. 362). En outre, c'est un artiste et photographe dont les travaux (poèmes, peintures, photos) apportent un cachet unique à chaque chambre.

Claro de Luna HÔTEL $$

(☎25-8080 ; www.clarodelunamancora.com ; Antigua Panamericana Km 1216 ; s/d avec petit-déj 130/220 S ; @☎≋). Une famille argentine parlant anglais gère cet hôtel, apprécié des voyageurs pour son atmosphère douillette et informelle. Il y a 9 chambres, dont 5 donnent sur la mer et 4 sur le petit jardin. Les prix sont les mêmes et chacune est décorée avec goût et agrémentée de belles œuvres d'art. Deux piscines, une salle de projection, des kayaks et un joli patio/lounge au bord de l'eau : il y en a pour tous les goûts.

DCO Suites HÔTEL DE CHARME $$$

(☎25-8171 ; www.hoteldco.com ; ste avec petit-déj à partir de 710 S ; ❄@☎). Assez récent, cet hôtel vise une clientèle branchée et attire célébrités péruviennes, rock stars, amoureux en lune de miel et autres nomades au portefeuille bien garni. Les couleurs ne plairont peut-être pas à tout le monde (turquoise criard et blanc), mais les chambres spacieuses sont pourvues de peignoirs de style kimono, de douche à large pommeau et de murs en grès joliment arrondis. L'ensemble est parfaitement harmonieux.

Service, intimité et luxe sont les maîtres mots, que ce soit dans les *cabañas* de plage protégées de rideaux, dans le somptueux spa extérieur ou autour de la petite piscine à débordement.

Del Wawa HÔTEL $

(☎25-8427 ; www.delwawa.com ; 8 de Octubre s/n ; s/d 50/100 S ; ❄☎). Le rêve des surfeurs, immédiatement sur la plage. Malheureusement, les prestations laissent un peu à désirer : peintures écaillées, chauffe-eau rouillés dans certaines chambres et accueil distant à la réception.

Néanmoins, les chambres en adobe aux couleurs vives jouissent d'un emplacement imbattable, face à l'océan. Il en est de même pour les chambres plus récentes, à l'étage de l'annexe, à l'arrière. On trouve ici l'espace commun le plus idyllique du front de mer, avec un extraordinaire point de vue sur les vagues à apprécier depuis des fauteuils moelleux, à l'ombre des parasols. Location de planches de surf, cours de kitesurf et cours de yoga assurés tous les matins par Christa, de Máncora Yoga. Reste à obtenir une chambre sans défaut.

Hostal Las Olas HÔTEL $$

(☎25-8099 ; www.lasolasmancora.com ; s/d/tr avec petit-déj à partir de 80/140/220 S ; ☎). Ce superbe hôtel arbore des tons vert olive à l'extérieur et des chambres minimalistes blanches, rehaussées de boiseries. Le petit restaurant douillet surplombe les meilleurs breaks de la plage, pour la plus grande joie des surfeurs.

Aux 2ᵉ et 3ᵉ étages, les chambres plus récentes et spacieuses se prolongent de grandes terrasses avec vue sur la mer. Les moins onéreuses sont aménagées sous la cage d'escalier et pâtissent beaucoup du bruit des allées et venues.

Laguna Surf Camp BUNGALOWS $

(☎99-401-5628 ; www.vivamancora.com/lagunacamp ; Veraniego s/n ; ch 40 S/pers ; ☎≋). Cet établissement décontracté est un joyau dissimulé à un pâté de maisons de la plage, dans une petite oasis rustique. Les bungalows les plus anciens, de style indonésien en bambou, sont agencés autour d'un agréable jardin sablonneux, immédiatement au bord de l'eau, et de nombreux hamacs invitent au farniente. Les quatre bungalows plus récents offrent davantage d'espace, moyennant un raisonnable 50 S.

Pilar, la sympathique propriétaire, est aussi monitrice de surf et connaît parfaitement Máncora depuis des années. Une piscine est en cours de construction.

Kokopelli AUBERGE DE JEUNESSE $

(☎25-8091 ; www.hostelkokopelli.com ; Piura 209 ; dort 30 S, ch 95 S, petit-déj inclus dans les tarifs ; ❄@☎). Cette auberge néerlando-péruvienne est la plus intimiste de la ville et fournit des prestations plus que satisfaisantes : petite piscine, espace bar agréable, dortoirs colorés avec briques exposées et chambres individuelles avec coffre-fort (très rare dans les hôtels péruviens). Une excellente alternative si votre premier choix affiche complet.

Marcilia Beach Bungalows BUNGALOWS $

(☎69-2902 ; www.marciliadevichayito.com ; Antigua Panamericana Km 1212 ; ch avec/sans vue sur mer 140/120 S, petit-déj inclus dans les tarifs ; @☎). Un sympathique couple péruvien trilingue a construit ces bungalows rustiques sur la plage de Vichayito, après avoir travaillé pendant des années sur des bateaux de croisière. Chaque bungalow est équipé d'une très belle sdb avec eau chaude (chauffe-eau électrique). Réservez celui qui se tient juste au bord de l'eau : vous aurez l'impression que l'immense plage est votre paradis privé.

Le personnel parle couramment anglais, français et italien.

Où se restaurer

Les produits de la mer dominent la scène culinaire à Máncora, les autres denrées étant plus chères du fait du transport. Plusieurs supérettes jalonnent la rue principale.

La Sirena d'Juan PRODUITS DE LA MER, PÉRUVIEN $$ (☎25-8173 ; Piura 316 ; plats 30-35 S ; ⏲fermé mar ; 📶). Enfant du pays, Juan a fait de ce petit établissement intimiste de la rue principale le meilleur restaurant du nord du Pérou. La star de la carte est le thon jaune fraîchement pêché dans les eaux de Máncora. Il est préparé en *tiradito* (sorte de sashimi péruvien) avec sauce au curry jaune ou grillé, accompagné d'un chutney à la mangue et au *rocoto* (poivron rouge).

Le menu annonce aussi des raviolis imaginatifs et des classiques péruviens améliorés (chevreau à la bière brune, entre autres). Service personnalisé et efficace, dans un petit espace évoquant une ferme française. L'addition, certes salée pour Máncora, atteindrait le triple en Europe. Pendant la haute saison, il est conseillé de réserver.

Donde Teresa PRODUITS DE LA MER, PÉRUVIEN $$$ (☎25-8702 ; Antigue Panamericana Km 1217, Hotelier ; plats 32-70 S ; 📶). Avant Gastón Acurio, Teresa Ocampo était le chef le plus réputé du Pérou (elle était célèbre avant même que la cuisine péruvienne eût gagné ses titres de noblesse). Elle vit désormais au Texas, mais son fils Javier a repris le flambeau, sur la plage Los Pocitas (5 S en *mototaxi*). Au nombre des plats à recommander, notons l'*ají de gallina* fumé, le riz frit aux fruits de mer, les spécialités à base de thon jaune et l'inoubliable pudding au pisco.

Javier a vécu en France, en Chine et ailleurs. Sa polyvalence le conduit même parfois à ramener la pêche du jour ! En janvier, février et juillet, réservez par téléphone.

Las Gemelitas POISSON ET FRUITS DE MER $$ (Bastidas 154 ; plats 15-20 S). À trois *cuadras* de la Panaméricaine, derrière le bureau de Cruz del Sur, ce restaurant entouré de canisses prépare d'excellents plats de poisson et fruits de mer, dont un délicieux *ceviche*. De source sûre, c'est l'un des seuls établissements de la vieille ville de Máncora à utiliser du poisson réellement frais.

Tao THAÏ, CHINOIS $$ (Piura 240 ; plats 12-35 S ; ⏲fermé lun). Des effluves d'Asie du Sud-Est s'échappent dans l'Avenida Piura depuis les cuisines de ce restaurant sino-thaïlandais. D'étonnantes saveurs réjouissent les voyageurs : curries rouge, jaune, vert et panang, légumes et nouilles sautées. Les plats mettent à l'honneur le thon local, mais le porc, le bœuf, le poulet et les légumes sont également bien présents au menu. Le soir, cet établissement haut de gamme est bondé de baroudeurs venus s'offrir un repas raffiné.

Green Eggs and Ham PETIT-DÉJEUNER $ (Grau 503 ; repas 15 S et 18 S ; ⏲7h30-16h30). Petits-déjeuners à base de pancakes, pain de mie grillé, galettes de pomme de terre, etc. Le véritable atout du lieu est le patio à l'étage, qui donne sur les palmiers et l'océan.

Angela's Place PETIT-DÉJEUNER, VÉGÉTARIEN $ (Piura 396 ; petit-déj 6,50-14 S, plats 5-12 S ; ⏲à partir de 8h). L'Autrichienne Angela a commencé par vendre à vélo ses délicieux petits pains à base de patate douce, de yucca et de blé. On peut désormais les déguster dans son joyeux café sur l'artère principale. Il y a aussi des plats végétariens (et végétaliens) créatifs et substantiels, des formules petit-déjeuner et des pâtisseries.

La Postrería DESSERTS $ (Piura 233 ; desserts 8-12 S ; ⏲fermé mer). Cet adorable café tenu par une charmante Limeña est tout indiqué pour une pause gourmande : délicieux desserts, notamment le *suspiro limeño* (confiture de lait et meringue), brownies, cheesecake et tarte aux pommes au succès jamais démenti. Excellente bande-son en prime, des Cure aux Smashing Pumpkins.

Beef Grill HAMBURGERS, GRILLADES $$ (Piura 253 ; hamburgers 18-23 S ; ⏲à partir de 17h). Les meilleurs hamburgers de la côte nord et d'excellentes grillades. Parfait pour qui souhaite changer du poisson.

Jugería Mi Janett JUS DE FRUITS $ (Piura 677 ; jus de fruits 3-6 S). Les meilleurs jus de fruits de la ville, servis dans d'énormes verres.

Renseignements

Il n'y a pas d'office du tourisme, mais le site Internet www.vivamancora.com est une mine d'informations utiles. Des DAB de BCP, BBVA, Globalnet et Banco de la Nación (seule banque de la ville) sont installés dans la rue principale, tout comme de nombreux accès à Internet.

BUS AU DÉPART DE MÁNCORA

DESTINATION	PRIX	DURÉE
Chiclayo	26-50 S	6 heures
Chimbote	80 S	14 heures
Guayaquil (Équateur)	60-114 S	9 heures
Lima	65-165 S	14-18 heures
Piura	15-30 S	3 heures 30
Sullana	12.50 S	2 heures 30
Trujillo	27-60 S	9-10 heures
Tumbes	10-15 S	2 heures

Banco de la Nación (Piura 625 ; ⌚8h30-14h30 lun-ven). Pour changer les dollars US.

Medical Center (www.medicalcentermancora.com ; Panamericana s/n ; ⌚24h/24). En cas de piqûre par une raie ou de fracture, rendez-vous dans cette clinique polyvalente, à l'entrée nord de la ville.

ℹ Depuis/vers Máncora

Avion

Star Perú (☎01-705-9000 ; www.starperu.com) vole depuis Talara, à 40 minutes de bus au sud de Máncora. L'avion décolle de la capitale à 13h30 et quitte Talara à 16h50 (à partir de 108 S). On peut aussi se rendre à Piura avec LAN, Taca ou Peruvian Airlines (p. 357), ou à Tumbes avec LAN (p. 368), et continuer en bus.

Bus

De nombreuses compagnies de bus tiennent un bureau dans le centre, mais la plupart des liaisons pour le sud partent de Tumbes. Des *combis* desservent régulièrement Tumbes (10 S, 2 heures) ; ils roulent dans la rue principale jusqu'à être pleins. De Máncora, des *bus-camas* se rendent directement à Lima (14 heures) ; d'autres services peuvent vous déposer en chemin avant d'atteindre Lima (18 heures). Des minibus relient régulièrement Máncora et Punta Sal (3 S, 30 min).

Cial (☎96-540-2235 ; Piura 520). Bus à destination de Lima à 17h30.

Civa (☎25-8086 ; Piura 704). Service économique pour Lima à 15h30 et bus plus confortables à 17h30 et 18h30. Départ pour Guayaquil à minuit.

Cruz del Sur (☎25-8232 ; Grau 208). *Bus-cama* pour Lima à 17h30, bus pour Trujillo et Chimbote les mardi, vendredi et dimanche à 22h30. Vous pourrez monter à bord du bus en provenance de Lima et à destination de Guayaquil à 9h les lundi, jeudi et samedi.

El Dorado (☎96-964-2226 ; Grau 201). Six bus par jour partent pour Piura entre 9h30 et 21h30. Bus pour Chiclayo (9h30, 21h30, 23h30, minuit) et Trujillo (9h30, 21h30, 23h). Un bus à destination de Tumbes prend aussi des passagers 7 fois par jour.

Emtrafesa (☎41-1324 ; Grau 193). Départ pour Chiclayo à 21h30 et 22h et pour Trujillo à 20h30, 21h30 et 22h.

Eppo (☎25-8140 ; Piura 679). Bus rapides pour Sullana et Piura, toutes les heures entre 4h et 20h.

Oltursa (☎25-8276 ; Piura 509). *Bus-cama* (avec Wi-Fi !) pour Lima à 17h30 et 18h du lundi au samedi, et à 16h et 16h30 le dimanche.

Tepsa (☎25-8672; Grau 113). Départ pour Lima à 18h.

Sertur (☎49-6805; Piura 624). *Colectivos* plus rapides pour Piura (départ toutes les heures de 7h à 21h) et Tumbes (départ toutes les heures de 8h à 18h).

Punta Sal

☎072 / 3 300 HABITANTS

La longue baie incurvée de Punta Sal, à 25 km au nord de Máncora, s'ourle d'une plage de sable parsemée de rochers. La mer calme et l'absence de surfeurs en font une paisible oasis de complexes hôteliers appréciés des familles.

Au Km 1192 de la route Panaméricaine, en bord de mer, l'**Hotel Punta Sal** (☎59-6700 ; www.puntasal.com.pe ; s/d en pension complète à partir de 280/479 S par pers, bungalows pour 2 pers à partir de 582 S ; ❄@🛜🏊) a subi avec bonheur des rénovations en 2011. Il est bien plus agréable que ne le suggère la vieille pancarte Panamericana Punta Sal Club Hotel et convient parfaitement aux familles. Voici un aperçu des innombrables activités envisageables : minigolf, banane aquatique, ski nautique, tennis, volley-ball, ping-pong, billards, piscine avec terrasse en bois et réplique d'un galion de conquistador grandeur quasi nature. Au bord de l'eau, l'arc-en-ciel des bungalows colorés est fantastique, avec des terrasses agrémentées de canapés moelleux. Excursion de pêche en pleine mer pour 2 183 S par jour, dans un bateau pouvant accueillir jusqu'à six personnes.

Littéralement accrochées à la falaise, les 23 chambres avec vue sur l'océan de l'**Hotel Caballito de Mar** (☎54-0048 ; www.hotelcaballitodemar.com ; s/d en pension complète à partir de 95,50/191 S par pers ;) sont agrémentées de bambou et de patios privés. Plus on monte par rapport à la mer, plus les prix baissent et plus la vue est belle. Découvrez le restaurant, le bar, le Jacuzzi, la salle de jeux et la superbe piscine qui se déverse quasiment dans la mer. Possibilité d'organiser des sorties pêche, bateau et ski nautique. Pour la climatisation, comptez 50 S de plus par jour.

Parmi les quelques options pour voyageurs à petit budget sur la plage, **Las Terrazas de Punta Sal** (☎50-7701 ; www.lasterrazasdepuntasal.com.pe ; s/d sans sdb 25/50 S, ch à partir de 80 S ;) est tenue par des Anglais et loue des chambres rustiques dans la maison principale, ainsi que quelques petites cabanes en bambou à l'arrière. La terrasse du restaurant est idéale pour savourer une pizza au feu de bois en admirant le coucher du soleil. Lors de notre passage, des rénovations étaient en cours. Excellent rapport qualité/prix.

Des minibus relient régulièrement Máncora et Punta Sal (3 S, 30 min).

Zorritos

☎072 / 9 400 HABITANTS

À 35 km au sud de Tumbes, Zorritos est le plus grand village de pêcheurs de cette partie de la côte. Sa plage étroite, moins plaisante que les grèves plus au sud, permet d'observer des **oiseaux de mer**, tels frégates, pélicans, aigrettes et autres oiseaux migrateurs.

Construit (essentiellement par des bénévoles) avec des matériaux naturels comme le bambou et la canne, le **Grillo Tres Puntas Eco-hostel** (☎79-4830 ; empl 15 S, ch avec/sans sdb 50/20 S par pers, petit-déj inclus dans tous les cas) se situe au niveau du Km 1235 de la Panaméricaine. Tout y est recyclé, y compris l'eau. Les bungalows rustiques et aérés, avec balcons et hamacs, sont bâtis sur la plage. Un auvent protège les emplacements de camping, alimentés en électricité. Idéal pour siroter une bière au coucher du soleil, le patio surélevé se compose de morceaux de bois mort agencés de manière artistique. Toutes les chambres partagent de belles sdb communes extérieures, décorées de mosaïques et de coquillages. Demandez au propriétaire espagnol de vous montrer ses 20 chiens nus du Pérou. Des marches jusqu'aux bains de boue voisins peuvent être organisées. Très apprécié, un circuit de 5 jours, avec hébergement en auberge et camping, comprend plages, randonnées, lagunes et bains de boue pour seulement 550 S par personne, tout compris ! Une expérience rustique mais idyllique.

Sis dans Zorritos, **Puerta del Sol** (☎54-4294 ; hosppuertadelsol@hotmail.com ; Piaggio 109 ; ch par pers 40 S avec petit-déj ;) est une charmante petite pension, qui loue des chambres simples et soignées avec accès à la plage, sans vue. Une allée de briques jaunes serpente entre les carrés de pelouse du jardin miniature.

Établissement de catégorie moyenne en face de la plage, l'**Hotel Los Cocos** (☎9867-1259 ; wwwhotelloscocos.com ; Panamericana Km 1242 ; d 200 S avec petit déj ;) dispose de chambres spacieuses joliment décorées, avec meubles en bambou, balcons, hamacs et vue sur la mer. La piscine, agrémentée de rochers, comporte une pataugeoire séparée. Une petite aire de jeux, un trampoline et un terrain de beach-volley complètent l'offre.

Des *combis* relient régulièrement Tumbes et Zorritos (2,50 S, 1 heure environ). En venant du sud, prenez n'importe quel bus en direction de Tumbes.

Tumbes

☎072 / 128 600 HABITANTS

À 30 km de la frontière équatorienne, Tumbes se situe dans l'unique section verdoyante de la côte péruvienne. Les mangroves remplacent le désert comme par magie et des réserves naturelles s'étendent dans toutes les directions. Tumbes constitue aussi une bonne base pour découvrir les superbes plages de Máncora, à 2 heures de route au sud.

Cité équatorienne jusqu'à la victoire du Pérou dans la guerre frontalière de 1940-1941, Tumbes reste une ville de garnison, avec une forte présence militaire. Chaude et, selon la saison, envahie de poussière ou de moustiques, elle ne retient pas les voyageurs. Or en termes de villes frontalières, celle-ci n'est pas la pire : une place plaisante, d'intéressantes mosaïques, une promenade surélevée en bord de rivière et plusieurs rues piétonnes permettent d'y passer une agréable soirée. Dans les environs, les réserves nationales ont de quoi réjouir les amoureux de la nature, mais la plupart des voyageurs ne s'attardent pas à Tumbes.

À voir

À l'est de la Plaza de Armas, dans Grau, plusieurs **maisons anciennes** datent du début du XIXe siècle. Ces demeures branlantes, en bois et en bambou, semblent tenir debout comme par miracle. Autour de la place, plusieurs restaurants en plein air invitent à s'attarder. De grands monuments modernes bordent les **rues piétonnes** au nord de la place (en particulier Bolívar), où les habitants de tout âge aiment flâner.

À 5 km au sud de la ville, près de la route Panaméricaine, un site archéologique envahi par la végétation fut habité par les Tumpis avant de devenir le fort inca visité par Pizarro. Sur place, le minuscule **Museo de Cabeza de Baca** (adulte 4 S ; 8h30-16h lun-sam) retrace l'histoire du site. Des poteries vieilles de 1 500 ans y sont exposées ; elles proviennent des environs de Tumbes et appartiennent notamment aux cultures chimú et inca. Une vitrine est consacrée à des objets qui étaient sur le point d'être vendus illégalement à l'étranger mais ont été saisis par les douanes. Lors de notre passage, un musée plus vaste était en cours de construction.

Circuits organisés et guides

Preference Tours (52-5518 ; turismomundial@hotmail.com ; Grau 427 ; 9h-19h30 lun-sam, 9h-11h dim) organise certains des circuits les plus économiques en ville, si vous parvenez à constituer un groupe d'au moins trois personnes. C'est l'agence la plus recommandée pour les parcs et réserves des environs.

Où se loger

Quasiment tous les hôtels de Tumbes appartiennent à la catégorie la plus basse en termes de budget et ne disposent que d'eau froide (ce qui n'est guère un problème, vu la chaleur). Pendant la canicule estivale (décembre à mars), vérifiez que votre chambre est équipée d'un ventilateur en état de fonctionnement. Pendant la saison des pluies et les périodes de récolte du riz, deux fois par an, les moustiques peuvent constituer un vrai problème et les coupures d'eau et d'électricité sont fréquentes. Dans les établissements les plus modestes, surveillez bien vos objets de valeur.

Casa César HÔTEL DE CHARME $$
(52-2883 ; www.casacesartumbes.com ; Huáscar 311 ; s/d avec petit-déj à partir de 110/160 S ;). Cet ancien boui-boui a subi une rénovation intégrale pour devenir un hôtel de charme de catégorie moyenne, au personnel sympathique et professionnel. Un mobilier élégant et design souligne l'esthétique minimaliste et le blanc omniprésent.

Les 20 chambres portent des noms d'animaux de la région. Les "classiques" sont moins stylées que celles de la catégorie "affaires", colorées et lumineuses. Un cran au-dessus des autres hôtels de Tumbes, du coup les prix sont justifiés.

Hotel Feijoo HÔTEL $$
(52-2126 ; www.hotelfeijoo.com ; Bolognesi 272 ; s avec/sans clim 70/50 S, d avec/sans clim 90/70 S ;). À une *cuadra* de la Plaza de Armas, c'est l'une des adresses les plus économiques où bénéficier d'une climatisation, bienvenue dans la chaleur étouffante de Tumbes. Les chambres modernes avec sdb très spacieuses donnent sur un patio lumineux à ciel ouvert. En revanche, pas de sourire à la réception !

Hotel Costa del Sol HÔTEL D'AFFAIRES $$$
(52-3991 ; www.costadelsolperu.com ; San Martín 275 ; s/d avec petit-déj 285/350 S ;). L'hôtel le plus chic de la ville, avec restaurant correct, bar plaisant, jardin, Jacuzzi, piscine avec pataugeoire, petit casino et salle de sport. Les chambres, confortables, sont agrémentées de couleurs chaudes et les prestations se sont améliorées depuis que Ramada a pris la tête des opérations en 2012. Tous les équipements modernes sont désormais fournis. Un cocktail frais, inclus, attend les hôtes.

Hostal Roma HÔTEL $
(52-4137 ; Bolognesi 425 ; s/d/tr 45/70/95 S ;). Superbement situé sur la Plaza de Armas, le Roma est une option de qualité parmi les hôtels pour voyageurs à petit budget. Chambres confortables et propres avec douches chaudes, ventilateur puissant, téléphone et TV câblée. Le personnel a l'habitude de recevoir des étrangers et l'accueil est chaleureux, mais l'établissement se

TRAVERSER LA FRONTIÈRE : L'ÉQUATEUR VIA TUMBES

Les pratiques douteuses du poste-frontière d'Aguas Verdes, entre l'Équateur et le Pérou, lui ont valu le titre peu enviable du "pire poste-frontière d'Amérique du Sud". Qu'il le mérite ou non est difficile à prouver, mais mieux vaut se montrer prudent.

Il est fortement conseillé de traverser la frontière avec un bus direct d'une grande compagnie comme **Cruz del Sur**, **Civa**, **Ormeño** ou **Cifa International** (p. 368). Descendez à la douane pour faire tamponner votre passeport et remontez dans le bus immédiatement. Des escrocs sévissent jusqu'à Máncora : ils vendent aux voyageurs des transferts en minibus jusqu'à la frontière et les préviennent qu'ils devront prendre un autre bus côté équatorien. Vous êtes alors loin de vous douter que le minibus s'arrêtera à proximité de la frontière, prétextant un "blocage de la route" ou une quelconque "grève" (*paro* est le mot espagnol que l'on entend systématiquement dans ce cas). Vous serez alors transféré dans une autre voiture, où le conducteur vous expliquera qu'il travaille pour une compagnie de bus mais que seules les voitures sont autorisées à passer en ce moment. Entre les deux postes-frontières, le véhicule s'arrêtera, on vous servira un baratin sur la corruption des employés de l'immigration et on vous demandera de payer le bakchich, en plus du supplément pour le transport en voiture. Certains voyageurs ont déboursé jusqu'à 100 $US pour ce "service". Si vous êtes contraint de circuler entre les postes-frontières, utilisez uniquement les *combis* et les *colectivos* et ne soyez jamais le seul voyageur à monter dans un véhicule, même si c'est un taxi officiel. À Tumbes, des rabatteurs abordent les étrangers partout en ville ; il faut évidemment les ignorer.

Autre conseil : si vous devez changer de l'argent, évitez de le faire à la frontière car les arnaques et faux billets sont légion. Beaucoup d'individus offrent leurs services de porteurs ou de guides. Leur insistance est fatigante, et à moins d'avoir vraiment besoin d'eux, mieux vaut ne pas leur prêter attention.

Pour l'Équateur : les *colectivos* (taxis collectifs ; 3,50 S/pers, 25 min) et les *combis* (minibus ; 2 S, 40 min) pour Aguas Verdes, à la frontière Pérou-Équateur, partent de divers endroits en ville, mais le plus pratique pour les voyageurs est l'angle de Puell et Tumbes ou celui de Castilla et Feijoo (à côté du marché). Le taxi complet coûte 15 S. À moins d'avoir

révèle parfois bruyant (un interphone intérieur est allumé toutes les heures).

Vos affaires de toilette auront du mal à rester en place sur les lavabos inclinés, mais les prestations sont parfaitement satisfaisantes dans l'ensemble.

Hotel Rizzo Plaza HÔTEL $$
(☎52-3991 ; www.rizzoplazahotel.com ; Bolognesi 216 ; s/d avec petit-déj 98/148 S ; ❄@📶). À quelques pas de la Plaza de Armas, le clinquant Rizzo est très apprécié des voyageurs. Ambiance un peu guindée avec centre d'affaires, personnel très professionnel, petites sdb et beaucoup trop de plantes artificielles.

Hospedaje Lourdes PENSION $
(☎52-2966 ; Mayor Bodero 118 ; s/d/tr 40/60/70 S ; 📶). Propre, sûr et sympathique, le Lourdes loue des chambres sobres avec ventilateur, téléphone, TV et douche chaude.

Hospedaje Italia PENSION $
(☎52-3396 ; Grau 733 ; s/d/tr 25/40/50 S). Bonne adresse pour les chambres doubles bénéficiant de beaucoup d'espace et de lumière naturelle. Sols carrelés et TV, mais l'absence de Wi-Fi est regrettable.

Hospedaje Amazonas PENSION $
(☎52-5266 ; Tumbes 317 ; s/d/tr 30/45/55 S). Vieil établissement certes, mais d'évidence entretenu. Les grandes chambres avec ventilateur, eau chaude et TV font l'affaire pour une nuit. Son plus gros atout est peut-être sa proximité immédiate avec Cruz del Sur.

Où se restaurer

De nombreux bars et restaurants sont installés sur la Plaza de Armas, et beaucoup ont des terrasses ombragées – une aubaine par temps chaud. L'endroit est plaisant pour siroter une bière fraîche et regarder le ballet des passants en attendant son bus.

Restaurant
Sí Señor PÉRUVIEN, PRODUITS DE LA MER $$
(Bolívar 115 ; plats 15-35 S). Dans un coin paisible de la place, avec des tables en terrasse et des ventilateurs à l'intérieur, ce

très envie de flâner dans des villes frontalières sans charme, mieux vaut éviter la ville équatorienne de Huaquillas. Il est plus judicieux de prendre un bus direct pour Machala ou Guayaquil, plus loin en Équateur.

Le **bureau péruvien de l'immigration** (El Complejo ; ☎072-56 1178 ; ⏲24h/24) se situe en plein désert à Aguas Verdes, à 3 km de la frontière. Il tamponne les passeports des voyageurs qui quittent le Pérou. Si vous prenez un transport public, assurez-vous qu'il fait halte pour cette formalité. Des *mototaxis* relient le bureau de l'immigration et la frontière (3 S).

Aguas Verdes se résume à une longue rue poussiéreuse remplie de vendeurs, qui continue jusqu'à la ville frontalière équatorienne de Huaquillas, quasi identique, via le pont international sur le Río Zarumilla. Si vous devez passer la nuit à la frontière, Aguas Verdes compte quelques hôtels, tous bruyants et très rudimentaires. Il y a de meilleures adresses à Huaquillas, mais il est vraiment préférable de rester à Tumbes pour la nuit ou de faire le trajet de 2 heures en bus jusqu'à Machala, où les infrastructures sont bien meilleures.

Le bureau équatorien de l'immigration est installé dans l'énorme bâtiment bleu et blanc connu sous le nom de **CEBAF** (Centro Binacional de Atención de Frontera ; ⏲24h/24), à environ 4 km au nord du pont. Les taxis partant du pont facturent 2,50 $US et insistent pour être payés en dollars et non en *nuevo soles*. Si vous en trouvez un qui accepte les *soles*, la course sera plus chère (10 S). Très peu de nationalités impliquent de demander un visa pour l'Équateur, mais tout le monde doit présenter une carte d'embarquement Tarjeta Andina, disponible gratuitement au bureau de l'immigration. Vous devrez rendre votre Tarjeta Andina en quittant l'Équateur. Si vous la perdez, il n'y a pas d'amende mais vous ne pourrez plus entrer en Équateur pendant les 90 jours suivants. Un billet de retour ou de continuation et des ressources suffisantes (20 $US/jour) sont officiellement requis, mais rarement vérifiés. Les touristes ne peuvent pas passer plus de 90 jours par an en Équateur sans prorogation officielle au consulat. Quiconque dépasse ce délai encourt à son départ une amende allant de 200 à 2 000 $US.

Consultez le guide Lonely Planet *Équateur et les îles Galápagos* pour de plus amples informations.

restaurant installé de longue date sert toutes sortes de mets avec une prédilection pour les produits de la mer. Conseillé par le serveur, notre poisson au gingembre cuit à la vapeur s'est révélé frais et goûteux.

Moka CAFÉ $

(www.mokatumbes.com ; Bolognesi 252 ; en-cas 5-10 S ; ⏲8h-13h et 16h30-23h). On ne s'attend pas à trouver un café moderne de ce type à Tumbes. Gâteaux appétissants, *frappuccinos corsés*, jus de fruits, milk-shakes ; seul l'expresso est un peu décevant (mais préparé avec une véritable machine à café). Bon choix de sandwichs-*croissants* parfaits pour un en-cas ou un petit-déjeuner (goûtez aussi la salade de poulet à l'avocat).

À ne pas confondre avec leur stand de glaces, deux portes plus bas.

Las Terrazas PRODUITS DE MER, PÉRUVIEN $$

(Araujo 549 ; plats 15-30 S). Un peu en dehors du centre-ville, ce restaurant populaire mérite largement la course de 1,50 S en *mototaxi*. Une foule de clients s'y régale tous les jours de copieux *ceviches* et plats de fruits de mer, poisson, langouste ou poulpe, préparés à la mode de la côte nord. Musique live du vendredi au lundi à partir de 15h.

La façade de l'édifice est rudimentaire, mais vous serez installé dans les étages sur une élégante terrasse, avec nappes, décoration abondante et ambiance festive.

Classic Restaurant PRODUITS DE MER, PÉRUVIEN $$

(Tumbes 185 ; menu 7 S, plats 20-27 S ; ⏲8h-17h). Petit, élégant et très calme, c'est l'endroit rêvé pour échapper à la chaleur torride de Tumbes et s'accorder un long déjeuner décontracté, à l'instar de maints habitants. Assez typique de la côte, la nourriture est savoureuse et la climatisation est bienvenue. Le menu du jour à 7 S tient d'une aubaine.

ℹ Renseignements

Argent

Banco Continental (Bolívar 129)

BCP (Bolívar 261). Change les chèques de voyage et possède un DAB.

Désagréments et dangers

Le poste-frontière a mauvaise réputation. Voir l'encadré ci-dessus pour de plus amples détails.

Immigration

Consul équatorien (☎52-5949 ; www.mecuadorperu.org.pe ; Bolívar 129, 2e ét. ; ⏲8h-13h lun-ven). Sur la Plaza de Armas.

Oficina de Migraciónes (bureau de l'immigration ; ☎52-3422 ; www.digemin.gob.pe ; Panamericana Km 1275,5). Sur la route Panaméricaine, 2 km au nord de la ville. Gère les questions de visas.

Offices de tourisme

iPerú (☎50-6721 ; Malecón III Milenio, 2e ét.). Informations touristiques utiles. Vous le trouverez en marchant direction sud dans Bolognesi, vers le front de mer.

Poste

Serpost (San Martín 208 ; ⏲9h-19h lun-ven, 9h-13h sam). Dans la *cuadra* au sud de la Plaza Bolognesi.

Services médicaux

Clínica Feijoo (www.clinicafeijoo.blogspot.com ; Castilla 305). L'un des meilleurs centres médicaux de Tumbes.

Urgences

Police touristique (Policía de Turismo, Poltur ; ☎97-288-0013 ; San Pedro 600, 1er ét.)

ℹ Depuis/vers Tumbes

Avion

L'aéroport (TBP) se trouve à 8 km au nord de la ville. **LAN** (☎52-4481 ; www.lan.com ; Bolognesi 250) assure un vol quotidien entre Lima et Tumbes, départ à 17h30 et retour à Lima à 19h55. Les tarifs commencent à 379 S pour les étrangers. **Star Perú** (☎50-8548 ; www.starperu.com ; San Martín 275) quitte Lima à 13h30, et repart de Tumbes à 15h45, les lundi et vendredi uniquement.

Bus

Vous pourrez généralement trouver un bus pour Lima dans les 24 heures suivant votre arrivée à Tumbes, mais ils sont parfois complets plusieurs jours à l'avance, surtout pendant les principales vacances. Alternative possible : prenez un bus pour une grande ville du sud et tentez à nouveau votre chance.

Certaines compagnies proposent un service spécial avec nombre d'arrêts limité, climatisation, toilettes et vidéo à plein volume ; certaines ont des *bus-camas* de luxe, sans arrêt.

Les services plus lents s'arrêtent à Piura, Chiclayo et Trujillo. Pour Máncora ou Piura, les minibus *colectivos* sont beaucoup plus rapides et pratiques.

Si vous vous rendez en Équateur, le plus simple est de voyager avec Cifa, une compagnie équatorienne, ou Ormeño. Les bus Civa partent au milieu de la nuit et ceux de Cruz del Sur ne circulent que trois jours par semaine. Tous les bus s'arrêtent à la frontière pour faire tamponner les passeports des passagers.

Cial (☎52-6350 ; www.expresocial.com ; Tumbes 958). *Bus-cama* pour Lima à 15h30.

Cifa (☎52-5026 ; www.cifainternacional.com ; Tumbes 958). Dessert Machala (il faut changer de bus à Huaquillas) et Guayaquil six fois par jour, deux villes équatoriennes, toutes les 2 heures environ entre 6h et 17h.

Civa (☎52-5120 ; www.excluciva.pe ; Tumbes 587). Bus *semi-cama* moins onéreux pour Lima à 13h30 et 16h30 et *bus-cama* à 15h30. Départ pour Guayaquil à 2h.

Cruz del Sur (☎52-6200; www.cruzdelsur.com.pe ; Tumbes 319). *Bus-cama* pour Lima

BUS AU DÉPART DE TUMBES

DESTINATION	PRIX	DURÉE
Chiclayo	30-50 S	8 heures
Guayaquil (Équateur)	25-118 S	6 heures
Lima	50-165 S	16-18 heures
Máncora	7-25 S	1 heure 30-2 heures
Machala (Équateur)	12 S	3 heures
Piura	16-30 S	4-5 heures
Puerto Pizarro	1,50 S	15 minutes
Rica Playa	4 S	1 heure 30
Trujillo	27-37 S	11 heures
Zorritos	2,50 S	45 minutes

à 15h30 et pour Guayaquil les lundi, jeudi et samedi à 11h.

El Sol (☎50-9252 ; Piura 403). Bus économiques pour Chiclayo (26 S) à 8h15 et 9h30. Également un départ pour Lima (55 S) via Chiclayo (20 S) et Trujillo (28 S) à 20h20.

Oltursa (☎52-2894 ; www.oltursa.pe ; Tumbes 948). *Bus-cama* pour Lima à 15h30 et 16h du lundi au samedi, et à 14h et 14h30 le dimanche. Départ pour Trujillo et Chiclayo tous les jours à 20h.

Ormeño (☎52-2894 ; www.grupo-ormeno.com.pe ; Tumbes 1187). Départ pour Lima via Chiclayo et Trujillo à 19h30. Également un bus direct pour Guayaquil à 9h30.

Sertur (☎94-199-1662 ; www.serturonline.com ; Tumbes 502). Minibus plus rapides pour Máncora et Piura, toutes les demi-heures entre 5h30 et 20h30.

Shaday Adornay (☎61-8672 ; angle Tumbes et Piura). Minibus plus rapides pour Máncora et Piura, toutes les heures entre 7h et 22h.

Tepsa (☎52-2428 ; www.tepsa.com.pe ; Tumbes 199). Départ pour Lima à 16h.

Transportes Chiclayo (☎52-5260 ; www.transporteschiclayo.com ; Tumbes 570). Bus pour Chiclayo via Máncora tous les jours à 12h30 et 21h.

Transportes El Dorado (☎52-3480 ; www.transporteseldorado.com.pe ; Tacna 251). Treize bus quotidiens pour Piura et départ pour Chiclayo et Trujillo à 19h30, 21h et 22h30.

Dans le secteur du marché, les *colectivos* pour Puerto Pizarro partent de l'angle de Castilla et Feijoo ; pour Zorritos, les *combis* partent de Castilla, à côté d'Ugarte ; pour Rica Playa, les *combis* partent d'Ugarte 404, à côté de Castilla. Renseignez-vous auprès des habitants car les arrêts ne sont pas matérialisés. Pour Máncora, les agences de minibus climatisés et plus rapides sont concentrées autour du croisement entre Tumbes et Piura. Des *combis* plus lents et plus économiques démarrent aussi de l'angle sud-ouest du même carrefour. Les bus à destination de Casitas partent à 13h (10 S, 5 heures).

Comment circuler

La course en taxi jusqu'à l'aéroport coûte environ 20 S. Aucun *combi* ne dessert l'aéroport.

Environs de Tumbes

PUERTO PIZARRO

☎072

À 14 km au nord de Tumbes, le paysage côtier change brutalement : le désert, qui s'étire sur plus de 2 000 km du centre du Chili au nord du Pérou, laisse la place à la mangrove qui borde la majeure partie des côtes équatorienne et colombienne. Les **oiseaux** abondent dans cette région, que visitent jusqu'à 200 espèces de migrateurs. On peut louer un bateau pour explorer la mangrove ; un circuit mène à une **réserve de crocodiles** où l'on élève les seuls crocodiles du Pérou, sauvés de l'extinction. On peut également faire le tour de l'**Isla de Aves** (sans débarquer) pour voir les nombreux oiseaux marins qui y nichent, notamment entre 17h et 18h quand ils rentrent au bercail par milliers. Les bateaux de location (30 S/heure par bateau) bordent le front de mer à Puerto Pizarro. Un circuit dans les mangroves et aux sites mentionnés ci-dessus revient à 40 S par bateau pour six personnes maximum. Deux bonnes options : **Turmi** (☎97-298-6199 ; Grau s/n), l'association des loueurs de bateaux, qui est le meilleur choix pour les petits groupes et les voyageurs indépendants, ou **Manglaris Tours** (☎78-3734 ; Grau s/n), qui possède des embarcations plus grandes et facture seulement 7 S par personne pour le parcours classique. On les trouve facilement sur le chemin menant à l'embarcadère. Les tour-opérateurs de Tumbes proposent également des circuits guidés dans la région.

Pour une excursion à la journée rapide, facile et autonome au départ de Tumbes, visitez la **Isla Hueso de Ballena**, où quelques restaurants permettent de déjeuner. Ils sont assez délabrés, mais le **Restaurante Hueso de Ballena** (plats 25-28 S ; ⌚9h-18h) est idéal, les pieds dans le sable et avec quelques hamacs. On vous promet une "orgie de crustacés" et c'est un bon endroit pour goûter la spécialité locale, les *conchas negras* (coquillages noirs), ainsi que le *ceviche*, le riz aux fruits de mer, les *chicharrónes* et les soupes, le tout à base d'ingrédients pêchés le jour même. Les bateaux font l'aller-retour aux restaurants pour 25 S, temps d'attente inclus.

Des *combis* circulent régulièrement entre Puerto Pizarro et Tumbes (1,50 S, 15 min).

RESERVA DE BIOSFERA DEL NOROESTE

La réserve de biosphère du Nord-Ouest comprend quatre zones protégées qui s'étendent sur 2 344 km² dans la province de Tumbes et le nord de celle de Piura. Faute de fonds publics, les infrastructures restent très limitées ; celles qui existent ont été, pour la plupart, financées par des organisations comme la Fundación Peruana para la Conservación de la Naturaleza (FPCN, ou ProNaturaleza), avec l'aide d'organismes internationaux, tel le WWF.

Vous trouverez des renseignements concernant le secteur à Tumbes, au bureau du **Sernanp** (072-52-6489 ; www.sernanp.gob.pe ; Panamericana Norte 1739, Tumbes ; 8h30-12h30 et 15h30-17h30 lun-ven), le département du gouvernement chargé de gérer cette région. Vous devrez obtenir une autorisation pour visiter en indépendant chacune des zones protégées ; ces permis sont gratuits et délivrés en quelques minutes, mais les visites ne sont plus recommandées en raison de problèmes de sécurité.

Les tour-opérateurs de Tumbes peuvent organiser des circuits dans les deux secteurs les plus visités, le Parque Nacional Cerros de Amotape et le Santuario Nacional los Manglares de Tumbes. À Zorritos, le Grillo 3 Puntos Ecohostel peut faire de même. Peu de routes desservent la région et l'accès peut être très difficile pendant la saison des pluies, de décembre à avril.

Parque Nacional Cerros de Amotape

Un parc national de 1 515 km² protège l'écosystème de forêt sèche tropicale des Cerros de Amotape, ce qui en fait le principal secteur de la Biosfera. Il renferme une flore riche et de nombreux animaux, notamment des jaguars, des condors et des fourmiliers, même si on voit plus souvent des perroquets, des cerfs et des pécaris. L'exploitation forestière à grande échelle, le braconnage et le surpâturage menacent cet habitat, qui est d'ailleurs assez rare au Pérou. Le meilleur endroit pour observer la faune est la Zona Reservada de Tumbes, désormais comprise dans le parc Amotape lui-même. La forêt est la même que dans d'autres secteurs d'Amotape, mais se trouvant sur le flanc est des collines, elle est plus humide et abrite une flore et une faune légèrement différentes, par exemple des crocodiles, des singes hurleurs et des ragondins. Vous verrez aussi différentes orchidées et de nombreuses espèces d'oiseaux.

Les services d'un **guide** se révèlent indispensables pour observer les oiseaux ; renseignez-vous à **Rica Playa**, un petit village accueillant à l'intérieur du parc. Le village ne compte pas d'hôtel, mais on peut y camper et acheter de la nourriture aux familles locales.

Les agences de Tumbes organisent aussi des visites pour quatre participants maximum, moyennant 230 S.

Santuario Nacional los Manglares de Tumbes

Cette réserve nationale, séparée des trois autres zones de forêt sèche, borde la côte. Créée en 1988, elle ne couvre que 30 km², mais joue un rôle essentiel dans la conservation de la seule région de mangrove du pays.

Rejoignez Puerto Pizarro et suivez une piste qui part au nord-est vers le hameau d'**El Bendito**. Sur place, demandez à un villageois de vous emmener en canoë. À Puerto Pizarro, des circuits organisés permettent également de découvrir la mangrove, dans un secteur situé à l'extérieur de la réserve. Les visites se font en fonction des marées.

Les tour-opérateurs de Tumbes organisent aussi des circuits (150 S, jusqu'à 4 personnes).

Huaraz et les cordillères

Dans ce chapitre »

Le top des hébergements

» Albergue Churup (p. 379)
» Lazy Dog Inn (p. 379)
» Llanganuco Mountain Lodge (p. 399)
» Hotel San Sebastián (p. 380)
» Andes Lodge Peru (p. 410)

Le top des restaurants

» Mi Chef Kristof (p. 381)
» Café Andino (p. 382)
» Chili Heaven (p. 382)
» Rinconcito Mineiro (p. 382)
» Buongiorno (p. 409)

Pourquoi partir

Destination culte pour la randonnée, le trekking et l'escalade au Pérou, les cordillères constituent un haut lieu de l'aventure sud-américaine. Où que porte le regard, il découvre à l'infini des pics enneigés dont les arêtes dominent de larges vallées verdoyantes. Des lacs émeraude, des grottes glaciaires et des sources chaudes se nichent dans les replis de ces prodigieux géants. Plus haute chaîne de montagnes après l'Himalaya, la Cordillera Blanca compte 18 sommets de plus de 6 000 m.

Huaraz se situe au carrefour des chemins de randonnée et des routes qui sillonnent les montagnes. Ses bars sont propices à l'organisation d'aventureux projets au coin du feu : escalade sur glacier ou sur roche et folles expéditions à VTT. Dans la vallée orientale, les énigmatiques ruines de Chavín de Huántar, vieilles de 3 000 ans, fascinent les visiteurs qui viennent chaque jour à leur découverte.

Quand partir

Huaraz

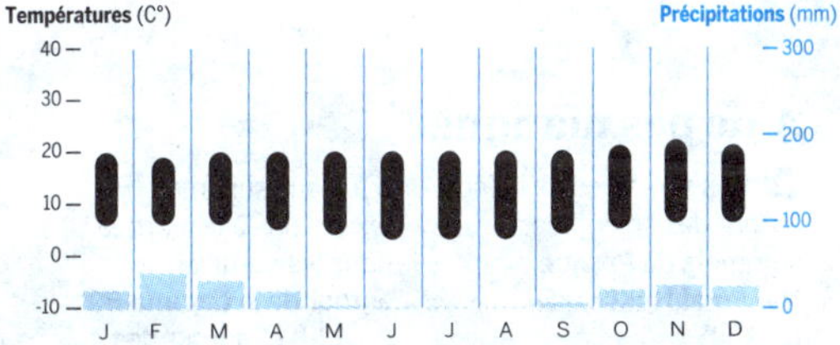

Mai-sept Saison sèche, propice au trekking dans les cordillères.

Oct-déc Basse saison ; ambiance détendue à Huaraz et facilités pour trouver un guide de qualité pour un trekking.

Déc-avr Humide et pluvieux ; silence assuré lors des randonnées, appréciables à condition d'être bien équipé.

HUARAZ

043 / 48 500 HABITANTS / ALTITUDE 3 091 M

Huaraz est la capitale affairée de ce royaume d'aventures andines et ses toits offrent une vue splendide sur l'une des chaînes de montagnes les plus impressionnantes du monde. Pratiquement rayée de la carte par un tremblement de terre en 1970, la ville n'a pas un grand charme, mais elle ne manque pas de personnalité.

En saison, des centaines de routards et d'alpinistes, de retour de randonnée ou préparant la prochaine expédition, se pres-

À ne pas manquer

1 Des semaines de balade autour des splendides sommets du **Parque Nacional Huascarán** (p. 388)

2 La route spectaculaire entre Huaraz et Chiquián, avec d'époustouflants panoramas sur la **Cordillera Blanca** (p. 388) et la **Cordillera Huayhuash** (p. 393)

3 Deux sublimes excursions à la journée dans les cordillères : autour de la **Laguna 69** (p. 392) et autour des **Lagunas Llanganuco** (p. 400)

4 L'exploration des mystérieuses ruines de **Chavín de Huántar** (p. 406)

5 La traversée de l'impressionnant **Cañón del Pato** (p. 400), entre des parois rocheuses hautes de 1 000 m.

6 Un repos bien mérité dans de superbes lodges de montagne comme le **Lazy Dog Inn** (p. 379) ou le **Llanganuco Mountain Lodge** (p. 399)

7 L'émouvant cimetière de **Yungay** (p. 399), une ville ensevelie

sent dans les nombreux bars animés de cette métropole du trekking. Des dizaines de tour-opérateurs organisent des circuits, louent des équipements et proposent d'innombrables activités sportives, et une multitude de bons restaurants aident à reprendre des forces après d'épuisantes aventures. Si la montagne permet des expériences tout aussi gratifiantes hors saison, l'ambiance est moins festive et certains établissements hibernent durant la saison des pluies.

À voir

Monumento Nacional Wilkahuaín RUINES

(5 S ; 9h-17h). À 8 km au nord de Huaraz, cette petite ruine huari est remarquablement conservée. Érigée entre 600 et 900, cette copie du temple de Chavín a été réalisée dans le style de Tiahuanaco (ou Tiwanaku en aymara). Wilcahuaín signifie "maison du petit-fils" en quechua. Le temple à 3 niveaux comprend 7 salles par étage ; chacune était remplie à l'origine de nombreuses momies. Un système de ventilation sophistiqué conservait les corps au sec.

La course en taxi revient à quelque 20 S. Vous pouvez aussi prendre un *combi* (minibus ; 1 S environ) à l'un des arrêts de bus proches du Río Quilcay. Sinon, une agréable promenade de 2 heures grimpe à travers des fermes et de simples *pueblos* (villages) jusqu'à Wilcahuaín, permettant une première acclimatation à l'altitude et donnant un aperçu de la vie rurale andine. Avant de partir, renseignez-vous sur la sécurité auprès des habitants et reportez-vous à la rubrique *Désagréments et dangers* (p. 383).

Museo Regional de Ancash MUSÉE

(Plaza de Armas ; adulte/enfant 5/1 S ; 8h30-17h15 mar-sam, 9h-14h dim). Le Museo Regional de Ancash possède la plus grande collection de sculptures de pierre anciennes d'Amérique du Sud. Petit et intéressant, il donne à voir quelques momies, des crânes trépanés et un jardin de monolithes des cultures de Recuay (400 av. J.-C.-600) et des Huari (600-1100).

Jirón José Olaya ARCHITECTURE, MARCHÉ

À l'est de la ville, Jirón José Olaya part sur la droite de Raimondi, à une *cuadra* de Confraternidad. La seule rue demeurée intacte après les séismes offre un aperçu de la Huaraz de jadis. Le dimanche, elle accueille un marché de produits régionaux.

Mirador de Retaqeñua PANORAMA

Le Mirador de Rataqueñua, à 45 minutes de marche au sud-est du centre, offre un superbe panorama de Huaraz et des montagnes environnantes. Mieux vaut prendre, pour 8 S, un taxi (voir *Désagréments et dangers*, p. 383).

Activités

Trekking et alpinisme

Que vous prévoyiez une ascension ou une randonnée d'une journée, Huaraz est l'endroit idéal pour une expédition dans les montagnes alentour. De nombreux tour-

SÉISMES ET GLISSEMENTS DE TERRAIN

Des *aluviónes*, associations d'avalanches, de chutes d'eau et de glissements de terrain, sont rapportés depuis près de 300 ans. Récemment, trois ont provoqué des catastrophes.

Le premier, en 1941, fut déclenché par une avalanche dans la vallée de Cojup, à l'ouest de Huaraz. Celle-ci entraîna la rupture des rives de la Laguna Palcacocha, qui se déversa sur Huaraz, tuant 5 000 habitants et dévastant le centre-ville. En 1962, une énorme avalanche dévala les versants occidentaux du Huascarán et détruisit la ville de Ranrahirca, faisant 4 000 victimes.

Le pire désastre remonte au 31 mai 1970, quand un séisme d'une intensité proche de 8 sur l'échelle de Richter ravagea presque tout le centre du pays et causa la mort de quelque 70 000 personnes. Huaraz perdit presque la moitié de ses 30 000 habitants et seuls 10% de ses bâtiments résistèrent. La ville de Yungay (p. 398) fut ensevelie par l'*aluvión* provoqué par le tremblement de terre, avec la quasi-totalité de sa population (25 000 âmes).

Depuis, une agence gouvernementale, Hidrandina, a été créée pour réguler le niveau des lacs à l'aide de barrages et de tunnels, afin d'éviter de semblables catastrophes. Des systèmes d'alerte ont été mis en place, parfois perturbés par de fausses alertes.

opérateurs peuvent organiser à l'avance un circuit complet ; il suffit juste d'arriver au bon moment. Des sportifs expérimentés partent souvent camper, marcher ou grimper dans les montagnes sans l'aide des habitants. Vous pouvez les imiter, à condition d'avoir les connaissances requises. N'oubliez pas que porter un sac à dos lourdement chargé pour atteindre un col à 4 800 m d'altitude demande bien plus d'efforts qu'une marche à basse altitude. Pour plus de détails, reportez-vous à *Trekking et alpinisme* (p. 386) dans la section *Les cordillères*.

Huaraz

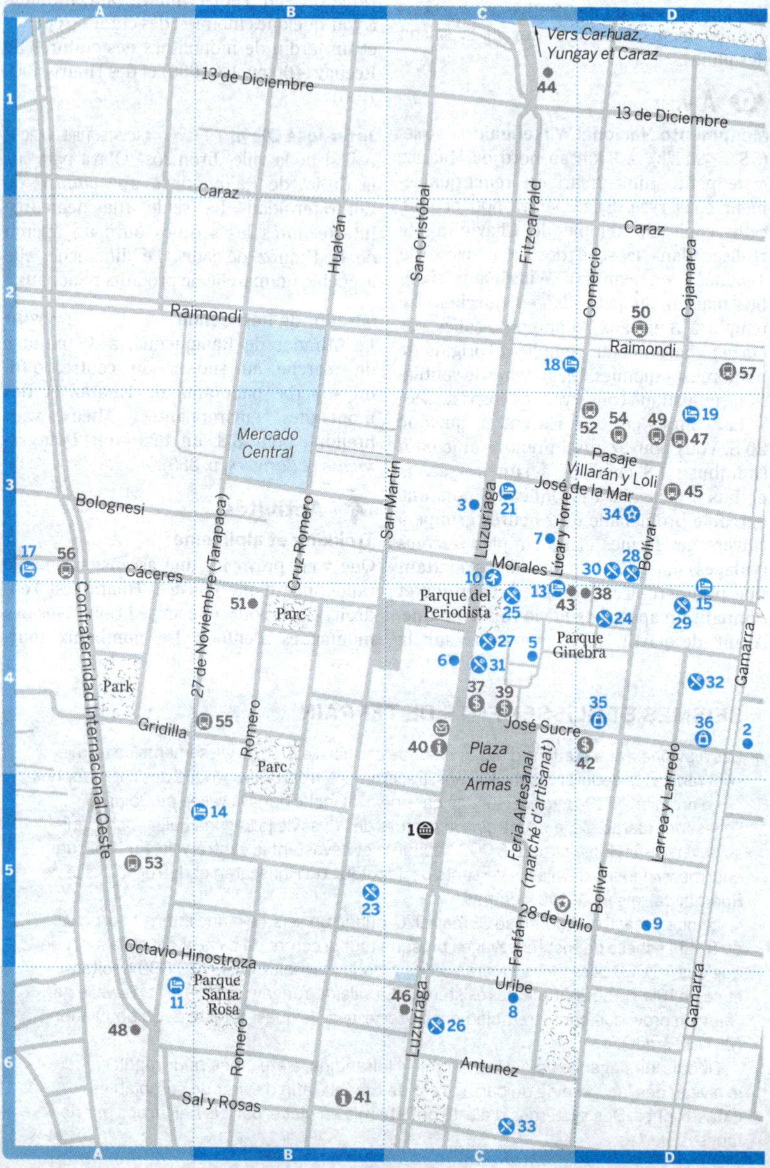

Escalade

L'escalade a le vent en poupe dans la Cordillera Blanca. Les grimpeurs pourront pratiquer des ascensions sportives sur pitons, notamment à Chancos, à Recuay (p. 404) et à Hatun Machay (p. 404). La célèbre Torre de Parón (p. 400), appelée localement le Sphinx, demande plusieurs jours d'escalade. La plupart des agences de trekking proposent des expéditions, pour débutants ou grimpeurs expérimentés. Beaucoup louent des équipements. Avec quelques recherches et en glanant des informations, vous pourrez facilement organiser vous-même votre expédition. À Huaraz, Galaxia Expeditions et Monttrek disposent tous deux de murs ou de rochers d'escalade (*rócodromos*).

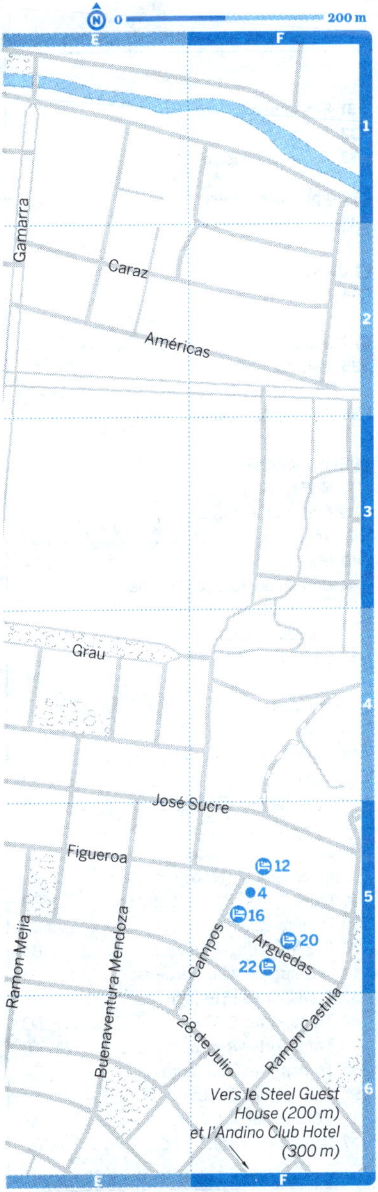

Escalade sur glace

Avec sa profusion de glaciers où planter son piolet, la Cordillera Blanca est un paradis givré pour qui veut s'initier à l'escalade sur glace ou se lancer à l'assaut de nouveaux sommets et dénivelés. Comme la plupart des ascensions requièrent un certain niveau de connaissances techniques, l'escalade sur glace génère une activité économique importante dans la Cordillera. Quantité d'agences proposant des circuits et des treks organisent des excursions, des cours et louent du matériel. Les meilleures, recensées dans la rubrique *Circuits organisés et guides* (p. 377), justifient de plusieurs années d'expérience en la matière et leur matériel est sûr. Dans le Parque Nacional Huascarán (p. 388), vous devrez être accompagné d'un guide certifié.

VTT

Mountain Bike Adventures VTT

(☎42-4259 ; www.chakinaniperu.com ; Lúcar y Torre 530, 1er ét. ; ⌚9h-13h et 15h-20h). Mountain Bike Adventures, qui existe depuis plus de 10 ans, jouit d'une bonne réputation. Cet organisme soucieux de la sécurité propose un service sympathique et compétent et des VTT de qualité. Le propriétaire, qui habite Huaraz depuis toujours, parle anglais. Il connaît les itinéraires de la région mieux que quiconque. L'agence loue des vélos aux randonneurs indépendants (à condition de faire preuve de compétences mécaniques) et propose divers circuits guidés, de la promenade facile de 5 heures à l'expédition de 12 jours autour de la Cordillera Blanca. Les tarifs débutent à 100 S pour la location comme pour les circuits à la journée.

Bénévolat

Consultez les panneaux d'affichage des cafés et des repaires d'étrangers à Huaraz.

Seeds of Hope BÉNÉVOLAT

(☎94-352-3353 ; www.peruseeds.org). Cette association humanitaire recommandée, qui aide les enfants pauvres de Huaraz, fournit le gîte et le couvert aux bénévoles pour une somme modique.

Teach Huaraz Peru BÉNÉVOLAT (☎42-5303 ; www.teachhuarazperu.com). Travaillant essentiellement avec les enfants, cette association propose par exemple aux bénévoles de donner des cours d'anglais et de loger chez l'habitant. Des organismes spécialisés dans le tourisme communautaire et équitable peuvent aussi vous aider à trouver des activités de bénévolat dans la région. Mieux vaut s'organiser à l'avance, même si des associations acceptent parfois les bénévoles qui se présentent pour une courte période.

Huaraz

À voir
- 1 Museo Regional de Ancash C5
- Sierra Verde Spanish School .... (voir 7)

Activités
- 2 Active Peru D4
- 3 Andean Kingdom/Infinite Adventures C3
- Casa de Guías .... (voir 38)
- Galaxia Expeditions .... (voir 27)
- 4 Huascarán F5
- 5 Montañero C4
- 6 Monttrek C4
- 7 Mountain Bike Adventures C3
- 8 MountClimb C6
- Pablo Tours .... (voir 21)
- 9 Centre de tourisme durable Respons D5
- 10 Sechín Tours C3

Où se loger
- 11 Albergue Benkawasi A6
- 12 Albergue Churup F5
- 13 Aldo's Guest House C4
- 14 B&B My House B5
- 15 Cayesh Guesthouse D4
- 16 Churub II F5
- 17 Edward's Inn A3
- Familia Meza Lodging .... (voir 7)
- 18 Hospedaje Raymundi C2
- 19 Hostal Schatzi D3
- 20 La Casa de Zarela F5
- 21 Monte Blanco Hotel C3
- 22 Olaza's Bed & Breakfast F5

Où se restaurer
- Café Andino .... (voir 7)
- 23 California Cafe B5
- 24 Chili Heaven D4
- 25 El Horno C4
- 26 La Brasa Roja C6
- 27 Mi Chef Kristoff C4
- 28 Novaplaza D3
- 29 Pastelería Café Turmanyé D4
- 30 Rinconcito Mineiro D3
- 31 Rossonero C4
- 32 Taita D4
- 33 Terracota Fusion C6

Où prendre un verre
- Los 13 Buhos .... (voir 24)

Où sortir
- 34 El Tambo D3

Achats
- 35 Perú Magico D4
- Tejidos Turmanyé .... (voir 29)
- 36 Tejidos Turmanyé D4

Renseignements
- 37 BCP C4
- 38 Casa de Guías D4
- 39 Interbanc C4
- 40 iPerú C4
- 41 Bureau du Parque Nacional Huascarán B6
- Police touristique .... (voir 40)
- 42 Scotiabank D4

Transports
- 43 Clal C4
- 44 Combis pour Carhuaz, Yungay et Caraz C1
- 45 Cruz del Sur D3
- 46 LC Perú C6
- 47 Línea D3
- 48 Minibus pour Recuay et Catac A6
- 49 Movil Tours D3
- 50 Oltursa D2
- 51 Billetterie de Sandoval B4
- 52 Transportes Alas Peruanas D3
- 53 Transportes El Rápido A5
- 54 Transportes El Veloz D3
- Transportes Renzo .... (voir 50)
- 55 Transportes Rodríguez B4
- 56 Transportes Sandoval (Terminal) A3
- 57 Yungay Express D2

Tourisme communautaire

Plus qu'une mode passagère, le tourisme communautaire offre une alternative aux voyages traditionnels pendant lesquels les vacanciers passent tout leur temps dans des complexes hôteliers ou en compagnie d'immenses groupes sans véritable échange ou proximité avec les populations locales. Avec cette forme de tourisme, les voyageurs entrent plus intimement en contact avec les habitants, qui s'impliquent personnellement et tirent les bénéfices des projets touristiques qu'ils ont mis sur pied (avec le concours, souvent, d'associations). Les activités vont de la préparation de la cuisine traditionnelle à la participation aux tâches agricoles et à la fabrication d'objets d'artisanat et permettent souvent de combiner travail bénévole et hébergement chez l'habitant. Les refuges de montagne gèrent des projets de ce type. Par ailleurs, les agences suivantes peuvent vous aider à organiser un voyage où vous apprendrez les techniques de tissage, découvrirez la culture et la cuisine traditionnelles et bien d'autres aspects de la vie des Indiens. Quasi toutes les activités proposées par ces agences profiteront à la population locale et contribueront au développement du tourisme communautaire dans la région.

Centre de tourisme durable Respons CIRCUITS CULTURELS
(☎42-7949 ; www.respons.org ; Calle 28 de Julio 821 ; ⌚9h-13h et 15h-19h30). Il centralise les informations sur le tourisme communautaire régional : séjours chez l'habitant, vente des tissages réalisés dans la région et renseignements divers, le tout gratuitement.

Mountain Institute CIRCUITS CULTURELS
(☎42-3446 ; www.mountain.org ; Ricardo Palma 100). Organise d'excellents circuits sur le Chemin de l'Inca (p. 392), ainsi que des excursions à la journée dans les communautés andines de Vicos et de Humacchuco, dans la Cordillera Blanca.

Autres activités

Aucune remontée mécanique n'est installée dans la Cordillera Blanca. Les mordus de **ski** pourront toutefois dévaler les pentes qu'ils auront au préalable péniblement grimpées ; renseignez-vous localement sur les conditions, notamment climatiques. Du **rafting** est parfois proposé sur le Río Santa, une rivière fortement polluée par les déchets miniers en amont et les eaux usées. Certains participants étant tombés malades, cette activité est déconseillée.

L'**équitation** est aussi possible ; de nombreuses agences de voyages pourront vous procurer des chevaux. La Lazy Dog Inn, à l'extérieur de Huaraz, possède ses propres chevaux et organise des treks dans les montagnes avoisinantes. Le centre de tourisme durable Respons propose des excursions à la journée (à partir de 160 S) autour du village de Yungar, dans la Cordillera Negra.

Le **parapente** et le **parachute ascensionnel** sont de plus en plus populaires, mais vous devrez apporter tout le matériel. Jangas (à 20 min au nord de Huaraz), Wilcacocha (à 40 min au sud-est) et Huata (près de Caraz) sont des bases de sauts fréquentées dans la Cordillera Negra. Pour savoir ce qui se fait au moment de votre séjour, adressez-vous à Monttrek.

Circuits et guides

Circuits à la journée

Dans l'Avenida Luzuriaga, des dizaines de tour-opérateurs proposent des excursions, parfois de plusieurs jours, vers les sites de la région. Parmi les plus appréciées, l'une conduit aux ruines de Chavín de Huántar (p. 406) ; une autre traverse Yungay et rejoint les splendides Lagunas Llanganuco (p. 400), qui sont entourées de montagnes, dont le Huascarán. Une troisième passe par Caraz et atteint la Laguna Parón (p. 400), cernée de pics enneigés ; une quatrième s'arrête à Caraz pour voir les gigantesques *Puya raimondii* (p. 401), puis continue jusqu'au Nevado Pastoruri, connu pour ses grottes gelées, ses glaciers et ses sources minérales.

Toutes ces excursions durent une journée et coûtent 35-45 S. Les tarifs peuvent varier en fonction du nombre de participants et comprennent généralement le transport (souvent en minibus) et un guide. Les droits d'entrée sont en sus et vous devrez apporter votre pique-nique, de l'eau, des vêtements chauds et une crème solaire. Quotidiennes en haute saison, les sorties dépendent de la demande le reste de l'année. Évitez le lundi pour l'excursion à Chavín de Huántar ; c'est le jour où les ruines et le musée sont fermés.

Parmi les innombrables agences de Huaraz, **Pablo Tours** (☎42-1145 ; pablotours@terra.com.pe ; Luzuriaga 501) et **Sechín Tours** (☎42-1419 ; www.sechintours.com ; Morales 602) ont bonne réputation auprès des voyageurs.

Trekking et alpinisme

Trekkeurs et alpinistes trouveront une liste de guides agréés à la **Casa de Guías** (☎42-1811 ; www.casadeguias.com.pe ; Parque Ginebra 28G ; ⌚9h-13h et 16h-20h lun-sam), **le siège** de l'**Association des guides de montagne du Pérou**. Toutes les agences citées ci-dessous organisent des treks et des expéditions d'escalade, dont les tarifs comprennent guides, matériel, nourriture, cuisiniers, porteurs et transport. Selon le nombre de participants, la longueur et la nature du circuit, comptez entre 90 S par personne (pour une excursion facile à la journée) et 670 S par personne et par jour (pour une expédition technique). Évitez de choisir l'agence en fonction du prix, car la prestation est souvent à la hauteur du tarif. La liste ci-dessous n'est pas exhaustive ; les choses changent, les bonnes adresses peuvent péricliter et les mauvaises progresser. Les autres voyageurs tout juste de retour d'un trek constituent l'une des meilleures sources d'information sur les guides à Huaraz, puisqu'ils pourront vous recommander (ou déconseiller) leurs guides en fonction de leur expérience récente. Le South American Explorers Club de Lima (p. 96) est aussi un excellent moyen d'obtenir des renseignements et des cartes.

Reportez-vous également p. 386 et à l'encadré ci-dessous.

Skyline Adventures TREKKING, ALPINISME
(☎42-7097 ; www.skyline-adventures.com ; Pasaje Industrial 137). Basé juste à la sortie de Huaraz,

LES BONNES QUESTIONS À POSER SUR LES TREKS ORGANISÉS

Avant de débourser quoi que ce soit pour un trek guidé, renseignez-vous sur ce qu'il comprend. Demandez à l'agence ou au guide de détailler sur le contrat les prestations, les produits et les tarifs proposés. S'ils ne tiennent pas leurs promesses, vous aurez peut-être ainsi un moyen de recours et, quoi qu'il en soit, l'établissement d'une liste permet de s'assurer que l'agence a parfaitement compris vos attentes.

De votre côté, il est impératif de faire part sans détour aux guides de votre expérience et de votre condition physique. L'acclimatation est une autre condition *sine qua non* avant de partir en trek. On a trop souvent vu des personnes se lancer dans de grandes randonnées et commencer leur ascension juste après leur arrivée à Huaraz. Confrontées au mal des montagnes, ce qui n'est pas surprenant, elles doivent rebrousser chemin. Prenez le temps de vous acclimater à Huaraz, notamment en faisant quelques randonnées d'exercice pour pouvoir ensuite profiter de votre trek de plusieurs jours sans désagrément.

Voici quelques exemples de questions à poser avant de choisir son guide, sachant que les réponses à ces dernières joueront sur le prix.

» Peut-on rencontrer le guide au préalable ? Cela permet de voir la personne avec laquelle vous allez passer beaucoup de temps, de jour comme de nuit, et de s'assurer qu'elle parle, au besoin, le français ou l'anglais.

» Voyagera-t-on en transport public ou privé ?

» Y aura-t-il un cuisinier et un *arriero* (muletier) ?

» Y aura-t-il des tentes séparées pour la cuisine et la toilette ?

» Combien de repas et de collations y aura-t-il par jour ? Beaucoup de randonneurs se plaignent du petit-déjeuner, inadapté, et du manque d'en-cas énergisants.

» Il est courant de prendre à sa charge la nourriture et l'équipement des guides, des cuisiniers et des *arrieros* : discutez-en au préalable. Les repas lyophilisés ne sont guère utilisés dans la Cordillera Blanca. Vous mangerez probablement des produits locaux entiers, plus lourds à transporter.

» Combien de personnes participeront au trek ? Les grands groupes font baisser le prix, encore faut-il être à l'aise avec plus d'une dizaine d'étrangers.

» Peut-on vérifier l'équipement avant le départ ? Si vous n'avez pas de sac de couchage, vérifiez que celui qui vous sera fourni est suffisamment long et chaud (pour des températures jusqu'à -15°C) et contrôlez les tentes (étanchéité, présence de trous).

cet organisme hautement recommandé fournit des guides pour les treks et l'alpinisme et organise des stages d'alpinisme de 6 et 10 jours.

Active Peru TREKKING
(☎99-648-3655 ; www.activeperu.com ; Gamarra 699). Gérée par un Belge, cette agence de bonne réputation loue aussi du matériel.

Monttrek TREKKING, ESCALADE
(☎42-1124 ; www.monttrek.com.pe ; Luzuriaga 646, 1er ét.). Agence réputée et bien informée (ses topoguides sont très précieux). Sorties varappe, parapente et VTT. Location d'équipement de haute qualité.

Huascarán TREKKING
(☎42-2523 ; www.huascarin-peru.com ; Campos 711). Cette enseigne recueille régulièrement les suffrages des voyageurs. Elle offre aussi des circuits.

Montañero TREKKING, ALPINISME
(☎42-6386 ; Parque Ginebra). Cette bonne agence loue et vend des équipements, et organise des treks et des ascensions.

Galaxia Expeditions CIRCUITS, TREKKING
(☎42-5335 ; www.galaxia-expeditions.com ; Parque Periodista). Organisme péruvien, dont la réputation varie selon les interlocuteurs, qui propose aussi des circuits locaux et des sorties escalade, et possède un mur d'escalade intérieur. Fournit un équipement de qualité.

Fêtes et festivals

Carnaval RELIGION
Le carnaval est extrêmement animé à Huaraz et provoque un afflux de touristes péruviens. Le **Mardi Gras**, des batailles d'eau n'épargnent aucun passant. Le **mercredi des Cendres**, de pittoresques processions convergent vers la Plaza de Armas pour l'enterrement de *ño carnavalón* (sa Majesté Carnaval).

MARTES GUERRA

Le Mardi Gras, des batailles d'eau endiablées ont lieu dans toute la ville. C'est ce qu'on appelle *Martes Guerra* (Mardi Guerre) : des milliers de gamins cavalent dans toute la ville armés de leurs seaux pour aller puiser de l'eau aux fontaines et se livrer à de généreuses aspersions. Femmes, seniors et touristes sont leurs cibles privilégiées. Malgré l'omniprésence de la police, voire des militaires, personne ne peut arrêter ces petits diables. Munissez-vous d'un bon imperméable ou, si vous ne voulez pas être trempé, restez dans votre hôtel !

El Señor de la Soledad RELIGION
Huaraz fête son saint patron, le Seigneur de la Solitude, pendant une semaine à partir du 3 mai – feux d'artifice, musique, danses, processions en costumes élaborés et boissons à gogo.

Semana de Andinismo ALPINISME
En juin, la Semaine de l'Andinisme attire des alpinistes de plusieurs pays, qui participent à des concours et à des expositions.

Où se loger

Les tarifs mentionnés ici correspondent à la haute saison (saison sèche). Pendant les périodes de vacances, les chambres se font rares et les prix peuvent doubler. Dans ce centre de trek et d'escalade, les hôtels pour voyageurs à petit budget prédominent.

En particulier durant la haute saison, des habitants attendent à l'arrivée des bus de Lima pour proposer des chambres d'hôtes bon marché. Les pensions envoient également des rabatteurs. Méfiez-vous des escroqueries et des prix excessifs. Ne payez personne avant d'avoir vu la chambre.

♥ **Albergue Churup** AUBERGE DE CHARME **$$**
(☎42-4200 ; www.churup.com ; Figueroa 1257 ; dort 28 S, s/d avec petit-déj 69/99 S ; @ wifi). Cette auberge familiale très prisée reste la meilleure adresse pour les voyageurs au budget serré. Les chambres, confortables et impeccables, partagent à chaque étage de plaisants salons aux couleurs vives. Celui du dernier étage, immense et chauffé par une cheminée, possède une vue à 180° sur la cordillère. Qui plus est, Juan et l'ensemble de la charmante famille Quirós ont pensé à tout : café-bar, cuisine commune et agence de voyages qui loue du matériel de trekking et organise des cours d'espagnol. Vu son succès, la maison a ouvert une annexe, Churup II, aussi chaleureuse, à une *cuadra* sur Arguedas. Réservation indispensable.

♥ **Lazy Dog Inn** LODGE **$$**
(☎94-378-9330 ; www.thelazydoginn.com ; s/d sans sdb 135/210 S, d dans la maison principale à partir de 280 S, bungalows 310 S, tous en pension complète ; @ wifi). Tenu par Diana et Wayne,

deux Canadiens, ce luxueux écolodge, axé sur le tourisme durable et communautaire, se situe à l'embouchure de la Quebrada Llaca, 8 km à l'est de Huaraz. Entièrement en adobe et construit de manière artisanale, il offre de confortables chambres doubles dans le bâtiment principal et d'élégants bungalows privatifs, avec cheminée et baignoire.

Beaucoup d'itinéraires de trekking s'offrent à vous dans les alentours, dont de nombreuses randonnées à la journée, à pied ou à cheval. Possibilités de bénévolat à court ou à long terme.

Hotel San Sebastián HÔTEL **$$**

(☎42-6960 ; www.sansebastianhuaraz.com ; Italia 1124 ; s/d avec petit-déj 170/198 S ; @📶). Havre tranquille dans la ville, où il fait bon se reposer après une journée de marche, cet hôtel sur 4 niveaux, aux murs blancs et au toit rouge, offre le charme d'une architecture néocoloniale. Balcons et arcades ouvrent sur la verdure du jardin ou la fontaine du patio. Toutes les chambres possèdent un bureau, un bon lit, des douches chaudes et la TV câblée. La plupart ont un balcon, sinon il y a de nombreuses terrasses communes à différents étages.

Steel Guest House PENSION **$$**

(☎42-9709 ; www.steelguest.com ; Pasaje Maguina 1467 ; s/d avec petit-déj 110/145 S ; @📶). Charmante pension aux chambres impeccables, dotées d'un beau parquet et décorées avec goût de textiles andins. La propriétaire veille, comme une grand-mère, sur ses hôtes. Nombreux autres atouts tels que TV câblée, billard, hamacs à l'extérieur, sauna et terrasse fleurie sur le toit offrant une vue magnifique sur le Huascarán.

Olaza's Bed & Breakfast PENSION **$$**

(☎42-2529 ; www.olazas.com ; Arguedas 1242 ; s/d/tr avec petit-déj 80/100/140 S ; @📶). Élégant petit hôtel, avec sdb spacieuses et lits confortables, mais surtout doté d'un grand salon à l'étage et d'une vaste terrasse panoramique. Le propriétaire, une référence dans le domaine du trekking et du tourisme à Huaraz, saura vous conseiller où que vous vouliez aller (pour autant qu'il soit là). Transfert depuis la gare routière inclus dans le prix.

Hotel Colomba HÔTEL **$$**

(☎42-1501 ; www.huarazhotel.com ; Francisco de Zela 210 ; s/d avec petit-déj à partir de 150/200 S ; @📶). Un agréable côté verdoyant domine ici, les chambres étant réparties au milieu d'une forêt de haies amoureusement taillées. Certaines ouvrent même sur une véranda. Le vaste jardin et le terrain de jeux où les enfants peuvent s'ébattre en toute sécurité plairont aux familles. L'hôtel se situe un peu à l'écart, au nord, ce que les familles apprécieront aussi.

Andino Club Hotel HÔTEL **$$$**

(☎42-1662 ; www.hotelandino.com ; Pedro Cochachín 357 ; s/d à partir de 280/338 S, d avec balcon 433 S ; @📶). Cet hôtel de 34 chambres, tenu par des Suisses, manque un peu de charme, mais ses chambres immaculées jouissent d'une superbe vue et de tout le confort. Celles avec balcon méritent le supplément pour la vue sur le Huascarán depuis leur terrasse verdoyante, et pour le feu de bois dans leur cheminée.

Au restaurant le Chalet Suisse, des mets internationaux et péruviens complètent la carte de spécialités suisses.

Familia Meza Lodging PENSION **$**

(☎94-369-5908 ; Lúcar y Torre 538 ; ch 20 S/pers). Dans le même bâtiment que le Café Andino (dont on peut utiliser le Wi-Fi) et Mountain Bike Adventures, cette agréable pension familiale à la décoration pleine de fioritures abrite des chambres pimpantes. Propriétaires sympathiques et prévenants. Douches chaudes communes et espace collectif au dernier étage pourvu d'une petite cuisine. La chambre simple du dernier étage jouit d'une vue magnifique.

The Way Inn LODGE, RETRAITE SPIRITUELLE **$$**

(☎99-220-790 ; www.thewayinn.com ; camping 15 S, dort 35 S, d sans sdb en pension complète 290 S, bungalows en pension complète 360-420 S ; @). Dans un site spectaculaire, au milieu des montagnes entre les vallées de Cojup et de Quilcayhuanca, à 15 km de Huaraz, The Way Inn offre des hébergements variés : des lits superposés dans les chambres "grottes" aux bungalows deluxe bien équipés, avec cheminée. Le Way Inn ayant évolué vers un centre de retraite spirituelle, il se concentre aujourd'hui sur les retraites *ayahuasca* (boisson hallucinogène) de 10 jours (dépôt de 1 400 S, plus don), à la fois confortables et extrêmement sérieuses. Il travaille aussi avec des spécialistes de médecines chinoises et d'ayurvéda et cherche à développer l'autosuffisance et la permaculture. Le Way Inn n'accepte plus les hôtes ordinaires que durant les cinq jours entre les retraites.

Jo's Place PENSION $

(☎42-5505 ; josplacehuaraz@hotmail.com ; Villazón 278 ; camping 10 S, dort 15 S, s/d 30/45 S, s/d sans sdb 25/35 S ; @📶). Couleurs vives et vaste espace verdoyant caractérisent cette pension informelle, un peu chaotique, prisée des randonneurs et des alpinistes (on peut camper et faire sécher son équipement). Les étages sont reliés par des escaliers raides qui mènent à un dédale de chambres spartiates, dont de rares avec sdb (mais avec de l'eau chaude). Jo, le propriétaire, prépare un petit-déjeuner à l'anglaise.

Cayesh Guesthouse PENSION $

(☎42-8821 ; www.cayesh.net ; Morales 867 ; dort 20 S, s/d sans sdb 25/40 S, avec sdb 30/50 S ; 📶). Chez Cayesh, on se soucie des desiderata des routards : grande DVDthèque, cuisine en accès libre, possibilité d'entreposer ses bagages. Les chambres simples, aux lits confortables, ont vue sur les majestueux sommets.

Albergue Benkawasi PENSION $

(☎43-3150 ; www.huarazbenkawasi.com ; Parque Guardia Civil 928 ; dort 15 S, s/d/tr 35/60/90 S ; @📶). Avec ses fenêtres en culs de bouteille, ses dessus-de-lit à carreaux et ses murs en brique, le Benkawasi a des airs de chalet de montagne des années 1970. Ses dortoirs à 4 lits sont parfaits. Son propriétaire et sa femme péruviano-libanaise sont jeunes et sympathiques.

La Casa de Zarela PENSION $$

(☎42-1694 ; www.lacasadezarela.com ; Arguedas 1263 ; s/d 70/90 S ; 📶). La gentillesse de Zarela est légendaire. Les 16 chambres ont toutes l'eau chaude dans les douches et il est possible d'y cuisiner. Plusieurs petits patios invitent à la détente avec un bon livre. De jolies photos en noir et blanc de la région compensent le relatif manque de vue.

Hostal Schatzi PENSION $$

(☎42-3074 ; www.schatzihostal.com ; Bolívar 419 ; s/d 75/90 S ; 📶). Une adresse fiable où les charmantes petites chambres, avec poutres apparentes, entourent un agréable patio verdoyant. Celles du dernier étage ménagent une vue superbe (demandez la n°16).

Monte Blanco Hotel HÔTEL $$

(☎42-6384 ; www.monteblancohotel.com ; José de la Mar 620 ; s/d/tr 60/100/130 S ; 📶). Ce sympathique hôtel, donnant sur la très animée Luzuriaga, offre des chambres spartiates, mais propres et lumineuses. Dans les couloirs, de grands canapés invitent à la paresse. Une bonne adresse de repli.

Hospedaje Raymondi PENSION $

(☎42-1082 ; Raymondi 820 ; s/d 40/60 S, s/d sans eau chaude 20/40 S ; 📶). Une situation pratique pour qui veut prendre un bus tôt le matin, avec un agréable petit café pour le petit-déjeuner matinal. L'immense vestibule ancien évoquant un hall de gare donne sur des chambres austères et sombres, mais égayées de motifs aux couleurs vives, pourvues de lits confortables, de bureaux, et pour les plus coûteuses, de douches chaudes (évitez les moins chères, un peu humides). Repérez sa façade violette, sans autre indication que "Hospedaje".

Aldo's Guest House PENSION $

(☎42-5355 ; Morales 650 ; s/d/tr 35/50/75 S ; @📶). En plein centre, cette confortable petite pension aux couleurs éclatantes et à l'ambiance chaleureuse, a la cote auprès des voyageurs à petit budget. Les chambres (TV câblée) ont chacune leur sdb avec eau chaude. Possibilité d'utiliser la cuisine ou de commander le petit-déjeuner et le dîner.

B&B My House PENSION $

(☎42 3375 ; www.micashuaraz.jimdo.com ; Calle 27 de Noviembre 773 ; s/d avec petit-déj 60/80 S ; 📶). Un petit patio lumineux et 6 chambres, avec douche chaude et bureau, où l'on se sent comme chez soi, caractérisent cet accueillant B&B. Agréable cour commune. On y parle un peu français.

Edward's Inn PENSION $

(☎42-2692 ; www.edwardsinn.com ; Bolognesi 121 ; dort/s/d 25/35/70 S ; @📶). Cette auberge prisée possède des chambres dépouillées, mais toutes avec l'eau chaude, et un joli carré de verdure. Le patron, qui parle très bien anglais, est un guide compétent.

Où se restaurer

Les restaurants pratiquent des horaires réduits en basse saison et restent ouverts plus longtemps en haute saison.

♥ **Mi Chef Kristof** PÉRUVIEN, FUSION $$

(Parque del Periodista, 1er ét. ; plats 20-29 S ; ⏲fermé dim ; 📶). Pourquoi venir ici ? "En général, c'est meilleur qu'ailleurs", répond le chef belge, Kristof, avec un grand sourire. Et il a raison. Le ragoût de bœuf à la bière noire sur lit de frites belges est excellent, de même que le poulet ratatouille aux pâtes fraîches. Kristof, qui adore parler de sa cuisine fusion péruviano-européenne, est du genre à vous servir un *maracuyá* au *pisco*, en apéritif, puis à venir s'attabler avec vous pour bavarder. Ce grand chef, avec une personnalité hors du commun, vous invite à un voyage culinaire sur un tapis magique.

Café Andino CAFÉ **$**

(www.cafeandino.com ; Lúcar y Torre 530, 2e ét. ; petit-déj 8,50-20 S, plats 7-25 S ; @). Installé au dernier étage, ce vaste café moderne et clair offre des salons confortables, agrémentés de feu de cheminée, d'œuvres d'art, de photos, de livres et de bonne musique. Dernier lieu en date de rendez-vous branché, on peut y petit-déjeuner à toute heure (délicieuses gaufres belges, *huevos rancheros*), y grignoter (*nachos* !) ou boire du vrai café torréfié sur place, grâce à Chris, le patron américain. C'est aussi le meilleur endroit pour récolter des informations sur le trekking dans la région.

Chili Heaven INDIEN, THAÏ **$$**

(Parque Ginebra ; plats 18-35 S). Ce paradis du piment, tenu par des Anglais, sert des curries, fait ses propres sauces au piment en bouteille et importe des bières anglaises qu'on voit rarement ailleurs. Un bon antidote à la *comida peruana*.

Taita PÉRUVIEN **$**

(Larrea y Laredo 633, 1er ét. ; plats 4,50-15 S ; 10h-15h). Un super restaurant local, bourré de caractère avec ses murs tapissés de vieilles photos de reines de beauté, d'équipes sportives, de classes et autres moments *huaranicos* immortalisés sur la pellicule. C'est l'endroit parfait pour goûter au *chocho*, équivalent alpin du *ceviche* (le poisson est remplacé par le *lupine*, un légume des Andes), déguster du *ceviche*, du *leche de tigre* (*ceviche* à boire) ou des *chicharónnes*.

Rinconcito Mineiro PÉRUVIEN **$**

(Morales 757 ; menu 7-12 S ;). Extrêmement populaire, ce restaurant propre, accueillant et joliment décoré de textiles andins, doit son succès à ses menus du jour, une cuisine de famille à prix doux. À l'ardoise sont affichés une dizaine d'options par jour, notamment d'excellents *lomo saltado*, truite grillée, *tacu tacu* et autres plats du genre.

California Café PETIT-DÉJEUNER, CAFÉ **$**

(www.huaylas.com ; Calle 28 de Julio 562 ; petit-déj 10-22 S ; 7h30-18h30, jusqu'à 14h dim ;). Tenu par un Californien, ce café branché et décontracté attire comme un aimant les voyageurs avec ses petits-déjeuners à toute heure, ses déjeuners légers et ses salades. On pourrait y passer des heures à écouter la merveilleuse sélection de musiques du monde, et à parcourir l'un des innombrables livres disponibles à l'échange.

La Brasa Roja PÉRUVIEN **$**

(Luzuriaga 915 ; plats 10-26 S). Pour les voyageurs à petit budget, il n'y a pas mieux que cette excellente *pollería* (rôtisserie de poulet). Poulet parfait, servi avec 5 sauces (dont olive noire et moutarde en plus des 3 sauces habituelles), et musique jouée par un violoniste : tout y est.

El Horno PIZZERIA **$**

(www.elhornopizzeria.com ; Parque Periodista ; pizzas 9,50-23,50 S, plats 12-26 S ; fermé dim). Au gril ou au four à bois, El Horno fait des merveilles. Brochettes et pizzas (fines et croustillantes) sont les stars de la carte. Des groupes de randonneurs occupent souvent les tables, mieux vaut arriver tôt.

Pastelería Café Turmanyé PETIT-DÉJEUNER, CAFÉ **$**

(Morales 828 ; www.arcoiristurmanye.com ; sandwichs 3,50-9 S, pâtisseries 1,50-5 S ; à partir de 7h, fermé dim). Ce petit restaurant qui fait d'excellents paellas, sandwichs et pâtisseries dans le style espagnol apporte son soutien à la fondation Arco Iris, qui vient en aide aux enfants et aux jeunes mamans.

Terracota Fusión CHINOIS **$**

(Sal y Rosas 721 ; plats 6,50-20 S). Cette *chifa* familiale, qui paraît simple d'emblée, est en réalité accueillante et conçue avec goût (jolies lampes d'inspiration asiatique). Ses nombreux plats, excellents et pas trop salés, sont servis en portion individuelle (très copieuse) ou familiale (archicopieuse).

Rossonero DESSERTS **$**

(Luzuriaga 645, 1er ét. ; desserts 3,50-7,50 S ;). Présenté comme un "café-sofa", c'est plutôt un endroit où s'adonner aux plaisirs de la gourmandise avec ses déclinaisons de *tres leches* et de cheesecakes, de gâteaux au chocolat ou à la noix de pécan et ses glaces artisanales maison comme le *manjar blanco* (confiture de lait) à la cannelle et au porto.

Novaplaza SUPERMARCHÉ **$**

(angle Bolivar et Morales ; 7h-23h30). Un bon supermarché parfait pour faire ses courses, ou ses provisions avant de partir en trekking.

Où prendre un verre

Huaraz ne manque pas d'endroits plaisants où se détendre devant un verre.

Sierra Andina BRASSERIE
(Centenario 1690 ; www.sierraandina.com ; pinte/pichet 7/30 S ; 15h-22h). Vous ne regretterez pas les 5 S de taxi jusqu'à Cascapampa quand vous verrez cette authentique micro-brasserie. Créée en 2011 par deux Américains, elle produit des bières dorées, pâles ou ambrées ainsi qu'une bière brune pour le plus grand plaisir des amateurs venus de près comme de loin. L'équipement est tout ce qu'il y a de mieux, et l'espace un peu aménagé de bric et de broc, avec des meubles de récupération.

Los 13 Buhos BAR
(Parque Ginebra ; 17h-tard). Ce café-bar, extrêmement décontracté, s'est déplacé pour s'installer dans l'enceinte du Parque Ginebra, rénové, au milieu d'une foultitude d'œuvres d'art local et de nus de Spencer Tunick. Son patron, Lucho, a été le premier brasseur à faire de la bière artisanale à Huaraz et à passer des publicités en anglais dans la presse critiquant la production industrielle de bières péruviennes. Il brasse cinq bières savoureuses, servies à la pression ou en bouteilles, notamment des ales rouge et noir, additionnées de coca. C'est le meilleur bar de la ville pour s'affaler sur un confortable canapé et bavarder en savourant les breuvages maison.

Où sortir

El Tambo BAR, CLUB
(José de la Mar 776 ; jusqu'à 4h). Discothèque la plus populaire de la ville, El Tambo attire aussi bien *extranjeros* (étrangers) que Péruviens avec son dance-floor, ses coins et recoins intimes, et sa musique qui va de la techno-*cumbia* au Top 20, de la salsa au reggae en passant par bien d'autres registres.

Achats

Les stands installés dans les rues piétonnes proches de Luzuriaga ou dans la *feria artesanal* (marché de l'artisanat) en retrait de la Plaza de Armas vendent, à prix doux, de nombreux articles en laine chauds et épais : pulls, écharpes, bonnets, chaussettes, gants, ponchos et couvertures. Vous trouverez vêtements et équipements d'alpinisme de qualité dans quelques boutiques du Parque Ginebra, ainsi que dans plusieurs agences, qui en louent également.

Perú Magico BIJOUX, ARTISANAT
(José Sucre entre Farfán et Bolívar ; 9h-14h et 15h-21h lun-sam). Assortiment de bijoux, de textiles et de poteries de tout le pays. C'est aussi le distributeur officiel des T-shirts Inka Spirit (anciennement Andean Expressions), les plus populaires des Andes.

Tejidos Turmanyé VÊTEMENTS
(José Sucre 883 ; 8h-17h). Vend de superbes tissages fabriqués localement et des articles en maille dont les recettes soutiennent une fondation proposant des formations professionnelles à de jeunes mères.

Renseignements

Argent

Toutes les banques sont équipées de distributeurs automatiques de billets (DAB) et changent les euros et les dollars américains.

BCP (Luzuriaga 691)

Interbank (José Sucre 687)

Scotiabank (José Sucre 760)

Désagréments et dangers

L'acclimatation est indispensable car, en arrivant à Huaraz, on respire difficilement et on peut souffrir de maux de tête les premiers jours. Adoptez un rythme lent et attendez quelques jours avant de partir à l'assaut des sommets (pour plus de conseils concernant le mal des montagnes, reportez-vous p. 570).

Huaraz est une ville sûre, au taux de criminalité faible. Toutefois, des randonneurs et des touristes ont déjà été victimes de vols, notamment près du Mirador de Retaqeñua et des ruines de Wilkahuaín, tout comme des routards débarquant de bon matin, à demi-ensommeillés, d'un bus de nuit. Dans ces endroits, restez sur vos gardes et marchez avec un groupe ou prenez un taxi pour éviter tout problème.

Offices du tourisme

Les agences de voyages mentionnées p. 377 et les établissements fréquentés par les touristes peuvent être de bonnes sources d'information sur la région et le trekking. **The Huaraz Telegraph** (www.huaraztelegraph.com), un nouveau journal en anglais, est également une mine d'informations.

Bureau du Parque Nacional Huascarán (42-2086 ; www.sernanp.gob.pe ; Sal y Rosas 555 ; 8h30-13h et 14h30-18h lun-ven, 8h30-12h sam). Quelques informations sur la visite du parc national.

iPerú (42-8812 ; Plaza de Armas, Pasaje Atusparia, Oficina 1 ; 9h-18h lun-sam, 9h-13h dim). Des informations touristiques d'ordre général, mais peu de renseignements sur le trekking.

Poste

Serpost (☎42-1031 ; Luzuriaga 702). Services postaux.

Services médicaux

Clínica San Pablo (www.sanpablo.com.pe ; Huaylas 172 ; ⌚24h/24). Au nord de la ville, le meilleur centre médical de Huaraz. Certains médecins parlent anglais.

Urgences

Casa de Guías (maison des guides ; ☎42-1811 ; www.casadeguias.com.pe ; Parque Ginebra 28G ; ⌚9h-13h et 16h-20h lun-sam). Organise des formations sur la sécurité et le secourisme et dépêche des secours en montagne pour les trekkeurs et les alpinistes partis avec un guide affilié à l'Association des guides de montagne (AGM). Demandez la liste des guides ou consultez-la sur Internet et enregistrez-vous ici avant d'aller faire du trekking ou de l'escalade.

Police touristique (Policía de Turismo ; ☎42-1351 ; Plaza de Armas ; ⌚8h-20h). Dans une ruelle du côté ouest de la Plaza de Armas, au-dessus d'iPerú. Certains agents parlent un peu anglais.

Depuis/vers Huaraz

Avion

LC Perú (☎42-4734 ; www.lcperu.pe ; Luzuriaga 904) assure une liaison quotidienne entre Lima et Huaraz avec un départ à 8h40 et un retour à 10h10. L'**aéroport** (ATA) se situe à Anta, à 23 km au nord de Huaraz. La course en taxi revient à 20 S.

Bus

Quotidiennement et très régulièrement, des *combis* pour Caraz, Carhuaz et Yungay partent d'un parking situé juste au nord de la Calle 13 de Diciembre. Ils pourront vous déposer dans n'importe quelle localité en chemin. Des minibus partent à l'angle de la Calle 27 de Noviembre et de Confraternidad Internacional Oeste et suivent le Callejón de Huaylas vers le sud en direction de Recuay, de Catac et d'autres villages.

De nombreuses compagnies desservent Lima ; comparez et choisissez en fonction du prix, du confort et des horaires. La plupart des départs ont lieu en milieu de matinée ou en fin de soirée. Certains bus partent de Caraz et prennent des

BUS AU DÉPART DE HUARAZ

DESTINATION	PRIX	DURÉE
Caraz	6 S	1 heure 30
Carhuaz	3 S	45 minutes
Casma	23 S	4-8 heures
Catac	3,50 S	1 heure
Chacas	25 S	5 heures
Chavín	12 S	2 heures 30
Chimbote	20-60 S	5-9 heures
Chiquián	10 S	4 heures 30
Huallanca	12 S	4 heures
Huari	15 S	5 heures
La Unión	15 S	4 heures
Lima	35-100 S	8 heures
Llamac	25 S	5 heures
Llamellin	18 S	8 heures
Monterrey	1 S	15 minutes
Pomabamba	30 S	8-9 heures
Recuay	3-10 S	45 minutes-1 heure
San Luis	25 S	5 heures
Trujillo	35-60 S	7 heures
Yanama	25 S	4 heures
Yungay	5 S	1 heure

passagers à Huaraz. En haute saison, mieux vaut réserver votre siège au moins un jour à l'avance.

Deux itinéraires mènent à Chimbote sur la côte nord. Le plus impressionnant suit la route cahoteuse qui fait suite au Callejón de Huaylas en passant à travers l'étroit et vertigineux Cañón del Pato (voir p. 400) avant de descendre vers la côte. Le plus courant franchit le col de Punta Callán (4 225 m) et offre des vues spectaculaires sur la Cordillera Blanca avant de plonger vers Casma et de poursuivre vers le nord.

Quantité de petites compagnies disposent de bus opiniâtres et fatigués qui traversent les Andes pour rejoindre les villes à l'est de Huaraz.

Parmi les compagnies longue distance mentionnées ci-dessous, Oltursa, Cruz del Sur, Movil Tours et Línea sont recommandées.

Cial (☎42-9253 ; www.expresocial.com ; Morales 650). Bon bus de nuit, à prix moyen, pour Lima, à 22h30.

Cruz del Sur (☎42-8726 ; www.cruzdelsur.com.pe ; Bolívar 491). Services de luxe directs pour Lima à 11h et à 22h.

Línea (☎42-6666 ; www.linea.pe ; Bolívar 450). Excellents bus à 21h15 et 21h30 pour Chimbote et Trujillo.

Movil Tours (www.moviltours.com.pe) ; billetterie (Bolívar 452) ; gare routière (☎42-2555 ; Confraternidad Internacional Oeste 451). Bus pour Lima à 9h30, 13h et 14h30 plus 4 bus de nuit entre 22h et 23h. Bus à 21h40, 22h20 et 23h10 pour Chimbote via Casma, les deux premiers continuant sur Trujillo.

Oltursa (☎42-3717 ; www.oltursa.pe ; Raymundi 825). Les plus confortables des bus pour Lima : à 13h15 et 22h30.

Sandoval billetterie (☎42-8069 ; Cáceres 338) ; gare routière (angle Cáceres et Confraternidad). Huit départs par jour pour Chavín avec continuation sur San Marcos et Huari. Bus pour Llamellin à 7h30, 13h et 19h30.

Transportes Alas Peruanas (☎42-2396 ; Lucar y Torre 444). Bus pour Chimbote via Casma à 4h, 8h, 13h et 20h30.

Transportes El Rápido (☎42-2887 ; Calle 28 de Julio, cuadra 1). Bus à 5h et à 14h pour Chiquián via Recuay, à 6h, 13h et 15h vers Huallanca, et 6h et 13h pour La Unión.

Transportes El Veloz (☎22-1225 ; Pasaja Villarán y Loli 143). Bus pour Yanama et Pomabamba à 6h15, 7h15 et 18h30. Pour Chacas à 8h, 17h et 23h.

Transportes Renzo (☎94-360-8607 ; Raymundi 821). Départs à 6h45 et à 19h pour Pomabamba avec arrêts à Piscobamba, Yanama, Colcabamba et Vaqueria. Un autre service part à 20h du lundi au samedi et à 15h40 le dimanche pour San Luis via Chacas.

Transportes Rodríguez (☎97-112-5201 ; angle Calle 27 de Noviembre et Gridilla). Le moins cher des bus de nuit pour Lima part à 22h30.

Turismo Nazario (☎78-6960 ; Tarapaca 1436). Le bus direct pour Llamac part à 5h.

Yungay Express (☎42-4377 ; Raymundi 930). Départs pour Chimbote à 7h15 via le Cañón del Pato, et à 9h, 14h et 22h via Casma.

ℹ Comment circuler

Dans Huaraz, une course en taxi coûte environ 3 S. Des taxis stationnent près du pont dans Fitzcarrald ; d'autres circulent le long de Luzuriaga.

LES CORDILLÈRES

Huaraz s'étend dans une vallée creusée par le Río Santa, flanquée à l'ouest par la brune Cordillera Negra et à l'est par la Cordillera Blanca enneigée. Communément appelée Callejón de Huaylas, une route asphaltée court le long de la vallée et relie les localités en offrant une vue parfaite sur les hauteurs.

La Cordillera Negra, une belle chaîne dépourvue de neige, est éclipsée par l'époustouflante Cordillera Blanca et ses pics étincelants.

La Cordillera Blanca (environ 20 km de large sur 180 km de long) est une succession de sommets en dents de scie, d'arêtes effilées, de lacs turquoise et de vallées verdoyantes encadrées de glaciers. Plus de 50 pics de 5 700 m ou plus se regroupent sur une superficie relativement réduite. Parmi eux s'élève le Huascarán (6 768 m), le point culminant du Pérou et la plus haute cime tropicale au monde. En comparaison, seules 3 montagnes dépassent 5 700 m en Amérique du Nord et aucune en Europe.

Au sud de la Cordillera Blanca, la Cordillera Huayhuash, plus petite, plus isolée et tout aussi spectaculaire, comprend le deuxième plus haut sommet du pays, le Yerupajá (6 634 m). Plus accidentée, cette chaîne est moins fréquentée.

Utilisées autrefois par les civilisations précolombiennes et les Incas pour rejoindre les localités orientales, les hautes vallées sont aujourd'hui arpentées par les randonneurs et les alpinistes qui s'émerveillent devant le spectacle de la nature.

Les principales régions de trek des cordillères comprennent des sections de la Cordillera Blanca, qui est presque entièrement englobée dans le Parque Nacional Huascarán, ainsi que la Cordillera Huayhuash, au sud de Huaraz. Des sportifs de tous niveaux pourront profiter de cet environnement exceptionnel, au gré de courtes randonnées faciles d'un ou deux jours ou d'expéditions de plusieurs semaines requérant des compétences techniques en escalade. Les étrangers affluent et les itinéraires favoris, comme le trek de Santa Cruz, peuvent être très fréquentés en haute saison. Plus éloigné, le circuit de 10 jours dans la Cordillera Huayhuash est beaucoup moins emprunté, même si les voyageurs avisés sont séduits par la beauté brute de la cordillère et l'accueil chaleureux des habitants des hauts plateaux. Des dizaines d'itinéraires plus courts sillonnent la Cordillera Blanca. Ils donnent un avant-goût des paysages de la province et peuvent se combiner à des treks interminables dans les montagnes.

Reportez-vous à l'encadré p. 378 pour des conseils et des informations sur le trekking responsable au Pérou.

Trekking et alpinisme

Quand partir

Si l'on peut effectuer un trek toute l'année, la saison sèche, de mi-mai à mi-septembre, reste la plus appréciée, grâce à un climat agréable et à des vues dégagées. Vérifiez cependant les prévisions météorologiques, car les chutes de neige, les vents et les orages ne sont pas rares à cette période. Décembre à avril est la période la plus humide. Le ciel est alors souvent couvert, la pluie fait son apparition l'après-midi et les sentiers sont boueux. Toutefois, avec un équipement adéquat et une bonne préparation, un trek reste possible en cette saison et peut même se révéler plaisant, car les itinéraires les plus empruntés sont alors presque déserts. L'escalade ne peut s'entreprendre qu'à la saison sèche.

Le Sernamp – Servicio Nacional de Áreas Naturales Protegidas por el Estado, autrement dit l'agence gouvernementale en charge des parcs nationaux, des réserves, des sanctuaires historiques et autres zones protégées, sous l'égide du ministère de l'Environnement – exige officiellement que vous fassiez appel à un guide local détenteur d'une licence pour toute activité dans le Parque Nacional Huascarán, notamment pour les randonnées à la journée, le trekking et l'alpinisme.

Guides et cartes de randonnée

Le guide *Trekking in the Central Andes*, publié en anglais par Lonely Planet, décrit les plus belles randonnées de la Cordillera Blanca et de la Cordillera Huayhuash. Pour ceux qui lisent l'anglais, *Climbs and Treks of the Cordillera Huayhuash of Peru* (2005), de Jeremy Frimer, est une excellente source d'informations sur la Cordillera Huayhuash,

DIX PICS AU TOP

Avec quelque 18 sommets glaciaires à plus de 6 000 m et plus de 50 pics au-dessus de 5 700 m, la Cordillera Blanca fait partie des plus importantes chaînes de montagne du monde pour les alpinistes. Par ailleurs, le choix d'itinéraires, pléthorique, l'accès généralement rapide et la quasi-absence de contraintes administratives ou de droits d'entrée (hormis pour les parcs) ajoutent à son attrait. Si le Huascarán Sur fait incontestablement figure de doyen et si l'Alpamayo remporte la palme du plus beau sommet décernée par les alpinistes et les photographes du monde entier, le Pisco est assurément le plus plébiscité en raison de son accessibilité et de ses exigences techniques modérées.

Les choses peuvent cependant évoluer. Sous l'effet du réchauffement climatique, les glaciers de la Cordillera Blanca reculent et subissent d'importantes transformations. Des itinéraires très fréquentés se sont considérablement altérés ces dernières années.

Voici une sélection de dix grands sommets très populaires de la Cordillera Blanca, permettant aussi bien une ascension facile que de l'alpinisme pur et dur.

» Huascarán Sur (6 768 m)
» Chopicalqui (6 345 m)
» Copa Sur (6 188 m)
» Quitaraju (6 036 m)
» Tocllaraju (6 034 m)
» Alpamayo (5 947 m)
» Pisco (5 752 m)
» Ishinca (5 550 m)
» Urus (5 497 m)
» Maparaju (5 326 m)

malheureusement il est épuisé et n'est consultable qu'à Huaraz. Le meilleur ouvrage offrant une vue générale sur l'alpinisme dans la Cordillera Blanca, *Classic Climbs of the Cordillera Blanca Peru* (2003), de Brad Johnson, a été réédité en 2009. En français, consultez *Sommets incas : les plus belles courses des Andes centrales*, de Patrick Wagnon et Fabrice Pawlak (Glénat, 2004), qui présente notamment des ascensions dans la Cordillera Blanca.

Cordilleras Blanca & Huayhuash, une carte au 1/300 000 de Felipe Díaz, appréciée pour une vue générale de la région, indique les localités et les principaux sentiers et donne des plans de villes. Elle est trop peu détaillée pour les treks reculés. Il a publié récemment une carte de la région de Cuzco, conçue dans le même esprit. C'est l'Alpenvereinskarte (Club alpin allemand) qui édite les cartes les plus précises de la région : cherchez les cartes au 1/100 000 intitulées *Cordillera Blanca Nord* (feuille 0/3a) et *Cordillera Blanca Sur* (feuille 0/3b), qui sont régulièrement mises à jour. Pour la Cordillera Huayhuash, essayez de trouver la carte topographique au 1/50 000 *Cordillera Huayhuash* de l'Alpine Mapping Guild (aujourd'hui épuisée et qui ne sera pas rééditée). Ces cartes sont en vente à Caraz, à Huaraz et dans les clubs South American Explorers. Cherchez aussi les cartes topographiques de la Cordillera Blanca et de la Cordillera Huayhuash distribuées par Skyline Adventures (p. 378), disponibles au Café Andino (p. 382) et dans d'autres bons établissements.

L'IGN péruvien publie 6 cartes des cordillères au 1/100 000. Un peu datées, elles utilisent souvent des noms de lieux atypiques.

Circuits organisés et guides

La Casa de Guías et les tour-opérateurs de Huaraz (p. 377), ainsi que Pony Expeditions, à Caraz (p. 402), constituent de bonnes adresses pour vos recherches de guides de haute montagne, de muletiers et de cuisiniers qualifiés. Si vous voulez composer votre propre équipe, les agences de trekking peuvent vous aider à trouver des guides et des cuisiniers, ainsi que des animaux de bât.

Si vous parlez espagnol et que vous avez du temps, vous pouvez engager des *arrieros* (muletiers) et louer des mules dans les villages au début des sentiers, notamment à Cashapampa, à Colcabamba et à Vaqueria.

L'ARTESONRAJU : STAR DU GRAND ÉCRAN

Si le pic de l'Artesonraju (5 999 m) vous paraît familier, c'est que dans les années 1980-1990, sa silhouette a inspiré le logo des films de Paramount Pictures. Cette célèbre silhouette est celle de sa face nord-est telle qu'on la voit depuis la Quebrada Arhuaycocha (appelée également Mirador Alpamayo).

Chevaux, ânes et mules sont utilisés comme bêtes de somme. Les lamas, occasionnellement fournis, portent moins de poids. Essayez de trouver un *arriero* recommandé et définissez vos objectifs (itinéraire, allure) avant de partir. Vérifiez l'état de santé des animaux avant de les louer – certains *arrieros* les font trop travailler, d'autres utilisent des animaux blessés ou malades.

Les prix sont généralement fixés par la Dirección de Turismo et le syndicat des guides. Comptez environ 30 S par jour pour un cheval, 20 S pour un âne ou une mule et 40 S pour l'*arriero*. En ce qui concerne les guides, prévoyez 90-150 S par jour pour un trek, 150-300 S pour une escalade et 300-360 S pour une escalade technique.

Les guides et les *arrieros* qualifiés possèdent une carte d'identité avec photo délivrée par les autorités touristiques ; demandez leurs références. Il est conseillé, même aux alpinistes expérimentés, de louer les services d'un guide local, connaissant parfaitement les montagnes. Les tarifs ne comprennent pas la nourriture et vous devrez peut-être fournir une tente à l'*arriero* et payer son voyage de retour. L'usage veut, en outre, que vous preniez en charge la nourriture et l'équipement de toutes les personnes dont vous louez les services – faites-vous confirmer ce qui est inclus dans le prix avant de vous engager.

Équipement et location

Si vous n'avez ni expérience ni équipement, des dizaines de tour-opérateurs proposent des guides, louent le matériel nécessaire et organisent l'expédition de bout en bout, jusqu'au dernier *burro* (âne). Si vous partez en circuit organisé, les agences de trekking (p. 377) vous fourniront tout le matériel, des tentes aux piolets. Certaines louent le matériel seul. Pour louer des équipements d'alpinisme de grande qualité, vous pouvez faire confiance à **MountClimb** (☎42-4322 ; www.mountclimb.com.pe ; Uribe 732, Huaraz) et à **Monttrek** (☎42-1124 ; www.monttrek.com.pe ; Luzuriaga 646, 1er ét., Huaraz).

Emportez un sac de couchage bien chaud, car il gèle souvent la nuit, des vêtements imperméables (indispensables toute l'année), un chapeau (à bords) et des lunettes de soleil. Écran solaire haute protection et anti-moustique efficace sont également indispensables, mais se trouvent facilement à Huaraz.

Renseignements

Pour des informations sur le trekking et les conditions météorologiques, rendez-vous à la Casa de Guías (p. 378), qui vous renseignera sur le temps, l'état des sentiers, les guides et la location de mules. Elle vend quelques cartes topographiques de l'IGN péruvien et de l'Alpenvereinskarte (Club alpin allemand).

Les agences de trekking et les loueurs de matériel constituent également une bonne source d'information et peuvent vous recommander des randonnées d'une journée. Pour des avis plus impartiaux, adressez-vous aux établissements populaires de Huaraz comme le Café Andino (p. 382) et le California Café (p. 382) : les propriétaires étrangers se tiennent au courant de l'actualité, vendent des cartes de randonnée, fournissent des guides et vous conseilleront gratuitement.

Cordillera Blanca

La Cordillera Blanca, l'une des régions les plus impressionnantes du continent, et la plus haute chaîne de montagnes tropicales de la planète, compte certaines des plus hautes montagnes d'Amérique du Sud. Parmi les géants andins figurent le majestueux Nevado Alpamayo (5 947 m), qui fut autrefois qualifié de "plus belle montagne du monde" par le Club alpin allemand, le Nevado Huascarán (6 768 m), point culminant du Pérou, le Pucajirca Oeste (6 046 m), le Nevado Quitaraju (6 036 m) et le Nevado Santa Cruz (Nevado Pucaraju ; 6 241 m).

Située en zone tropicale, la Cordillera Blanca ressent grandement les effets du réchauffement climatique. Il existe des preuves tangibles de la diminution du volume de ses glaciers et du recul, ces dernières décennies, des neiges éternelles. Les détritus et le pâturage en altitude de la *queñua* (*Polylepis tarapacana*), un arbre menacé, constituent d'autres ombres au tableau. Pour en savoir plus, contactez le Mountain Institute, à Huaraz.

PARQUE NACIONAL HUASCARÁN

L'alpiniste péruvien César Morales Arnao fut le premier à évoquer la protection de la flore, de la faune et des sites archéologiques de la cordillère au début des années 1960 ; une idée qui ne se concrétisa qu'en 1975, avec la création du Parque Nacional Huascarán. Ce parc de 3 400 km² englobe pratiquement toute la Cordillera Blanca au-dessus de 4 000 m, incluant plus de 600 glaciers et près de 300 lacs, et protège des espèces extraordinaires et menacées, telles que la *Puya raimondii*, l'ours à lunettes (*Tremarctos ornatus*) et le condor des Andes.

Les visiteurs doivent présenter leur passeport pour s'inscrire au bureau du parc à Huaraz et payer un droit d'entrée par personne de 5/65 S par jour/semaine (un pass de 21 jours pour 65 S était à l'étude lors de notre enquête). On peut aussi accomplir ces formalités au poste de contrôle. Les fonctionnaires du PNH ne délivrent pas de permis d'accès dans le parc aux randonneurs ou alpinistes qui ne passent pas par les services d'une agence ou d'un guide local ayant une licence.

Les droits d'entrée financent l'entretien des sentiers et les salaires des gardes forestiers, et aident à compenser les effets de l'afflux de visiteurs.

Trek de Santa Cruz

Ce trek monte dans la spectaculaire Quebrada Santa Cruz et traverse le col de Punta Union (4 760 m) pour déboucher, de l'autre côté, dans la Quebrada Huarípampa. En chemin, vous découvrirez de splendides lacs émeraude, des vues époustouflantes sur de nombreux pics de la cordillère, des étendues de fleurs sauvages et des bosquets de *queñuas* rouges. Plus prosaïquement, des bouses de vache émaillent les vallées et les prairies, une particularité commune à beau-

LE TREK

Durée : 4 jours

Distance : 50 km

Niveau : facile à moyen

Départ : Cashapampa (2 900 m)

Arrivée : Vaqueria (3 700 m)

coup d'itinéraires de trekking. Regardez où vous mettez les pieds !

L'itinéraire de Santa Cruz, l'un des plus empruntés par les trekkeurs étrangers au Pérou, est bien signalé sur presque toute sa longueur. Il faut compter 13 km de marche par jour (5-8 heures) avec des dénivelés de 500 à 700 m. Le troisième jour, une descente de 900 m met les genoux à rude épreuve.

Les deux premiers jours sont les plus difficiles, mais probablement les plus gratifiants, puisque l'on passe devant une myriade de petites cascades et une série de lacs et de zones marécageuses reliées entre elles. Au premier petit lac, la **Laguna Ichiccocha** (ou Laguna Chica), succède rapidement la **Laguna Jatuncocha** (ou Laguna Grande), beaucoup plus vaste. C'est entre ce lac et le campement de Taullipampa (4 250 m) qu'en 2012 une avalanche dévalant le flanc nord-est du Nevado Artisonraju détruisit le barrage de retenue de la petite **Laguna Arteson Bajo**, au sud du sentier, laissant le contenu du lac se déverser dans la vallée et balayer au passage une partie importante du chemin de randonnée. Les trekkeurs qui suivent pour la première fois cet itinéraire ne remarqueront pas la différence, mais ceux qui arpentent régulièrement le trek de Santa Cruz noteront que le chemin a été dégradé (il était en réparation lors de notre passage). Taullipampa se situe dans une superbe prairie au pied du majestueux **Nevado Taulliraju** (5 830 m). La cascade de glace bordant le Taulliraju est tout sauf figée et de gros blocs se détachent régulièrement, surtout sous le soleil de l'après-midi. Au sud, le Nevado Artesonraju (6 025 m) et le Nevado Parón (5 600 m) se détachent à l'horizon.

Le troisième jour marque le passage du col de **Punta Unión** (4 760 m), sorte de brèche angulaire dans la paroi rocheuse, intacte vue d'en bas. Des deux côtés du col, le regard embrasse un paysage fascinant. À l'ouest s'étend la **Quebrada Santa Cruz** et ses lacs, tandis qu'au sud-est des lacs ponctuent la pente abrupte de la **Quebrada Huarípampa**. Après le col, on amorce une descente tortueuse le long d'une saillie rocheuse jusqu'aux Lagunas Morococha, en passant devant des futaies de *queñuas* pour arriver au camp de base de Paria (3 850 m).

Le quatrième jour, une courte descente conduit au hameau de **Huarípampa** et à ses maisons quechua traditionnelles au toit de chaume. Des cochons d'Inde (qui finiront dans l'assiette) courent souvent au niveau des plates-formes en bois sous les toits. Le trek se termine à Vaqueria (3 700 m), d'où l'on peut prendre un *colectivo*, un camion (*camión*) ou un minibus pour redescendre à Yungay et à Huaraz.

La construction d'une importante route pour faciliter la circulation jusqu'aux Lagunas Llanganuco et au-delà fait que le trek est désormais plus court et que les randonneurs acclimatés peuvent l'effectuer en 3 jours. S'accorder 4 jours permet toutefois d'apprécier davantage la flore alpine et d'explorer les vallées secondaires. Le détour (14 km) jusqu'à la **Laguna Quitacocha** (2e jour) et une spectaculaire **vallée** en contrebas du Nevado Quitaraju (6 036 m) se fait en 5 à 6 heures (800 m de montée/descente). Le 2e jour, on peut aussi entreprendre la montée raide de 12 km (7-8 heures, 700 m de montée/descente) jusqu'au **camp de base de l'Alpamayo** (versant sud), au pied du magnifique **Nevado Alpamayo** (5 947 m). Parmi les autres détours possibles figurent l'excursion de 10 km (3 heures, 600 m de montée) à la **Quebrada Paria** (Quebrada Vaqueria) le 3e jour, avec une ascension raide à l'ombre du **Nevado Chacraraju** (6 108 m), de son glacier et de sa cascade de glace en activité, et une excursion de 11 km (4-5 heures, 800 m de montée/descente) à la **Quebrada Ranincuray** le 4e jour, offrant aux randonneurs une vue imprenable, de bons emplacements de camping et l'accès aux Lagunas Tintacocha.

Le trek peut aussi se prolonger au-delà de Vaqueria, en suivant la route et en retrouvant le chemin de randonnée qui passe par le col de Portachuelo de Llanganuco pour rejoindre la **Quebrada Llanganuco** et ses lacs vert jade.

On peut utiliser l'eau des cours d'eau en chemin pour boire et pour cuisiner (hormis le 3e jour, où vous devrez emporter des provisions pour le col de Punta Unión), en prenant soin de la traiter ou de la faire bouillir. Il vous faudra présenter une copie de votre passeport au point de contrôle de Huarípampa.

Des *colectivos* (taxis collectifs) circulent fréquemment de Caraz au début du sentier principal à Cashapampa (8 S, 1 heure 30).

Le trek peut se parcourir en sens inverse : tous les jours, des *colectivos* partent de Huaraz pour Vaqueria, d'où part le sentier.

Trek de Santa Cruz

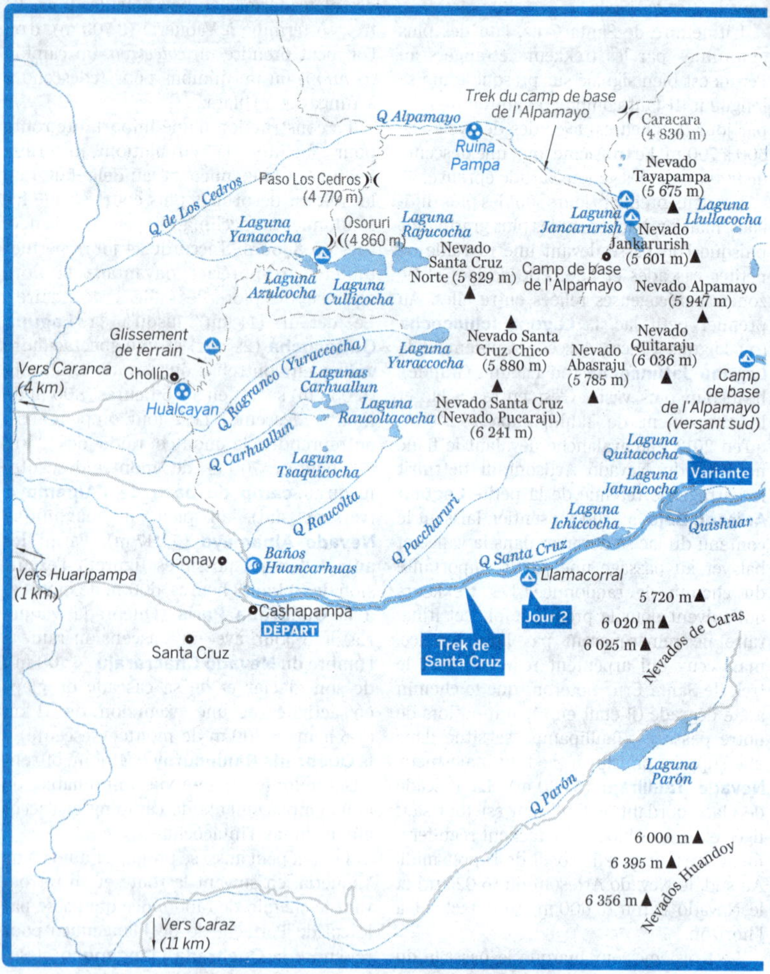

Autres treks et randonnées dans la Cordillera Blanca

Si le trek de Santa Cruz reste de loin le plus populaire, des dizaines d'autres itinéraires dans la Cordillera Blanca offrent des paysages tout aussi époustouflants (sans la foule). Des *quebradas* (vallées encaissées) – du nord au sud, celles de l'Ishinca, de Cojup, de Quilcayhuanca, de Shallap et de Rajucolta – courent parallèlement les unes aux autres des environs de Huaraz au cœur de la Cordillera Blanca. La plupart, ponctuées d'un ou de deux lacs d'altitude, recèlent quantité d'itinéraires de trekking d'un à plusieurs jours, dont nous vous proposons une sélection – loin d'être exhaustive – ci-dessous. Pour aller plus loin, renseignez-vous auprès des tour-opérateurs locaux afin de passer d'une vallée à l'autre par des itinéraires transversaux de haute montagne. On explore cependant en général une vallée à la fois.

Certains sentiers – mais pas tous – au cours des treks de plusieurs jours mentionnés ici ne sont pas encore clairement balisés et mieux vaut les emprunter avec un guide, ou se munir de cartes précises

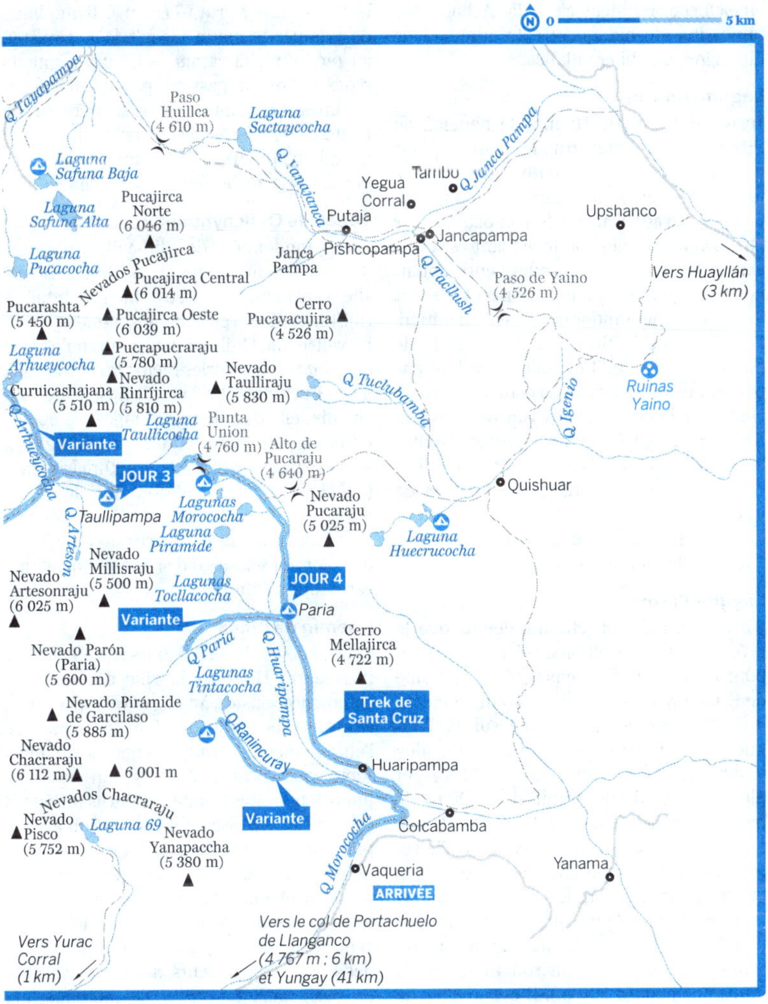

(voir p. 386). Rejoindre certains chemins implique de passer par de petites localités des environs ou de traverser la vallée de Conchucos (à l'est de la Cordillera Blanca), accidentée et splendide, où quelques localités indiennes fournissent des produits de base ; la chaleur de l'accueil vous laissera des souvenirs impérissables (voir p. 377). Les randonneurs moins ambitieux et peu enclins à dormir sous la tente ou dans des refuges peuvent effectuer seulement une partie d'un itinéraire afin de rentrer le jour même suffisamment à l'avance pour pouvoir regagner leur hôtel pour la nuit. Il faut s'acquitter des droits d'entrée au parc (5 S) pour effectuer ces randonnées.

Huaraz-Wilkahuaín-Laguna Ahuac

Le départ de cet itinéraire (une journée) relativement aisé et bien balisé peut se faire de la Laguna Ahuac (4 560 m), à Huaraz, ou des ruines de Wilcahuaín (p. 373). De ces dernières (20 S la course en taxi), cette randonnée agréable, qui se révèle un excellent exercice d'acclimatation à l'altitude, dure environ 4 heures. De Huaraz, comptez 2 heures supplémentaires. Au ras du sol, des viscaches, sortes de lapins qu'on dirait en peluche, reniflent çà et là. À l'horizon, impossible de manquer l'extrémité sud de l'immense Cordillera Blanca.

Laguna Churup

Juste au-dessus de Huaraz, le hameau de **Pitec** (3 850 m) constitue le meilleur point de départ de cette randonnée de 6 heures jusqu'au superbe lac Churup (4 450 m), au pied du Nevado Churup. Si l'on peut arriver par le versant ouest ou le versant est de la vallée, la plupart des randonneurs optent pour le premier et font souvent de cet itinéraire une randonnée d'acclimatation. En raison de l'altitude et du dénivelé de 600 m en montée, il ne faut cependant pas partir sans préparation. La course en taxi de Huaraz à Pitec coûte environ 60 S. Sinon, des *combis* (3 S, 30 min) partent toutes les demi-heures de l'angle de Raymondi et de Luzuriaga, à Huaraz, à destination de Lupa : demandez à descendre à hauteur du sentier pour Pitec ; de là, Pitec est à 2 heures de marche.

Laguna Parón

S'il a perdu de son charme depuis que le niveau de l'eau a été abaissé de 75 à 15 m pour éviter tout éboulement de la moraine de Huandoy, le lac Parón (4 200 m) demeure un site magnifique avec vue sur la Pirámide de Garcilaso (5 885 m), le Huandoy (6 395 m), le Chacraraju (6 112 m) et plusieurs parois de granit de 1 000 m de haut. En général, les randonneurs font le trajet de 25 km jusqu'à la centrale d'Electroperú du lac Parón en camion ou en taxi et demandent qu'on les attende pour la journée (180 S). Après quelque 2 heures de marche sur terrain plat autour du lac, on remonte la vallée sur environ 4 km jusqu'à un campement (4 200 m). Il est possible de poursuivre cette randonnée le lendemain jusqu'au glacier Parón (4 900 m), au pied de l'Artesonraju. Reportez-vous p. 400 pour démarrer cette randonnée à Caraz.

Laguna 69

Bien que la Laguna 69 mérite de passer la nuit sur place pour profiter pleinement du paysage exceptionnel, ce trek peut aussi donner lieu à une simple et longue journée de randonnée. Joyau des cordillères, ce lac constitue un parfait objectif pour une marche d'acclimatation. Le campement, installé dans un cadre magnifique, offre au réveil une vue dégagée sur le Chopicalqui (6 345 m), le Huascarán Sur (6 768 m) et le Huascarán Norte (6 655 m). Il implique de grimper le matin jusqu'à la Laguna 69, au pied du Chacraraju (6 112 m), avant de redescendre en passant par les fameuses Lagunas Llanganuco. Les sentiers de la Laguna 69 commencent près du Yurac Corral (3 800 m), à l'extrémité nord d'un grand virage de la route de Llanganuco.

Vallée de Quilcayhuanca

Cette randonnée de difficulté moyenne (3-4 jours), qui débute aussi à Pitec, nécessite cependant de s'être bien habitué à l'altitude. Elle serpente en montée dans la vallée de Quilcayhuanca au milieu de *queñuas* et de prairies bien vertes jusqu'aux lacs Cuchillacocha et Tullpacocha. En chemin, elle dévoile une perspective époustouflante sur le Nevado Cayesh (5 721 m), le Maparaju (5 326 m), le Tumarinaraju (5 668 m) et une demi-douzaine de pics à plus de 5 700 m. Le sentier n'étant pas très bien balisé, mieux vaut partir avec un guide (ou avoir un sens aigu de l'orientation et une carte topographique).

Chemin de l'Inca

Cette randonnée de 3-6 jours sur un chemin inca, entre Huari et la ville de Huánuco, commence juste à se développer. Elle emprunte des tronçons bien préservés de l'ancien chemin inca et s'achève à Huánuco Viejo, qui constituait jadis l'un des plus importants sites militaires incas du nord du Pérou. Organisé en collaboration avec le projet Inka Naani, ce trek vise à encourager un tourisme respectueux de l'héritage culturel de la région et relie plusieurs initiatives touristiques indépendantes. Tous les guides sont de la région (guide parlant anglais sur demande). Des porteurs, ainsi que des abris en pisé appelés *tambos* (le mot quechua pour lieu de repos), sont à votre disposition si vous souhaitez dormir à la belle étoile. Adressez-vous au Mountain Institute ou au centre de tourisme durable Respons (p. 377), à Huaraz.

Trek du Callejón de Conchucos

Si vous avez peu de temps et souhaitez traverser la cordillère et observer de près quelques pics enneigés, choisissez le trek relativement facile qui relie **Olleros** à **Chavín de Huántar**. Ce trek de 40 km peut s'entreprendre dans les deux sens. La plupart des randonneurs partent d'Olleros (1 390 habitants), dans le Callejón de Huaylas sur le versant ouest de la Cordillera

HUAYHUASH : OUVREZ L'ŒIL !

Certains voyageurs se sont plaints que les gardes des communautés sur le circuit de la Cordillera Huayhuash indiquent parfois volontairement une date erronée sur votre reçu, histoire de vous faire payer ensuite une amende lors d'un contrôle surprise sur le campement. Soyez donc vigilant.

Blanca, où l'on peut louer des lamas pour porter l'équipement. De ravissants villages et des routes pré-incas ménageant une splendide vue sur les monts Uruashraju (5 722 m), Rurec (5 700 m) et Cashan (5 716 m) émaillent la montée jusqu'au col de Punta Yanashallash (4 700 m). L'arrivée du côté du Callejón de Conchucos est à couper le souffle. À Chavín, vous pourrez soigner vos courbatures dans les eaux chaudes des sources thermales et vous lever tôt le lendemain pour visiter les ruines avant l'arrivée des hordes de touristes. Des cyclistes expérimentés ont parcouru cet itinéraire à VTT. Pour rejoindre Olleros, prenez un *combi* à Huaraz en direction du sud, descendez au pont de Bedoya et marchez durant 30 minutes jusqu'à Olleros. Les taxis demandent environ 30 S.

Si ce trek a aiguisé votre appétit, prenez un bus jusqu'à Huari (voir p. 410) ou suivez la route à pied et commencez le trek tout aussi séduisant qui va de **Huari** à **Chacas**, en passant par le flanc est de la Cordillera Blanca. Si possible, campez près de la Laguna Purhuay, un bel endroit qui invite à s'attarder. Cet itinéraire facile de 2-3 jours passe par plusieurs autres lacs, grimpe jusqu'à un col à 4 550 m et pénètre dans les forêts tropicales humides d'altitude de la vallée de Parhua (3 500 m) avant de rejoindre Chacas.

Après une pause dans cette jolie localité, vous pourrez continuer par le trek qui relie **Chacas** à **Yanama**. Le plus court des trois (1-2 jours), il passe par le col le plus bas, à "seulement" 4 050 m d'altitude. De Chacas, on peut passer par les communes de Sapcha et de Potaca et terminer le trek à Yanama, ou continuer vers la vallée de Keshu, où il est possible de camper dans plusieurs endroits. Colcabamba, à quelques heures de Yanama, marque la fin du trek de Santa Cruz. Les marcheurs endurants pourront ajouter ce parcours à leur long circuit avant de retourner à Huaraz.

Honda-Ulta

Cette boucle de Vicos au village de Shilla, près de Carhuaz, est de difficulté moyenne, à l'exception des cols d'altitude de la Laguna Yanayacu (4 850 m) et de Portachuelo Honda (4 750 m), difficiles à franchir. En chemin, on peut faire halte au hameau de Juitush et au charmant village de Chacas (p. 411) et admirer la vue sur le Yanaragra (5 987 m), le Pucaranra (6 156 m), le Palcaraju (6 274 m) et sur deux lacs isolés. C'est un superbe trek pour qui veut sortir des sentiers battus et découvrir en chemin quelques pittoresques villages indiens.

Los Cedros-Alpamayo

Cet itinéraire de 90 km est l'un des treks les plus difficiles et les plus éblouissants de la Cordillera Blanca. Il comprend de très longues ascensions jusqu'à des cols élevés, un paysage alpin stupéfiant (dont le fabuleux versant nord du Nevado Alpamayo) et mène à des villages quechua traditionnels situés à l'écart des routes. Débutant à Cashapampa (comme le trek de Santa Cruz) ou à Hualcayan, il se termine à Pomabamba et ne s'adresse qu'à des marcheurs expérimentés et acclimatés, capables de s'orienter. Relativement direct, l'itinéraire n'est pas signalisé. À chaque extrémité, vous pourrez profiter d'un délicieux bain chaud dans des sources thermales.

Cordillera Huayhuash

Souvent reléguée au second plan par l'étincelante Cordillera Blanca, la Cordillera Huayhuash compte un ensemble tout aussi imposant de glaciers, de sommets et de lacs, réunis dans une chaîne d'à peine 30 km de long. Un nombre croissant de voyageurs découvrent ce territoire accidenté et isolé, où des sentiers contournent les versants d'un massif hérissé de pics fascinants. Plusieurs cols à plus de 4 500 m défient les trekkeurs les plus aguerris. Le caractère sauvage, en particulier sur le versant oriental, resté intact, constitue le principal attrait de la cordillère. Vous aurez ici plus de chances d'apercevoir un gracieux condor que les dizaines de trekkeurs qui progressent suivis de leurs ânes.

En 2001, le ministère de l'Agriculture a déclaré la Cordillera Huayhuash "zone réservée", procurant ainsi une protection transitoire à près de 700 km² de territoire. Depuis, le ministère a réduit ses aides, à mesure que se développait une initiative de préservation unique, tout à la fois privée et dirigée par des communautés. Plusieurs de ces dernières dont les territoires traditionnels s'étendent au cœur de la Cordillera Huayhuash sont devenues officiellement des "zones de protection privées". Le long du circuit, 8 districts, **Llamac** (p. 405), **Pocpa, Jirishanca**, **Quishuarcancha**, **Tupac Amaru**, **Guñog**, **Huallapa** et **Pacllón**, perçoivent aujourd'hui un droit d'accès, dont les tarifs augmentent chaque année ; 15-40 S au moment de notre passage, ce qui revenait à 165 S pour l'ensemble du circuit. Les sommes perçues servent à améliorer la sécurité des randonneurs et à protéger l'environnement de la région. Soutenez cet effort en payant ces droits : prévoyez suffisamment de monnaie et demandez toujours un reçu. Ces droits sont parfois réduits pour les trekkeurs sans animaux de bât, car les "droits de pâture" entrent notamment dans le calcul de leur montant.

Circuit de la Cordillera Huayhuash

Ce trek fabuleux fait le tour d'un groupe serré de hauts pics, qui englobe le Yerupajá (6 617 m), la deuxième plus haute montagne tropicale du monde, et traverse de multiples cols en haute altitude qui, tous, dévoilent des paysages époustouflants. Le long des versants orientaux, des lacs superbes (parfaits pour pêcher la truite) offrent de beaux campements et un grand choix d'itinéraires plus ou moins difficiles.

En montée, le dénivelé quotidien oscille entre 500 et 1 200 m, mais quelques tronçons au milieu et à la fin de l'itinéraire comportent des journées de grosses descentes – aussi ardues parfois que l'ascension. Il faut compter en moyenne 12 km par jour, sur le sentier ou en dehors, pour 4 à 8 heures de marche, quoique vous devrez probablement marcher de 10 à 12 heures au moins un jour. La plupart des randonneurs prévoient quelques jours de repos supplémentaires en route, en partie parce que la longueur et l'altitude rendent le circuit très physique, mais aussi pour profiter pleinement du paysage, fantastique. D'autres choisissent une version plus courte et se contentent de 5 jours de marche le long du flanc oriental isolé de la Cordillera Huayhuash. Nous détaillons ici le circuit classique de la Cordillera Huayhuash. En chemin, de nombreuses variantes et des itinéraires bis pourront rallonger votre trek d'un jour ou deux.

LE TREK

Durée : 10 jours

Distance : 115 km

Niveau : difficile

Départ/arrivée : Llamac

Villes les plus proches : Chiquián, Llamac et Cajatambo

La randonnée débute à **Llamac** (p. 405), dernière localité que vous traverserez avant plusieurs jours. Le sentier quitte alors la "civilisation" et passe devant une petite plate-forme pré-inca, dans un joli paysage de montagnes, et devant des cactus *chollas* hauts de 4 m. Le **col de la Pampa Llamac** dévoile un panorama fabuleux des sommets enneigés, le Rondoy (5 870 m), les pics jumeaux du Jirishanca (6 094 m), le Yerupajá Chico, le Yerupajá (6 634 m) et bien d'autres, couronnement de la première journée de marche.

Les deux jours suivants, on franchit trois cols au-dessus de 4 500 m avant d'arriver au hameau de **Janca** (4 200 m), qui offre une vue magnifique sur la Laguna Mitacocha (4 230 m). Le 4e jour, au sud-est du col de Carhuac (4 650 m), on découvre un superbe panorama de montagne, puis on rejoint une falaise surplombant la Laguna Carhuacocha (4 138 m) et les monts enneigés derrière le Siulá Grande (6 344 m) et le Yerupajá se dessinant au loin.

À mi-chemin du trek, on suit un court tronçon d'un chemin inca pavé, large de 1,50 m et long de 50 m environ, vestige d'une route inca qui filait vers le sud depuis le site de Huánuco Viejo, près de La Unión. Les deux jours suivants mènent à la **Laguna Carnicero** (4 430 m), à la **Laguna Mitucocha**, au sommet du **Portachuelo de Huayhuash** (4 750 m) et à la **Laguna Viconga** (4 407 m). Une fois plusieurs sommets glaciaires en ligne de mire, dont les pics jumeaux du Cuyoc (5 550 m), on peut soit s'arrêter pour camper puis continuer le circuit principal, soit longer la vallée du Río Pumarinri au sud-ouest vers **Cajatambo** et quitter le circuit. Si vous continuez, vous aurez à relever le défi du passage du col de Punta Cuyoc, à plus de 5 000 m.

Le 7e jour, le sentier franchit une petite crête du Pumarinri (5 465 m) pour déboucher face au **Cuyoc**. Prêtez attention aux robustes *Stangea henricii*, des plantes plates gris-vert en forme de rosaces, aux larges feuilles se chevauchant, qui ne poussent qu'au-dessus de 4 700 m. On parvient rapidement au point culminant du trek, à peine signalé par une pile de pierres.

Plusieurs possibilités s'offrent à vous le 8e jour : continuer le circuit direct en passant par le village de Huayllapa, quitter le circuit par Huayllapa et Uramaza pour rallier Cajatambo, ou faire un détour en remontant la

Circuit de la Cordillera Huayhuash

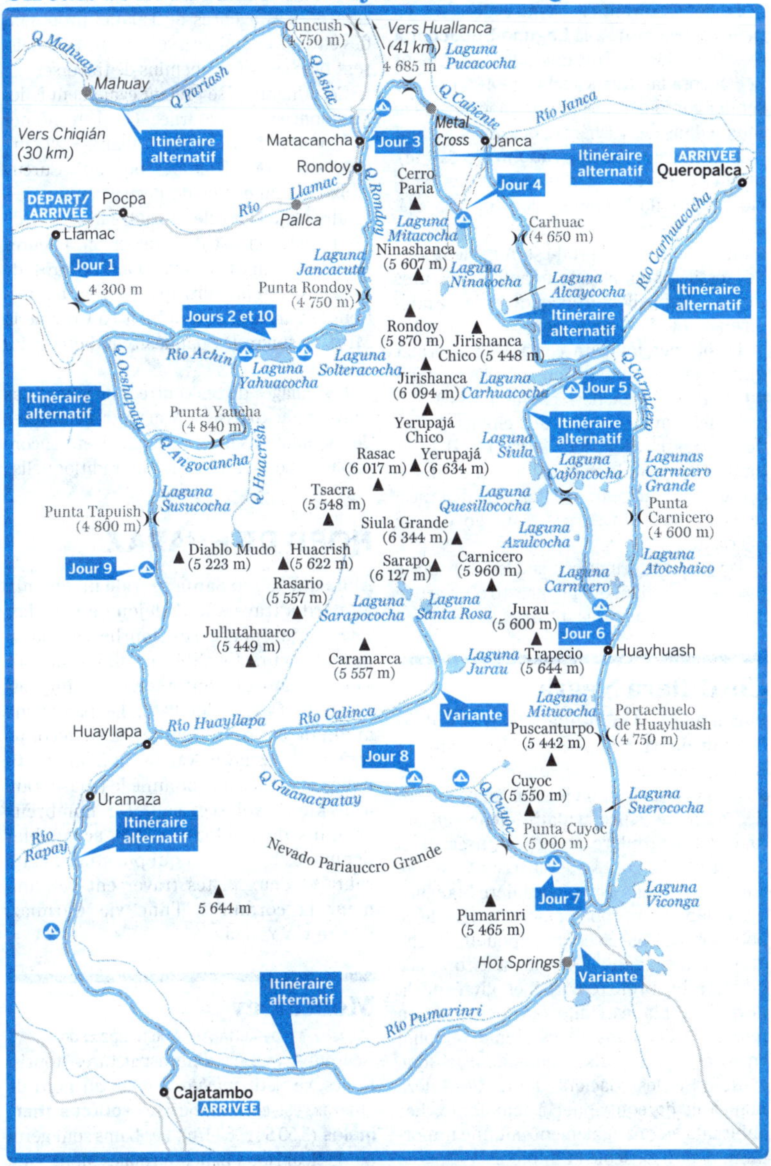

vallée du Río Calinca jusqu'aux lacs Jurau, Santa Rosa et Sarapococha, où l'on découvre l'un des plus beaux panoramas alpins du trek. Le circuit classique conduit à la pyramide glacée de Jullutahuarco (5 449 m) et à une stupéfiante **cascade** de 100 m de haut. En poussant jusqu'au petit lac près de la Punta Tapuish (4 800 m), on trouve un bon endroit où camper en altitude.

Le jour suivant, le sentier descend en pente douce jusqu'à la **Laguna Susucocha** (4 750 m), juste avant une bifurcation pour la Quebrada Angocancha (4 400 m). Le sentier contourne des prairies bourbeuses et monte dans des rochers et des éboulis avant d'atteindre la **Punta Yaucha** (4 840 m), offrant une vue magnifique sur les principaux pics de la chaîne, dont le Yerupajá, à l'est, et sur des sommets enneigés de moindre altitude, au sud-est. Aux alentours, des fossiles d'ammonites et autres créatures marines rappellent l'époque où les Andes formaient le fond de l'océan.

Le dernier jour, un court trajet permet d'arriver tôt à Llamac, d'où on rallie Hiquián ou Huaraz en transport à la mi-journée.

Sachez qu'en chemin des chiens défendent agressivement leur territoire. Il suffit habituellement de se pencher et de ramasser un caillou pour les tenir à distance, mais ne leur lancez pas, sauf en cas de nécessité.

Pour des informations sur les transports jusqu'à Chiquián ou Llamac (d'où part le sentier), reportez-vous p. 405.

Cordillera Negra

Plus modeste, la Cordillera Negra vit dans l'ombre de sa grande sœur, la Cordillera Blanca, dont les hauts sommets enneigés à l'est bouchent le soleil le matin et toisent de manière spectaculaire leur entourage. La "cordillère noire", baptisée ainsi en raison du contraste saisissant avec la chaîne plus belle de la "cordillère blanche", ne se départira probablement jamais de ce petit air négligé avec sa silhouette sèche et vallonnée dans les tons marron face au superbe profil escarpé et givré de la Cordillera Blanca. Elle joue pourtant un rôle essentiel dans l'écosystème régional en évitant aux vents chauds du Pacifique d'atteindre les glaciers de la Cordillera Blanca et de contribuer à leur fonte. Les habitants en ont également fait une importante région agricole et minière.

Quoique secondaire par rapport aux activités de haute montagne offertes de l'autre côté du Callejón de Huaylas, la Cordillera Negra offre toutefois de belles opportunités. Ainsi, les amateurs d'escalade trouveront d'excellentes voies équipées à Recuay et à Hatun Machay (p. 404) et les adeptes du VTT pourront dévaler des kilomètres de routes et de sentiers dans un paysage escarpé. Les agences de Huaraz proposant des circuits organisés à vélo (p. 375) connaissent bien ces vieux chemins de traverse.

Ces itinéraires se prêtent également à des randonnées d'une journée. On peut monter en camion à la Punta Callan (4 225 m), au-dessus de Huaraz, ou au Curcuy (4 520 m), au-dessus de Recuay, puis redescendre à pied en ville. Un autre itinéraire de randonnée permet de grimper en 3 heures jusqu'aux ruines de Quitabamba, près de Jangas. Il faut prendre un *colectivo* en direction de Carhuaz, descendre à La Cruz de la Mina et suivre les panneaux indiquant les vestiges.

Les villages de ces contrées ne voient pas souvent de touristes. Vous y rencontrerez des populations indiennes qui vivent encore la plupart du temps de façon traditionnelle.

NORD DE HUARAZ

Alors que le Río Santa se fraie un chemin au nord à travers le Callejón de Huaylas, une route épouse ses courbes et passe par plusieurs localités paisibles jusqu'à Caraz, avant de continuer vers l'impressionnant Cañón del Pato. Le panorama andin de la Cordillera Blanca se découpe tout au long de la vallée, mur de sentinelles blanches que domine le Huascarán, à 14 km à vol d'oiseau. De nombreux chemins de randonnée sont accessibles depuis les bourgades qui ponctuent cette route et deux pistes traversent vaillamment la cordillère, l'une via Carhuaz, l'autre via Yungay.

Monterrey

☎043 / 1 100 HABITANTS / ALTITUDE 2 800 M

Regroupé autour d'infrastructures touristiques, ce petit *pueblo*, à 9 km au nord de Huaraz, est connu pour ses **sources thermales** (3,50 S ; ⏲6h-17h). Les bains sont gérés par le Real Hotel Baños Termales Monterrey, l'hôtel décati qui les jouxte. Les bus s'arrêtent devant.

Les sources thermales sont divisées en deux sections : les bassins inférieurs, les plus fréquentés – et, lors de notre visite du moins, loin d'être chauds –, et les salles privatives à l'eau bien chaude comme vous l'imaginez.

La couleur marron de l'eau est due au fer qu'elle contient. Mieux vaut s'y rendre le matin, car les bains sont nettoyés pendant la nuit. Ils sont bondés le week-end et durant les vacances.

Où se loger et se restaurer

Bien que le village possède un grand hôtel et deux bons restaurants, Monterrey fait plutôt l'objet d'une excursion à la journée depuis Huaraz. Le dimanche, nombre de restaurants servent la *pachamanca* (*pacha* signifie "terre" et *manca* "four" en quechua), une délicieuse spécialité péruvienne à base de poulet, de porc, d'agneau, de cochon d'Inde, de maïs, de pommes de terre et d'autres légumes mijotés pendant plusieurs heures sur des pierres chaudes.

El Patio de Monterrey HÔTEL **$$**

(42-4965 ; www.elpatio.com.pe ; s/d 189/222 S ; @). Hébergement le plus séduisant à la ronde, cette belle hacienda de style colonial est agrémentée de meubles d'époque. La plupart des chambres, bien agencées et spacieuses, possèdent baignoire, téléphone et TV locale. Quelques-unes (376 S) peuvent loger 4 personnes et certaines bénéficient d'une cheminée ou d'un balcon. Elles donnent presque toutes sur un jardin verdoyant émaillé de roues de chariots et de fontaines. Une cheminée réchauffe l'atmosphère du bar-restaurant.

El Cortijo PÉRUVIEN **$$$**

(Carretera Huaraz ; plats 15-60 S ; 8h-19h). Dans cet excellent grill, vous vous régalerez d'autruche, de *cuy* (cochon d'Inde) ou d'autres grillades. Dans le jardin fleuri, des tables entourent une fontaine, et des balançoires enchantent les enfants.

El Ollón de Barro PÉRUVIEN **$$**

(Km 7 ; repas 12-28 S ; 11h-17h mar-dim juil, 11h-17h sam-dim aout-juin). Entouré de haies quasi impénétrables, le beau jardin et la cour en façade sont agrémentés de balançoires sous les arbres. Le restaurant sert un bon *coca sour* et des spécialités régionales comme le *ceviche de pato* (ceviche de canard) et la *pachamanca* (différentes viandes cuites dans un "four" fait de pierres chaudes).

Depuis/vers Monterrey

Des bus locaux au départ de Huaraz empruntent Luzuriaga vers le nord, la Calle 28 de Julio vers l'ouest, la Calle 27 de Noviembre vers le nord, Raymondi vers l'est et Fitzcarrald vers le nord. Essayez de monter en début de parcours, car les bus se remplissent rapidement. Le trajet (20 min) revient à 1 S. La course en taxi de Huaraz à Monterrey coûte environ 7 S.

Carhuaz

043 / 7 100 HABITANTS / ALTITUDE 2 638 M

À 35 km au nord de Huaraz, Carhuaz possède l'une des plus jolies places de la vallée. Les rosiers à l'ombre des palmiers en font un endroit délicieux. Au marché du dimanche, les *campesinos* (paysans) des villages alentour viennent vendre fruits, légumes et artisanat. Du bourg, une route franchit la Cordillera Blanca, via la belle Quebrada Ulta et le col de Punta Olímpica, pour rejoindre Chacas et San Luis.

À Carhuaz, la fête de **La Virgen de La Merced**, du 14 au 24 septembre, s'accompagne de processions, de feux d'artifice, de danses, de corridas et d'abondantes libations – à tel point que la ville est souvent appelée Carhuaz *borachera* (Carhuaz la soûle !).

Le **Banco de la Nación**, sur la Plaza de Armas, possède un DAB Visa/Plus.

Où se loger et se restaurer

Il faut absolument goûter la *raspadilla*, de la glace provenant de la Cordillera Blanca nappée d'un coulis de fruits.

Hostal El Abuelo AUBERGE **$$**

(39-4456 ; www.elabuelohostal.com ; Calle 9 de Diciembre 257 ; s/d avec petit-déj 105/140 S ; @). Cette fière et grande maison à l'ancienne abrite une excellente auberge de charme, aux chambres plaisantes et immaculées (les chambres matrimoniales bénéficient de très grands lits). La nouvelle annexe en cours de construction offrira la vue sur les Andes.

Hotel La Merced HÔTEL **$**

(39-4280 ; Ucayali 724 ; s/d sans sdb 20/40 S, ch 45 S). L'un des plus anciens hôtels de la ville, abondamment décoré d'images religieuses, dispose d'innombrables fenêtres pour contempler la *cordillera*, de chambres propres et de douches chaudes.

LES REFUGES DE DON BOSCO

L'organisation italienne à but non lucratif Don Bosco, basée à Marcará et fondée par le père Ugo de Censi, un prêtre salésien, gère trois **refuges** (☎44 3061 ; www.rifugi-omg.org) au cœur de la cordillère, dont les bénéfices sont consacrés à des projets humanitaires locaux. Chacun est chauffé, possède une radio, des fournitures médicales de base, 60 lits et demande 92 S par nuit avec le petit-déjeuner et le dîner (150 S en pension complète). Il s'agit du Refugio Perú (4 765 m), une base pour escalader le Pisco située à 2 heures de marche de Llanganuco, du Refugio Ishinca (4 350 m), à 3 heures de marche du village de Collón dans la vallée d'Ishinca, et du Refugio Huascarán (4 670 m), à 4 heures de marche de Musho. Trekkeurs, alpinistes et amateurs de beaux paysages sont les bienvenus.

Alojamiento Cordillera Blanca PENSION $
(☎94-389-7678 ; Aurora 247 ; s/d 24/45 S). Si vous arrivez là le samedi soir, vous vous réveillerez en plein cœur du marché, ce qui compensera le manque d'hospitalité. Chambres exiguës mais propres.

Café Arte Andino El Abuelo CAFÉ, PÉRUVIEN $
(Plaza de Armas ; petit-déj 4-10 S, sandwichs 6-14 S). Cet agréable café de la place appartient à l'architecte-cartographe local Felipe Díaz. C'est le meilleur endroit pour grignoter comme pour récolter des informations, acheter les cartes du propriétaire ou se laisser tenter par de jolis céramiques, sacs ou panneaux muraux tissés.

Gerardos Chickens PÉRUVIEN $
(angle 2 de Mayo et La Merced). Le meilleur poulet rôti (8-15 S). En face de la petite gare routière des *combis* pour Huaraz.

Depuis/vers Carhuaz

Les minibus qui desservent Yungay (3 S, 30 min) et Caraz (3,50 S, 45 min) font halte sur la Plaza de Armas. Les *combis* pour Huaraz (3 S, 50 min) partent d'une petite gare routière située dans la première *cuadra* de La Merced. Le matin et l'après-midi, les bus qui relient Huaraz à Chacas et à San Luis passent aussi par la place, de même que ceux qui circulent entre Caraz et Lima et entre Huaraz et Chimbote.

Yungay

☎043 / 12 600 HABITANTS / ALTITUDE 2 458 M

Peu de visiteurs passent la nuit dans cette petite ville paisible, plutôt pauvre en infrastructures touristiques. Cela dit, Yungay offre le meilleur accès aux Lagunas Llanganuco, via une piste qui continue de l'autre côté de la cordillère jusqu'à Yanama et au-delà. Entourée de collines luxuriantes et balayée d'un air vivifiant, cette ville ne laisse pas deviner son histoire tragique.

À 2 km au sud de l'actuelle Yungay, un champ de décombres marque l'emplacement de la cité d'origine, détruite par la pire catastrophe naturelle qu'aient connue les Andes. Le séisme du 31 mai 1970 libéra 50 millions de mètres cubes de granit et de glace de la paroi occidentale du Huascarán Norte – formant un *aluvión* (avalanche de débris) qui dévala un à-pic de 3 km et se déversa sur Yungay, située 15 km plus loin. La ville et la quasi-totalité de ses 25 000 habitants furent ensevelis.

Où se loger et se restaurer

Le marché de Yungay, près de la place, comporte plusieurs adresses bon marché et rustiques où se restaurer.

Hostal Gledel PENSION $
(☎39-3048 ; Aries Graziani ; s/d sans sdb 15/25 S). L'adorable señora Gamboa loue 13 chambres spartiates (matelas neufs) égayées par des dessus-de-lit colorés. Vous aurez droit à, au moins, une accolade et à un échantillon de sa cuisine. Adresse la moins chère et la meilleure de la ville, elle jouit d'un succès bien mérité.

Hostal Sol de Oro PENSION $
(☎39-3116 ; Santo Domingo 7 ; s/d/tr 20/30/40 S). Autre adresse convenable pour ses chambres propres et lumineuses, avec matelas fermes et douches chaudes. Supplément de 8 S pour une chambre avec TV.

Restaurant Turístico Alpamayo PÉRUVIEN $
(7-20 S). En retrait de la grand-route à l'extrémité nord de la ville, au milieu d'un jardin agrémenté d'un belvédère, l'Alpamayo s'avère fort agréable pour déguster truite, *cuy* (cochon d'Inde) ou *chicharrónes* (panés et frits).

À NE PAS MANQUER

CAMPO SANTO

Le 31 mai 1970, alors que le monde entier, ou presque, avait les yeux rivés sur le match d'ouverture de la Coupe du monde de la FIFA, opposant le Mexique à l'Union soviétique, un séisme d'une magnitude proche de 8 sur l'échelle de Richter secoua les départements d'Ancash et de La Libertad, au Pérou. Si les 45 secondes de répliques qui suivirent ravagèrent une zone de 83 km², la rupture d'un pan entier de la face nord du mont Huascarán causa la pire catastrophe naturelle qu'aient connue les Andes – selon les estimations, 50 millions de mètres cubes de rocher, de glace et de neige furent libérés. L'*aluvión* (avalanche de débris) qui s'ensuivit dévala les flancs de la montagne sur 15 km à une vitesse moyenne de 280 à 335 km/h, ensevelissant Yungay et la quasi-totalité de ses habitants. En 3 minutes, la ville entière disparut.

Site de l'ancienne Yungay (Yungay Viejo), le **Campo Santo** (2 S ; ⌚8h-18h) comporte une immense statue blanche du Christ, édifiée sur une butte qui domine l'ancien cimetière de la ville, d'où l'on surplombe le parcours de l'*aluvión*. Ironie du sort, 92 des habitants rescapés le doivent à ce cimetière perché en hauteur, où ils réussirent à grimper suffisamment vite pour échapper à l'*aluvión*. Quelque 300 autres eurent la vie sauve car ils assistaient à un spectacle de cirque dans le stade de la ville. Le reste de la population, estimée à 25 000 âmes, périt dans le cataclysme.

Des jardins, quelques pierres tombales et monuments jalonnent le parcours de l'*aluvión*, rappelant le souvenir de milliers de personnes ensevelies sous 8 à 12 m d'éboulis. Sur l'ancienne Plaza de Armas, seuls émergent la pointe du clocher de la cathédrale, les débris d'un bus Expreso Ancash écrasé et la cime de 4 palmiers, dont l'un est toujours bien vivant. Une réplique de la façade de la cathédrale a été construite en hommage aux victimes. Presque tous les Yungayanos nés avant 1955 sont enterrés ici sous l'effet des forces de la nature.

À l'entrée, des vendeurs attirent votre attention sur des photos montrant l'avant et l'après qui donnent la mesure du désastre. L'ensemble du site a été classé cimetière national et toute fouille y est interdite.

ENVIRONS DE YUNGAY

Llanganuco Mountain Lodge LODGE **$$$**

(☎94-366-9580 ; www.llanganucolodge.com ; camping 15 S, dort sans/avec pension complète 38/135 S, s/d avec pension complète à partir de 183/228 S). À quelque 45 minutes en taxi de Yungay en direction des Lagunas Llanganuco, ce lodge recommandé, géré par Charlie Good, un Britannique, jouit d'une position enviable pour partir à la découverte de la région des lacs ou effectuer le trek de Santa Cruz. Reste à choisir entre le camping avec douches chaudes et vue grandiose, ou les chambres du lodge avec couettes en plumes et balcons.

Tito, à l'âme de chef, concocte une excellente cuisine tandis que Shackleton et Dino, deux chiens de Rhodésie, remplissent leur rôle de mascottes. L'établissement se situe à côté des ruines de Keushu, fouillées depuis peu, sur les rives d'un ancien lac, et a vue sur trois des plus hauts sommets de la cordillère. Les taxis qui partent en face de l'hôpital de Yungay demandent 30 S pour monter jusque-là et 40 S pour la descente.

Projet de tourisme communautaire humacchuco PENSION **$$**

(☎94-497-6192 ; www.respons.org ; pension complète à partir de 190 S). Six membres de la communauté humacchuco gèrent cette pension confortable, dans le cadre d'un projet de tourisme durable. On peut s'y initier à la culture locale et à la gestion des ressources naturelles, se régaler de *pachamanca* et participer à des randonnées guidées, dont une à la journée à la Laguna 69. Respons (p. 377) à Huaraz conçoit des séjours sur mesure.

ℹ Depuis/vers Yungay

Des minibus, qui partent d'une petite gare située sur la grand-route, mènent à Caraz (2 S, 15 min), Carhuaz (3,50 S, 30 min) et Huaraz (5 S, 1 heure 15). Les bus Caraz-Lima et Huaraz-Chimbote prennent des passagers sur la Plaza de Armas.

Les bus vétustes qui relient Huaraz à Pomabamba *via* les Lagunas Llanganuco passent également par Yungay tous les jours.

Lagunas Llanganuco

Une route de terre monte au nord-est de Yungay, en serpentant sur 28 km et en grimpant de 1 350 m jusqu'à la vallée de Llanganuco et ses superbes lacs, également appelés Laguna Chinancocha et Laguna Orconcocha. Nichés dans une vallée glaciaire, à 1 000 m de la ligne de neige, ils étalent sous le soleil leurs eaux scintillantes turquoise et vert émeraude. Une randonnée de 30 minutes longe le Chinancocha en passant devant une jetée et une aire de pique-nique au pied de falaises abruptes qui plongent dans le lac. On peut louer des bateaux (5 S) sur ce lac, qui est un but d'excursion très apprécié depuis Huaraz (comptez toutefois 6 heures de trajet aller-retour). En continuant la route après les lacs, on arrive à un *mirador* d'où s'étend une vue époustouflante sur les géants environnants, dont le Huascarán (6 768 m), le Chopicalqui (6 345 m), le Chacraraju (6 108 m) et le Huandoy (6 395 m). La route franchit ensuite le col de Portachuelo (4 760 m) pour redescendre sur Yanama sur l'autre versant de la Cordillera Blanca. Plusieurs véhicules partent tôt le matin de Huaraz à destination de Yanama et au-delà.

Pour vous rendre aux Lagunas Llanganuco, vous pouvez choisir un circuit organisé à partir de Huaraz ou prendre un bus ou un taxi à Yungay. De juin à août (haute saison), des minibus partent fréquemment de la petite gare routière de Yungay sur la route principale (15 S) et repartent des lacs au bout de 2 heures. Un droit d'accès de 5 S s'applique. Le reste de l'année, les minibus circulent en fonction de la demande. En *colectivo*, comptez 15 S par personne l'aller. Partez tôt le matin pour profiter de vues dégagées – en particulier durant la basse saison.

Caraz

☎043 / 13 100 HABITANTS / ALTITUDE 2 270M

Paisible cité entourée de montagnes splendides, Caraz constitue une paisible alternative à l'exubérante Huaraz, à 67 km au sud. Des chemins de trekking et de randonnée plus ou moins longs serpentent dans toutes les directions. La ville, qui fut l'une des rares à être épargnée par les tremblements de terre et les *aluviónes* dans la vallée, conserve une architecture coloniale pleine de charme et une belle Plaza de Armas.

Caraz est le point d'arrivée du trek Llanganuco-Santa Cruz, un itinéraire très fréquenté qui s'effectue aussi dans le sens inverse. C'est également le point de départ de treks plus difficiles, à destination des confins septentrionaux de la Cordillera Blanca. Le versant nord de l'Alpamayo (5 947 m), considérée par certains comme la plus belle montagne du monde grâce à ses arêtes effilées et à sa silhouette parfaitement pyramidale, est facilement accessible depuis Caraz.

À voir

Laguna Parón LAC

À 25 km à l'est de Caraz, ce lac de carte postale bleu pastel est entouré de spectaculaires pics enneigés, tel le Pirámide de Garcilaso (5 885 m), qui se détache à l'extrémité du lac perché à 4 200 m. La difficile paroi d'escalade de la Torre de Parón, surnommée le **Sphinx**, se trouve à cet endroit. La route qui mène au lac passe par un canyon encadré de murs de granit hauts de 1 000 m – un trajet aussi spectaculaire que celui de Llanganuco, plus connu. Les randonneurs acclimatés peuvent rejoindre le lac en une longue journée. Il est toutefois plus facile de prendre un moyen de transport local jusqu'à Pueblo Parón, puis de marcher 4 heures jusqu'au lac.

En transport organisé depuis Caraz, comptez à partir de 120 S l'aller-retour avec 2 heures d'attente sur place – et 10 S pour chaque heure supplémentaire.

Cañón del Pato CANYON

Si vous continuez au nord de Caraz par le Callejón de Huaylas, vous passerez par l'extraordinaire Cañón del Pato, où la Cordillera Blanca et la Cordillera Negra pourraient presque s'embrasser, séparées de 15 m seulement par endroits, et plongeant à des profondeurs pouvant atteindre 1 000 m. La route éprouvante serpente le long d'un passage taillé dans la pierre, au-dessus d'une gorge vertigineuse et passe par 35 tunnels creusés à la main dans le roc. De tous côtés, de gigantesques parois rocheuses surplombent la route et la centrale hydroélectrique de la vallée ressemble à un repaire bien caché. Dans le bus, asseyez-vous du côté droit pour profiter des plus belles vues.

Si vous préférez franchir ce spectaculaire canyon de façon moins terrifiante, Pony Expeditions (p. 402) vous propose de faire le parcours en taxi (jusqu'à 4 personnes) jusqu'à Trujillo (1 000 S, 7 heures) en vous arrêtant à la demande pour faire des photos. Normalement, c'est le patron lui-même (francophone et anglophone) qui conduit.

Punta Winchus FLORE

Sur ce col isolé (4 157 m) poussent quelque 5 000 *Puya raimondii*. C'est le plus grand

Caraz

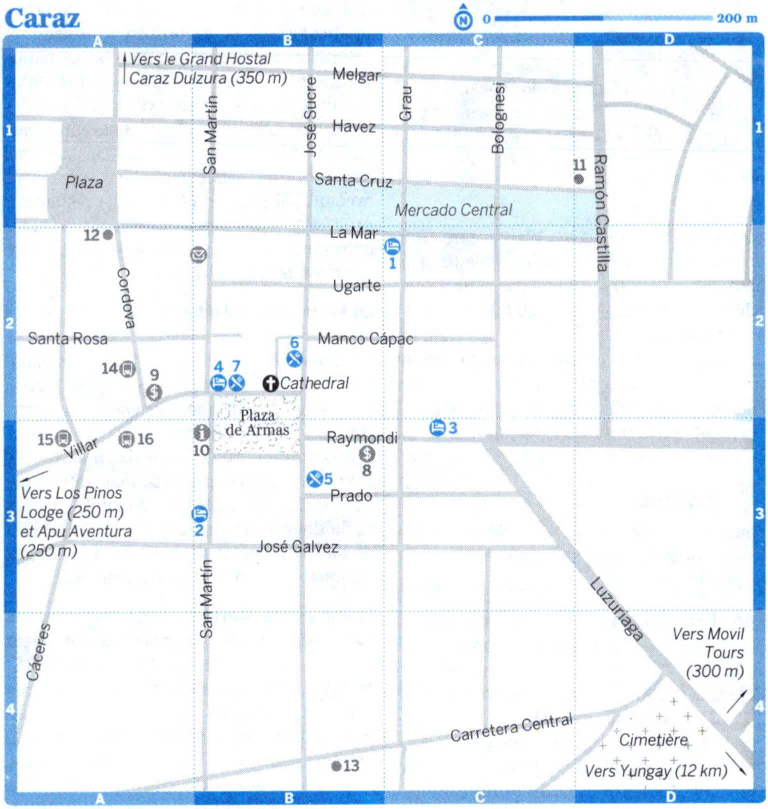

Caraz

Activités

Pony Expeditions .... (voir 5)

Où se loger

1 Cordillera Blanca Hotel C2
2 Hostal Chavín B3
3 Hostal La Casona C3
4 La Perla de Los Andes B2

Où se restaurer

5 Café de Rat B3
6 Cafetería La Terraza B2
7 Heladería Caraz Dulzura B2

Renseignements

8 Banco de la Nación B3
9 BCP A2
10 Cámara de Turismo B3

Transports

11 Colectivos pour Cashapampa et Pueblo Parón D1
12 Colectivos pour Huallanca A2
13 Colectivos pour Yungay et Huaraz B4
14 Cooperativa Ancash A2
15 Transportes Rodríguez A3
16 Yungay Express A3

SÉCURITÉ À LA LAGUNA PARÓN

Si vous allez sans guide à la Laguna Parón, sachez qu'on ne peut pas faire le tour du lac. Sa rive nord ne pose pas de problème, mais sa rive sud comporte une section très dangereuse et impraticable : là où le chemin disparaît brièvement et cède la place à une portion non balisée tapissée d'une végétation très glissante ; on risque une chute de 100 m. Deux étrangers ont tenté l'aventure et y ont laissé la vie.

bosquet connu de cette plante rare, une broméliacée (famille de l'ananas) de 10 m de haut, qui met 100 ans pour parvenir à l'âge adulte et produit jusqu'à 20 000 fleurs au moment de la floraison ! Par temps clair, on découvre un fabuleux panorama qui s'étend sur 145 km, de la Cordillera Blanca à l'océan Pacifique. Des véhicules de circuits organisés mènent au Punta Winchus, situé à 45 km à l'ouest de Caraz.

Activités

Pour des informations détaillées sur les treks, contactez l'un des deux principaux opérateurs de Caraz.

Pony Expeditions TREKKING, LOCATION
(☎39-1642 ; www.ponyexpeditions.com ; José Sucre 1266). Expert de la région, Alberto Cafferata, qui parle français et anglais, loue du matériel (dont des vélos) et propose des transports, des guides, des *arrieros* et diverses excursions. La boutique vend, entre autres, des livres, des cartes et du combustible.

Apu Aventura TREKKING, ALPINISME
(☎97-543-6438 ; www.apuaventura.com ; Parque San Martín 103). Luis, qui a son bureau dans le Los Pinos Lodge et parle anglais, est un guide chevronné qui saura vous aider à organiser treks, randonnées à cheval ou ascensions, et à louer le matériel voulu. Il propose aussi des circuits en quad dans la Cordillera Negra et a l'intention de monter des expéditions en kayak dans les lacs alentour.

Où se loger

Moins développée que Huaraz, Caraz offre des infrastructures simples et des hôtels bon marché. Les prix restent stables toute l'année.

♥ **Los Pinos Lodge** AUBERGE $
(☎39-1130 ; www.lospinoslodge.com ; Parque San Martín 103 ; s/d 120/140 S, dort 30 S, s/d sans sdb 35/60 S, petit-déj compris ; @ ᯤ). Cette auberge très prisée occupe une grande demeure multicolore, à la décoration intérieure et extérieure soignée, et aux nombreux patios verdoyants. Les chambres les plus récentes jouent le charme design avec leurs couleurs terre, les murs en pierre apparente dans les sdb et les TV à écran plat. Les spacieux dortoirs sont également bien aménagés avec un joli parquet et la TV. Le restaurant propose des déjeuners et des en-cas. Quant au propriétaire, Luis, il organise des treks et des circuits dans la région.

La Perla de Los Andes HÔTEL $
(☎39-2007 ; hostal_perladelosandes@hotmail.com ; Villar 179 ; s/d 35/55 S ; ᯤ). Ce sympathique hôtel, aux boiseries bien cirées, occupe un emplacement de choix, au calme, sur la place principale de Caraz. D'un excellent rapport qualité/prix, il offre des chambres pas très grandes, mais qui disposent toutes de TV câblée, de matelas fermes et de douches chaudes. Certaines ont aussi un balcon donnant sur la place. Tout est très lumineux et le personnel est efficace.

Grand Hostal Caraz Dulzura HÔTEL $
(☎39-1523 ; www.hostalcarazdulzura.com ; Sáenz Peña 212 ; s/d/tr avec petit-déj 45/70/120 S ; ᯤ). À 10 *cuadras* au nord de la place en suivant Cordova, ce chaleureux hôtel champêtre, d'une propreté irréprochable, est une bonne affaire : chambres lumineuses avec lits confortables et douches chaudes, patio adossé à une colline rocailleuse et salon TV qui ménage quelques surprises.

CANYON DE LA NONNE MORTE

Dans la version espagnole de la série documentaire de History Channel consacrée, en 2012, aux *Rutas Mortales : Los Andes – Le Convoi de l'extrême*, diffusée sur W9 en France –, et où figure le *Cañón del Pato* (canyon du Canard), son nom, qui paraissait bien anodin, a été changé en *El Cañón de la Monja Muerta* (canyon de la Nonne morte) pour être plus terrifiant !

Hostal Chavín HÔTEL $
(☎39-1171 ; chavinhostel@hotmail.com ; San Martín 1135 ; s/d/tr/qua 40/60/80/100 S ;). Un bon choix quand on sait que le sympathique propriétaire, qui a des liens avec l'office du tourisme local, pourra vous fournir des renseignements, et organiser des circuits et des transports locaux. Situé à côté de la place, l'hôtel abrite des chambres simples, mais toutes avec TV et douches chaudes.

Cordillera Blanca Hotel HÔTEL $
(☎46-7936 ; hotelcordillerablanca@hotmail.com ; Grau 903 ; s/d 25/40 S ;). Face au marché, cet hôtel de plusieurs étages manque totalement de caractère, mais ses impeccables chambres roses, violettes ou vertes, et ses sdb étincelantes présentent un bon rapport qualité/prix. Au rez-de-chaussée, la Chifa El Dragón Rojo revisite à la chinoise la *pollería* (rôtisserie) traditionnelle.

Hostal La Casona PENSION $
(☎39-1334 ; Raymondi 319 ; ch 15 S/pers, ch sans sdb 10 S/pers ; @). Grâce à son joli patio et à son bouillonnant propriétaire, cette pension a la faveur des routards même si la plupart des chambres, spacieuses, sont sombres et sans fenêtres.

Où se restaurer

Café de Rat PETIT-DÉJEUNER, PIZZERIA $
(José Sucre 1266 ; petit-déj 5-12 S, pizzas à partir de 15 S ; 7h-11h et 17h-21h ;). Cet agréable café-restaurant, aux poutres apparentes, sert sandwichs, pâtes ou café au petit-déjeuner et au dîner, mais il est fermé au déjeuner. Échange de livres, fléchettes, bar et musique invitent à s'attarder, en particulier près de la cheminée ou près du balcon qui surplombe la place. Au-dessus de Pony Expeditions.

Café La Terraza PETIT-DÉJEUNER, PÉRUVIEN $
(José Sucre 1107 ; menu 7 S, plats 12-20 S ; fermé lun). L'un des meilleurs cafés de la ville, tout un choix de petits-déjeuners (mention spéciale pour les pancakes), des pizzas et des pâtes, le tout dans un lieu sympathique, tapissé d'œuvres d'art. Bon menu du jour à prix doux.

Cafetería El Turista PETIT-DÉJEUNER, PÉRUVIEN $
(San Martín 1127 ; petit-déj 4-10 S ; 6h30-12h et 17h-20h). Idéal pour un petit-déjeuner matinal, ce café est tenu par l'exubérante Maria qui vous parlera de ses voyages et des vôtres.

Heladería Caraz Dulzura GLACIER $
(Plaza de Armas ; glace 2-6 S). Bondé en été, ce glacier sert aussi quelques plats locaux. Ce sont toutefois les glaces qui lui valent un tel succès.

Renseignements

La **Cámara de Turismo** (☎39-1029 ; Plaza de Armas ; 8h-13h et 14h30-17h lun-ven), sur la Plaza de Armas, ouvre à des heures variables et fournit des informations touristiques limitées.

Le **BCP** (angle Villar et Cordova) et le **Banco de la Nación** (Raymondi 1051) changent les devises et les chèques de voyage, et possèdent un DAB. Le bureau de **Serpost** (San Martín 909) se trouve au nord de la cathédrale.

Comment s'y rendre et circuler

Caraz est le terminus de la plupart des bus qui circulent entre la côte et le Callejón de Huaylas. Ils passent presque tous par Huaraz.

Bus

LONGUES DISTANCES

Transportes Rodríguez (☎79-4375 ; Villar 411) assure un service pour Lima à 20h30, un jour sur deux par bus économique, et l'autre par

BUS AU DÉPART DE CARAZ

DESTINATION	PRIX	DURÉE
Carhuaz	3,50 S	45 minutes
Cashapampa	8 S	1 heure 30
Chimbote	25-60 S	6 heures
Huallanca	7 S	1 heure
Huaraz	6 S	1 heure 15
Lima	30-75 S	8-9 heures
Pueblo Parón	5 S	1 heure
Yungay	2 S	15 minutes

bus *semi-cama*. **Cooperativa Ancash** (☎39-1126 ; Cordova 139) dessert Lima à 11h, 19h et 20h. **Movil Tours** (☎39-1184 ; Pasaje Santa Teresita 334) offre le service le plus confortable pour Lima, avec un *bus-cama* à 21h, ainsi que de bons services économiques à 7h30, 13h et 20h30. Il propose aussi un *bus-cama* pour Chimbote via Casma à 20h10.

Yungay Express (☎39-1492 ; Villar 316) fait circuler 3 bus par jour pour Chimbote : celui de 9h passe par le Cañón del Pato, ceux de 12h et de 20h passent par Casma.

RÉGION DE CARAZ

Les minibus pour Yungay, Carhuaz et Huaraz partent de la gare routière située dans la Carretera Central.

Taxi

Au croisement de Ramón Castilla et de Santa Cruz, des *colectivos* à destination de Cashapampa (8 S, 1 heure 30), à l'extrême nord du trek Llanganuco-Santa Cruz, démarrent lorsqu'ils sont pleins. Des *colectivos* pour Pueblo Parón (5 S, 1 heure), situé à 9 km de la fameuse Laguna Parón, partent du même endroit. Les *colectivos* pour Huallanca, le Cañón del Pato et au-delà, partent de l'angle de Cordova et de La Mar.

Des *mototaxis* (1 S) sillonnent Caraz, mais on se déplace facilement à pied dans la ville.

SUD DE HUARAZ

Cette partie des Andes, qui englobe le sud de la Cordillera Blanca et la majestueuse Cordillera Huayhuash, ne manque pas de paysages spectaculaires. Plusieurs pics dépassent les 6 000 m et forment une crête quasi ininterrompue de sommets vertigineux. Le **Yerupajá** (6 617 m), la deuxième plus haute montagne du pays, est suivi par le **Siulá Grande** (6 344 m), où l'alpiniste Joe Simpson tomba dans une crevasse ; ce dernier raconte cette expérience incroyable dans un livre fascinant, *La Mort suspendue* (Glénat, 1990), dont un film a été tiré, réalisé par Kevin Macdonald (2003). Difficile mais gratifiant, le circuit de 10 jours de la Cordillera Huayhuash (p. 394), auquel on accède par la bourgade de Llamac, constitue l'attraction phare de la région.

Le Puente Bedoya, un pont à 18 km au sud de Huaraz, marque le début d'une piste de 2 km qui mène au village d'**Olleros**, point de départ d'un trek de 3 jours dans la Cordillera Blanca à destination de Chavín de Huántar (voir p. 406). À Huaraz, le centre de tourisme durable Respons (p. 377) organise une excursion pittoresque d'une journée (90 S/2 pers, tarif dégressif pour les groupes) au village de **Huarípampa**, situé immédiatement au sud de Huaraz, pour y rencontrer deux femmes qui colorent et tissent de la laine en utilisant des plantes de leur jardin et un métier à tisser manuel.

Recuay (2 900 habitants), à 25 km de Huaraz, est l'une des rares bourgades à avoir survécu sans trop de dommages au séisme de 1970. Le village de **Catac** (2 300 habitants), 10 km plus au sud, est le point de départ de sorties d'observation des extraordinaires *Puya raimondii*.

Plus au sud, à environ 70 km de Huaraz, sur la route pour Lima et non loin du village de Pampas Chico, **Hatun Machay** (www.andeankingdom.com/hatunmachay ; camping 20 S, dort 30 S, cours de 3 jours en pension complète avec équipement et transfert depuis Huaraz pour 2 pers 405 S) fait le bonheur des amateurs de varappe. Le personnel d'**Andean Kingdom/Infinite Adventures** (☎42-7304 ; www.andeankingdom.com ; Parque Ginebra, Huaraz), à Huaraz, a ouvert des dizaines de voies dans cette "forêt rocheuse" haut perchée dans la Cordillera Negra. Les grimpeurs débutants ou chevronnés pourront profiter de ces voies et d'un grand refuge rustique équipé d'une cuisine. Cerise sur le gâteau, deux itinéraires de trekking permettent de découvrir d'anciens pétroglyphes et, par temps dégagé, l'océan Pacifique. Ces randonnées d'une demi-journée favorisent par ailleurs l'acclimatation à l'altitude.

Chiquián

☎043 / 3 700 HABITANTS / ALTITUDE 3 400 M

Paisible bourgade de montagne, Chiquián servait traditionnellement de base pour le circuit de la Cordillera Huayhuash. On peut aujourd'hui la contourner en empruntant la nouvelle route (non asphaltée) qui rejoint le début d'un sentier à Llamac, mais vous serez sans doute plus confortablement installé ici, et vous profiterez d'une vue magnifique sur le Huayhuash en arrivant vers le bourg.

Fin août, la fête de **Santa Rosa de Lima** s'accompagne de danses, de défilés, de musique et de corridas.

Où se loger et se restaurer

♥ **Hotel Los Nogales** PENSION $

(☎44-7121 ; www.hotellosnogaleschiquian.com ; Comercio 1301 ; s/d/tr 30/50/70 S ; wifi). À 3 *cuadras* de la place centrale, cet hôtel propre et attrayant pourrait être classé parmi les cinq hébergements les plus agréables de la région. Les chambres (avec eau chaude, TV câblée et Wi-Fi) entourent un merveilleux patio verdoyant de style colonial. On peut prendre des repas sur demande et se faire servir le café dans la chambre. Les propriétaires et le personnel sont on ne peut plus aimables.

Gran Hotel Huayhuash HÔTEL $
(☎44-7049 ; www.hotelhuayhuash.com ; angle 28 de Julio et Amadeo ; s/d 30/50 S, s/d sans sdb 20/40 S, petit-déj compris ; @📶). Plus récent que ses concurrents, cet hôtel offre de jolies chambres, dont certaines avec une belle vue, et toutes avec l'eau chaude et la TV à écran plat. Le restaurant serait l'un des meilleurs du bourg s'il était mieux tenu. Le propriétaire est de bon conseil sur la région.

Miky PÉRUVIEN $
(2 de Mayo s/n, 1er ét. ; menus 4-7 S ; ⏲fermé dim). Bien tenu et festif, c'est le meilleur restaurant du bourg pour son menu du jour et, en plus, il est bon marché. Toute la ville s'y retrouve. On y sert de merveilleuses soupes en entrée et son *lomo saltado* surpassait tous ceux que nous avions pu jusqu'alors goûter. Le tout pour 4 S : fabuleux !

ℹ Depuis/vers Chiquián

De Lima, des bus rallient directement Chiquián et la Cordillera Huayhuash. Toutefois, pour les quelques jours d'acclimatation indispensable, Huaraz offre plus de distractions. **Turismo Cavassa** (☎44-7036 ; Bolognesi 421) propose des bus depuis/vers Lima tous les jours à 9h (25 S, 8 heures).

Si vous effectuez le circuit de Huayhuash, prenez, à 8h, le bus de **Turismo Nazario** (☎78-9699 ; Comercio 1050) pour Llamac (10 S, 2 heures 30), parti à 5h de Huaraz (10 S, 2 heures). **Transportes San Bartolome** (☎44-7084 ; Bolognesi s/n) dessert aussi Llamac (6-8 S) et Quero (6 S, 2 heures 30) avec un départ à 8h. De Quero, vous pouvez rejoindre à pied Mahuay et Matacancha pour rallier l'autre point de départ du trek. Un *combi* part aussi à 9h pour Quero (7 S). **Transportes El Rapido** (☎44-7096 ; Figueredo 209) dessert Huaraz à 5h et 14h (10 S).

Des véhicules circulent de manière très irrégulière entre Chiquián et Huallanca. Renseignez-vous sur place. On trouve à Huallanca (1 950 habitants) un hôtel sommaire, et des transports continuent vers La Unión et Huánuco.

Le trajet Huaraz-Chiquián offre certains des plus beaux paysages du Pérou (asseyez-vous sur la gauche dans le bus qui part au petit matin de Huaraz, et sur la droite dans le bus qui revient l'après-midi de Chiquián).

Llamac

☎043 / ALTITUDE 3 300 M

Modeste village en adobe, Llamac est le point de départ traditionnel du circuit de Huayhuash. La nouvelle route asphaltée permet désormais aux randonneurs d'éviter Chiquián et de prendre un départ matinal sur le sentier, mais ils trouveront peu de services ici. Le départ du sentier se situe derrière la Municipalidad située sur la petite Plaza de Armas, comme l'église délabrée drapée de bougainvillées. Les étrangers doivent payer 15 S pour entrer dans le village, les premiers droits à acquitter sur ce circuit.

Les randonneurs passent la nuit dans l'un des deux hébergements sommaires. L'**Hostal Los Andenes** (San Pedro s/n ; ch avec/sans eau chaude 15/10 S par pers) offre des chambres on ne peut plus basiques, avec couvertures en laine bien chaudes et sdb communes. C'est pratiquement le seul endroit où l'on peut grignoter quelque chose. Les voyageurs se retrouvent dans la petite salle devant leur menu à prix fixe (5-12 S) et la TV à écran plat qui diffuse en boucle des DVD. Il n'y a pas de téléphone pour réserver – il faut appeler le téléphone public du village : ☎83-0785. L'autre option, avec sdb commune et encore plus basique, est l'**Hospedaje Santa Rosa** (☎94-338-0659 ; Bolognesi s/n ; ch 6 S/pers), dont l'adorable propriétaire s'appelle Igima.

Turismo Nazario (☎82-4431 ; Grau s/n) relie tous les jours Huaraz à Llamac (25 S, 4 heures 30) via Chiquián (15 S, 2 heures) avec un départ à 5h, et un retour de Llamac à 11h30. Un bus moins cher (6 S, plus 2 S pour les bagages) mais aussi moins confortable des **Transportes San Bartolome** (☎83-0827 ; Bolognesi s/n) part pour Chiquián à la même heure.

CALLEJÓN DE CONCHUCOS

Jalonnée de joyaux isolés rarement visités, la vallée de Conchucos (appelée localement Callejón de Conchucos), parallèle au Callejón de Huaylas, se déploie sur le versant oriental de la cordillère. Dans cette vallée sublime, imprégnée d'histoire, se succèdent de paisibles villages andins, véritables images de carte postale. D'excellents chemins de randonnée sillonnent la région et quelques hôtels modestes et accueillants compensent la rareté des infrastructures touristiques. Des transports irréguliers circulent sur des routes non asphaltées, parfois impraticables pendant la saison des pluies. L'hospitalité des paysans quechua et la majesté des paysages récompensent ceux qui font l'effort d'entreprendre cette exploration inconfortable.

Chavín de Huántar, à l'extrémité sud de la vallée, est l'endroit le plus accessible. Ses ruines pré-incas comptent parmi les plus importantes et les plus mystérieuses du continent. De Huari, juste au nord de Chavín, vous pourrez prendre un bus "régulier" jusqu'à Pomabamba, plus au nord, ou marcher dans la même direction en contournant les pics est de la Cordillera Blanca jusqu'à Chacas et à Yanama (voir p. 410).

Chavín de Huántar

043 / 2 000 HABITANTS / ALTITUDE 3 250 M

Petite localité tranquille, Chavín jouxte l'extrémité nord des ruines. Les visiteurs ne font que la traverser dans le cadre d'excursions d'une journée depuis Huaraz, sans prendre le temps de la découvrir. Cette jolie cité andine est pourtant dotée d'excellentes infrastructures touristiques, offrant des hébergements d'un très bon rapport qualité/prix et toute une gamme d'activités centrées sur la nature. En passant la nuit sur place, vous pourrez visiter l'impressionnant site archéologique tôt le matin, avant l'arrivée des touristes.

La Calle 17 de Enero Sur, l'artère principale bordée de restaurants et de cybercafés, court vers le sud à partir de la paisible Plaza de Armas et rejoint l'entrée du site archéologique. Le **Banco de la Nación** (7h-17h30 lun-ven, 9h-13h sam), sur la Plaza de Armas, possède un DAB Visa/Plus. Un **office du tourisme** (45-4235 poste 106 ; Bolivar s/n ; 8h-12h30 et 14h30-17h30), petit mais efficace, est installé dans les locaux de la Municipalidad juste à côté de la place.

À voir

Chavín de Huántar RUINES

(adulte/étudiant 10/5 S ; 9h-17h mar-sam). Inscrit au patrimoine mondial de l'Unesco depuis 1985, Chavín de Huántar, l'un des nombreux centres cérémoniels relativement indépendants répartis dans les Andes centrales, est le site le plus représentatif de sa période, vers 1200-500 av. J.-C. Cette prodigieuse réalisation antique comporte de vastes édifices en forme de temples et un dédale de galeries souterraines (aujourd'hui éclairées de façon électronique). Malgré les constructions érigées sur les ruines, les vols et l'ensevelissement d'une grande partie de la zone à la suite d'un gigantesque glissement de terrain dû à une saison particulièrement pluvieuse en 1945, le site est encore suffisamment intact pour livrer un éclairage saisissant sur l'une des plus anciennes civilisations du Pérou et sa complexité.

Le site de Chavín comporte une série de temples construits à différentes époques entre 1200 av J.- C. et 500 av. J.-C., la plupart des structures visibles aujourd'hui datant de la grande période de construction qui s'échelonne entre 900 et 700 av. J.-C. Au centre se trouve une vaste place excavée qui, comme partout dans le site, possédait son système de drainage par un réseau de canalisations extrêmement élaboré. Un large escalier monte de la place vers le portique du plus imposant édifice, le Castillo, qui a résisté à plusieurs puissants séismes au fil des ans. Étagés sur trois niveaux, maçonnés en pierre et en mortier (et incorporant parfois des blocs de pierre taillée), les murs étaient autrefois ornés de *têtes-clous* (pierres sculptées en forme de tête humaine combinée avec des traits d'animaux ou d'autres caractéristiques – peut-être induites par la prise de drogues hallucinogènes –, et se prolongeant par des pointes pour leur insertion dans le mur). Une seule de ces têtes-clous est restée en place, mais on peut en voir d'autres dans le musée local.

Véritable prouesse technique, les galeries souterraines sous le Castillo forment un labyrinthe de couloirs, de conduits et de salles. Au cœur de ce complexe se dresse un monolithe en granit blanc, superbement sculpté, de 4,5 m de haut, le **Lanzón de Chavín**. On retrouve le style menaçant typique de Chavín sur les bas-reliefs du Lanzón, représentant un humain à la tête surmontée de serpents et à la dentition acérée comme celle d'un félin. Le Lanzón, qui était probablement un objet de culte en raison de sa position centrale dans le centre cérémoniel, est parfois appelé le "Dieu souriant", en dépit de son air inquiétant.

D'autres curiosités architecturales, comme l'étrange positionnement des canaux

LA CULTURE CHAVÍN

Considérée comme l'une des plus anciennes des grandes périodes culturelles du Pérou, la culture pré-inca de Chavín, qui prospéra entre 1200 et 500 av. J.-C., doit son nom au site de Chavín de Huántar. Cette civilisation – de concert avec les cultures contemporaines – eut une grande influence, notamment entre 800 et 500 av. J.-C., une période déterminante où elle se distingua dans les domaines de l'agriculture (pommes de terre et autres récoltes des hauts plateaux), de l'élevage, de la fabrication d'objets en céramique ou en métal et dans la conception de bâtiments et de canaux. Les archéologues ont, par le passé, qualifié cette période expansionniste d'Horizon chavín, mais on parle aussi d'Horizon ancien ou de Formatif final.

La principale divinité de Chavín était un félin (jaguar ou puma), entouré de dieux mineurs comme le condor, l'aigle et le serpent. Des représentations très stylisées de ces divinités ornent de nombreux sites de la période Chavín et quantité de superbes objets comme l'obélisque de Tello, exposé au Museo Nacional de Chavín, le Lanzón ou "Dieu souriant", trônant étrangement dans les galeries souterraines du site de Chavín, et la stèle Raimondi, conservée au Museo Nacional de Antropología, Arqueología e Historia del Perú de Lima (p. 67). Sur la stèle Raimondi (actuellement trop fragile pour envisager son retour à Chavín) est gravée une silhouette humaine, parfois appelée "Dieu au bâton", à tête de jaguar et munie de larges bâtons dans chaque main. On a aussi découvert cette figure dans des sites archéologiques du littoral nord et sud du Pérou, ce qui tend à prouver le rayonnement de la culture de Chavín. On pense que les représentations sur tous ces gros blocs de pierre témoignent de la croyance en un univers tripartite, composé des cieux, de la terre et du monde des morts, ou renvoient, selon une autre théorie, au cosmos (air, eau et terre), mais il s'agit encore de pures hypothèses – les archéologues qui travaillent sur le site n'ont trouvé aucune preuve incontestable attestant la validité de l'une ou l'autre de ces théories.

À Chavín, centre cérémoniel majeur, les prêtres, plus puissants que tout le monde, régnaient en maîtres, traitant essentiellement avec les élites, qu'ils s'employaient à convaincre à l'aide de rituels grandioses, abscons et terrifiants à l'occasion. D'après certains spécialistes, les prêtres s'appuyaient sur l'observation minutieuse et la compréhension des changements de saison, des cycles de pluie et de sécheresse, du mouvement du soleil, de la lune et des étoiles pour créer des calendriers qui contribuèrent à faire des Chavín des agriculteurs hors pair, mais à ce jour rien n'atteste encore la création de ces calendriers. D'autres pensent que l'élite des prêtres Chavín ne cherchait pas tant à servir des objectifs agricoles, qu'à imposer la croyance en un autre monde régi par leur pouvoir, leur autorité naturelle, au lieu du monde ordinaire dans lequel n'existait, auparavant, pas de hiérarchie marquée dans la population. Des archéologues pensent que les femmes occupaient aussi la fonction de prêtres et jouaient un rôle important dans la culture de Chavín. Bien des mystères continuent donc d'entourer cette civilisation.

de drainage ou les "miroirs" en charbon poli pour renvoyer la lumière conduisent les archéologues de l'université de Stanford (en Californie) à penser que ce complexe était destiné à créer un effet de choc et de stupeur. Pour effrayer les incroyants, les prêtres utilisaient des effets visuels et auditifs. Ils soufflaient dans des conques qui faisaient écho, amplifiaient le son de l'eau coulant dans les canaux et réfléchissaient la lumière du jour par des puits de ventilation. Pour les désorienter encore davantage, on faisait sans doute ingérer aux novices des substances hallucinogènes, tel le cactus de San Pedro, avant de les laisser pénétrer dans l'obscurité du labyrinthe. Ces pratiques confortaient le pouvoir, redouté, des prêtres.

Le nouveau et remarquable **Museo Nacional de Chavín** (entrée libre ; ⌚9h-17h mar-dim), cofinancé par les gouvernements péruvien et japonais, regroupe la plupart des têtes-clous (*tenons*) sculptées de motifs terrifiants, ainsi que le magnifique obélisque de Tello, un autre objet de culte dont les bas-reliefs figurent un caïman et divers animaux féroces. Transféré dans un musée de Lima bien avant le glissement de terrain de 1945, qui avait en grande partie endommagé l'an-

LE MONDE PERDU

Quand la compagnie minière Antamina a eu besoin d'une route asphaltée pour transférer son équipement minier de Yanacancha à Conococha (quelque 200 km à l'est de Huaraz), elle s'est chargée elle-même de sa construction. Mais voilà qu'en 2009, en creusant, elle a fait une étonnante découverte : plus de 100 empreintes de pattes et des vestiges fossilisés d'au moins 12 espèces d'animaux préhistoriques que les paléontologues ont datés du début du crétacé (il y a quelque 120 millions d'années). Des squelettes entiers de sauroptérygiens (grands reptiles marins) ont été mis au jour ainsi que des fragments de squelettes d'autres espèces disparues de crocodiles, de ptérosaures (reptiles volants), d'ichtyosaures (reptiles ressemblant à des poissons), et... des empreintes de dinosaures !

Le site, appelé **Huellas de los Dinosaurios**, se situe entre le Km 77 et le Km 83 sur la route San Marcos-Huallanca. Au moment où nous rédigions ce guide, il n'était accessible qu'en voiture particulière, mais l'idée de lancer des excursions à la journée depuis Chavín de Huántar et Huaraz était dans l'air, et pourrait prendre corps dès 2013.

cienne chapelle-musée, l'obélisque n'a été rendu à Chavín qu'en 2009.

Le mieux consiste à louer les services d'un guide pour la visite du site (30 S) ou à participer à une excursion organisée d'une journée (transport inclus) depuis Huaraz. Cette seconde possibilité est de loin la plus satisfaisante pour un budget limité, surtout au vu de la difficulté à rentrer en bus de Chavín à Huaraz en fin de journée – on peut alors être contraint de prendre un *colectivo* sans licence (ou *pirata*, 25 S), ou à revenir en passant par San Marcos (2 S, 15 min) pour y prendre un *combi* (25 S, 2 heures 30) ou un *colectivo* (20-25 S, 2 heures 30) officiel jusqu'à Huaraz.

Activités

À 30 minutes de marche au sud du bourg, des **bains thermaux de Quercos** (2 S) aux eaux soufrées comprennent 4 bassins privés et une piscine. Repérez le petit sentier signalé qui descend vers la rivière. La Cafetería Renato (page ci-contre) loue des **chevaux** péruviens pour 40 S par heure (guide compris).

De Chavín, une randonnée de quelques heures dans une vallée élevée, en direction d'Olleros, mène à un col haut perché qui offre une vue splendide sur le Huantsán (6 395 m), point culminant de la Cordillera Blanca méridionale. Pour de plus longues marches, adressez-vous à **Don Donato** (☎45-4136 ; Tello Sur 275) de l'Asociación de Servicios de Alta Montaña : il organise un trek de 4 jours (480 S) qui fait le tour du versant arrière de la Cordillera Blanca, passe par plusieurs lacs d'altitude et débouche dans la vallée de Carhuascancha.

Où se loger et se restaurer

Chavín possède une très bonne sélection d'hôtels. On peut aussi camper près des ruines avec l'autorisation du gardien.

La plupart des restaurants sont installés dans les hôtels et le long de la Calle 17 de Enero Sur. Ils ferment peu après le coucher du soleil. Ne tardez pas pour le dîner.

Hostal Chavín Turístico PENSION $$
(☎45-4051 ; soniavalenciapozo@hotmail.com ; Maytacapac 120 ; s/d 40/80 S ; @). Cette nouvelle pension familiale, la plus proche des ruines, est la meilleure option. Ses chambres sont bien aménagées, avec de jolis couvre-lits et de grandes sdb, le tout très propre et bien tenu. Il n'y a pas vraiment d'accès à Internet, mais les propriétaires possèdent une clé 3G qu'ils vous laisseront utiliser avec votre ordinateur portable ou avec le leur.

La Casona PENSION $
(☎45-4116 ; www.lacasonachavin.com.pe ; Plaza de Armas 130 ; s/d/tr 35/60/90 S). Cette maison ancienne renferme des chambres bien tenues un peu sombres, dont certaines avec la TV ou un balcon donnant sur la place. La jolie cour, noyée sous les plantes, invite à la détente. Le patron est un Américain dont la culture de San Pedro et le projet de complexe hôtelier surplombant les ruines font jaser dans la région.

Hostal Inca PENSION $
(☎45-4021 ; enrique9541@hotmail.com ; Plaza de Armas ; s/d 30/60 S). Réputée pour son sérieux, cette pension attire la clientèle par ses chambres très convenables (même si les douches sont exiguës et le débit d'eau faible).

Tenue par un couple un peu fantasque, elle comprend un petit jardin et abrite le laboratoire des fouilles en cours.

♥ **Buongiorno** PÉRUVIEN $$
(Calle 17 de Enero Sur s/n ; plats 17-38 S ; 7h-19h). Avec ses plats recherchés, le Buongiorno s'avère une agréable surprise dans son cadre verdoyant et accueillant. Le *lomo a la pimienta*, une viande grillée dans une sauce au vin, à la crème et au poivre (27 S), vaut en qualité un trois-étoiles de Lima. Le *ceviche* de truite a aussi beaucoup de succès. Voir le cuisinier filer au jardin cueillir quelques herbes bio ajoute un côté charmant. Pour l'ambiance, mieux vaut toutefois y aller au déjeuner qu'au dîner. À 50 m de l'entrée des ruines, de l'autre côté du pont.

Cafetería Renato PETIT-DÉJEUNER, PÉRUVIEN $
(Plaza de Armas ; petit-déj 3-12 S ; à partir de 7h). Sur la tranquille Plaza de Armas, cet établissement douillet sert de délicieux petits-déjeuners locaux et internationaux, ainsi que des yaourts, du fromage et du *manjar blanco* (confiture de lait) maison. Le joli jardin permet de lézarder en attendant le bus. Les propriétaires organisent des randonnées à cheval.

Chavín Turístico PÉRUVIEN $
(Calle 17 de Enero Sur 439 ; plats 10-20 S ; jusqu'à 20h30). Avec sa cuisine toujours savoureuse, en particulier la *trucha al ajo* (truite à l'ail) et la truite *sudado*, c'est la meilleure adresse de Chavín aux dires des archéologues locaux. Les tables bancales sont installées dans une petite cour et les plats traditionnels sont affichés au tableau.

Où prendre un verre

Mama Rawana BAR
(Plaza de Armas 110). L'un des rares endroits du bourg où il est possible de boire une bière bien fraîche, et sans doute, avec son ambiance chaleureuse, l'un des bars des cordillères les plus agréables. Accoudez-vous au comptoir rustique en pin (baissez-vous pour franchir la porte basse) ou installez-vous à l'intérieur sur l'une des rares tables, et vous aurez envie d'y passer la nuit.

Depuis/vers Chavín de Huántar

La belle route qui traverse la Cordillera Blanca via Catac passe par la Laguna Querococha (3 980 m), d'où l'on découvre le Pucaraju (5 322 m) et le Yanamarey (5 237 m). Elle passe aussi par le tunnel de Cahuish (ou Kahuish, 4 178 m), creusé au-dessous du col de Cahuish. À la sortie du tunnel en descendant vers Chavín, repérez la grande statue du Christ, construite par des missionnaires italiens.

Des bus touristiques font l'excursion dans la journée depuis Huaraz. Reportez-vous p. 377 pour des renseignements sur les Transportes Sandoval et d'autres compagnies, qui proposent de nombreux départs quotidiens pour Chavín (12 S, 3 heures). À Chavín, les bus des **Transportes Sandoval** (99-083-7068 ; Gran Terminal Terrestre, Julio Cetello s/n) partent de la nouvelle gare routière flambant neuve au sud de la place principale. Ils desservent Huaraz huit fois par jour entre 4h et 21h (12 S, 3 heures) de même que Huari (6 S, 2 heures) au nord. **Turismo Andino** (94-498-8425, Gran Terminal Terrestre, Julio Cetello s/n) propose des départs pour Lima à 6h et 18h30 (40 S, 10 heures).

Pour continuer vers le nord le long du flanc oriental de la Cordillera Blanca, la plupart des bus qui partent de Huaraz continuent jusqu'à Huari (6 S, 2 heures), où l'on peut prendre l'un des rares bus venant de Lima qui se dirigent plus au nord. Des *colectivos* partent fréquemment du Gran Terminal Terrestre en direction de San Marcos (2 S, 15 min) où vous pouvez prendre, sur la Plaza Chupa (à deux *cuadras* au nord de la Plaza de Armas) des *colectivos* pour Huari (6 S, 45 min) et des *combis/colectivos* pour Huaraz (20-25 S, 2 heures 30).

D'Olleros, une marche de 3 jours permet de rejoindre Chavín, un itinéraire apprécié et pourtant peu emprunté (voir p. 392).

Nord de Chavín

Au nord de Chavín, la route traverse les localités de San Marcos (8 km), Huari (40 km, 2 heures), San Luis (100 km, 5 heures), Piscobamba (160 km, 8 heures), Pomabamba et Sihuas (4 000 habitants). À mesure qu'on s'éloigne vers le nord, les transports se raréfient et cessent parfois totalement pendant la saison des pluies.

De Sihuas, on peut continuer jusqu'à Huallanca (à l'extrémité du Cañón del Pato) via Tres Cruces et retourner au Callejón de Huaylas. Peu de voyageurs effectuent ce circuit splendide et isolé.

Deux beaux itinéraires permettent de revenir au Callejón de Huaylas. Celui de Chacas à Carhuaz, via le col de Punta Olímpica (4 890 m), est spectaculaire. Celui de Yanama à Yungay passe par un autre col époustouflant (4 767 m) et dans la vallée des Lagunas Llanganuco, avec une vue splendide sur le Huascarán, le Chopicalqui et le Huandoy (6 395 m).

HUARI

043 / 4 700 HABITANTS / ALTITUDE 3 150 M

Petite ville quechua à flanc de montagne, Huari offre un panorama à presque 360° depuis ses rues pentues et pavées. Le marché a lieu le dimanche, quand les paysans (*campesinos*) des villages environnants viennent vendre fruits et légumes. La **fiesta** annuelle de la Señora del Rosario, qui se déroule début octobre, s'accompagne d'une étrange tradition qui consiste à manger du chat (pour se moquer des habitants de Huari, on les appelle les *Mishikanka* en quechua, ce qui signifie littéralement les "chats frits" et surtout, au figuré, les "mangeurs de chats"). Le bourg possède une petite et moderne Plaza de Armas et, une *cuadra* plus loin, une plus grande Plaza Vigil (appelée El Parque), où sont installés les bureaux des compagnies de bus (les bus partent d'une gare routière située quelques *cuadras* plus loin). Un **Banco de la Nación**, équipé d'un DAB Visa/Plus, se trouve près du marché.

Pour une vue panoramique de la vallée, grimpez jusqu'au *mirador* (point de vue) situé derrière l'hôtel El Dorado. À 5 km, la **Laguna Purhuay**, un lac superbe, constitue une agréable randonnée d'une journée. Après le lac, une belle marche de 2-3 jours mène au village de Chacas. Un autre trek de 3-4 jours suit l'ancienne route inca jusqu'à Huánuco (voir p. 392).

Il existe à Huari plusieurs hôtels bon marché. L'**El Dorado** (Simon Bolívar 353 ; ch 30 S, s/d sans sdb 10/20 S), le moins pire, reste le plus fréquenté de la ville. L'**Hostal Paraíso** (45-3029 ; Simón Bolívar 263 ; s/d 20/30 S, s/d sans sdb 10/20 S) est à peu près similaire, avec ses chambres modestes et une cour vaguement verdoyante. Aucun hôtel n'a Internet, mais vous pouvez vous connecter au **Cybershalom** (Ancash 773 ; 1 S/heure ; 7h-23h).

Il n'y a pas grand choix pour se restaurer si ce n'est la **Chifa Dragón Andino** (Libertad 660 ; plats 9-15 S ; à partir de 12h, fermé dim), qui sert une honnête cuisine chinoise.

Des *colectivos* pour San Marcos, qui permettent de rallier plus vite Huaraz, partent de derrière le marché (6 S, 45 min). **Transportes Sandoval** (45-7643 ; Ancash 812, Plaza Vigil) dessert Huaraz 6 fois par jour (15 S, 4 heures 30). Installé dans le même bureau, **Chavin Express** rejoint Lima (35 S, 11 heures) une fois par jour à 17h30. **Turismo Andino** (99-342-7102 ; Ancash 836, Plaza Vigil) fait circuler des bus pour Lima (40 S, 10 heures) à 9h et 17h30, et pour Chacas (15 S, 2 heures 30) à 4h. Pour Pomabamba (25 S, 6 heures 30), les bus d'**El Solitario** (99-342-7102 ; Ancash 836, Plaza Vigil) passent vers 17h sur la grand-route les mercredi, jeudi, samedi et dimanche. Si vous rejoignez Huaraz, vous aurez davantage de choix de bus, mais cela vous amène d'abord dans la mauvaise direction. Moyennant 200 à 300 S (selon vos talents de négociateur), un taxi peut vous emmener quand vous le désirez à San Luis, où vous pourrez prendre une correspondance pour Chacas, Yanama et Pomabomba. La route est cahoteuse mais superbe.

Pour la Laguna Purhuay, l'aller-retour en taxi revient à 100 S, attente comprise.

YANAMA

043 / 500 HABITANTS / ALTITUDE 3 400 M

Dans ce petit village entouré de montagnes, l'événement majeur de la décennie passée a été le raccordement au réseau électrique en 2005. À 1 heure 30 de marche (ou 20 min en voiture) de la fin du trek de Santa Cruz (voir p. 388), il constitue une bonne étape pour les trekkeurs et les adeptes du VTT. La **fête de Santa Rosa** se déroule en août.

Tous les matins, un bus relie Yanama à Yungay, via les Lagunas Llanganuco. Il passe à 1 km du village de **Colcabamba** (360 habitants), point de départ du trek Llanganuco-Santa-Cruz. Les lieux d'hébergement à Yanama offrent globalement peu de confort et les douches peuvent être glaciales. La **Municipalidad** (Plaza de Armas ; 8h-13h et 14h-17h lun-ven) possède la seule connexion Internet du village, et met gracieusement un ordinateur à la disposition du public.

Andes Lodge Peru (76-5579 ; www.andeslodgeperu.com ; Jirón Gran Chavín s/n ; s/d 70/120 S, s/d sans sdb 60/100 S, petit-déj compris), à deux *cuadras* de la Plaza de Armas, est l'un des meilleurs lodges de montagne du Callejón de Huaylas. Après une journée de randonnée, c'est un vrai bonheur de retrouver les plaisirs de la cuisine familiale, des douches chaudes et des lits douillets avec édredon. Les propriétaires péruviens, très serviables, se font un plaisir d'organiser les excursions dans la région, dont celle de la Laguna 69, et les visites des tisserands et des agriculteurs locaux. Ajoutez 30 S par jour et par personne pour la pension complète.

Quelques *hospedajes* louent des chambres spartiates autour de 15 S par personne, mais la meilleure adresse à petit prix du village reste l'**Hostal El Pino** (97-

150-0759 ; s/d/tr sans sdb 15/25/45 S), derrière la nouvelle église, à côté d'un énorme pin. Les chambres sont sommaires, mais les lits confortables, les douches fonctionnent à l'électricité, et l'accueil est particulièrement sympathique. Sans parler de la vue sur les montagnes embrumées. Les mêmes propriétaires tiennent le meilleur restaurant du bourg, le **Restaurant El Pino II** (menus 8-12 S), sur la place, où il faut s'adresser pour loger dans la pension.

À Colcabamba, vous trouverez des chambres chez l'habitant avec table d'hôte au dîner, moyennant 20-25 S par personne.

De la place, des *colectivos* partent pour Yungay entre 12h et 13h (15 S, 3 heures 30). Vous pouvez aussi prendre un bus des Transportes Renzo ou des Transportes El Veloz en provenance de Pomabamba, qui passent ici vers 12h et vers 22h. Le trajet est, bien évidemment, époustouflant.

POMABAMBA

043 / 4 400 HABITANTS / ALTITUDE 2 950 M

Surnommée la cité des Cèdres (regardez celui de la place), Pomabamba constitue une étape agréable et vivifiante entre deux randonnées. Plusieurs treks qui traversent la cordillère commencent et finissent dans cette localité, supposée la plus "importante" au nord de Huari.

Plusieurs **sources thermales** (1 S) privées attendent les randonneurs fatigués à la périphérie de la bourgade. Elles compensent la rareté des douches chaudes dans le

VAUT LE DÉTOUR

CHACAS

Cette charmante petite bourgade de montagne est juchée sur une crête (3 360 m), entourée de collines fertiles derrière lesquelles se distingue parfois un pic enneigé de la cordillère. Sur la jolie place principale, une église rutilante a été construite par une ONG religieuse italienne, Don Bosco, basée à Marcará et fondée par le père Ugo de Censi, un prêtre membre de l'ordre des Salésiens.

Autour de la place, les maisons aux murs blancs, ornées de balcons de bois travaillé, sont agrémentées de portes et de volets aux couleurs vives. Les rares voitures ne parviennent pas à perturber le calme de cette localité, où de souriantes dames andines filent la laine à tous les coins de rue. Idéal pour se reposer quelques jours. Chacas compte très peu de téléphones à lignes fixes, mais bénéficie de l'accès **Internet** (8h-12h et 14h-22h ; 2 S/heure), dans le bâtiment de la Municipalidad situé sur la place à côté du **Banco de la Nación** (pas de DAB).

Le sympathique **Hostal Asunción** (79-4482 ; Bolognesi 370 ; s/d 25/30 S, s sans sdb 10 S), Plaza de Armas, possède quelques chambres qui donnent sur la place et dégage un certain charme bucolique. Un couple accueillant (dont la femme passe la journée à travailler la laine) tient l'**Hospedaje Alameda** (95-395-5816 ; Lima 305 ; s/d 30/40 S, s/d sans sdb 15/20 S), qui comporte une adorable cour et des chambres modestes similaires (lits chauds !), et d'autres, plus récentes et plus plaisantes, avec sdb. Ces deux établissements disposent d'eau chaude. Pilar Ames (la propriétaire du restaurant El Cortijo à Monterrey, p. 397) propose les chambres les plus confortables et les plus modernes de la localité dans son **Hostal Pilar** (Monterrey 42-3813 ; Ancash 110 ; d 150 S), mais comme elle accueille les participants d'un circuit local, elle ne les loue que sur réservation.

Pour les repas, essayez **Zazón Andino** (Lima s/n ; menu 5 S ; fermé sam soir) sur la place, le meilleur (et le seul) restaurant à proposer un petit choix mangeable au menu, servi par une fillette de 11 ans.

Transportes Renzo (95-957-1581 ; Lima 37) et **Transportes El Veloz** (78-2836 ; Buenos Aires s/n) font tous deux circuler des bus pour Huaraz (23-25 S, 4 heures 30), les premiers à 17h, les seconds à 1h et 13h, via Punto Olímpica et Carhuaz. **Transportes Andino** (78-2994 ; Buenos Aires s/n) propose un départ pour Lima à 4h (50 S, 16 heures).

Des *combis* partent de Bolognesi (à la hauteur de Buenos Aires, à une *cuadra* à l'est de la place) pour San Luis (5 S, 1 heure) où vous pourrez prendre un bus de passage pour Pomabamba (Chavin Express, 15 S, 4 heures), Huaraz (Transportes El Veloz, 25 S, 5 heures) ou Lima (Chavin Express, 45 S, 12 heures).

bourg. Sur place, on peut parfois trouver des guides de randonnée – adressez-vous à votre hôtel. Le **Banco de la Nación** (Huamachuco, cuadra 5) possède un DAB Visa/Plus et, dans le bourg, on peut accéder à Internet.

Piscobamba, la localité la plus proche sur la route de San Luis ou Huari, jouit d'une belle vue sur les montagnes, rien de plus.

Pomabamba offre un meilleur choix d'hébergements que d'autres bourgades de la Cordillera Blanca. Le meilleur rapport qualité/prix est assuré par l'**Hospedaje Los Begonias** (☎45-1057 ; lasbegonias_20@yahoo.es ; Huamachuco 274 ; s/d 25/45 S, s/d/tr sans sdb 20/40/60 S). Il occupe une charmante maison coloniale avec une belle entrée et un grand balcon en bois. Les chambres, aux beaux parquets, disposent de sdb privatives avec douche chaude. L'annexe située un peu plus loin n'a pas autant de charme, mais les chambres se valent. Le tout est géré par l'un des couples les plus hospitaliers de la cordillère. Plus cossu, l'**Hotel Mirador** (☎45-1067 ; angle Moquequa et Centenario ; s/d 40/70 S, s/d sans sdb 30/50 S), en haut de la volée de marches qui partent de la place, offre des chambres confortables, un restaurant et une belle vue sur la place et les montagnes alentour. Le moins cher reste le génial **Alojamiento Estrada** (☎50-4615 ; Huaraz 209 ; s/d sans sdb 15/30 S), derrière l'église de la Plaza de Armas, avec sa petite cour et sa propriétaire qui pense gagner son ciel par sa recherche de propreté et s'occupe de vous avec une curiosité de grand-mère. L'eau chaude est disponible sur demande préalable (1 heure avant). Légèrement plus cher et moins accueillant, l'**Hostal Leo** (☎97-144-3298 ; Peru s/n ; s/d 25/30 S), sur la place même, loue des chambres avec sdb privative d'un bon rapport qualité/prix, mais curieusement il n'y a d'eau chaude que dans les sdb communes.

Miky's Pollería (Huamachuco 330 ; ¼ de poulet 9 S) fait un excellent *pollo a la brasa* (poulet rôti) et des frites plutôt meilleures qu'ailleurs. **Davis David** (Huaraz 269 ; menu 5 S) sert un respectable menu du jour à une clientèle locale d'habitués.

Tous les bus pour Huaraz et pour Lima partent de la Plaza de Armas ou, juste à côté, sur Huaraz. **Chavin Express** (☎63-1779 ; Huaraz 452) offre deux départs par jour pour Lima (50 S, 18 heures) à 5h et 13h via Hauri. **El Solitario** (☎51-4422 ; Centenario 285) propose un départ à 6h pour Lima (55 S) via Huari (25 S) les dimanche, lundi, jeudi et vendredi. L'un ou l'autre peuvent vous déposer à Chavín de Huántar (30 S, 9 heures). **Transportes Renzo** (☎45-1088 ; Huaraz 430) assure un service quotidien vers Huaraz (35 S, 8 heures) via Yanama (10 S, 3 heures 30) à 8h45 et à 19h. **Transportes El Veloz** (☎94-303-6951 ; Peru s/n) en fait de même à 8h45, 18h et 18h45.

Des *combis* partent tous les jours du centre-ville pour Sihuas et Piscobamba.

Hauts plateaux du Nord

Dans ce chapitre »

Le top des restaurants

- » Magredana (p. 421)
- » La Patarashca (p. 444)
- » La Olla de Barro (p. 440)
- » La Casa de Seizo (p. 439)
- » El Tejado (p. 430)

Le top des hébergements

- » Posada del Purhuay (p. 419)
- » Gocta Andes Lodge (p. 433)
- » Kentitambo (p. 437)
- » Estancia Chillo (p. 435)
- » Pumarinri Amazon Lodge (p. 441)

Pourquoi y aller

De vastes étendues de jungle inexplorée et des montagnes noyées de brume gardent jalousement les secrets des hauts plateaux du Nord. Sommets andins et forêts luxuriantes s'étirent de la côte jusque dans les profondeurs de la jungle amazonienne. Jalonnée de vestiges des souverains incas et de leurs valeureux guerriers, cette région isolée n'est reliée au reste du pays que par des routes tortueuses et défoncées.

Les rues pavées de Cajamarca témoignent de la puissance de l'Empire inca et la campagne environnante conserve des traces des œuvres de ces fabuleux maçons. Les forêts brumeuses de Chachapoyas n'ont que récemment révélé toute l'ampleur des trésors archéologiques qu'elles recelaient. La forteresse en pierre de Kuélap, qui s'accroche sur un pic calcaire découpé, en est le site emblématique. À Tarapoto, aux portes de la jungle, la faune et la flore exceptionnelles de l'Amazonie vous tendent les bras.

Quand partir

Cajamarca

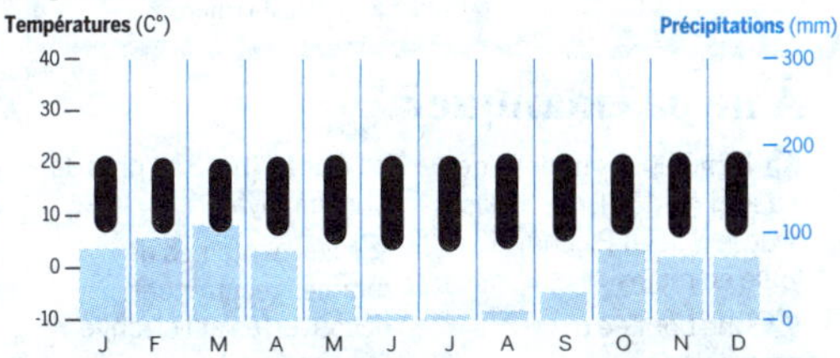

Jan-avr Beaucoup de pluie ; nature verdoyante et cascades à leur apogée.

Fév-mars Que la fête commence : c'est le carnaval à Cajamarca.

Juin-oct Fini la pluie et les glissements de terrain. Profitez du soleil.

Cajamarca

☎076 / 146 000 HABITANTS / ALTITUDE 2 750 M

Ville la plus importante des hauts plateaux du Nord, Cajamarca est une ravissante cité coloniale au caractère bien trempé, nichée dans une vallée paisible et entourée de hautes montagnes. Des maisons coiffées de tuiles rouges lui donnent une ambiance villageoise et des champs tapissent la fertile campagne alentour. En ville, on croise autant de paysans portant un chapeau à large bord et une écharpe colorée que de jeunes citadins élégants. Dans le centre colonial, des églises majestueuses bordent la Plaza de Armas ; les rues pavées alentour abritent d'anciennes demeures baroques, souvent transformées en hôtel ou restaurant raffiné.

Les choses changent lentement à Cajamarca. La mine d'or de Yanacocha (voir ci-contre) n'a que récemment profité à l'économie locale et attire un flux permanent d'ingénieurs grassement payés autant qu'une bonne dose de mécontentement.

Histoire

Vers 1460, les Incas conquirent Cajamarca et en firent une étape importante sur la route andine inca qui reliait Cuzco et Quito (Équateur).

Après la mort de l'Inca Huayna Cápac en 1525, l'Empire inca, qui s'étendait alors du sud de la Colombie au centre du Chili, fut divisé entre ses deux fils, Atahualpa régnant sur le Nord et Huascar, sur le Sud. Aucun ne se satisfaisant de la situation, une guerre civile ne tarda pas à éclater. En 1532, Atahualpa et ses troupes victorieuses marchaient sur Cuzco, au sud, pour prendre le contrôle total de l'Empire. En chemin, ils firent halte à Cajamarca pour se reposer

À ne pas manquer

1 L'immense citadelle de **Kuélap** (p. 434), qui rivalise avec le Machu Picchu, la foule en moins

2 Une bouffée d'air amazonien sans quitter le confort de la route goudronnée à **Tarapoto** (p. 440)

3 Une montée d'adrénaline devant la chute d'eau de 771 m de la belle **Catarata de Gocta** (p. 433), près de Chachapoyas

4 Les centaines de momies récemment découvertes et l'étrange loddigésie admirable, à côté de **Leimebamba** (p. 435)

5 Quelques jours de détente dans l'ambiance coloniale de **Cajamarca** (ci-dessus)

6 Un trajet en bus inoubliable sur l'un des trajets les plus spectaculaires et effrayants du Pérou, sur une piste de terre chaotique entre **Cajamarca et Chachapoyas** (p. 429)

7 Des élixirs à base de racines de la jungle, pour une nuit tumultueuse à **Chachapoyas** (p. 431) ou **Tarapoto** (p. 444)

L'OR DES COLLINES DE CAJAMARCA

Les collines autour de Cajamarca regorgent d'or. Laissez pelles et tamis, car il se présente non pas sous forme de pépites, mais en grains minuscules dont l'exploitation nécessite des techniques avancées et nocives.

Avec ses puits à ciel ouvert creusés dans la campagne autour de Cajamarca, la mine d'or de Yanacocha, détenue en majorité par la Newmont Mining Corporation, basée à Denver, est devenue l'une des plus productives du monde. À ce jour, l'équivalent de plus de 7 milliards de dollars de la précieuse substance en a été extrait. Cette manne, combinée aux nombreux emplois générés et à l'arrivée d'ingénieurs étrangers à Cajamarca, a entraîné une augmentation du niveau de vie dans la région. Mais pour beaucoup d'habitants, tout ce qui brille n'est pas d'or.

Selon une enquête menée par le *New York Times* et *Frontline World* (une émission d'information de la TV américaine), l'histoire de la mine est entachée de corruption.

En 2000, un important déversement de mercure a soulevé des doutes sur les priorités de Yanacocha : l'or semble bel et bien primer sur la sécurité. L'exploitation est réalisée par le lavage de vastes pans des montagnes avec une solution de cyanure. Cette technique dangereuse utilise d'énormes volumes d'eau, ressource vitale pour les paysans. En 2004, un audit environnemental mené par la compagnie minière a confirmé les dénonciations des villageois sur la pollution des réserves d'eau et la disparition des poissons.

À l'automne 2004, les paysans ont manifesté contre l'ouverture d'une nouvelle mine dans la région de Quilish et se sont violemment heurtés à la police chargée de protéger les intérêts de la mine. Après des semaines de conflit, l'entreprise a finalement cédé et a réévalué ses priorités et amélioré ses pratiques en matière de sécurité et d'environnement.

Afin de réprimer de futures protestations liées à la mine, le gouvernement du président Ollanta Humala a voté en 2012 la Loi sur la consultation préalable, qui impose aux compagnies minières de négocier avec les communautés locales avant d'entreprendre tout nouveau projet d'extraction. Néanmoins, la même année, un vent de colère a soufflé sur Cajamarca lorsque Newmont a proposé d'investir 4,8 milliards de dollars pour l'exploitation de Conga, une mine d'or et de cuivre. Newmont a eu beau expliquer que le projet fournirait 7 000 emplois dans la région et apporterait 50 milliards de dollars à l'économie locale, sans endommager les ressources d'eau, les habitants n'étaient pas convaincus. S'en est suivi une grève générale de plusieurs mois dans la région, avec des marches quotidiennes et des manifestations aux cris du slogan "Conga No Va" ("Non à Conga !") autour de Cajamarca, Celendín et dans les environs. Au final, on a déploré au moins huit morts et même si la situation a été officiellement réglée en juillet 2012 avec la déclaration d'un état d'urgence de deux mois, les choses ne sont pas revenues à la normale avant septembre. En août, les autorités imposaient par ailleurs l'arrêt des travaux et sommaient la compagnie de présenter un projet plus viable pour la population locale. Au moment où nous écrivions ces lignes, les manifestations se poursuivaient.

La moitié du territoire de Cajamarca et beaucoup de sources d'eau ayant été concédés à des compagnies minières, cette épineuse question n'est pas prête d'être résolue.

quelques jours. L'empereur campait près des sources thermales, aujourd'hui appelées Los Baños del Inca, lorsqu'il apprit que les Espagnols se trouvaient dans les parages.

Francisco Pizarro arriva, avec 168 hommes, à Cajamarca le 15 novembre 1532 et trouva une cité pratiquement déserte ; la plupart de ses 2 000 habitants avaient rejoint le campement d'Atahualpa. Les Espagnols passèrent une mauvaise nuit, sachant que les troupes incas, estimées entre 40 000 et 80 000 hommes, les dépassaient largement en nombre. Ils ourdirent un stratagème afin d'attirer Atahualpa sur la place et, à un signal convenu, le capturer si l'occasion s'en présentait.

À son arrivée, Atahualpa ordonna au gros de ses troupes de rester à l'extérieur tandis qu'il entrait sur la place avec un cortège de nobles et quelque 6 000 hommes armés de

Cajamarca

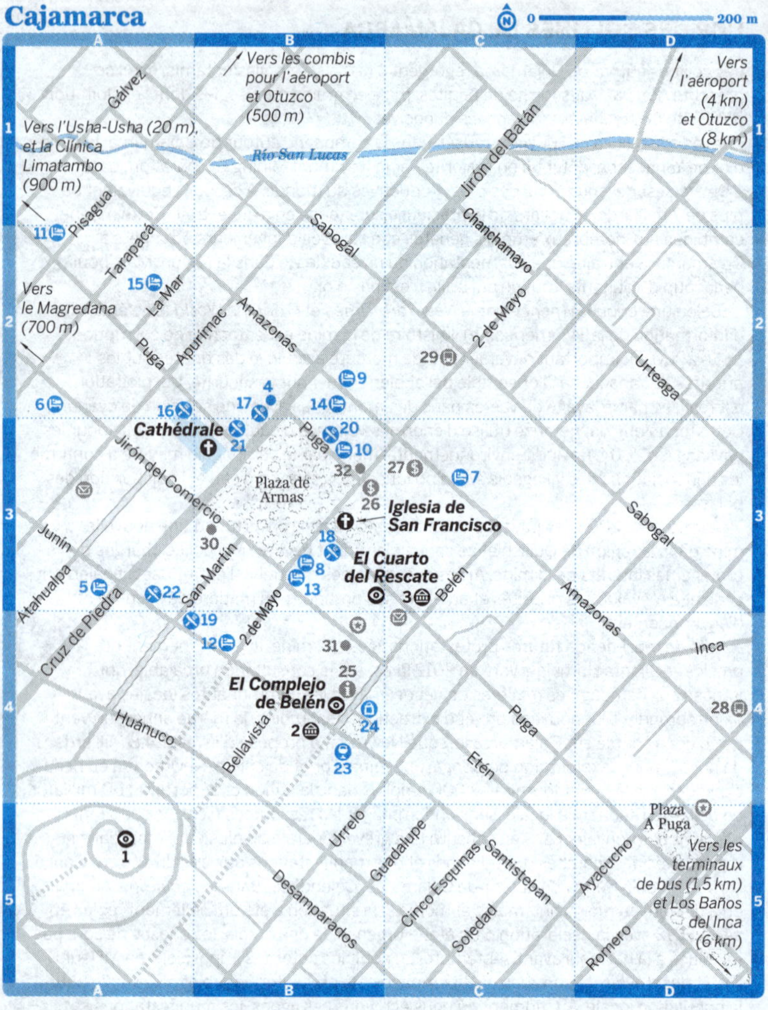

lance-pierres et de haches. Le frère Vicente de Valverde vint à sa rencontre, tenta de lui expliquer son statut d'homme de Dieu et lui offrit une bible. Atahualpa l'aurait rageusement jetée à terre, ce qui suffit à Valverde pour lancer l'attaque.

Les canons firent feu et la cavalerie espagnole s'élança. Les Indiens, qui n'avaient jamais vu de canons ni de chevaux, furent terrorisés. Les haches et les lance-pierres ne pouvaient résister à des cavaliers en armures, armés d'épées effilées, qui massacrèrent quelque 7 000 Indiens et s'emparèrent d'Atahualpa. Les Espagnols étaient désormais des conquistadors.

Constatant la soif de richesse de ses geôliers, Atahualpa proposa, en échange de sa liberté, de remplir une grande pièce une fois d'or et deux fois d'argent. Les Espagnols acceptèrent et les métaux précieux commencèrent à affluer. Près d'un an plus tard, la rançon était réunie ; environ 6 tonnes d'or et 12 tonnes d'argent avaient été fondues en lingots. Aujourd'hui, cette rançon équivaudrait à presque 180 millions de soles, mais la valeur artistique des objets et ornements fondus constitue une perte inestimable !

Atahualpa, subodorant qu'il ne serait pas libéré, envoya des messages désespérés à Quito pour que ses partisans viennent le

Cajamarca

Les incontournables

	Cathédrale	B3
	El Complejo de Belén	B4
	El Cuarto del Rescate	B3
	Iglesia de San Francisco	B3

À voir

1	Cerro Santa Apolonia	A5
2	Museo de Arqueológico y Etnografía	B4
3	Museo de Arte Religioso	C3

Activités

4	Clarín Tours	B2
	Mega Tours	(voir 10)

Où se loger

5	El Cabildo	A3
6	El Portal del Marques	A2
7	Hospedaje Los Jazmines	C3
8	Hostal Casona del Inca	B3
9	Hostal Jusovi	B2
10	Hostal Plaza	B3
11	Hostal Portada del Sol	A2
12	Hotel Cajamarca	B4
13	Hotel Casa Blanca	B3
14	Las Americas Hotel	B2
15	Los Pinos Inn	A2

Où se restaurer

16	Cascanuez Café Bar	A2
17	Chifa Hong Kong	B2
18	Don Paco	B3
19	El Marengo	A4
	Espresso Bar Los Jazminas	(voir 7)
20	Heladería Holanda	B3
21	Querubino	B3
	Salas	(voir 20)
22	Sanguchon.com	A3

Où prendre un verre

23	Gruta 100	B4

Achats

24	Colors & Creations	B4

Renseignements

25	Dirección de Turismo	B4
26	Interbank	B3
27	Scotiabank	C3
	Guichet d'information	(voir 26)

Transports

28	Civa	D4
29	Combis pour Los Baños del Inca	C2
30	LAN	B3
31	LC Perú	B4
32	Billetterie de Línea	B3

sauver. Les Espagnols, paniqués par ces messages, condamnèrent l'Inca à mort. Le 26 juillet 1533, il fut conduit sur la place de Cajamarca pour mourir sur le bûcher. Au dernier moment, il "accepta" le baptême et, en récompense, la sentence fut changée en mort par strangulation, plus rapide.

La plupart des splendides bâtiments incas de Cajamarca furent détruits, et les pierres utilisées pour la construction des demeures et des églises coloniales. La belle place où Atahualpa fut capturé et exécuté se trouvait à peu près au même endroit que l'actuelle Plaza de Armas, mais elle était beaucoup plus grande. La Chambre de la rançon, ou Cuarto del Rescate, où fut emprisonné Atahualpa, est le seul bâtiment inca qui subsiste.

À voir

La magnifique Plaza de Armas se dote d'un jardin topiaire bien entretenu taillé en forme de lamas et d'autres animaux andins. La belle **fontaine** centrale date de 1692 et commémore le bicentenaire du débarquement de Christophe Colomb en Amérique. En soirée, les habitants se retrouvent sur la place pour se promener et commenter les événements du jour, une habitude répandue dans la région.

Deux églises font face à la place, la cathédrale et l'Iglesia de San Francisco, toutes deux souvent illuminées le soir, en particulier le week-end.

El Complejo de Belén ÉDIFICE HISTORIQUE
(adulte/étudiant 5/2 S ; 9h-13h et 15h-18h mar-sam, 9h-13h dim). Ce vaste ensemble colonial comprend l'église et l'hôpital de Belén. Exclusivement construit avec des roches volcaniques, il fut édifié entre 1627 et 1774. Des religieuses tenaient l'hôpital, qui compte 31 petites chambres, semblables à des cellules, dans un bâtiment en forme de T. Sur la façade, une fascinante statue d'une femme à quatre seins, réalisée par des artisans locaux, ferait référence à une malformation courante (tétons surnuméraires) dans une ville voisine.

L'église baroque, l'une des plus belles de Cajamarca, possède une grande coupole, des murs extérieurs somptueusement décorés et une chaire travaillée. Parmi plusieurs sculptures en bois intéressantes, un Christ à l'air épuisé est assis jambes croisées sur son trône, le menton reposant sur ses poignets joints. D'immenses chérubins soutiennent la pièce maîtresse, qui représente le paradis. L'office du tourisme est installé dans l'une des salles du complexe.

Iglesia de San Francisco ÉGLISE, MUSÉE

(3 S ; ⏲9h-12h et 16h-18h lun-ven). Les clochers de l'Iglesia de San Francisco ne furent édifiés qu'au XXe siècle, trop tard pour remplir les caisses de la Couronne ! Des sculptures en pierre élaborées et des autels exubérants ornent l'intérieur, tandis qu'une collection de cœurs sacrés en argent est suspendue dans l'entrée. Richement sculptée, la **Capilla de la Dolorosa**, à droite de la nef, est considérée comme l'une des plus belles chapelles de la ville. Le petit **Museo de Arte Religioso** (musée d'Art sacré) de l'église présente des peintures du XVIIe siècle réalisées par des artistes indiens. De nombreux moines sont inhumés dans les **catacombes**.

El Cuarto del Rescate RUINES

(⏲9h-13h et 15h-18h mar-sam, 9h-13h dim). Unique bâtiment inca toujours debout à Cajamarca, la Chambre de la rançon n'est pas l'endroit où fut conservée la rançon, mais la geôle d'Atahualpa. Elle comprend trois encadrements de porte et des niches trapézoïdales, un signe distinctif des édifices incas. Bien réalisée, elle ne peut toutefois se comparer aux constructions incas de la région de Cuzco. À l'entrée du site, quelques peintures modernes représentent la capture et l'emprisonnement d'Atahualpa. Un grand dôme protège l'édifice dont les pierres s'effritent.

Le billet à 5 S pour El Cuarto del Rescate comprend El Complejo de Belén et le Museo de Etnografía s'ils sont visités le même jour.

Cathédrale ÉGLISE

(⏲7h-8h et 18h30-19h30 lun-sam, 7h-8h, 10h-11h et 18h30-19h30 dim). La cathédrale de Cajamarca est un édifice trapu dont la construction, entamée à la fin du XVIIe siècle, n'a été achevée que récemment. Comme la plupart des églises de Cajamarca, elle ne possède pas de clocher, une pratique qui évitait de payer l'impôt perçu par la Couronne espagnole sur les églises entièrement terminées. Suite à un vol en 2010, elle n'est malheureusement plus ouverte en dehors des messes.

Museo de Arqueológico y Etnografía MUSÉE

(⏲9h-13h et 15h-18h mar-sam, 9h-13h dim). Ce petit musée chichement doté est aménagé dans l'Antigua Hospital de Mujeres, à quelques mètres d'El Complejo de Belén. Il conserve une collection restreinte de costumes et de tissus locaux, d'ustensiles domestiques et d'outils agricoles, d'instruments de musique et de pièces d'artisanat en bois, en os, en cuir et en pierre, ainsi que d'autres objets de la culture de Cajamarca. De grandes photographies et des œuvres d'art moderne illustrent la vie traditionnelle des paysans de la région.

Cerro Santa Apolonia POINT DE VUE

(1 S ; ⏲7h30-18h). Entouré de jardins, ce point de vue domine la ville au sud-ouest et constitue l'un des principaux repères de Cajamarca. Il est facilement accessible par l'escalier situé au bout de la Calle 2 de Mayo ; les chemins qui serpentent autour de la colline en font un agréable lieu de promenade. Au sommet, des rocs sculptés précolombiens datent principalement de la période inca, mais certains remonteraient à la culture de Chavín. L'un d'eux, appelé le Siège de l'Inca, ressemble à un trône. L'Inca (roi) y aurait passé ses troupes en revue.

☞ Circuits organisés et guides

Des tour-opérateurs fournissent des informations touristiques et proposent des visites guidées à petits prix de la ville et des alentours. Cumbe Mayo (20 S), Los Baños del Inca (15 S), la Granja Porcón (20 S) et les Ventanillas de Otuzco (15 S) sont les excursions les plus prisées. Seuls quelques guides parlent anglais et il vous faudra ajouter 10 S de plus pour pouvoir profiter de cette prestation. Les agences regroupent souvent leurs circuits pour faire le plein de clients. Les prestataires suivants sont plébiscités par les voyageurs.

Clarin Tours CIRCUITS ORGANISÉS

(☎36-6829 ; www.clarintours.com ; Jirón del Batán 165 ; ⏲9h30-12h et 15h30-19h)

Mega Tours CIRCUITS ORGANISÉS

(☎34-1876 ; Puga 691 ; ⏲8h-20h)

LE CARNAVAL DE CAJAMARCA

Le carnaval est célébré dans tout le pays au début du carême, habituellement en février. Si les festivités varient d'une région à l'autre, celles de Cajamarca sont unanimement considérées comme les plus débridées.

Les préparatifs commencent des mois à l'avance, parfois même dès la fin du carnaval précédent. La fête dure 9 jours et s'accompagne de danses, de chansons, de ripailles et de libations, de défilés costumés, dans une ambiance de joyeux débordements. Les batailles d'eau sont particulièrement déchaînées et des adolescents s'arrosent parfois avec de l'huile, de la peinture ou d'autres liquides indéterminés !

Les hôtels se remplissent des semaines avant le carnaval, les prix s'envolent et des centaines de visiteurs finissent par dormir sur la place. Cette fête, l'une des plus folles du pays, fait partie des événements à ne pas manquer.

Fêtes et festivals

Carnaval FESTIVAL

Il a lieu pendant les quelques jours précédant le carême. Il s'agit de l'une des fêtes les plus populaires et turbulentes du pays (voir encadré ci-dessus).

Où se loger

Les tarifs des hôtels (et les prix en général) augmentent pendant les festivals et les événements spéciaux. Généralement, ils sont aussi un peu plus élevés pendant la saison sèche (mai à septembre). Les prix indiqués concernent les mois de mai à septembre.

Posada del Puruay HÔTEL HISTORIQUE $$$

(46-7028 ; www.posadapuruay.com.pe ; Km 4,5 Carr. Porcón ; s/d avec petit-déj 240/300 S ; @). Cette luxueuse hacienda restaurée datant de 1822 se dresse sur une propriété de 23 ha, en retrait de la route pour Granja Porcón. Les jardins superbement entretenus mènent à un joli hôtel colonial au charme désuet, où le service est attentionné. Les chambres spacieuses et truffées de meubles d'époque entourent une superbe cour agrémentée d'une fontaine. Idéal pour un séjour en famille ou une escapade romantique.

Hospedaje Los Jazmines AUBERGE HISTORIQUE $$

(36-1812 ; www.hospedajelosjazmines.com.pe ; Amazonas 775 ; s/d 50/80 S, sans sdb 40/60 S ; @). Alors que les cours coloniales sont légion, cette auberge tenue par des Allemands se démarque grâce à son cadre verdoyant et à ses vastes jardins à l'arrière. Les chambres douillettes sont dotées d'eau chaude et de la TV câblée, certaines arborent des murs en brique apparente. Le bonus : l'Espresso Bar, sur place, géré par les propriétaires de l'Heladería Holanda, qui sert le meilleur café de la ville et est devenu à la fois un repaire de voyageurs et un espace de travail. Le bémol : le manque de professionnalisme dans la gestion des réservations et des e-mails, mais on parie sur une amélioration dans un futur proche.

Hostal Casona del Inca HÔTEL HISTORIQUE $$

(36-7524 ; www.casonadelincaperu.com ; Calle 2 de Mayo 458-460 ; s/d/tr avec petit-déj 100/150/180 S ; @). Vous n'êtes pas ivre : dans cet édifice colonial, sur la place, les murs peints de couleurs vives sont bel et bien penchés. Cette apparence loufoque plaît beaucoup aux étrangers et participe au charme des lieux. Dans les chambres propres et douillettes, on retrouve cet aspect bancal ; dans certaines, les douches sont minuscules et équipées d'un rideau trop petit – choisissez bien votre chambre. Et n'espérez pas que les vieux parquets arrêtent de craquer !

El Cabildo HÔTEL HISTORIQUE $$

(36-7025 ; Junín 1062 ; s/d/tr avec petit-déj 100/130 S ; @). L'un des meilleurs rapports qualité/prix de la ville. Cette énorme demeure historique renferme un choix éclectique de chambres ravissantes et bien entretenues. Certaines sont aménagées sur plusieurs niveaux et toutes sont agrémentées de beaucoup de bois apparent et de décorations seyantes. Au cœur de l'édifice, la superbe cour est remplie de verdure, d'une fontaine et d'une myriade de sculptures et de statues.

Hotel Cajamarca HÔTEL HISTORIQUE $$

(36-2532 ; www.hotelcajamarca.com.pe ; Calle 2 de Mayo 311 ; s/d avec petit-déj 130/180 S ; @). Dans ce spacieux hôtel de style colonial, toutes les chambres ont subi des rénovations et comportent désormais de nouvelles sdb et literies confortables. La cour est fantastique et le restaurant, recommandé, accueille parfois des concerts. Quelques chambres à l'arrière sont empreintes d'une ambiance plus cosy. La femme du propriétaire parle anglais et l'agence de voyages de l'hôtel peut organiser toutes sortes d'excursions.

El Portal del Marques HÔTEL HISTORIQUE $$$
(☎34-3999 ; www.portaldelmarques.com ; Jirón del Comercio 644 ; s/d avec petit-déj 157/192 S ; @ wi-fi). Organisée autour d'un jardin impeccable, cette demeure coloniale restaurée se compose de chambres classiques moquettées, avec TV à écran plat, mini-réfrigérateur et coffre-fort. En soirée, offrez-vous une balade romantique dans le jardin joliment illuminé.

Los Pinos Inn HÔTEL HISTORIQUE $$
(☎36-5992 ; www.lospinosinn.com ; La Mar 521 ; s/d avec petit-déj 100/140 S ; @ wi-fi). Cet édifice colonial majestueux, débordant de mosaïques sophistiquées, d'escaliers en marbre et de meubles anciens authentiques ou reproduits, s'apparente à un musée mais ne tombe pas dans l'ostentation. Les larges couloirs flanqués d'énormes miroirs dorés mènent à des chambres de tailles et de styles différents, toutes dotées de lits fermes. Les suites de deux chambres partagent un salon élégant, donnent sur les montagnes et constituent une aubaine incroyable pour deux couples voyageant ensemble.

Hostal Laguna Seca COMPLEXE HÔTELIER $$$
(☎58-4300 ; www.lagunaseca.com.pe ; s/d avec petit-déj et transfert de l'aéroport 319/393 S ; ❄ @ wi-fi 🏊). Situé à 6 km de Cajamarca près de Los Baños del Inca, ce complexe est géré à distance, depuis Lima, par une équipe helvético-péruvienne. Les chambres sont pourvues de vastes sdb avec de grandes baignoires et de tous les équipements modernes. Les chambres *executive* (444 S) sont bien plus belles et arborent des lits king-size. Équitation (30 S/heure), location de vélo (9 S/heure), massages et spa. En bref, vous n'aurez que les bons côtés d'un complexe hôtelier.

Hostal Plaza HÔTEL HISTORIQUE $
(☎36-2058 ; Puga 669 ; s/d/tr 30/50/70 S, sans sdb 15/30/40 S ; wi-fi). Le meilleur choix pour les petits budgets. Cette vieille demeure coloniale pleine de recoins comporte deux cours intérieures et 10 chambres privées de bonne qualité, colorées et dotées d'objets kitsch, d'animaux empaillés, de la TV câblée et de l'eau chaude 24h/24 (alors que dans les sdb communes, la pression est minime le matin et le soir).

Las Americas Hotel HÔTEL D'AFFAIRES $$$
(☎36-3951 ; Amazonas 622 ; s/d avec petit-déj 155/205 S ; @ wi-fi). Contrastant avec les hôtels douillets de style colonial, cet établissement contemporain est entièrement dédié aux affaires. Il y a un atrium central débordant de plantes, un centre d'affaires, un salon et un ascenseur. Les 38 chambres sont moquettées et dotées de mini réfrigérateur, de la TV câblée et d'excellent matelas ; trois ont des Jacuzzi et six des balcons, donc n'hésitez pas à les demander. Le restaurant assure le service en chambre. La terrasse sur le toit, avec vue sur la place et l'église, est honteusement sous-exploitée.

Hotel Casa Blanca HÔTEL HISTORIQUE $$
(☎36-2141 ; www.hotelcasablancaperu.com ; Calle 2 de Mayo 446 ; s/d/tr avec petit-déj 100/140/180 S ; @ wi-fi). Cet édifice ancien de la Plaza de Armas dégage beaucoup de caractère, surtout du fait des vitraux colorés dans l'entrée. Certaines chambres sont minuscules, d'autres ont une taille correcte et toutes sont dotées de la TV câblée, d'une sdb rénovée et d'un mini réfrigérateur. Elles sont néanmoins assez sombres : demandez-en une entre les numéros 205 et 213, car elles bénéficient d'un puits de lumière.

Casa Mirita SÉJOUR CHEZ L'HABITANT $
(☎36-9361 ; www.casa-mirita.blogspot.com ; Cáceres 1337 ; s sans sdb 15 S, ch 25 S ; @). Cet hébergement tout en simplicité se situe dans une zone résidentielle au sud-est du centre (2 S en *mototaxi*) où se rendent très peu d'étrangers. C'est une option intéressante pour les séjours longue durée ou les voyageurs voulant éviter les contacts avec des étrangers. Aux commandes, deux sœurs : Mirita la cuisinière et Vicki la guide touristique. Les chambres sont rustiques et la cuisine est accessible ; des repas sont aussi proposés pour 5 S. L'expérience mérite d'être vécue.

Hostal Jusovi HÔTEL $
(☎36-2920 ; hostaljusovicajamarca@hotmail.com ; Amazonas 637 ; s/d/tr 40/50/60 S ; wi-fi). Des chambres modestes à la propreté irréprochable : c'est une option convenable pour les budgets serrés. Certaines ont la TV câblée. La terrasse sur le toit offre un point de vue sur la flèche de la cathédrale. Wi-Fi dans le hall d'entrée seulement.

Où se restaurer

Magredana FUSION $$
(Sara Macdougal 140-144 ; plats 29-40 S ; fermé lun, dim dîner). Le menu le plus créatif des Andes péruviennes est l'œuvre d'un chef irlandais qui a cuisiné dans 11 pays et a parcouru le monde avec Van Morrison pendant près de 10 ans. La carte reflète cet itinéraire, avec des plats sophistiqués et éclectiques, aux influences indiennes, espagnoles, thaïlandaises et irlandaises. Le poulet maison (farci au porc, pistaches et herbes, bardé de bacon et servi avec une sauce au vin rouge et à l'estragon) est un délice. Le service est un peu désorganisé, mais la nourriture efface tout sentiment de malaise. Shaun, le chef, a un contrat de trois ans, donc venez avant 2014.

Heladería Holanda DESSERTS $
(www.heladosholanda.com.pe ; Puga 657 ; glace 2-4 S). Sur la Plaza de Armas, une minuscule entrée débouche sur un café peint en orange, où l'on sert les meilleures glaces du nord du Pérou. Vous goûterez des échantillons de 20 saveurs changeantes ; les plus savoureuses sont concoctées à base de fruits de la région que les propriétaires hollandais achètent directement aux fermes locales selon les principes du commerce équitable. Le personnel est composé de mères célibataires et de personnes sourdes, un projet lancé par le gérant. Également des branches à El Quinde Shopping Plaza et Los Baños del Inca.

Querubino PÉRUVIEN $$
(Puga 589 ; plats 17-36 S ; fermé mar). Dans cet établissement sélect, les chefs talentueux préparent des versions haut de gamme de classiques péruviens ainsi que des plats plus créatifs évoluant au gré des saisons. Le menu est dominé par la viande et les produits de la mer, mais goûtez les spaghettis *a la huancaina* (une délicieuse sauce riche et crémeuse, à base de fromage blanc frais et d'*ají amarillo*) accompagnés de *lomo fino* (filet de viande).

Don Paco PÉRUVIEN $$
(Puga 726 ; repas 12-20 S ; fermé lun). Niché à côté de la place, Don Paco est prisé des habitants comme des expatriés. Il y en a pour tous les goûts, avec entre autres des petits-déjeuners typiques, de délicieuses spécialités péruviennes et de la *novocaxamarquino* (nouvelle cuisine de Cajamarca), avec des plats comme le cordon bleu au poulet, au jambon des Andes et au fromage régional dans une sauce à la grenade, ou encore des magrets de canard sauce au *sauco* (sureau).

Sanguchon.com RESTAURATION RAPIDE/BAR $
(Junín 1137 ; sandwichs 5,90-13,50 S ; 18h-minuit ;). Cet endroit branché propose des hamburgers, des sandwichs et une longue liste de plats avec des options végétariennes. La nourriture est savoureuse et le bar animé est plaisant.

Chifa Hong Kong CHINOIS $$
(Jirón del Batán 133 ; plats 9,50-27 S). Un cran au-dessus des autres restaurants chinois si nombreux au Pérou : le chef, originaire de Canton, annonce vingt ans d'expérience dans l'élaboration de plats sautés, nouilles et autres spécialités. Le menu étoffé fait la part belle au poulet, au bœuf, au porc et au canard, et tout est sacrément bon.

Cascanuez Café Bar CAFÉ $
(Puga 554 ; plats 6-26 S ; à partir de 7h30 ;). On y sert un bon café au petit-déjeuner et des repas légers, mais la plupart des gens viennent pour les incroyables desserts : il y a entre autres 9 sortes de *tres leches* ! (Goûtez celui au chocolat.)

El Marengo PIZZERIA $
(Junín 1201 ; pizza 11,50-25,50 S ; 19h-23h). Le four à bois chauffe cette minuscule pizzeria et fournit les meilleures tartes de la ville. Faites-vous une place, commandez un pichet de sangria et profitez de la soirée.

El Quinde Shopping Plaza SUPERMARCHÉ $
(www.elquinde.com ; Av. Hoyos Rubio, cuadra 7 ; 10h-22h). Ce centre commercial renferme le supermarché (Metro) le plus proche de la ville, à environ 2,5 km au nord de la Plaza de Armas.

Où prendre un verre

Usha-Usha BAR
(Puga 142 ; 5 S ; fermé dim-lun). Pour profiter d'une ambiance intimiste, choisissez ce petit bar orné de graffitis. Il appartient à un musicien local excentrique, Jaime Valera, qui insuffle beaucoup de charisme entre ces quatre murs et chante régulièrement, avec ses amis musiciens. La garantie d'un souvenir de voyage impérissable.

Gruta 100 BAR À COCKTAILS
(angle Santisteban et Belén ; fermé dim-lun). Un établissement sombre, truffé de meubles

rétro délabrés. Plusieurs salles permettent de siroter un *pisco sour* en toute intimité. Le vendredi, il y a des concerts dans la pièce adjacente, entourée d'un balcon.

Achats

Des échoppes d'artisanat bordent la Calle 2 de Mayo, au sud de Junín.

Colors & Creations ARTISANAT
(Belén 628 ; 9h-13h et 15h-19h lun-sam, 10h-13h et 15h-18h dim). Des artisans possèdent et gèrent cette coopérative, où sont vendus des articles d'excellente qualité.

Renseignements

Il y a des accès Internet à tous les coins de rue.

Argent

Interbank (36-2460 ; Calle 2 de Mayo 546). Change les chèques de voyage et dispose d'un DAB acceptant les Visa et les MasterCard.

Scotiabank (Amazonas 750). Change les chèques de voyage et dispose d'un DAB acceptant les Visa et les MasterCard.

Office de tourisme

Dirección de Turismo (36-2997 ; www.regioncajamarca.gob.pe ; El Complejo de Belén ; 7h30-13h et 14h30-17h lun-ven). Renseignements touristiques et vente d'une carte locale (1,50 S). Également un petit **guichet d'information** (8h30-12h30 et 15h30-17h30 lun-ven) à côté de l'Iglesia de San Francisco.

Poste

Serpost (Apurímac 626)

Services médicaux

Clínica Limatambo (www.limatambo.com.pe ; Puno 265 ; 24h/24). Le meilleur hôpital de Cajamarca, à l'ouest de la ville.

Urgences

Police (36-2165 ; angle Puga et Ayacucho ; 24h/24). Dans la partie est de la ville.

Police touristique (Policía de Turismo, Poltur ; Jirón del Comercio 1013 ; 7h45-13h et 17h-20h). Une unité spéciale qui gère les crimes à l'encontre des touristes.

Depuis/vers Cajamarca

Avion

Les horaires peuvent changer et les vols sont parfois annulés ou retardés. Reconfirmez votre réservation et arrivez bien en avance à l'aéroport (CJA), à 4 km de la ville.

LC Perú (36-3115 ; www.lcperu.pe ; Jirón del Comercio 1024) propose les liaisons les plus économiques, avec deux départs quotidiens de Lima à 5h10 et 15h10 et des retours depuis Cajamarca à 7h15 et 5h15.

LAN (36-7441 ; www.lan.com ; Jirón del Comercio 832) assure trois vols entre Lima et Cajamarca ; départ de la capitale à 5h40, 10h30 et 15h30, retour de Cajamarca à 7h35, 12h40 et 16h50.

Bus

Carrefour routier depuis des temps immémoriaux, Cajamarca offre des bus dans toutes les directions. La plupart des gares routières se situent à proximité de la *cuadra* 3 d'Atahualpa, à 1,5 km au sud-est du centre (à ne pas confondre avec l'Atahualpa du centre-ville), sur la route de Los Baños del Inca.

L'itinéraire principal court vers l'ouest et rejoint la Panamericana près de Pacasmayo, sur la côte, avant de continuer au nord vers Chiclayo (8 heures) ou au sud vers Trujillo (8 heures) et Lima (14 heures).

L'itinéraire sud est l'ancienne route de Trujillo (au moins 15 heures) via Cajabamba (4 heures 30) et Huamachuco (7 heures 30). Changez à Cajabamba pour rejoindre Huamachuco et Trujillo. Le trajet jusqu'à Trujillo demande deux ou trois fois plus de temps par cette mauvaise piste que par la nouvelle route goudronnée via Pacasmayo, alors qu'elle ne compte que 60 km de plus. Le paysage est plus beau, mais les bus sont généralement moins confortables et moins fréquents au-delà Cajabamba.

Cahoteuse, la route du nord vers Chota (5 heures) traverse une belle campagne sauvage et passe par Bambamarca, où un marché animé se tient le dimanche matin. Des bus circulent entre Chota et Chiclayo le long d'une route épouvantable.

L'itinéraire de l'est, spectaculaire, serpente jusqu'à Celendín (4 heures), cahote à travers les Andes, passe par Chachapoyas et descend dans le bassin amazonien.

Cial (36-8701 ; www.expresocial.com ; Atahualpa 684). Un bus à la fois *cama* (couchette) et *semi-cama* (semi-couchette) pour Lima, à 18h (lundi à samedi) et à 17h (dimanche).

Civa (36-1460 ; www.civa.com.pe ; Ayacucho 753). Bus confortable pour Lima à 18h30.

Cruz del Sur (36-2024 ; www.cruzdelsur.com.pe ; Atahualpa 844). Bon *bus-cama* pour Lima à 19h.

Línea (36-6100 ; Atahualpa 306). *Bus-camas* les plus confortables pour Lima à 18h et 18h30. Départ pour Chiclayo à 10h45, 13h30, 22h50 et 23h et pour Trujillo à 10h30, 13h, 22h, 22h15, 22h30 et 22h40. Également une billetterie sur la Plaza de Armas.

BUS AU DÉPART DE CAJAMARCA

DESTINATION	PRIX	DURÉE
Bambamarca	15 S	3 heures 30
Cajabamba	10-20 S	4 heures
Celendín	10 S	3 heures 30
Chachapoyas	50 S	12-13 heures
Chiclayo	20-45 S	6 heures
Chota	15-20 S	4 heures
Huamachuco	20 S	6 heures
Leimebamba	35 S	8 heures
Lima	80-130 S	16 heures
Piura	45 S	9 heures
Trujillo	20-40 S	6 heures

Royal Palace's (☎34-3063 ; Reyna Farge 130). Départ pour Celendín à 9h30 et 12h30 ; bus bon marché pour Trujillo (22h), Lima (18h, 18h30 et 20h) et Cajabamba (23h).

Tepsa (☎36-3306 ; www.tepsa.com.pe ; Sucre 422). Confortable *bus-cama* pour Lima à 18h.

Tour Atahualpa (☎96-491-6371 ; Atahualpa 299). Bus pour Cajabamba à 2h et 11h, pour Celendín à 4h30 et 13h et pour Chota via Bambamarca à 10h.

Transportes Chiclayo (☎36-4628 ; www.transporteschiclayo.com ; Atahualpa 283). Bus pour Chiclayo à 23h, pratique pour prendre une correspondance direction nord pour Máncora ou Tumbes.

Transportes Horna (☎36-3218 ; www.transporteshorna.pe ; Atahualpa 312). Chaque jour, 5 bus pour Trujillo entre 8h et 23h, 2 bus pour Cajabamba à 0h30 et 2h30 et un bus pour Huamachuco à 2h30.

Transportes Rojas (☎34-0548 ; Atahualpa 309). Départ pour Cajabamba à 2h, 8h, 9h, 11h, 14h et 16h, pour Celendín à 15h et pour Chota via Bambamarca à 19h.

Turismo Dias (☎34-4322 ; www.turdias.com ; Atahualpa 307). Bus pour Trujillo à 10h, 13h15, 22h et 23h et pour Chiclayo à 10h30, 13h45 et 21h45. Le bus direct pour Piura (22h30) est la meilleure option pour se rendre à Máncora. Les bus partent du terminal de la compagnie, Vía de Evitamiento 1370.

Virgen del Carmen (☎98-391-5869 ; Atahualpa 333-A). Départ tous les jours à 4h pour Chachapoyas via Celendín et Leimebamba.

Les combis (minibus) pour Ventanillas de Otuzco (1 S, 20 min) partent de l'angle entre Tayabambo et Los Gladiolos, à 500 m au nord dans Tarapaca, dans le quartier du marché. Ils passent par l'aéroport (0,50 S), mais un taxi est bien plus rapide (7 S) pour le rallier.

Des combis "A" pour Los Baños del Inca (1 S, 25 min) partent fréquemment le long de Sabogal, près de la Calle 2 de Mayo.

Environs de Cajamarca

Les sites aux alentours de Cajamarca peuvent se rejoindre avec les transports publics, à pied, en taxi ou en circuit guidé. Les tour-opérateurs regroupent leurs clients ; ils organisent aussi des excursions individuelles, plus coûteuses.

LOS BAÑOS DEL INCA

Atahualpa campait près de ces **sources thermales** (⏲5h-20h) lors de l'arrivée de Pizarro, d'où leur nom. Sur un terrain fleuri, ponctué de buissons topiaires, ce joli complexe offre des cabines privées (4-6 S/30 min) alimentées en eau thermale, certaines pouvant accueillir jusqu'à 6 personnes. Un bassin public (3 S) est nettoyé le lundi et le vendredi ; sauna et massages (10 S et 20 S chacun) sont également proposés. Venez plutôt le matin pour éviter la foule de visiteurs qui s'y presse chaque jour. Le **Complejo Recreativo** (1 S ; ⏲8h-20h), en face du principal ensemble de bains, comporte des piscines, une aire de jeux et les "toboggans aquatiques des Incas" (fermés pour rénovations lors de notre passage, pour une durée indéterminée) qui remportent un franc succès auprès des enfants. Los Baños del Inca se situent à 6 km de Cajamarca et comptent quelques hébergements (voir p. 419). Les *combis* qui les desservent partent dans Sabogal, à Cajamarca (1 S, 25 min). Vous pouvez aussi participer à un circuit organisé au départ de Cajamarca (15 S). Emportez une serviette ou achetez-en une sur place, il y a quelques vendeurs. Au retour des bains, traversez la route pour déguster une glace délicieuse à l'Heladería Holanda (p. 421).

CUMBE MAYO

À 20 km au sud-ouest de Cajamarca, Cumbe Mayo (du terme quechua *kumpi mayo*, "canal bien fait") est une fabuleuse réalisation pré-inca. Ces aqueducs parfaitement réguliers creusés il y a quelque 2 000 ans zigzaguent à angle droit sur 9 km. La raison de leur tracé reste mystérieuse, Cajamarca n'ayant jamais souffert de pénurie d'eau. D'autres formations rocheuses sont sculptées en forme d'autels et de trônes. À proximité, des grottes renferment des **pétroglyphes**, dont certains ressemblent à des mammouths laineux. Haut perché et balayé par les vents, le site dégage une ambiance un peu étrange. Des légendes entourent les formations rocheuses érodées, qui ressemblent à des groupes d'alpinistes drapés de linceuls.

Le site peut se rejoindre à pied du Cerro Santa Apolonia à Cajamarca, via un itinéraire signalé. Comptez environ 4 heures de marche en empruntant les raccourcis évidents et demandez votre chemin aux passants. Des tour-opérateurs de Cajamarca proposent l'excursion en bus (20-25 S), une bonne solution car les transports publics sont très irréguliers pour Cumbe Mayo.

VENTANILLAS DE OTUZCO ET DE COMBAYO

Ces nécropoles pré-incas se composent de centaines de niches funéraires creusées à flanc de colline, d'où leur nom de *ventanillas* ("petites fenêtres"). À 8 km au nord-est de Cajamarca, Otuzco se situe dans une belle campagne et se rejoint facilement à pied de Cajamarca ou de Los Baños del Inca (demandez votre chemin). Plus grandes et mieux conservées, les Ventanillas de Combayo se trouvent à 30 km de là et se visitent plus facilement en excursion organisée de Cajamarca (20-25 S). Des bus pour Ventanillas de Otuzco partent fréquemment du nord de la Plaza de Armas à Cajamarca (1 S, 20 min).

Cajabamba

☎076 / 14 400 HABITANTS / ALTITUDE 2 655 M

Il faut au moins 15 heures pour parcourir l'ancienne route, en majeure partie non asphaltée, qui relie Cajamarca et Trujillo (360 km) via Cajabamba et Huamachuco. Bien que la voie traverse des paysages et des bourgades plus attrayants que la route via Pacasmayo, le trajet en bus est très éprouvant et peu de touristes choisissent cet itinéraire.

Ville accueillante, Cajabamba se perche sur une corniche naturelle qui domine

VAUT LE DÉTOUR

MARCAHUAMACHUCO

Les ruines massives du fort pré-inca de **Marcahuamachuco** (entrée libre) se situent à 10 km de Huamachuco, via une piste accessible seulement en 4x4 ou en camion. Le site, long de 2,5 km, date d'environ 400 av. J.-C. Entouré de hauts remparts, il comprend d'intéressants bâtiments circulaires de tailles diverses. La culture de Marcahuamachuco semble s'être développée indépendamment des autres civilisations de l'époque. Pendant la saison sèche, un taxi au départ de Huamachuco pourra vous déposer à 5 km du fort (12 S) et vous devrez continuer à pied. Emportez provisions et boissons.

Comme son nom l'indique, l'**Hostal Colonial** (☎51-1101 ; Castilla 347 ; s/d 35/60 S, tr sans sdb 45 S ; Wi-Fi) est aménagé dans une maison de style colonial. C'est le meilleur hébergement et il y a un bon restaurant au rez-de-chaussée.

Transportes Horna (☎44-0016 ; Carrion 1101) assure un départ pour Cajamarca à 16h30 et de multiples bus pour Trujillo (25 S, 6 heures). **Transportes Los Andes** (☎44-1555 ; Pasaje Hospital 109) affrète 10 bus par jour pour Cajabamba, où vous pourrez prendre une correspondance pour Cajamarca. Il y a au moins trois *colectivos* par jour pour Otuzco ; ils partent dès qu'ils sont complets, à proximité de la place (10 S, 4 heures).

fermes et plantations. Les maisons chaulées, coiffées de tuiles rouges et la fascinante Plaza de Armas aux tons jaune vif et aux balustrades en marbre sophistiquées lui donnent une allure coloniale. La **fête de la Virgen del Rosario**, célébrée aux alentours du premier dimanche d'octobre, s'accompagne de corridas, de processions et de danses dans une ambiance champêtre. Un intéressant marché aux bestiaux se tient le lundi. À 1 heure de marche de Cajabamba, vous pourrez découvrir plusieurs sites, dont les grottes de **Chivato** et les lacs de montagne de **Ponte** et de **Quengococha**. L'**Hostal La Casona** (35-8285 ; Bolognesi 720) vous renseignera sur les itinéraires.

Il y a un **Banco de la Nación** (Plaza de Armas) avec un DAB Visa/Plus.

L'**Hostal La Casona** (35-8285 ; Bolognesi 720 ; s/d 20/29 S) emporte la palme du meilleur hébergement. Ses adorables petites chambres, avec douches chaudes et TV câblée, s'ouvrent pour certaines sur des balcons offrant une vue sur la place.

La nourriture fait oublier le décor à **Don Lucho** (Prado 227 ; plats 5-15 S), une demi-*cuadra* en montant derrière l'église. Les solides menus de classiques péruviens coûtent 6 S et des plats à la carte sont également servis.

Transportes Rojas (97-617-1144 ; Grau 135) propose des bus pour Cajamarca (10 S, 4 heures 30) à 3h, 5h, 8h30, 11h30, 13h30 et 16h. **Transportes Horna** (55-1132 ; Grau 136) assure un bus quotidien pour Cajamarca (10 S, 4 heures 30) à 8h ainsi que des bus pour Huamachuco à 8h et 13h30 (10 S, 3 heures). **Los Andes** (31-5138 ; Martínez 152) se rend aussi à Huamachuco 10 fois par jour (10 S, 2 heures 30).

Celendín

076 / 16 600 HABITANTS / ALTITUDE 2 625 M

Facilement accessible par une route en partie en dur de Cajamarca, Celendín est une bourgade délicieusement somnolente. Seuls la traversent les voyageurs qui empruntent la route spectaculaire menant à Chachapoyas. La ville est réputée pour ses chapeaux de paille d'excellente qualité, que l'on peut acheter à l'intéressant marché du dimanche. L'endroit est idéal pour découvrir le mode de vie traditionnel des hauts plateaux et rencontrer des Indiens, qui seront sans doute surpris de votre présence.

Le **Banco de la Nación** (Calle 2 de Mayo 530) dispose d'un DAB Visa/Plus. La fête annuelle de **La Virgen del Carmen** a lieu du 1er juillet au 6 août, mais les meilleures journées pour les touristes, ponctuées de feux d'artifice, de processions et de corridas avec des toreros venus du Mexique et d'Espagne, se déroulent du 28 juillet au 3 août.

À Llanguat, à 30 minutes de voiture, les **sources thermales** (3 S) et autres bains de boue aideront à soulager vos courbatures. Vous pouvez aussi prendre un *combi* à 7h depuis la Plaza de Armas (5 S, 45 min) les lundi, mercredi, vendredi et samedi. Retour vers midi.

L'association hollandaise **Proyecto Yannick** (77-0590 ; www.celendinperu.com ; Jirón Unión 333) offre des possibilités de faire du bénévolat auprès d'enfants trisomiques. La responsable, Susan, qui parle anglais, allemand et hollandais, peut aussi organiser un transport privé et des circuits aux sources. En outre, elle loue une **chambre** (s/d sans sdb 20/25 S ;) dans sa maison, à l'angle de la place. Visitez le bureau de l'association pour obtenir une carte et d'excellents renseignements sur les hôtels, les transports et les sites des environs.

Directement sur la Plaza de Armas, l'**Hostal Celendín** (55-5041 ; Unión 305 ; s/d 28,50/43 S ; @) dispose d'un restaurant apprécié et de chambres défraîchies mais accueillantes ; eau chaude aléatoire. Certaines ont des balcons avec superbes vues sur la place. L'**Hostal Turistas** (55-5047 ; Gálvez 507 ; s/d 45/60 S ;) est un nouvel établissement moderne doté de 9 chambres, à l'angle de la place.

La Reserva (José Gálvez 420 ; repas 4-32 S) est un restaurant populaire à l'ambiance conviviale, aménagé sur plusieurs niveaux. **Carbon & Leña** (80-5736 ; Calle 2 de Mayo 416 ; repas 4-28 S ; 17h-23h) utilise du charbon et du bois pour cuire principalement du poulet et des pizzas, et parfois des plats de viande spéciaux comme le *chancho con aguaymanto* (porc avec une sauce péruvienne à la cerise ; 12 S), à commander à l'avance.

Transportes Rojas (55-5108 ; Pardo 258) assure des bus quotidiens pour Cajamarca (10 S, 4 heures) à 5h, de même que **Royal Palace's** (77-6872 ; Unión 313) à 4h et 14h (10 S). **Virgen del Carmen** (79-2918 ; Cáceres 112), situé derrière le marché, se rend à Chachapoyas (35 S, 9 heures) via Leimebamba (25 S, 4 heures) à 9h, et à Cajamarca (10 S, 3 heures 30) à 15h.

Chachapoyas

041 / 22 900 HABITANTS / ALTITUDE 2 335 M

Surnommée Chachas, Chachapoyas est une ville paisible aux maisons blanches, isolée par de mauvaises pistes et des forêts de nuages de haute altitude. Elle fut un important carrefour sur les routes commerciales entre la jungle et la côte jusqu'à la construction d'une route goudronnée passant par Pedro Ruíz dans les années 1940. Capitale de la région d'Amazonas, cette plaisante bourgade coloniale est aujourd'hui une localité marchande animée et constitue une excellente base pour visiter les ruines de la civilisation des Chachapoyas (le "peuple des Nuages").

Aux alentours de la ville, de vastes étendues de forêt de nuages peu explorées renferment des joyaux archéologiques parmi les plus fascinants et les moins connus du pays. En dépit des dommages causés par le temps, les intempéries et, plus récemment, les pilleurs de tombes et les chercheurs de trésors, certains ont remarquablement survécu. Si Kuélap est de loin le site le plus connu, des dizaines d'autres ruines se cachent dans la jungle, attendant d'intrépides explorateurs.

Histoire

La culture chachapoya fut conquise – mais jamais totalement soumise – par les Incas quelques décennies avant l'arrivée des Espagnols. Le chef local Curaca Huamán aurait aidé les conquistadors à battre les Incas. À cause de l'influence relativement faible des Incas, les Chachapoyas n'apprirent pas le quechua et aujourd'hui l'espagnol est ici presque exclusivement parlé. Des historiens locaux affirment que San Juan de la Frontera de las Chachapoyas fut la troisième ville fondée au Pérou par les conquistadors (après Piura et Lima) et était jadis la septième ville du pays par la taille.

À voir

GRATUIT Instituto Nacional de Cultura Museo MUSÉE
(INC ; Ayacucho 904 ; 8h-13h et 15h-17h lun-ven). Conserve six momies et des céramiques datant de diverses périodes précolombiennes.

Miradors POINT DE VUE
Suivez Salamanca vers le nord-ouest pendant 10 minutes pour arriver au **Mirador Guayamil**, qui offre un panorama de la ville. Un taxi (10 S) vous conduira au **Mirador Huancas** (admission 1 S ; 7h30-

Chachapoyas

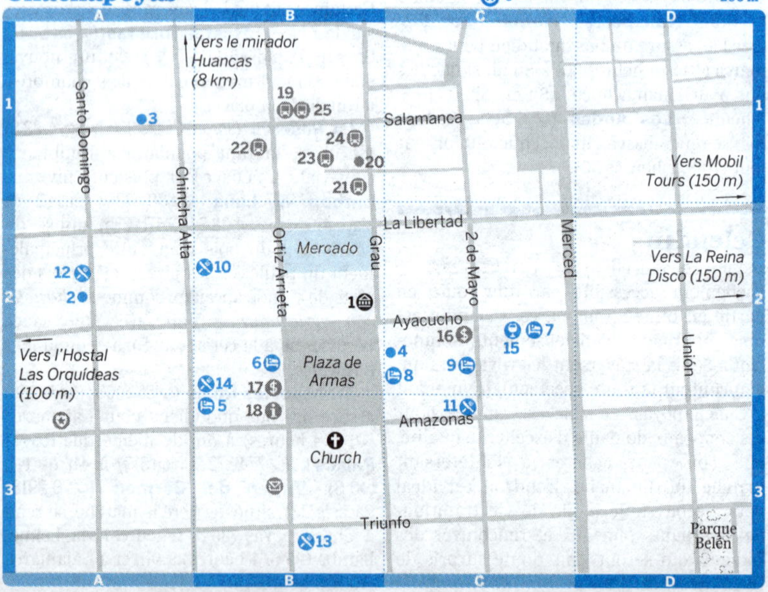

17h30), qui domine la vallée d'Utcubamba ; il est aisé de revenir à pied (1 heure 30), en longeant la route.

Activités

Les treks vers les nombreux sites et ruines des alentours connaissent un succès croissant et s'organisent facilement en ville. Le plus prisé est celui de Gran Vilaya (4 ou 5 jours), de Choctámal au canyon du Marañón, en passant par une forêt de nuages préservée, plusieurs ruines et la splendide vallée de Belén. Un autre trek de 3 jours, à pied et à cheval depuis Leimebamba, mène à la Laguna de los Cóndores (p. 436). Ces deux itinéraires exigent une bonne forme physique et de l'endurance. Des treks vers d'autres ruines peuvent être organisés sur mesure.

Circuits organisés et guides

Tous les tour-opérateurs sont installés près de la Plaza de Armas. Renseignez-vous auprès d'autres voyageurs avant de choisir votre agence. Comptez de 100 à 150 S par personne pour un trek de plusieurs jours (un peu plus pour un groupe de moins de 4 personnes) et entre 50 et 90 S environ pour une excursion d'une journée.

Chachapoyas Tours CIRCUITS GUIDÉS
(☎94-196-3327 ; www.kuelapperu.com ; Santo Domingo 432). Cette agence reçoit maintes louanges pour ses excursions à la journée dans les environs. Elle organise aussi des treks de plusieurs jours et emploie quelques guides parlant anglais. Lors de notre passage, le bureau était fermé en raison de dégâts liés au séisme.

Turismo Explorer CIRCUITS GUIDÉS
(☎47-8162 ; www.turismoexplorerperu.com ; Grau 509). Également très réputée, cette agence est spécialisée dans les treks de plusieurs jours. Certains guides parlent anglais.

Où se loger

La plupart des établissements de Chachapoyas appartiennent à la catégorie petits budgets.

♥ **Hostal Las Orquídeas** PENSION $$
(☎47-8271 ; www.hostallasorquideas.com ; Ayacucho 1231 ; s/d avec petit-déj 60/100 S ; @☺). Convivialité et bon rapport qualité/prix pour cette pension haut de gamme. Les chambres carrelées (certaines sont plus grandes que d'autres) sont lumineuses et l'espace commun arbore des couleurs chaleureuses, du bois et quelques touches artistiques. Dans les chambres rénovées, les sdb avec eau chaude sont dotées de dalles en granit et de lavabos design. Le personnel vous aidera à réserver votre transport et à organiser des circuits. Les tarifs comprennent le transfert de la gare routière.

Chachapoyas

À voir
1 Instituto Nacional de Cultura Museo ... B2

Activités
2 Chachapoyas Tours ... A2
3 International Language Center ... A1
4 Turismo Explorer ... C2

Où se loger
5 Casa Vieja Hostal ... B3
6 Hostal Belén ... B2
7 Hostal Johumaji ... C2
8 Hostal Revash ... C2
9 Hotel Karajía ... C2

Où se restaurer
10 Cafe Fusiones ... B2
11 Dulcería Santa Elena ... C3
12 El Tejado ... A2
13 La Tushpa ... B3
14 Terra Mia Café ... B2

Où prendre un verre
15 La Reina ... C2

Renseignements
16 Banco de la Nación ... C2
17 BCP ... B2
18 iPerú ... B3

Transports
19 Civa ... B1
20 Colectivos pour Pedro Ruíz et Tingo ... B1
21 Hidalgo Tours ... B1
22 Los Diplimaticos ... B1
23 Poderoso Cautivo ... B1
Transportes Karlita ... (voir 25)
24 Transportes Roller ... B1
25 Virgen del Carmen ... B1

LES CHACHAPOYAS

Les Chachapoyas, ou "peuple des Nuages", contrôlaient un vaste territoire autour de l'actuelle ville de Chachapoyas entre 500 et 1493 environ, quand les Incas envahirent la région et mirent fin à l'isolement de Chacha. Si l'on sait peu de choses de cette civilisation, les Chachapoyas semblent avoir été de grands guerriers, de puissants chamans et de prolifiques bâtisseurs, qui développèrent l'une des cultures les plus avancées des jungles tropicales du Pérou. Aujourd'hui, des archéologues tentent de prendre de vitesse les pilleurs de tombes pour percer les mystères de cette civilisation en fouillant les dizaines de tombeaux perchés sur des falaises et des hameaux aux bâtiments circulaires.

Malgré d'importants échanges commerciaux avec d'autres parties du pays, les Chachapoyas, isolés dans leurs forêts de nuages, évoluèrent indépendamment des civilisations voisines. Apparemment, ils vouaient un culte féroce à la guerre : on a retrouvé des têtes-trophées et des crânes humains portant des traces de trépanation et de scalps volontaires. L'expansion de l'Empire inca au XVe siècle se heurta à une résistance acharnée et des combats sporadiques persistèrent bien après la conquête initiale.

Écologistes avant l'heure, les Chachapoyas construisaient des édifices en parfaite harmonie avec leur environnement, tirant parti des avantages esthétiques et pratiques de la nature. Leur religion semblait vénérer des éléments naturels de leur territoire, tels le serpent, le condor et le puma ainsi que les grottes, les lacs et les montagnes.

Les constructions circulaires, uniques en leur genre, étaient agrémentées de frises de maçonnerie élaborées, en zigzag ou en losange. Les bâtiments étaient coiffés de hauts toits de chaume pentus, afin de faciliter l'écoulement des pluies fréquentes. Parmi les centaines de ruines qui illustrent l'architecture chachapoya, aucune ne peut rivaliser avec l'imposante cité fortifiée de Kuélap, entourée d'un colossal rempart de 20 m de haut et abritant des centaines d'habitations et de temples.

Casa Vieja Hostal PENSION DE CHARME **$$**
(☎47-7353 ; www.casaviejaperu.com ; Chincha Alta 569 ; s/d avec petit-déj à partir de 95/145 S ; @📶). Choix judicieux, avec des chambres très confortables dans une élégante demeure. Toutes sont agrémentées d'artisanat en bois, d'une cheminée décorative ou en état de fonctionnement, d'une TV à écran plat et de grandes fenêtres donnant sur le jardin verdoyant. Le petit-déjeuner est inclus et servi à côté, au très charmant Terra Mia Cafe. Jusqu'à 30% de réduction d'octobre à janvier.

Casa Andina HÔTEL **$$**
(☎96-933-5840 ; www.casa-andina.com/classic-chachapoyas ; Km 39 Carr. Pedro Ruíz ; ch/ste à partir de 208/281 S ; @📶❄). Dernière venue de cette chaîne péruvienne très appréciée, cette hacienda de style colonial de 21 chambres occupe un emplacement sublime, dans la vallée d'Utcubamba, au milieu des plantations de *chirimoya* et en retrait de la piste de terre menant à Leimebamba. Les chambres, très simples, déçoivent un peu, mais elles sont dotées d'épais matelas et de grandes sdb (évitez les chambres traditionnelles et préférez les supérieures, bien plus spacieuses). L'aspect dépouillé des chambres sera vite oublié en prenant votre petit-déjeuner sous la véranda, en bordure de rivière. L'emplacement, toujours l'emplacement !

Hotel Revash PENSION **$**
(☎47-7391 ; Grau 517 ; s 35-60 S, d 70-150 S ; @📶). La cour de cette demeure classique est un peu décrépie, mais le rapport qualité/prix n'en est pas moins excellent. Les douches sont brûlantes et les chambres, colorées et coquettes ; les plus chères sont très spacieuses et habillées de tonalités lavande. Le personnel du tour-opérateur peut se montrer insistant, mais les voyageurs sont généralement satisfaits ; attention toutefois de bien fixer le prix avant de partir.

Hostal La Villa de Paris HÔTEL **$$**
(☎54-5631 ; www.hostalvillaparis.com ; Prolongación 2 de Mayo, cuadra 5 ; s/d 85/135 S, bungalow 295 S, petit-déj inclus ; @📶❄). À seulement 1,5 km de la place principale, ce joli hôtel de style colonial meublé avec une profusion de bois et d'antiquités est moins cher qu'il n'y paraît. Les grandes fenêtres et les balcons apportent beaucoup de lumière. Les bunga-

lows à trois chambres avec kitchenette sont parfaits partagés à plusieurs couples.

Hostal Belén PENSION **$**
(☎47-7830 ; www.hostalbelen.com ; Ortiz Arrieta 540 ; s/d 45/55 S ; @📶). Également sur la place, dans un édifice bien entretenu, Belén loue 11 petites chambres, chacune pourvue d'un mur peint d'une couleur vive pour compenser le manque de luminosité.

Hostal Johumaji PENSION **$**
(☎47-7819 ; hostaljohumajieirl@hotmail.com ; Ayacucho 711 ; s/d/tr à partir de 20/30/45 S ; @📶). Le meilleur des établissements économiques de la ville. Les chambres sont spartiates mais bien éclairées et équipées de douches chaudes électriques. Certains voyageurs se sont plaints du bruit de la rue, mais l'adresse demeure conviviale et bien tenue. Ajoutez 5 S pour la TV câblée.

EN ROUTE POUR CHACHAPOYAS

Après avoir bien profité du soleil de la côte et de l'atmosphère coloniale des montagnes, beaucoup de voyageurs sont pris d'un désir d'aventure dans la forêt de nuages et la jungle. En route pour Tarapoto et Chachapoyas ? Pas si vite. D'abord, vous devez vous décider : avez-vous le cœur suffisamment accroché et la patience nécessaire pour affronter la route de montagne, incroyablement belle mais certaine de mettre vos nerfs à rude épreuve, passant par Celendín et Leimebamba ? Ou serez-vous plus à l'aise en faisant le long détour par la route goudronnée, au départ de Chiclayo ?

Via Celendín

Cette route, difficile mais splendide, grimpe jusqu'à un col à 3 085 m d'altitude, avant de plonger vers le Río Marañón et le morne village de **Balsas** (975 m), à 55 km de Celendín. Une pension délabrée loue des chambres à peine acceptables pour 5 S la nuit. Le camping semble possible en s'adressant aux habitants et en leur donnant quelques *nuevos soles*. La route grimpe de nouveau à travers de splendides forêts de nuages et une campagne aux innombrables nuances de vert. Après 57 km, elle atteint l'**Abra de Barro Negro** (col de la Boue noire ; 3 678 m), le plus haut point de vue du parcours, avec le Río Marañón en contrebas. Sur ce tronçon du parcours, nuages bas et brouillard enveloppent les villages dispersés et se faufilent entre les collines. La route dégringole ensuite sur 32 km jusqu'à Leimebamba, au début de la vallée du Río Utcubamba, et longe la rivière jusqu'à Tingo et Chachapoyas. Si les vingt derniers kilomètres avant Chachapoyas ont été récemment goudronnés, vous aurez, avant cela, des sueurs froides à chaque virage. Emportez provisions et boissons, car les rares restaurants en chemin ne sont guère engageants.

L'état de la route s'est considérablement amélioré au fil des années, mais elle reste le théâtre de nombreux accidents et l'emprunter vous exposera à des risques. Bonne nouvelle : en 2012, le gouvernement s'est officiellement engagé à faire goudronner la route, ce qui devrait être accompli dans "quelques années péruviennes", selon les termes d'un habitant.

En direction du nord, le côté gauche du bus offre les vues les plus spectaculaires. Si vous êtes sensible au vertige, asseyez-vous du côté droit.

Via Chiclayo

Pour rejoindre Chachapoyas, les voyageurs empruntent habituellement cet itinéraire, beaucoup plus long et bien moins palpitant. De l'ancienne route Panaméricaine, à 100 km au nord de Chiclayo, une route asphaltée court vers l'est et franchit les Andes au col de Porculla (2 145 m), le moins élevé des Andes péruviennes. Elle descend ensuite vers la vallée du Río Marañón. À 190 km de la Panamericana, elle atteint la ville de **Jaén**, le point de départ d'une route récemment ouverte vers l'Équateur (voir l'encadré p. 430). En continuant vers l'est, une route secondaire conduit à **Bagua Chica**, la ville réputée la plus chaude du pays, dans une basse vallée encaissée, à environ 500 m d'altitude. Le bus passe habituellement par **Bagua Grande** (28 830 habitants), sur la grand-route, et suit la vallée du Río Utcubamba jusqu'à Pedro Ruíz, une ville-carrefour à 1 heure 30 de Bagua Grande. De là, une route récemment goudronnée file vers le sud jusqu'à Chachapoyas, à 54 km (1 heure 15).

Hotel Karajía HÔTEL $
(☎31-2606 ; Calle 2 de Mayo 546 ; s/d sans sdb 20/30 S, s/d 25/45 S ; 📶). Les chambres sont plaisantes, avec eau chaude et TV câblée. Quelques fanfreluches égaient les lieux, notamment les lunettes des toilettes et des dessus-de-lit bariolés.

Où se restaurer

En traversant les Andes vers l'est, Chachapoyas est le premier endroit où l'on découvre des plats amazoniens, avec des variantes locales. Ainsi, dans les *juanes* (riz et poisson ou poulet, cuit à la vapeur dans une feuille de bananier), le yucca (manioc) remplace le riz. La *cecina*, un plat composé de porc séché dans les plaines, est souvent préparée avec du bœuf.

El Tejado PÉRUVIEN $$
(Santo Domingo 426 ; plats 15-25 S). Ce charmant petit restaurant ne paie pas de mine vu de l'extérieur, mais il dissimule une cour intérieure et une jolie salle à manger. Excellente adresse à midi, avec un menu à 7 S du lundi au vendredi. La spécialité, le *tacu tacu* (plat afro-péruvien à base de riz et de haricots, servi avec de la viande des fruits de mer ou des œufs au plat), est déclinée en 9 variantes. Le *lomo saltado* est succulent, surtout si on l'accompagne de la sauce au poivre maison, bien relevée.

Café Fusiones CAFÉ, PETIT-DÉJEUNER $
(Chincha Alta 445 ; petit-déj 6-9 S, en-cas 1,50-4,50 S ; ⏲à partir de 7h lun-sam ; 📶). Les voyageurs se retrouvent dans cet établissement artistique où l'on sert du café bio, de délicieux petits-déjeuners (notamment des spécialités régionales comme les *juanes*), des muffins arrosés de *manjar blanco* (confiture de lait) et des hamburgers aux lentilles. En prime, des canapés moelleux.

TRAVERSER LA FRONTIÈRE : L'ÉQUATEUR VIA JAÉN

Si votre prochaine étape est l'Équateur, ne perdez pas des jours à rejoindre la côte péruvienne par des routes sinueuses. De Jaén, une bonne route part vers le nord en direction de San Ignacio (10 720 habitants), à 107 km, près de la frontière équatorienne. Depuis la signature du traité de paix entre les deux pays à la fin de 1998, il est possible de pénétrer en Équateur par cette bourgade reculée.

Rendez-vous d'abord à **Jaén** (70 690 habitants), un centre agricole en expansion qui possède tous les services d'une ville moyenne, ainsi qu'une mauvaise réputation liée à la délinquance et un grave problème de dengue (apportez de l'anti-moustique). Parmi les bons hôtels, le **Prim's Hotel** (☎076-43-1039 ; www.primshotel.com ; Palomino 1353 ; s sans clim 50 S, s/d avec clim à partir de 70/90 S, petit-déj inclus ; ❄📶) est un établissement moderne offrant un mélange de chambres basiques et contemporaines, un personnel sympathique et une *chifa* au rez-de-chaussée. La meilleure option de la ville est cependant l'**Hotel El Bosque** (☎076-43-1492 ; hoteleraelbosque@hotmail.com ; Muro 632 ; s/d/tr avec petit-déj 100/130/160 S ; ❄📶🏊), avec des bungalows disposés autour d'une piscine, dans les jardins. L'**Hotel Cancún** (☎076-43-3511 ; Palomino 1413 ; s/d 35/45 S ; 📶) est un choix fiable pour les voyageurs à petits budgets, avec douches chaudes et TV câblée. **La Cabaña** (Bolívar 1332 ; plats 15-20 S), dans le Parque Central, saura satisfaire tous les goûts et tous les budgets, avec notamment des plats du jours à midi, des sandwichs (4-12 S), des jus de fruits, des milk-shakes et des mets plus sophistiqués.

De Jaén, des *colectivos* (20 S, 2 heures 30) et des *combis* (12 S, 2 heures 30) partent de l'Avenida Pakumuros, dans le quartier de Pueblo Libre, pour rallier **San Ignacio**, où il y a un hôtel modeste et des restaurants. Prenez ensuite un autre *colectivo* pour la mauvaise route qui conduit à **La Balsa** (15 S, 2 heures), où le Río Blanco marque la frontière entre l'Équateur et le Pérou. Un pont international a désormais remplacé la *balsa* (ferry) qui traversait le fleuve et a donné son nom à la bourgade. Les formalités frontalières sont simples si vos papiers sont en règle ; peu d'étrangers passent la frontière à cet endroit.

En Équateur, des *rancheras* (des camions équipés de bancs en bois) vous conduiront à Zumba (2 $US, 1 heure 30-2 heures 30), un trajet de 10 km inconfortable et imprévisible (à cause du climat). De là, des bus se rendent à Loja (7,50 $US, 6 heures), d'où vous pourrez continuer jusqu'à la célèbre "vallée de la longévité" de Vilcabamba. En quittant Jaén à l'aube, vous devriez pouvoir rejoindre Vilcabamba dans la journée.

La Tushpa GRILLADES, PÉRUVIEN $
(Ortiz Arrieta 753 ; plats 12-30 S). Le service est connu pour sa lenteur, mais les steaks et les grillades méritent toujours l'attente. Le menu riche en viande est sublimé par le *cuadril* (aiguillette), un succulent morceau de bœuf, et d'intéressantes créations comme le *lomo fino* (aloyau) avec une sauce épicée au pisco. Il y a également un bon choix de porc et de poulet, accompagnés de délicieuses sauces maison comme l'*ají* (poivron épicé) et le *chimichurri* (persil, ail, huile d'olive, origan et vinaigre). À ne pas manquer.

Terra Mia Café PETIT-DÉJEUNER, PÉRUVIEN $
(Chincha Alta 557 ; petit-déj 8-13,50 S ; à partir de 7h ;). Deux sœurs ont ouvert ce café sophistiqué, à côté de leur hôtel. Elles se targuent de détenir la machine à expresso la plus élaborée de la ville et de mitonner de merveilleux petits-déjeuners régionaux et internationaux (vive les gaufres !) ainsi que de délicieux sandwichs, avec du pain français parfaitement croustillant. Le tout est servi dans un cadre propre et douillet, avec des arcades coloniales et des coussins en tissu traditionnel à la pointe de la mode.

Dulcería Santa Elena DESSERTS $
(Amazonas 800-804 ; plats 1-5 S). Le vieux monsieur ronchon sert les meilleurs gâteaux et pâtisseries de la ville. Si votre tête lui plaît, il vous offrira peut-être quelque chose.

Où prendre un verre et sortir

Chachapoyas est réputée pour ses liqueurs artisanales, concoctées avec toutes sortes d'herbes et de fruits – vous passerez un très bon moment à les découvrir toutes.

La Reina BAR, CLUB
(Ayacucho 520 ; 16h-2h). De quoi vous changer les idées à moindre coût dans une ambiance artistique. Les liqueurs amazoniennes à base de fruits exotiques sont servies en shot (2 S) ou en carafe (à partir de 16 S). Il y a 10 parfums, dont la *mora* (mûre), la plus prisée, la *maracuyá* (fruit de la Passion), la plus savoureuse, et sept variantes de *raíces* et de *chuchuhuasi*, deux célèbres aphrodisiaques amazoniens. Les mêmes propriétaires gèrent la meilleure discothèque de la ville, quelques *cuadras* plus bas, à Ayacucho 345 (2 S).

Renseignements

Banco de la Nación (angle Ayacucho et 2 de Mayo). DAB pour cartes Visa et MasterCard.

BCP (Ortiz Arrieta). Change les dollars américains et les chèques de voyage. Également un DAB.

International Language Center (47-8807 ; www.ilc-peru.com.pe ; Salamanca 1112 ; 8h-13h et 16h-19h). Outre les leçons d'espagnol (30 S/heure ; six autres langues sont envisageables), le sympathique propriétaire donne gracieusement des renseignements touristiques et met à disposition une consigne à bagages, si vous avez besoin de laisser vos sacs un jour ou deux.

iPerú (47-7292 ; Arrieta 582 ; 8h-19h). Excellentes cartes, renseignements sur les transports et conseils avisés.

Police (47-7017 ; Amazonas 1220)

Serpost (Salamanca 945). Services postaux.

Depuis/vers Chachapoyas

Avion

Chachapoyas possède un aéroport, mais aucune compagnie ne le desservait lors de nos recherches.

Bus et taxi

La route très fréquentée menant à Chiclayo et à Lima s'enorgueillit de beaux paysages jusqu'à Pedro Ruíz, le long du Río Utcubamba. **Civa** (47-8048 ; Salamanca 956) assure un bus quotidien pour Chiclayo (18h30) et Lima (13h). Le très confortable **Movil Tours** (47-8545 ; La Libertad 464) propose un bus express pour Lima à 13h, ainsi qu'un bus pour Trujillo via Chiclayo à 19h30 et un bus direct pour Chiclayo à 20h.

Les bus de la compagnie **Virgen del Carmen** (79-7707 ; Salamanca 956) empruntent la belle route de montagne (p. 429) jusqu'à Cajamarca via Celendín et Leimebamba tous les jours à 5h (la vente d'un billet pour le court trajet jusqu'à Leimebamba est peu appréciée). **Transportes Karlita** (97-502-0813 ; Salamanca 956) dessert aussi Leimebamba à 12h et 16h et des *colectivos*, plus chers, attendent généralement à côté du bureau pour récupérer les clients qui n'ont pas obtenu de place. **Transportes Hidalgo** (94-194-0571 ; angle Grau et Pasaje Reina) part pour Leimebamba (10 S, 2 heures 30) tous les jours à 12h30 et 16h. **Poderoso Cautivo** (94-194-0571 ; Pasaje Reina s/n) assure la même liaison tous les jours à 12h et 16h.

Se rendre indépendamment à Kuélap est un peu compliqué et exige de se lever aux aurores. **Transportes Roller** (94-174-6658 ; Grau 300) assure un bus à 4h pour Tingo Viejo, María puis La Marca, où vous trouverez la billetterie et le parking de Kuélap ; retour

BUS AU DÉPART DE CHACHAPOYAS

DESTINATION	PRIX	DURÉE
Bagua Grande	22 S	2 heures 15
Cajamarca	55 S	12 heures
Celendín	35 S	8 heures
Chiclayo	30-55 S	9 heures
Leimebamba	10-20 S	3 heures
Lima	80-135 S	22 heures
María	15 S	2 heures 30
Pedro Ruíz	5 S	45 min
Tingo Viejo	8 S	45 min
Trujillo	75 S	12 heures

à 6h. De là, il faut marcher 15 minutes sur un trottoir en pierre pour arriver aux ruines. Autre option possible : de fréquents minibus et *colectivos* pour Tingo Viejo et María partent de la *cuadra* 300 de Grau, d'où il faut ajouter un trajet de 2 heures (depuis María) ou 5 à 6 heures (depuis Tingo Viejo).

Pour continuer plus avant dans le bassin amazonien, **Los Diplimaticos** (☎96-450-9665 ; Arrieto, cuadra 4) envoient des *combis* à Pedro Ruíz toutes les 15 minutes entre 4h et 18h. Au carrefour, vous pouvez attendre un bus roulant vers l'est pour continuer jusqu'à Tarapoto (35 S, 7 heures) ; ils sont plus fréquents entre 16h et 23h. Renseignez-vous sur place sur les camions et les minibus desservant d'autres destinations. Pour atteindre Jaén et la route de la frontière équatorienne (p. 430), prenez un *combi* jusqu'à Bagua Grande ; ils partent fréquemment de la *cuadra* 300 de Grau à Pasaje Reina, puis continuez en *colectivo* jusqu'à Jaén (7-10 S, 1 heure).

Si vous partez tôt le matin et que vous avez beaucoup de temps, vous pourrez découvrir certains des sites autour de Chachapoyas en minibus publics.

La location d'un taxi pour la journée jusqu'à Kuélap ou des sites proches de Chachapoyas et Leimebamba revient à 150 S.

Environs de Chachapoyas

Des vestiges des civilisations chachapoya et inca et de hautes montagnes escarpées entourent Chachapoyas. D'innombrables sites archéologiques parsèment la région, pour la plupart non fouillés et envahis par la jungle. Nous décrivons ci-dessous quelques-uns des plus intéressants, mais il en existe bien d'autres à découvrir.

GRAN VILAYA

Gran Vilaya fait référence aux vallées qui s'étendent à l'ouest de Chachapoyas, en direction du Río Marañón. Bordant la jungle amazonienne, cette région forme un microcosme unique de forêts tropicales d'altitude et de forêts de nuages constamment humides, une anomalie écologique qui donna son nom aux Chachapoyas, le "peuple des Nuages". Extrêmement fertiles, ces vallées assurèrent la subsistance d'importantes populations chachapoyas et incas ; aujourd'hui, plus de 30 sites archéologiques ont été découverts dans les montagnes alentour. Des sites majeurs, comme **Paxamarca**, **Pueblo Alto**, **Pueblo Nuevo** et **Pirquilla**, sont reliés entre eux par des sentiers sinueux, comme des centaines d'années auparavant. Non fouillés, ils se visitent au cours d'un trek de plusieurs jours. Des routes incas parfaitement tracées serpentent parmi les collines et passent par de nombreuses cités en ruine, enfouies sous la jungle.

Le splendide **Valle de Belén**, une vallée limoneuse d'un vert incroyable, se situe à l'entrée de Gran Vilaya. L'embouchure du Río Huaylla sillonne le fond de la vallée, où paissent bétail et chevaux, tandis que des collines couvertes de brume l'entourent de toutes parts – une vue fabuleuse !

La plupart des tour-opérateurs de Chachapoyas proposent des treks dans la région.

KARAJÍA

Cet extraordinaire site funéraire comporte **six sarcophages**, haut perchés à flanc de falaise. Chacun de ces cercueils, en bois, argile et paille, représente des individus stylisés, avec un visage triste. Les personnages semblent fixer la vallée en contrebas, où se tenait autrefois un village chachapoya ; il n'en reste que des ruines disséminées dans les champs. À l'origine, les sarcophages étaient au nombre de huit, disposés en couple, mais le troisième et le huitième (en partant de la gauche) se sont effondrés, provoquant l'ouverture des cercueils voisins et dévoilant des momies, ainsi que divers artefacts et objets appartenant aux défunts. Remarquez les ossements au-dessous des cercueils. Seuls les chamans, les guerriers et les chefs avaient droit à ces sarcophages. Les crânes au-dessus des cercueils pourraient être des trophées de guerre ou provenir de sacrifices humains. Le droit d'accès s'élève à 5 S.

Karajía se situe à 45 minutes de marche du minuscule avant-poste de Cruz Pata, lui-même à 2 heures de Chachapoyas. Des minibus au départ de Chachapoyas se rendent à Luya (5,50 S, 50 min), d'où d'autres minibus relient Cruz Pata (4,50 S, 50 min). Cela dit, le mieux est de participer à une excursion à la journée au départ de Chachapoyas (60 S) ; la marche et le trajet en minibus représentent un gros investissement en termes de temps pour au final n'observer qu'à travers des jumelles, et pendant quelques minutes seulement, les falaises dressées 400 m plus loin.

REVASH

Près de Santo Tomás, Revash est un excellent site qui compte plusieurs édifices funéraires colorés, construits sur des corniches d'une falaise calcaire. Ces *chullpas*, faites de petites pierres scellées avec de la boue, étaient couvertes de plâtre et peintes en rouge et crème. Bien que le site ait été pillé depuis longtemps, des archéologues y ont découvert les squelettes de 11 adultes et d'un enfant, ainsi que de nombreux artefacts, comme des instruments de musique et des outils en os. Des pictogrammes décorent les parois de la falaise derrière les *chullpas*. À 1 km, une grotte funéraire aujourd'hui vide

VAUT LE DÉTOUR

CATARATA DE GOCTA

Haute de 771 m, cette **chute d'eau** (adulte/enfant 5/1 S ; ⏲6h-16h) est restée ignorée du gouvernement péruvien, des explorateurs et des images satellites jusqu'en 2005, quand l'Allemand Stefan Ziemendorff et un groupe d'habitants ont organisé une expédition pour la cartographier et la mesurer. Son classement parmi les plus hautes chutes du monde a suscité la controverse au niveau international, avec un rang variant de la troisième à la quinzième place. Les mesures actuelles sont probablement correctes, à quelques mètres près, et la mettent à la 5e place, juste derrière les chutes norvégiennes de Mongefossen (773 m). Quelle que soit sa hauteur, Gocta est impressionnante et accessible. Le plus simple consiste à s'adresser à un tour-opérateur de Chachapoyas : pour environ 90 S, vous bénéficierez du transport et d'un guide local pour la randonnée de 2 heures jusqu'à la cascade. Il est aussi possible de prendre un *combi* de Chachapoyas à Pedro Ruíz (5 S, 45 min) puis un *mototaxi* jusqu'à Cocachimba (15 S, 45 min), ou de marcher sur les six derniers kilomètres depuis Pedro. L'Association de tourisme communal fournit des guides pour 30 S.

Une légende relie la cascade à une sirène, gardienne d'un trésor perdu. Avec de la chance, vous apercevrez peut-être l'étrange coq-de-roche péruvien, orange vif, ou le très rare singe laineux à queue dorée, une espèce endémique. Pendant la saison des pluies, on voit apparaître quelque sept écoulements supplémentaires.

Dans le village de **Cocachimba**, le nouveau **Gocta Andes Lodge** (☎041-63-0552 ; www.goctalodge.com ; s/d 169/209 S ; 🏊) est l'un des hébergements les plus remarquables des hauts plateaux du Nord. Il est installé dans un cadre particulièrement idyllique, avec vue imprenable sur les cascades depuis les chambres et la petite piscine à débordement. Les chambres, spacieuses mais sobres, sont rehaussées de beaux textiles colorés, d'édredons en plumes et de plafonds voûtés. Depuis leur balcon, les cascades s'apparentent à un tableau de maître. Des poules et des lamas se baladent dans les jardins et on y observe parfois des oiseaux exotiques.

Si le lodge n'est pas dans vos moyens, le village a mis en place son propre réseau touristique, avec plusieurs hébergements moins onéreux, quelques restaurants et des commerces.

contenait à l'origine plus de 200 *fardos* (ballots funéraires).

Pour gagner ce site, le plus court consiste à prendre un *combi* à destination de Leimebamba et à descendre à Yerbabuena, d'où il faut marcher 1 heure 30 ; vous pouvez aussi prendre un taxi (40 S aller-retour). À Revash, possibilité de louer des chevaux : renseignez-vous sur place. Une excursion à la journée depuis Chachapoyas coûte environ 90 S.

LA JALCA (JALCA GRANDE)

Charmante bourgade de montagne aux rues pavées, La Jalca parvient à conserver en grande partie ses racines malgré une modernisation rampante. La majorité des habitants parle toujours quechua et les maisons circulaires à toit de chaume reflètent l'influence de la culture chachapoya. Ainsi, la **Choza Redonda**, une grande maison traditionnelle chachapoya, a été habitée jusqu'en 1964. En excellent état, elle a servi de modèle pour construire des maisons chachapoyas à Kuélap et à Levanto. Les ruines d'**Ollape**, à 30 minutes de marche à l'ouest de La Jalca, comportent plusieurs plates-formes de maisons et des balcons circulaires décorés de motifs complexes. Prenez un bus de Chachapoyas à Leimebamba et demandez que l'on vous dépose à l'embranchement vers La Jalca. De là, comptez 3 heures de marche le long d'une piste.

YALAPE

Sur la route entre Chachapoyas et Levanto, ces ruines de bâtiments résidentiels en calcaire se visitent facilement dans la journée de Chachas. Offrant une belle vue sur Levanto en contrebas, le site compte quelques remparts ornés de frises et recouverts par la végétation. Yalape se situe à 4 heures de marche de Chachapoyas, ou 30 minutes de Levanto. Quelques *combis* partent pour Levanto entre 4h30 et 6h (6 S, 1 heure) depuis l'intersection entre Cuarto Centenario et Sosiego à Chachapoyas, à 1 km au sud-est de la place. Ils peuvent vous déposer à Yalape.

Kuélap

ALTITUDE 3 100 M

Seuls les vestiges de Machu Picchu peuvent rivaliser avec cette fabuleuse citadelle en ruine, édifiée dans les montagnes au sud-est de Chachapoyas. Le mieux préservé et le plus accessible des sites archéologiques de la région, cette monumentale cité en pierre coiffe un pic calcaire escarpé et offre une vue exceptionnelle sur l'ancien territoire des Chachapoyas. Peu visitée, elle compte cependant parmi les ruines précolombiennes les plus significatives et impressionnantes d'Amérique du Sud.

À voir et à faire

Construite entre 500 et 1493 et redécouverte en 1843, **Kuélap** (adulte/étudiant/enfant 15/8/2 S ; 8h-17h) se compose de millions de mètres cubes de pierre remarquablement bien conservés. Juan Crisóstomo Nieto, qui travaillait comme juge dans la région de Chachapoyas et découvrit les ruines, affirma qu'il avait fallu plus de pierres pour l'édifier que pour la plus grande pyramide d'Égypte. Cette hypothèse n'est peut-être pas juste mathématiquement, mais elle prouve bien qu'ici, la pierre ne manque pas ! Bien que la maçonnerie soit moins élaborée que celle des Incas, la forteresse ovale, longue de 700 m, est entourée d'un imposant rempart, quasi impénétrable, d'environ 20 m de haut. L'accès à ce bastion se fait par trois longues portes étroites. On pensait jadis qu'il s'agissait d'un ingénieux système forçant les attaquants à pénétrer en files, facilement repoussées, mais des recherches ont montré qu'en raison des séismes, de l'érosion, de la pluie et de la disparition du mortier, les murs ont bougé par rapport à leur emplacement original, ce qui a réduit la largeur des passages.

À l'intérieur, les vestiges de plus de 400 habitations circulaires sont répartis sur deux niveaux. Certaines sont décorées de frises en zigzag ou en losange, et toutes étaient jadis couvertes d'un toit de chaume. L'une des habitations a été reconstruite. À son apogée, Kuélap comptait jusqu'à 3 500 habitants ; entourée de nuages, elle devait constituer une vue fascinante. Le bâtiment le plus impressionnant et mystérieux, appelé **El Tintero** ("l'encrier"), est en forme de cône renversé. À l'intérieur, une salle souterraine contient des vestiges de sacrifices d'animaux, conduisant les archéologues à penser qu'il s'agit d'un édifice religieux. Afin d'étayer davantage cette théorie, Alfredo Narvez, archéologue résidant à Kuélap, a mis au jour des tombes et des squelettes de lamas autour d'El Tintero. En 1996, une équipe de l'université de San Diego a suggéré qu'il aurait aussi pu s'agir d'un calendrier solaire. Il y a un autre bâtiment qui est une tour de guet offrant une vue à 360°. Autour de la cité pousse une abondante végétation, de hauts arbres couverts de broméliacées et d'orchidées.

Circuits organisés et guides

Les gardiens de Kuélap, très accueillants et serviables, vous feront visiter les ruines et répondront à vos questions. Présent depuis des années, Don José Gabriel Portocarrero Chávez tient la billetterie ; il ne travaille plus comme guide mais peut vous mettre en contact avec un guide de l'association parlant espagnol (30 S).

Où se loger et se restaurer

Kuélap compte peu d'hébergements, mais des membres d'une même famille proposent quelques chambres rudimentaires, dans un chemin souvent boueux qui descend des ruines. Les localités voisines offrent un bon choix d'hôtels et peuvent servir de base pour explorer la région.

L'**Hospedaje El Bebedero** (☎98-978-3432 ; ch 15 S/pers) et l'**Hospedaje El Imperio** (☎94-173-5833 ; ch 10-15 S/pers), juste en-dessous des ruines de Kuélap, sont les meilleures options. Aucun n'a l'électricité, mais l'Imperio, tenu par Teodula Rocha, épouse de don José mentionné précédemment, est doté de l'eau courante. Elle gère aussi le petit snack à côté de la billetterie une semaine sur deux ; cherchez-la ou adressez-vous à don José. Il est conseillé d'apporter votre propre sac de couchage. Dans les deux pensions, les repas concoctés sur place coûtent 5 S à 10 S. Non loin, l'INC Hostel offre le camping gratuit ; ses chambres sont constamment occupées par l'équipe de fouilles de Kuélap.

Les hébergements les plus proches se situent au village de María, à 2 heures de marche de Kuélap et relié à Chachapoyas par des minibus quotidiens. Cinq ou six **hospedajes** (ch 15 S/pers), charmants et quasi identiques (le même fabricant fournit toutes les enseignes !), proposent des chambres modestes et propres avec eau chaude (à l'électricité) et mitonnent de solides repas pour leurs hôtes (environ 6 S). L'**Hospedaje el Torreón** (☎94-170-8040 ; Av. Kuélep s/n ; s/d 20/30 S) est la meilleure option, avec des chambres tout à fait correctes rehaussées de dessus-de-lit colorés et dotées d'eau chaude. En revanche, la sympathique propriétaire ne cuisine pas, donc vous devrez trouver un restaurant ou vous contenter d'acheter ses gâteaux, qu'elle vend aux habitants.

À Tingo Viejo, 3 km en dessous de Tingo Nuevo, au pied de Kuélap, le rudimentaire **Hospedaje León** (☎94-171-5685 ; s/d 15/25 S, sans sdb 10/20 S) loue de minuscules chambres bucoliques, avec eau chaude. Il est tenu par un couple de personnes âgées qui ont misé sur le tourisme il y a des années. L'**Estancia Chillo** (☎041-63-0510 ; ch avec petit-déj et dîner 120 S/pers), à 5 km au sud de Tingo Viejo, est l'un des hébergements les plus plaisants et originaux de la région. Ce bel établissement de style hacienda renferme des chambres rustiques et bien conçues, avec dessus-de-lit aux couleurs vives, accessoires de ranch, roues de wagon, perroquets bigarrés dans les jardins et bougainvilliers touffus. Le propriétaire Oscar Arce Cáceres, qui a tout construit lui-même, nous a annoncé que sa propriété était à vendre, donc les choses pourraient changer. Téléphonez avant de venir. Sur place, vous pourrez obtenir les services d'un guide (150 S/jour) ou louer des chevaux (40 à 200 S/jour) pour vous balader et explorer les ruines voisines.

Comment s'y rendre et circuler

Un sentier de 9,8 km grimpe de l'extrémité sud de Tingo Viejo jusqu'aux ruines, à quelque 1 200 m au-dessus du bourg. Bien signalé, le chemin est facile à suivre, mais représente une grimpée épuisante en plein soleil ; prévoyez 5 ou 6 heures de marche et emportez de l'eau. Pendant la saison des pluies (octobre-avril), surtout à partir de janvier, le sentier peut devenir très boueux et difficilement praticable. Vous pouvez aussi rejoindre Kuélap depuis María en 2 heures de marche.

Transportes Roller (Grau 302) propose un bus pour Kuélap (15 S, 2 heures 30), via Tingo Viejo, Choctámal et María ; il part de Chachapoyas à 4h et de Kuélap à 6h. À Kuélap, vous pouvez également obtenir une place dans des *colectivos* ou des *combis* privés retournant à Chachapoyas. Des *combis* (8 S, 50 min) circulent fréquemment entre Tingo Viejo et Chachapoyas. Des tour-opérateurs organisent des excursions d'une journée depuis Chachapoyas.

Leimebamba

1 100 HABITANTS / ALTITUDE 2 050 M

Cette agréable bourgade aux rues pavées se situe en amont du Río Utcubamba. Son relatif isolement – la grande ville la plus proche se trouve à des heures par des pistes – préserve l'ambiance détendue de cette localité, où les chevaux restent un moyen de transport courant. Ses habitants sont réputés dans la région pour leur hospitalité. Entourée d'une multitude de sites archéologiques de la culture chachapoya, Leimebamba (ou Leymembamba) constitue une base idéale pour explorer la province.

À voir et à faire

Museo Leimebamba MUSÉE
(www.museoleymebamba.org ; adulte/étudiant 15/8 S ; 10h-16h30). Les momies découvertes à la Laguna de los Cóndores sont conservées au Museo Leimebamba, à 3 km au sud de la ville. Il se situe dans un beau complexe, coiffé de toits à plusieurs niveaux, financé par la Société archéologique autrichienne. Les momies, pour la plupart enveloppées de bandelettes, sont exposées dans des vitrines. Parmi les artefacts bien présentés figurent des céramiques, des textiles et des figurines en bois, ainsi que des photos de la Laguna de los Cóndores. Le trajet en *mototaxi* depuis la ville vous reviendra à 5 S.

La Congona RUINES
La plus fascinante des nombreuses ruines éparpillées autour de Leimebamba, La Congona justifie amplement la marche de 3 heures pour l'atteindre. Couvert de végétation, le site comprend plusieurs habitations circulaires bien conservées, dont une est érigée sur des bases carrées, une exception pour la culture chachapoya. Des niches travaillées décorent l'intérieur des maisons, chacune entourée de vastes terrasses circulaires. La Congona est réputée pour la décoration élaborée des bâtiments, et notamment pour les nombreuses frises sophistiquées. Un remarquable escalier aux marches incurvées conduit au sommet d'une haute tour, qui domine la vallée alentour.

À Leimebamba, le sentier commence à l'extrémité inférieure de la Calle 16 de Julio. Comptez 2 heures de marche (mieux vaut vous faire accompagner d'un guide). Vous pouvez aussi opter pour le circuit complet de 5 heures (90 S environ).

Laguna de los Cóndores SITE ARCHÉOLOGIQUE
Cette partie du Pérou est devenue célèbre en 1996, lorsque des fermiers ont découvert six *chullpas* (tours funéraires andines) sur une corniche, à 100 m au-dessus d'un lac dans la forêt de nuages. Véritable trésor pour les archéologues, ce site funéraire contenait 219 momies et plus de 2 000 artefacts qui ont fourni de nombreux indices sur la civilisation chachapoya. Discovery Channel a réalisé un film sur ces trouvailles spectaculaires, et un musée a été construit à Leimebamba pour conserver les momies et les objets culturels.

Certaines tombes, couvertes de plâtre et peintes en blanc ou en rouge et jaune, sont décorées de frises en zigzag, typiques de Chachapoyas. Toutes sont blotties contre la falaise, le long d'une corniche naturelle qui surplombe la splendide Laguna de los Cóndores. Ne vous attendez pas toutefois à voir des condors : le lac a été rebaptisé après la découverte pour séduire les touristes.

Le seul moyen de rejoindre le lac est un parcours éreintant de 10 à 12 heures, à effectuer à pied et à cheval en partant de Leimebamba. Le circuit classique se fait en 3 jours : un jour de marche, un jour de visite et un jour consacré au retour (8 à 9 heures de trajet). Vous pourrez louer les services d'un guide et les chevaux à Leimebamba, ou auprès des tour-opérateurs de Chachapoyas. Les guides facturent environ 450 S le circuit de 3 jours.

Circuits organisés et guides

Des guides locaux (renseignez-vous aux musées) organisent des excursions aux tombes et à d'autres sites ; certains se visitent facilement dans la journée, d'autres nécessitent plusieurs jours. Homer Ullilen, le fils du propriétaire de l'**Albergue Turístico de la Laguna de los Cóndores** (Amazonas 320), peut vous guider jusqu'aux sites proches du domaine familial. Prévoyez environ 50 S par jour pour un guide espagnol, 120 S pour un guide parlant anglais (nourriture non comprise) et 30 S pour les chevaux. **Wira Wira Tours** (94-185-6029 ; bifar952@yahoo.com ; Próspero, cuadra 3) est également très recommandé.

Où se loger et se restaurer

Malheureusement, toutes les bonnes adresses pour manger sont concentrées à côté du musée. Il y a quelques *pollerías* (restaurants spécialisés dans le poulet rôti) et des établissements modestes en centre-ville, mais les membres des ONG qui passent beaucoup de temps dans la région ne les recommandent pas. Attablez-vous plutôt à La Casona.

Kentitambo PENSION DE CHARME $
(☎97-111-8259 ; info@vilayatours.com ; s/d avec petit-déj 300/450 S ; 📶). Le propriétaire, un historien polyglotte d'origine américaine et inca, fit partie de l'équipe qui construisit le Museo Leimebamba. Sa pension de deux chambres, merveilleusement romantique et à la pointe du design, est un refuge idéal pour les amoureux de la nature. Les lits king-size et les douches alimentées par de l'eau de pluie filtrée sont les points forts des bungalows colorés et rustiques – et résistant aux séismes –, mais les véritables bonus sont les terrasses spacieuses avec hamacs, à l'avant, au milieu de la verdure. Elles sont parfaites pour observer les oiseaux exotiques qui se rassemblent dans la propriété. Juste à côté du KentiKafé.

La Casona PENSION $$
(☎83-0106 ; www.casonadeleymebamba.com ; Amazonas 221 ; s/d avec petit-déj 95/160 S ; 📶). Cette grande pension au charme d'antan tenue par un frère et une sœur est conviviale et pleine de caractère. Les chambres anciennes sont agrémentées de parquets cirés et toutes les sdb sont neuves et dotées d'eau chaude. Le petit-déjeuner est un bonheur, avec véritable expresso, fromage et beurre maison et lait directement tiré des pis des vaches de la propriété. Certaines chambres ont de petits balcons donnant sur la rue paisible en contrebas, d'autres bénéficient d'une vue sur les toits de la ville et les montagnes environnantes. Nelly cuisine pour les hôtes ; les visiteurs sont bienvenus à condition de prévenir bien à l'avance.

Albergue Turístico de la Laguna de los Cóndores PENSION $
(☎79-7908 ; www.loscondoreshostal.com ; Amazonas 320 ; s/d sans sdb 15/30 S, avec petit-déj 50/100 S). Située à une demi-*cuadra* de la place, cette affaire familiale est agrémentée d'une cour luxuriante et de beaucoup d'endroits pour s'asseoir confortablement, enveloppé dans une épaisse couverture colorée. Douches chaudes, chambres douillettes et possibilité d'organiser des circuits dans la région. Pour économiser quelques *soles*, choisissez une chambre sans sdb mais avec du caractère !

KentiKafé CAFÉ $
(www.museoleymebamba.org/kentikafe.htm ; en-cas 2,50-5 S ; ⌚8h30-17h30 ; 📶). Du Museo Leimebamba, traversez la rue et montez la colline sur une courte distance pour arriver à ce café qui offre un point de vue sur le musée et la vallée en contrebas. Le KentiKafé entretient une dizaine de mangeoires que visitent des loddigésies admirables (p. 438) et 16 autres espèces de colibris – ils ingurgitent quelque 5 kg de sucre par jour ! Vous pourrez les admirer en dégustant tranquillement un délicieux café fraîchement moulu, des gâteaux maison et de merveilleux sandwichs (poulet/avocat par exemple), ou choisir de payer 10 S pour vous approcher des mangeoires installées un peu plus loin, au calme.

El Mishqui PÉRUVIEN $
(☎95-355-2111 ; Austria s/n ; menu 15-18 S ; ⌚7h-22h). Doris, l'adorable cuisinière, prend son rôle très au sérieux et porte fièrement la toque. Elle mitonne de bons menus servis à l'avant de sa maison, sur des tables ornées de nappes et vaisselles élégantes. Il faut téléphoner avant de venir. Face au musée, de l'autre côté de la rue.

Achats

AMAL ARTISANAT
(San Augustín 429 ; ⌚9h-18h). Sur la place, AMAL est une coopérative de femmes vendant de l'artisanat et des textiles locaux de grande qualité. Plutôt que de se rendre à la boutique, mieux vaut visiter le petit atelier, à environ 5 minutes de marche sur la route menant au musée. Vous verrez les femmes à l'ouvrage et pourrez choisir votre matière première pour faire fabriquer un sac à dos, un étui d'ordinateur ou du linge de maison.

Renseignements

Il y a un poste de police sur la place et un accès à Internet en face des Transportes Karlita. Il n'y a pas de DAB à Leimebamba ; pensez à emporter des espèces.

Depuis/vers Leimebamba

Hidalgo Tours (☎94-194-0571 ; Bolívar 608) part pour Chachapoyas (10 S, 2 heures 30) tous les jours à 5h et 6h30. **Poderoso Cautivo** (☎94-194-0571 ; San Agustín 314) assure la même liaison tous les jours à 5h et 7h, pour le même prix. **Transportes Karlita** (☎97-194-3024 ; angle Amazonas et 16 de Julio) contentera les lève-tôt : départ à 4h et 5h. Réservez votre place la veille. Un taxi pour Chachapoyas coûte 100 S à 120 S. **Virgin del Carmen** (☎96-483-3033 ; Plaza de Armas) assure un bus quotidien pour Chachapoyas (10 S, 2 heures 30) au départ de

Celendín ; il passe à Leimebamba vers 15h. Dans l'autre sens, en direction de Celendín (25 S, 5 heures) et de Cajamarca (30 S, 8 heures), il passe à 8h environ. Quelques camions et véhicules privés emmènent des passagers à Chachapoyas et Celendín (prix à négocier).

Pedro Ruíz

Cette ville-carrefour poussiéreuse se tient au croisement de la route Chiclayo-Tarapoto et de l'embranchement vers Chachapoyas. En venant de Chachapoyas, vous pouvez y prendre des bus qui partent vers l'est ou vers l'ouest. De Pedro Ruíz, le trajet vers l'est est spectaculaire : la route grimpe pour franchir deux cols haut perchés, puis traverse une végétation tropicale d'altitude avant de longer un lac splendide.

Un DAB acceptant les Visa et les MasterCard est installé dans Marginal, en face de la station-service PetrolPeru.

Où se loger et se restaurer

Les principales avenues, Cahuide et Marginal, sont bordées de restaurants. Virgin de Chuquichaca (plats 7-15 S) semble être le plus propre d'entre eux et nous y avons apprécié le *lomo saltado*.

Casablanca Hotel HÔTEL **$**
(☎83-0171 ; Marginal 122 ; s/d/tr 25/45/65 S). Le meilleur des piètres hôtels de Pedro Ruíz se situe près du carrefour ; essayez d'obtenir une chambre éloignée de la bruyante route nationale. Les chambres sont sommaires mais très correctes, avec TV câblée et eau chaude.

Depuis/vers Pedro Ruíz

Des bus en provenance de la côte prennent des passagers en route vers Rioja ou Moyobamba (25-30 S, 5 heures) et Tarapoto (30-35 S, 7 heures), et dans l'autre sens vers Chiclayo (30 S, 7 heures) et Lima (65-135 S, 18-22 heures). La compagnie la plus confortable est **Movil Tours** (☎83-0085 ; Cahuide 653), dont les bus partent vers l'est à 6h et 11h et vers l'ouest en direction de Lima à 14h, 14h30 et 19h30. Les bus de **Civa** (☎94-172-7323 ; Marginal s/n) partent vers l'est à 15h et 1h, et vers l'ouest jusqu'à Chiclayo et Lima à 14h et 20h. Parmi les choix plus économiques, citons les bus de **GH Bus** (☎79-4314 ; Cahuide 841) qui partent vers l'est à 13h et vers Lima à 11h et 12h30, ainsi que ceux de **TSP** (☎99-845-5075 ; Cahuide 890), qui prennent la direction de Tarapoto à 16h, 19h et 22h30 et de Lima à 17h et 20h. Il y a beaucoup d'autres options.

Si vous arrivez de Tarapoto, Los Diplomaticos (☎96-450-9774 ; Marginal s/n), à côté de la

UN COLIBRI QUI PARADE AVEC PANACHE

Même l'observateur profane sera ébloui par la loddigésie admirable (*Loddigesia mirabilis*), un colibri rare et de toute beauté qui vit entre 2 000 et 2 900 m d'altitude dans les forêts de broussailles de la vallée d'Utcubamba, dans le nord du Pérou. Comme pour la plupart des oiseaux, le mâle possède le plumage le plus chatoyant, avec une couronne bleue, une gorge verte et une queue qui comprend deux longues plumes latérales et incurvées, terminées par une large "spatule" de plumes. Lors de la parade amoureuse, le mâle les bouge indépendamment, les croise ou les balance devant sa tête afin d'impressionner la femelle.

Certains habitants de la vallée d'Utcubamba mangent le cœur de la loddigésie, considéré comme un aphrodisiaque. La chasse de ces oiseaux a sans doute contribué à maintenir un faible nombre d'individus ; il en resterait moins de 1 000 couples. Des projets de conservation régionaux ont fait prendre conscience des menaces qui pèsent sur cet oiseau, dont l'habitat se réduit rapidement à cause de la déforestation et du développement agricole.

Il existe quelques espaces protégés, comme le KentiKafé (p. 437), à Leimebamba, et le **Centre d'interprétation de la loddigésie admirable** (26,50 S ; ch avec petit-déj 120 S/pers ; ⏲6h-18h), également surnommé Heumbo, à 15 minutes à l'ouest de Pomacochas sur la route de Pedro Ruíz. Vous aurez dans ce dernier de réelles chances d'observer la loddigésie admirable dans toute sa splendeur : lors de notre passage, il y avait 4 mâles, 3 femelles et 4 oisillons. Le Centre d'interprétation possède des mangeoires réparties dans une réserve privée de 12 ha, qui attirent la loddigésie et beaucoup d'autres colibris ; les vues sur la vallée et la route abrupte sont également spectaculaires. Vous pourrez passer la nuit au Centre d'interprétation. Prenez un *colectivo* à Pedro Ruíz (15 S, 15 min).

À NE PAS MANQUER

PARADIS DES OISEAUX... ET DES SINGES

La **zone protégée privée d'Abra Patricia-Alto Nieva** (☎084-24-5256 ; www.ecoanperu.org ; 40 S ; s/d 318/530 S, sans sdb 265/477 S, repas et entrée inclus) se situe à 40 minutes environ à l'est de Pedro Ruíz, sur la route de Moyobamba (accessible en *colectivo* depuis Nuevo Cajamarca, 35 S). Cette réserve de 2 960 ha est un paradis des ornithologues géré par l'ECOAN, association agissant pour la protection des écosystèmes andins. Elle est fréquentée par plus de 300 types d'oiseaux, dont 23 espèces menacées. L'**Owlet Lodge** d'ECOAN offre de grandes chambres, calmes et impeccables, qui séduiront les amoureux de la nature et ceux qui souhaitent échapper au bruit de la civilisation. Les repas gastronomiques sont servis dans une salle à manger avec vue sur une forêt de montagne qui n'a jamais vu l'ombre d'une tronçonneuse. Des groupes d'ornithologues en circuit organisé viennent observer des espèces endémiques comme le tangara de Reinhardt, le todirostre de Lulu et la très rare chevêchette nimbée. C'est aussi le meilleur endroit possible pour voir le singe laineux à queue dorée, une espèce en voie d'extinction.

station-service PetrolPeru, assure des *combis* pour Chachapoyas (5 S) toutes les 30 minutes environ.

Moyobamba

☎042 / 41 800 HABITANTS / ALTITUDE 860 M

Capitale de la province de San Martín, Moyobamba fut fondée en 1542, mais des tremblements de terre (les plus récents en 1990 et 1991) ont contribué à la disparition de ses édifices historiques. La ville reste néanmoins agréable pour passer quelques jours. La municipalité s'emploie à recenser les sites dignes d'intérêt. La région est célèbre pour ses orchidées ; un festival consacré à la fameuse fleur se tient en octobre et une statue géante d'orchidée surveille l'entrée de la ville.hg

Le joli *malecón* (promenade au bord de l'eau) de la ville, sept *cuadras* au nord-est de la place, est jalonné de bars et de discothèques et offre des vues époustouflantes sur la vallée verdoyante en contrebas.

À voir et à faire

Baños Termales de San Mateo SOURCES THERMALES

(1,50 S ; 5h-21h). Bien entretenus, les Baños Termales de San Mateo, à 5 km au sud de la ville, sont alimentés par des sources thermales à 40°C. Comptez 5 S en *mototaxi*. Les habitants affluent le week-end.

Waqanki Orchid Center JARDINS

(www.waqanki.com ; Carr. a Los Baños Termales de San Mateo ; 0,50 S ; 8h-18h). À 3 km de la ville, vous pourrez découvrir 150 espèces d'orchidées poussant le long de chemins de randonnée de 2, 4 et 6 heures à travers une forêt splendide.

Circuits organisés et guides

Tingana Magic CIRCUIT ÉCOLOGIQUE

(☎56-3163 ; www.tinganaperu.com ; Reyes Guerra 422 ; 8h-13h et 14h-17h lun-ven). Circuits dans la région, aux impressionnantes cascades Paccha et Lahuarpía, chacune à 30 minutes en voiture, ainsi que dans des grottes et des réserves naturelles.

Où se loger et se restaurer

♥ **La Casa de Seizo** BUNGALOWS $

(☎79-4766 ; rumipata@hotmail.com ; Carr. a Los Baños Termales de San Mateo ; s/d/tr 35/60/90 S ;). À 5 minutes de marche des sources thermales de San Mateo et du Waqanki Orchid Center, La Casa de Seizo (ancien Hospedaje Rumipata) est installée dans un cadre luxuriant et idyllique, à l'extérieur de Moyobamba. Le couple nippo-péruvien/vénézuélien qui gère les lieux est très sympathique et efficace aux fourneaux : Seizo peut pêcher un tilapia dans l'étang de la propriété et en faire des sashimis sous vos yeux, concocter un poisson soja-ail-gingembre ou vous étonner avec un poulet fumé au café. Le soir venu, choisissez entre les chambres aux murs en brique apparente dans la maison principale ou les bungalows au toit de chaume, qui étaient sur le point d'être déplacés plus loin dans la forêt lors de notre venue. Les repas coûtent 10 à 20 S, mais l'expérience est en soi inestimable.

El Portón PENSION $

(☎86-6121 ; casahospedajeelporton@hotmail.com ; San Martín 449 ; s/d 50/80 S ;). Cette adresse paisible propose des chambres entourant un impeccable jardin où vous découvrirez aussi quelques hamacs et un agréable espace petit-déjeuner. Les chambres sont petites mais tout est neuf et étincelant, et les charmants bibelots ici et là ainsi que l'ambiance conviviale lui assurent une longueur d'avance sur ses concurrents.

Hospedaje Bet-El PENSION $

(☎56-2796 ; Callao 517-537 ; s/d/tr avec petit-déj 41/57/85 S). Si vous pouvez supporter l'imagerie chrétienne omniprésente, c'est un bon choix, avec des chambres ouvertes sur une cour intérieure où pousse un arbre très original. Il n'y a pas d'eau chaude (apparemment c'est pour bientôt) mais l'expresso servi dans le café attenant est divin (peut-être la meilleure raison de séjourner ici).

Hospedaje Santa Rosa PENSION $

(☎50-9890 ; Canga 478 ; s/d à partir de 15/30 S ; @). Parfaite adresse pour les voyageurs au budget serré, avec quelques chambres sommaires dotées simplement de l'eau froide et réparties autour d'un patio en brique.

♥ **La Olla de Barro** AMAZONIEN, RÉGIONAL $$

(www.laolladebarro.com ; Canga at Filomeno ; plats 6-18 S ; fermé dîner dim). Osez les fourmis frites ou l'alligator dans cette institution locale aménagée dans une hutte, ou contentez-vous du phénoménal *inchicapi* (soupe de poulet avec cacahuètes, coriandre et yucca). C'est le meilleur endroit de la ville pour goûter des plats typiques de la jungle, de nombreux poissons de rivière (évitez de consommer de la païche sauvage entre octobre et février ; la pêche commerciale est interdite pendant cette période car l'espèce est menacée) et des fruits exotiques de la région comme le *camu-camu* et la *cocona*.

El Matador GRILLADES $

(Puno C-2 ; plats 15-20 S ; à partir de 18h lun-sam). Excellent petit restaurant de viande haut de gamme (pour Moyobamba) servant du poulet et 5 morceaux de *carne* à la *parilla* : aloyau, aiguillette, bifteck, travers de porc et côtelettes. La carte des vins est plus fournie qu'à l'accoutumée, mais le patio invite davantage à une bière Cusqueña bien fraîche.

Renseignements

BCP (Calle de Alvarado 903). Change les espèces et dispose d'un DAB.

Dircetur (☎56-2043 ; San Martín 301 ; 7h30-13h et 14h30-17h30 lun-ven). Des informations utiles mais assez limitées sur le tourisme dans la région.

Oficina de Información Turistica (☎56-2191 ext 542 ; www.turismosanmartin.com ; Canga 262 ; 8h-13h et 14h30-17h15 lun-ven). L'office du tourisme municipal est un bon endroit pour glaner des cartes et des renseignements.

Depuis/vers Moyobamba

Les *colectivos* pour Rioja (4 S, 30 min) et Tarapoto (20 S, 2 heures) partent fréquemment du Terminal Cajamarca à l'angle de Benavides et de Filomeno, à trois *cuadras* à l'est de la Plaza de Armas, et de la *cuadra* 200 de Benavides.

La gare routière se situe dans Grau, à 1 km du centre-ville. La plupart des bus qui relient Tarapoto et Chiclayo s'y arrêtent.

Tarapoto

☎042 / 65 900 HABITANTS / ALTITUDE 356 M

Ville la plus importante et la plus affairée de la province de San Martín, Tarapoto se situe aux pieds des contreforts andins, à la lisière de la jungle péruvienne orientale. Cette ville tropicale étouffante possède de nombreux hôtels et restaurants et offre des liaisons fiables avec la côte ; elle constitue une bonne base pour s'enfoncer dans le bassin amazonien ou faire quelques incursions dans la jungle alentour, parsemée de divers sites naturels, des cascades aux lagunes. Les plus aventureux descendront les rivières en rafting.

À voir

Hormis flâner sur la Plaza Mayor, Tarapoto n'offre guère de distractions. Vous pourrez cependant effectuer plusieurs excursions jusqu'aux localités, aux cascades et aux lacs des alentours. Un petit musée régional géré par l'université est installé dans Maynas.

Laguna Azul LAC

Fréquentée, la **Laguna Azul** (ou Laguna de Sauce) se rejoint en traversant le Río Huallaga en ferry à 45 km, puis en continuant en voiture pendant 45 minutes. Des excursions d'une journée (85 S/pers, 2 participants au minimum) ou de 2 jours sont proposées. Sur place, vous pourrez vous baigner, faire du bateau, pêcher et choisir entre divers hébergements, du camping aux bungalows haut de gamme. Chaque jour, plusieurs *combis* à destination de Sauce partent d'un arrêt de bus dans le faubourg de Banda de Shilcayo, à l'est de la ville ; les chauffeurs de taxi le connaissent.

Cataratas de Ahuashiyacu CASCADE

Ces chutes d'eau de 40 m se situent à environ 45 minutes de Tarapoto, en direction de Yurimaguas. Un petit restaurant se tient à proximité, ainsi qu'un lieu de baignade prisé. Le circuit organisé de 5 heures revient à 28 à 65 S par personne. Également appréciée et d'un prix équivalent, l'excursion aux **Cataratas de Huacamaillo** comprend 2 heures de randonnée et plusieurs traversées à gué de la rivière. Vous pouvez emprunter les transports publics, puis marcher pour rejoindre ces endroits, mais renseignez-vous bien sur l'itinéraire ou partez avec un guide.

Chazuta VILLAGE

À 2 heures de route, vous découvrirez les impressionnantes chutes sur trois niveaux de **Tununtunumba**, hautes de 40 m, un autre petit musée conservant des urnes funéraires pré-incas, de l'artisanat et un port de pêche sur le Río Huallaga. Les tour-opérateurs de Tarapoto essaient de promouvoir un "tourisme mystique" en ajoutant une visite chez les *brujos* (chamans) locaux. Les excursions d'une journée à Chazuta (70-125 S) sont fonction de l'état de la route. Des *combis* partent de la Jirón Olaya 4 fois par jour.

Lamas VILLAGE

Le village indien de Lamas a perdu nombre de ses bâtiments coloniaux lors d'un séisme en 2005 ; il reste néanmoins une destination touristique standard pour son petit musée et son artisanat. Il célèbre la **fête de Santa Rosa de Lima** la dernière semaine d'août. Bien que des minibus et des *colectivos* desservent Lamas depuis la 10e *cuadra* de la Jirón Urgarte, le plus simple consiste à le visiter lors d'un circuit organisé (28-55 S/pers, 4-6 heures) comprenant également habituellement les chutes d'Ahuashiyacu.

Activités

Rafting

Les spécialistes organisent des descentes en rafting sur le Río Mayo, à 30 km de Tarapoto, et le cours inférieur du Río Huallaga, de juin à novembre. Les sorties les plus courtes (une demi-journée, à partir de 70 S/pers) comportent surtout des rapides de classes II et III, alors que les plus longues (jusqu'à 6 jours, de juillet à octobre uniquement) comprennent des rapides de classes III et IV. Des sorties sur les rapides de classe III du Mayo supérieur, à 100 km de Tarapoto, sont également possibles. La location d'un kayak gonflable, avec guide obligatoire, revient à 100 S la demi-journée. Essayez **Ecorutas** (☎52-3082 ; www.ecorutas.pe ; Hurtado 435), irréprochable en termes de sécurité ; le propriétaire Julio parle un peu anglais. Certains guides de **Kuriyacu** (☎94-279-3388) parlent aussi français.

Circuits organisés et guides

Toutes ces agences agréées ont plusieurs années d'expérience dans le tourisme local.

Martín Zamora Tours CIRCUITS GUIDÉS

(☎52-5148 ; www.martinzamoratarapoto.com ; Grau 233). Le meilleur tour-opérateur de Tarapoto pour des excursions à la journée et des circuits plus longs aux lacs et aux cascades des environs. Également des circuits culturels.

Quiquiriqui Tours CIRCUITS GUIDÉS

(☎52-4016 ; www.qtperu.com ; San Martín 373-377). Agence de voyages et tour-opérateur qui peut réserver des vols, fournir des renseignements et organiser des circuits haut de gamme dans la région.

Où se loger

Pumarinri Amazon Lodge LODGE DANS LA JUNGLE $$$

(☎042-52-6694 ; www.pumarinri.com ; Carr. Chazuta Km 16 ; s/d/ste avec petit-déj 159/209/309 S ; ❄≋). Situé à 30 km à l'est de Tarapoto sur les rives du Río Huallaga et entouré d'une forêt tropicale de montagne, ce refuge au toit de chaume est parfait pour échapper au bruit de la ville. La plupart des chambres sont sobres mais très confortables et prolongées par de vastes terrasses avec vue sur la rivière. Dans la nouvelle annexe, elles sont équipées de TV sat à écran plat, de la climatisation et d'énormes Jacuzzis en béton. Vous pourrez sortir de ce cadre paisible pour faire une randonnée sur les traces de petites grenouilles vénéneuses, une balade en bateau, ou pour aller observer quelques-unes des 260 espèces d'oiseaux réparties dans un rayon de 16 km. Au retour, un cuisinier formé à Lima préparera le *gamitana* que vous aurez pêché peu avant. Les forfaits de 3 jours, 2 nuits (450 S) avec repas, excursions et transferts inclus, offrent un excellent rapport qualité/prix.

La Patarashca Hospedaje PENSION $
(☎52-3899, 52-7554 ; www.lapatarashca.com ; Lamas 261 ; s sans/avec clim 50/70 S, d sans/avec clim 90/135 S, tr sans clim 120 S, petit-déj inclus ; ❄📶). Nichées dans une vaste propriété luxuriante plantée d'espèces de la jungle, les différentes chambres ont toutes des douches chaudes électriques (certaines sdb sont exiguës) et la TV câblée, tandis que les jolis meubles et les lampes artisanales participent à leur convivialité. Vous garderez un bon souvenir des perroquets colorés et du meilleur restaurant de cuisine régionale de la ville, juste à côté.

Tucan Suites APPART-HÔTEL $$$
(☎52-8383 ; www.tucansuites.com ; 1 de Abril 315 ; s/d 209/249 S, app à partir de 369 S ; ❄@📶🏊). Ce tout nouvel établissement d'appartements hôteliers, dans le *barrio* (quartier) de Banda de Shilcayo, est le premier quatre-étoiles de Tarapoto. Les spacieuses suites de une ou deux chambres sont équipées de kitchenettes chromées et de vitres insonorisées, encore une première à Tarapoto (très appréciable par ailleurs). Huit des chambres en duplex ont des kitchenettes extérieures et le restaurant donne sur une terrasse à trois niveaux avec piscine.

El Mirador PENSION $
(☎52-2177 ; www.elmiradorentarapoto.blogspot.com ; San Pablo de la Cruz 517 ; s/d/tr avec petit-déj 60/85/95 S ; ❄📶). Les voyageurs ne tarissent pas d'éloges sur cette sympathique pension. Cela s'explique sans doute par la gentillesse de la propriétaire ou par l'excellent petit-déjeuner servi sur la petite terrasse agrémentée de hamacs avec vue sur la jungle. Les chambres de la maison principale sont on ne peut plus basiques, avec ventilateur, douche chaude et TV câblée ; dans la nouvelle annexe, il y a la climatisation, des chambres plus spacieuses et des sdb d'un jaune très vif. À quelques *cuadras* du centre-ville, on est assez protégé du bruit. Les transferts depuis/vers l'aéroport sont inclus dans les tarifs.

Casa de Palos PENSION $
(☎94-031-7681 ; www.casadepalos.pe ; Prado 155 ; s/d avec ventilateur 60/90 S, avec clim 80/100 S, petit-déj inclus ; ❄📶). Grâce au sol en béton brut et aux têtes de lit en tissu traditionnel, cette petite pension de 9 chambres a davantage de cachet que les autres établissements de sa catégorie. Les chambres entourent une cour verdoyante remplie de canaris gazouillant et de minuscules singes (en cage). Le petit-déjeuner est servi sur une immense terrasse à l'étage.

Tarapoto

0 — 200 m

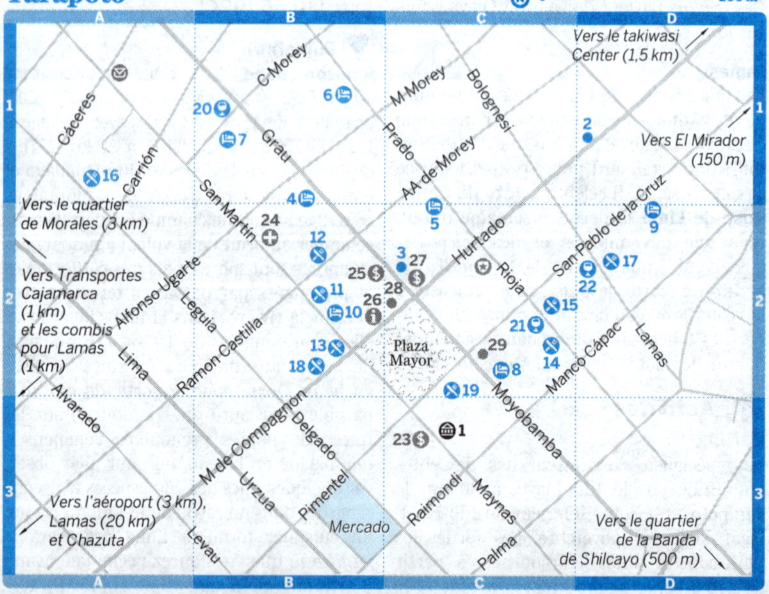

La Posada Inn PENSION $$

(☎52-2234 ; laposada_inn@latinmail.com ; San Martín 146 ; s/d avec petit-déj 55/110 S, avec clim 70/120 S ;). Cet hôtel pittoresque est doté de poutres apparentes et d'un bel escalier en bois. Les chambres sont élégantes mais de qualités inégales : certaines ont des balcons et d'autres sont climatisées quand une partie d'entre elles aurait besoin de voir leur sol rénové. Le calme est préservé malgré l'emplacement en plein centre-ville.

Hotel Monte Azul HÔTEL $$

(☎52-2443 ; www.hotelmonteazul.com.pe ; Morey 156 ; s/d 75/109 S, avec clim 109/159 S, petit-déj inclus ;). Douillet, lumineux et bien tenu, cet hôtel présente un excellent rapport qualité/prix. Le personnel est toujours attentionné et plaisant, toutes les chambres sont pourvues de matelas de bonne qualité et de mini réfrigérateurs et les espaces de repos sont agréables. On viendra vous chercher gratuitement à l'aéroport.

Alojamiento Grau PENSION $

(☎52-3777 ; Grau 243 ; s/d/tr 25/50/75 S ;). Tenu par une famille, cet établissement accueillant offre des chambres sobres, calmes et propres, avec douches froides, murs en brique apparente et fenêtres donnant sur l'intérieur. Un très bon choix pour les voyageurs à petit budget.

Hospedaje Misti PENSION $

(☎52-2439 ; Prado 341 ; s/d/tr à partir de 25/45/50 S). La petite cour verdoyante qui encadre les chambres compense la modestie de l'établissement. Difficile de se mouvoir dans les minuscules sdb avec eau froide, mais les chambres sont équipées de la TV et d'un ventilateur au plafond. Bon rapport qualité/prix avec, en prime, un mobilier kitsch de style années 1980 !

Hotel Nilas HÔTEL $$

(☎52-7331/2 ; www.hotelnilas.com ; Moyobamba 173 ; s/d avec petit-déj 130/180 S ;). Un peu kitsch, cet établissement de la catégorie moyenne se distingue par son 2e étage frangé de palmiers et sa piscine, qui justifient les tarifs. De leur côté, les chambres n'ont rien de particulier et pour être tout à fait honnête, elles manquent d'élégance. Salle de sport, restaurant et centre de conférences sont répartis aux différents étages.

Où se restaurer

Ne quittez pas Tarapoto sans avoir goûté l'*inchicapi* (soupe de poulet avec cacahuètes, coriandre et yucca) ou les *juanes* (riz et poisson ou poulet cuit à la vapeur dans une feuille de bananier).

Tarapoto

À voir

1 Museo Regional C3

Activités

2 Ecorutas D1
3 Martin Zamora Tours C2

Où se loger

4 Alojamiento Grau B1
5 Casa de Palos C2
6 Hospedaje Misti B1
7 Hotel Monte Azul B1
8 Hotel Nilas C2
9 La Patarashca Hospedaje D2
10 La Posada Inn B2

Où se restaurer

11 Banana's Burgers B2
12 Café d' Mundo B2
13 Cafe Plaza B2
14 Chifa Tai Pai C2
15 El Brassero C2
16 El Rincón Sureño A1
17 La Patarashca D2
18 Supermercado la Inmaculada B2
19 Taca C2
Tío Sergio Fast Food Amazonico (voir 15)

Où prendre un verre

20 La Alternativa B1
21 La Fruta Madre C2
22 Stonewasi Taberna D2

Renseignements

23 BCP C3
24 Clínica San Martín B2
25 Interbank B2
26 Oficina de Información Turistica B2
27 Scotiabank C2

Transports

28 LAN C2
29 Star Perú C2

La Patarashca AMAZONIEN/RÉGIONAL $$
(www.lapatarashca.com ; San Pablo de la Cruz 362 ; plats 13-32 S ;). L'extraordinaire cuisine amazonienne est à l'honneur dans la salle à manger, au 1er étage du Patarashca. Ne ratez pas la salade de *chonta* (fines tranches de cœurs de palmier de la région, avocat et vinaigrette) ou les *patarashcas*, de copieuses assiettes de gambas ou de poisson servis dans une sauce à base de tomates, de poivrons, d'oignons, d'ail et de *sacha culantro* (une sorte de coriandre), le tout enveloppé dans une feuille de *bijao*. Évitez de consommer de la païche sauvage entre octobre et février ; la pêche commerciale est interdite pendant cette période car l'espèce est menacée.

Tío Sergio Fast Food Amazonico PÉRUVIEN $
(San Pablo de la Cruz 244 ; plats 7-20 S ; 24h/24 ;). Aucune fausse note pour ce nouveau venu qui propose d'excellents mets servis dans un cadre branché avec cuisine ouverte et à des prix très doux. Les propriétaires étaient déjà connus dans la ville pour leur commerce de porc fumé et de chorizo ; ces produits figurent donc en bonne position sur la carte, aux côtés des hamburgers, des pâtes maison et des sandwichs (il y a même un menu enfants). À l'arrière, le patio ombragé de parasols est très agréable et reste ouvert en permanence. Un coup de cœur.

Café d' Mundo ITALIEN $$
(Calle de Morey 157 ; plats 8-32 S, pizza 15-32 S ; 18h-minuit). Éclairé aux chandelles le soir, ce bar-restaurant branché comprend de douillets salons et une terrasse en plein air. L'option la plus classique consiste à prendre l'une de ses excellentes pizzas (goûtez la caprese à l'avocat), mais il y a aussi de non moins délicieux plats de pâtes comme les lasagnes, confectionnées avec des produits régionaux. Vous pourrez finir la soirée confortablement installé au bar. La qualité de la nourriture et de l'ambiance prime ici sur celle du service.

Chifa Tai Pai CHINOIS $
(Rioja 252 ; plats 13-27 S ; 11h30-14h et 17h-23h). Si vous êtes las de la cuisine de la jungle, voici une excellente *chifa* où l'on mitonne des spécialités sino-péruviennes très copieusement servies (les portions nourrissent facilement deux personnes). Le plat éponyme, le *Tai Pai a la plancha*, est un mélange de poulet, de porc, de canard et de crevettes présenté sur une assiette brûlante.

El Brassero GRILLADES $
(San Pablo de la Cruz 254 ; plats 13-22 S ; fermé dim). La spécialité de cet excellent établissement est la côte de porc, servies nature, *a la pimienta*, avec de l'origan ou de la sauce aigre-douce, mais on y fait aussi griller d'autres mets, notamment des hamburgers, du poulet et du chorizo. Lors de notre passage, il y a eu erreur dans notre commande, mais comme tout est bon, nous sommes repartis satisfaits. Le menu du midi à 8 S est d'un bon rapport qualité/prix.

Café Plaza CAFÉ $
(San Martín 109 ; en-cas 7-10 S, petit-déj 12-20 S ;). À l'angle de la rue, ce café moderne est idéal pour siroter un expresso en observant les passants. On y sert également des en-cas, des desserts et des *juanes*, le petit-déjeuner local. Très apprécié des étrangers et des accros à la caféine.

El Rincón Sureño GRILLADES $$$
(Leguia 458 ; steaks 20-63 S). Le meilleur restaurant de la ville se caractérise par ses salles lambrissées intimistes, ses innombrables arcades, sa décoration de style rustique et ses serveurs tirés à quatre épingles. Les habitants clament que la viande est succulente, mais nous avons été déçus par le *bife a la pimienta* (25 S). Peut-être faut-il miser sur le *bife de chorizo* (65 S), un morceau de bœuf péruvien préparé à l'argentine. Pour Tarapoto, la carte des vins est impressionnante.

Banana's Burgers HAMBURGERS $
(Calle de Morey 102 ; hamburgers 5-14 S ; jusqu'à 4h). Hamburgers à consommer au comptoir et jus de fruits régionaux.

Supermercado la Inmaculada SUPERMARCHÉ $
(Calle de Compagnon 126 ; 8h30-22h). Bien achalandé.

Où prendre un verre

La Alternativa BAR
(Grau 401 ; 9h-20h). On se croirait davantage dans une pharmacie médiévale que dans un bar : les étagères sont remplies de bouteilles poussiéreuses contenant de l'*uvachado* et 15 autres concoctions naturelles à base de racines, de lianes, etc., macérées dans de l'alcool de canne. L'éclairage tamisé et le chanteur s'accompagnant à la guitare acoustique sont des bonus bienvenus.

Stonewasi Taberna BAR
(Lamas 218 ; cocktails 6-18 S). Après quelques années d'existence, Stonewasi demeure le

meilleur bar des hauts plateaux du Nord, et *le* lieu pour voir et être vu à Tarapoto. En terrasse, les anciennes machines à coudre transformées en table sont constamment occupées par les fêtards, les conducteurs de *mototaxis* et les habitants branchés. Côté musique, l'accent est mis sur le rock international et la house.

La Fruta Madre BAR À JUS DE FRUITS
(Rioja 240 ; jus de fruits 5,50-6,50 S ; ⏲fermé dim). Bar à jus de fruits très accueillant.

Renseignements

BCP (Maynas 130). Change les chèques de voyage et dispose d'un DAB.

Clínica San Martín (San Martín 274 ; ⏲24h/24). Les meilleurs services médicaux de la ville.

Interbank (Grau 119). DAB.

Oficina de Información Turistica (☎52-6188 ; Hurtado s/n ; ⏲8h-20h lun-sam, 8h-13h dim). L'office du tourisme de la *municipalidad* (mairie), sur la Plaza Mayor.

Police (☎52-2141 ; angle Rioja et Hurtado)

Scotiabank (Hurtado 215). Change les chèques de voyage et dispose d'un DAB.

Serpost (San Martín 482). Services postaux.

Depuis/vers Tarapoto

Avion

L'**aéroport** (TTP) se situe à 3 km au sud-ouest du centre-ville (4 S en *mototaxi*).

LAN (☎52-9318 ; www.lan.com ; Hurtado 183) assure deux liaisons quotidiennes avec Lima ; départ de la capitale à 9h20 et 20h20, retour depuis Tarapoto à 11h et 22h. Entre les deux, un troisième vol décolle à un horaire variant selon les jours de la semaine. Vols à partir de 372 S.

Star Perú (☎52-8765 ; www.starperu.com ; San Pablo de la Cruz 100) propose deux vols quotidiens de Lima à Tarapoto et dans l'autre sens ; les horaires changent selon les jours (à partir de 258,50 S). Un vol de Tarapoto à Pucallpa est également programmé les mardi et samedi à 18h30 (à partir de 291,90 S) ; retour depuis Pucallpa les lundi et jeudi à 18h45. Il est aussi possible de prendre l'avion jusqu'à Iquitos depuis Tarapoto, avec un départ à 15h15 tous les jours sauf les lundi et mercredi (ces jours-là, départ à 13h45). Le retour d'Iquitos se fait à 17h tous les jours sauf les lundi et mercredi (15h30). Les tarifs démarrent à 283 S.

Tous les jours, les avions de la compagnie **Taca** (☎0-800-1-8222 ; www.taca.com; Plaza Mayor 182) décollent de Lima à 20h et repartent de Tarapoto à 22h (à partir de 167,20 S).

Bus et taxi

Plusieurs compagnies partent vers l'ouest en empruntant la route goudronnée desservant Lima via Moyobamba, Chiclayo et Trujillo ; les départs se font généralement entre 8h et 16h. Toutes ont leur bureau dans la même *cuadra* de Salaverry et dans ses rues secondaires, dans le quartier de Morales (la course en *mototaxi*

BUS AU DÉPART DE TARAPOTO

DESTINATION	PRIX	DURÉE
Chazuta	8 S	30 min
Chiclayo	40-80 S	14 heures
Jaén	40 S	9-12 heures
Juanjuí	15 S	3 heures
Lamas	5 S	45 min
Lima	100-165 S	26-30 heures
Moyobamba	20 S	2 heures
Pedro Ruíz	40-45 S	7 heures
Piura	60 S	16-17 heures
Pucallpa	100 S	16-18 heures
Sauce	15 S	4 heures
Tingo María	80 S	13 heures
Tocache Nuevo	50 S	8 heures
Trujillo	65-150 S	15-18 heures
Yurimaguas	15-20 S	2 heures 30

CONSEIL SUR LA ROUTE

Le trajet vers le sud jusqu'à Juanjuí (145 km) via Bellavista, puis jusqu'à Tocache Nuevo, Tingo María (485 km) et Pucallpa (674 km) n'est sûr que pendant la journée. Lors de nos recherches, la route était goudronnée jusqu'à Juanjuí et de Tocache Nuevo à Tingo María, et les travaux se poursuivaient sur le tronçon manquant. Dans tous les cas, évitez de voyager de nuit.

revient à 2 S depuis le centre-ville). Si vous vous rendez à Chachapoyas, vous devrez faire un changement à Pedro Ruíz.

Civa (☎52-2269 ; www.civa.com.pe ; Salaverry 840). Bus confortable à 14h45 pour Lima, avec arrêt à Chiclayo et Trujillo.

Ejetur (☎52-6827 ; Salaverry 810). Assure les départs les plus fréquents pour Chiclayo et Trujillo, à 8h, 9h30, 12h, 13h30 et 16h.

El Gran Pajatén (☎50-3035 ; Olaya 1278). *Combis* pour Chazuta à 10h30, 12h30, 15h30 et 18h.

Expreso Huamanga (☎94202-6486 ; Salaverry 655). Bus plus lents et plus économiques pour Chiclayo via Jaén à 12h et 16h30, pour traverser la frontière vers l'Équateur (voir p. 430).

Movil Tours (☎52-9193 ; www.moviltours.com.pe ; Salaverry 880). Les excellents bus express pour Lima partent à 8h et 13h. Départ à 15h pour Trujillo et à 16h pour Chiclayo.

Transmar Express (☎53-2392 ; Moraca 117). Départ à 8h les lundi, mercredi et vendredi pour Pucallpa via Juanjuí, Tocache Nuevo et Tingo María.

Transportes Cajamarca (☎59-9122 ; Ugarte 1438). *Colectivos* pour Yurimaguas et Moyobamba toute la journée.

Transportes Chiclayo (☎94-952-1716 ; www.transporteschiclayo.com ; Pasaje Menendez 104). *Bus-cama* confortable pour Chiclayo à 16h.

Transportes Gilmer (☎53-0749 ; Ugarte 1346). Emprunte la nouvelle route goudronnée pour Yurimaguas, départ toutes les deux heures de 5h à 19h.

TSP (☎97-963-9716 ; Aviación 100). Bus direct pour Piura à 12h ; un bon choix pour prendre une correspondance en direction de Máncora.

Comment circuler

Les *mototaxis* sont omniprésents. Une petite course en ville coûte environ 1,50 S ; pour se rendre aux gares routières, comptez 2 à 3 S.

Bassin amazonien

Dans ce chapitre »

Le top des restaurants

» Frio y Fuego (p. 488)
» Burgos's House (p. 455)
» Das Tee Haus (p. 474)
» Amazon Bistro (p. 489)
» Belén Mercado (p. 489)

Le top des hébergements

» Casa Morey (p. 487)
» Hacienda Concepción (p. 458)
» La Casa Fitzcarraldo (p. 487)
» Ceiba Tops (p. 497)
» Manu Paradise Lodge (p. 467)

Pourquoi y aller

L'immensité impénétrable du bassin amazonien a protégé durant des temps immémoriaux l'incroyable biodiversité de la forêt tropicale humide et les peuples qui l'habitent. Aujourd'hui encore, des ethnies vivant dans ses profondeurs n'ont jamais eu de contact avec la civilisation moderne.

L'abondance des ressources naturelles que contient ce territoire, du pétrole aux terres arables, est devenue pour lui et depuis le début du XXIe siècle une menace, leur exploitation risquant de l'altérer à jamais. La luxuriante Amazonie péruvienne recèle d'innombrables variétés de plantes, et sa faune abondante en fait l'une des premières destinations du continent pour l'observation des animaux. Cet écosystème demande toutefois à être préservé, et il ne faudra pas l'oublier lorsque vous jouerez les baroudeurs sur les pistes cabossées et les rivières tumultueuses.

Quand partir

Iquitos

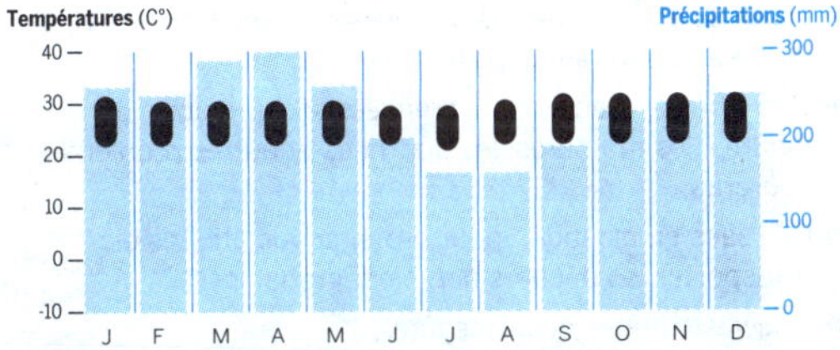

Jan Avec la montée des températures et du niveau des eaux, c'est le moment propice pour visiter les chutes proches de La Merced.

Avr-mai Les précipitations diminuent, annonçant la saison des amours chez les oiseaux.

Juin La fin de la saison des pluies donne le signal des fêtes les plus vivantes de la région, dont celle de San Juan à Iquitos.

Bon à savoir

Prévoyez beaucoup de temps pour explorer l'Amazonie, car les caprices climatiques provoquent souvent des ralentissements sous forme de glissements de terrain, bateaux endommagés et autres vols annulés. Même les bons jours, la surcharge des moyens de transport routiers et fluviaux peut entraîner de sérieux retards.

SELVÁMONOS

Le nouveau festival de musique Selvámonos (p. 473), près d'Oxapampa, a lieu en juin dans le cadre spectaculaire d'un parc national qui justifie à lui seul le déplacement. Sa programmation variée (électro, cumbia, reggae...) et ses manifestations culturelles en parallèle en font un moment fort du calendrier péruvien.

Équipement pour la jungle

S'il s'agit de votre première expédition, vous trouverez sans doute l'expérience beaucoup plus plaisante que l'image véhiculée par le cinéma. Vous constaterez que la jungle a été largement aménagée pour protéger le touriste délicat. Avec les installations des lodges et les équipements répertoriés ci-dessous, vous devriez pouvoir faire face à la plupart des situations.

» Deux paires de chaussures, une pour crapahuter dans la forêt et l'autre pour porter au camp.
» Des vêtements et une serviette de rechange ; tout devient rapidement humide.
» Des jumelles et un appareil photo avec zoom pour voir les animaux de près.
» Une lampe de poche pour les marches de nuit.
» Un anti-moustique tropical : les insectes pullulent.
» Écran solaire et lunettes de soleil – en dépit du feuillage, vous serez souvent exposé.
» Une trousse médicale de premiers secours pour les piqûres, les morsures, les diarrhées et autres problèmes courants.
» Des sacs en plastique pour protéger vos affaires et transporter les déchets non biodégradables.
» Une veste imperméable légère.
» Un sac de couchage, un matelas de camping ou un hamac si vous dormez dehors.
» Des livres – les portables fonctionnent rarement, à l'instar de la TV, et l'électricité est limitée à quelques heures par jour.
» Vous trouverez des conseils pour observer la faune p. 538.

PRINCIPAUX POINTS D'ACCÈS

» Puerto Maldonado (sud du bassin) : voie routière, fluviale et aérienne.
» La Merced/San Ramon : voie routière.
» Pucallpa (centre du bassin) : voie routière, fluviale et aérienne.
» Iquitos (nord du bassin) : voie fluviale et aérienne.

En bref

» Altitude : 0-1 800 m
» Pourcentage de la superficie du pays : 60%
» Ville principale : Iquitos
» Principales industries : tourisme, café, agriculture, pêche, cocaïne
» Pluviométrie : 3 000-3 500 mm

Renseignements

Les bureaux de South American Explorer (www.saexplorers.org) à Lima et à Cuzco constituent les meilleures sources indépendantes. Autrement, consultez les sites de lodges comme www.manuexpeditions.com ou www.inkaterra.com.

Plats typiques

» *Juane* : mélange de riz, poulet, olives et œuf dur enveloppé dans une feuille de *bijao* et cuit à la vapeur
» *Ceviche* : préparé en Amazonie avec des poissons d'eau douce
» *Parrilladas de la selva* : "grillades de la jungle" ; pièces de viande marinées dans une sauce aux noix du Brésil

SUD DU BASSIN AMAZONIEN

Jouxtant la Bolivie et le Brésil, le sud du bassin amazonien est l'un des territoires les plus reculés du Pérou, faiblement peuplé et assez peu visité. Cela dit, les choses changent aussi rapidement que les horaires des bus du pays, grâce à la route interocéanique (voir l'encadré p. 452) qui traverse la majeure partie de la région. Si l'on ajoute la présence de bonnes infrastructures touristiques, on obtient une destination relativement facile d'accès, où les voyageurs peuvent faire sans trop d'effort l'expérience inoubliable d'une immersion dans la nature sauvage.

Puerto Maldonado

082 / 56 000 HABITANTS / ALTITUDE 250 M

Fouillis de rues boueuses que sillonnent de bruyants *mototaxis* (tricycles à moteur), Puerto Maldonado possède un charme particulier. Sa proximité avec des secteurs de jungle préservés, facilement accessibles, incite les voyageurs à la traverser rapidement pour rejoindre les lodges en bord de fleuve des alentours.

Que l'on arrive en avion ou par la route, la ville ne manque pas de surprendre au premier abord. Contrairement aux deux grandes cités amazoniennes plus au nord, c'est une bourgade sans apprêt et négligée (même si les choses ont tendance à s'améliorer), envahie de moustiques et baignant dans une chaleur moite. Cependant, une belle grand-place, un nombre croissant d'hôtels, une vie nocturne animée et une ambiance détendue justifient de s'y attarder quelques jours.

Depuis des années, la ville est un centre important pour le caoutchouc, le bois et la prospection aurifère et pétrolière. La route interocéanique (voir l'encadré p. 452) en a fait par ailleurs un carrefour commercial majeur. Au confluent du Río Tambopata et du Río Madre de Dios, elle constitue pour le voyageur un point de départ pour explorer des étendues de forêt primaire parmi les plus accessibles et émaillées d'hébergements presque luxueux. Aucun autre endroit au Pérou ne vous permettra une immersion aussi complète dans la jungle amazonienne.

À voir et à faire

Vous aurez besoin d'un moyen de transport pour circuler à Puerto Maldonado. Si le centre est assez ramassé, les deux principaux ports, sur le Río Madre de Dios et le Río Tambopata, et des sites comme l'Obelisco se trouvent aux extrémités de la ville. Cela vous donnera l'occasion de prendre un *mototaxi*, mode de locomotion typique.

Obelisco — TOUR

(angle Fitzcarrald et Madre de Dios ; 2 S ; 10h-16h). Belvédère moderne haut de 30 m, l'Obelisco, une étrange construction bleue d'allure cosmique, ne permet pas d'apercevoir les fleuves, mais offre une vue sur les toits de tôle ondulée et la jungle au loin. Des photos commémorent des événements "historiques", comme l'arrivée en ville du premier *mototaxi*. Le *mirador* est souvent fermé pendant les averses, car la pluie inonde les escaliers, les rendant impraticables.

Ferme des papillons — PAPILLON

(Av. Aeropuerto Km 6 ; 20 S). Le Pérou compte le plus grand nombre d'espèces de papillons au monde, soit quelque 3 700. Ce lieu créé en 1996 dans le cadre d'un programme de protection en présente une bonne quantité, ainsi que des expositions sur la préservation de la forêt. Il sert aussi de centre d'accueil pour les voyageurs en route vers l'un des lodges de jungle d'Inkaterra, qui sont exemptés du droit d'entrée, exorbitant. Si le prix vous fait hésiter, n'oubliez pas que vous verrez beaucoup de papillons dans la forêt sans débourser un sou.

Puerto Capitanía — PORT

Ce quai proche de la Plaza de Armas permet d'observer à moindre frais l'activité sur la plus importante rivière du Pérou, le Río Madre de Dios, qui mesure à cet endroit quelque 500 m de large. Le trafic fluvial reste haut en couleur - des *peki-pekis* (pirogues équipées d'un moteur à deux temps et d'un arbre de transmission étonnamment long) partent du port - mais il s'est considérablement réduit depuis l'ouverture du **Puente Guillermo Billinghurst** (Puente Intercontinental) par lequel l'Interocéanique franchit le fleuve quelques centaines de mètres au nord-ouest. Fini le temps où une flotte de catamarans délabrés transportaient conducteurs et véhicules à destination du Brésil au milieu d'un va-et-vient constant

À ne pas manquer

1. La route à travers les montagnes, la forêt de nuages et la jungle jusqu'au **Parque Nacional de Manú** (p. 468)
2. L'observation de la faune amazonienne sur le cours supérieur du **Río Tambopata** (p. 462) et dans la **Reserva Nacional Pacaya-Samiria** (p. 482)
3. La rencontre avec les Asháninka aux alentours de **Puerto Bermúdez** (p. 474)
4. Une croisière fluviale de **Pucallpa** (p. 477) ou **Yurimaguas** (p. 480) jusqu'à **Iquitos** (p. 483), en se balançant dans un hamac
5. Le marché du quartier flottant de **Belén** (p. 485), à Iquitos
6. La scène culinaire variée, étonnante et parfois même étrange d'**Iquitos** (p. 488)
7. L'atelier-galerie dans la forêt du peintre Francisco Grippa, à **Pevas** (p. 497)

de petites embarcations au moteur crachotant. Bienvenue au XXIe siècle !

Infierno CULTURE AMÉRINDIENNE

À 1 heure au sud-est de la ville, Infierno ("Enfer") est une localité ese'eja étendue et très animée, réputée pour les rituels de l'*ayahuasca* accompli par les chamans du cru (voir p. 453). Vous devrez louer une voiture ou une moto pour vous y rendre car les *mototaxis* ne circulent pas sur cette mauvaise route.

Puerto Maldonado

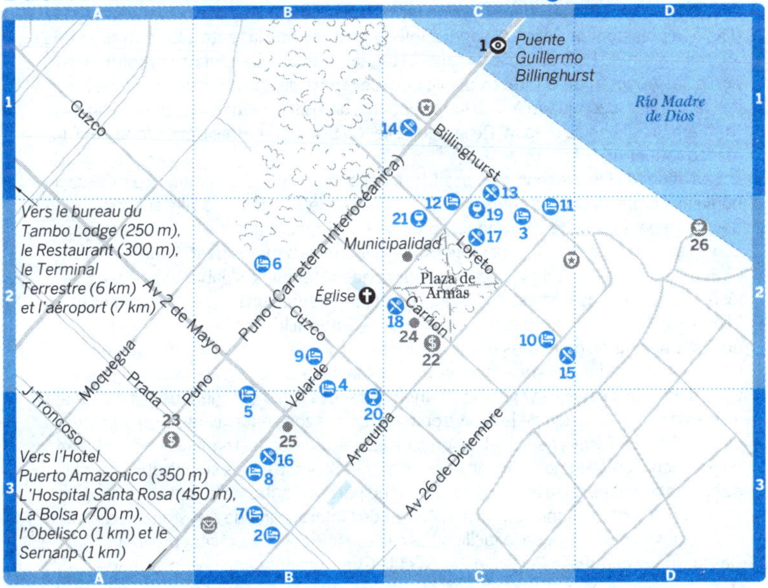

Puerto Maldonado

À voir
1 Puente Guillermo Billinghurst (Puente Intercontinental) C1
Puerto Capitania (quai du Madre de Dios)..................................(voir 26)
Tambopata Hostel ....(voir 10)

Où se loger
2 Bureau du Cayman Lodge Amazonie...B3
3 Bureau du Corto Maltes C2
Bureau de l'Estancio Bello Horizonte..(voir 17)
4 Hospedaje Rey Port B2
5 Hospedaje Royal Inn B3
6 Bureau d'Inkaterra B2
7 Bureau du Libertador Tambopata Lodge B3
8 Paititi Hostal.......................................B3
9 Bureau du Señora Leny Mejía Lodge....B2
10 Tambopata Hostel C2
11 Wasai Lodge.......................................C2
12 Bureau de Yakari Canopy Adventure.......................................C2

Où se restaurer
13 Burgos's House C1
14 Burgos's House C1
15 El Catamaran C2
16 La Casa Nostra B3
17 Los Gustitos del Cura C2
18 Pizzería El Hornito/Chez Maggy...........C2

Où prendre un verre
19 Discoteca Witite C2
20 Gecko's B3
21 Tsaica...C2

Renseignements
22 BCP C2
23 Casa de Cambio A3
24 Locutorio C2

Transports
25 LAN Peru B3
26 Embarcadère des ferries du Río Madre de Dios........................D2

L'INTEROCÉANIQUE : LA ROUTE DES RICHESSES ET DES DESTRUCTIONS

Peu d'événements dans l'histoire ont eu autant d'impact immédiat sur la forêt amazonienne que la construction de la route interocéanique (Carretera Interocéanica). Achevé en juillet 2011, cet axe goudronné qui dépasse les 2 500 km relie désormais la côte Pacifique du Pérou à la côte Atlantique du Brésil. Il a coûté plus de 2 800 millions de dollars, mais offre aux deux pays de formidables possibilités d'exportation (l'ancien président péruvien Alejandro Toledo a estimé que la route allait entraîner une augmentation du PNB de 1,5% par an). Cette nouvelle voie permet de contourner les périls des Andes et de la forêt tropicale pour se rendre de San Juan de Marcona, près de Nazca, via Cuzco, jusqu'à Puerto Maldonado, au sud de l'Amazonie, puis jusqu'à la frontière brésilienne à Iñapari. De là, elle rallie Rio Branco, au Brésil, et se fond dans le réseau routier du Brésil.

Les effets de l'Interocéanique, positifs et négatifs, se font déjà sentir. Des milliers de nouveaux emplois ont été créés et Puerto Maldonado, la principale ville auparavant non desservie par une route goudronnée, prospère maintenant grâce à l'augmentation du commerce et du tourisme (Cuzco se trouve désormais à moins de 10 heures de route).

Pour la quinzaine d'ethnies coupées du monde extérieur qui habitent cette région jusqu'alors isolée au sud-est du Pérou, la route représente un risque de maladies et la perte de territoires de chasse. D'après l'ONG Survival International, la possibilité nouvelle de migrer, mais sans retour en arrière envisageable, et la destruction de l'habitat naturel ont des conséquences désastreuses sur les populations indigènes. Une multitude d'espèces végétales et animales sont également menacées. Le chantier a entraîné la destruction de la forêt tropicale sur une zone équivalente à un tiers de la superficie du Royaume-Uni et, selon plusieurs études concernant le réseau routier en Amazonie brésilienne, il devrait aussi avoir des répercussions significatives sur la déforestation dans un rayon de 40 à 60 km de part et d'autre de la route.

Les dégâts occasionnés par le percement de l'Interocéanique s'avèrent en réalité moins graves que ceux que la facilité d'accès à la forêt peut à présent provoquer. Des journaux comme le *Peruvian Times* et le *Guardian* ont parlé des "prosibars" (bars fréquentés par des prostituées, souvent mineures) qui fleurissent le long des routes empruntés par les mineurs et les bûcherons incarnant le danger écologique. Aujourd'hui, ce coin d'Amazonie conserve encore la plus grande biodiversité de la planète, mais pour combien de temps ?

Cours

Tambopata Hostel LANGUE
(☎57-4201 ; www.tambopatahostel.com ; Av. 26 de Diciembre 234). Le Tambopata Hostel organise des cours de salsa, d'espagnol et de cuisine péruvienne à des prix très raisonnables.

Circuits organisés et guides

La plupart des visiteurs viennent en circuit organisé et séjournent dans un lodge de jungle – la manière la plus simple mais non la seule d'explorer la région. Vous pouvez aussi réserver une excursion sur place en vous adressant aux bureaux des lodges, qui vous accorderont peut-être une petite réduction par rapport au prix pratiqué à Lima ou à Cuzco. Il est également possible d'embaucher un guide. Sachez toutefois qu'opter pour un guide non rattaché à un lodge ou non officiel laisse moins de recours en cas d'excursion catastrophique.

Le choix d'un guide indépendant relève de la loterie : certains proposent des prix bas, mais les récits d'expériences désastreuses ne manquent pas. Ceux qui attendent à l'aéroport tentent souvent de vous emmener dans un hôtel "recommandé" (où ils perçoivent une commission), puis vous harcèlent pendant votre séjour. Les tour-opérateurs ne sont pas tous d'une honnêteté scrupuleuse. Étudiez les différentes offres, ne payez jamais à l'avance et, si vous laissez un acompte, demandez un reçu signé. Si vous convenez d'un prix avec un propriétaire de bateau, assurez-vous qu'il inclut le retour. Demandez également si le tarif mentionné comprend les droits d'entrée des sites.

L'AYAHUASCA : ATTENTION DANGER

Au cours de votre voyage en Amazonie péruvienne, vous tomberez sur de nombreux endroits offrant la possibilité de consommer de l'*ayahuasca*. Utilisée depuis des siècles par les chamans pour parvenir à un état de transe, cette substance tirée d'une liane hallucinogène connaît aujourd'hui un certain engouement chez les Occidentaux. Sa prise s'inscrit dans le cadre d'une cérémonie qui dure de quelques heures à plusieurs jours en fonction de celui qui la conduit. Sachez que l'*ayahuasca* peut avoir de dangereux effets secondaires, telles de fortes convulsions ou une grave hypertension. Mélangée à certains produits, elle est même susceptible d'entraîner la mort.

Avant de participer au rituel, renseignez-vous sérieusement. À côté de vrais chamans permettant une expérience authentique (les risques médicaux énumérés plus haut subsistent néanmoins), il existe en effet de parfaits charlatans. Pire, des cas de vol et de viols sur des personnes sous l'influence du psychotrope ont été enregistrés. Outre les chamans indépendants, beaucoup de lodges de jungle proposent des cérémonies, dont certains mentionnés dans ce guide mais uniquement pour la qualité de leur hébergement. Lonely Planet déconseille l'*ayahuasca* et ceux qui décident d'en consommer doivent en assumer les conséquences éventuelles.

Une trentaine de guides possèdent un permis officiel délivré par le Ministerio de Industria y Turismo local. Nombre des meilleurs travaillent à plein temps pour les lodges de jungle. Les guides demandent de 75 à 175 S par personne et par jour, selon la destination et le nombre de participants. Partir à plusieurs réduit les coûts et certains guides demandent un minimum de trois personnes.

Notez qu'un circuit nécessite un trajet en bateau au départ de Puerto Maldonado, toujours cher en raison de la forte consommation d'essence. Ceci et les droits d'entrée des parcs se répercutent sur les prix des excursions guidées.

Gerson Medina Valera GUIDE
(☎57-4201 ; www.tambopatahostel.com). Très expérimenté pour l'observation des oiseaux et parlant couramment anglais, Gerson propose des circuits de 1 à 3 jours au Lago Sandoval (environ 175 S/pers et journée, tout compris). Il vous dira à l'avance quels animaux vous pourrez voir à Tambopata, ce qui évitera les déceptions. Possibilité de sorties de pêche sur mesure (175-300 S/pers).

Nilthon Tapia Miyashiro GUIDE
(☎982-788-174 ; nisa_30@hotmail.com). Un guide réputé, également joignable au Tambopata Hostel.

Jony Valles Rengifo GUIDE
(☎982-704-736 ; jhovar@hotmail.com). Parle français et anglais.

Où se loger

Outre une pléthore d'hébergements rudimentaires, la ville compte désormais d'agréables adresses pour voyageurs à petit budget, ainsi que des lodges et des hôtels confortables. Sachez que les lodges ne disposent pas tous d'un bureau de réservation à Puerto Maldonado, mais parfois seulement à Cuzco, à Lima ou aux États-Unis.

Il existe une douzaine de lodges de jungle autour de Puerto Maldonado (voir p. 458, p. 461, p. 462 et p. 463).

♥ **Tambopata Hostel** AUBERGE DE JEUNESSE $
(☎57-4201 ; 26 de Diciembre 234 ; www.tambopatahostel.com ; dort/s/d 25/50/80 S, s/d sans sdb 40/70 S ; wifi). Puerto Maldonado possède enfin l'adresse pour routards qui lui manquait cruellement. Cette auberge propre et détendue comprend des dortoirs et des chambres jouxtant une cour verdoyante pourvue de hamacs. Copieux petit-déjeuner inclus. Casiers sûrs. Le propriétaire est l'un des meilleurs guides de jungle de la ville.

Anaconda Lodge LODGE $$
(☎79-2726 ; Av. Aeropuerto Km 6 ; www.anacondajunglelodge.com ; bungalow s/d/tr 100/160/220 S, bungalow sans sdb s/d 50/80 S ; piscine). Au cœur d'un jardin tropical à la lisière de la ville, cette adresse semble à mille lieues de la civilisation malgré la proximité de l'aéroport peu fréquenté. Il dispose de 8 bungalows doubles avec sdb commune et de 4 bungalows de luxe avec sdb, tous dotés de moustiquaires. À cela s'ajoutent une aire de

camping (20 S/pers), une petite piscine et un bar-restaurant spacieux sur deux niveaux qui sert une excellente cuisine thaïe et des pancakes au petit-déjeuner.

Wasai Lodge LODGE $$
(☎57-2290 ; www.wasai.com ; Billinghurst et Arequipa ; s/d 130/170 S ; ❄≋). Ce lodge de taille modeste se compose de confortables bungalows en bois surplombant le Madre de Dios, avec douche chaude, TV câblée, réfrigérateur et vue sur le fleuve ; quelques-uns ont aussi la climatisation (supplément de 30 S). Prévoyez une lampe torche pour compenser l'éclairage insuffisant. Bon restaurant (plats 15-20 S), room service, bar et petite piscine. Diverses excursions programmées dans les environs.

Hotel Puerto Amazonico HÔTEL $$
(☎57-2170, 50-2354 ; www.hotelpuertoamazonico.com.pe ; León Velarde 1080 ; s/d avec buffet petit-déj 180/240 S ; ❄🛜≋). Voici ce qui manquait à Puerto Maldonado. Les tarifs sont peut-être un peu élevés, mais les chambres sont sans doute les meilleures de la ville. La taille de la TV à écran plat augmente en fonction du prix. Vue imprenable depuis le toit. Pas d'ascenseur.

Kapieivi Eco Village LODGE $$
(☎79-5650 ; katherinapz@hotmail.com ; Carretera Tambopata Km 1,5 ; bungalow 1/2 pers avec petit-déj 100/125 S ; ≋). À 2 km au sud-ouest de la ville, cet endroit rustique recommandé par des lecteurs donne un avant-goût de la vie en lodge à moindre coût. Les bungalows rénovés pour 1, 2 ou 4 personnes s'inscrivent sur une parcelle de jungle et ont maintenant des sdb individuelles. Une piscine a également fait son apparition. Les agréables propriétaires proposent des repas végétariens (18 S/pers et par jour, boissons comprises), des cérémonies de l'*ayahuasca* et des cours de yoga.

Hospedaje Royal Inn PENSION $
(☎57-3464 ; 2 de Mayo 333 ; s/d 35/50 S ; 🛜). Cette option correcte compte de nombreuses chambres spacieuses et bien tenues, avec ventilateur et TV câblée. Évitez celles donnant sur la rue bruyante au profit du côté cour, même si celui-ci a connu des jours meilleurs.

Paititi Hostal AUBERGE DE JEUNESSE $$
(☎57-4667 ; fax 57-2567 ; Prada 290 ; s/d avec petit-déj continental 80/110 S ; 🛜). Nouvel établissement central assez rutilant, le Paititi compte de grandes chambres lumineuses, souvent garnies de meubles anciens en bois et toutes avec téléphone, TV câblée et eau chaude en permanence.

Hospedaje Rey Port PENSION $
(☎57-1177 ; Velarde 457 ; s/d 20/40 S, sans sdb 10/20 S). Des générations de voyageurs désargentés se sont laissés "charmer" par cet *hospedaje*, dont les chambres généralement propres et équipées de ventilateurs n'ont cependant rien de remarquable. Celles du rez-de-chaussée sur cour, qui se partagent une sdb commune, coûtent moins cher. Les dix grandes au dernier étage (15 S/pers), pas très nettes, ont chacune leur sdb.

Où se restaurer

Parmi les spécialités régionales figurent les *juanes* (riz cuit à la vapeur dans une feuille de bananier avec du poisson ou du poulet),

LE TOP DES LODGES DE JUNGLE

Le(s) meilleur(s) pour...

L'isolement Tahuayo Lodge (p. 496)

Le confort Ceiba Tops (p. 497)

L'observation des oiseaux Tambopata Research Center (p. 464), Cock-of-the-Rock Lodge (p. 468)

L'observation des animaux Manu Wildlife Center (p. 468)

La connaissance de la forêt amazonienne Otorongo Lodge (p. 495)

Le charme colonial désuet Amazonia Lodge (p. 468)

L'aventure à petit prix Yakari Canopy Adventure (p. 461)

La cuisine sélecte Hacienda Concepción (p. 458)

Les rencontres avec les peuples autochtones Casa Matsiguenka Lodge (p. 469), Posada Amazonas (p. 462)

le *chilcano* (soupe de poisson parfumée à la coriandre) et la *parrillada de la selva* (grillade de viande marinée, souvent du gibier, dans une sauce aux noix du Brésil). Un *plátano* (banane plantain) bouilli ou frit accompagne la plupart des plats.

Le cadre du restaurant du Wasai Lodge (page ci-contre) est assez plaisant.

La Casa Nostra CAFÉ $

(Velarde 515 ; en-cas 3-8 S ; ⌚8h-13h et 17h-23h). Même s'il est devenu un peu prétentieux, ce café reste assez plaisant pour se détacher du lot. Il sert divers petits-déjeuners, des *tamales*, d'excellents jus de fruits, des en-cas et le meilleur café de Puerto Maldonado.

Los Gustitos del Cura DESSERTS $

(Loreto 258 ; en-cas 3-8 S ; ⌚11h-22h). Tenue par des Français, cette pâtisserie se double d'une cour agréable à l'arrière, où l'on se régale de gâteaux et de glaces. Il y a aussi des sandwichs et des boissons. Objets d'art locaux en vente sur place.

El Catamaran CEVICHE $$

(Jirón 26 de Diciembre 241 ; plats 18-30 S ; ⌚7h30-15h). Cette table offre l'occasion de faire un festin de *ceviche* au poisson d'eau douce, et la clientèle de notables du cru ne s'y trompe pas. Jolie terrasse à l'arrière avec vue sur le fleuve.

Restaurant PÉRUVIEN $

(angle Av. 2 de Mayo et Madre de Dios ; plats 10-15 S ; ⌚dîner). Même s'il n'a pas de nom, de numéro de rue ni de téléphone, l'endroit est cependant bien connu des habitants, qui apprécient ses savoureux plats de poisson garnis de riz et de *plátano*. La nourriture cuit sur un gril à l'extérieur, et les tables se remplissent vite.

Burgos's House PÉRUVIEN $$

(Velarde 127 ; plats 15-23 S ; ⌚11h-minuit). Ce restaurant vaste et lumineux au personnel courtois se distingue de la concurrence. Il revisite les spécialités de la cuisine amazonienne du Pérou, mais en mettant davantage l'accent sur la qualité de la préparation que sur la créativité. La carte fait la part belle au poisson et comporte aussi de nombreux plats végétariens. Autre enseigne au 106 Puno.

Pizzería El Hornito /Chez Maggy PIZZERIA $$

(Carrión 271 ; pizzas 21-30 S ; ⌚18h-tard). Sur la Plaza de Armas, une adresse prisée pour ses pizzas cuites au feu de bois et ses pâtes. Salle faiblement éclairée.

Où boire un verre et sortir

Sans commune mesure avec celle de Lima ou de Cuzco, la scène nocturne de Puerto Maldonado est néanmoins l'une des plus vivantes du bassin amazonien. Les discothèques ne passent généralement que de la musique enregistrée, mais l'ambiance bat son plein le week-end jusque tard dans les bars et les clubs.

Discoteca Witite CLUB

(Velarde 153). Peinte de couleurs vives et résistant à l'épreuve du temps, cette discothèque accueille une clientèle mélangée qui danse jusqu'à l'aube le week-end.

Tsaica BAR

(Loreto 327 ; ⌚mar-sam). Animé et décoré d'art amérindien.

Gecko's BAR

(Cuzco cuadra 2 s/n). Un bar au décor tapageur avec table de billard, où l'on concocte des cocktails bizarres à base de plantes de la jungle. En journée, le restaurant El Tambo attenant prépare des repas sains pour quelque 6 S.

La Bolsa MUSIQUE LIVE

(⌚jusqu'à 2h jeu-sam). Avec ses tables le long du Río Tambopata, cette *peña* (bar/club programmant de la musique folklorique) permet de boire un verre en profitant du paysage.

Achats

Du fait de la proximité des communautés indiennes, les lodges des alentours, comme la Posada Amazonas sur le Río Tambopata, vendent un artisanat plus intéressant que les boutiques de Puerto Maldonado.

Renseignements

Accès Internet

La connexion à Internet, plus lente que dans d'autres villes péruviennes, revient à 2 S par heure.

Locutorio (Carrión cuadra 2). Sur la place. Appels internationaux.

Argent

Les reais brésiliens et les bolivianos sont devenus plus faciles à changer depuis l'ouverture de l'Interocéanique. Renseignez-vous sur place sur les adresses pratiquant les meilleurs taux.

TRAVERSER LA FRONTIÈRE : LE BRÉSIL VIA PUERTO MALDONADO

Une bonne route asphaltée faisant partie de l'Interocéanique relie Puerto Maldonado à Iñapari, 233 km plus loin à la frontière brésilienne, via Iberia. Tout du long, de petites bourgades vivent de la culture de noyers du Brésil, de l'élevage ou de l'exploitation forestière. Après environ 170 km, on arrive à **Iberia**, qui compte quelques hôtels très sommaires. Le village d'**Iñapari** se situe 70 km plus loin.

Les formalités frontalières péruviennes peuvent s'effectuer à Iñapari. Sur la grand-place, des boutiques acceptent et changent les devises péruviennes et brésiliennes. Si vous quittez le Pérou, débarrassez-vous ici de vos *nuevos soles*. Les dollars US en petites coupures sont acceptés ; les hôtels et les bus indiquent souvent leurs tarifs en dollars US. D'Iñapari, vous pouvez traverser la frontière par le nouveau pont et rejoindre **Assis Brasil**, qui possède des hôtels plus plaisants (à partir de 10 $US/pers).

De là, un trajet de 100 km (2 heures en bus) conduit à Brasiléia, d'où une route goudronnée mène à la grande ville brésilienne de Rio Branco (325 km, 6-7 heures).

Pour une description détaillée du Brésil, procurez-vous le guide *Brésil* de Lonely Planet.

BCP (Carrión 201). Sur la Plaza de Armas ; change les dollars US en espèces ou en chèques de voyage et possède un DAB Visa.

Casa de Cambio (Puno et Prada). Change les dollars US à des taux standard.

Immigration

La ville frontière d'Iñapari (voir ci-dessus) offre des services réguliers pour entrer au Brésil.

Oficina de Migraciónes (bureau de l'immigration office ; ☎57-1069 ; Av. 28 de Julio 467 ; ⊙8h-13h lun-ven). Faites tamponner votre passeport ici si vous partez en Bolivie (voir page ci-contre) via Puerto Heath (voie fluviale) ou Iberia (route). Prorogation de visa ou de carte de tourisme.

Laverie

Lavandería (Velarde 926). Pour laver vos vêtements après une expédition dans la jungle.

Offices du tourisme

Comptoir touristique (aéroport). Géré par le Ministerio de Industria y Turismo ; des informations limitées sur les circuits et les lodges de jungle.

Sernanp (☎57-3278 ; www.sernanp.gob.pe/sernanp ; Av. 28 de Julio 875). Le bureau du parc national fournit des informations et perçoit les droits d'entrée (compris dans les circuits organisés) : 30 S pour la réserve de Tambopata, 65 S pour les secteurs éloignés des lodges en bord de fleuve.

Poste

Poste (Velarde). Au sud-ouest de la Plaza de Armas.

Services médicaux

Hospital Santa Rosa (☎57-1019, 57-1046 ; Cajamarca 171)

Depuis/vers Puerto Maldonado

Si la plupart des voyageurs arrivent en avion de Lima ou de Cuzco, il est désormais envisageable d'effectuer le trajet en bus. La longue traversée fluviale au départ de Manú ou de la Bolivie, lorsqu'elle est possible, ne convient pour sa part qu'aux aventuriers endurcis.

Avion

L'aéroport se situe à 7 km de la ville. **LAN** (☎57-3677 ; www.lan.com ; Velarde 503) et **Star Perú** (☎57-3564 ; www.starperu.com ; Velarde 151) proposent des vols quotidiens depuis/vers Lima via Cuzco. Les horaires et les compagnies varient d'une année sur l'autre ; renseignez-vous auprès des agences de voyages du centre-ville.

Bateau

À l'embarcadère des ferries du Río Madre de Dios, vous pourrez louer un bateau pour des excursions aux alentours ou pour descendre jusqu'au Lago Sandoval, au Río Heath et à la frontière bolivienne (concernant la traversée des frontières avec la Bolivie et le Brésil, voir les encadrés ci-contre et ci-dessus). Il est plus difficile de trouver des bateaux qui remontent le fleuve à contre-courant jusqu'à Manú ; Cuzco est un meilleur point de départ pour Manú. À l'occasion, des bateaux partent de Manú (dans le sens du courant) ou de la frontière bolivienne (à contre-courant) pour rejoindre Puerto Maldonado. Si vous choisissez la première option, Amazon Trails Peru à Cuzco (p. 466) peut organiser le transport bateau/bus avec un séjour à Manú. Les transports sont peu fréquents et l'attente peut durer plusieurs jours.

De l'embarcadère du Tambopata, à 2 km au sud de la ville et desservi par des *mototaxis*, des bateaux publics remontent le Tambopata

TRAVERSER LA FRONTIÈRE : LA BOLIVIE VIA PUERTO MALDONADO

De la région de Puerto Maldonado, trois itinéraires conduisent en Bolivie. Le premier consiste à rejoindre Brasiléia, au Brésil (voir l'encadré ci-contre), puis à traverser le Río Acre en ferry ou par le pont jusqu'à **Cobija**, en Bolivie. Cette ville compte des hôtels, des banques et un aérodrome avec des vols irréguliers vers l'intérieur du pays. De là, une route gravillonnée mène à **Riberalta** (7-12 heures selon saison). D'Iberia au Pérou, sur l'Interocéanique à destination d'Iñapari, une route dessert également Cobija, mais les transports publics empruntent essentiellement la route Iñapari/Assis Brasil.

Vous pouvez aussi louer un bateau sur le quai du Madre de Dios à Puerto Maldonado pour rallier **Puerto Pardo**, à la frontière Pérou-Bolivie ; ensuite, une traversée de quelques minutes conduit à **Puerto Heath**, un camp militaire bolivien. Le trajet dure une demi-journée et coûte environ 100 $US (un prix négociable) ; le bateau transporte plusieurs personnes. Avec du temps et de la chance, vous trouverez peut-être un cargo qui accepte des passagers à moindre coût.

Vous pouvez ensuite continuer à descendre le fleuve du côté bolivien, mais l'organisation de ce voyage peut demander des jours (voire des semaines) et les prix sont élevés. Partez à plusieurs pour partager les frais et évitez la saison sèche, de juillet à septembre, quand le niveau est trop bas. De Puerto Heath, descendez le Madre de Dios jusqu'à Riberalta (au confluent du Madre de Dios et du Beni, loin au nord de la Bolivie), où vous pourrez prendre des correspondances terrestres ou aériennes. Ce rude périple amazonien n'a pas d'équivalent par la route en termes d'aventure. En chemin, vous trouverez de la nourriture et des gîtes rudimentaires (emportez un hamac). Lorsque le niveau du fleuve le permet, un cargo mixte fait l'aller-retour entre Puerto Maldonado et Riberalta environ 2 fois par mois, mais peu d'étrangers l'empruntent. De Puerto Heath, une piste rejoint **Chivé** (1 heure 30 en bus), d'où l'on peut poursuivre jusqu'à Cobija (6 heures).

Faites tamponner votre passeport à Puerto Maldonado pour sortir du Pérou, puis à Puerto Heath ou à Cobija pour entrer en Bolivie. Si vous avez besoin d'un visa bolivien, demandez-le à Lima ou dans votre pays d'origine.

Les formalités se déroulent lentement, dans une ambiance détendue.

jusqu'au hameau de Baltimore. Le *Tiburón* part 2 fois par semaine (actuellement le lundi et le jeudi) et peut vous déposer aux lodges entre Puerto Maldonado et Baltimore. Comptez 20 S ou moins, selon la distance. Les passagers doivent s'arrêter au Puesto de Control (poste de contrôle) La Torre pour présenter leur passeport et le permis Sernanp (30 S ; voir page ci-contre).

Les bateaux à destination des lodges de jungle lèvent l'ancre de l'un ou l'autre des embarcadères. Certains lodges du Río Tambopata évitent 2 heures de navigation à leurs clients en empruntant la piste cahoteuse jusqu'à Infierno (1 heure environ), puis continuent en bateau. Visiter Infierno implique une organisation préalable, car le hameau ne possède ni hébergement ni bateau de passagers.

Bus et taxi

À Puerto Maldonado, à l'angle d'Ica et de Rivero, des camions, des minibus et des *colectivos* (taxis collectifs) partent pour Laberinto (1 heure 30) et passent par l'embranchement vers Baltimore, au Km 37 sur la route de Cuzco. Fréquents le matin, ils se raréfient l'après-midi. Des *colectivos* de **Mi Nuevo Peru** (☎57-4325 ; angle Piura et Ica) partent quand ils ont 4 passagers pour Iñapari (40 S, 3 heures), près des frontières du Brésil et de la Bolivie. Dans la même *cuadra*, d'autres compagnies effectuent ce trajet. Prendre une fourgonnette fait économiser quelques *soles*, mais les conditions de voyage sont nettement moins confortables et le trajet dure plus longtemps.

Depuis le nouveau **Terminal Terrestre** (angle Av. Elmer Faucett et Av. Aeropuerto), des bus sillonnent la route interocéanique (Carretera Interocéanica) goudronnée vers le sud-ouest à destination de Cuzco et vers le nord-est à destination de Rio Branco, au Brésil. De nombreuses compagnies assurent des départs pour Cuzco (50 S, 10 heures) le matin ou de nuit (vers 20h). Moins nombreuses, les liaisons avec Rio Branco sont notamment effectuées par **Movil Tours** (☎989-176-309) les mardi et vendredi à 12h30 (100 S, 9-10 heures). Mieux vaut acheter son billet le plus à l'avance possible.

Comment circuler

Des *mototaxis* emmènent 2 ou 3 passagers (et des bagages légers) jusqu'à l'aéroport pour 7 S. Un court trajet en ville revient à 2 S maximum ou 1 S en *mototaxi* Honda 90 transportant un passager.

Vous pouvez louer une moto pour visiter les alentours ; partez à deux pour ne pas vous retrouver seul en cas de panne ou d'accident. Plusieurs établissements de location se regroupent dans Prada, entre Velarde et Puno, et disposent essentiellement de petites motos 100 cm³ (environ 10 S/heure). Négociez les prix pour une location à la journée. N'oubliez pas que le mauvais état des routes et les conducteurs inconscients peuvent rendre l'expérience moins séduisante.

Environs de Puerto Maldonado

RÍO MADRE DE DIOS

Ce fleuve important passe par Puerto Maldonado et continue sa course vers l'est, traversant la Bolivie et le Brésil avant de se jeter dans l'Amazone. De couleur brune durant la saison des pluies, son cours devient alors tumultueux et charrie d'énormes grumes et débris provenant de la jungle. La plupart des lodges se trouvent entre 20 minutes et 3 heures en aval de Puerto Maldonado. Du fleuve, on peut aussi rallier plusieurs sites notables en aval, comme le Lago Sandoval, le Lago Valencia et le Río Heath (le premier et le dernier disposent de lodges).

Les visiteurs peuvent pêcher, explorer la nature, découvrir des plages et des villages indiens. Certaines excursions impliquent le camping ou la nuit dans de simples abris en chaume. Les lodges fournissent souvent des bottes en caoutchouc pour arpenter les sentiers boueux (reportez-vous p. 448 pour des conseils sur l'équipement).

Les lodges du Madre de Dios et du Tambopata indiquent leurs prix en dollars US, transport compris sauf mention contraire. Le poids des bagages est souvent limité, mais l'excédent peut être déposé aux bureaux des lodges, à Puerto Maldonado.

À voir et à faire

De certains lodges, vous pourrez rejoindre le Lago Sandoval (p. 461). Les passerelles dans la canopée d'Inkaterra Reserva Amazonica et du Yakari Canopy Adventure changent des distractions habituelles dans la jungle. La seconde est accessible par une **tyrolienne** de 200 m (voir p. 461).

Hacienda Concepción Research Center CENTRE D'ACCUEIL DES VISITEURS (www.wcupa.edu/aceer, www.inkaterra.com). Ancien ITA Aceer Tambopata Research Center, le lodge d'Inkaterra abrite un important centre de recherche qui présente des expositions sur la protection de la nature, des conférences occasionnelles et un laboratoire destiné aux scientifiques. Il occupe le site d'une maison du XIXe siècle, où vécut l'un des premiers médecins de la région. Le lodge de l'Hacienda Concepción se dote d'un bon restaurant en plus de son hébergement de qualité. Le lodge Reserva Amazonica d'Inkaterra se situe quant à lui à 7 km.

Où se loger

La plupart des lodges se tiennent le long des fleuves. Ils sont répertoriés selon leur éloignement de Puerto Maldonado, tous tarifs confondus.

Corto Maltes LODGE $$$
(☎082-57-3831 ; www.cortomaltes-amazonia.com ; Billinghurst 229, Puerto Maldonado ; s 3 jours et 2 nuits 255 $US). À 5 km de la ville, ce lodge accueillant et joyeux possède 15 bungalows hauts de plafond, confortables et équipés de moustiquaires, avec des matelas fermes, des peintures murales shipibo et une terrasse pourvue de deux hamacs. L'électricité fonctionne jusqu'à 22h30 et les douches sont chaudes. De jolies touches décoratives agrémentent les espaces communs. Les propriétaires français préparent une excellente cuisine fusion franco-péruvienne.

Tambo Lodge LODGE $$$
(☎082-57-2227 ; tambojunglelodge@hotmail.com ; Ancash 250, Puerto Maldonado ; 3 jours et 2 nuits 210 $US/pers). Juste après le Corto Maltes, dans une clairière au cœur de la forêt secondaire, cet établissement plaisant compte 14 bungalows clairs et spacieux, avec douche chaude et eau potable. Le bar-restaurant convivial met à disposition de nombreux jeux de plateau. Des excursions au Lago Sandoval, à 5 km à pied, et à Monkey Island, censée regrouper toutes les espèces de singes d'Amazonie, font partie du forfait.

Hacienda Concepción LODGE $$$
(Inkaterra ; www.inkaterra.com ; 3 jours et 2 nuits s/d 357/616 $US, bungalows s/d 434/704 $US) Cuzco (☎084-24-5314 ; Plaza Nazarenas 167) ; Lima (☎01-610-0400 ; Andalucía 174, Miraflores) ;

Environs de Puerto Maldonado

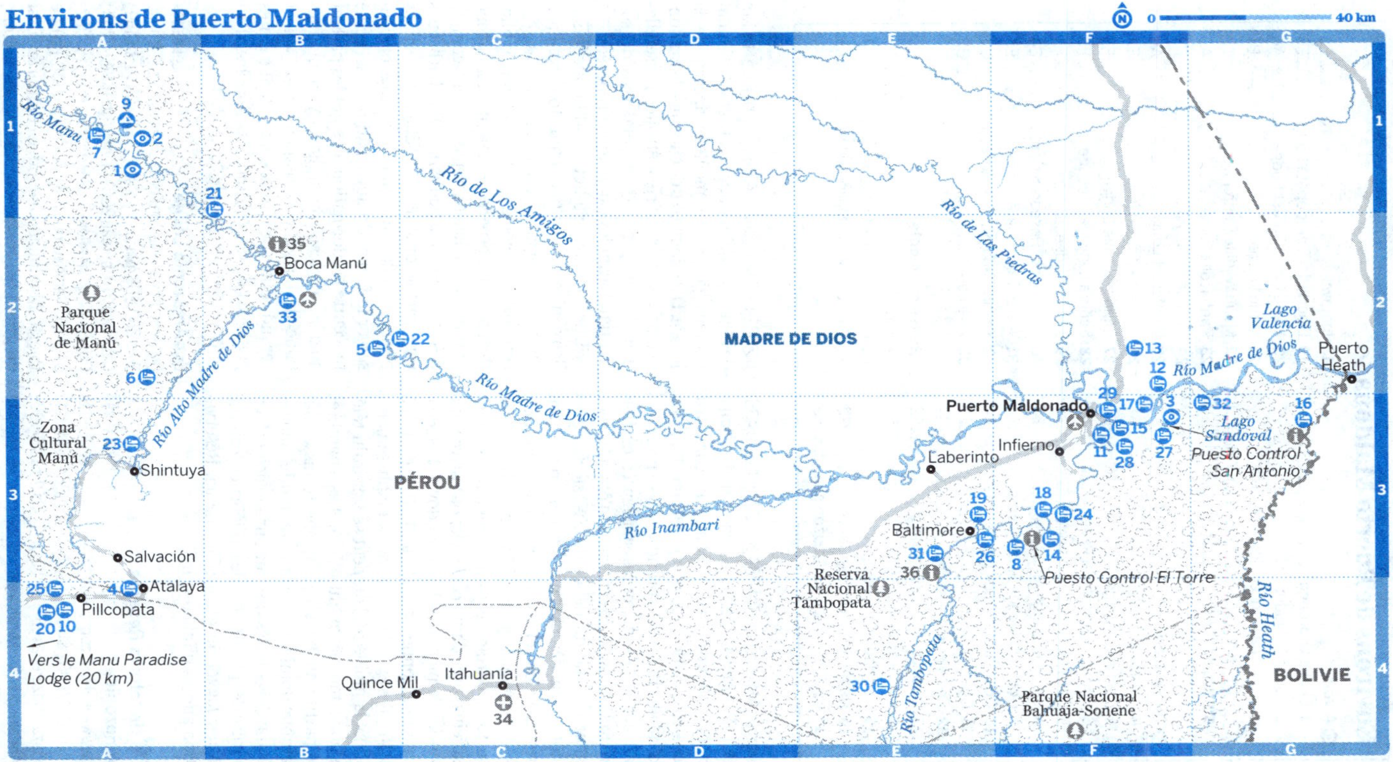

Environs de Puerto Maldonado

À voir

1 Cocha Otorongo A1
2 Cocha Salvador A1
Hacienda Concepción Research Center ..... (voir 15)
3 Lago Sandoval F3

Où se loger

4 Amazonia Lodge A4
5 Blanquillo Lodge B2
6 Bonanza Ecological Reserve A2
7 Casa Matsiguenka Lodge A1
8 Cayman Lodge Amazonie F3
9 Cocha Salvador Safari Camp A1
10 Cock-of-the-Rock Lodge A4
11 Corto Maltes F3
12 EcoAmazonia Lodge F2
13 Estancia Bello Horizonte F2
14 Explorer's Inn F3
15 Hacienda Concepción F3
16 Heath River Wildlife Center G3
17 Inkaterra Reserva Amazonica F3
18 Inotawa F3
19 Libertador Tambopata Lodge E3
20 Manu Cloud Forest Lodge A4
21 Manu Lodge B1
22 Manu Wildlife Center C2
23 Pantiacolla Lodge A3
24 Posada Amazonas F3
25 Rainforest Lodge A4
26 Refugio Amazonas E3
27 Sandoval Lake Lodge F3
28 Señora Leny Mejía Lodge F3
29 Tambo Lodge F3
30 Tambopata Research Center E4
31 Wasai Tambopata Lodge E3
32 Yakari Canopy Adventure G3
33 Yine Lodge B2

Renseignements

34 Hospital C4
35 Puesto Control Limonal B2
36 Puesto Control Malinowsky E3

Puerto Maldonado (☎082-57-2823 ; Cuzco 436 ; 📶). Parmi les meilleurs du sud de l'Amazonie, ce beau lodge lumineux comporte des installations haut de gamme typiques d'Inkaterra, mais pratique des prix très attractifs. Les chambres spacieuses en bois recyclé donnent le sentiment d'être un voyageur fortuné du début du XXe siècle et les hôtes bénéficient d'un bar, d'un restaurant remarquable et d'un coin détente protégés par des moustiquaires. Un centre d'étude sur la forêt partage cet emplacement des plus sereins, près d'une *cocha* (lagon) privée et à un jet de pierre du Lago Sandoval. L'électricité fonctionne de 5h30 à 9h30 et de 18h à 23h ; il s'agit d'un des rares établissements dans la jungle où l'on peut se servir du téléphone mobile et du Wi-Fi. Les chambres réparties au 1er étage ont une terrasse tout autour dominant la clairière, tandis que les bungalows isolés ont vue sur la *cocha*. À en croire le personnel, des célébrités comme Mick Jagger auraient séjourné ici. Réservation auprès d'Inkaterra.

Inkaterra Reserva Amazonica — LODGE $$$

(www.inkaterra.com ; bungalow 3 jours et 2 nuits s/d 673/1 082 $US) ; Cuzco (☎084-24-5314 ; Plaza Nazarenas 167) ; Lima (☎01-610-0400 ; Andalucía 174, Miraflores) ; Puerto Maldonado (☎082-57-2823 ; Cuzco 436). À près de 16 km de Puerto Maldonado, cet établissement luxueux donne un meilleur aperçu de la jungle. Dix kilomètres de chemins de randonnée privés et une série d'étroites passerelles dans la canopée, à 35 m au-dessus du sol, figurent parmi les excursions proposées.

Une immense paillote traditionnelle sur deux niveaux, coiffée d'un toit conique, abrite la réception, un restaurant, un bar construit autour d'un figuier, une bibliothèque et un espace de détente. La cuisine mitonne de délicieux repas et tient compte des régimes particuliers. Des barbecues sont parfois organisés. À l'étage, des salons permettent de contempler le paysage et d'observer la faune. Un autre bâtiment accueille un centre d'information. Des guides parlent anglais, français ou italien. À la quarantaine de bungalows rustiques avec sdb et véranda dotée de hamacs, s'ajoutent 6 suites pourvues de deux grands lits doubles, d'un bureau et d'une grande sdb.

EcoAmazonia Lodge — LODGE $$$

(www.ecoamazonia.com.pe ; 3 jours et 2 nuits 240-260 $US/pers) ; Cuzco (☎084-23-6159 ; Garcilaso 210, bureau 206) ; Lima (☎01-242-2708 ; Palacios 292, Miraflores) ; Puerto Maldonado (☎082-57-3491 ; Lambayeque 774). À environ 30 km de Puerto Maldonado, ce lodge comporte aussi un grand bar-restaurant au toit de chaume, avec une belle perspective sur le fleuve à l'étage. Les guides parlent français, anglais et italien. Le directeur, bien informé, maîtrise également le japonais. Les 47 bungalows rustiques, entièrement protégés par des moustiquaires, comprennent tous sdb et coin salon. Plusieurs sentiers partent de là, dont un parcours difficile de 14 km jusqu'à un lac et des randonnées plus courtes. Des excursions en bateau permettent d'explorer les lacs proches et les fleuves. Cérémonies de l'*ayahuasca* sur demande préalable.

Estancia Bello Horizonte LODGE $$$
(☎082-57-2748, 982-720-950 ; www.estanciabellohorizonte.com ; JM Grain 105, Puerto Maldonado ; 3 jours et 2 nuits 240 $US/pers ;). Une superbe retraite blottie dans la jungle en retrait du fleuve. À 20 km de Puerto Maldonado, sur la rive est du Madre de Dios, une route privée de 6 km traverse la forêt touffue jusqu'à cette *estancia* en bois local, au sommet d'une crête surplombant la végétation. Les bungalows contiennent des petites chambres avec sdb et hamac. Dans le bâtiment principal, un espace tranquille a été aménagé pour se restaurer, lire, boire un verre ou se relaxer. Accueillant pour les enfants, le domaine comprend des terrains de football et de volley-ball, une piscine et des sentiers balisés.

Yakari Canopy Adventure LODGE $$
(☎973-978-847 ; www.yakaicanopyadventure.com ; Velarde 144, Puerto Maldonado ; 3 jours et 2 nuits 150 $US/pers). Plus parc d'aventure que lodge, l'endroit se trouve juste après le Lago Sandoval, dans une zone marécageuse riche en faune. Il possède la première tyrolienne du sud de l'Amazonie, qui vous transporte sur 200 m jusqu'à une impressionnante passerelle dans la canopée, à 27 m au-dessus du sol. On peut pratiquer le kayak sur le tronçon du Madre de Dios le plus proche. Pour l'instant, la capacité d'hébergement ne dépasse pas les 9 personnes, mais il est question d'agrandir.

LAGO SANDOVAL

Beau lac de jungle entouré de différents types de forêt tropicale, le Lago Sandoval se situe à 2 heures de Puerto Maldonado, en aval du Madre de Dios. Le permis pour le visiter (inclus dans les circuits des guides officiels et dans les séjours en lodge) coûte 30 S pour la journée ou 60 S jusqu'à 4 jours. Si on peut le visiter dans la journée, mieux vaut passer la nuit sur place et faire une promenade en bateau le matin pour apercevoir la faune. La moitié du trajet s'effectue en bateau, l'autre moitié à pied. Pour 100 S (marchandez ; plusieurs passagers peuvent embarquer pour ce prix), un bateau vous conduira de Puerto Maldonado au début du chemin et reviendra vous chercher. Le batelier peut également vous guider jusqu'au lac sur demande. Avec un peu de chance, vous verrez des caïmans, des tortues, des oiseaux exotiques, des singes et, peut-être, les loutres géantes (une espèce menacée) qui vivent dans le lac.

Entre le Reserva Amazonica Lodge et l'EcoAmazonia Lodge, sur la rive opposée (sud) du fleuve, un sentier de 3 km (praticable toute l'année) mène au Lago Sandoval. Vous pouvez ensuite continuer sur un chemin plus étroit et moins bien entretenu jusqu'au Willy Mejía Cepa Lodge, à 2 km, ou traverser le lac en bateau pour rejoindre le Sandoval Lake Lodge, plus plaisant.

Willy Mejía Cepa Lodge LODGE $
(☎982-684-700 ; lenitokon@hotmail.com ; Velarde 487 interior, Puerto Maldonado ; ch environ 25 $US/pers). Depuis deux décennies, l'établissement assure un logement sommaire pour 20 personnes dans des chambres de style bungalow avec sdb communes. Les prix incluent de simples repas familiaux et des excursions commentées en espagnol. Renseignez-vous sur les réductions fréquemment accordées aux groupes et saisonnières.

Sandoval Lake Lodge LODGE $$$
(InkaNatura ; www.inkanatura.com ; 3 jours et 2 nuits s/d 425/650 $US) ; Cuzco (☎084-23-1138 ; Ricardo Palma J1 Urb Santa Mónica & Plateros 361) ; Lima (☎01-440-2022 ; Manuel Bañón 461, San Isidro). Cette propriété d'InkaNatura se tient sur l'autre rive et la traversée fait partie de son attrait. Après une marche de 3 km jusqu'au Lago Sandoval (des rickshaws transportent les bagages et les personnes qui marchent difficilement), des pirogues se faufilent dans d'étroits canaux qui sillonnent une palmeraie inondée et peuplée d'aras, puis traversent le lac jusqu'au lodge. Au petit matin, vous aurez peut-être la chance d'apercevoir les loutres géantes menacées, dont plusieurs couples vivent dans le lac. Diverses espèces de singes ainsi que de nombreux oiseaux et reptiles peuvent également être observés. Des guides polyglottes et compétents accompagnent des randonnées en forêt.

Le lodge trône sur une colline à 30 m au-dessus du lac, dans un environnement de forêt primaire. À l'instar d'autres hébergements du genre, il a été construit en bois flotté et les propriétaires se targuent de n'avoir abattu aucun arbre. Les chambres, avec douche chaude et ventilateur au plafond, sont les meilleurs du secteur. Le grand bar-restaurant invite à la détente et à la conversation. Réservez auprès d'InkaNatura.

LAGO VALENCIA

Proche du Madre de Dios et de la frontière bolivienne, le Lago Valencia se situe à 60 km de Puerto Maldonado. Comptez au moins 2 jours pour le visiter, mais consacrez-lui plutôt 3 ou 4 jours. Réputé pour la **pêche**, il offre d'excellentes possibilités d'observer les **oiseaux** et la **faune** (emportez vos jumelles). Aux alentours, des chemins pénètrent dans la jungle. Des lodges plus proches de Puerto Maldonado et des guides indépendants organisent des excursions.

RÍO HEATH

À 2 heures au sud du Río Madre de Dios et le long du Río Heath (qui marque la frontière entre le Pérou et la Bolivie), le **Parque Nacional Bahuaja-Sonene** (30 S) abrite une faune très diversifiée et quelques espèces rares comme le loup à crinière et le singe-araignée ; ces deux derniers s'aperçoivent difficilement. Le parc, l'un des plus vastes du pays, possède des infrastructures limitées et les circuits d'observation des animaux n'en sont qu'à leurs balbutiements. Il forme une partie de la vaste réserve naturelle de Tambopata-Madidi, qui couvre 14 000 km² entre le Pérou et la Bolivie. Le droit d'entrée doit se payer au Sernanp (p. 456), à Puerto Maldonado. Les postes de contrôle en chemin ne vendent pas de billets.

Simple établissement de 10 chambres, le **Heath River Wildlife Center** (s/d 4 jours et 3 nuits 725/1 150 $US) appartient aux Indiens ese'eja de Sonene, qui fournissent les guides et les services culturels. Des chemins de randonnée sillonnent le Parque Nacional Bahuaja-Sonene qui, selon des biologistes de terrain, abrite une biodiversité exceptionnelle. Il est encore trop tôt pour savoir si l'Interocéanique aura un impact sur celle-ci. Des capybaras se montrent fréquemment et des excursions guidées conduisent à une *colpa* (falaise argileuse), fréquentée par des aras et d'autres perroquets. Le centre dispose d'eau chaude et l'entrée du parc est comprise dans le forfait. La première et la dernière nuit se passent au Sandoval Lake Lodge (p. 461). Contactez **InkaNatura** (www.inkanatura.com ; Cuzco ☎084-23-1138 ; Ricardo Palma J1 Urb Santa Mónica et Plateros 361 ; Lima ☎01-440-2022 ; Manuel Bañón 461, San Isidro).

RÍO TAMBOPATA

Affluent majeur du Madre de Dios, le Río Tambopata le rejoint à Puerto Maldonado. Des bateaux le remontent en passant devant plusieurs lodges plaisants, puis pénètrent dans la **Reserva Nacional Tambopata** (100 S jusqu'à 4 nuits), une importante zone protégée qui comprend la réserve elle-même et la **zona de amortiguamiento** (zone tampon). À moins de la visiter en circuit organisé (comme dans la grande majorité des cas), vous devez payer le droit d'entrée au Sernanp (p. 456), à Puerto Maldonado. Un droit supplémentaire est requis pour entrer dans la réserve proprement dite et rejoindre le Tambopata Research Center.

Les voyageurs qui remontent le Río Tambopata doivent présenter leur passeport et le permis du Sernanp au **Puesto de Control El Torre** (poste de contrôle) proche de l'Explorer's Inn. Visiter la réserve n'est possible qu'en réservant un séjour dans l'un des lodges installés à l'intérieur. La Colpa de Guacamayos, l'une des plus grandes falaises argileuses naturelles du pays, attire des centaines d'oiseaux et ce spectacle extraordinaire constitue l'un des principaux attraits de la réserve.

Les lodges sont répertoriés selon leur éloignement de Puerto Maldonado. Consultez aussi le site de l'association qui s'occupe des logements chez l'habitant du Tambopata (http://tambopataecotours.com ; 3 jours et 2 nuits 100-350 $US/pers). La localité de Baltimore, juste après le lodge Refugio Amazonas, regroupe plusieurs de ces hébergements. De Puerto Maldonado, on peut s'y rendre en bateau deux fois par semaine. Sinon, prenez n'importe quel bus pour Laberinto et demandez à descendre au Km 37, d'où un sentier rejoint Baltimore (2-3 heures). Aucun transport public ne circule au-delà.

Posada Amazonas LODGE $$$

(Rainforest Expeditions ; www.perunature.com ; s/d 3 jours et 2 nuits 485/750 $US) Cuzco (☎084-24-6243 ; cusco@rainforest.com.pe ; Portal de Carnes 236) ; Lima (☎01-421-8347 ; postmaster@rainforest.com.pe ; Aramburu 166, Miraflores) ; Puerto Maldonado (☎082-57-2575 ; pem@rainforest.com.pe ; Av. Aeropuerto Km 6, CPM La Joya). À environ 2 heures de Puerto Maldonado le long du Río Tambopata, puis à 10 minutes de marche en montant, le premier des trois lodges de Rainforest Expeditions se tient sur le territoire de la communauté Ese'eja d'Infierno, dont plusieurs membres ainsi que des métis travaillent comme guides. Vous avez de bonnes chances de voir des aras et des perroquets sur une petite *colpa* des environs et des loutres géantes dans les lacs proches du lodge. Les guides sont pour la plupart des naturalistes péruviens anglophones, spécialisés dans divers domaines. Celui qu'on vous assigne vous accompagne pendant tout le séjour. La visite du centre ethnobotanique Centro Ñape, qui fabrique des remèdes pour les Ese'eja, est également proposée. Un sentier permet de découvrir les plantes médicinales et une plate-forme d'observation de 30 m de haut offre une vue superbe sur la canopée. Le lodge compte 30 grandes chambres doubles, avec douche, fenêtres (sans vitres) donnant sur la jungle et moustiquaires. L'électricité fonctionne à l'heure du déjeuner et de 17h30 à 21h.

Explorer's Inn LODGE **$$$**
(www.explorersinn.com ; s/d 3 jours et 2 nuits 238/396 $US) Cuzco (☎084-23-5342 ; Plateros 365) ; Lima (☎01-447-8888, 01-447-4761 ; sales@explorersinn.com ; Alcanfores 459, Miraflores) ; Puerto Maldonado (☎082-57-2078). À 58 km de Puerto Maldonado (3-4 heures de navigation), cet établissement fondé dans les années 1970 réunit 15 chambres doubles et 15 chambres triples rustiques, toutes avec sdb et moustiquaires aux fenêtres. Il occupe une belle clairière herbeuse, qui comprend un terrain de football et un jardin de plantes médicinales. Le bâtiment central abrite un restaurant, un bar et un petit musée. Le lodge se situe à l'intérieur de l'ancienne Zona Preservada Tambopata de 55 km², qui s'inscrit elle-même dans la Reserva Nacional Tambopata bien plus étendue. Quelque 600 espèces d'oiseaux ont été répertoriées scientifiquement dans cette zone protégée, un record mondial ! Malgré ces chiffres, le touriste lambda ne verra guère plus d'oiseaux qu'ailleurs dans la région. Aux alentours, 38 km de sentiers peuvent s'explorer en indépendant ou en compagnie de guides naturalistes péruviens parlant français, anglais ou allemand. Le forfait de 4 nuits inclut une visite à la *colpa* des aras (s/d 620/1 040 $US).

Cayman Lodge Amazonie LODGE **$$$**
(☎082-57-1970 ; www.cayman-lodge-amazonie.com ; Arequipa 655, Puerto Maldonado ; s/d 3 jours et 2 nuits 400/560 $US). À environ 70 km de Puerto Maldonado, ce lodge est tenu par Annie, une Française dynamique, et Daniel, son compagnon péruvien. Construit dans un environnement ouvert et reposant, il est entouré d'un jardin luxuriant où poussent bananiers, *coconas* (*Solanum sessiliflorum*) et manguiers. Les chambres compensent leur petite taille par un confort au-dessus de la moyenne, et le bar-restaurant couvre un large espace. La maison des hamacs, où l'on peut se prélasser en contemplant le coucher de soleil sur le Tambopata, en constitue l'un des aspects les plus plaisants. Parmi les activités figurent des excursions à la Laguna Sachavacayoc et à la Laguna Condenado, ainsi que des stages de chamanisme de 5 à 7 jours avec initiation à la médecine tropicale et traitements éventuels. Les tarifs n'incluent pas les droits d'entrée des réserves.

Libertador Tambopata Lodge LODGE **$$$**
(☎082-57-1726, 082-968-0022 ; www.tambopatalodge.com ; Prada 269, Puerto Maldonado ; s/d 3 jours et 2 nuits 417/676 $US). Cet établissement beaucoup plus luxueux se situe dans la Reserva Tambopata, près de la forêt secondaire et à une courte distance en bateau de la forêt primaire. La visite des lacs voisins et de la *colpa* fait partie des forfaits de 4 jours ou plus (s/d à partir de 688/1 160 $US) et des guides naturalistes sont à disposition. Douze kilomètres de sentiers bien balisés peuvent être parcourus sans guide. Les spacieux bungalows individuels, certains équipés de panneaux solaires pour l'eau chaude, ont une terrasse carrelée avec une table et des chaises donnant sur le jardin tropical. Un restaurant et un bar cosy à part complètent les installations.

Refugio Amazonas LODGE **$$$**
(Rainforest Expeditions ; www.perunature.com ; 4 jours et 3 nuits s/d 695/1 070 $US) Cuzco (☎084-24-6243 ; cusco@rainforest.com.pe ; Portal de Carnes 236) ; Lima (☎01-421-8347 ; postmaster@rainforest.com.pe ; Aramburu 166, Miraflores) ; Puerto Maldonado (☎082-57-2575 ; pem@rainforest.com.pe ; Av. Aeropuerto Km 6, CPM La Joya). Sur une réserve privée de 20 km² dans la zone tampon de la Reserva Nacional Tambopata, ce lodge nécessite un long trajet en bateau et convient mieux pour un séjour prolongé. Très confortable, il propose des chambres

LES POULES PUNK

En longeant les rives du Tambopata, tendez bien l'oreille. Si vous entendez des sifflements, des grognements et des craquements de végétation, ce sont sans doute les bruits du complexe rituel d'accouplement de l'hoatzin (ou oiseau-reptile), l'un des oiseaux les plus étranges de l'Amazonie. Surnommée "poule punk" en raison de sa huppe hérissée, cette sorte de gros faisan à face bleue ne s'apparente à aucune autre famille aviaire, notamment à cause des deux griffes que le jeune porte sur chaque aile. Pour échapper à un prédateur, le poussin se laisse tomber du nid dans l'eau puis utilise ses griffes pour remonter le long de la berge boueuse. Aucun autre volatile ne possède cette particularité depuis la disparition des ptérodactyles. L'hoatzin se caractérise aussi par une odeur épouvantable, due à une nourriture exclusivement composée de feuilles (ce régime nécessite la présence de multiples micro-organismes dans l'estomac pour faciliter la digestion). Peut-être le sentirez-vous avant de l'apercevoir ? Cette pestilence donne à sa chair un goût désagréable et le préserve de la chasse. À une époque où la forêt tropicale se dépeuple, l'hoatzin est l'une des rares espèces d'oiseaux qui prospèrent.

de même style que celles de la Posada Amazonas, une grande réception et un bar-restaurant. Un sentier de randonnée mène à un campement parmi les noyers du Brésil, et il existe un chemin destiné aux enfants à travers la forêt tropicale. L'isolement accroît les chances d'apercevoir des animaux. Réservez auprès de Rainforest Expeditions.

Wasai Tambopata Lodge LODGE $$
(☎082-57-2290 ; www.wasai.com ; Billinghurst et Arequipa, Puerto Maldonado ; s/d 80/160 $US par jour). Peu après Baltimore, l'avant-dernier lodge sur le fleuve n'organise pas d'activités dans la nature et se révèle idéal pour se reposer, lire, pêcher, canoter et se promener sans guide le long des 20 km de sentiers bien balisés. Quatre grands bungalows et deux plus petits assurent l'hébergement de 40 personnes. Une haute tour permet d'observer la jungle environnante. Le transport n'est pas compris dans le prix. Les excursions de 4 jours et 3 nuits (d 504 $US) englobent le Tambopata et le Lago Sandoval, mais pas la réserve.

Tambopata Research Center LODGE $$$
(Rainforest Expeditions ; www.perunature.com ; s/d 5 jours et 4 nuits 1 015/1 590 $US) Cuzco (☎084-24-6243 ; cusco@rainforest.com.pe ; Portal de Carnes 236) ; Lima (☎01-421-8347 ; postmaster@rainforest.com.pe ; Aramburu 166, Miraflores) ; Puerto Maldonado (☎082-57-2575 ; pem@rainforest.com.pe ; Av. Aeropuerto Km 6, CPM La Joya). À 7 heures de bateau de Puerto Maldonado, cet important centre de recherche est renommé pour une falaise d'argile (*colpa*) qui attire le matin de 4 à 10 espèces de perroquets et d'aras. Les scientifiques étudient ici les habitudes alimentaires (dont leur goût pour l'argile) ainsi que les schémas de migration et de nidification de ces oiseaux. Ils s'intéressent également aux techniques de construction de nids artificiels. Le lodge du centre, plutôt simple, comporte 18 doubles, 4 douches et 4 toilettes. L'éloignement explique les tarifs plus élevés qu'ailleurs. À moins de mauvais temps ou autres conditions défavorables, vous verrez une multitude d'aras à la *colpa*. Le trajet fait habituellement étape au Refugio Amazonas la première et la dernière nuit. Le tronçon final traverse une région reculée offrant de bonnes chances de croiser des capybaras et des animaux plus inhabituels. Vous devrez présenter votre passeport au Puesto Control Malinowsky. Réservation auprès de Rainforest Expeditions.

RÉGION DE MANÚ

La région de Manú englobe le Parque Nacional de Manú et une grande partie de la jungle et de la forêt de nuages alentour. Le parc, d'une superficie de près de 20 000 km², est l'un des meilleurs endroits d'Amérique du Sud pour prendre la mesure de la diversité de la vie sauvage tropicale. Il est divisé en 3 secteurs. Interdite aux visiteurs non autorisés, la *zona natural*, la plus grande, couvre 80% de la surface totale du parc. Seules peuvent y pénétrer quelques tribus indiennes, essentiellement des Machiguenga (ou Matsiguenka), dont certains conservent un mode de vie traditionnel. Quelques groupes n'ont pratiquement jamais rencontré d'étrangers et n'en manifestent pas l'envie. Heureusement, ce souhait est respecté. Des chercheurs obtiennent un permis pour étudier la faune et la flore. La *zona reservada*, au nord-est, représente environ 10% du parc. Les recherches et le tourisme y sont autorisés sous contrôle et elle dispose de quelques hébergements officiels. Enfin, la *zona cultural*, au sud-est, concentre la plupart des activités touristiques. Pour circuler entre la *zona cultural* et la *zona reservada*, il faut emprunter le Madre de Dios jusqu'à Boca Manú, principal village de transit du parc. Les alentours du parc offrent aussi d'excellentes possibilités d'observer la faune ; au sud-est de Boca Manú, autour du Manu Wildlife Center (p. 470), des falaises d'argile attirent des aras et des tapirs.

Circuits dans la région de Manú

Avant de réserver, vérifiez bien l'itinéraire d'un circuit, car Manú désigne aussi bien le parc national que la région environnante. Certains circuits, tels ceux au Manu Wildlife Center (propice néanmoins à l'observation de la faune), ne pénètrent pas dans le parc. Des agences n'ont pas le droit d'y entrer et proposent des "circuits à Manú" en dehors du parc ou vendent des excursions d'autres tour-opérateurs. D'autres s'associent et partagent lodges, guides et moyens de transport. Cela signifie que l'agence où vous réservez un circuit n'est pas toujours celle qui fournit la prestation. Presque toutes combinent sur demande la visite de Manú et un tour complet du Pérou.

Les agences citées ci-dessous sont toutes officiellement autorisées à pénétrer dans le parc national, respectent l'environnement et veillent à minimiser leur impact. La direction du Parque Nacional de Manú limite le nombre de visiteurs à 3 000 par an, aussi faut-il réserver bien à l'avance. Prévoyez une marge pour la suite de votre voyage, car les retards sont fréquents. Le mieux consiste à venir en bus et en bateau, puis à repartir en avion. Le coût d'un circuit dépend de l'hébergement (camping ou lodge), du mode de transport depuis/vers Manú (avion ou bus) et de l'entrée ou non dans la *zona reservada*. Si cette dernière ne garantit pas de voir davantage d'animaux, la forêt vierge qui la couvre offre plus de chances d'en apercevoir de grande taille. Les tour-opérateurs les plus chers proposent des guides polyglottes fiables et mieux formés, de meilleurs équipements, une nourriture plus variée, une assurance appropriée et des services de secours. De plus, ils consacrent souvent une part de leurs bénéfices à la protection de Manú.

Toutes les agences fournissent le transport, la nourriture, l'eau potable purifiée, des guides, les permis, l'équipement de camping ou des chambres avec moustiquaires dans les lodges. Les objets personnels, comme un sac de couchage (inutile dans un lodge), un anti-moustique, une crème solaire, une lampe de poche, des piles de rechange, des vêtements appropriés et des boissons en bouteille sont à la charge du client. Jumelles et appareil photo avec zoom sont fortement recommandés.

Tous les lodges et les tour-opérateurs indiquent leurs prix en dollars US.

Crees CIRCUITS AVENTURE
(www.crees-manu.org) Cuzco (☎26-2433 ; Urb Mariscal Garmarra B-5, Zona 1). Ce tour-opérateur organise des circuits de "bénévolat touristique" d'une semaine dans la *zona reservada* (1 150 $US ; départ sam avr-déc), qui permettent de découvrir des parties de la jungle autrement inaccessibles en participant à des projets de reforestation et de surveillance des jaguars. Pour ceux qui veulent poursuivre l'expérience, il existe des programmes de volontariat à long terme (jusqu'à 16 semaines).

Bonanza Tours CIRCUITS AVENTURE
(☎084-50-7871 ; www.bonanzatoursperu.com ; Suecia 343, Cuzco). Ce tour-opérateur est géré par Ryse Choquepuma et ses frères, qui ont grandi à Manú et connaissent parfaitement la région. La maison familiale a été transformée en un lodge bien équipé. La propriété jouxte presque le parc, des sentiers sillonnent les environs et une falaise argileuse attire quantité d'animaux. La formule comprend la baignade dans des sources chaudes et une initiation à la coupe de noix de coco. Le forfait de 4 jours et 3 nuits, dont deux dans le lodge familial et une dans un nouveau lodge près de Pilcopata, revient à 435 $US. Bonanza organise également de plus longs circuits dans la *zona reservada*.

Pantiacolla Tours CIRCUITS AVENTURE
(☎084-23-8323 ; www.pantiacolla.com ; Garcilaso 265 interior, 1er ét., Cuzco). Pantiacolla Tours

possède trois lodges dans la région de Manú. Des voyageurs le recommandent fréquemment pour ses circuits respectueux de l'environnement, conduits par des guides originaires de la région. Son lodge de jungle propose même des cours d'espagnol. Ce tour-opérateur contribue financièrement à la protection de Manú, une garantie au niveau écologique. Un circuit de 7 jours avec vol au retour coûte à partir de 1 275 $US par personne, avec aller-retour par la route ; l'hébergement mêle camping et lodge. L'agence travaille avec des communautés indiennes dans le cadre du projet Yine, décrit sur son site Internet.

Manu Expeditions CIRCUITS AVENTURE
(084-22-5990, 084-22-4235 ; www.manuexpeditions.com ; Clorinda Matto de Turner 330, Urb Magisterial, Cuzco). Forte de plus de 20 ans d'expérience, cette agence possède le seul camp de toile dans le parc national et est copropriétaire du Manu Wildlife Center. Ses guides sont excellents, expérimentés et très bien informés. Si vous avez la chance de partir avec le propriétaire, Barry Walker, un ornithologue britannique qui réside depuis longtemps à Cuzco, vous serez en d'excellentes mains, surtout si les oiseaux vous intéressent. Une expédition appréciée part de Cuzco tous les dimanches (sauf de janvier à mars, où elle n'a lieu que le premier dimanche du mois), dure 9 jours et comprend le transport par la route jusqu'à Manú avec 2 nuits dans le camp de toile Cocha Salvador de la compagnie, 3 nuits au Manu Wildlife Center, 3 nuits dans d'autres lodges et le retour en avion à Cuzco. Le prix s'élève à 2 445 $US par personne pour une chambre partagée. Sur arrangement préalable, le trajet aller peut inclure une descente à VTT. D'autres circuits plus courts, plus longs ou personnalisés sont également proposés.

Manu Nature Tours CIRCUITS AVENTURE
(084-25-2721 ; www.manuperu.com ; Pardo 1046, Cuzco). Cet opérateur gère le Manu Lodge, le seul lodge équipé de la réserve, ouvert toute l'année. Outre un réseau de 20 km de sentiers, des excursions guidées mènent à des lacs et à des tours d'observation. Un circuit de 5 jours, avec vol à l'aller ou au retour, revient à 1 628 $US par personne (en double) et part tous les jeudis. Un guide naturaliste bilingue accompagne les circuits et les repas sont compris. Moyennant un supplément, une partie du trajet peut s'effectuer à VTT ou en rafting. La compagnie offre des circuits plus longs et des séjours dans son Manu Cloud Forest Lodge (p. 468).

Amazon Trails Peru CIRCUITS AVENTURE
(084-43-7374, 984-714-148 ; www.amazontrails-peru.com ; Tandapata 660, Cuzco). Réputée fournir les meilleures prestations parmi les tours-opérateurs les moins chers, cette agence est conseillée par des lecteurs. Elle fournit quantité d'informations insolites au cours de ses circuits et propose des itinéraires moins classiques, tel l'un des sites supposés de la légendaire cité inca El Dorado. Si vous devez rejoindre Puerto Maldonado, il peut organiser le transport en bateau/bus pour vous éviter de revenir à Cuzco. Les puissantes jumelles fournies augmentent les chances de voir la faune. Prévoyez à partir de 1 370 $US pour un circuit de 6 jours dans la *zona reservada*.

InkaNatura CIRCUITS AVENTURE
(www.inkanatura.com) Cuzco (084-25-5255 ; Ricardo Palma J1 Urb Santa Mónica et Plateros 361) ; Lima (01-440-2022 ; Manuel Bañón 461, San Isidro). Cette agence internationale renommée est copropriétaire du Manu Wildlife Center. Elle peut combiner un séjour au centre avec la visite d'autres endroits de la forêt tropicale sud, dont Pampas del Heath, près de Puerto Maldonado, où elle possède un lodge.

De Cuzco à Manú

Ce parcours spectaculaire offre d'excellentes possibilités d'observer les oiseaux dans les lodges qui le jalonnent et traverse des paysages étonnamment variés. La route commence dans les montagnes andines dénudées, file dans la forêt de nuages, puis plonge dans la jungle moite des basses terres. Vous pouvez rejoindre indépendamment Boca Manú, à 1 heure de la *zona reservada*, mais il s'agit d'une entreprise difficile. Pour pénétrer dans la *zona reservada* et augmenter vos chances d'apercevoir des animaux, vous devrez choisir un circuit guidé. Si la plupart des lodges acceptent les hôtes de passage, mieux vaut prévenir à l'avance.

Le trajet par la route implique d'abord de prendre un bus ou un camion (ou un monospace en cas de circuit organisé) de Cuzco à Shintuya, via Paucartambo. Des bus **Gallito de las Rocas** (☎084-22-6895 ; Av. Diagonal Angamos 1952, Cuzco) partent les mardi, mercredi et vendredi à 5h pour Pilcopata (20 S, 10-12 heures par beau temps) et quittent l'endroit les mêmes jours à 18h. Prenez un taxi pour rejoindre le terminal, difficile à trouver seul. Du Coliseo Cerrado à Cuzco, des camions, moins chers, se rendent aussi à Shintuya (24 heures en saison sèche) de temps à autre. Véhicules bondés, pannes et retards sont monnaie courante. Pendant la saison des pluies, et parfois en saison sèche, des camions sortent de la route. Mieux vaut opter pour les bus touristiques, plus coûteux, plus sûrs et plus confortables, proposés par des tour-opérateurs de Cuzco. Nombre d'agences de Cuzco organisent des circuits à Manú.

À voir et à faire

Après Paucartambo, il faut 1 heure et demie de route pour rejoindre l'entrée du Parque Nacional de Manú (*zona cultural* ; 10 S pour les voyageurs indépendants à l'embranchement de Tres Cruces, 13 km plus loin). Le trajet de 6 heures jusqu'à Pilcopata traverse une **forêt de nuages** spectaculaire, à 1 600 m d'altitude, qui recèle des milliers d'espèces aviaires, dont beaucoup restent encore à identifier officiellement. Plusieurs lodges se prêtent merveilleusement à l'**observation des oiseaux** ; les plus veinards y surprendront peut-être des coqs de roche à l'étonnant plumage écarlate, qui effectuent des parades nuptiales élaborées.

Le village suivant, **Pilcopata**, marque le terminus des bus publics et les dernières possibilités de contact avec le monde extérieur avant Manú, via une cabine téléphonique ou un mobile. Il abrite en outre le principal poste de police de la région, des hôtels sommaires (lits 15 S environ) et des commerces. De là, des pick-up partent tôt le matin pour Atalaya (45 min) et Shintuya (3 heures).

Au-delà de Pilcopata, la route peut être quasiment impraticable à la saison des pluies, c'est pourquoi la plupart des véhicules déclarent forfait à **Atalaya**, où leurs passagers prennent le bateau (tous les circuits organisés de Manú poursuivent par voie fluviale). Il est cependant possible de continuer par voie terrestre, dans de très rudes conditions, jusqu'à **Salvación**, siège d'un bureau du parc national, et **Shintuya**, qui offre quelques hébergements rudimentaires. Cela n'a toutefois guère de sens car il y a davantage d'embarcations pour descendre le fleuve depuis Atalaya. Juste après Shintuya, **Itahuanía** accueille l'hôpital d'urgence du secteur.

La longue traversée sur l'Alto Madre de Dios entre Atalaya et **Boca Manú**, au confluent du Río Manú, peut durer presque une journée entière. Pourvu d'infrastructures basiques, le village a la réputation de construire les meilleurs bateaux de rivière de la région, visibles à différents stades de leur fabrication. Si vous voyagez en indépendant, sachez que vous n'aurez pas le droit de pénétrer dans la *zona reservada*. En revanche, vous pourrez *peut-être* parcourir le Río Manú jusqu'au Manu Wildlife Center et à Puerto Maldonado. L'aérodrome de Boca Manú n'est actuellement utilisé que par des avions privés. Pour cette raison, beaucoup de compagnies empruntent un autre itinéraire jusqu'à Manú (vol à destination de Puerto Maldonado, trajet routier vers Iñapari et remontée du Madre de Dios).

Où se loger

Plusieurs lodges jalonnent ce parcours. Si aucun d'entre eux ne s'inscrit dans la *zona reservada* ou la *zona natural* du Parque Nacional de Manú, ils offrent néanmoins de bonnes possibilités d'observer la faune. Ne croyez pas que l'accès à la *zona reservada* soit forcément la garantie de voir plus d'animaux. Les hébergements se concentrent dans la forêt de nuages et le long du Río Alto Madre de Dios après Atalaya. La plupart acceptent les touristes indépendants, mais donnent la priorité aux groupes des circuits organisés. Mieux vaut donc réserver au moins une nuit. Les adresses suivantes sont classées en fonction de leur éloignement de Cuzco.

FORÊT DE NUAGES

Manu Paradise Lodge LODGE **$$$**
(☎084-22-4156 ; www.manuparadiselodge.com ; Urb Magisterio 2da etapa, Cuzco ; s/d en pension complète 85/140 $US). À 6 heures de Cuzco et surplombant la pittoresque vallée du Río Kosñipata, l'établissement peut accueillir 16 personnes dans des chambres spacieuses avec sdb et eau chaude. Assez moderne, contrairement aux lodges rustiques plus loin dans le parc, il comprend un agréable bar-restaurant doté d'une cheminée et des longues-vues pour observer la faune, en particulier les oiseaux. Il décline un large éventail de formules de 3 à 6 nuits (voir site Internet), parmi lesquelles des circuits de

rafting et à VTT. Les sorties ornithologiques priment toutefois.

Manu Cloud Forest Lodge LODGE $$$
(☎084-25-2721 ; www.manuperu.com ; Pardo 1046, Cuzco ; s/d 3 jours et 2 nuits 748/1 096 $US par pers). Sur le même tronçon de route que le Cock-of-the-Rock, ce lodge de 16 à 20 lits compte 6 chambres avec douches chaudes et un restaurant. Il offre la possibilité d'observer les oiseaux de la forêt de nuages. Transport et sauna en sus. Les prix incluent les activités ; la pension complète seule coûte 120 $US par personne et par nuit. Réservation auprès de Manu Nature Tours.

Cock-of-the-Rock Lodge LODGE $$$
(www.inkanatura.com ; s/d 3 jours et 2 nuits en pension complète 785/1 270 $US) Cuzco (☎084-25-5255 ; Ricardo Palma J1 Urb Santa Mónica & Plateros 361) ; Lima (☎01-440-2022 ; Manuel Bañón 461, San Isidro). À quelques minutes de marche d'un *lek* (lieu d'accouplement) de coqs-de-roche – les propriétaires affirment qu'on peut photographier des mâles à 7 m de distance –, ce lodge d'InkaNatura à 1 600 m d'altitude est un point de chute exceptionnel pour les ornithologues amateurs. Il possède un restaurant et 12 bungalows rustiques pour deux avec sdb individuelle et eau chaude. Les tarifs comprennent l'aller-retour depuis Cuzco ; le trajet, émaillé d'arrêts intéressants, dure 8 heures en moyenne.

Rainforest Lodge LODGE $$
(☎084-50-7871 ; www.bonanzatoursperu.com ; Suecia 343, Cuzco ; pension complète 40 $US/pers). Bien pour une halte, cet hébergement beaucoup plus économique proche de Pilcopata (possibilité de sortir le soir dans le village) se compose de 8 bungalows rustiques avec sdb communes pouvant loger jusqu'à 18 personnes. Il se trouve au pied de la forêt de nuages, à 1 heure de route du meilleur site pour observer les oiseaux.

RÍO ALTO MADRE DE DIOS

Il est plus difficile de séjourner dans ces lodges en indépendant à cause du nombre réduit de bateaux non rattachés à un tour-opérateur.

Amazonia Lodge LODGE $$
(☎084-23-1370 ; www.amazonialodge.com ; Matará 334, Cuzco ; ch en pension complète 85 $US/pers). Sur la rive en face d'Antalya et généralement accessible en bateau, cette ancienne hacienda coloniale dans les contreforts des Andes jouit d'un environnement un peu différent, mais aurait besoin de quelques rénovations. Dépourvue d'électricité, elle renferme des chambres propres aux lits confortables et des douches chaudes communes. Des sentiers sillonnent la forêt, l'observation des oiseaux est excellente (circuits guidés offerts) et les moustiques se font rares. Le lodge peut s'occuper du transport, à moins de réserver auprès d'une agence de Cuzco.

Pantiacolla Lodge LODGE $$
(☎084-23-8323 ; www.pantiacolla.com ; Garcilaso 265 interior, 1er ét., Cuzco ; s/d en pension complète 145/180 $US, avec sdb commune 125/150 $US). Quatorze doubles, dont trois avec sdb. Des sentiers forestiers (certains remontant dans la forêt de nuages à 900 m), une *colpa* fréquentée par les perroquets et des sources chaudes se situent dans les parages. Divers transports et excursions guidées sont proposés en supplément. Il faut prévenir pour le bateau qui dessert le lodge, à la lisière du parc national, juste avant le village d'Itahuanía. Réservez auprès de Pantiacolla Tours.

Bonanza Ecological Reserve LODGE $$
(☎084-50-7871 ; www.bonanzatoursperu.com ; Suecia 343, Cuzco ; pension complète 85 $US/pers). Après Itahuanía en direction de Bonanza, le lodge familial de Bonanza Tours possède 8 bungalows pour deux, un grand restaurant et un espace de détente sur deux étages muni de hamacs, le tout dans une vaste clairière. Les sdb sont communes et l'électricité fonctionne grâce à des panneaux solaires. Des sentiers conduisent dans la jungle épaisse qui donne sur la *zona natural*. La maison dans un arbre, qui domine une *colpa* attirant les tapirs, constitue le point fort du lieu.

Yine Lodge LODGE $$$
(☎084-23 8323 ; www.pantiacolla.com ; Garcilaso 265 interior, 1er ét., Cuzco ; s/d en pension complète 145/180 $US, avec sdb commune 125/150 $US). Ce lodge simple, géré par des Yine en collaboration avec Pantiacolla Tours qui s'occupe des réservations, est la meilleure option à Boca Manú même ; il se situe près de l'aérodrome. Il loue 6 chambres doubles, avec douches et toilettes communes.

Parque Nacional de Manú

L'exceptionnelle biodiversité de ce parc national est due à la variété de ses habitats, des versants orientaux des Andes au bassin amazonien, de la forêt de nuages à la jungle. La protection scrupuleuse de ce parc, une rareté sur la planète, ajoute à ses attraits naturels.

Après que le Pérou eut promulgué des lois pour la protection de l'environnement en 1973, l'Unesco déclara Manú réserve de biosphère en 1977 et l'inscrivit au patrimoine mondial en 1987. L'isolement et la difficulté d'accès ont contribué à la préservation d'une telle surface de forêt vierge, décourageant toute velléité d'exploitation de ses ressources naturelles. Un litige oppose toutefois les populations locales à la compagnie Hunt Oil, à laquelle le gouvernement péruvien a accordé une concession pour extraire des hydrocarbures dans la *zona cultura* du Manú.

Il est illégal de pénétrer dans le parc sans guide. Vous pouvez réserver un circuit organisé à Cuzco (voir p. 214) ou auprès de tour-opérateurs internationaux. Ces expéditions sont chères. Les voyageurs à petit budget obtiendront de meilleurs prix à Cuzco, à condition de faire preuve de souplesse. Les visiteurs reviennent souvent de Manú avec plusieurs jours de retard. Ne prévoyez pas un vol international le lendemain de votre retour !

Les tour-opérateurs s'occupent des permis, indispensables pour entrer dans le parc. Le transport, l'hébergement, la nourriture et les services d'un guide sont compris dans les forfaits. La plupart des circuits durent une semaine, mais on peut choisir un séjour de 3 jours dans un lodge.

La saison sèche, de juin à novembre, est la meilleure période pour visiter Manú. Pendant la saison des pluies (de janvier à avril), le parc peut être fermé ou inaccessible, sauf pour les visiteurs qui séjournent dans les deux lodges à l'intérieur du parc.

La forêt vierge s'étend en amont du Río Manú, au nord-ouest de Boca Manú. Au Puesto de Control Limonal, à 1 heure environ de Boca Manú, vous devrez payer un droit d'entrée de 150 S par personne (habituellement inclus dans les circuits organisés). Au-delà, vous devez être accompagné d'un guide et posséder un permis. Quelques chemins sillonnent les alentours de Limonal.

À 2 heures en amont s'étend la **Cocha Juárez** où nagent souvent des loutres géantes. Environ 4 heures plus loin on parvient à la **Cocha Salvador**, l'un des lacs les plus grands et les plus beaux du parc, où il est possible de camper et d'effectuer des randonnées avec un guide. À 30 minutes en bateau, **Cocha Otorongo**, un autre bras mort, comporte une tour d'observation. L'épaisse végétation dissimule les animaux, mais un guide expérimenté vous aidera à les repérer.

Au cours d'un périple d'une semaine, vous verrez une multitude d'oiseaux divers, plusieurs espèces de singes et, parfois, d'autres mammifères. Jaguars, tapirs, tamanoirs, tamanduas (une sorte de fourmilier), capybaras, pécaris et loutres géantes comptent parmi les grands animaux communs, mais ils se montrent rarement et vous pourrez vous estimer heureux si vous en voyez deux ou trois en une semaine. Parmi les plus petits mammifères que vous pourrez apercevoir, citons le kinkajou, le paca, l'agouti, l'écureuil, le *mazama* (daguet), l'ocelot et le tatou. Vous verrez sans doute des tortues d'eau douce, des caïmans, plus difficilement des serpents (plus rares) et divers autres reptiles et amphibiens. Enfin, la forêt regorge de papillons chatoyants et d'insectes moins sympathiques.

Deux lodges sont installés dans le parc.

À 1 km du Río Manú et bordant la Cocha Juarez, le **Manu Lodge** comprend une rangée de 12 chambres doubles sans prétention, avec moustiquaires et lits confortables, ainsi que des douches froides et des toilettes dans un bâtiment séparé. Moyennant un supplément, vous pourrez grimper sur une plate-forme dans la canopée ou descendre le fleuve. Un réseau de 20 km de sentiers sillonne les environs du lac et permet d'observer la faune. Ce lodge possède aussi 12 chambres doubles et un bar-restaurant à côté du lac où s'ébattent des loutres géantes. Réservez auprès de **Manu Nature Tours** (☎084-25-2721 ; www.manuperu.com ; Pardo 1046, Cuzco).

Le **Cocha Salvador Safari Camp** se tient un peu plus loin. Des grandes tentes avec lits de camp, literie et moustiquaire sont installées sur des plates-formes. Des douches et des toilettes modernes sont à disposition et des repas sont proposés. À l'occasion, Manu Expeditions utilise le **Casa Matsiguenka Lodge** (☎084-22-5990, 084-22-4235 ; www.manuexpeditions.com ; Clorinda Matto de Turner 330, Urb Magisterial, Cuzco) plus rustique, construit dans le style traditionnel par des Machiguenga (Matsiguenka).

On peut camper sur les plages sablonneuses du Río Manú et sur les rives de quelques lacs. Les tour-opérateurs fournissent l'équipement nécessaire. Pendant la saison des pluies (de janvier à avril), les plages sont inondées et le camping interdit dans le parc. Le reste de l'année, prévoyez de l'anti-moustique en abondance !

Le Manu Wildlife Center et ses environs

Un trajet de 2 heures en bateau sur le Río Madre de Dios au sud-est de Boca Manú conduit au **Manu Wildlife Center** (s/d 4 jours et 3 nuits 1 345/2 190 $US), un lodge de jungle qui appartient à **InkaNatura Travel** (☎084-25-5255 ; www.inkanatura.com ; Cuzco Ricardo Palma J1 Urb Santa Mónica et Plateros 361 ; Lima ☎01-440-2022 ; Manuel Bañón 461, San Isidro) et **Manu Expeditions** (☎084-22-5990, 084-22-4235 ; www.manuexpeditions.com ; Clorinda Matto de Turner 330, Urb Magisterial, Cuzco) ; les deux tour-opérateurs enregistrent les réservations. En dehors de la réserve de biosphère de Manú, il offre néanmoins d'exceptionnelles possibilités d'observer la faune. Installé dans un jardin tropical, le lodge compte 22 bungalows doubles avec moustiquaires et douches chaudes, une salle à manger et un bar-salle de hamacs. Notez que certaines formules, dont celle citée ci-dessus, débutent par un vol pour Puerto Maldonado et remontent le Río Madre de Dios pour rejoindre le Manu Wildlife Center. Il s'agit d'une formidable opportunité de découvrir un tronçon peu fréquenté de ce fleuve majestueux. D'autres options incluent une ou deux nuits de camping à l'intérieur du parc lui-même.

Sillonné de 48 km de sentiers, le centre permet de découvrir 12 espèces de singes et d'autres animaux. Une courte marche conduit à deux plates-formes dans la canopée (dont l'une accessible en permanence), qui procurent la vue sur le sommet de la forêt tropicale et les oiseaux qui l'habitent.

Une promenade de 3 km dans la forêt mène à une *colpa* où une plate-forme surélevée, protégée par des moustiquaires, permet de contempler les activités nocturnes des tapirs. Cette marche implique de se déplacer à la lueur d'une lampe électrique. Vous devrez peut-être attendre des heures pour voir les animaux, mais votre patience sera sans doute récompensée. La *colpa* est habituellement déserte dans la journée.

Un court trajet en bateau sur le Madre de Dios conduit à une autre *colpa* réputée, fréquentée par diverses espèces de perroquets et d'aras. Le matin, ils arrivent souvent par centaines et sont particulièrement nombreux de fin juillet à septembre. À l'arrivée de la saison des pluies, leur nombre diminue, et, en juin, la *colpa* n'attire plus aucun oiseau. Si mai et début juillet ne sont pas non plus des périodes idéales, des ornithologues peuvent signaler aux amateurs la présence des oiseaux dans des secteurs proches.

La falaise d'argile se visite à bord d'un catamaran camouflé, dans lequel 20 passagers peuvent observer la faune. L'embarcation est suffisamment stable pour qu'on puisse utiliser un trépied ou un téléobjectif. Le capitaine arrête l'embarcation vers le milieu du fleuve pour ne pas déranger les oiseaux.

Outre les sentiers et les falaises argileuses, les alentours recèlent quelques lacs accessibles en catamaran où vivent des loutres géantes et d'autres animaux. Pour profiter pleinement de l'environnement, prévoyez au moins trois nuits au Manu Wildlife Center, bien qu'il soit possible d'y séjourner moins longtemps.

Près du Manu Wildlife Center, le **Tambo Blanquillo Lodge** possède des chambres rustiques avec sdb communes et privatives. Des agences de Cuzco, dont **Pantiacolla Tours** (carte p. 459 ; ☎084-23-8323 ; www.pantiacolla.com ; Saphy 554, Cuzco), proposent un circuit avec hébergement dans ce lodge économique et d'autres lodges de la région. Les prix varient, mais il n'est pas possible de séjourner uniquement au Blanquillo.

Si vous continuez en aval du Madre de Dios au-delà des sites d'orpaillage jusqu'à Puerto Maldonado, vous ne verrez guère d'animaux. Amazon Trails Peru (p. 466) peut organiser le transport en bateau/bus, mais la rareté des moyens de locomotion incite la plupart des voyageurs à retourner à Cuzco.

CENTRE DU BASSIN AMAZONIEN

Destination prisée des Limeños (habitants de Lima) pour un long week-end ou les vacances, la province tropicale de Chanchamayo se situe à 8 heures de bus de la capitale. Au cours de la dernière heure de route, la végétation et le climat changent rapidement à mesure que l'on descend des versants andins arides vers la luxuriance de la Selva Central (forêt centrale). Réputée pour la production de café et de fruits, la région comprend deux grosses bourgades, La Merced et San Ramón, ainsi que des petites localités isolées. Malgré sa popularité auprès des vacanciers péruviens, elle offre un bon aperçu de la vie amazonienne. De meilleurs transports facilitent la rencontre avec des tribus de la forêt tropicale. Les plus aventureux pourront emprunter deux itinéraires difficiles qui traversent la ceinture centrale de l'Amazonie péruvienne via Satipo et Puerto Bermúdez, et rejoignent le port de Pucallpa, point de départ pour des circuits fluviaux plus avant dans la jungle.

La Merced et San Ramón

064 / 40 000 HABITANTS / ALTITUDE 800 M

San Ramón se situe à 295 km à l'est de Lima et La Merced 11 km plus loin. Une même langueur règne dans les deux localités majeures du Chanchamayo. Du fait de la résistance à la colonisation des Asháninka, elles ne furent fondées qu'au XIXe siècle. Destinations de vacances prisées, elles constituent d'excellentes bases pour découvrir les collines couvertes de forêt des alentours et des cascades qui se déversent dans la vallée du Río Chanchamayo. Mieux vaut réserver en période de congés, moment où les prix des hébergements sont par ailleurs presque multipliés par deux.

À voir et à faire

Les escaliers, à l'extrémité nord-ouest de l'**Avenida 2 de Mayo**, offrent une belle vue sur La Merced, et le balcon, à l'extrémité sud-est, surplombe le fleuve.

Parmi les nombreuses **cascades** impressionnantes aux alentours de San Ramón, la **Catarata El Tirol** (35 m), très fréquentée, se situe 5 km à l'est près de la route de La Merced. Vous pouvez prendre un taxi pour les deux premiers kilomètres, puis continuer à pied le long de chemins forestiers ombragés et de ruisseaux. Près de la route de Pichanaqui, à Puente Yurinaki, la **Catarata Velo de la Novia** et la **Catarata Bayoz** forment une série de chutes plus hautes. Des agences, à La Merced ou à Tarma, organisent des excursions.

Un **marché** pittoresque a lieu chaque jour à La Merced. Un intéressant **marché du week-end**, fréquenté par les Indiens des environs, se tient aussi à San Luis de Shuaro, à 22 km de La Merced. Des Asháninka viennent parfois vendre leur artisanat à La Merced.

Où se loger

La Merced compte la plupart des hébergements convenables, San Ramón quelques hôtels de luxe.

LA MERCED

Il suffit d'aller dans le centre pour trouver des *hospedajes* bon marché facturant 20 S par personne, voire moins, comme l'**Hospedaje Santa Rosa** (Av. 2 de Mayo 447), bien tenu.

Hotel Heliconia HÔTEL $$
(53-1394 ; http://heliconiahotel.blogspot.co.uk ; Junín 922 ; s/d avec petit-déj 90/130 S ;). Le meilleur des deux nouveaux hôtels convenables ouverts dans le centre loue d'immenses chambres climatisées, avec réfrigérateur et sdb reluisante. Petit-déjeuner servi dans un cadre gai. Vue sur le Parque Integración, le plus souvent.

Hostal Fanny PENSION $
(77-5530, 964-879-547 ; Tarma, cuadra 1 ; s/d 40/80 S). Une adresse propre et agréable, avec des chambres de bonne taille joliment décorées et un restaurant. Deux doubles disposent d'une sdb.

Hotel Elio's HÔTEL $
(53-1229 ; Palca 281 ; s/d 40/60 S). Près de la place, des chambres spacieuses contenant bureau, ventilateur, TV câblée et sdb impeccables. Évitez le côté rue, bruyant.

Hotel Rey HÔTEL $
(53-1185 ; www.hotelrey.net ; Junín 103 ; s/d 60/80 S). L'endroit a du succès et les propriétaires le savent. Des couloirs pimpants conduisent à des chambres avec ventilateur, TV câblée et douche chaude. Le restaurant au dernier étage prépare une cuisine correcte et jouit d'une jolie vue sur la ville.

SAN RAMÓN

Les meilleurs hôtels de la région se situent à la périphérie de cette ville quelconque, sur la route de La Merced.

Rio Grande Inn HÔTEL $$
(33-2193, 95-71-3316 ; www.riogrande-bungalow.com ; Carretera Central Km 97 ; s/d avec petit-déj 90/120 S ;). Élégant et bien aménagé,

cet établissement s'inscrit sur un domaine verdoyant au bord du Río Chanchamayo. Les chambres lambrissées, avec réfrigérateur, disposent des équipements habituels de la catégorie supérieure. Piscine somptueuse. Restaurant servant repas légers et rafraîchissements. En période d'affluence, les voyageurs en solo paient le prix d'une double.

Où se restaurer

L'offre culinaire est assez basique.

Restaurant Shambari Campa PÉRUVIEN $$
(Tarma 389, La Merced ; plats 18-27 S ; 6h30-0h30). Sur la place, ce petit restaurant renommé offre l'embarras du choix en matière de plats, parmi lesquels un remarquable *chancho* (cochon sauvage de la forêt).

Los Koquis PÉRUVIEN $
(Tarma 376, La Merced ; plats 16-25 S ; 11h-23h). Dans un passage verdoyant débouchant sur la place, l'endroit séduit la clientèle grâce à ses spécialités de la jungle.

Chifa Felipe Siu CHINOIS $
(Progreso 440, San Ramón ; repas 12 S environ ; 11h-14h et 18h30-23h). Les habitants prétendent qu'il s'agit du meilleur restaurant chinois d'Amazonie péruvienne.

Achats

Chanchamayo Highland Coffee CAFÉ
(53-1198 ; http://highlandproducts.com.pe). À 1 km au nord-est de la gare routière, sur la route de Satipo, c'est l'unique endroit de la région où l'on peut goûter et acheter le café du Chanchamayo. Sur place, vous pouvez visiter une exposition sur la production du café et découvrir d'antiques machines. Le Pérou compte parmi les plus grands producteurs de café au monde et en exporte quasi la totalité. Il y a aussi un bon choix de confitures et de glaces du cru.

Renseignements

Un BCP avec DAB et de nombreux téléphones publics sont installés dans les deux villes. La Merced dispose des meilleurs services.

Cybercafé (Palca Cuadra 2 s/n, La Merced)

Hospital (53-1002 ; Tarma, cuadra 1 ; La Merced). Petit hôpital.

Police (Julio Piérola at Passuni, La Merced)

Poste (Av. 2 de Mayo, La Merced)

Telecentro (angle Palca et Junín, La Merced). Sur la Plaza de Armas.

Depuis/vers La Merced et San Ramón

Avion

L'aérodrome de Chanchamayo se situe à 30 minutes de marche de San Ramón (environ 3 S en *mototaxi*). En théorie, on peut louer, presque quotidiennement, des petits avions pour toutes les destinations régionales.

Bus

Terminus de la plupart des bus, la gare routière se tient à 1 km à l'est du centre de La Merced. Les horaires sont toutefois fantaisistes car le transport repose pour beaucoup sur les taxis *colectivos* qui ne partent qu'une fois pleins : allez à la gare le plus tôt possible et renseignez-vous.

Des bus directs relient Lima et Chanchamayo, mais nombre de voyageurs font étape à Tarma. Mieux vaut effectuer dans la journée le trajet de Tarma à San Ramón (70 km) pour profiter de la vue pendant la spectaculaire descente de 2 200 m. Parmi les compagnies desservant Lima (25-35, 8 heures) figure **Junín** (à Tarma 32-1234), qui propose aussi de luxueux bus de nuit (70 S).

Transportes Salazaar et d'autres compagnies offrent plusieurs départs quotidiens pour la capitale, de jour ou de nuit. Leurs bureaux se trouvent dans la gare routière ou en face, dans Prolongación Tarma. Selva Tours possède un bureau dans la gare routière et rallie Huancayo (25 S, 4 heures 30) via Tarma et Jauja environ toutes les heures dans la journée. Diverses compagnies desservent fréquemment Tarma (10 S environ, 2 heures 30).

Les trajets dans la jungle s'effectuent à bord de grands minibus ou de pick-up. Des *colectivos* parcourent certains itinéraires pour un prix légèrement supérieur. Des minibus partent pour Pichanaqui (5 S, 1 heure) et Satipo (8 S, 2 heures 30), environ toutes les 30 minutes. Empresa Santa Rosa offre des minibus fréquents pour Oxapampa (10 S, 3 heures), où l'on peut changer pour Pozuzo (4 heures). Devant la gare routière, des pick-up partent pour Puerto Bermúdez (30 S, 8-10 heures) quand ils sont pleins ; venez à 4h. La durée du trajet dépend de l'état de la route, mais il s'agit toujours d'une épreuve, surtout si vous voyagez sur le toit (dans ce cas, prévoyez des lunettes de soleil, une veste imperméable et des gants afin d'éviter les ampoules en vous agrippant).

Taxi

Des *colectivos* de 4 passagers se rendent à Tarma (20 S, 1 heure 45), Oxapampa (18 S, 2 heures), Pichanaqui (10 S, 1 heure) et Satipo (20 S, 2 heures) depuis des arrêts désignés à l'intérieur de la gare routière.

Comment circuler

Depuis la gare routière, des minibus circulent très régulièrement entre La Merced et San Ramón (1,50 S, 15 min) et font halte aux hôtels situés entre les deux. Les chauffeurs tentent de majorer le prix s'ils pensent que vous logez dans l'un de ces établissements. Les *mototaxis* demandent 1 S entre la gare routière et La Merced.

Satipo

☎064 / 15 700 HABITANTS / ALTITUDE 630 M

Centre d'une région productrice de fruits et de café, cette aimable ville de jungle se situe à 130 km de La Merced. La route a été asphaltée en 2000 pour faciliter le transport des produits, entraînant un développement rapide. Satipo intéresse surtout les voyageurs comme point de départ d'une piste hors des sentiers battus et d'une traversée en bateau jusqu'à Pucallpa, même si peu d'étrangers entreprennent ce périple.

La jolie place principale accueille une agence du BCP (avec DAB) et de nombreuses pâtisseries-glaciers.

Dans le parc hôtelier en plein essor, l'**Hostal El Palmero** (☎54-5020 ; Manuel Prado 228 ; s/d 20/30 S), confortable, et l'**Hostal San Luis** (☎54-5319 ; angle Grau 173 et Leguía ; s/d 40/60 S), plus haut de gamme et doté de chambres de taille correcte et d'une cafétéria au rez-de-chaussée, occupent le dessus du panier. Le premier organise des circuits guidés pour voir des cascades et des pétroglyphes aux alentours. **El Bosque** (Manuel Prado 554 ; plats environ 15 S), un charmant restaurant dans une cour (repas servis de 8h à 17h), prépare la meilleure cuisine.

L'aéroport voisin loue des petits avions. Des minibus et des *colectivos* desservent régulièrement Pichanaqui, où l'on peut changer pour La Merced. D'autres, moins fréquents, couvrent directement La Merced. Des bus plus grands partent matin et soir à destination de La Merced (10 S) et certains continuent jusqu'à Lima. **Turismo Central** (☎964-101-123 ; Los Incas 339), notamment, assure la liaison avec Lima (56 S) et Huancayo (26 S). La route spectaculaire mais difficile jusqu'à Huancayo via Comas est rarement empruntée par les transports publics.

Des *colectivos* stationnés à l'angle de Francisco Irazola et de Bolognesi se rendent à Mazamari (5 S, 30 min), Puerto Ocapa (25 S, 2 heures) et, finalement, Atalaya, au confluent des fleuves Urubamba, Tambo et Ucayali, via une route détériorée. De là, il est possible de trouver des bateaux pour Pucallpa, 450 km en aval (le trajet peut durer jusqu'à 3 jours). Si vous entreprenez ce voyage, sachez qu'il s'agit d'un coin de jungle reculé et non exempt de dangers, en particulier dus aux conflits, souvent armés, liés à l'exploitation agricole de la forêt.

Oxapampa

☎063 / 7 800 HABITANTS / ALTITUDE 1 800 M

Ce joli centre d'élevage et de production de café, à 75 km au nord de La Merced, rappelle un peu les Alpes. C'est peut-être cette particularité qui a séduit 200 colons allemands au milieu du XIXe siècle. Leurs descendants, souvent blonds aux yeux bleus, vivent à Oxapampa et à **Pozuzo** – où les influences germaniques sont encore plus marquées –, une petite bourgade en contrebas (à 4 heures au nord d'Oxapampa par des minibus quotidiens ; plus pendant la saison des pluies), et ont conservé nombre des coutumes de leurs ancêtres. Les maisons évoquent le Tyrol, la cuisine est austro-allemande et quelques familles parlent une forme ancienne de l'allemand. Oxapampa possède des hébergements corrects et une agence BCP sur la place principale.

À voir

Au nord d'Oxapampa se dressent les montagnes noyées dans la brume du **Parque Nacional Yanachaga-Chemillén**, peu fréquenté. Le parc protège une splendide forêt de nuages, une flore et une faune diverses, dont le rare ours à lunettes. Visiter le parc se révèle compliqué. Il faut d'abord obtenir l'autorisation du **bureau de l'Inrena** (☎46-2544 ; San Martín, cuadra 2), puis prendre un minibus à destination de Pozuzo jusqu'à Yuritunqui, à 60 km, où un *guardabosque* (poste de gardes forestiers) perçoit le droit d'entrée (30 S). Des bungalows sommaires sont installés à proximité ; prévoyez sac de couchage et provisions. Demandez au bureau d'Oxapampa de prévenir les gardes par radio de votre arrivée.

Fêtes et festivals

Selvámonos MUSIQUES ACTUELLES
(www.selvamonos.org). Organisé dans le Parque Nacional Yanachaga-Chemillén en juin, ce festival consacré aux musiques actuelles du Pérou fait beaucoup parler de

lui depuis sa création en 2010. Loin de la flûte de Pan, vous y entendrez du rock innovant, de l'électro, du reggae et de la cumbia revisitée de manière originale. La *semana kultura*, une semaine d'événements musicaux et culturels, se déroule parallèlement dans les villes alentour.

Où se loger et se restaurer

D'Palma Lodge LODGE $$

(☎46-2123 ; www.depalmalodge.com ; extrémité de Thomas Schauss ; bungalows pour 2 pers 200 S). Sur le versant d'une colline verdoyante au-dessus de la ville, ces chalets de style helvétique se prêtent idéalement à la détente. Plusieurs d'entre eux comportent une cuisine, et un bar-restaurant à l'élégance rustique complète l'ensemble.

Hostal Papaquell PENSION $

(☎33-7070 ; Bolognesi 288 ; s/d 45/60 S). Cet établissement face à la place loue de grandes chambres confortables dotées de meubles en bois massif et de jolies sdb avec l'eau chaude.

♥ **Das Tee Haus** CAFÉ $

(Bolivar 473 ; en-cas et repas légers 3-12 S ; ⏲8h30-12h30 et 16h40-20h30). Pour manger un morceau, inutile d'aller plus loin. Non seulement cette adresse allemande est à peu près la seule où l'on puisse consommer un vrai café de qualité dans la principale région productrice du Pérou, mais elle sert aussi de savoureuses pâtisseries maison, glaces et lasagnes.

Depuis/vers Oxapampa

De la Plaza de Armas d'Oxapampa, des bus empruntent la mauvaise route qui rejoint Pozuzo à 6h, 10h et 13h. La jolie gare routière d'Oxapampa se situe à huit *cuadras* du centre sur la route de La Merced, presque entièrement asphaltée. Les bus et *colectivos* pour La Merced (10/18 S) partent de là, de même que les bus de nuit directs pour Lima.

Puerto Bermúdez

☎063 / 1 000 HABITANTS / ALTITUDE 500 M

En regardant les pirogues amarrées aux rives boueuses du Río Pachitea qui coule le long de Puerto Bermúdez, il est difficile d'imaginer que l'on peut embarquer ici pour rejoindre l'Amazone et l'océan Atlantique.

L'ambiance n'a pas toujours été aussi paisible. La région au sud-est de Puerto Bermúdez est habitée par les Asháninka, la plus importante tribu indienne de l'Amazonie péruvienne. À l'apogée du Sendero Luminoso (Sentier lumineux, voir p. 300), les guérilleros du mouvement tentèrent d'endoctriner et d'enrôler les Asháninka. N'y parvenant pas, ils tentèrent l'intimidation en les massacrant par dizaines. Il est aujourd'hui possible de rendre visite aux Asháninka depuis Puerto Bermúdez, l'un des meilleurs endroits d'Amazonie pour rencontrer des tribus indigènes. Contactez l'Albergue Humboldt.

Proche du fleuve, l'**Albergue Humboldt** (☎83-0020, 963-72-2363 ; www.albergue-humboldt.com ; ch sans sdb 19 S) constitue le meilleur hébergement. Elle offre des petites chambres rustiques, des douches froides communes, ainsi que des hamacs et des emplacements de camping dans un jardin sûr et isolé. L'électricité ne fonctionne pas le matin. Comptez 20 S par jour pour le petit-déjeuner et le dîner, le thé et le café. Des bières fraîches ainsi qu'une collection fournie de livres et de DVD et un accès Internet sont à disposition. L'accueillant propriétaire basque, Jesús López de Dicastillo, organise toutes sortes de treks et d'expéditions culturelles dans le territoire asháninka en compagnie de guides locaux à partir d'environ 100 S par personne et par jour, nourriture, bateaux et logement dans de simples abris compris ; les prix varient selon la taille du groupe et la distance parcourue. Parfois, on peut même participer aux activités des Asháninka, comme la construction d'embarcations. Chaudement recommandé aux aventuriers à petit budget.

Quelques petits restaurants et un cybercafé bordent l'artère principale.

Des camions partent chaque jour vers 6h pour effectuer le pénible trajet jusqu'à La Merced, qui ne dure plus que 6 heures environ par la nouvelle route à demi asphaltée. Plus au nord, la route se détériore, mais elle a également été améliorée. Le rude parcours jusqu'à Pucallpa via Ciudad Constitución et Puerto Inca se fait en camion (12 heures) et, désormais, en *colectivo* (6-8 heures). À la saison sèche, il arrive que le niveau du fleuve soit trop bas pour naviguer, la route étant alors la meilleure solution. En revanche, la saison des pluies rend parfois cette dernière quasiment impraticable. Il n'existe plus de vols à destination de Puerto Bermúdez.

Pucallpa

061 / 205 000 HABITANTS / ALTITUDE 154 M

Port animé, Pucallpa n'a pas le charme particulier des autres villes de l'Amazonie. Important centre de transport des marchandises le long du Río Ucayali, un large fleuve marron qui se jette plus loin dans l'Amazone, la ville déçoit après avoir parcouru des kilomètres dans la forêt tropicale pour la rejoindre. Le centre regroupe des bâtiments modernes sans grâce, construits à la hâte, qui cachent mal les bidonvilles, à quelques rues. Pucallpa constitue un point de départ pour un splendide périple fluvial au nord jusqu'à Iquitos et, si vous en avez le temps et l'envie, jusqu'au Brésil et à l'Atlantique.

Au-delà de l'agglomération urbaine, il est possible de se relaxer dans des lodges au bord du joli Lago Yarinacocha et d'aller à la rencontre de communautés indiennes.

À voir

De nombreux voyageurs visitent la bourgade voisine de Yarinacocha, plus intéressante que Pucallpa et dotée de bons hébergements.

À 4 km du centre de Pucallpa, près de la route de l'aéroport, le **Parque Natural** (adulte/enfant 3/1 S ; 9h-17h) comprend un zoo amazonien, un musée qui présente des poteries shipibo et quelques autres objets, une petite aire de jeux pour les enfants et un snack-bar. Les bus qui desservent l'aéroport pourront vous déposer. Le trajet en *mototaxi* revient à 4 S.

Où se loger

Les chambres des adresses suivantes ont toutes sdb, ventilateur et TV câblée.

Antonio's Hotel — HÔTEL $$

(57-3721 ; www.hotelantonios.com ; Progreso 545 ; s/d 100/120 S ;). Les chambres immenses possèdent une sdb carrelée avec douche chaude, des matelas confortables et un réfrigérateur. Une belle piscine occupe le jardin. Les tarifs les plus élevés incluent la climatisation et le transfert de l'aéroport.

Grand Hotel Mercedes — HÔTEL $$

(57-5120 ; www.grandhotelmercedes.com ; Raimondi 610 ; s 90-110 S, d 130-160 S ;). Le premier bon hôtel de Pucallpa a récemment été rénové. Maintenant, toutes ses chambres disposent de la climatisation et d'un réfrigérateur. Confortable et bien tenu, il dégage une élégance désuète. Superbe jardin et piscine (3 S pour les non-résidents).

Hotel Luz de Luna — HÔTEL $$

(57-1729, www.hotelluzdelunaeirl.com ; San Martín 283 ; s/d/ste avec petit-déj 130/150/300 S ; @). Des chambres spacieuses avec réfrigérateur, téléphone, TV grand écran et lecteur DVD, ainsi que plusieurs suites pourvues d'un Jacuzzi. Le restaurant au dernier étage jouit d'une vue splendide. Une terrasse sur le toit et un café ajoutent à l'attrait du lieu.

Hospedaje Komby — PENSION $

(57-1562 ; hostalkomby@hotmail.com ; Ucayali 360 ; s 50-70 S, d 65-95 S ;). Si le Komby affiche des velléités de luxe, avec une petite piscine, ses chambres bien tenues restent dans l'ensemble sommaires.

Hostal Arequipa — PENSION $$

(57-1348 ; www.hostal-arequipa.com ; Progreso 573 ; s/d 50/65 S, avec clim 80/100 S ;). Bon choix de catégorie moyenne, cet établissement, bien géré et souvent complet, compte des chambres avec eau chaude et réfrigérateur (petit-déj continental inclus pour les plus chères, climatisées), un restaurant et d'agréables espaces communs décorés d'art shipibo.

Hospedaje Barbtur — PENSION $

(57-2532 ; Raimondi 670 ; s/d 30/40 S, sans sdb 20/30 S). Ce petit hôtel familial accueillant et bien tenu est le meilleur hébergement économique. Douches froides uniquement.

Hotel Sol del Oriente — HÔTEL $$$

(57-5510 ; www.soldelorientehoteles.com ; San Martín 552 ; s/d/ste 230/285/460 S, s/d avec Jacuzzi 285/320 S ; @). La meilleure option à Pucallpa offre un confort sans luxe tapageur. Un brin datée, ses chambres de taille correcte disposent d'une TV câblée, d'un réfrigérateur et d'une douche toujours chaude. Cocktail de bienvenue offert.

Où se restaurer et prendre un verre

Pucallpa brille davantage par ses cafés et glaciers que par ses restaurants. Ces derniers ouvrent généralement vers 7h pour le petit-déjeuner.

Des cafés comme **Fuente Soda Tropitop** (Sucre 401) servent des glaces et pâtisseries alléchantes. Avant un long périple, faites des provisions au **Supermercado Los Andes** (Portillo 545).

Pucallpa

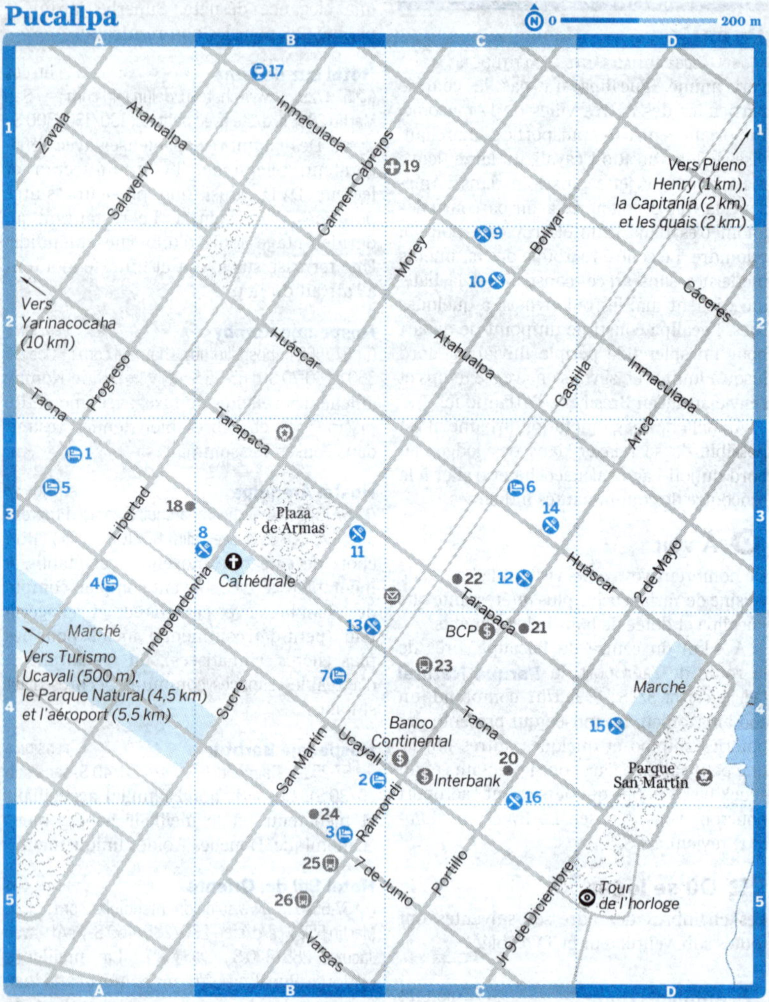

♥ C'est Si Bon

CAFÉ $

(Independencia 560 ; en-cas 7-15 S). Dans ce café pimpant qui jouxte la place, vous pourrez déguster un excellent café ainsi que des petits-déjeuners, glaces, sandwichs et autres en-cas savoureux.

Restaurant Kitty

PÉRUVIEN $

(Tarapaca 1062 ; menus 5-15 S ; ⏲7h-23h lun-sam, jusqu'à 17h dim). Propre et prisée des habitants, cette table fait le plein à l'heure du déjeuner grâce à son large éventail de plats péruviens classiques.

Chez Maggy

PIZZA $$

(Inmaculada 643 ; pizzas moyennes 21-23 S). De succulentes pizzas cuites au feu de bois, dans une salle moderne plus chaleureuse que celle des restaurants voisins. La sangria tropicale au goût inhabituel se marie bien avec les plats.

Restaurant El Golf

POISSON $$

(Huáscar 545 ; plats 20 S ; ⏲10h-17h mar-dim ; ❄). Cette table haut de gamme décline un choix de *ceviches* à base de poissons d'eau douce. Préférez la donzelle (*doncella*) locale à la païche (*paiche*), une espèce menacée.

Pucallpa

Où se loger
- **1** Antonio's Hotel A3
- **2** Grand Hotel Mercedes B4
- **3** Hospedaje Barbtur B5
- **4** Hospedaje Komby A3
- **5** Hostal Arequipa A3
- **6** Hotel Luz de Luna C3
- **7** Hotel Sol del Oriente B4

Où se restaurer
- **8** C'est Si Bon B3
- **9** Chez Maggy C2
- **10** Chifa Mey Lin C2
- **11** Fuente Soda Tropitop B3
- **12** Las Vegas C3
- **13** Parrilladas El Braserito B4
- **14** Restaurant El Golf C3
- **15** Restaurant Kitty D4
- **16** Supermercado Los Andes C4

Où prendre un verre
- **17** Araguana B1

Renseignements
- **18** Centro de Llamadas A3
- **19** Clínica Monte Horeb C1
- **20** Lavandería Gasparin C4
- **21** Viajes Laser C4
- Western Union .... (voir 21)

Transports
- **22** LAN Peru C3
- **23** León de Huánuco (pour Lima) C4
- **24** Star Perú B5
- **25** Transports pour les villes amazoniennes B5
- **26** Turismo Central B5

Chifa Mey Lin CHINOIS **$$**
(Inmaculada 698 ; plats 15-27 S ; ⏲fermé dim). Spacieux et convivial, c'est le meilleur restaurant chinois de la ville. Karaoké à côté.

Araguana PUB
(Inmaculada cuadra 2). Parmi les quelques lieux de sortie nocturnes qui jalonnent Inmaculada, dans la partie surnommée "pizza strip", ce pub-discothèque semble le plus animé.

Achats

Des Indiens *shipibo* arpentent les rues pour vendre des souvenirs. Vous verrez un plus bel éventail de leur artisanat près de Yarinacocha (voir p. 479).

Renseignements

Les cybercafés (*cabinas*) abondent partout en ville, notamment dans la *cuadra* 3 de Tacna. Plusieurs banques changent les espèces et les chèques de voyage et disposent de DAB. Des bureaux de change sont installés dans les *cuadras* 4, 5 et 6 de Raimondi. Pour trouver des guides de jungle, rendez-vous à Yarinacocha.

Centro de Llamadas (Tacna 388). Centre téléphonique ; appels internationaux possibles.

Clínica Monte Horeb (☎57-1689 ; Inmaculada 529 ; ⏲24h/24)

Lavandería Gasparin (Portillo 526 ; ⏲9h-13h et 16h-20h lun-sam). Laverie automatique et service de blanchisserie.

Viajes Laser (☎57-1120 ; fax 57-3776 ; www.laserviajes.pe ; Raimondi 399). L'une des meilleures agences de voyages de Pucallpa ; représente Western Union.

Depuis/vers Pucallpa

Avion

L'aéroport de Pucallpa se situe à 5 km au nord-ouest de la ville. **LAN Peru** (☎1-213-8200, poste 3 ; Tarapaca 805) offre deux vols quotidiens depuis/vers Lima, avec départs de la capitale à 5h et 20h30 et retour de Pucallpa à 6h45 et 22h10. **Star Perú** (☎59-0586 ; Jirón 7 de Junio 865) assure la liaison au même tarif (départs 7h et 17h, retours 11h50 et 19h50). Le vol du matin en provenance de Lima continue habituellement vers Iquitos.

Des transporteurs locaux équipés de petits avions desservent d'autres localités, dont Atalaya (sur le Río Ucayali), Contamaná, Tarapoto et Yurimaguas. Certains ont un bureau à l'aéroport ; renseignez-vous. Le poids des bagages est limité à 10 kg.

Bateau

Le port de Pucallpa change d'emplacement en fonction du niveau du fleuve. En période de crue (jan-avr), les bateaux accostent dans le centre-ville, à la lisière du Parque San Martín.

À mesure que le niveau baisse, le port se déplace le long des berges, s'installe notamment à **Puerto Henry** (Manco Cápac s/n), puis à 3 km au nord-est du centre (3 S en *mototaxi*). Le port s'étire en longueur et les bateaux partent de différents secteurs selon leur destination ; ces secteurs sont habituellement désignés par le nom de la rue la plus proche.

PEUPLES AMAZONIENS

Couvert d'une jungle inaccessible sillonnée de fleuves, le bassin amazonien abrite de nombreux groupes ethniques. Le Pérou en recense une quinzaine n'ayant jamais, ou rarement, eu de contact avec le monde extérieur. Contrairement à la Bolivie et au Brésil voisins, le pays offre l'opportunité de rencontres authentiques avec ces cultures. Il est cependant délicat de conseiller des excursions, car beaucoup s'inscrivent dans le cadre d'un tourisme de masse qui se contente d'exploiter les autochtones. Des échanges dans de bonnes conditions sont néanmoins possibles avec les communautés indiennes mentionnées ci-après.

PEUPLE	CARACTÉRISTIQUES	ZONE GÉOGRAPHIQUE
Shipibo	Les femmes réalisent des poteries et des textiles raffinés à motifs géométriques. La plupart des groupes sont accoutumés aux contacts extérieurs.	Santa Clara, Yarinacocha près de Pucallpa. Le long du Río Ucayali et de ses affluents, dans des huttes construites sur des plates-formes
Machiguenga	Reconnaissables à leur *cushma* (tunique blanche à rayures rouges, verticales pour les hommes, horizontales pour les femmes), ils comptent parmi les peuples indigènes les mieux intégrés du Manú. Certains groupes vivent toutefois volontairement isolés et n'ont eu que de rares échanges avec l'extérieur.	*Zona Reservada*, Parque Nacional de Manú
Asháninka	Connus pour leur résistance farouche aux conquérants espagnols et, plus récemment, aux guérilleros du Sentier lumineux, ils se peignent le visage à l'aide de pigments de couleurs vives, comme celui extrait des graines d'*achiote* (roucou). Beaucoup ont l'habitude des contacts.	Puerto Bermúdez, centre du bassin amazonien

Toute l'année, des bateaux naviguent sur le Río Ucayali entre Pucallpa et Iquitos. Le trajet dure de 3 à 5 jours (100 S en accrochant votre propre hamac et avec des repas simples, jusqu'à 400 S en cabine de 2 ou 4 couchettes avec sdb privative et de meilleurs repas).

Les bateaux annoncent leur date de départ et leurs destinations sur des tableaux, mais ces informations ne sont pas fiables. Adressez-vous plutôt au capitaine ou au responsable de la cargaison, qui présente les documents officiels le matin du départ à la **capitanía** (capitainerie ; M Castilla 805) ; l'employé qui vérifie les documents pourra vous renseigner de manière précise. Les bateaux naviguent tous les jours en période de crue, moins fréquemment et plus lentement pendant la saison sèche.

La taille et le confort des bateaux varient grandement. Le *Henry V*, l'un des mieux équipés, peut embarquer jusqu'à 250 passagers.

Ce voyage ne s'adresse pas à ceux qui ne peuvent se passer de confort (voir p. 564 pour plus de détails). Prévoyez votre équipement : vous pourrez acheter un hamac sur le marché de Pucallpa, mais l'anti-moustique n'est pas toujours efficace. Des boissons en bouteille sont vendues à bord, mais mieux vaut emporter quelques grandes bouteilles d'eau ou de jus de fruits.

Choisissez un bateau qui semble en bon état et ne payez qu'une fois à bord avec vos bagages, et uniquement au capitaine. Venez au port bien avant l'heure à laquelle vous souhaitez partir, car la recherche du bateau peut prendre des heures. Ils partent généralement à l'aube, ou en fin d'après-midi/soirée.

Le trajet fluvial de Pucallpa à Iquitos (100 S environ, 2-4 jours depuis Pucallpa) peut s'interrompre dans différents villages, tels Contamaná (30 S, 15-20 heures) et Requena, puis se poursuivre à bord du prochain bateau de passage. Il n'y a cependant pas grand-chose à faire dans ces endroits. Vous pouvez aussi emprunter les vedettes qui desservent Contamaná (environ 100 S, 5 heures) et partent presque tous les jours à 6h ; le retour, à contre-courant, dure 6 ou 7 heures.

Des bateaux plus petits remontent parfois le fleuve en direction d'Atalaya ; renseignez-vous à la capitainerie ou au port.

Les "guides" de jungle qui vous abordent sur les quais de Pucallpa ne sont pas recommandés. Pour une excursion dans la jungle, cherchez plutôt quelqu'un de sérieux à Yarinacocha.

Bus

Le trajet en bus direct depuis/vers Lima (70-100 S) dure 18-20 heures en saison sèche. On peut faire étape à Tingo María (20 S, 9 heures) ou à Huánuco (12 heures). Bien que goudronnée, la route est sujette aux inondations et à l'érosion. La sécurité s'est améliorée depuis l'installation d'unités de police sur les tronçons où sévissaient auparavant des brigands armés. Quoi qu'il en soit, mieux vaut effectuer le parcours Pucallpa-Tingo María durant la journée.

León de Huánuco (☎57-5049 ; Tacna 765) dessert Lima à 8h30, 13h (*bus-cama*, bus-couchette) et 17h30. Autre bonne compagnie, **Turismo Central** (☎59-1009 ; Raimondi 768) assure un départ le matin et deux l'après-midi.

Turismo Ucayali (☎57-2735 ; Centenario 150) propose des bus pour Tingo María (45 S, 4 heures 30) toutes les heures en journée.

Dans la *cuadra* 7 de Raimondi, plusieurs compagnies effectuent des liaisons en camion et en bus avec des villes amazoniennes plus reculées, comme Puerto Bermúdez et Puerto Inca.

Comment circuler

La course jusqu'à l'aéroport ou à Yarinacocha revient à 6 S environ en *mototaxi* et à 10 S en taxi.

Yarinacocha

À 10 km au nord-ouest de Pucallpa, Yarinacocha est un lac charmant où l'on peut canoter, observer la faune, visiter des communautés indiennes et acheter leur artisanat. Ce bras mort du Río Ucayali reste relié au fleuve par un petit canal durant la saison des pluies. Des bateaux permettent d'explorer les alentours dans une ambiance détendue. Cet endroit plaisant mérite qu'on lui consacre quelques jours.

En bordure du lac, le village de **Puerto Callao** offre un répit après l'agitation de Pucallpa. Composé de constructions branlantes, il ne compte qu'une seule rue en terre qui longe la rive animée. Des oiseaux de proie volent au-dessus des passants, tandis que des bateaux *peki-peki* vont et viennent vers leurs diverses destinations.

Yarinacocha offre un nombre limité d'hébergements, généralement plaisants, et des restaurants corrects. Dès votre arrivée, des rabatteurs tenteront de vous louer leur **bateau**. Choisissez votre embarcation avec soin ; assurez-vous du bon état des gilets de sauvetage, vérifiez qu'elle dispose de suffisamment de carburant et payez à la fin de l'excursion. Parmi la faune des alentours, vous apercevrez sans doute des dauphins roses d'eau douce, des paresseux, des iguanes verts longs de 1 m et des oiseaux exotiques, dont le curieux jacana noir à longs doigts (qui marche sur les nénuphars) et le martin-pêcheur vert métallique d'Amazonie. La saison sèche semble la meilleure période pour la **pêche**.

Circuits organisés et guides

De nombreux propriétaires de *peki-peki* proposent des excursions. Prenez le temps de choisir, car la première offre est rarement la plus intéressante. Des guides sont également disponibles pour des randonnées d'un ou plusieurs jours dans la forêt environnante.

Gilber Reategui Sangama (☎57-9018 ; junglesecrets@yahoo.com), un guide recommandé, possède le bateau *La Normita* à Yarinacocha. Il fournit l'équipement nécessaire (matelas de mousse, moustiquaires, eau potable), connaît bien la région et respecte l'environnement. Sûr et honnête, il parle un peu anglais et prépare les repas. Il demande 125 S par personne et par jour pour une randonnée de 3 à 5 jours en moyenne ou 25 S l'heure, avec un minimum de 2 participants. Gilber vit dans le village de Nueva Luz de Fátima, au bord du lac, et propose des séjours dans sa famille ; son père pratique le chamanisme depuis 50 ans. Des lecteurs recommandent aussi **Ucayali Tours** (☎961-728-108 ; http://ucayali-tour.blogspot.co.uk), dirigé par un père et son fils, qui facture environ 90 S pour des excursions guidées à Yarinacocha et sur les voies navigables plus lointaines du Río Ucayali. Enfin, **José Selva** (☎961-740-671) est un autre guide sérieux propriétaire d'un bateau ; vous devriez le trouver sur le quai de Puerto Callao.

D'autres guides prétendront que ceux qui sont mentionnés ci-dessus sont indisponibles ou ne travaillent plus ici ; ne les croyez pas ! Un bon capitaine naviguera lentement afin que vous puissiez observer les oiseaux sur les rives et les paresseux (*perezosos*) dans les arbres. Le coucher de soleil est un bon moment pour se promener sur le lac.

Des excursions prisées mènent aux villages shipibo de **San Francisco** (également desservi par la route) et de **Santa Clara** (uniquement accessible en bateau). Pour de courtes promenades, comptez environ 20 S l'heure pour le bateau, qui peut transporter plusieurs passagers. Tentez de négocier le prix.

Où se loger et se restaurer

Plusieurs tables bon marché et bars animés bordent le quai de Puerto Callao. Les meilleurs se concentrent du côté droit lorsqu'on regarde le lac. Parmi eux figurent La Maloka et l'**Anaconda** voisin, un restaurant flottant.

La Maloka Ecolodge LODGE $$
(☎59-6900 ; lamaloka@gmail.com ; Puerto Callao ; s/d 120/180 S ; ❄). Seul établissement convenable de Puerto Callao, son confort justifie les prix. À l'extrémité droite du quai, ce lodge construit au-dessus de l'eau sur des pilotis possède de grandes chambres dépouillées et un agréable bar-restaurant en plein air d'où l'on aperçoit régulièrement des dauphins roses. On peut toutefois déplorer la triste ménagerie d'animaux en cage.

La Jungla BUNGALOWS $
(☎57-1460 ; bungalows 70-80 S/pers). Cette adresse dirigée avec enthousiasme vous attend sur la rive du lac au nord-est de Puerto Callao. Elle compte plusieurs bungalows rustiques, chacun pouvant accueillir jusqu'à 4 personnes, un zoo, un grand bar-restaurant et un tapir évoluant librement. Le père du propriétaire vous guidera dans la jungle environnante.

Pandisho Amazon Ecolodge LODGE $$$
(☎59-1597, 961-65-9596 ; www.amazon-ecolodge.com ; 2 jours et 1 nuit en pension complète 310 S/pers). À 40 minutes de Puerto Callao, ce lodge de 8 chambres avec sdb dispose de l'électricité durant 3 heures le soir. Son bar s'anime le week-end, quand la musique attire les habitants des alentours, mais le calme règne le reste du temps. Les forfaits incluent le transport de l'aéroport au lac, un cocktail de bienvenue et un programme complet de randonnées pour découvrir la faune, visiter des communautés indiennes et pêcher des piranhas. Renseignez-vous sur les formules moins chères qui ne comprennent que l'hébergement.

NORD DU BASSIN AMAZONIEN

Vaste et sauvage, le nord du bassin amazonien conserve l'essence même de l'Amazonie. L'Amazone (Río Amazonas) y prend sa source, dans les profondeurs de la jungle, avant d'entreprendre son long et paresseux voyage à travers le Brésil jusqu'à l'océan Atlantique. De rares localités parsèment cette contrée reculée : Yurimaguas, à l'ouest, et Iquitos, au nord-est, sont les seules villes d'importance.

Yurimaguas

☎065 / 45 000 HABITANTS / ALTITUDE 181 M

Port somnolent sans grand attrait, Yurimaguas est l'une des villes les mieux desservies de l'Amazonie péruvienne et la porte de sa partie nord. Les voyageurs y viennent pour prendre un bateau qui descend le Río Huallaga jusqu'à Iquitos et l'Amazone ou pour explorer la réserve de Pacaya-Samiria, l'une des plus riches en faune du pays. La ville, désormais reliée par une route asphaltée à Tarapoto, au sud, n'invite guère à s'attarder.

Où se loger et se restaurer

Peu d'hôtels ont l'eau chaude. Des établissements bon marché flanquent la *cuadra* 3 d'Arica et la *cuadra* 4 de Jáuregui. Pour se sustenter, le choix reste limité ; essayez les restaurants des hôtels.

♥ **Hostal El Naranjo** HÔTEL $
(☎35-2650 ; http://hostalelnaranjo.com.pe ; Arica 318 ; s/d 40/60 S ; ❄@≋). Propre et calme, il loue des chambres avec ventilateur au plafond et TV câblée, les plus chères climatisées. Celles qui donnent sur la cour intérieure font face à une jolie petite piscine. L'eau chaude, l'accès à Internet (2 S/heure) et un bon restaurant constituent des atouts supplémentaires.

Yacuruña PENSION $
(☎965-735-767 ; Malecón Shanusi 200 ; ch sans sdb 25 S). Cette plaisante retraite rustique au bord du fleuve possède 4 chambres sans prétention, joliment décorées, qui partagent une sdb. Excursions aux alentours et à la réserve de Pacaya-Samiria. Accès par une volée de marches sur la place.

Río Huallaga Hotel & Business Center HÔTEL D'AFFAIRES $$
(☎35-3951 ; www.riohuallagahotel.com ; Arica 111 ; s/d 150/200 S ; ❄≋). Ouvert en 2010, cet

hôtel avec vue sur le Río Huallaga fournit les prestations impeccables qui manquaient auparavant à Yurimaguas : chambres spacieuses bien aménagées, bar au bord de la piscine, trois restaurants (les meilleurs de la ville) et tour-opérateur.

Porta Péricos HÔTEL **$$**
(☎35-3462 ; www.puertopalmeras.com.pe ; San Miguel 820 ; s/d avec petit-déj à partir de 125/155 S ;). À la périphérie nord et surplombant le Río Paranapura, il compense l'absence de climatisation par les brises fluviales. Des rénovations récentes y ont ajouté 20 bungalows indépendants et un Jacuzzi en plus de la piscine.

La Prosperidad PÉRUVIEN **$**
(Progreso 107 ; plats 10 S ; ⏰mar-dim). Prisé des familles jeunes et des guides de jungle, l'endroit sert des jus de fruits tropicaux, des burgers et du poulet.

Achats

Du côté nord du marché, des échoppes vendent des hamacs.

Renseignements

Le **Consejo Regional** (Plaza de Armas) fournit des informations, de même que **Kumpanamá Tours** (☎50-2472 ; Jáuregui 934). Mieux vaut organiser à Lagunas un circuit dans la réserve de Pacaya-Samiria. La BCP et le Banco Continental (doté d'un DAB Visa) changent les dollars US en espèces et en chèques de voyage. Des cybercafés et des kiosques téléphoniques ouvrent et ferment fréquemment ; on en trouve quelques-uns sur la grand-place.

Comment s'y rendre et circuler

Avion

Actuellement, aucune compagnie aérienne ne dessert Yurimaguas. L'aéroport d'importance le plus proche se trouve à Tarapoto.

Bateau

La Boca, le port principal, se situe à 13 *cuadras* au nord du centre-ville. De Yurimaguas, des cargos suivent le Huallaga puis le Marañón jusqu'à Iquitos ; le trajet dure de 3 à 5 jours, avec de nombreuses escales pour charger et décharger les marchandises. Des départs ont lieu tous les jours, sauf le dimanche. La traversée coûte environ 80-100 S sur le pont (apportez votre hamac et attendez-vous à des repas très simples) et 150-180 S en cabine de 2 ou 4 couchettes sur le pont supérieur, où les affaires sont plus en sécurité et les repas meilleurs. À bord, vous pourrez acheter des bouteilles d'eau, des sodas et des en-cas. Prévoyez de l'anti-moustique et un chapeau. La **Bodega Dávila** (☎35-2477), près du quai, vous renseignera sur les départs. Les bateaux *Eduardo* (au nombre de cinq) sont réputés les meilleurs (des lecteurs ont cependant rapporté des cruautés envers les animaux). Vous pouvez faire étape à Lagunas (20-30 S, 10-12 heures), juste avant la confluence du Huallaga et du Marañón.

Des bateaux plus petits, lents ou rapides, à destination de Lagunas (100 S, 3 heures 30-4 heures 30) partent du port de la ville, plus pratique, à 200 m au nord-ouest de la Plaza de Armas.

Des navires de croisière font parfois escale à Yurimaguas avant de continuer vers Iquitos. Renseignez-vous à La Boca.

Bus

La nouvelle route goudronnée rend Yurimaguas aisément accessible selon les critères amazoniens. Bus et taxis circulent depuis/vers les bureaux de leurs compagnies respectives, à 2 km au sud-ouest du centre. Plusieurs compagnies desservent Tarapoto (15 S, 2 heures 30) depuis leurs bureaux sur la route de Tarapoto ; **Trans Gilmer Tours** (☎942-627-415 ; Victor Sifuentes s/n) offre des départs toutes les 2 heures. Dans les *cuadras* 5 et 6 de Sifuentes, de nombreuses compagnies de *colectivos* rallient Tarapoto (25 S, 2 heures). Rien ne les différencie ; prenez le premier véhicule qui démarre, une fois réunis 4 passagers.

Taxi

En ville, une course en *mototaxi* revient à 1,50 S.

Lagunas

☎065 / 4 500 HABITANTS / ALTITUDE 148 M

Les voyageurs viennent dans cette bourgade boueuse, infestée de moustiques, car c'est le meilleur endroit pour entamer un périple vers la Reserva Nacional Pacaya-Samiria. Étendue et reculée, Lagunas compte des magasins d'alimentation mais le stock est limité et les prix un peu plus élevés qu'ailleurs au Pérou ; mieux vaut donc apporter des provisions. La ville n'offre aucun service de change et quasi pas de téléphones publics.

Circuits organisés et guides

Sur place, des guides hispanophones proposent leurs services pour la visite de Pacaya-Samiria. Si la chasse est interdite dans la réserve, il est permis de pêcher pour le repas. Le tarif, assez cher, se monte à

120-150 S par personne et par jour pour un guide, un bateau et l'hébergement dans des huttes, des tentes ou des postes de gardes forestiers. La nourriture et l'entrée du parc sont en supplément. Les guides préparent souvent les repas.

L'association de guides officiels qui avait été créée il y a plusieurs années afin de supprimer le harcèlement et le marchandage s'est depuis scindée en deux organisations. Dirigée par Juan Manuel Rojas Arévalo, un guide réputé, **Estypel** (☎40-1080 ; www.estypel.com.pe ; Jr Padre Lucero 1345) est considérée comme la meilleure. Son bureau se trouve près du marché. L'autre, **Etascel** (☎40-1007 ; etascel@hotmail.com ; Fiscarrald 530), occupe une petite rue également proche du marché. Les deux organisations désignent les guides à tour de rôle, ce qui rend difficile d'en obtenir un en particulier et vous ne saurez pas avant votre arrivée qui vous accompagnera. Juan Guerro d'Estypel et Kleber Saldaña d'Etascel sont tous deux expérimentés et recommandés par des voyageurs.

Huayruro Tours (www.peruselva.com ; Lagunas ☎40-1186 ; Alfonso Aiscorbe 2 ; Yurimaguas ☎35-3951 ; Río Huallaga Hotel, Arica 111) s'affirme de plus en plus sur le marché proposant des circuits jusqu'à 22 jours et s'impliquant dans des projets comme la réintroduction des tortues. Le personnel de l'agence parle anglais et les guides, hispanophones, connaissent la réserve comme leur poche.

Où se loger et se restaurer

L'hébergement s'améliore, mais reste très rudimentaire. Les hôtels servent des repas bon marché. Si vous aimez le poulet et les bananes frites, essayez le modeste restaurant sur la place.

Hostal Eco PENSION $
(☎50-3703 ; hospeco@hotmail.com ; ch 25-40 S). Sept chambres propres et simples autour d'une courette, toutes avec sdb et veilleuse pour pallier les coupures de courant.

Hostal Samiria PENSION $
(☎40-1061 ; Fitzcarrald ; ch 25-40 S). Sans doute la meilleure option de Lagunas, cette pension proche du marché loue de petites chambres bien tenues, avec TV (chaînes en espagnol) et sdb correcte, qui donnent sur une cour centrale munie de hamacs.

Depuis/vers Lagunas

De Yurimaguas, des bateaux descendent le fleuve vers Lagunas (10-12 heures environ) et partent presque tous les jours entre 7h et 8h. Les horaires sont indiqués sur des tableaux la veille dans les ports des deux localités. Pour continuer vers Iquitos ou revenir à Yurimaguas, renseignez-vous sur la station radio en contact avec les capitaines en cas de problème. Des bateaux rapides arrivent à Lagunas entre 12h et 14h, et poursuivent vers Yurimaguas (4-5 heures, à contre-courant).

Reserva Nacional Pacaya-Samiria

D'une superficie de 20 800 km², cette réserve est la plus grande zone protégée du pays. **Pacaya-Samiria** (www.pacaya-samiria.com) abrite une population estimée à 40 000 âmes tout en préservant des habitats importants du point de vue écologique. Entre 20 et 30 gardes forestiers veillent à concilier les besoins des habitants avec la protection de la faune et de la flore et leur enseignent comment tirer profit des ressources naturelles renouvelables sans les menacer. Trois d'entre eux ont été tués par des braconniers fin 1998.

La réserve abrite des animaux aquatiques, dont des lamantins de l'Amazone, des dauphins d'eau douce rose et gris, deux espèces de caïmans et des tortues géantes, ainsi que 450 espèces d'oiseaux et bien d'autres créatures étonnantes. La vie sauvage a souffert dans la région proche de Lagunas ; comptez plusieurs jours pour atteindre les secteurs les mieux préservés. En 15 jours, vous pouvez rejoindre le **Lago Cocha Pasto**, qui offre de bonnes chances d'apercevoir des jaguars et d'autres grands mammifères. Parmi les autres endroits intéressants figurent la **Quebrada Yanayacu**, où l'eau du fleuve devient noire à cause des végétaux putréfiés, le **Lago Pantean**, où vivent des caïmans et où l'on peut cueillir des plantes médicinales, et **Tipischa de Huana**, connue pour ses nénuphars géants (*Victoria regia*). Le bureau de la réserve à Iquitos fournit des informations officielles.

Le meilleur moyen de visiter la réserve consiste à louer une pirogue et les services d'un guide à Lagunas (voir plus haut) et prévoir plusieurs jours de randonnée avec nuits sous la tente. Par ailleurs, des bateaux confortables effectuent la visite depuis Iquitos (voir p. 486). Le Hatuchay Hotel Pacaya-Samiria (p. 496) est le lodge le plus proche.

En arrivant de Lagunas, Santa Rosa est le principal point d'accès, où l'on doit payer le droit d'entrée (20 S/pers et par jour).

La saison sèche constitue la meilleure période, quand on aperçoit plus facilement des animaux le long des berges. Les pluies cessent fin mai et le niveau des fleuves baisse un mois plus tard. Juillet et août sont les mois les plus favorables pour l'exploration et la pêche. La période de septembre à novembre n'est pas désagréable. Les fortes pluies débutent en janvier et le temps est exécrable de février à mai. Février à juin sont les mois les plus chauds.

Prévoyez un stock d'anti-moustique, des sacs en plastique (pour protéger vos bagages) et préparez-vous à camper.

Iquitos

065 / 430 000 HABITANTS / ALTITUDE 130 M

Reliée au monde extérieur par les voies aérienne et fluviale, Iquitos est la plus grande ville au monde que l'on ne peut rejoindre par la route. Cette métropole de la jungle, prospère et dynamique, conjugue tous les contrastes séduisants de l'Amazonie. La forêt vierge jouxte l'espace urbain et sert de toile de fond aux élégants bars et restaurants climatisés qui longent le fleuve, des *mototaxis* filent à toute allure dans les rues et les habitants s'attardent sur les places en mangeant des glaces. Des huttes en terre battue côtoient de splendides demeures carrelées, tandis que des petites pirogues se faufilent entre de gigantesques bateaux de croisière. Si vous venez à Iquitos dans le seul but de descendre l'Amazone, sa cuisine tropicale, sa vie nocturne animée et le fascinant marché flottant de Belén vous inciteront sans doute à vous attarder quelques jours.

Histoire

Iquitos fut fondée dans les années 1750 par des missionnaires jésuites pour se protéger des attaques de tribus indiennes, hostiles à toute conversion. Dans les années 1870, à l'occasion du boom du caoutchouc, la population fut multipliée par 16. Pendant les 30 années qui suivirent, une richesse ostentatoire côtoya une misère profonde. Les magnats du caoutchouc accumulaient des fortunes fabuleuses, tandis que les ouvriers (principalement des Indiens et des métis), quasi réduits à l'esclavage, succombaient aux maladies ou aux mauvais traitements.

Lors de la Première Guerre mondiale, le boom du caoutchouc s'étiola aussi rapidement qu'il était survenu. Un Britannique sortit clandestinement des graines d'hévéa du Brésil et des plantations virent le jour sur la péninsule malaise. Il était plus simple et moins coûteux de collecter le caoutchouc dans des plantations que sur les arbres sauvages dispersés dans le bassin amazonien.

L'économie d'Iquitos déclina et la ville parvint à survivre grâce à l'exploitation du bois, à l'agriculture (noix du Brésil, tabac, bananes et *barbasco* – une liane vénéneuse utilisée par les Indiens pour la pêche et exportée pour fabriquer des insecticides) et à la vente d'animaux sauvages aux zoos. Dans les années 1960, la découverte de pétrole provoqua un second boom, faisant d'Iquitos une ville moderne et florissante. Ces dernières années, le tourisme a également joué un rôle important dans l'économie de la région.

À voir

Quoique limités, les centres d'intérêt culturels d'Iquitos éclipsent ceux des autres villes amazoniennes. À l'angle du Malecón et de Morona, un bâtiment ancien abrite la **Biblioteca Amazónica** – qui possède une importante collection de documents historiques – et le petit **Museo Etnográfico**, tous deux ouverts en semaine (entrée combinée 3 S). Le musée contient des moulages en fibre de verre grandeur nature de représentants de diverses tribus amazoniennes.

Casa de Fierro BÂTIMENT HISTORIQUE

(angle Putumayo et Próspero, Plaza de Armas). Tous les guides de voyage évoquent la "majestueuse" Casa de Fierro (maison de Fer) conçue par Gustave Eiffel. Construite à Paris en 1860, elle fut transportée en pièces détachées à Iquitos vers 1890, pendant le boom du caoutchouc, afin d'embellir la ville. Des trois maisons de fer importées, c'est la seule qui subsiste. Ancien siège de l'Iquitos Club, elle abrite à présent un humble magasin d'alimentation.

Azulejos BÂTIMENT HISTORIQUE

Parmi les autres vestiges de l'époque du caoutchouc, des *azulejos*, des carreaux de faïence fabriqués à la main et importés du Portugal, ornent de nombreuses demeures le long de Raimondi et du Malecón Tarapaca. Ceux des bâtiments officiels, dans le

Iquitos

0
200 m
A
B
C
D
1
2
3
4
5
6
7
Vers les bateaux pour Frio y Fuego (100 m), le Puerto Embarcadero (150 m), le bureau de l'Amazon Yarapa River Lodge (300 m), le Bucanero (300 m), le bureau d'Explorama Lodges (500 m), la Clínica Ana Stahl (1 km), le bureau d'Aqua Expeditions (1,5 km) et La Casa Fitzcarraldo (2 km)
Yavari
Pedro Roselli
Loreto
Callao
Tavara
Nanay
Pevas
Nauta
Ocampo
Yavari
Condamine
Loreto
Fitzcarrald
Vers El Refugio (1,5 km)
Pevas
Plaza Castilla
Moore
Tacna
Nauta
Raimondi
Napo
Putumayo
Araujo
Tacna
Plaza de Armas
Malecón Maldonado
Vers la police touristique (150 m)
Iglesia de San Juan Bautista
Casa de Fierro
Lores
Vers la Chifa Long Fung (400 m)
Vers les Parilladas El Zorrito (150 m)
Morona
Huallaga
Vers la Plaza 28 de Julio (100 m)
Brasil
Arica
Próspero
Ricardo Palma
Malecón Tarapaca
Río Amazonas
Vers le Complejo CNI (500 m), le bureau de la Reserva Nacional Pacaya-Samiria (1 km) et l'Oficina de Migraciónes (1 km)
Vers l'Amazon Apart Hotel (250 m) et l'aéroport (6 km)
Vers Belén (300 m)
1
2
3
4
5
6
7
8
9
10
11
12
13
14
15
16
17
18
19
20
21
22
23
24
25
26
27
28
29
30
31
32
33
34
35
36
37
38
39
40
41
42
43
44
45

Iquitos

Les incontournables

Casa de Fierro C5

À voir

Biblioteca Amazónica .... (voir 2)
1 Dawn on the Amazon Tours & Cruises D4
2 Museo Etnográfico C6

Où se loger

3 Camiri D4
4 Casa Morey D3
5 Bureau du Cumaceba Lodge C5
6 El Dorado Hotel & Suites B4
7 Flycatcher Tours C5
8 Flying Dog Hostel B7
9 Hospedaje La Pascana D4
10 Hostal El Colibrí D4
11 Hostal Florentina B4
12 Hotel Acosta B4
13 Hotel El Dorado Plaza C4
14 Hotel Europa B6
15 Hotel Victoria Regia A7
16 La Casa Del Francés C4
17 Mad Mick's Bunkhouse C5
18 Marañón Hotel C4
Bureau du Muyuna Amazon Lodge .... (voir 17)
Bureau de l'Otorongo Lodge .... (voir 17)
19 Paseos Amazonicos Offices D3
20 Posada del Cauchero D3

Où se restaurer

21 Amazon Bistro C5
22 Antica C5
23 Ari's Burger C5
Dawn on the Amazon Café .... (voir 1)
24 El Sitio A5
25 Fitzcarraldo Restaurant-Bar C5
26 Gran Maloca C5
27 Ivalú B5
28 Kikiriki B4
29 La Noche D4
30 La Vecina D2
31 Mercado Central A4
32 Supermercado Los Portales B6

Où prendre un verre

33 Arandú Bar C5
34 Musmuqui D3

Achats

Mad Mick's Trading Post .... (voir 17)

Renseignements

35 Consulat de Colombie A4
36 Dr Carlos Vidal Ore C4
37 Dr Rafael Urrunaga (dentiste) C3
38 iPerú C5
39 Lavandería Imperial D4
40 Bureau de la Reserva Nacional Pacaya-Samiria C3
41 Consulat d'Espagne A3
42 Western Union B4

Transports

43 LAN Peru C5
44 Bureaux des vedettes D3
45 Star Perú C4

Malecón et aux alentours, comptent parmi les plus beaux.

Belén QUARTIER

Bidonville flottant au sud-est de la ville, Belén se compose d'innombrables cabanes construites sur des radeaux, qui montent et descendent au rythme des crues. À la saison sèche, les radeaux, sales et insalubres, reposent sur la vase ; le reste de l'année, ils flottent sur le fleuve. Mieux vaut visiter ce faubourg de 7 000 habitants vers 7h, lorsque les villageois des environs viennent vendre leurs produits, naviguant en canoë d'une cabane à l'autre. Pour rejoindre Belén, prenez un taxi jusqu'à "Los Chinos", marchez jusqu'au port et louez un canoë pour circuler.

Bruyant et bondé, le **marché de Belén** se tient dans les bâtiments municipaux qui font face à Belén. D'étranges produits exotiques côtoient des sacs de riz, de sucre et de farine, ainsi que des ustensiles ménagers bon marché. Repérez l'écorce de *chuchuhuasi*, que l'on fait macérer dans du rhum ; la plupart des bars locaux servent cette boisson tonique. Le *chuchuhuasi* et d'autres plantes amazoniennes entrent dans la composition de médicaments contre la douleur et l'arthrite fabriqués en Europe et aux États-Unis. Vous passerez un excellent moment dans ce marché, mais faites attention à votre porte-monnaie.

Activités

Golf

Amazon Golf Club GOLF

(☎963-1333, 975-4976 ; Quistacocha ; 60 S/jour, location des clubs comprise ; ⏲6h-18h). Aussi étonnant que cela puisse paraître, vous pourrez perfectionner votre swing sur le parcours de 9 trous du seul golf de toute l'Amazonie. Fondé en 2004 par un groupe d'expatriés nostalgiques sur une parcelle de brousse juste à la périphérie d'Iquitos, ce terrain de 2 140 m compte 9 greens et un club-house en bois. Le trou n°4, sur une île entourée d'eaux infestées de piranhas, est une merveille, à condition de ne pas tenter de repêcher une balle perdue ! À terme, le club-house comportera aussi un bar (il possède actuellement un réfrigérateur rempli de bières), une piscine et un court de tennis. Pour jouer, renseignez-vous auprès des cofondateurs Mike Collis et Bill Grimes, dans le bureau du club en ville.

Croisières fluviales

Une croisière sur l'Amazone est une entreprise onéreuse ; les plus courtes peuvent dépasser 1 000 $US. Elles suscitent néanmoins l'engouement et il faut souvent réserver bien à l'avance (on peut souvent obtenir d'importantes réductions). Les croisières se déroulent principalement en aval du fleuve (nord-est), en direction de la frontière Brésil-Colombie, ou en amont vers Nauta, au confluent du Marañón et de l'Ucayali. Au-delà de Nauta, les bateaux remontent les fleuves jusqu'à la réserve de Pacaya-Samiria. Des croisières sont aussi organisées autour d'Iquitos : sur l'Itaya, l'Amazone et le Nanay. Les tour-opérateurs indiquent les prix en dollars US. Un site utile, www.amazoncruise.net, permet de réserver la plupart des formules qui suivent.

Dawn on the Amazon Tours & Cruises CROISIÈRE
(☎22-3730, 965-939-190 ; www.dawnontheamazon.com ; Malecón Maldonado 185, Iquitos ; excursion 1 journée avec déj 74,75 $US/pers, croisière plusieurs jours 199 $US/pers et par jour). Ce tour-opérateur propose les meilleures offres pour les voyageurs indépendants. L'*Amazon I*, un superbe bateau en bois de 10 m pourvu d'un équipement moderne, effectue des excursions d'une journée ou de plus longues croisières jusqu'à deux semaines. Un guide bilingue, les repas et les transferts sont compris. On peut voyager avec Bill Grimes et son équipage expérimenté le long de l'Amazone ou d'affluents plus calmes (les grands bateaux se cantonnent aux fleuves principaux). Si les tour-opérateurs suivent le plus souvent des horaires et des itinéraires fixes, Down on the Amazon a l'avantage de s'adapter aux souhaits de chaque groupe. Le circuit des trois fleuves fait partie des plus prisés. À bord, on pratique surtout la pêche et l'observation des oiseaux.

Aqua Expeditions CROISIÈRE
(☎60-1053, 965-83-2517 ; www.aquaexpeditions.com ; Prolongación Iquitos 1187 ; croisière 3 nuits sur le Marañón et l'Ucayali 2 685 $US/pers). La compagnie fait naviguer deux bateaux de luxe pourvus de beaux salons panoramiques, qui mettent le cap deux fois par semaine sur la réserve de Pacaya-Samiria. Long de 40 m, le *MV Aqua* comporte 12 grandes cabines de plus de 22 m² avec sdb. Lancé en 2011, le *MV Aria* renferme 16 cabines tout aussi haut de gamme, ainsi qu'un Jacuzzi. Croisières de 3, 5 ou 7 jours.

Les bateaux disposent d'un pont spacieux, d'un équipage complet, de guides bilingues et de petites chaloupes pour les excursions. Les repas sont inclus. Parmi les activités figurent la visite de communautés indiennes (danse et vente d'artisanat), des randonnées et l'observation des oiseaux et des dauphins roses (depuis les gros bateaux, n'espérez pas trop apercevoir des animaux rares).

GreenTracks CROISIÈRE
(☎800-892-1035 ; www.greentracks.com ; 7 jours et 6 nuits s/d 2 750/5 000 $US). Avec 3 bateaux luxueux voguant sur l'Amazone péruvienne, GreenTracks propose des excursions de 4 à 7 jours dans la réserve de Pacaya-Samiria. L'*Ayapua*, un bateau de 20 passagers datant du boom du caoutchouc, effectue des croisières de 7 jours. Il comprend des cabines climatisées, un bar et une bibliothèque. Le *Clavero*, plus petit, effectue la même excursion. Le *Delfin I*, plus moderne, transporte 12 passagers pour des croisières de 4 et 5 jours dans la réserve.

Fêtes et festivals

San Juan MUSIQUE TRADITIONNELLE
(22-27 juin). Célébrée le 24 juin dans la plupart des villes amazoniennes, la fête de Saint-Jean-Baptiste (San Juan Bautista) revêt une ferveur et une animation particulières à Iquitos, où elle donne lieu à des danses, des combats de coqs et moult réjouissances. Le *juane* (mélange de riz, poulet, olives et œuf dur enveloppé dans une feuille et cuit à la vapeur) constitue le plat typique consommé à cette occasion. La nuit du 23 juin, les habitants se trempent dans les eaux de l'Itaya, censées avoir des vertus curatives ce jour-là.

Great Amazon River Raft Race MANIFESTATION SPORTIVE
Cette course sur le fleuve entre Nauta et Iquitos se déroule en septembre ou octobre à bord d'embarcations fabriquées par les équipes participantes.

Où se loger

Iquitos décline un large choix d'hébergements, des plus simples aux cinq-étoiles. Les moustiques constituent rarement un problème, aussi les moustiquaires ne sont-elles pas toujours fournies.

Les meilleurs hôtels affichent souvent complet les vendredi et samedi, ainsi que lors des fêtes importantes comme celle de San Juan. Les prix augmentent légèrement en haute saison, de mai à septembre.

Sauf mention contraire, les établissements pour voyageurs à petit budget comportent ventilateur et sdb communes, les adresses de catégorie moyenne la climatisation et des sdb individuelles, d'ordinaire avec eau chaude. Nous mentionnons ici les tarifs affichés pour les chambres standard, qui peuvent être plus élevés en période de vacances.

♥ La Casa Fitzcarraldo PENSION $$
(☎60-1138/39 ; http://lacasafitzcarraldo.com ; Av. La Marina 2153 ; ch 180-350 S ; ❄📶🏊). Caché dans un paisible jardin clos à l'écart du tumulte urbain, l'hôtel doit son nom au film de Werner Herzog, qui y logea avec son équipe lors du tournage de *Fitzcarraldo* (voir p. 489). Choisissez entre la chambre Mick Jagger au parquet d'acajou, la suite Klaus Kinski d'un vert luxuriant ou l'une des 5 autres toutes décorées de façon différente. Une maison dans un arbre (avec Wi-Fi !), une ravissante piscine (non-résidents 5 S), un bar-restaurant et plusieurs animaux de compagnie contribuent au charme du lieu. Énorme petit-déjeuner inclus.

Casa Morey HÔTEL DE CHARME $$$
(☎23-1913 ; www.casamorey.com ; Loreto 200 ; s/d avec petit-déj 155/260 S ; ❄📶🏊). Après rénovation, l'ancienne demeure du magnat du caoutchouc Luis F. Morey a retrouvé toute sa splendeur de 1910. Ornée d'*azulejos* d'origine, elle présente 14 suites immenses, de vastes sdb avec baignoire, une petite piscine à l'intérieur d'une cour, une belle bibliothèque d'ouvrages sur l'Amazonie et une salle à manger grandiose (quoique privée de ses carreaux d'époque) où l'on prend le petit-déjeuner.

Camiri AUBERGE DE JEUNESSE $
(☎965-982-854 ; marcelbendayan@hotmail.com ; Pevas, cuadra 1 ; dort/d 30/100 S). Idéale pour adopter le mode de vie rustique et nonchalant de la ville, cette auberge flottante est accessible par des passerelles en bois au-dessus de l'eau. Elle possède des dortoirs de 6 ou 10 personnes et bénéficie d'une vue splendide sur le fleuve. Le propriétaire est une mine d'informations passionnantes. Récemment agrandi, le bar constitue l'endroit le plus pittoresque pour boire un verre au bord de l'eau, et il arrive que l'ambiance nocturne soit assez déchaînée. L'établissement dispose désormais d'un lodge de jungle, llaquipayay, dans la zone tampon de la réserve de Pacaya-Samiria, à 260 km d'Iquitos, où il organise des excursions de 3 à 5 jours.

Amazon Apart Hotel APPARTEMENTS $$
(☎26-6262 ; www.amazonaparthotel.com ; Aguirre 1151 ; s/d 150/180 S, ste 144-221 S ; ❄@🏊). Un nouveau point de chute pimpant et bien aménagé, qui a le seul tort d'être un peu excentré. Les grandes chambres colorées, réparties sur plusieurs étages, ont la climatisation, un réfrigérateur et, souvent, une kitchenette. L'accès à Internet, un restaurant qui prépare de délicieux *ceviches* et une belle piscine complètent les installations.

Flying Dog Hostel AUBERGE DE JEUNESSE $
(☎Lima 01-445-6745 ; http://flyingdogperu.com ; Malecón Tarapaca entre Brasil et Ricardo Palma ; dort/d 30/75 S). Parmi les bonnes options pour voyageurs à petit budget, cette enseigne d'une chaîne également présente à Lima et à Cuzco dispose de chambres propres et lumineuses, de l'eau chaude et d'une cuisine. Dommage que le prix des doubles soit un peu élevé.

Posada del Cauchero PENSION $$
(☎22-2914 ; ermivaya@yahoo.es ; Raimondi 449 ; s/d/ste 100/120/180 S ; ❄🏊). Au-dessus du restaurant éponyme se tiennent 12 chambres et suites de style chalet, dont 7 climatisées. Toutes sont décorées d'art tribal. Piscine et vue magnifique sur le fleuve.

Hotel El Dorado Plaza HÔTEL DE LUXE $$$
(☎22-2555 ; www.grupo-dorado.com ; Napo 258 ; ch avec petit-déj à partir de 575 S ; ❄📶🏊). Doté d'un emplacement privilégié sur la Plaza de Armas, cet hôtel moderne en tête du classement comporte 64 chambres spacieuses et bien équipées, donnant sur la place ou

la piscine. Jacuzzi, sauna, salle de sport, restaurant, plusieurs suites, room service 24h/24, deux bars et personnel justifient ses cinq étoiles. Des réductions sont souvent accordées en période creuse. Le même groupe dirige l'**El Dorado Hotel & Suites** (☎23-2574 ; Napo 362 ; s/d/ste 230/273/410 S), un peu moins cher, dont les clients peuvent accéder aux installations du précédent.

Hotel Acosta HÔTEL $$
(☎23-1761 ; www.hotelacosta.com ; angle Araujo et Huallaga ; s/d 165/195 S ; ❄📶). Appartenant aux propriétaires du Victoria Regia, cet hôtel élégant vous place entre de bonnes mains. Les grandes chambres climatisées aux teintes automnales ont réfrigérateur, coffre et bureau. Restaurant au rez-de-chaussée.

La Casa Del Francés PENSION $
(☎23-1447 ; info@lacasadelfrances.com ; Raimondi 183 ; dort/s/d 20/40/45 S). Une cour fermée où se balancent des hamacs précède cet établissement attrayant, qui possède plusieurs grandes chambres sans prétention de style colonial aux impeccables sdb carrelées.

Mad Mick's Bunkhouse AUBERGE DE JEUNESSE $
(☎965-754-976 ; michaelcollis@hotmail.com ; Putumayo 163 ; dort 15 S). À deux pas de la Plaza de Armas, l'hébergement le plus économique d'Iquitos attire en masse les voyageurs désargentés. Il se résume à un dortoir sombre de 8 lits superposés et une sdb ornée d'intéressants graffitis.

Hospedaje La Pascana PENSION $
(☎23-5581, 23-1418 ; www.pascana.com ; Pevas 133 ; s/d/tr 40/50/65 S). Sûre, accueillante et appréciée à juste titre, cette pension affiche souvent complet. Un jardin verdoyant, un service d'échange de livres et un charmant café servant du vrai café péruvien contribuent à son succès depuis 30 ans. Le petit-déjeuner continental coûte 7,50 S.

Hostal El Colibrí PENSION $
(☎24-1737 ; http://hostalelcolibri.net ; Nauta 172 ; s 45-60 S, d 60-80 S ; ❄). Proche du fleuve et de la grand-place, cette excellente adresse comprend de belles chambres claires et spacieuses avec TV et ventilateur, ou climatisation pour les plus chères. Le propriétaire, ami des voyageurs, a rajouté trois étages de chambres en 2009.

Hostal Florentina PENSION $
(☎23-3591 ; Huallaga 212 ; s 55-75 S, d 75-85 S, tr 120-140 S). Aménagées dans une vieille maison coloniale bien en retrait de la rue, les chambres, plutôt petites et très calmes, ont TV câblée, moustiquaires, sdb étincelante et ventilateur ou climatisation selon le prix. Des hamacs invitent au farniente dans la cour à l'arrière.

Hotel Victoria Regia HÔTEL $$$
(☎23-1983 ; www.victoriaregiahotel.com ; Ricardo Palma 252 ; s/d avec petit-déj 231/264 S, ste 300-400 S ; ❄@🏊). Le souffle glacé de la climatisation accueille les hôtes dans cet établissement confortable. De bonnes dimensions, les chambres sont dotées d'une excellente literie, de lampes de chevet, d'un réfrigérateur et d'une sdb avec baignoire et sèche-cheveux. L'une des suites comporte même un Jacuzzi. Si la piscine couverte et le bar-restaurant attirent une clientèle d'affaires, la qualité de l'ensemble n'est pourtant pas beaucoup plus élevée que celle d'autres hôtels de la ville facturant 100 S de moins.

Marañón Hotel HÔTEL $$
(☎24-2673 ; www.hotelmaranon.com ; Nauta 289 ; s/d avec petit-déj continental 99/130 S ; ❄@📶🏊). Un hôtel entièrement carrelé, qui loue des chambres avec une grande sdb, un minibar et autres installations habituelles. Bon rapport qualité/prix.

Hotel Europa HÔTEL $$
(☎23-1123 ; www.europahoteliquitos.net ; Próspero 494 ; s/d 100/150 S ; ❄). L'un des meilleurs de sa catégorie, cet hôtel jaune canari offre toutes les commodités attendues pour le prix : climatisation, réfrigérateur dans les chambres, bon restaurant et service de blanchissage.

Où se restaurer

Si la ville abrite des tables de qualité, beaucoup de spécialités régionales sont à base d'espèces menacées, comme le *chicharrón de lagarto* (caïman frit) et la *sopa de tortuga* (soupe de tortue). La *païche*, un poisson local, fait actuellement son retour grâce à des programmes d'élevage. Préférez des plats plus écologiques, tels les *ceviches* de poissons d'eau douce, le *chupín de pollo*, une soupe savoureuse préparée avec du riz, du poulet et des œufs, et les *juanes*.

Pour acheter des provisions, direction le **Supermercado Los Portales** (Próspero à hauteur de Morona).

♥ **Frio y Fuego** FUSION $$
(☎965-607-474 ; Embarcadero Av. La Marina 138 ; plats 15-35 S ; ⏲12h-16h et 19h-23h mar-sam,

HERZOG ET L'AMAZONIE

Le réalisateur allemand Werner Herzog, souvent perçu comme une personnalité obsessionnelle, a tourné deux films dans la jungle péruvienne : *Aguirre, la colère de Dieu* (1972) et *Fitzcarraldo* (1982). Le fait qu'il y soit parvenu dans des conditions épouvantables est, d'une certaine façon, plus remarquable que les œuvres elles-mêmes.

Klaus Kinski, l'acteur principal d'*Aguirre*, était un homme instable, sujet à des crises de rage épouvantables. *Ennemis intimes*, un documentaire d'Herzog, décrit un incident au cours duquel Kinski frappa un figurant si brutalement que ce dernier dut la vie sauve à son casque de conquistador.

Il révèle aussi que le cinéaste tenta un jour de tuer l'acteur dans sa maison à l'aide d'une bombe incendiaire. Vers la fin du tournage d'*Aguirre*, à la suite d'une altercation avec un caméraman sur le Río Nanay, Kinski décida de s'enfuir à bord d'une vedette et Herzog menaça de l'abattre avec un fusil pour le contraindre à rester. Dans sa biographie, *Kinski Uncut* (en partie écrite par Herzog), l'acteur dépeint le cinéaste comme un bouffon sans talent.

Pour *Fitzcarraldo*, le premier comédien pressenti tomba malade et le second, Mick Jagger, abandonna pour se consacrer à la tournée des Rolling Stones. Herzog fit de nouveau appel à Kinski, qui ne tarda pas à s'attirer la haine des figurants machiguenga (matsiguenka) ; l'un d'eux proposa à Herzog d'assassiner l'acteur. Durant le tournage près de la frontière équatorienne, une guerre éclata entre les deux pays et des soldats détruisirent les décors. Puis une terrible sécheresse s'abattit sur la région, immobilisant le bateau durant des semaines, jusqu'à ce qu'une crue soudaine le réduise à l'état d'épave. Certains de ces épisodes sont relatés dans *Conquête de l'inutile* (Capricci, 2009), le journal du film. Pour entendre une autre version des événements, discutez avec la fille du producteur exécutif du film, qui tient la Casa Fitzcarraldo (voir p. 487).

Le cinéaste a utilisé dans le montage final de nombreuses séquences des diverses catastrophes. Il a déclaré un jour que filmer en Amazonie constituait pour lui un "défi à la nature elle-même" et on peut affirmer qu'il a triomphé.

12h-17h dim). Pour goûter la meilleure cuisine de la ville, rejoignez en bateau ce paradis des gastronomes flottant au milieu de l'embouchure du Río Itaya. La carte met l'accent sur les poissons de rivière (tous les plats à base de *doncella* sont délectables), mais il y a aussi d'alléchantes *parrillas* à l'image des tendres médaillons de bœuf accompagnés de poivron et de mozzarella dans une feuille de *bijao*. Le soir, vous profiterez de la plus belle vue sur Iquitos illuminée en sirotant un verre de rouge chilien au bord de la piscine. L'adresse donnée correspond au point d'embarquement.

♥ **Marché de Belén** MARCHÉ **$**
(angle Próspero et Jirón 9 de Diciembre). Les marchés d'Iquitos, notamment celui de Belén, permettent de se régaler à moindre coût. Un menu assorti d'un *jugo especial* (jus de fruits exotiques) coûte moins de 5 S. Les plus courageux pourront goûter des spécialités comme les vers d'Amazonie charnus, l'*ishpa* (intestins et graisse de *sabalo* – un poisson – mijotés) et les *sikisapa* (fourmis coupe-feuilles frites ; l'abdomen constitue la partie la plus savoureuse). Nous vous conseillons également le **Mercado Central** (Lores cuadra 5). Faites attention à vos objets de valeur.

Amazon Bistro INTERNATIONAL **$$**
(Malecón Tarapaca 268 ; petit-déj 12 S, plats 15-40 S ; ⏱6h-minuit). La palme des nouveaux restaurants. Décontracté et tenu avec amour par un Belge, l'endroit possède un bar à petit-déjeuner dans le style new-yorkais et une mezzanine surplombant la salle. Les pizzas sont savoureuses et le reste de la cuisine mélange steaks argentins et saveurs franco-belges, avec notamment la bière Caracole. Sans oublier le meilleur café de la ville. Bien aussi pour boire un verre le soir.

El Sitio GRILL **$**
(angle Lores et Huallaga ; parrillas à partir de 3 S ; ⏱dîner). Un immense choix de délicieuses viandes grillées qu'un Argentin jovial fait cuire à l'extérieur. Reste ouvert jusqu'à ce qu'il n'y ait plus rien à manger.

Dawn on the Amazon Café INTERNATIONAL $$
(Malecón Maldonado 185 ; plats 20 S environ ; ⏲7h30-22h). Nouveau repaire de voyageurs sur le Malecón, ce café présente une carte mariant les cuisines nord-américaine, péruvienne, espagnole et chinoise, garanties sans glutamate. Allez où vous mènent vos papilles, mais sachez que le poisson de rivière à la vapeur s'avère excellent. Il existe même des plats adaptés aux personnes qui suivent la diète de l'*ayahuasca*.

Ari's Burger AMÉRICAIN $$
(Próspero 127 ; plats 10-25 S ; ⏲7h-3h). À l'angle de la Plaza de Armas, cet établissement gai, propre et brillamment éclairé porte le surnom de *gringolandia*. Ouvert sur deux côtés, il permet de profiter du spectacle de la rue et sert des plats de style américain, des spécialités locales, des glaces et des desserts fondants. Apprécié des touristes et des habitants, il change les dollars US.

Parilladas El Zorrito PARRILLA $
(Fanning 355 ; plats 5-10 S). Très prisé et animé, ce restaurant sert des portions énormes cuites sur un gril à l'extérieur. Les *juanes* et les poissons d'eau douce font partie des plats les plus réussis. Excellente musique live le week-end.

Antica ITALIEN $$
(Napo 159 ; plats 22-24 S ; ⏲7h-minuit). Le meilleur restaurant italien en ville fait la part belle aux pizzas, cuites dans un impressionnant four à bois, et aux pâtes (lasagnes succulentes), à déguster sur de massives tables en bois. Bons vins importés d'Italie.

Ivalú PÉRUVIEN $
(Lores 215 ; en-cas à partir de 2 S ; ⏲petit-déj et déj). Très prisée pour ses jus de fruits et ses pâtisseries, cette enseigne prépare aussi des *tamales* (mélange de poisson ou de poulet et de pâte de farine de maïs enveloppé d'une feuille). Elle ouvre normalement à 8h, mais mieux vaut arriver avant pour avoir une place assise.

La Vecina CEVICHE $
(Tavara West 352 ; petit/grand ceviche 8/15 S ; ⏲déj). Seuls des *ceviches* figurent au menu de cette adresse chaleureuse, mais ils ne déçoivent jamais.

Bucanero POISSON $$
(Av. Marina 124 ; plats 25 S ; ⏲11h-17h ; ❄). Parfait pour une pause déjeuner, ce restaurant climatisé jouit d'un cadre soigné et d'une vue splendide sur le fleuve. Le poisson domine la carte ; le *pescado a la plancha* (poisson de rivière grillé) aux *chicharrónes* (couenne de port frite) passe très bien avec une Iquiteña (bière d'Iquitos) glacée.

Gran Maloca PÉRUVIEN $$
(Lores 170 ; menu 15 S, plats 25-42 S ; ⏲12h-22h ; ❄). Installé dans une belle demeure aux murs revêtus de miroirs, cet élégant restaurant évoque l'époque glorieuse du boom du caoutchouc. Sur des nappes en soie, il sert des plats régionaux raffinés comme le *chupín de pollo*, du gibier amazonien à la noix de coco grillée et la délicieuse omelette de Loreto aux herbes de la jungle.

Chifa Long Fung CHINOIS $
(San Martín 454 ; plats 10-20 S ; ⏲12h-14h30 et 19h-minuit). Plusieurs *chifas* et autres restaurants bon marché jouxtent la Plaza 28 de Julio. Si celui-ci est un peu plus cher, sa cuisine le justifie.

Fitzcarraldo Restaurant-Bar INTERNATIONAL $$
(Napo 100 ; plats 15-40 S ; ⏲12h-tard ; ❄). Cette table chic au bord du fleuve se distingue par la qualité de ses mets et de son service. Bonnes pizzas (livraison possible), plats locaux et internationaux. Gare à la climatisation glaciale.

Kikiriki RESTAURATION RAPIDE $
(☎23-2020 ; Napo 159 ; quart de poulet à partir de 7,50 S ; ⏲dîner). Version péruvienne du "cocorico", le Kikiriki excelle dans le poulet rôti. Commandez-le à la mode de la jungle, sur un lit de bananes frites et relevé de sauce au piment vert. Livraison possible.

La Noche INTERNATIONAL $$
(Malecón Maldonado 177 ; sandwichs 10 S, plats 20 S ; ⏲7h-tard). Plus tout à fait comme avant, mais encore bon, avec un emplacement de premier ordre, une salle en bord de rue, une terrasse sur le Malecón et un bar-lounge pour se détendre à l'étage. Régalez-vous d'un sandwich gourmand et d'un vrai café au déjeuner, d'un poisson d'eau douce et d'une salade au dîner.

Où prendre un verre et sortir

Iquitos est une ville festive ; la vie nocturne se concentre sur le Malecón.

Arandú Bar BAR
(Malecón Maldonado 113 ; ⏲tard). À côté du Fitzcarraldo, le bar le plus animé du Malecón,

idéal pour regarder les passants en écoutant les classiques du rock à plein volume.

Musmuqui BAR

(Raimondi 382 ; ⏲jusqu'à minuit dim-jeu, 3h ven et sam). Prisé des habitants, ce bar fréquenté, à deux niveaux, offre un grand choix de cocktails aphrodisiaques à base de plantes amazoniennes.

Complejo CNI MUSIQUE LIVE

(Caceres cuadra 10 ; ⏲jeu-sam). Le fameux groupe local Illusion joue dans cette discothèque, la meilleure d'Iquitos, où les habitants viennent danser par centaines le week-end.

El Refugio BAR

(⏲jusqu'à 3h jeu-sam). L'atmosphère joyeuse et l'emplacement près d'un bras mort du Río Nanay, à l'ouest de la ville, ont leur attrait, mais le cadre et les femmes en tenue légère peuvent ne pas plaire.

Achats

Dans la première *cuadra* de Napo, quelques boutiques vendent de l'artisanat de la jungle, parfois d'excellente qualité et cher. Connu des chauffeurs de bus et de taxi, le **Mercado de Artesanía San Juan**, sur la route de l'aéroport, est un bon endroit pour trouver de l'artisanat. N'achetez pas d'objets fabriqués avec des os ou des peaux d'animaux. Leur importation est interdite en Europe et en Amérique du Nord.

Mad Mick's Trading Post (☎965-75-4976 ; michaelcollis@hotmail.com ; Putumayo 163 ; ⏲8h-20h) vend, loue ou achète quasi tout le nécessaire pour une expédition dans la jungle. Au retour, Mick rachète à moitié prix le matériel en bon état dont vous n'avez plus besoin.

Renseignements

Accès Internet

Les cybercafés facturent environ 3 S par heure. Le Wi-Fi des hôtels offre généralement une meilleure connexion.

Cyber (Putumayo 374). Nombreux terminaux, bière et horaires étendus.

Argent

Plusieurs banques changent les chèques de voyage, délivrent des avances sur les cartes de crédit et possèdent un DAB, telle la **BCP** (angle Próspero et Putumayo) qui dispose d'un DAB sécurisé. Toutes offrent des taux avantageux. Pour changer rapidement des dollars US en espèces, adressez-vous aux changeurs de rue dans Próspero, entre Lores et Brasil. S'ils sont généralement honnêtes, certains essaient de remplacer des billets de 100 S par des coupures de 20 S ; soyez prudent et vérifiez soigneusement la somme que l'on vous remet. Mieux vaut convertir les devises brésiliennes et colombiennes à la frontière. **Western Union** (Napo 359) effectue des transferts d'argent rapides.

Désagréments et dangers

Les rabatteurs et les soi-disant guides de jungle travaillent à la commission et se montrent souvent agressifs, insistants, voire malhonnêtes. On rapporte même des cas de vols. Mieux vaut s'adresser directement aux hôtels, aux lodges et aux tour-opérateurs. Soyez particulièrement vigilant dans le quartier de Belén, très pauvre, où les vols sont assez courants. Les agressions restent en revanche exceptionnelles à Iquitos.

Immigration

À l'arrivée ou au départ du Brésil ou de la Colombie, faites tamponner votre passeport à la frontière.

Consulat du Brésil (☎23-5151 ; Lores 363)

Consulat de Colombie (☎23-1461 ; Araujo 431 ; ⏲9h-12h30 et 14h-16h30 lun-ven)

Oficina de Migraciónes (bureau de l'immigration ; ☎23-5371 ; Cáceres, cuadra 18)

Laveries

Lavandería Imperial (Nauta cuadra 1 ; ⏲8h-20h lun-sam). Machines à pièces ; 12 S par charge.

Offices du tourisme

Hormis les organismes indiqués ci-dessous, des guides et des lodges de jungle vous renseigneront et tenteront ouvertement de vendre leurs services.

iPerú Aéroport (☎26-0251 ; hall principal, aéroport Francisco Secada Vignetta ; ⏲toujours ouvert à l'arrivée et au départ des vols) ; centre-ville (☎23-6144 ; Napo 161 ; ⏲9h-18h lun-sam, 9h-13h dim). Anglais parlé au bureau de l'aéroport.

Iquitos Times (www.iquitostimes.com). Un mensuel gratuit en anglais destiné aux touristes et distribué dans tous les hôtels et restaurants. Pour des informations récentes, contactez le rédacteur en chef, "Mad" Mick Collis, dans son bureau, Putumayo 163.

Bureau de la Reserva Nacional Pacaya-Samiria (☎22-3555, Chávez 930-942, Pevas 339 ; ⏲8h-16h lun-ven). Le droit d'entrée à la réserve s'élève à 60 S pour 3 jours.

TRAVERSER LA FRONTIÈRE : LA TRIPLE FRONTIÈRE PÉROU-COLOMBIE-BRÉSIL

Même au cœur de l'Amazonie, les formalités frontalières restent strictes et vous ne passerez qu'avec des papiers en règle. Vous n'aurez aucun problème si vous possédez un passeport en cours de validité, un visa (si besoin) ou une carte de tourisme.

En quittant le Pérou pour entrer au Brésil ou en Colombie, vous devez faire tamponner votre passeport par les gardes péruviens, juste avant la frontière (les bateaux s'arrêtent suffisamment longtemps pour les formalités).

Les ports de la triple frontière, distants les uns des autres de plusieurs kilomètres, sont desservis par des ferries publics et accessibles par avion, mais pas par la route. Ville frontière la plus grande et la plus plaisante, **Leticia** (Colombie) possède les meilleurs hôtels et restaurants, et un hôpital. Des vols commerciaux quasi quotidiens la relient à Bogotá. Des bateaux peu fréquents rallient **Puerto Asis**, sur le Putumayo, en 12 jours. De Puerto Asis, des bus continuent vers l'intérieur de la Colombie (voir p. 456 des informations sur la sécurité dans cette région).

Les deux petits ports brésiliens, **Tabatinga** et **Benjamin Constant**, disposent d'hôtels rudimentaires. L'aéroport de Tabatinga propose des vols pour Manaus. Faites tamponner votre passeport au poste de police de Tabatinga si vous prenez un avion pour Manaus. Tabatinga prolonge Leticia et vous pouvez aller à pied ou en taxi d'une ville à l'autre sans vous soucier des formalités d'immigration, à moins de poursuivre votre route au Brésil ou en Colombie. De Tabatinga, des bateaux naviguent en aval et font généralement escale pour la nuit à Benjamin Constant, puis continuent vers Manaus, qu'ils atteignent une semaine plus tard. Le ferry public rejoint Benjamin Constant en 1 heure environ.

Le Pérou se situe sur la rive sud du fleuve, que les courants modifient sans cesse. La plupart des bateaux en provenance d'Iquitos vous déposeront à Santa Rosa, un petit village doté d'un service d'immigration. De là, des canots à moteur rallient Leticia en 15 minutes.

Si vous venez de Colombie ou du Brésil, vous trouverez des bateaux pour Iquitos à Leticia et à Tabatinga. Comptez 2 jours en cargo (10-15 $US) ou 12-14 heures en *mas rápido* (75 $US), des embarcations rapides qui circulent quotidiennement. Les départs et les tarifs sont les mêmes dans l'autre sens, mais le trajet dure moins longtemps. Pour remonter ou descendre le fleuve, vous pourrez peut-être embarquer à bord d'un navire de croisière, mais il fera des escales en route.

Aussi désorganisés que ces endroits puissent paraître, vous trouverez toujours le gîte, le couvert, des bateaux et des possibilités de change en vous renseignant sur place.

Poste

Poste (Arica 402 ; ⌚8h-18h lun-ven, 8h-16h30 sam). Très centrale.

Services médicaux

Clínica Ana Stahl (☎25-2535 ; www.caas-peru.org ; Av. La Marina 285 ; ⌚24h/24). Bonne clinique privée.

Dr Carlos Vidal Ore (☎975-3346 ; Fitzcarrald 156)

HappyDent (Putumayo 786). Dentiste.

Urgences

Police (☎23-1123 ; Morona 126). Le commissariat le plus central.

Police touristique (Policía Turistica, Poltur ; ☎24-2081 ; Lores 834)

Depuis/vers Iquitos

Avion

À 7 km du centre-ville, le petit aéroport fréquenté d'Iquitos accueille actuellement des vols en provenance de Lima, de Pucallpa, de Tarapoto et de Panama City.

LAN Peru (☎23-2421 ; Próspero 232) propose les liaisons les plus chères, avec deux vols matin et après-midi pour Lima. **Star Perú** (☎23-6208 ; Napo 256) propose aussi des vols depuis/vers Lima via Tarapoto ou Pucallpa. Comptez environ 120 $US pour rejoindre la capitale, un peu moins pour Pucallpa et Tarapoto. **Copa Airlines** (☎Panama 1-800-359-2672 ; www.copaair.com) assure désormais deux liaisons hebdomadaires avec Panama City, les mercredi et samedi.

À l'aéroport, des compagnies louent des avions de 5 places qui desservent à peu près n'importe quelle destination en Amazonie pour quelque 500 $US.

Bateau

Iquitos est le port fluvial le plus vaste et le mieux organisé du pays. En théorie, on peut naviguer d'ici jusqu'à l'océan Atlantique. Dans les faits, la plupart des bateaux au départ d'Iquitos ne circulent aujourd'hui que dans les eaux péruviennes et les voyageurs doivent changer à la frontière Colombie-Brésil (voir encadré page ci-contre).

Trois embarcadères intéressent principalement les voyageurs.

Puerto Masusa (Av. La Marina), à 3 km au nord du centre-ville, est le point de départ des cargos qui remontent le fleuve jusqu'à Yurimaguas (3-6 jours) et Pucallpa (4-7 jours). Les prix varient de 100 S pour un emplacement de hamac à 180 S pour une cabine minuscule. Des bateaux partent presque tous les jours pour les deux ports et plus souvent pour les ports intermédiaires plus proches. Les bateaux *Eduardo* à destination de Yurimaguas sont assez confortables, mais des lecteurs ont été témoins de maltraitances envers les animaux transportés.

Les bateaux qui descendent le fleuve vers la frontière du Brésil et de la Colombie partent également de Puerto Masusa, deux ou trois fois par semaine (50-80 S/pers, 2 jours). Ils font escale à Pevas (emplacement hamac 20 S, 15 heures environ) et dans d'autres ports. Ils accostent parfois plus près du centre en période de crue (de mai à juillet).

Les bateaux *Henry* effectuent le trajet Iquitos-Pucallpa et possèdent leur propre **port** (☎965-67-8622 ; ⌚7h-19h), mieux organisé et plus proche du centre, dans l'Avenida La Marina.

Aux deux embarcadères, des tableaux indiquent les bateaux au départ, leur destination et s'ils acceptent des passagers. Bien que des agences soient installées en ville, mieux vaut se renseigner sur le port. Ne vous fiez qu'au capitaine pour l'heure approximative du départ : les dates indiquées sur les tableaux peuvent être changées dans la nuit ! Des retards de plusieurs heures, voire de quelques jours, sont fréquents.

On peut souvent dormir à bord en attendant le départ, ce qui permet de choisir le meilleur endroit pour accrocher son hamac. Ne laissez jamais vos bagages sans surveillance et demandez qu'on les enferme pendant que vous dormez.

Du petit Puerto Embarcadero, des vedettes desservent la triple frontière (avec la Colombie et le Brésil) tous les jours à 6h, sauf le lundi. Vous devez acheter votre billet à l'avance auprès des bureaux regroupés dans Raimondi, près de la Plaza Castilla. Les prix s'élèvent à 170 S pour Pevas et 200 S pour Santa Rosa (10-12 heures) du côté péruvien, repas compris.

Quand il reste des places disponibles, on peut louer une couchette dans un bateau de croisière à destination de Leticia (voir page ci-contre), bien que cela soit plus souvent possible sur le trajet Leticia-Iquitos (le capitaine a davantage pitié des voyageurs bloqués à Leticia).

ℹ Comment circuler

Des escadrons de *mototaxis* assurent l'essentiel des transports. Les accrochages sont fréquents et les *mototaxis* n'offrent guère de protection en cas d'accident. Veillez à toujours monter côté trottoir et à ne laisser dépasser ni bras ni jambe. La plupart des courses coûtent 1,50 S ; pour l'aéroport, comptez environ 7 S en *mototaxi* et 15 S en taxi (plus difficile à trouver).

Près de la Plaza 28 de Julio, des bus et des camions desservent plusieurs destinations proches, dont l'aéroport. Les bus de l'aéroport, signalés Nanay-Belén-Aeropuerto, suivent Arica vers le sud.

Une route asphaltée se prolonge sur 102 km dans la jungle jusqu'à Nauta, sur le Río Marañon, près de sa confluence avec l'Ucayali. Les voyageurs arrivant par bateau de Yurimaguas peuvent débarquer à Nauta et prendre un bus local pour Iquitos, ce qui raccourcit le trajet de 6 heures. Les bateaux en provenance de Pucallpa ne s'arrêtent pas à Nauta. Les minibus pour Nauta (2 heures) partent du coin de Próspero et de José Gálvez. En chemin, des criques et des plages sont propices à la baignade.

Environs d'Iquitos

VILLAGES ET LACS VOISINS

À 16 km de la ville, après l'aéroport, **Santo Tomás** est renommé pour ses poteries et ses masques. Quelques bars surplombent le Mapacocha, un lac formé par un bras du Río Nanay. La location d'un bateau à moteur avec conducteur coûte environ 30 S. **Santa Clara** se situe à 15 km de là, sur les berges du Nanay. Des plages de sable blanc apparaissent durant l'étiage (de juillet à octobre) et des bateaux sont disponibles pour la location. Les deux villages sont accessibles en *mototaxi* (15 S environ) ou en minibus (2 S) de l'arrêt de Nauta.

Corrientillo, un lac bordé de quelques bars près du Río Nanay, attire les baigneurs le week-end et offre de beaux couchers de soleil. Il se situe à 15 km d'Iquitos (15 S environ en *mototaxi*).

Ferme de papillons de Pilpintuwasi FERME
(☎065-23-2665 ; www.amazonanimalorphanage.org ; Padre Cocha ; 20 S ; ⏲9h-16h mar-dim). La visite est chaudement recommandée. Dans ce centre d'élevage et de protection des papillons amazoniens, vous pourrez notamment admirer le saisissant morpho bleu (*Morpho menelaus*) et le papillon-chouette (*Caligo eurilochus*). La ferme a également recueilli des animaux orphelins, dont plusieurs singes malicieux, un tapir, un tamanoir géant et un majestueux jaguar baptisé Pedro Bello. Pour rejoindre la ferme, prenez un bateau au port de Bellavista-Nanay, à 2 km au nord d'Iquitos, jusqu'au village de Padre Cocha. Indiquée par des panneaux, la ferme se situe à 15 minutes de marche du débarcadère en traversant le village.

Laguna Quistacocha LAC
À 15 km au sud d'Iquitos, ce lac est desservi plusieurs fois par heure par des minibus (2 S) qui partent à l'angle de Bermúdez et de Moore, près de la Plaza 28 de Julio, ainsi que par des *mototaxis* (12 S). Près du lac, un petit **zoo** consacré à la faune locale a été nettement amélioré au cours des dernières années. À côté, un **élevage de poissons** tente de reconstituer la population de paîches, des poissons d'eau douce de 2 m de long, menacés par la surpêche et la disparition de leur habitat. Un sentier pédestre fait le tour du lac, où l'on peut se baigner et louer des pédalos (5-10 S). Plusieurs restaurants sont installés sur place et un chemin de randonnée rejoint le Río Itaya. Très fréquenté le week-end, l'endroit retrouve son calme en semaine (accès 3 S).

LODGES ET EXPÉDITIONS DANS LA JUNGLE

Guides

Des "guides" de jungle vous aborderont partout dans Iquitos. Certains travaillent à leur compte, beaucoup pour un lodge. Des voyageurs ont eu des expériences mitigées avec des guides privés et nous n'en recommandons aucun. Tout guide doit posséder un permis ou une autorisation. Dans le cas contraire, renseignez-vous à l'office du tourisme. Demandez leurs références et montrez-vous prudent (voir aussi *Désagréments et dangers* p. 491). Les meilleurs lodges emploient les guides les plus fiables et organisent des randonnées dans la jungle.

Gerson Pizango CIRCUITS GUIDÉS
(☎965-012-225 ; www.amazonjungleguide.com ; 50-70 $US/pers et journée). Recommandé par des lecteurs et réputé l'un des meilleurs guides indépendants d'Iquitos, Gerson propose des circuits sur mesure pouvant inclure des visites dans des communautés locales autour de son village à 260 km d'Iquitos ainsi que l'observation de la faune le long d'affluents peu fréquentés. Les prix, négociables, dépendent de la distance parcourue.

Lodges

De nombreux lodges à la qualité et aux tarifs très variables se tiennent en amont et en aval d'Iquitos. Prenez le temps de choisir, car ils proposent une grande diversité de programmes et d'activités. Vous trouverez l'habituel éventail d'établissements de luxe, qui privilégient la détente, et d'établissements plus rustiques, qui offrent camping, randonnée, pêche (meilleure période de juillet à septembre) et autres aventures. La plupart des lodges ont un bureau à Iquitos.

De nombreux forfaits peuvent être réservés depuis l'étranger ou Lima, mais hébergements et circuits reviennent a moins cher à Iquitos même. Essayez de marchander, même si les tour-opérateurs annoncent des prix fixes. Évitez les périodes de vacances péruviennes, lorsque les lodges se remplissent de touristes locaux. De juin à septembre (la saison sèche et les vacances d'été pour les Européens et les Nord-Américains), les étrangers affluent également.

Les lodges se situent à distance d'Iquitos et le transport fluvial est inclus dans les prix. La forêt vierge a pratiquement disparu dans un rayon de 50 km autour de la ville. Les chances d'apercevoir de grands mammifères sont presque nulles et les Indiens jouent aux sauvages pour les touristes. Néanmoins, le visiteur aura une bonne idée de la vie dans la jungle et pourra observer des oiseaux, des insectes et des petits mammifères. Les lodges les plus éloignés s'inscrivent dans une nature mieux préservée.

Une excursion standard de 2 jours comprend un trajet fluvial de 2-3 heures jusqu'à un lodge au confort correct, un déjeuner "typique", une visite guidée dans un village indien pour acheter de l'artisanat et assister à des danses (avec souvent plus de touristes que d'autochtones), un dîner au lodge, parfois une sortie nocturne pour observer les caïmans à la lueur des lampes torches et une randonnée dans la jungle pour découvrir la faune et la flore. Les tarifs tournent autour de 300 $US et varient selon le tour-opérateur, la distance parcourue et le standing du lodge. Un circuit plus long permet de s'éloigner davantage d'Iquitos, de mieux voir la jungle et de payer moins cher par nuit d'hébergement.

La région abrite nombre de bons lodges qui donnent un aperçu intéressant de la forêt tropicale. Tous les prix indiqués sont approximatifs et peuvent souvent se négocier. Ils doivent inclure les repas, les excursions et le transport depuis Iquitos. Les établissements possèdent des conteneurs d'eau purifiée où vous pourrez remplir votre bouteille. Les adresses suivantes sont classées en fonction de leur distance d'Iquitos.

Paseos Amazonicos LODGE $$$

(www.paseosamazonicos.com ; 3 jours et 2 nuits 220-260 $US/pers) Iquitos (☎065-23-1618 ; Pevas 246) ; Lima (☎01-241-7576 ; bureau 4, Bajada Balta 131, Miraflores). Cette compagnie gère trois lodges. Parmi les mieux établis, l'Amazonas Sinchicuy Lodge se tient le long d'un petit affluent de l'Amazone, à 30 km au nord-est d'Iquitos. Les 32 chambres, d'une capacité de 4 personnes, comportent une douche froide individuelle et des lanternes (certaines sont accessibles en fauteuil roulant). On peut se rendre sur place au cours d'une journée d'excursion au départ d'Iquitos. À 60 km au nord-est de la ville, le Tambo Yanayacu Lodge coiffé de palmes se compose de 10 chambres rustiques avec sdb. Il fournit des tentes pour des expéditions dans la jungle. Un circuit peut combiner l'hébergement dans ces deux lodges et la visite de communautés yagua. Enfin, le Tambo Amazonico Lodge se trouve à quelque 160 km en amont, sur le Río Yarapa. Il ressemble plutôt à un camping, avec deux dortoirs en plein air pourvus de lits et de moustiquaires, pouvant loger 20 personnes. Il organise des circuits où l'on campe, notamment dans la réserve de Pacaya-Samiria.

Cumaceba Lodges LODGE $$$

(www.cumaceba.com) Iquitos (☎065-23-2229 ; Putumayo 188 ; 3 jours et 2 nuits s 260-370 $US, d 210-260 $US) ; Cuzco (☎084-25-4881 ; Portal Panes 123 près du 107). En activité depuis 1995, cette compagnie gère trois lodges économiques, dont les guides parlent français, anglais et même japonais.

Le Cumaceba Lodge, à 35 km en aval d'Iquitos, dispose de 15 chambres avec moustiquaires et douche, et organise des expéditions plus aventureuses dans le secteur. L'Amazonas Botanical Lodge, à 90 km en aval d'Iquitos, met l'accent sur l'étude des plantes en plus de l'observation de la faune. Ses bungalows rustiques, avec sdb, bordent la forêt primaire. Il possède en outre un jardin botanique et une grande piscine. Des cérémonies de l'*ayahuasca* et la visite d'un élevage de païches figurent au programme. Pour finir, le Piranha Ecoexplorer Lodge, à 180 km en amont après Nauta, propose un hébergement semblable à celui des autres et de nombreuses activités. Le forfait de 5 jours comprend pêche au harpon, camping et randonnée pour découvrir d'étonnants nénuphars géants (*Victoria regia*).

♥ **Otorongo Lodge** LODGE $$$

(☎065-22-4192, 965-75-6131 ; www.otorongoexpeditions.com ; Departamento 203, Putumayo 163, Iquitos ; 5 jours et 4 nuits d 761 $US/pers). Les voyageurs ne tarissent pas d'éloges à propos de ce lodge rustique, relativement récent, à 100 km d'Iquitos. Entouré de chemins sillonnant la nature, il s'inscrit dans un cadre magique près d'un affluent de l'Amazone. Ses 12 chambres avec sdb s'accompagnent d'un espace commun propice à la détente. L'ancien fauconnier qui le dirige imite le chant d'innombrables oiseaux et vous fera découvrir de près une grande quantité d'animaux. Bref, l'endroit offre une expérience fabuleuse de la forêt amazonienne. Le forfait de 5 jours inclut des visites de communautés hors des sentiers battus et des excursions avec camping dans les profondeurs de la jungle. Les voyageurs en route vers la frontière colombienne bénéficient d'un tarif journalier de 50 $US. Renseignez-vous sur les circuits de pêche "extrêmes" dont le propriétaire est un spécialiste.

Amazon Yarapa River Lodge LODGE $$$

(☎065-993-1172 ; www.yarapa.com ; Av. La Marina 124, Iquitos ; 4 jours et 3 nuits s/d 1 020/1 840 $US, s/d sans sdb 940/1 680 $US ; @). À quelque 130 km en amont d'Iquitos sur le Río Yarapa, ce lodge formidable abrite un vaste laboratoire de biologie tropicale, régulièrement utilisé par l'université américaine Cornell pour la recherche et les cours de 3e cycle. De grands panneaux solaires fournissent l'électricité et il y a aussi un téléphone satellitaire. Des artisans locaux ont réalisé les sculptures sur bois du bar-restaurant et les têtes de lit du lodge, superbement entretenu. Il compte 8 chambres immenses avec grande sdb (où séjournent les professeurs de Cornell) et 16 autres confortables qui partagent plusieurs sdb bien équipées. Toutes disposent de moustiquaires et sont reliées par des passages couverts. D'excellents guides accompagnent les circuits dans la jungle jusqu'à des secteurs reculés. D'iquitos, le trajet en bateau dure de 3 à 4 heures (toilettes à bord). Recommandé.

Tahuayo Lodge LODGE **$$$**
(☎1-813-907-8475, 1-800-262-9669 ; www.perujungle.com ; 8 jours et 7 nuits 1 295 $US/pers). Outre Pacaya-Samiria, il existe plusieurs autres réserves dans le nord du bassin amazonien. À 140 km d'Iquitos, ce lodge jouit d'un accès exclusif à la réserve de Tamshiyacu-Tahuayo (2 500 km²), une zone de forêt vierge préservée où l'on a recensé 93 espèces de mammifères, un chiffre record. Les 15 bungalows sur pilotis, dotés de sdb et reliés par des passerelles, se dressent à 65 km en amont, le long d'un affluent de l'Amazone. Il y a sur place un laboratoire et une bibliothèque. Les chances d'apercevoir des animaux, dont des ouistitis pygmées vivant à proximité, s'avèrent excellentes. Les visiteurs peuvent également séjourner au Tahuayo River Research Center voisin, entouré d'un long réseau de sentiers.

Muyuna Amazon Lodge LODGE **$$$**
(☎065-24-2858 ; www.muyuna.com ; rez-de-chaussée, Putumayo 163, Iquitos ; 3 jours et 2 nuits s/d 485/805 $US). À 140 km en amont d'Iquitos sur le Río Yanayacu, ce lodge intimiste est cerné de 10 lacs préservés dans une zone reculée, moins exploitée que la jungle en aval. Équipés de moustiquaires, d'une douche froide et d'une terrasse avec hamac, les dix bungalows en chaume sur pilotis peuvent accueillir de 2 à 6 personnes. Bien qu'ils vivent à Iquitos, les propriétaires veillent étroitement à l'entretien des locaux, au respect des consignes écologiques (comme le recyclage) et au bien-être des hôtes. En période de crue, la rivière frôle les bungalows, reliés à la salle à manger par des passerelles. Des lampes à kérosène fournissent l'éclairage. Grâce aux excellents guides bilingues, vous verrez à coup sûr singes, paresseux et dauphins ainsi qu'une multitude d'oiseaux. La *varzea* (forêt inondée) voisine abrite notamment le *piuri*, ou hocco globuleux (*Crax globulosa*), une espèce aviaire menacée d'extinction qui réside uniquement dans l'ouest de l'Amazonie et qu'on ne peut voir au Pérou qu'à Muyuna.

Hatuchay Hotel Pacaya-Samiria LODGE **$$$**
(www.hatuchayhotelsperu.com ; 4 jours et 3 nuits 640 $US pour 1/2 pers) Iquitos (☎065-22-5769) ; Lima (☎1-446-2739 ; Av. José Pardo 601, près du 602-703, Miraflores). À 190 km en amont sur le Marañón, ce lodge de premier ordre (ancien Pacaya-Samiria Amazon Lodge) se situe au-delà de Nauta, à la périphérie de la réserve de Pacaya-Samiria et à 4 heures d'Iquitos. Il organise des séjours dans la réserve et des circuits consacrés à l'observation des oiseaux. Les chambres comportent une douche et une terrasse donnant sur le fleuve. L'électricité fonctionne en soirée.

Explorama Lodges LODGE **$$$**
(☎065-25-2530 ; www.explorama.com ; Av. La Marina 340, Iquitos). Cette compagnie bien établie et recommandée soutient activement l'Amazon Conservatory of Tropical Studies (ACTS), qui possède un laboratoire sur la fameuse passerelle dans la canopée, suspendue à 35 m au-dessus du sol de la forêt. Vous pouvez monter un circuit en combinant la découverte d'un ou plusieurs lodges, tous très différents, et de la passerelle. Les tarifs indiqués ne sont que des exemples ; contactez Explorama pour d'autres formules. Les lodges servent les repas sous forme de buffet à volonté et disposent de bateaux rapides (50 km/h). Les moins de 12 ans paient moitié prix. Renseignez-vous sur les tarifs de groupe. Les guides bien formés, compétents et sympathiques viennent de la région et parlent anglais (autres langues sur demande). Explorama gère les lodges suivants :

ACTS Field Station LODGE **$$$**
(srmadigosky@widener.edu ; 115 $US/pers). Près de la passerelle de la canopée, des bâtiments semblables à ceux de l'Explorama Lodge renferment 20 chambres. Réservez, car elles sont souvent louées par des chercheurs et des groupes d'étude. Les scientifiques dési-

reux de loger ici doivent contacter le Dr S. Madigosky à l'adresse e-mail ci-dessus. La visite de la station fait presque toujours partie des forfaits comprenant des nuits dans d'autres lodges.

Ceiba Tops LODGE $$$
(3 jours et 2 nuits s/d 515/910 $US par pers ; ❄@≋). À 40 km au nord-est d'Iquitos sur l'Amazone, le lodge le mieux équipé de la région compte 75 chambres et suites de luxe, toutes dotées de lits confortables, ventilateurs, moustiquaires, terrasse et sdb spacieuse avec douche chaude. Un jardin paysagé entoure la piscine, agrémentée d'un toboggan, d'un bain à remous et d'un pavillon muni de hamacs. Le restaurant, meilleur que ceux des autres lodges d'Explorama, jouxte un bar animé quotidiennement par des musiciens du cru. De courtes promenades guidées et des excursions en bateau procurent un aperçu de la jungle. À proximité, une forêt primaire recèle des nénuphars géants (*Victoria regia*). Recommandé aux partisans du moindre effort, l'établissement accueille même des séminaires d'entreprise.

Explorama Lodge LODGE $$$
(3 jours et 2 nuits s/d 475/850 $US par pers). À 80 km au bord de l'Amazone, près de sa confluence avec le Río Napo, ce lodge fut l'un des premiers construits dans la région (1964) et reste agréablement rustique. Plusieurs grands bâtiments coiffés de palmes et éclairés au kérosène contiennent en tout 55 chambres avec sdb et eau froide. Des passages couverts les relient. Des guides accompagnent les visiteurs sur des sentiers qui pénètrent profondément dans la jungle.

ExplorNapo Lodge LODGE $$$
(5 jours et 4 nuits s/d 1 095/1 990 $US par pers). À 157 km d'Iquitos sur le Río Napo, ce lodge sans prétention possède 30 chambres et des douches froides communes. Les randonnées guidées dans la forêt primaire reculée, l'observation des oiseaux, un jardin ethnobotanique de plantes médicinales entretenu par un chaman local et la visite de la passerelle dans la canopée à 30 minutes de marche constituent ses principaux attraits. En raison de l'éloignement, le forfait de 5 jours implique de passer la première et la dernière nuit à l'Explorama Lodge. Appartenant aussi à Explorama, l'Explor-Tambos Camp, à 2 heures de marche, se présente lui-même comme un campement "primitif" et peut héberger jusqu'à 16 personnes. Au moment de réserver, précisez si vous souhaitez y séjourner, sachant qu'il offre de meilleures conditions pour observer la faune que tous les autres lodges.

Flycatcher Tours CIRCUITS AVENTURE
(☎065-24-1228 ; www.flycatchertours.com ; Putumayo 155, Iquitos ; 7 jours 999 $US/pers). L'ancien Amazon Adventure Expedition est conseillé pour les longs circuits dans la jungle. Il propose de véritables aventures (guidées), au cours desquelles vous pouvez pêcher votre repas et survivre en pleine nature sauvage. L'agence possède un lodge sommaire, le Yarapa, à 220 km d'Iquitos, qui sert de point de départ pour rejoindre son campement en forêt, à 450 km d'Iquitos sur l'Aucayacu. Les prix varient selon la distance parcourue et la durée.

Pevas

À quelque 145 km en aval d'Iquitos, Pevas est la plus ancienne localité péruvienne le long de l'Amazone. Fondée par des missionnaires en 1735, elle compte aujourd'hui près de 5 000 habitants, mais aucune voiture n'y circule. Elle ne possède ni poste ni banque et le premier téléphone a été installé en 1998. La population se compose essentiellement de métis et d'Indiens des quatre tribus des environs. Bourgade la plus intéressante entre Iquitos et la frontière, les bateaux de croisière y font régulièrement une brève halte sur la route de Leticia. Peu de voyageurs indépendants viennent jusque-là.

La principale attraction de Pevas est l'atelier-galerie de **Francisco Grippa**, l'un des artistes péruviens contemporains les plus connus. Il fabrique lui-même ses toiles avec une écorce locale, jadis utilisée par les Indiens pour confectionner un tissu. Ses peintures résultent de deux décennies d'observation des populations amazoniennes, de leurs coutumes et de leur environnement. Vous ne pourrez manquer cette immense maison flanquée d'une tour d'observation au toit rouge, sur la colline qui domine le port.

Situé en contrebas de la place, l'**Hospedaje Rodríguez** (☎83-0296 ; Brasil 30 ; s/d avec douche commune 20/25 S) est le meilleur hébergement de Pevas. Il propose des chambres qui donnent sur une cour plaisante.

Sur une colline à la périphérie de Pevas, la **Casa de la Loma**, rustique et séduisante, offre la vue sur l'Amazone et diverses activités dont des marches nocturnes, la pêche aux piranhas et la visite de communautés indiennes des alentours (pour la plupart acculturées). Les réservations sont toujours difficiles, car le propriétaire n'est joignable que par son téléphone portable, qui fonctionne rarement. Les prix fluctuent et commencent à 15 S pour un lit dans l'une des cinq chambres sombres, avec moustiquaires et douches communes. C'est un endroit idéal pour découvrir la ville et ses habitants en participant à une fête ou en faisant des achats au marché. De la place, descendez vers la rivière et prenez la première à gauche jusqu'à un pont. De là, un sentier grimpe à travers bois jusqu'à l'entrée.

Francisco Grippa loue à l'occasion des chambres sommaires dans sa maison, au sommet du bourg.

L'**Hospedaje Rodríguez** et le restaurant-salle de billard **El Amigo** (⏲déj), plus fréquenté, servent des repas.

Les cargos à destination de Leticia et les vedettes qui desservent la triple frontière (tous les jours sauf le lundi) font escale à Pevas sur demande, à l'aller ou au retour. Les cargos (20 S, 15 heures environ) et les vedettes (170 S, 3 heures 30 en aval, 5 heures en amont) relient également Pevas et Iquitos. Les tour-opérateurs peuvent aussi inclure Pevas dans un forfait. Si vous venez en indépendant, vous risquez de devoir attendre quelque temps le passage d'un bateau.

Comprendre le Pérou

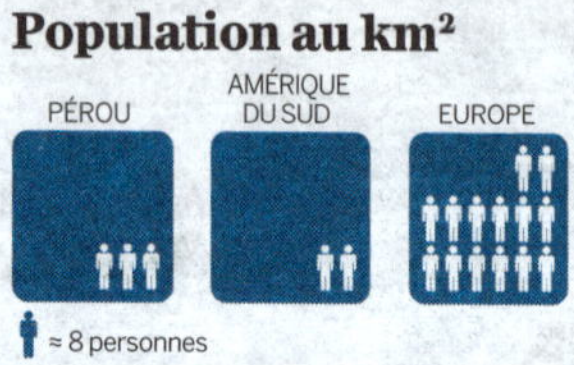

Le Pérou aujourd'hui

Un boom économique sans précédent

Entre la violence de la conquête, les débuts chaotiques de la république et la succession de dictatures pendant la majeure partie du XXe siècle, la stabilité n'a pas souvent été à l'ordre du jour au Pérou. Mais la première décennie du nouveau millénaire a apporté au pays une inhabituelle période d'accalmie. L'économie péruvienne progresse chaque année depuis 2003. Les investissements étrangers se renforcent et les exportations augmentent dans les domaines de l'agriculture, de l'extraction minière et de l'industrie manufacturière. Le tourisme a aussi le vent en poupe : selon Mincetur, l'autorité gouvernementale chargée du tourisme, le nombre de voyageurs étrangers se rendant au Pérou a doublé entre 2003 et 2011, passant de 1,3 à 2,6 millions de personnes.

Depuis 2000, on observe une certaine stabilité politique. En 2011, l'ancien officier militaire Ollanta Humala a accédé à la présidence. Fils d'un avocat quechua d'Ayacucho, il a fait de l'intégration sociale une prérogative de son mandat. L'une de ses premières actions a été de promulguer une loi pour rendre obligatoire la consultation des peuples natifs concernant l'exploitation minière sur leurs territoires.

La renaissance culturelle

Cette période prospère a entraîné une explosion de l'activité culturelle, principalement autour de la gastronomie, au point de faire de Lima l'un des bastions en la matière. Le festival de la Mistura, rassemblement culinaire organisé chaque année par le célèbre chef Gastón Acurio, a rassemblé plus de 400 000 personnes en 2011.

Cet intérêt porté en permanence sur les assiettes a eu un effet domino sur d'autres aspects de la culture. De jeunes créateurs imaginent des vêtements avant-gardistes en laine d'alpaga et des groupes novateurs

À lire

Atlas de l'Amérique latine (Olivier Dabène et Frédéric Louault, Autrement, 2012). Pour une vision d'ensemble de l'Amérique latine.

La Tante Julia et le scribouillard (1977 ; Gallimard, 1985). Un grand classique de Mario Vargas Llosa.

Les Incas, peuple du Soleil (1988, Gallimard). Un texte bref mais solide sur les Incas.

En liberté dans les champs du seigneur (1965 ; Gallimard, 2008). Roman de Peter Matthiessen, inspiré par les conflits sur le sol amazonien.

À écouter

Arturo "Zambo" Cavero (1993). Un crooner de légende.

Canela Fina (2005). Ballades interprétées par un trio des années 1940, Los Morochucos.

Coba Coba (2009). Classiques afro-péruviens avec une touche d'électro.

Religion

(en % de la population)

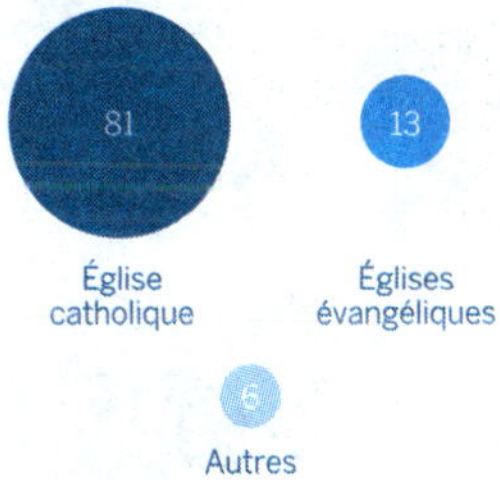

Sur 100 personnes au Pérou

45 sont indiens
37 sont *mestizos* (métis d'origine hispano-indienne)
15 sont d'origine européenne
3 sont d'origine africaine ou asiatique

font fusionner les musiques traditionnelles et électroniques. Le plus important musée du pays, le Museo de Arte de Lima (MALI), a récemment rouvert après une rénovation intégrale et quelques galeries se sont installées dans les quartiers bohèmes de la capitale.

Des défis à relever

Malgré tout, il reste beaucoup de chemin à parcourir. Certes, le taux de pauvreté a chuté de 23% depuis 2002, mais le monde rural reste deux fois plus pauvre que la moyenne nationale.

Par ailleurs, le Sendero Luminoso (Sentier lumineux) a fait sa réapparition, avec des attaques ponctuelles visant la police ainsi que des grands projets industriels dans les Andes centrales. Le groupe ne menace pas directement le pouvoir en place (il ne compterait d'ailleurs que 500 membres), mais selon le Département de la justice américaine en charge des problèmes liés à la drogue, il se finance avec l'argent du trafic de cocaïne (le Pérou rivalise désormais avec la Colombie en matière de production de cocaïne). En avril 2012, le gouvernement a tenté une attaque sur l'un des bastions du Sentier lumineux dans les hauts plateaux. Ce raid mal préparé a provoqué la mort de 10 policiers et entraîné une avalanche de critiques à l'encontre du président Humala.

Enfin, de sérieuses pressions environnementales sont à prendre en compte. Au moment de nos recherches, la ville de Cajamarca, dans le Nord, avait connu des mois de protestations civiles suite à une proposition d'exploitation aurifère dans la région : les habitants dénonçaient les éventuels effets néfastes de ce projet sur les ressources d'eau. Et bien sûr, il y a la route interocéanique, un axe commercial majeur qui relie le Pérou et le Brésil. Il s'agit certes d'une prouesse technique, mais les scientifiques s'inquiètent profondément de son impact sur l'Amazonie.

À voir

Fausta (*La teta asustada*, 2009) de Claudia Llosa. La vie d'une jeune fille traumatisée par le "conflit interne" du Pérou.
Contracorriente (2009) de Javier Fuentes-León. Un pêcheur marié confronté au fantôme de son petit ami décédé.

Pas d'impair !

» Aucune transaction ne saurait commencer sans un *buenos días*, le matin, et un *buenas tardes*, l'après-midi.

» Demandez la permission avant de photographier les gens dans des communautés indiennes, et ne soyez pas surpris si on vous demande de l'argent en contrepartie.

» Acheter des antiquités précolombiennes et les emmener hors du pays est illégal.

Histoire

Quand, en 1532, Francisco Pizarro et ses hommes débarquent sur les côtes nord du Pérou dans l'intention de conquérir la région au nom de Dieu et de la Couronne espagnole, les Andes ont déjà assisté à l'essor et au déclin de plusieurs civilisations. L'Horizon chavín, qui débuta vers 1000 av. J.-C., plus qu'une civilisation, fut un grand élan culturel qui unifia les hauts plateaux du Nord et du Centre. À partir de l'an 600, le peuple guerrier des Huari s'empara progressivement d'une région qui s'étendait de Chiclayo à Cuzco, laissant derrière lui un réseau de grands axes de circulation. Et bien sûr, il y eut les Incas, maîtres d'un immense empire qui s'ouvrait quelque part dans le sud de la Colombie pour prendre fin au cœur de l'actuel Chili.

Cependant, l'arrivée de Pizarro, au début du XVIe siècle, allait inaugurer l'un des bouleversements les plus marquants de l'histoire du Pérou. La conquête espagnole modifia la vie andine dans tous ses aspects, de l'économie au système politique en passant par la religion et la langue.

À certains égards, l'histoire moderne du Pérou se résume à une série de répliques au grand séisme que fut la rencontre entre les Incas et les Espagnols. Ce conflit, qui demeure profondément enraciné dans la mentalité péruvienne, a pourtant donné aussi naissance à des merveilles : de nouvelles cultures, de nouvelles voix, une nouvelle cuisine, voire une nouvelle civilisation à part entière.

Les plus belles églises historiques

- » Iglesia de Santo Domingo, Lima
- » Cathédrale d'Ayacucho
- » Iglesia de La Compañía de Jesus, Cuzco
- » Iglesia de San Pedro, Andahuaylillas
- » Monasterio de Santa Catalina, Arequipa
- » Cathédrale de Trujillo

Les premiers Péruviens : la Période précéramique

La date exacte de l'apparition d'une présence humaine au Pérou est controversée. Grâce à la datation au carbone 14 d'objets découverts dans des grottes de la région d'Ayacucho, certains spécialistes avancent que l'homme était présent dès 14000 av. J.-C., voire, selon l'un d'eux, à une date antérieure. L'archéologie a en tout cas fait la preuve d'une présence

CHRONOLOGIE

8000 av. J.-C.

Premières traces d'une présence humaine au Pérou : des chasseurs-cueilleurs peignent des scènes de chasse dans des grottes près de Huánuco, dans les hauts plateaux du Centre, ainsi qu'à Toquepala, dans le Sud.

Vers 3000 av. J.-C.

Colonisation des oasis côtières du Pérou ; les premières structures du centre de cérémonies de Caral sont édifiées, au nord de l'actuelle Lima.

3000 av. J.-C.

Premières cultures de pommes de terre, de gourdes, de coton, de *lúcumas* et de quinoa ; à cette époque, le lama, l'alpaga et le cochon d'Inde sont probablement domestiqués depuis mille ans déjà.

humaine dans la région en 8000 av. J.-C. : des scènes de chasse ont été découvertes dans des grottes à Lauricocha, près de Huánuco, et à Toquepala, près de Tacna. Les peintures de ce dernier site montrent un groupe de chasseurs acculant et tuant ce qui semble être des camélidés.

La domestication du lama et du cochon d'Inde commença sur les hauts plateaux vers 4000 av. J.-C et fut suivie par la culture de pommes de terre, de gourdes, de courges, de coton, de *lúcumas* (une variété de fruits), de quinoa, de maïs et de haricots. En 2500 av. J.-C., les chasseurs-cueilleurs nomades se sédentarisent et forment des villages le long du Pacifique, survivant grâce à l'agriculture et à la pêche. Ces premiers Péruviens vivaient dans des habitations simples, d'une seule pièce, et construisirent de nombreuses structures à usage rituel ou cérémoniel. Certaines des plus anciennes, des plates-formes surélevées face à l'océan contenant des restes humains, datent du troisième millénaire av. J.-C.

Ces dernières années, des fouilles archéologiques ont révélé que ces premières cultures étaient bien plus avancées qu'on ne le croyait. Les travaux en cours à Caral (p. 316), à environ 200 km au nord de Lima, ont mis au jour des traces de la plus ancienne civilisation des Amériques, à peu près contemporaine de celles, plus célèbres, d'Égypte, d'Inde et de Chine.

À peu près contemporain des premiers peuplements côtiers, l'énigmatique temple de Kotosh (p. 310), près de Huánuco, présente des structures vieilles d'environ 4 000 ans. Le site, composé de deux tertres, a révélé des bas-reliefs et des niches comptant parmi les éléments d'architecture les plus élaborés découverts dans les hauts plateaux et datant de cette période.

BIBLIOPHILES

Il est possible de consulter des documents remontant à l'époque coloniale sur le site Internet de la Biblioteca Nacional (Bibliothèque nationale). Connectez-vous sur www.bnp.gob.pe et cliquez sur le lien "Biblioteca Virtual".

L'âge de la céramique et des textiles

C'est durant la Période initiale (appelée aussi Formatif final), soit entre 1800 et 900 av. J.-C., qu'apparaissent la fabrication de céramique et une confection textile plus élaborée. Certaines des poteries les plus anciennes ont été retrouvées sur des sites archéologiques du littoral, dont celui de Las Haldas, dans la vallée du Casma, au sud de Chimbote, et celui de La Huaca Florida, un temple encore mal connu, près de Lima. À cette époque, la production de céramique s'affine, les bols rudimentaires et sans ornement cédant la place à des récipients sculptés et gravés de grande qualité. Sur les hauts plateaux, les habitants de Kotosh fabriquent eux aussi des céramiques élaborée en terre noire, rouge ou brune.

Cette période est aussi marquée par l'introduction du métier à tisser, qui permet la production de tissus de coton uni, et par des progrès dans l'agriculture (avec notamment les premières expériences de culture en terrasses).

1000 av. J.-C.

Début de l'Horizon chavín : plusieurs communautés des hauts plateaux et du littoral s'unissent autour de croyances et de divinités communes.

400 av. J.-C.

La côte sud est le théâtre de l'essor de Paracas Necrópolis, culture réputée pour ses textiles remarquables représentant guerriers, animaux et divinités stylisés.

200

Début de la domination de Tihuanaco dans la région du lac Titicaca, jusqu'en Bolivie et dans le nord du Chili, qui durera quatre siècles.

500

Dans le Nord, les Mochicas commencent la construction des Huacas del Sol y de la Luna, des temples d'adobe situés aux abords de l'actuelle Trujillo.

L'Horizon chavín

Cette période, qui s'étend de 1000 av. J.-C. à 300 av. J.-C. environ et qui doit son nom au site de Chavín de Huántar (p. 406), est celle d'un riche essor pour la culture andine, avec l'apparition de nouveaux phénomènes artistiques et religieux sur le littoral et dans une grande partie des hauts plateaux de l'Est et du Nord. Le trait distinctif de l'art de Chavín est la répétition d'un motif : une tête de félin stylisé aux accents éminemment religieux, symbolisant peut-être une modification de l'état de conscience sous l'influence de plantes hallucinogènes. L'une des plus célèbres représentations de cette divinité aux nombreuses têtes est sculptée sur la stèle Raimondi, un bas-relief conservé au Museo Nacional de Antropología, Arqueología e Historia del Perú à Lima (p. 67).

Les félins de Chavín occupent aussi une place importante sur les céramiques de la période, en particulier sur les délicates pièces de terre sombre dites de Cupisnique, style qui prospéra sur la côte nord.

Le travail de l'or, de l'argent et du cuivre se perfectionne et la période connaît également un formidable essor du tissage, de l'architecture et, plus globalement, de la culture.

Pour plus d'informations sur la culture de Chavín, voir p. 407.

DES SAINTS POUR DÉTRÔNER LES IDOLES

Le premier siècle de la colonie péruvienne fut étonnamment prolifique en saints, cinq en tout. La très vénérée Santa Rosa de Lima (1556-1617), dévote *criolla* (créole, Espagnole née au Pérou), avait fait vœu de chasteté sans pour autant jamais entrer dans les ordres. Elle se retira du monde pour mener une vie de prières et de mortifications, vêtue d'un cilice et dormant sur un lit de verre et de vaisselle pilés. L'époque vit également naître San Juan Macías (1585-1645), qui conseillait les nécessiteux, et San Martín de Porres (1579-1639), premier saint noir du Nouveau Monde.

Pourquoi furent-ils si nombreux ? Ces canonisations n'étaient pas étrangères à la volonté des Espagnols d'éradiquer le vieil ordre local au profit de leurs propres traditions. Les autorités catholiques, œuvrant à leur travail dit d'Extirpation, s'employèrent à faire disparaître les croyances religieuses locales en interdisant le culte des ancêtres et en organisant des cérémonies au cours desquelles des idoles précolombiennes étaient brûlées. Dans le cadre de ce processus d'éradication, diverses personnalités locales virent leur sainteté exaltée, exploitées par l'Église catholique comme autant de méritoires exemples de piété. Les prêtres chantaient les louanges de gens du commun qui rejetaient les biens matériels et faisaient preuve d'une extrême humilité, des qualités que les institutions religieuses veillaient à cultiver chez leurs nouvelles ouailles. D'innombrables individus furent canonisés à cette époque, et ceux qui furent élevés au rang de saints continuent de faire partie intégrante de la culture religieuse péruvienne.

On peut voir des reliques de ces saints dans l'Iglesia de Santo Domingo à Lima, p. 57.

600

La culture huari s'étend au-delà de sa région d'Ayacucho et consolide un empire qui va de Cuzco à Chiclayo ; elle est intimement liée à la culture tihuanaco de Bolivie.

NATHAN BENN/ALAMY©

» Masque mochica en or

Vers 800

Les Chachapoyas édifient Kuélap, dans les hauts plateaux du Nord. Cette citadelle comprend plus de 400 constructions, notamment des bâtiments circulaires caractéristiques de ce groupe.

Vers 850

Les Chimú débutent la construction de Chan Chan, immense cité en adobe non loin de l'actuelle Trujillo.

La naissance de cultures locales

Après 300 av. J.-C., de nombreuses cultures locales acquirent une importance régionale. Au sud de Lima, dans la région de la péninsule de Paracas, vivait une communauté dont la phase la plus marquante est appelée Paracas Necrópolis (400-200 av. J.-C.), du nom d'un important site funéraire. On y a retrouvé quelques-uns des plus beaux textiles de l'Amérique précolombienne, pleins de couleurs et de détails, représentant créatures marines, divinités félines et figures anthropomorphes extrêmement stylisées. Pour plus de détails sur la culture Paracas, voir p. 526.

Plus au sud, la civilisation nazca (200 av. J.-C.-600 ap. J.-C.) a laissé d'immenses énigmes dessinées dans les paysages désertiques, uniquement visibles du ciel. Baptisées lignes de Nazca (p. 124), elles ne furent découvertes qu'au début du XXe siècle, et leur signification reste l'objet d'intenses débats. Cette culture est également réputée pour ses tissus délicats et ses céramiques, qui, pour la première fois dans l'histoire péruvienne, sont en polychromie (peintures multicolores).

À la même époque, la culture mochica s'établit dans la région de Trujillo entre 100 et 800. Il s'agissait d'une société particulièrement artistique (on lui doit certains des plus beaux portraits de l'histoire), qui a laissé d'importantes plates-formes sacrées - souvent appelées “pyramides” -, comme les Huacas del Sol y de la Luna (Temples du Soleil et de la Lune ; p. 333), à côté de Trujillo, et le site funéraire de Sipán (p. 348), aux abords de Chiclayo. Ce dernier abrite une série de sépultures dont les fouilles durent depuis 1987 : c'est l'une des plus grandes découvertes archéologiques d'Amérique du Sud depuis Machu Picchu.

Dans la seconde moitié du VIe siècle, une sécheresse dramatique pourrait avoir contribué à la disparition de la civilisation mochica. Pour en savoir plus sur ce groupe, voir p. 527.

Les Tihuanaco étaient un peuple pré-inca établi dans la région du lac Titicaca. À beaucoup d'égards, cette culture était très proche de celle des Huari.

L'Expansion des Huari

Avec le déclin des États régionaux, les Huari, une ethnie de la région d'Ayacucho, s'imposent dès l'an 600 et pour cinq siècles comme une force avec laquelle il faut compter - on notera les nombreuses similitudes avec la culture bolivienne de Tiahuanaco, à son apogée de 200 à 600. Contrairement à la culture de Chavín, l'influence des Huari ne se limita pas à la sphère artistique et religieuse. Ces vaillants guerriers et conquérants édifièrent et entretinrent des bastions sur un immense territoire de Chiclayo à Cuzco. Si leur ancienne capitale se trouve aux abords de l'actuelle Ayacucho - des vestiges ouverts au public (p. 306) -, ils tenaient également le grand centre religieux de Pachacamac, dans les

1100-1200
Émergence des Incas à Cuzco : selon la légende, ils ont été conduits dans la région par les figures divines de Manco Cápac et de sa sœur Mama Ocllo.

1438-1471
Le règne de l'Inca Yupanqui, également connu sous le nom de Pachacútec, est marqué par une expansion offensive de l'Empire inca, ainsi que par la construction de Machu Picchu et de Sacsayhuamán.

1492
Financé par la Couronne espagnole, l'explorateur génois Christophe Colomb débarque sur le continent américain.

1493
Début du règne de l'Inca Huayna Cápac, qui étend l'Empire vers le nord jusqu'en Colombie ; sa mort prématurée en 1525 – probablement de la variole – laisse le royaume mortellement divisé.

plaines voisines de Lima (p. 101), où les habitants venaient de toute la région en pèlerinage.

Comme nombre de conquérants, les Huari soumirent les peuples en imposant leurs traditions au détriment des croyances locales. De 700 à 1100 environ, leur influence est ainsi manifeste dans les arts, les techniques et l'architecture de la plupart des régions péruviennes. Cela se traduit notamment par des tuniques raffinées réalisées selon le procédé du *tie dye* et des textiles finement tissés, ornés de silhouettes humaines stylisées et de motifs géométriques, certains comptant le chiffre record de 398 fils par pouce linéaire. Les Huari produisirent par ailleurs sculptures monumentales, céramiques peintes et bijoux. Mais c'est par leurs infrastructures qu'ils se distinguèrent surtout, créant un immense réseau routier et favorisant une spectaculaire expansion de la culture en terrasses, ouvrages qu'exploiteront largement les Incas à leur arrivée au pouvoir, quelques siècles plus tard. Pour en savoir plus sur la culture huari, voir p. 527.

Dans l'imaginaire collectif, les populations natives sont souvent associées à des sauvages d'une grande naïveté. Pourtant, l'ouvrage de Charles C. Mann, *1491 : Nouvelles révélations sur les Amériques avant Christophe Colomb* (éditions Albin Michel, 2007), révèle que le continent était le terrain d'une formidable urbanisation et de grands talents technologiques. L'essai accorde une place importante aux Incas.

Des royaumes régionaux

Aux Huari succèdent une pléthore de petits États-nations qui prospéreront de l'an 1000 environ jusqu'à la conquête inca, au tout début du XVe siècle. Dans la région de Trujillo, les Chimú, l'un des peuples les plus importants et les mieux connus, avaient pour capitale la célèbre Chan Chan (p. 331), la plus grande cité d'adobe au monde. Bien que l'économie reposât sur l'agriculture, leur société très hiérarchisée possédait une classe de riches artisans qui produisirent textiles peints et magnifiques poteries reconnaissables à leur couleur noire.

Très proches des Chimú, les Sicán, dans la région de Lambayeque, excellaient dans la métallurgie, fabriquant notamment le *tumi* – un couteau de cérémonie à lame en demi-lune, utilisé pour les sacrifices. Depuis, le *tumi* est devenu un symbole national au Pérou, et on en trouve des répliques dans tous les marchés d'artisanat.

Plus au sud, dans les environs de Lima, les Chancay (1000-1500) sont réputés pour leur délicate gaze à motifs géométriques et leurs poteries rudimentaires mais amusantes, sur lesquelles quasiment tous les personnages représentés semblent être en train de boire.

Sur les hauts plateaux, plusieurs autres cultures marquèrent également la période. Dans une partie plutôt isolée et difficilement accessible de la vallée de l'Utcubamba, dans le nord des Andes, les Chachapoyas (p. 527), habitants de la "forêt de nuages", édifièrent dans la montagne la vaste cité de Kuélap (p. 434), ruines qui comptent parmi les plus fascinantes et les plus importantes de l'*altiplano*. Plus au sud, plusieurs petits royaumes des hauts plateaux proches du lac Titicaca ont laissé dans ces paysages désolés d'impressionnantes

1532
Atahualpa remporte de haute lutte la mainmise sur les territoires incas presque au moment même où les Espagnols entrent au Pérou. Moins d'un an plus tard, l'Inca est tué.

1569
L'Espagnol Francisco de Toledo, l'un des administrateurs les plus compétents de l'histoire de la colonie, devient vice-roi.

1572
Túpac Amaru, le dernier souverain des Incas, est décapité sur la place de Cuzco.

KARL LEHMANN/GETTY IMAGES©

» Sacsayhuamán (p. 238)

chullpas (tours funéraires), en particulier à Sillustani (p. 181) et à Cutimbo (p. 183).

C'est également pendant cette période qu'apparurent les premières chefferies dans le bassin amazonien.

L'essor inca

Selon le folklore inca, cette civilisation naquit lorsque Manco Cápac et sa sœur Mama Ocllo, enfants du Soleil, émergèrent du lac Titicaca pour fonder une culture dans la vallée de Cuzco. L'historicité de Manco Cápac reste contestée, mais il ne fait pas de doute que la civilisation inca est apparue dans la région de Cuzco au cours du XIIe siècle. Le règne des premiers *incas* (souverains) se déroula sans événement marquant et, pendant deux siècles, ce peuple ne constituait guère plus qu'un petit État régional.

L'expansion de l'Empire inca s'accéléra véritablement au début du XVe siècle quand, en 1438, le neuvième roi, l'Inca Yupanqui, défendit Cuzco contre les envahisseurs chankas venus du Nord. Après sa victoire inespérée, Yupanqui prit le nom prestigieux de Pachacútec, le "transformateur de la terre", et passa les 25 années suivantes à conquérir une bonne partie des Andes.

Sous son règne, le territoire inca, jadis petit fief de la vallée de Cuzco, devint un vaste empire de quelque 10 millions d'habitants. Cet empire, connu sous le nom de Tahuantinsuyo (pays des Quatre Directions), couvrait l'essentiel du Pérou actuel, mais aussi des régions de l'Équateur, de la Bolivie et du Chili. Une prouesse d'autant plus remarquable que les Incas ne furent jamais plus de 100 000 environ.

Pachacútec aurait conçu le plan urbain de Cuzco, en forme de puma, et fait construire de fabuleux monuments de pierre célébrant les victoires incas, tels Sacsayhuamán (p. 238), le temple-forteresse d'Ollantaytambo (p. 247) et peut-être même Machu Picchu (p. 256). Pachacútec améliora par ailleurs le réseau routier de l'Empire, poursuivit le développement de l'agriculture en terrasses et institua le quechua comme langue véhiculaire.

Les grands empereurs incas

» Manco Cápac (vers 1100), fondateur de Cuzco

» Mayta Cápac (vers 1200), initiateur de l'expansion

» Inca Yupanqui (vers 1400), Pachacútec

» Huayna Cápac (vers 1400-1500), expansion vers le Nord

» Atahualpa (1497-1533), dernier souverain

Le court règne d'Atahualpa

D'autres rois incas allaient poursuivre l'expansion. Le petit-fils de Pachacútec, Huayna Cápac, dont le règne débuta en 1493, s'empara de la majorité de l'actuel Équateur, jusqu'à la frontière colombienne. Par conséquent, il passa une grande partie de sa vie non pas à Cuzco, mais au nord du continent, où il gouverna et dirigea ses armées sans relâche.

À cette époque, la présence espagnole est déjà perceptible dans les Andes. La variole et d'autres maladies apportées par les Européens commencèrent à sévir parmi les populations autochtones de tout le

1609

Le penseur et écrivain métis Garcilaso de la Vega, dit l'Inca, publie *Los Comentarios Reales* (*Les Commentaires royaux*), immense tableau de la vie inca avant et après la conquête.

1611

Naissance de Diego Quispe Tito, dans les hauts plateaux du Sud. Il deviendra l'un des peintres les plus réputés de l'"école de Cuzco", un mouvement de peinture religieuse.

1613

Le noble indien Guamán Poma de Ayala rédige à l'attention du roi d'Espagne 1 200 pages détaillant le sort terrible réservé aux populations locales ; la missive ne sera retrouvée qu'en 1908, dans les archives danoises.

1671

Santa Rosa de Lima, sainte patronne du Pérou et des Amériques, est canonisée par le pape Clément X.

À Lima, du XVIe au XIXe siècle, beaucoup de femmes portaient un foulard qui dissimulait entièrement leur visage, ne laissant apparaître qu'un œil. Les habitants les surnommaient *las tapadas* (les couvertes). Les origines de cette tradition sont floues (certains parlent d'une coutume maure). Cette pratique permettait aux femmes de se déplacer seules en public.

De l'inégalité parmi les sociétés (Folio, 2007), pour lequel Jared Diamond a remporté le prix Pulitzer, est un essai documenté qui explique pourquoi certaines sociétés européennes ont triomphé sur tant d'autres. La bataille de Cajamarca et la capture d'Atahualpa par les Espagnols sont relatées en détail.

continent américain. Ces épidémies se propageaient si rapidement qu'elles arrivèrent au Pérou bien avant les Espagnols eux-mêmes, y faisant des milliers de morts – emportant même, très vraisemblablement, Huayna Cápac, qui succomba à une maladie en 1525.

L'empereur n'ayant pas de successeur désigné, sa disparition précoce entraîne un vide du pouvoir. La situation tourne au duel entre deux des nombreux enfants du défunt souverain : Atahualpa, né à Quito et commandant de l'armée de son père dans le Nord, et Huáscar, basé dans la capitale Cuzco. La confrontation plonge l'Empire dans une guerre civile qui réduit des villes entières à l'état de ruines. Atahualpa finit par s'imposer en avril 1532. Mais la cruauté du conflit a valu aux Incas de nombreux ennemis dans toutes les Andes qui, à l'arrivée des Espagnols cinq mois plus tard, ne sont que trop disposés à coopérer avec l'envahisseur.

La conquête espagnole

En 1528, Francisco Pizarro accosta avec Diego de Almagro, son bras droit, à Tumbes (sur la côte nord du Pérou actuel), l'un des nombreux avant-postes lointains de l'Empire inca. Les habitants les accueillent en leur offrant de la viande, des fruits, du poisson et de la *chicha* (bière de maïs fermenté), mais les conquérants sont bien plus intéressés par les nombreux objets d'or et d'argent que leur révèle leur premier examen de la cité. Ils s'empressent alors de rentrer en Espagne pour obtenir de la Couronne le soutien nécessaire à la conquête.

Ils reviennent dans la région en septembre 1532 avec un navire chargé d'armes, de chevaux et d'esclaves, et un bataillon de 168 hommes. La riche Tumbes découverte quatre ans plus tôt, a été décimée par une épidémie et la récente guerre civile inca. Au même moment, Atahualpa fait route de Quito vers Cuzco pour y réclamer ce trône durement gagné. À l'arrivée des Espagnols, il est à Cajamarca, dans les hauts plateaux du Nord, profitant des bienfaits des sources thermales de la région.

Pizarro comprend rapidement que l'Empire se fissure. Il se rend avec ses hommes à Cajamarca et amadoue Atahualpa en lui promettant des relations fraternelles et en lui présentant les hommages des lointains souverains d'Espagne. Bientôt toutefois, les Espagnols lancent une attaque surprise à l'issue de laquelle des milliers d'indigènes sont tués et Atahualpa fait prisonnier. Avec leurs chevaux, leurs armures et leurs lames d'acier, les Espagnols, bien que très inférieurs en nombre, sont pour ainsi dire invincibles face à des guerriers incas seulement équipés de gourdins, de frondes et de casques en vannerie.

Dans l'espoir d'être libéré, Atahualpa offre aux envahisseurs un tribut d'or et d'argent : c'est l'une des rançons les plus fameuses de l'histoire, les Incas devant remplir une pièce entière de métaux précieux pour tenter

1717
La Couronne espagnole établit la vice-royauté de Nouvelle-Grenade, qui couvre les actuels Équateur, Colombie et Panamá, réduisant ainsi le pouvoir et l'influence de la vice-royauté du Pérou.

1781
Après avoir dirigé une vaine révolte indienne, le noble inca Túpac Amaru II est exécuté dans des circonstances atroces par les Espagnols.

1810
Naissance à Lima de Pancho Fierro, un aquarelliste connu pour ses représentations de la vie quotidienne ; ses peintures ont contribué à définir l'identité péruvienne.

1821
José de San Martín entre à Lima et déclare l'indépendance du Pérou, qui ne gagnera vraiment sa souveraineté que trois ans plus tard, avec la victoire des forces de Simón Bolívar.

de satisfaire l'insatiable avidité des Espagnols. Mais cela ne suffit pas. Après huit mois de détention, Atahualpa est condamné à mort par les Espagnols et succombe au supplice du garrot, à l'âge de 31 ans.

L'empire inca ne se releva jamais de cet évènement funeste. L'arrivée des Espagnols provoqua un effondrement dramatique de la société indigène. Un chercheur estime que la population native – environ 10 millions de personnes à l'arrivée de Pizarro – passa à 600 000 individus en à peine un siècle.

Une colonie turbulente

Après la mort d'Atahualpa, les Espagnols s'attellent immédiatement à consolider leur pouvoir. La capitale inca, Cuzco, n'offre guère d'intérêt pour ces conquérants qui ont besoin d'un port d'où faire partir pour l'Espagne les navires chargés de leurs butins. Le 6 janvier 1535, Pizarro fonde ainsi son nouveau centre administratif dans les sables des rives du Rímac, sur la côte centrale. Lima, également appelée la "Cité des Rois" (car fondée le jour de l'Épiphanie), est la nouvelle capitale de la vice-royauté du Pérou qui, pendant plus de deux siècles, couvrira une grande partie de l'Amérique du Sud.

C'est aussi une période de grands troubles. Comme partout aux Amériques, les Espagnols règnent par la terreur. Des révoltes éclatent régulièrement. Le demi-frère d'Atahualpa, Manco Inca, d'abord rangé du côté des Espagnols et installé comme empereur fantoche par Pizarro, tente en 1536 de reprendre le contrôle des hauts plateaux : il assiège Cuzco pendant près d'un an, mais est finalement contraint de se retirer dans la jungle sur le site légendaire de Vilcabamba, dernier refuge des Incas. Manco Inca sera poignardé par des soldats espagnols en 1544.

Parallèlement, les Espagnols s'entre-déchirent eux aussi, et toute une série de factions complexes s'affrontent pour le contrôle du nouvel empire. En 1538, Diego de Almagro est condamné à mort par strangulation pour avoir tenté de s'emparer de Cuzco. Trois ans plus tard, Francisco Pizarro lui-même est assassiné à Lima de la main vengeresse de partisans d'Almagro. D'autres conquistadors succomberont eux aussi à une mort violente. Une stabilité relative s'instaure après la désignation au poste de vice-roi de Francisco de Toledo, administrateur compétent qui ramène un semblant d'ordre dans la nouvelle province espagnole.

Jusqu'à son indépendance, le pays est dirigé par des vice-rois nés en Espagne et désignés par la Couronne. Les immigrants espagnols occupent les postes les plus prestigieux, tandis que les *criollos* (créoles, Espagnols nés sur place) sont cantonnés à des positions intermédiaires. Les *mestizos* (métis) se situent plus bas sur l'échelle sociale, au-dessus toutefois des *indígenas* purs, exploités et réduits au statut de *peones*

1826
Départ des dernières troupes espagnoles du port de Callao ; le pays sombre dans l'anarchie.

1845
Ramón Castilla commence le premier de ses quatre mandats présidentiels et ramène une certaine stabilité au Pérou.

1854
Abolition de l'esclavage au Pérou.

1872
Ricardo Palma publie le premier ouvrage de sa série *Tradiciones Peruanas* qui dresse le panorama du folklore *criollo*.

(serfs) dans le cadre de l'*encomienda*. Selon ce système féodal, les titres fonciers accordés aux colons espagnols incluent tous les Indiens vivant sur les terres.

Les tensions entre Indiens et Espagnols atteignent leur paroxysme à la fin du XVIIIe siècle, lorsque la Couronne impose à la colonie une série de nouveaux impôts qui, bien évidemment, frappent le plus lourdement les populations locales. En 1780, José Gabriel Condorcanqui, un descendant de Túpac Amaru vivant dans la région méridionale de Tinta, arrête et exécute un administrateur espagnol accusé de cruauté. Son acte déclenche une révolte indienne qui s'étend jusqu'en Bolivie et en Argentine. Condorcanqui prend le nom de Túpac Amaru II et sillonne la région pour encourager la révolution. Les représailles espagnoles sont rapides et brutales. En 1781, le chef indien est arrêté, conduit sur la place principale de Cuzco et contraint d'assister à une longue journée de violences au cours desquelles sont assassinés ses partisans, son épouse et ses fils, avant d'être lui-même écartelé. Des morceaux de sa dépouille sont exposés dans diverses villes des Andes pour décourager d'éventuels futurs insurgés.

Dans un manuscrit illustré du XVIIe siècle, Guamán Poma de Ayala décrit les atrocités perpétrées par les colons à l'encontre des populations natives. Un scan complet du manuscrit est consultable sur le site Internet de la Bibliothèque nationale du Danemark à l'adresse www.kb.dk/permalink/2006/poma/info/en/frontpage.htm.

L'indépendance

Au début du XIXe siècle, la colère gronde chez les *criollos* de nombreuses colonies espagnoles ; ils sont mécontents du peu de pouvoir dont ils jouissent et des lourdes taxes imposées par la Couronne. Les révolutions explosent sur tout le continent. Au Pérou, les vents du changement arrivent de deux directions. Le révolutionnaire argentin José de San Martín, après avoir conduit les campagnes d'indépendance de son pays et du Chili, arrive au Pérou par la mer et débarque à Pisco en 1820. Les forces royalistes battent en retraite dans les hauts plateaux, lui laissant la voie libre pour rejoindre Lima. Le 28 juillet 1821, l'indépendance est déclarée. Il faudra toutefois attendre trois ans pour qu'elle soit réelle : les forces coloniales demeurant présentes dans l'intérieur du pays, San Martín a besoin de troupes supplémentaires pour vaincre définitivement les Espagnols.

C'est alors qu'entre en scène Simón Bolívar, le révolutionnaire vénézuélien qui vient de mener le combat pour l'indépendance du Venezuela, de la Colombie et de l'Équateur. En 1823, les Péruviens accordent à Bolívar des pouvoirs dictatoriaux, honneur que lui ont fait auparavant d'autres populations libérées. Dès le second semestre 1824, lui et son lieutenant Antonio José de Sucre mettent en déroute les Espagnols lors de deux batailles décisives, à Junín et à Ayacucho où, malgré leur infériorité numérique, les révolutionnaires parviennent contre toute attente à capturer le vice-roi et à négocier une capitulation. L'accord prévoit le départ de toutes les forces espagnoles du Pérou et

1879-1883
Le Chili est en guerre contre le Pérou et la Bolivie pour le contrôle des terres riches en nitrates du désert d'Atacama ; le Pérou perd le conflit et du même coup son extrémité méridionale, le Tarapacá.

1892
Naissance du poète César Vallejo dans les hauts plateaux ; en 46 ans de vie, son écriture en prise avec la réalité sociale en fit l'une des figures les plus influentes de la littérature sud-américaine.

1895
L'élection de Nicolás de Piérola à la présidence inaugure une période de relative stabilité, soutenue par une économie mondiale en pleine expansion.

1911
L'historien américain Hiram Bingham arrive aux ruines de Machu Picchu ; sa "découverte" de la cité antique est relatée dans le *National Geographic*.

de Bolivie. En janvier 1826, le dernier détachement de soldats de la Couronne embarque au port de Callao.

La nouvelle République

Le bel idéalisme de la révolution fait rapidement place aux dures réalités d'un pays à gouverner. La jeune nation péruvienne se révèle tout aussi anarchique que la vice-royauté qui l'a précédée. Entre 1825 et 1841, plus d'une vingtaine de régimes se succèdent à un rythme effréné alors que les *caudillos* (chefs locaux) s'affrontent pour le pouvoir. La situation s'améliore dans les années 1840 grâce aux premières exploitations, au large des côtes péruviennes, d'importants gisements de guano, excellent engrais fait d'excréments d'oiseaux riches en nitrates qui allait générer des bénéfices records sur les marchés internationaux – ainsi que d'innombrables blagues scatologiques tout au long du XIXe siècle.

Le pays jouit par ailleurs d'une certaine stabilité sous la présidence du *mestizo* Ramón Castilla, élu pour la première fois en 1845. Le boom du guano – dont il fut l'un des artisans – aide Castilla à réaliser de salutaires réformes économiques. Il abolit l'esclavage, rembourse une partie de la dette du Pérou et crée un enseignement public. Castilla exercera la présidence à quatre reprises en deux décennies, parfois contraint, d'autres fois par intérim, une fois pendant moins d'une semaine. Après son dernier mandat, des rivaux souhaitant l'écarter de la politique le contraignent à l'exil. Il meurt en 1867 dans le nord du Chili alors qu'il tente de rentrer au Pérou. Son impressionnante crypte au Panteón de los Próceres (p. 63), dans le centre de Lima, est ouverte au public.

La guerre du Pacifique

Après la mort de Castilla, le pays sombre à nouveau dans le chaos. Une série de *caudillos* s'approprient les profits colossaux engrangés grâce à l'exploitation du guano et, plus généralement, se distinguent par une gestion économique calamiteuse. Des affrontements militaires ont lieu avec l'Équateur (en raison de différends frontaliers) et l'Espagne (qui essaie de reprendre la main sur ses anciennes colonies). Ces conflits vident les caisses du pays : en 1874, le Pérou est en faillite.

Dès lors, le pays est en bien mauvaise posture pour faire face aux tensions qui montent entre le Chili et la Bolivie autour des terres riches en nitrates du désert d'Atacama. Les frontières de cette région n'ont jamais été clairement définies, et la crise se durcit, jusqu'à la déclaration de guerre. Aggravant la situation des Péruviens, leur président Mariano Prado fuit le pays pour l'Europe à la veille du conflit. La guerre sera à tous les égards un désastre pour le Pérou (mais aussi pour la Bolivie, qui perd son accès à la mer).

GUANO

Au milieu du XIXe siècle, le Pérou exportait l'équivalent de plus de 20 millions de dollars américains de guano par an – ce qui représenterait plus de 517 millions aujourd'hui. En 1869, le pays exportait chaque année plus de 500 000 tonnes de cet engrais riche en nitrate.

1924

Le militant politique Víctor Raúl Haya de la Torre, originaire du Nord, fonde l'APRA, parti nationaliste et anti-impérialiste, qui est immédiatement interdit.

1928

Le journaliste et penseur José Carlos Mariátegui publie ses *Sept Essais d'interprétation de la réalité péruvienne*, une charge contre le féodalisme de la société péruvienne.

1932

Plus d'un millier de partisans de l'APRA sont tués par l'armée sur le site précolombien de Chan Chan après un soulèvement à Trujillo.

1936

Naissance à Arequipa de Mario Vargas Llosa, futur romancier et journaliste de renom et candidat présidentiel déçu.

Malgré les actes de bravoure de nombreux militaires illustres, tel l'amiral Miguel Grau, les Chiliens se révèlent mieux organisés et mieux équipés, bénéficiant notamment du soutien des Britanniques. En 1881, ils conduisent une campagne terrestre jusqu'au cœur du Pérou ; ils occupent Lima, qu'ils pillent, emportant notamment les inestimables richesses de la Bibliothèque nationale. Lorsque le conflit prend fin en 1883, le Pérou doit tirer un trait définitif sur sa région la plus méridionale, le Tarapacá, et ne retrouvera pas la région de Tacna avant 1929.

Renouveau intellectuel

À l'aube du XXe siècle, le Pérou va pouvoir redresser la tête. La vitalité de l'économie mondiale alimente la reprise péruvienne grâce aux exportations de sucre, de coton, de caoutchouc, de laine et d'argent. En 1895, avec l'élection de Nicolás de Piérola à la présidence, s'ouvre l'ère dite de la "République aristocratique" : des hôpitaux et des écoles sont construits, et Piérola lance l'extension des réseaux routier et ferroviaire.

Cette période est marquée par de grands bouleversements dans la vie intellectuelle péruvienne. À la fin du XIXe siècle déjà, plusieurs penseurs (à Lima essentiellement) se sont attachés à définir les contours d'une identité péruvienne propre, fondée sur l'expérience des *criollos*. Ricardo Palma, un universitaire et écrivain connu pour son rôle dans la reconstitution des fonds de la Bibliothèque nationale, est l'une des grandes figures de ce mouvement. À partir de 1872, il publie une série d'ouvrages consacrés aux traditions *criollas* réunis sous le titre *Tradiciones Peruanas* ("Traditions péruviennes"), lecture incontournable aujourd'hui pour tout écolier péruvien.

Au tournant du siècle toutefois, on assiste dans les cercles intellectuels à l'essor de l'*indigenismo* (indigénisme), mouvement qui œuvre à l'échelle continentale pour qu'un rôle politique et social dominant soit accordé aux Indiens. Au Pérou, le mouvement, bien que fragmenté, touche tous les champs de la culture. L'historien Luis Valcárcel dénonce l'avilissement des populations indiennes dans la société ; les écrits du poète César Vallejo sur l'oppression des Indiens sont acclamés par la critique ; José Sabogal est le fer de lance d'une génération d'artistes qui explorent ces thématiques dans leurs peintures. En 1928, le journaliste et penseur José Carlos Mariátegui publie *Sept Essais d'interprétation de la réalité péruvienne*, ouvrage marxiste fondateur, dans lequel il dénonce le féodalisme de la société péruvienne et exalte les vertus communautaires de l'ordre social inca ; ce livre reste aujourd'hui une bible pour les penseurs latino-américains de gauche.

C'est dans ce climat qu'en 1924 Víctor Raúl Haya de la Torre, homme politique né à Trujillo, fonde l'Alianza Popular Revolucionaria Americana (APRA, Alliance populaire révolutionnaire américaine). Ce parti

SENDERO LUMINOSO

Le fondateur du Sentier lumineux, Abimael Guzmán, emprunta le nom de son groupe à une déclaration de l'écrivain et fondateur du parti communiste péruvien José Carlos Mariátegui : "Le marxisme-léninisme ouvrira le sentier lumineux qui mène à la révolution."

1948
Le général Manuel Odría prend le pouvoir pour huit ans ; il encourage les investissements étrangers et écrase l'APRA.

1962
Mario Vargas Llosa publie *La Ciudad y los perros* (*La Ville et les chiens*), son premier roman qui a pour cadre un collège militaire à Lima.

1968
Juan Velasco Alvarado prend le pouvoir : ses sept années de présidence sont marquées par une politique nationaliste qui passe par la "péruvianisation" de toute l'industrie.

1970
Dans le nord du Pérou, un séisme d'une intensité de 7,7 sur l'échelle de Richter fait près de 80 000 victimes et 140 000 blessés, et prive 500 000 personnes de toit.

prône des valeurs populistes, célèbre l'"Indo-Amérique" et stigmatise l'impérialisme états-unien. L'APRA fut rapidement déclarée illégale par le régime dictatorial d'Augusto Bernardo Leguía, et restera interdite durant de longues périodes au cours du XXe siècle. Haya de la Torre devra à plusieurs reprises vivre dans la clandestinité, voire en exil, et sera détenu 15 mois comme prisonnier politique.

Despotes et révolutionnaires

Après le début de la crise de 1929 (qui frappe très durement l'économie péruvienne), l'histoire du pays est une succession tourmentée de dictatures militaires entrecoupées d'épisodes démocratiques. Leguía, un magnat du sucre de la côte nord, gouverna à plusieurs occasions : il fut élu pour un premier mandat (1908-1912) et en obtint un second (1919-1930) après un coup d'État. Il passa son premier mandat à démêler des conflits frontaliers inextricables et le second à museler la liberté de la presse et les dissidents politiques.

Après Leguía, le colonel Luis Sánchez Cerro effectua quelques courts mandats dans les années 1930. Malgré un passage au pouvoir un peu tumultueux, Sánchez fut apprécié pour avoir aboli la conscription qui obligeait tous les hommes valides à travailler à la construction des routes. Cette loi affectait plus durement les Indiens modestes, car ils n'avaient pas les moyens de payer la taxe d'exemption. En 1948, un autre dictateur prit le pouvoir : l'ancien colonel Manuel Odría, qui consacra son mandat à écraser l'APRA et à encourager les investissements des États-Unis au Pérou.

Le plus fascinant des dictateurs péruviens du XXe siècle reste toutefois Juan Velasco Alvarado, ancien commandant en chef des armées, qui prend le pouvoir en 1968. Alors que son régime s'annonçait conservateur, Velasco se révèle un ardent populiste, au point que certains membres de l'APRA l'accusèrent d'avoir volé le programme de leur parti. Il met en place une politique de "péruvianisation" en nationalisant des secteurs-clés de l'économie, use d'une rhétorique qui exalte la paysannerie indienne, promet une réforme agraire radicale et fait du quechua une langue officielle. Le dictateur limite aussi drastiquement la liberté de la presse, ce qui lui vaut l'ire des tenants du pouvoir à Lima. En fin de compte, son bilan économique se révélera désastreux. En 1975, sa santé déclinant, il cède la place à un autre régime militaire, plus conservateur cette fois.

Le "conflit interne"

Le Pérou retrouve un régime civil en 1980 avec l'arrivée à la présidence de Fernando Belaúnde Terry, au terme des premières élections où sont autorisés les partis de gauche (notamment l'APRA, désormais légale). Le

1980
Fernando Belaúnde Terry est le 1er président démocratiquement élu après 12 ans de dictature militaire. Son mandat est terni par l'instabilité économique et la montée de la guérilla dans les hauts plateaux.

1983
L'un des massacres les plus retentissants du "conflit interne" se solde par la mort de huit journalistes à Uchuraccay, dans les Andes.

1985
Alan García devient président, mais son mandat est marqué par l'hyperinflation et l'intensification des attaques terroristes ; accusé de détournement de fonds, il fuit le pays en 1992.

1987
Dans la région de Lambayeque, des archéologues découvrent la tombe intacte d'un prêtre-guerrier mochica baptisé El Señor de Sipán.

mandat de Belaúnde n'a rien de reposant. Les réformes agraires et sociales passent au second plan tandis que le président tente désespérément de réanimer une économie moribonde.

Parallèlement, un groupe maoïste radical de la région défavorisée d'Ayacucho entame une ascension fulgurante. Fondé par le professeur de philosophie Abimael Guzmán, le Sendero Luminoso (Sentier lumineux) entend tout simplement renverser l'ordre social par la lutte armée. Les vingt années suivantes seront marquées par une escalade de la violence : le Sendero Luminoso assassine figures politiques et militants locaux, lance des attaques contre des commissariats et des universités et va jusqu'à suspendre des cadavres de chiens dans les rues de Lima. (Ces actions lui valent d'être inscrit sur la liste des organisations terroristes étrangères du Secrétariat d'État des États-Unis.) À la même époque, le Movimiento Revolucionario Túpac Amaru (MRTA), autre groupe révolutionnaire, passe lui aussi à l'action et s'en prend à des postes de police et à des bases militaires.

La réaction du pouvoir est implacable : le gouvernement envoie l'armée, des troupes brutales qui ignorent tout des techniques de lutte contre la guérilla. Actes de torture, viols, "disparitions" et massacres sont constatés, qui évidemment n'apaisent en rien le Sendero Luminoso. Des dizaines de milliers de paysans pauvres, pris entre deux feux, font les frais de ce conflit, souvent au prix fort.

L'élection d'Alan García en 1985 suscita au départ d'immenses espoirs. C'est un homme jeune, excellent orateur, très populaire, et le premier représentant de l'historique APRA à accéder à la présidence. Néanmoins, son programme économique est calamiteux (sa décision de nationaliser les banques et de suspendre les paiements de la dette extérieure conduit le pays à la ruine) et, à la fin des années 1980, le Pérou est confronté à une hyperinflation de 7 500%. Des milliers de Péruviens sombrent dans la misère, pénuries alimentaires et émeutes se multiplient, tandis que le Sendero Luminoso et le MRTA intensifient leurs attaques. Le gouvernement est contraint de déclarer l'état d'urgence.

Deux ans après la fin de son mandat, Alan García fuit le pays, accusé d'avoir détourné des millions de dollars (il y rentrera en 2001, bénéficiant de la prescription).

Les écrivains majeurs

- Garcilaso de la Vega, dit l'Inca, chroniqueur
- Ricardo Palma, folkloriste
- Abraham Valdelomar, essayiste
- César Vallejo, poète
- José Carlos Mariátegui, théoricien politique
- Mario Vargas Llosa, romancier

Le "Fujichoc"

Alors que le chaos règne dans le pays, l'élection présidentielle de 1990, qui oppose le célèbre écrivain Mario Vargas Llosa à l'agronome peu connu d'origine japonaise Alberto Fujimori, est plus lourde d'enjeux que jamais. Pendant la campagne, Vargas Llosa prône un "traitement de choc" qui fait craindre à beaucoup que la pauvreté ne s'aggrave

1990
Alberto Fujimori est élu président : son règne autoritaire se traduit par une amélioration de la situation économique, mais de nombreuses accusations de corruption pèsent sur son gouvernement.

1992
Le Sendero Luminoso fait exploser des camions piégés à Miraflores, à Lima. Après cet attentat, qui fait 25 morts et de nombreux blessés, l'opinion publique se prononce clairement contre la guérilla.

1992
Abimael Guzmán, le fondateur du Sendero Luminoso, est capturé à Lima : il se cachait au-dessus d'un studio de danse dans le quartier aisé de Surco.

1993
Mario Vargas Llosa publie *Lituma dans les Andes*, un roman inspiré de son expérience à la tête de la commission d'enquête sur l'assassinat des journalistes à Uchuraccay.

UN PRIX NOBEL POUR LE PÉROU

En 2010, Mario Vargas Llosa (né en 1936), le plus célèbre écrivain vivant du Pérou, a reçu le prix Nobel de littérature pour son œuvre consacrée aux caprices de l'amour, du pouvoir et de la corruption. Cet honneur est venu couronner une vie extraordinaire : quand il était jeune, Vargas Llosa eut une relation avec sa tante par alliance, qu'il épousa par la suite (un événement qu'il raconta de manière romancée dans *La Tante Julia et le scribouillard*). Dans les années 1970, il en vint aux mains avec le Colombien Gabriel García Márquez, autre lauréat du prix Nobel, pour des raisons qui n'ont jamais été révélées. En 1990, il se présenta à la présidence et essuya un échec. Au cours de sa vie, il a écrit des romans, des nouvelles, des pièces et des essais politiques. Quand on lui attribua le prix Nobel, il déclara à un journaliste : "La mort me trouvera avec un stylo dans la main."

encore, tandis que Fujimori se présente comme la solution au statu quo péruvien. Ce dernier l'emporte haut la main. Dès son arrivée au pouvoir cependant, il applique un programme économique plus austère encore, qui entraîne notamment une augmentation de 3 000% du prix de l'essence. Ses mesures, rebaptisées "Fujichoc", parviennent à réduire l'inflation et à stabiliser l'économie, mais le prix à payer pour le Péruvien moyen est lourd.

En avril 1992, Fujimori commet un *autogolpe* ("auto-coup d'État") : il dissout le Parlement et le renouvelle entièrement, y faisant élire nombre de ses alliés. Les Péruviens, relativement habitués aux *caudillos*, tolèrent cet accaparement du pouvoir dans l'espoir que Fujimori stabilise la situation économique et politique. Ce qu'il réussit : l'économie se redresse et, avant la fin de l'année, les chefs du Sendero Luminoso et du MRTA sont arrêtés (même si le Sentier lumineux a eu le temps d'assassiner María Elena Moyano, une militante aimée de tous, et de faire d'autres victimes dans des attentats au camion piégé dans le quartier de Miraflores, à Lima).

Ces arrestations ne mettent pourtant pas fin au "conflit interne". En décembre 1996, 14 membres du MRTA prennent d'assaut la résidence de l'ambassadeur du Japon et séquestrent des centaines de personnalités. Les guérilleros demandaient, notamment, la libération de membres du MRTA emprisonnés. La plupart des otages furent relâchés rapidement, mais 72 hommes furent retenus jusqu'au 22 avril 1997. Un commando des forces spéciales prit alors la résidence d'assaut, tua les ravisseurs, et libéra les otages survivants.

Au moment où le deuxième mandat de Fujimori touche à sa fin, d'innombrables soupçons de corruption pèsent sur son

1994

Le chef Gastón Acurio ouvre le restaurant Astrid y Gastón dans le quartier de Miraflores, à Lima. Il contribue ainsi à propulser la cuisine péruvienne à un niveau international.

1996

Des guérilleros du MRTA envahissent la résidence de l'ambassadeur du Japon à Lima, où ils garderont 72 personnes en otages pendant quatre mois.

2000

Fujimori s'enfuit au Japon après la publication de vidéos montrant son chef des services de renseignement subornant des élus et des journalistes ; le Parlement du Pérou le destitue.

» Plaza Bolívar

gouvernement. En 2000, il brigue un troisième mandat (ce que lui interdit théoriquement la Constitution) et conserve le pouvoir bien qu'il n'ait pas obtenu la majorité simple nécessaire pour remporter l'élection. Quelques mois plus tard, il est contraint de fuir le pays et le scandale : son chef de la sécurité Vladimiro Montesinos est accusé de détournement de fonds publics et de corruption d'élus et de journalistes (nombre de ses méfaits ont été filmés : les quelque 2 700 "Vladivideos" captivent le pays entier lors de leur diffusion en 2001). Fujimori annonce officiellement, depuis le Japon, qu'il renonce à la présidence, mais le Parlement rejette sa démission et vote sa destitution, le déclarant "moralement indigne" de gouverner.

Le photographe Martín Chambi (1891-1973) est connu pour ses somptueuses photographies en noir et blanc de Cuzco au début du XXe siècle. Elles offrent un portrait révélateur de la ville avant l'avènement du tourisme de masse. Pour voir ces images, connectez-vous sur www.martinchambi.org.

Le Pérou n'a pourtant pas fini d'entendre parler de Fujimori. En 2005, de retour en Amérique latine, il est arrêté au Chili alors qu'il fait l'objet d'un mandat d'extradition pour corruption, enlèvements et violations des droits de l'homme. Il est extradé au Pérou en 2007 et reconnu coupable la même année d'avoir ordonné une perquisition illégale. Deux ans plus tard, il est condamné pour avoir été l'instigateur de massacres de civils, puis, trois mois plus tard, jugé coupable de détournements de plusieurs millions de dollars de fonds publics au profit de Montesinos. En 2009, il est de nouveau inculpé pour écoutes illégales et corruption. En janvier 2010, la Cour suprême du Pérou confirmait sa condamnation à 25 ans de réclusion. Montesinos purge quant à lui une peine de 20 ans pour corruption et vente d'armes à la guérilla colombienne (les Farc).

Le XXIe siècle

Pour l'heure, le nouveau millénaire se révèle plutôt positif pour le Pérou. En 2001, Alejandro Toledo, l'ancien petit cireur de chaussures diplômé d'économie à Stanford, devient le premier Indien quechua élu à la présidence du Pérou (avant lui, le pays avait eu des présidents *mestizos*, mais jamais d'Indien de pure souche). Malheureusement, Toledo hérite d'un contexte politique et économique désastreux. En outre, il n'a pas la majorité au Parlement, ce qui entrave son efficacité pour faire face à la récession économique du pays.

À la fin du mandat de Toledo, le candidat de l'APRA, Alan García, remporte contre toute attente les élections de 2006. Son second mandat est infiniment plus stable que le premier. L'économie se porte bien et le gouvernement investit des fonds pour améliorer les infrastructures telles que les ports, les grandes routes et le réseau électrique. Mais la présidence d'Alan García connaît son lot de problèmes. En 2008, tout son gouvernement est contraint à la démission en raison de multiples accusations de corruption. Par ailleurs se pose la question de la gestion des richesses minérales du pays. En 2008, García promulgue une loi qui autorise les compagnies étrangères à exploiter les ressources naturelles

2001
Alejandro Toledo devient le premier Indien à présider un pays andin.

2003
La Commission de la vérité et de la réconciliation rend son rapport final sur le "conflit interne" au Pérou : elle chiffre le bilan des violences à 70 000 morts.

2005
Début de la construction dans le bassin amazonien de la route interocéanique, qui crée un lien commercial terrestre entre le Pérou et le Brésil.

2006
Alan García est élu au second tour pour un deuxième mandat non consécutif.

"CONFLIT INTERNE" : VÉRITÉ, ET RÉCONCILIATION ?

L'une des réalisations marquantes de la présidence d'Alejandro Toledo (2001-2006) fut la mise en place de la Comisión de la Verdad y Reconciliación (Commission de la vérité et de la réconciliation), qui conduisit des enquêtes approfondies sur les innombrables exactions commises au Pérou pendant le "conflit interne" (1980-2000). Cette juridiction n'était pas habilitée à engager des poursuites, mais les audiences publiques, chargées d'émotion, eurent d'indéniables vertus cathartiques. Des hommes et des femmes de tous âges et de toutes origines vinrent y témoigner des massacres, des viols et des "disparitions" perpétrés pendant ces vingt ans par l'armée et les différents groupes rebelles.

En août 2003, la commission a rendu son rapport final, révélant un bilan en vies humaines deux fois supérieur à toutes les estimations antérieures : près de 70 000 personnes sont mortes ou ont disparu, sans compter les enfants laissés orphelins, les villages abandonnés et les milliers de vies saccagées. Avec la publication de son rapport, la commission a monté une exposition de photographies très émouvantes intitulée *Yuyanapaq* ("se souvenir" en quechua), visible aujourd'hui à Lima au Museo de la Nación (p. 65). Des années après, cette exposition demeure profondément bouleversante.

de l'Amazonie. La législation provoque la fureur de plusieurs tribus de la région et aboutit à des affrontements fatals à Bagua, dans le Nord, en 2009.

Le Parlement péruvien a rapidement abrogé cette loi, mais la question demeure un important défi pour le nouveau président élu en 2011, Ollanta Humala. Au départ, beaucoup pensaient que l'ancien officier militaire était un populiste dans la veine de Hugo Chávez. Mais son gouvernement a été assez favorable au monde des affaires. Pourtant, malgré le bon état de l'économie, son taux de popularité a essuyé une chute vertigineuse au milieu de l'année 2012, suite à des protestations civiles au sujet d'une mine d'or dans le Nord et à une attaque mal préparée à l'encontre d'un campement du Sendero Luminoso, dans les hauts plateaux.

2009

Fujimori est condamné pour détournement de fonds ; il avait déjà été accusé d'avoir autorisé des mises sur écoute illégales et commandité des meurtres.

2011

L'ancien officier militaire populiste Ollanta Humala emporte la présidence face à Keiko Fujimori (fille de l'ancien président), au terme d'élections très serrées.

2011

Le président Humala promulgue une loi rendant obligatoire la consultation des communautés indiennes pour toutes les activités minières et d'extraction sur leurs territoires.

2012

le gouvernement attaque l'un des bastions du Sentier lumineux dans les hauts plateaux. Ce raid mal préparé provoque la mort de 10 policiers et entraîne une avalanche de critiques à l'encontre du président Humala.

La société péruvienne

Avec une géographie qui comprend désert, hauts plateaux et jungle, le Pérou mérite incontestablement le qualificatif de terre de contrastes. Cela s'applique aussi bien à ses habitants : le pays est un mélange de riches et de pauvres, d'Indiens et de Blancs, de paysans et de citadins. Parfois difficile au quotidien, cette coexistence n'en est pas moins profondément enrichissante et a forgé l'identité péruvienne au fil des siècles.

Population

Le prêtre péruvien Gustavo Gutiérrez fut le premier, en 1971, à énoncer les principes de la théologie de la libération, qui relie pensée chrétienne et justice sociale. Il enseigne aujourd'hui aux États-Unis.

Le Pérou est une société essentiellement biculturelle, en partie *indígena* (indienne) et en partie hispanique. Le groupe le plus important parle espagnol et respecte la tradition *criolla*, l'héritage culturel des Espagnols nés au Pérou qui administraient la colonie. Il comprend les Blancs (15% de la population) et les *mestizos*, métis d'origine hispano-indigène (37%). Les positions dominantes en politique et dans les affaires sont généralement occupées par des représentants de ce groupe, en particulier les Blancs ou les métis à la peau claire.

Les *Indígenas* (ou Indiens) constituent 45% de la population, faisant du Pérou l'un des trois pays latino-américains avec une aussi forte présence indigène. Ils vivent pour la plupart dans les hauts plateaux andins et travaillent dans l'agriculture (pour plus de détails, voir p. 530). Les 3% restant de la population sont constitués d'Afro-Péruviens, d'Asiatiques et d'autres groupes d'origines diverses.

Plus de 75% des Péruviens vivent aujourd'hui dans les villes ; dans les années 1960, plus de la moitié de la population habitait à la campagne. L'exode rural a lourdement pesé sur les infrastructures urbaines, notamment dans la capitale. L'assainissement et le raccordement au réseau électrique demeurent problématiques, en particulier dans les *pueblos jovenes* (villes nouvelles), sortes de bidonvilles.

VIVA EL PERÚ... ¡CARAJO!

Dans un pays où des peuples très différents habitent un territoire aussi contrasté, l'identité nationale a toujours été un concept flou. Mais c'est un sens profond du défi qui relie cependant les Péruviens. Dans les années 1950, le journaliste péruvien Jorge Donayre Belaúnde écrivit un poème en l'honneur de sa patrie intitulé *"Viva el Perú...¡Carajo!"* (littéralement, *Longue vie au Pérou...Que diable !*). Hommage épique et sans complaisance au Pérou, il y décrit la vie dans les villages andins, ainsi que les vastes bidonvilles urbains. Les Péruviens, écrit-il, n'ont pas peur des difficultés, pas plus des séismes dévastateurs que de la géographie ingrate ou de la corruption de leurs politiciens. Face à l'adversité, ils conservent une assurance inébranlable. Un demi-siècle plus tard, cela n'a pas changé.

Mode de vie

Malgré un récent boom économique, un écart béant subsiste entre les riches et les pauvres. Le salaire mensuel minimum s'élève à moins de 200 $US et, selon un rapport des Nations unies de 2010, près d'un tiers de la population vit en dessous du seuil de pauvreté – une personne sur dix survit avec moins de 1 $US par jour. Si le taux de chômage officiel se limite à 7,9%, le sous-emploi perdure, surtout dans les villes. Selon des estimations, il affecte 42,5% de la population à Lima.

Dans les campagnes, les pauvres survivent grâce à une agriculture de subsistance dans des maisons traditionnelles en adobe ou en tôle ondulée, souvent sans eau courante ni électricité. En ville, les plus démunis vivent dans des bidonvilles, tandis que les classes populaire et moyenne habitent des immeubles en béton ou des petits pavillons. Les demeures urbaines les plus cossues sont de grandes maisons individuelles, souvent entourées de hauts murs. Toutes catégories confondues, les habitations abritent généralement plusieurs générations.

Né à Puno, le photographe Martín Chambi (1891-1973) immortalisa avec assiduité la vie dans les Andes au début du XXe siècle. Pour découvrir ses clichés en noir et blanc d'une beauté sauvage, procurez-vous le livre qui lui est dédié dans la collection Photo Poche d'Actes Sud (2002).

Us et coutumes

Les Péruviens sont polis, voire formalistes, dans leurs rapports sociaux. La poignée de main est la norme dans les relations d'affaires, mais entre amis masculins, on pratique l'*abrazo*, une étreinte avec une petite tape dans le dos. Les femmes se saluent souvent avec une bise, de même que les hommes et les femmes. Les Indiens ne s'embrassent pas et leur poignée de main se limite à un contact léger.

Religion

Malgré la liberté de culte, le catholicisme romain prédomine et plus de 81% de la population s'affirme catholique (seuls 15% vont à la messe toutes les semaines). Soutenue par l'État, l'Église est largement dispensée d'impôt et le catholicisme est la religion officielle de l'armée. En outre, les évêques et d'autres membres du clergé reçoivent une rémunération mensuelle du gouvernement. Ces faveurs ont provoqué la protestation de certains groupes évangéliques, qui n'en bénéficient pas. Néanmoins, évangélistes et autres protestants constituent une force croissante et représentent environ 13% de la population.

Être une femme au Pérou

Si les femmes ont le droit de vote et peuvent être propriétaires, leur situation demeure délicate dans un pays dominé par le machisme. Leur taux d'illettrisme (16%) reste presque trois fois plus élevé que celui des hommes et leurs salaires sont en moyenne inférieurs de 44%. Il y a des améliorations cependant. Plusieurs lois répriment désormais la violence domestique et les agressions sexuelles, et les femmes représentent aujourd'hui 28% des cadres et professions libérales (hauts fonctionnaires, directeurs et législateurs) et près d'un tiers des membres du congrès.

La cinéaste péruvienne Claudia Llosa, lauréate de l'Ours d'or au Festival du film de Berlin en 2009, a tourné précédemment *Madeinusa* (disponible en DVD), l'histoire du tragique passage à l'âge adulte d'une fille des Andes.

Sports

Le football (*fútbol*) suscite une ferveur quasi religieuse. La saison dure de fin mars à novembre. Les équipes sont nombreuses mais pas exceptionnelles, et si le Pérou a remporté la Copa América en 2004, il ne s'est pas qualifié pour la Coupe du monde depuis 1982. Les meilleures équipes sont celles de la capitale. Le traditionnel *clásico* oppose l'Alianza Lima et l'Universitario de Deportes (La U).

La corrida attire aussi de nombreux spectateurs, surtout à Lima. Traditionnellement, la saison s'étend d'octobre à début décembre, quand des matadors étrangers se produisent à la Plaza de Acho (p. 93), à Lima.

La cuisine péruvienne

Au Pérou, le concept "fusion" fait depuis longtemps partie de la cuisine. Au cours des quatre siècles passés, les ragoûts andins se sont mélangés aux techniques de cuisson asiatiques, et les plats de riz espagnols ont intégré des saveurs amazoniennes pour produire la fameuse cuisine *criolla* (créole). Durant la dernière décennie, une génération de jeunes chefs créatifs a hissé la cuisine nationale vers des sommets gastronomiques.

Jadis, lorsque des visiteurs importants séjournaient au Pérou, on leur servait des plats français et du whisky écossais. Désormais, les restaurants haut de gamme proposent des interprétations raffinées de spécialités andines, comme le quinoa et le *cuy* (cochon d'Inde). Les restaurants se sont multipliés et les tour-opérateurs intègrent une étape culinaire dans tous leurs circuits. En 2000, le pays a accueilli la première académie Cordon Bleu d'Amérique latine et, en 2009, le magazine *Bon Appétit* a cité Lima comme la "prochaine grande ville gastronomique".

La fièvre culinaire touche tous les Péruviens, jusqu'aux modestes vendeurs de *chicharrón* (porc frit), qui soignent tout autant la préparation que la présentation. Cette évolution est due en partie au célèbre chef Gastón Acurio, dont le talent culinaire égale le sens des affaires (il possède plus de 30 restaurants dans le monde).

Les chefs les plus influents

- Gastón Acurio, Astrid y Gastón
- Pedro Miguel Schiaffino, Malabar
- Rafael Osterling, Rafael
- Rafael Piqueras, Fusión
- Virgilio Martínez, Central Restaurante

LA NOVOANDINA ET LA NOUVELLE VAGUE PÉRUVIENNE

L'actuelle renaissance gastronomique du Pérou trouve ses racines dans les années 1980. Le pays était alors en plein tumulte et son économie en chute libre. Dans sa cuisine, l'éditeur de presse Bernardo Roca Rey expérimentait des ingrédients andins : il rôtissait du *cuy*, utilisait de rares espèces de pommes de terre et mitonnait des risottos avec du quinoa (un plat désormais appelé *quinotto*). À la même époque, Cucho La Rosa, le chef d'El Comensal (fermé depuis), améliorait des recettes péruviennes en changeant les techniques de cuisson : cuire doucement à la vapeur au lieu de bouillir, saisir au lieu de frire. Tous deux détaillèrent leurs trouvailles dans des articles de presse et des livres de cuisine. Cette cuisine fut surnommée *novoandina*, mais en raison des difficultés de l'époque, ne put alors devenir un véritable mouvement.

En 1994, les circonstances avaient changé. L'économie se redressait et la situation politique commençait à s'améliorer. Lorsque Gastón Acurio (qui avait étudié la cuisine au Cordon Bleu, à Paris) ouvrit Astrid y Gastón à Lima, il appliqua nombre des principes des pionniers de la *novoandina* : revisiter la cuisine péruvienne à travers le prisme de la haute cuisine. Le restaurant devint rapidement un lieu de pèlerinage. Depuis, une vague de chefs inventifs a suivi, tels Rafael Piqueras et Pedro Miguel Schiaffino. À eux tous, ils ont élargi la définition de *novoandina*, ajoutant des influences et ingrédients européens, chinois et japonais. Ils ont transformé la cuisine péruvienne en un phénomène culturel mondial.

En bref, vous ne mourrez pas de faim au Pérou ; des petits restaurants sans prétention de Moyobamba à ceux, très branchés, de Miraflores, la bonne chère est devenue une cause nationale.

Spécialités locales

À l'image de la diversité géographique du pays, il existe une multitude de cuisines régionales. Cependant, la pomme de terre, originaire des Andes, reste partout l'ingrédient de base (toutes les pommes de terre descendent d'un même ancêtre péruvien).

Parmi les plats les plus notables figurent l'*ocopa* (pommes de terre avec une sauce épicée aux cacahuètes), les *papas a la huancaína* (pommes de terre nappées d'une sauce crémeuse au fromage) et la *causa* (purée de pommes de terre farcie de poisson, de légumes ou de poulet). La *papa rellena*, un beignet de pommes de terre farci de bœuf haché, est également très prisée. Les pommes de terre se retrouvent aussi dans les soupes épaisses (*chupe*) et dans le *lomo saltado*, du bœuf sauté proposé sur toutes les cartes.

Autres spécialités populaires, les *tamales*, préparées différemment selon les régions ; vous trouverez ainsi des *humitas* (à base de maïs frais) et des *juanes* (à base de manioc), notamment.

Gastón Acurio et le chef catalan Ferran Adriá se sont unis dans la réalisation d'un documentaire, *Perú sabe* (2012), qui démontre à travers le pays que la gastronomie peut devenir une arme sociale à part entière.

Littoral

Le long de la côte, les produits de la mer prédominent et le *ceviche* occupe la première place. Servi froid, il se compose de poisson ou de fruits de mer marinés dans du jus de citron vert avec des oignons, de la coriandre et des piments ; il est généralement servi avec un épi de maïs bouilli et des patates douces. Le jus de citron cuit le poisson grâce à un processus d'oxydation ; certains chefs réduisent le temps de marinade, donnant aux *ceviches* la consistance de sushis. Autre cocktail de fruits de mer apprécié, le *tiradito* est un *ceviche* à la japonaise : de fines tranches de poisson servies sans oignons, parfois nappées d'une sauce crémeuse aux piments.

Le poisson se cuisine de multiples façons : *al ajo* (à l'ail), *frito* (frit) ou *a la chorrillana* (cuit dans du vin blanc, avec des tomates et des oignons) ; ce mode de cuisson provient de Chorrillos, une ville au sud de Lima. Soupes et ragoûts sont également populaires, tels l'*aguadito* (risotto liquide), le *picante* (ragoût épicé) et le *chupe* (bisque), et peuvent comporter du poisson, des fruits de mer et d'autres ingrédients.

Sur les cartes figurent aussi régulièrement les *conchitas a la parmesana* (coquilles Saint-Jacques gratinées au fromage), le *pulpo al olivo* (poulpe dans une sauce aux olives) et les *choros a la chalaca* (moules froides dans une sauce de maïs frais). Sur la côte nord, autour de Chiclayo, l'omelette à la raie manta (*tortilla de manta raya*) est un plat typique.

Le porc, le poulet et le bœuf sont également appréciés. L'*aji de gallina* (ragoût de poulet émincé aux noix) fait partie des plats classiques. Dans le Nord, quelques spécialités locales comprennent des ingrédients identiques : l'*arroz con pato a la chiclayana* (canard et riz mijotés dans de la bière et de la coriandre, typique de Chiclayo) et le *seco de cabrito* (chevreau cuit dans de la bière, de la coriandre et des piments).

Sur la côte, où la présence asiatique est plus importante, des restaurants sino-péruviens appelés *chifas* servent une cuisine aux influences cantonaises : des plats simples, souvent légers.

Le *cuy*, ou cochon d'Inde, constituait une importante source de protéines pour les populations précolombiennes dans toutes les Andes. Ces dernières années, le Pérou a commencé à exporter cette viande, riche en protéines et pauvre en graisse et cholestérol.

Hauts plateaux

Dans les hauts plateaux glaciaux, les soupes occupent la place d'honneur ; souvent copieuses et roboratives, elles se composent de légumes, de courge, de pommes de terre, d'herbes locales et de viandes diverses. La *sopa a la criolla* (soupe de nouilles onctueuse avec du bœuf et des légumes) et le *caldo de gallina* (soupe de poulet avec pommes de terre et

LE PISCO

Boisson nationale, cette eau-de-vie de raisin est servie pour toutes les occasions, quelle que soit leur importance. La production du pisco remonte aux premiers jours de la colonisation espagnole à Ica ; distillé dans les haciendas, il était vendu aux marins qui partaient pour le port de Pisco. À l'origine, le pisco était le tord-boyaux local : un excellent moyen de se saouler et de se réveiller le lendemain avec la gueule de bois.

Au début du XXe siècle, le *pisco sour* (pisco, jus de citron vert et sucre) fit son apparition et devint rapidement la boisson nationale. Ces dernières décennies, la production est devenue plus sophistiquée et les piscos offrent des saveurs plus subtiles, sans effets secondaires le lendemain.

Les trois principaux types de pisco péruvien sont le *Quebranta*, l'*Italia* et l'*acholado*. Le *Quebranta* (un pisco pur) et l'*Italia* (légèrement aromatisé) doivent leur nom aux cépages à partir desquels ils sont produits. L'*acholado*, plus alcoolisé, provient d'un mélange et convient mieux en cocktail. Il existe aussi de nombreux piscos concoctés avec du moût de raisin, appelés *mosto verde*. Ils dégagent un puissant arôme et se boivent mieux secs.

Parmi les marques les plus connues figurent Tres Generaciones, Ocucaje, Ferreyros et La Botija, tandis que Viñas de Oro, Viejo Tonel, Estirpe Peruano, LaBlanco et Gran Cruz comptent parmi les meilleures. Du pisco vendu dans une bouteille en forme de tête d'Inca, n'attendez rien de plus qu'un souvenir original.

herbes) figurent sur toutes les cartes. Dans la région d'Arequipa, le *chupe de camarones* (soupe d'écrevisses) est un plat classique.

Les hauts plateaux sont aussi réputés pour le *cuy* (cochon d'Inde), souvent servi rôti ou *chactado* (pressé sous des pierres chaudes). Son goût ressemble à celui du lapin et il est souvent servi entier. La truite de rivière, préparée de mille façons, est également populaire.

Arequipa possède une cuisine régionale particulièrement dynamique. La région est réputée pour ses *picantes* (ragoûts épicés servis avec des morceaux de fromage frais), son *rocoto relleno* (piment rouge farci de viande) et son *solterito* (salade de haricots).

Pour les grandes occasions et les mariages, les familles se réunissent pour préparer la *pachamanca*, un mélange de viandes marinées, de légumes, de fromage, de piment et d'herbes aromatiques, enterré et cuit sur des pierres chaudes.

Le dessert *turrón de Doña Pepa* fut préparé pour la première fois en 1800 par une esclave, en hommage au Seigneur des Miracles après qu'elle eut recouvré l'usage de ses bras paralysés.

Bassin amazonien

Si les ingrédients amazoniens ne sont pas appréciés dans tout le pays, ils ont commencé à se populariser ces dernières années. Ainsi, les escargots et les poissons de rivière (dont la païche et le surubi) sont de plus en plus appréciés, de même que l'*aguaje* (fruit du palmier-bâche), le *yuca* (manioc) et la *chonta* (cœur de palmier). Les *juanes* (riz, manioc, poulet et/ou porc cuits dans une feuille de bananier) sont une savoureuse spécialité régionale.

Desserts

Les desserts sont souvent très sucrés. Le *suspiro limeño*, le plus réputé, se compose de *manjar blanco* (confiture de lait) surmonté de meringue. Les *alfajores* (confiture de lait entre deux biscuits) et la *crema volteada* (flan) sont également appréciés. Plus légère et plus fruitée, la *mazamorra morada*, un pudding de maïs violet d'origine afro-péruvienne, s'accompagne de morceaux de fruits.

En octobre, des pâtisseries vendent du *turrón de Doña Pepa*, un gâteau très sucré et imbibé de mélasse, dégusté en l'honneur du Seigneur des Miracles.

Boissons

Si les principales marques de sodas sont disponibles, les Péruviens préfèrent l'Inca Kola, un soda jaune fluo au goût de chewing-gum. Les jus de fruits frais sont également appréciés, de même que les boissons traditionnelles comme la *chicha morada*, un breuvage rafraîchissant sans alcool, fabriqué avec du maïs violet.

Bien que le pays exporte du café, nombre de Péruviens boivent de l'instantané ; certains restaurants servent un sachet de café lyophilisé ou un concentré de café à diluer avec de l'eau chaude. Dans les endroits cosmopolites et touristiques, un nombre croissant de cafés propose expressos et cappucinos. Thé et *mates* (infusions) sont largement disponibles. Parmi les infusions, citons la *manzanilla* (camomille), la *menta* (menthe) et le *mate de coca* (infusion de feuilles de coca) ; ce dernier n'a pas d'effet stupéfiant, mais peut calmer les maux d'estomac et aide à s'acclimater à l'altitude.

Le site culinaire Yanuq (www.yanuq.com) fournit de nombreuses recettes péruviennes en espagnol et en anglais.

Bière et vin

Les marques de bières les plus connues, Pilsen Callao, Brahma, Cristal et Cusqueña, sont des blondes légères. L'Arequipeña et la Trujillana, des bières d'Arequipa et de Trujillo, sont servies dans ces régions. Très prisée dans les Andes, la *chicha* (bière de maïs) maison est légèrement sucrée et peu alcoolisée. Dans les villages andins, un drapeau rouge accroché près d'une porte indique la disponibilité de *chicha*.

Les vins locaux se sont nettement améliorés au fil des ans. Tabernero, Tacama, Ocucaje et Vista Alegre comptent parmi les meilleurs crus. Le pisco est également très populaire (voir l'encadré ci-contre).

Établissements

Les restaurants accueillent généralement une clientèle mélangée - familles, touristes, adolescents et hommes d'affaires. Au déjeuner,

LE TOP DES RESTAURANTS

Les auteurs de ce guide ont passé des mois sur la route et dégusté des centaines de repas. Voici une liste des endroits où ils ont failli pleurer de bonheur devant leur assiette :

Arequipa : au Zig Zag, le succulent assortiment de viandes d'alpaga, de bœuf et d'agneau, cuit sur des pierres volcaniques chaudes, ravira les carnivores (p. 152).

Cuzco : le poulpe grillé, la polenta croustillante et le service attentif garantissent un dîner mémorable à la Cicciolina (p. 225).

Huancayo : savourez les plus crémeuses *papas a la huancaína* (pommes de terre vapeur avec une sauce au fromage) dans la cour fleurie du Huancahuasi (p. 290).

Huaraz : au Mi Chef Kristof, le chef volubile mitonne une cuisine fusion belgo-péruvienne, dont un succulent ragoût de bœuf à la bière brune (p. 381).

Iquitos : à l'embouchure du Río Itaya, Frío y Fuego offre une superbe vue nocturne sur Iquitos et prépare à merveille les poissons de l'Amazone (p. 488).

Lima : El Verídico de Fidel délivre des *ceviches* carrément aphrodisiaques (p. 82).

Máncora : le thon jaune extra-frais, provenant directement du Pacifique, justifie les prix de La Sirena d'Juan Seafood (p. 362).

Tarapoto : à La Patarashca, goûtez le plat éponyme : du poisson amazonien ou des crevettes grillés, accompagnés de tomates, d'ail et de coriandre (p. 444).

Trujillo : frangé de bambous, le Mar Picante est réputé pour son divin *ceviche mixto*, composé de crevettes, de poisson, de crabe et de coquilles Saint-Jacques (p. 327).

ils offrent souvent un *menú* de 2 ou 3 plats, habituellement d'un bon rapport qualité/prix. Vous pouvez aussi choisir des plats à *la carta*.

Les *cevicherías*, ou restaurants de *ceviche*, abondent le long de la côte. Dans les campagnes, les petits restaurants appelés *picanterías* constituent la norme et sont parfois installés dans des maisons privées.

En-cas

Les stands de rue font partie de la culture péruvienne. Parmi les en-cas les plus courants figurent les *anticuchos* (brochettes de cœur de bœuf), les *ceviches*, les *tamales*, les œufs de caille durs, le *choclo con queso* (maïs bouilli et fromage) et les délicieux *picarones* (beignets sucrés).

Pour un bon repas à petit prix, rendez-vous dans l'une des nombreuses *pollerías* (rôtisseries de poulet), présentes partout.

Végétariens

Dans un pays où nombre d'habitants doivent se contenter de pommes de terre, les végétariens étonnent. Toutefois, les mentalités ont commencé à changer et quelques grandes villes comptent des restaurants végétariens.

Il est possible de trouver des plats végétariens dans un restaurant classique. Des salades de pommes de terre, comme les *papas a la huancaína*, l'*ocopa* et la *causa*, ne contiennent pas de viande, de même que le *palta a la jardinera*, un avocat garni de légumes. La *sopa de verduras* (soupe de légumes), la *tortilla* (omelette) et le *tacu tacu* (riz et haricots sautés) constituent d'autres choix. *Les chifas* proposent aussi de nombreux plats sans viande ; précisez bien que vous voulez un *plato vegetariano* (plat végétarien), car *sin carne* (sans viande) signifie sans viande rouge ou sans porc – vous pourriez trouver du poulet ou du poisson dans votre assiette.

Pour les végétaliens, les choses sont plus compliquées. Les œufs et les produits laitiers sont en effet des ingrédients de base de la cuisine péruvienne. Le mieux consiste à préparer soi-même ses repas.

Le Pérou précolombien

Selon les Incas, un *pachacuti* était un événement cataclysmique qui divisait différents âges de l'histoire. Pour les peuples indigènes qui habitaient le Pérou au XVIe siècle, l'arrivée des Espagnols fut le *pachacuti* le plus dévastateur. Les conquistadors s'appliquèrent à anéantir les civilisations autochtones, fondant les objets en or, détruisant les symboles religieux et interdisant des traditions ancestrales.

Pour retracer l'histoire précolombienne, les historiens en sont souvent réduits à étudier les objets funéraires, d'autant qu'aucune culture andine n'a laissé de traces écrites. Par chance, la matière ne manque pas. Des civilisations de tailles diverses ont prospéré dans la région, chacune avec ses propres divinités et traditions. Les voyageurs peuvent ainsi admirer de somptueux textiles, des poteries magnifiques et des monuments si bien conçus qu'ils ont non seulement survécu à la conquête espagnole, mais aussi aux tremblements de terre qui secouent régulièrement le pays.

Le top des sites

- » Machu Picchu, Vallée Sacrée
- » Chan Chan, Trujillo
- » Sillustani, Puno
- » Chavín de Huántar, Huaraz
- » Huacas del Sol y de la Luna, Trujillo
- » Kuélap, Chachapoyas

Caral

À 200 km au nord de Lima s'étend l'un des sites archéologiques les plus fascinants du Pérou. Caral (p. 316), qui se résume aujourd'hui à une demi-douzaine de temples éboulés, quelques amphithéâtres creusés dans le sol et des vestiges de structures en pierre et en adobe, est la plus vieille cité connue des Amériques.

Cette antique civilisation se développa dans la vallée du Supe presque en même temps que celles de Mésopotamie et d'Égypte il y a environ 5 000 ans, et 1 500 ans avant les premières civilisations du Mexique. On sait peu de choses sur le peuple qui construisit cet imposant centre urbain de 626 ha. Des archéologues, supervisés par Ruth Shady Solís, l'ancienne directrice du Museo Nacional de Antropología, Arqueología e Historia del Perú (p. 67) à Lima, ont fait de précieuses découvertes.

Le site du Museo Rafael Larco Herrera de Lima comprend de nombreuses photos de poteries, de bijoux et de textiles précolombiens (www.museolarco.org).

Caral était un centre religieux qui vénérait ses saints hommes et payait tribut à des divinités agraires inconnues, parfois avec des sacrifices humains. Ses habitants cultivaient coton, courges, haricots et piments, cueillaient des fruits sauvages et savaient pêcher. Parmi les trouvailles archéologiques figurent des textiles, des colliers, des sépultures cérémonielles et des figurines grossières en argile crue aux formes féminines. Les premières fouilles sérieuses ont débuté en 1996 et la majeure partie du site reste inexplorée. On peut donc s'attendre à d'autres découvertes.

Chavín

Si Caral constitue la preuve d'une urbanisation précoce, Chavín de Huántar (p. 406), près de Huaraz, témoigne de la diffusion d'une iconographie religieuse et artistique unifiée. Dans une large partie des

Andes septentrionales, entre 1000 et 300 av. J.-C., une divinité féline stylisée commença à apparaître sur les sculptures, les frises, les poteries et les textiles. Comme pour Caral, il n'existe que quelques informations parcellaires sur les sociétés de cette époque, mais l'importance de Chavín est indéniable : elle correspond à la naissance de l'art au Pérou.

Le temple de Chavín de Huántar était-il celui d'une capitale ou simplement un site cérémoniel majeur ? La question reste posée, mais le cadre est sans aucun doute extraordinaire. Avec la splendide Cordillera Blanca en toile de fond, les ruines de ce complexe élaboré, bâti sur des centaines d'années, comprennent plusieurs sanctuaires, ainsi qu'une cour creusée dans le sol, décorée de frises de jaguars. Des archéologues y ont trouvé des poteries de toute la région remplies d'offrandes, dont des coquillages de la côte équatorienne et des os (certains humains) gravés de motifs surnaturels. Sous le temple court un dédale de galeries dont l'une renferme El Lanzón, un monolithe anthropomorphe de près de 5 m de haut à l'effigie d'une divinité.

Édité à l'occasion d'une exposition au Petit Palais à Paris, *Pérou : l'art de Chavín aux Incas* (Skira, 2006) retrace 3 000 ans d'art péruvien à travers une iconographie remarquable et les contributions d'éminents spécialistes du Pérou. Un beau livre admirable en tous points.

Paracas et Nazca

L'Horizon chavín fut suivi par le développement de plusieurs cultures régionales. Le long de la côte sud du Pérou autour de l'actuelle Ica, de 700 av. J.-C. à 400 de notre ère, la culture de Paracas produisit de remarquables textiles. Les plus beaux furent tissés durant la période dite Paracas Necrópolis (400-200 av. J.-C.), ainsi nommée en raison du vaste site funéraire découvert sur la presqu'île de Paracas par l'archéologue péruvien Julio C. Tello en 1927 (voir l'encadré ci-dessous).

Bien que les données historiques sur cette culture soient rares, les splendides textiles trouvés dans les tombes – des couches de tissu finement tissé qui enveloppaient les momies – fournissent des indications sur la vie quotidienne et les croyances. Leurs motifs représentent des fleurs, des couteaux, des poissons, des oiseaux et des chats, ainsi que quelques animaux bicéphales. Les personnages humains sont également significatifs : guerriers portant en trophées des têtes réduites et créatures fantastiques anthropomorphes avec des ailes, une langue de serpent et une multitude de griffes. Vous en verrez de superbes exemples au Museo Larco à Lima (p. 65). Nombre des momies exhumées montrent des déformations crâniennes intentionnelles, obtenues en serrant la tête entre deux planches.

LE PÈRE DE L'ARCHÉOLOGIE PÉRUVIENNE

On doit à Julio C. Tello (1880-1947), surnommé le "père de l'archéologie péruvienne", la plupart des connaissances actuelles sur les grandes cultures précolombiennes du pays. Se décrivant lui-même comme un "Indien des montagnes", Tello naquit à Huarochirí, un village des hauts plateaux à l'est de Lima. Diplômé de médecine à l'Universidad Nacional Mayor de San Marcos à Lima, il étudia ensuite l'archéologie à l'université d'Harvard, un véritable exploit pour un indigène pauvre au début du XXe siècle.

Dans les années 1920, il entreprit une série d'études archéologiques révolutionnaires dans les centres huari autour d'Ayacucho et au centre cérémoniel de Chavín de Huántar, où une stèle gravée, l'obélisque de Tello, porte son nom (elle est exposée au Museo Nacional de Chavín ; p. 407). Il découvrit également des centaines de momies enveloppées de tissus sur la péninsule de Paracas en 1927, l'une des plus importantes sources d'information sur cette culture pré-inca. Mieux encore, Tello apporta une rigueur scientifique à la recherche archéologique péruvienne, alors en plein essor. Au XIXe siècle, les fouilles provoquaient souvent des destructions et le pillage était largement toléré. Pour rompre avec ces pratiques, Tello contribua à la promulgation des lois destinées à protéger les sites majeurs.

À peu près à la même période, la culture nazca (200 av. J.-C.-600), au sud, produisait des poteries peintes et de fabuleux tissages aux couleurs vives montrant des objets du quotidien (haricots, oiseaux, poissons) et des créatures surnaturelles mi-homme, mi-animal. Les Nazca étaient des brodeurs talentueux ; certains textiles comprennent de minuscules personnages qui ont dû user les yeux des artisans. Des exemples bien conservés sont exposés au Museo Andrés del Castillo à Lima (p. 63). Cette culture est mieux connue pour les lignes de Nazca (p. 124), une série de mystérieux géoglyphes tracés sur une superficie de 500 km² dans le désert sud.

Mochicas (ou Moches)

En matière de céramiques, aucune civilisation andine ne peut se comparer aux Mochicas (p. 334), une culture qui prospéra sur la côte nord du Pérou entre 100 et 700. Bien que non fondamentalement urbaine, elle édifia des centres cérémoniels sophistiqués, tels les Huacas del Sol y de la Luna (temples du Soleil et de la Lune) ornées de frises (p. 333), aux alentours de l'actuelle Trujillo, et le site funéraire élaboré de Sipán (p. 348), près de Chiclayo. Les Mochicas possédaient un réseau de routes bien entretenues et un système de coursiers à pied qui se relayaient pour transporter des messages, sans doute des symboles gravés sur des haricots.

Cependant, la poterie reste la principale réussite des Mochicas : les portraits de personnages sont si réalistes (avec cicatrices et tous les détails) qu'ils semblent sur le point de parler. Des artisans créaient souvent de multiples portraits d'une même personne au cours de sa vie ; un spécialiste en a répertorié 45 représentant le même personnage. D'autres céramiques décrivent des activités viriles comme la chasse, le combat, des sacrifices rituels ou encore des actes sexuels (présentés pour ces derniers au Museo Larco à Lima ; p. 65).

Huari

De 600 à 1100, les Andes virent l'essor du premier royaume véritablement expansionniste. Avides de conquêtes, les Huari (p. 304) agrandirent leur base autour d'Ayacucho jusqu'à un territoire occupant la majeure partie des hauts plateaux et une portion de la côte nord. Excellents agriculteurs, ils améliorèrent la production en développant un système de terrasses et en créant des réseaux de canaux d'irrigation.

Comme nombre de cultures conquérantes de la région, les Huari bâtirent sur l'existant, usurpant et agrandissant des infrastructures créées par de plus petits États régionaux. Ainsi, le centre cérémoniel côtier de Pachacamac (p. 101), édifié par la culture lima, fut élargi par les Huari. Il existe néanmoins des sites uniquement huari, tels les vestiges d'une cité de 1 500 ha (p. 306) aux alentours d'Ayacucho, et un centre cérémoniel à Piquillacta (p. 265), près de Cuzco. Plus rudimentaire que celle des Incas, l'architecture huari a mal résisté au temps.

Très talentueux dans le domaine du tissage, les Huari produisaient d'élégants tissus aux motifs stylisés et élaborés. Experts de la couleur, ils utilisaient jusqu'à 150 nuances distinctes pour des dessins tissés ou teints après nouage, représentant des figures géométriques abstraites ou des créatures surnaturelles, dont une divinité ailée tenant un bâton.

Chimú et Chachapoyas

Après la disparition des Huari, de petits États-nations virent le jour dans différentes parties du pays. S'ils sont trop nombreux pour être décrits ici (voir p. 506 pour plus de détails), deux d'entre eux méritent qu'on s'attarde sur leur héritage artistique et architectural.

ARCHÉOLOGIE

Le site Internet www.arqueologia.com.ar/peru/ regroupe des liens utiles (en espagnol) concernant l'archéologie. Il comprend aussi des chronologies et des séries de photos sur les différents groupes culturels.

Entre 1000 et 1400, la culture chimú, implantée autour de l'actuelle Trujillo, édifia la plus grande cité précolombienne connue à ce jour. Vaste ensemble de 36 km², Chan Chan (p. 331) abritait jadis une population estimée à 60 000 personnes. Si les éléments ont érodé au fil des siècles les structures en adobe, certaines des frises géométriques ont été restaurées, donnant un aperçu de cette métropole à son apogée. Artisans et métallurgistes accomplis, les Chimú produisaient, entre autres, des textiles extravagants, entièrement couverts de pompons.

Dans les hauts plateaux du Nord, la forteresse de Kuélap (p. 434) fut construite vers 800 par les Chachapoyas dans la forêt de nuages de la lointaine vallée d'Utcubamba. Cette structure époustouflante comporte plus de 400 habitations circulaires, ainsi que des bâtiments qui défient la gravité, tel le cône inversé appelé El Tintero (l'Encrier). Pratiquement inexpugnable, la forteresse, entourée d'une muraille de 6 à 12 m de haut, coiffe une crête étroite.

Incas

EMPIRE INCA

À son apogée, l'Empire inca était plus vaste que l'Empire romain et comptait 40 000 km de routes. Des *chasquis* (coureurs) transportaient en se relayant messages et marchandises à travers l'Empire, apportant du poisson frais de la côte à Cuzco en 24 heures.

Les plus grands ingénieurs du Pérou furent aussi les plus grands bâtisseurs d'empire. Du fait du contact direct des Incas avec les Espagnols, leur culture est la mieux documentée, non seulement à travers les chroniques des conquérants mais aussi par les récits de descendants incas, tel le fameux El Inca Garcilaso de la Vega, qui vécut au XVIe siècle.

Les Incas, une civilisation de langue quechua, descendaient d'éleveurs d'alpagas des Andes méridionales. De 1100 à l'arrivée des conquistadors en 1532, ils agrandirent progressivement leur territoire pour devenir un empire parfaitement organisé, qui s'étendait de la Colombie au Chili. Cet État absolutiste possédait une armée puissante et l'*inca* (ou empereur) détenait le pouvoir suprême. Pour en savoir plus sur l'histoire passionnante de cet empire, reportez-vous p. 507.

La société était régie par un système de castes rigide qui différenciait les nobles, les marchands et artisans et les paysans. Ces derniers fournissaient la main-d'œuvre nécessaire aux nombreux projets de travaux publics. Les citoyens devaient payer tribut à l'Empire sous forme de trois mois de travail annuel, facilitant ainsi le développement et l'entretien des monuments, routes et canaux. Les Incas disposaient en outre d'un dispositif de communication très efficace composé de *chasquis* (coureurs) qui se relayaient, pouvant ainsi parcourir en 7 jours les 1 600 km entre Quito et Cuzco – en comparaison, il faut aujourd'hui 3 ou 4 jours au voyageur lambda pour couvrir à pied le Chemin de l'Inca d'Ollantaytambo à Machu Picchu, soit 43 km. Si brutal qu'ait pu être le régime (guerres sanglantes, sacrifices humains), les Incas avaient institué un remarquable système d'aide sociale, entreposant les surplus alimentaires pour les distribuer aux régions et aux populations nécessiteuses.

LES MEILLEURS MUSÉES ARCHÉOLOGIQUES

- » Museo Nacional de Antropología, Arqueología e Historia del Perú (p. 67), Lima
- » Museo Larco (p. 65), Lima
- » Museo Inka (p. 204), Cuzco
- » Museo Nacional de Chavín (p. 407), Chavín de Huántar
- » Museo Santuarios Andinos (p. 142), Arequipa
- » Museo Tumbas Reales de Sipán (p. 348), Lambayeque
- » Museo Nacional Sicán (p. 349), Ferreñafe

Sur le plan culturel, les Incas possédaient de solides traditions concernant la musique, la littérature orale et les textiles. Leurs tissus, généralement de couleurs vives, s'ornaient de motifs géométriques abstraits. Ils restent néanmoins plus connus pour leur architecture monumentale. Cuzco (p. 196), leur capitale, de même qu'une série d'édifices à Sacsayhuamán (p. 238), Pisac (p. 239), Ollantaytambo (p. 247) et le mythique Machu Picchu (p. 256), constituent de fabuleux exemples de leur savoir-faire en matière de construction. Les blocs de pierre taillés, assemblés sans mortier, s'ajustent si étroitement qu'il est impossible de glisser la lame d'un couteau entre les pierres. Plus intéressants encore, les angles des murs et les fenêtres trapézoïdales sont conçus pour résister aux secousses sismiques. Derrière des façades austères, l'intérieur des bâtiments était richement décoré d'ornements muraux en métaux précieux.

Nichés dans des endroits spectaculaires, ces édifices, même en ruine, restent grandioses. Bien que les Espagnols les aient détruits pour construire leurs propres monuments, ils en reconnurent la splendeur. "Maintenant que les dirigeants incas ont perdu leur pouvoir, écrivait au XVIe siècle le chroniqueur Pedro Cieza de León, il ne reste que des vestiges de tous ces palais, jardins et autres grands travaux. Comme ils ont été bâtis en bonne pierre et que la maçonnerie est excellente, ils constitueront des mémoriaux pour les siècles à venir." León avait raison. La civilisation inca n'a pas survécu au *pachacuti* espagnol, contrairement à son architecture – un souvenir d'une fabuleuse culture que nous commençons tout juste à comprendre.

L'Art des Andes (Thames & Hudson, 1996), de Rebecca Stone-Miller, constitue un ouvrage de référence sur l'art et l'architecture andins, de Chavín aux Incas ; plus de 180 photos illustrent le texte.

Le Pérou indien

Si la société péruvienne a été marquée de façon indélébile par les coutumes espagnoles, son âme demeure profondément indienne. Selon l'Institut national chargé du recensement, ce pays andin compte 52 ethnies différentes, 13 familles linguistiques distinctes et 1 786 communautés autochtones. En fait, près de la moitié des 29 millions de Péruviens sont des Amérindiens. Ensemble, ces groupes apportent une multitude de rituels, traditions artistiques et modes de vie – un héritage culturel aussi riche qu'ancien.

Mots français dérivés du quechua

- Coca
- Condor
- Guano
- Lama
- Pampa
- Puma
- Quinoa

La vie après la conquête

La conquête espagnole bouleversa l'existence des habitants des Andes. Les populations indigènes, traditionnellement paysannes, furent contraintes de vivre dans des *reducciones* par les autorités coloniales. Ces "réductions" urbanisées fournissaient à l'Église des lieux centralisés pour l'évangélisation et permettaient aux Espagnols de contrôler politiquement et culturellement les autochtones. Dans ces endroits, les Indiens n'avaient généralement pas le droit de parler leur langue ou de porter leurs vêtements traditionnels.

Au XVIIe siècle, une fois le pouvoir espagnol consolidé, nombre d'Indiens furent renvoyés dans les campagnes. Cependant, au lieu de travailler en communautés autarciques (*ayllus*) comme à l'époque précolombienne, les *Indígenas* étaient soumis au servage. Ainsi, un propriétaire terrien espagnol attribuait un lopin de terre à une famille indienne qui, en échange, travaillait pour le *patrón* (patron). Souvent, les *campesinos* (paysans) n'avaient pas le droit de quitter la terre sur laquelle ils vivaient.

Ce système perdura jusqu'au XXe siècle.

En espagnol, *indígena* (indigène) est le terme approprié. Le mot *indio* (indien) est considéré insultant. Le terme argotique *cholo* (paysan indien), longtemps jugé péjoratif, exprime un progrès pour certains Péruviens.

Le tournant du XXe siècle

Des avancées significatives ont marqué le siècle passé. Depuis les mouvements sociaux indigénistes des années 1920, diverses constitutions et lois ont apporté une protection juridique aux terres communautaires (au moins sur le papier). En 1979, la Constitution péruvienne a officiellement reconnu le droit des peuples à revendiquer leur propre "identité culturelle" et le droit à une éducation bilingue. Jusque-là, le système scolaire public s'était évertué à éliminer l'emploi des langues indigènes et avait fait pression sur les Indiens pour qu'ils s'intègrent à la société *criolla* espagnole. En 1980, les restrictions du droit de vote en fonction de l'alphabétisation ont finalement été supprimées, permettant aux *Indígenas* de participer pleinement à la vie politique.

En 2011, le président Humala a promulgué une loi rendant obligatoire la consultation des communautés indiennes pour toutes les activités minières et d'extraction sur leurs territoires.

Pauvreté et problèmes environnementaux

Même si la condition des *Indígenas* continue de progresser, des obstacles demeurent. Les Indiens sont deux fois plus touchés par l'extrême pauvreté que les Péruviens d'origine européenne. En outre, l'accès aux services de base reste problématique. Près de 60% des communautés indigènes ne disposent pas de services de santé et le pays affiche un taux élevé de mortalité maternelle (plus qu'en Irak ou dans la bande de Gaza), qui touche essentiellement les femmes indiennes.

La perte des terres constitue sans doute le problème majeur pour certaines ethnies. L'exploitation des ressources naturelles dans des lieux toujours plus reculés représente une menace croissante pour des communautés indigènes dont les territoires sont souvent mal définis et les besoins peu défendus par le gouvernement fédéral à Lima. Selon l'Aidesep, une association qui représente divers groupes ethniques de l'Amazonie péruvienne, la prospection et l'extraction pétrolières touchent plus de 80% des territoires indiens en Amazonie.

Le racisme demeure un problème majeur dans la société péruvienne. Selon une étude conduite par l'Université nationale agraire dans les années 1990, 81% des Indiens vivant à Lima ont été victimes de discrimination, en particulier dans le monde du travail.

Une multitude de cultures

Les cultures indigènes sont identifiées par leur région ou leur nom, telles celles d'Arequipa ou de Chachapoya. Avec plus d'un millier de cultures régionales pour les seules Andes péruviennes, il est plus facile d'identifier les groupes selon leur langue. Le quechua, la langue véhiculaire des Incas, prédomine. Langue indigène la plus communément parlée dans les Amériques, on l'entend partout dans les Andes. Au Pérou, plus de 13% de la population nationale revendiquent le quechua comme langue maternelle.

L'aymara arrive en deuxième position, avec près de 2% de Péruviens qui le parlent dès la naissance, en particulier dans la région du lac Titicaca. Près de 1% des Péruviens parlent l'un des 50 autres dialectes régionaux, dont les nombreuses cultures amazoniennes de la forêt tropicale.

Les Quechuas

Les descendants des Incas (ainsi que des nombreux peuples conquis par les Incas) habitent la majeure partie des Andes péruviennes, et forment la plus importante communauté indigène du pays. Le département de Cuzco demeure le centre symbolique de la vie quechua. Les Quechuas

OLLANTAY : UNE ÉPOPÉE LITTÉRAIRE EN QUECHUA

Ollantay raconte l'histoire de deux amants maudits : Ollanta, un valeureux guerrier d'origine modeste, et Cusi Cuyllur, une ravissante princesse inca. Ollanta n'étant pas noble, les codes sociaux lui interdisent d'épouser sa bien-aimée. Il a néanmoins le courage de demander à l'empereur Pachacútec la main de sa fille. L'audace des jeunes amoureux provoque la fureur de l'empereur : il chasse Ollanta de Cuzco et jette sa fille en prison. S'ensuivent des batailles, la naissance d'un enfant et, après maintes intrigues de palais, la réunion des amants.

Ollantay est une œuvre en quechua classique, tel que parlé à l'époque de la conquête. Les Incas n'ayant pas laissé d'écrits, les origines de cette épopée restent imprécises ; personne ne connaît son auteur, ni l'époque de sa création. Elle apparut pour la première fois dans les manuscrits d'un prêtre du XVIIIe siècle, Antonio Valdés, qui travaillait dans le département de Cuzco. Certains chercheurs ont supposé que Valdés avait écrit *Ollantay*. D'autres pensent qu'il s'agit d'un des nombreux poèmes épiques transmis oralement par les Incas, et que Valdés aurait simplement transcrit. Selon une autre hypothèse, Valdés aurait imaginé une œuvre indigène pour satisfaire les goûts des Espagnols. Quoi qu'il en soit, *Ollantay* demeure une pièce de théâtre populaire au Pérou, et l'une des œuvres majeures en quechua.

se définissent comme *runakuna* et utilisent le terme *mistikuna* pour désigner les *mestizos* (métis) ou les Indiens qui adoptent la culture péruviano-hispanique. La mastication rituelle de la coca est considérée comme un élément important d'identification parmi les *runakuna*. Cependant, les signes distinctifs s'estompent à mesure que des Indiens adoptent au moins quelques coutumes *criollas* afin de bénéficier des avancées économiques.

Toutefois, beaucoup d'entre eux continuent de parler leur langue, mâcher de la coca et porter des vêtements traditionnels. Les hommes portent généralement un poncho tissé de couleurs vives et un bonnet à oreillettes appelé *chullo*. La tenue des femmes est plus élaborée : un chapeau melon ou à calotte plate accompagne une étole tissée ou un pull et plusieurs jupes tissées à la main ou brillantes (la superposition des jupes est considérée très féminine). Des vêtements traditionnels et occidentaux sont souvent combinés.

MÉMOIRE COLLECTIVE

La Vision des vaincus. Les Indiens du Pérou devant la conquête espagnole (1530-1570), de Nathan Wachtel, décrit l'incidence de la conquête sur les Indiens. Écrit du point de vue de ces derniers, ce livre permet aussi de s'affranchir de toute vision ethnocentrique à l'occidentale.

Les Aymaras

Soumis par les Incas au XVe siècle, les Aymaras conservèrent leur langue et leur identité. Cette société traditionnellement agricole fut quasiment réduite en esclavage par le biais du servage, puis forcée à travailler dans les mines d'argent de Bolivie. Au Pérou, les Aymaras se regroupent dans la région de Puno et du lac Titicaca.

Si l'identification aux coutumes indigènes reste forte, les Aymaras, comme les Quechuas, ont intégré des éléments espagnols dans leur vie spirituelle. Leur syncrétisme religieux associe divinités catholiques et croyances ancestrales. À Puno, une grande fête en l'honneur de La Virgen de la Candelaria a lieu le 2 février (Chandeleur). La Vierge est assimilée à la Pachamama, ainsi qu'à des éléments naturels comme la foudre et la fertilité.

Cultures de l'Amazonie

La vaste Amazonie péruvienne abrite plus de 330 000 Indiens, issus d'une soixantaine d'ethnies ; certaines sont très proches, d'autres totalement différentes en termes de traditions et de langue.

Parmi ces groupes, les Asháninka (ou Campa) sont les plus nombreux. Ils représentent environ un quart de la population indigène de l'Amazonie péruvienne et vivent dans les vallées fluviales à l'est des hauts plateaux du Centre. En raison de cet emplacement géographique, les Asháninka ont beaucoup souffert durant le "conflit interne", quand le *Sendero Luminoso* (Sentier lumineux) effectuait des incursions à l'est.

Second groupe le plus important, les Aguaruna occupent les vallées du Marañón, de la Nieva et du Santiago, au nord. Les Aguaruna ont non seulement résisté aux attaques des Incas, mais aussi repoussé les Espagnols. Ils occupent toujours leur territoire antérieur à la conquête et vivent de l'horticulture, de la chasse et de la pêche.

Il existe d'innombrables autres petits groupes ethniques, dont les Shipibo, les Machiguenga (ou Matsiguenka) et des "tribus inconnues", qui ont récemment fait la une des journaux. Ces groupes sont gravement menacés par la perte des terres et la pollution causée par l'extraction pétrolière et minérale. Pour les tribus les plus isolées, l'immunité peut constituer le pire problème : dans les années 1980, plus de la moitié des Nahua, dans le sud de l'Amazonie, sont morts de maladies propagées par des bûcherons ou des employés de compagnies pétrolières.

Pour en savoir plus sur les cultures amazoniennes, reportez-vous p. 478.

Musique et arts

Ensemble de cultures diverses – hispaniques, africaines et amérindiennes –, le Pérou se distingue par une égale variété en matière de traditions artistiques, qu'il s'agisse de musique, de peinture ou de littérature. Cette dernière a été couronnée en 2010 par l'attribution du prix Nobel au grand romancier péruvien Mario Vargas Llosa.

Musique

Comme la cuisine, la tradition musicale du Pérou présente un mélange de styles, d'instruments et d'influences. Les civilisations précolombiennes y ont apporté les flûtes en bambou, les Espagnols les cordes (guitares et violons) et les Africains le rythme des percussions. Les styles diffèrent toutefois nettement selon les régions : *landó* aux racines africaines sur la côte, *huayno* indien dominé par les flûtes en bambou dans les Andes et *vals criollo* (valse créole) dans les grandes villes du littoral.

Au cours des dernières décennies, le *huayno* s'est mêlé à d'autres styles musicaux, comme le rock et la *cumbia* colombienne, pour donner naissance à un genre bien particulier, la *chicha*, associé à la région amazonienne. Los Shapis et Los Mirlos comptent parmi les groupes de *chicha* les plus connus. La *cumbia* est également un genre prisé. Grupo 5, originaire de la région de Chiclayo, fait actuellement un tabac.

Sur la côte, la *música criolla*, plus dansante, plonge ses racines en Espagne et en Afrique. Les principaux instruments sont la guitare et le *cajón* (caisse en bois servant à marquer le rythme). Le *vals peruano* (valse péruvienne), une rapide à trois temps, constitue le style *criollo* le plus connu. Il s'agit de mélodies complexes jouées à la guitare sur des rythmes rapides. Les grandes figures du genre sont la chanteuse et compositrice Chabuca Granda (1920-1983) ainsi que les interprètes Lucha Reyes (1936-1973) et Arturo "Zambo" Cavero (1940-2009). Vénéré par les Péruviens, ce dernier s'est illustré par son timbre rauque et son expressivité. Le *landó*, un autre style *criollo*, se distingue par la technique de l'appel-réponse. Il a pour représentantes majeures les chanteuses Susana Baca (née en 1944) et Eva Ayllón (née en 1956).

Peinture et sculpture

Le mouvement artistique le plus célèbre du pays s'épanouit aux XVIIe et XVIIIe siècles avec les artistes de l'école de Cuzco (*escuela cuzqueña*) qui produisirent par milliers des peintures restées anonymes pour la plupart. Réalisés par des artistes indiens et *mestizo*, ces tableaux sont le plus souvent des portraits de saints rehaussés d'or, lesquels témoignent d'influences maniéristes et du gothique tardif, mais portent aussi les traces de la culture amérindienne à travers l'iconographie et la palette de couleurs utilisées. On peut les voir exposés dans les musées et les églises de tout le pays, et en acheter des reproductions dans de nombreux marchés d'artisanat.

À lire absolument

» *La Guerre de la fin du monde*, Mario Vargas Llosa

» *La Guerre aux chandelles*, Daniel Alarcón

» *Chronique de San Gabriel*, Julio Ramón Ribeyro

Des nombreux genres musicaux présents au Pérou, les airs afro-péruviens de la côte sont sans doute les plus séduisants. Pour une initiation de premier ordre, procurez-vous le florilège *Afro-Peruvian Classics : The Soul of Black Peru* produit par David Byrne.

ARTISANAT TRADITIONNEL

Le Pérou tire avantage d'un artisanat et d'un art populaire très riches, en particulier dans les domaines suivants :

» **Textiles** Vous verrez partout dans le pays des tapis, ponchos et tentures murales ornés de savants motifs géométriques et anthropomorphes. La région de Cuzco (p. 231) se distingue particulièrement.

» **Poterie** Les pièces les plus remarquables sont celles réalisées par les Mochicas de la côte nord à l'époque précolombienne. Les céramiques de style chancay, replètes figurines en argile de couleur sable peintes à l'encre brune, ont également de l'attrait. Vous pourrez en acheter sur les marchés d'artisanat de Lima (p. 93).

» **Objets religieux** Si cette forme d'artisanat abonde dans toutes les régions, les *retablos* (retables) d'Ayacucho (p. 305) sortent véritablement du lot.

Pancho Fierro (1807-1879) fut l'une des figures artistiques les plus marquantes du XIXe siècle. Fils illégitime d'un prêtre et d'une esclave, il a réalisé des aquarelles illustrant de manière évocatrice la vie quotidienne dans les rues de Lima.

Au début du XXe siècle, un mouvement indien conduit par le peintre José Sabogal (1888-1956) obtint une reconnaissance nationale. Sabogal représenta souvent des femmes indigènes et intégra dans ses toiles des motifs précolombiens. Directeur de l'école nationale des Beaux-Arts de Lima, il influença une génération de peintres, dont Julia Codesido (1892-1979), Mario Urteaga (1875-1957) et Enrique Camino Brent (1909-1960).

Littérature

CÉSAR VALLEJO

César Vallejo, poète hanté par la souffrance humaine et par la mort, était aussi un fervent militant marxiste, une sensibilité qui s'exprime dans son poème prolétarien *Le Tungstène* (1931).

Écrivain le plus célèbre du Pérou, Mario Vargas Llosa (né en 1936), qui a vécu en France, se classe aux côtés d'autres grands noms de la littérature latino-américaine comme Gabriel García Márquez, Julio Cortázar ou Carlos Fuentes. Ses romans, où le temps et les perspectives changent sans cesse, à la manière d'un James Joyce, sont des ouvrages exigeants, qui tiennent cependant le lecteur en haleine. Observateur acéré, Vargas Llosa met en lumière la corruption des classes dirigeantes et les singularités de la société péruvienne ; une sensibilité qui l'a conduit à se présenter, sans succès, à la présidentielle de 1990. La plupart de ses livres sont traduits en français. Le premier, *La Ville et les chiens* (Folio, 1981), inspiré de son expérience dans une école militaire péruvienne, a été brûlé par les soldats de l'école incriminée.

Alfredo Bryce Echenique (né en 1939), qui a lui aussi séjourné en France, porte un regard aiguisé sur le Pérou, en particulier la haute société. Son roman le plus connu, *Le Verger de mon aimée* (Métailié, 2006), relate la liaison d'une trentenaire et d'un adolescent dans le Lima des années 1950. Julio Ramón Ribeyro (1929-1994) témoigne quant à lui du penchant péruvien pour l'humour noir. Ses nouvelles et essais traitant des vicissitudes de la petite-bourgeoisie ont été acclamés par la critique. Plusieurs titres sont disponibles en français, dont *Charognards sans plumes* (Gallimard, 1995) et *Réservé aux fumeurs* (Gallimard, 1995). Si vous connaissez un peu l'espagnol, vous pourrez assez facilement le lire dans le texte.

Un autre nom à retenir est celui de l'Américano-Péruvien Daniel Alarcón (né en 1977), une étoile montante de la littérature. *Lost City Radio* (10/18, 2010), son premier roman, écrit en anglais, a été très remarqué à sa sortie en 2007.

Si Vargas Llosa est le plus grand romancier du Pérou, César Vallejo (1892-1938) fut son plus grand poète. Bien qu'il n'ait publié que trois minces recueils – *Los Heraldos negros*, *Trilce* et *Poemas humanos* (en français : *Poèmes humains*, Seuil, 2011) –, cet auteur, qui fut le protégé du célèbre essayiste Abraham Valdelomar (1888-1919), a longtemps été considéré comme l'un des poètes latino-américains les plus importants et les plus novateurs du XXe siècle. Flirtant régulièrement avec les thèmes existentialistes, Vallejo était connu pour repousser les limites de la langue, inventant les mots qui lui manquaient. Toute l'étendue de son œuvre se découvre à travers *Poésie complète* paru chez Flammarion en 2009.

Environnement

Peu de pays présentent une topographie aussi accidentée, sauvage et diversifiée que le Pérou. Troisième plus vaste pays d'Amérique latine, après le Brésil et l'Argentine, sa superficie (1 285 220 km²) est plus de deux fois supérieure à celle de la France. Situé sous les tropiques, au sud de l'équateur, le Pérou comporte trois zones géographiques bien distinctes : la côte pacifique aride (*costa*), les montagnes andines escarpées (*sierra*) et une bonne partie du bassin amazonien (*selva*).

Quelle que soit la région choisie, vous ne voyagerez jamais en ligne droite. Entre rivières serpentines, canyons vertigineux et routes de montagne en épingles à cheveux, traverser les paysages péruviens implique de contourner maints obstacles naturels, mais le spectacle qui s'offre à vous est toujours époustouflant.

Le top des zones protégées

» Cañón del Colca, Arequipa

» Cordillera Blanca, Ancash

» Lac Titicaca, Puno

» Parque Nacional de Manú, Amazonie

» Islas Ballestas, Pisco

Géographie

À moins de 1 000 m d'altitude, l'étroite bande côtière épouse les 3 000 km du littoral péruvien. En majeure partie broussailleuse et désertique, elle rejoint, au sud, le désert d'Atacama au Chili, l'un des plus arides du monde. Sur cette côte se concentrent Lima, la capitale, et plusieurs grandes villes, autant d'oasis arrosées par des dizaines de cours d'eau dévalant la cordillère des Andes. Il en résulte des paysages surprenants : les déserts de sable ou de pierre cèdent parfois la place en l'espace de quelques mètres à de vertes prairies. Le relief de la côte pacifique est l'un des plus plats du Pérou, si bien que la meilleure route du pays, la Carretera Panamericana (route Panaméricaine), la longe de l'Équateur au Chili.

La cordillère des Andes, deuxième chaîne de montagnes de la planète, forme l'épine dorsale du pays. Ce massif escarpé à 100 km à peine du littoral gagne en altitude et en déclivité du nord au sud pour s'élever à plus de 6 000 m. Au nord-est de Huaraz, le Huascarán (6 768 m), point culminant du pays, est le plus haut sommet du monde en zone tropicale et le sixième du continent américain. Quoique située sous les tropiques, la cordillère des Andes péruvienne comporte une série de glaciers au-dessus de 5 000 m. Entre 3 000 m et 4 000 m, les terres agricoles des hauts plateaux andins (*altiplano*) font vivre plus d'un tiers de la population du pays.

L'origine du mot "Andes" demeure incertaine. Il viendrait, selon certains historiens, du quechua *anti*, "est" ou de l'aymara *anta*, "couleur du cuivre".

Le versant oriental des Andes, plus arrosé que son pendant occidental, est recouvert de verdoyantes forêts de nuages à mesure que l'on descend vers les plaines forestières tropicales du bassin amazonien. Là, le relief ondoyant dépasse rarement 500 m d'altitude et divers affluents se jettent dans le puissant Amazone, le plus grand fleuve du monde. Le climat est chaud et humide toute l'année, mais la plupart des précipitations tombent entre décembre et mai.

Faune et flore

Avec son relief tout en courbes et en plissements et ses vallées fluviales encaissées, le Pérou abrite quantité d'écosystèmes au climat, à l'altitude et aux sols très variés. Du désert à la forêt tropicale, en passant par les hauts plateaux, il en résulte une faune et une flore d'une incroyable diversité. Des colonies d'otaries peuplent des promontoires rocheux le long du désert côtier, tandis que, au milieu des figuiers étrangleurs d'Amazonie, de bruyantes nuées d'aras aux couleurs vives se réfugient sur les falaises d'argile. Dans les Andes, des troupeaux de vigognes gambadent en quête de touffes d'herbes, alors que les légendaires condors se laissent porter par les vents. Le Pérou fait ainsi partie des dix-sept pays au monde dits de "mégadiversité".

Le massif des Andes ne s'arrête pas à la côte pacifique. À 100 km au large, il creuse une fosse d'une profondeur égale à son altitude.

Animaux

Le Pérou accueille une grande diversité d'oiseaux, mais aussi des camélidés, le dauphin d'eau douce, le condor, le jaguar, l'anaconda, l'ara et l'ours à lunettes, pour ne citer que quelques espèces.

Oiseaux

Le Pérou compte plus de 1 800 espèces d'oiseaux, soit davantage que l'Amérique du Nord et l'Europe réunies. Un vrai paradis pour les ornithologues, qui viennent admirer les spécimens les plus diversifiés, du minuscule colibri au majestueux condor. De nouvelles espèces sont régulièrement découvertes.

Le long du Pacifique, notamment au sud, on peut apercevoir des oiseaux marins de toutes sortes regroupés sur les promontoires rocheux. Exubérants flamants du Chili, pélicans péruviens géants, sternes incas potelées reconnaissables à leurs moustaches blanches et à leur bec orange vif, fous bruns aux complexes parades nuptiales, cormorans ou manchots de Humboldt, une espèce menacée que vous observerez sur les Islas Ballestas (p. 114).

Dans les montagnes vit le plus célèbre des oiseaux péruviens : le condor des Andes. Ce monarque des airs (de la même famille que le vautour) qui pèse plus de 10 kg et peut atteindre 3 m d'envergure, évoluait autrefois sur tout le massif des Andes, du Venezuela à la Terre de Feu. Considéré comme le plus grand oiseau volant du monde, il est protégé depuis les années 1970, la perte de son habitat naturel et la pollution faisant craindre pour sa survie. La chasse faillit aussi avoir raison de lui, car certaines parties de son corps étaient autrefois réputées pour accroître la virilité masculine et protéger des cauchemars. Ces rapaces nichent sur de hautes falaises inaccessibles, afin de protéger leur progéniture des prédateurs. Ils se nourrissent essentiellement de charognes, et c'est lorsqu'ils survolent les vastes étendues en quête de

LES COLIBRIS, CHAMPIONS DE HAUTE VOLTIGE

Pour de nombreux amateurs d'ornithologie, observer les oiseaux-mouches péruviens constitue un must. Plus de 100 espèces sont recensées au Pérou, toutes rivalisant par leur beauté et par l'extravagance de leur nom : colibri tout-vert, coquette pailletée, brillant rubinoïde, héliange clarisse, etc.

Certaines espèces, comme le colibri estelle, qui vit dans la *puna* (prairie andine de l'*altiplano*), ont développé une stratégie étonnante pour survivre aux nuits froides : elles entrent dans un état de torpeur, sorte d'hibernation nocturne qui abaisse la température de leur corps à environ 30°C, ce qui ralentit leur métabolisme de manière considérable.

La loddigésie admirable, qui s'observe dans la vallée de l'Utcubamba, dans le nord du Pérou, compte parmi les colibris les plus atypiques. Les mâles adultes possèdent deux plumes extravagantes en forme de spatule à l'arrière, dont ils se servent pour attirer les femelles lors de leurs parades amoureuses.

leur pitance, se laissant porter par les courants d'air chaud, que vous aurez le plus de chances de les observer, en particulier dans les canyons des environs d'Arequipa (voir p. 164).

Parmi les autres espèces d'altitude figure la mouette des Andes, qui fréquente les abords des lacs et des cours d'eau, parfois jusqu'à 4 500 m. Les montagnes abritent aussi plusieurs espèces d'ibis, dont l'ibis de Ridgway, qui vit dans les marécages au bord des lacs, ainsi que de nombreux passereaux endémiques, parmi lesquels une douzaine de variétés de cinclodes et la paruline couronnée, dont le nid en argile a la forme d'un four. Des merganettes des torrents, qui nichent dans de petites cavités sur les berges, des ouettes des Andes dodues, des pics des rochers au plumage moucheté, des tarins des Andes noir et jaune, sans oublier une kyrielle de colibris (voir l'encadré p. 537), s'ajoutent à la liste des espèces régionales.

Dans le bassin amazonien, vous apercevrez les oiseaux emblématiques de la forêt tropicale : perroquets et aras au coruscant plumage bien sûr, mais aussi araçaris, toucans et toucanets, perruches, ibis, agamis trompettes, coracines ornées hérissées d'une formidable crête, coqs-de-roche à la robe orange fluo, harpies féroces, faucons planeurs… La liste pourrait continuer ainsi longtemps.

Dans *La Domestication de la nature dans les Andes péruviennes : l'alpiniste, le paysan et le parc national du Huascarán* (L'Harmattan, 2003), Doris Walter montre comment la présence de ce parc national perturbe les schémas de pensée traditionnels des habitants.

Mammifères

L'Amazonie compte bon nombre de mammifères étonnants. Une vingtaine d'espèces de singes y vivent, dont des singes hurleurs, des atèles acrobatiques et des ouistitis aux grands yeux. Un guide vous permettra de repérer des paresseux, des chauves-souris, des pécaris, des fourmiliers, des tatous et des coatis (un cousin du raton laveur, lui aussi à queue rayée), et, avec beaucoup de chance, des loutres de rivière géantes, des capybaras (les plus gros rongeurs du monde), des dauphins d'eau douce, des tapirs ou l'une des six espèces de félin, dont le mythique jaguar.

Vers l'ouest, les forêts de nuages qui bordent l'Amazone et le versant oriental des hauts plateaux andins abritent l'ours à lunettes, en voie de disparition. Seule espèce d'ours vivant en Amérique du Sud, ce plantigrade noir et hirsute peut mesurer jusqu'à 1,80 m et doit son nom aux auréoles blanches cerclant ses yeux.

Sur les hauts plateaux s'ébattent les fameux camélidés. Vous verrez facilement lamas et alpagas, qui sont des animaux domestiqués, utilisés

OBSERVER LA FAUNE PÉRUVIENNE

Otaries, vigognes, condors, aras rouges ou singes : nombre de voyageurs choisissent le Pérou pour admirer la richesse de sa faune. Quelques conseils pour mettre toutes les chances de votre côté :

- Être prêt à voyager, peu d'animaux vivent sur la côte et les chasseurs sévissent sur certains hauts plateaux. Il faut s'éloigner.
- Louer les services d'un guide local compétent qui saura où et quoi chercher.
- Se lever *très* tôt, les animaux ont tendance à être plus actifs à l'aube et au crépuscule.
- Emporter une paire de jumelles légères améliorera grandement votre exploration.
- Ne pas faire de bruit, les animaux fuient souvent les groupes d'humains parlant fort. Il convient de murmurer et, sur l'Amazone, de préférer les canots aux bateaux à moteur.
- Être réaliste. La végétation peut être dense et les animaux timides. Vous ne les verrez pas tous en une seule fois.

TOUT NU, LE TOUTOU

Dans de nombreux sites antiques proches du littoral péruvien, vous serez accueilli par d'étranges chiens sans poil, parfois coiffés d'une petite crête, gambadant au milieu des ruines. Race pré-inca dont la présence dans les Andes remonte à près de 3 000 ans, le *perro biringo* ou *perro calato* (chien nu) figure sur des poteries des cultures mochica, chimú et chancay. On prêtait autrefois à ces drôles d'animaux des vertus curatives, pensant que la proximité de leur corps chaud exempt de fourrure pouvait soulager des maladies comme l'arthrite.

Au fil des siècles, le nombre de ces chiens péruviens a baissé avec l'introduction de races croisées en provenance de l'étranger. Toutefois, on assiste depuis peu à son retour en grâce. Des éleveurs de Lima s'emploient à sauvegarder l'espèce et les autorités en ont fait l'attraction de base des sites précolombiens. En 2009, un timbre à son effigie a même été édité. Quoique pas très beaux, ces chiens se révèlent très sympathiques et présentent l'avantage de ne pas connaître les puces !

comme bêtes de somme ou pour leur laine. Vigognes et guanacos vivent eux exclusivement à l'état sauvage. Dans les formations rocheuses d'altitude, guettez la viscache, qui évoque un croisement entre un lapin en peluche et un écureuil géant. Renards, cervidés, *cuy* (cochons d'Inde) et pumas (couguars, ou lions des montagnes) habitent aussi les hauts plateaux.

Au large de la côte sud, de vastes colonies d'otaries et de phoques ont élu domicile sur les Islas Ballestas (p. 114). Des dauphins sont régulièrement observés au large, contrairement aux baleines qui se montrent rarement. Quelques espèces uniques évoluent sur la bande de désert côtier, dont le renard du désert de Sechura, le plus petit renard d'Amérique du Sud, que l'on trouve dans le Nord et aujourd'hui quasi menacé. Il est pourvu d'une queue à bout noir et d'une fourrure couleur sable et, omnivore, se nourrit aussi bien de petits rongeurs que de cosses de graminées.

Reptiles, amphibiens, insectes et vie marine

Le bassin amazonien concentre la plus grande variété de reptiles, d'amphibiens, d'insectes et d'animaux marins. Parmi la myriade d'amphibiens, citons les crapauds, les rainettes et des grenouilles minuscules très colorées munies d'un dard (les Indiens utilisaient jadis le poison mortel de ce dard sur les flèches de leurs sarbacanes). Les rivières regorgent de bancs de piranhas, de païches et de donzelles (des poissons d'eau douce), tandis que des milliers d'insectes virevoltent dans l'air : moustiques virulents, armées de fourmis, escadrons de scarabées, sauterelles, phasmes, chenilles duveteuses, araignées à pattes longues, mantes religieuses et des papillons de toutes formes et de toutes tailles, dont certains sont translucides. Le vol du papillon morpho constitue un spectacle inoubliable. Le battement de ses ailes, d'une couleur bleu iridescent et dont l'envergure atteint 10 cm, provoque un scintillement qui ferait croire à une hallucination.

Les reptiles de toutes sortes abondent – tortues, lézards, caïmans et, bien sûr, la star de tout film de jungle : l'anaconda. Ce serpent aquatique pouvant mesurer plus de 10 m de long piège souvent sa proie au bord de l'eau, l'enserre et la noie. Il apprécie particulièrement le caïman, le tapir, le cerf, la tortue et le pécari. En revanche, il semble n'avoir pratiquement jamais fait de victimes humaines (hormis Jennifer Lopez dans un navet hollywoodien). Le crotale, ou serpent à sonnettes, se révèle beaucoup plus dangereux pour les bipèdes sans plume. Cette vipère mortelle brun-rouge aime à se lover à l'intérieur de troncs morts ou parmi les racines des arbres. Toutefois, ce reptile est très réservé et se rencontre rarement sur les sentiers fréquentés.

Amazone : l'odyssée sauvage, 7 000 km sur le plus grand fleuve du monde (Anako, 2003) est le récit de l'aventure entreprise par Pierre et Éliane Dubois : la descente, pendant sept mois, du mythique Amazone, du Pérou au Brésil, du mince ruisseau qui naît dans les Andes au fleuve monumental qui se jette dans l'Atlantique.

Plantes

Les hautes montagnes andines, notamment la Cordillera Blanca et la Cordillera Huayhuash, près de Huaraz, abritent une faune et une flore alpines d'une grande richesse. Parmi les plantes de cette région, on relève le lupin des Andes, l'*ichu*, qui pousse en touffes, la *queñua* (*Polylepis tarapacana*), un arbre doté d'une écorce rouge fine comme du papier à cigarette, ainsi que des broméliacées hors du commun (voir encadré ci-dessous). Entre mai et septembre, saison idéale pour les randonnées, les Andes se parent de nombreuses fleurs sauvages.

Dans le Sud, règne la *puna*. Cet écosystème se caractérise par une flore assez rare composée d'herbes dures, de plantes en coussinet, de petites herbacées, d'arbustes et d'arbres nains. Nombre de plantes possèdent des feuilles épaisses et de petite taille pour mieux résister au gel, et incurvées pour réfracter les puissants rayons du soleil. Dans le nord du pays, marqué par un climat plus rude, s'étend le *páramo*, moins herbu et présentant des paysages variés, mêlant tourbières, vallées glaciaires, lacs de montagne, prairies humides, garrigue et forêts.

Végétation de la forêt de nuages et de la jungle

À mesure que le versant oriental des Andes s'abaisse vers les hautes terres de l'Amazonie occidentale, le paysage se transforme une fois de plus. C'est ici le royaume des "forêts de nuages"– qui doivent leur nom à une fine brume qu'elles retiennent et dont elles favorisent la création – où prospère une faune délicate. Adaptés aux sols rocailleux et escarpés ainsi qu'à la rudesse du climat, les arbres de ces forêts sont généralement bas, tordus et surmontés d'une canopée très dense formée de petites feuilles. Leurs branches moussues supportent une foule de plantes, dont des orchidées, des fougères, des broméliacées, etc. La densité de la végétation à tous les niveaux donne un aspect mystérieux et féerique à ces forêts de nuages.

À plus basse altitude s'étire la jungle amazonienne et sa faune et sa flore d'une indicible richesse. La seule densité de la végétation est étonnante : des dizaines de milliers d'espèces se superposent et se côtoient, dont des figuiers étrangleurs (*matapalos*), des palmiers, des fougères, des épiphytes, des broméliacées, des orchidées, des champignons, de la mousse et des lianes pour n'en citer que quelques-unes. Certains arbres, en particulier dans les zones inondables, possèdent d'étranges racines semblables à des échasses, qui servent à les maintenir droits durant les crues.

PUYA RAIMONDII, LA GÉANTE DES MONTAGNES

Mesurant plus de 10 m de haut et dotée d'une hampe florale en forme de cigare géant qui semble tout droit sortie d'un conte de Lewis Carroll, la *Puya raimondii* remporte la palme de l'étrangeté dans le règne végétal. Cette broméliacée, cousine de l'ananas, est la plante à fleur la plus haute du monde et peut mettre plus d'un siècle à atteindre sa maturité. Mais lorsqu'elle fleurit – une seule fois dans sa longue existence –, sa tige se couvre alors de quelque 20 000 fleurs blanches, qui rappellent le lis. Cette efflorescence magnifique est un chant du cygne, car la *Puya raimondii* ne tarde alors plus à mourir. Deux fameux bosquets de *Puya raimondii* se trouvent dans les montagnes rocailleuses des environs de Huaraz, près de Catac (p. 404) et près de Punta Winchus (p. 401).

L'immensité de certains arbres est proprement stupéfiante, à l'instar du fromager (aussi appelé *ceiba*, ou kapokier), qui est doté d'énormes contreforts aplatis. Son tronc, qui atteint 3 m de diamètre, s'élance à 50 m de haut avant que n'apparaissent les premières branches, qui se déploient en une gigantesque couronne de feuillage. Certaines essences mesurent plus de 80 m et permettent à tout un écosystème de se développer au niveau de la canopée, peuplée par des espèces qui ne descendent jamais à terre.

Désert côtier

Le désert côtier est quasi dépourvu de végétation, hormis aux abords des points d'eau, qui se développent parfois en lagunes bordées de palmiers. Vous ne verrez sinon que cactus et plantes grasses, ainsi que les plantes pour la plupart éphémères des *lomas* (bas coteaux soumis au brouillard côtier). À l'extrémité de la côte nord, les réserves naturelles autour de Tumbes (p. 364) abritent quelques mangroves et un écosystème de forêt tropicale sèche, une rareté au Pérou.

Le site Andean Botanical Information System (www.sacha.org) est une véritable encyclopédie en ligne des plantes à fleurs des régions côtières du Pérou et des Andes (en anglais et en espagnol).

Parcs nationaux

La richesse de la faune et de la flore péruviennes est protégée par un système de réserves et de parcs nationaux, organisés en 60 zones, qui couvrent presque 15% du pays. La dernière en date, créée en 2006, la réserve de la Sierra del Divisor, englobe 1,5 million d'hectares de forêt tropicale près de la frontière brésilienne. Ces zones protégées sont administrées par l'**Instituto Nacional de Recursos Naturales** (Institut national des ressources naturelles ; Inrena ; www.inrena.gob.pe), une division du ministère de l'Agriculture.

Malheureusement, les ressources manquent cruellement pour entretenir les zones protégées qui sont souvent la cible d'activités illégales (chasse, pêche, déforestation ou exploitation minière). Les autorités n'ont tout simplement pas les moyens de recruter suffisamment de gardes forestiers et de les équiper pour patrouiller dans les parcs. Ces parcs reçoivent toutefois la contribution financière et logistique de divers organismes internationaux et ONG pour des projets de conservation et d'éducation.

Écologie

La gestion des ressources naturelles constitue un défi majeur pour le Pérou, pays à la géographie compliquée et où les lois sur l'environnement sont peu suivies d'effets. Parmi les principaux problèmes figurent la déforestation, l'érosion, la pollution industrielle, l'urbanisation et les incessantes tentatives pour éradiquer les plantations de coca sur les versants andins (voir l'encadré p. 542). Par ailleurs, la route interocéanique traversant le cœur du bassin amazonien pourrait mettre en péril des milliers de kilomètres carrés de forêt tropicale.

Déforestation et qualité des eaux

Le déboisement des hauts plateaux pour le bois de chauffage, des forêts tropicales pour les bois précieux, et de ces deux environnements pour l'agriculture, les forages pétroliers et l'extraction minière a provoqué une forte érosion des sols. Sur les hauts plateaux, où sévissent la déforestation et le pâturage intensif sur la *puna*, la qualité des sols se dégrade rapidement. Dans la forêt amazonienne, la déforestation a aussi entraîné une érosion considérable, le déclin d'espèces "baromètres" comme les grenouilles. La qualité de l'eau s'en ressent également dans le bassin amazonien, où l'envasement des rivières compromet la survie des micro-organismes à la base de la chaîne alimentaire.

LA COCA, UNE CULTURE ANCESTRALE

La feuille de coca est cultivée depuis au moins 5 000 ans et son utilisation traditionnelle a toujours été autant profane que sacrée. Mâcher des feuilles de coca servait jadis de remède à toutes sortes de maux, de la rage de dents à la fatigue. Elle fut aussi longtemps utilisée dans les rituels religieux et en guise d'offrandes. À leur arrivée au XVe siècle, les Espagnols tentèrent d'interdire la culture de cette plante, qu'ils jugeaient diabolique. Cependant, prenant conscience de l'importance de la mastication des feuilles de coca pour les Indiens travaillant au service des colons (la plante agit comme un coupe-faim et un stimulant, à l'instar d'un café serré), ils firent rapidement volte-face.

Aujourd'hui, la coca continue de faire polémique, et plus précisément son fameux dérivé, la cocaïne (obtenue à partir d'une pâte de feuilles de coca traitée au kérosène puis raffinée en poudre). Afin d'enrayer la circulation de cette drogue, les États-Unis ont guidé et financé des programmes d'éradication des plantations de coca au Pérou. Si ceux-ci ne semblent guère avoir réduit le volume des cultures (ou le commerce de la cocaïne), les herbicides chimiques employés ont endommagé les terres agricoles des communautés indiennes. Les opposants à ces programmes, dont les *cocaleros* (producteurs de coca) péruviens et le président bolivien Evo Morales, en appellent à davantage de réglementation. À ce jour, le problème est loin d'être résolu.

Mario Vargas Llosa rend un vibrant hommage à la Cordillère où il a vu le jour dans un ouvrage sobrement intitulé *Andes* (National Geographic, 2003), et illustré par Pablo Corral Vega. Épuisé dans la plupart des librairies, vous le trouverez sur Internet, en bibliothèque, ou chez un vendeur spécialisé.

Les déchets des mines d'altitude et des industries du littoral contribuent, avec le déversement des eaux usées, à la pollution des cours d'eau. Contaminées par les eaux usées, bon nombre de plages près de Lima et d'autres villes de la côte ont été interdites à la baignade. La pollution et la surpêche continuent de décimer la population des manchots de Humboldt (leur nombre a baissé de plus d'un tiers depuis les années 1980).

Politique environnementale

Au début des années 1990, le Pérou avait entrepris l'élaboration d'une charte sur les ressources naturelles et l'environnement, mais le pouvoir (en butte à une guérilla sanglante sur les hauts plateaux) n'a eu ni les moyens financiers ni la volonté politique de l'appliquer. En 1995, le Congrès péruvien a créé un Conseil national de l'environnement (Conam), chargé de gérer la politique environnementale. Hormis quelques avancées (comme la mise à l'amende de pollueurs manifestes pour mauvaise pratique), la législation est très peu respectée.

Des mesures concrètes voient cependant le jour en faveur de la protection de l'environnement. Ainsi, l'État et des acteurs de l'industrie touristique développent conjointement des projets de tourisme durable en Amazonie. Depuis septembre 2005, le Pérou figure au nombre des États cosignataires de la déclaration du fleuve Amazone (Declaración del Rió Amazonas), qui regroupe 17 pays latino-américains et l'Espagne. Celle-ci vise à protéger la biodiversité et à promouvoir le développement durable des zones rurales.

Pérou pratique

Carnet pratique

Ambassades et consulats

La plupart des ambassades sont installées à Lima. Vous trouverez des services consulaires dans les principaux centres touristiques, tel Cuzco.

Il est important de savoir ce que l'ambassade de votre pays peut ou ne peut pas faire pour vous. Elle ne vous soutiendra pas si vous vous retrouvez en prison après avoir commis un délit, même si cet acte n'est pas répréhensible dans votre propre pays. Si l'on vous dérobe vos papiers et votre argent, elle vous aidera à obtenir un nouveau passeport, mais elle ne vous prêtera pas de quoi continuer votre voyage.

Cela vaut la peine d'appeler au préalable pour s'assurer des horaires d'ouverture ou pour prendre rendez-vous. Si les ambassades et les consulats pratiquent les horaires de bureau habituels, l'accueil du public est souvent plus limité. Vous trouverez les numéros à contacter en dehors des heures ouvrables et pour les urgences sur les sites Internet de chaque représentation diplomatique.

Ambassades et consulats péruviens

Pour les autres pays, consultez le site en espagnol du gouvernement péruvien (www.rree.gob.pe).

Belgique (☎02 733 33 19 ; www.embaperu.be ; Av. de Tervueren 179, 1150 Woluwe-Saint-Pierre, Bruxelles)

Canada Ambassade (☎613-238 1777 ; www.embassyofperu.ca ; Suite 1901, 130 Albert St, Ottawa, ON K1P 5G4) ; Consulat (☎514-844 5123, 514-844 4998 ; www.consuladoperumontreal.com ; Suite 970, 550 Sherbrooke Oeste, Montréal, QC, H3A 1B9)

France Ambassade (☎01 53 70 42 00 ; www.amb-perou.fr ; 50 av. Kléber, 75116 Paris) ; Consulat (☎01 42 65 25 10 ; www.consuladoperuparis.org ; 25 rue de l'Arcade, 75008 Paris)

Suisse Chancellerie (☎031-351 85 55 ; www.embaperu.ch ; Thunstrasse 36, 3005 Berne) ; Consulat (☎022-707 49 17 ; www.conperginebra.ch ; rue des Pierres-du-Niton 17, 1207 Genève)

Ambassades et consulats étrangers au Pérou

Belgique (☎01-241-7566 ; www.diplomatie.be/lima ; Av. Angamos Oeste 380, Miraflores, Lima ; ⏲8h30-16h lun-ven)

Bolivie Lima (☎01-440-2095 ; Los Castaños 235, San Isidro ; ⏲8h-16h) ; Puno (☎/fax 051-35 1251 ; 1er ét., Jirón Arequipa 136 ; ⏲8h-14h lun-ven)

Brésil (☎01-512-0830 ; www.embajadabrasil.org.pe ; Av. José Pardo 850, Miraflores, Lima ; ⏲9h30-12h et 16h-17h lun-ven)

Canada (☎01-319-3200 ; www.canadainternational.gc.ca/peru-perou/ ; Bolognesi 228, Miraflores, Lima; ⏲8h-12h30 et 13h15-17h lun-jeu, 8h-12h30 ven)

Chili (☎01-710-2211 ; chileabroad.gov.cl/peru ; Av. Javier Prado Oeste 790, San Isidro, Lima ; ⏲9h-17h lun-jeu, 9h-14h ven)

Colombie Lima (☎01-441-0954 ; Av. Jorge Basadre 1580, San Isidro; ⏲8h30-13h et 14h30-17h30 lun-ven) ; Iquitos (☎065-23-6246; Araujo 431 ; ⏲9h-12h30 et 14h-16h30 lun-ven)

Équateur Lima (☎01-212-4171 ; www.mecuadorperu.org.

AVERTISSEMENT

Les informations contenues dans ce chapitre sont particulièrement susceptibles de changements. Vérifiez directement auprès de la compagnie aérienne ou de l'agence de voyages les modalités d'utilisation de votre billet d'avion. N'hésitez pas à comparer les prestations. Les détails fournis ici doivent être considérés à titre indicatif et ne remplacent en rien une recherche personnelle attentive.

pe ; Las Palmeras 356, San Isidro ; ⌚9h-13h lun-ven) ; Tumbes (☎072-525-949; 2e ét., Jirón Bolívar 129, Plaza de Armas ; ⌚9h-13h et 16h-18h lun-ven)

France (☎01-215-8400 ; www.ambafrance-pe.org ; Av. Arequipa 3415, San Isidro, Lima ; ⌚9h-12h)

Suisse (☎01-264-0305 ; www.eda.admin.ch/lima ; Av. Salaverry 3240, San Isidro, Lima ; ⌚8h-13h et 14h-16h30 lun-jeu, 8h-14h ven)

PRÉCISION SUR LES PRIX

Dans ce guide, les tarifs sont en principe mentionnés en nouveaux soles (*nuevos soles*), la monnaie péruvienne. Les hôtels haut de gamme et les établissements proposant des séjours tout compris affichent cependant leurs tarifs en dollars US. Il en va de même pour nombre d'agences de voyages et de tour-opérateurs.

Le cours de ces deux monnaies a fluctué récemment, aussi se peut-il que beaucoup de tarifs aient changé depuis l'impression de ce guide.

Argent

La monnaie nationale est le *nuevo sol* (nouveau sol), noté *S*. Les taux de change sont indiqués sur la deuxième de couverture.

Il est recommandé de prévoir des espèces, ainsi qu'une carte de crédit pour obtenir des avances en liquide en cas d'urgence. Lorsque vous changez de l'argent, demandez toujours des petites coupures (*billetes pequeños*), car il peut être difficile d'obtenir de la monnaie sur un billet de 100 S pour les petits achats et dans les villes de moindre importance.

Emportez toujours le plus de monnaie possible, surtout dans les petites villes. Les toilettes publiques fonctionnent souvent à pièce et échanger un billet contre des pièces relève parfois du défi.

Les meilleurs endroits pour changer de l'argent sont en général les bureaux de change (*casas de cambio*). Rapides, ils offrent des taux légèrement plus avantageux que les banques et restent ouverts un peu plus tard. Refusez les coupures déchirées, car les Péruviens ne les accepteront souvent pas, et évitez de changer votre argent dans la rue pour vous prémunir des contrefaçons.

Pour plus de détails sur le coût de la vie et l'argent, reportez-vous p. 16.

Cartes de crédit

Nombre de magasins et d'hôtels de catégorie supérieure acceptent les cartes de crédit (*tarjetas de crédito*) ; ils ajoutent souvent une commission de 7% ou plus. La somme que vous paierez n'est pas basée sur le taux de change du point de vente, mais sur celui que votre banque applique quand votre transaction est traitée, parfois des semaines plus tard. Certaines banques ajoutent une surtaxe et des frais supplémentaires pour chaque transaction en devises étrangères.

Les cartes les plus communément acceptées au Pérou sont la Visa et la MasterCard. Certains établissements et des DAB prennent aussi l'American Express et quelques autres. Avant de partir, signalez à votre banque que vous allez utiliser votre carte à l'étranger.

Change

C'est avec les espèces que vous obtiendrez les meilleurs taux de change. Le plus simple est de changer des dollars US ; les euros sont de plus en plus acceptés dans les hauts lieux touristiques. D'autres devises peuvent s'échanger, moins facilement et seulement dans les grandes villes. Toutes les coupures doivent être en parfait état.

Des changeurs (*cambistas*) opèrent dans la rue, à proximité des banques et des bureaux de change. S'ils offrent des taux compétitifs (seule une petite négociation est possible), ils ne sont pas toujours honnêtes. Officiellement, ils doivent porter un gilet et un badge prouvant qu'ils travaillent légalement. Ils se révèlent particulièrement utiles en dehors des heures d'ouverture et aux frontières.

Distributeurs automatiques de billets (DAB)

Vous trouverez des DAB (*cajeros automáticos*) dans presque toutes les villes du Pérou et dans les principaux aéroports et gares routières. Reliés aux réseaux internationaux Plus (Visa), Cirrus (Maestro/MasterCard) et American Express, ils acceptent les cartes fonctionnant avec un code secret à 4 chiffres. Avant de partir, avertissez votre banque que vous allez utiliser votre carte à l'étranger.

Si les DAB sont pratiques pour retirer du liquide, leurs taux sont souvent moins intéressants que ceux des bureaux de change. Les DAB péruviens distribuent *nuevos soles* et dollars US. Certaines banques appliquent des frais supplémentaires sur toutes les opérations effectuées dans un DAB étranger.

Les DAB fonctionnent normalement 24h/24. Pour des raisons de sécurité, effectuez de préférence vos retraits en journée, dans des banques gardées par des vigiles.

COMMENT RECONNAÎTRE UN FAUX BILLET

Les faux billets, tant en monnaie locale qu'en dollars, constituent désormais un véritable fléau. Les commerçants se montrent très méfiants avec les grosses coupures ; faites de même.

Voici quelques astuces pour repérer les faux billets :

» Vérifiez le filigrane : les vrais comportent un endroit où le filigrane est fait de papier plus épais qu'ailleurs.

» Les lettres le long de la partie supérieure du billet doivent être en relief.

» La ligne placée sous les lettres est constituée de mots minuscules : si c'est une vraie ligne, c'est un faux billet.

» La valeur du billet écrite sur le côté doit sembler métallique et légèrement bleue, verte et rose sous différents angles ; les faux ne sont que roses et n'ont pas d'hologramme.

» La bande métallique qui traverse le billet dévoile le mot "Peru" répété sur toute sa longueur quand on l'expose à la lumière. Les faux aussi, mais les lettres sont moins nettes.

» Les tout petits fils colorés et les points holographiques sur le billet doivent être intégrés au papier, et non pas collés.

par Rafael Wlodarski

Espèces

Il existe des billets de 10, 20, 50, 100 et 200 S (mais ces derniers sont rares). Le *nuevo sol* se divise en 100 *céntimos*, avec des pièces couleur cuivre de 0,05, 0,10 et 0,20 S et des pièces couleur argent de 0,50 et 1 S. Les pièces bicolores (argentées avec un rond cuivré au centre) valent 2 et 5 S.

Les commerces visant une clientèle de touristes acceptent généralement les dollars US, mais prévoyez des *nuevos soles* pour les transports et la plupart des repas.

Taxes, pourboires et remboursements

Dans les aéroports péruviens, les taxes de départ internationales (p. 558) sont payables en dollars US et en *nuevos soles* (en espèces uniquement) ; à moins qu'elles ne soient déjà incluses dans les prix des billets.

Les hôtels haut de gamme ajouteront une taxe de 19% et 10% pour le service, ce dernier n'étant généralement pas compris dans les prix affichés. Les étrangers peuvent prétendre à un remboursement de la taxe de vente (voir p. 552). Quelques restaurants appliquent des taxes combinées dépassant 19%, plus une taxe de service (*servicio* ou *propina*) de 10%. Quand ce n'est pas le cas, vous pouvez laisser un pourboire équivalent à 10% de la note si le service est satisfaisant. Les chauffeurs de taxi, hormis à avoir pris en charge de lourds bagages, n'attendent pas de pourboire, contrairement aux porteurs et aux guides. Il n'existe pas de système de détaxe pour les achats.

Assurance

Il est chaudement recommandé de souscrire une assurance voyage couvrant le vol, la perte, les accidents et la maladie. Nombre de compagnies mettent à disposition une assistance téléphonique accessible en PCV 24h/24 ; conservez les documents nécessaires sur vous. Toutes les assurances ne compensent pas la perte des bagages et certaines excluent spécifiquement les "activités dangereuses" qui peuvent comprendre la plongée sous-marine, la moto, voire la randonnée. Vérifiez aussi que votre contrat couvre les évacuations et les rapatriements par avion. Les offres sont très variées et il convient de bien lire entre les lignes. Celles proposées par STA Travel (www.statravel.fr) présentent généralement un bon rapport qualité/prix.

Reportez toute perte ou vol dans les 24 heures à la police locale ou aux services aéroportuaires. Gardez tous les documents pour vos réclamations.

Bénévolat

Au Pérou, si le bénévolat vous tente, le mieux consiste à s'adresser aux écoles de langues, qui connaissent en général des programmes accessibles à leurs étudiants. South American Explorers (SAE) tient en ligne une base de données concernant les bénévoles et possède des dossiers laissés par des étrangers, notamment dans les clubs SAE de Lima (p. 96) et de Cuzco (p. 229).

Les organisations ci-dessous sont susceptibles de proposer des activités bénévoles, à condition de les contacter à l'avance.

Action Without Borders (www.idealist.org). Des jobs orientés vers le social, des stages et du bénévolat.

Working Abroad (www.workingabroad.com). Réseau en ligne d'opportunités de bénévolat (développement

BON À SAVOIR

- *El Comercio* (www.elcomercioperu.com.pe), proche de la ligne gouvernementale, est le premier quotidien national. Le journal de centre gauche *La República* (www.larepublica.com.pe) et le *Peruvian Times* (www.peruviantimes.com), en anglais, avancent eux des opinions divergentes.
- *Caretas* (www.caretas.com.pe) est l'hebdomadaire politique et culturel le plus connu, tandis qu'*Etiqueta Negra* (etiquetanegra.com.pe) se focalise uniquement sur la culture. Pour une autre approche du journalisme de voyage, consultez le mensuel *Rumbos* (www.rumbosdelperu.com), disponible en espagnol et en anglais.
- Des chaînes d'information comme CNN sont souvent diffusées via le câble ou le satellite.
- Les sites expatperu.com et www.theperuguide.com, en anglais, constituent de bonnes ressources en ligne.
- L'électricité fonctionne en 220 V, 60 Hz. Les prises standard acceptent les fiches rondes, mais on trouve aussi des prises bi-tension acceptant les fiches plates.
- Les Péruviens utilisent le système métrique, sauf pour l'essence, vendue au gallon (3,8 litres).

social, protection de l'environnement, droits des Indiens, arts et musique traditionnels, etc.), avec rapports d'expéditions sur le terrain.

En France, quelques organismes offrent des opportunités de travail bénévole sur des projets de développement ou d'environnement, parfois sur des périodes courtes, de une à quatre semaines. Certaines associations s'adressent plus spécifiquement aux jeunes. Les chantiers proposés vont de la réfection d'une école aux travaux liés à l'environnement. Il s'agit d'une bonne formule pour s'immerger dans le pays, connaître l'envers du décor touristique et bénéficier d'une ambiance internationale (les volontaires viennent de divers pays en général). En revanche, les conditions de vie sur un chantier sont spartiates. Prenez garde au décalage fréquent entre le programme et la réalité. La fouille archéologique peut rapidement se transformer, une fois sur place, en coup de peinture donné à la Maison des jeunes locale. Le matériel est parfois rudimentaire, et la réalité du terrain souvent plus dure qu'on ne l'imaginait.

Comité de coordination pour le service volontaire international (CCIVS ; ☎01 45 68 49 36 ; www.unesco.org/ccivs ; Maison de l'Unesco, 1 rue Miollis, 75015 Paris)

Concordia (☎01 45 23 00 23 ; www.concordia-association.org ; 64 rue Pouchet, 75017 Paris).

Délégation catholique pour la coopération (DCC ; ☎01 45 65 96 65 ; ladcc.org ; 106 rue du Bac, 75007 Paris)

Jeunesse et reconstruction (☎01 47 70 15 88 ; www.volontariat.org ; 8-10 rue de Trévise, 75009 Paris).

Solidarités jeunesses (☎01 55 26 88 77 ; www.solidaritesjeunesses.org ; 10 rue du 8-Mai-1945, 75010 Paris).

Cartes de réduction

Une carte d'étudiant internationale (ISIC), avec une photo, peut vous valoir une réduction de 50% dans certains musées et sites touristiques, ainsi que pour les visites organisées. Les cartes senior ne sont pas acceptées.

Cartes et plans

La meilleure carte routière du Pérou est la *Mapa Vial* au 1/2 000 000 publiée par Lima 2000 et disponible dans les bonnes librairies. La carte au 1/1 500 000 *Peru South and Lima*, publiée par International Travel Maps (ITM), couvre le pays en détail au sud d'une ligne allant d'est en ouest et passant par Tingo María ; elle dispose d'une bonne carte des rues de Lima, San Isidro, Miraflores et Barranco au verso.

LES ADRESSES PÉRUVIENNES

Les Péruviens emploient *apartado postal* (qui s'abrège en *apartado*, *apto* et AP) et *casilla postal* (*casilla* ou CP) pour désigner une boîte aux lettres. Vous trouverez dans certaines adresses *s/n* (pour *sin numero*, sans numéro) ou *cuadra* ("pâté de maisons", dans *cuadra* 4 par exemple) après le nom de la rue.

Seules les adresses de Lima et de Callao intègrent des codes postaux. Les plus utilisés par les voyageurs sont Lima 1 (centre de Lima), Lima 4 (Barranco), Lima 18 (Miraflores) et Lima 27 (San Isidro). Le mot "Lima" est essentiel pour désigner ces codes postaux.

Pour des cartes topographiques, en vente ou à consulter sur place, rendez-vous à l'**Instituto Geográfico Nacional** (IGN ; ☎01-475-3030, poste 119 ; www.ign.gob.pe ; Aramburu 1190-98, Surquillo, Lima ; ⏰8h-18h lun-ven, jusqu'à 13h sam), qui ferme tôt en janvier ; téléphonez au préalable. Vous y trouverez des cartes topographiques à grande échelle pour la randonnée, bien que celles des zones frontalières soient plus difficiles à obtenir. Il existe aussi des cartes géologiques et démographiques ainsi que des CD-ROM.

Vous trouverez également des cartes topographiques ou routières et des plans de ville aux clubs South American Explorers de Lima (voir l'encadré p. 96) et de Cuzco (p. 229).

Des cartes topographiques à jour sont souvent disponibles dans les magasins de sport des grands centres de trekking comme Cuzco, Huaraz et Arequipa. Si vous apportez un GPS, assurez-vous de sa compatibilité avec le système électrique péruvien (220 V, 60 Hz) et prévoyez une boussole au cas où.

Cours de langue

Des écoles enseignent l'espagnol à Lima, Cuzco, Arequipa, Huaraz, Puerto Maldonado et Huancayo. On peut aussi apprendre le quechua avec un professeur particulier ou dans l'une des écoles de langues de Lima, de Cuzco et de Huancayo.

Désagréments et dangers

Toutes sortes d'histoires circulent sur les voyages au Pérou : manifestations récurrentes, vols ou encore chauffeurs de bus amorçant chaque virage à tombeau ouvert. Certes, le Pérou ne s'adresse pas aux petites natures, à commencer par ses bus bondés. De violentes manifestations à caractère politique et des barrages routiers peuvent bloquer de grands axes de communication pendant plusieurs jours. Par ailleurs, l'extrême pauvreté à laquelle le Pérou est confronté, avec plus de la moitié de la population vivant sous le seuil de pauvreté et un cinquième survivant avec moins de 2 $US par jour, favorise la petite criminalité. Toutefois, le désagrément majeur qui frappe la plupart des touristes reste la tourista : ne laissez donc pas la paranoïa gâcher votre voyage !

Comme partout ailleurs, un peu de bon sens aide toujours.

Vols, agressions et autres délits

La situation s'est considérablement améliorée depuis les années 1980, surtout à Lima, où les agressions étaient monnaie courante, même dans les quartiers les plus touristiques. Néanmoins, la pauvreté, très répandue dans le pays, a pour corollaire une criminalité urbaine (pickpockets, vols à l'arraché, agressions) trop élevée. Le chapardage demeure le délit le plus courant, tandis que les agressions et les vols avec perte de connaissance de la victime (par étouffement) sont plus rares. Cela reste cependant une réalité et, tous les ans, des voyageurs sont victimes de vols sous diverses formes.

Prendre quelques précautions élémentaires et rester raisonnablement sur ses gardes permet toutefois de s'en prémunir. Voici quelques conseils :

» Les endroits très fréquentés, notamment les gares routières et ferroviaires, les marchés et les lieux de fête sont le terrain de prédilection des pickpockets. Portez votre sac à dos sur la poitrine ou optez pour un sac que vous calerez bien sous le bras.

» Les voleurs recherchent les proies faciles : ne glissez jamais votre portefeuille dans la poche arrière de votre pantalon ou ne portez jamais votre appareil photo à la vue de tous devant. Placez l'argent dont vous aurez besoin dans une pochette à l'avant et rangez votre appareil photo lorsque vous ne l'utilisez pas.

» Mieux vaut placer votre passeport et les grosses sommes d'argent dans une pochette de ceinture ou une poche intérieure qui se zippe ou se ferme, ou encore mieux dans un coffre-fort à l'hôtel.

» Un instant peut suffire à vous faire voler votre sac si vous le posez à terre ou pendant que vous dormez, dans un bus de nuit. Ne placez jamais un sac contenant votre portefeuille ou votre passeport dans le porte-bagages d'un bus.

» Ne laissez jamais sans surveillance un sac

PROTECTION DES DOCUMENTS

Nous vous conseillons de photocopier tous vos documents importants (premières pages de votre passeport, cartes de crédit, numéros de chèques de voyage, police d'assurance, billets de train/d'avion/de bus, permis de conduire, etc.). Emportez un jeu de ces copies, que vous conserverez à part des originaux. Vous remplacerez ainsi plus aisément ces documents en cas de perte ou de vol.

contenant des objets de valeur.

» Fondez-vous dans le paysage : évitez d'attirer l'attention en vous promenant avec tout un tas de matériel de randonnée flambant neuf ou une veste en cuir reluisante. Adoptez une tenue simple aux couleurs neutres.

» Laissez bijoux et montres voyantes à la maison.

» Les hôtels, surtout les moins chers, ne sont pas toujours dignes de confiance. Enfermez vos objets de valeur dans vos bagages et utilisez les coffres-forts mis à disposition.

» Ayez toujours l'air de savoir où vous allez, même si vous êtes perdu. Si vous devez consulter votre plan, faites-le dans une boutique ou un restaurant.

Certains voleurs travaillent par deux ou en groupe : l'un détourne votre attention, l'autre vous dérobe. Les techniques diffèrent : des enfants se battent devant vous, une personne âgée vous bouscule "involontairement" ou quelqu'un renverse quelque chose sur vos vêtements. Des artistes du rasoir ouvrent les bagages, que ce soit un sac à dos ou un sac posé sur le porte-bagages d'un bus.

Des randonneurs ont été victimes de vols et d'agressions à main armée sur des sentiers de randonnée populaires, notamment autour de Huaraz (p. 383), et lors de treks dans la jungle, dans le sud du Pérou (p. 269). Partir à plusieurs avec un guide local permet de minimiser ces risques. Par ailleurs, les alentours de Tingo María (voir p. 514), à l'extrémité est des hauts plateaux du Centre, sont une zone de banditisme où les vols à main armée et autres délits arrivent régulièrement. Concentrez vos activités en journée, y compris vos déplacements en bus.

Des cas de vols à main armée et de viols perpétrés par des taxis ont été rapportés. Prenez toujours un taxi officiel le soir ou depuis les aéroports et les gares routières. Si l'on en veut à vos biens, n'opposez aucune résistance et vous vous en sortirez le plus souvent indemne.

Les enlèvements "express" se sont récemment multipliés, notamment dans certains quartiers malfamés près de l'aéroport de Lima. Un ou plusieurs agresseurs armés arrachent une personne d'un taxi ou la kidnappent dans la rue, pour la forcer à retirer de l'argent liquide au distributeur automatique le plus proche. Les victimes n'opposant pas de résistance s'en sortent généralement sans blessure majeure.

Présente dans les principales villes et régions touristiques, la police touristique (*policía de turismo* ou Poltur) a compétence en matière de délits. Si vous ne savez pas où elle se trouve, contactez l'antenne principale à Lima. Si vous êtes victime d'un délit, déposez immédiatement plainte à la police touristique et informez-en l'ambassade de votre pays. Cette dernière ne pourra pas faire grand-chose, mais votre témoignage sera conservé et lui permettra d'alerter les autres voyageurs sur les risques potentiels encourus.

Si vous avez souscrit une assurance voyage et que vous déposez plainte, la police touristique vous fournira le rapport de police. Les compagnies aériennes rééditent parfois des billets moyennant une certaine somme (une pratique de moins en moins nécessaire grâce à la généralisation des billets électroniques). Adressez-vous à votre ambassade pour remplacer un passeport volé. Celle-ci vous demandera peut-être de présenter d'autres justificatifs d'identité. À réception de votre nouveau passeport, allez au bureau d'immigration péruvien le plus proche pour obtenir une nouvelle carte de tourisme. Pour plus de détails sur les questions juridiques, reportez-vous p. 55.

Si vous voyagez seule, consultez aussi les questions liées à la sécurité p. 556.

CONSEILS AUX VOYAGEURS

La plupart des gouvernements possèdent des sites Internet qui recensent les dangers possibles et les régions à éviter. Consultez notamment les sites suivants :

Ministère des Affaires étrangères français (www.diplomatie.gouv.fr)

Ministère des Affaires étrangères de Belgique (http://diplomatie.belgium.be)

Ministère des Affaires étrangères du Canada (www.voyage.gc.ca)

Département fédéral des Affaires étrangères suisse (www.eda.admin.ch/eda/fr)

Corruption et escroqueries fréquentes

L'armée et la police (parfois même la police touristique) ont la réputation d'être corrompues. S'il arrive aux voyageurs d'être importunés (en général pour obtenir un pot-de-vin), la plupart des policiers sont assez courtois avec les touristes et les laissent en paix.

En revanche, il vous sera probablement difficile d'échapper aux rabatteurs, regroupés dans les gares routières et ferroviaires, les aéroports et d'autres sites touristiques. Ils insisteront pour vous proposer toutes sortes d'"offres" à prix réduit, des chambres d'hôtels aux excursions. Nombre d'entre eux – dont beaucoup de chauffeurs de taxi – vous raconteront tout et n'importe quoi pour vous conduire aux endroits qu'ils représentent, en arguant par exemple que l'hôtel que vous avez choisi est un célèbre repaire de dealers, qu'il a fermé ou qu'il affiche complet. Ne croyez pas tout ce qu'on vous dit. En cas de doute sur votre lieu d'hébergement, demandez à voir une chambre avant de payer.

Par ailleurs, nous vous déconseillons de réserver un hôtel, une excursion ou un mode de transport par ces intermédiaires qui réclament souvent un paiement en espèces pour une prestation inexistante. Adressez-vous toujours à des organismes recommandés et fiables, gages d'un séjour réussi.

Transports

Choisissez soigneusement les compagnies de bus. Les moins chères sont plus susceptibles d'employer des conducteurs imprudents et d'être confrontées à des pannes. Il peut faire très froid dans les bus de nuit sur les hauts plateaux : emportez une couverture ou un sac de couchage. Par endroits, les bus de nuit sont parfois la cible des bandits qui créent des barrages routiers impromptus pour ensuite détrousser les passagers. Pour en savoir plus sur le transport terrestre au Pérou, reportez-vous p. 564.

Dangers liés à l'environnement

Parmi ces risques figurent les tremblements de terre et les avalanches. Les opérations de secours dans les régions isolées se font souvent à pied, car les zones les plus accidentées du pays restent inaccessibles aux hélicoptères. La tourista, provoquée par la consommation d'aliments ou d'eau contaminés, constitue sans doute le risque le plus courant lié à l'environnement. Citons également le mal des montagnes (*soroche*), les morsures d'animaux, les piqûres d'insectes, les coups de soleil et les coups de chaleur, voire l'hypothermie. Reportez-vous au chapitre *Santé* p. 567 pour en savoir plus.

Manifestations et autres conflits

Pendant le "conflit interne" qu'a connu le pays entre les années 1980 et 1990, les actes terroristes, les dissensions civiles et les enlèvements interdisaient aux touristes étrangers et péruviens l'accès à des régions entières. La situation s'est, fort heureusement, grandement améliorée et il est désormais possible de se déplacer dans presque tout le pays sans rencontrer de problèmes. Toutefois, le Pérou reste un pays politiquement instable où les manifestations publiques font partie du paysage. En règle générale, ces manifestations n'ont que peu de conséquences pour les touristes, mis à part les embouteillages. Mais la situation peut dégénérer et faire des victimes. Sur place, mieux vaut donc se tenir informé des derniers événements et ne pas forcer les barrages routiers ou pénétrer dans les zones bouclées. Le fait d'être étranger ne vous immunise pas contre la violence.

Par ailleurs, si la guérilla menée par le Sentier lumineux (Sendero Luminoso ; voir p. 300) a été matée, des actes de violence isolés ont lieu dans les provinces d'Ayacucho, de Huancavelica, de Huánuco, de Junín et de San Martín, à l'encontre principalement de l'armée ou de la police péruvienne. Restez toutefois prudent et évitez, dans ces régions, de traverser des endroits isolés la nuit.

De même, les zones concernées par le trafic de drogue peuvent être dangereuses, surtout la nuit. Évitez la partie haute de la vallée du Río Huallaga, entre Tingo María et Juanjui, et la vallée du Río Apurímac, près d'Ayacucho, où se concentre la plus grande partie de la culture illégale de coca. Soyez tout aussi prudent près de la frontière colombienne, zone active de trafic. Pour les questions juridiques concernant la drogue, reportez-vous p. 555.

Mines

L'année 1998 a marqué le terme d'un conflit qui a opposé pendant un demi-siècle le Pérou et l'Équateur au sujet de la Cordillera del Condor (à la frontière nord-est). Il reste aujourd'hui des munitions qui n'ont pas explosé. N'empruntez que les points de passage des frontières officiels et ne sortez pas des sentiers battus dans la région.

Douane

Vous pouvez importer sans taxe 3 litres d'alcool, 400 cigarettes, 50 cigares ou 250 g de tabac, et des cadeaux ne dépassant pas une valeur de 300 $US. Vous êtes également autorisé à apporter des choses destinées à votre usage personnel comme un ordinateur portable, un appareil photo, un lecteur MP3, un kayak, un VTT ou du matériel d'escalade.

Il est interdit de sortir du pays des antiquités précolombiennes – il est d'ailleurs illégal de les importer dans la plupart des États. Achetez uniquement des reproductions auprès d'un vendeur fiable et sur remise d'un reçu détaillé. L'achat ou le transport d'objets fabriqués avec des animaux en voie de disparition est interdit.

Les feuilles de coca, autorisées au Pérou, sont souvent interdites à l'étranger, même sous forme d'infusettes (vendues sur place). Enfin, sachez qu'en cas de test la coca laisse des traces dans l'urine, même prise en infusion.

Vérifiez auprès des autorités de votre pays quelles sont les restrictions douanières et les taxes s'appliquant aux objets rares ou chers que vous souhaitez rapporter. La plupart des États permettent à leurs ressortissants d'importer un nombre limité d'articles sans taxe, mais ces régulations sont susceptibles de changer.

Électricité

Le Pérou utilise ces deux types de prises.

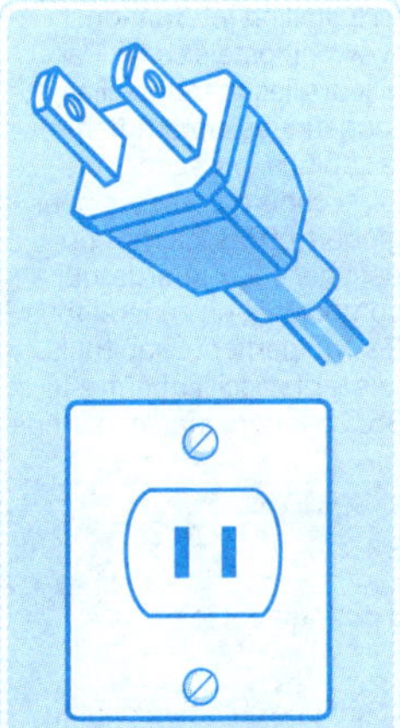

220 V/60 Hz

220 V/60 Hz

Formalités et visas

Les Français, les Belges, les Suisses et les Canadiens n'ont pas besoin de visa pour un séjour touristique de moins de 90 jours. Un passeport valable au moins 6 mois après la date de retour suffit. Un tampon est apposé sur le passeport et sur la carte de tourisme (*Tarjeta Andina de Migración*). Délivrée à l'arrivée, cette dernière doit être rendue en quittant le territoire péruvien.

Si vous la perdez, vous devrez faire la queue au bureau de l'immigration (*oficina de migraciónes* ; www.digemin.gob.pe) pour la remplacer. Les prorogations de 30 jours (20 $US, plus 12,25 S de frais administratifs) s'obtiennent aux bureaux de l'immigration de Lima, Arequipa, Cuzco, Iquitos, Puerto Maldonado, Puno et Trujillo, ainsi que près des frontières chiliennes et équatoriennes. Informations et formulaires en anglais figurent sur le site Internet ; cliquez sur *Foreigners* et *Extension of Stay*. Deux prorogations maximum par an.

Avant le départ, il est impératif de contacter les ambassades et les consulats pour s'assurer que les modalités d'entrée sur le territoire n'ont pas changé. Toute personne projetant de travailler, d'étudier ou de résider au Pérou pour une durée quelconque doit demander un visa à l'avance auprès de l'ambassade ou du consulat du Pérou dans son pays.

Conservez toujours sur vous passeport et carte de tourisme, surtout dans les zones isolées (c'est une obligation légale sur le Chemin de l'Inca). Par mesure de sécurité, faites des photocopies de ces documents que vous placerez dans un endroit à part.

Handicapés

Le Pérou possède peu d'infrastructures pour les voyageurs handicapés. Les rampes et les ascenseurs sont rares et les trottoirs souvent défoncés. La plupart des hôtels n'ont pas de chambre accessible aux handicapés, ou en tout cas aucune spécialement conçue à cet effet. Salles de bains et toilettes se révèlent souvent exiguës pour une personne valide et très peu sont accessibles en fauteuil. À la campagne, les toilettes sont parfois à la turque. Les informations en braille et les téléphones pour les malentendants sont quasi inexistants.

Les Péruviens handicapés parviennent pourtant à se déplacer, principalement avec l'aide des autres. Dans le bus, il n'est pas rare de voir des handicapés portés jusqu'à leur place. Si vous avez besoin d'aide, politesse et gentillesse suffiront pour que l'on vous prête assistance. Parler espagnol vous sera d'une aide précieuse. Dans la mesure du possible, essayez de voyager avec quelqu'un de valide.

Au Pérou, les personnes handicapées pourront contacter les organismes suivants :

Access-Able Travel Source (www.access-able.com). Liste non exhaustive de transports, circuits, hébergements, attractions et restaurants accessibles aux handicapés.

Apumayo Expediciones (/fax 084-24-6018 ; www.apumayo.com ; Interior 3, Calle Garcilaso 265, Cuzco). Ce spécialiste de l'aventure propose aux voyageurs handicapés des excursions à Machu Picchu et dans d'autres sites historiques de la Vallée Sacrée.

Conadis (01-332-0808 ; www.conadisperu.gob.pe ; Av. Arequipa 375, Santa Beatriz, Lima). Cette agence d'État fournit des informations en espagnol et défend les intérêts des personnes handicapées.

En France, l'**APF** (Association des paralysés de France ; 01 40 78 69 00 ; www.apf.asso.fr ; 17 bd Auguste-Blanqui, 75013 Paris) fournit des informations utiles sur les voyages accessibles. Deux sites Internet dédiés aux personnes handicapées comportent une rubrique consacrée au voyage et constituent une bonne source d'information. Il s'agit de **Yanous** (www.yanous.com/pratique/tourisme/tourisme030613.html) et de **Handica** (www.handica.com). Il existe également des agences de voyages spécialisées, parmi lesquelles **Access Tourisme Service** (02 38 74 28 40 ; www.access-tourisme.com ; 24 rue du 11-Novembre, 45130 Charsonville).

Hébergement

Le Pérou compte des hébergements pour tous les budgets, en particulier dans les villes et les centres touristiques. Les adresses retenues figurent par ordre de préférence, en fonction de leur rapport qualité/prix. Sauf mention contraire, les tarifs indiqués concernent des chambres avec sdb en haute saison.

Beaucoup d'établissements disposent d'un service de blanchissage et d'une consigne à bagages gratuite pour un dépôt de courte durée (demandez un reçu). Une *habitación simple* est une chambre simple, une *habitación doble* une double avec lits jumeaux et une *habitación matrimonial* une double avec un grand lit.

Évitez d'une façon générale les chambres sur rue, souvent bruyantes, et n'hésitez pas à inspecter les lieux avant de vous engager.

Les écoles d'espagnol proposent parfois des logements chez l'habitant. Les campings s'avèrent peu nombreux.

Tarifs

Les prix mentionnés dans ce guide s'entendent pour la haute saison. Notez qu'ils peuvent fluctuer en fonction des taux de change.

Les voyageurs étrangers n'ont pas à payer les 18% de taxe hôtelière (parfois incluse dans les tarifs affichés en soles), mais doivent parfois présenter leur passeport et leur carte touristique pour qu'is soient photocopiés. Une majoration de 7% ou plus sur les paiements par carte bancaire s'ajoute aux frais de change éventuellement prélevés par votre banque. Il peut être possible de régler en dollars US, mais le taux de change n'est pas toujours avantageux.

Dans les lodges isolés du bassin amazonien et les localités balnéaires touristiques comme Máncora, on vous proposera en général des formules tout compris.

Cuzco connaît une forte demande en haute saison (juin-août). Inti Raymi, la Semaine sainte et les Fiestas Patrias (voir p. 554) correspondent aussi à des périodes d'affluence qui nécessitent de réserver à l'avance. À Lima, les prix restent stables toute l'année ; guettez cependant les offres spéciales de dernière minute sur Internet. Payer en liquide aide toujours à obtenir de meilleurs tarifs. Enfin, n'oubliez pas de demander une réduction pour un séjour de longue durée.

Appartements

Il existe un nombre limité de locations à court terme d'appartements, surtout à Lima, s'adressant aux budgets intermédiaires et élevés. Consultez les sites www.vrbo.com et www.cyberrentals.com.

Auberges de jeunesse

Les destinations phares du pays, dont Lima, Cuzco et Arequipa, regroupent des auberges de jeunesse affiliées à Hostelling International (www.hihostels.com). Par ailleurs, les grandes villes touristiques, notamment la capitale, possèdent un large choix d'adresses pour globe-trotters, calmes ou destinées aux fêtards, qui comportent en général tous les équipements habituels. Les tarifs oscillent entre 10 et 35 S par personne et par nuit.

GAMMES DE PRIX

Petits budgets Moins de 85 S pour un dortoir ou une chambre double

Catégorie moyenne 85-250 S pour une chambre double

Catégorie supérieure Plus de 250 S pour une chambre double

DOUCHE CHAUDE

Les hôtels les moins chers n'ont pas toujours l'eau chaude et certains n'en disposent qu'à des heures précises. Il arrive aussi souvent que les lève-tôt utilisent tout.

La prudence s'impose avec les douches électriques. Allumez-les et attendez quelques minutes. Elles fonctionnent mieux à bas débit. Ne touchez pas le chauffe-eau en marche, car il existe des risques d'électrocution, sans gravité, mais néanmoins désagréables. Les personnes de grande taille sont les plus exposées.

Hôtels

PETITS BUDGETS

Hébergements les moins chers au Pérou, les *hostales*, *hospedajes* et *albergues* louent des chambres de petite taille pourvues d'une sdb commune ou individuelle. Ceux des villes importantes ont des douches chaudes, ce qui n'est généralement pas le cas dans les zones rurales ou reculées. Le tarif de certaines pensions inclut un petit-déjeuner frugal (café instantané et toasts par exemple).

À défaut d'éviter les chambres d'allure peu sûre, vérifiez les serrures des portes et des fenêtres. En comparant, vous trouverez votre bonheur.

CATÉGORIE MOYENNE

Les chambres ont d'ordinaire une sdb avec douche chaude ainsi que des radiateurs d'appoint et des ventilateurs, parfois la climatisation. L'équipement peut aussi comprendre TV câblée, téléphone et coffre. Le prix inclut habituellement un petit-déjeuner continental ou américain.

CATÉGORIE SUPÉRIEURE

Les chambres des hôtels haut de gamme se dotent de tout le confort : sdb avec baignoire, ligne téléphonique directe permettant d'appeler à l'étranger, prises à double voltage, chauffage central ou climatisation, sèche-cheveux, coffre, TV câblée, connexion Internet (ADSL ou Wi-Fi) et, parfois, mini frigo. Les gros établissements comportent éventuellement un bar, un café ou un ou plusieurs restaurants, le room service, une conciergerie et un personnel polyglotte attentif. Les plus grands, notamment à Lima, peuvent se doubler d'un centre d'affaires, d'un spa ou d'un salon de beauté. En Amazonie, les lodges de cette catégorie ont tendance à être moins bien équipés et plus rustiques.

Réservations

Dans la mesure où beaucoup de vols atterrissent tard le soir à Lima, il est conseillé de réserver à l'avance la première nuit d'hôtel, sachant que la plupart des établissements viennent chercher leurs clients à l'aéroport sur demande. Dans tout le pays, la réservation s'impose si vos dates coïncident avec une grande fête (comme l'Inti Raymi à Cuzco) ou des jours fériés à l'instar de la Semana Santa (Semaine sainte), pendant laquelle tous les Péruviens sont en vacances. En Amazonie, les lodges isolés nécessitent aussi de retenir à l'avance. Dans les villages et les régions hors des sentiers battus, la règle du "premier arrivé, premier servi" prévaut souvent.

Les adresses bon marché ne garantissent pas toujours la réservation en cas d'arrivée tardive. Mieux vaut toujours confirmer votre venue. En revanche, cela ne pose la plupart du temps aucun problème dans les établissements de catégories moyenne et supérieure, qui exigent parfois un versement d'arrhes. Certains lodges, surtout dans le bassin amazonien, pourront également vous demander de verser à l'avance tout ou partie de la somme. Le cas échéant, mieux vaut être sûr de ses dates car il arrive que les hôteliers péruviens rechignent à rembourser.

La réservation sur Internet se révèle très pratique, quoique hors saison, vous payerez peut-être moins cher en vous présentant directement. Les hôtels haut de gamme constituent une exception, puisqu'ils proposent souvent des tarifs intéressants de dernière minute en ligne : pensez toujours à consulter leur site web pour bénéficier de réductions ou d'offres promotionnelles.

Heure locale

Le Pérou retarde de 5 heures par rapport à l'heure GMT (méridien de Greenwich). Lorsqu'il est 12h à Lima, il est 17h à Londres et 18h à Paris.

Le pays ne change pas d'heure en été. L'écart s'accroît donc d'une heure entre le dernier dimanche de mars et le dernier dimanche d'octobre.

La ponctualité n'est pas la qualité première des Latino-Américains. Préparez-vous à des attentes interminables. Les bus partent ou arrivent rarement à l'heure. Les voyageurs avisés feront en sorte d'adopter des plans de voyage souples. Apportez un réveil, car les bus longue distance et ceux des circuits organisés démarrent souvent avant 6h.

Heures d'ouverture

Elles sont variables et susceptibles de

PRIX DES RESTAURANTS

Les restaurants sont classés par ordre de préférence de l'auteur, en fonction de leur rapport qualité/prix. Les tables des catégories moyenne et supérieure facturent 10% de service et 19% de taxe. Au sujet de la cuisine péruvienne, voir p. 520.

Petits budgets Plats à moins de 20 S

Catégorie moyenne 20-45 S

Catégorie supérieure plus de 45 S

modifications, surtout dans les petites bourgades. Les horaires affichés le sont à titre purement indicatif et le service peut être lent.

La plupart des villes disposent de DAB fonctionnant 24h/24. Lima compte le plus grand nombre de services continus. Dans les autres grandes agglomérations, les chauffeurs de taxi connaissent souvent les boutiques et les pharmacies ouvertes tard le soir.

Dans ce guide, nous n'indiquons que les heures d'ouverture qui diffèrent des standards suivants :

Commerces 9h-18h lun-ven, parfois 9h-18h sam

Administrations et services 9h-17h lun-ven

Banques 9h-18h lun-ven, 9h-13h sam

Restaurants 10h-22h, souvent fermés entre 15h et 18h

Musées Souvent fermés le lundi

Homosexualité

Le Pérou est un pays conservateur très catholique. Si la plupart des Péruviens tolèrent l'homosexualité à l'égard des étrangers en évitant d'aborder la question, les droits politiques ou juridiques des homosexuels ne sont nullement à l'ordre du jour. Quand la question est soulevée en public, elle provoque souvent l'hostilité. Par conséquent, au Pérou, beaucoup de gays ne s'affichent pas ouvertement comme tels et, pour se conformer à la culture locale, certains se disent hétéro même s'ils fréquentent des hommes ou des prostitués travestis. Un homme efféminé, même hétérosexuel, se fera parfois taxer de *maricón* (terme insultant pour désigner un gay), même si cette insulte tend à s'appliquer à tout le monde à la rigolade.

Les démonstrations d'affection en public sont très rares chez les couples homosexuels. En dehors des discothèques gays, il est conseillé d'adopter une attitude discrète. La propagation du VIH/sida tant chez les homosexuels que chez les hétérosexuels prend de l'ampleur : protégez-vous. Lima est la ville la plus tolérante à l'égard des gays, toutes proportions gardées. Les villes touristiques de Cuzco, d'Arequipa et de Trujillo se montrent aussi plus tolérantes que la moyenne.

Il convient de noter que le drapeau arc-en-ciel qui flotte à Cuzco et dans les Andes n'est pas un manifeste homosexuel : il s'agit du drapeau de l'Empire inca.

Plusieurs organismes renseignent les voyageurs homosexuels :

Deambiente.com (www.deambiente.com). Magazine en ligne en espagnol sur la politique et la culture pop, dans lequel figurent les lieux de sortie nocturnes.

Gay Lima (lima.queercity.info). Un guide pratique recensant les dernières adresses gays et "gay-friendly" de la capitale et une foule de liens.

Gayperu.com (www.gayperu.com). Un guide moderne de la culture gay en espagnol, des bars aux bains publics, et une agence de voyages multilingue.

Global Gayz (www.globalgayz.com). D'excellentes informations sur la scène gay et la politique du Pérou et des liens internationaux (en anglais).

Lima Tours (carte p. 58 ; ☎01-619-6901; www.limatours.com.pe ; Jirón Belén 1040, centre de Lima). Cette agence de voyages ouverte à tous organise des circuits "gay-friendly" dans le pays.

Movimiento Homosexual de Lima (MHOL ; ☎01-332 2945 ; www.mhol.org.pe ; Mariscal Miller 822, Jesús María). L'organisation homosexuelle la plus connue du pays.

Purpleroofs.com (www.purpleroofs.com). Grand portail LGBT comprenant des liens vers quelques tour-opérateurs et hôtels "gay-friendly" au Pérou.

Rainbow Peruvian Tours (carte p. 76 ; ☎01-215 6000 ; www.perurainbow.com ; Rio de Janeiro 216, San Isidro, Lima). Une agence de voyages tenue par des gays.

Internet (accès)

La plupart des régions bénéficient d'excellentes connexions Internet à prix raisonnable. Les hôtels et les auberges de jeunesse sont couramment équipés d'ordinateurs et du Wi-Fi. On ne peut guère en dire autant des pensions familiales, surtout en dehors des zones urbaines. On trouve en revanche des cybercafés presque partout, y compris dans des villages où ils constituent le seul divertissement de la jeunesse le vendredi soir. Comptez à partir de 1 S l'heure, sachant que les tarifs peuvent être très élevés dans les coins reculés.

Dans ce guide, le pictogramme @ désigne un accès Internet, une connexion Wi-Fi.

Jours fériés

Les principales fêtes peuvent se prolonger plusieurs jours autour de la date officielle. Lors des Fiestas Patrias (fête de l'Indépendance), la plus grande fête nationale, la nation entière semble traverser le pays.

Voici les principaux jours fériés nationaux, régionaux et religieux :

Jour de l'an 1er janvier

Vendredi saint mars-avril

Fête du Travail 1er mai

Inti Raymi 24 juin

Fête de Saint-Pierre et de Saint-Paul 29 juin

Fête de l'Indépendance 28-29 juillet

Fête de Santa Rosa de Lima 30 août

Bataille d'Angamos 8 octobre

Toussaint 1er novembre

Fête de l'Immaculée Conception 8 décembre

Noël 25 décembre

Poste

Serpost (www.serpost.com.pe) gère le système postal, désormais privatisé. Assez efficace, il se révèle étonnamment cher. De Lima, la plupart des courriers internationaux mettent environ deux semaines pour arriver à destination. Des villes de province, l'acheminement est encore plus long.

Les grands bureaux de poste disposent tous d'un service de poste restante (*lista de correos*). Munissez-vous de votre passeport pour aller chercher votre courrier et demandez à l'employé de vérifier à vos nom et prénom, ainsi qu'à la lettre M (pour Monsieur, Madame, etc.). Demandez à vos correspondants d'écrire clairement, en mettant votre nom de famille en majuscules et en le soulignant, comme indiqué ci-dessous :

Margarita SILVA
Lista de Correos
Correo Central
Lima
Perú

Pour les courriers et paquets express, les transporteurs internationaux comme **Federal Express** (www.fedex.com.pe) et **DHL** (www.dhl.com.pe) sont plus fiables que les postes. Beaucoup ne sont implantés qu'à Lima et dans les grandes villes. Ils sont en outre plus onéreux que Serpost.

Problèmes juridiques

Votre ambassade ne vous sera que d'un secours limité si vous avez des problèmes avec la justice au Pérou, où l'on est présumé coupable jusqu'à preuve du contraire. Si vous êtes la victime, la police touristique (*policía de turismo*, ou Poltur) pourra vous aider. Elle possède des postes dans les grandes villes.

Sachez que certains policiers sont corrompus (même dans la police touristique). Bien que les pots-de-vin soient illégaux, il n'est pas rare de voir un automobiliste péruvien glisser un peu d'argent à un policier pour arranger les choses. Les voyageurs ont rarement affaire aux agents de la circulation et se verront plutôt demander un "petit supplément" aux frontières. Cette pratique est tout aussi illégale et vous parviendrez peut-être à vous y soustraire en restant ferme et patient !

N'engagez pas la conversation avec quelqu'un qui vous propose de la drogue. Parler à un inconnu dans la rue présente malheureusement des risques : des voyageurs ont ainsi été arrêtés par des policiers en civil et accusés de parler à un dealer ! Si un policier en civil vous arrête, ne lui remettez ni document ni argent. N'acceptez jamais de monter dans un véhicule avec des "policiers" et insistez pour vous rendre à pied au commissariat. Sachez enfin que la possession de drogue, même en quantité infime, est très lourdement sanctionnée, la peine minimum correspondant à plusieurs années de prison.

Si vous êtes incarcéré, prévenez quelqu'un dès que possible. Il n'est pas rare de rester en prison pendant longtemps avant le début d'un procès. Les Péruviens apportent nourriture et vêtements à leurs proches en prison, où les conditions sont très difficiles.

Si vous pensez avoir été escroqué par un hôtel ou un tour-opérateur, déposez plainte auprès de l'**Institut national de défense de la concurrence et de la protection de la propriété intellectuelle** (Indecopi ; 01-224 7800 ; www.indecopi.gob.pe) de Lima.

Téléphone

On trouve partout des téléphones payants gérés par **Movistar** (www.movistar.com.pe). Ils fonctionnent avec des cartes, vendues en supermarché ou dans les épiceries. Les cybercafés disposent souvent de systèmes "*net-to-phone*" et "*net-to-net*" (comme Skype) permettant de téléphoner pour un prix modique, voire gratuitement.

Pour appeler le Pérou depuis l'étranger, composez l'indicatif international (00 depuis la France, la Belgique et la Suisse, 011 depuis le Canada), le code du pays (51), l'indicatif local sans le 0, puis le numéro de votre correspondant. Pour passer un appel international depuis le Pérou, composez l'indicatif international (00), le code du pays (33 pour la France, 41 pour la Suisse, 32 pour la Belgique et ☎1 pour le Canada), l'indicatif local sans le ☎0 et le numéro de téléphone.

Au Pérou, les numéros des téléphones mobiles commencent par un ☎9. Les numéros en ☎0800 sont souvent gratuits depuis les téléphones privés (uniquement). Pour téléphoner avec votre carte de crédit, composez le ☎0800 50288. Les pages jaunes sont accessibles en ligne sur www.paginasamarillas.com.pe.

Téléphones mobiles

Les téléphones GSM tri-bande fonctionnent au Pérou (GSM 1900). Les systèmes CDMA et TDMA sont également utilisés. Le domaine de la téléphonie mobile évoluant rapidement, mieux vaut se renseigner avant votre départ. Une recherche sur Internet permet de se familiariser avec les innombrables produits proposés. Pour plus de précisions, contactez votre opérateur. À Lima et dans les grandes villes, vous trouverez des téléphones utilisant une carte SIM pour 48 $US ; des cartes SIM sont en vente à partir de 14 $US. L'opérateur Claro est populaire dans le secteur du prépayé. Des téléphones sont en location dans les grandes villes et les centres touristiques. Sachez que la réception faiblit à mesure que l'on s'avance dans la montagne et dans la jungle.

Cartes de téléphone

Des cartes téléphoniques (*tarjetas telefónicas*) sont en vente partout. Il en existe de toutes les marques, à tous les prix. Certaines ne servent que pour les appels internationaux. Outre les cartes à puce classiques, des cartes dotées d'un code, à composer sur le clavier, s'utilisent avec presque tous les téléphones.

Toilettes

La plomberie péruvienne laisse quelque peu à désirer. Évitez de jeter quoi que ce soit, y compris du papier, dans la cuvette des toilettes. Une poubelle est en général prévue à cet effet. Dans les établissements bien tenus, celle-ci est vidée et les toilettes sont nettoyées tous les jours. Les toilettes à la campagne sont parfois à la turque.

Hormis dans les gares, les restaurants et les musées, les toilettes publiques sont rares. Celles des gares sont souvent gardées par un employé qui réclame environ 0,50 S et vous remet quelques feuilles de papier hygiénique. Toutefois, ce dernier étant rarement à disposition, mieux vaut transporter un rouleau avec soi.

Travailler au Pérou

Il devient de plus en plus difficile d'obtenir un permis de séjour et de travail, et par conséquent de trouver un emploi dans le pays. Des écoles de langues embauchent néanmoins illégalement des étrangers de langue maternelle anglaise pour donner des cours et mettent parfois des annonces à cet effet. Mais d'une façon générale, mieux vaut compter sur le bouche-à-oreille et s'attendre à un salaire bas. Une expérience de l'enseignement constitue bien sûr un atout supplémentaire.

Les écoles étrangères de Lima emploient parfois des professeurs, à condition qu'ils aient présenté leur candidature à l'avance. Le salaire est alors bien supérieur à celui des écoles de langues ; les établissements pourront vous aider à obtenir un visa de travail si vous voulez rester. En France, contactez l'**Agence pour l'enseignement français à l'étranger** (AEFE ; ☎01 53 69 30 90 ; www.aefe.fr ; 19-21 rue du Colonel-Pierre-Avia, 75015 Paris), dont le site Internet offre de nombreux liens utiles. À Lima, le club South American Explorers et les centres culturels internationaux ont parfois des contacts avec des écoles qui cherchent des professeurs.

La plupart des autres emplois (barman, employé d'hôtel, guide de jungle, etc.) s'obtiennent par connaissance. Sachez toutefois que les opportunités sont limitées. Pour des stages et des emplois de courte durée dans des associations humanitaires, reportez-vous p. 546.

Voyager en solo

Les principaux sites touristiques péruviens se prêtent idéalement à ce type de voyage. Les auberges bon marché avec cuisine commune favorisent les échanges et quantité d'écoles de langues, de tour-opérateurs et d'associations humanitaires offrent de nombreuses opportunités de rencontrer du monde.

Ailleurs, ce type d'infrastructures se fait plus rare et vous passerez donc sûrement plus de temps seul. Il est déconseillé d'entreprendre de longs treks dans la nature seul.

Les risques sont plus élevés pour les femmes que pour les hommes solitaires.

Femmes seules

Le machisme est bien vivace en Amérique latine. Les désagréments pour la majorité des femmes voyageant au Pérou se limitent à s'entendre appeler *mi amor* ou à se faire siffler. En revanche, si vous êtes blonde à la peau claire, attendez-vous à devenir le centre de l'attention. Les hommes péruviens considèrent les femmes étrangères plus libérées et disponibles que les Péruviennes et font souvent aux femmes seules des avances.

Regards appuyés et sifflets sont monnaie courante dans la rue et il ne faut guère s'en formaliser. Beaucoup d'hommes lancent souvent des *piropos* (des "compliments" impertinents, explicites, voire vulgaires) qui ne se veulent pas insultants. Ils ne poursuivent pour ainsi dire jamais leur babillage (à moins qu'ils considèrent que vous avez porté atteinte à leur virilité). La meilleure réaction consiste en principe à ignorer les provocations et à détourner le regard. Face à un prétendant particulièrement insistant, roulez des yeux ou refroidissez ses ardeurs avec une phrase du type *soy casada* ("je suis mariée"). Vous pouvez aussi faire appel aux habitants, car la plupart des Péruviens se montrent protecteurs avec les femmes seules, bien que surpris ou inquiets d'apprendre que vous voyagiez sans famille ni mari.

Il n'est pas rare de voir de beaux parleurs, surtout dans les villes touristiques telles que Cuzco, tenir la jambe à des *gringas* sans se soucier du manque d'intérêt qu'elles leur portent. Beaucoup de ces dons Juans ne cherchent qu'à se faire payer à manger : prenez les déclarations d'amour éternel avec prudence.

Faites preuve de bon sens dans les lieux publics. Au Pérou, en dehors des grandes villes, rares sont les femmes qui prennent une bière seules dans un bar... hormis les prostituées. Si vous avez envie d'un cocktail en soirée, optez plutôt pour un restaurant. De même, la consommation excessive d'alcool peut être interprétée par certains hommes comme un signe invitant à aller plus loin. Si vous rencontrez un homme et que vous ne recherchez qu'une relation amicale, soyez claire. Cela est d'autant plus valable pour les guides de circuits organisés ou d'autres activités. Évitez également d'indiquer à quelqu'un que vous venez de rencontrer où vous logez avant d'être sûre qu'il s'agit d'une personne de confiance.

Dans les villes des hauts plateaux, les femmes s'habillent de façon plutôt traditionnelle et préfèrent les jupes longues aux shorts, peu fréquents. Les pantalons ne posent aucun problème. En revanche, les shorts, les minijupes et les chemisiers transparents peuvent attirer sans le vouloir l'attention.

Comme partout ailleurs, les viols et les agressions existent. Usez de bon sens et appliquez ces quelques conseils :

» Oubliez l'auto-stop.

» Ne montez pas dans des taxis non officiels, surtout la nuit (les taxis officiels ont une licence collée au pare-brise).

» Évitez de marcher seule la nuit dans des endroits que vous ne connaissez pas.

» Si un inconnu vous pose une question dans la rue, répondez uniquement si vous vous sentez à l'aise, mais ne vous arrêtez pas de marcher, car cela permettrait à des agresseurs éventuels de vous encercler.

» Évitez les bus de nuit dans les zones de banditisme.

» Restez vigilante : des agressions ont eu lieu en plein jour près de sites et de sentiers de randonnées très touristiques.

» Lorsque vous louez les services d'un guide pour un circuit ou des activités, passez par une agence recommandée et fiable.

Les victimes d'agressions sexuelles peuvent porter plainte au commissariat le plus proche ou auprès de la police touristique. Sachez qu'en la matière les Péruviens ont tendance à favoriser l'agresseur plus que la victime. Le viol est souvent considéré comme un déshonneur, et il est difficile d'engager des poursuites judiciaires. Jusqu'à récemment, un violeur pouvait échapper à sa peine en épousant sa victime, ce que cette dernière était souvent poussée à faire par sa propre famille. La police n'étant pas d'un grand secours dans ce cas précis, nous vous recommandons de contacter la représentation diplomatique de votre pays (p. 544) afin de prendre conseil, notamment pour savoir où recevoir des soins médicaux, ce qui doit être la priorité.

Au niveau pratique, les tampons hygiéniques ne se trouvent pas facilement dans les petites villes. Faites des provisions dans les grandes villes ou renseignez-vous sur le **Keeper** (www.thekeeper.com), une coupelle menstruelle qui pourrait vous changer la vie en voyage. La pilule et autres moyens de contraception (y compris les préservatifs) sont rares en dehors des métropoles et pas toujours fiables. Mieux vaut prévoir. Le taux de contamination par le sida est en hausse, surtout chez les femmes jeunes. L'avortement n'est pas autorisé, sauf pour sauver la vie de la mère.

En cas de besoin, les organismes suivants sauront vous conseiller :

Centro de La Mujer Peruana Flora Tristán (☎01-433 1457 ; www.flora.org.pe ; Parque Hernán Velarde 14, Lima ; ⊙13h-17h lun-ven). Cet organisme féministe à vocation sociale et politique œuvre pour la défense des femmes et des droits de l'homme au Pérou. Il possède un site en espagnol et une bibliothèque à Lima.

Instituto Peruano de Paternidad Responsable (Inppares ; ☎01-640 2000 ; www.inppares.org). Une organisation affiliée au planning familial, qui gère dans tout le pays, notamment à Lima, une dizaine de cliniques spécialisées dans les problèmes liés à la sexualité et à la procréation, pour les hommes comme pour les femmes.

Transports

DEPUIS/VERS LE PÉROU

Entrer au Pérou

Pour entrer au Pérou, il suffit de disposer d'un passeport valable au moins six mois après la date de retour. Pour plus de détails, reportez-vous à la rubrique *Formalités et visas* (p. 551).

Il arrive que l'immigration n'accorde qu'un permis de 30 jours (au lieu des 90 jours standard). Dans ce cas, si vous souhaitez rester plus longtemps, indiquez à l'officier la durée prévue de votre séjour en la justifiant, si possible, avec votre billet de retour.

Bien que la corruption soit sanctionnée au Pérou, certains fonctionnaires aux frontières terrestres tentent d'arrondir leurs fins de mois en exigeant un pot-de-vin (*coima*).

Voie aérienne

L'Amérique du Sud est une destination relativement coûteuse depuis presque toutes les régions du globe. Au Pérou, la haute saison pour les transports aériens se situe entre fin mai et début septembre, et aux environs des principales fêtes (voir p. 554). On peut parfois bénéficier de tarifs réduits le reste de l'année. La plupart des compagnies aériennes accordent des réductions aux moins de 26 ans et aux étudiants en possession d'une carte internationale.

Une taxe de départ internationale de 31 $US est maintenant généralement incluse dans le prix des billets. Il est indispensable de confirmer votre vol de retour 72 heures à l'avance, par téléphone ou sur Internet, faute de quoi vous risquez d'être rayé de la liste. Si vous voyagez dans des régions reculées, recourez à une agence de voyages fiable pour le faire.

Pour les voyageurs visitant plusieurs pays sur divers continents, les billets tour du monde sont la meilleure option possible. Les itinéraires comprennent habituellement cinq escales minimum, avec des destinations inhabituelles comme Tahiti. Les tarifs sont très variables et ce type de billet implique beaucoup de conditions, lisez le contrat attentivement et intégralement.

Aéroports et compagnies aériennes

Situé dans la ville portuaire de Callao, l'**Aeropuerto Internacional Jorge Chávez** (code LIM ; ☎01-517-3100 ; www.lap.com.pe ; Callao) possède des terminaux rénovés étincelants où les services abondent. Il constitue une importante plaque tournante aérienne desservie par des vols en provenance d'Amérique du Nord et d'Amérique latine, ainsi que trois vols directs depuis l'Europe (Paris, Madrid et Amsterdam). Pour connaître les horaires des vols intérieurs et internationaux, consultez le site Internet de l'aéroport, ou appelez le ☎01-511 6055. Pour les liaisons aériennes depuis/vers Lima, reportez-vous p. 98 ; pour la desserte de l'aéroport, voir p. 99. Le seul autre aéroport international du pays est celui de Cuzco (p. 233), avec des vols pour La Paz (Bolivie).

COMPAGNIES AÉRIENNES

Les numéros de téléphone et les adresses listés ci-dessous concernent les bureaux situés à Lima. Pour appeler depuis une autre région, ajoutez le ☎01.

Il est conseillé de téléphoner avant de se déplacer ou de consulter un annuaire à la rubrique *Líneas Aéreas*, car les adresses changent fréquemment.

Aerolineas Argentinas (code ARG ; ☎513-6565 ; www.aerolineas.com.ar/ar/pe)

Aeroméxico (code AMX ; ☎705-1111 ; www.aeromexico.com)

Air Canada (code ACA ; ☎626-0900 ; www.aircanada.com)

Air Europa (code AEA ; ☎652-7373 ; www.aireuropa.com)

AVERTISSEMENT

Les informations contenues dans ce chapitre sont particulièrement susceptibles de changements. Vérifiez directement auprès de la compagnie aérienne ou de l'agence de voyages les modalités d'utilisation de votre billet d'avion. N'hésitez pas à comparer les prestations. Les détails fournis ici doivent être considérés à titre indicatif et ne remplacent en rien une recherche personnelle attentive.

Air France (code AFR ; ☎213-0200 ; www.airfrance.com)

Alitalia (code AZA ; ☎241-1026 ; www.alitalia.it)

American Airlines (code AAL ; ☎211-7000 ; www.aa.com)

Avianca (code AVA ; ☎440-4104 ; www.avianca.com)

Copa Airlines (code CMP ; ☎610-0808 ; www.copaair.com)

Delta Airlines (code DAL ; ☎211-9211 ; www.delta.com)

Iberia (code IBE ; ☎411-7800 ; www.iberia.com.pe)

KLM (code KLM ; ☎213-0200 ; www.klm.com)

LAN (code LPE ; ☎213-8200 ; www.lan.com)

Spirit Airlines (code SIP ; ☎517-2563 ; www.spirit.com)

TACA (code TAI ; ☎511-8222 ; www.taca.com)

TAM (code TAE ; ☎202-6900 ; www.tam.com.br)

United Airlines (code UAL ; ☎712-9230 ; www.united.com)

Depuis l'Europe continentale

Il n'existe pas de vol direct pour le Pérou au départ de la Belgique ou de la Suisse. Air France propose 5 vols directs par semaine au départ de Paris (à partir de 900 € environ, 12-13 heures de vol). Quelques compagnies, comme Iberia, assurent des vols directs pour Lima au départ de Madrid (à partir de 1 100 € environ, 11-12 heures de vol). KLM propose des vols directs depuis Amsterdam (à partir de 1 400 € environ, 12-13 heures de vol). Il se révèle souvent moins cher de transiter par les États-Unis ou l'Amérique du Sud. Voici quelques adresses d'agences et de transporteurs :

DEPUIS LA FRANCE

Les allers-retours avec escale(s) les plus économiques au départ de Paris commencent à un peu plus de 600 € environ.

Air France (☎numéro court 36 54 ; www.airfrance.fr)

American Airlines (☎0 826 46 09 50 ; www.americanairlines.fr ; 32 bis rue Victor-Hugo, 92800 Puteaux)

Delta Air Lines (☎0 892 702 609 ; www.delta.com ; 2 rue Robert-Esnault-Pelterie, 75007 Paris)

Iberia (☎0 825 800 965 ; www.iberia.com)

Les Connaisseurs du voyage Paris (☎01 53 95 27 00 ; www.connaisseursvoyage.fr ; 10 rue Beaugrenelle, 75015 Paris) ; Marseille (☎04 91 92 08 91 ; www.connaisseursvoyage.fr ; 71 rue de Lodi, 13006 Marseille)

Nouvelles Frontières (☎0 825 000 747 ; www.nouvelles-frontieres.fr)

Thomas Cook (☎0 826 826 777 ; www.thomascook.fr)

Voyageurs du Monde Paris (☎01 42 86 16 00 ; www.vdm.com)

DEPUIS LA BELGIQUE

Les allers-retours avec escale(s) les moins chers au départ de Bruxelles commencent autour de 700 € environ.

Airstop (☎070-233 188 ; www.airstop.be)

Connections (☎070-23 33 13 ; www.connections.be)

Éole (☎Bruxelles 02-672 35 03 ; www.voyageseole.be)

DEPUIS LA SUISSE

Les allers-retours avec escale(s) les plus économiques au départ de Genève coûtent environ 900 FS.

STA Travel (☎058 450 49 49 ; www.statravel.ch)

Swiss (☎0848 700 700 ; www.swiss.com)

Jerrycan (☎022-346 92 82 ; www.jerrycan-travel.ch ; 11 rue Sautter, Genève 1205)

Depuis le Canada

S'il existe des liaisons directes Toronto-Lima, la plupart des vols impliquent un changement aux États-Unis ou à Mexico.

Air Canada (☎888 247 2262 ; www.aircanada.ca). Vols directs au départ de Toronto à partir de 850 $C environ.

eXito (☎800 670 2605 ; www.exitotravel.com). Spécialiste de l'Amérique du Sud.

Travel Cuts – Voyages Campus (☎800 667 2887 ; www.travelcuts.com)

Depuis l'Amérique latine

Des vols directs relient le Pérou à de nombreuses villes d'Amérique latine, dont Bogotá, Buenos Aires, Caracas, Guayaquil

AGENCES EN LIGNE

Vous pouvez réserver votre vol via une agence en ligne ou vous renseigner auprès d'un comparateur de vols :

» www.anyway.com

» www.ebookers.fr

» www.illicotravel.com

» www.sprice.fr

» www.opodo.fr

» www.voyages-sncf.com

» http://voyages.kelkoo.fr

» www.govoyage.com

(Équateur), La Paz, Mexico, Panama City, Quito, Rio de Janeiro, San José (Costa Rica), Santiago du Chili et São Paulo. LAN, Copa et TACA sont les principales compagnies sud-américaines desservant Lima.

Agences recommandées :

ASATEJ Viajes (www.asatej.com). En Argentine, au Mexique et en Uruguay.

Student Travel Bureau (STB ; ☎11-3038-1551 ; www.stb.com.br). Au Brésil.

Voies terrestre et fluviale

Aucune route ne traversant le "Bouchon de Darién", la zone frontalière entre le Panamá et la Colombie, il est impossible de rejoindre l'Amérique du Sud par voie terrestre depuis le nord, à moins de passer une semaine à traverser à pied une jungle marécageuse et infestée de trafiquants de drogues. Aussi gagner le Pérou en voiture depuis les États-Unis ou l'Amérique centrale se révèle-t-il une entreprise coûteuse.

Voyager par voie terrestre depuis la Bolivie, le Brésil, le Chili, la Colombie et l'Équateur se révèle souvent moins sûr et plus compliqué que prévu. Pour des informations concernant les visas, les bureaux de l'immigration et les formalités douanières, reportez-vous p. 551.

Ormeño (☎01-472-1710 ; www.grupo-ormeno.com.pe) est la principale compagnie de bus à proposer des trajets internationaux, notamment vers le Chili, l'Équateur, la Colombie, la Bolivie et l'Argentine. D'autres, plus petites, assurent aussi des liaisons transfrontalières, mais d'une façon beaucoup plus limitée. Une seule ligne ferroviaire traverse la frontière. Elle relie Tacna, sur la côte sud, à Arica, au Chili.

S'il peut être moins cher d'acheter un billet jusqu'à la frontière, de la franchir, puis d'acheter un autre billet pour continuer son voyage, il est généralement plus facile, plus rapide et plus sûr d'acheter un billet pour la totalité du trajet. C'est valable pour tous les moyens de transport. Pour les déplacements en bus, vérifiez auprès de la compagnie ce qui est inclus dans le prix, et si le voyage est direct, ou implique un changement (et une longue attente à la frontière).

Il est possible de gagner le Pérou en bateau depuis des ports de l'Amazone au Brésil, ou depuis Leticia (Colombie), de même qu'il est possible de rallier le pays par les villes côtières de la côte pacifique.

Les principaux points d'entrée et de sortie du Pérou sont présentés ci-dessous.

Depuis la Bolivie

Généralement, l'arrivée au Pérou depuis la Bolivie par voie de terre se fait via le lac Titicaca (voir l'encadré p. 182). Le passage de la frontière à Yunguyo est plus sûr et moins chaotique qu'à Desaguadero. Les moyens de transport ne manquent pas sur ces deux itinéraires, qui impliquent souvent un changement de bus à la frontière avant d'arriver à Puno. Si on aime l'aventure, on peut passer en Bolivie le long de la rive nord. Il est également faisable, mais difficile, de rejoindre la Bolivie au départ de Puerto Maldonado (voir l'encadré p. 457).

Depuis le Brésil

Il est possible de rejoindre le Pérou depuis le Brésil en passant par Iñapari (voir l'encadré p. 456). Depuis Iquitos, il est plus simple de naviguer sur l'Amazone jusqu'à Tabatinga, au Brésil, via Leticia, en Colombie. Pour plus d'informations sur les voyages en bateau, consultez l'encadré p. 492.

Depuis le Chili

Sur la route Panaméricaine, le principal poste frontière se trouve entre Arica, au Chili, et Tacna, sur la côte sud du Pérou (voir l'encadré p. 135). Les bus longue distance pour Tacna partent de Lima, d'Arequipa et de Puno. Les taxis *colectivos* (partagés) constituent le moyen le plus rapide et le plus fiable de voyager entre Tacna et Arica. Il est aussi possible de faire la traversée plus lentement, en train ; les formalités se font alors dans les gares. Les vols entre Arequipa et Tacna, peu onéreux, sont rapidement complets. Ormeño propose des bus entre Lima et Santiago, au Chili. Depuis Arequipa, Ormeño dessert Santiago et Buenos Aires, en Argentine.

Depuis la Colombie

Pour circuler entre le Pérou et la Colombie, mieux vaut passer par l'Équateur. Des bus Ormeño relient directement Lima à Bogotá, en Colombie, via l'Équateur. Il est néanmoins préférable de prévoir plusieurs étapes.

Si vous êtes dans la jungle tropicale, le plus simple est de suivre l'Amazone en bateau entre Iquitos et Leticia (Colombie), où des vols partent pour Bogotá. Pour de plus amples détails sur les formalités aux frontières, reportez-vous à l'encadré p. 457.

Depuis l'Équateur

La route Panaméricaine via Tumbes (voir l'encadré p. 366) constitue l'itinéraire classique depuis/vers l'Équateur. On peut aussi emprunter la route de La Tina à Loja, en Équateur (voir l'encadré p. 358) ou celle de Jaén (voir l'encadré p. 430). **Cifa** (☎072-52-5120) propose des bus de Tumbes, au Pérou, à Machala ou Guayaquil, en Équateur. Des bus de la compagnie **Transportes Loja** (☎073-30 5446) partent de Piura, au Pérou, pour Machala ou Loja, en Équateur. Ormeño assure une liaison hebdomadaire entre Lima et Quito.

CIRCUITS ORGANISÉS

Les personnes qui ne souhaitent pas voyager seules ou qui disposent de peu de temps pourront choisir parmi une large gamme de circuits. Être accompagné d'un bon guide est un bonus inestimable. Les circuits sont aussi une bonne occasion de pratiquer des activités de plein air très spécialisées, comme le rafting, l'alpinisme, l'observation des oiseaux ou le VTT.

Si vous voulez réserver votre circuit sur place, Lima, Cuzco, Arequipa, Puno, Trujillo, Huaraz, Puerto Maldonado et Iquitos possèdent les agences de voyages les plus efficaces. Pour des circuits plus spécifiques, en petit groupe ou à titre individuel, vous pourrez généralement contracter les services d'un guide parlant anglais (à partir de 20 $US/heure ou 80 $US/jour, hors frais ; le taux de change peut jouer sur les tarifs) ; un guide parlant français peut exiger davantage. Certains étudiants ou guides non officiels sont moins chers, mais attention, certains sont bons, d'autres beaucoup moins. Quelques guides locaux sont mentionnés dans cet ouvrage.

Pour plus de coordonnées de guides, consultez www.leaplocal.org, un site promouvant le tourisme responsable. Pour une liste des tour-opérateurs à l'aise avec la clientèle gay, voir p. 554.

Voici une sélection de tour-opérateurs proposant des séjours de tous types. L'offre est très riche. Le vol A/R est en principe compris dans les prix mentionnés. Il convient néanmoins de s'en assurer, car il existe une grande diversité de formules.

Depuis la France, la Belgique et la Suisse

Spécialistes de l'Amérique du Sud

Compagnie de l'Amérique latine et des Caraïbes (☎01 55 35 05 05 ; www.compagniesdumonde.com). Un circuit individuel de 17 jours à la découverte des cultures et des peuples du Pérou avec chauffeur et guide francophone : Lima, Huaraz, Trujillo, Chiclayo, Cuzco, vallée de l'Urubamba, Machu Picchu, lac Titicaca (à partir de 4 950 €).

Tawa (☎03 89 36 02 00 ; www.tawa.fr ; 28 rue du Sauvage, 68100 Mulhouse). Ce spécialiste de l'Amérique du Sud permet de composer son voyage sur mesure. Plusieurs formules : circuit Pérou-Bolivie, trekking dans la Cordillera Huayhuash, itinéraire combinant les grands sites culturels et un trek dans la Cordillera Blanca et circuit classique du Pacifique à Machu Picchu via Arequipa, le lac Titicaca et la vallée de l'Urubamba. Appelez pour établir un devis.

Circuits culturels

Clio (☎01 53 68 82 82 ; www.clio.fr ; 34 rue du Hameau, 75015 Paris). Un voyage culturel de 18 jours à l'occasion de l'Inti Raymi, la fête du Soleil "Le Pérou de Lima à Sipán et d'Arequipa à Cuzco et au lac Titicaca" (à partir de 5 460 €).

Trekking, alpinisme et découverte

Allibert (☎04 76 45 50 50 ; www.allibert-trekking.com). Le spécialiste de la randonnée propose une vingtaine de circuits au Pérou, de 16 à 23 jours (de 2 395 à 4 595 €). Randonnée, trekking (avec ou sans sommet et alpinisme), expédition, marche et découverte : les cordillères, le lac Titicaca, Cuzco, Nazca, le Chemin de l'Inca, Arequipa, Pisco, le Cañón del Colca, etc.

Atalante Paris (☎01 55 42 81 00 ; www.atalante.fr ; 41 bd des Capucines, 75002 Paris) ; Lyon (☎04 72 53 24 80 ; 36 quai Arloing, 69009 Lyon) ; Bruxelles (☎02 627 07 97 ; rue César Franck, 44A – B 1050 Bruxelles). Une vingtaine de séjours privilégiant l'écotourisme, qui combinent marche, visites culturelles et

VOYAGES ET CHANGEMENTS CLIMATIQUES

Tous les moyens de transport fonctionnant à l'énergie fossile génèrent du CO_2 – la principale cause du changement climatique induit par l'homme. L'industrie du voyage est aujourd'hui dépendante des avions. Si ceux-ci ne consomment pas nécessairement plus de carburant par kilomètre et par personne que la plupart des voitures, ils parcourent en revanche des distances bien plus grandes et relâchent quantité de particules et de gaz à effet de serre dans les couches supérieures de l'atmosphère. De nombreux sites Internet utilisent des "compteurs de carbone" permettant aux voyageurs de compenser le niveau des gaz à effet de serre dont ils sont responsables par une contribution financière à des projets respectueux de l'environnement. Lonely Planet "compense" les émissions de tout son personnel et de ses auteurs.

découverte de la faune et de la flore (entre 9 et 22 jours, de 895 à 3 895 €), dont un itinéraire franchissant les frontières du Chili et de la Bolivie.

Club Aventure (☎0 826 88 20 80 ; www.clubaventure.fr ; 18 rue Séguier, 75006 Paris). Les 14 voyages mêlent trek, mais aussi kayak et VTT aux sites incontournables sur des circuits de 11 à 29 jours (de 1 175 à 4 680 €). Au programme : la Cordillera Blanca, la côte, la Vallée Sacrée, les Andes, l'Amazonie, les sites mythiques, les grandes découvertes de l'Empire inca, etc.

Terres d'Aventure (www.terdav.com) France (☎0 825 700 825) ; Belgique (☎02 543 95 60) ; Suisse (☎022 518 01 28). Les sommets de légende des cordillères, la Vallée Sacrée, le lac Titicaca, Machu Picchu, l'*altiplano*, etc., pour découvrir la culture du pays et la diversité de ses milieux naturels au fil de 20 séjours, de 12 à 24 jours (de 2 250 à 4 490 €) ; un circuit inclut la Bolivie, un autre l'Équateur (Quito et les îles Galápagos).

Nomade (☎0 825 701 702 ; www.nomade-aventure.com). Les cordillères, les cités incas et les Andes, l'Amazonie : 18 voyages de 12 à 21 jours (de 2 399 à 3 849 €), dont un combiné avec la Bolivie. Également des itinéraires en indépendant.

Tamera (☎04 78 37 88 88 ; www.tamera.fr ; 26 rue du Bœuf, 69005 Lyon). Ascensions, treks et découvertes. Sept voyages au choix, de 12 à 22 jours, entre 2 250 et 3 390 € : Cuzco, Machu Picchu, les cordillères, Choquequirao, etc.

Voyageurs du Monde (☎01 42 86 16 00 ; www.vdm.com ; 55 rue Sainte-Anne, 75002 Paris). Dix-neuf formules itinérantes pour découvrir le Pérou sous différents aspects, de 8 à 15 jours (de 2 000 à 5 200 €) : Lima, le lac Titicaca, Machu Picchu, une incursion en Bolivie ou une escale aux Galápagos (en Équateur), etc.

Zig Zag (☎01 42 85 13 93 ; www.zigzag-randonnees.com ; 54 rue de Dunkerque, 75009 Paris). Une dizaine de circuits dans les cordillères, la Vallée Sacrée et les cités oubliées, de 14 à 25 jours (de 1 790 à 2 450 €).

Depuis le Canada

GAP Adventures (☎1 888 800 4100 ; www.gap.ca ; 19 Charlotte St, Toronto, ON M5V 2H5). Le leader canadien des circuits pour voyageurs à petit budget, avec hébergement, randonnées, rafting et expéditions sur l'Amazone.

Sacred Rides (☎647-999-7955, 888-423-7849 ; sacredrides.com ; 261 Markham St, Toronto, ON M6J 2G7). Ce spécialiste du VTT organise divers circuits de plusieurs jours dans les Andes péruviennes.

COMMENT CIRCULER

Le Pérou est constamment sillonné par des bus et des avions reliant les différentes villes du pays. En outre, les routes d'accès à la jungle se sont grandement améliorées. N'oubliez pas que les mauvaises conditions météorologiques peuvent entraîner l'annulation des vols et des bus. Les grèves peuvent aussi entraver les transports au niveau régional – consultez les professionnels du voyage concernant l'itinéraire que vous prévoyez d'emprunter.

Avion

Les horaires et les tarifs des vols intérieurs changent régulièrement. De nouvelles compagnies voient le jour chaque année, tandis que d'autres, peu sûres, disparaissent. Des jets modernes desservent la plupart des grandes villes ; des avions à hélices rallient quelques destinations moins importantes.

Compagnies aériennes au Pérou

La plupart des transporteurs assurent des liaisons entre Lima et les capitales régionales, mais les vols entre villes de province restent limités. Voici les compagnies intérieures les plus fiables :

LAN (code LPE ; ☎01-213-8200 ; www.lan.com). Principale compagnie péruvienne pour les vols intérieurs, elle dessert Arequipa, Chiclayo, Cuzco, Iquitos, Juliaca, Piura, Puerto Maldonado, Tacna, Tarapoto et Trujillo. Elle couvre également les lignes Arequipa-Cuzco, Arequipa-Juliaca, Arequipa-Tacna, Cuzco-Juliaca et Cuzco-Puerto Maldonado.

Peruvian Airlines (code PVN ; ☎716-6000 ; www.peruvianairlines.pe). Dessert Lima, Arequipa, Cuzco, Piura, Iquitos et Tacna.

Star Perú (code SRU ; ☎01-705-9000 ; www.starperu.com). Des vols pour Ayacucho, Cajamarca, Cuzco, Iquitos, Pucallpa, Puerto Maldonado, Talara et Tarapoto, ainsi qu'une liaison Tarapoto-Iquitos.

TACA (code TAI ; ☎01-511-8222 ; www.taca.com). Une compagnie internationale reliant Lima à Cuzco.

La plupart des compagnies nationales disposent d'agences à Lima (p. 98). Pour les bureaux des petites villes et les compagnies plus modestes, reportez-vous aux chapitres régionaux.

Accéder aux villes plus reculées nécessite une correspondance ; les petites localités ne sont pas desservies tous les jours. Leurs aéroports se résument souvent à une bande herbeuse aménagée dans la jungle.

Soyez à l'aéroport deux heures avant le décollage, car les vols sont parfois surbookés et l'enregistrement fréquemment chaotique. En outre, il est déjà arrivé que des vols partent *avant* l'heure prévue en raison de mauvaises prévisions météorologiques.

Billets et forfaits aériens

Beaucoup de voyageurs effectuent un trajet par voie terrestre et reviennent en avion pour gagner du temps. La haute saison pour les transports aériens au Pérou s'étend de fin mai à début septembre, et aux environs des grandes fêtes. Achetez vos billets pour les destinations autres que Lima et Cuzco et Arequipa aussi tôt que possible : ces vols peu fréquents sont vite complets.

Mieux vaut acheter son billet et confirmer sa réservation dans les agences des compagnies aériennes. Dans les régions reculées, adressez-vous à une agence de voyages fiable ou confirmez via Internet. On peut parfois acheter un billet à l'aéroport s'il reste des places disponibles, mais ne comptez pas trop sur cette solution. Il est quasi impossible de trouver un billet juste avant les périodes de fêtes (voir p. 554), notamment avant la Semana Santa (Semaine sainte, avant Pâques) et les

Liaisons aériennes intérieures

Fiestas Patrias (dernière semaine de juillet). Le surbooking est alors la norme.

Confirmez et *reconfirmez* vos réservations 72 heures et 24 heures avant le départ, car les compagnies refoulent facilement les voyageurs qui ne prennent pas cette précaution. La confirmation est absolument indispensable en haute saison (juin, juillet et août).

Bateau

Aucun bateau de passagers ne navigue le long des côtes. Sur les hauts plateaux, des bateaux sillonnent le lac Titicaca. De petites embarcations à moteur partent de Puno pour visiter les îles du lac, tandis que des catamarans rejoignent la Bolivie.

Le bateau constitue l'un des principaux moyens de transport dans le bassin amazonien. De grands bateaux voguent sur les rivières plus larges. Des pirogues équipées d'un moteur hors-bord font office de taxis sur les petits cours d'eau. Parfois, un système étonnant propulse la barque : il ressemble à un moteur de moto rattaché à une hélice minuscule par un arbre d'hélice de 3 m de long. Appelées *peki-pekis*, ces embarcations se révèlent aussi lentes que bruyantes. À certains endroits, on utilise des canots modernes en aluminium.

Sur l'Amazone, vous voyagerez sans doute à bord d'un cargo bananier. Ainsi, nonchalamment installé dans un hamac, vous irez de Pucallpa ou de Yurimaguas à Iquitos, puis jusqu'au Brésil (voir p. 457).

Dans les ports, des tableaux indiquent les noms des bateaux, les destinations et les heures de départ. Ces dernières sont souvent optimistes ! Le capitaine doit régler les formalités à la *capitanía* (capitainerie) le jour du départ ; renseignez-vous à la capitainerie ou directement auprès du capitaine, seules sources d'information fiables sur les horaires. Le départ dépend souvent du temps de chargement des marchandises. Habituellement, vous pouvez vous installer à bord en attendant le départ, économisant ainsi les nuits d'hôtel. Mais ne laissez jamais vos bagages sans surveillance.

Si vous utilisez votre hamac plutôt que de louer une cabine, installez-le loin de la salle des moteurs et à distance des éclairages, qui restent allumés tard le soir et attirent les insectes. Les cabines, souvent étouffantes, se ferment à clé et la température est supportable la nuit. Les installations sanitaires sont rudimentaires, mais correctes, et comprennent habituellement une douche à pompe.

Une nourriture frugale est souvent comprise dans le prix du billet ; sa qualité s'améliore sensiblement sur les grands bateaux ou en classe cabine. Les palais délicats et les estomacs fragiles emporteront des provisions. Généralement, vous trouverez à bord des sodas en bouteille à la vente.

Bus

Fréquents et confortables sur les principaux itinéraires, les bus constituent le mode de transport le plus usité des Péruviens comme des visiteurs. Les tarifs sont bon marché, les liaisons sont fréquentes sur les grands itinéraires longue distance, mais les bus sont dans des états variables.

Les routes rurales isolées sont souvent desservies par des véhicules plus vieux et délabrés. Pour être moins secoué, asseyez-vous à l'avant du bus.

La plupart des villes ne disposent pas d'une gare routière centrale. Pour un résumé des principales compagnies disposant d'un bureau à Lima, voir p. 98. Les bus partent et arrivent rarement à l'heure ; les durées moyennes de trajet indiquées dans cet ouvrage sont donc celles de conditions idéales. Les bus peuvent être considérablement retardés pendant la saison des pluies, en particulier dans les hauts plateaux et la jungle. De janvier à avril, les temps de trajet peuvent doubler ou subir des retards indéfinis en raison de glissements de terrain et du mauvais état des routes.

Des accidents mortels surviennent fréquemment au Pérou. Évitez les bus de nuit, dans lesquels les vols et agressions sont plus susceptibles de se produire.

Bagages

Surveillez attentivement vos bagages dans les gares routières. Certaines disposent de consignes.

Les sacs chargés en soute sont généralement à l'abri. Il n'en est pas de même pour les bagages à main. On peut vous voler vos biens pendant que vous dormez. N'utilisez jamais les compartiments en hauteur et n'emportez que des affaires qui tiennent à vos pieds ou sur vos genoux.

Classes

Les bus de luxe sont systématiquement appelés Imperial, Royal, Business ou Executive. Ces services express sont plus onéreux et les véhicules sont équipés de toilettes, de TV passant des vidéos et de la climatisation. Les *bus-camas* (bus-couchettes) sont dotés de sièges s'inclinant en position demi (*semi-cama*) voire complètement couchée (*cama*). Pour les trajets de moins de 6 heures, les bus *económicos*, souvent délabrés, constituent parfois la seule option possible.

Les bus longue distance sont en meilleur état et s'arrêtent le temps d'aller aux toilettes et de se restaurer dans des aires de repos. Les bus de luxe ne s'arrêtent pas mais on y distribue de médiocres en-cas. Dans les aires de repos, on trouve une nourriture bon marché mais parfois peu appétissante. Quasiment toutes les gares routières disposent de quelques kiosques vendant des produits basiques. Les services *económicos* ne s'arrêtent pas pour les repas, mais des vendeurs montent à bord pour proposer des en-cas.

Tarifs et réservations

Les horaires et les tarifs changent fréquemment et varient d'une compagnie à l'autre. Pour cette raison, les informations données dans ce guide restent approximatives. Vous pouvez consulter sur Internet les tarifs (mais pas effectuer de réservation) des principales sociétés de bus, comme **Cruz del Sur** (www.cruzdelsur.com.pe), **Ormeño** (www.grupo-ormeno.com), **Transportes Línea** (www.transporteslinea.com.pe) et **Oltursa** (www.oltursa.com.pe).

En période creuse, des compagnies offrent des tarifs réduits. À l'inverse, les prix peuvent doubler aux alentours des jours fériés. Pour les voyages longue distance ou de nuit, ou si vous vous rendez dans un lieu isolé et mal desservi, mieux vaut l'acheter la veille, au plus tard. La plupart des agences de voyages se chargent de réserver, mais prélèvent une commission. Hormis à Lima, il revient moins cher de prendre un taxi jusqu'à la gare routière pour s'en occuper directement.

En stop

Quel que soit le pays, le stop présente toujours des dangers et nous ne le recommandons jamais. Les voyageurs qui optent pour ce mode de déplacement doivent savoir qu'ils prennent des risques potentiellement sérieux. Mieux vaut toujours faire du stop à deux et informer une tierce personne de la destination prévue. Le stop se pratique peu au Pérou, où les voitures privées sont rares et les transports publics bon marché. Dans les régions reculées, des camions remplacent les bus.

Train

Le service de chemin de fer privatisé, **Perúrail** (☎084-58-1414 ; www.perurail.com), relie Cuzco à Aguas Calientes (pour Machu Picchu) chaque jour et Cuzco à Puno, sur les rives du lac Titicaca, trois fois par semaine ; pour plus de détails, reportez-vous p. 235. La ligne Arequipa-Puno a été suspendue, mais devrait fonctionner à nouveau sous forme de charter. Deux nouvelles compagnies compétitives assurent maintenant aussi une liaison entre Cuzco et Aguas Calientes.

Les passionnés de trains ne manqueront pas le délicieux **Ferrocarril Central Andino** (☎01-226-6363 ; www.ferrocarrilcentral.com.pe), qui atteint l'altitude étourdissante de 4 829 m. Il circule généralement entre Lima (p. 99) et Huancayo toutes les semaines de mi-avril à octobre. À Huancayo, des trains moins chers pour Huancavelica partent chaque jour d'une gare différente. Pour plus de détails sur ces deux liaisons, voir p. 293. La ligne de chemin de fer à bas prix entre Tacna, sur la côte sud du Pérou, et Arica, au Chili (p. 138), est également pleine de charme.

Transports urbains

Dans la plupart des villes, il est facile de se déplacer à pied ou en taxi. Les bus locaux, *micros* et *combis* ne sont pas toujours simples à utiliser, mais leurs tarifs sont imbattables.

Bus

Les bus locaux sont lents, bondés mais bon marché. Renseignez-vous auprès des habitants, car, dans la plupart des villes, les lignes de bus ne sont pas clairement indiquées.

Une solution plus rapide et plus aventureuse consiste à prendre des *micros* ou *combis*, parfois appelés *colectivos* (ce terme désigne plus souvent des taxis). Il s'agit de minibus remplis à craquer. Ils sont identifiables grâce à leurs autocollants et à l'indication de leur destination sur le pare-brise. On peut leur faire signe et se faire déposer n'importe où. Un employé se penche généralement à la fenêtre et crie les destinations. Une fois à bord, asseyez-vous rapidement ou préparez-vous à rester debout ou accroupi. Le receveur viendra prendre votre argent ; à défaut, vous paierez en sortant. La sécurité n'est pas une priorité pour les chauffeurs de *combis*. Le seul siège où l'on peut s'attacher est le siège avant, à éviter en cas de collision frontale (cela arrive).

Taxi

Les taxis semblent omniprésents dans les villes péruviennes. Les véhicules non officiels sont reconnaissables au petit autocollant sur le pare-brise. Plus chers et plus fiables, les taxis officiels arborent le numéro éclairé de leur compagnie sur le toit ; ils se contactent par téléphone.

Renseignez-vous sur les prix des courses et négociez avant le départ, car les taxis ne possèdent pas de compteur. Dans la plupart des villes, le prix standard pour un court trajet ne dépasse pas 5 S. Le pourboire n'est pas une pratique courante, à moins d'avoir loué le taxi pour une longue durée ou si le chauffeur vous a aidé à transporter vos bagages ou autres.

Louer un taxi pour de longues distances coûte moins cher que la location d'une voiture, et évite la plupart des inconvénients qui lui sont liés. Tous les taxis n'acceptent pas les longues courses. Vérifiez les papiers du chauffeur avant de vous engager.

Vélo

La circulation automobile chaotique constitue le principal désagrément – et danger – pour les cyclistes au Pérou. Les étroites routes à deux voies sont spécialement redoutables. Vous prendrez plus de plaisir et moins de risques en évitant les grands axes. Vu le mauvais état des routes, préférez un VTT. Pour plus de détails sur les VTT et les circuits cyclables au Pérou, voir p. 35.

Vous trouverez des vélos de location (surtout des VTT) à des tarifs raisonnables dans les grands sites touristiques comme Cuzco, Arequipa, Huaraz et Huancayo, pour circuler dans les alentours. Si vous souhaitez parcourir le pays à vélo, apportez le vôtre.

Les compagnies aériennes diffèrent pour les conditions de transport des bicyclettes : renseignez-vous et comparez.

Voiture et moto

Au Pérou, les distances sont longues ; le mieux est donc de se rendre dans une région donnée en bus ou en avion, puis de louer une voiture une fois sur place. Louer un taxi est souvent moins cher et plus facile.

Aux points de contrôle, où policiers et militaires vérifient soigneusement les papiers, il arrive parfois que des automobilistes péruviens glissent de l'argent dans la main d'un fonctionnaire. Il ne s'agit pas alors d'un pot-de-vin (illégal), mais d'un "cadeau" ou d'une "amende immédiate", permettant de poursuivre son chemin. Pour plus de conseils sur les questions juridiques, voir p. 555.

Location

Les principales sociétés de location de voiture sont représentées à Lima (voir p. 99) et dans quelques grandes villes. Louer une moto se révèle surtout intéressant dans les villes de la jungle pour de courtes virées dans les environs à travers pistes, mais guère au-delà.

Les locations de voitures économiques commencent à 25 $US par jour, auxquels il faut ajouter la taxe de vente de 19%, le rachat de franchise, l'assurance personnelle en cas d'accident, etc. Au final, l'addition peut dépasser 100 $US par jour, sans compter le dépassement kilométrique. Les 4x4 coûtent plus cher.

Assurez-vous de bien comprendre le contrat avant de signer. Vous devrez posséder une carte de crédit et être âgé de plus de 25 ans.

Permis de conduire

Un permis de conduire national suffit pour louer une voiture. Le permis international n'est nécessaire que pour une durée excédant 30 jours.

Sécurité et code de la route

Gardez à l'esprit que l'état des voitures de location laisse souvent à désirer, que les routes sont criblées de nids-de-poule (même la Panaméricaine) et que l'essence coûte cher. Par ailleurs, certains conducteurs font preuve d'agressivité, ne respectant pas toujours les limitations de vitesse, les panneaux et les feux. Enfin, il arrive fréquemment que la signalisation soit trop petite et confuse.

La conduite se fait à droite. Le mauvais état des routes, la rapidité des bus et la lenteur des camions mal éclairés rendent dangereuse la conduite de nuit.

Étant donné la fréquence des vols, évitez de garer votre véhicule dans la rue. Si vous vous arrêtez pour la nuit, stationnez dans un parking surveillé (disponible dans les bons hôtels).

Les stations-service (*grifos*) sont rares et très espacées.

Santé

Le Pérou se situe dans la région tropicale de l'Amérique du Sud, qui englobe la plus grande partie du continent à l'exception de son extrémité sud. Les maladies rencontrées ici sont donc comparables à celles des régions tropicales d'Afrique et d'Asie. Les plus importantes sont celles qui sont transmises par les moustiques, comme le paludisme, la fièvre jaune et la dengue, peu courantes dans les régions tempérées du pays.

Trousse médicale de voyage

Veillez à emporter avec vous une petite trousse à pharmacie contenant quelques produits indispensables. Certains ne sont délivrés que sur ordonnance médicale. Attention, les liquides et les objets contondants sont interdits en cabine.

» Des antibiotiques, à utiliser uniquement aux doses et aux périodes prescrites. Il n'est pas absurde de demander à votre médecin traitant de vous en prescrire pour le voyage

» Un antidiarrhéique, en cas de forte diarrhée, surtout si vous voyagez avec des enfants

» Un antihistaminique en cas de rhumes, allergies, piqûres d'insectes, mal des transports – évitez de boire de l'alcool

» Un antiseptique ou un désinfectant pour les coupures, les égratignures superficielles et les brûlures, ainsi que des pansements gras pour les brûlures

» De l'aspirine ou du paracétamol (douleurs, fièvre)

» Une bande Velpeau et des pansements pour les petites blessures

» Une paire de lunettes de secours (si vous portez des lunettes ou des lentilles de contact) et la copie de votre ordonnance

» Un produit contre les moustiques, un écran total, une pommade pour soigner les piqûres et les coupures et des comprimés pour stériliser l'eau

» Une paire de ciseaux à bouts ronds, une pince à épiler et un thermomètre à alcool

» Une petite trousse de matériel stérile comprenant une seringue, des aiguilles, du fil à suture, une lame de scalpel et des compresses

» Des préservatifs

Vaccins

Plus vous vous éloignez des circuits classiques, plus il faut prendre vos précautions. Faites inscrire vos vaccinations dans un carnet international de vaccination que vous pourrez vous procurer auprès de votre médecin ou d'un centre.

Le ministère des Affaires étrangères effectue une veille sanitaire et met régulièrement en ligne (www.diplomatie.gouv.fr/voyageurs) des recommandations concernant les vaccinations.

Planifiez vos vaccinations à l'avance (au moins six semaines avant le départ), car certaines demandent des rappels ou sont incompatibles entre elles. Les vaccins ont des durées d'efficacité très variables ; certains sont contre-indiqués pour les femmes enceintes.

AVERTISSEMENT

La santé en voyage dépend du soin avec lequel on prépare le départ et, sur place, de l'observance d'un minimum de règles quotidiennes. Les risques sanitaires sont généralement faibles si une prévention minimale et les précautions élémentaires d'usage ont été envisagées avant le départ.

Seul le vaccin contre la fièvre jaune est obligatoire pour entrer au Pérou, et uniquement si vous venez d'un pays d'Afrique ou d'Amérique contaminé. Il est toutefois vivement recommandé pour voyager en Amazonie (de même que le traitement antipaludéen). D'autres vaccins sont également conseillés, notamment ceux de l'hépatite A, de l'hépatite B et de la typhoïde (en fonction de la durée et des modalités de séjour).

Voici les coordonnées de quelques centres de vaccination :

Centre médical de l'Institut Pasteur (☎0 890 71 08 11 ; www.pasteur.fr/sante ; 209-211 rue de Vaugirard, 75015 Paris)

Air France (☎01 43 17 22 00 ; http://centredevaccination-airfrance-paris.com ; 148 rue de l'Université, 75007 Paris)

Centre de vaccinations ISBA (☎04 72 76 88 66 ; www.isbasante.com ; 7 rue Jean-Marie-Chavant, 69007 Lyon). Autres centres en France. Coordonnées sur le site Internet.

Hôpital Nord – centre de santé des voyageurs (☎04 91 96 89 11 ; www.ap-hm.fr/mit ; Pavillon des maladies infectieuses et tropicales, chemin des Bourrely, 13915 Marseille).

Vous trouverez la liste complète de ces centres en France sur le site du ministère des Affaires étrangères.

Santé en ligne

Il existe de très bons sites Internet consacrés à la santé en voyage. Avant de partir, vous pouvez consulter, outre les conseils en ligne du ministère des Affaires étrangères (voir plus haut), le site très complet du ministère de la Santé (www.sante.gouv.fr). Sur les maladies rares, vous pouvez vous informer sur le site www.orpha.net, constitué d'une encyclopédie en ligne rédigée par des experts européens.

Disponibilité et coûts des soins médicaux au Pérou

Lima compte plusieurs bonnes cliniques médicales qui accueillent les urgences 24h/24. Elles fonctionnent aussi comme des hôpitaux et proposent des consultations avec des spécialistes. Un guide répertorie les différents services et professionnels de santé, en anglais, sur le site Internet de l'**ambassade américaine** (http://lima.usembassy.gov/acs_peru.html). Il risque d'être plus difficile d'obtenir des soins médicaux de qualité dans d'autres villes. Cela devient tout à fait impossible dans les zones rurales.

La plupart des médecins et des hôpitaux préfèrent être payés en espèces, que vous soyez couvert par une assurance ou non. Si vous êtes atteint d'une affection pouvant être mortelle, vous souhaiterez sûrement être évacué vers un pays disposant de services médicaux de pointe. Comme cela peut coûter des milliers de dollars, vérifiez avant votre départ que ces frais sont pris en charge par votre assurance.

Au Pérou, les pharmacies s'appellent *farmacias* ou *boticas* et se distinguent par une croix verte ou rouge exposée en vitrine. Elles sont habituellement fiables et vendent la plupart des médicaments disponibles dans les autres pays.

CONSEILS AUX VOYAGEURS

La plupart des gouvernements possèdent des sites Internet qui effectuent une veille sanitaire et mettent régulièrement en ligne des recommandations concernant les vaccinations.

Belgique (www.diplomatie.be/)

Canada (www.voyage.gc.ca)

France (www.france.diplomatie.fr)

Suisse (www.eda.admin.ch/eda)

Maladies infectieuses et transmises par les insectes

Beaucoup des maladies qui suivent sont inoculées par les moustiques. Prenez les précautions qui s'imposent pour éviter d'être piqué (encadré ci-contre), ce qui vous protégera aussi contre d'autres infections liées aux insectes, comme la bartonellose (fièvre d'Oroya), la leishmaniose et la trypanosomiase américaine (maladie de Chagas).

Choléra

Le choléra sévit régulièrement au Pérou, mais se rencontre rarement parmi les voyageurs. Le vaccin n'est plus obligatoire pour entrer dans le pays. Il n'est d'ailleurs plus disponible dans certains pays, dont la France, en raison de sa faible efficacité.

Les cas de choléra sont généralement signalés à grande échelle dans les médias, ce qui permet d'éviter les régions concernées. Prenez donc toutes les précautions alimentaires nécessaires. Symptômes : diarrhée soudaine, selles très liquides et claires, vomissements,

SE PROTÉGER DES MOUSTIQUES

Hormis les traitements préventifs, la protection contre les piqûres de moustique est le premier moyen d'éviter d'être contaminé par le paludisme. Le soir, dès le coucher du soleil, couvrez vos bras et surtout vos chevilles, mettez de la crème anti-moustique. Les moustiques sont parfois attirés par le parfum ou l'après-rasage.

En dehors du port de vêtements longs, l'utilisation d'insecticides ou de répulsifs à base de DEET (de type Cinq sur Cinq) sur les parties découvertes du corps est à recommander.

En vente en pharmacie, les moustiquaires constituent en outre une protection efficace, à condition qu'elles soient imprégnées d'insecticide. De plus, ces moustiquaires sont radicales contre tout insecte à sang froid (puces, punaises, etc.) et permettent d'éloigner serpents et scorpions.

Notez enfin que, d'une manière générale, le risque de contamination est plus élevé en zone rurale et pendant la saison des pluies.

crampes musculaires et extrême faiblesse. Il faut consulter un médecin ou aller à l'hôpital au plus vite, mais on peut commencer à lutter immédiatement contre la déshydratation qui peut être très forte. Une boisson à base de cola salée, dégazéifiée et diluée au 1/5 ou encore du bouillon bien salé seront utiles en cas d'urgence.

Dengue

Cette infection virale, répandue dans toute l'Amérique du Sud, se transmet par les moustiques aèdes. Ceux-ci piquent habituellement dans la journée et vivent souvent à proximité ou à l'intérieur des habitats humains. Ils se multiplient dans les conteneurs artificiels d'eau, tels que bidons, citernes, tonneaux métalliques, récipients en plastique et pneus abandonnés. Les environnements urbains à forte densité, Lima et Cuzco inclus, sont particulièrement exposés.

Il n'existe pas de traitement prophylactique contre cette maladie. Poussée de fièvre, maux de tête, douleurs articulaires et musculaires précèdent une éruption cutanée sur le tronc qui s'étend ensuite aux membres puis au visage. Au bout de quelques jours, la fièvre régresse, et la convalescence commence. Les complications graves sont rares.

Fièvre jaune

La fièvre jaune est une maladie infectieuse grave transmise par des moustiques vivant dans des régions boisées. La vaccination assure une protection durant une dizaine d'années. Elle doit être pratiquée au moins dix jours avant toute exposition potentielle et ne peut être effectuée que dans des centres spécialisés.

Les premiers symptômes ressemblent à ceux de la grippe. Généralement, ces symptômes régressent au bout de quelques jours. Cependant, environ une personne sur six entre dans une deuxième phase, caractérisée par une fièvre récurrente, des vomissements, de l'apathie, une jaunisse, une défaillance rénale et des hémorragies pouvant entraîner la mort dans la moitié des cas. Il n'existe aucun traitement sinon symptomatique.

Le vaccin est donc vivement recommandé à tous ceux qui se rendent dans des zones de jungle du Pérou à moins de 2 300 m d'altitude. La plupart des cas ont été rencontrés dans les départements de la jungle centrale. Les autorités demandent une attestation de vaccination à tous les voyageurs provenant d'un pays d'Afrique ou d'Amérique où cette maladie est endémique.

Paludisme

Le paludisme, ou malaria, est transmis par un moustique, l'anophèle, dont la femelle pique surtout la nuit, entre le coucher et le lever du soleil. La transmission du paludisme a disparu en zone tempérée, régressé en zone subtropicale, mais reste incontrôlée en zone tropicale. Un traitement antipaludéen est fortement recommandé pour le Pérou, excepté à Lima et ses environs, sur la côte sud et dans les régions montagneuses (y compris Cuzco, le lac Titicaca et Arequipa). Toutes les régions du pays sont classées en zone 1 (zone affectée mais sans résistance à la chloroquine) par les autorités sanitaires françaises, sauf l'Amazonie, qui est classée en zone 3 (zone de prévalence élevée de chloroquinorésistance).

Le paludisme survient généralement dans le mois suivant le retour de la zone d'endémie. Symptômes : maux de tête, fièvre et troubles digestifs. Non traité, il peut avoir des suites graves, parfois mortelles. Il existe différentes espèces de paludisme et le traitement devient de plus en plus difficile à mesure que la résistance du parasite aux médicaments gagne en intensité.

Si vous voyagez dans des régions où la maladie est endémique, il faut absolument suivre un traitement préventif (uniquement sur ordonnance), qu'il faut en général poursuivre après le retour. Indispensable également : vous protéger des moustiques (voir l'encadré ci-dessus).

Tout voyageur atteint de fièvre ou montrant les symptômes de la grippe doit se faire examiner. Il suffit d'une analyse de sang pour établir le diagnostic. Contrairement à certaines croyances, une crise de paludisme ne signifie pas que l'on est touché à vie.

Typhoïde

Cette maladie se transmet par de l'eau ou de la nourriture contaminées par des matières fécales humaines. La fièvre et une éruption rose sur l'abdomen sont généralement les premiers symptômes, qui s'accompagnent parfois d'une septicémie (empoisonnement du sang). Le vaccin contre la typhoïde protège pendant trois ans.

Affections liées à l'environnement

Coup de chaleur et coup de soleil

De longues périodes d'exposition à des températures élevées peuvent vous rendre vulnérable au coup de chaleur. Cet état grave survient quand le mécanisme de régulation thermique du corps ne fonctionne plus : la température s'élève alors de façon dangereuse. Évitez l'alcool et les activités fatigantes lorsque vous arrivez dans un pays à climat chaud. Symptômes : malaise général, transpiration faible ou inexistante et forte fièvre (39 à 41°C) et céphalée lancinante, difficultés à coordonner ses mouvements, signes de confusion mentale ou d'agressivité. Il faut absolument hospitaliser le malade. En attendant les secours, installez-le à l'ombre, ôtez-lui ses vêtements, couvrez-le d'un drap ou d'une serviette mouillés et éventez-le continuellement.

Sous les tropiques, dans le désert ou en altitude, les coups de soleil sont plus fréquents, même par temps couvert. Utilisez un écran total et pensez à vous couvrir. Une exposition prolongée au soleil peut provoquer une insolation. Dans ce cas, il faut rester dans le noir, appliquer une compresse d'eau froide sur les yeux et prendre de l'aspirine.

Eau

Règle d'or : ne buvez jamais l'eau du robinet (même sous forme de glaçons). Préférez les eaux minérales et les boissons gazeuses, tout en vous assurant que les bouteilles sont décapsulées devant vous. Évitez les jus de fruits, souvent allongés à l'eau. Attention au lait, rarement pasteurisé. Pas de problème pour le lait bouilli et les yaourts. Thé et café, en principe, sont sûrs, puisque l'eau doit bouillir. Par prudence, évitez les crudités, qui sont bien souvent lavées avec de l'eau.

Pour stériliser l'eau, la meilleure solution est de la faire bouillir durant quinze minutes. N'oubliez pas qu'à haute altitude elle bout à une température plus basse et que les germes ont plus de chance de survivre.

Si vous ne pouvez faire bouillir l'eau, traitez-la chimiquement avec des comprimés ou des gouttes, comme le Micropur (vendu en pharmacie) très efficace.

Vous éviterez bien des problèmes de santé en vous lavant souvent les mains. Brossez-vous les dents avec de l'eau traitée.

Froid

Pour éviter l'hypothermie, le mieux est de s'habiller par couches : soie, laine et certaines fibres synthétiques nouvelles sont tous de bons isolants. N'oubliez pas de prendre un chapeau et un vêtement du dessus imperméables. Emportez des provisions et des boissons en abondance. Une couverture de survie peut également être utile.

Symptômes : épuisement, engourdissement (surtout au niveau des doigts et des orteils), frissons, difficulté de parole, conduite irrationnelle ou agressive, léthargie, pertes d'équilibre, vertiges, crampes musculaires et violents accès d'énergie.

En cas d'hypothermie, il faut rentrer la victime, l'habiller de vêtements secs, lui donner des boissons chaudes (pas d'alcool) et une nourriture à la fois calorique et facile à digérer. Ne la frictionnez pas pour la réchauffer car un traitement brutal peut provoquer un arrêt cardiaque.

Mal des montagnes (soroche)

Le mal des montagnes peut résulter d'une montée trop rapide à une altitude dépassant les 2 500 m. Au Pérou, il est susceptible d'apparaître à Cuzco, au Machu Picchu et au lac Titicaca. Une bonne condition physique ne suffit pas à s'en prémunir. Symptômes : fort mal de tête, nausée, vomissements, vertiges, malaise, insomnie et perte d'appétit. Les cas sévères peuvent dégénérer en œdème pulmonaire ou cérébral. Si les symptômes persistent au-delà de 24 heures, descendez immédiatement d'au moins

500 m et consultez un médecin.

La meilleure prévention consiste à passer au moins deux nuits sur place à chaque palier de 1 000 m. Parmi les remèdes naturels, le *Gingko biloba* a la réputation de prévenir le mal des montagnes. Il importe aussi de ne pas faire trop d'efforts, de manger léger et de s'abstenir de boire de l'alcool.

Le mal des montagnes ne doit pas être considéré à la légère, car il peut être mortel.

Santé au féminin

Si vous êtes enceinte, un voyage à Lima ne pose pas vraiment de problèmes, mais il est risqué de se rendre dans nombre d'autres parties du pays. D'une part, il peut être difficile, en cas de besoin, de trouver des soins obstétriques de qualité en dehors de Lima, et des principales régions touristiques. D'autre part, les altitudes élevées ne sont pas recommandées aux femmes enceintes, en raison du manque d'oxygène : la plupart des destinations les plus fréquentées, comme Cuzco, Machu Picchu et le lac Titicaca, leur sont donc fortement déconseillées (si vous êtes quand même déterminée à vous rendre dans ces régions, adoptez alors un rythme très lent). Enfin, le vaccin contre la fièvre jaune, vivement recommandé si vous voyagez dans la jungle à moins de 2 300 m, ne doit pas être administré en début de grossesse.

Langues

POUR ALLER PLUS LOIN

Les guides de conversation français/espagnol latino-américain et *anglais/quechua* (pour ceux qui parlent anglais) **publiés par Lonely Planet** permettent d'acquérir les bases grammaticales et les rudiments de prononciation pour se faire comprendre. On y trouve les mots indispensables pour communiquer en toutes circonstances : à l'hôtel, au restaurant, dans les transports publics, au garage, etc. Faciles à utiliser, ils comprennent également des mini-dictionnaires bilingues.

La prononciation de l'espagnol ne présente pas de grandes difficultés pour un francophone, l'orthographe étant phonétique (les mots se prononcent comme ils s'écrivent) et les sons se retrouvant pour la plupart en français.

L'espagnol péruvien est considéré comme l'une des formes les plus "pures" de la langue : l'articulation est relativement claire, la prononciation ressemble fortement à celle du castillan parlé en Espagne et l'argot est moins utilisé que dans d'autres pays d'Amérique latine.

Voyelles

a, i et o se prononcent comme en français.

e se prononce "é" (comme dans "blé").

u se prononce "ou" (comme dans "coupe"). On ne le prononce pas lorsqu'il est placé derrière un **q** ou dans les combinaisons **gue** et **gui**, à moins qu'il ne porte un tréma (comme dans *antigüedad*). Il se prononce alors comme le "w" de "week-end".

y se prononce "i" lorsqu'il est seul ou placé à la fin d'un mot. Placé entre deux voyelles, il se prononce comme dans "payer" ou dans "paille".

Consonnes

À quelques exceptions près, la prononciation des consonnes se rapproche de celle du français.

Le **ch**, le **ll** et le **ñ** sont généralement considérés comme des lettres distinctes, mais seul le **ñ** bénéficie désormais d'une entrée séparée dans le dictionnaire (après le **n**).

b comme le "b" français. Attention : l'espagnol ne distingue pas le "b" du "v". Si l'on veut être précis, on parle de "b larga" (long) pour faire référence au premier, et de "b corta" (court) pour parler du second. Les deux se prononcent "b" comme dans "baie".

c comme le "s" de "serpent" devant un **e** et un **i** ; devant les autres voyelles, il se prononce "k" comme dans "képi".

ch "tch", comme dans "tchin-tchin".

g se prononce comme **j** (jota) lorsqu'il est placé devant **e** et **i** ; sinon, il se prononce comme "g" dans "gare".

h toujours muet.

j jota. Son guttural proche du "ch" de l'allemand *achtung*.

ll "l" mouillé, comme dans "paille".

ñ nasalisé comme dans "pagne".

r est doux, légèrement roulé, sauf en début de mot, où il est plus fortement roulé.

rr est fortement roulé.

v comme le "b" français. Voir **b**.

x comme le "x" de "taxi", sauf dans quelques mots où il se prononce comme le **j** (jota).

z comme le "s" de "serpent".

À l'instar d'autres pays d'Amérique latine, il existe aussi des différences de prononciation selon les régions du Pérou. La plus notable concerne le *ll*, qui est parfois mouillé "lli" (un peu comme dans "million"), au lieu du yod habituel (celui de "paille") indiqué dans ce guide. Cependant, cela ne constitue pas un obstacle à la compréhension.

Dans les phrases et expressions ci-dessous, la forme masculine est séparée de la forme féminine par une barre oblique (ex. : *perdido/a*).

EXPRESSIONS DE BASE

Bonjour.	*Hola.*
Au revoir.	*Adiós.*
Comment ça va ?	*¿Qué tal?*
Bien, merci.	*Bien, gracias.*
Excusez-moi.	*Perdón.*
Désolé.	*Lo siento.*
S'il vous plaît.	*Por favor.*
Merci.	*Gracias.*
De rien	*De nada.*
Oui./non.	*Sí./No.*

Je m'appelle ... *Me llamo ...*

Comment vous appelez-vous ?
¿Cómo se llama Usted?

Comment t'appelles-tu ? *¿Cómo te llamas?*

Parlez-vous anglais ? *¿Habla inglés?*

Parles-tu anglais ? *¿Hablas inglés?*

Je ne comprends pas. *Yo no entiendo.*

HÉBERGEMENT

Je voudrais une chambre simple/double.
Quisiera una habitación individual/doble.

Quel est le prix par nuit/personne ?
¿Cuánto cuesta por noche/persona?

Le petit-déjeuner est-il compris ?
¿Incluye el desayuno?

camping	*terreno de cámping*
pension	pensión
hôtel	*hotel*
auberge de jeunesse	albergue juvenil

climatisation	*aire acondicionado*
salle de bains	*baño*
lit	*cama*
fenêtre	*ventana*

Questions

Que/quoi ?	*¿Qué?*
Quand ?	*¿Cuándo?*
Où ?	*¿Dónde?*
Qui ?	*¿Quién?*
Pourquoi ?	*¿Por qué?*

PHRASES-CLÉS

Pour vous débrouiller en espagnol, combinez les phrases suivantes avec les mots de votre choix.

Quand part (le prochain vol) ?
¿Cuándo sale (el próximo vuelo)?

Où est (la gare) ?
¿Dónde está (la estación)?

Où puis-je (acheter un billet) ?
¿Dónde puedo (comprar un billete)?

Avez-vous (une carte) ?
¿Tiene (un mapa)?

Est-ce qu'il y a (des toilettes) ?
¿Hay (servicios)?

Je voudrais (un café).
Quisiera (un café).

Je voudrais (louer une voiture).
Quisiera (alquilar un coche).

Peut-on (entrer) ?
¿Se puede (entrar)?

Pouvez-vous (m'aider), s'il vous plaît ?
¿Puede (ayudarme), por favor?

Ai-je besoin (d'obtenir un visa) ?
¿Necesito (obtener un visado)?

CIRCULER

Où est ?
¿Dónde está ?

Quelle est l'adresse?
¿Cuál es la dirección?

Pouvez-vous l'écrire, s'il vous plaît ?
¿Puede escribirlo, por favor?

Pouvez-vous me le montrer (sur la carte) ?
¿Me lo puede indicar (en el mapa)?

à l'angle	*en la esquina*
au feu rouge	*en el semáforo*
derrière	*detrás de*
devant ...	*enfrente de ...*
gauche	*izquierda*
à côté de ...	al lado de ...
en face de ...	frente a ...
droite	derecha
tout droit	todo recto

AU RESTAURANT

Puis-je voir la carte, s'il vous plaît ?
¿Puedo ver el menú, por favor?
Que conseillez-vous ?
¿Qué recomienda?
Avez-vous des plats végétariens ?
¿Tienen comida vegetariana?
Je ne mange pas de (viande rouge).
No como (carne roja).

C'était délicieux !	¡Estaba buenísimo!
Santé !	*¡Salud!*
L'addition, s'il vous plaît.	*La cuenta, por favor.*
Je voudrais une	*Quisiera una*
table pour ...	*mesa para ...*
(8) heures	*las (ocho)*
(2) personnes	*(dos) personas*

Mots-clés

(trop) froid	*(demasiado) frío*
amuse-gueule	*aperitivos*
assiette	*plato*
avec	*con*
bol	*bol*
bouteille	*botella*
chaud	*caliente*
couteau	*cuchillo*
cuillère	*cuchara*
déjeuner	*comida*
dîner	*cena*
fourchette	*tenedor*
menu enfant	*menú infantil*
nourriture	*comida*
petit-déjeuner	*desayuno*
plat principal	*segundo plato*
restaurant	*restaurante*
sans	*sin*
verre	*vaso*

Viande et poisson

agneau	*cordero*
bœuf	*carne de vaca*
canard	*pato*
dinde	*pavo*
poisson	*pescado*
porc	*cerdo*
poulet	*pollo*
veau	*ternera*

Fruits et légumes

abricot	*albaricoque*
ananas	*piña*
artichaut	*alcachofa*
asperge	*espárragos*
banane	*plátano*
betterave	*remolacha*
carotte	*zanahoria*
céleri	*apio*
cerise	*cereza*
champignon	*champiñón*
chou	*col*
citron	*limón*
citrouille	*calabaza*
concombre	*pepino*
épinards	*espinacas*
fraise	*fresa*
fruit	*fruta*
haricots	*judías*
laitue	*lechuga*
légume	*verdura*
lentilles	*lentejas*
maïs	*maíz*
noix	*nueces*
oignon	*cebolla*
orange	*naranja*
pastèque	*sandía*
pêche	*melocotón*
petits pois	*guisantes*
piment (rouge/vert)	*pimiento (rojo/verde)*
pomme	*manzana*
pomme de terre	*patata*
prune	*ciruela*
raisin	*uvas*
tomate	*tomate*

Panneaux

Abierto	Ouvert
Cerrado	Fermé
Entrada	Entrée
Hombres/Varones	Hommes
Mujeres/Damas	Femmes
Prohibido	Interdit
Salida	Sortie
Servicios/Baños	Toilettes

Autres

beurre	*mantequilla*
confiture	*mermelada*
fromage	*queso*
huile	*aceite*
miel	*miel*
œuf	*huevo*
pain	*pan*
pâte	*pasta*
poivre	*pimienta*
riz	*arroz*
sel	*sal*
sucre	*azúcar*
vinaigre	*vinagre*

Boissons

bière	*cerveza*
café	*café*
eau (minérale)	*agua (mineral)*
jus (d'orange)	*zumo (de naranja)*
lait	*leche*
thé	*té*
vin blanc	*vino blanco*
vin rouge	*vino tinto*

URGENCES

Au secours !	*¡Socorro!*
Va-t'en !	*¡Vete!*
Appelez ...!	*¡Llame a !*
un docteur	*un médico*
la police	*la policía*

Nombres

1	*uno*	**20**	*veinte*
2	*dos*	**30**	*treinta*
3	*tres*	**40**	*cuarenta*
4	*cuatro*	**50**	*cincuenta*
5	*cinco*	**60**	*sesenta*
6	*seis*	**70**	*setenta*
7	*siete*	**80**	*ochenta*
8	*ocho*	**90**	*noventa*
9	*nueve*	**100**	*cien*
10	*diez*	**1000**	*mil*

Je suis perdu(e).	*Estoy perdido/a.*
Je suis malade.	*Estoy enfermo/a.*
Je suis allergique aux (antibiotiques).	*Soy alérgico/a a (los antibióticos).*
Où sont les toilettes ?	*¿Dónde están los baños?*

ACHATS ET SERVICES

Je voudrais acheter ...	*Quisiera comprar ...*
Je regarde seulement.	*Sólo estoy mirando.*
Puis-je le voir ?	*¿Puedo verlo?*
Ça ne me plaît pas.	*No me gusta.*
Combien ça coûte ?	*¿Cuánto cuesta?*
C'est trop cher.	*Es muy caro.*
Pourriez-vous baisser un peu le prix ?	*¿Podría bajar un poco el precio?*
Il y a une erreur dans l'addition.	*Hay un error en la cuenta.*
DAB	*cajero automático*
cybercafé	*cibercafé*
marché	*mercado*
poste	*correos*
office du tourisme	*oficina de turismo*

DATES ET HEURES

Quelle heure est-il ?	*¿Qué hora es?*
Il est (10) heures.	*Son (las diez).*
Il est (1) heure et demie.	*Es (la una) y media.*
matin	*mañana*
après-midi	*tarde*
soir	*noche*
hier	*ayer*
aujourd'hui	*hoy*
demain	*mañana*
lundi	*lunes*
mardi	*martes*
mercredi	*miércoles*
jeudi	*jueves*
vendredi	*viernes*
samedi	*sábado*
dimanche	*domingo*

TRANSPORTS

avion	*avión*
bateau	*barco*

AYMARA ET QUECHUA

Les quelques rudiments d'aymara et de quechua ci-après peuvent servir aux voyageurs qui parcourent les Andes. L'aymara est parlé par le peuple éponyme, implanté dans la région du lac Titicaca. Les mots de quechua mentionnés ici, qui appartiennent au dialecte de Cuzco, se révèleront également utiles dans les hauts plateaux.

Dans la liste qui suit, la première colonne correspond à l'aymara, la seconde au quechua. Pour les deux langues, la prononciation est identique à celle de l'espagnol. L'apostrophe (') représente le coup de glotte (occlusive glottale sourde).

Bonjour.	*Kamisaraki.*	*Napaykullayki.*
S'il vous plaît.	*Mirá.*	*Allichu.*
Merci.	*Yuspagara.*	*Yusulipayki.*
Oui.	*Jisa.*	*Ari.*
Non.	*Janiwa.*	*Mana.*
Comment dit-on ...?	*Cun saña-sauca'ha ...?*	*Imainata nincha chaita ...?*
Ça s'appelle ...	*Ucan sutipa'h ...*	*Chaipa'g sutin'ha ...*
S'il vous plaît, répétez.	*Uastata sita.*	*Ua'manta niway.*
Combien ?	*K'gauka?*	*Maik'ata'g?*
père	*auqui*	*tayta*
mère	*taica*	*mama*
nourriture	*manka*	*mikíuy*
rivière	*jawira*	*mayu*
sommet enneigé	*kollu*	*riti-orko*
eau	*uma*	*yacu*
1	*maya*	*u'*
2	*paya*	*iskai*
3	*quimsa*	*quinsa*
4	*pusi*	*tahua*
5	*pesca*	*phiska*
6	*zo'hta*	*so'gta*
7	*pakalko*	*khanchis*
8	*quimsakalko*	*pusa'g*
9	*yatunca*	*iskon*
10	*tunca*	*chunca*

bus	*autobús*
train	*tren*
premier	*primero*
dernier	*último*
billetterie	*taquilla*
horaire	*horario*
arrêt de bus	*parada de autobuses*
gare ferroviaire	*estación de trenes*
Un billet de..., s'il vous plaît.	*Un billete de ..., por favor.*
1re classe	*primera clase*
2e classe	*segunda clas*
aller simple	*ida*
aller-retour	*ida y vuelta*
S'arrête-t-il à ?	*¿Para en ?*
Quel est cet arrêt ?	*¿Cuál es esta parada?*
À quelle heure arrive/part-il ?	*¿A qué hora llega/sale?*
Pouvez-vous me dire quand nous arrivons à ?	*¿Puede avisarme cuando lleguemos a ...?*
Je veux descendre ici.	*Quiero bajarme aquí.*

Je voudrais louer un ...	*Quisiera alquilar un...*
4x4	*un todo terreno*
vélo	*una bicicleta*
car	*un coche*
moto	*una moto*
casque	*casco*
faire du stop	*hacer botella*
mécanicien	*mecánico*
essence	*gasolina*
station- service	*gasolinera*
camion	*camion*

Est-ce la route pour ...?
¿Se va a por esta carretera?

Puis-je me garer ici ?
¿Puedo aparcar aquí?

La voiture est en panne.
El coche se ha averiado.

J'ai un pneu crevé.
Tengo un pinchazo.

GLOSSAIRE

albergue – auberge familiale

altiplano – littéralement, haut plateau ou haute plaie ; désigne en particulier les hautes terres andines désolées du sud du Pérou, de la Bolivie, du nord du Chili et de l'Argentine

aluvión – coulée de glace, d'eau, de rochers, de boue et de débris provoquée par un tremblement de terre ou la rupture d'un lac de retenue dans une région montagneuse

Arequipeño – habitant d'Arequipa

arriero – muletier

Avenida – avenue (abréviation : Av.)

ayahuasca – breuvage puissamment hallucinogène à base d'une liane tropicale, utilisé par les chamans et les guérisseurs traditionnels

barrio – quartier, faubourg

bodega – bar à vins, cave ou magasin de spiritueux

boleto turístico – billet touristique

bruja/brujo – chaman, sorcier ou guérisseur

burro – âne

bus-cama – bus longue distance à deux niveaux, équipé de sièges inclinables en couchettes et de toilettes ; à bord, vidéos et en-cas sont proposés aux passagers

caballito – "petit cheval" ; désigne le bateau en forme de cigare aux extrémités relevées de la région de Huanchaco

calle – rue

campesino – paysan, fermier ou habitant d'une zone rurale

cañón – canyon

carretera – route

casa – maison, habitation

casa de cambio – bureau de change

cerro – colline, mont

chullpa – tour funéraire précolombienne des Andes, notamment autour du lac Titicaca

cocha – lac, en quechua ; souvent accolé au nom du lac, comme dans Conococha

colectivo – transport collectif ; habituellement un taxi, parfois un minibus, voire un bateau

combi – minibus, souvent doté de sièges minuscules et bondé

cordillera – chaîne de montagnes

criolla/criollo – créole ; désigne aussi les habitants, la musique et la danse du littoral. La cuisine *criolla*, relevée, mêle les influences espagnoles et africaines

cuadra – dans villes, dont le plan est souvent en damier, désigne la longueur d'un pâté de maisons, soit la distance entre deux angles de rues (une centaine de mètres environ)

curandera/curandero – guérisseur/guérisseuse

Cuzqueño – habitant de Cuzco (également orthographié Cusco ou Qosq'o)

escuela cuzqueña – école de Cuzco ; mouvement artistique de l'époque coloniale mêlant les styles espagnol et andin

feria – foire

garúa – brume côtière

grifo – station-service

gringa/gringo – généralement tout étranger qui n'est pas latino-américain

guanaco – grand camélidé sauvage d'Amérique du Sud, aujourd'hui menacé au Pérou

hospedaje – petite auberge familiale

hostal – pension, plus petite et moins bien équipée qu'un hôtel

huaca – pyramide sacrée, temple ou site funéraire

huaquero – pilleur de tombes

huayno – musique andine traditionnelle dont les instruments remontent à l'époque précolombienne

iglesia – église

inca – roi, empereur

indígena – indigène ; à utiliser de préférence à *Indio* (Indien), jugé offensant

Inrena – Instituto Nacional de Recursos Naturales (Institut national des ressources naturelles) ; agence gouvernementale qui gère les parcs nationaux, les réserves et les autres zones protégées

Inti – dieu du Soleil ; époux de Pachamama, la déesse de la Terre

isla – île

jirón – rue (abréviation : Jr)

lavandería – laverie

Limeño – habitant à Lima

marinera – danse de séduction typique de la côte et caractérisée par de délicats mouvements de mouchoir

mestizo – métis (d'origine indienne et espagnole)

micro – petit bus utilisé comme transport public

mirador – point de vue, tour de guet, observatoire

mototaxi – triporteur semblable à un autorickshaw ; également appelé *motocarro* ou *taximoto*

museo – musée

nevado – sommet couvert d'un glacier ou de neiges éternelles

nuevo sol – nouveau sol, monnaie nationale

Oficina de Migraciónes – bureau de l'immigration

Pachamama – déesse de la Terre ; épouse d'Inti, le dieu du Soleil

pampa – vaste plaine habituellement herbeuse

Panamericana – route Panaméricaine ; réseau routier s'étendant de l'Alaska à l'Amérique latine

parque – parc

peña – bar ou club où se produisent des groupes de musique folklorique

playa – plage

pongo – canyon étroit, profond et rocheux d'un cours d'eau dans la jungle ; il peut créer de nombreux remous en période de crue

pueblo – bourgade, village

puna – prairie andine d'altitude, sur l'*altiplano*

puya – plante à feuilles épineuses de la famille des broméliacées

quebrada – littéralement, cassure ; désigne souvent un ravin encaissé

quero – gobelet cérémoniel inca en bois

río – fleuve, rivière

selva – jungle, forêt tropicale

sillar – roche volcanique de couleur claire, souvent utilisée pour la construction aux alentours d'Arequipa

soroche – mal des montagnes

taximoto – voir *mototaxi*

Terminal Terrestre – gare routière

totora – roseau de la famille du papyrus qui sert à la fabrication des îles flottantes et des bateaux traditionnels du lac Titicaca

turismo vivencial – tourisme chez l'habitant

vals peruano – "valse péruvienne" enlevée, jouée à la guitare, qui est dansée sur la côte

vicuña – vigogne ; espèce sauvage cousine de l'alpaga et aujourd'hui menacée ; le plus petit des camélidés

En coulisses

VOS RÉACTIONS ?

Vos commentaires nous sont très précieux et nous permettent d'améliorer constamment nos guides. Notre équipe lit toutes vos lettres avec la plus grande attention. Nous ne pouvons pas répondre individuellement à tous ceux qui nous écrivent, mais vos commentaires sont transmis aux auteurs concernés. Tous les lecteurs qui prennent la peine de nous communiquer des informations sont remerciés dans l'édition suivante, et ceux qui nous fournissent les renseignements les plus utiles se voient offrir un guide.

Pour nous faire part de vos réactions, prendre connaissance de notre catalogue et vous abonner à Comète, notre lettre d'information, consultez notre site web : **www.lonelyplanet.fr**

Nous reprenons parfois des extraits de notre courrier pour les publier dans nos produits, guides ou sites web. Si vous ne souhaitez pas que vos commentaires soient repris ou que votre nom apparaisse, merci de nous le préciser. Pour connaître notre politique en matière de confidentialité, connectez-vous à www.lonelyplanet.fr/confidentialite/index.cfm.

À NOS LECTEURS

Merci à toutes les personnes qui ont pris la peine de nous écrire pour nous faire part de leurs expériences de voyage :
A Patrice Alcaras, Jacques Amat, Elvina Amoros **B** Anne Baltazart, Corinne Bazzi-Barbarà, Marinette Beer, Santiago Benitez, Émilie Bertin, Martin Blais **C** Alberto Cafferata, Névénick Calec, Jean-Pierre Carlier, Sarah Chauvin, Sylvie Chuilon, Gilles Cormier, Julien Cornic, Michel Crête **D** Claire et Jules Dabonneville, Claire David, Nona Deprez, Sophie Didier, Marie-France Dupuis, Claude Duvail **E** Sanghott Ebneta, Jean-Pierre Eppe **F** Olivier Fabre, Odile Fournis **G** Sabrina et Donovan Garcia Mariano, François Géal, Valentin Guidal **H** Jennifer Henry **J** Antoine Jorand **L** Thibault de Lagasnerie, Fanny Lamaury, Élodie Leprivier Garnier, Mario Lévesque, Guillaume Levy, Céline Loupia **M** Béatrice Madrangeas, Natacha Manuel, Maria Marguet, Vianney Meignant, Mario Melchiorri, Anny Ménéghétti, Véronique Montet **N** Adjadj Norbert **P** Jean-Claude Pardigon, Jacques Paulinet, Violaine Peeters, Vincent Peiris, Sébastien Pic, Philippe Pollet, Aude Poscio, Shawni Proulx **R** Marie Rannou, Julie Reghiss, Jean-Pierre Rey, Josette Rigaux, Pauline Rivière, Renaud Rossillon **S** Brian Sgard, Jean Sibue, Gabrielle Simard **T** Chiara Tarantello, Sophie Tarel, Caroline Teanor, Hélène Touzalin **V** Emmanuelle Valmy, Yvon Vanheeghe, Cyprien Vaulée, Cédric Vienne, Thomas Villaren **W** Éleonore Wieder **Z** Kevin Zawadzki

UN MOT DES AUTEURS

Carolyn McCarthy

Mille mercis à tous les cuisiniers péruviens et vendeurs de rue qui ont largement contribué à mon bonheur. Je suis également reconnaissante à Daniel Fernandez Davila, Milton, Michael et Illa Liendo, Arturo Rojas, Jorge Riveros-Cayo, Louise Norton, Edgar à Puno, Elizabeth Shumaker, Marco Palomino, John Leivers et Paolo Greer pour leur amitié, leurs conseils et l'aide qu'ils m'ont apportée. Enfin, je lève un verre de pisco sour bien frais à la santé de mes coauteurs qui ont travaillé dur.

Carolina A. Miranda

Je remercie mon mari, qui supporte mes pérégrinations (et les maux d'estomac qui vont avec), ainsi qu'Arturo Rojas, qui m'apprend toujours quelque chose de nouveau sur la cuisine péruvienne. Merci également à Juan Cincunegui, le patient bibliothécaire du monastère Santo Domingo à Cuzco, qui m'a fait découvrir de nombreux livres merveilleux. Et toute ma gratitude encore aux Péruviens, toujours généreux et bienveillants. *Y que!/!Viva el Perú Carajo!*

Kevin Raub

Un remerciement spécial à mon épouse, Adriana Schmidt Raub, qui ne m'a pas vu beaucoup en 2012. Chez Lonely Planet, merci comme toujours à Kathleen

Munnelly ! Sur la route, je salue Carolyn McCarthy, Carolina Miranda, Camille Ulmer et tous ceux de SAE, Moche Tours, Julio et Mauro Olaza, Chris Benway, Kristof Van Den Bussche, Bruni Frampton, Dr John Rick, Charlie Good, Alberto Cafferata, Daniel Fernandez-Davila, Fidel Elera, Lluis Dalmau, Maya Ortiz et Susan van der Wielen.

Brendan Sainsbury

Merci aux innombrables chauffeurs de bus, bénévoles des offices du tourisme, restaurateurs, joueurs de flûte de Pan, météorologues, artistes de la cuisine *novoandina* et quidams qui m'ont aidé au cours de mes recherches. Je remercie tout particulièrement le guide et alpiniste Carlos Zárate pour le temps qu'il m'a consacré et ses éclairages intéressants sur Arequipa et le Cañón del Colca.

Luke Waterson

Gracias à tous les capitaines de bateaux et chauffeurs de *colectivo/combi* qui, outre le fait de rendre possibles et même plaisants les trajets difficiles à travers les Andes et le bassin amazonien, gardent toujours le sourire et conseillent des endroits incroyables. Ryse, merci de m'avoir sauvé de la noyade ! Je me dois aussi de rendre hommage à mes formidables parents, qui me supportent en phase de rédaction. Enfin, je suis redevable à Lucho Hurtado de Huancayo, qui m'a accordé beaucoup de son temps, à Pauline d'Ayacucho, à Gerson de Puerto Maldonado, et à Bill et Marcel d'Iquitos.

REMERCIEMENTS

Données de la carte climatique adaptées de Peel MC, Finlayson BL & McMahon TA (2007) 'Updated World Map of the Köppen-Geiger Climate Classification', *Hydrology and Earth System Sciences*, 11, 163344.

Photographie de couverture : Île Ticonata, Lac Titicaca, Jean-Pierre Degas/Hemis©.

À PROPOS DE CET OUVRAGE

Cette cinquième édition française a été réalisée à partir de la huitième édition du guide *Peru*, mise à jour par Carolyn McCarthy, Carolina A. Miranda, Kevin Raub, Brendan Sainsbury et Luke Waterson. La 7e édition avait été préparée par Carolina A. Miranda et Luke Waterson, assistés d'Aimée Dowl, Katy Shorthouse et Beth Williams.

Traduction Nathalie Berthet, Thérèse de Chérisey, Frédérique Hélion-Guerrini, Jeanne Robert et Karine Thuillier

Direction éditoriale Didier Férat

Adaptation française Carole Huon

Responsable prépresse Jean-Noël Doan

Maquette Sébastienne Ocampo

Cartographie Cartes adaptées par Nicolas Chauveau pour la version française

Couverture Adaptée par Annabelle Henry pour la version française

Merci à Chantal Duquénoy, Michel McLeod, Jean-Victor Rebuffet et Sylvie Rabuel pour leur précieuse contribution au texte. Merci également à Sarah Arfaoui pour son travail de référencement, à Dominique Spaety pour son infaillible disponibilité, à Dorothée Pascalin pour le courrier des lecteurs et à tout le bureau de Paris. Enfin, merci à Clare Mercer, Tracey Kislingbury, Joe Revill et Luan Angel du bureau de Londres, ainsi qu'à Darren O'Connell, Chris Love, Craig Kilburn, Carol Jackson, Sally Darmody et Jacqui Saunders du bureau australien.

index

Les cartes sont indiquées en **gras**, les photos en **bleu**

D

Les cartes sont indiquées en **gras**, les photos en **bleu**

Les cartes sont indiquées en **gras**, les photos en **bleu**

Q

R

S

T

Les cartes sont indiquées en **gras**, les photos en **bleu**

INDEX DES ENCADRÉS

Culture et société

Fêtes et légendes

Gastronomie

Histoire, art et archéologie

Itinéraires

Nature et environnement

Sports et activités

Transports

Vie pratique

Comment utiliser ce guide

Ces symboles vous aideront à identifier les différentes rubriques :

- À voir
- Activités
- Cours
- Circuits organisés
- Fêtes et festivals
- Où se loger
- Où se restaurer
- Où prendre un verre
- Où sortir
- Achats
- Renseignements/transports

Ces symboles vous donneront des informations essentielles au sein de chaque rubrique :

- Numéro de téléphone
- Horaires d'ouverture
- Parking
- Non-fumeurs
- Climatisation
- Accès Internet
- s Chambre simple
- f Chambre familiale
- Wi-Fi
- Piscine
- Végétarien
- Familles bienvenues
- Animaux acceptés
- dort Dortoir
- d Chambre double
- app Appartement
- Bus
- Ferry
- Métro
- Tramway
- Train
- ch Chambre
- tr Chambre triple
- ste Suite

Les adresses sont présentées par ordre de préférence de l'auteur.

Les pictos pour se repérer

- Les coups de cœur de l'auteur
- GRATUIT Des sites libre d'accès
- Les adresses écoresponsables

Nos auteurs ont sélectionné ces adresses pour leur engagement dans le développement durable – par leur soutien envers des communautés ou des producteurs locaux, leur fonctionnement écologique ou leur investissement dans des projets de protection de l'environnement.

Légende des cartes

À voir
- Centre d'intérêt
- Château
- Église/cathédrale
- Monument
- Musée/galerie
- Mosquée
- Plage
- Ruines
- Synagogue
- Temple bouddhiste
- Temple hindou
- Vignoble
- Zoo

Activités
- Plongée/snorkeling
- Canoë/kayak
- Ski
- Surf
- Piscine/baignade
- Randonnée
- Planche à voile
- Autres activités

Se loger
- Hébergement
- Camping

Se restaurer
- Restauration

Prendre un verre
- Bar
- Café

Sortir
- Spectacle

Achats
- Magasin

Renseignements
- Poste
- Point d'information

Transports
- Aéroport/aérodrome
- Poste frontière
- Bus
- Téléphérique/funiculaire
- Piste cyclable
- Ferry
- Métro
- Monorail
- Parking
- S-Bahn
- Taxi
- Train/rail
- Tramway
- Tube
- U-Bahn
- Autre moyen de transport

Routes
- Autoroute à péage
- Autoroute
- Nationale
- Départementale
- Cantonale
- Chemin
- Route non goudronnée
- Rue piétonne
- Escalier
- Tunnel
- Passerelle
- Promenade à pied
- Promenade à pied (variante)
- Sentier

Limites et frontières
- Pays
- Province/État
- Contestée
- Région/banlieue
- Parc maritime
- Falaise/escarpement
- Rempart

Population
- Capitale (pays)
- Capitale (État/province)
- Grande ville
- Petite ville/village

Géographie
- Refuge/gîte
- Phare
- Point de vue
- Montagne/volcan
- Oasis
- Parc
- Col
- Aire de pique-nique
- Cascade

Hydrographie
- Rivière
- Rivière intermittente
- Marais/mangrove
- Récif
- Canal
- Eau
- Lac asséché/salé/intermittent
- Glacier

Topographie
- Plage/désert
- Cimetière (chrétien)
- Cimetière (autre religion)
- Parc/forêt
- Terrain de sport
- Site (édifice)
- Site incontournable (édifice)

Brendan Sainsbury

Côte sud, Arequipa et la région des canyons

Britannique résidant à Vancouver, au Canada, Brendan a visité le Pérou pour la première fois lors d'un voyage épique en Amérique du Sud au début des années 2000. À cette occasion, il est resté bloqué au Machu Picchu, s'est perdu au milieu du salar de Uyuni en Bolivie et a appris la "Madness dance" à des Uruguayens de Punta del Este. Il a couvert pour Lonely Planet de nombreux pays hispanophones, dont Cuba, le Mexique, Puerto Rico et l'Espagne.

Luke Waterson

Hauts plateaux du Centre, bassin amazonien

Luke crapahute au Pérou à pied, en stop et en "bateau" (embarcation légère) depuis 2004. Avec deux expériences presque fatales, dont une quasi-noyade dans le Madre de Dios, son sixième voyage a été particulièrement riche en émotions fortes. Ses écrits sur les bizarreries de l'Amérique latine, de Cuba et de l'Europe centrale ont enrichi diverses publications, parmi lesquelles 15 guides Lonely Planet et le magazine britannique *Real Travel*, qu'il a contribué à relancer. Il s'agit ici de sa seconde contribution au titre *Pérou*. Vous pouvez dialoguer avec lui sur Twitter (@lukewaterson1) au sujet de l'Amérique du Sud et de l'Amérique centrale.

LES GUIDES LONELY PLANET

Une vieille voiture déglinguée, quelques dollars en poche et le goût de l'aventure, c'est tout ce dont Tony et Maureen Wheeler eurent besoin pour réaliser, en 1972, le voyage d'une vie : rallier l'Australie par voie terrestre via l'Europe et l'Asie. De retour après un périple harassant de plusieurs mois, et forts de cette expérience formatrice, ils rédigèrent sur un coin de table leur premier guide, *Across Asia on the Cheap*, qui se vendit à 1 500 exemplaires en l'espace d'une semaine. Ainsi naquit Lonely Planet, qui possède aujourd'hui des bureaux à Melbourne, Londres et Oakland, et emploie plus de 600 personnes. Nous partageons l'opinion de Tony, pour qui un bon guide doit à la fois informer, éduquer et distraire.

NOS AUTEURS

Carolyn McCarthy

Auteur-coordinateur. Lima, lac Titicaca, Cuzco et la Vallée Sacrée

Carolyn a découvert il y a de nombreuses années la *cumbia*, pour la première fois en campant sur le Chemin de l'Inca. Pour ce voyage, elle a goûté des centaines de spécialités péruviennes, gravi le Wayna Picchu et visité un dispensaire. Outre des contributions à d'autres guides de Lonely Planet – *Argentine*, *Panamá*, *Yellowstone & Grand Teton National Parks*, *États-Unis*, *The Travel Book*, *Best in Travel* et *Trekking in the Patagonian Andes* – elle a travaillé, entre autres, pour *National Geographic*, *Outside* et *Lonely Planet Magazine*. Vous pouvez suivre ses aventures américaines sur son blog www.carolynswildblueyonder.blogspot.com.

Carolina A. Miranda

Comprendre le Pérou

Née d'un père péruvien, Carolina a fait au cours de sa vie de nombreux voyages au Pérou pour se régaler de *ceviche* et de *pisco sour*. Passionnée par l'histoire du pays (elle est diplômée en études latino-américaines), elle lit les romans de Mario Vargas Llosa en espagnol, danse la valse péruvienne et consacre beaucoup de temps à l'étude de l'art et des textiles andins. Elle prépare aussi très bien l'*aji de gallina*.

Retrouvez également Carolina sur C-Monster.net ou sur Twitter (@cmonstah).

Kevin Raub

Côte nord, Huaraz et les cordillères, hauts plateaux du Nord

Kevin a grandi à Atlanta et débuté sa carrière à New York comme journaliste dans le domaine musical pour les magazines *Men's Journal* et *Rolling Stone*. Il a ensuite abandonné le rock pour écrire sur le voyage et s'installer au Brésil. Dans le cadre de ce guide, sa 20e collaboration avec Lonely Planet, il a parcouru plus de 2 500 km à bord d'une grosse Renault beige, sillonnant de haut en bas la côte nord du Pérou. Contrôlé à neuf reprises par la police, il est parvenu à résister à une tentative d'extorsion, mais cet épisode l'a convaincu de prendre le bus pour explorer les hauts plateaux du nord et la région de Huaraz.

Retrouvez également Kevin sur www.kevinraub.net.

PAGE 591 AUTEURS (Suite)

Pérou
5e édition
Traduit et adapté de l'ouvrage *Peru 8th, April 2013*

Dépôt légal Juin 2013
ISBN 978-2-81613-358-5
Imprimé par Grafica Veneta, Trebaseleghe, Italie
Réimpression 02, avril 2014

En Voyage Éditions | un département place des éditeurs